行 政 法 I

[제28판]

金 南 辰
金 連 泰 共著

法 文 社

第 28 版　序文

　　이번 개정작업에서도 새로운 판례, 개정된 법령을 반영하는 데 중점을 두었다. 행정법이론과 실무에 있어서 의미 있는 판례를 빠짐없이 소개하려고 노력하였다. 대법원 판례를 중심으로 지난 한 해 선고된 중요한 판례를 조사하여 내용을 보완하였으며, 행정법 관련 쟁점을 내포하고 있는 헌법재판소 결정례를 찾아 소개하였다.

　　개정된 법령에 따라 관련 내용을 수정하였으며, 새로운 학술적 견해, 문헌을 소개하고 설명을 보충하였다. 이 책에 반영된 조문은 2024년 1월 1일을 기준으로 하였으며, 「개인정보 보호법」, 「행정심판법」, 「정부조직법」, 「행정업무의 운영 및 혁신에 관한 규정」, 「지방자치법」, 「지방자치분권 및 지역균형발전에 관한 특별법」, 「국가공무원법」, 「개발제한구역의 지정 및 관리에 관한 특별조치법」, 「도시 및 주거환경정비법」, 「순환경제사회 전환 촉진법」 등 주요 개정 법령의 내용을 반영하였다.

　　이번 개정판을 출간함에 있어서도 제자들로부터 많은 도움을 받았다. 김판기 박사는 개정작업을 총괄해 주었으며, 김용주 교수, 강득록 박사, 배정범 변호사, 민병후 교수, 송태원 변호사, 안기수 박사, 이승훈 교수 등이 바쁜 시간을 할애하여 도움을 주었다. 이 자리를 빌려 이들에게 다시 한 번 고마운 마음을 표하며, 학문적 발전을 진심으로 기원한다.

　　이 책에 대한 각별한 애정을 가지고 배려해 주시는 편집부의 김제원 이사님과 노윤정 님, 영업부의 정해찬 님, 전산팀의 김명희 님, 이선미 님 등 법문사 관계자분들에게도 깊은 감사의 말씀을 드린다.

2024년 2월

金 連 泰

第八版(共著版) 序文

　제8판을 계기로 이 책이 커다란 변화를 맞이하게 되었다. 제7판까지 金南辰 단독 저서였던 이 책이 金南辰·金連泰 共著로 출판하게 된 것이다. 金連泰교수에게 序文을 써 주기를 부탁하였으나 겸손하여 사양하므로 金南辰이 적는 바이다.

　金連泰교수는 나의 高麗大에서의 학부와 대학원(석사과정)의 弟子일 뿐 아니라, 停年으로 떠나게 된 講座를 이은 後任者이기도 하다. 독일의 Osnabrück 대학교에서 법학박사 학위를 취득하여 귀국한 지 오래이며, 司法試驗, 行政高試 등 각종 국가시험위원을 역임한 바도 있다. 稅法(공저), 환경보전작용연구, 行政法事例演習 등 이미 여러 권의 저서가 출판되어 있으며, 수많은 귀중한 논문도 발표되어 있다. 따라서 능히 行政法 敎材를 단독으로 출판할 만한 위치에 있다고 하지 않을 수 없다. 그럼에도 불구하고 출판사인 法文社의 권유를 받아들여 共著者로서 이 책의 명맥을 유지해 주는 데 대하여 무엇이라 고마움을 표할 길이 없다.

　外國에는 單獨으로 출판되었던 학술서적(교과서·주석서 등)이 후일에 후배·제자 등 共著者의 손에 의하여 代를 이어가며 출판되는 사례를 많이 발견할 수 있다. 그리고 평소에 나 자신 외국에서의 그와 같은 전통을 매우 아름답게 또한 부럽게 여겨왔다. 그리고 솔직히 말해서, 나의 行政法 敎材가 그와 같은 방법으로 명맥을 이을 수 있기를 소망하였다.

　그러나 나의 所望을 특정 學者에게 적극적으로 표시한다는 것은 매우 어려운 일이다. 무엇보다, 共著者가 될 만한 능력의 소유자는 대개 單獨으로 저서를 출판할 만한 위치에 있기 때문이다. 金連泰교수가 그만한 위치에 있음은 앞에 적어 놓은 바와 같다.

　다행하게도, 근 1년 전 출판사인 法文社의 권유로 金連泰교수가 共著者로 이 책의 출간을 맡기로 약속되었기에 나 자신(金南辰)은 편안한 마음으로 新聞(법률신문·법률저널·시사법률신문등), 月刊誌(고시연구·자치발전·자치행정 등) 등에 주로 判例를 소재로 한 글(판례평석·판례연습 등)을 기고하는 일에 전념할 수 있었다. 그리고, 그들 내용을 이번의 共著에 여러 형식으로 반영해 놓았다.

새로운 文獻, 개정·제정된 法令 등에 맞추어 책 전체를 다듬고, 判例를 추가·교체하는 일, '기본사례'를 부설하여 자신의 行政法事例演習과 연계시키는 작업 등은 모두 金連泰교수의 勞力의 所産이다. 金連泰교수와 나(金南辰)와의 견해 차이가 있는 부분은 "金南辰, 행정법 Ⅰ(제7판), 00면" 식으로 표시해 놓았음을 밝혀 두는 바이다.

停年으로 高麗大를 떠난 후에도, 順天鄕大에서의 초빙교수를 거쳐 현재는 暻園大에서 즐거운 마음으로 講壇生活을 계속하고 있으며, 學問에 대한 熱望만은 아직 식지 않은 상태이다. 餘生을 보다 충실한 내용의 共著를 출간하는 데에 바치고자 한다.

끝으로 이 책이 單獨 著書로서 햇볕을 보며 자란 이후, 다시 共著의 형식으로 생명을 이어가도록 여러 모로 돌보아 주시는 法文社 任職員 여러분, 그 가운데에도 이 책에 著者 못지 않게 愛情을 쏟아주신 李在弼 理事께 깊이 감사드리는 바이다.

2004. 2. 24. 새벽에

金南辰 씀

第七版　序文

이 책의 第六版이 출간된 것은 1997년 여름의 일이다. 그 이듬해인 1998년 2월에 다시 책을 내면서 앞에 第六版 修訂版 序文을 달아 놓았다. 기존의 行政規制및民願事務基本法을 대체하는 行政規制基本法과 民願事務處理에관한法律이 새로이 제정되고, 1998년부터 시행되는 行政節次法, 公共機關의情報公開에관한法律, 行政訴訟法改正法律 등에 대하여 설명하기 위하여 가필하였다는 것이 그 내용이다.

그 사이 최소한 새 學期마다 책을 고쳐 펴내었기에, 그때마다 부분적으로 版을 새로 짜지 않으면 안되었다. 그러면서도 책 전체를 새로 짠 것이 아니었기에, 第六版 2000年版, 第六版 2001年版 식으로 第六版이라는 꼭지를 떼지 못하였다.

이제 第六版의 첫 판이 나온지 4년여만에 드디어 第七版을 내게 되니, 그 感激 무엇이라 표현하기 어려울 정도이다. 그 사이 너무나 많은 변화가 일어났다. 高麗大를 정년퇴임하여 順天鄕大에 초빙교수로서 몸담게 된 것이 무엇보다 큰 변화가 아닐 수 없다. 이 책의 第六版과 第七版 사이에도 그에 상응한 변화가 담겨졌다.

停年 이전에는 무엇인가 학문적으로 새로운 것을 제시하여야 한다는 사명감 같은 것에 젖어 있었기에, 敎科書 역시 그 테두리를 벗어나기 어려웠다. 그러나 지금은 사정이 달라졌다. 나의 受講生에게 우리나라 行政法, 行政制度(판례 포함), 行政法學의 대강을 고루 이해시키는 것이 나에게 주어진 우선적 과제로 되어 있다고 생각하고 있으며, 敎材 역시 그러한 시각에서 전반에 걸쳐 새로 엮어졌다. 제목 등 외에는 漢文을 되도록 사용하지 않고, 한글 전용으로 되어 있는 것도 그러한 이유에서이다. 보다 깊은 지식을 위해서는 책에 인용 또는 소개되어 있는 문헌, 판례 등을 섭렵할 필요가 있을 것이다. 저자 스스로는 講義를 통해 그들 내용을 보충하고 있다.

언제나와 같이, 그 사이 많은 법률이 개정 또는 제정되었다. 그 가운데 民事訴訟法, 民事執行法과 같이 2002년 7월부터 시행되는 법률은 책에 반영시켰으나, 國土基本法, 國土의計劃및利用에관한法律, 公益事業을위한土地등의取得및補償에관한法律과 같이 2003년부터 시행되는 법률 같은 것은 반영시키지 아니하였다. 判例는 2002년 1월에 선고된 것까지를 반영시키고자 노력하였다.

行政에 관련된 法令이 방대하고 수시로 개정·제정되는가 하면, 국내외의 새로운 문헌 역시 수시로 쏟아져 나옴으로 인하여, 行政法 내지 行政法學의 전모를 파악한다는 것이 점점 더 어려워져 가고 있다. 이러한 때에, 行政法學을 처음으로 공부하는 사람, 기왕에 공부한 것을 정리해 보고자 하는 사람에게 이 책이 도움이 되기를 바라는 바이다.

끝으로 이 책이 健在할 수 있도록 여러 모로 도와주시는 李在弼 理事님을 비롯한 法文社 任職員 여러분, 組版을 도맡아 주고 있는 光岩文化社 여러분에게 이 자리를 빌어 감사드리는 바이다.

2002. 2. 開講을 앞두고서

金南辰 씀

第六版 2000年版 序文

地球의 終末이 올지도 모른다고 겁을 주었는가 하면, 반대로 무슨 奇蹟이라도 생길 듯 기대를 갖게 하기도 하였던 西紀 2000年의 새 아침이 밝은지도 여러 날이 지났다. 나라마다, 사람마다 새 千年, 21世紀 새 百年을 조망하며 웅대한 設計를 하느라 바쁜 듯이 보인다.

그러한 일이 필요하고 좋은 일이기는 하나, 法書의 著者, 특히나 行政法의 著者는 수없이 바뀐 法令을 토대로, 그것도 곧 닥아 올 新學期에 맞추어 教材를 손질하는 일이 초미의 과제가 되고 있다고 하지 않을 수 없다. 行政法各論(行政法 Ⅱ)의 경우가 더욱 그러하지만, 行政法總論(行政法 Ⅰ) 역시 그러한 事情으로부터 자유롭지 못하다. 무엇보다 책에 인용된 法令에 많은 변화가 일어나고 있기 때문이다. 새로운 文獻, 새로운 判例를 소화하여 책에 반영하는 작업역시 보통 일이 아니다.

教材인 "行政法 Ⅰ"과 "行政法 Ⅱ"를 출간해 놓고 있는 著者는 年末, 年初를 언제나 바삐 보내고 있지만, 今年의 경우는 더욱 그러하다. 무엇보다 너무나 많고 잦은 法令改正으로 완성하지 못한 "行政法 Ⅱ 제6판"을 이번에는 出刊하기로 한 때문이다.

"行政法 Ⅰ 제6판"의 초판이 출간된 것은 1997년 8월의 일이다. 各論인 "行政法 Ⅱ"에 비하여 法令改正의 부담을 덜 받기는 하나, 손질해야 할 일은 끊이질 않는다. 그리하여 매년 修訂版을 更新한 바 있다. 그러는 가운데 금년의 修訂版은 "7版"이라 해야 할 정도로 많은 수정이 가해졌다. 책 전반에 걸쳐 상당량의 손질이 가해졌기 때문이다. 그런데도 "6版"의 타이틀을 유지하는 것은 "行政法 Ⅱ 제6판"과 보조를 맞추기 위한 것이다.

금년도, 즉 2000년의 "行政法 Ⅰ 제6판수정판"이 前年度의 그것과 다른 점은, 인용된 法令과 그에 맞춘 내용설명 여러가지 변화가 있는 이외에, 判例도 상당량을 교체, 추가한 점이다. 또한 그 사이 著者가 쓴 論文과 判例評釋의 요지를 요소 요소에 반영시켜 놓았다.

근래 각종 國家考試에서 判例에 관련된 문제가 자주 출제되는 경향에 있다.

따라서 判例의 경향을 파악하며, 그들 判例를 뒷받침하는 理論을 터득하는 것이 시험합격을 위한 필수적 조건이 되고 있다고 말할 수 있다. 또한 大學에서의 講義나 演習에 있어서도 관련 判例는 缺할 수 없는 素材가 되고 있다. 著者 스스로 法律新聞, 判例月報, 新刊의 司法研究 등에 자주 判例評釋을 기고하며, 自治公論에 行政判例를 소재로 한 글을 연재하고 있는 이유도 그러한 점을 의식하고 있기 때문이다. 여러 해에 걸친 國務總理行政審判委員會에서의 委員으로서의 경험은 著者에게 行政上의 實際問題를 익힐 수 있는 좋은 기회가 되었으며, 法制處에서 발행하는 "법제"에의 寄稿는 實務와 직결되는 문제에 대해 스스로의 생각을 다듬어 보는 좋은 기회가 되었다.

근년 著者는 새로운 理論을 소재, 주창하는 일보다는 判例와 實務에 관련된 문제를 소화하며 정리하는 일에 주로 精力을 쏟아 온 셈인데, 이번의 改訂版에 그들 성과를 최대한 반영하고자 노력하였다. 그러한 著者의 노력이 이 책의 讀者에게 도움이 되기를 바라는 바이다.

책을 짜집기 하느라 잔 일이 많음에도 언제나와 같이 친절과 봉사를 아끼지 않으시는 李在弼 편집부장과 法文社 및 光岩文化社 여러분께 이 자리를 빌어 깊이 感謝드리기로 한다.

2000년 新學期의 開講을 앞 두고

著　　者 씀

第六版 序文

歲月의 흐름을 이겨낼 壯士는 없다고 했던가?

學問만큼은 언제까지고 할 수 있을 것 같은 氣勢로 살아 왔건만, 自然의 힘 앞에는 굴복하지 않을 수 없는 것이 나약한 人間인 것 같다. 이 책이 햇볕을 볼 무렵이면 停年으로 일단 大學講壇을 떠나야 하는 것이다. 그렇다고 세상을 下直하는 것은 아니겠지만, 어떻든 나의 學問生活, 나의 行政法學을 일단 마무리 짓는다는 마음가짐으로 다듬어 본 것이 이 책이다. 생각같아서는 좀더 加筆하며, 손질을 하고 싶건만 여러가지 사정이 그것을 허락치를 않는다. 우선 來日(7월 19일)에는 日本 名城大學에서의 講義(韓國法 集中講義)를 위해 비행기를 타야 하는 것이다. 그렇지 않아도 예정보다 몇 달이나 늦어 發刊되는 것이며, 그로 인해 많은 사람에게 累를 끼친 점 미안함을 금할 수 없다.

公法을 전공하겠다고 大學院에 入學한 것이 20代 中半이고 보면, 약 40年을 專攻을 위해 바친 셈이다. 그 결과가 겨우 이 정도인가 하는 自愧之心이 앞서는 한편으로, 공부를 시작할 무렵 내가 가졌던 行政法에 대한 知識에 비하면 하늘과 땅같은 기분이 들어 慰安을 받고 있는 것이 현재의 착잡한 심정이다. 弟子들 主禮를 서며 자주 입에 올렸던 '盡人事 待天命'을 되뇌이며 그만 손을 놓아야겠다.

이 제6판을 계기로 책의 내용이 많이 달라졌을 뿐만 아니라 外形上으로 또한 物理上으로도 많은 변화를 겪게 되었다. 時代의 感覺에 좇아 裝幀을 새로 꾸몄으며, 책의 크기도 늘렸다. 그러나 가장 큰 변화는 電算組版을 한 점이다. 뒤늦게나마 컴퓨터를 이용하게 되어 文明의 惠澤을 단단히 보았다. 좀더 일찍이 컴퓨터가 발명되고 활용할 수 있었더라면 그 숱한 고생을 면했을 텐데 하고 아쉬워 하면서도, 그래도 나의 생전에 쓸 수 있게 된 것에 무한한 感謝를 느끼고 있다. 덕분에 光岩文化社 美女들의 친절을 입게 된 것도 큰 기쁨이었다. 이 자리를 빌어 感謝의 말을 전하고 싶다.

그러나 半年餘를 한 가지 일에 몰두하느라 缺禮를 한 점도 많아 마음이 무거움을 느낀다. 어버이날, 스승의 날 조차 禮를 갖추지 못한 것이다.

나의 正規 講壇生活을 일단 마감함에 있어, 수준 높은 Monographie를 出刊하는 것이 아니라 編輯에 가까운 教科書를 出刊하는 것에 대해서도 마음 한 구석 아쉬움을 느낀다. 그러나, 기왕에 教科書를 출간한 이상 보다 충실한 것을 내야함도 著者로서의 의무임을 자각하며, 나로서는 最善을 다하고자 노력하였음을 밝혀 두기로 한다. 아직은 健康한 편이어서, 이후에도 보다 完成된 것으로 만들기 위해 노력하고자 한다.

이 책을 完成하는데 언제나 처럼 많은 사람의 도움을 받았다. 그 중에서도, 바쁜 가운데 一讀을 해준 李日世教授(江原大 法大), 金連泰教授(高麗大 法大), 金重權教授(忠北大 法大) 및 崔峰碩教官(陸士)에게 충심으로 감사를 드리기로 한다. 陰으로 陽으로 힘을 보태 준 朴正勳教授(서울大 法大)와 高永訓教授(韓南大 法大)에게도 고마움을 표시하고 싶다.

끝으로, 初版 이래 이 책이 세상에 나오게끔 돌보아 주신 法文社의 任職員 여러분, 특히 편집을 맡은 李在弼部長께 다시 한번 感謝를 드리기로 한다.

1997. 7. 18 著 者 씀

第六版修訂版 序文

第6版인 이 책이 출간된지 半年이 지났는데, 그 사이 많은 法律이 제정 또는 개정되었다. 무엇보다 行政審判法이 크게 개정되었으며, 行政規制基本法과 民願事務處理에關한法律이 제정되었다. 이들 두 法律이 제정된 것은 1994년초에 제정된 行政規制및民願事務基本法의 폐지에 따른 것이다. 정확하게는 후자가 전자의 두 法律로 나누어지면서 내용이 다듬어졌다고 할 수 있다. 行政規制緩和 및 行政의 民主化가 시대적 과제가 되고 있는 이 시점에 있어서, 그들 法律의 制·改正은 매우 중요한 의의를 가지기에 修訂版을 내기에 이르렀다. 아울러 금년인 1998년부터 시행되는 行政節次法, 公共機關의情報公開에 關한法律, 行政訴訟法改正法律 등도 이미 자세히 설명해 놓았음을 밝혀 두는 바이다.

1998. 2. 著 者 씀

第五版　序文

　　1992년에 第4版을 出刊한 후 版(刷)을 거듭할 때마다 改正된 法令, 새로운 判例..文獻 등을 조금씩이나마 보충하여 수록하였다. 그러나 그러한 방법으로는 더 이상 教材로서의 구실을 할 수 없다 생각되어 이번에 全面的으로 改稿를 하였다. 무엇보다 筆者의 것을 포함하여, 1992년 이후의 論文·著書의 내용을 흡수·반영시키기 위해서이다. 새로이 制定·改正된 法令, 새로운 判例를 반영시키는 것만 해도 매우 큰 作業이었다.

　　이 책의 初版 序文에 적어 놓은 바와 같이, 著者는 一般教材에서 불충분하게 다루어지고 있는 부분, 혹은 通說과는 생각을 달리하는 것에 대해 글을 쓰는 生活을 오랫동안 계속하였으며, 體系化된 教材를 出刊한지는 오래되지 않는다. 말하자면, 오랫동안 行政法學界의 異端으로서 머물러 있었던 셈이다.

　　그러나 近年 많은 變化가 일어나고 있음을 實感하고 있다. 豫想外로 發行部數가 늘어나고 있는 외에, 다른 學者에 의한 引用·參照도 빈번함을 발견하게 된다. 대부분이 肯定的·好意的인 것이지만, 否定的·批判的인 것도 없지 않다. 「先行處分의 後行處分에 대한 拘束力」의 문제와 같이, 著者의 持論이 判例에 反映된 것도 발견할 수 있다. 다른 한편, 近年 젊은 學者들에 의한 論文·著書 등의 發表를 통해 우리의 行政法學界가 매우 활발하고 풍성해지고 있음도 발견하게 된다.불과 몇년 사이에 일어나고 있는 위와 같은 커다란 變化와 收穫을 최대한 반영시키고자 나름대로 노력한 所産이 이 책의 내용이다. 그 어느 때보다도 고생이 많았지만, 스스로 공부가 많이 된 것에 대해 만족하고 있다.

　　이 책의 完成을 위해 이번에도 젊은 學者들의 도움을 많이 받았는 바, 그 중에서도 李日世教授, 高永訓博士, 金連泰博士, 金重權博士, 朴尙熙博士, 徐廷範博士에게 특별히 감사드리기로 한다. 아울러 이번에 韓南大教授로 자리를 옮긴 高永訓博士와 독일의 Osnabrück 大에서 博士學位를 취득하여 錦衣還鄉한 金連泰博士에게 이 자리를 빌어 祝賀의 뜻을 전하기로 한다.

　　時間에 쫓기느라 늘 無理한 부탁을 하게 됨에도 불구하고 好意와 親切을 베풀어 주시는 法文社의 任職員 여러분께 깊이 感謝드리기로 한다.

1995. 2.　　著　　者 씀

第四版　序文

第3版이 出刊된지 2年만에 다시 全訂版으로서의 第4版을 出刊하기에 이르렀다. 關係法令의 改正, 새로운 判例의 受容도 그 一因이 되지만, 著者 자신의 것을 포함하여 그 동안에 발표된 學問的 研究成果를 받아들이는 동시에, 體制에도 다소나마 변화를 가할 필요성을 느꼈기 때문이다. 결과적으로 舊版보다 약 200페이지의 增面을 가져왔다.

著者가 이 책의 初版을 出刊할 때에는 어디까지나 "初學者를 위한 講義案"을 염두에 두었었다. 보다 자세한 것은 著者의 論文集(判例評釋 포함)인 「行政法의 基本問題」 및 類似文獻을 참조할 것을 권하며 기대하였다. 先進國의 敎材는 대체로 그러한 類型을 따르고 있다. 講義보다는 演習, 세미나 등에 더 큰 比重을 두고 있는 나라에서는 學生들이 필요로 하는 것을 單卷에 수록한다는 것은 불가능하기 때문이라 할 수 있다.

그러나 우리나라는 사정이 다르다. 아직도 學部課程에서의 敎科課程은 講義가 전부인 셈이다. 學內試驗은 물론 司法試驗, 行政高試 등 國家試驗에서의 出題傾向도 「○○을 論하라」는 類型을 벗어나지 못하고 있는 것이 實情이다. 事情이 그러함으로 인해 學生·受驗生들은 자연 그들 傾向에 맞춘 敎材를 選好하게 되는 것으로 보이며, 이 책 역시 어쩔 수 없이 그러한 흐름에 뒤따르게 되었음을 인정하지 않을 수 없다.

이 책의 舊版이 비교적 간단히 꾸며진 이유에는 또 다른 것이 있었다. 그때까지만 해도 著者의 입장(學說)은 이른바 "少數說", "異說"의 수준을 넘지 못하였다. 따라서 少數說의 大型化는 需要를 기대하기가 어려운 狀況이었다. 多幸히도 그 뒤 時運은 이 책에 有利하게 돌아갔으며, 그에 따라 旣刊의 敎材를 좀더 體系化하고 擴充할 필요를 切感하기에 이르렀다.

著者가 그 동안 써 놓은 論文, 判例解釋 등이 중심이 되었지만, 內外의 여러 文獻과 資料를 바탕으로 이 책을 擴充하는 데에는 李日世博士와 金重權講師의 도움을 많이 받았다. 校正, 索引 기타에 있어서는 高麗大 大學院에서 行政法을 專攻하고 있는 徐廷範講師, 朴秀憲君 및 金東完君, 崔峰碩君의 도움을 많이 받았다. 大學院에서 行政法을 專攻하는 과정에 司法試驗에 合格한 吳善姬孃, 朴淵昱君 및 朴根範君으로부터도 여러가지 도움을 받았기에 여기에 祝賀와 感謝의 말을 아울러 傳하기로 한다. 위 젊은 行政法學徒들의 헌신적인 도움없이는 이 책이 완성되기 어려웠을 것으로 생각한다.

　이른바 情報化時代에 걸맞게 國內外的으로 行政法에 관련된 情報와 資料는 수시로 쏟아져 나오고 있다. 그들 資料를 入手하는 과정에서 많은 젊은 學徒들의 신세를 졌다. 그 가운데 最近年에 독일에서 法學博士學位를 취득하여 歸國한 鄭夏重敎授(西江大), 李相哲敎官(陸軍士官學校), 高永訓博士(Tübingen 大)에게 이 자리를 빌어 祝賀와 感謝를 드리고자 한다. 法令 등 國內의 法制資料를 빠른 時日內에 接할 수 있게 해 준 鄭準鉉博士(法制處)에게도 또한 感謝를 드리고 싶다.

　끝으로 이 책의 初版 때부터 계속 돌보아 주신 裵孝善社長님, 崔福鉉理事님, 李在彌次長, 그 밖의 法文社 여러분께 다시 한번 마음으로부터의 感謝를 드리기로 한다.

1992년 2월

著　者 씀

第三版　序文

　　이 책의 初版이 出刊된 것은 1986년이다. 第6共和國憲法 및 附屬法律에 맞춘 第2版이 나오긴 하였으나 큰 修正없이 오늘에 이르렀다.『行政法 Ⅱ』,『行政法의 基本問題(新版)』의 出刊을 위해 힘쓰다 보니 餘力이 없었기 때문이다.

　　그러나 본래『행정법 Ⅱ』(各論)와『行政法 Ⅰ』(總論)은 상호 不可分의 관계에 있는 것이므로,『行政法 Ⅱ』의 完成은『行政法 Ⅰ』을 補完하며 내용을 충실케 하는데 큰 몫을 하게 되었다. 그리고 그 점이『行政法 Ⅰ』을 擴充하는데 가장 큰 原因으로 작용하였다.

　　한편,『行政法 Ⅰ』은 당초에 論文集 내지는 問題集格의『行政法 基本問題』와 양립시킬 생각에서 의도적으로 간략히 記述하였었다. 그러나 그러한 著者의 意圖는 單卷主義를 지향하는 우리의 風土에서는 큰 呼應을 받지 못하는 것으로 보인다. 本書가 본래의 個性을 줄이고 普遍性, 綜合性을 지향하게 된 또 하나의 이유는 그 점에 있다.

　　本書의 위와 같은 方向轉換 내지는 擴充은 나의 愛弟子들의 勸告와 助力에 힘입은 바 크다. 그 중에서도 이 일을 위해 특별히 힘써 준 李日世講師(高麗大), 鄭準鉉法制研究官, 金重權講師(高麗大), 徐廷範講師(서울市立大), 朴尙熙研究員(國土開發研究院) 및 司法研修院生인 秋日煥君에게 이 자리를 빌어 感謝하기로 한다.

　　아울러 이 책의 出刊을 위해 많은 勞苦와 配慮를 해주신 法文社 여러분께도 깊이 感謝드리기로 한다.

1990년 2월

著　　者 씀

第二版 序文

6月抗爭을 통해 새로운 民主의 地平이 열렸으며, 이에 의하여 새 憲法이 탄생되었다. 종래의 名目的 憲法이 規範的 憲法의 實을 거두게 되기를 염원하고 싶다.

이번의 憲法改正이 憲法의 基調를 바꾼 것은 아니므로 책의 骨格을 바꿀 필요성은 느끼지 않는다. 그럼에도 불구하고 새 憲法 및 改正法令에 맞추는 作業만을 위해서도 책 전반에 걸친 손질을 필요로 했다. 아울러 이번 기회에 筆者가 그 동안 發表한 論文, 判例評釋, 演習 등의 내용을 本文 및 註를 통해 反映시켜 놓았다. 判例도 相當量을 追加 내지는 代置하였다.

이와 같은 作業에 많은 도움을 준 鄭準鉉法制研究擔當官, 李日世講師, 宋希誠講師, 徐廷範碩士에게 이 자리를 빌어 感謝하기로 한다. 또한 이번의 改訂版을 위해 많은 勞苦를 베풀어 주신 關係者 여러분에게도 깊이 感謝드리기로 한다.

1988년 2월

著　者 씀

初阪　序文

　　우리 나라에는 이미 여러 卷의 行政法敎材가 出刊되어 있다. 따라서 나 자신은 그들 敎材와 생각을 달리하는 점, 혹은 旣刊의 敎材에서 충분히 다루어지지 않은 부분 등에 관하여 글을 쓰는 것으로써 滿足해 왔다. 그럼에도 불구하고 이번에 정식으로 行政法의 敎材를 出刊하게 된 것은 무엇보다도 내 講義受講生의 筆記의 手苦를 덜기 위한 것이다. 아울러 그동안 斷片的으로 써 왔던 글들을 體系化시켜 보려는 意圖 또한 숨길 수 없다.

　　이 敎材는 다음과 같은 指針下에 執筆되었다. 첫째, 되도록 쉽게 써 보려고 애썼다. 行政法이 어렵다는 不平을 數없이 들어 왔기에 初學者도 쉽게 接近할 수 있도록 노력하였다. 둘째, 따라서 初學者에게 負擔이 될 정도의 內容은 著者의 論文集格인 「行政法의 基本問題」 등 關聯文獻을 參照할 것을 밝혀 놓았다. 세째, 參考文獻은 특히 國內文獻의 경우, 1980年代의 主要文獻에 국한시켰다. 더 자세한 것은 이 책에 紹介된 文獻을 통해서 밝혀질 것을 기대하고 있다. 네째, 이 책을 理解하는 데 도움이 될 만한 判例를 비교적 많이 달아 놓았다.

　　行政法學의 발달이 日淺하던 때에는 한두 卷의 책에 行政法의 모든 것을 담으려는 意慾도 가질 수 있었던 것으로 보인다. 예컨대, 한 卷의 책이 體系書, 論文集, 判例集을 兼할 수 있게 하려는 생각과 같은 것을 말한다. 그러나 이제는 그러한 생각은 도저히 容納되지 않는 것으로 보인다. 따라서 이 책도 어디까지나 初學者를 위한 體系書로서 만족하고자 한다. 보다 깊은 知識을 위해서는 다른 분의 著書와 關聯論文, 判例, 演習書, 法典 등을 不斷히 參照할 것을 勸하기로 한다.

　　책을 쓴다는 것이 얼마나 어려운가는 역시 직접 體驗해 보지 않고서는 알기 어려운 일로 생각된다. 그러한 의미에서 이미 敎材를 出刊한 여러 著者에게 敬意를 表하는 바이며, 이 책이 얻은 많은 것에 대해 感謝드리기로 한다.

　　생각하면, 公法을 專攻할 뜻을 가지고 恩師 韓泰淵 敎授의 硏究室에 入門한 지 30年만에야 行政法의 體系書를 出刊하는 것이 된다. 이미 1960年度에 참신한 새 바람을 일으켰던 先生의 行政法學(法文社刊), 아쉽게 떠나가신 母校의 講

座를 잇지 못한 弟子의 無能이 이 책으로 조금이나마 贖罪되기를 빌고 싶다.

이 한 卷의 책을 엮는 데에는 참으로 많은 사람의 힘을 입었다. 그 가운데에서도 특히 獻身的으로 도와 준 鄭準鉉講師, 李日世碩士, 高永訓碩士 諸君에게 眞心으로 感謝하기로 한다. 또한 法文社 裵孝善 사장님과 編輯을 맡으신 李在弼씨를 비롯한 관계자 여러분께도 이 자리를 빌어 感謝하다는 말씀을 드리기로 한다.

1986. 9.

著　著 씀

차   례

제 3 편 행정절차 · 행정조사 · 행정공개

제 4 편　행정의 실효성확보수단

제 5 편 행정구제법

주요참고문헌

강구철, 강의 행정법 Ⅰ, 형설출판사, 1999.

계희열, 헌법학(상), 신정2판, 박영사, 2005.

권영성, 헌법학원론, 개정판, 법문사, 2011.

김남진, 행정법 Ⅰ, 제7판, 법문사, 2002.

김남진, 행정법 Ⅱ, 제7판, 법문사, 2002.

김남진, 행정법의 기본문제, 제4판, 법문사, 1994.

김남진·김연태, 행정법 Ⅱ, 제28판, 법문사, 2024.

김남진·이명구, 행정법연습, 제5전정판, 고시연구사, 2002.

김도창, 일반행정법론(상), 제4전정판, 청운사, 1992.

김동희·최계영, 행정법 Ⅰ, 제26판, 박영사, 2021.

김동희, 행정법연습, 제12판, 박영사, 2009.

김성수, 일반행정법, 제7판, 홍문사, 2014.

김연태, 행정법사례연습, 제7판, 홍문사, 2012.

김철용, 행정법 Ⅰ, 제13판, 박영사, 2010.

김철수, 헌법학개론, 제11전정신판, 박영사, 2011.

류지태·박종수, 행정법신론, 제18판, 박영사, 2021.

박규하, 행정법학(상), 수정판, 법률출판사, 2004.

박균성, 행정법론(상), 제22판, 박영사, 2023.

박윤흔·정형근, 최신행정법강의(상), 개정30판, 박영사, 2009.

박종국, 일반행정법론(총론), 제4판, 법지사, 2004.

변재옥, 행정법강의(Ⅰ), 박영사, 1991.

서원우, 현대행정법론(상), 수정판, 박영사, 1983.

석종현·송동수, 일반행정법(상), 제15판, 삼영사, 2015.

성낙인, 헌법학, 제12판, 법문사, 2012.

신보성, 행정법의 제문제, 교학연구사, 1992.

유상현, 행정법 Ⅰ, 형설출판사, 2002.

이광윤·김민호, 최신행정법론, 법문사, 2002.

이명구, 신고 행정법원론, 대명출판사, 1987.

이상규, 신행정법론(상), 신판, 법문사, 1997.
이상규, 행정쟁송법, 제5판, 법문사, 2000.
정하중·김광수, 행정법개론, 제17판, 법문사, 2023.
천병태·김명길, 행정구제법, 제9판, 삼영사, 2011.
천병태·김명길, 행정법총론, 제10판, 삼영사, 2011.
한견우·최진수, 현대행정법, 세창출판사, 2009.
허 영, 한국헌법론, 전정7판, 박영사, 2011.
홍성방, 헌법학, 개정6판, 현암사, 2010.
홍정선, 행정법원론(상), 제31판, 박영사, 2023.
홍준형, 행정구제법, 제4판, 한울아카데미, 2001.
홍준형, 행정법총론, 제4판, 한울아카데미, 2001.

藤田宙靖, 行政法 Ⅰ, 第三版, 靑林書院, 1993.
塩野 宏, 行政法 Ⅰ, 第二版, 有斐閣, 1994.
塩野 宏, 行政法 Ⅱ, 第二版, 有斐閣, 1994.
原田尙彦, 行政法要論, 全訂三版, 學陽書房, 1994.

Erichsen(Hg.), Allgemeines Verwaltungsrecht, 11.Aufl., 1998.
Forsthoff, Ernst, Lehrbuch des Verwaltungsrechts, 10.Aufl., 1973.
Hufen, Friedheim, Verwaltungsprozeßrecht, 5.Aufl., 2002.
Jellinek, W., Verwaltungsrecht, 1931.
Maurer, Hartmut, Allgemeines Verwaltungsrecht, 13.Aufl., 2000.
Mayer, Otto, Deutsches Verwaltungsrecht, Bd. Ⅰ, 1923.
Mayer, Otto, Deutsches Verwaltungsrecht, Bd. Ⅱ, 1924.
Mayer/Kopp, Allgemeines Verwaltungsrecht, 5.Aufl., 1985.
Pieroth, Bodo/Schlink, Bernhard, Staatsrecht Ⅱ, 9.Aufl., 1993.
Schmitt Glaeser, Walter, Verwaltungsprozeßrecht, 11.Aufl., 1992.
Ule, Carl Hermann, Verwaltungsprozeßrecht, 9.Aufl., 1987.
Wolff, Hans J./Bachof, Otto/Stober, Rolf, Verwaltungsrecht, Bd. Ⅰ, 11.Aufl., 1999.

제 1 편

행정법통론

제1장 행   정

제1절 행정의 의의

Ⅰ. 근대국가의 탄생과 행정관념의 성립

행정의 개념은 근대국가의 탄생과 그 성립의 시기를 같이 한다. 물론 근대 국가의 탄생 이전에도 사회의 질서유지작용과 토목공사 등 행정은 행해졌다. 그러나 근대국가 성립 이전에는 그들 작용이 군주의 통치작용으로서 행해졌을 뿐 국가의 다른 작용과 구별되어 행해졌던 것은 아니다. 그러한 점에서 국가의 다른 작용과 구별되는 행정의 개념은 권력분립주의에 따라 국가작용이 입법, 사법, 행정으로 구분되어 행해지게 된 근대국가의 탄생과 함께 성립되었다고 볼 수 있다.

Ⅱ. 형식적 의미의 행정과 실질적 의미의 행정

1. 형식적 의미의 행정

형식적 의미의 행정이란 제도상의 행정, 다시 말하면 실정법에 의해 행정부에 부여되어 있는 작용을 말하는 바, 이러한 의미에서는 행정입법·행정심판 등과 같이 성질상 입법 또는 사법에 해당하는 작용도 행정에 포함하게 된다. 따라서 행정을 제도적·형식적으로 파악하는 것은 입법이나 사법과의 성질상의 차이를 밝혀 주지 못하므로 실질적 의미의 행정에 대한 탐구가 필요하게 되는 것이다.

2. 실질적 의미의 행정

(1) 학 설

입법 및 사법과 구별하여 행정을 실질적으로 파악하는 견해는 관점에 따라 다음과 같이 나눌 수 있다.

(가) 적극설

적극적인 표지에 의하여 행정을 정의하고자 하는 견해를 적극설이라 한다. 적극설은 다시 무엇을 기준으로 하여 적극적으로 행정을 정의하느냐에 따라 목적설, 결과실현설로 구분된다.

① 목적설:　　　"행정은 국가목적을 실현하는 작용이다", "행정은 공익을 실현하는 작용이다" 등의 설명이 이에 해당한다. 오토 마이어는 행정을 「국가가 법질서하에서 그의 목적을 달성하기 위한 사법 이외의 작용」[1]으로서 정의한 바 있는데, 이는 목적설에 포함시킬 수 있을 것이다.[2]

② 결과실현설:　　　현실적인 결과의 실현관계에 중점을 두어 행정의 개념을 설명하는 견해이다. 행정을 「공익상 필요한 결과를 실현할 목적으로 하는 기술적·정신적·법률적 사무의 전체」(Fleiner), 또는 「법 아래서 법의 규제를 받으면서 현실적·구체적으로 국가목적의 적극적 실현을 향하여 행하여지는 전체로서 통일성을 가진 계속적인 형성적 국가활동」(田中二郎)으로 설명하는 입장 등이 이에 속한다.

(나) 소극설(공제설)

행정을 적극적으로 정의하기를 단념하는 학설을 소극설로 부를 수 있으며, 그 중에서 국가작용 가운데 입법과 사법을 제외한 나머지를 행정으로 보는 입장을 '공제설'이라고 칭한다. 너무나 다양한 행정을 몇 마디의 말로써 정의하는 것은 불가능하다는 것이 이들의 공통된 생각이다.[3]

---

1) O. Mayer, Bd. I, S. 13: "Verwaltung ist Tätigkeit des Staates zur Verwirklichung seiner Zwecke unter seiner Rechtsordnung außerhalb der Justiz."
2) 우리나라와 일본에서는 오토 마이어의 견해를 적극설 또는 목적설로 소개하는 경향에 있다. 예컨대 김동희·최계영(Ⅰ), 4면 참조. 그러나 독일에서는 그의 견해를 소극설로 분류한다. 이에 대하여는 Maurer, S. 3 참조.
3) 독일에서 우세한 입장이라고 하겠다. 또한 공제설은 일본과 우리나라에서도 점차 유력해지고 있는 것으로 보인다. 예컨대 일본에서의 「국가작용 중에서 법규의 정립행위로서의 입법작용, 국가의 형벌권의 판단작용 및 일정한 재판절차에 의해 사람과 사람사이의 권리·의무를 판단하는 민사사법의 사법작용을 제외한 것이 행정작용이다」(塩野 宏, 行政法 Ⅰ, 6면), 한국에서의 「행정이란 사법작용과, 직접적인 헌법활동인 입법작용이나 통치행위를 제외한 국가업무에 관한 작용을 총칭하는 것」(류지태·박종수(신론), 12면)과 같은 행정의 정의가 이에 해당한다.

그러나 입법과 사법을 제외하고 남은 국가작용 중에는 행정에 속하지 않고 통치작용(통치행위)에 속하는 것(예컨대 정치적 결)이 있다는 비판이 제기된다. 이러한 이유로 최근에는 행정이란 입법·사법, 그리고 통치작용을 제외하고 남은 국가작용이라고 정의하는 견해도 있다.

(다) 기관양태설

입법·행정·사법의 각 작용간의 성질상 차이는 특별히 없으며 그 구별기준은 작용을 담당하고 있는 기관의 조직형태에서 찾아야 한다는 견해이다. 행정은 상하복종관계에 있는 기관에 의한 법집행작용인 데 대하여, 사법은 상호독립하고 병렬관계에 있는 기관에 의한 법집행작용이라는 설명(Kelsen 등)이 이에 해당한다.

(라) 사 견

위의 여러 학설은 행정이 지닌 특징의 일면을 명시할 뿐, 다른 국가작용으로부터 행정을 구별할 수 있는 명확한 기준을 제시하지는 못하고 있다. 일찍이 포르스트호프(Forsthoff)가 "행정은 정의(definieren)할 수 없고 단지 서술(beschreiben)할 수밖에 없다"[4]고 하여 행정을 정의하는 것의 어려움을 지적한 말이 오히려 설득력이 있다. 오늘날의 행정이 너무나 방대하고 다양하기 때문에 행정의 개념을 정의하기보다는 행정의 특징적 요소 내지 징표를 살펴보는 것이 행정의 뜻과 모습을 이해하는 데 도움이 되리라 생각한다.

(2) 행정의 징표

(가) 행정은 사회형성작용(Sozialgestaltung)이다. 따라서 행정은 공동체와 공동체에서의 구성원의 생활을 그 대상으로 한다. 공동체가 안정 속에 번영·발전하며, 그 구성원인 개개인이 편안하고 행복한 생활을 영위할 수 있도록 하는 것이 행정의 최대 과제이며 관심사라고 말할 수 있다.

(나) 행정은 '공익'을 실현하는 작용이다. 공익은 다의적 개념으로서, 그 내용은 시대에 따라 변한다. 특히 오늘날과 같이 다원화된 사회에 있어서는 무엇이 공익에 해당하는지, 그리고 공익간의 충돌시에 어느 것을 중시하여야 하는지에 대하여 판단하기 곤란한 경우가 적지 않다고 할 수 있는데, 이러한 때에는 관련된 제 이익을 비교형량하여 구체적으로 결정할 수밖에 없다.

(다) 행정은 적극적이며 미래지향적인 형성작용이다. 행정은 공익목적을 위

---

4) Forsthoff, S. 1.

하여 사회공동체를 미래지향적으로 선도하며 형성하는 일을 계속적으로 수행하여야 하므로, 이해관계인의 신청이 없는 경우에도 능동적이고 적극적으로 활동할 수 있다. 이러한 점에서 이해관계인의 쟁송제기에 의해 소극적으로 당사자간의 분쟁을 해결하는 작용인 사법과 구별된다.

(라) 행정은 개별적 사안에 대해 구체적 조치(konkrete Maßnahme)를 행하는 작용이다. 이러한 점에서 일반적·추상적 규율(법규범)을 정립하는 작용인 입법과 구별된다. 입법은 행정을 통하여 비로소 구체적이고 현실적인 공익목적을 실현할 수 있게 된다. 다만 시간적·공간적으로 광범위한 영역을 규율하는 행정계획이라든지, 개별적 사안을 규율하는 처분법률(Maßnahmegesetz) 등의 경우에 있어서는 입법과 행정의 구별이 모호해짐을 부인할 수 없다.

(마) 행정은 포괄적인 지도와 통제(입법적·사법적 통제, 여론에 의한 통제 등)를 받으며 행해지는 한편, 독자적 활동영역(재량, 여지 등)도 확보한다.

(바) 행정은 그의 임무를 수행하기 위하여 다양한 행위형식과 수단을 사용한다. 행정의 임무가 질서유지라는 소극적 작용에 국한되던 때에는 명령(법규명령)·행정행위·행정강제 등 비교적 간단한 행위형식과 수단만이 사용되었지만, 오늘날은 행정기능의 확대에 따라 확약, 계획, 계약, 사실행위(비공식 행정작용·행정지도 등) 등 다양한 행위형식 내지 수단이 활용되고 있는 것이다.

Ⅲ. 국가의 다른 작용과의 구별

1. 입법과의 구별

입법(立法)이란 국가, 지방자치단체 등 통치단체가 일반적·추상적인 성문의 법규범을 제정하는 작용을 말한다. 이 점에서 법을 구체적으로 집행함으로써 현실적으로 국가목적을 실현하는 작용인 행정과 구별된다고 할 수 있다.

2. 사법과의 구별

사법(司法)이란 법률상의 분쟁에 관하여 당사자의 쟁송제기가 있는 경우에 독립한 지위에 있는 심판기관이 법령을 적용하여 그 분쟁을 해결하는 작용이라고 말할 수 있다. 즉, 사법은 쟁송의 제기를 기다려 그 분쟁을 해결·종식시키는 피동적·일회적 작용인 점에서 능동적·계속적 작용임을 특색으로 하는 행정과의 사이에 본질적인 차이가 있다.

3. 통치와의 구별

정치적 색채가 강한 국가 및 행정의 지도작용을 '통치' 또는 '통치작용'이라고 하는데, 이러한 통치 또는 통치작용은 정치적 성격이 강하여 법에 의한 기속이 약한 데 대하여, 행정은 기본적으로 법의 집행작용인 점에서 양자간에 차이가 있다고 말할 수 있다($\frac{후술}{참조}$).

4. 그 밖의 국가작용과의 구별

국가의 작용 가운데에는 상술한 입법·사법·통치 및 행정의 어느 것에 속하는지가 분명하지 않은 것도 있다. 감사원의 감사 같은 것이 그 일례이다. 근래 각국에서 관심이 높아지고 있는 Ombudsman 같은 것도 그러한 예에 속한다고 할 수 있다.

Ⅳ. 실정법상의 구별

우리 헌법도 입헌주의에 따라 권력을 분립시키고 있다. 즉 제66조 4항의 "행정권은 대통령을 수반으로 하는 정부에 속한다", 제40조의 "입법권은 국회에 속한다", 제101조 1항의 "사법권은 법관으로 구성된 법원에 속한다" 등의 규정이 그에 해당한다. 그러나 그와 같은 형식적인 규정에도 불구하고 행정부는 법률안제출($\frac{52}{조}$), 명령의 제정($\frac{75조·76}{조·95조}$) 등을 통해 입법에 참여하는가 하면, 대통령에 의한 사면·감형·복권($\frac{79}{조}$)을 통해 사법권에 관여하기도 한다. 반면에 국회는 입법권, 국정감사 및 조사권, 재정에 대한 의결권 등을 통해 행정을 통제하고, 법원은 행정재판을 통해 행정을 통제하는 등 실질적으로 입법·행정·사법이 대량으로 교차하고 있는 점에 유의해야 할 것이다.

제 2 절   통치행위

Ⅰ. 의   의

1. 통치행위의 개념

통치행위는 일반적으로 국가최고기관의 정치적·국가지도적 행위를 가리킨다고 이해되고 있다.[1] 이러한 통치행위는 법적 효과를 수반하는 것(법적 통치행위)과 아무런 법적 효과를 발생하지 않는 것(사실적 통치행위)으로 구별된다. 통치행위가 행정법상 문제가 되는 것은 법적 효과를 수반하여 법률적 판단이 가능함에도 불구하고 고도의 정치성을 가짐으로 인해 사법심사의 대상에서 제외되는 국가행위가 있는가를 가려내는 데 있다. 이러한 관점에서 개인의 권리보호문제를 야기하지 않는 순수한 정치적 행위에 대하여는 논의의 실익이 없다 (예컨대, 대통령의 외교에 관한 행위, 영예의 수여, 국무총리 및 국무위원의 임면 등).

2. 통치행위이론의 제도적 전제

통치행위이론이 현실의 문제로서 논의되기 위해서는 그 전제로서 공권력 행사에 대한 재판적 통제, 즉 행정소송에 있어서 개괄주의 및 공권력 발동에 대한 국가배상책임이 제도적 전제로서 인정되고 있어야만 통치행위이론에 대하여 논의할 실익이 있다.

---

1) 주요문헌: 이상철, 계엄의 통치행위여부와 사법심사가능성, 육사논문집 제45집, 1993. 12, 291면 이하; 성낙인, 통치행위, 김철수교수화갑기념논문집, 1993, 122면 이하; 장영수, 헌법상 통치작용과 통치행위의 개념적 구별에 관하여, 법정고시, 1996. 1; 이광윤, 통치행위부정설, 고시연구, 1998. 6; 김용섭, 통치행위에 대한 사법적 통제, 고시연구, 2000. 10; 고문현, 통치행위에 관한 소고, 헌법학연구 제10권 제3호, 2004. 9; 강현호, 통치행위에 대한 소고, 토지공법연구 제28집, 2005. 10; 박승호, 이른바 통치행위(정치문제)에 대한 헌법재판, 헌법학연구 제16권 제3호, 2010. 9; 한상희, 통치행위와 긴급조치, 민주법학 제59호, 2015. 11.

Ⅱ. 통치행위의 이론적 근거

1. 통치행위이론 긍정설

통치행위이론을 인정하는 견해이다. 다시 그 근거에 대해서는 견해의 대립이 있다.

(1) 사법자제설

통치행위가 법적 문제를 내포하고 있음에도 불구하고 사법심사의 대상이 되지 않는 이유는 법원이 정치문제에 말려들기를 꺼려하여 스스로 그에 관한 판단을 자제하는 것에 기인한다고 보는 견해이다.

그러나 이러한 주장에 대해서는, 법률상 심사할 수 있음에도 불구하고 법원이 스스로 심사하지 않는 것은 심사권의 포기를 의미하는 것으로 헌법의 명문규정(개괄적 사법심사를 인정하고 있는 헌법 107조 2항)에 위배될 뿐 아니라, 이러한 고의적인 심사포기 내지 심사기피는 그 자체가 어느 한쪽의 입장을 옹호하는 것이 된다는 비판이 가해지고 있다.

(2) 재량행위설(합목적성설)

통치행위는 국가최고기관의 정치적 재량에 의해 결정되는 것이며, 따라서 그 권한의 행사에 있어서는 타당성 또는 합목적성 여부의 문제만 발생할 뿐 위법성의 문제는 발생하지 않으므로 사법심사의 대상이 되지 않는다고 보는 견해이다.

그러나 재량행위라 할지라도 그것이 남용·유월되어 행사된 경우에는 위법한 것으로서 사법심사의 대상이 되는 데 대하여, 통치행위는 남용·유월을 묻지 아니하고 사법심사의 대상에서 제외되는 행위인 점에서 재량행위설은 부적합하다.

(3) 내재적 한계설(권력분립설)

법원의 사법심사권에는 권력분립의 견지에서 나오는 일정한 내재적 한계가 존재하는바, 고도의 정치성을 띠는 통치행위는 이러한 사법심사권의 한계를 넘어선다는 견해이다. 다시 말하면, 정치적으로 중요한 의미를 가지는 행위의 당부는 정치적으로 책임을 지지 않는 법원에 의한 소송절차를 통해 해결할 문제가 아니고, 정부·의회 등에 의해 정치적으로 해결되거나 혹은 국민에 의해 민주적으로 통제되어야 한다는 입장이다.

2. 통치행위이론 부인설

순수한 정치문제가 아니고 그 속에 법률문제가 결부되어 있는 경우에는 그 법률문제에 대한 법원의 심사·판단이 부인될 수 없다고 하며, 이를 부인하게 되면 개괄적인 사법심사를 인정하고 있는 헌법규정($\frac{107조}{2항}$)에 위반하는 것일 뿐만 아니라 국민의 기본적 인권의 보장에도 철저하지 못하다는 비난을 면할 수 없다고 본다. 그러므로 사법부의 권한포기와 같은 통치행위의 이론은 부인되어야 한다는 입장이다.

Ⅲ. 결 어

법치주의가 지배하고 행정소송에서 개괄주의가 인정되는 이상, 법적 통치행위와 사실적 통치행위를 구별함이 없이 고도의 정치성을 띤 행위라는 이유만으로 사법심사의 대상에서 제외하는 통치행위의 이론에는 찬동할 수 없다. 통치행위에 의하여 개인의 권리가 침해되는 경우가 있음은 충분히 생각해 볼 수 있다. 예컨대 무역 내지 물품교역에 대한 외국과의 협정의 내용이 개별기업에 영향을 미치는 경우, 의회에서의 국무위원의 답변이 개인의 명예를 훼손하는 내용을 포함하고 있는 경우 등이 그에 해당한다. 이러한 경우에 법원은 통치행위에 의한 개인의 권리침해 여부를 판단할 수 있어야 한다. 따라서 중요한 것은 법원이 어떠한 범위 내에서 통치행위에 대한 심사를 할 수 있는가 하는 문제인 것이다.

헌법에서 명문으로 법원에 제소할 수 없음을 규정하고 있는 경우($\frac{헌법\ 64조\ 4항:}{국회의원의\ 징계·제명처분}$)를 제외하고, 법률문제가 포함되어 있는 경우 그 법률문제에 관한 한 원칙적으로 법원의 심사·판단이 행하여져야 한다. 실정법에 엄격한 요건이 규정되어 있는 경우 그 요건의 구비 여부는 법원의 심사대상이 되어야 한다.

대법원은 대통령의 계엄선포와 관련하여, 법원이 계엄선포의 요건 구비 여부나 선포의 당·부당을 심사하는 것은 사법권에 내재하는 본질적 한계를 넘어서는 것이라고 판시한 바 있다.

[판례] 국가를 보위하며 국민의 자유와 복리의 증진에 노력하여야 할 국가원수인 동시에 행정의 수반이며 국군의 통수자인 대통령이 제반의 객관적 상황에 비추어서 그 재량으로 비상계엄을 선포함이 상당하다는 판단밑에 이를 선포하였을 경우 그 행위는 고도의 정치적·군사적 성격을 띠는 행위라고 할 것이어서, 그 선포의 당·부당을 판단할 권한과 같은 것은 헌법상 계엄의 해제요구권이 있는 국회만이 가지고 있다고 할 것이고, 그 선포가 당연무효의 것이라면 모르되 사법기관인 법원이 계엄선포의 요건의 구비 여부나 선포의 당·부당을 심사하는 것은 사법권의 내재적인 본질적 한계를 넘어서는 것이 되어 적절한바가 못 된다(대판 1979. 12. 7, 79초70, 동지판례: 대판 1981. 9. 22, 81도1833).

그러나 법원은 계엄선포의 당·부당에 대하여 심사하지 못할 뿐, 그 요건구비 여부에 대하여는 법원의 심사가 가능하다고 보아야 한다는 점에서 위 판례에 대하여는 의문을 표시하지 않을 수 없다.

또한 고도의 정치성을 띤 행위라고 하더라도 헌법상의 제 원칙, 즉 국민주권의 원리, 비례의 원칙(또는 과잉금지의 원칙) 등에 위배되어서는 안 됨은 자명하다. 다만 고도의 정치성을 띤 행위의 경우 결정기관에 정치적 형성의 자유가 인정되며, 그 범위 내에서 그에 대한 사법심사가 제한될 뿐인 것이다. 이러한 경우에도 그 행위가 기본적 인권의 침해에 관련된 경우에는 결정기관의 재량의 여지는 축소되고 그에 상응하여 법원의 사법적 심사의 범위는 확대되어야 할 것이다.

최근 대법원은 통치행위의 개념을 인정하면서도 그 인정범위는 매우 좁게 보려고 하는 경향에 있다.

[판례①] 입헌적 법치주의국가의 기본원칙은 어떠한 국가행위나 국가작용도 헌법과 법률에 근거하여 그 테두리 안에서 합헌적·합법적으로 행하여질 것을 요구하며, 이러한 합헌성과 합법성의 판단은 본질적으로 사법의 권능에 속하는 것이고, 다만 국가행위 중에는 고도의 정치성을 띤 것이 있고, 그러한 고도의 정치행위에 대하여 정치적 책임을 지지 않는 법원이 정치의 합목적성이나 정당성을 도외시한 채 합법성의 심사를 감행함으로써 정책결정이 좌우되는 일은 결코 바람직한 일이 아니며, 법원이 정치문제에 개입되어 그 중립성과 독립성을 침해당할 위험성도 부인할 수 없으므로, 고도의 정치성을 띤 국가행위에 대하여는 이른바 통치행위라 하여 법원 스스로 사법심사권의 행사를 억제하여 그 심사대상에서 제외하는 영역이 있으나, 이와 같이 통치행위의 개념을 인정한다고 하더라도 과도한 사법심사의 자제가 기본권을 보장하고 법치주의 이념을 구현하여야 할 법원의 책무를 태만히 하

거나 포기하는 것이 되지 않도록 그 인정을 지극히 신중하게 하여야 하며, 그 판단은 오로지 사법부 만에 의하여 이루어져야 한다. 남북정상회담의 개최는 고도의 정치적 성격을 지니고 있는 행위라 할 것이므로 특별한 사정이 없는 한 그 당부를 심판하는 것은 사법권의 내재적·본질적 한계를 넘어서는 것이 되어 적절하지 못하지만, 남북정상회담의 개최과정에서 재정경제부장관에게 신고하지 아니하거나 통일부장관의 협력사업 승인을 얻지 아니한 채 북한 측에 사업권의 대가 명목으로 송금한 행위 자체는 헌법상 법치국가의 원리와 법 앞에 평등원칙 등에 비추어 볼 때 사법심사의 대상이 된다(대판 2004. 3. 26, 2003도7878, 동지. 판례: 대판 2010. 12. 16, 2010도5986).

[판례②] 구 상훈법 제8조는 서훈취소의 요건을 구체적으로 명시하고 있고 절차에 관하여 상세하게 규정하고 있다. 그리고 서훈취소는 서훈수여의 경우와는 달리 이미 발생된 서훈대상자 등의 권리 등에 영향을 미치는 행위로서 관련 당사자에게 미치는 불이익의 내용과 정도 등을 고려하면 사법심사의 필요성이 크다. 따라서 기본권의 보장 및 법치주의의 이념에 비추어 보면, 비록 서훈취소가 대통령이 국가원수로서 행하는 행위라고 하더라도 법원이 사법심사를 자제하여야 할 고도의 정치성을 띤 행위라고 볼 수는 없다(대판 2015. 4. 23, 2012두26920). [2]

헌법재판소는 고도의 정치적 결단에 의한 행위로서 그 결단을 존중하여야 할 필요성이 있는 행위라는 의미에서 이른바 통치행위의 개념을 인정하면서, 그러한 행위도 국민의 기본권 침해와 직접 관련되는 경우에는 당연히 헌법재판소의 심판대상이 된다고 판시한 바 있다(^{판례}).

한편, 헌법재판소는 국군의 이라크파병 결정에 대한 위헌확인 사건에서 대통령이 국군을 이라크에 파병하기로 한 결정은 그 성격상 국방 및 외교에 관련된 고도의 정치적 결단을 요하는 것으로서, 헌법재판소가 사법적 기준만으로 이를 심판하는 것은 자제되어야 한다는 이유로 각하의 결정을 선고하였다(^{판례}).

[판례①] ㉮ 통치행위란 고도의 정치적 결단에 의한 국가행위로서 사법적 심사의 대상으로 삼기에 적절하지 못한 행위라고 일반적으로 정의되고 있는바, 이 사건 긴급명령이 통치행위로서 헌법재판소의 심사 대상에서 제외되는지에 관하여 살피건대, 고도의 정치적 결단에 의한 행위로서 그 결단을 존중하여야 할 필요성이 있는 행위라는 의미에서 이른바 통치행위의 개념을 인정할 수 있고, 대통령의 긴급재

---

2) 이에 대한 평석으로는 김용섭, 독립유공자 서훈취소의 법적 쟁점, 행정판례연구 제21집 2호, 2016. 12. 참조.

정·경제명령은 중대한 재정·경제상의 위기에 처하여 국회의 집회를 기다릴 여유가 없을 때에 국가의 안전보장 또는 공공의 안녕질서를 유지하기 위하여 필요한 경우에 발동되는 일종의 국가긴급권으로서 대통령의 고도의 정치적 결단을 요하고 가급적 그 결단이 존중되어야 할 것이다. ㉯ 그러나 이른바 통치행위를 포함하여 모든 국가작용은 국민의 기본권적 가치를 실현하기 위한 수단이라는 한계를 반드시 지켜야 하는 것이고, 헌법재판소는 헌법의 수호와 국민의 기본권 보장을 사명으로 하는 국가기관이므로 비록 고도의 정치적 결단에 의하여 행해지는 국가작용이라고 할지라도 그것이 국민의 기본권 침해와 직접 관련되는 경우에는 당연히 헌법재판소의 심판대상이 될 수 있는 것이다(헌재 1996. 2. 29, 93헌마186).

[판례②] 이 사건 파병결정은 대통령이 파병의 정당성뿐만 아니라 북한 핵 사태의 원만한 해결을 위한 동맹국과의 관계, 우리나라의 안보문제, 국·내외 정치관계 등 국익과 관련한 여러 가지 사정을 고려하여 파병부대의 성격과 규모, 파병기간을 국가안전보장회의의 자문을 거쳐 결정한 것으로, 그 후 국무회의 심의·의결을 거쳐 국회의 동의를 얻음으로써 헌법과 법률에 따른 절차적 정당성을 확보했음을 알 수 있다. 그렇다면 이 사건 파병결정은 그 성격상 국방 및 외교에 관련된 고도의 정치적 결단을 요하는 문제로서, 헌법과 법률이 정한 절차를 지켜 이루어진 것임이 명백하므로, 대통령과 국회의 판단은 존중되어야 하고 헌법재판소가 사법적 기준만으로 이를 심판하는 것은 자제되어야 한다. 이에 대하여는 설혹 사법적 심사의 회피로 자의적 결정이 방치될 수도 있다는 우려가 있을 수 있으나 그러한 대통령과 국회의 판단은 궁극적으로는 선거를 통해 국민에 의한 평가와 심판을 받게 될 것이다(헌재 2004. 4. 29, 2003헌마814). 3)

---

3) 이에 대하여 4인의 별개의견은 헌법재판소법 제68조 제1항의 헌법소원심판을 청구할 수 있는 자는 공권력의 행사 또는 불행사로 인하여 자기의 기본권이 현재 그리고 직접적으로 침해받은 자를 의미하며, 단순히 간접적이거나 사실적인 이해관계가 있을 뿐인 제3자는 이에 해당하지 않는다는 점에서, 청구인은 이 사건 파병결정에 관하여 일반 국민의 지위에서 사실상 또는 간접적인 이해관계를 가진다고 할 수는 있으나, 이 사건 파병결정으로 인하여 청구인이 주장하는 바와 같은 행복추구권 등 헌법상 보장된 청구인 자신의 기본권을 현재 그리고 직접적으로 침해받는다고는 할 수 없다고 보았다.

제 3 절   행정의 분류

Ⅰ. 주체에 의한 분류

1. 국가행정

국가는 행정에 관한 권리·의무가 귀속되는 시원적 행정주체이다. 국가행정은 전국에 걸쳐 행해진다. 다만 중앙의 행정은 직접 국가기관에 의해 행해지지만, 지방에서의 국가행정은 지방자치단체 또는 그의 기관에 위임하여 행함을 원칙으로 한다($^{지방자치법 115}_{조 등 참조}$).

2. 자치행정

지방의 행정은 지방자치단체의 주민이 자주적으로 행함을 원칙으로 한다($^{헌법 117조, 지방자}_{치법 3조 등 참조}$). 현행법상 지방자치단체로는 특별시·광역시·특별자치시·도·특별자치도와 시·군·구 등이 있다($^{지방자치법}_{2조 참조}$).[1] 이 밖에 지방자치단체 이외의 공공단체($^{공공조합·영조물법}_{인·공법상의 재단 등}$)에 의한 행정도 자치행정의 하나로 부르는 경향이 있다. 그러나 영조물법인이나 재단은 구성원을 가지지 않으므로 자치단체라고 부를 수는 없으며, 따라서 공공단체의 활동을 모두 자치행정이라고 할 수는 없다.

3. 위임행정

국가 또는 지방자치단체와 같은 행정주체는 그의 행정을 스스로 행하지 아니하고 다른 단체 또는 사인에게 위임하여 행하는 경우가 많은데, 이와 같은 행정을 위임행정이라고 한다. 국가가 그의 행정을 지방자치단체 또는 그 기관에 위임하여 행하는 것이 대표적인 예이다.

---

1) 이때 지방자치단체인 구(이하 "자치구"라 한다)는 특별시와 광역시의 관할 구역 안의 구만을 말하며, 자치구의 자치권의 범위는 법령으로 정하는 바에 따라 시·군과 다르게 할 수 있다(지방자치법 2조 2항).

Ⅱ. 임무 또는 목적에 의한 분류

1. 질서행정

공공의 안녕과 질서를 유지하기 위한 행정을 질서행정(Ordnungsverwaltung)이라고 한다. 과거에는 그 전부를 경찰(police, Polizei)이라고 불렀으나, 근래에는 형식적 의미의 경찰 이외에도 질서유지의 임무를 담당하고 있는 기관(담당기관 등: 보건·위생의)이 많이 있음으로써, 그들 전체를 질서행정 또는 질서유지작용이라고 부르는 경향에 있다.

2. 급부행정

급부행정(Leistungsverwaltung)이란 행정주체가 사회공공의 복리증진을 위하여 적극적으로 사회구성원의 생활여건의 보장·향상을 추구하는 행정을 말한다. ① 도로·공원 등 공공시설의 설치·관리(공물행정), ② 수도·가스의 공급(공기업행정), ③ 학교·도서관 등의 설치·관리(영조물행정), ④ 생활무능력자의 보호·의료보험(사회보장행정), ⑤ 장학금의 지급·융자(조성행정) 등이 그에 해당한다. 현대국가가 사회국가, 복지국가를 지향함에 따라 급부행정의 폭은 더욱 넓어지고 있다.

3. 유도행정

행정주체가 국민의 경제·사회적, 지역적 생활을 일정한 방향으로 이끌어가며 촉진시키는 활동을 유도행정(Lenkungsverwaltung)이라고 한다. 정부가 주도하는 경제개발, 지역개발, 국토정비와 같은 활동이 그에 해당한다. 유도행정은 상술한 질서행정, 급부행정과 밀접한 관계를 이루며, 그들 행정과 엄격히 구분하기 어려운 경우가 많이 있다. 유도행정을 위한 중요수단이 되는 것이 계획, 자금조성(지급. 융자: 예: 보조금의) 등이다.

4. 공과행정

행정주체가 조세, 부담금(수익자부담금: 예: 개발부담금·) 등을 부과·징수하여 행정을 위해 필요한 자금을 조달하는 활동을 공과행정(Abgabenverwaltung)이라고 한다.

5. 조달행정

행정을 위해 필요한 인적·물적 수단을 확보하며 관리하는 활동을 조달행정(Bedarfsverwaltung)이라고 한다. 각종의 공무원법, 재정에 관계되는 법규(국가재정법,국유재산법 등)가 그의 법적 뒷받침을 한다.

6. 보장행정

보장행정(Gewährleistungsverwaltung)은 시민에 대한 급부를 국가 또는 정부(행정)가 직접 제공하는 것이 아니라, 기업 등 사경제적 주체가 제공하는 급부가 효율적으로 이루어지도록 보장하는 것을 그 임무로 한다. 이와 같은 의미의 보장행정은 민간화·사화(Privatisierung)가 진행됨에 따라 등장한 비교적 새로운 현상으로서, 이때까지 국가 또는 행정이 직접 또는 공기업 등을 통해 간접적으로 담당해왔던 임무를 사경제 또는 민간의 경쟁체제에 맡기되, 그에 따른 부작용 내지 폐해를 방지하고 조정할 최종적인 책임을 국가가 짊어짐을 의미한다. 그러한 국가를 보장국가(Gewährleistungsstaat)라고 부르기도 한다.[2]

Ⅲ. 법적 효과에 의한 분류

1. 부담적 행정

개인의 자유와 권리를 침해·제한하거나 혹은 의무·부담을 과하는 행정을 부담적 행정 또는 침해·규제행정(Eingriffsverwaltung)이라고 한다. 예컨대 도로교통의 제한, 영업금지, 공용수용, 세금의 부과 등이 그에 해당된다.

---

2) 참조: 김남진, 자본주의 4.0과 보장국가·보장책임론, 학술원통신 제221호, 2011. 12; 김남진, 현대국가에서의 행정 및 행정법학의 역할과 과제, 학술원통신 제228호, 2012. 7; 김남진, 개혁대상으로서의 규제와 보장국가적 규제, 법연 제33호, 2012. 9; 김남진, 보장국가의 정착과 구현, 법률신문, 2012. 11. 15; 김남진, 사회국가와 보장국가와의 관계, 법연 제36호, 2012. 12; 김남진, "경제에 대한 국가의 역할"과 관련하여, 공법연구 제42집 제1호, 2013. 10; 김남진, 보장국가시대의 입법과 관련문제, 학술원통신 제255호, 2014. 2; 김남진, 한국에서의 보장국가론과 규제개혁, 학술원통신 제261호, 2015. 4; 김남진, 공사협력과 행정법상 주요문제, 학술원통신 제269호, 2015. 12; 김남진, 시대와 호흡을 함께 하는 공법학과 사법(司法), 공법연구 제44집 제4호, 2016. 6; 김남진, 시대와 호흡을 함께 하는 법학의 필요성, 4차산업혁명 법과 정책(창간호), 2020. 7; 김남진, 새로운 공법 및 행정법을 통한 민주적 법치국가夢의 실현, 공법연구 제51집 제1호, 2022. 10.

2. 수익적 행정

개인에 대해 금전이나 편익을 제공하거나 혹은 이미 과해진 의무나 부담을 해제하여 주는 행정을 수익적 행정(Begünstigungsverwaltung) 또는 급부행정(Leistungsverwaltung)이라고 한다. 금전·물품·서비스 등의 제공, 허가·특허·인가 등이 그의 주요수단이 된다.

3. 양자의 교착

처분이 부담적인지 또는 수익적인지 그 구별이 항상 명확한 것은 아니다. 일반적으로 볼 때 상대방에게 수익적인 내용의 처분이라도 수익의 내용을 한정한다는 측면에서는 부담적일 수 있다. 또한 부담적 행정과 수익적 행정은 서로 대립하여 독자적인 영역을 형성하는 것이 아니며 양자가 복합적으로 또는 교착되어 행하여지는 경우가 많다. 금전이나 편익의 제공이 일정한 의무 또는 부담과 결합된 경우(일정한 성적의 유지가 장학금 계속 지급의 조건인 경우), 하나의 처분이 수급자 자신에게 편익의 제공과 침해의 효과를 동시에 발생하는 경우(수도의 공급 과 이용강제), 수급자에게는 이익이나 제3자(경쟁자)에게는 불이익이 되는 경우(자금 조성) 등이 그 예이다. 이러한 양자의 교착에도 불구하고, 관계자에 대한 상이한 법적 효과로 인해 법률상 다르게 취급하여야 하는 경우가 있기 때문에 양자의 구별은 의미가 있다.

Ⅳ. 법적 기속에 의한 분류

1. 기속적 행정

예컨대, 일정한 소득이 있는 자에 대해 법이 정한 세금을 반드시 부과해야 하는 경우와 같이, 일정한 요건이 충족되는 경우에는 반드시 일정한 행정활동을 하여야 하는 경우가 기속적 행정에 해당된다.

2. 재량적 행정

법이 어떤 행정활동을 할 수도 안할 수도 있는 자유(결정 재량) 또는 여러 종류의 활동(대상) 중 어느 것이나 선택할 수 있는 자유(선택 재량)를 부여하고 있는 경우가 재량적 행정이다. 법이 행정의 요건에 관하여 불확정개념(예: 출국이 대한민국의 이익을 현 저하게 해할 염려가 있다고 인정 되는 자)을 사용하고 있고 어떤 사실이 그에 해당하는지의 여부가 불확실한 경우,

과거에는 그러한 경우를 요건재량, 법규재량 등으로 불렀다. 그러나 근래에는 그러한 경우는 "복수행위간의 선택의 자유"가 인정되는 경우의 재량(Ermessen) 과는 다르다는 전제하에, 판단여지(Beurteilungsspielraum) 또는 그 밖의 명칭 (판단우월_판)으로 부르는 경향이 있다.

3. 법률로부터 자유로운 행정

법률로부터 자유로운 행정이란 기속적 행정이나 재량적 행정과 같이 개별 적인 수권규정에 근거해서 하는 경우가 아닌 것을 말한다. 이러한 행정은 급부 행정이나 지방자치행정에서 많이 발견된다.

V. 수단에 의한 분류

1. 권력적 행정

행정주체가 개인에 대하여 일방적으로 명령·강제하거나 개인의 법적 지위 를 일방적으로 형성·변경·소멸시키는 행정을 권력적 행정 또는 고권적 행정 (hoheitliche Verwaltung)이라 한다. 경찰, 조세, 공용부담(토지수용 등), 병사 등 의 행정영역에서 많이 행해진다.

2. 비권력적 행정

강제성을 띠지 않는 행정을 비권력적 또는 비고권적(nicht-hoheitlich) 행정 이라고 한다. 행정지도 또는 비공식적 행정작용, 공법상 계약, 공물의 관리 등 이 그 대표적 예에 속한다.

VI. 법적 형식에 의한 분류

1. 공법상의 행정

공법에 의거하여 또는 공법의 규율을 받으며 행해지는 행정활동이 공법상 의 행정 또는 공법행정이다. 공법행정 가운데, 명령·강제 등의 수단을 사용하 여 행해지는 행정을 권력(또는 고권적)행정이라고 하는 데 대하여, 공법의 규율 을 받으나 공물(공공시설)의 설치·관리, 영조물·공기업의 경영 등과 같이 권

력성이 약한 공법적 행정을 관리행정 또는 단순고권적(schlicht-hoheitlich) 행정
이라고 부른다.

2. 사법상의 행정

사법의 규율을 받으며 행해지는 행정활동이 사법상의 행정 또는 사법행정
이다. 행정이 필요로 하는 물자를 조달하는 행정, 즉 협의의 국고행정(fiskalische
Verwaltung)이 사법행정의 전형을 이룬다. 이 밖에 급부행정, 유도행정도 사법
의 형식으로 행해지는 경우가 많다. 행정이 사법에 의거하여 행해지더라도 사
법이 헌법상의 평등원칙, 기본권규정 그 밖의 공법규정의 제약을 받게 되는 경
우의 사법을 특별히 행정사법(Verwaltungsprivatrecht)이라고 부르기도 한다.

제2장 행 정 법

제1절 행정법의 성립과 유형

Ⅰ. 행정법의 성립

1. 행정법 성립의 전제

행정의 관념은 근대 법치국가에 와서 권력분립제도와 관련하여 성립된 역사적 산물이다. 행정법은 근대적 의미의 행정관념을 전제로 하는 것인데, 행정법이 성립하는 데에는 일정한 전제가 필요하였다. 보통법(common law)의 지배를 받아 행정법이라는 것을 거의 알지 못했던 영미법계국가에 비해, 일찍이 프랑스를 중심으로 한 대륙법계국가에서 행정법이 성립하게 되었던 배경으로는 법치국가의 사상과 행정제도를 들 수 있다.

(1) 법치국가사상의 대두와 확립

법치국가(Rechtsstaat)사상의 발달은 근대행정법의 성립을 위한 불가결의 전제조건이다. 법치국가의 사상, 즉 "국가의 작용은 국민의 대표기관인 의회가 제정한 법률에 기속되지 않으면 안 된다"고 하는 이 사상은 근대국가의 초기에 있어서의 경찰국가(Polizeistaat)에 대항하여 이것을 극복하기 위해 등장한 것으로서, 국민주권주의와 자유주의를 그 근간으로 하고 있다. 근대행정법의 기본원리의 하나인 '법률에 의한 행정'의 원리는 그와 같은 자유주의적 국가사상이 행정영역에 표현된 것이라 볼 수 있다.

(2) 행정제도의 발달

근대적 행정법이 성립하기 위해서는 위의 첫째 조건 외에도 이른바 행정제도(régime administratif)라는 관념과 제도가 발달할 필요가 있다. 여기에서 행정제도라고 하는 것은 역사적으로는 프랑스에서 발달한 것으로서, 행정관리는 통상법원의 통제와 일반 법률에 복종하지 아니하고 집행권에 속하는 상사의 감독을 받으며 특별한 법령에 의해 규율받는 것을 의미하였다.

프랑스에서는 이러한 행정제도를 기반으로 행정에 고유한, 사법과 대립하는 독자적인 법의 체계로서의 행정법의 발달이 촉진되었는바, 그러한 의미에서 프랑스야말로 행정법의 모국이라 할 수 있다. 근대적 독일행정법학의 시조인 오토 마이어가 그의 「독일행정법」(Deutsches Verwaltungsrecht, 1895)을 저술하기에 앞서 「프랑스행정법의 이론」(Theorie des französischen Verwaltungsrechts, 1886)을 출간한 것은 그러한 점에서 의의가 깊다.[1]

그러나 독일에 있어서도 프랑스에 이어 행정법원이 설치되고 행정제도를 가지게 됨으로써 행정법을 가지는 국가가 되었다. 그리고 이와 같은 의미의 행정제도를 가지는 국가만을 행정국가(Verwaltungsstaat)라고 부르기도 한다.

2. 행정법의 발전과 행정제도

그러나 1930년대에 이르러 새로이 미국이나 영국에 있어서도 행정법이 발달함으로써, 과연 위에서 말한 행정제도를 가지는 것이 오늘날에 있어서도 여전히 행정법 성립의 불가결의 전제조건인가 하는 의문이 생기게 되었다. 영·미와 같은 국가에서는 전통적으로 보통법(common law)의 지배를 받아 위에서 말한 행정제도를 가지지 않았다. 이들 국가는 정부도 사인과 같이 일반법원의 재판을 받는다는 의미에서 사법국가(Justizstaat)라고 불리운다. 영·미에서는 확실히 20세기 초까지는 행정법의 존재가 일반적으로 승인되지 않았으나, 현재에 이르러서는 영·미에 새로운 유형의 행정법이 존재하고 있음을 부정하기 어렵다. 그리하여, 영·미에 종래의 대륙법계행정법과는 다른 유형의 행정법이 발전하고 있음을 인정하여 그의 특질을 학문적으로 연구하는 것이 시급한 과제가 되어 있다고 할 수 있다.[2]

Ⅱ. 행정법의 유형과 한국행정법

근대행정법은 법치국가사상을 그의 불가결의 요소로 하고 있는 점에서는 공통의 성격을 가지면서도 행정제도의 모습 및 그의 유무에 따라 다른 유형을

---

1) 이러한 점에 관하여는 김남진, 기본문제, 21면 참조.
2) 상세는 김남진, 법률의 지배와 법의 지배-독일형 법치주의와 미국형 법치주의, 고시연구, 1997. 4 참조.

보여주고 있다.

1. 대륙법계의 유형

(1) 프랑스행정법[3]

프랑스에서는 대혁명(1789) 후의 국가기구의 정비과정에서 사법권의 행정권에의 개입을 극력 배제하려는 움직임이 강하게 작용하였다. 그 결과 생긴 것이 국사원(Conseil d'État)에 의한 행정재판의 제도이다. 이 국사원이 민사법과는 다른 법을 재판실무를 통해 발전시킴으로써 오늘에 보는 바와 같은 행정 고유의 일반체계적인 법으로서의 행정법이 발달하기에 이르렀다. 국사원의 행정판례를 통해 발전된 프랑스행정법의 독특한 내용으로서는 행정배상책임법, 행정계약법, 월권소송제도 등을 들 수 있다.

(2) 독일행정법

프랑스와의 교류속에 독일에도 행정에 고유한 법으로서의 행정법 및 행정재판제도가 발달하였다. 그러나 행정재판제도가 행정법의 발전을 위해 수행한 역할은 프랑스에 있어서보다는 훨씬 떨어졌다. 이것은 프랑스에 비해 행정재판제도의 발달이 미약한 바탕에서(제2차대전까지의 중앙
행정법원의 결여 등), 행정소송사항에 있어 열기주의를 택한 것도 그 원인이 되었다. 그리하여 프랑스에서는 행정법의 일반원리가 판례를 통해 발전한 데 대하여, 독일에서는 학설이 행정법이론의 발전을 주도하는 경향을 나타냈다. 제2차대전 후에는 독일도 행정소송사항에 있어 개괄주의를 택하고, 중앙행정법원으로서의 연방행정법원(Bundesverwaltungsgericht)이 설치되는 등 많은 변화가 일어났다. 또한 실체법을 가미한 행정절차법(Ver-waltungsverfahrensgesetz)을 제정·시행함으로써 그 분야에서의 선도적 역할을 하고 있는 것이 현황이다.[4]

2. 영·미법계의 유형[5]

영국 헌법학의 아버지로 볼 수 있는 다이시(Dicey)는 법의 지배(rule of law)

---

3) 주요문헌: 김동희 역, 프랑스행정법, 1980; 김남진, 프랑스행정법의 경향과 특색, 고시계, 1983. 2; 박영도, 프랑스 Conseil d'État의 법제기능, 법제, 2001. 12; 강지은, 프랑스 행정법상 '분리가능행위'(l'acte détachable)에 관한 연구, 서울대학교 박사학위논문, 2011; 박현정, 프랑스 행정법상 과실책임 제도, 행정법연구 제41호, 2015. 2; 한견우/장-브느와 알레르띠니, 프랑스 행정법의 성립 발전과 변혁 그리고 한국 행정법에 끼친 영향과 과제, 행정법학 제18호, 2020. 3.
4) 참조: 김남진, 독일의 행정·행정법(학)의 변용, 학술원통신 제254호, 2014. 9.
5) 주요문헌: 김남진, 미국에서의 행정에 대한 통제, 고시계, 1983. 11; 김남진, 법률의 지배와 법의 지배 -

의 내용의 하나로서 '법 앞의 평등'을 들고, 행정권도 사인에게 적용되는 정규법(ordinary law)의 적용을 받는다고 보아 영국에는 행정법이 없음을 자랑하였다. 미국에서도 사법국가주의를 고수함으로써 행정에 고유한 법으로서의 행정법의 발전을 보지 못하였다. 그러나 20세기에 들어서면서 자본주의의 고도화에 따라 발생하는 여러 가지 사회·경제적 문제를 정부가 적극 개입하여 해결해야 할 필요성이 생김에 따라 그것을 뒷받침하기 위한 수많은 제정법(statute)과 행정기관(특히 행정적 권한뿐만 아니라 준입법적 권한과 준사법적 권한까지 갖는 독립규제위원회(independent regulatory commission)와 같은 행정위원회)이 출현하였다. 그 결과 영·미의 국가에서도 행정기관의 권한 및 권한행사의 절차와 그에 관한 사법심사 등에 관하여 규율하는, 행정에 특유한 법으로서의 행정법의 체계가 성립·발전되어 있다.

3. 일본의 행정법

일본은 메이지유신을 통해 독일식의 헌정제도를 도입함에 따라 1890년에는 행정재판소가 설립되었다. 그러나 단심인데다 열기주의를 채택함에 따라 행정법의 발달을 위해 행정재판소가 연출한 역할은 독일에 있어서만도 못하였다. 행정에 관한 입법이 많이 행해지기는 하였으나, 거의 개별적인 사항에 관한 것에 지나지 않았다. 그리하여 일본에서도 행정법의 발달은 학설을 통해 유도되었다고 말해지고 있다.[6]

제2차대전 후 제정된 헌법(일본국헌법)하에서는 행정재판소가 폐지되었으며 그에 따라 사법국가형을 취하게 되었다고 한다. 그러나 그럼에도 불구하고, 행정사건소송법이 별도로 제정되어 있으므로, 소송절차의 점에서는 종래의 체계가 남아 있다고 한다.[7]

4. 한국의 행정법[8]

헌법은 "명령·규칙 또는 처분이 헌법이나 법률에 위반되는 여부가 재판의

독일형 법치주의와 미국형 법치주의, 고시연구, 1997. 4; 박수헌, 미국행정법에 있어서 절차적 적법절차에 관한 고찰, 안암법학 제13호, 2001; 김광수, 미국 행정절차법 연구, 행정법연구 제12호, 2004. 10; 최봉석, 미국 행정법상 행정행위의 특성과 절차법적 통제, 미국헌법연구 제26권 제3호, 2015. 12; 김유환, 미국행정법과 한국행정법학의 발전, 행정법학 제17호, 2019. 9; 황의관, 미국행정법상 적법절차원리의 의미와 적용범위에 관한 연구, 행정법학 제17호, 2019. 9; 조선영, 미국행정법과 사법심사에서의 행정청 존중, 미국헌법연구 제31권 제2호, 2020. 8; 박재윤, 미국 행정법은 슈미트적 행정법인가?, 행정법연구 제64호, 2021. 3.

6) 小早川光郎, 行政法 上, 27면 참조.
7) 塩野 宏, 行政法 Ⅰ, 23면 참조.
8) 주요문헌: 김도창, 행정법학의 회고와 전망, 사법행정, 1985. 5~7; 박정훈, 헌법과 행정법, 헌법제정 50

전제가 된 경우에는 대법원은 이를 최종적으로 심사할 권한을 가진다"($^{107조}_{2항}$)라고 규정하여 일견 사법국가형을 천명하고 있는 것으로 보인다. 그럼에도 불구하고, 행정소송법이 별도로 제정되어 있는 점에서 일본에서의 사정과 비슷하다. 그러나 1994. 7. 27의 법개정($^{법원조직법\ 3편\ 5장,}_{행정소송법\ 9조\ 등}$)을 통해 행정법원을 설치하도록 되어 있는 등, 일본에서보다는 공법으로서의 행정법의 특수성이 강조되는 경향에 있다고 할 수 있다.

제2절 행정법의 의의

Ⅰ. 개 설

행정법은 「행정의 조직·작용·절차 및 구제에 관한 국내 공법」이라고 정의할 수 있다. 행정법이란 행정주체의 조직·권한(절차 포함) 및 기관 상호관계에 관한 규율 및 행정주체 상호간 또는 행정주체와 사인간의 공법상의 법률관계에 관한 규율을 총칭한다고 할 수 있다.

Ⅱ. 행정법의 개념규정

행정법은 행정의 조직·작용·절차 및 구제에 관한 국내공법이라 정의할 수 있는데, 이것을 분설하면 다음과 같다.

1. 행정법은 「행정」에 관한 법이다

(1) 헌법·입법법·사법법과의 구별

행정법은 행정권의 조직 및 작용(절차 및 구제 포함)을 규율하는 법이다. 이 점에서 국가의 조직 및 작용의 기본원칙을 정하는 헌법과 구별된다. 국가의 기본법으로서의 헌법에는 행정에 관한 기본원칙이 정해져 있으나 그것은 헌법의

주년 기념학술대회 자료집, 1998. 10; 홍준형, 행정법제의 변천, 법제연구, 통권 제14호, 1998; 김남진, 행정법(학)의 회고와 과제, 한국공법학회 연차학술대회, 1999. 6; 서원우, 행정시스템의 변화와 21세기 행정법학의 과제, 행정법연구 제7호, 2001; 김남진·김중권, 한국의 행정법학, 한국의 법학(대한민국 학술원), 2010.

부분을 이루고 있음에 지나지 않으며, 행정법은 그 밑에서 행정을 중심관념으로 하여 그의 조직과 작용에 관해 구체적으로 정하고 있는 것이다.

또한 행정법은 행정의 조직 및 작용에 관한 법인 점에서 입법권의 조직 및 작용에 관한 입법법(예:국
회법), 사법권의 조직 및 작용에 관한 사법법(예:법원
조직법)과 구별된다.

(2) 행정의 범위

행정법이 행정에 관한 법이라고 하는 경우 그 행정의 의미와 범위 여하가 문제되고 있다. 학설상으로는 실질적 의미의 행정과 동일시하는 견해, 형식적 의미의 행정과 동일시하는 견해 등이 있는데, 여기에서의 행정개념은 행정법을 법의 일부분으로서 성립시키기 위한 합목적적·기술적 견지에서 세워진 까닭에 이러한 견지에서 독자적으로 고찰될 필요가 있다. 이와 같이 볼 때 다음과 같은 것이 여기에서의 행정에 속한다고 볼 수 있다.

첫째, 실질적 의미의 행정은 특히 타법의 대상으로 되어 있는 것(국제
행정 등)을 제외하고는 행정부의 작용은 물론 입법부·사법부의 작용에 속하는 것도 여기에서의 행정에 속한다.

둘째, 형식적 의미의 행정은 그것이 성질상 입법(예:행정
입법)·사법(예:행정
심판)에 해당하더라도 여기에서의 행정에 속한다.

셋째, 행정소송은 실질적으로 사법에 속하나, 그것이 '행정'쟁송임으로 인해 특별히 마련되어 있는 한도에서 여기에서 말하는 행정으로서의 경향을 가진다.

끝으로, 공공단체(지방자치
단체 등)의 활동은 일반적으로 여기에서 말하는 행정에 속한다고 말할 수 있다.

2. 행정법은 행정에 관한 「공법」이다

(1) 공법의 관념 및 사법과의 구별

행정에 관한 법의 전부가 아니라 「행정에 고유한 법」, 즉 공법만이 행정법이다. 현행제도상 사인 상호간의 관계를 규율하는 사법과 구별되는 공법이 인정되고 있음은 명확하나, 공법의 정의를 정확히 내리기는 힘들다.

행정상의 법률관계에는, ① 행정주체가 사인에 대해 명령·강제하며 일방적으로 법률관계를 설정·변경하는 경우(권력관계·
지배관계), ② 사회형성활동의 일환으로서 공공시설을 설치·관리하며, 역무(서비스)·물자·에너지 등을 국민에게 공급

하는 경우($\frac{공적관}{리관계}$), ③ 행정주체가 사인과 대등한 입장에서 물자의 구입·판매 등 경제활동을 하는 경우($\frac{사경제활동관계·}{국고적 활동관계}$) 등이 있는데, 앞의 두 가지를 규율하는 법이 공법이라 말할 수 있다.[1]

(2) 행정사법의 문제

행정법은 행정에 고유한 법, 즉 공법이므로 행정법학은 그 공법만을 고찰하면 되는 것으로 생각되어 왔다. 그러나 행정의 임무가 확대됨에 따라 전통적인 국고작용($\frac{물자의}{활동 등}$구입) 이외에 급부행정 등에 적용되는 사법과 같이, 헌법 등 공법에 의한 기속을 받는 사법, 이른바 행정사법(Verwaltungsprivatrecht)[2]의 개념이 출현함으로써 행정법학에 새로운 문제를 제공하고 있다.

3. 행정법은 행정에 관한 「국내공법」이다

넓은 의미의 행정에는 국내행정만이 아니라 국제행정, 즉 국가의 제 외국과의 관계에 대한 행정도 이에 포함된다. 그러나 국제행정은 국제조약이라든가 확립된 국제법규 등 국제법의 규율을 받으며, 그 국제법은 일반의 국내법과는 그의 원리와 성질을 달리하므로, 행정법과는 구별되고 있다.[3]

다만, 국제법 가운데에는 각국의 국내에서 직접 적용되는 것도 많이 있는데, 교통·통신·노동·위생·공업소유권·저작권·도량형 등의 분야에서 많이 발견된다. 따라서 그에 관련된 조약 등 국제법규는 그 한도에서 국제법임과 동시에 국내법으로서의 효력을 가지게 되고 행정법의 일부를 구성한다. 헌법 제6조 1항의 "헌법에 의하여 체결·공포된 조약과 일반적으로 승인된 국제법규는 국내법과 같은 효력을 가진다"라는 규정이 바로 그러한 점을 명백히 하고 있다.

제3절 행정법의 법적 특수성

I. 개 설

행정의 조직과 작용·절차 및 구제에 관한 법인 행정법은 단일 법전이 없이

---

1) 이에 관한 상세는 본서 87면 이하 참조.
2) 상세는 본서 458면 이하 참조.
3) 참조: 김남진, Global시대의 행정법·행정법학, 학술원통신 제296호, 2018. 3.

무수한 법으로 구성되어 있다. 그럼에도 불구하고 그 전체를 특징짓는 공통의 원리가 존재함으로써 통일적인 법체계를 형성하고 있다고 말할 수 있다. 행정법 분야의 법원칙을 명문화하고 법 집행의 기준을 제시하며, 개별법에 산재해 있는 유사한 제도의 공통 사항을 체계화함으로써 국민의 혼란을 해소하고 행정의 신뢰성·효율성을 제고하기 위하여 2021년 3월 23일에 「행정기본법」이 제정되었음은 환영할 일이다.[4]

행정법을 규율하고 있는 공통의 원리, 다른 법에 대한 특색은 무엇인가. 여기에서는 그에 관한 사항을 행정법의 내용·형식·성질면으로 나누어 고찰해 보기로 한다.

Ⅱ. 행정법의 규정내용상 특수성

1. 행정법에 있어서의 행정주체의 우월성

행정법은 행정권의 발동을 기속하여 그의 자의적 행사를 금지하는 한편, 법률 스스로 행정권의 발동에 우월한 효력(구속력)을 인정함으로써 사인 상호간의 행위와는 다른 법적 취급을 하고 있다. 다만, 그 행정주체의 우월성은 행정주체에 고유한 본래의 성질이라 할 수 없으며, 행정의 실효성을 위하여 법률이 행정에 대하여 부여하고 있는 것에 지나지 않는다. 이와 같은 특색은 구체적으로 다음의 점에 나타나 있다.

(1) 행정주체의 지배권의 승인

행정법은 국가·공공단체 등의 행정주체에 대해 일방적으로 명령·강제하며 법률관계를 형성·변경하는 힘을 인정하고, 대등한 개인 사이의 행위와는 다른 법적 취급을 한다. 이와 같은 행정주체의 우월성은 물론 법률에 근거하고 법률이 인정하는 범위 내에서 행사할 수 있는 것이지만, 어떻든 법률 스스로가 행정주체에 대해 그와 같은 지배권을 승인하고 있는 점에 행정법의 현저한 특색이 있다.

(2) 행정행위의 공정력 등

행정주체의 지배권의 발동이 법률에 근거를 두고 법률이 정한 바에 따라야

---

4) 참조: 김남진, 행정법의 법전화, 법제, 2020. 12; 김남진, 행정법총론의 기능과 관련 문제, 학술원통신 제334호, 2021. 5.

함은 말할 것도 없지만, 특히 "행정행위"의 경우, 가령 그것이 법률에 위반한 경우에도 그 위반이 중대·명백하지 않는 한 권한있는 기관에 의해 취소될 때까지는 구속력을 가진다. 이러한 효력을 흔히 행정행위의 공정력(또는 예선)[1]이라 부른다. 예를 들면, 조세부과처분이 가령 위법일지라도 그 위법이 중대·명백하지 않는 한 권한있는 기관에 의해 취소되기 전까지 상대방은 이에 구속되어 납세의무를 지게 된다.

(3) 행정권의 자력강제권의 승인

행정법은 행정권이 스스로의 힘에 의해 상대방의 의무의 이행을 강제하며 (행정상의 강제집행), 또는 행정상 필요한 상태를 실현할 수 있는(행정상의 즉시강제) 권능을 부여하기도 한다. 사법관계에 있어서는 개인에게는 자력강제가 금지되고, 원칙적으로 법원 기타 국가기관(집행관)의 힘을 빌려서만 자기의 권리를 실현할 수 있는 것과 다르다.

2. 행정법에 있어서의 공익 우선성

행정주체는 그의 목적실현을 위해 때로는 사인과 대등한 입장에 서서 비권력적 방법으로 행위하는 경우가 있는데, 그러한 경우에도 행정법은 공공복리의 실현, 즉 공익목적의 달성을 위해 일반사법과는 다른 특별한 취급을 하는 경우가 있다(행정재산의 임대의 경우 등). 이것은 사익과의 조화를 기하면서 전체로서 공익목적을 달성하기 위한 것인데, 여기에서도 행정법의 특색을 발견할 수 있다.[2]

Ⅲ. 행정법의 규정형식상 특수성

1. 행정법의 성문성

행정법은 국민의 권리·의무에 관한 사항에 관해 일방적으로 규율하는 경우가 많으므로, 국민으로 하여금 장래의 예측을 가능케 하고 법적 생활의 안정을 기하기 위하여 성문의 형식을 취함이 원칙이다.

---

1) 행정행위의 공정력 및 이것과 구성요건적 효력과의 차이 등에 관하여는 본서 313면 이하; 김남진, 기본문제, 256면 이하 참조.
2) 행정법상의 공익에 관한 전반적인 논의에 대해서는 최송화, 공익론, 2002 참조.

2. 행정법의 형식의 다종 · 다양성

행정법을 구성하는 법의 형식은 타법에 비해 매우 다종 · 다양하다. 즉, 법률에 의하는 것을 원칙으로 하면서도 이것에 근거한 위임명령 · 집행명령 · 지방자치단체의 조례 및 규칙이 중요한 역할을 하고, 동시에 훈령 · 예규 등의 형식으로 법령의 해석상의 기준 등을 정하는 경우가 많이 있다.

Ⅳ. 행정법의 규정성질상의 특수성

1. 행정법의 획일성 · 강행성

행정법은 보통 다수의 국민을 상대로 공공의 견지에서 개개인의 의사 여하를 불문하고 획일적 · 강행적으로 규율하고 있기 때문에, 당사자의 의사에 의하여 법의 적용을 배제할 수 없음이 원칙이다. 또한 개인만이 아니라 행정청도 법규가 정한 바에 따라 이를 집행할 의무를 지며, 스스로의 의사에 의하여 법이 정한 것과 다른 행위를 하여서는 안 됨이 원칙이다. 물론 행정청에게 법이 정한 범위 내에서의 재량(복수행위간의 선택의 자유)이 인정된다든가, 행정주체를 포함한 당사자간의 합의를 통해 행정목적을 실현하는 경우도 있기는 하지만, 그 범위는 의사자치 또는 계약자유의 원칙을 기본으로 하는 사법의 세계에 있어서보다는 훨씬 한정되어 있다고 보지 않으면 안 된다.

2. 행정법의 기술성

행정법은 보통 행정목적을 합목적적으로 공정하게 실현하기 위한 수단을 정한 것으로서, 이 목적에 보다 잘 봉사하기 위한 기술성을 가지고 있다는 것을 또 하나의 특색으로 하고 있다. 예를 들면 「공익사업을 위한 토지 등의 취득 및 보상에 관한 법률」은 공공목적을 위한 토지의 취득과 관련하여 이해관계자의 이해를 조정하기 위해 많은 기술적 · 절차적 법규정을 담고 있는 것이다.

제 4 절 행정법의 지도원리

Ⅰ. 헌법의 집행법으로서의 행정법

행정법은 헌법의 집행법이며, 구체화된 헌법(konkretisiertes Verfassungsrecht)으로서의 특성을 가진다. 헌법은 국가 및 국민의 사회생활에 관한 기본법으로서의 성격을 가지므로 모든 법이 그 최고법인 헌법의 집행법으로서의 성격과 내용을 가진다고 말할 수 있다. 그러나 그 중에서도 행정법이 그러한 성격을 가장 많이 가진다. 그 이유는 헌법이 주로 국가의 조직과 작용, 과제에 관해 규정하고 있는데, 그것을 실천·구체화하는 일상적인 임무를 행정권이 가장 많이 담당하고 있기 때문이다. 국가의 다른 기능(권력)인 입법이나 사법과는 달리 행정은 하루 24시간 동안 계속, 또한 도처에서 활동해야 하는 것이다. 바로 그러한 이유에서 베르너(F. Werner)는 행정법을 '구체화된 헌법'으로 파악하였던 것이다.[1]

헌법에는 행정이 준수하고 실천해야 할 기본적 법원리(지도원리)가 천명되어 있는바, 아래에서 그 내용을 고찰해 보기로 한다.[2]

Ⅱ. 민주국가의 원리

1. 의의 및 근거

우리 헌법은 제1조에서 "① 대한민국은 민주공화국이다. ② 대한민국의 주

---

1) F. Werner, DVBl. 1959, S. 527 f. 아울러 이에 관한 상세는 김남진, 기본문제, 18면 이하; 김남진, 헌법과 행정법의 관계, 학술원통신 제309호, 2019. 4. 참조.
2) 행정법의 지도(기본)원리로서 어떠한 것을 내세울 것인가는 학자에 따라 차이가 있다. ① ㉠ 법치국가원리, ㉡ 민주국가원리, ㉢ 복리국가원리, ㉣ 안전보장원리를 드는 견해(김도창), ② ㉠ 권력분리원리, ㉡ 민주행정원리, ㉢ 법치행정원리, ㉣ 사법국가원리를 드는 견해(김철용), ③ ㉠ 민주주의원리, ㉡ 법치주의원리, ㉢ 사회복지주의원리를 드는 견해(홍정선), ④ ㉠ 법치국가의 원리·법치행정의 원리, ㉡ 민주국가의 원리·민주행정의 원리, ㉢ 복지국가의 원리·복지행정의 원리를 드는 견해(한견우) 등이 나뉘어져 있다. 그 밖에 ⑤ "행정법에 대한 헌법적 구속원리"라는 제목하에 권력분립원칙과 법치국가원리에 대해서만 언급하고 있는 견해(류지태), ⑥ "헌법에서 도출되는 행정법의 지도원리"라는 제목하에 법치행정의 원리에 대해서만 설명하는 견해(홍준형), ⑦ 행정법의 지도원리에 대해 언급이 없는 견해도 있음을 적어 두기로 한다.

권은 국민에게 있고, 모든 권력은 국민으로부터 나온다"라고 규정함으로써 민주주의가 국가 또는 행정의 기본원리이며 과제임을 분명히 하고 있다. 모든 권력이 국민으로부터 나온다는 것은 그 권력이 국민을 위해 행사되어야 함을 의미하는 것이므로, 바로 그 한 조문에서 국민에 의한, 국민을 위한 정치의 요청을 도출할 수 있다.

2. 행정을 통한 구현

(1) 국민의 공복(公僕)으로서의 공무원

행정을 실제로 담당하고 있는 것은 공무원이다. 군주국가에서의 공무원(관리)은 군주의 사복(私僕)과 같은 존재였으며, 또한 엽관제가 지배하고 있는 곳에서는 관직이 전리품과 같은 취급을 받는다. 그러나 우리의 법제는 그 어느 것도 배격한다. 헌법은 "공무원은 국민전체에 대한 봉사자이며, 국민에 대하여 책임을 진다"($\frac{7조}{1항}$)고 규정함으로써 이를 명백히 하고 있다. 또한, 헌법에 정해진 공무원상을 구현하기 위하여 공무원의 임용은 시험성적, 근무성적 그 밖의 능력의 실증에 따라 행하도록 하고 있다($\frac{국가공무원}{법 26조 등}$). 부정을 방지하기 위해 공무원은 재산을 등록하거나 공개해야 하는 등 남다른 의무를 많이 부담하고 있는 이유도 거기에 있다($\frac{공직자윤리법, 국가공}{무원법 제7장 등 참조}$).

(2) 지방자치의 실시

민주주의는 지방자치와 불가분의 관계에 있다. 이러한 민주주의와 지방자치의 관계는 일찍부터 "교육의 초등학교에 대한 관계"에 비유되어 왔다. 교육이 초등학교에서부터 시작되듯이 민주주의도 지방자치부터 시작되어야 한다는 뜻이다. 지방자치 및 의회주의의 발상지라 할 영국의 국회의원의 과반수가 지방행정의 경험을 쌓고 있다고 함은 잘 알려져 있는 사실인바, 이는 지방자치가 민주주의의 훈련장임을 입증하는 셈이다. 「지방자치제 없이 사람들은 자유주의 정부를 가질 수 있을지는 모르나, 자유의 정신은 결코 가질 수 없다」고 한 토크빌(Tockville)의 말도 새겨들을 만하다. 우리의 헌법도 "지방자치단체는 주민의 복리에 관한 사무를 처리하고 재산을 관리하며, 법령의 범위 안에서 자치에 관한 규정을 제정할 수 있다"($\frac{117조}{2항}$)고 규정함으로써 지방의 행정을 주민자치의 형태로 행하도록 하고 있다.

(3) 국민의 행정에의 참가

행정기능의 확대에 따라 오늘날은 행정부가 국정을 주도하고 있는 것이 보편적인 현상이라고 할 것이다. 그에 따라 「국민의 행정에의 참가를 통한 행정의 민주화」가 이루어질 때 참다운 민주주의가 실현될 수 있음이 강조되고 있다. 국민의 「행정에의 참가」는 우리나라에서도 여러 가지 형태로 실현되어 가고 있다. 그 대표적인 예로 청문제도(hearing, Anhörung)를 들 수 있다. 오늘날 많은 법률에서 개인에 대한 불이익한 처분(영업허가의 철회, 공무원의 징계 등)을 할 경우에 사전에 의견진술의 기회를 주어 스스로를 방어할 수 있게 하고 있으며(식품위생법 81조, 국가공 무원법 13조 등 참조), 도시계획과 같이 많은 사람의 이익이 관련되는 사항을 결정함에 있어서는 사전에 공청회를 열어 주민의 의견을 반영케 하는 제도를 점차 확대해 가고 있다(국토의 계획 및 이용에 관한 법률 14조, 도 시 및 주거환경정비법 6조, 56조 등 참조). 개별법에 위와 같은 규정이 있는 외에, 1996년에는 드디어 일반법으로서 「행정절차법」이 제정되었으며, 동법에는 국민의 의견청취(의견제출, 청문 및 공청회), 처분의 이유제시 등에 관한 많은 규정이 담겨져 있다(동법 27조 이하 참조).

(4) 행정의 공개·투명화

'행정에의 참가'는 행정의 공개·투명화와 일맥상통한다. 미국에는 정부일조법(Government in the Sunshine Act, 1976)이 제정되어 있어 행정의 공개 및 투명화를 촉진시키고 있다. 우리나라에서도 한동안 행정정보공개운용지침(국무총리훈령 제288호 1994. 3. 2), 지방자치단체의 조례(청주시의 행정정보 보공개조례 등) 등을 통해 행정정보의 공개가 실시되어 오던 중 1996년 말에 「공공기관의 정보공개에 관한 법률」이 제정되기에 이르렀다.

Ⅲ. 법치국가의 원리

1. 의의 및 근거

법치국가원리라고 함은 국가작용, 그 중에서도 행정이 헌법과 법률에 의해 행해지며 행정을 통해 불이익을 입은 사람의 구제제도가 정비되어 있어야 함을 의미한다. 법치국가는 국가권력이 법적인 통제의 대상이 아니며 법적으로 제한을 받지 않고 군주의 자의에 의하여 행사되었던 절대적 권력국가에 대한 반대개념이다. 전제군주시대에 있어서는 모든 국가권력이 군주의 자의에 의해 행사되었고, 이는 필연적으로 국민의 자유와 권리에 대한 침해를 가져왔다. 따라서 시민혁명을 통해 성립된 근대입헌국가에서는 행정의 자의를 방지하고 장래에 대한 예측성을 기함으로써 국민의 기본권을 보장하기 위하여 법에 의한 행정을 제도화하기에 이르렀다. 헌법상의 권력분립에 관한 규정($^{40조 \cdot 66조}_{4항 \cdot 101조}$), 기본권보장($^{10조}_{이하}$), 사법심사에 관한 규정($^{107조}_{등}$) 및 그들 헌법규정을 구체화하기 위하여 제정된 수많은 법률이 그의 근거가 된다.

2. 대륙법계국가와 영미법계국가에서의 법의 지배

연혁적으로 볼 때, 대륙법계국가(특히 독일)에서의 법의 지배는 '법률'에 의한 지배(Herrschaft des Gesetzes)를 의미하였다. 독일 행정법학의 아버지로 불리우는 오토 마이어가 '법률의 지배'라는 제목하에 그 문제를 상설[3]하고 있는 데에도 그 점이 잘 나타나 있다. 그런데 독일에 있어서의 법률에 의한 지배는 이른바 국민대표기관인 의회의 의결을 거친 법률에 전능(Omnipotenz)을 인정하고, 그의 실질을 문제시하지 않음으로써, 이른바 형식적 법치주의에 흐른 바 있었다. 이에 대한 반성으로서 제2차대전 후에는 「인간의 존엄은 불가침이다」 하는 조항을 헌법(기본법)의 모두($^{1조}_{1항}$)에 규정하고, 기본권규정이 직접 국가권력(입법권·집행권 및 사법권)을 기속함을 명시($^{1조}_{3항}$)하는 동시에, 철저한 헌법재판제도를 도입함으로써 이른바 실질적 법치주의를 도입하고자 노력하였다. 그러나 독일에 있어서의 실질적 법치주의가 그의 전통과 내용을 달리하는 영미적 실질적 법치주의를 도입 또는 계승한 것으로 오해되어서는 안 될 것이다.[4]

한편, 영미법계국가에 있어서 법의 지배(rule of law)라고 하는 경우, 그 법은 주로 판례법을 의미한다. 영국이나 미국이 기본적으로 판례법국가임은 잘 알려져 있는 바이며, 이 점은 영국헌법의 기본원리의 하나인 법의 지배에 대한 다이시(A. V. Dicey)의 해설[5]에 잘 나타나 있다.[6]

법의 지배에 있어서 대륙법계국가와 영미법계국가의 차이는 공법과 사법의 구분과 관련해서도 나타난다. 즉, 전자에 있어서는 공법과 사법이 철저히 구분되고 있는 데 대하여, 후자에 있어서는 양자의 구분이 부인되고 있는 것이다.[7]

---

3) O. Mayer, Bd. I, S. 64 f.

4) 이와 관련하여 김남진, 법률의 지배의 재조명, 행정법의 기본문제, 1994; 김남진, 법률의 지배와 법의 지배 - 독일형 법치주의와 미국형 법치주의, 고시연구, 1997. 4 참조.

5) A. V. Dicey, Introduction to the Study of the Law of the Constitution, 10th edition, 1959, p. 195. 여기에서 Dicey는, 법의 우위(자의의 배제) 및 법앞의 평등(국가기관도 같은 법의 적용을 받음)과 함께 인권에 관한 헌법원칙이 법원의 결정의 결과(result of judicial decisions)임을 밝혀 놓고 있다.

6) 법의 지배에 관한 상세한 내용은 양승두 외, 영미공법론, 1997, 13면 이하 참조.

이러한 점은 대륙법계국가에서는 공법사건(행정사건)을 전담하는 법원이 있는 데 대하여, 영미법계국가에서는 행정사건도 민사사건과 마찬가지로 일반법원에서 재판하고 있는 데에 잘 나타나 있다. 그러나 영·미에도 행정에 관한 법률이 많이 제정되고 있고, 독일에는 실질적 법치주의가 확립되는 등 양 법계가 상호 접근하고 있다. 이러한 현상은 양자를 융합하는 유럽행정법이 발전되어 감에 따라 더욱 촉진되고 있다.[8]

3. 행정의 법률적합성

법치국가에서 특히 행정은 헌법과 법률에 의한 기속을 받게 된다. 따라서 법치국가원리는 우선 행정의 법률적합성의 원칙을 그 내용으로 한다. 행정의 법률적합성의 원칙은 다시 법률의 법규창조력(rechtssatzschaffende Kraft des Gesetzes), 법률우위(Vorrang des Gesetzes)의 원칙 및 법률유보(Vorbehalt des Gesetzes)의 원칙 등으로 나누어 볼 수 있다.

(1) 법률의 법규창조력

법률의 법규창조력이란 국민의 권리의무관계에 구속력을 가지는 법규범, 즉 법규를 창조하는 것은 국민의 대표기관인 의회의 전속적 권한에 속하며, 따라서 의회에서 제정한 '법률'만이 법규로서의 구속력을 갖는다는 것을 의미한다. 이 원칙은 일찍이 오토 마이어가 '법률의 지배'의 한 내용으로서 주장[9]한 것으로서, 우리의 실정법상으로도 ① 입법권은 원칙적으로 국회에 있으며(헌법 40조), ② 행정부는 법률의 구체적 수권이 있는 경우에만 법규명령을 제정할 수 있다 (동법 75조·95조)는 내용으로 구체화되고 있다. 다만 예외적으로 대통령은 법률적 효력을 가지는 긴급명령을 발할 수 있으나(동법 76조), 그것은 국가 비상시에 한하여 엄격한 요건하에서만 인정된다.

(2) 법률우위의 원칙

법률의 우위란 행정의 법률에의 구속성을 의미한다. 다시 말하면 행정은 어떠한 경우에도 법률에 위반되는 조치를 취해서는 안 된다.

---

7) Vgl. Jarass, Besonderheiten des amerikanischen Verwaltungsrechts im Vergleich DÖV 1985, S. 377; Schmitt Glaeser, Verfassungsrechtliche Grundprinzipien des englischen Verwaltungsrechts, DVBl. 1988, S. 682.

8) Vgl. Schmidt-Aßmann, Deutsches und Europäisches Verwaltungsrecht, DVBl. 1993, S. 942 f.

9) O. Mayer, Bd. I, S. 644 ff.

"법률의 우위"라고 하는 경우에 있어서의 "법률"은 헌법, 형식적 의미의 법률, 법규명령과 관습법 등 불문법을 포함한 모든 법규범을 의미한다. 행정규칙은 이에 포함되지 않는다. 따라서 행정규칙에의 구속성은 법률의 우위로부터 도출되지 않는다.

법률우위의 원칙은 제한 없이 행정의 모든 영역에 적용된다. 이 원칙에 의해 행정은 적법한 행위를 할 의무를 지게 되며, 그 의무를 위반한 경우에는 그에 대한 책임을 지게 되는데, 구체적으로 어떠한 법적 효과가 발생하는가는 행위의 형식에 따라 상이하게 나타난다.

그 밖에 법률우위의 원칙은 행정청에게 기속력 있는 법률을 사실상 집행할 것을 요구한다. 예를 들면 납세의무는 의무자의 의사를 고려하지 않고 법률이 정한 요건에 해당하는 모든 사람에게 부과되는 것으로, 과세관청이 자의적으로 또는 납세자와 합의 내지 계약에 의하여 납세의무를 감면하는 것은 허용되지 않는다.

(3) 법률유보의 원칙

기본사례

甲은 기존의 TV브라운관을 대체할 수 있는 LCD개발에 필요한 자금을 신청하였고, 중소기업 지원을 위한 예산을 배정받은 중소벤처기업부는 중소벤처기업부 내의 '자금지원지침'에 따라 자금을 지원하였다. 경쟁업체로 乙과 丙이 있다면 이러한 자금지원은 적법한가?

(가) 법률유보의 의의

법률유보의 원칙이란 행정이 법률의 수권에 의하여 행해져야 함을 의미한다. 법률우위의 원칙이 소극적으로 행정작용이 현존하는 법률에 위반해서는 안 됨을 요구하는 데 대하여, 법률유보의 원칙은 적극적으로 행정작용을 위하여 법률의 근거를 요구한다. 법률유보의 원칙은 법치국가원리, 의회민주주의원리, 기본권조항에서 도출될 수 있다.

"법률의 유보"라고 하는 경우에 있어서의 "법률"은 국회에서 법률제정의 절차에 따라 만들어진 형식적 의미의 법률을 말한다. 따라서 국회의 의결을 거치지 않은 명령이나 불문법원으로서의 관습법 등은 이에 포함되지 않으나, 법률에서 구체적으로 범위를 정하여 위임받은 사항에 관하여 규정한 법규명령은 포함될 수 있다.

> **[판례①]** 국민의 기본권은 헌법 제37조 제2항에 의하여 국가안전보장, 질서유지 또는 공공복리를 위하여 필요한 경우에 한하여 이를 제한할 수 있으나 그 제한은 원칙적으로 법률로써만 가능하며, 제한하는 경우에도 기본권의 본질적 내용을 침해할 수 없고 필요한 최소한도에 그쳐야 한다. 이러한 법률유보의 원칙은 '법률에 의한' 규율만을 뜻하는 것이 아니라 '법률에 근거한' 규율을 요청하는 것이므로 기본권 제한의 형식이 반드시 법률의 형식일 필요는 없고 법률에 근거를 두면서 헌법 제75조가 요구하는 위임의 구체성과 명확성을 구비하기만 하면 위임입법에 의하여도 기본권 제한을 할 수 있다 할 것이다(헌재 2005. 2. 24. 2003헌마289. 동지판례: 헌재 2014. 9. 25. 2012헌마1029; 헌재 2016. 4. 28. 2012헌마630).
>
> **[판례②]** 헌법 제75조는 "대통령은 법률에서 구체적으로 범위를 정하여 위임받은 사항과 법률을 집행하기 위하여 필요한 사항에 관하여 대통령령을 발할 수 있다."라고 규정하고 있다. 따라서 대통령은 법률에서 구체적으로 범위를 정하여 위임받은 사항과 법률을 집행하기 위하여 필요한 사항에 관하여만 대통령령을 발할 수 있으므로, 법률의 시행령은 모법인 법률에 의하여 위임받은 사항이나 법률이 규정한 범위 내에서 법률을 현실적으로 집행하는 데 필요한 세부적인 사항만을 규정할 수 있을 뿐, 법률에 의한 위임이 없는 한 법률이 규정한 개인의 권리·의무에 관한 내용을 변경·보충하거나 법률에 규정되지 아니한 새로운 내용을 규정할 수는 없다(대판 2020. 9. 3. 2016두32992).

(나) 법률유보의 적용영역

법률우위는 행정의 모든 영역에 적용된다. 이에 대하여 법률유보의 적용영역에 관하여는 견해가 나누어져 있다.[10)]

① **침해유보설:** 침해유보설이란 개인의 자유나 권리를 침해·제한하거나 새로운 의무를 부과하는 경우에는 반드시 법률의 수권이 있어야 한다는 이론이다. 이와 같은 내용의 침해유보설은 그 이론이 생성된 당시, 즉 19세기 후반 입헌주의의 발흥시기에 있어서의 기본권관과 밀접한 관계가 있다. 당시에 있어서의 기본권은 이른바 자유권적 기본권이 전부였다고 볼 수 있으며, 따라서 기본권은 국가권력에 의한 개인의 생활영역에의 침해에 대한 방어권 또는 침해배제청구권(Abwehranspruch)으로서의 의의를 가졌던 것이다. 이러한 사정

---

10) 주요문헌: 김남진, 기본문제, 37면 이하; 김남진, 법률유보이론의 재조명 - 특히 제도적 유보설과 관련하여, 법연 제43호, 2014. 6; 조태제, 법률의 유보원칙에 관한 연구, 한양대 박사학위논문, 1993; 고영훈, 법률유보원칙의 이론과 실제, 판례월보, 1993. 4~6월호; 김충묵, 법률유보의 원칙, 이명구박사화갑기념논문집 Ⅰ, 1995, 1면 이하; 박규하, 행정의 법률적합성의 원칙, 법정고시, 1994. 3; 김영훈, 행정법과 법치행정의 원리, 법학논총 제12집, 2000; 이부하, 헌법유보와 법률유보, 공법연구 제36집 제3호, 2008. 2; 김환학, 법률유보 - 중요성설은 보장행정에도 타당한가, 행정법연구 제40호, 2014. 11.

하에서는 침해유보설이 개인의 기본권보장의 이념에 충실히 이바지할 수 있었던 것이다.

그러나 이러한 침해유보설은 의회민주주의가 발달하고, 급부행정이 행정영역에서 차지하는 비중이 점차 증대되어 가며, 모든 국가활동에 헌법의 효력이 미치는 현대와 같은 민주적·법치국가적 체제하에서는 극복되어야 할 낡은 이론이라는 데 이론(異論)이 없다.

② **전부유보설**: 이 설은 직접 시민에게 향해진 행정작용 전부에 대하여 법률의 유보를 요구하는 견해이다. 민주국가에서는 주권이 국민에게 있고 국민은 그들의 대표기관인 의회에 권력을 위임하고 있으므로 국가의 다른 기관(행정
사법 등)은 의회가 제정한 법률의 수권이 있어야 비로소 활동할 수 있음을 그의 이론적 근거로 삼는다.

이러한 전부유보설(G. Jesch의
전부유보설)은 전통적 침해유보설이 본래 독일에서의 입헌군주정을 배경으로 탄생하고 그에 봉사한 역사적 유물인 점을 지적하는 한도에서는 지지될 만하다. 반면에 그 전부유보설은 헌법원리 가운데 국민주권주의·의회민주주의만을 강조하고 그에 못지않게 중요한 권력분립주의를 망각하고 있다는 비판을 받고 있다. 즉, 입법권은 물론 행정권이나 사법권 역시 "헌법제정권력"인 국민에 의해 "제정된 권력"인 점에서는 같은 지위에 있다고 하는 점을 망각하고 있는 셈이다.[11]

③ **사회유보설**(급부행정유보설): 사회유보설 또는 급부행정유보설은 전통적인 침해행정 이외의 급부행정의 영역에도 법률유보원칙이 적용되어야 한다는 견해이다. 개인의 생활·생산활동 등이 상당부분 국가로부터의 급부나 배려에 의존하고 있는 현대에 있어서는 국가로부터의 침해의 방지만이 아니라, 나아가 국가로부터의 공정한 급부나 배려의 확보가 중요한 의미를 가지기 때문이라는 것을 근거로 하고 있다.

그러나 이러한 견해에 대해서는 국가의 급부적 기능이 중요하므로 의회가 그에 관해 법률제정의 방법으로 개입할 수 있다는 것과, 아직 법률이 제정되어 있지 않은 경우에 행정권이 조직법·예산 등에만 근거하여 급부적 활동을 수행할 수 있는 것이 반드시 모순되는 것은 아니므로, 급부행정의 영역에 있어서는 법률의 유보가 언제나 필수적인 것은 아니라는 비판[12]이 가해지기도 한다.

---

11) 이에 관한 상세는 김남진, 기본문제, 40면 이하 참조.
12) 이에 관한 상세는 김남진, 기본문제, 42면 이하 참조.

④ **중요사항유보설**(본질사항유보설): '본질성이론'이라고도 불리우는 이 이론은 독일 연방헌법재판소의 일련의 판례[13]를 통해 형성된 것으로서, 일반권력관계에 있어서든 특별권력관계에 있어서든 중요사항 내지 본질적 사항(wesentliche Sachfragen)은 반드시 법률의 근거를 요하지만, 비중요사항 내지 비본질적 사항에 대해서는 법률의 근거 없이도 행정권을 발동할 수 있다는 견해이다.

독일 연방헌법재판소는 기본권의 실현과 관련하여 중요한 결정은 의회가 스스로 내려야 한다거나, 시민에게 직접적으로 관련되는 기본적인 문제에 대한 모든 결정은 법률의 형식으로 행해져야 한다고 표현하고 있는데, 결국 중요사항유보설(본질사항유보설)에 의하면 문제된 활동이 기본권의 실현(Verwirklichung des Grundrechts)을 위하여 중요한 것인지가 판단기준이 된다.[14]

우리 대법원과 헌법재판소 역시 이러한 입장에서 판시하고 있다.

> **[판례①]** 토지초과이득세법상의 기준시가는 국민의 납세의무의 성부 및 범위와 직접적인 관계를 가지고 있는 중요한 사항이므로 이를 하위법규에 백지 위임하지 아니하고 그 대강이라도 토초세법 자체에서 직접 규정해야 한다($\frac{헌재\ 1994.\ 7.\ 29.}{92헌바49}$).
>
> **[판례②]** 오늘날 법률유보원칙은 단순히 행정작용이 법률에 근거를 두기만 하면 충분한 것이 아니라, 국가공동체와 그 구성원에게 기본적이고도 중요한 의미를 갖는 영역, 특히 국민의 기본권실현과 관련된 영역에 있어서는 국민의 대표자인 입법자가 그 본질적 사항에 대해서 스스로 결정하여야 한다는 요구까지 내포하고 있다(의회유보원칙). 그런데 텔레비전방송수신료는 대다수 국민의 재산권 보장의 측면이나 한국방송공사에게 보장된 방송자유의 측면에서 국민의 기본권실현에 관련된 영역에 속하고, 수신료금액의 결정은 납부의무자의 범위 등과 함께 수신료에 관한 본질적인 중요한 사항이므로 국회가 스스로 행하여야 하는 사항에 속하는 것임에도 불구하고 한국방송공사법 제36조 제1항에서 국회의 결정이나 관여를 배제한 채 한국방송공사로 하여금 수신료금액을 결정해서 문화관광부장관의 승인을 얻도록 한 것은 법률유보원칙에 위반된다($\frac{헌재\ 1999.\ 5.\ 27.}{98헌바70}$).
>
> **[판례③]** 헌법 제37조 제2항은 "국민의 모든 자유와 권리는 국가안전보장·질서유지 또는 공공복리를 위하여 필요한 경우에 한하여 법률로써 제한할 수 있으며,

---

13) BVerfGE 33. 1(이 사건은 교도소규칙에 의거한 교도소재소자 편지검열을 위헌으로 판정한 판결이다. 상세는 김남진, 기본문제, 125면 참조); BVerfGE 41. 25(이 사건은 대학교칙에 의거한 학생의 퇴학조치를 위헌으로 판시한 판결이다. 상세는 김남진, 기본문제, 44면 참조) 등. 이 밖에 학생의 선발기준이 법률에 정해져 있지 않음을 이유로 입학정원제(Numerus Clausus)를 위헌으로 판정한 사건(BVerfGE 33. 303), 성교육을 전적으로 학교에 위임한 관련법률을 위헌으로 판시한 사건(BVerfGE 47. 194) 등이 유명하다.

14) BVerfGE 47. 79; 57. 321; 58. 268 f.

제한하는 경우에도 자유와 권리의 본질적인 내용을 침해할 수 없다."라고 규정하고 있다. 헌법상 법치주의는 법률유보원칙, 즉 행정작용에는 국회가 제정한 형식적 법률의 근거가 요청된다는 원칙을 핵심적 내용으로 한다. 나아가 오늘날의 법률유보원칙은 단순히 행정작용이 법률에 근거를 두기만 하면 충분한 것이 아니라, 국가공동체와 그 구성원에게 기본적이고도 중요한 의미를 갖는 영역, 특히 국민의 기본권 실현에 관련된 영역에 있어서는 행정에 맡길 것이 아니고 국민의 대표자인 입법자 스스로 그 본질적 사항에 대하여 결정하여야 한다는 요구, 즉 의회유보원칙까지 내포하는 것으로 이해되고 있다. 여기서 어떠한 사안이 국회가 형식적 법률로 스스로 규정하여야 하는 본질적 사항에 해당되는지는, 구체적 사례에서 관련된 이익 내지 가치의 중요성, 규제 또는 침해의 정도와 방법 등을 고려하여 개별적으로 결정하여야 하지만, 규율대상이 국민의 기본권과 관련한 중요성을 가질수록 그리고 그에 관한 공개적 토론의 필요성 또는 상충하는 이익 사이의 조정 필요성이 클수록, 그것이 국회의 법률에 의하여 직접 규율될 필요성은 더 증대된다. 따라서 국민의 권리·의무에 관한 기본적이고 본질적인 사항은 국회가 정하여야 하고, 헌법상 보장된 국민의 자유나 권리를 제한할 때에는 적어도 그 제한의 본질적인 사항에 관하여 국회가 법률로써 스스로 규율하여야 한다(대판 2020. 9. 3.
2016두32992).

다만, 중요사항유보설(본질사항유보설)이 갖는 최대의 난점은 중요사항과 비중요사항, 즉 '본질적인 것'과 '비본질적인 것'의 구별기준이 구체적으로 제시되어 있지 않은 점이다. 그에 따라 이 이론에 대해서는 "내용이 비어 있는 공식" (Leerformel), "법이론상의 파산선고"(eine rechtsdogmatische Bankrotterklärung) 등의 혹평이 가해지고 있는 점도 참고할 필요가 있다.

⑤ 권력행정유보설: 일본 및 우리나라의 문헌 가운데에는, 「당해 행정작용이 침익적인가 수익적인가를 가리지 않고, 행정권의 일방적 의사에 의하여 국민의 권리·의무를 결정하게 되는 모든 권력적 행정작용에는 법률의 근거가 필요하다」는 내용의 주장이 권력행정유보설의 이름으로 소개되기도 한다.[15]

⑥ 결 어: 위의 어느 견해나 침해행정의 경우에 법률의 근거를 필요로 한다는 점에 대해서는 의견이 일치하고 있다. 반면에 자유와 재산권에 대한 침해가 문제되는 경우에만 법률의 근거가 필요하다는 19세기의 자유민주적 국가관은 오늘날의 헌법이해 하에서는 더 이상 타당할 수 없다는 데에도 의견이 일치되고 있다.

---

15) 김동희·최계영(Ⅰ), 39면.

개인에게 급부와 기회를 제공하는 국가적 작용은 소극적으로 침해가 행해지지 않는 것보다 개인의 자유를 위하여 더 중요한 의미를 가질 수 있다. 이러한 경우에 법적 근거 없는 행정작용보다는 의회에 의하여 제정된 법률에 직접적인 민주적 정당성이 부여되는 것이다. 의회에서의 절차는 논의와 결정을 함에 있어서 공중의 참여가 더 보장되고, 그에 따라서 서로 상충되는 이익 사이에 조정의 가능성이 많다. 이러한 사실은 일반적으로 침해행정을 넘어서 법률유보의 적용영역의 확장을 요구한다.

우리 학설의 대부분은 위의 견해 중에 어느 한 입장을 취하는 것을 피하고, 개별적인 행정작용의 성질에 따라 법률유보 원칙의 적용여부를 검토한다.[16]

2021년 제정된 「행정기본법」에서는 "국민의 권리를 제한하거나 의무를 부과하는 경우와 그 밖에 국민생활에 중요한 영향을 미치는 경우에는 법률에 근거하여야 한다"($\frac{8}{조}$)고 규정하여, 최소한 국민의 권리를 제한하거나 의무를 부과하는 경우, 국민생활에 중요한 영향을 미치는 경우에는 법률에 근거하도록 법률유보의 원칙을 명시하였다.

사례해설

사례의 자금지원이 법률유보원칙이 적용되는 경우라면 예산과 행정규칙인 자금지원지침에만 근거한 자금지원은 위법하게 된다. 자금지원을 통해 甲이 LCD기술개발에 성공하면 기존의 TV브라운관은 더 이상 시장성이 없게 되어 乙과 丙으로서는 기업활동을 포기할 수밖에 없는 만큼 乙과 丙의 직업의 자유에 중대한 침해가 있게 된다. 따라서 이 경우에는 법률유보원칙이 적용되어야 하고 甲에 대해 법적 근거 없이 행해진 자금지원은 위법하다.[17]

4. 행정구제

법치국가원리는 행정이 법에 의해 행해질 것을 요구하지만, 현실적으로는 행정이 법에 위반하여 혹은 법에 의거하여 국민에게 불이익을 주는 경우($\frac{재산권의}{수용 등}$)가 많이 있다. 이러한 경우에 국민에 대한 권리구제의 길이 마련되어 있어야만

---

16) 법률유보에 관한 여러 이론(학설)과 관련하여, 누가 어느 입장을 취하는가를 가린다는 것은 쉽지가 않다. 어느 특정 이론에만 의존할 수 없다고 하는 입장이 현재의 다수설인 것으로 보인다. 그러나 「다수 학설은 이들 견해 중에 어느 한 입장을 취하는 것을 부정하고 개별적인 행정작용의 유형에 따라 법률유보원칙의 적용여부를 검토하고자 하나, 본질성 이론에 의해 적용 여부를 논하더라도 문제는 없으리라고 생각한다」(류지태), 「사회적 유보설이 타당하다고 본다」(한견우)라는 식으로 특정 학설을 지지하는 입장도 있다.
17) 상세는 김연태, 행정법사례연습, 1면 이하 참조.

법치주의가 실질적으로 구현될 수 있다고 할 것인바, 이와 같은 국민에 대한 권리구제수단을 총칭하여 행정구제라고 한다. 행정상의 손해전보제도(손해배상·손실보상), 행정쟁송제도(행정심판·행정소송) 등이 이에 해당한다.

이들 제도는 헌법에 그의 근거($^{23조, \; 29조,}_{107조 \; 등}$)가 있을 뿐 아니라 관계 법률이 제정되어 있음으로써 우리나라에도 상당한 정도로 정착되어 있다. 또한 실정법의 결함을 메우기 위한 이론($^{수용유사·수용적 \; 침해이}_{론, \; 결과제거청구권 \; 등}$)의 탐구 역시 활발히 진행되고 있다.[18]

5. 법에 의한 기속의 완화

행정에 있어 법치행정이 강조되기는 하나, 그렇다고 해서 모든 행정이 법의 엄격한 기속을 받아 법의 기계적인 집행에만 시종하는 것으로 생각하면 오해이다. 그러한 일은 현실적으로 불가능할 뿐만 아니라, 반드시 바람직한 것도 아니다. 행정의 창의성, 능률성, 실효성, 특수성 등이 요구되고 고려되어야 하는 경우가 많이 있기 때문이다. 따라서 헌법 역시 법률의 테두리 안에서 행정권이 독자적인 규율(명령제정)을 할 수 있음을 인정하고 있으며($^{75조·}_{76조}$), 법률 역시 행정권에게 재량(Ermessen), 판단여지(Beurteilungsspielraum) 등을 인정하여 '법에 의한 기속'을 완화하고 있는 경우가 많이 있다.[19]

Ⅳ. 사회국가의 원리

1. 의의 및 근거

사회국가란 자유주의 내지 시장경제원리로 인해 파생된 모순과 폐단을 시정하며, 더 나아가 모든 사람이 인간다운 생활을 할 수 있는 경제적·사회적 정의를 적극적으로 실현하고자 하는 국가체제를 의미한다. 복지국가 또는 복리국가라는 용어도 때때로 사용된다.

우리나라의 사회국가성은 헌법 제34조에 잘 나타나 있다. 동조 1항은 "모든 국민은 인간다운 생활을 할 권리를 가진다"고 선언하고, 이어 국가의 사회보장·사회복지의 증진노력의무($^{동조}_{2항}$), 여자의 복지와 권익향상을 위한 노력의무($^{동조}_{3항}$), 노인·청소년의 복지향상을 위한 정책실시의무($^{동조}_{4항}$), 신체장애자 및 질

---

18) 이에 관해서는 본서 773면 이하; 김남진, 기본문제, 506면 이하 참조.
19) 상세는 본서 229면 이하 참조.

병·노령 기타의 사유로 생활능력이 없는 국민에 대한 법률이 정하는 바에 의한 국가의 보호($\frac{통조}{5항}$), 재해예방과 그 위험으로부터의 국민보호를 위한 노력의무($\frac{동조}{6항}$) 등을 규정하고 있다. 그리고 "국가는 균형있는 국민경제의 성장 및 안정과 적정한 소득의 분배를 유지하고, 시장의 지배와 경제력의 남용을 방지하며, 경제주체간의 조화를 통한 경제의 민주화를 위하여 경제에 관한 규제와 조정을 할 수 있다"($\frac{119조}{2항}$)는 규정을 비롯한 경제헌법조항($\frac{제9}{장}$)도 그의 근거가 된다고 할 수 있다.

2. 행정을 통한 구현

오늘날의 국가는 단순히 사회의 질서유지의 임무만 수행하면 충분한 것이 아니고 사회국가 또는 복지국가로서의 책무를 아울러 짊어지고 있으며, 그것을 뒷받침 하기 위해 많은 법률($\frac{예: 사회보장기본법, 국}{민기초생활 보장법 등}$)이 제정되어 있다. 그리고 그러한 임무를 수행하는 일상적 업무를 행정이 짊어지고 있음은 주지의 사실이다.

다른 한편, 사회국가의 구현을 위한 행정의 역할은 생활능력이 없는 자의 구호와 같은 단순업무에 국한되지 않는다. 경제개발을 뒷받침하고, 수출을 독려하며, 개인의 생활공간, 기업의 활동기반을 확보하기 위하여 국토를 개발·정비하기도 한다($\frac{국토의 계획 및 이용}{에 관한 법률 참조}$). 특히 토지소유의 편재와 투기적 거래가 커다란 사회문제로 등장한 우리 현실에 있어서 토지공개념제의 확립을 통한 사회국가의 구현이 절실히 요청되어 왔던바, 이를 위하여 「개발이익 환수에 관한 법률」, 「토지초과이득세법」, 「택지소유상한에 관한 법률」 등이 제정된 바 있다.[20]

사회국가의 실현은 또한 국가(정부)의 힘만으로 되는 것이 아니며, 연대성 (Solidaritätsprinzip)과 우애성(Brüderschaft, fraternité)을 지닌 국민의 협력과 노력을 통해 비로소 달성될 수 있는 것임을 자각할 필요가 있다. 다른 한편, 근래에는 국가권력의 사회에 대한 불필요하고도 지나친 개입이 도리어 역효과를 내며, 국제경쟁력을 저해한다는 것이 이유가 되어, 규제완화 또는 작은 정부 등이 구호가 되어 있는 점도 잊어서는 안 될 것이다.[21]

---

20) 다만, 이 가운데 「토지초과이득세법」과 「택지소유상한에 관한 법률」은 그 뒤 부동산투기가 어느 정도 진정되고, 한편으로 지나치게 개인의 재산권을 제한하는 것이라는 비판을 받음으로써 각각 폐지되기에 이르렀다(1998. 9).
21) 상세는 김남진·김연태(Ⅱ), 제7편 제5장 제5절 이하 참조.

V. 문화국가의 원리

1. 의의 및 근거

우리 헌법에는 법치국가, 사회국가(복리국가)와 마찬가지로, 우리나라가 문화국가임을 명시한 규정은 없다. 그럼에도 불구하고, 헌법에는 우리나라가 문화국가, 즉 인간의 정신적·문화적 활동을 보장하고 창달함을 헌법적 과제로 정하고 있는 국가임을 나타내고, 그러한 내용의 문화국가원리가 헌법의 기본원리의 하나임을 뒷받침하고 있는 규정은 헌법의 도처에서 발견할 수 있다.[22] 헌법 제9조의 "국가는 전통문화의 계승·발전과 민족문화의 창달에 노력하여야 한다"라는 규정을 비롯하여, 국민의 기본권으로서의 양심의 자유($\frac{19}{조}$), 종교의 자유($\frac{20}{조}$), 언론·출판의 자유($\frac{21}{조}$), 학문·예술의 자유와 저작권 등 보호($\frac{22}{조}$)에 관한 규정 등이 그에 해당한다.

2. 행정을 통한 구현

헌법상의 문화국가원리를 실천에 옮기기 위한 수많은 개별법($\frac{문화예술진흥법·문}{화재보호법·교육기}$ $\frac{본법·학술진흥법·평생교육법·국민체}{육진흥법·과학기술기본법·저작권법 등}$)이 제정되어 있는데, 이와 같은 문화관련 개별법의 성실한 집행이 문화행정의 일차적 과제라 할 수 있다. 그리고 그에 관한 구체적인 내용은 행정법 각론에 있어서 조성행정법, 영조물행정법, 급부행정법 등의 이름으로 고찰하게 된다.

---

22) 전광석, 헌법과 문화, 공법연구 제18집, 1990, 161면 이하; 김수갑, 헌법상 문화국가원리에 관한 연구, 고려대학교 박사학위논문, 1993; 박종현, 헌법상 문화국가원리의 구체화와 헌법재판에서의 적용, 헌법학연구 제21권 제3호, 2015. 9; 정상우, 통일과 문화국가원리의 실현, 공법학연구 제19권 제3호, 2018. 8; 성낙인, 헌법상 문화국가원리와 문화적 기본권, 유럽헌법연구 제30호, 2019. 8; 성중탁, 헌법상 문화국가 원리의 의미와 바람직한 전개 방향, 헌법학연구 제27권 제4호, 2021. 12.

제 5 절 행정법의 일반원칙

I. 서 언

행정법의 일반원칙(Der allgemeine Grundsatz des Verwaltungsrechts)이라 함은 행정법의 모든 분야에 적용되는 법원칙을 말한다. 종래에는 그들 법원칙을 행정법의 불문법원(조리)의 하나로서 설명함이 일반적이었다. 그러나 그들 법원칙은 대부분 헌법 및 헌법을 지배하는 기본원리에서 유래하는 것이다.[1]

행정법의 일반원칙으로는 비례의 원칙(과잉금지의 원칙), 신뢰보호의 원칙, 평등의 원칙, 신의성실 및 권리남용금지의 원칙, 부당결부금지의 원칙 등을 들 수 있다. 2021년 제정된 「행정기본법」은 그동안 학설·판례로 정립된 행정법의 일반원칙을 명문화하였다.[2] 즉, 「행정기본법」은 제2장에서 행정의 법원칙으로 법치행정의 원칙(법률우위와 법률유보의 원칙. 8조), 평등의 원칙($\frac{9}{조}$), 비례의 원칙($\frac{10}{조}$), 성실의무 및 권한남용금지의 원칙($\frac{11}{조}$), 신뢰보호의 원칙($\frac{12}{조}$), 부당결부금지의 원칙($\frac{13}{조}$)을 규정하였다.

II. 비례의 원칙

1. 의의 및 성질

비례의 원칙(Verhältnismäßigkeitsprinzip)이란 행정주체가 구체적인 행정목적을 실현함에 있어서 그 목적실현과 수단 사이에 합리적인 비례관계가 유지되어야 한다는 것을 말한다. 비례의 원칙은 법치국가원리의 파생원칙의 하나이므로, 법치국가원리를 택하고 있는 나라에 있어서 이 원칙은 헌법차원의 법원칙으로서의 성질과 효력을 가진다고 말할 수 있다.[3]

---

1) 행정법의 일반원칙 내지 조리의 '법원'에 관한 내용은 본서 75면 이하 참조.
2) 참조: 김남진, 행정법의 일반원칙, 학술원통신 제286호, 2017. 5; 김남진, 행정의 법원칙의 성문법원화, 학술원통신 제326호, 2020. 9; 김남진, 행정법의 법전화, 법제, 2020. 12.
3) 참조: 최정일, 독일과 한국에서의 비례원칙에 의한 행정작용의 통제, 공법연구 제37집 제4호, 2009. 6; 김태호, 행정법상 비례의 원칙, 공법연구 제37집 제4호, 2009. 6; 이준일, 헌법상 비례성원칙, 공법연구 제37집 제4호, 2009. 6; 정은영, 행정법상 비례원칙에 관한 연구, 서울대학교 박사학위논문, 2020. 2.

비례의 원칙은 과잉금지의 원칙(Übermaßverbot)으로도 표현되는데, 학자에 따라 과잉금지의 원칙을 넓은 의미의 비례원칙으로 보기도 하고(Stern), 좁은 의미의 비례원칙을 나타내는 것으로 보는 견해도 있다($\binom{독일 \ 연방헌}{법재판소}$). 또한 필요성의 원칙과 좁은 의미의 비례원칙을 포함하는 개념으로 보는 견해(Lerche)도 있다.

2. 법적 근거

헌법은 "국민의 자유와 권리는 국가안전보장·질서유지 또는 공공복리를 위하여 필요한 경우에 한하여 법률로써 제한할 수 있으며, 제한하는 경우에도 자유와 권리의 본질적인 내용을 제한할 수 없다"($\binom{37조}{2항}$)고 규정하여 비례의 원칙을 천명하고 있다. 개별법에서도 비례원칙의 법적 근거를 찾을 수 있는데, ①「행정규제기본법」의 "규제의 대상과 수단은 규제의 목적 실현에 필요한 최소한의 범위에서 가장 효과적인 방법으로 객관성·투명성 및 공정성이 확보되도록 설정되어야 한다"($\binom{5조}{3항}$)는 규정, ②「경찰관 직무집행법」의 "이 법에 규정된 경찰관의 직권은 그 직무 수행에 필요한 최소한도에서 행사되어야 하며 남용되어서는 아니된다"($\binom{1조}{2항}$)는 규정, ③「식품위생법」의 "제1항에 따른 조치(영업소의 폐쇄조치)는 그 영업을 할 수 없게 하는 데에 필요한 최소한의 범위에 그쳐야 한다"($\binom{79조}{4항}$)는 규정 등이 대표적 예이다.

2021년 제정된「행정기본법」은 "행정작용은 다음 각 호의 원칙에 따라야 한다: 1. 행정목적을 달성하는 데 유효하고 적절할 것, 2. 행정목적을 달성하는 데 필요한 최소한도에 그칠 것, 3. 행정작용으로 인한 국민의 이익 침해가 그 행정작용이 의도하는 공익보다 크지 아니할 것"($\binom{10}{조}$)을 규정하여, 헌법상 원칙이며 학설·판례로 확립된 행정법의 일반원칙인 비례의 원칙을 행정의 법원칙으로 명문화하였다.

3. 적용범위

비례의 원칙은 개인의 자유와 권리영역에 대한 공권력의 침해로부터 개인을 보호하는 기능이 있다. 따라서 개인의 주관적 권리에 대한 제한이 문제되는 한 원칙적으로 모든 국가권력(입법자, 행정기관)을 기속한다.

비례의 원칙은 처음에 경찰권의 한계를 설정해 주는 법원칙으로 출발하였으나, 현재는 행정의 모든 영역에 적용되는 법원칙으로서의 성질을 띠고 있다고 할 수 있다. 특히 비례의 원칙은 재량권행사의 한계, 부관의 한계, 행정행위의 취소·철회의 제한, 사정판결, 급부행정 등 여러 영역에서 활용되고 있을 뿐 아니라, 공용침해 요건의 하나로서 "공공필요"의 요건충족 여부를 가늠해 주는 원칙으로서도 활용되고 있다.[4]

4. 내 용

비례의 원칙은 다시 적합성의 원칙, 필요성의 원칙, 상당성의 원칙(또는 좁은 의미의 비례원칙)으로 세분된다.

(1) 적합성의 원칙

적합성의 원칙(Grundsatz der Geeignetheit)이라고 함은 행정기관이 취한 조치 또는 수단이 목적달성에 적합한 것이어야 함을 의미한다.

예컨대 「풍속영업의 규제에 관한 법률」 제6조 2항에 의하면 풍속영업자가 준수사항을 위반한 때에는 허가취소, 영업정지 또는 시설개수명령을 할 수 있도록 규정하고 있는데, 구체적인 위반행위에 따라 이들 수단의 적합성이 검토되어야 할 것이다.

적합성의 원칙이 최상의 수단, 즉 가장 적합한 수단일 것을 요구하는 것은 아니며, 목적달성에 기여할 수 있으면 충분한 것이다.

(2) 필요성의 원칙

필요성의 원칙(Grundsatz der Erforderlichkeit)이라 함은 행정조치는 의도하는 목적달성을 위해 필요하고도 최소침해의 것이어야 한다는 것을 의미한다. 목적달성을 위해 적합한 수단이 여러 가지 있는 경우에, 행정기관은 그 중에서 관계자에게 가장 적은 부담을 주는 수단을 선택해야 한다는 것이다. 이러한 의미에서 필요성의 원칙은 최소침해의 원칙(Grundsatz des geringsten Eingriffs)이라고도 한다.

예컨대 위에서 본 예에서 적합성의 면에서 보면, 영업정지와 시설개수명령의 요건을 모두 충족하더라도 시설개수명령으로 목적을 달성할 수 있음에도 불구하고 영업정지를 명하는 것은 필요성의 원칙에 위배된다고 할 것이다. 또한 위험한 건물에 대하여 개수명령으로 목적을 달성할 수 있음에도 불구하고 철거명령을 발하는 것은 필요성의 원칙에 반하는 것이 된다.

---

4) 이 점에 관하여는 특히 본서 749면 이하 참조.

(3) 상당성의 원칙

상당성의 원칙(Grundsatz der Angemessenheit) 또는 좁은 의미의 비례원칙 (Verhältnismäßigkeit im engeren Sinne)이라 함은 어떤 행정조치가 설정된 목적 실현을 위하여 필요한 경우라 할지라도 그 행정조치를 취함에 따른 불이익이 그것에 의해 달성되는 이익보다 큰 경우에는 당해 행정조치를 취해서는 안 된 다는 것을 말한다.

이 원칙에 의하면 행정조치의 목적과 관계자에 대한 불이익 사이에 적절한 비례관계가 있어야 한다. 즉 상당성의 원칙은 관련된 이익 사이의 적정한 비교 형량을 요구한다. 행정조치에 의한 불이익과 그를 정당화시키는 이유의 중요성 을 비교형량함에 있어서 기대가능성의 한계가 지켜져야 한다. 행정조치에 의하 여 달성하려는 공익보다 관계자의 불이익이 크다면 상당성의 원칙에 위배되는 것으로 위법이 된다. 다만 비교형량을 함에 있어서 행정기관에게는 광범위한 결정의 여지가 있으므로 관련된 이익의 중요성을 명백하게 잘못 판단하였을 때에만 상당성의 원칙에 반하는 것이 된다.

예컨대 위에서 본 예에서, 시설개수명령의 수단을 택하였다 하더라도 경찰 상 규제의 필요와 균형이 맞지 아니한 호화시설로 개수하도록 한 것은 위법이 된다.

이 원칙은 흔히 "경찰은 대포로 참새를 쏘아서는 안 된다"(Die Polizei soll nicht mit Kanonen auf Spatzen schießen) 또는 "버찌나무에 앉아 있는 참새를 쫓 기 위해 대포를 쏘아서는 안 된다. 비록 그것이 유일한 수단일지라도"라는 예 문으로 독일의 문헌에서 설명되고 있다.

독일의 판례[5] 가운데에는, 보도에 주차하였으므로 법을 어긴 것이지만 통행 에 아무런 지장을 주는 것이 아니었다면, 그 승용차를 즉시 견인하는 것은 좁 은 의미의 비례원칙을 위반한 것으로 위법하다고 판시한 것이 있다.

5. 위반의 효과

비례의 원칙은 행정법의 일반적 법원칙의 하나로서 그에 위반된 행정작용 은 위법이 된다.

---

5) OVG Münster, MDR 1980, S. 874.

[판례①] 비례의 원칙은 법치국가 원리에서 당연히 파생되는 헌법상의 기본원리로서, 모든 국가작용에 적용된다. 행정목적을 달성하기 위한 수단은 목적달성에 유효·적절하고, 가능한 한 최소침해를 가져오는 것이어야 하며, 아울러 그 수단의 도입에 따른 침해가 의도하는 공익을 능가하여서는 안 된다.

처분상대방의 의무위반을 이유로 한 제재처분의 경우 의무위반 내용과 제재처분의 양정(量定) 사이에 엄밀하게는 아니더라도 어느 정도는 비례 관계가 있어야 한다. 제재처분이 의무위반의 내용에 비하여 과중하여 사회통념상 현저하게 타당성을 잃은 경우에는 재량권 일탈·남용에 해당하여 위법하다고 보아야 한다(대판 2019. 7. 11., 2017두38874).

[판례②] 징계처분에 있어 재량권의 행사가 비례의 원칙을 위반하였는지의 여부는, 징계사유로 인정된 비행의 내용과 정도, 그 경위 내지 동기, 그 비행이 당해 행정조직 및 국민에게 끼치는 영향의 정도, 행위자의 직위 및 수행직무의 내용, 평소의 소행과 직무성적, 징계처분으로 인한 불이익의 정도 등 여러 사정을 건전한 사회통념에 따라 종합적으로 판단하여 결정하여야 한다(대판 2001. 8. 24., 2000두7704).

[판례③] 변호사법 제10조 제2항의 개업지 제한규정은 직업선택의 자유를 제한하는 것으로서 그 선택의 수단이 목적에 적합하지 아니할 뿐 아니라 그 정도 또한 과잉하여 비례의 원칙이 정한 한계를 벗어난 것으로 헌법 제37조 제2항에 위반된다(헌재 1989. 11. 20., 89헌가102).

Ⅲ. 신뢰보호의 원칙

기본사례

甲은 차량이 진출입하도록 설계된 도면을 첨부하여 건축허가신청서를 제출하였는바, 乙구청장은 甲에게 건축허가를 해 주었다. 甲은 건물을 완공한 후, 도로에서부터 甲의 건물에 이르는 진출입통로를 만들고 이를 위한 도로점용허가신청을 하였다. 그러나 乙구청장은 건물 앞을 지나는 보행자의 불편을 이유로 거부하였다. 이러한 거부처분은 적법한가?

1. 의 의

신뢰보호의 원칙이란, 국민(개인)이 행정기관의 어떤 언동(명시적·묵시적 연동을 포함)의 정당성 또는 존속성을 신뢰한 경우 그 신뢰가 보호받을 가치가 있는 한, 그 신뢰를 보호해 주어야 함을 말한다.[6]

---

6) 신뢰보호의 사상이 판례·학설을 통해서 본격적으로 다루어지게 된 것은 2차대전 후의 일이다. 상세는

2. 신뢰보호의 근거

(1) 이론적 근거

신뢰보호의 원칙은 학설·판례에 의하여 일반적으로 인정되고 있는데, 그 이론적 근거에 대하여 여러 주장이 제기되고 있다. 신뢰보호의 근거를 신의성실의 원칙 또는 금반언(Estoppel)의 법리에서 구하는 견해, 법치국가원리, 특히 그의 요소로서 법적 안정성에서 구하는 견해, 기본권[7] 또는 사회국가원리에서 구하는 견해, 여러 관점을 중첩적으로 적용하여 도출하는 견해 등이 있다.

(가) 신의칙설

신뢰보호의 근거를 사법에서 발달한 '신의성실의 원칙'에서 구하는 견해이다. 신의성실의 원칙은 법의 일반원리로서 공법에도 적용되므로, 행정기관은 성실하게 적법한 행정작용을 하여야 할 의무를 지고, 국민은 그것을 적법한 것으로 신뢰하게 되는 것인데, 사후에 당해 행정작용의 위법을 이유로 그 효력을 부인하는 것은 상대방의 신뢰를 저버린 것으로서 신의성실의 원칙에 반한다는 것이다. 독일의 연방행정법원은 미망인판결(Witwe Urteil)[8]에서 개인의 신뢰이익을 고려하지 않은 것이 신의성실의 원칙에 반한다고 하여, 신뢰보호의 원칙을 신의성실의 원칙에서 도출한 바 있다.

그러나 신의성실의 원칙은 사법상의 원칙으로서 당사자간에 계약 등 구체적 관계가 있는 경우에 적용되는 것인데, 그러한 구체적 관계의 존재를 전제로 하지 아니하는 행정작용에는 적용하기 어렵다는 한계가 있다. 또한 신의(Glauben), 성실(Treue) 및 신뢰(Vertrauen) 모두 라틴어에서는 'fides'라는 한 단어로 표현하고 있는 것을 볼 때, 어느 한쪽에서 다른 한쪽을 도출한다는 것은 별 의미가 없고 말장난에 불과한 것이라는 비판이 있다.[9]

이상철, 행정법에 있어서의 신뢰보호의 원칙, 고려대 석사학위논문, 1985; 이상철, 행정법학상의 신뢰보호원칙, 법학논집, 고려대학교, 1997; 송동수, 공법상의 신뢰보호의 원칙, 허영민교수화갑기념논문집, 1993; 김남진, 신뢰보호의 요건과 권리보호, 고시연구, 2000. 9 등 참조.

7) Grabitz는 독일 기본법 제2조의 인격의 자유로운 발현권에서 찾으며(ders., DVBl. 1973, S. 681 f.), W. Schmidt에 의하면 신뢰보호는 독일 기본법 제14조상의 재산권보호의 특별한 형태에 해당한다고 한다(ders., JuS 1973, S. 532 f.).

8) 이 사건은 독일이 서독·동독으로 분단되어 있던 시절, 동독에 거주하는 전쟁미망인이 "서독(서 베를린)에 이주하면 미망인연금(Witwegeld)을 받을 수 있다"는 관계공무원의 말을 믿고서 서독에 이주한 부인에 대한 연금지급의 적법성이 다투어진 사건인데, 당해 부인은 오늘에 말해지는 신뢰보호의 원칙에 의거하여 계속 연금을 받게 된 사건이다. 상세는 김남진, 기본문제, 68면 이하 참조.

9) Püttner, VVDStRL 32(1974), S. 202.

(나) 법적 안정성설

신뢰보호의 근거를 법치국가원리, 그 중에서 '법적 안정성의 원칙'으로부터 도출하는 견해이다. 독일의 다수 학설과 판례가 취하는 입장이다.

그러나 이에 대하여는 다음과 같은 비판이 제기된다. 예를 들면 위법한 처분을 취소하는 경우에 법치국가원리는 행정의 법률적합성 측면에서는 위법한 처분을 취소할 것을 요구하고, 반면에 법적 안정성 측면에서는 이미 내려진 행정결정의 존속을 요구하는 것처럼 법치국가원리는 그로부터 모든 가능한 법원칙이 도출될 수 있는 마술상자와 같은 것이라고 한다. 또한 위법한 처분의 취소와 법률의 소급효금지의 경우에서처럼 신뢰보호는 구체적인 경우에 공익과 개인의 신뢰이익 사이의 비교형량에 의해 결정되는데, 그것은 결과에 있어서 법적 불안정을 초래할 수 있다고 한다.[10]

(다) 결 어

우리의 헌법을 지배하는 기본원리의 하나로서 법치국가원리를 내세울 수 있다고 할 때, 행정상의 신뢰보호의 원칙은 법적 안정성이라는 법치국가원리에 뿌리를 두고 있는 법원칙의 하나로 보아야 할 것이다.

법치국가원리는 내용적으로 법률적합성의 원칙과 법적 안정성의 원칙으로 구성되어 있다. 신뢰보호의 원칙은 경우에 따라 행정의 법률적합성 원칙과 결합하기도 하고, 경우에 따라서는 서로 충돌되기도 한다. 신뢰보호의 원칙이 행정의 법률적합성 원칙과 충돌하는 경우 상대방의 신뢰보호를 어디까지 인정할 것인지가 문제되는바, 구체적 사안과의 관련하에서 적법상태의 실현에 의하여 달성되는 공익과 행정작용의 존속성·계속성에 대한 개인의 신뢰보호라는 사익의 비교형량에 의하여 결정되어야 한다. 개인과 국가의 관계에 있어서 주관적 권리주체로서 개인의 지위가 강화됨에 따라 개인의 권리와 이익에 대한 고려, 즉 신뢰보호의 요구가 커질 것이다.

(2) 실정법적 근거

「행정절차법」은 제4조 2항에서 "행정청은 법령 등의 해석 또는 행정청의 관행이 일반적으로 국민들에게 받아들여졌을 때에는 공익 또는 제3자의 정당한

---

10) Püttner, VVDStRL 32(1974), S. 203 ff. 그에 의하면 신뢰보호의 원칙은 그 내용과 범위가 명확하지 않고 다양한 방법으로 법적 근거지어진 독자적인 법원칙이라 한다. 신뢰보호의 원칙은 그 자체가 헌법상의 지위를 갖는 헌법원칙은 아니며, 따라서 개별적인 법률규정보다 우위에 놓이는 것이 아니라고 한다. 신뢰보호의 원칙에 대하여는 특별한 법적 근거가 없기 때문에, 개별규정에서 신뢰보호의 원칙을 명시하거나 수용하는 정도에 따라 의미부여가 달라진다고 한다.

이익을 현저히 해칠 우려가 있는 경우를 제외하고는 새로운 해석 또는 관행에 따라 소급하여 불리하게 처리하여서는 아니된다"고 규정하고 있고, 「국세기본법」은 제18조 3항에서 "세법의 해석이나 국세행정의 관행이 일반적으로 납세자에게 받아들여진 후에는 그 해석이나 관행에 의한 행위 또는 계산은 정당한 것으로 보며 새로운 해석이나 관행에 의하여 소급하여 과세되지 아니한다"고 하여 새로운 해석 또는 관행의 소급적용금지에 대하여 규정하고 있다. 이는 신뢰보호원칙의 구체적 내용의 하나이다.

이전의 해석 또는 관행이 잘못된 것임이 밝혀진 경우에 이를 수정하여야 하는 것은 법치국가원리, 그 중에서 특히 행정의 법률적합성에 따른 요청이다. 그러나 수정된 새로운 해석이나 관행을 소급하여 적용하는 것은 소급입법의 경우와 마찬가지로 법적 안정성과 국민의 신뢰보호를 위하여 허용되어서는 안된다. 이는 법치국가원리의 또 다른 측면에서의 요청이다. 결국 「국세기본법」 제18조 3항은 행정의 법률적합성에 따라 잘못된 해석이나 관행은 수정하되 납세자의 신뢰보호를 위하여 장래에 향하여서만 효력을 발생하고 소급해서 적용하는 것을 금지하고 있는 것이다.

대법원은 "국세기본법 제18조 제2항($^{현행 18}_{조 3항}$)의 규정은 법적 안정성과 납세자의 신뢰를 보호하여야 한다는 헌법상 요청의 일단을 확인하고 있음에 불과하다"고 판시하여, 「국세기본법」상 이러한 규정이 없다고 하더라도 당연히 적용되는 원칙으로 보고 있다($^{대판 1983. 4. 12.}_{82누203}$).

2021년 제정된 「행정기본법」은 "행정청은 공익 또는 제3자의 이익을 현저히 해칠 우려가 있는 경우를 제외하고는 행정에 대한 국민의 정당하고 합리적인 신뢰를 보호하여야 한다"($^{12조}_{1항}$)고 규정하여, 판례·학설상 행정법의 일반원칙으로 정립된 신뢰보호의 원칙을 행정의 법원칙으로서 명문화하였다.

3. 신뢰보호의 요건

신뢰보호원칙에 의하여 보호받기 위해서는 다음과 같은 요건이 충족되어야 한다.

(1) 행정기관의 선행조치

우선 신뢰의 대상이 되는 행정기관의 선행조치가 있어야 한다. 그 선행조치는 처분·확언(확약 포함)·행정계획·행정지도 등을 통해 행해질 수 있으며, 반드시 명시적·적극적인 언동에 국한되지 않고 묵시적·소극적인 것도 포함된다.

[판례①]   지방세기본법 제18조에 의하면, 세무공무원은 신의에 따라 성실하게 직무를 수행하여야 한다. 일반적으로 조세법률관계에서 과세관청의 행위에 대하여 신의성실의 원칙이 적용되기 위하여는, ① 과세관청이 납세자에게 신뢰의 대상이 되는 공적인 견해를 표명하여야 하고, ② 납세자가 과세관청의 견해표명이 정당하다고 신뢰한 데 대하여 납세자에게 귀책사유가 없어야 하며, ③ 납세자가 그 견해표명을 신뢰하고 이에 따라 무엇인가 행위를 하여야 하고, ④ 과세관청이 위 견해표명에 반하는 처분을 함으로써 납세자의 이익이 침해되는 결과가 초래되어야 한다.
그리고 과세관청의 공적인 견해표명은 원칙적으로 일정한 책임 있는 지위에 있는 세무공무원에 의하여 명시적 또는 묵시적으로 이루어짐을 요하나, 신의성실의 원칙 내지 금반언의 원칙은 합법성을 희생하여서라도 납세자의 신뢰를 보호함이 정의, 형평에 부합하는 것으로 인정되는 특별한 사정이 있는 경우에 적용되는 것으로서 납세자의 신뢰보호라는 점에 그 법리의 핵심적 요소가 있는 것이므로, 위 요건의 하나인 과세관청의 공적 견해표명이 있었는지 여부를 판단하는 데 있어 반드시 행정조직상의 형식적인 권한분장에 구애될 것은 아니고 담당자의 조직상 지위와 임무, 당해 언동을 하게 된 구체적인 경위 및 그에 대한 납세자의 신뢰가능성에 비추어 실질에 의하여 판단하여야 한다(대판 2019. 1. 17,\n2018두42559).

[판례②]   국세기본법 제18조 제2항에서 정한 일반적으로 납세자에게 받아들여진 국세행정의 관행이 있으려면 반드시 과세관청이 납세자에 대하여 불과세를 시사하는 명시적인 언동이 있어야만 하는 것은 아니고 묵시적인 언동 다시 말하면 비과세의 사실상태가 장기간에 걸쳐 계속되는 경우에 그것이 그 사항에 대하여 과세의 대상으로 삼지 아니하는 뜻의 과세관청의 묵시적인 의향표시로 볼수 있는 경우 등에도 이를 인정할 수 있다(대판 1984. 12. 26, 81누266. 동지판례: 대판 2001. 4. 24, 2000두\n5203: 대판 2002. 11. 8, 2001두4849; 대판 2003. 9. 5, 2001두7855).

[판례③]   조세법률관계에서 과세관청의 행위에 대하여 비과세 관행이 성립되었다고 하려면 상당한 기간에 걸쳐 어떤 사항에 대하여 과세를 하지 않은 객관적 사실이 존재할 뿐만 아니라 과세관청 자신이 그 사항에 관하여 과세할 수 있음을 알면서도 어떤 특별한 사정 때문에 과세하지 않는다는 의사가 있어야 한다. 위와 같은 공적 견해나 의사는 명시적 또는 묵시적으로 표시되어야 하는데, 묵시적 표시가 있다고 하기 위해서는 단순한 과세 누락과는 달리 과세관청이 그 사항에 관하여 과세하지 않겠다는 의사표시를 한 것으로 볼 수 있는 사정이 있어야 한다. 이 경우 특히 과세관청의 의사표시가 일반론적인 견해표명에 불과한 경우에는 위 원칙이 적용되지 않는다(대판 2017. 5. 17, 2014두14976. 동지\n판례: 대판 2001. 4. 24, 2000두5203).

[판례④]   운송면허세의 부과근거이던 지방세법 시행령이 1973년 10월 1일에 제정되어 1977년 9월 20일에 폐지될 때까지 4년 동안 그 면허세를 부과할 수 있는 정을 알면서도 피고가 수출확대라는 공익상 필요에서 한 건도 부과한 일이 없었다면

납세자인 원고는 그것을 믿을 수밖에 없고, 그로써 비과세의 관행이 이루어졌다고 보아도 무방하다($\substack{대판 1980. 6. 10.\\80누6}$).

[판례⑤] 병무청 담당부서의 담당공무원에게 공적 견해의 표명을 구하는 정식의 서면질의 등을 하지 아니한 채 총무과 민원팀장에 불과한 공무원이 민원봉사차원에서 상담에 응하여 안내한 것을 신뢰한 경우, 신뢰보호 원칙이 적용되지 아니한다($\substack{대판 2003. 12. 26.,\\2003두1875}$).

(2) 선행조치에 대한 신뢰

관계자가 행정기관의 선행조치에 대하여 그 정당성 또는 존속성을 사실상으로 신뢰하는 것이 필요하다.

(3) 신뢰의 보호가치성

행정기관의 선행조치의 정당성 또는 존속성에 대한 관계자의 신뢰가 '보호받을 가치'가 있어야 한다.

대법원은 행정기관의 선행조치의 하자가 상대방 등 관계자의 사실은폐나 기타 사위의 방법에 의한 신청행위 등 부정행위에 기인한 것이거나 그러한 부정행위가 없더라도 하자가 있음을 알았거나 중대한 과실로 알지 못한 경우에 상대방은 신뢰이익을 원용할 수 없다고 판시하였다($\substack{대판 2002. 11. 8, 2001두1512; 대판 2002. 2.\\5, 2001두5286; 대판 2008. 8. 21, 2008두5414}$).

참고로 독일 행정절차법 제48조 2항에서는 ① 행정행위의 하자가 수익자의 책임에 기인하는 경우($\substack{수익자의 사기·강박·증뢰 등 부정한 방법으로 또는 수익자의\\불완전하거나 잘못된 신고에 의하여 행정행위 등이 발해진 경우}$)와 ② 수익자가 행정행위 등의 위법성을 알았거나 중대한 과실로 알지 못한 경우에는 그 행정행위 등에 대한 신뢰는 보호받을 가치가 없다고 규정하고 있다.

[판례①] 일반적으로 행정상의 법률관계에 있어서 행정청의 행위에 대하여 신뢰보호의 원칙이 적용되기 위하여는, (중략) 둘째 행정청의 견해표명이 정당하다고 신뢰한 데에 대하여 그 개인에게 귀책사유가 없어야 하며, (중략) 그 개인의 귀책사유라 함은 행정청의 견해표명의 하자가 상대방 등 관계자의 사실은폐나 기타 사위의 방법에 의한 신청행위 등 부정행위에 기인한 것이거나 그러한 부정행위가 없더라도 하자가 있음을 알았거나 중대한 과실로 알지 못한 경우 등을 의미한다고 해석함이 상당하고, 귀책사유의 유무는 상대방과 그로부터 신청행위를 위임받은 수임인 등 관계자 모두를 기준으로 판단하여야 한다($\substack{대판 2008. 1. 17, 2006두10931. 동지\\판례: 대판 2000. 11. 8, 2001두1512}$).

[판례②] 원고(산업기능요원)가 지정업체의 해당 분야에 종사하지 않고 있음에도 이를 숨기고 서울지방병무청 소속 공무원의 복무실태 조사에 응함으로써, 피고가

위와 같은 사정을 인식하지 못한 채 이 사건 복무만료처분을 하게 되었다는 것인 바, 피고의 복무만료처분이 위와 같은 원고의 해당 분야 미종사 사실의 은폐행위에 기인한 것이라면, 원고는 그 처분에 의한 이익이 위법하게 취득되었음을 알아 그 취소가능성도 예상할 수 있었다고 할 것이므로, 그 자신이 위 처분에 관한 신뢰이 익을 원용할 수 없다(대판 2008. 8. 21. 2008두5414).

(4) 신뢰에 기인한 처리(인과관계)

신뢰보호원칙을 통하여 보호받기 위해서는 행정기관의 선행조치를 믿고서 그 상대방이 일정한 처리를 한 경우이어야 한다. 예컨대 영업의 개시, 건축의 착수, 공유수면매립, 토지의 형질변경, 투자 등 신뢰에 입각한 관계자의 처리가 있어야 한다. 이는 결국 '행정에 대한 신뢰'와 '상대방의 조치' 사이에 인과관계 가 성립하여야 함을 의미하는 것이 된다.

(5) 선행조치에 반하는 행정조치의 존재

행정기관이 종래에 행한 선행조치에 반하는 조치(사업면허의 취소, 토지의 형질변경 허가의 취소, 공무원의 임용취소 등)를 취 함으로써 그 선행조치를 믿고서 일정한 처리를 한 관계자에게 불이익이 발생 하여야 한다.

[판례] 행정상의 법률관계에 있어서 행정청의 행위에 대하여 신뢰보호의 원칙이 적용되기 위하여는, 첫째 행정청이 개인에 대하여 신뢰의 대상이 되는 공적인 견해 표명을 하여야 하고, 둘째 행정청의 견해표명이 정당하다고 신뢰한 데 대하여 그 개인에게 귀책사유가 없어야 하고, 셋째 그 개인이 그 견해표명을 신뢰하고 이에 따라 어떠한 행위를 하였어야 하며, 넷째 행정청이 위 견해표명에 반하는 처분을 함으로써 그 견해표명을 신뢰한 개인의 이익이 침해되는 결과가 초래되어야 하는 것이며, 이러한 요건을 충족할 때에는 행정청의 처분은 신뢰보호의 원칙에 반하는 행위로서 위법하다고 볼 것이다(대판 1992. 5. 26, 91누10091. 동지 판례: 대판 2008. 10. 9, 2008두6127).

4. 신뢰보호의 내용과 한계

(1) 신뢰보호의 내용(존속보호와 보상보호)

신뢰보호의 요건이 충족되는 경우, 행정청의 상대방 등 국민은 그에 따른 보호를 받아야 하는 것인데, 그 보호의 첫째 내용이 존속보호이다. 여기에서 '존속보호'라고 함은 ① 이미 부여한 허가, 행정계획 등을 행정기관이 취소 또 는 철회하지 아니하고 유지하거나 ② 약속한 허가 등을 부여하는 것을 의미한다. 그러나 신뢰보호의 요건이 충족되어 있음에도 불구하고 공익상 이유로 존속보호를 할 수 없는 경우에는 보상을 하여야 하는데, 이 경우의 보호를 '보상보호'라고 말할 수 있다.

(2) 신뢰보호의 한계

(가) 이익형량의 필요

신뢰보호의 요건을 충족하는 경우, 신뢰보호의 원칙이 무조건적으로 적용되는 것은 아니다. 신뢰보호의 요건이 충족되는 경우에도 공익상의 필요, 상대방의 신뢰 내지 기득권보호, 법적 안정성의 유지 등 제 이익을 비교형량하여야한다.

판례는 신뢰보호원칙이 적용되기 위한 요건을 충족하는 경우라고 하더라도 행정청이 앞서 표명한 견해에 반하는 행정처분을 함으로써 달성하려는 공익이 행정청의 견해표명을 신뢰한 개인이 그 행정처분으로 인하여 입게 되는 이익의 침해를 정당화할 수 있을 정도로 강한 경우에는 신뢰보호원칙을 들어 그 행정처분이 위법하다고 할 수 없다고 판시하였다(대결 1998. 11. 13, 98두7343).

「행정기본법」은 행정에 대한 국민의 정당하고 합리적인 신뢰를 보호함에 있어서 공익 또는 제3자의 이익을 현저히 해칠 우려가 있는 경우를 제외한다고 규정하여(12조 1항), 신뢰보호 원칙의 한계를 명시하고 있다.

[판례] ㉮ 신뢰보호의 원칙은 행정청이 공적인 견해를 표명할 당시의 사정이 그대로 유지됨을 전제로 적용되는 것이 원칙이므로, 사후에 그와 같은 사정이 변경된 경우에는 그 공적 견해가 더 이상 개인에게 신뢰의 대상이 된다고 보기 어려운 만큼, 특별한 사정이 없는 한 행정청이 그 견해표명에 반하는 처분을 하더라도 신뢰보호의 원칙에 위반된다고 할 수 없다. ㉯ 한편 재건축조합에서 일단 내부 규범이 정립되면 조합원들은 특별한 사정이 없는 한 그것이 존속하리라는 신뢰를 가지게 되므로, 내부 규범 변경을 통해 달성하려는 이익이 종전 내부 규범의 존속을 신뢰한 조합원들의 이익보다 우월해야 한다. 조합 내부 규범을 변경하는 총회결의가 신뢰보호의 원칙에 위반되는지를 판단하기 위해서는, 종전 내부 규범의 내용을 변경하여야 할 객관적 사정과 필요가 존재하는지, 그로써 조합이 달성하려는 이익은 어떠한 것인지, 내부 규범의 변경에 따라 조합원들이 침해받은 이익은 어느 정도의 보호가치가 있으며 침해 정도는 어떠한지, 조합이 종전 내부 규범의 존속에 대한 조합원들의 신뢰 침해를 최소화하기 위하여 어떤 노력을 기울였는지 등과 같은 여러 사정을 종합적으로 비교·형량해야 한다(대판 2020. 6. 25, 2018두34732).

(나) 신뢰보호원칙과 행정의 법률적합성의 관계

신뢰보호의 한계는 특히 위법한 행위를 신뢰한 경우, 즉 신뢰보호원칙과 행정의 법률적합성 원칙이 충돌하는 경우, 양 원칙의 관계를 어떻게 설정할 것인지가 문제된다.

① 학　설:　　　행정처분이 위법한 것임에도 불구하고 상대방의 신뢰보호를 위해 그 존속성 등을 인정하는 것은 법치주의에 반한다는 견해(법률적합성우위설)와 법치주의원리를 구성하는 행정의 법률적합성원칙과 법적 안정성의 원칙은 동위적·동가치적인 것이므로, 후자에서 도출되는 신뢰보호원칙과 행정의 법률적합성 원칙도 동위적인 관계에 있다고 보는 견해(법률적합성과 신뢰보호원칙의 동위설)가 대립된다.

② 검　토:　　　신뢰보호의 근거에서 살펴본 바와 같이 신뢰보호원칙을 헌법상의 법치국가원리로부터 도출되는 행정법의 주요 법원칙의 하나로 보는 이상, 신뢰보호원칙과 법률적합성원칙은 동위적인 관계에 있다고 본다. 따라서 신뢰보호의 요건이 충족되는 경우에도, 관계인의 보호이익과 행정처분의 취소 등에 의하여 달성되는 공익간의 구체적 형량이 필요하다.

> **[판례]** 건축주가 건축허가 내용대로 공사를 상당한 정도로 진행하였는데, 나중에 건축법이나 도시계획법에 위반되는 하자가 발견되었다는 이유로 그 일부분의 철거를 명할 수 있기 위하여는 그 건축허가를 기초로 하여 형성된 사실관계 및 법률관계를 고려하여 건축주가 입게 될 불이익과 건축행정이나 도시계획행정상의 공익, 제3자의 이익, 건축법이나 도시계획법 위반의 정도를 비교·교량하여 건축주의 이익을 희생시켜도 부득이하다고 인정되는 경우라야 한다(대판 2002. 11. 8, 2001두1512).

5. 신뢰보호의 적용례

신뢰보호의 원칙은 행정법의 일반원칙이므로 행정법의 모든 분야에 걸쳐 적용될 수 있는바, 특히 수익적 행정행위의 취소·철회, 확약, 행정법상의 실권, 계획보장 등과 관련하여 많이 논의되고 있다.

(1) 수익적 행정행위의 취소

행정법상 신뢰보호원칙은 원래 하자있는 수익적 행정행위의 취소의 문제에서 출발하였다. 비록 하자있는 행정행위일지라도 수익적 행정행위의 경우에는 상대방은 이를 기초로 새로운 법률관계를 형성하게 되어 이익을 얻게 되므로 그 취소는 상대방의 신뢰이익을 침해하게 된다. 따라서 취소하여야 할 공익상 필요와 취소로 인하여 상대방이 입게 되는 신뢰이익의 침해를 비교교량하여 취소처분으로 인하여 달성되는 공익보다 신뢰이익 침해가 막대한 경우 그 취소처분은 위법한 것이다.

독일의 행정절차법은 위법한 수익적 행정행위의 내용이 금전급부나 가분적 현물급부인 경우와 그 밖의 경우를 구별하여, 전자의 경우에는 신뢰보호의 요건이 충족하게 되면 당해 행정행위의 취소를 불허하는 반면에, 후자의 경우에는 그 취소를 허용하되 신뢰로 인한 재산상 손실을 보상하도록 규정하고 있다 (동법 48조 2항, 3항 참조).

[판례①] 수익적 행정처분을 취소할 때에는 이를 취소하여야 할 공익상의 필요와 그 취소로 인하여 당사자가 입게 될 기득권과 신뢰보호 및 법률생활 안정의 침해 등 불이익을 비교·교량한 후 공익상의 필요가 당사자가 입을 불이익을 정당화할 만큼 강한 경우에 한하여 취소할 수 있다. 그런데 수익적 행정처분의 하자가 당사자의 사실은폐나 기타 사위의 방법에 의한 신청행위에 기인한 것이라면, 당사자는 처분에 의한 이익을 위법하게 취득하였음을 알아 취소가능성도 예상하고 있었을 것이므로, 그 자신이 처분에 관한 신뢰이익을 원용할 수 없음은 물론, 행정청이 이를 고려하지 않았다 하여도 재량권의 남용이 되지 않고, 이 경우 당사자의 사실은폐나 기타 사위의 방법에 의한 신청행위가 제3자를 통하여 소극적으로 이루어졌다고 하여 달리 볼 것이 아니다(대판 2008. 11. 13. 2008두8628. 동지 판례: 대판 2006. 5. 25, 2003두4669).

[판례②] 특수임무수행자 보상에 관한 법률(이하 '보상법' 이라 한다) 제18조 제1항 제2호의 내용과 취지, 사회보장 행정영역에서의 수익적 행정처분 취소의 특수성 등을 종합해 보면, 보상법 제18조 제1항 제2호에 따라 보상금 등을 받은 당사자로부터 잘못 지급된 부분을 환수하는 처분을 함에 있어서는 그 보상금 등의 수급에 관하여 당사자에게 고의 또는 중과실의 귀책사유가 있는지 여부, 보상금의 액수·보상금 지급일과 환수처분일 사이의 시간적 간격·수급자의 보상금 소비 여부 등에 비추어 이를 다시 원상회복하는 것이 수급자에게 가혹한지 여부, 잘못 지급된 보상금 등에 해당하는 금액을 징수하는 처분을 통하여 달성하고자 하는 공익상 필요의 구체적 내용과 처분으로 말미암아 당사자가 입게 될 불이익의 내용 및 정도와 같은 여러 사정을 두루 살펴, 잘못 지급된 보상금 등에 해당하는 금액을 징수하는 처분을 해야 할 공익상 필요와 그로 인하여 당사자가 입게 될 기득권과 신뢰의 보호 및 법률생활 안정의 침해 등의 불이익을 비교·교량한 후, 공익상 필요가 당사자가 입게 될 불이익을 정당화할 만큼 강한 경우에 한하여 보상금 등을 받은 당사자로부터 잘못 지급된 보상금 등에 해당하는 금액을 환수하는 처분을 하여야 한다고 봄이 타당하다(대판 2014. 10. 27. 2012두17186).

(2) 수익적 행정행위의 철회

관계자의 신뢰를 보호하기 위하여 수익적 행정행위의 철회는 제한을 받는다. 철회의 경우에는 신뢰보호원칙과 법률적합성원칙이 충돌하지 않기 때문에 수익적 행정행위의 취소의 경우보다 동원칙이 더욱 강조되어야 할 것이다.

독일 행정절차법 제49조는 수익적 행정행위의 경우 ① 철회권의 유보, ② 부담의 불이행, ③ 새로운 사실의 발생, ④ 법령의 개정, ⑤ 긴급한 공익상의 필요 등의 경우에 한하여 철회를 허용하고 있다. 한편 동조 제5항은 ③ 내지 ⑤의 경우에 있어서, 수익자가 행정행위의 존속을 신뢰함으로써 재산상의 불이익을 받게 되면 그 신뢰가 보호받을 가치가 있는 한, 행정청은 그에 대하여 보상하도록 규정하고 있다. ①과 ②의 경우를 배제하는 것은 그 경우에는 수익자가 사후의 철회가능성을 이미 알고 있었거나 철회사유가 그에게 귀책되기 때문이다.

한편, 부담적 행정행위의 폐지는 국민의 불이익을 제거하는 것이라 하여, 그와 관련하여 특별한 논의가 행해지지 않는다. 그러나 당초의 부담적 행정행위를 폐기하고, 동일한 법적 근거에서 가중된 부담적 행정행위를 새로이 대신 발하는 경우에는 사정이 다르다 할 것이다. 부담적 행정행위란 본래 부담적 효과를 발하지만 그것이 상대방의 의무나 권리제한의 범위를 한정하는 한에 있어서는 일종의 수익적 효과도 발한다고 할 수 있으므로, 이처럼 부담적 행정행위를 불이익하게 변경하는 경우에는 수익적 행정행위의 폐지와 관련한 신뢰보호원칙이 적용된다 할 것이다.

(3) 확 약

행정청이 장차 상대방에게 일정한 작위 또는 부작위를 행할 것을 확약한 경우에는, 신뢰보호의 원칙에 따라 행정청은 그에 구속된다고 보아야 한다.

(4) 실 권

신뢰보호의 요건은 행정기관이 장기간 권리를 행사하지 않고 방치했을 때에도 충족될 수 있다. 예컨대 과세관청이 조세를 부과할 수 있음에도 부작위로 일관하고 있고 그에 따라 납세의무자가 조세의 납부를 요구받지 않을 것이라고 믿고 일정한 재정적 조치를 한 경우에 과세관청은 더 이상 조세를 부과·징수할 수 없게 된다.

일반적으로 공법상의 권리는 장기간 이를 행사하지 않고 방치하였을 때에는 그것을 행사할 수 없다는 실권(Verwirkung)의 법리는 신의성실원칙의 적용

결과라고 한다.[11]

> **[판례①]** 실권 또는 실효의 법리는 법의 일반원리인 신의성실의 원칙에 바탕을 둔 파생원칙인 것이므로 공법관계 가운데 관리관계는 물론이고 권력관계에도 적용되어야 함을 배제할 수는 없다 하겠으나 그것은 본래 권리행사의 기회가 있음에도 불구하고 권리자가 장기간에 걸쳐 그의 권리를 행사하지 아니하였기 때문에 의무자인 상대방은 이미 그의 권리를 행사하지 아니할 것으로 믿을 만한 정당한 사유가 있게 되거나 행사하지 아니할 것으로 추인케 할 경우에 새삼스럽게 그 권리를 행사하는 것이 신의성실의 원칙에 반하는 결과가 될 때 그 권리행사를 허용하지 않는 것을 의미한다(대판 1988. 4. 27.,\n87누915).
>
> **[판례②]** 행정청이 위반행위가 있은 이후에 장기간에 걸쳐 아무런 행정조치를 취하지 않은채 방치하고 있다가 3년여가 지난 후에야 이를 이유로 행정제재를 하면서 가장 무거운 운전면허를 취소하는 행정처분을 하였다면 이는 행정청이 그간 별다른 행정조치가 없을 것이라고 믿은 신뢰의 이익과 그 법적 안정성을 빼앗는 것이 되어 매우 가혹할 뿐만 아니라 비록 그 위반행위가 운전면허취소사유에 해당한다 할지라도 그와 같은 공익상의 목적만으로는 위 운전사가 입게 될 불이익에 견줄 바 못된다 할 것이다(대판 1987. 9. 8.,\n87누373).

「행정기본법」은 제12조(신뢰보호의 원칙)에서 "행정청은 권한 행사의 기회가 있음에도 불구하고 장기간 권한을 행사하지 아니하여 국민이 그 권한이 행사되지 아니할 것으로 믿을 만한 정당한 사유가 있는 경우에는 그 권한을 행사해서는 아니 된다. 다만, 공익 또는 제3자의 이익을 현저히 해칠 우려가 있는 경우는 예외로 한다"고 규정하여, 실권의 법리를 명시하였다. 행정청에게 취소권, 영업정지권, 철회권 등을 행사할 가능성이 존재했음에도 불구하고 그 권리·권한을 행사하지 않아 그 상대방인 국민이 행정청이 그 권리·권한을 행사하지 않았을 것으로 신뢰할 정당한 사유가 있는 경우에는 행정청이 그 권리·권한을 행사할 수 없게 된다. 실권의 법리는 '제재처분의 제척기간' 규정(23조)과 중첩될 수 있으나, 이는 일부 제재처분(인가·허가 등의 정지·취소·철회처분, 등록 말소 처분,\n영업소 폐쇄처분과 정지처분에 갈음하는 과징금 부과 처분)에 한정하여 적용되므로 그 밖의 처분에 대해서는 실권의 법리가 적용해야 할 필요성과 가능성이 있으므로 독자적 규정의 필요성이 있다고 보았다.

---

11) 김남진, 기본문제, 76면 참조.

(5) 불법에 있어서의 평등대우

위법한 행정선례를 신뢰해 온 자가 신뢰보호를 이유로 장래에도 그 선례를 고수해 줄 것을 요구할 수 있느냐의 문제가 제기될 수 있다.[12] 이 경우에 동일한 사정에 있는 제3자에게 위법한 행정작용의 청구권을 인정한다면 행정의 법률적합성 원칙은 공허하게 되고, 위법한 상태가 장래에 향하여 계속 지속하게 되는 불합리한 결과가 발생한다. 다만 경우에 따라 제3자에게 손해배상청구권이 발생할 수는 있을 것이다.

(6) 계획보장

행정계획을 신뢰하고 자본 등을 투자하였는데, 이후 당해 계획이 폐지·변경된 경우에 개인의 신뢰보호가 문제된다. 공공복리 등의 명분으로 인하여 계획보장청구권 및 그에 포함된 계획존속청구권, 계획집행청구권은 일반적으로 부정된다. 그러나 국민의 신뢰보호 또한 법치국가의 계획에 있어서 포기할 수 없는 구성요소이므로, 손실보상 등의 방법으로 계획의 존속에 대한 신뢰를 보호해야 할 것이다.

(7) 법령의 개정

법령이 개정된 경우 그 법령이 종전의 법률관계 또는 사실관계에 적용될 수 있는지 여부도 신뢰보호원칙과 관련하여 문제가 된다.[13] 이미 과거에 완성된 사실 또는 법률관계에 대해 사후에 국민에게 불리하게 작용하는 새로운 법규(진정소급입법)가 제정되거나 이미 과거에 시작하였으나 아직 완성되지 아니하고 진행과정에 있는 사실 또는 법률관계에 대해 국민에게 불리하게 작용하는 대상으로 하는 법규(부진정소급입법)가 제정되면 국민의 신뢰이익 침해가 문제된다.

진정소급입법은 원칙적으로 헌법($\frac{13조}{2항}$)상 허용되지 않아 위헌·무효이므로 처분시 적용할 법령은 개정 전 법령이 된다. 다만 국민이 소급입법을 예상할 수 있었거나, 법적 상태가 불확실하거나 혼란스러웠거나 하여 보호할 만한 신뢰이익이 적은 경우와 소급입법에 의한 당사자의 손실이 없거나 아주 경미한 경우, 그리고 신뢰보호의 요청에 우선하는 심히 중대한 공익상의 사유가 소급입법을 정당화하는 경우 등 특단의 사정이 있는 경우에는 예외적으로 진정소

---

12) 이에 대하여는 김남진, 기본문제, 77면 참조.

13) 법령개정과 신뢰보호의 관계에 관하여는 정종섭, 법률의 변경에 있어서 신뢰의 보호, 헌법연구 제3권, 2004; 한수웅, 법률개정과 신뢰보호 - 부진정소급효에 관한 헌법재판소 판례평석을 겸하여, 인권과 정의, 1997. 6 참조.

급입법이 허용된다.[14]

부진정소급입법은 원칙적으로 허용되므로 처분시 적용할 법령은 개정 법령이 된다. 다만 구 법령의 존속에 대한 당사자의 신뢰가 합리적이고도 정당하며, 법령의 개정으로 야기되는 당사자의 손해가 극심하여 새로운 법령으로 달성하고자 하는 공익적 목적이 그러한 신뢰의 파괴를 정당화할 수 없다면, 입법자는 경과규정을 두는 등 당사자의 신뢰를 보호할 적절한 조치를 하여야 하며, 이와 같은 적절한 조치 없이 새 법령을 그대로 시행하거나 적용하는 것은 허용될 수 없다 할 것인바, 이는 헌법의 기본원리인 법치주의 원리에서 도출되는 신뢰보호의 원칙에 위배되기 때문이다. 이러한 신뢰보호원칙의 위배 여부를 판단하기 위해서는 한편으로는 침해받은 이익의 보호가치, 침해의 중한 정도, 신뢰가 손상된 정도, 신뢰침해의 방법 등과 다른 한편으로는 새 법령을 통해 실현하고자 하는 공익적 목적을 종합적으로 비교·형량하여야 할 것이다.[15]

> **[판례①]** 새로운 법령에 의한 신뢰이익의 침해는 새로운 법령이 과거의 사실 또는 법률관계에 소급적용되는 경우에 한하여 문제되는 것은 아니고, 과거에 발생하였지만 완성되지 않고 진행중인 사실 또는 법률관계 등을 새로운 법령이 규율함으로써 종전에 시행되던 법령의 존속에 대한 신뢰이익을 침해하게 되는 경우에도 신뢰보호의 원칙이 적용될 수 있다(대판 2006. 11. 16, 2003두12899).
>
> **[판례②]** 법령의 개정에서 신뢰보호원칙이 적용되어야 하는 이유는, 어떤 법령이 장래에도 그대로 존속할 것이라는 합리적이고 정당한 신뢰를 바탕으로 국민이 그 법령에 상응하는 구체적 행위로 나아가 일정한 법적 지위나 생활관계를 형성하여 왔음에도 국가가 이를 전혀 보호하지 않는다면 법질서에 대한 국민의 신뢰는 무너지고 현재의 행위에 대한 장래의 법적 효과를 예견할 수 없게 되어 법적 안정성이 크게 저해되기 때문이고, 이러한 신뢰보호는 절대적이거나 어느 생활영역에서나 균일한 것은 아니고 개개의 사안마다 관련된 자유나 권리, 이익 등에 따라 보호의 정도와 방법이 다를 수 있으며, 새로운 법령을 통하여 실현하고자 하는 공익적 목적이 우월할 때에는 이를 고려하여 제한될 수 있으므로, 이 경우 신뢰보호원칙의 위배 여부를 판단하기 위해서는 한편으로는 침해된 이익의 보호가치, 침해의 중한 정도, 신뢰가 손상된 정도, 신뢰침해의 방법 등과 다른 한편으로는 새 법령을 통해 실현하고자 하는 공익적 목적을 종합적으로 비교·형량하여야 한다(대판 2007. 10. 29, 2005두4649).

---

14) 헌재 1996. 2. 16, 96헌가2, 96헌바7, 96헌바13; 헌재 1998. 9. 30, 97헌바38; 헌재 2006. 4. 27, 2005헌마406.

15) 헌재 2002. 11. 28, 2002헌바45; 대판 2006. 11. 16, 2003두12899; 대판 2007. 10. 12, 2006두14476; 대판 2007. 10. 29, 2005두4649.

사례해설

乙구청장이 건축허가를 함에 있어서는 사전에 도로점용에 따른 문제점을 살펴볼 것이므로, 건축허가와 결부된 일련의 처분으로서 도로점용허가가 발령될 것이라는 乙의 묵시적 언동은 신뢰의 대상이 된다. 그리하여 甲은 건물을 완공하고 차량 진출입통로를 시공하였는데, 이러한 甲의 신뢰에 반하여 乙이 거부처분을 함으로써 甲은 건물을 제대로 사용할 수 없게 되어 큰 손실을 입게 될 것이다. 또한 이러한 거부처분으로 침해되는 甲의 신뢰이익은 이로 인해 달성하고자 하는 공익에 비해 우월하다는 점에서 甲의 신뢰를 보호하는 것은 그 한계를 일탈하는 것으로 보이지 않는다. 결국 乙의 거부처분은 위법하다.[16]

Ⅳ. 평등의 원칙 및 행정의 자기구속의 원칙

1. 의의 및 적용범위

평등의 원칙이란, 행정작용을 함에 있어서 특별한 합리적 사유가 존재하지 않는 한 상대방인 국민을 공평하게 처우해야 한다는 것을 말한다. 평등의 원칙은 헌법차원의 법원칙이므로, 이에 위반된 국가작용은 위헌·위법의 것이 된다.

평등의 원칙은 행정의 거의 모든 분야에서 매우 중요한 기능을 수행하는데, 적용영역에 따라 명칭과 의미를 달리 하기도 한다. 그 가운데에서도 행정규칙과의 관련은 특기할 만하다. 행정규칙은 본래 행정의 내부에서만 효력(구속력)을 가지고 외부에 대해서는 직접 효력을 가지지 않는 것인데, 평등원칙을 매개로 하여 그의 효력이 외부화하는 경우(행정규칙위반이 위법으로 되는 경우)가 있을 수 있는 바, 그러한 현상을 "행정의 자기구속의 원칙"의 이름으로 설명하기도 한다. 다만, 이에 관하여는 제2장 제3절 "행정규칙"의 편에서 다루기로 한다.

> **[판례①]** 행정규칙이 법령의 규정에 의하여 행정관청에 법령의 구체적 내용을 보충할 권한을 부여한 경우, 또는 재량권행사의 준칙인 규칙이 그 정한 바에 따라 되풀이 시행되어 행정관행이 이루어지게 되면, 평등의 원칙이나 신뢰보호의 원칙에 따라 행정관청은 그 상대방에 대한 관계에서 그 규칙에 따라야 할 자기구속을 당하게 되고, 그러한 경우에는 대외적인 구속력을 가지게 된다 할 것이다(헌재 1990. 9. 3. 90헌마13).
>
> **[판례②]** 재량권 행사의 준칙인 행정규칙이 그 정한 바에 따라 되풀이 시행되어 행

---

16) 상세는 김연태, 행정법사례연습, 53면 이하 참조.

정관행이 이루어지게 되면 평등의 원칙이나 신뢰보호의 원칙에 따라 행정기관은 그 상대방에 대한 관계에서 그 규칙에 따라야 할 자기구속을 받게 되므로, 이러한 경우에는 특별한 사정이 없는 한 그를 위반하는 처분은 평등의 원칙이나 신뢰보호의 원칙에 위배되어 재량권을 일탈·남용한 위법한 처분이 된다(대판 2009. 12. 24. 2009두7967. 동지 판례: 대판 2014. 11. 27. 2013두18964).

2. 근　거

헌법은 "모든 국민은 법 앞에 평등하다. 누구든지 성별·종교 또는 사회적 신분에 의하여 정치적·경제적·사회적·문화적 생활의 모든 영역에 있어서 차별을 받지 아니한다"($^{11조}_{1항}$)라고 규정함으로써 국민의 평등권을 보장하고 있는바, 이는 행정법의 영역에도 당연히 적용된다.

「행정기본법」은 "행정청은 합리적 이유 없이 국민을 차별해서는 아니 된다"($^{9}_{조}$)고 규정하여, 헌법상 원칙인 평등의 원칙을 행정의 법원칙으로 선언하고 행정의 전 영역에 평등의 원칙이 적용됨을 강조하고 있다.

V. 신의성실의 원칙

신의성실의 원칙은 사법($^{민법}_{참조}$ ^{2조})에서 발전된 것이나, 공법의 영역에도 적용되는 법원칙으로서의 의의를 가진다. 그리하여, 공법의 영역에 있어서 특히 법의 흠결, 공백이 있는 경우에 그 공백을 메워 주는 원칙의 하나로서 일찍부터 활용되어 왔는데, 오늘날은 "행정에 대한 신뢰보호의 원칙"의 근거 내지 내용으로 그 적용의 폭을 넓히고 있는 중에 있다.

「행정절차법」은 "행정청은 직무를 수행할 때 신의에 따라 성실히 하여야 한다"($^{4조}_{1항}$)라는 규정으로, 「국세기본법」은 "납세자가 그 의무를 이행할 때에는 신의에 따라 성실하게 하여야 한다. 세무공무원이 직무를 수행할 때에도 또한 같다"($^{15}_{조}$)는 규정으로 동 원칙을 명문화해 놓고 있다.

「행정기본법」은 사법상의 신의성실의 원칙을 공법관계에 맞추어 행정청의 성실의무의 원칙으로 규정하고 있다. 즉, "행정청은 법령등에 따른 의무를 성실히 수행하여야 한다"($^{11조}_{1항}$)고 규정하여, 행정청의 성실의무에 관한 사항을 명문화하여 행정의 법원칙의 하나로 명시하였다.

한편, 「행정기본법」은 제11조 2항에서 "행정청은 행정권한을 남용하거나 그 권한의 범위를 넘어서는 아니 된다"고 규정하여, 권한남용금지의 원칙이 행정법 영역 전반에 공통적으로 적용되는 일반적 법원칙임을 명시적으로 선언하고 있다.

> **[판례]** 법치주의는 국가권력의 중립성과 공공성 및 윤리성을 확보하기 위한 것이므로, 모든 국가기관과 공무원은 헌법과 법률에 위배되는 행위를 하여서는 아니 됨은 물론 헌법과 법률에 의하여 부여된 권한을 행사할 때에도 그 권한을 남용하여서는 아니 된다(대판 2016. 12. 15.\n2016두47659).

Ⅵ. 부당결부금지의 원칙

행정권한의 부당결부금지의 원칙(Koppelungsverbot)이란, 행정기관이 행정활동을 행함에 있어서 그것과 실체적인 관련이 없는 반대급부와 결부시켜서는 안 된다는 것을 말한다. 이 법원칙은 행정목적을 달성하기 위한 수단이 다양해짐에 따라 그 수단의 선택이나 급부에 일정한 한계를 설정하려는 의도에서 구성된 이론이라 할 수 있다.

「행정기본법」은 "행정청은 행정작용을 할 때 상대방에게 해당 행정작용과 실질적인 관련이 없는 의무를 부과해서는 아니 된다"($^{13}_조$)고 규정하여, 판례·학설상 행정법의 일반원칙으로 정립된 부당결부금지의 원칙을 행정의 법원칙으로서 명문화하였다.

> **[판례]** 부당결부금지의 원칙이란 행정주체가 행정작용을 함에 있어서 이와 실질적인 관련이 없는 상대방의 의무를 부과하거나 그 이행을 강제하여서는 아니 된다는 원칙을 말한다(대판 2009. 2. 12.\n2005다65500).

우리나라에서는 그 동안 주로 행정의 실효성확보를 위한 새로운 제재수단과 관련시켜 동 원칙이 논의된 바 있다.[17] 「건축법」상의 의무를 강제하기 위해 수도나 전기의 공급을 중단하는 것 등이 허용될 수 있는 것인가 등의 논의가 그에 해당한다. 다만, 공급거부가 부당결부금지의 원칙에 반하는 것인지의 문

---

17) 상세는 황치연, 과잉금지원칙의 내용, 공법연구 제25집 제4호; 김남진·이명구, 행정법연습, 277면 이하 참조.

제는 관계 법률의 개정에 의하여 공급거부에 관한 내용이 삭제됨으로써 해결 되었으나,[18] 국세체납자에 대하여 세무서장이 주무관서에 해당 체납자에 대해 허가 등을 제한하게 요구할 수 있는 「국세징수법」 제112조와 등록면허세 미납 자에 대해 지방자치단체의 장이 면허부여기관에 대하여 그 면허의 취소나 정 지를 요구할 수 있는 「지방세법」 제39조가 동 원칙에 반하는 것이 아닌가의 의 문은 제기된다.[19]

부당결부금지원칙은 처분뿐만 아니라 모든 행정작용에 적용되는바, 특히 부 관, 공법계약 등의 영역에서도 활용되는 유용한 법원칙이라 할 수 있다. 대법원 은 행정청이 주택사업계획승인을 함에 있어서 그 주택사업과 관련이 없는 토 지를 기부채납하도록 하는 부관을 붙인 경우에, 그 부관은 부당결부금지의 원 칙에 위반되어 위법하다고 판시한 바 있다($\binom{대판 1997. 3. 11.}{96다49650}$).

> **[판례]** 공무원이 인·허가 등 수익적 행정처분을 하면서 상대방에게 그 처분과 관련하여 이른바 부관으로서 부담을 붙일 수 있다 하더라도, 그러한 부담은 법치주 의와 사유재산 존중, 조세법률주의 등 헌법의 기본원리에 비추어 비례의 원칙이나 부당결부의 원칙에 위반되지 않아야만 적법한 것인바, 행정처분과 부관 사이에 실 제적 관련성이 있다고 볼 수 없는 경우 공무원이 위와 같은 공법상의 제한을 회피 할 목적으로 행정처분의 상대방과 사이에 사법상 계약을 체결하는 형식을 취하였 다면 이는 법치행정의 원리에 반하는 것으로서 위법하다. 위와 같은 모든 점을 종 합할 때, 지방자치단체가 골프장사업계획승인과 관련하여 사업자로부터 기부금을 지급받기로 한 증여계약은 공무수행과 결부된 금전적 대가로서 그 조건이나 동기 가 사회질서에 반하므로 민법 제103조에 의해 무효라고 할 것이다($\binom{대판 2009. 12. 10.}{2007다63966}$).

---

18) 구 「건축법」(2005. 11. 8. 법률 제7696호로 개정되기 전의 것) 제69조 제2항, 구 「대기환경보전법」(1999. 4. 15. 법률 제5961호로 개정되기 전의 것) 제21조 제2항, 구 「수질환경보전법」(1999. 2. 8. 법률 제5914 호로 개정되기 전의 것. 현재는 수질 및 수생태계 보전에 관한 법률) 제21조 제2항에는 공급거부와 관 련된 내용이 규정되어 있었으나, 이후 법개정을 통해 모두 삭제되었다.

19) 이에 대하여는 본서 649면 이하 참조.

제6절 행정법의 법원

I. 개 설

1. 법원의 의의

우리나라에서는 행정법의 '법원'을 일반적으로 행정법의 '존재형식'으로 이해하고 있으며, 그러한 전제하에 행정법의 법원을 크게 성문법원과 불문법원으로 나누어 설명한다. 이러한 견해는 행정법이 성문의 형식으로 되어 있는 것인가 아니면 불문의 형식으로 되어 있는가에 초점을 두고 있는 듯한 인상을 준다. 따라서 '법원'을 '법의 인식근거', 즉 그 어떤 것을 법으로서 인식하는 근거 (Erkenntnisgrund für etwas als Recht)로 파악하는 것이 타당하다고 생각한다. 이와 같은 법원개념은 특히 판례법과 같은 불문법원의 법원성을 설명함에 있어 유용하다고 여겨진다.[1]

2. 법원과 법규범·법규

법원을 법의 인식근거라고 할 때, 그러면 그 '법'이란 무엇이냐 하는 것이 문제가 된다. 국가와 시민의 관계는 물론 국가내부의 영역에도 존재하는 일체의 법규범(행정규칙 등 내부법 포함)을 의미하느냐, 아니면 직접 행정주체와 국민과의 관계(일반권력관계)에서 구속력을 가질 수 있는 의미의 법, 즉 법규 또는 외부법만을 의미하느냐 하는 것이다.[2]

전자의 법개념에 입각한 법원을 '광의의 법원'이라고 하고 후자의 법개념에 입각한 법원을 '협의의 법원'이라고 할 수 있다. 양자의 구별은 후술하는 행정규칙(특별규칙 포함)의 법원성 내지 법규성과 관련하여 특별한 의미를 갖는다.[3]

---

1) 주요문헌: 신보성, 행정법의 법원, 월간고시, 1985. 5; 신보성, 행정법의 제문제, 31면 이하; 김원주, 행정판례의 법원성, 고시계, 2001. 1; 박정훈, 판례의 법원성, 행정법의 체계와 방법론, 2005; 류지태, 판례법의 한계, 행정법의 이해, 2006 등.

2) 오늘날 법규범(Rechtsnorm)과 법규(Rechtssatz)의 구분이 학자에 따라 상이한 점에 유념할 필요가 있다. 즉, 다수학자의 경향과는 달리 "시민들이나 법원에 대해서 구속력을 갖는 규범뿐 아니라 국가기관 내부에서 효력을 갖는 규범"도 법규개념에 포함시키고, "일반적·추상적인 규율로서, 시민이나 그 밖의 독자적인 법인에 대한 권리나 의무의 창설·변경·소멸에 관한 사항을 그 내용으로 하는 것"을 법규범으로 이해하는 입장(류지태)도 있다.

3) 상세는 본서 188면 이하 참조.

3. 행정법의 성문법주의

성문법주의를 취하고 있는 대륙법계는 물론 불문법주의를 취하고 있는 영미법계에서도 근래에는 성문의 행정법이 대량으로 제정되는 경향에 있다.

(1) 필요성

행정의 민주화, 규제완화가 시대의 거역할 수 없는 추세로 되어 있으나, 행정의 권력성($\frac{개인에, 대한}{명령. 강제성}$)을 부인할 수 없는 것이 현실이다. 그리하여 행정권의 소재와 방식을 명시함으로써 국민에게 행정에 대한 예측가능을 부여하고 법률생활의 안정성을 기하는 동시에 권익구제의 길을 쉽게 찾을 수 있게 하기 위해서는 되도록 행정법도 성문화함이 필요하다고 하겠다.

(2) 법적 근거 및 한계성

우리의 헌법은 국민의 기본권에 관한 사항을 대부분 법률에 유보하고 ($\frac{헌법 12조}{내지 37조}$), 행정기관의 설치 및 조직도 원칙적으로 법률에 의하도록 하고 있으며 ($\frac{헌법 96조, 정부조}{직법 2조 1항·3조}$), 중요한 행정작용을 법률에 유보($\frac{헌법 33조 3}{항·59조 등}$)함으로써 행정법의 성문법주의를 뒷받침하고 있다.

그러나 현대행정의 양적인 확대로 인하여 그 규율대상이 광범위하고 다양하며 유동적이기 때문에 그 모든 것을 성문법으로 규율하기는 불가능에 가깝다. 그러한 이유에서 행정법의 영역에 있어서도 불문법($\frac{관습법·판례법·조리}{또는 법의 일반원칙}$)은 여전히 큰 비중을 차지하고 있다고 볼 수 있다.

4. 행정법의 법전화

행정법이 각국에서 성문화의 추세에 있기는 하나, 헌법·민법·형법 등과는 달리 통일적인 법전으로 체계화되어 있지 않고 무수한 법령으로 산재되어 있는 것이 현황이다. 행정법이 통일적인 법전으로 되어 있지 못한 이유는, 행정법의 규율대상이 매우 광범위하고 유동적인 데다가, 행정법 내지 행정법학의 역사가 비교적 짧은 데에 그 이유가 있다고 하겠다. 특히 행정법의 총칙 부분이 단일 법전으로 발전되어 있지 못하고 있었다. 1976년에 제정된 독일 행정절차법[4]은 행정법 총칙의 중요 부분을 성문화하였으며, 우리나라에서도 1987년 7월에 입법예고된 바 있었던 행정절차법안에서 그러한 노력이 시도되었으나 결실

---

4) 독일의 행정절차법은 그 명칭과는 달리 총칙적인 내용을 많이 담고 있다. 이에 관한 상세는 본서 470면 참조.

에 이르지는 못하였다. 그러다가 2021년 3월 23일 「행정기본법」이 제정됨으로써 행정법 총칙에 해당하는 법을 갖게 되었다. 「행정기본법」은 그 동안 학설·판례로 정립된 행정집행의 원칙과 기준을 명문화한 데에 의의가 있다.

Ⅱ. 행정법의 성문법원

행정법의 성문법원은 여러 가지 각도에서 분류될 수 있으나, 여기서는 성문법의 효력 및 제정권의 주체 내지 절차에 따라 헌법·법률·조약 및 국제법규·명령·자치법규로 분류해 보기로 한다.

1. 헌   법

헌법은 국가의 기본법으로서 행정조직·행정작용·행정구제 등 행정에 관한 기본적 사항을 규율하는 많은 규정을 내포하고 있어 행정법의 중요한 법원이 되고 있다. 아울러 헌법은 국가의 최고법으로서의 성질을 가지므로 다른 형식의 법원에 대하여 우월한 효력을 가진다.

2. 법   률

법률은 국회의 심의절차를 거쳐 제정된 법형식이다. 국회가 국민대표기관인 점에서 법률은 특별한 의미를 가지며, 가장 보편적인 성문법원이다. 이는 헌법이 행정에 관한 중요사항을 법률로써 정하도록 하고 있는 데에 잘 나타나 있다($\frac{23조 \cdot 3항 \cdot 29조 \cdot 74}{조 \cdot 78조 \cdot 96조\ 등}$). 다만, 오늘날 행정기능의 확충·강화에 따른 행정입법($\frac{작칙입법}{으로서의}$ $\frac{조례 \cdot 규}{칙\ 포함}$)의 증가에 따라 적어도 양에 있어서는 그의 왕자적 지위를 행정입법에 양보하지 않을 수 없는 형편이다. 그러나 입법권자는 행정입법의 지침을 설정하거나 위임한 행정입법권을 철회하는 등의 권한을 가짐으로써, 법률은 여전히 행정법의 중심적 법원으로서의 지위를 갖는다고 할 수 있다.

이러한 법률은 헌법이념에 적합해야 하는 동시에 명령이나 자치법규에 대하여 우월한 형식적 효력을 갖는다. 법률이 상호 충돌할 때에는 신법우선의 원칙, 특별법우선의 원칙 등에 의해서 해결하여야 한다. 양자가 경합하는 경우에는 새로운 일반규정이 이전의 특별규정에 우선한다. 그 밖에 일반적·추상적 법률은 그를 집행하기 위해 제정된 법률에 우선한다. 이러한 원칙에 의하여 해결되지 않을 경우에는 서로 모순되는 규정은 효력을 상실하게 되고, 그 결과 법률에 공백이 생기게 된다.

[판례] 동일한 형식의 성문법규인 법률이 상호 모순, 저촉되는 경우에는 신법이 구법에, 그리고 특별법이 일반법에 우선하나, 법률이 상호 모순되는지 여부는 각 법률의 입법목적, 규정사항 및 그 적용범위 등을 종합적으로 검토하여 판단하여야 하고 입법목적을 달리하는 법률들이 일정한 행위를 관할관청의 허가사항으로 각 규정하고 있는 경우에는 어느 법률이 다른 법률에 우선하여 배타적으로 적용된다고 해석되지 않는 이상 그 행위에 관하여 각 법률의 규정에 따른 허가를 받아야 할 것인 바, 내수면어업개발법과 도시계획법은 그 입법목적과 규정대상 등을 달리하여 토석채취에 관한 허가사항에 있어서 상호 모순, 저촉되는 것은 아니고, 어느 법이 다른 법에 대하여 우선적 효력을 가진다고 해석할 수는 없으므로 개발제한구역으로 지정된 하천구역에 관하여 내수면어업개발촉진법에 의한 어업면허를 받아 같은 법 제14조 제1항 제2호에 의하여 하천법 제25조에 의한 토석, 사력 등의 채취 허가를 취득한 것으로 되었더라도 이를 채취하기 위하여서는 다시 도시계획법의 규정에 의한 허가를 받아야 한다(대판 1989. 9. 12, 88누6856, 동지판례: 대판 2012. 5. 24, 2010두16714).

[참고] 헌법과 법률의 관계를 검토함에 있어서 효력우위(Geltungsvorrang)와 적용우위(Anwendungsvorrang)를 구별하여야 한다. 즉 헌법이 법률에 대하여 효력우위를 가지나, 적용우위를 가지는 것은 아니다. 행정기관은 법률에 관계 규정이 있는 경우, 헌법을 직접 적용해서는 안 된다. 관계되는 규정이 없거나 불충분할 때에만 행정기관은 헌법을 직접 적용하거나 또는 유추적용할 수 있는 것이다.

3. 조약 및 국제법규

조약이란 협약(convention)·협정(agreement)·약정(arrangement)·의정서(protocol) 등 그 명칭에 관계없이 국가와 국가 사이 또는 국가와 국제기구 사이의 문서에 의한 합의를 말한다. 또한 일반적으로 승인된 국제법규란 우리나라가 당사국이 아닌 조약으로서 국제사회에서 일반적으로 그 규범성이 승인된 것과 국제관습법을 말한다. 이러한 조약과 일반적으로 승인된 국제법규는 국내법과 같은 효력을 가지므로(헌법 6조 1항), 그것이 국내행정에 관한 사항을 포함하고 있을 때에는 그 범위에서 행정법의 법원이 된다.[5]

그런데 조약·국제법규와 국내법이 충돌하는 경우에 양자의 효력관계가 문제된다. 이에 관하여는 국제법과 국내법을 전혀 별개의 법질서로 보아 각각 별

---

5) 다만 일반적으로 승인된 국제법규 중에서 국제관습법은 성문법원이 아니라 불문법원에 속함은 물론이다.

도로 효력을 가진다는 이원론과 양자를 하나의 법질서로 보아 통일적으로 해결하려는 일원론이 대립하고 있으며, 일원론은 다시 국제법우위설·국내법우위설·동위설 등으로 나뉜다.

생각건대, 국내법으로 수용된 조약·국제법규와 국내법의 효력관계는 통일적인 국가법체계의 유지를 위하여 법단계구조의 원리(상위법우선의 원칙), 신법우선의 원칙, 특별법우선의 원칙 등에 의하여 개별적으로 판단·해결하는 것이 타당할 것이다. 즉, 조약·국제법규와 헌법과의 효력관계에 대해서는, 조약·국제법규가 국가의 최고법인 헌법보다 하위의 효력을 가진다고 본다. 조약·국제법규의 국내법적 효력은 헌법에 의해서 비로소 인정된 것이기 때문이다.[6] 그리고 조약·국제법규와 헌법 이외의 국내법과의 효력관계를 살펴보면, 입법사항에 관한 조약·국제법규는 법률과 동등한 효력을 가지며, 입법사항과 관계없는 조약·국제법규는 원칙적으로 명령(행정입법)과 동등한 효력을 갖는다고 볼 것이다. 이는 헌법이 입법사항에 관한 조약을 체결하는 데에는 국회의 동의를 얻도록 하고 있는 데 잘 나타나 있다($_{1항}^{60조}$). 이 때에 조약·국제법규가 그와 동위의 효력을 가지는 국내법률 또는 명령과 충돌될 경우에는 신법우선의 원칙·특별법우선의 원칙이 적용되게 된다.

대법원은 국제항공운송에 관한 바르샤바협약이 특별법으로서 일반법인 국내법(민법)에 우선한다고 판시한 바 있다.

> **[판례]** 국제항공운송에 관한 법률관계에 대하여는 일반법인 민법에 대한 특별법으로서 우리정부도 가입한 1955년 헤이그에서 개정된 바르샤바협약이 우선 적용되어야 한다($_{82다카1372}^{대판 1986. 7. 22.}$).

> **[관련판례]** 남북 사이의 화해와 불가침 및 교류협력에 관한 합의서는 남북관계가 '나라와 나라 사이의 관계가 아닌 통일을 지향하는 과정에서 잠정적으로 형성되는 특수관계'임을 전제로, 조국의 평화적 통일을 이룩해야 할 공동의 정치적 책무를 지는 남북한 당국이 특수관계인 남북관계에 관하여 채택한 합의문서로서, 남북한당국이 각기 정치적인 책임을 지고 상호간에 그 성의 있는 이행을 약속한 것이기는 하나 법적 구속력이 있는 것은 아니어서 이를 국가 간의 조약 또는 이에 준하는 것으로 볼 수 없고, 따라서 국내법과 동일한 효력이 인정되는 것도 아니다($_{98두14525}^{대판 1999. 7. 23.}$).

---

6) 다만 독일 기본법(25조)은 국제법의 일반원칙이 법률보다 우위에 있음을 명기하고 있는데, 이러한 경우는 예외로 보지 않을 수 없다.

4. 명   령

명령이란 행정권에 의하여 제정되는 법형식을 의미한다. 행정권이 제정하는 일반적·추상적 규정에는 법규명령과 행정규칙이 있으나, '법규의 성질을 가지는 명령'만을 '법원으로서의 명령'으로 보는 경우에 법규명령만이 성문법원에 해당한다고 할 수 있다. 행정조직 내부의 사항을 규율하기 위하여 발하는 행정규칙은 그 법원성이 논란이 되고 있으나, 전통적인 견해에 따르면 행정규칙은 외부에 대한, 다시 말하면 대국민적 구속력을 갖지 않는다는 이유에서 법원성이 부인되게 된다. 이에 대하여는 행정규칙에 관한 논의에서 자세히 다루기로 한다.

행정권이 일반적, 구속력있는 법규명령을 제정할 수 있다는 것은 일견 입법권은 의회에 있다는 권력분립의 원칙에 위배되는 듯 보인다. 그러나 행정권은 자기 고유의 권한으로 법규의 효력을 가지는 명령을 제정하는 것이 아니라, 의회의 수권에 의해서만 입법활동을 할 수 있으므로 권력분립원칙에 반하는 것은 아니라 하겠다. 다만, 권력분립의 원칙에 따라 의회는 중요한 사항에 대하여 직접 규율하고, 수권의 범위와 목적하에서 세부적인 규정만을 행정권의 명령에 위임해야 한다.

헌법은 법률의 효력을 가지는 긴급재정·경제명령과 긴급명령($\frac{76}{조}$)을 인정하고 있는 외에 대통령령($\frac{75}{조}$)·총리령 및 부령($\frac{95}{조}$)·중앙선거관리위원회규칙($\frac{114조}{6항}$)을 인정하고 있다. 또한 국회($\frac{64조}{1항}$), 대법원($\frac{108}{조}$) 및 헌법재판소($\frac{113조}{2항}$)도 규칙을 정할 수 있음을 명시하고 있는데, 이들 규칙도 일정한도에서 행정법의 성문법원으로서의 성격을 지닌다고 할 수 있다.[7]

5. 자치법규

자치법규는 지방자치단체가 법령의 범위 안에서 제정하는 '자치에 관한 규정'을 말한다($\frac{헌법117}{조1항}$). 자치법규에는 지방의회의 의결을 거쳐 제정되는 '조례'와 지방자치단체의 장이 정하는 '규칙'이 있다.[8]

---

7) 명령에 관한 자세한 것은 행정입법(본서 165면 이하)에서 다루게 된다.
8) 자치법규에 대한 자세한 고찰은 김남진·김연태(Ⅱ), 제6편 제3장 지방자치법에서 다루어진다.

Ⅲ. 행정법의 불문법원

우리 행정법은 성문법주의를 취하고 있으나, 광범위하고 다양한 행정현상을 빠짐없이 성문법으로 규율하는 것은 사실상 불가능하다. 따라서 성문법이 불비(흠결)되어 있는 경우에는 보충적으로 행정관습법·판례법·조리(법의 일반원칙)와 같은 불문법원에 의하여 그 공백이 메워지게 된다.

1. 행정관습법

(1) 행정관습법의 의의

행정관습법이라 함은 행정의 영역에 있어서 일반사회생활 및 행정의 운용에 관한 오랜 관행이 국민 또는 관계자의 법적 확신을 얻어 법적 규범으로서 승인된 것을 말한다. 이 점에서 아직 국민의 법적 확신에 의해 법적 규범으로 승인될 정도에 이르지 않은 관습인 '사실인 관습'과 구별된다.

> **[판례]** 관습법이란 사회의 거듭된 관행으로 생성한 사회생활규범이 사회의 법적 확신과 인식에 의하여 법적 규범으로 승인·강행되기에 이른 것을 말하고, 사실인 관습은 사회의 관행에 의하여 발생한 사회생활규범인 점에서는 관습법과 같으나 다만 사실인 관습은 사회의 법적 확신이나 인식에 의하여 법적 규범으로서 승인될 정도에 이르지 않는 것을 말한다(대판 1983. 6. 14. 80다3231).

(2) 행정관습법의 성립요건

행정관습법이 성립되기 위해서는 ① '객관적 요건'으로서 어떠한 사실이 사회생활에서 또는 행정의 실제에 있어서 장기적·일반적으로 되풀이 되어야 하며, ② '주관적 요건'으로 그 장기적 관행이 국민일반의 법적 확신을 얻어야 한다. 그 밖에 관습법의 성립에 '국가에 의한 명시적 또는 묵시적 승인'이 필요한가에 관해서는 긍정설(국가승인설)과 부정설(법적 확신설)이 나누어져 있는데, 부정설이 다수 학설 및 판례가 취하는 입장으로 볼 수 있다.

모든 다른 법규와 마찬가지로 행정관습법도 내용상으로 명확해야 한다. 이러한 명확성의 요구는 행정관습법의 성립요건은 아니지만, 실제로 행정관습법으로 효력을 발생하기 위한 조건이다. 법관에 의한 승인도 행정관습법의 성립요건은 아니지만, 법적 분쟁의 경우 법관에 의하여 승인된 경우에만 그의 법적 효력을 발휘하게 된다.

(3) 행정관습법의 종류

(가) 행정선례법

행정선례법이란 행정조직이나 운용에 있어서 행정청의 선례가 장기적으로 반복되어 시행됨으로써 국민의 법적 확신을 얻은 것을 말한다. 「행정절차법」은 "행정청은 법령 등의 해석 또는 행정청의 관행이 일반적으로 국민들에게 받아들여졌을 때에는 공익 또는 제3자의 정당한 이익을 현저히 해할 우려가 있는 경우를 제외하고는 새로운 해석 또는 관행에 따라 소급하여 불리하게 처리하여서는 아니된다"($\frac{4조}{2항}$)라고 규정하고 있고, 「국세기본법」은 "세법의 해석이나 국세행정의 관행이 일반적으로 납세자에게 받아들여진 후에는 그 해석이나 관행에 의한 행위 또는 계산은 정당한 것으로 보며, 새로운 해석이나 관행에 의하여 소급하여 과세되지 아니한다"($\frac{18조}{3항}$)라고 규정하여 행정선례법의 성립가능성을 시사하고 있다.

(나) 지방적·민중적 관습법

공법관계에 관한 일정한 관행이 민중 사이에서 오랫동안 계속됨으로써 이 관행이 일반적으로 인식·존중되었을 때 이를 지방적·민중적 관습법이라 한다. 이러한 관습법은 사례가 많지 않으나 주로 공물의 이용관계에서 성립될 수 있으며, 지방에 있어서의 공유수면이용 및 인수·배수권($\frac{공유수면 관리 및 매립}{에 관한 법률 31조 5호}$), 관습상의 하천용수권 및 유지사용권 등과 관련하여 그 예를 찾아 볼 수 있다.

> **[판례]** 공유하천으로부터 용수를 함에 있어서 하천법 제25조에 의하여 하천관리청으로부터 허가를 얻어야 한다고 하더라도 그 허가를 필요로 하는 법규의 공포시행 전에 원고가 위 화덕상보에 의하여 용수할 수 있는 권리를 관습에 의하여 취득하였음이 뚜렷하므로 위 하천법에 관한 법규에 불구하고 그 기득권이 있다($\frac{대판 1972.}{3. 31. 72다}$ 78. 동지판례: 대판 1968. 6. 4. 68다337 등).

(4) 행정관습법의 효력

행정관습법이 어느 정도의 효력을 가지는가에 관해 과거에는 '성문법개폐적 효력설'과 '성문법보충적 효력설'이 나누어진 바 있는데, 오늘날 전자, 즉 "행정관습법이 성문법과 저촉되는 경우에 행정관습법이 우선한다"는 견해를 취하는 학설은 찾아보기 어렵다.

(5) 행정관습법을 부정하는 현대적 현상

행정법의 영역에 있어 관습법의 존재를 긍정하는 판례가 없는 것은 아니며 또한 실정법 가운데 행정관습법의 성립을 긍정하는 조항도 없지 않다. 그러나 현실을 직시할 때 행정관습법의 성립 내지 존속이 매우 어려움을 시인하지 않을 수 없다. 그것은 현대사회란 유동이 심한 다원적 사회이므로 관행의 영속이나 일반인의 법적 확신과 같은 관습법 성립을 위한 요건의 충족이 매우 어렵기 때문이다. 또한 모든 것이 합리화를 향해 달리고 있는 현대사회에 있어서 단순히 「우리는 항상 그렇게 해 왔다」(Das haben wir immer so gemacht)는 식의 주장이 관철되기 어렵다고 보아야 할 것이다. 관습법으로 주장되는 것이 실제로 법적 분쟁에서 효력을 발휘하기 위해서는 법관에 의한 가치판단이라는 과정을 통해 여과(filter)받게 되는 사실 또한 무시할 수 없다. 그리고 그와 같은 관점에서 볼 때 관습법의 성립과 관련된 이른바 '법적 확신설'과 '국가승인설'은 실질적인 면에서 큰 차이가 있다고 보기 어렵다.

2. 판 례 법

행정사건에 대한 법원의 판결은 직접적으로는 당해 사건의 분쟁을 해결함을 목적으로 하는 것이지만, 판결에 나타난 법의 해석·운용의 기준은 동종의 다른 사건에 있어서 하나의 지침이 될 수 있다. 이에 판례가 행정법의 법원이 될 수 있는지가 문제되는 바, 영미법계 국가와 대륙법계 국가간에 상당한 차이가 있다. 즉, 판례법주의에 입각하고 있는 영미법계 국가에서는 상급법원의 판결은 장래에 향하여 하급법원을 법적으로 구속하는 효력을 가지므로 판례가 행정법의 법원이 된다는 데에 의문이 없다. 이에 대하여 성문법주의를 취하고 있는 대륙법계 국가에서는 상급법원의 판결은 당해 사건 이외에는 하급법원을 법적으로 구속하는 효력이 인정되지 않으므로 판례에 대하여 법적 구속력을 가진다는 의미로서의 법원성을 인정하기는 곤란할 것이다. 우리나라는 후자의 유형에 속하고 있으며, 법률상으로는 상급법원의 법률적·사실적 판단은 '해당 사건'에 한하여 하급심을 기속하는 효력을 가진다(법원조직법 8조, 민사소송법 436조 2항 단서 참조).[9]

---

[9] 주요문헌: 김원주, 행정판례의 법원성, 고시계, 2001. 1; 박정훈, 판례의 법원성, 행정법의 체계와 방법론, 2005; 류지태, 판례법의 한계, 행정법의 이해, 2006 등.

> **[판례]** 대법원의 판례가 법률해석의 일반적인 기준을 제시한 경우에 유사한 사건을 재판하는 하급심법원의 법관은 판례의 견해를 존중하여 재판해야 하는 것이나, 판례가 사안이 서로 다른 사건을 재판하는 하급심법원을 직접 기속하는 효력이 있는 것은 아니다(_{대판 1996. 10. 25.,
96다31307}).

그럼에도 불구하고 판례, 그 중에서도 대법원의 판례가 가지는 현실적 구속력은 무시할 수 없다. 대법원의 판례변경은 대법관 전원의 3분의 2 이상의 합의체에서 과반수로써 결정해야 하며(_{법원조직법
7조 1항}), 하급법원이 나중의 사건에서 대법원의 판례와 다른 판결을 하는 것은 상고이유가 되므로(_{소액사건심판법
3조 2호 참조}), 하급법원은 대법원의 판례를 존중하여 판결하지 않을 수 없기 때문이다. 즉, 특정사건에 있어서의 판결은 '법적'으로는 그 사건에 한하여 기속력을 가지는 것이지만, 그 판결을 통하여 표현된 법관에 의해 제시된 법리(Rechtsgrundsatz)는 '사실상' 장차의 분쟁에 있어서 법관은 물론 기타의 모든 사람에게 있어 판단의 기준이 된다고 보는 것이다. 판례가 가지는 이와 같은 영향력을 판례의 '추정적 구속력'(präsumtive Verbindlichkeit)이라고 부르기도 한다.

위와 같은 성질의 판례법이 형성되는 영역은 다음의 둘로 나눌 수 있다. 그 하나가 '성문법이 결여되어 있는 경우'이며, 다른 하나는 '실정법이 일반조항(또는 개괄조항)이나 불확정개념을 사용하고 있는 경우'이다. 이른바 '경찰권의 한계'로서의 의미를 가지는 법원칙(_{경찰공공의 원칙·
경찰책임의 원칙 등})이 사실은 판례(법)의 소산이라는 것을 상기할 필요가 있다.

다만, 판례의 법원으로서의 가치평가는 어떠한 관점에서 그것을 보느냐에 따라 크게 좌우될 수 있다. 즉, 헌법상의 권력분립의 견지에서 재판을 다만 법의 집행작용 내지 인식·해석작용으로만 이해할 때에는 판례법 또는 재판관법(Richterrecht)의 형성의 여지는 매우 적다는 결론에 도달하게 될 것이다. 반면에 입법자의 노력에도 불구하고 실정법이 가지는 숙명적인 불완전성을 직시하게 되면, 법관에 의한 실제적인 법창조기능을 높이 평가하지 않을 수 없게 된다.

3. 조리·법의 일반원칙

조리 내지 법의 일반원칙이 행정법의 법원을 이루는 것에 대해서는 대체로 의견의 일치를 보고 있다. 그런데 막상 조리 내지 법의 일반원칙이 무엇이며,

어떠한 것이 그에 포함되며, 그의 법적 성질이 어떠한 것인가에 관해서는 의견의 일치를 보지 못하고 있었다.[10)]

학자에 따라서는 조리라는 것이 「성문법·관습법·판례법이 모두 존재하지 아니하는 경우의 최후의 보충적 법원」으로서의 의의를 가짐을 강조하기도 한다. 그러나 일반적으로 조리로서 지칭되는 것을 엄밀히 살펴보게 되면 그것들은 참으로 여러 가지의 것에서 유래함을 발견하게 된다.

즉, 어떤 것은 헌법 기타 실정법으로부터, 어떤 것은 판례법이나 관습법으로부터 유래하고 있다고 말할 수 있다. 평등원칙이 헌법에 성문화되어 있는 법원칙임은 말할 필요도 없다($\frac{통법}{11조}$). 또 신의성실의 원칙은 「민법」($\frac{2}{조}$)과 「국세기본법」($\frac{15}{조}$) 및 「행정절차법」($\frac{4조}{1항}$)에 명문화되어 있으며, 비례의 원칙(과잉금지원칙)은 헌법($\frac{37조}{2항}$) 및 「경찰관 직무집행법」($\frac{1조}{2항}$)에 채택되어 있다. 근래 많이 거론되고 있는 신뢰보호의 원칙은 일찍부터 「국세기본법」($\frac{18조}{3항}$)에 도입되었으며, 1996년말에 제정된 「행정절차법」($\frac{4조}{2항}$)에도 명문화되어 있다.[11)]

2021년 제정된 「행정기본법」에서는 헌법상 원칙 및 그동안 학설과 판례에서 확립된 원칙인 법치행정의 원칙, 평등의 원칙, 비례의 원칙, 성실의무 및 권한남용금지의 원칙, 신뢰보호의 원칙, 부당결부금지의 원칙을 행정의 법원칙으로 명문화하였다($\frac{8조·9조·10조·}{11조·12조·13조}$).

제 7 절 행정법의 효력

Ⅰ. 개 설

행정법의 효력이라 함은 행정법이 어떠한 범위에서 관계자를 구속하는 힘을 가지는가 하는 문제이다. 이는 시간적 효력·지역적 효력 및 대인적 효력이라고 하는 세 가지 관점에서 고찰할 수 있다.

행정법은 기술적·합목적적 성격을 가지고 있으며, 특히 그의 규율대상이

---

10) 참조: 박정훈, 행정법의 불문법원으로서의 '법원칙', 서울대학교 석사학위논문, 1989; 김동희, 행정법의 일반원리, 고시계, 1985. 2; 김동희, 독일행정법상의 행정법의 일반원리, 고시연구, 1989. 2; 이명구, 행정법상의 조리, 고시연구, 1988. 11; 이상규, 행정작용에 있어서의 일반법원리, 고시연구, 1989. 6; 김남진, 기본문제, 55면 이하.

11) 이들 법원칙의 내용에 대하여는 본서 44면 이하 참조.

부단히 변천함에 따라 법 그 자체도 빈번히 개폐되는 성격을 가지고 있기 때문에 행정법의 효력문제는 다른 법의 분야에 있어서의 법효력의 문제와 다소 다른 특색을 지니고 있다.

Ⅱ. 행정법의 효력이 미치는 범위

1. 시간적 효력

(1) 효력발생시기

법령을 공포일로부터 즉시 시행하게 되면, 법령을 집행하는 행정주체나 일반국민도 그에 대한 준비가 되어 있지 않아 당황하게 된다. 그리하여 법령의 내용을 일반에게 주지시키고 준비하기 위한 시간적 여유를 얻기 위해 공포의 시점과 시행의 시점간에 일정한 유예기간을 두는 것이 각국의 관행이다. 우리의 현행법도 그에 따르고 있다. 즉, 법령과 조례·규칙은 그 시행일에 관하여 특별한 규정(공포일에 시 행한다는 등)이 없으면 공포한 날부터 20일이 경과함으로써 효력을 발생한다(헌법 53조 7항, 법령 등 공포에 관 한 법률 13조, 지방자치법 32조 8항). 여기서 '공포'라고 함은 국가의 법령과 조약에 있어서는 관보[1] 또는 신문에 게재하는 행위를 말하고(법령 등 공포에 관 한 법률 11조 1항), 조례·규칙에 있어서는 해당 지방자치단체의 공보나 신문에 게재하거나 게시하는 행위를 말한다(지방자치법 33조).

한편 법령을 '공포한 날'이라 함은 「해당 법령 등을 게재한 관보 또는 신문이 발행된 날」(법령 등 공포에 관한 법률 12조)로 되어 있다. 그런데 「발행된 날」이라고 하더라도 어떠한 시점을 발행한 날로 볼 것인가 하는 것이 문제로 제기되며, 이에는 관보가 발행·공포되는 일련의 과정에 착안하여 ① 관보일영(0)시기준설, ② 인쇄완료시설, ③ 발송절차완료시설, ④ 최초구독가능시설, ⑤ 최초의 지방반포시설, ⑥ 최종의 지방반포시설 등 여러 학설이 있다.

종래 정부는 관례적으로 '관보일 영시 기준설'을 취하였으나, 이는 법령의

---

1) 2008년 3월 법개정을 통해 종래의 종이관보(종이로 발행되는 관보) 외에 '전자관보'(전자적 형태로 전환하여 제공되는 관보)를 도입하였다(법령 등 공포에 관한 법률 11조 3항 및 4항). 관보는 종이관보를 기본으로 하며, 전자관보를 보완적으로 운영할 수 있으며, 관보의 내용·해석 및 적용시기 등은 종이관보를 우선으로 하며, 전자관보는 부차적인 효력을 가진다고 규정하였다. 그 이후 국민 대다수가 전자관보를 이용하는 현실을 반영하고 전자관보에 대한 국민의 신뢰를 보호하기 위하여, 2018년 10월 법개정을 통해 종이관보와 전자관보를 대등하게 운영하고, 관보의 내용·해석 및 적용시기 등에 대해서도 종이관보와 전자관보가 동일한 효력을 가지도록 하였다.

내용을 일반에게 주지시키고 준비하도록 하기 위한 공포제도의 목적에 어긋난다는 비판이 있다. 공포제도의 목적에 적합하고 법령의 효력발생일을 명확하게 해주며, 법령의 일률적인 동시시행이라는 관점에서 '최초구독가능시설'이 우리나라의 통설·판례가 취하는 견해이었다.

> **[판례]** 관보에 게재한 날이라 함은 수신인이 그 게재내용을 알 수 있는 상태에 놓여진 것을 전제로 하는 것으로 보아야 할 것이므로 관보가 인쇄된 뒤 전국의 각 관보보급소에 발송·배포되어 이를 일반인이 열람 또는 구독할 수 있는 상태에 놓이게 된 최초의 시기를 뜻한다(대판 1969. 11. 25, 69누129, 동지 판례: 대판 1989. 9. 26, 89누4963).

「행정기본법」은 현재 법령등 시행일에 관한 실무를 반영하여 법령등 시행일의 기간 계산에 관한 특례를 명확하게 규정하였다($\frac{7}{\text{조}}$). 즉, 법령등을 공포한 날부터 시행하는 경우에는 공포한 날을 시행일로 하여, 관보발행일 0시에 시행된다. 법령등을 공포한 날부터 일정 기간이 경과한 날부터 시행하는 경우에는 법령등을 공포한 날을 첫날에 산입하지 아니한다. 한편, 법령등을 공포한 날부터 일정 기간이 경과한 날부터 시행하는 경우로서 그 기간의 말일이 토요일 또는 공휴일인 경우 기간은 그 말일로 만료한다고 규정하여, 기간의 말일이 토요일 또는 공휴일에 해당한 때에는 그 다음날 만료한다는 원칙이 적용되지 않음을 명시하였다.

(2) 행정법규 적용의 기준시점

「행정기본법」 제14조는 행정법규 적용의 기준시점을 처분의 성질에 따라 구분하고 있다. 우선 당사자의 신청에 따른 처분은 법령등에 특별한 규정이 있거나 처분 당시의 법령등을 적용하기 곤란한 특별한 사정이 있는 경우를 제외하고는 처분 당시의 법령등에 따르도록 하고 있다($\frac{\text{동조}}{2\text{항}}$).

> **[판례]** 행정처분은 그 근거 법령이 개정된 경우에도 경과 규정에서 달리 정함이 없는 한 처분 당시 시행되는 개정 법령과 거기에서 정한 기준에 의하는 것이 원칙이고, 개정 법령의 적용과 관련하여 개정 전 법령의 존속에 대한 국민의 신뢰가 개정 법령의 적용에 관한 공익상의 요구보다 더 보호가치가 있다고 인정되는 경우에 국민의 신뢰를 보호하기 위하여 개정 법령의 적용이 제한될 수 있는 여지가 있다. 행정청이 신청을 수리하고도 정당한 이유 없이 처리를 지연하여 그 사이에 법령

및 보상 기준이 변경된 경우에는 그 변경된 법령 및 보상 기준에 따라서 한 처분은 위법하고, '정당한 이유 없이 처리를 지연하였는지'는 법정 처리기간이나 통상적인 처리기간을 기초로 당해 처분이 지연되게 된 구체적인 경위나 사정을 중심으로 살펴 판단하되, 개정 전 법령의 적용을 회피하려는 행정청의 동기나 의도가 있었는지, 처분지연을 쉽게 피할 가능성이 있었는지 등도 아울러 고려할 수 있다(대판 2023. 2. 2, 2020두43722).

한편, 법령등을 위반한 행위의 성립과 이에 대한 제재처분은 법령등에 특별한 규정이 있는 경우를 제외하고는 법령등을 위반한 행위 당시의 법령등에 따르되, 법령등을 위반한 행위 후 법령등의 변경에 의하여 그 행위가 법령등을 위반한 행위에 해당하지 아니하거나 제재처분 기준이 가벼워진 경우로서 해당 법령등에 특별한 규정이 없는 경우에는 변경된 법령등을 적용하도록 하고 있다(동조 3항).

> **[판례]** 행정처분은 그 근거 법령이 개정된 경우에도 경과규정에서 달리 정함이 없는 한 처분 당시 시행되는 개정 법령과 그 정한 기준에 따르는 것이 원칙이나, 법령 위반행위에 대하여 행정상의 제재처분을 하려면 달리 특별한 규정을 두고 있지 않은 이상 위반행위 당시 시행되던 법령에 따라야 한다. 이 사건 처분은 2018. 8. 22. 전세 계약서 작성 당시 위반행위에 대한 제재적 성격을 가지고 있으므로, 그 당시 시행되던 구 공인중개사법 제25조 제4항에 따라야 한다(대판 2023. 2. 23, 2022두57381).

(3) 소급적용금지의 원칙

법령을 그 효력 발생 전에 종결된 사실관계에 소급하여 적용할 수 있는가? 공무원의 보수인상규정을 소급적용하는 경우와 같이 당사자에게 이익을 주는 소급적용은 가능하다고 할 수 있다. 그러나 당사자에게 불이익한 소급적용(진정소급효)은 금지된다고 보아야 한다. 헌법은 형벌불소급의 원칙을 정하고 있는 외에 소급입법에 의한 참정권의 제한 및 재산권의 박탈을 금지하고 있는데(13조 1항, 2항), 그러한 취지는 행정에 관한 법령에도 적용되어야 할 것이다. 「행정기본법」 제14조 1항은 "새로운 법령등은 법령등에 특별한 규정이 있는 경우를 제외하고는 그 법령등의 효력 발생 전에 완성되거나 종결된 사실관계 또는 법률관계에 대해서는 적용되지 아니한다."고 규정하여 이러한 취지를 명시하고 있다. 다만, 기존건물에 개정법률을 적용하는 경우에 있어서와 같이, 계속되고 있는 사실에 대한 신법 적용(부진정소급효)은 가능하다.

[**판례①**] 법령의 효력이 시행일 이전에 소급하지 않는다는 것은 시행일 이전에 이미 종결된 사실에 대하여 법령이 적용되지 않는다는 것을 의미하는 것이지(진정 소급효의 금지), 시행일 이전부터 계속되는 사실에 대하여도 법령이 적용되지 않는다는 의미가 아니다($\frac{대판\ 1999.\ 9.\ 3.}{98두7060}$).

[**판례②**] 일반적으로 국민이 소급입법을 예상할 수 있었거나 법적 상태가 불확실하고 혼란스러워 보호할 만한 신뢰이익이 적은 경우와 소급입법에 의한 당사자의 손실이 없거나 아주 경미한 경우, 그리고 신뢰보호의 요청에 우선하는 심히 중대한 공익상의 사유가 소급입법을 정당화하는 경우 등에는 예외적으로 진정소급입법이 허용된다($\frac{헌재\ 1999.\ 7.\ 22.}{98헌바50\cdot52\cdot54\cdot55}$).

대법원은 부진정소급입법이라도 구법에 대한 신뢰가 개정법 적용에 대한 공익보다 더 보호가치가 있다고 인정된다면 예외적으로 신법 적용이 제한될 수 있다고 판시하였다.

[**판례①**] 행정처분은 그 근거 법령이 개정된 경우에도 경과규정에서 달리 정함이 없는 한 처분 당시 시행되는 개정 법령과 그에 정한 기준에 의하는 것이 원칙이고, 그 개정 법령이 기존의 사실 또는 법률관계를 적용대상으로 하면서 국민의 재산권과 관련하여 종전보다 불리한 법률효과를 규정하고 있는 경우에도 그러한 사실 또는 법률관계가 개정법령이 시행되기 이전에 이미 완성 또는 종결된 것이 아니라면 이를 헌법상 금지되는 소급입법에 의한 재산권 침해라고 할 수는 없으며, 그러한 개정 법령의 적용과 관련하여서는 개정 전 법령의 존속에 대한 국민의 신뢰가 개정 법령의 적용에 관한 공익상의 요구보다 더 보호가치가 있다고 인정되는 경우에 그러한 국민의 신뢰를 보호하기 위하여 그 적용이 제한될 수 있는 여지가 있을 따름이다. 그리고 이러한 신뢰보호의 원칙 위배 여부를 판단하기 위해서는 한편으로는 침해받은 이익의 보호가치, 침해의 중한 정도, 신뢰가 손상된 정도, 신뢰침해의 방법 등과 다른 한편으로는 개정 법령을 통해 실현하고자 하는 공익적 목적을 종합적으로 비교·형량하여야 한다($\frac{대판\ 2009.\ 9.\ 10,\ 2008두9324,\ 동지판례:\ 대판\ 2009.\ 4.\ 23,\ 2008두8918;\ 대판\ 2012.}{11.\ 15,\ 2009두7639;\ 대판\ 2014.\ 4.\ 24,\ 2013두26552;\ 대판\ 2020.\ 7.\ 23,\ 2019두31839}$).

[**판례②**] 법령의 개정에 있어서 구 법령의 존속에 대한 당사자의 신뢰가 합리적이고도 정당하며, 법령의 개정으로 야기되는 당사자의 손해가 극심하여 새로운 법령으로 달성하고자 하는 공익적 목적이 그러한 신뢰의 파괴를 정당화할 수 없다면, 입법자는 경과규정을 두는 등 당사자의 신뢰를 보호할 적절한 조치를 하여야 하며, 이와 같은 적절한 조치 없이 새 법령을 그대로 시행하거나 적용하는 것은 허용될 수 없는바, 이는 헌법의 기본원리인 법치주의 원리에서 도출되는 신뢰보호의 원칙에 위배되기 때문이다. 이러한 신뢰보호 원칙의 위배 여부를 판단하기 위하여는 한

편으로는 침해받은 이익의 보호가치, 침해의 중한 정도, 신뢰가 손상된 정도, 신뢰
침해의 방법 등과 다른 한편으로는 새 법령을 통해 실현하고자 하는 공익적 목적
을 종합적으로 비교·형량하여야 한다(대판 2006. 11. 16, 2003두12899 전합. 동지판례: 대판 2007. 10. 12, 2006두14476).

(3) 효력의 소멸

행정법규 가운데는 특히 유효기간을 정하고 있는 것(한시법)도 드물지 않은데,
이 경우는 그 기간의 경과에 의해 당연히 효력을 상실한다. 그 밖의 경우(비한시법)
는 상급 또는 동위의 법령에 의한 명시적인 폐지나, 또는 내용적으로 모순·저
촉되는 법령의 제정에 의해 효력이 소멸된다.

2. 지역적 효력

(1) 원 칙

행정법규는 당해 행정법규를 제정하는 기관의 권한이 미치는 지역 내에서
만 효력을 가지는 것이 원칙이다. 즉, 법률이나 국가의 중앙행정관청이 제정한
명령은 전영토에 걸쳐 효력을 가지고, 지방자치단체의 조례·규칙은 당해 자치
단체의 구역 내에서만 효력을 가지는 것이 원칙이다. 여기에서의 영토에는 영
해도 포함된다.

(2) 예 외

위와 같은 원칙에는 다음과 같은 예외가 인정된다.

① 국제법상 치외법권을 가지는 외교사절 등이 사용하는 토지·시설 및 주
둔군이 사용하는 시설·구역 등에서는 국제관례 또는 조약이나 협정(한·미 상호방위 조약에 의한 한· 미행정협정등)에 의해 행정법규의 효력이 미치지 않는 경우가 있다.

② 국가의 법률 또는 명령이면서 영토 내의 일부의 지역 내에서만 적용되는
경우이다. 「제주특별자치도 설치 및 국제자유도시 조성을 위한 특별법」이 대표
적인 예이며, 「자유무역지역의 지정 및 운영에 관한 법률」은 자유무역지역 내
에서의 여러 가지 특례를 인정하고 있다.

③ 행정법규가 그 제정기관의 본래의 관할구역을 넘어 적용되는 경우이다.
예를 들면 지방자치단체가 다른 지방자치단체의 구역에 공공시설을 설치한 경
우에 이 공공시설에 관한 조례가 다른 지방자치단체의 구역에서 효력을 가지
는 것이 그에 해당한다.

3. 대인적 효력

행정법규는 원칙적으로 속지주의에 의해 영토 또는 구역 내의 모든 사람을 일률적으로 규율한다. 자연인이든 법인이든, 자국인이든 외국인이든 불문한다. 다만, 이와 같은 원칙에는 다음과 같은 예외가 인정된다.

(1) 국제법상 치외법권을 가지는 외국의 원수 및 외교관

이들 외교사절은 치외법권을 향유하는 결과로서($\binom{외교관계에 관}{한 Wien 협약}$) 한국법의 적용을 받지 않으며, 따라서 행정법규의 적용도 배제된다.

(2) 미합중국군대구성원

이들에 대해서는 한·미상호방위조약 제4조에 의한 한미행정협정에 따라 세법 기타 각종의 행정법규의 적용이 배제 또는 제한되고 있다.

(3) 외국인

일반외국인은 원칙적으로 국내법의 적용을 받으나, 행정법규 가운데는 외국인에 대해 특별한 규정을 두고 있는 경우도 드물지 않다. 상호주의에 입각하여 외국인에 의한 토지취득 등의 제한($\binom{부동산 거래신고 등}{에 관한 법률 7조}$), 국가 등 배상책임의 제한($\binom{국가배상}{법 7조}$), 출입국에 대한 특례($\binom{출입국관리법}{3장, 4장}$) 등이 그에 해당한다.

제8절 행정법의 해석과 흠결의 보충

Ⅰ. 행정법에 있어서의 해석의 방법

1. 개   설

법해석의 방법론은 사법의 분야에서 많이 연구·발전되어 있는데, 그러한 방법론은 행정법의 분야에서도 대체로 타당하다고 볼 수 있다.

해석의 목적은 입법자 또는 입법과정에 참여한 자의 주관적 의사를 확인하는 것은 아니며, 오늘의 법질서하에서 타당할 수 있는 법규범의 의미내용을 탐구하는 것이 되어야 한다. 역사적 관점($\binom{예컨대 국회에서}{의 심의록 등}$)은 당시의 사정과 오늘의 사정이 동일하다는 추정이 성립할 때에만 의미가 있다고 말할 수 있다. 그러한 의미에서 법해석은 언제나 창조적 성질을 가지는 것이 되지 않을 수 없다.

2. 해석의 방법론

법해석에 있어 먼저 해야 할 일은 법문 중에 사용된 용어의 뜻을 올바로 파악하는 일이며(문리적 해석), 그것이 전체 법질서, 특히 헌법과 체계적 연관을 갖도록 하는 일이다(체계적 해석). 여기에 보충적 역할을 해주는 것이 정부의 법령기초안, 국회에서의 심의록 등 입법자료이다(역사적 해석). 위의 모든 해석방법에 있어 중시되어야 할 일은, 해석의 결과가 합리적이고도 현실적으로 유용하며, 헌법 등 실정법에 나타나 있는 가치 및 그 사회의 시대적 정신과 일치하도록 하는 일이다(목적론적 해석). 우리 법원도 행정처분의 근거 법규의 해석에 있어 문리적 해석 및 역사적 해석뿐만 아니라 체계적 해석과 목적론적 해석이 가능하다는 점을 긍정하고 있다. 다만 조세부과와 같이 국민에게 의무를 과하는 경우에는 유추해석이나 확대해석은 원칙적으로 허용되지 않는다고 보아야 할 것이다.

[판례①] 모든 법은 법규정의 본질을 바꾸는 정도의 것이 아닌 한도에서는 이를 합리적으로 해석함으로써 뒤처진 법률을 앞서가는 사회현상에 적응시켜야 한다(대판 1978. 4. 25. 78도246).

[판례②] 침익적 행정처분의 근거가 되는 행정법규는 엄격하게 해석·적용하여야 하고 행정처분의 상대방에게 불리한 방향으로 지나치게 확장해석하거나 유추해석해서는 아니 되나, 이는 단순히 행정실무상의 필요나 입법정책적 필요만을 이유로 문언의 가능한 범위를 벗어나 처분 상대방에게 불리한 방향으로 확장해석하거나 유추해석해서는 아니 된다는 것이지, 처분 상대방에게 불리한 내용의 법령해석이 일체 허용되지 않는다는 취지가 아니며, 문언의 가능한 범위 내라면 체계적 해석과 목적론적 해석이 허용됨은 당연하다(대판 2023. 6. 29. 2023두30994).

[판례③] 조세법률주의의 원칙상 유추해석이나 확대해석은 허용되지 않는다(대판 1990. 5. 11. 89누8095).

[판례④] 관계 법령들 사이에 모순·충돌이 있는 것처럼 보일 때 그러한 모순·충돌을 해소하는 법령해석을 제시하는 것은 법령에 관한 최종적인 해석권한을 부여받은 대법원의 고유한 임무이다.

국가의 법체계는 그 자체로 통일체를 이루고 있으므로 상·하규범 사이의 충돌은 최대한 배제하여야 하고, 또한 규범이 무효라고 선언될 경우에 생길 수 있는 법적 혼란과 불안정 및 새로운 규범이 제정될 때까지의 법적 공백 등으로 인한 폐해를 피하여야 할 필요성에 비추어 보면, 하위법령의 규정이 상위법령의 규정에 저촉되는지 여부가 명백하지 아니한 경우에, 관련 법령의 내용과 입법 취지 및 연혁 등을 종합적으로 살펴 하위법령의 의미를 상위법령에 합치되는 것으로 해석하는 것이 가능한 경우라면, 하위법령이 상위법령에 위반된다는 이유로 쉽게 무효를 선언할 것은 아니다. 마찬가지 이유에서, 어느 하나가 적용우위에 있지 않은 서로 다른 영역의 규범들 사이에서 일견 모순·충돌이 발생하는 것처럼 보이는 경우에도 상호 조화롭게 해석하는 것이 가능하다면 양자의 모순·충돌을 이유로 쉽게 어느 일방 또는 쌍방의 무효를 선언할 것은 아니다(대판 2018. 6. 21.) .[2]

3. 법해석에 있어서 판례와 학설의 의의

법의 해석에 있어서 관련된 판례와 학설은, 법문의 의미를 파악하는 데 있어서만이 아니라, 법률생활의 안정성과 예측가능성을 위해서도 중요한 의미를 가진다. 이것은 법의 흠결을 보충하는 경우에 있어서도 마찬가지이다. 당면한 해석이 지배적인 판례나 학설의 그것과 일치될 때 그 해석이 올바르다는 추정을 낳게 되며, 장래에 있어서도 그러한 관행이 계속되리라는 기대감을 안겨주게 될 것이다. 따라서 지배적인 판례나 학설로부터 이탈하는 해석을 할 때에는 그에 대한 충분하고도 납득할 만한 이유를 제시하지 않으면 안 될 것이다.

Ⅱ. 흠결의 보충

1. 개   설

행정에 관한 수많은 규정에도 불구하고, 행정법의 영역에는 단일화된 법전이 없으며, 특히 총칙에 해당하는 부분이 성문화되어 있지 않은 상황이었다. 2021년에 「행정기본법」이 제정되어 그동안 학설·판례로 정립된 행정법의 일반원칙과 법 집행의 기준 등을 제시하고 있으나, 그럼에도 여전히 행정법에 있

---

2) 한편, 이 판결의 「별개의견」에서는 다음과 같이 판시하고 있는바, 그 의미를 함께 검토할 필요가 있다. "국민의 기본권 제한에 관한 둘 이상의 법령 규정이 정면으로 서로 모순되어 법관에 의한 조화로운 해석이 불가능하고 그 규정들이 상위법과 하위법, 구법과 신법, 일반법과 특별법의 관계에 있지도 않아 어느 하나가 적용된다는 결론을 도출하는 것도 불가능한 경우가 있다. 이러한 경우에는 그 규정들 모두 법치국가원리에서 파생되는 법질서의 통일성 또는 모순금지 원칙에 반한다고 볼 수 있다. 그 결과 국민의 기본권이 부당하게 제한된다면 서로 모순·충돌하는 범위에서 그 규정들의 효력을 부정해야 한다. 요컨대 두 규정이 모순·충돌하는 경우에 조화로운 해석으로 해결할 수도 없고 어느 한쪽이 우위에 있다고 볼 수도 없다면 두 규정 모두 효력이 없다고 보아야 한다. 이는 법률뿐만 아니라 시행령에 대해서도 마찬가지이다."

어서는 법의 흠결 내지는 공백이 많이 있다. 그 흠결을 메움에 있어서는 다른 법 분야에서 발전된 방법론과 기술을 원용할 필요가 있다.

2. 유사법령의 준용

법의 흠결을 메우는 가장 보편적인 방법은 유사한 법령의 준용이다. 종래 우리나라에 있어서는 행정법의 흠결이 있는 경우에 '사법(특히 민법)의 준용을 통한 문제해결'[1]에 대해서만 관심을 가질 뿐, '공법규정의 준용을 통한 문제해결'에 대해서는 관심을 가지지 않는 것이 일반적이었다.

다행히 근래에는 '공법규정의 우선적 준용'을 강조하는 주장을 많이 발견할 수 있으며,[2] 공법규정의 유추적용을 적극적으로 인정하는 판례도 다수 발견할 수 있다.

> **[판례①]** 하천법 제74조의 손실보상에 관한 규정은 보상사유를 제한적으로 열거한 것이라기보다는 예시적으로 열거하고 있으므로 국유로 된 제외지의 소유자에 대하여는 위 법의를 유추적용하여 관리청은 그 손실을 보상하여야 한다(대판 1987. 7. 21, 84누126. 동지판례: 대판 1995. 11. 24, 94다3460).
>
> **[판례②]** 공공사업의 시행 결과 그 공공사업의 시행지구 밖에 미치는 간접손실에 관하여 그 보상에 관한 명문의 근거법령이 없는 경우라고 하더라도 헌법 제23조 제3항은 "공공필요에 의한 재산권의 수용 또는 제한 및 그에 대한 보상은 법률로써 하되, 정당한 보상을 지급하여야 한다"고 규정하고 있고, 이에 따라 토지수용법 등의 개별법률에서 공익사업에 필요한 재산권의 침해의 근거와 아울러 그로 인한 손실보상에 관한 규정을 두고 있는 점, 공공용지의 취득 및 손실보상에 관한 특례법 제3조 제1항은 "공공사업을 위한 토지 등의 취득 또는 사용으로 인하여 토지등의 소유자가 입은 손실은 사업시행자가 이를 보상하여야 한다"고 규정하고 있고, 같은 법 시행규칙 제23조의 2 내지 7에서 공공사업시행지구 밖에 위치한 영업과 공작물 등에 대한 간접손실에 대하여도 일정한 조건하에서 이를 보상하도록 규정하고 있는 점에 비추어, 공공사업의 시행으로 인하여 손실이 발생하리라는 것을 쉽게 예견할 수 있고 그 손실의 범위도 구체적으로 특정할 수 있는 경우라면 그 손실의 보상에 관하여 특례법 시행규칙의 관련규정 등을 유추적용할 수 있다고 해석함이 상당하다(대판 1999. 10. 8, 99다27231. 동지판례: 대판 2004. 12. 23, 2002다73821).

---

1) 행정법관계에 대한 사법의 적용에 관한 상세는 본서 133면 이하 참조.
2) 김남진, 기본문제, 80면 이하; 김남진, 판례평석, 법률신문, 1990. 4. 21; 신보성, 행정법과 유추적용, 고시연구, 1989. 9; 박규하, 행정법의 흠결과 보충, 고시계, 1989. 11 등 참조.

3. 준용할 법령이 없는 경우

유사법령의 준용으로써도 목적을 달성할 수 없는 경우에는 법의 적용기관
은 실정법 전체에 비추어 타당시되는 규율(Regeln)을 스스로 발견·발전시킬
필요가 있다. 이 경우의 법의 흠결의 보충행위는 새로운 법의 제정이 아니라,
창조적 인식의 성질을 가진다고 말할 수 있다. 법의 해석에 있어서와 마찬가지
로 법의 흠결의 보충에 있어서도 지배적인 판례 및 학설의 참조는 중요한 의미
를 가진다.

Ⅲ. 행정법에 있어서의 특수성

행정법의 해석, 흠결의 보충에 있어서 사법(특히 민법)에서 발전된 법원칙
(신의성실의
원칙 등)이 큰 비중을 차지하고 있음은 뒤에서(공법관계의 상
법규정의 준용) 자세히 살펴보는 바
와 같다. 그러나 행정법의 영역에 있어서는 행정법과 헌법과의 긴밀성이 특별
히 주목될 필요가 있다. 행정법이 '헌법의 집행법'이며, '구체화된 헌법'이라는
점은 우리나라에서도 강조되고 있거니와, 행정법과 헌법의 그와 같은 관계가
행정법의 해석 및 흠결의 보충과 관련하여서도 특별히 고려될 필요가 있다. 특
히 헌법 및 행정법의 기본원리인 민주주의, 법치국가원리, 사회국가원리 및 문
화국가원리는 행정법의 해석·흠결의 보충에 있어서도 언제나 지표와 척도가
되어야 할 것이다.[3]

---

3) 이 점과 관련하여 다른 학자(김성수)가 "행정법이론의 헌법적 원리"라는 부제를 달아 행정법총론(일반
행정법, 2014)을 저술하고 있음은 특기할 만한 일로 생각된다.

제 3 장   행정상의 법률관계

제 1 절   행정상의 법률관계의 의의

법률관계란 법에 의하여 규율되는 생활관계를 의미하며, 당사자간의 권리의무관계가 그의 주된 내용을 이룬다. 따라서 행정상의 법률관계는 행정과 관련된 당사자간의 권리의무관계를 의미한다고 볼 수 있다. 그와 같은 행정상의 법률관계는 사법의 규율을 받는가, 공법의 규율을 받는가에 따라 크게 '행정상의 사법관계'와 '행정상의 공법관계(행정법관계)'로 구분된다. 행정상의 법률관계의 이와 같은 구분은 공법과 사법의 구별을 전제로 하는 것이므로 먼저 공법·사법의 구별 문제부터 고찰하기로 한다.

제 2 절   공법과 사법

I . 개   설

행정법은 '공법'이라 하여 사법과 구별되고 있다. 이러한 공법으로서의 행정법의 출현은 국가와 사회의 이원화를 전제로 하여 국가(행정권)의 지위를 특별히 보장시키고자 하는 정치적 이데올로기의 산물이었다. 즉, 행정권에 대해서 일반인의 관계를 규율하는 사법의 적용을 배제하고 그와 성질을 달리하는 공법을 적용함으로써 행정권의 특권적 지위를 보장하려 했던 것이다. 그러나 그와 같은 의도는 오늘의 민주사회에서는 용인될 수 없는 까닭에, 행정에 관한 법률관계가 사인 상호간의 법률관계와는 그 성질을 달리한다는 법기술적인 관점에서 사법과 구별되는 공법의 존재의의를 찾지 않으면 안 된다.

Ⅱ. 공법과 사법의 구별

1. 구별의 필요성

학설 가운데는 공법관계도 법률관계인 점에서 사법관계와 근본적 차이가 없다거나, 오늘날 노동법·경제법·사회법과 같이 공·사법 중 그 어느 하나에만 귀속시킬 수 없는 법현상이 존재한다는 이유로 공법과 사법의 구별을 부인하는 견해도 없지 않다. 그러나 우리의 실정법을 바탕으로 하는 한 공법과 사법의 구별을 부인할 수는 없는데, 그 구별의 필요성은 다음과 같은 점에서 발견할 수 있다.

(1) 실체법상의 필요성

공법과 사법의 구별은 구체적 법률관계에 적용할 법규나 법원칙을 결정하기 위하여 필요하다. 우리의 현행 법질서는 공법관계인가 사법관계인가에 따라 적용될 법규나 법원칙을 달리하기 때문이다.

(2) 절차법상의 필요성

공법과 사법의 구별은 분쟁해결을 위한 쟁송수단의 선택과 결정을 위해서도 필요하다. 예컨대, 공법상의 권리관계에 관한 다툼에는 「행정소송법」이 적용되는데(동법 1조), 그 「행정소송법」이 적용되는 범위를 정하기 위해서도 그 공법과 사법의 구별 및 구별기준을 탐구하는 것이 필요한 셈이다.

2. 구별의 기준

공법과 사법의 구별은 선험적으로 행해지는 것이 아니고 어디까지나 실정법을 바탕으로 하여야 한다는 것에 관해서는 의견이 일치되어 있다. 그러나 구체적인 구별기준에 관하여는 다음과 같이 학설이 나누어져 있다.

(1) 주체설

이 견해는 법률관계의 주체에 그 기준을 두어, 국가 또는 공공단체 등 행정주체를 일방 또는 쌍방당사자로 하는 법률관계를 규율하는 법이 공법이고, 사인 상호간의 법률관계를 규율하는 법이 사법이라고 한다.

(2) 종속설

이 견해는 법률관계가 상하관계인가 대등관계인가에 기준을 두어, 상하관계에 적용되는 법이 공법이고 대등관계에 적용되는 법이 사법이라고 한다. 복종설 또는 성질설이라고도 한다. 이 견해에 따르면 공법의 세계에서는 행정행위와 같이 일방적인 규율이 전형적인 것이 되며, 사법의 세계에서는 계약이 전형적인 행위양식이 된다.

그러나 공법의 세계에도 공법계약과 같이 대등관계가 존재할 수 있으며, 반면에 사법의 세계에도 친자관계와 같은 종속관계가 있다는 사실과 일치되지 않는 점이 종속설의 맹점이라고 하겠다.

(3) 이익설

이 견해는 법이 규율하는 목적에 기준을 두어, 공익에 봉사하는 법이 공법이고 사익에 봉사하는 법이 사법이라고 한다. 이 설이 공법과 사법의 중요한 차이점을 지적하고 있는 것은 사실이다.

그러나 사법도 공익에 봉사하는 경우가 있다는 점에 이 이론의 난점이 있다.

(4) 귀속설(신주체설)

이 견해는 권리·의무의 귀속주체에 기준을 두어, 공권력의 주체(Träger hoheitlicher Gewalt)에 대해서만 권리·의무를 귀속시키는 법이 공법이고, 누구에게나(beliebige Personen) 권리·의무를 귀속시키는 법이 사법이라는 식으로 주창되었다.

그러나 이 학설은 그 뒤 ① 공권력의 주체에게 권능을 부여하며 의무를 과하는 법이 공법이며, 원칙적으로 누구에 대해서나 권리·의무를 귀속시킬 수 있는 법이 사법이고, ② 위의 기준으로 해결되지 않는 경우는 사안(Sachverhalt)을 표준으로 공권력의 주체가 우월한 공익을 실천하는 경우에는 공법이, 그렇지 않는 경우에는 사법이 관련되어 있는 경우로 보아야 한다는 식으로 수정되었는바, 현재 독일의 유력설로 볼 수 있다.

(5) 복수기준설

이 견해는 복수의 기준을 통해 공법과 사법을 구별해야 한다는 것으로서, 과거의 일본 및 우리나라의 지배적인 학설이라 할 수 있다. 「공법과 사법의 제도적 구별기준에 관하여는 ① 행정주체와 사인간의 권력적 지배복종관계를 규율하는 법(권력적 공법)과 ② 행정주체의 비권력적인 공공복리 실현관계에 관한 특수한 법(공익적 공법)이 공법이고, 이에 대하여 사법은 사인 상호간의 사익조절을 목적으로 하는 법이라고 할 수 있다」[1]와 같은 설명이 그에 해당한다.

3. 결 론

복수기준설은 법리구성상 문제가 없는 것이 아니나, 위의 여러 학설이 어느 것도 완벽한 기준을 제시하지 못하고 단지 일단의 구별기준만을 제시하고 있다는 점에서 구체적인 경우 명확한 문제해결을 위해 피할 수 없다고 하겠다.[2] 이러한 관점에서 우선 종속설과 귀속설의 결합(국가 또는 공권력의 담당자가 일방의 당사자로서 참가하고 있고 강제력을 가지고 활동하는가)에 의하여 문제를 해결하고 그 기준에 의하여 해결되지 않는 경우 보충적으로 이익설(공익의 실현을 목적으로 하는가)을 적용하는 것이 타당하다고 하겠다.

Ⅲ. 구체적 문제의 해결

특정한 법규가 공법에 속하는가 사법에 속하는가는 일반적으로 어려운 문제로서 등장하는 것은 아니다. 현실적으로 위의 구별이론이 가치를 가지는 것은 관계법규의 성격이 공법적인가 사법적인가를 판단할 때가 아니라 구체적인 법률관계가 어떤 법률관계에 속하고, 따라서 어떠한 법규 또는 법원칙이 적용되는가를 결정하는 데 있다. 공법과 사법의 구별은 현실적으로 성질결정의 문제(Qualifikationsproblem)가 아니라 귀속의 문제(Zuordnungsproblem)인 것이다. 아래에서는 공·사법의 구별이 특히 문제되는 경우에 관하여 살펴보기로 한다.

1. 사실행위

(1) 법률상 근거가 없는 사실행위에 있어서 그것이 공법행위인가 사법행위

---

1) 김도창(상), 208면.
2) 행정법으로서의 공법과 사법의 구별기준에 관한 우리나라 학자의 견해는 매우 다양한 상태에 있다. 즉, ① 3개 학설(주체설·권력설·이익설)을 상호 보완적으로 적용할 때 대체로 합리적인 결론을 도출할 수 있다고 하는 입장(김동희), ② 어느 하나의 기준만에 의하여 통일적으로 해결하기보다는, 다양한 관점에서 개별적으로 고찰해야 한다는 입장(류지태), ③ 행정의 목표·목적에 따라 결정되어야 할 것이라는 입장(홍정선), ④ 구체적인 사안이 처해 있는 전체적인 맥락·관련성과 당해 행정작용의 목적·목표에 착안하여 귀속의 문제를 밝혀야 한다는 입장(홍준형), ⑤ 복수기준설을 취하는 입장(다수설) 등 매우 다양하다.

인가가 때때로 문제가 된다. 예컨대 공무원의 차량운행 같은 것이 그 하나의
예이다. 우리의 판례상으로도 ① 대민지원을 위한 군용차량운행(대판 1969. 3. 18. 68다1987 · 1988), ②
군인단체의 극장구경을 위한 차량운행(대판 1971. 9. 28. 70다1968), ③ 운전연습행위(대판 1970. 9. 29. 70다1791)
등이 「국가배상법」 제2조의 직무행위, 즉 공법행위에 해당하는지 여부가 문제
된 바 있었다. 이러한 경우는 그 문제된 사실행위가 국방 · 치안 · 소방 등 뚜렷
한 공적 목적을 위한 것인가 아닌가에 의해 결정되어야 할 것으로 본다.

(2) 타인의 명예나 신용을 훼손하는 내용의 행정기관의 발언취소를 구하고
자 하는 경우에 있어서도 유사한 문제가 일어난다. 문제된 행정기관의 발언이
① 사석(연회장)에서 행해진 경우 및 청부(請負)의 부여와 같은 사법상의 직무
와 관련하여 행해진 경우 등은 피해자에게 사법상의 청구권이 발생하며, ② 도
로계획의 결정과 같은 고권적 임무수행과 관련하여 행해진 경우에는 공법상의
취소청구권이 발생한다고 볼 수 있다.

2. 공법계약

계약은 사인간에 있어서의 전형적인 행위형식이다. 따라서 과거에는 공법계
약이 존재할 수 있는 것인가 하는 것 자체가 다투어졌다. 그러나 현재는 공법
계약의 허용성이 아니라 자유성, 즉 어느 범위에서 공법계약이 존재할 수 있는
가 하는 것이 주로 문제가 되고 있다 할 수 있다. 어떻든 계약이 사법의 영역에
서의 전형적 행위임으로 인하여 공법계약과 사법계약의 구분이 용이하지 않다.
특히 공법 · 사법의 구분에 관한 전형적 이론인 귀속설 · 종속설(성질설)이 공법
계약 · 사법계약의 구분에는 유용하지 않은 점을 감안할 필요가 있다. 따라서
그 계약을 통해 취해지는 업무의 목적 및 계약의 전체적 성격에 비추어 공법계
약 여부를 결정할 수밖에 없다고 생각된다.

3. 공물 · 영조물 및 공공시설의 이용

공물 등의 사용관계가 공법관계인가 사법관계인가를 결정해 주는 기준은
일차적으로 실정법의 규정에서 찾아야 한다. 이와 관련하여 「국유재산법」 제
30조에 따른 행정재산의 목적외 사용관계(사용허가)가 공법관계인가 사법관계
인가 하는 점이 다투어지고 있다. 즉, 동법 제30조 1항은 "중앙관서의 장은 다
음 각 호의 범위에서만 행정재산의 사용허가를 할 수 있다. ① 공용 · 공공용 ·
기업용 재산: 그 용도나 목적에 장애가 되지 아니하는 범위, ② 보존용재산:

보존목적의 수행에 필요한 범위"라고 규정하고 있으며, 동법 제36조는 행정
재산의 사용·수익허가의 취소 및 철회에 관해 규정하고 있다. 구「국유재산법」
(1976. 12. 31. 법률 제2950 호로 개정되기 전의 것)에는 행정재산의 사용허가의 철회에 관해서는 잡종재산(현행 일반 재산)
의 임대차 규정(구법 24조)을 준용하도록 규정하고 있었다. 그것이 하나의 이유가 되
어 당시의 통설은 행정재산의 사용허가를 사법상 임대차계약으로 간주하였다.
그러나 사용·수익허가의 취소·철회조항을 신설해 놓고 있는 현행「국유재
산법」하에서는 종래와 같은 해석(사법관계설)은 법률의 명문규정과 입법취지
(법률개정 의 취지)에 명백히 반하는 것으로 생각된다. 다시 말하면, 행정재산 등의 사용·
수익의 허가 및 그들 허가의 취소·철회는 문자 그대로 공법작용으로 받아들
임이 당연한 것으로 생각된다. 현재의 다수학설과 판례도 공법관계로 보고 있
다.[3]

> **[판례]** 국·공유재산의 관리청이 행정재산의 사용·수익을 허가한 다음 그 사
> 용·수익하는 자에 대하여 하는 사용·수익허가취소는 순전히 사경제주체로서 행
> 하는 사법상의 행위라 할 수 없고, 이는 관리청이 공권력을 가진 우월적 지위에서
> 행한 것으로서 항고소송의 대상이 되는 행정처분이다(대판 1997. 4. 11, 96누17325).

4. 입찰참가자격제한행위

국가나 지방자치단체와의 계약을 위반한 사업자들에 대하여 국가행정청이
나 지방자치단체장이「국가를 당사자로 하는 계약에 관한 법률」제27조나「지
방자치단체를 당사자로 하는 계약에 관한 법률」제31조에 따라 행하는 입찰참
가자격제한행위는 공법행위로서 항고소송의 대상인 처분이라는 것이 다수설과
판례[4]의 입장이다.

한편, 한국전력공사나 한국토지공사 등의 정부투자기관에 의한 입찰참가자
격제한행위에 관하여는 그 근거가 되는 정부투자기관회계규정이 법적 구속력
이 없는 행정규칙임을 이유로 사법상의 통지행위에 불과하다는 것이 판례의
입장이었다. 그런데, 1999. 2. 5.「정부투자기관 관리기본법」제20조 2항의 개정

---

3) 상세는 김남진·김연태(Ⅱ), 514면; 김남진·이명구, 행정법연습, 545면 이하 참조.
4) 대판 1983. 4. 26, 82누467; 대판 1983. 6. 28, 82누362; 대판 1983. 12. 27, 81누366; 대판 1984. 4. 24, 83
누574; 대판 1985. 7. 23, 85누136; 대판 1985. 12. 24, 85누461; 대판 1986. 3. 11, 85누793; 대판 1986.
10. 14, 84누314; 대판 1994. 8. 23, 94누3568; 대판 1995. 7. 14, 95누4087; 대판 1996. 2. 27, 95누4360;
대판 1996. 12. 20, 96누14708; 대판 1999. 3. 9, 98두18565; 대판 2000. 10. 13, 99두3201.

으로 입찰참가자격제한의 근거규정이 마련된 이상 정부투자기관에 의한 입찰
참가자격제한행위는 공법행위로서 처분의 성질을 갖는다고 보아야 한다.[5] 같은
맥락에서 「정부투자기관 관리기본법」이 폐지되고 신설된 「공공기관의 운영에
관한 법률」 역시 근거규정을 두고 있으므로($^{39조}_{2항}$), 공기업 및 준정부기관의 입
찰참가자격제한행위는 공법행위로서 항고소송의 대상인 처분으로 보아야 할
것이다.

5. 국가배상청구권 · 손실보상청구권

「국가배상법」에 의한 손해배상청구권과 국가 · 지방자치단체 등에 대한 손
실보상청구권이 공법상 권리(공권)인가 사법상 권리(사권)인가 하는 점도 다투
어지고 있는 문제이다.

6. 환 매 권

「공익사업을 위한 토지 등의 취득 및 보상에 관한 법률」상의 환매권이 공법
상 권리인가 여부도 다투어지고 있다.

제 3 절   행정상 법률관계의 종류

행정상 법률관계란 행정에 관한 법률관계를 총칭하는 것인데, 넓은 의미로
는 행정조직법관계와 행정작용법관계를 포함하며, 좁은 의미로는 후자만을 가
리킨다. 행정조직법관계는 다시 행정조직내부관계와 행정주체간의 관계로 나
누어지고, 행정작용법관계는 권력관계 및 관리관계와 국고관계로 나누어진다.

---

5) 이에 관하여는 홍준형, 입찰참가자격제재조치의 법적 성질, 법제, 1997. 7, 13면 이하; 김남진, 공사 등
   의 입찰참가자격정지의 성질, 고시연구, 2001. 10; 이원우, 정부투자기관의 부정당업자에 대한 입찰참가
   제한조치의 법적 성질, 한국공법이론의 새로운 전개(김도창박사 팔순기념논문집), 2005; 김중권, 정부
   투자기관의 입찰참가제한행위의 법적 성질에 관한 소고, 법률신문, 2006. 8 등 참조.

Ⅰ. 행정조직법관계

1. 행정조직 내부관계

상급행정청과 하급행정청과의 관계(권한의 위임,), 대등행정청간의 관계(행정청간의 협의:), 기관위임사무에 대한 주무부장관과 지방자치단체의 장과의 관계(지방자치법 115조,116조) 등이 행정조직내부관계에 속한다. 이 관계는 권리주체간의 관계, 즉 권리의무의 관계가 아니라 직무권한·기관권한의 행사 관계로서의 성질을 가진다. 따라서 이들 관계에서 일어나는 분쟁은 원칙적으로 '법률상의 쟁송'에 해당되지 않으며, 특별한 규정(지방자치법 120조, 192조 등)이 없는 한 법원에 제소할 수 없다.[1]

2. 행정주체 상호간의 관계

국가의 지방자치단체에 대한 감독관계, 보조금·교부금의 교부 등 급부관계, 지방자치단체 상호간에 행하여지는 협의·사무위탁 등이 여기에서 말하는 "행정주체 상호간의 관계"에 해당한다. 그러나 이 관계가 과연 행정조직법관계인가 행정작용법관계인가에 대해서는 견해가 나누어져 있다.

생각건대, 위 '행정주체 상호간의 관계'는 '행정주체와 국민간의 관계'와 같은 행정작용법의 관계로는 볼 수 없으며, 따라서 이에 관한 구체적인 문제는 행정조직법의 고찰대상이 되고 있다.

Ⅱ. 행정작용법관계

행정작용법관계란 행정주체와 그 상대방인 국민 사이의 법률관계를 의미하며, 이는 다시 권력관계, 관리관계 그리고 국고관계로 나눌 수 있다.

1. 권력관계

권력관계란 국가 등 행정주체가 개인에 대해 일방적으로 명령·강제하며, 혹은 일방적으로 법률관계를 형성·변경·소멸시키는 등 행정주체에게 개인에게는 인정되지 않는 우월적 지위가 인정되는 법률관계를 말한다. 행정주체가

---

1) 이러한 경우가 「행정소송법」이 규정하고 있는 기관소송(객관적 소송)이다(동법 3조 4호, 제5장 참조).

이러한 지위에서 행한 행위에는 법에 의해 공정력·집행력·불가쟁력 등 특별한 효력(구속력)이 인정됨이 보통이다. 권력관계는 경찰행정·보건행정·조세행정·공용부담 등 전통적인 질서행정분야에서 많이 발견되는데, 허가·특허·인가 내지 그들 행정작용의 취소·철회, 과세처분, 토지수용 등이 전형적인 예이다. 이러한 권력관계에는 특별한 규정이 없는 한 공법규정 및 공법원리가 적용되며, 그에 관한 분쟁은 행정소송을 통해 다투어진다.

2. 관리관계

관리관계란 행정주체가 공권력의 주체로서가 아니라 사업 또는 재산의 관리주체로서 개인과 맺는 법률관계를 의미하는 것으로서, 주로 공공복리를 증진시키기 위해 행하는 급부행정의 영역에서 많이 발견된다. 예컨대 공물의 관리, 영조물·공기업의 경영, 회계 등이 그에 해당한다.

이러한 관리관계는 비권력관계인 점에서는 사법관계와 같으나, 그 목적·효과가 공공성을 지님으로써 대등당사자 사이의 관계가 수정·보완되는 점에 차이가 있다.[2]

따라서 관리관계에는 권력관계에서와는 달리 공법규정 내지 공법원리가 전면적으로 적용되지는 않는다. 즉 그 작용의 공공성으로 인하여 사법관계를 수정하는 특별한 규정을 두고 있거나 법률해석상 특별한 취급을 하여야 할 필요성이 인정되는 경우에만 공법적 규율을 받으며, 그러하지 않은 경우에는 사법의 규율을 받음이 원칙이다.

3. 국고관계(행정상의 사법관계)

행정주체가 사인과 대등한 지위에서 경제적 활동을 하는 경우가 있는데, 이를 국고관계라고 하며, 행정상의 사법관계라고도 한다. 예를 들면 국가나 지방자치단체가 사인과 물품매매계약·건물임대차계약·공사도급계약 등을 체결하거나, 일반재산을 매각하는 법률관계와 같은 것이 이에 해당한다. 이러한 경우의 행정주체의 행위는 사법상의 행위로서 사법(민법·상법 등)에 의한 규율

---

2) 예컨대 ① 공물은 공적 목적에 제공된 물건이라는 점에서 융통성(사권의 설정)·강제집행·시효취득이 제한되는 등 사법상의 물건에 비하여 여러 가지 특수성이 인정되고 있다(이에 관한 상세는 김남진·김연태(Ⅱ), 493면 이하 참조). 또한 ② 영조물(국공립학교·병원·도서관 등)이나 공기업(철도·우편·전기·수도사업 등)의 경영에 있어서는 그 이용계약의 체결이 강제되는 등, 계약자유의 원칙이 수정·보완되는 등의 여러 특수성이 인정되고 있다(이에 관한 상세는 김남진·김연태(Ⅱ), 522면 이하 및 532면 이하 참조).

을 받고, 그에 관한 법률상의 분쟁은 민사소송의 대상이 된다.

행정주체가 계약을 체결함에 있어 「국가재정법」, 「국유재산법」 등에 의한 제약을 받고, 상급기관의 승인을 요하는 등 일정한 제한을 받지만, 이것은 행정주체 내부의 사정으로서 행위의 사법적 성질 그 자체를 변경하는 것은 아니다.

> **[판례①]** 국가의 철도운행사업은 국가가 공권력의 행사로서 하는 것이 아니고, 사경제적 작용이라 할 것이므로 이로 인한 사고에 공무원이 간여했다고 하더라도 국가배상법을 적용할 것이 아니고 일반 민법의 규정에 따라야 한다(대판 1999. 6. 22, 99다7008).
>
> **[판례②]** 국유잡종재산에 관한 관리·처분의 권한을 위임받은 기관이 국유잡종재산을 대부하는 행위는 국가가 사경제주체로서 상대방과 대등한 위치에서 행하는 사법상의 계약이지 공권력의 주체로서 상대방의 의사 여하에 불구하고 일방적으로 행하는 행정처분이라고 볼 수 없다(대판 1995. 5. 12, 94누5281. 동지판례: 대판 2000. 2. 11, 99다61675: 대판 2010. 11. 11, 2010다59646).

제 4 절 행정법관계의 특질

I. 개 설

행정법관계는 공익목적의 실현을 위하여 행정주체에 대해 특수한 지위가 인정되므로 사법관계와는 다른 여러 가지 특수성이 인정된다. 다만, 그들 행정법관계의 특질은 행정법관계에 당연히 인정되는 것이 아니라, 행정목적의 효율적 달성을 위하여 실정법에 의해 특별히 인정되는 것에 지나지 않는다.

아래에서 '행정법관계의 특질'로서 설명되는 내용은 대부분 행정행위(처분)에 인정되는 특수한 효력(구속력)이라 할 수 있다. 따라서 그들 문제는 제2편 제3장 행정행위편에서 자세히 다루어지게 된다.

Ⅱ. 행정법관계의 특질의 내용

1. 행정의사의 공정력

행정주체의 의사(행정행위)는 비록 그 성립에 하자가 있을지라도 그 하자가 중대하고 명백하여 무효가 되지 않는 한 권한있는 행정기관이나 법원에 의하여 취소될 때까지 유효한 행위로서 통용된다.[1]

2. 행정의사의 구성요건적 효력

행정주체의 의사가 유효하게 존재하는 이상 다른 국가적 기관은 그의 존재를 존중하며 스스로의 판단의 기초 내지 구성요건으로 삼아야 하는 구속을 받는데, 이를 행정의사의 구성요건적 효력이라 한다.

3. 행정의사의 존속력

일단 행정권이 발동되면 그에 의거하여 많은 법률관계가 형성된다. 따라서 가능한 한 일단 행해진 행정주체의 행위를 존속시키는 것이 바람직한데, 이러한 요청을 제도화한 것이 행정행위의 존속력이다. 종래에는 '확정력'이라는 용어가 많이 사용되었다. 그러나 확정력은 판결의 효력(구속력)을 가리키는 용어로서, 법원의 판결과 행정행위 사이에는 차이가 많다는 점이 인식됨에 따라 오늘날에는 '존속력'이라는 용어가 널리 사용되기에 이르렀다. 그 존속력은 보통 불가쟁력과 불가변력으로 나누어진다.

(1) 불가쟁력

행정행위는 쟁송의 제기기간(행정심판법 27조, 행정소송법 20조 참조)이 경과하거나 심급을 다 거친 후에는 더 이상 쟁송으로 다툴 수 없게 되는데, 이를 '불가쟁력'이라고 한다. 그 불가쟁력이 인정되는 이유는, 행정법관계를 되도록 빨리 확정하여 법적 안정성을 기하고자 하는 데 있다.

(2) 불가변력

행정기관의 준사법적 행위(심판작)나 개인에게 이익을 부여하는 행위(수익적 행정행위)

---

1) 상세는 본서 313면 이하 참조.

등은 그것을 행한 행정주체라 할지라도 그 내용을 임의로 변경·소멸시킬 수 없는 제약을 받는 경우가 많은데, 이를 '행정의사(행정행위)의 불가변력'이라고 한다.

4. 행정의사의 강제력

(1) 자력집행력

행정주체는 상대방이 의무를 이행하지 아니할 때, 법원 등 다른 기관의 힘을 빌리지 아니하고 스스로의 힘으로 의무이행을 강제할 수가 있는데, 이를 자력집행력이라 한다. 물론 「행정대집행법」이나 「국세징수법」과 같은 실정법의 뒷받침이 있음으로써 그것이 가능하다.

행정의사(행정행위) 가운데 상대방에게 작위나 급부의무를 과하는 것이 보통 자력집행(대집행·강제징수 등)의 대상이 되며, 형성적 행위(인가·특허 등)나 확인적 행위와 같이 행위 그 자체로써 효과를 완성하고 집행의 문제를 일으키지 않는 것은 자력집행의 대상이 되지 않는 점에 유의할 필요가 있다.[2]

(2) 제재력

행정의사는, 그에 위반하는 자에게 행정벌 및 그 밖의 제재를 과할 수 있게 함으로써 그의 실효성을 확보함이 보통이다.[3]

5. 권리·의무의 상대성

행정법관계도 사법관계와 같이, 일종의 권리·의무관계로 볼 수 있다. 그런데 사법관계에 있어서는 권리자와 의무자는 상호 반대의 이해관계를 가지는데 대하여, 공법관계에서의 권리와 의무는 다 같이 공익을 위해 인정되는 점에서 상대적 관계에 놓여 있다고 말할 수 있다.

6. 권리구제수단의 특수성

(1) 손해보전

행정법관계에 있어서 사인이 불이익을 입는 경우 그것이 적법원인에 의한 때에는 손실보상제도(헌법 23조 3항 참조)에 의하여, 위법원인에 의한 때에는 국가배상제도

---

2) 상세는 본서 제4편 제2장 '행정상의 강제집행'을 참조.
3) 상세는 본서 제4편 제4장 '행정벌'을 참조.

($\substack{헌법\ 29조,\ 국가 \\ 배상법\ 등\ 참조}$)에 의하여 사법관계와는 다른 제도에 의하여 구제를 받게 된다.

(2) 행정상 쟁송

행정법상의 법률관계, 그 중에서도 동 법률관계가 행정청의 일방적 행위(처분)에 의하여 형성되는 경우, 그에 관한 쟁송은 민사소송이 아니라 행정심판 또는 행정소송을 통해 다투도록 되어 있다.

제 5 절 행정법관계의 당사자

법률관계에 있어서의 당사자란 보통 권리·의무의 주체를 말한다. 행정법관계(공법관계)에서는 사인보다 다소나마 우월한 지위에 서는 국가·공공단체 등을 행정주체로, 그의 상대를 행정객체로 부르는 경향에 있다.

I. 행정주체

1. 의   의

행정법관계에 있어서 행정권을 행사하고, 그의 법적 효과가 궁극적으로 귀속되는 당사자를 행정주체 또는 행정권의 주체라고 한다. 행정주체에는 ① 국가, ② 지방자치단체, ③ 공공조합($\substack{공법상의 \\ 사단법인}$), ④ 영조물법인, ⑤ 공재단($\substack{공법상의 \\ 재단}$), ⑥ 공무수탁사인($\substack{공권력이\ 부 \\ 여된\ 사인}$) 등이 있다.[1]

사인도 행정권을 부여받으면 행정주체가 될 수 있다($\substack{후술의\ 공무수 \\ 탁사인\ 참조}$). 행정주체는 행정권을 행사하는 지위에 있으므로 상대방보다 우월한 지위에 서는 것이 보통이다. 국가가 사인과 대등한 지위에서 사법관계의 당사자가 되는 경우도 있는데, 이 경우는 특히 국고(Fiskus)라고 부르는 것이 종래의 관례였다.

행정주체와 구별해야 할 것에 '행정기관'이 있다. 행정주체는 스스로의 이름으로 행정권을 행사하고, 그의 법적 효과가 자기에게 귀속되는 데 대해, 행정기

---

1) 지방자치단체, 공공조합, 영조물법인, 공재단을 포함하여 공공단체라고 부름이 일반적이다. 공공단체를 '자치단체'로 부르는 설도 있으나 양자는 구분할 필요가 있다. 이유는 영조물법인과 공법상의 재단은 구성원이 없으므로 자치단체로 부를 수 없기 때문이다. 상세는 김남진·김연태(Ⅱ), 제6편 제2장 제4절 이하 및 김남진, 행정주체·공법인·행정청·행정기관, 시사법률신문, 2003. 11. 18 참조.

관은 행정주체를 위해 일정한 권한을 행사하고 그 법적 효과는 기관이 아니라 행정주체에 귀속하는 점에 차이가 있다.[2]

2. 행정주체의 종류

(1) 국　가

국가는 독립된 법인격을 가지는 것으로서, 가장 대표적인 행정주체에 속한다. 국가의 행정주체로서의 지위는 누구로부터 전래된 것이 아니고, 국가에 시원적으로 존재하는 지배권으로부터 나오는 것이며, 이러한 의미에서 국가는 고유의 행정주체(originärer Verwaltungsträger)라 할 수 있다. 국가의 행정권한은 대통령을 정점으로 하는 국가행정조직을 통해 행사되는데, 국가를 위해 실제로 행정사무를 담당·수행하는 역할을 하는 기관을 행정기관[3]이라 한다.

(2) 지방자치단체

지방자치단체는 국가의 영토의 일부를 자기구역으로 하여 그 구역 내의 모든 주민에 대하여 국법이 인정하는 한도에서 지배권을 행사하는 단체이다. 지방자치단체는 그의 지배권이 국가로부터 부여된 것이라는 점에서 시원적 행정주체인 국가와 구별되고, 일정한 구역에 대한 지배권을 가지는 '지역단체'인 점에서 다른 공법인과 구별된다. 행정주체로서의 지방자치단체에는 보통지방자치단체(특별시·광역시·특별자치시·도·특별자치도·시·군)와 특별지방자치단체(지방자치단체조합 등)가 있다(지방자치법 2조 참조).

(3) 공공조합(공법상의 사단법인)

공공조합은 특수한 사업을 수행하기 위하여 일정한 자격을 가진 사람(조합원)에 의해 구성된 공법상의 사단법인을 말하며, 농지개량조합·의료보험조합·상공회의소·변호사회 등이 그에 속한다. 지방자치단체와 같이 일반적인 공공사무를 처리함을 목적으로 하는 것이 아니라, 한정된 특수한 사업을 수행함을 목적으로 한다. 공공조합은 그 목적 범위 내에서 법령이 정하는 바에 따라 일정한 행정작용을 행하는 행정주체의 지위를 갖는다.

공공조합은 그 존립 목적 범위 내에 있는 특정한 공공사무를 행하는 범위 내에서만 공법상의 권리의무의 주체일 뿐이다. 따라서 그러한 범위 밖의 법률

---

2) 상세는 김남진·김연태(Ⅱ), 제6편 제1장 제4절 이하 참조.
3) 행정기관은 어떠한 권한을 행사하느냐에 따라 다시 행정청·보조기관·자문기관·의결기관·집행기관 등으로 분류되는데, 이에 관한 상세는 김남진·김연태(Ⅱ), 11면 이하 참조.

관계에 있어서는 여전히 사법의 지배를 받게 된다. 즉, 공공조합의 모든 법률관계가 공법의 규율을 받는 것은 아니다. 공공조합에 관한 법률관계가 항상 공법관계라고 할 수 없는 것은, 국가에 관한 법률관계가 항상 반드시 공법관계라고 할 수 없는 것과 마찬가지로 볼 수 있다.[4]

> **[판례]** 도시 및 주거환경정비법에 따른 주택재건축정비사업조합은 관할 행정청의 감독 아래 도시정비법상의 주택재건축사업을 시행하는 공법인($\frac{도시\ 및\ 주거환경}{정비법\ 제18조}$)으로서, 그 목적 범위 내에서 법령이 정하는 바에 따라 일정한 행정작용을 행하는 행정주체의 지위를 갖는다. 그리고 재건축조합이 행정주체의 지위에서 도시정비법 제48조에 따라 수립하는 관리처분계획은 정비사업의 시행 결과 조성되는 대지 또는 건축물의 권리귀속에 관한 사항과 조합원의 비용 분담에 관한 사항 등을 정함으로써 조합원의 재산상 권리·의무 등에 구체적이고 직접적인 영향을 미치게 되므로, 이는 구속적 행정계획으로서 재건축조합이 행하는 독립된 행정처분에 해당한다($\frac{대판}{2009.}$ 9. 17, 2007다2428, 동지판례: 대결 2009. 11. 2, 2009마596).

(4) 영조물법인

영조물법인은 법인격을 취득한 영조물(Anstalt)을 의미한다.[5] 여기에서 '영조물'이란, 특정한 공적 목적에 계속적으로 봉사하도록 정해진 인적·물적 수단의 종합체를 말한다. 이 점에서 보통 물적 시설만을 의미하는 공공시설과 구분할 필요가 있다.[6]

영조물에는 이용자는 있으나 구성원은 없다. 영조물의 운영자 내지는 직원 역시 구성원은 아니다. 이와 같이 구성원이 없는 점이 영조물과 공공조합이 결정적으로 다른 점이라 할 수 있다. 현행법상 영조물법인에 해당하는 것으로서는 한국방송공사, 서울대학교병원, 적십자병원, 과학기술원, 한국산업인력공단 등을 들 수 있다.

(5) 공재단(공법상의 재단)

공재단 또는 공법상의 재단이라 함은 재단설립자에 의해 출연된 재산($\frac{기금\cdot}{물건\ 등}$)을 관리하기 위해 설립된 공공단체를 말한다. 공재단에도 그의 운영자

---

4) 田中二郎, 公法人論の吟味, 公法と私法, 有斐閣, 1961, 123면.
5) '영조물법인', '정부투자기관'을 동일시하는 견해도 있다. 그러나 후자를 전부 영조물법인으로 볼 수는 없다고 판단된다. 상세는 김남진·김연태(Ⅱ), 63면 참조.
6) 상세는 김남진·김연태(Ⅱ), 제7편 제2장 제3절 이하 참조.

내지 직원 및 수혜자는 있으나 구성원은 없다. 공재단을 자치단체로 부를 수 없는 이유는 그 점에 있다. 현행법상 공재단에 해당하는 것으로서는 한국연구재단, 한국학중앙연구원 등이 있다.

(6) 공무수탁사인(공권력이 부여된 사인)

사인은 행정법관계에 있어서 행정주체의 상대방인 행정객체로서의 지위를 가짐이 보통이다. 그러나 때로는 사인도 자신의 이름으로 행정사무를 처리할 수 있는 권한을 부여받는 경우가 있는데, 이를 공무수탁사인(Beliehene)이라 한다.[7] 이러한 공무수탁사인은 일정한 범위에서 자기의 이름으로 독자적으로 공권력을 행사할 수 있으므로 그 한도에서 행정주체의 지위를 갖는다.

공무위탁은 행정기관에게 배분된 권한을 부분적으로 사인에게 위탁하는 예외적인 제도라고 할 수 있기 때문에 법률상의 근거를 요한다. 「정부조직법」 제6조 3항에 근거한 「행정권한의 위임 및 위탁에 관한 규정」을 일반적 수권규정으로 해석하는 것이 일반적이다. 개별적 수권규정으로는 사인이 기업자 또는 공공사업의 시행자로서 토지수용권 등 공권력을 행사하는 경우(공익사업을 위한 토지 등의 취득 및 보상에 관한 법률 19조, 도시및 주거환경 정비법 63조 등 참조), 사인이 별정우체국의 지정을 받아 체신업무를 수행하는 경우(별정우체 국법 3조), 상선의 선장이 경찰사무 및 가족관계등록에 관한 사무를 집행하는 경우(사법경찰관리의 직무를 행할 자와 그 직무범위에 관한 법률 7조, 가족관계의 등록 등에 관한 법률 49조 등 참조) 등이 이에 해당한다고 보고 있다.

공무수탁사인의 법적 지위에 관해서는 공공조합의 경우와 마찬가지로 일률적으로 공법관계로 파악할 수는 없고 공무수탁사인에 의해 형성되는 법률관계의 성질에 따라 나누어 살펴야 한다. 공무수탁사인은 국민과의 관계에서 국가나 지방자치단체 등 행정주체와는 독립된 행정주체임과 동시에 행정청으로서의 지위를 갖는다. 따라서 행정소송에 있어 항고소송의 피고적격을 가짐은 물론 당사자소송의 피고적격도 가진다. 공무수탁사인은 수탁 받은 권한의 범위 안에서는 행정행위를 발령할 수 있고, 자력으로 수수료를 징수하는 등의 자력집행도 할 수 있다. 또한 공무수탁사인에 대한 「국가배상법」의 적용 여부와 관련하여, 종래 해석상으로 「국가배상법」 제2조의 적용을 긍정하였으나,[8] 개정된

---

7) 참조: 김남진, 행정주체와 행정기관, 월간고시, 1991. 6; 김남진, 행정권한의 위탁·수탁과 법적문제, 법제, 1999. 9, 3면 이하; 박수헌, 행정임무와 사인, 고려대학교 석사학위논문, 1987, 11면 이하. 다만, 학자에 따라서는 수탁사인(홍정선), 공권력이 부여된 사인(김동희), 행정사무를 위임받은 사인(김철용) 등으로 부르기도 한다.

8) 참조판례: 「국가배상법 제2조 소정의 '공무원'이라 함은 국가공무원법이나 지방공무원법에 의하여 공무원으로서의 신분을 가진 자에 국한하지 않고, 널리 공무를 위탁받아 실질적으로 공무에 종사하고 있

「국가배상법」에서는 '공무를 위탁받은 사인'의 위법행위로 인한 손해도 「국가배상법」에 따라 국가 등이 배상하여야 한다는 것을 명시적 규정하고 있다.

한편,「소득세법」상의 원천징수의무자가 공무수탁사인(행정주체로서의 사인)에 해당하는지에 대하여 논란이 있으나, 대법원은 그가 행정주체의 지위에서 행정처분을 하는 것은 아니라고 보고 있다.

> **[판례]**　원천징수의무자는 소득세법 제142조 및 제143조의 규정에 의하여 자동적으로 확정되는 세액을 수급자로부터 징수하여 과세관청에 납부하여야 할 의무를 부담하고 있으므로 그의 원천징수행위는 법령에서 규정된 징수 및 납부의무를 이행하기 위한 것에 불과한 것이지, 공권력의 행사로서의 행정처분을 한 경우에 해당되지 아니한다(대판 1990. 3. 23, 89누4789).

생각건대, 원천징수의무자는 '공의무부담사인'(Inpflichtnahme Privater), 즉 법률에 근거하여 국가 등에 의하여 의무를 부담할 뿐, 그 자체 공행정의 부분으로서 다른 사인(납세의무자)을 상대하는 것이 아닌 자로 보아야 할 것이다.

Ⅱ. 행정객체

행정주체에 의한 공권력행사의 상대방을 행정객체라고 한다. 자연인과 사법인이 행정객체가 됨이 보통이나, 때로는 공법인이 행정객체가 되는 경우도 있다(납세의무자로서의 지위 등). 따라서 공법인은 사인과의 관계에서는 행정주체가 되나 다른 행정주체와의 관계에서 행정객체가 될 수 있는 것이다.

Ⅲ. 행정주체와 행정객체의 상대화

행정주체와 행정객체의 관계는, 항상 전자가 명령하고 후자가 복종하는 식의 명령복종관계로서 이해되어서는 안 된다. 오히려 상호간에 권리와 의무를 나누어 가지며, 협력관계에 있는 것으로 이해될 필요가 있다.

는 일체의 자를 가리키는 것으로서, 공무의 위탁이 일시적이고 한정적인 사항에 관한 활동을 위한 것이어도 달리 볼 것은 아니다」(대판 2001. 1. 5, 98다39060. 동지판례: 대판 1991. 7. 9, 91다5570).

제 6 절 공권과 공의무(공법관계의 내용)

Ⅰ. 개 설

공법관계의 내용은 공권(공법상의 권리)과 공의무(공법상의 의무)로 구성된다. 이러한 점에서 사법상의 법률관계와 본질상 다름이 없다. 다만 사법관계에 있어서는 사적 자치의 원칙에 따라 권리·의무의 발생·변경·소멸이 원칙적으로 사인의 자유로운 의사에 의하여 결정되는 데 대하여, 공법관계 특히 권력관계에 있어서는 권리·의무의 발생·변경·소멸이 대부분 법률이 정한 바에 따라 행정주체의 일방적 행위에 의해 정해지는 데에 그의 특색이 있다.

Ⅱ. 공권과 그 특수성

1. 공권의 의의

공권이란 공법관계에 있어서 직접 자기를 위하여 일정한 이익을 주장할 수 있는 법적인 힘을 말한다. 공권도 권리(법의 보호를 받는 이익)인 점에서, 법이 국가 또는 개인의 작위·부작위·급부 등의 의무를 규정하고 있는 결과 그 반사적 효과로서 발생하는 이익인 반사적 이익(법의 보호를 받지 못하는 사실상의 이익)과 구별된다.

2. 공권의 종류

공권은 권리주체에 따라서 국가적 공권과 개인적 공권으로 나눌 수 있다.

(1) 국가적 공권

국가적 공권은 국가, 공공단체 또는 그 밖에 국가 등 행정주체로부터 공권력을 부여받은 자가 우월한 의사주체로서 개인 또는 단체에 대해 가지는 권리이다. 이러한 국가적 공권은 그의 목적을 표준으로 조직권·형벌권·경찰권·통제권·공기업특권·공용부담특권·재정권·군정권 등으로 나눌 수 있으며, 내용을 표준으로 하명권·강제권·형성권·공법상의 물권 등으로 나눌 수 있다. 그러나 이들 국가적 공권은 엄격히 말하면 권한·권능의 성질을 가진다.

(2) 개인적 공권

개인적 공권은 개인 또는 단체가 우월한 의사주체로서의 국가·공공단체 등에 대해 가지는 권리를 말한다. 개인적 공권은 내용을 표준으로 자유권 (침해의 배/제청구권), 수익권(적극적·급부/적 청구권), 참정권 등으로 나눌 수 있다.[1]

3. 공권의 특수성

(1) 국가적 공권의 특수성

국가적 공권은 지배권으로서의 성질을 가지는 까닭에 일방적인 명령·강제·형성을 주 내용으로 하는 동시에, 그의 행사(행정행위)에는 공정력·존속력·강제력(집행력) 등의 특수한 효과(구속력)가 인정되기도 한다.

(2) 개인적 공권의 특수성

개인적 공권에도 그의 상대성으로 인해 다음과 같은 특색이 인정됨이 보통이다. 그러나 그들 특색은 공권이기 때문에 당연히 인정되는 것이 아니고 실정법에 의해 뒷받침됨으로써 인정되는 것이며, 나아가서 그들 특색(이전·포기·대/행의 제한 등)은 반드시 공권에 특유한 것이 아니고 사권에도 그 예가 많다는 점에 유의할 필요가 있다.

(가) 이전의 제한

사권은 일신전속적인 것을 제외하고는 이전할 수 있음이 원칙이다. 이에 비해 공권은 공익적 견지에서 인정되는 것이므로 일신전속적인 것(예: 선/거권) 또는 법률에 의해 이전이 금지되는 것이 많다(예:국가배상법 4조에 의한 배상받을 권리의 양도금지, 국민기초생활 보/장법 36조에 의한 급여를 받을 권리의 양도금지, 공무원연금법 39조에/의한 연금청구권의 양도금지 등). 또한 공권 중에는 행정청의 인가를 이전의 효력요건으로 하고 있는 경우도 많이 있다. 그러나 공권 중에도 경제적 성질의 것(예: 손실보/상청구권)은 그의 이전이 인정됨이 보통이다. 개인적 공권의 이전제한의 결과, 그에 대한 압류가 제한되거나(예: 민사집행법 246조 1항 4호/에 의한 급여채권의 압류제한) 금지되는(예: 공무원연금법 39조에 의한 연금청구권의 압류금지, 국민기초/생활 보장법 35조에 의한 수급품 및 이를 받을 권리의 압류금지) 경우가 많다.

(나) 포기의 제한

공권은 공익적 견지에서 인정되는 것이므로 그것을 임의로 포기할 수 없는

---

1) 기본권을 다양하게 분류하고 있는 헌법학에서와는 달리, 행정법학에서는 공권(개인적 공권)을 자유권, 수익권 및 참정권의 셋으로 분류함이 일반적이다(김동희, 박윤흔, 한견우 등). 그러나 학자에 따라서는 ① 기본권인 개인적 공권과 기본권 아닌 개인적 공권, ② 실질적·개인적 공권과 형식적·개인적 공권, ③ 실체적·개인적 공권과 절차적·개인적 공권 등으로 분류하기도 한다(홍정선).

것이 원칙이다. 선거권·연금청구권·소권 등이 그 예이다. 따라서 예컨대 제3자와 소권 등의 포기에 관한 계약을 체결하더라도 무효라 할 것이다.

> **[판례]** 석탄사업법시행령 제41조 제4항 소정의 재해위로금청구권은 개인의 공권으로서, 그 공익적 성격에 비추어 당사자의 합의에 의하여 이를 미리 포기할 수 없는 것이다($\frac{대판 1998. 12. 23.}{97누5046}$).

(다) 대행의 제한

공권은 일신전속적인 성질을 가짐으로써 대행(대리)이나 위임이 제한되는 경우가 많다($\frac{선거권의\ 대행\ 또}{는\ 위임의\ 금지\ 등}$).

(라) 보호의 특수성

개인적 공권도 권리인 점에서 여러 가지 법이 정한 보호를 받는다. 그러나 그에 관한 다툼은 행정소송에 의하여야 하는 등, 사권과 다른 여러 가지 특수성이 인정되고 있다.

Ⅲ. 공의무와 그 특수성

1. 공의무의 개념 및 분류

공의무는 공권에 대응한 개념으로서, 공법에 의한 의사의 기속을 의미한다. 공의무는 주체에 따라 국가적 공의무와 개인적 공의무로 나누어지며, 내용에 따라 작위의무·부작위의무·급부의무·수인의무 등으로 나누어진다.

2. 공의무의 특수성

공의무에는 공권의 특수성에 대응한 특색이 인정된다. 특히 개인적 의무의 경우, 그것이 법령이나 행정주체의 일방적인 행위를 통해 과해지는 경우가 많으며, 의무의 불이행이 있는 때에는 행정권의 자력집행이 인정되는 등의 특성을 지니고 있다.

또한 개인적 공의무는 일신전속적인 것이 많아서 이전이나 포기가 제한되며, 사권과의 상계가 금지되는 경우가 많다. 다만 순수한 경제적 성질의 것($\frac{예:납}{세의무}$)은 그의 이전·상속 등이 인정된다.

Ⅳ. 공권·공의무의 승계[2]

1. 행정주체간의 승계

행정주체간의 권리·의무의 승계는 지방자치단체의 폐치·분합, 그 밖의 공공단체(영조물법인등°)의 통·폐합의 경우에 많이 이루어진다. 「지방자치법」이 "지방자치단체의 구역을 변경하거나 지방자치단체를 폐지하거나 설치하거나 나누거나 합칠 때에는 새로 그 지역을 관할하게 된 지방자치단체가 그 사무와 재산을 승계한다"(8조/1항)라고 규정하고 있으며, 농업기반공사의 설립과 더불어 법(농업기반공사 및 농지관리기금법, 현행:/한국농어촌공사 및 농지관리기금법)이 "공사는 농어촌진흥공사, 농지개량조합 및 농지개량조합연합회의 재산과 채권·채무 기타 권리·의무를 승계한다"(동법 부칙(제5759호,/1999. 2. 5.) 9조 1항)라고 규정하고 있는 것에서 그 예를 찾아 볼 수 있다.

2. 사인의 권리·의무의 승계

「행정절차법」 제10조는 '지위의 승계'라는 제목하에 "① 당사자 등이 사망하였을 때의 상속인과 다른 법령 등에 따라 당사자 등의 권리 또는 이익을 승계한 자는 당사자 등의 지위를 승계한다. ② 당사자 등인 법인 등이 합병하였을 때에는 합병 후 존속하는 법인 등이나 합병 후 새로 설립된 법인 등이 당사자의 지위를 승계한다. ③ 제1항 및 제2항의 규정에 의하여 당사자 등의 지위를 승계한 자는 행정청에 그 사실을 통지하여야 한다. ④ 처분에 관한 권리 또는 이익을 사실상 양수한 자는 행정청의 승인을 얻어 당사자 등의 지위를 승계할 수 있다. ⑤ 제3항에 따른 통지가 있을 때까지 사망자 또는 합병 전의 법인 등에 대하여 행정청이 행한 통지는 제1항 또는 제2항의 규정에 의하여 당사자의 지위를 승계한 자에게도 효력이 있다"라고 규정하고 있다.

위와 같은 규정은 직접적으로는 「행정절차법」상의 당사자를 대상으로 한 것이다. 그러나 다른 법에 특별한 규정이 없고, 법의 흠결이 있는 경우에는 행정법관계 전반에 걸쳐 준용되는 법의 일반원칙을 천명한 규정으로 보아도 좋

---

2) 주요문헌: 김남진, 행정제재사유 승계의 능부, 고시연구, 2002. 9; 김남진, 경찰 및 질서행정법상의 의무와 그의 승계 등, 고시연구, 2000. 11; 김중권, 공의무, 특히 철거의무 및 이행강제금납부의무의 승계에 관한 고찰, 공법연구 제23집 2호, 1995. 6; 김중권, 행정법기본연구 Ⅰ, 2008, 45면 이하; 김남진, 석유판매업의 양도양수와 귀책사유의 승계여부, 법률저널, 2003. 3. 11.

을 것으로 새겨진다.

개별법에는 그 밖에 ① 행정법상 권리·의무의 이전(승계)을 제한·금지하는 규정(국가배상법 4조,공무), ② 법에 의한 허가 또는 승인으로 인하여 발생한 권리·의무의 승계를 인정하면서 권리·의무의 승계자에게 신고의무를 부과하고 있는 예(하천법) 등을 찾아 볼 수 있다.

> **[판례]** 구 산림법 제90조 제11항, 제12항이 산림의 형질변경허가를 받지 아니하거나 신고를 하지 아니하고 산림을 형질변경한 자에 대하여 원상회복에 필요한 조치를 명할 수 있고, 원상회복명령을 받은 자가 이를 이행하지 아니한 때에는 행정대집행법을 준용하여 원상회복을 할 수 있도록 규정하고 있는 점에 비추어, 원상회복명령에 따른 복구의무는 타인이 대신하여 행할 수 있는 의무로서 일신전속적인 성질을 가진 것으로 보기 어려운 점, 같은 법 제4조가 법에 의하여 행한 처분·신청·신고 기타의 행위는 토지소유자 및 점유자의 승계인 등에 대하여도 그 효력이 있다고 규정하고 있는 것은 산림의 보호·육성을 통하여 국토의 보전 등을 도모하려는 법의 목적을 감안하여 법에 의한 처분 등으로 인한 권리와 아울러 그 의무까지 승계시키려는 취지인 점 등에 비추어 보면, 산림을 무단형질변경한 자가 사망한 경우 당해 토지의 소유권 또는 점유권을 승계한 상속인은 그 복구의무를 부담한다고 봄이 상당하고, 따라서 관할 행정청은 그 상속인에 대하여 복구명령을 할 수 있다고 보아야 한다(대판 2005. 8. 19, 2003두9817, 9824).

3. 제재사유의 승계 여부

행정법관계에 있어서 자주 문제가 되는 것은, 당사자간에 지위의 승계가 이루어지는 경우, 허가(또는 등록)영업 등의 양도인에게 발생한 행정제재 내지 책임(허가 등의 정지·철회사유,영업소의 폐쇄조치 사유 등)이 타인(영업의 양수인 등)에게 이전될 수 있는가 하는 점이다.[3] 영업양도 등으로 지위 승계가 이루어지는 경우에 양도인의 제재사유가 양수인에게 승계된다고 볼 것인지에 대하여, 제재사유의 승계를 부정하면 영업양도 등이 제재처분의 회피수단으로 악용될 수 있으므로, 제재사유를 승계되는 피승계인의 법적 지위에 포함되는 것으로 보아 승계를 인정해야 한다는 주장이 제기될 수 있다.

대법원은 등록영업인 석유판매업의 양도·양수가 이루어진 사례에 있어, 양

---

3) 이에 대하여는 김연태, 공법상 지위 승계와 제재사유 승계에 관한 판례의 분석·비판적 고찰, 고려법학 제96호, 2019. 12 참조.

도인에게 발생한 제재사유($^{영업허가의정}_{지:철회등}$)가 영업의 양수인에게 승계되는 것으로 판시한 바 있다.

[판례] 석유사업법 제9조 제3항 및 그 시행령이 규정하는 석유판매업의 적극적 등록요건과 제9조 제4항, 제5조가 규정하는 소극적 결격사유 및 제9조 제4항, 제7조가 석유판매업자의 영업양도, 사망, 합병의 경우뿐만 아니라 경매 등의 절차에 따라 단순히 석유판매시설만의 인수가 이루어진 경우에도 석유판매업자의 지위 승계를 인정하고 있는 점을 종합하여 보면, 석유판매업 등록은 원칙적으로 대물적 허가의 성격을 갖고, 또 석유판매업자가 같은 법 제26조의 유사석유제품 판매금지를 위반함으로써 같은 법 제13조 제3항 제6호, 제1항 제11호에 따라 받게 되는 사업정지 등의 제재처분은 사업자 개인의 자격에 대한 제재가 아니라 사업의 전부나 일부에 대한 것으로서 대물적 처분의 성격을 갖고 있으므로, 위와 같은 지위승계에는 종전 석유판매업자가 유사석유제품을 판매함으로써 받게 되는 사업정지 등 제재처분의 승계가 포함되어 그 지위를 승계한 자에 대하여 사업정지 등의 제재처분을 취할 수 있다고 보아야 하고, 같은 법 제14조 제1항 소정의 과징금은 해당 사업자에게 경제적 부담을 주어 행정상의 제재 및 감독의 효과를 달성함과 동시에 그 사업자와 거래관계에 있는 일반 국민의 불편을 해소시켜 준다는 취지에서 사업정지처분에 갈음하여 부과되는 것일 뿐이므로, 지위승계의 효과에 있어서 과징금부과처분을 사업정지처분과 달리 볼 이유가 없다($^{대판 2003. 10. 23. 2003두8005. 동지:}_{판례: 대판 2001. 6. 29. 2001두1611}$).[4]

생각건대, 허가(또는 등록)영업의 이전이 가능한가 여부와 법률위반이라는 행정제재사유의 이전이 가능한가는 일단 구분하여야 한다. 다시 말하면, 어떤 허가영업이 대물적 성격을 가짐으로써 이전(양도)이 가능하다 하더라도, 양도인의 법률위반과 같은 귀책사유가 허가의 이전과 함께 당연히 이전한다고 보는 것은 잘못이라고 생각된다.

종전 사업자의 의무위반이 있었을 뿐, 그에 대하여 아직 구체적인 제재처분이 내려지기 전이므로 지위를 승계한 자에게 승계될 구체적인 의무가 존재하지도 않으며, 종전 사업자의 책임이 문제되는 경우[5]에 사업정지 등 제재처분은 원칙적으로 승계의 대상이 될 수 없는 것이다.[6] 제재사유가 승계된다는 명문의

---

4) 이 판례에 대한 평석으로는 김남진, 석유판매업의 양도양수와 귀책사유의 승계 여부, 법률저널, 2003. 3. 11: 김남진, 행정제재사유 승계의 능부, 고시연구, 2002. 9, 82면 이하; 김연태, 공법상 지위 승계와 제재사유 승계에 관한 판례의 분석·비판적 고찰, 고려법학 제96호, 2019. 12, 14면 이하 참조.

5) 이 사건의 경우, 종전 석유판매업자가 유사석유제품을 판매한 것은 사업자 개인의 법규위반행위로서 그 개인의 책임이 문제될 뿐이다.

6) 정하중, 허가의 승계, 제재적 처분사유의 승계, 제재적 처분효과의 승계, 법률신문 제3772호, 2009, 5면

규정이 없음에도 단지 종전 사업자가 자신에게 내려질 제재처분을 면탈하기 위하여 지위 승계를 악용하는 것을 방지하기 위해서 필요하다는 이유만으로 제재사유의 승계를 인정할 수는 없는 것이다.

공법상 지위 승계에는 제재사유의 승계가 포함된다고 보는 것이 제재적 행정처분을 회피하기 위한 수단으로 공법상 지위 승계를 악용하는 상황을 방지할 수는 있을 것이다. 그러나 일부 악용 가능성을 방지하기 위해서 명시적인 법적 근거 없이 권리를 제한하거나 또는 의무를 부과한다는 것은 법률유보원칙상 허용될 수 없는 것이다. 책임회피를 위한 방법으로 악용되는 경우를 방지하기 위하여 법적 근거를 마련하는 경우에도 제재처분의 효과가 승계되는 것과 달리 아직 제재처분이 내려지기 전 단계인 제재사유가 승계되는 것은 더욱 엄격한 요건하에서 허용될 수 있을 것이다.[7]

현행법 가운데 「식품위생법」($\frac{78}{조}$),[8] 「먹는물관리법」($\frac{49}{조}$) 등에 그와 같은 규정이 마련되어 있음은 중요한 의미를 가진다.[9]

한편, 판례는 특정인에게 권리나 이익을 부여하는 행정행위로서 강학상 특허에 해당하는 개인택시 운송사업면허를 받은 자가 「여객자동차 운수사업법」 제14조에 따라 여객자동차 운송사업을 양도한 경우 당해 사업을 양수한 자는 양도인의 운송사업자로서의 지위를 승계하게 되는데, 관할관청이 개인택시 운송사업의 양도·양수에 대한 인가를 한 후에도 그 양도·양수 이전에 있었던 양도인에 대한 운송사업면허 취소사유를 들어 양수인의 사업면허를 취소할 수 있다고 보았다. 이는 하자있는 지위의 승계 문제로서, 양수인은 양도인의 하자있는 운송사업자의 지위를 승계하였다고 보아야 한다. 양도인의 운송사업면허가 취소될 지위가 양수인에게 그대로 이전되어, 양수인에 대하여 운송사업면허를 취소할 수 있다고 본 것이다.[10]

이하.

7) 김연태, 공법상 지위 승계와 제재사유 승계에 관한 판례의 분석·비판적 고찰, 고려법학 제96호, 2019. 12, 16면.

8) 식품위생법 제78조(행정 제재처분 효과의 승계) 영업자가 영업을 양도하거나 법인이 합병되는 경우에는 제75조 제1항 각 호, 같은 조 제2항 또는 제76조 제1항 각 호를 위반한 사유로 종전의 영업자에게 행한 행정 제재처분의 효과는 그 처분기간이 끝난 날부터 1년간 양수인이나 합병 후 존속하는 법인에 승계되며, 행정 제재처분 절차가 진행 중인 경우에는 양수인이나 합병 후 존속하는 법인에 대하여 행정 제재처분 절차를 계속할 수 있다. 다만, 양수인이나 합병 후 존속하는 법인이 양수하거나 합병할 때에 그 처분 또는 위반사실을 알지 못하였음을 증명하는 때에는 그러하지 아니하다.

9) 지위 승계와 제재사유 승계에 관한 현행 법 규정의 태양에 대하여는 김연태, 공법상 지위 승계와 제재사유 승계에 관한 판례의 분석·비판적 고찰, 고려법학 제96호, 2019. 12, 7면 이하 참조.

10) 하자있는 지위의 승계와 제재사유 승계의 구별에 대하여는 김연태, 공법상 지위 승계와 제재사유 승계

[판례] 구 여객자동차 운수사업법 제15조 제4항에 의하면 개인택시 운송사업을 양수한 사람은 양도인의 운송사업자로서의 지위를 승계하는 것이므로, 관할관청은 개인택시 운송사업의 양도·양수에 대한 인가를 한 후에도 그 양도·양수 이전에 있었던 양도인에 대한 운송사업면허 취소사유를 들어 양수인의 사업면허를 취소할 수 있는 것이고, 가사 양도·양수 당시에는 양도인에 대한 운송사업면허 취소사유가 현실적으로 발생하지 않은 경우라도 그 원인되는 사실이 이미 존재하였다면, 관할관청으로서는 그 후 발생한 운송사업면허 취소사유에 기하여 양수인의 사업면허를 취소할 수 있는 것이다. 또한, 개인택시 운송사업면허와 같은 수익적 행정처분을 취소 또는 철회하거나 중지하는 경우에는 이미 부여된 그 국민의 기득권을 침해하는 것이 되므로, 비록 취소 등의 사유가 있다고 하더라도 그 취소권 등의 행사는 기득권의 침해를 정당화할 만한 중대한 공익상의 필요 또는 제3자의 이익보호의 필요가 있는 때에 한하여 상대방이 받는 불이익과 비교·교량하여 결정하여야 하고, 그 처분으로 인하여 공익상의 필요보다 상대방이 받게 되는 불이익 등이 막대한 경우에는 재량권의 한계를 일탈한 것으로서 그 자체가 위법하게 된다(대판 2010. 4. 8. 2009두17018).[11]

V. 개인적 공권의 재음미

공권(das subjektive öffentliche Recht)이라 하게 되면, 개인적 공권만을 의미함이 보통이다. '국가적 공권'은 엄밀한 의미에서 '권리'라기보다는 국가적 기관의 '권한(활동범위)'의 성질을 가짐이 보통이다. 그리하여 아래에서도 '개인적 공권'에 대해서만 살펴보기로 한다.

1. 공권의 개념

공권, 즉 공법상의 권리는 권리(subjektives Recht)의 개념을 전제로 한다. 따라서 먼저 권리의 개념을 정의해 보면 「개인이 자기의 이익을 위하여 타인에게 작위·부작위·급부·수인 등을 요구할 수 있는, 법에 의해 인정된 힘(Rechts-

---

에 관한 판례의 분석·비판적 고찰, 고려법학 제96호, 2019. 12, 18면 이하 참조.

11) 대법원은 이 판결에서 개인택시운송사업의 양도·양수의 경우에 양도인에게 운전면허 취소사유가 있는 때에 양수인의 개인택시 운송사업면허를 취소할 수 있다고 보았는데, 이는 관련 규정에 개인택시운송사업의 양도·양수의 경우에 양도인에게 운전면허 취소사유가 있는 때에 양도·양수 인가를 제한하도록 한 규정이 있기 때문이라고 보아야 한다. 물론 이 경우에도 양수인의 운송사업면허를 취소할 것이 아니라, 하자있는 인가를 취소하고, 양도인의 운전면허와 운송사업면허를 취소하는 것이 법리에 맞는다고 할 것이다. 이에 대하여는 김연태, 공법상 지위 승계와 제재사유 승계에 관한 판례의 분석·비판적 고찰, 고려법학 제96호, 2019. 12, 20면.

macht)」이라고 정의할 수 있다. 위와 같은 권리개념에 입각하여 공권을 정의하게 되면 「개인이 자기의 이익을 위하여 국가($^{국\ 밖의\ 행정}_{주체\ 포함}$)에 대하여 일정한 행위($^{작위·부작위·}_{급부·수인\ 등}$)를 요구할 수 있는 공법에 의하여 부여된 힘」이라고 정의할 수 있다. 공권은 법에 의해 보호되는 이익이기 때문에 그것이 침해된 경우에는 소송 등을 통해 법적 구제를 받을 수 있다. 독일어의 Recht와 프랑스어의 droit가 다 같이 법 또는 권리를 의미하는 것과 같이, 법과 권리는 불가분의 관계에 있다고 말할 수 있다.

2. 유사개념과의 구별

(1) 반사적 이익(사실상의 이익)과의 구별

법규가 공익상의 견지에서 행정주체 또는 제3자에 대하여 일정한 의무를 부과하고 있는 결과 개인이 이익을 향유하더라도 법(또는 재판)에 의한 보호를 받지 못하는 이익을 학문상 '반사적 이익'(Rechtsreflex) 또는 '사실상의 이익'이라고 한다. 법 또는 재판을 통해 보호를 받지 못하는 이익인 점에서 법 또는 재판을 통해 보호를 받을 수 있는 권리(공권)와 구별되는 것이다.

결국 공권(법률상 이익)과 반사적 이익을 구별하는 실익은 어떤 이익을 소송(특히 행정소송)을 통해 구제받을 수 있는 것인가를 가려내는 데 있다고 할 수 있는데, "취소소송은 처분 등의 취소를 구할 법률상 이익이 있는 자가 제기할 수 있다"는 행정소송법의 규정($^{12조}_{1문}$)에 그러한 취지가 잘 나타나 있다.[12]

> **[참조판례①]** 공중목욕장업 경영허가는 사업경영의 권리를 설정하는 형성적 행위가 아니라 경찰금지를 해제하는 명령적 행위로 인한 영업자유의 회복에 불과하므로 원고가 본건 허가행정처분에 의하여 사실상 목욕장업에 의한 이익이 감소된다 하여도 원고의 이 영업상이익은 단순한 사실상의 반사적 이익에 불과하고 법률에 의하여 보호되는 이익이라 할 수 없다($^{대판\ 1963.\ 8.\ 31.}_{63누101}$).
>
> **[참조판례②]** 자동차운수사업법 제6조 제1호에서 당해 사업계획이 노선 또는 사업구역의 수송수요와 수송력공급에 적합한 것을 면허의 기준으로 한 것은 주로 자동차운수사업에 관한 질서를 확립하고 자동차운수의 종합적인 발달을 도모하여 공

---

12) 이에 관한 주요 문헌: 강구철, 공권의 관념에 대한 소고, 고시연구, 1991. 2; 이경운, 공권과 소의 이익, 고시계, 1991. 8; 이광윤, 프랑스법상 공권과 소의 이익, 고시연구, 1991. 8; 최송화, 공권과 반사적 이익, 고시계, 1991. 8; 김성수, 독일법상 주관적 공권이론의 발전, 고시계, 1991. 8; 석종현, 공권개념의 문제점에 관한 검토, 고시계, 1995. 12; 류지태, 일조권의 공법적 체계, 법정고시, 1996. 12; 김남진, 개인적 공권과 반사적 이익의 구별, 시사법률신문, 2003. 1. 14.

공복리의 증진을 목적으로 하고 있으며 동시에 한편으로는 업자간의 경쟁으로 인한 경영의 합리화를 보호하자는 데도 그 목적이 있다. 따라서 이러한 기존업자의 이익은 단순한 사실상의 이익이 아니고 법에 의하여 보호되는 이익이라고 해석된다(대판 1974. 4. 9., 73누173).

(2) 보호이익과의 구별

학자에 따라서는 공권과 반사적 이익의 중간영역에 '보호이익'이라는 개념을 인정하려는 견해가 있어 주목된다. 즉, 보호이익이란 「권리는 아니면서도 그렇다고 반사적 이익으로 볼 수도 없는 이익으로서 행정쟁송을 통하여 구제되어야 할 이익」을 말하며, 따라서 개인이 행정쟁송을 통하여 자기 이익을 주장하기 위해서는 법에 의해 보호되는 이익이면 족하고, 반드시 공권의 존재를 요하지 않는다고 한다.[13]

그러나 이러한 보호이익설은 다음과 같은 점에 문제가 있다고 생각된다.

첫째, 권리라는 것이 본래 '법적으로 보호되는 이익'(rechtlich geschütztes Interesse)을 의미하는 것으로서, 법의 보호 밖에 놓이는 이익인 반사적 이익과 구별되는 것이므로, '법률상 보호이익', '법에 의해 보호되는 이익' 등은 권리의 다른 표현에 지나지 않는다고 할 수 있다.

둘째, '보호이익'은 행정소송을 통해 구제받을 수 있는 이익의 범위를 넓히기 위해 안출된 개념이라 생각되는데, 국민의 권리구제의 확대는 굳이 보호이익이라는 새로운 개념을 도입하지 않더라도 공권의 범위를 확대해 가는 이론구성을 통해 달성될 수 있다고 보는 것이다.

(3) 보호할 가치있는 이익과의 구별

공권과 반사적 이익의 구별이 상대화되어가고 있다는 전제하에, 법적으로 보호할 가치있는 이익이 침해된 경우에도 소송에 의해 구제받을 수 있다고 하는 견해(소송법적 보호이익설)[14]도 존재한다. 그러나 권리와 '법적으로 보호할 가치있는 이익'은 서로 구분되어야 할 것이다. 권리란 어디까지나 현행 실정법에 의해 '보호되고 있는(또는 보호되고 있다고 해석되는) 이익'을 의미하므로, 아직 법에 의해 보호되고 있지는 않고 법에 의해 보호될 가치(또는 필요)가 있다고 생각되는 이익은 권리가 될 수 없다고 보는 것이다.

---

13) 김도창(상), 240면 이하.
14) 이상규(상), 197면.

3. 공권의 발생과 성립요건

(1) 공권의 발생요인

여기에서 말하는 공권, 즉 개인적 공권은 계약(공법상 계약)에 의해서도 성립될 수 있다. 다만, 여기에서는 행정행위(처분)를 통해 공권이 발생하는 경우에 관하여 설명함을 밝혀 둔다.

(2) 공권성립의 삼요소론

반사적 이익(사실상 이익)과 구분되는 공권의 성립요건으로서는 Bühler의 이론에 따라 다음의 세 가지 요건이 충족되어야 한다고 설명되었다.

(가) 강행법규상의 작위의무 등의 존재

공권이 성립하기 위해서는 먼저 행정주체에게 일정한 작위, 급부 등 의무를 부과하는 강행법규(zwingender Rechtssatz)가 존재하여야 한다. 만일 관계법규가 임의법규로서 행정주체에 대하여 재량(결정재량·선택재량)을 인정하고 있음으로써 일정한 행위를 할 수도 안할 수도 있는 자유($^{복수행위간의}_{선택의 자유}$)를 인정하고 있게 되면 공권이 발생할 수 없다. 상대방에게 의무가 없는 권리라는 것은 생각하기 어렵기 때문이다.[15]

(나) 사적 이익의 보호

공권이 성립하기 위해서는 행정법규가 단순히 공익의 실현이라는 목적 이외에 사적(개인적) 이익의 보호(Schutz der Individualinteressen)도 의욕하여야 한다. 어떤 법규가 전적으로 공익(Interesse der Allgemeinheit)의 보호만을 목적으로 하고 있을 뿐 사익의 보호를 의도하고 있지 않다면, 그로 인하여 개인이 이익을 받는다 하더라도 그것은 공권이 아니라 반사적 이익(사실상의 이익)에 지나지 않는다.

(다) 의사력(Willensmacht) 또는 법상의 힘(Rechtsmacht)의 존재

공권이 성립하기 위해서는 개인이 받는 이익을 행정주체에 대하여 궁극적으로 소송을 통하여 관철시킬 수 있는 법상의 힘이 부여되어야 한다. 개인이 누리고 있는 이익이 침해된 경우에 있어서 소송을 통해 구제받을 수 있는 길이 열려져 있지 않다면 그것은 권리라고 볼 수 없는 것이 된다.

---

15) '의무를 수반하지 않는 권리'는 생각하기 어렵다. 반면에 권리를 발생시키지 않는 법적 의무는 존재할 수 있으며 공법관계에 그와 같은 의무가 많은 점이 공법(공권)과 사법(사권) 사이의 두드러진 차이의 하나라고 할 수 있다.

(3) 이요소론의 대두

2차대전 직후만 하더라도 공권성립을 위한 위 세 가지 요건은 불가결한 것으로 생각되었다. 그러나 그 뒤의 이론 및 실정법의 발전의 결과 각국에 있어서 위 세 가지 요건 가운데 셋째 요건(의사력의 존재)은 더 이상 필요하지 않다고 보는 것이 일반적 견해이다. 행정소송에 있어서 열기주의를 채택하고 있었던 과거와는 달리 오늘날은 각국이 헌법(독일 기본법 19조 4항. 우리 헌법 27조 등) 또는 법률(우리 행정소송법 12조, 19조 등 참조)을 통해 개괄주의를 택하고 있기 때문이다.

4. 공권의 확대화경향

오늘날은 어느 나라에서나 국민의 권리구제의 범위를 확대시키려는 노력이 경주되고 있으며, 이에 따라 종래 반사적 이익으로 생각되었던 것이 공권으로 간주되는 예가 늘어나고 있다. 그 원인을 이루는 것에 다음과 같은 것이 있다.

(1) 재량행위의 기속행위로의 전환

공권이 성립하기 위해서는 행정주체의 행위가 기속행위로서의 성질을 가져야 하는데, 행정주체의 행위가 '재량행위'인 경우에도 '재량권의 0으로의 수축이론'[16]을 통하여 그것을 '기속행위'로 전환시킴으로써 공권의 성립요건의 하나를 충족시키는 것이다.

(2) 사익보호규범의 확대

공권이 성립하기 위해서는 법규가 공익만이 아니라 사익도 보호하는 것이어야 하는데, 과거에는 공익만을 보호하는 것으로 새기던 법규를 사익도 보호하는 것으로 새김으로써 그만큼 공권의 성립을 용이하게 만드는 것이다.

인근주민이 위법한 연탄공장설치허가의 취소를 구한 사건에 있어서 원심(서울고등법원)은 「원고가 주거지역에서 건축법상 건축물에 대한 제한규정이 있음으로 말미암아 현실적으로 어떤 이익을 받고 있다 하더라도, 이는 그 지역 거주의 개개인에게 보호되는 개인적 이익이 아니고, 다만 공공복리를 위한 건축법규의 제약의 결과로서 생기는 반사적 이익에 불과하다」는 것을 이유로 원고의 청구를 각하하였다(서울고판 1972. 3. 13. 72구558, 573). 그러나 상고심인 대법원은 「도시계획법과 건축법의 규정취지에 비추어 볼 때 이 법률 등이 주거지역에서의 일정한 건축을 금지하고 또는 제한하고 있는 것은 도시계획법이 추구하는 공공복리의

---

16) 이에 관한 상세는 본서 123면 이하 및 243면 이하 참조.

증진을 도모하고자 하는 데 그 목적이 있는 동시에 한편으로는 주거지역 내에 거주하는 사람의 주거의 안녕과 생활환경을 보호하고자 하는 데도 그 목적이 있는 것으로 해석된다. 그러므로 주거지역 내에 거주하는 사람이 받는 위와 같은 보호이익은 단순한 반사적 이익이나 사실상의 이익이 아니라 바로 법률에 의하여 보호되는 이익이라고 할 것이다」라고 판시함($\frac{대판 \ 1975. \ 5. \ 13.}{73누96 \cdot 97}$)으로써 원심을 파기하였다.[17]

5. 공권과 기본권

공권의 성립요건은 관련 법령($\frac{법률 \cdot 법규명령 \cdot}{자치법규 \ 등}$)을 바탕으로 판단함이 원칙이다. 그런데 헌법상의 기본권규정에 근거하여서도 공권의 성립이 인정되는 예가 있다. 예컨대 독일 연방행정법원[18]은 일찍이 개인의 권리를 인정하는 개별 법령이 존재하지 않는 경우라도, 행정작용으로 인하여 침해되는 개인의 법익이 중대하다고 인정되는 한 직접 헌법상의 기본권조항($\frac{예: \ 독일 \ 기본법 \ 제14조}{1항에 \ 규정된 \ 재산권보장}$)을 근거로 적극적 공권(청구권)이 성립될 수 있음을 인정한 바 있다. 우리나라에서도 그 문제는, 청문권, 문서열람권, 손실보상청구권 등과 관련하여 논의되고 있으며, 헌법재판소는 헌법상의 언론자유조항($\frac{21조}{1항}$)을 근거로 개인의 공문서열람청구권을 인정한 바 있다($\frac{헌재 \ 1989. \ 9. \ 4. \ 88헌마22. \ 동지판}{례: \ 헌재 \ 1991. \ 5. \ 13. \ 90헌마133}$).

다만 공권과 기본권규정과의 관계와 관련하여 다음의 두 가지 점에 유의해야 할 것이다. 우선 법률이 헌법에 대한 적용우위(Anwendungsvorrang)를 갖는다는 점이다. 공권은 우선적으로 관련 개별법규범에서 인정근거를 찾아야 하고, 그로부터 개인적 공권이 도출될 수 없을 경우에 개인의 중대한 법익의 침해를 방지하기 위하여 헌법의 기본권규정이 직접 공권성립의 근거규정이 될 수 있는 것이다. 또한 개별법규범으로부터 개인적 공권을 도출함에 있어서는 헌법의 기본권보장의 취지 및 객관적 가치질서를 포함하고 있는 헌법규정에 합치하도록 해석하여야 할 것이다.

그 밖에 기본권에는 법률의 제정을 기다리지 않고 직접 효력을 갖는 보호영역과 입법자에 의하여 구체적으로 형성되어야만 비로소 효력을 갖는 보호영역이 있다. 후자의 경우에는 입법자에 의한 입법적 형성이 있기 전에는 헌법상의

---

17) 그 밖에 대판 1974. 4. 9, 73누173; 대판 1983. 7. 12, 83누59; 대판 1993. 2. 19, 91다43466; 대판 2001. 7. 27, 99두2970 등의 판결도 같은 취지이다. 아울러 김남진, 기본문제, 1066면 이하 참조.
18) BVerwGE 32, 173; BVerwGE 55, 211.

기본권으로부터 개인적 공권이 도출될 수는 없는 것이다.[19)

Ⅵ. 특수한 개인적 공권

1. 서   언

전통적으로 기본권 또는 개인적 공권은 자유권, 수익권(청구권), 참정권 등으로 구분되었다. 그러나 오늘날 헌법학에서 그 기본권이 다양하게 구분되어 있는 것과 같이, 행정법학에서도 새로운 명칭의 여러 공권이 논해지고 있다. 그 가운데, 여기에서는 근년에 특히 많이 논해지고 있는 두 가지 공권, 무하자재량행사청구권과 행정개입청구권에 대해서 살펴보기로 한다.

2. 무하자재량행사청구권

(1) 의   의

과거에 행정청의 재량과 개인의 주관적 공권은 서로 상반되는 개념으로 파악되었다. 즉 개인의 주관적 공권은 행정청에게 일정한 작용을 행할 법적 의무를 부과하는 강행규정이 존재할 때에만 인정될 수 있고, 행정청에게 재량이 부여되어 있을 때에는 개인의 청구권은 인정되지 않는다고 보았다. 그러나 이러한 견해는 오늘날 더 이상 타당하지 않다. 오늘날에는 하자 없는 재량행사청구권의 법리가 일반적으로 받아들여지고 있다.

예컨대 공로상에 가판대를 설치하기 위하여 도로의 특별사용 허가를 신청한 경우, 허가 여부는 행정청의 재량에 맡겨져 있으므로 신청자는 허가의 발급을 청구할 수는 없을 것이다. 그러나 자신의 신청에 대한 하자 없는 결정을 해달라고 요구할 수는 있다. 즉 행정청에게 재량이 부여되어 있을 경우에 행정청에게는 하자 없는 재량행사의 법적 의무가 있고, 그에 대응하여 개인은 행정청에 하자 없는 재량행사를 요구할 권리를 갖는다고 할 수 있는데, 이것이 무하자재량행사청구권(Anspruch auf fehlerfreie Ermessensausübung)의 법리인 것이다.

독일에서 발전된 무하자재량행사청구권의 법리가 우리나라에 소개된 지는 오래되었다.[20) 그러나 그럼에도 불구하고 구체적으로는 아직 학자들간에 많은

19) 장석조, 사법행위 청구권의 보호영역, 인권과 정의, 1998. 7, 59면 참조.
20) 국내의 주요문헌으로서는 서원우, 재량하자에 대한 절차적 권리, 고시연구, 1976. 12: 김남진, 하자없는 재량적 결정의 청구권, 김도창박사화갑 기념논문집, 1982: 김남진, 무하자재량행사청구권, 월간고시,

견해 차이가 있다.

생각건대, 행정청에게 재량이 인정되어 있는 경우에 행정청은 하자 없는 재량행사의 법적 의무를 부담한다는 것이 일반적으로 받아들여지고 있는 오늘날 무하자재량행사청구권은 행정청에게 재량이 부여되어 있으면 개인에게는 청구권이 인정되지 않는다는 19세기의 관념을 타파하는 데 기여하였다는 연혁적 의미에서 그 의의를 찾아야 할 것이다.

(2) 법적 성질(청구권의 구조)

일반적으로 무하자재량행사청구권을 형식적인 권리라고 표현함으로써,[21] 행정청에게 일정한 급부 또는 행위를 청구할 수 있는 실질적 권리와 구별한다. 여기서 형식적 권리라 함은 적극적으로 일정한 행정결정을 요구할 수 있는 것이 아니라, 단지 하자 없는 재량행사를 요구할 수 있다는 의미이다. 따라서 절차법적인 의미에서 형식적인 권리를 의미하는 것이 아니다.

무하자재량행사청구권은 절차와 관련된 것이 아니라 행정결정의 내용에 관련되는 것이다. 예컨대 일정한 행정행위의 발급 또는 취소를 요구하는 경우에 무하자재량행사청구권은 두 가지 목적을 갖게 된다. 행정청은 우선 그러한 신청에 대하여 어떠한 결정이든지 내려야 하고, 그 행정청의 결정에 재량하자가 없어야 한다.

(3) 존재의의(독자성 인정 여부)

무하자재량행사청구권이라고 하는 공권을 특별히 인정할 필요가 있는가? 다시 말하여, 동 청구권이 독자적인 존재의의를 가지는가에 관하여는 학설이 나뉘어져 있다.

(가) 부정설

무하자재량행사청구권의 독자적인 존재의의를 부정하는 견해[22]에 의하면, 재량권의 하자있는 행사란 결국 재량권의 위법한 행사를 뜻하는 것이므로, 그에 대한 실체적인 면에서 권리구제를 인정하면 족하고 굳이 무하자재량행사청구권을 인정할 법적 실익이 없음을 지적한다.

1989. 8; 정하중, 무하자재량행사청구권의 법리와 그 실무화, 월간고시, 1993. 12; 김현준, 신청권과 무하자재량행사청구권 · 행정개입청구권, 행정법연구 제28호, 2010 등 참조.

21) Pietzcker, JuS 1982, 106(107), 류지태 · 박종수(신론), 109면 이하.

22) 이상규(상), 200면; 유상현(상), 137면.

(나) 광의·협의 구분설

무하자재량행사청구권의 개념을 광의와 협의로 나누어, 광의로는 「개인이 행정청에 대하여 재량권의 하자 없는 행사를 청구할 수 있는 공법상의 형식적 권리」를 말하고, 협의로는 「행정청이 결정재량권을 갖지 못하고 선택재량권만을 가지고 있는 경우에 있어서의 하자 없는 재량행사청구권」을 의미하는 것으로 보는 입장[23]에서 무하자재량행사청구권을 광의로 이해하는 경우에는 부정설의 주장에 귀 기울일 만하지만, 협의의 개념을 취한다면, 무하자재량행사청구권은 행정청이 결정재량권은 갖지 못하고 선택재량권만을 가지고 있는 경우[24]와 같은 특수한 상황에 있어서 개인에게 권리구제(행정쟁송)의 길을 열어 주고자 하는 데에 특별히 그 존재의의가 있다고 한다.[25]

(다) 긍정설[26]

행정청이 법규상 재량권을 갖고 있다 하더라도 그 행사는 항상 일정한 법적 한계를 준수하며 이루어져야 하는 것이므로, 행정객체도 이에 대응하여 법적으로 하자 없는 청구권을 행사할 수 있다고 한다. 또한 무하자재량행사청구권도 공권의 성립요건을 갖추어야 하는 것이므로, 그러한 권리를 주장할 수 있는 경우는 제한적이고 따라서 민중소송화나 남소의 문제는 크지 않다고 한다.

(라) 소 결

무하자재량행사청구권의 법리는 재량권수축의 경우, 다시 말해서 사안의 성질상 일정한 결정 이외의 여하한 결정도 하자있는 것으로 판단될 경우에 결과적으로 구체적 내용을 갖는 실질적 권리가 성립할 수 있다는 점에서 의미가 있다. 재량권수축에까지 이르지 못하는 경우에 무하자재량행사청구권의 법리는 행정청이 재량권을 한계 일탈하거나 남용이 없도록 행사할 의무가 있으며(위법성), 그것을 개인이 행정청에게 요구할 수 있다는 데 의미가 있다. 더 나아가 이를 소송상의 청구권을 근거지우기 위한 주관적 공권으로 파악해서는 안 될 것이다. 행정청이 하자 없는 재량권행사의 의무를 위반하여, 즉 위법한 재량권

---

23) 이에 대하여는 김남진(Ⅰ), 제7판, 104면 참조.
24) 개인택시사업면허를 받을 수 있는 자격을 지닌 자 수인이 사업면허를 신청한 경우에 있어서, 행정청은 그들 중 누구에겐가 면허를 부여해야 하지만 누구에게 부여할 것인지는 행정청의 재량에 맡겨져 있는 경우가 대표적인 예이다. 이 때에 행정청이 누구에게도 면허를 부여하지 않은 경우에는 신청인은 자기에게 면허를 부여할 것을 청구할 권리는 없지만, 신청인 중 누구에겐가 면허를 부여할 의무가 있음을 전제로 한 결정처분의 청구권을 가진다고 말할 수 있다.
25) 김남진(Ⅰ), 제7판, 105면.
26) 박윤흔·정형근(상), 152면; 한견우·최진수, 현대행정법, 161면; 김성수, 일반행정법, 212면 이하.

행사에 의하여 개인이 그의 실체적 권리의 침해를 받은 경우에 개인은 그 실체적 권리의 침해를 쟁송을 통하여 다툴 수 있는 것이지, 재량권행사에 하자가 있는 경우, 개인의 실체적 권리의 침해 여부에 관계없이 무하자재량행사청구권의 침해를 다투는 것은 아닌 것이다.

우리의 행정소송법에서는 법률상 이익의 존부를 원고적격, 즉 항고소송의 적법성 심사에서 판단하고 본안심리에서는 처분의 위법성 여부를 판단한다. 소제기의 적법성 심사에서는 본안심리의 결과 밝혀질 수 있는 엄격한 의미의 권리침해(Rechtsverletzung)를 요구하지 않고 단지 보호의 대상인 법률상 이익이 행정처분에 의하여 제약(Eingriff)되었는지가 판단의 대상이 된다고 해석하여야 할 것이다.[27] 그에 따라 당해 사안에서 재량의 근거규범 또는 헌법의 기본권 규정에 의하여 보호되는 법률상 이익 또는 법적 지위에 대한 제약이 문제되는 한 항고소송의 제기가 허용되고 본안심리에서 처분의 위법성이 인정되면 원고의 청구가 인용되므로, 소송상의 청구권을 근거지우기 위하여 별도의 무하자재량행사청구권이라는 형식적 권리를 상정할 필요는 없다.

무하자재량행사청구권을 긍정하는 견해는 개인적 공권으로서 무하자재량행사청구권을 인정하여 재량이 수축되지 않은 경우(이 때에 개인은 단지 행정청에게 어떠한 내용의 것이든 처분을 해줄 것을 요구하게 된다)에 무하자재량행사청구권 자체의 침해를 이유로 소송을 제기할 수 있다고 한다. 그러나 이 경우에도 소송제기를 위하여 무하자재량행사청구권이 필요한 것은 아니다. 특정한 행정처분을 요구할 수 있을 정도로 사안이 성숙하지 않은 경우에 우리나라에서는 거부처분에 대한 취소소송 또는 부작위위법확인소송(행정심판의 경우: 의무이행심판)을 제기하여 행정청에게 단지 하자 없는 재량결정을 발령하도록 청구하는 것이 가능하다고 보아야 하는데, 이 경우에도 무하자재량행사청구권이 소송상의 청구권을 근거지우기 위하여 필요한 것은 아니다. 법원은 문제된 재량결정과 원고의 실체적인 권리 또는 법적 지위에 대한 관련성이 인정되고(원고적격), 행정청의 거부 또는 부작위가 위법한 경우(위법성), 행정청에게 법원의 판결의 취지에 따라 재량결정을 하도록 하면 된다.

(마) 판 례

사법연수원에서 소정의 과정을 이수한 다수의 검사임용신청자 중 임용에서 탈락한 원고가 법무부장관을 피고로 임용거부처분에 대한 취소를 구한 사건에

---

27) 장석조, 사법행위 청구권의 보호영역, 인권과 정의, 1998. 7. 67면.

서 대법원은 다음과 같이 판시하였다.

> **[판례]** (검사의 임용에 있어서) 임용권자가 임용여부에 관하여 어떠한 내용의 응답을 할 것인지는 임용권자의 자유재량에 속하므로 일단 임용거부라는 응답을 한 이상 설사 그 응답내용이 부당하다고 하여도 사법심사의 대상으로 삼을 수 없는 것이 원칙이나, 다만 자유재량에 속하는 행위일지라도 재량권의 한계를 넘거나 남용이 있을 때에는 위법한 처분으로서 항고소송의 대상이 되는 것이므로(행정소송법 제27조), 적어도 이러한 재량권의 한계 일탈이나 남용이 없는 위법하지 않은 응답을 할 의무가 임용권자에게 있고, 이에 대응하여 원고로서도 재량권의 한계 일탈이나 남용이 없는 적법한 응답을 요구할 권리가 있다고 할 것이며, 원고는 이러한 응답신청권에 기하여 재량권남용의 위법한 거부처분에 대하여는 항고소송으로서 그 취소를 구할 수 있다고 보아야 한다(대판 1991. 2. 12. 90누5825).

위와 같은 판시 내용을 두고 무하자재량행사청구권의 독자성을 인정하는 견해는 대법원이 무하자재량행사청구권을 인정하고 있다고 보거나,[28] 무하자재량행사청구권의 법리를 인정한 판례는 아니나 무하자재량행사청구권의 법리를 추론할 수 있는 판례라고 본다.[29] 그러나 무하자재량행사청구권의 독자성을 부정하는 견해에 의하면 판례에서 인정된 응답을 받을 권리 그 자체는 헌법 제10조의 인간의 존엄과 가치권, 헌법 제15조의 직업선택의 자유, 헌법 제25조의 공무담임권에서 나오는 실질적인 권리이지, 재량행사의 하자 그 자체를 대상으로 하는 형식적인 권리가 아니라고 한다.[30]

생각건대, 무하자재량행사청구권의 독자성을 인정하는 견해는 '재량권의 한계 일탈이나 남용이 없는 적법한 응답을 요구할 권리'가 무하자재량행사청구권을 인정한 취지로 이해하는 듯 하다. 그러나 대법원의 견해를 '소송상의 독자적인 권리'로서 무하자재량행사청구권을 인정한 것이라고 해석하는 것은 잘못된 해석이다.

거부처분이 항고소송의 대상이 되기 위해서는 국민이 행정청에 대하여 그 신청에 따른 행정행위를 해줄 것을 요구할 수 있는 법규상 또는 조리상의 신청권이 인정되어야 하는바,[31] 대법원은 원심이 당해 사안에서 그러한 권리가 없다

---

28) 박윤흔 · 정형근(상), 153-154면.
29) 한견우 · 최진수, 현대행정법, 161-162면.
30) 홍정선(상), 192면 이하.
31) 행정청의 거부행위가 항고소송의 대상이 되는 처분에 해당하기 위해서는 ① 신청한 행위가 공권력의 행사 또는 이에 준하는 행정작용이어야 하고, ② 신청한 행위가 신청인의 법률관계에 어떤 변동을 일으

고 보아 원고의 소를 각하한 데 대하여, 검사임용거부처분이 항고소송의 대상이 되는 처분임을 인정하기 위한 전제로서 임용신청자에게는 임용신청에 대하여 임용여부의 응답을 받을 권리, 즉 응답신청권이라는 조리상의 권리가 있음을 논거로 제시한 것이다. 즉 대법원이 응답신청권을 언급한 것은 거부처분의 처분성을 인정하기 위한 것일 뿐, 무하자재량행사청구권의 독자성을 인정하는 견해처럼 독자적인 소송상의 청구권을 인정하기 위함은 아니라고 할 것이다.

(4) 성립요건

무하자재량행사청구권의 성립요건을 검토하는 것은 위에서 살펴본 무하자재량행사청구권의 독자성 논의와 무관하게 의미가 있다고 생각된다. 독자성을 부인한다고 하더라도 하자 없는 재량행사를 행정청에 요구할 수 있는 일반적 상황이 어떠한 것인가에 관해서 검토하는 것이 되기 때문이다.

(가) 법적 의무의 존재

공권의 성립요건으로 강행법규의 존재를 드는 것이 일반적이나 재량권의 영으로 수축이론과 무하자재량행사청구의 법리를 인정할 때, 강행법규의 존재 대신에 행정청에게 일정한 법적 의무를 부과하는 법규가 존재하는지 여부가 검토되어야 할 것이다. 이와 관련하여 행정청에게 재량권이 부여된 경우에도 재량권의 한계 일탈이나 남용이 없도록 행사하여야 할 법적 의무가 존재하므로(행정소송법 27조 참조), 이 요건은 별도의 논의 없이 충족되는 것으로 볼 것이다.

(나) 사익보호성

재량법규가 단순히 공익의 실현이라는 목적 이외에 사적 이익의 보호를 의욕하고 있어야만 개인은 하자 없는 재량행사를 요구할 수 있는 것이다. 당해 법규가 개인의 이익을 보호하고 있는지는 명문으로 규정된 경우를 제외하고는 관련 법규정의 해석에 의하여 밝혀져야 한다. 이 경우에 근거법 규정의 객관적인 목적·취지를 도출하고 관련된 규정의 상호연관관계하에서 유기적·체계적으로 해석을 하는 것, 그리고 무엇보다도 헌법의 기본권보장의 취지와 객관적 가치질서를 포함하고 있는 헌법규정에 합치하도록 해석하는 것이 중요하다.

(5) 내 용

무하자재량행사청구권은 행정청에게 하자 없는 재량행사를 요구하는 것이

키는 것이어야 하며, ③ 그 국민에게 그 행위발동을 요구할 법규상 또는 조리상의 신청권이 있을 것이라는 요건을 갖추어야 한다.

다. 어떠한 내용의 것이든 적정하게 재량권을 행사하여 처분을 해줄 것을 요구하거나, 예외적으로 재량권이 영으로 수축됨으로써 오직 하나의 결정만이 적법한 재량권행사로 인정되는 경우에는 자신에게 특정 처분을 해줄 것을 요구하게 된다.

3. 행정개입청구권

기본사례

공해배출업체 乙이 「대기환경보전법」이 규정하는 배출허용기준을 초과하여 오염물질을 배출함에도 불구하고 환경부장관은 아무런 조치를 취하지 않고 있다. 이 경우 인근주민 甲은 어떤 권리를 주장할 수 있는가?

(1) 의 의

행정개입청구권(Anspruch auf behördliches Einschreiten) 또는 행정권발동청구권은 자기 또는 제3자에 대해 행정권을 발동할 것을 요구하는 권리이다. 행정개입청구권의 법리는 행정청이 공권력 발동에 대해 재량권을 가지고 있고 구체적 사안에서 그 재량권이 0으로 수축되는 경우에 행정청은 적극적으로 개입할 의무가 있다는 점(위법성의측면)에서, 또한 행정청의 개입에 대해 이해관계를 갖는 개인은 행정청의 의무에 대응하여 공권력의 발동 내지 행정규제를 요구할 수 있다는 데 의미가 있다.

다수설에 의하면 행정개입청구권은 무하자재량행사청구권과 재량권수축의 법리가 적용된 결과 인정된 개인의 주관적 공권이라고 한다. 이에 대하여 행정개입청구권은 행정소송제도와 관련아래 행정청의 위법한 부작위로 인한 실체적 권리의 침해에 대한 행정구제를 위한 것으로, 별도로 위법한 부작위의 경우만을 들어 행정개입청구권을 구성하는 것은 실익이 없다는 반론이 있다.[32]

행정개입청구권이라는 개인의 주관적 공권을 인정하는 학자 스스로 행정개입청구권을 둘러싼 법적 관계의 특이성이 없음을 인정하고 있다. 즉 "행정개입청구권을 둘러싼 법적 관계의 구조는 연탄공장으로부터 날아드는 분진·소음 등으로 피해를 보고 있는 인근지역 주민들이 그 연탄공장의 설치허가의 취소소송을 제기한 사건(대판 1975. 5. 13.
73누96·97)과 매우 흡사하다. 다만 연탄공장사건에서는 허

---

32) 이상규(상), 203면.

가처분의 취소가 다투어졌던 데 비해, 여기서는 행정규제권의 발동이 요구되고 있다는 점이 다르다"라고 하고 있다.[33]

행정의 개입을 수권한 규정이 행정청에게 재량을 부여하고 있더라도 사안에 따라 그 재량은 수축될 수 있는 것이고, 그러한 경우(재량수축의)에 행정청은 개입할 의무가 있는 것이다. 또한 수권규정이 개인의 이익도 보호하고 있다면, 이해관계인은 행정청의 개입하여야 할 의무의 위반(위법)에 의한 자기의 권리(예컨대 먼지와 소음에 의한 건강 권 또는 주거의 안녕에 대한 권리)의 침해를 쟁송을 통해 다툴 수 있는 것이다. 즉 쟁송제기자는 행정개입청구권의 침해를 다투는 것이 아니라, 행정청의 개입의무의 위반으로 인한 실체적 권리의 침해를 다투는 것이다. 이러한 점에서 연탄공장사건에서의 허가처분의 취소와 법리 구성에 있어서 차이가 없는 것이다.

이와 같이 행정개입청구권은 행정소송과 관련하여서는 큰 의미가 없다고 할 수 있다. 다만 행정개입청구권의 법리는 행정청에게 재량이 있고 구체적 사안에서 그 재량권이 0으로 수축하는 경우에 행정청은 적극적으로 개입할 의무가 있다는 점(위법성의 측면)에서, 또한 관련 규정이 사익도 보호하는 경우에는 이해관계인은 행정청의 의무에 대응하여 행정청의 개입을 청구할 수 있다는 데 의미가 있는 것이다. 따라서 행정개입청구권은 소송법적 관점에서가 아니라, 실체법적 관점에서 문제가 되는 것이다.[34]

(2) 성립요건

(가) 개입의무의 발생

개인에게 행정청에 대한 청구권이 발생하기 위해서는 먼저 행정청에게 행정개입 등 행정권을 발동하는 것에 대한 의무가 발생하지 않으면 안된다. 행정청에게 행정권을 발동할 수도 안할 수도 있는 재량권(결정재량)이 부여되어 있는 한 당해 행정청에게는 행정권을 반드시 발동해야 하는 의무는 발생하지 않는다. 재량권이 0으로 수축되는 경우에 비로소 행정청에게 행정권을 발동해야 할 의무가 발생한다고 말할 수 있다.

구체적인 경우에 있어서 행정권의 발동이 허용되어야 하며, 그 발동에 있어서는 법익의 종류 및 그것에 대해 발생할 또는 발생하고 있는 위험·장해의 정도(Gewicht der Gefahr oder Störung)가 고려의 대상이 된다. 예컨대, 중요한 법

---

33) 홍준형(총론), 132면.
34) 홍준형(총론), 134면.

익에 대한 현저한 위험이 존재하는 경우, 즉 개인의 생명 또는 건강에 대한 위험, 중요한 물건에 대한 직접적인 위험이 있는 경우에 결정재량은 축소된다고 볼 수 있다.[35]

(나) 사익보호성

행정권의 개입의무는 개인의 사적 이익의 보호와 관계없이 공익 목적만을 위해서도 발생할 수 있다. 그러므로 개인에게 행정개입청구권이라는 공권이 발생하기 위해서는 관계법규가 사익에 대한 보호규범(Schutznorm)으로서의 성질을 가져야 한다. 과거에는 경찰법규나 건축법규와 같은 질서행정분야의 법규는 오로지 공익만을 보호하고 직접적으로는 사익을 보호하지 않는 것으로 새기는 경향이 있었다. 그러나 개인의 법적 지위가 전반적으로 향상됨에 따라 많은 변화가 일어나고 있다. 즉, "반사적 이익의 공권화의 추세"[36]에 따라 행정개입청구권의 성립요건도 그만큼 완화되고 있는 것이다.

(3) 청구권의 실행방법

개인에게 행정개입청구권이 인정되는 경우, 그것에 의거하여 개인은 행정측에 대해 행정권을 발동해 줄 것을 직접 청구할 수 있다. 그러한 청구가 받아들여지지 않는 경우에는 당해 개인은 행정심판($^{의무이행심판\cdot}_{취소심판}$) · 행정소송($^{부작위위법확인}_{소송\cdot취소소송}$)을 통해 권리를 추구할 수 있으며 행정개입의무의 발생에도 불구하고 당해 행정기관이 의무를 해태함으로 인하여 손해가 발생한 경우에는 손해배상을 청구할 수 있다.

사례해설

「대기환경보전법」 제33조는 환경부장관에게 개선명령 발동에 대한 재량권을 부여하고 있으나 乙이 배출허용기준을 초과하여 甲에 대해 생명이나 건강상 위험을 발생시키는 경우에는 재량권이 0으로 수축되어 환경부장관에게 개선명령발동의무가 인정된다. 그리고 「대기환경보전법」의 목적과 헌법 제10조 제2문의 규정취지에 비추어 동 규정의 사익보호성을 인정할 수 있으므로 甲에게 행정개입청구권으로서의 개선명령발동청구권이 인정된다.[37]

---

35) 무장공비에 의해 생명을 위협받고 있는 청년의 가족이 인근 파출소에 구원을 요청했음에도 불구하고 경찰이 출동하지 않았음으로 인해 그 청년이 희생된 사건에서 대법원은 국가의 배상책임을 인정한 바 있다(대판 1971. 4. 6, 71다124). 이에 관한 상세는 김남진, 기본문제, 441면 이하 참조.
36) 본서 115면 참조.
37) 상세는 김연태, 행정법사례연습, 77면 이하 참조.

제 7 절 특별권력(신분)관계

Ⅰ. 의 의

　과거의 행정법이론에 있어서는 행정법관계 중 권력관계를 일반권력관계와 특별권력관계로 대별하였다. 일반권력관계(allgemeines Gewaltverhältnis)는 국민이 국가 또는 지방자치단체의 일반통치권에 복종하는 지위에서 성립되는 법률관계이며, 법치주의의 전면적인 적용을 받는다고 보았다. 이에 대하여 특별권력관계(besonderes Gewaltverhältnis)는 특별한 법률원인에 의해 성립되며 일정한 행정목적에 필요한 범위 내에서 일방이 상대방을 포괄적으로 지배하고 상대방은 이에 복종함을 내용으로 하는 관계로서, 일반권력관계에 적용되는 법치주의가 배제된다고 하였다. 국가와 공무원의 관계, 영조물과 그 이용자와의 관계 등을 예로 들 수 있다.

1. 이론의 기초·내용

(1) 이론의 기초

　특별권력관계이론은 19세기 후반의 독일의 입헌군주정을 배경으로 하여 생성되어 Otto Mayer에 의해 체계화되었다. 입헌주의가 발달함에 따라 군주가 의회 및 그의 의사인 법률에 의한 통제와 기속을 받게 됨에 따라 그 반대급부로서 군주에 대하여 법률로부터 자유로운 영역을 확보해 주는 데 이바지 한 것이 특별권력관계이론이다.

　이 이론이 생성될 당시의 법의 개념에 대한 P. Laband, G. Jellinek 등은 법이란 인격주체 상호간의 의사의 범위를 정해주는 것으로 국가 역시 법인체로서 하나의 인격주체이므로 국가와 다른 인격주체간에는 법이 적용되지만 국가 내부에는 법이 침투할 수 없다는 것으로 이것이 특별권력관계의 이론적 기초라고 할 수 있다.

(2) 이론의 내용

　이러한 근거에 의해 특별권력관계 내에서는 법률유보의 원칙이 적용되지 않는다. 또한 헌법에 보장되어 있는 기본권도 통용되지 않는다. 이는 기본권을 법률의 수권 없이 제한할 수 있다는 의미이다. 그리고 특별권력관계 내의 사항은 원칙적으로 사법심사의 대상이 되지 않는다.

2. 전통적 이론의 비판과 동요

전통적 특별권력관계이론은 특히 제2차대전 후 비판의 십자포화(Kreuzfeuer der Kritik)를 받게 되었는데, 비판의 요지는 다음과 같다.[1]

(1) 전통적 이론의 역사성

전통적 특별권력관계이론은 19세기 후반 독일의 입헌군주정을 시대적 배경으로 하여 생성된 것이므로 오늘날의 민주국가에서는 그 타당의 기반을 상실하였다고 할 수 있다.

(2) 법 및 법규개념의 동요

특별권력관계이론은 본래 Laband적 법관념, 즉 법(Recht)이란 인격주체 상호간의 관계를 규율하는 것으로서, 국가 내부에는 인격주체관계가 존재하지 않는다. 따라서 국가 내부에는 법이 침투할 수 없다(impermeable)는 주장(일명 '불침투설')에 근거하였다. 그러나 오늘에 있어서는 '국가 대 공무원', '영조물주체(학교 등) 대 학생'과의 관계도 인격주체 상호간의 관계임을 부인할 수 없게 되었다.

(3) 개별적 문제점

종래 국가의 내부사항으로서 법이 침투할 수 없는 영역으로 간주되었던 것이 이제는 인격주체 상호간의 관계로서 법에 의해 규율되어야 할 관계임이 시인된 이상, 과거의 '불침투설'에 입각했던 이론의 기둥이 흔들리며 재검토의 대상이 되었음은 당연하다.

첫째, 특별권력관계에는 법치주의, 그 중에서도 법률유보원칙이 적용되지 않는다고 한 점이 비판받게 되었다. 이것은 공무원·학생 등을 하나의 인격주체로서 인정하는 이상 당연한 귀결이다.

둘째, 특별권력관계에는 기본권이 통용되지 않는다는 주장은 더욱 신랄한 비판을 받기에 이르렀다. 전통적 법률유보설(침해유보설) 전체가 재검토의 대상이 된 이상 특별권력관계에 있어서 법률의 근거없이 구성원의 기본권을 제한

---

1) 이에 대한 상세는 김남진, 기본문제, 121면 이하: 정하중, 민주적 법치국가에서의 특별권력관계, 고시계, 1994. 9 참조.

할 수 있다고 하는 이론이 유지될 수 없음은 당연하다.[2]

전통적 권력관계이론을 유지하고자 하는 측에서도 전통적 이론을 합리화하기 위한 여러 가지 논거를 구축하고자 시도하였는데, 그 중의 하나가 「동의는 권리침해의 성립을 조각한다」(volenti non fit injuria)고 하는 것이다. 그러나 '특별권력관계 설정에 대한 동의'를 '기본권제한에 대한 동의'로 간주(의제)함은 사실에 반하며, 또한 기본권은 성질상 포기될 수 없는 것이라는 비판을 받기에 이르렀다.

셋째, 특별권력관계 내부사항은 사법심사의 대상이 되지 않는다고 하는 주장 또한 더 이상 유지될 수 없게 되었다.

Ⅱ. 특별권력(신분)관계의 인정 여부

1. 긍 정 설

일반권력관계와 특별권력관계는 그 성립원인이나 지배권의 성질 등에 있어서 본질적인 차이가 있으므로 특별권력관계에는 법치주의가 적용되지 않는다는 입장인 바, 오늘날에는 지지자를 찾을 수 없다.

2. 제한적 긍정설

일반권력관계와 특별권력관계의 본질적 차이를 부정하면서도, 특별권력관계에서는 특별한 행정목적을 위하여 필요한 범위 내에서 법치주의가 완화되어 적용될 수 있음을 긍정하는 입장이다.

특별권력관계에서의 행위를 기본관계와 업무수행관계(또는 경영관계)로 구분하여 고찰하는 울레(Ule)의 견해가 이에 해당한다. 그의 견해에 따르면 기본관계는 특별권력관계 자체의 성립·변경·종료 또는 당해 구성원의 법적 지위의 본질적 사항에 관한 법관계로서 법치주의와 사법심사가 적용되어야 한다. 업무수행관계(또는 경영관계)는 당해 특별권력관계의 목표를 실현하는 데 필요한 행위를 말하는데, 이는 다시 군복무관계와 폐쇄적 영조물이용관계(예컨대 재소자관계, 감염병환자의 강제입원 등), 그리고 일반 공무원관계와 개방적 영조물이용관계(학교·도서관 이용관계 등)로 세분

---

2) 일찍이 독일 연방헌법재판소는 교도소의 재소자가 교도소내규에 의하여 편지를 압수당한 사건에서, 헌법상의 기본권은 수형관계에 있어서도 타당하며 따라서 법률에 근거하지 않고서는 수형자의 기본권을 제한할 수 없다고 판시한 바 있다. Vgl. BverfGE 33, 1; 김남진, 기본문제, 124면 이하 참조.

하여, 전자의 경우에는 사법적 권리보호가 인정되어야 하지만, 후자의 경우에는 개인의 법적 지위에 영향을 미치지 않기 때문에 사법심사의 대상에서 제외된다고 본다.

3. 부 정 설

특별권력관계의 개념을 부정하는 입장에는 모든 공권력의 행사에는 법률의 근거를 요하며, 특별권력관계에서도 법치주의가 전면적으로 적용된다는 일반적·형식적 부정설과 종래 특별권력관계로 보아온 법률관계의 내용을 개별적으로 검토하여 관리관계 내지 일반적인 권력관계로 분해·귀속시키려는 개별적·실질적 부정설이 있다.

4. 결   어

일반권력관계와는 달리 그 목적이나 기능에 있어서 특수성을 지니며, 그에 따라 일반권력관계와는 다른 특수한 법적 규율을 받는 특별권력관계가 존재함을 부인할 수는 없다. 그러나 그러한 규율도 법치행정의 원리에 적합하여야 하며, 헌법상의 기본권 규정에도 합치되어야 한다. 특별권력관계 또한 법으로부터 자유로운 영역이 될 수 없으므로, 소의 다른 적법요건을 갖추는 한 사법심사가 긍정된다고 할 것이다.

물론 특별권력관계에서는 그 목적달성을 위하여 특별권력주체에게 포괄적인 재량의 여지가 인정되는 경우가 많다는 점에서 일반권력관계와 차이가 있을 수 있으나, 그것은 재량권이 인정되는 한도 내에서 사법심사가 제한될 수 있다는 측면의 양적인 차이에 불과한 것이다.

Ⅲ. 특별권력(신분)관계의 성립·종류

1. 특별권력(신분)관계의 성립

(1) 법률의 규정(강제적 가입)

직접 법률의 규정에 의하여 특별권력관계가 성립하는 경우가 있는데, 수형자의 교도소수감(형의 집행 및 수용자의 처우에 관한 법률 16조), 법정감염병환자의 강제입원(감염병의 예방 및 관리에 관한 법률 42조) 등이 그 예이다.

(2) 상대방의 동의

특별권력(신분)관계는 상대방의 동의에 의해서도 성립하는데, 이것은 다시 그 동의가 자유로운 의사에 의한 것과 그 동의가 법률에 의해 강제되어 있는 것으로 나눌 수 있다. 공무원관계의 설정, 국공립학교 입학, 국공립도서관 이용관계의 설정 등이 전자의 예이며, 학령아동의 초등학교 취학이 후자의 예이다.

2. 특별권력(신분)관계의 종류

특별권력(신분)관계의 종류로서는 일반적으로 다음의 네 가지가 열거되고 있다.

(1) 공법상의 근무관계

국가와 국가공무원, 지방자치단체와 당해 지방공무원의 근무관계, 군복무관계 등이 이에 해당한다.

(2) 공법상의 영조물이용관계

학생의 국공립학교에서의 재학관계, 감염병환자의 국공립병원에의 재원관계, 수형자의 교도소 재소관계 등이 이에 해당한다.

(3) 공법상의 특별감독관계

공공조합, 특허기업자 또는 국가로부터 행정사무의 위임을 받은 자 등이 국가의 특별한 감독을 받는 관계 등이 이에 해당한다.

(4) 공법상의 사단관계

공공조합과 그 조합원의 관계가 그 대표적인 예이다. 대법원은 농지개량조합장(피고)이 그 조합직원인 원고가 여러 차례의 민원제기행위, 허위진정행위, 사업비지출절차위반을 하였다는 등의 이유로 징계파면하였고, 이에 원고가 파면처분의 취소를 구하는 행정소송을 제기한 사안에서, 농지개량조합과 그 직원과의 관계는 사법상의 근로계약관계가 아닌 공법상의 특별권력관계이고, 따라서 조합의 직원에 대한 징계처분의 취소를 구하는 소송은 행정소송사항에 속한다고 판시한 바 있다.[3]

---

3) 공법인의 내부관계는 원칙적으로 사법관계로 규율되나, 판례는 농지개량조합의 내부관계에 관하여 특별권력관계로 파악하고 있다(대판 1995. 6. 9, 94누10870).

Ⅳ. 특별권력(신분)관계에서의 권력 및 그 한계

1. 특별권력

(1) 명령권

특별권력의 주체는 당해 특별권력관계의 목적달성에 필요한 명령·강제를 할 수 있다. 그의 발동형식에는 일반적·추상적 형식을 취하는 경우와 개별적·구체적인 명령·처분의 형식을 취하는 경우로 구별되는데, 영조물규칙 등은 전자의 예이며 공무원에 대한 상사의 직무명령은 후자의 예이다. 특별권력관계에서 일반적·추상적 형식으로 발해진 명령(행정규칙)이 법규성을 갖는지에 관해서는 상당한 다툼이 있는 바, 이에 관해서는 행정입법의 부분에서 자세히 논하기로 한다.

(2) 징계권

특별권력관계의 질서를 유지하기 위해 질서문란자에 대해서는 징계를 할 수 있는데, 이를 위한 벌이 징계벌이다.

징계벌에는 그의 목적·성질에 비추어 일정한 한계가 있지 않으면 안 되는데, 특히 특별권력관계의 성립이 상대방의 동의에 의한 경우에는 그 최고한도가 특별권력관계로부터의 배제 및 이익의 박탈에 그쳐야 한다는 점에서, 일반사회의 질서를 유지하기 위하여 국가의 일반통치권에 기초하여 과해지는 벌인 형벌과 구별된다.

2. 특별권력의 한계

특별권력관계는 특별한 목적을 위해 성립되는 것이므로 특별권력은 그 목적을 달성하기 위해 필요한 범위 내에서만 행사되어야 한다. 이에 관하여 가장 문제가 되는 것은 헌법상의 기본권까지도 개별적인 법률의 근거없이 제한할 수 있느냐 하는 것이다. 과거에는 그것이 긍정되었으나 오늘날 그와 같은 이론이 유지될 수 없음은 앞에 설명한 바와 같다.

Ⅴ. 특별권력(신분)관계와 법치주의

1. 법률유보의 원칙

특별권력관계에도 법률유보의 원칙은 적용되어야 한다. 따라서 구성원의 권리를 제한하거나 의무를 부과하는 경우에는 법령의 근거가 있어야 한다.

2. 기본권의 제한

특별권력관계에도 헌법상의 기본권조항이 적용된다. 따라서 특별권력관계에서 그 구성원의 기본권을 제한하는 경우에는 법률에 근거가 있어야 하며, 이 경우에도 기본권 제한은 목적달성을 위하여 필요하다고 인정되는 최소한도에서만 허용되고, 그 본질적 내용의 침해금지원칙이 준수되어야 한다.

3. 사법심사의 범위

특별권력관계의 개념을 부정하는 견해에 의하면 특별권력관계에서의 행위에 대하여는 일반권력관계와 마찬가지로 사법심사가 가능하다고 본다. 제한적 긍정설의 입장에서는 일정한 한계를 설정하려고 한다. 즉 특별권력관계의 목적을 실현하는 데 필요한 행위로서 개인의 법적 지위에 영향을 미치지 않는 행위(예컨대 공무원에 대한 상급자의 지시, 학생에 대한 수업이나 시험실시행위 등)에 대하여는 사법심사가 제한된다고 본다.

생각건대, 특별권력관계 또한 법으로부터 자유로운 영역이 될 수 없으므로, 특별권력관계에서의 행위도 사법심사의 대상이 될 수 있다고 보아야 한다. 다만 특별권력관계에 있어서는 특별권력의 주체(공무원의 임용권자, 학교장 등)에 넓은 범위의 재량권 내지 판단여지가 인정되는 경우가 많은데, 그 한도에서 사법심사가 제한될 수 있을 뿐이다. 그러나 특별권력관계 주체에게 넓은 범위의 재량권 내지 판단여지가 인정된다는 것은 본안의 문제로서 사법심사의 가능성과는 별개의 문제임을 유념하여야 한다.

> [판례①]　특별권력관계에 있어서도 위법·부당한 특별권력(구청장의 동장면직)의 발동으로 말미암아 권리를 침해당한 자는 행정소송법 제1조에 따라 그 위법·부당한 처분의 취소를 구할 수 있다(대판 1982. 7. 27, 80누86).

[판례②] 학생에 대한 징계권의 발동이나 징계의 양정이 징계권자의 교육적 재량에 맡겨져 있다 할지라도 법원이 심리한 결과 그 징계처분에 위법사유가 있다고 판단되는 경우에는 이를 취소할 수 있는 것이고, 징계처분이 교육적 재량행위라는 이유만으로 사법심사의 대상에서 당연히 제외되는 것은 아니다(대판 1991. 11. 22.).

[판례③] 농지개량조합과 그 직원과의 관계는 사법상의 근로계약관계가 아닌 공법상의 특별권력관계이고, 그 조합의 직원에 대한 징계처분의 취소를 구하는 소송은 행정소송사항에 속한다(대판 1995. 6. 9.).

[판례④] 사관생도는 군 장교를 배출하기 위하여 국가가 모든 재정을 부담하는 특수교육기관인 육군3사관학교의 구성원으로서, 학교에 입학한 날에 육군 사관생도의 병적에 편입하고 준사관에 준하는 대우를 받는 특수한 신분관계에 있다(육군3사관학교 설치법 시행령 제3조). 따라서 그 존립 목적을 달성하기 위하여 필요한 한도 내에서 일반 국민보다 상대적으로 기본권이 더 제한될 수 있으나, 그러한 경우에도 법률유보원칙, 과잉금지원칙 등 기본권 제한의 헌법상 원칙들을 지켜야 한다(대판 2018. 8. 30. 2016두60591).

제 8 절 행정법관계에 대한 사법규정의 적용

I. 개 설

우리의 실정법은 독일·프랑스 등 대륙법계의 예에 따라 공법관계와 사법관계를 구별하는 이원적 체계에 입각하고 있다. 그러나 공법관계와 사법관계간에 본질적인 차이가 있는 것은 아니며, 따라서 공법분야에도 법률행위(의사표시· 대리 등)· 기간·시효·계약·사무관리·부당이득 등 사법분야에서 일찍부터 발달한 법률명의를 널리 사용하고 있다. 2021년 제정된 「행정기본법」에 일부 규정(예컨대, 기간의 계산에 관한 6조·7조, 공법상 계약에 관한 29조·30조 등)을 두고 있지만, 그럼에도 행정법에는 이들 법률명의 등에 관한 일반통칙적 규정이 결여되어 있으며, 개별법에도 규정을 두고 있지 않은 경우가 많으므로 구체적인 사건에 당하여 이의 해결이 실제상의 문제로 대두된다. 행정법에 그와 같은 법의 흠결·공백이 있는 경우 그들 법률명의에 관한 사법의 규정을 어느 정도 적용할 수 있느냐 하는 것이 문제된다.[1]

---

1) 다만 행정법관계에 있어 법의 흠결이 있는 경우에 사법규정에 앞서 공법규정의 적용 문제가 먼저 검토되어야 함은 이미 강조한 바 있다. 상세는 본서 84면 이하 참조.

Ⅱ. 명문에 의한 사법규정의 적용

행정법관계에 법의 흠결·공백이 있는 경우에 법 스스로 사법규정의 적용을 인정하고 있는 경우도 상당수 있다. "국가나 지방자치단체의 손해배상 책임에 관하여는 이 법에 규정된 사항 외에는 「민법」에 따른다. 다만, 「민법」 외의 법률에 다른 규정이 있을 때에는 그 규정에 따른다"(^{국가배상}_{법 8조}), "행정에 관한 기간의 계산에 관하여는 이 법 또는 다른 법령등에 특별한 규정이 있는 경우를 제외하고는 「민법」을 준용한다"(^{행정기본}_{법 6조}), "소멸시효에 관하여는 이 법 또는 세법에 특별한 규정이 있는 것을 제외하고는 「민법」에 따른다"(^{국세기본법}_{54조 2항}) 등의 규정이 그에 해당한다.

Ⅲ. 명문의 규정이 없는 경우

1. 공법적용설(소극설)

이는 공법과 사법을 전혀 별개의 법체계로 보아 양자의 본질적인 차이를 강조함으로써, 공법규정의 흠결이 있더라도 사법규정의 적용을 부인하는 견해이다. 독일 행정법학의 아버지로 일컬어지는 Otto Mayer는 「공법과 사법에 공통된 법제도는 존재하지 않는다」, 「유추의 방법으로 사법규정을 끌어들임으로써 공법제도를 개선하거나 보충하려고 의도하는 것은 허용되지 않는다」[2] 등의 말을 통해서 사법규정의 공법관계에의 준용을 철저히 배격하였던 것이다. 그러나 현재는 그와 같은 입장을 취하는 견해는 발견하기 어렵다.

2. 사법의 적용 또는 유추적용설(적극설)

공법관계에 법의 흠결이 있는 경우에 사법규정을 준용 또는 유추적용할 수 있다는 견해로서, 오늘날 국내외의 통설 및 판례의 태도라 할 수 있다. 여기에서 유추(Analogie)라 함은 문언을 그대로 적용하는 것이 아니라, 기본사상에 적합한 법규범(Grundgedanken passenden Rechtsnorm)을 적용하는 것을 의미한다.

---

2) O. Mayer, Bd. Ⅱ, S. 117.

IV. 사법규정의 유추적용 및 그의 한계

1. 일반법원리적 규정

민법을 비롯한 사법의 규정은 일반적으로 사적 자치의 원칙하에 대등한 당사자간의 이해조정을 목적으로 하고 있다. 그러나 공법보다 앞서 발달한 사법규정 가운데는 사법분야 이외에 법률질서 전반에 걸쳐 통용될 수 있는 법의 일반원칙이 정해져 있는가 하면, 또한 법기술적 규정으로서 다른 법분야에도 적용될 수 있는 통칙적 규정이 적지 않다. 따라서 이들 규정은 공법관계에도 적용 또는 유추적용될 수 있다고 보는 것이다.

예를 들면 신의성실·권리남용금지의 원칙($^{민법}_{2조}$)은 공법관계에도 통용되며, 기간의 계산에 관한 「민법」의 규정($^{156\sim}_{161조}$)은 법령에 특별한 규정이 있는 경우를 제외하고는 행정법관계에도 준용된다. 「민법」상의 시효제도($^{162\sim184}_{조, 245조}$)는 법률생활의 안정을 도모하려는 것인데, 그의 취지는 공법관계에도 통용된다. 다만 시효의 기간 등에 관해 많은 특례규정($^{국가재정법, 국세징수}_{법, 국유재산법 등}$)이 마련되어 있는 점에 유의할 필요가 있다. 공법관계에서의 주소는 원칙적으로 주민등록지이나, 「민법」상의 주소·거소에 관한 규정($^{18\sim}_{21조}$)이 준용될 수도 있다. 그밖에 공법관계에서 발생하는 사무관리, 부당이득, 불법행위에 대하여 특별한 규정이 있는 경우를 제외하고는 「민법」의 규정에 따라 문제를 해결할 수 있다.

2. 사법의 기타 규정

사법의 규정 중 법의 일반원리적 규정 이외의 기타 규정($^{이해조절}_{적 규정}$)은 공법관계의 성질이 권력관계인가 관리관계인가에 따라 그의 적용을 달리한다.

(1) 권력관계에의 사법규정의 준용

행정법관계에 있어서의 권력관계는 법률관계를 형성·실현하는 과정에 있어서 행정주체의 의사의 우월성이 인정되는 관계(명령·강제관계)로서 사법관계와는 그의 성질을 달리한다. 따라서 위에서 본 일반법원리적 규정 이외의 사법규정은 원칙적으로 이에 적용되지 않는다.

[판례] 행정주체가 공권력의 주체로서 국민에 대하는 관계에 있어서는 대등한 사사로운 국민 상호간의 경제적 이해를 조정함을 목적으로 하는 사법이 전면적으로 그대로 적용될 수는 없고 국가공익의 실현을 우선적으로 하는 특수성을 고려하여 특수한 법규와 법원칙이 인정되어야 할 것이다(대판 1961. 10. 5, 4292행상6).

(2) 관리관계에의 사법규정의 준용

행정법관계에 있어서의 관리관계는 행정주체가 재산을 관리하며, 회계를 경리하고 사업을 경영하는 등의 일을 하는 법률관계를 말하는데, 사법관계와의 사이에 본질적인 차이가 없다고 할 수 있다. 다만 그 관리관계에서의 행정주체의 활동이 공익과 밀접한 관계가 있음을 이유로 특별법 또는 특례규정이 마련되어 있는 경우가 많이 있는데, 그러한 특례규정이 없는 한, 관리관계에는 일반 법원리적 규정 이외의 사법규정(이해조절적 규정)도 적용될 수 있다.

제4장 행정법상의 법률요건과 법률사실

제1절 의의와 종류

Ⅰ. 의 의

행정법상의 법률요건이란 행정법관계의 발생·변경·소멸의 법률효과를 발생시키는 사실을 말하며, 이러한 법률요건을 이루는 개개의 사실을 행정법상의 법률사실이라 한다. 행정법상의 법률요건 및 법률사실은 사법상의 법률요건·법률사실의 유추개념이라 할 수 있으므로, 그 이론은 사법상의 것을 준용하는 것이 보통이다.

Ⅱ. 종 류

행정법상의 법률사실은 민법에 있어서와 같이 사람의 정신작용을 요소로 하는지의 여부에 따라 행정법상의 사건(자연적 사실)과 행정법상의 용태(정신적 사실)로 나눌 수 있다.

1. 행정법상의 사건

행정법상의 사건(자연적 사실)이란 사람의 정신작용을 요소로 하지 않는 행정법상의 법률사실을 말하며, 사람의 출생·사망·시간의 경과, 물건의 점유, 일정한 연령에의 도달, 일정한 장소에의 거주 등이 그에 해당한다.

2. 행정법상의 용태

행정법상의 용태(정신적 사실)란 사람의 정신작용을 요소로 하는 행정법상의 법률사실을 말하며, 이는 다시 내부적인 의지(예: 선의·악의 등)인지 외부적인 행위($^{예: 작위 \cdot}_{부작위}$)인지에 따라 내부적 용태와 외부적 용태로 나누어진다.

제2절 행정법상의 사건

Ⅰ. 시간의 경과

행정법상의 법률관계가 시간의 경과에 의하여 발생·변경·소멸되는 경우가 있는 바, 이와 관련해서는 주로 기간·시효·제척기간·실권 등이 문제된다.

1. 기   간

행정법상의 법률관계는 일정한 기간이 경과함으로써 발생 또는 소멸하는 경우가 있다. 예컨대 행정심판을 청구할 수 있는 권리는 원칙적으로 처분이 있음을 알게 된 날부터 90일 또는 처분이 있었던 날부터 180일이 지나면 소멸하는 것($^{행정심판}_{법 27조}$)을 들 수 있다. 어떠한 방법으로 기간을 계산하느냐 하는 것은 기술적인 문제로서 공·사법관계간에 큰 차이가 있을 수 없다.

그런데 기간의 계산은 행정법령상 권리의 발생, 변경 및 소멸이나 처분 등 국민의 권리 의무 관계에 직접적으로 영향을 미치므로, 관련 내용을 명시적으로 규정할 필요가 있다. 이에 2021년 3월 23일 제정된 「행정기본법」은 행정법관계를 명확히 하고 행정의 예측가능성을 높이기 위하여 행정에 관한 기간 계산에 관한 사항을 명시하였다. 즉 「행정기본법」에서는 「민법」의 기간 계산의 규정을 준용하되, 특별한 규정에 한하여 예외를 규정하도록 하였다. 또한 「행정기본법」은 국민의 권익을 제한하거나 의무를 부과하는 경우와 같이 국민에게 불리한 경우 일정한 기간을 계산할 때에는 「민법」과 별도로 기산일과 만료일에 관한 특칙을 정하고 있다.

(1) 기산점

기간을 일·주·월 또는 연으로 정한 때에는 기간의 초일은 산입하지 아니한다. 그러나 그 기간이 오전 영시부터 시작하는 때에는 그러하지 아니하다($^{민법}_{157조}$). 다만, 「행정기본법」은 국민의 권익을 제한하거나 의무를 부과하는 경우 권익의 제한 또는 의무가 지속되는 기간의 계산에 있어서는 기간의 첫날을 산입하도록 특칙을 정하고 있다($\frac{6조}{1호}$ ^{2항}).

(2) 만료점

기간을 일·주·월 또는 연으로 정한 때에는 기간말일의 종료로 기간이 만료한다($\frac{민법}{159조}$). 다만 기간의 말일이 토요일 또는 공휴일에 해당한 때에는 기간은 그 익일로 만료한다($\frac{동법}{161조}$).

기간의 만료점에 관하여 「행정기본법」은 국민의 권익을 제한하거나 의무를 부과하는 경우 권익의 제한 또는 의무가 지속되는 기간의 계산은 기간의 말일이 토요일 또는 공휴일에 해당하는 때에도 기간말일의 종료로 기간이 만료한다는 특칙을 두고 있다($\frac{6조}{2호}$ ^{2항}).

(3) 역 산

기간의 역산에도 위의 원칙이 그대로 적용된다. 예컨대 「선거일전 7일까지」라고 규정된 경우, 초일인 선거일은 빼고 「선거일 전일을 초일로 하여 7일째가 되는 날까지」로 해석해야 한다.

> **[판례①]** 기간의 계산에 관하여는 동 징계령($\frac{경찰공무원}{징계령}$)에 특별한 규정이 없으므로 보충적으로 그 계산방법을 규정하고 있는 민법 제155조, 제157조의 규정에 따라 징계사유가 발생한 초일은 기간계산에 산입하지 아니하여야 한다($\frac{대판 1972. 12. 12.}{72누149}$).
> **[판례②]** 국세기본법 또는 다른 세법에 국세심판 결정기간의 말일에 관한 규정이 없으므로 그에 관하여는 민법 제161조의 규정에 따라 기간의 말일이 공휴일에 해당한 때에는 그 기간은 그 익일로 만료된다($\frac{대판 1985. 4. 23.}{84누597}$).

2. 시 효

시효제도는 진실의 법률관계가 어떠한가 하는 것을 불문하고 영속된 사실상태를 존중하여 이것을 법률적으로 보호함으로써 법률생활의 안정을 기하려는 제도이다. 특별한 규정이 없는 한 공법관계에도 「민법」의 시효에 관한 규정($\frac{162조~}{184조}$)이 적용되는 것으로 보고 있다.

(1) 금전채권의 소멸시효

(가) 시효기간

국가나 지방자치단체를 당사자로 하는 금전채권은 그 어느 쪽에 대한 것이든 다른 법률에 규정($^{관세법\ 22조,\ 공무}_{원연금법\ 88조\ 등}$)이 없는 한 5년간 이를 행사하지 않을 때에는 시효로 인하여 소멸한다($^{국가재정법\ 96조,}_{지방재정법\ 82조}$). 그 기간은 권리를 행사할 수 있는 때로부터 진행한다. 여기에서 금전채권은 공법상의 금전채권은 물론 국가의 사법상 행위에서 발생한 것도 포함한다($^{대판\ 1974.\ 7.\ 26.}_{74다703}$).

한편 '다른 법률에 규정이 없는 것'이라는 의미는 다른 법률에서 「국가재정법」 제96조, 「지방재정법」 제82조에서 규정한 5년의 소멸시효기간보다 짧은 기간의 소멸시효의 규정이 있는 경우를 가리키는 것이지 이보다 긴 기간을 규정한 「민법」은 여기에 해당하지 않는다.

> **[판례]** 예산회계법 제96조에서 "다른 법률의 규정'이라 함은 다른 법률에 예산회계법 제96조에서 규정한 5년의 소멸시효기간보다 짧은 기간의 소멸시효의 규정이 있는 경우를 가리키는 것이고, 이보다 긴 10년의 소멸시효를 규정한 민법 제766조 제2항은 예산회계법 제96조에서 말하는 "다른 법률의 규정'에 해당하지 아니한다($^{대판\ 2001.\ 4.\ 24.}_{2000다57856}$).

(나) 시효의 중단·정지 등

소멸시효의 중단·정지 기타의 사항에 관해서도 원칙적으로 「민법」의 규정을 준용한다($^{국가재정법\ 96조\ 3항.}_{지방재정법\ 83조}$). 다만 법령의 규정에 의한 국가의 납입고지는 「민법」의 규정과는 달리 시효중단의 효력이 있다($^{국가재정법\ 96조\ 4항.}_{지방재정법\ 84조}$). 이 시효중단은 직권 심리사항이다.

> **[판례]** 시효중단사유는 기록상 현출되어 원심판시 자체에서 이를 인정하고 있는 이상 피고의 시효중단에 관한 명시적인 항변이 없더라도 행정소송법 제26조에 따라 직권으로 심리판단할 사항이다($^{대판\ 1987.\ 1.\ 20.}_{86누346}$).

(다) 소멸시효완성의 효과

소멸시효기간이 경과하면 권리는 당연히 소멸한다는 견해($^{절대적}_{소멸설}$)와 시효의 이익을 받을 자가 이를 원용하여 권리의 소멸을 주장하여야만 그 권리가 소멸한다는 견해($^{상대적}_{소멸설}$)가 대립되어 있으나, 판례는 전자의 입장을 취한다($^{판례}_{①}$). 다만 소멸시효의 이익을 시효완성 후에는 원칙적으로 포기할 수 있으므로($^{민법\ 184조}_{1항\ 참조}$), 당사자의 원용이 없으면 법원이 직권으로 시효의 이익을 고려하지 않는다고 한다($^{판례}_{②}$).

[판례①] 조세에 관한 소멸시효가 완성되면 국가의 조세부과권과 납세의무자의 납세의무는 당연히 소멸한다 할 것이므로 소멸시효완성 후에 부과된 부과처분은 납세의무 없는 자에 대하여 부과처분을 한 것으로서 그와 같은 하자는 중대하고 명백하여 그 처분의 효력은 당연무효이다(대판 1985. 5. 14., 83누655).

[판례②] 소멸시효의 이익을 받는 자가 그것을 포기하지 않고 실제 소송에 있어서 권리를 주장하는 자에 대항하여 그 소멸시효의 이익을 받겠다는 뜻으로 항변하지 않는 이상 그 의사에 반하여 재판할 수 없음은 변론주의의 원칙상 당연한 것이라 함이 본원의 판례(대판 1964. 9. 15., 64다488 참조)이고, 이는 국가에 대한 공법상의 금전급부청구에 있어서도 결론을 달리 할 수 없다(대판 1969. 8. 30., 68다1089).

(2) 공물의 시효취득

종래에는 공물의 시효취득 가능성에 대하여 ① 공물의 시효취득 가능성을 부정하는 부정설, ② 공물은 융통성이 인정되는 범위 안에서 시효취득의 대상이 될 수 있으나, 다만 이 경우에도 시효취득자는 그 물건을 계속해서 공적 목적에 공용할 법적 제한이 붙은 채로 소유권을 취득한다는 제한적 시효취득설(공물부담부 시효취득설), ③ 공물이 법정의 기간 동안 장기간 평온·공연하게 본래의 사용목적이 아닌 다른 사적 목적으로 점유되었다면 묵시적인 공용폐지가 있는 것으로 보아, 그 물건은 이미 사적 물건이므로 완전한 시효취득이 대상이 될 수 있다는 완전시효취득설 등의 견해대립이 있었다. 이에 대해 「국유재산법」 제7조 2항 및 「공유재산 및 물품관리법」 제6조 2항에서 "행정재산[1]은 민법 제245조에도 불구하고 시효취득의 대상이 되지 아니한다"고 규정함으로써 입법적으로 해결하고 있다.[2]

[판례] 행정재산은 공용폐지가 되지 아니하는 한 사법상 거래의 대상이 될 수 없으므로 시효취득의 대상이 되지 아니한다(대판 1996. 5. 28., 95다52383).

---

1) 2009. 7. 31부터 시행된 「국유재산법」 전부개정으로 국유재산의 분류체계가 바뀌었다. 과거 국유재산을 행정재산(공용재산, 공공용재산, 기업용재산으로 나눔), 보존재산, 잡종재산으로 분류하였으나, 개정된 「국유재산법」은 국유재산을 행정재산과 일반재산으로 나눈 뒤, 행정재산을 다시 공용재산, 공공용재산, 기업용재산, 보존용재산으로 분류하고 있다. 2009. 4. 27부터 시행된 「공유재산 및 물품관리법」도 이러한 분류체계를 따르고 있다.

2) 종전에는 잡종재산(현행 일반재산)의 경우에도 시효취득이 불가능하도록 규정되어 있었으나, 헌법재판소는 국공유재산중 잡종재산에 대하여 까지 시효취득을 배제하는 것은 위헌이라고 판시하였다(국유재산에 관한 헌재 1991. 5. 13, 89헌가97, 공유재산에 관한 헌재 1992. 10. 1, 92헌가6 등 참조). 이에 따라 구 국유재산법 제5조 2항과 구 지방재정법에 제74조 2항에 잡종재산이 시효취득의 대상이 됨을 명시하는 단서조항이 추가되었다. 이에 관한 상세는 김남진·김연태(Ⅱ), 495면 이하 참조.

3. 제척기간

행정법에도 법률관계의 신속한 확정을 목적으로 하는 제척기간의 제도가 있다. 제척기간은 일반적으로 「일정한 권리에 대하여 법이 정하는 존속기간」이라고 정의된다. 따라서 존속기간이 만료하면 당해 권리는 당연히 소멸한다. 제척기간은 정하여진 기간 내에 권리를 행사하지 않음에 의해 권리를 소멸시키는 효과를 가져오는 점에서는 소멸시효와 같으나, 중단·정지의 제도가 없는 점, 소송에서 원용이 없어도 고려되어야 한다는 점 등에서 소멸시효와 구별된다. 행정심판·행정소송 등의 제기기간(행정심판법 27조.
행정소송법 20조), 일정기간의 경과에 의해 토지수용에 관한 사업인정의 효력이 소멸하는 것(공익사업을 위한 토지 등의 취
득 및 보상에 관한 법률 23조) 등이 그 예이다.

「행정기본법」은 제재처분의 처분권자인 행정청이 그 처분 권한을 장기간 행사하지 않아 발생하는 법률관계의 불안정한 상태를 신속히 확정시키고, 당사자의 신뢰보호 및 행정의 법적 안정성을 높이기 위하여 제재처분에 대한 제척기간 제도를 도입하였다(23
조).[3] 그동안 「질서위반행위규제법」 및 일부 개별법에서 제재처분의 제척기간을 둔 입법례가 있으나, 이에 대한 일반법은 없었으며 판례에서는 신뢰보호원칙에 근거한 실권의 법리로 해결해 왔었다.

「행정기본법」은 제재처분 중에서 의무 위반에 대한 제재적 성격이 뚜렷한 것으로서 제척기간을 규정한 다수 입법례에서 채택한 제재처분(인허가의 정지·취소·철회
처분, 등록 말소처분, 영업소
폐쇄처분과 정지처분
을 갈음하는 과징금)으로 대상을 한정하여 제한적으로 도입하였다. 기간은 '법령등의 위반행위가 종료된 날(위법 또는 부당한 처분
은 그 처분일을 의미함)부터 5년'으로 정하였다(23조
1항).

또한 당사자의 보호가치 없는 신뢰에 대한 제척기간 적용을 배제하기 위하여, ① 거짓이나 그 밖의 부정한 방법으로 인허가를 받거나 신고를 한 경우, ② 당사자가 인허가나 신고의 위법성을 알고 있었거나 중대한 과실로 알지 못한 경우, ③ 정당한 사유 없이 행정청의 조사·출입·검사를 기피·방해·거부하여 제척기간이 지난 경우, ④ 제재처분을 하지 아니하면 국민의 안전·생명 또는 환경을 심각하게 해치거나 해칠 우려가 있는 경우에는 제척기간 적용이 제외된다고 명시하였다(23조
2항).

한편, 행정심판의 재결이나 법원의 판결에 따라 제재처분이 취소·철회된 경우에는 재결이나 판결이 확정된 날부터 1년(합의제행정기관은 2년[4])이 지나기

---

3) 참고로 제재처분의 제척기간에 관한 「행정기본법」 제23조는 2023. 3. 24.부터 시행된다.
4) 상대적으로 독임제 행정청보다 재처분을 위한 과징금 재산정에 상당한 시일이 소요될 수 있는 합의제

전까지는 제재처분을 취소·철회한 재결이나 판결의 취지를 고려하여 위법하지 않은 내용의 새로운 제재처분을 할 수 있도록 근거 규정을 두었다($\frac{23조}{3항}$). 제재처분에 대한 쟁송절차가 진행되는 중에 제척기간이 도과한 경우 판결 등의 기속력으로 인한 행정청의 재처분의무가 제척기간의 도과로 인한 처분의무의 소멸로 인해 제한되는 것을 방지하기 위함이다.

그밖에 「행정기본법」은 다른 규정과의 관계에 있어서 제척기간을 달리 정한 개별 법률과의 적용상 우선순위가 해석상 문제될 수 있으므로, 이 법과 다른 기간을 규정한 다른 법률이 있으면 그 법률에 따르도록 타 규정과의 관계를 명확히 하였다($\frac{23조}{4항}$).

4. 실   권

실권(Verwirkung)의 법리는 행정청에게 취소권, 영업정지권, 철회권 등을 행사할 가능성이 존재했음에도 불구하고 그 권리·권한을 행사하지 않아 그 상대방인 국민이 행정청이 그 권리·권한을 행사하지 않았을 것으로 신뢰할 정당한 사유가 있는 경우 행정청이 그 권리·권한을 행사할 수 없다는 것을 의미한다. 일반적으로 실권의 법리는 신의성실원칙의 적용 결과라고 한다.[5]

> **[판례]** 실권 또는 실효의 법리는 법의 일반원리인 신의성실의 원칙에 바탕을 둔 파생원칙인 것이므로 공법관계 가운데 관리관계는 물론이고 권력관계에도 적용되어야 함을 배제할 수는 없다 하겠으나 그것은 본래 권리행사의 기회가 있음에도 불구하고 권리자가 장기간에 걸쳐 그의 권리를 행사하지 아니하였기 때문에 의무자인 상대방은 이미 그의 권리를 행사하지 아니할 것으로 믿을 만한 정당한 사유가 있게 되거나 행사하지 아니할 것으로 추인케 할 경우에 새삼스럽게 그 권리를 행사하는 것이 신의성실의 원칙에 반하는 결과가 될 때 그 권리행사를 허용하지 않는 것을 의미한다($\frac{대판 1988. 4. 27.}{87누915}$).

「행정기본법」은 이러한 실권의 법리를 명문으로 규정하였다($\frac{12조}{2항}$). 실권의 법리는 제척기간에 대한 「행정기본법」의 규정($\frac{23}{조}$)과 중첩될 수 있으나, 제척기간은 일부 제재처분($\frac{인허가의 정지·취소·철회처분, 등록 말소처분, 영업}{소 폐쇄처분과 정지처분에 갈음하는 과징금 부과처분}$)에 한정하여 적용되므로 그밖의 처분에 대해서는 실권의 법리를 적용해야 할 필요성과 가능성이 있으므

행정기관에 대해서는 예외적으로 2년의 재처분기간을 부여하였다.

5) 주요문헌: 김남진, 판례평석, 법률신문, 1987. 11. 2; 서원우, 행정법상의 실권의 법리, 고시연구, 1982. 5~6; 고영훈, 하자있는 행정행위의 직권취소, 고려대학교 석사학위논문, 1986, 90면 이하.

로 독자적 규정의 필요성이 있다고 보았다.

Ⅱ. 주소·거소

1. 주　소

인간의 사회적 활동은 특정의 장소를 중심으로 행하여지는 것이 보통이므로 사법에서와 같이 행정법에서도 주소나 거소를 기준으로 하여 법률관계를 규율하는 경우가 많이 있다(지방자치법 16조.). 「민법」은 자연인의 주소와 관련하여 "생활의 근거되는 곳을 주소로 한다"(18조)고 규정함으로써 생활의 근거라는 사실에 따라 주소를 결정하는 실질주의를 취하고 있으나, 행정법상의 주소에 관하여는 「주민등록법」이 "다른 법률에 특별한 규정이 없으면 이 법에 따른 주민등록지를 공법관계에서의 주소로 한다"고 정하고 있다(23조).

법인의 주소와 관련하여, 「민법」은 "법인의 주소는 그 주된 사무소의 소재지에 있는 것으로 한다"(36조)라고 규정하고 있는데, 행정법관계에 있어서도 동일한 것으로 보아야 할 것이다. 자연인의 주소와는 달리 법인의 주소와 관련하여서는 특례규정을 발견할 수 없다. 주소의 수에 관하여, 「민법」은 오늘날과 같이 복잡한 생활관계에서는 생활의 중심적 장소를 1개소에 한정할 수 없다는 점에서 주소복수주의를 택하고 있으나(18조), 「주민등록법」은 이중등록을 금지하고 있으므로(10조), 자연인의 경우 행정법상의 주소는 원칙으로 1개소에 한정된다고 할 것이다.

2. 거　소

사람이 다소의 기간 동안 계속하여 거주하는 장소로서, 그 장소와의 밀접한 정도가 주소만 못한 곳을 '거소'라고 하는데, 행정법규는 이러한 거소를 기준으로 법률관계를 규율하기도 한다(국세징수법 7조). 앞서 설명한 바와 같이 행정법상의 주소는 「주민등록법」에 의한 주민등록지가 되는 것이므로, 주민등록을 하지 않은 경우에는 설혹 생활의 근거지라 하여도 거소로 볼 수밖에 없을 것이다.

주소와 거소의 관계에 관해서는 특별한 규정이 없는 한 「민법」의 규정(19조.)이 준용된다고 할 것이다.

제 3 절 행정법상의 행위

Ⅰ. 행정주체의 공법행위

행정주체의 공법행위, 즉 공법상의 행위형식은 매우 다양하다. 행정입법으로서의 명령, 행정행위(처분), 확약, 행정계획, 공법계약 등이 모두 그에 속한다. 그 밖에 최근에는 사실행위(비공식적 행정작용·행정지도 등) 등이 행정의 중요한 행위형식으로서 논해지는 경향에 있다. 다만 이들 행정작용은 제2편에서 별도로 다루어지고 있으므로, 여기에서 그 설명은 생략하기로 한다.[1]

Ⅱ. 사인의 공법행위

1. 개   설

(1) 의의 및 성질

사인의 공법행위란 공법관계에서 사인이 행하는 행위로서 공법적 효과를 발생시키는 일체의 행위를 말한다. '사인'의 공법행위인 점에서 무엇보다 행정주체의 공권력 발동행위인 행정행위와 구별된다. 즉 사인의 공법행위에는 행정행위에 인정되고 있는 특수한 효력(구속력)인 공정력, 집행력 등이 인정되지 않는 것이다.

또한 사인의 공법행위는 사법행위와 비교해 볼 때, 법적 안정성 및 법률관계의 명확성 등의 요청에 따라 정형성(형식성)을 띠고 있으며, 그 효과도 법규에 의해서 정하여지는 것이 보통인 점에 특색이 있다. 따라서 사인의 공법행위에 사법행위에 관한 규정이 당연히 적용되지는 않는다.

> **[판례]** 민법의 법률행위에 관한 규정은 대등한 당사자간의 거래를 대상으로 하여 서로의 이해를 조정함을 목적으로 하는 규정이므로 형식적 확실성을 중히 여기며 행위의 격식화를 특색으로 하는 공법행위에 당연히 타당하다고 말할 수 없음은 이론이 있을 수 없는 바이니, 사인의 공법행위인 재개업신고는 민법의 법률행위의 규정이 규율하려는 범위 밖에 있다(대판 1978. 7. 25. 76누276).

---

1) 본서 161면 이하 참조.

(2) 제도적 기능

사인의 공법행위는 행정이 국민의 의사에 바탕을 두도록 하고 또한 국민이 행정에 참여하는 길을 열어 주는 것이므로, 국민의 법적 지위 향상, 행정의 민주화를 위한 길을 열어주는 것이 된다. 아울러 「행정절차법」, 「민원 처리에 관한 법률」, 「공공기관의 정보공개에 관한 법률」 등이 이 분야와 관련하여 많은 변화를 초래하고 있는 점에 주목할 필요가 있다.

2. 종   류

사인의 공법행위는 다음과 같이 여러 가지로 나눌 수 있다.

(1) 행정주체의 기관으로서의 행위와 행정주체의 상대방으로서의 행위

공직선거에서의 투표·서명 등이 전자에 해당하며, 각종의 신고·신청 등의 제출, 이의신청·행정심판의 제기 등이 후자에 해당한다.

(2) 단순행위와 합성행위

이것은 공법행위를 구성하는 의사표시의 수를 표준으로 한 구별로서, 신고·등록 등이 단순행위에 해당하며, 선거·서명 등이 합성행위에 해당한다. 예컨대 신고의 경우 한 사람의 신고만으로 법적 효과를 발생하므로, 그것을 단순행위라고 할 수 있는 데 대하여, 선거의 경우에는 여러 사람(선거인)의 의사표시(투표)가 모여서 특정인의 당선이라는 효과를 가져오게 되므로, 그 선거를 합성행위로 보는 것이다.

(3) 단독행위와 쌍방적 행위

일방당사자의 의사표시만으로 법률효과를 발생하는 것($^{자기완결적}_{공법행위}$)인가 쌍방당사자의 의사의 합치에 의해 법률효과를 발생하는 것($^{행위요건적}_{공법행위}$)인가에 의해 구별된다. 신고, 통보 등은 전자에 해당하며, 허가의 신청, 청약 등은 후자에 해당한다($^{이에\ 대하여는\ 후술하는\ '사인}_{의\ 공법행위의\ 효과'\ 참조}$).

(4) 행정작용의 적법·효력요건행위와 존재요건행위

동의(또는 신청)에 의한 행정행위에 있어서 사인의 동의 또는 신청은 행정행위의 적법요건이 되는 데 대하여, 공법계약에 있어서 사인의 청약행위는 그 계약의 존재요건이 된다고 말할 수 있다.

3. 사인의 공법행위에 대한 적용법규

사인의 공법행위에 관해서는 일반적·통칙적 규정이 없으며, 예외적으로 개별법에 특별한 규정을 두고 있을 뿐이다. 사인의 공법행위에 관하여 실정법의 규정이 있는 경우에는 그에 따르는 것이 당연하나, 법률상의 규정이 없는 경우에 「민법」의 의사표시 및 법률행위에 관한 규정 또는 법원칙이 적용될 수 있는지 아니면 그 밖의 특별한 취급을 할 것인지가 해석론상 문제되고 있다.[2]

일반적으로 말하면 사인의 공법행위의 특수한 성격에 어긋나지 않는 범위에서 「민법」상의 법률행위에 관한 규정이나 법원칙이 적용될 수 있다고 할 것인 바, 아래에서 개별적 문제에 관해 살펴보기로 한다.

(1) 의사능력과 행위능력

사인의 공법행위에 있어서도 의사능력(자기행위의 성질이나 결과를 판단할 수 있는 정신능력)이 없는 자의 행위는 「민법」상의 법률행위와 마찬가지로 무효로 보지 않을 수 없다. 행위능력(유효한 법률적 행위를 단독으로 할 수 있는 능력)에 관하여는 개별법에 특별한 규정(우편법 10조 등)을 두고 있는 경우가 있으나, 특별한 규정이 없는 경우에는 재산상의 행위에 관하여는 「민법」규정이 유추적용된다고 보는 것이 일반적 견해이다.

(2) 대 리

사인의 공법행위에 대해서는 특별히 대리행위를 금하는 규정(공직선거법 157조 1항), 또는 허용하는 규정(행정심판법 14조)을 두고 있는 경우가 있다. 이와 같은 규정이 없는 경우에는 그 행위가 사인의 인격적 개성과 직접적 관련을 가지고 있는지 여부에 의해 판단되어야 할 것이다. 응시행위·사직원의 제출 등은 이러한 이유에서 대리가 부인된다고 볼 것이다. 대리가 인정되는 경우 대리의 형식·범위 및 대리권의 흠결 등에 관하여는 「민법」의 규정이 유추적용될 수 있을 것이다.

(3) 행위의 형식

모든 사인의 공법행위가 요식행위는 아니다. 그러나 법령 또는 내규가 문서에 의할 것을 정하고 있는 예는 많이 있다. 예컨대 「행정심판법」은 서면으로 심사청구할 것을 정하고 있는 동시에, 기재사항을 열거해 놓고 있다(28조). 「민원처리에 관한 법률」은 민원의 신청은 원칙적으로 문서(전자정부법 2조 7호에 따른 전자문서를 포함한다)로 할 것으로 요구하는 한편, 일정한 경우에는 구술(口述) 또는 전화로 할 수 있도록 하

---

2) 상세는 김남진, 사인의 공법상의 의사표시, 월간고시, 1984. 2. 참조.

고 있다($\frac{8}{\text{조}}$). 우리나라도 본격적인 정보화사회에 진입하고 있음으로써 전자문서
($\substack{\text{컴퓨터 등 정보처리능력을 가진 장치에 의하여 전자적인 형태로}\\ \text{작성되어 송·수신 또는 저장된 문서형식의 자료로서 표준화된 것}}$)가 크게 보급되고 있으며, 그에 따라 정
부도 「정보통신망 이용촉진 및 정보보호 등에 관한 법률」 및 「전자정부법」을 제
정하여 그의 보급에 앞장서고 있는 점에 주목할 필요가 있다($\substack{\text{이에 대하여는 후술하는 '행}\\ \text{정의 자동화작용' 등 참조}}$).

(4) 효력발생시기

도달주의에 의함이 원칙이나, 법이 특별히 발신주의를 규정하고 있는 예
($\substack{\text{국세기본법}\\ \text{5조의 2}}$)도 있다. 여기에도 이른바 전자정부시대를 맞이하여 많은 변화가 일어
나고 있는 점에 주목할 필요가 있다. 즉 법이 전자문서의 도달(수신)에 관하여
는 특별한 규정을 두고 있는 것이다($\substack{\text{전자정부법}\\ \text{28조 등}}$).

(5) 의사표시의 하자 등

사인의 공법행위에 있어서 표의자의 의사에 흠결이 있거나($\substack{\text{의사와 표시의 불일치=허}\\ \text{위표시·심리유보·착오 등}}$)
의사결정에 하자가 있는 경우($\substack{\text{사기}\\ \text{강박} \text{ 등}}$) 그 공법행위의 성질에 반하지 않는 한 「민
법」 규정($\substack{\text{107조~}\\ \text{110조}}$)이 준용될 수 있다.

> **[판례]** 공무원이 사직의 의사표시를 하여 의원면직처분을 하는 경우 그 사직의
> 의사표시는 그 법률관계의 특수성에 비추어 외부적·객관적으로 표시된 바를 존중
> 하여야 할 것이므로, 비록 사직원제출자의 내심의 의사가 사직할 뜻이 아니었다고
> 하더라도 진의 아닌 의사표시에 관한 민법 제107조는 그 성질상 사직의 의사표시
> 와 같은 사인의 공법행위에는 준용되지 아니하므로 그 의사가 외부에 표시된 이상
> 그 의사는 표시된 대로 효력을 발한다($\substack{\text{대판 1997. 12. 12, 97누13962. 동지판례: 대판}\\ \text{1986. 7. 22, 86누43: 대판 1992. 8. 14, 92누909}}$).

(6) 부 관

사인의 공법행위에는 부관을 붙일 수 없음이 원칙이다.

(7) 의사표시의 철회·보완 등

사인의 공법행위는 그에 터 잡은 법적 효과가 완성할 때까지는 이것을 철
회·보완할 수 있음이 원칙이다. 사직원의 철회, 행정심판청구의 취하, 처분신
청의 보완 등이 그 예이다.

처분의 신청과 관련하여 「행정절차법」이 특별히 "신청인은 처분이 있기 전에
는 그 신청의 내용을 보완·변경하거나 취하할 수 있다. 다만, 다른 법령 등에
특별한 규정이 있거나 그 신청의 성질상 보완·변경하거나 취하할 수 없는 경

우에는 그러하지 아니하다"($^{17조}_{8항}$)라고 정하고 있는 점에 주목할 필요가 있다.

> **[판례]** 공무원이 한 사직의 의사표시는 그에 터 잡은 의원면직처분이 있을 때까지는 철회할 수 있는 것이 원칙이지만, 면직처분이 있기 전이라도 사직의 의사표시를 철회하는 것이 신의칙에 반한다고 인정되는 특별한 사정이 있는 경우에는 철회는 인정되지 아니한다고 보아야 할 것이다(대판 1993. 7. 27, 92누16942. 동지 판례: 대판 2001. 8. 24, 99두9971).

Ⅲ. 사인의 공법행위의 효과

기본사례

최근 유흥주점을 인수한 甲이 유흥주점 영업자지위승계신고서를 제출하자 담당공무원 乙은 「식품위생법」 제25조 3항에 따라 이를 수리하였다. 동 신고와 수리의 법적 성질은 어떠한가?

1. 자기완결적 행위의 효과

이른바 자기완결적 행위에 속하는 대표적 행위가 '신고'이다.[3] 본래적 의미에서의 신고는 상대방(행정기관)에 도달함으로써 그의 효과를 발생하는 점에서 수리를 요하는 허가·특허 등과 구별된다.

「행정절차법」 제40조는 전형적인 자기완결적 의미의 신고에 관하여 규정하고 있다. 즉 동 규정에 의하면 "행정청에 일정한 사항을 통지함으로써 의무가 끝나는 신고"에 있어서 적법한 요건을 갖춘 신고가 행정기관에 도달하면 신고의 의무가 이행된 것으로 본다. 즉 행정청의 수리행위가 있어야 신고에 따른 효력이 발생하는 것이 아니다. 근래에 이른바 "규제완화"의 물결을 타고, 과거에 허가제 등으로 되어 있던 것이 대량 신고제로 전환되고 있다. 그러나 행정

---

3) 주요문헌: 김남진, 증축신고수리의 처분성 여부, 법률신문, 2000. 1. 24; 김남진, 건축신고반려행위의 법적 성질, 법률신문, 2011. 2. 10; 홍정선, 사인의 공법행위로서의 신고의 법리 재검토, 고시계, 2001. 4; 김중권, 의제적 행정행위에 관한 소고, 법제, 2001. 4; 김중권, 행정법상의 신고의 법도그마적 위상에 관한 소고, 고시연구, 2002. 2; 김중권, 이른바 수리를 요하는 신고의 문제점에 관한 소고, 행정판례연구 Ⅷ, 2003. 12; 조만형, 행정법상 신고의 유형과 해석기준에 관한 소고, 공법연구 제39집 제2호, 2010. 12; 홍준형, 사인의 공법행위로서 신고에 대한 고찰, 공법연구 제40집 제4호, 2012. 6; 윤기중, 수리를 요하는 신고의 독자성, 공법연구 제43집 제4호, 2015. 6; 홍강훈, 소위 자체완성적 신고와 수리를 요하는 신고의 구분가능성 및 신고제의 행정법 Dogmatik을 통한 해결론, 공법연구 제45집 제4호, 2017. 6; 이재훈, 행정기본법(안)상 신고제에 대한 연구, 공법학연구 제21권 제4호, 2020. 11.

의 현장에서 그 신고가 허가 등과 비슷하게 운용되고 있어, 「행정절차법」이 그에 관하여 특별히 장(제3장)을 두어 규정하고 있는 것이다($^{40}_{조}$).

[판례①] 가설건축물은 건축법상 '건축물'이 아니므로 건축허가나 건축신고 없이 설치할 수 있는 것이 원칙이지만 일정한 가설건축물에 대하여는 건축물에 준하여 위험을 통제하여야 할 필요가 있으므로 신고 대상으로 규율하고 있다. 이러한 신고제도의 취지에 비추어 보면, 가설건축물 존치기간을 연장하려는 건축주 등이 법령에 규정되어 있는 제반 서류와 요건을 갖추어 행정청에 연장신고를 한 때에는 행정청은 원칙적으로 이를 수리하여 신고필증을 교부하여야 하고, 법령에서 정한 요건 이외의 사유를 들어 수리를 거부할 수는 없다. 따라서 행정청으로서는 법령에서 요구하고 있지도 아니한 '대지사용승낙서' 등의 서류가 제출되지 아니하였거나, 대지소유권자의 사용승낙이 없다는 등의 사유를 들어 가설건축물 존치기간 연장신고의 수리를 거부하여서는 아니 된다($^{대판 2018. 1. 25.}_{2015두35116}$).

[판례②] 의료법은 의료기관의 개설 주체가 의원·치과의원·한의원 또는 조산원을 개설하려고 하는 경우에는 시장·군수·구청장에게 신고하도록 규정하고 있지만($^{제33조}_{제3항}$), 종합병원·병원·치과병원·한방병원 또는 요양병원을 개설하려고 하는 경우에는 시·도지사의 허가를 받도록 규정하고 있다($^{제33조}_{제4항}$). 이와 같이 의료법이 의료기관의 종류에 따라 허가제와 신고제를 구분하여 규정하고 있는 취지는, 신고 대상인 의원급 의료기관 개설의 경우 행정청이 법령에서 정하고 있는 요건 이외의 사유를 들어 신고 수리를 반려하는 것을 원칙적으로 배제함으로써 개설 주체가 신속하게 해당 의료기관을 개설할 수 있도록 하기 위함이다. 관련 법령의 내용과 이러한 신고제의 취지를 종합하면, 정신과의원을 개설하려는 자가 법령에 규정되어 있는 요건을 갖추어 개설신고를 한 때에, 행정청은 원칙적으로 이를 수리하여 신고필증을 교부하여야 하고, 법령에서 정한 요건 이외의 사유를 들어 의원급 의료기관 개설신고의 수리를 거부할 수는 없다($^{대판 2018. 10. 25.}_{2018두44302}$).4)

[판례③] 차고의 증축은 건축법 제9조 제1항에 규정된 신고사항에 해당하여 건축주인 참가인이 건축법에 의한 신고를 한 이상 참가인은 피고의 수리 여부에 관계 없이 이 사건 토지상에 차고를 증축할 수 있으므로, 피고가 참가인의 증축신고를 수리한 행위가 행정처분이라고 할 수 없다($^{대판 1999. 10. 22.}_{98두18435}$).

[판례④] 구 체육시설의설치·이용에관한법률 제16조, 제34조, 같은법 시행령 제16조의 규정을 종합하여 볼 때, 등록체육시설업에 대한 사업계획의 승인을 얻은 자

---

4) 다만, 대법원은 "원심판결 이유 중 원고의 개설신고가 '수리를 요하지 않는 신고'라는 취지로 판시한 부분은 적절하지 않다"고 하여, 원심판결(부산고법 2018. 4. 20, 2017누24288)과 달리 이 사건 신고를 '수리를 요하는 신고'로 보고 있다.

는 규정된 기한 내에 사업시설의 착공계획서를 제출하고 그 수리 여부에 상관없이 설치공사에 착수하면 되는 것이지, 착공계획서가 수리되어야만 비로소 공사에 착수할 수 있다거나 그 밖에 착공계획서 제출 및 수리로 인하여 사업계획의 승인을 얻은 자에게 어떠한 권리를 설정하거나 의무를 부담케 하는 법률효과가 발생하는 것이 아니므로 행정청이 사업계획의 승인을 얻은 자의 착공계획서를 수리하고 이를 통보한 행위는 그 착공계획서 제출사실을 확인하는 행정행위에 불과하고 그를 항고소송이나 행정심판의 대상이 되는 행정처분으로 볼 수 없다(대판 2001. 5. 29, 99두10292).

[판례⑤] 구 건축법 관련 규정의 내용 및 취지에 의하면, 행정청은 건축신고로써 건축허가가 의제되는 건축물의 경우에도 그 신고 없이 건축이 개시될 경우 건축주 등에 대하여 공사 중지·철거·사용금지 등의 시정명령을 할 수 있고(제69조 제1항), 그 시정명령을 받고 이행하지 아니한 건축물에 대하여는 당해 건축물을 사용하여 행할 다른 법령에 의한 영업 기타 행위의 허가를 하지 아니하도록 요청할 수 있으며 (제69조 제2항), 그 요청을 받은 자는 특별한 이유가 없는 한 이에 응하여야 하고(제69조 제3항), 나아가 행정청은 그 시정명령의 이행을 하지 아니한 건축주 등에 대하여는 이행강제금을 부과할 수 있으며(제69조의2 제1항 제1호), 또한 건축신고를 하지 아니한 자는 200만 원 이하의 벌금에 처해질 수 있다(제80조 제1호, 제9조). 이와 같이 건축주 등은 신고제하에서도 건축신고가 반려될 경우 당해 건축물의 건축을 개시하면 시정명령, 이행강제금, 벌금의 대상이 되거나 당해 건축물을 사용하여 행할 행위의 허가가 거부될 우려가 있어 불안정한 지위에 놓이게 된다. 따라서 건축신고 반려행위가 이루어진 단계에서 당사자로 하여금 반려행위의 적법성을 다투어 그 법적 불안을 해소한 다음 건축행위에 나아가도록 함으로써 장차 있을지도 모르는 위험에서 미리 벗어날 수 있도록 길을 열어 주고, 위법한 건축물의 양산과 그 철거를 둘러싼 분쟁을 조기에 근본적으로 해결할 수 있게 하는 것이 법치행정의 원리에 부합한다. 그러므로 건축신고 반려행위는 항고소송의 대상이 된다고 보는 것이 옳다(대판 2010. 11. 18, 2008두167 전합).[5]

[판례⑥] ㉮ 구 평생교육법 제22조 제1항, 제2항, 제3항, 구 평생교육법 시행령 제27조 제1항, 제2항, 제3항에 의하면, 정보통신매체를 이용하여 학습비를 받지 아니하고 원격평생교육을 실시하고자 하는 경우에는 누구든지 아무런 신고 없이 자유롭게 이를 할 수 있고, 다만 위와 같은 교육을 불특정 다수인에게 학습비를 받고 실시하는 경우에는 이를 신고하여야 하나, 법 제22조가 신고를 요하는 제2항과 신고를 요하지 않는 제1항에서 '학습비'수수 외에 교육 대상이나 방법 등 다른 요건을 달리 규정하고 있지 않을 뿐 아니라 제2항에서도 학습비 금액이나 수령 등에

---

5) 이 판례에 대한 평석으로는 김남진, 건축신고반려행위의 법적 성질, 법률신문 제3910호, 2011. 2. 10; 김중권, 신고제와 관련한 코페르니쿠스적 전환에 관한 소고, 법률신문 제3894호, 2010. 12. 6.

관하여 아무런 제한을 하고 있지 않은 점에 비추어 볼 때, 행정청으로서는 신고서 기재사항에 흠결이 없고 정해진 서류가 구비된 때에는 이를 수리하여야 하고, 이러한 형식적 요건을 모두 갖추었음에도 신고대상이 된 교육이나 학습이 공익적 기준에 적합하지 않는다는 등 실체적 사유를 들어 신고 수리를 거부할 수는 없다. ㉯ 전통 민간요법인 침·뜸행위를 온라인을 통해 교육할 목적으로 인터넷 침·뜸 학습센터를 설립한 甲이 구 평생교육법 제22조 제2항 등에 따라 평생교육시설로 신고하였으나 관할 행정청이 교육 내용이 의료법에 저촉될 우려가 있다는 등의 사유로 이를 반려하는 처분을 한 사안에서, 관할 행정청은 신고서 기재사항에 흠결이 없고 정해진 서류가 구비된 이상 신고를 수리하여야 하고 형식적 요건이 아닌 신고 내용이 공익적 기준에 적합하지 않다는 등 실체적 사유를 들어 이를 거부할 수 없고, 또한 행정청이 단지 교육과정에서 무면허의료행위 등 금지된 행위가 있을지 모른다는 막연한 우려만으로 침·뜸에 대한 교육과 학습의 기회제공을 일률적·전면적으로 차단하는 것은 후견주의적 공권력의 과도한 행사일 뿐 아니라 그렇게 해야 할 공익상 필요가 있다고 볼 수 없으므로, 형식적 심사 범위에 속하지 않는 사항을 수리거부사유로 삼았을 뿐만 아니라 처분사유도 인정되지 않는다는 점에서 이 사건 신고에 대한 수리거부처분은 위법하다(대판 2011. 7. 28, 2005두11784).

[판례⑦] 건축허가는 대물적 성질을 갖는 것으로서 허가대상 건축물에 대한 권리변동에 수반하여 자유로이 양도할 수 있고, 그에 따라 건축허가의 효과는 허가대상 건축물에 대한 권리변동에 수반하여 이전된다. 이에 비추어 보면 구 건축법 시행규칙 제11조의 규정은 단순히 행정관청의 사무집행의 편의를 위한 것에 지나지 아니한 것이 아니라, 허가대상 건축물의 양수인에게 건축주의 명의변경을 신고할 수 있는 공법상의 권리를 인정함과 아울러 행정관청에는 그 신고를 수리할 의무를 지게 한 것으로 봄이 타당하므로, 허가대상 건축물의 양수인이 구 건축법 시행규칙에 규정되어 있는 형식적 요건을 갖추어 행정관청에 적법하게 건축주의 명의변경을 신고한 때에는 행정관청은 그 신고를 수리하여야지 실체적인 이유를 내세워 그 신고의 수리를 거부할 수는 없다(대판 2014. 10. 15, 2014두37658. 동지 판례: 대판 2015. 10. 29, 2013두11475). 6)

그런데 행정법상 신고에는 이러한 전형적인 신고(자기완결적 신고) 이외에 수리를 요하는 변형적인 신고가 있음이 일반적으로 인정되고 있다. 현행법상

---

6) 대법원은 "건축주명의변경신고수리거부행위는 행정청이 허가대상건축물 양수인의 건축주명의변경신고라는 구체적인 사실에 관한 법집행으로서 그 신고를 수리하여야 할 법령상의 의무를 지고 있음에도 불구하고 그 신고의 수리를 거부함으로써, 양수인이 건축공사를 계속하기 위하여 또는 건축공사를 완료한 후 자신의 명의로 소유권보존등기를 하기 위하여 가지는 구체적인 법적 이익을 침해하는 결과가 되었다고 할 것이므로, 비록 건축허가가 대물적 허가로서 그 허가의 효과가 허가대상건축물에 대한 권리변동에 수반하여 이전된다고 하더라도, 양수인의 권리의무에 직접 영향을 미치는 것으로서 취소소송의 대상이 되는 처분이라고 하지 않을 수 없다."고 판시하였다(대판 1992. 3. 31, 91누4911).

신고는 신고서가 행정청에 도달하면 효력이 발생하는 '자기완결적 신고'와 행정청이 수리하여야 효력이 발생하는 소위 '수리가 필요한 신고'로 나뉘어져 있어 이를 명확하게 구별하는 것은 쉽지 않아 혼란이 발생하고 있다.

이에 「행정기본법」에서는 법률에 신고의 수리가 필요하다고 명시되어 있는 경우 그 신고의 효력에 관한 사항을 밝힘으로써 수리가 필요한 신고의 효력에 대한 혼란을 해소하고, 신고 제도가 투명하고 예측 가능하게 운영되도록 하였다. 즉, 법률에 신고의 수리가 필요하다고 명시되어 있는 경우(행정기관의 내부 업무 처리 절차로서 수리를 규정한 경우는 제외)에는 행정청이 수리하여야 효력이 발생하는 것으로 규정하였다($\frac{34}{조}$).[7]

수리가 필요한 신고의 경우에는 요건을 갖춘 신고가 있었다 하더라도 수리되지 않으면 신고의 효력이 발생하지 않는 점에서 자기완결적 신고와 다르다. 대체로 신고가 인·허가나 등록에서의 신청과 같은 성질을 지니는 경우가 수리를 요하는 신고에 해당한다고 할 수 있다. 대법원 판례에 나타난 수리를 요하는 신고를 유형화하면 지위승계의 신고,[8] 인·허가적 성격 또는 등록적 성격의 신고 등을 들 수 있다.

> **[판례①]** 주민들의 거주지 이동에 따른 주민등록전입신고에 대하여 행정청이 이를 심사하여 그 수리를 거부할 수는 있다고 하더라도, 그러한 행위는 자칫 헌법상 보장된 국민의 거주·이전의 자유를 침해하는 결과를 가져올 수도 있으므로, 시장·군수 또는 구청장의 주민등록전입신고 수리 여부에 대한 심사는 주민등록법의 입법 목적의 범위 내에서 제한적으로 이루어져야 한다. 한편, 주민등록법의 입법 목적에 관한 제1조 및 주민등록 대상자에 관한 제6조의 규정을 고려해 보면, 전입신고를 받은 시장·군수 또는 구청장의 심사 대상은 전입신고자가 30일 이상 생활의 근거로 거주할 목적으로 거주지를 옮기는지 여부만으로 제한된다고 보아야 한다. 따라서 전입신고자가 거주의 목적 이외에 다른 이해관계에 관한 의도를 가지고 있는지 여부, 무허가 건축물의 관리, 전입신고를 수리함으로써 당해 지방자치단체에 미치는 영향 등과 같은 사유는 주민등록법이 아닌 다른 법률에 의하여 규율되어야 하고, 주민등록전입신고의 수리 여부를 심사하는 단계에서는 고려대상이 될 수 없다. 따라서 무허가 건축물을 실제 생활의 근거지로 삼아 10년 이상 거주해 온 사람의 주민등록 전입신고를 거부한 사안에서, 부동산투기나 이주대책 요구 등을 방지할 목적으로 주민등록전입신고를 거부하는 것은 주민등록법의 입법 목적과 취

---

7) 참고로 신고에 관한 「행정기본법」 제34조는 2023. 3. 24.부터 시행된다.

8) 대법원은 영업양도에 따른 지위승계신고의 수리는 영업허가자의 변경이라는 법률효과를 발생시키는 행위로 그 수리행위는 행정처분에 해당한다고 보고 있다(대판 1995. 2. 24, 94누9146; 대판 1993. 6. 8, 91누11544).

지 등에 비추어 허용될 수 없다고 할 것이다(대판 2009. 6. 18, 2008두10997).

[판례②] 구 체육시설의 설치·이용에 관한 법률 제19조 제1항, 구 체육시설의 설치·이용에 관한 법률 시행령 제18조 제2항 제1호 (가)목, 제18조의 2 제1항 등의 규정에 의하면, 위 법 제19조의 규정에 의하여 체육시설의 회원을 모집하고자 하는 자는 시·도지사 등으로부터 회원모집계획서에 대한 검토결과 통보를 받은 후에 회원을 모집할 수 있다고 보아야 하고, 따라서 체육시설의 회원을 모집하고자 하는 자의 시·도지사 등에 대한 회원모집계획서 제출은 수리를 요하는 신고에서의 신고에 해당하며, 시·도지사 등의 검토결과 통보는 수리행위로서 행정처분에 해당한다(대판 2009. 9. 26, 2006두16243).

[판례③] ㉮ 건축법 제14조 제1항의 건축신고 대상 건축물에 관하여는 원칙적으로 건축 또는 대수선을 하고자 하는 자가 적법한 요건을 갖춘 신고를 하면 행정청의 수리 등 별도의 조처를 기다릴 필요 없이 건축행위를 할 수 있다고 보아야 한다. 그러나 한편, 건축법 제11조 제5항(이하 '인·허가의제 조항'이라고 한다)에서는 제1항에 따른 건축허가를 받으면 각 호(이하 '인·허가의제 사항'이라고 한다)에서 정한 허가 등을 받거나 신고를 한 것으로 본다고 규정하면서, 제14조 제2항에서는 인·허가의제조항을 건축신고에 준용하고 있고, 나아가 건축법 시행령 제11조 제3항, 제9조 제1항, 건축법 시행규칙 제12조 제1항 제2호에서는 건축신고를 하려는 자는 인·허가의제조항에 따른 허가 등을 받거나 신고를 하기 위하여 해당 법령에서 제출하도록 의무화하고 있는 신청서와 구비서류를 제출하여야 한다고 규정하고 있다. ㉯ 건축법에서 이러한 인·허가의제 제도를 둔 취지는, 인·허가의제사항과 관련하여 건축허가 또는 건축신고의 관할 행정청으로 그 창구를 단일화하고 절차를 간소화하며 비용과 시간을 절감함으로써 국민의 권익을 보호하려는 것이지, 인·허가의제사항 관련 법률에 따른 각각의 인·허가 요건에 관한 일체의 심사를 배제하려는 것으로 보기는 어렵다. 왜냐하면, 건축법과 인·허가의제사항 관련 법률은 각기 고유한 목적이 있고, 건축신고와 인·허가의제사항도 각각 별개의 제도적 취지가 있으며 그 요건 또한 달리하기 때문이다. 나아가 인·허가의제사항 관련 법률에 규정된 요건 중 상당수는 공익에 관한 것으로서 행정청의 전문적이고 종합적인 심사가 요구되는데, 만약 건축신고만으로 인·허가의제사항에 관한 일체의 요건 심사가 배제된다고 한다면, 중대한 공익상의 침해나 이해관계인의 피해를 야기하고 관련 법률에서 인·허가 제도를 통하여 사인의 행위를 사전에 감독하고자 하는 규율체계 전반을 무너뜨릴 우려가 있다. 또한 무엇보다도 건축신고를 하려는 자는 인·허가의제사항 관련 법령에서 제출하도록 의무화하고 있는 신청서와 구비서류를 제출하여야 하는데, 이는 건축신고를 수리하는 행정청으로 하여금 인·허가의제사항 관련 법률에 규정된 요건에 관하여도 심사를 하도록 하기 위한 것으로 볼 수밖에 없다. 따라서 인·허가의제 효과를

수반하는 건축신고는 일반적인 건축신고와는 달리, 특별한 사정이 없는 한 행정청이 그 실체적 요건에 관한 심사를 한 후 수리하여야 하는 이른바 '수리를 요하는 신고'로 보는 것이 옳다(대판 2011. 1. 20.) .

[판례④] 구 장사 등에 관한 법률 제14조 제1항, 구 장사 등에 관한 법률 시행규칙 제7조 제1항 [별지 제7호 서식]을 종합하면, 납골당설치 신고는 이른바 '수리를 요하는 신고'라 할 것이므로, 납골당설치 신고가 구 장사법 관련 규정의 모든 요건에 맞는 신고라 하더라도 신고인은 곧바로 납골당을 설치할 수는 없고, 이에 대한 행정청의 수리처분이 있어야만 신고한 대로 납골당을 설치할 수 있다. 한편 수리란 신고를 유효한 것으로 판단하고 법령에 의하여 처리할 의사로 이를 수령하는 수동적 행위이므로 수리행위에 신고필증 교부 등 행위가 꼭 필요한 것은 아니다(대판 2011. 9. 8.) .

[판례⑤] 노동조합 및 노동관계조정법(이하 '노동조합법'이라 한다)이 행정관청으로 하여금 설립신고를 한 단체에 대하여 같은 법 제2조 제4호 각 목에 해당하는지를 심사하도록 한 취지가 노동조합으로서의 실질적 요건을 갖추지 못한 노동조합의 난립을 방지함으로써 근로자의 자주적이고 민주적인 단결권 행사를 보장하려는 데 있는 점을 고려하면, 행정관청은 해당 단체가 노동조합법 제2조 제4호 각 목에 해당하는지 여부를 실질적으로 심사할 수 있다. 다만 행정관청에 광범위한 심사권한을 인정할 경우 행정관청의 심사가 자의적으로 이루어져 신고제가 사실상 허가제로 변질될 우려가 있는 점, 노동조합법은 설립신고 당시 제출하여야 할 서류로 설립신고서와 규약만을 정하고 있고(제10조 제1항), 행정관청으로 하여금 보완사유나 반려사유가 있는 경우를 제외하고는 설립신고서를 접수받은 때로부터 3일 이내에 신고증을 교부하도록 정한 점(제12조 제1항) 등을 고려하면, 행정관청은 일단 제출된 설립신고서와 규약의 내용을 기준으로 노동조합법 제2조 제4호 각 목의 해당 여부를 심사하되, 설립신고서를 접수할 당시 그 해당 여부가 문제된다고 볼 만한 객관적인 사정이 있는 경우에 한하여 설립신고서와 규약 내용 외의 사항에 대하여 실질적인 심사를 거쳐 반려 여부를 결정할 수 있다(대판 2014. 4. 10.) .

[판례⑥] 대도시의 장 등 관할 행정청은 악취배출시설 설치·운영신고의 수리 여부를 심사할 권한이 있다고 보는 것이 타당하다. ㉠ 악취방지법 제8조의2 제1항에 따르면, 악취관리지역 이외의 지역에 설치된 악취배출시설이 신고대상으로 지정·고시되기 위해서는 해당 악취배출시설과 관련하여 악취 관련 민원이 1년 이상 지속되고 복합악취나 지정악취물이 3회 이상 배출허용기준을 초과하는 경우이어야 한다. 즉, 신고대상 악취배출시설로 지정·고시되었다는 것은 이미 생활환경에 피해가 발생하였다는 것을 의미한다. 이 경우 신고대상으로 지정·고시된 악취배출시설의 운영자가 제출하는 악취방지계획이 적정한지를 사전에 검토할 필요성이 크다. ㉡ 악취방지법 제8조의2 제1항, 제2항, 제3항에 따르면, 신고대상 악취배출시설로

지정·고시되면 해당 악취배출시설을 운영하는 자는 환경부령이 정하는 바에 따라 대도시의 장 등에게 신고를 해야 하는데, 그때 악취방지계획도 함께 수립·제출해야 한다. (…) 악취방지법령에 따라 악취배출시설 설치·운영신고를 받은 관할 행정청은 신고서와 함께 제출된 악취방지계획상의 악취방지 조치가 적절한지를 검토할 권한을 갖고 있다. ⓒ 또 다른 신고대상 악취배출시설 지정권자인 시·도지사의 권한의 위임에 관하여 규정한 악취방지법 제24조 제2항의 위임에 따른 악취방지법 시행령 제9조 제3항은 "시·도지사는 법 제24조 제2항에 따라 다음 각호의 권한을 시장·군수·구청장에게 위임한다."라고 규정하면서, 제1호에서 '법 제8조 제1항에 따른 악취배출시설의 설치신고·변경신고의 수리', 제4호에서 '법 제8조의2 제2항에 따른 악취배출시설의 운영·변경신고의 수리'를 각각 들고 있는데, 이는 악취배출시설 설치·운영신고를 받은 관할 행정청에 신고의 수리 여부를 심사할 권한이 있음을 전제로 한 것이다(대판 2022. 9. 7.,
2020두40327).

2. 행위요건적 행위의 효과

허가의 신청, 청약 등 이른바 '행위요건적 행위'로서의 사인의 공법행위가 행해지면, 행정기관은 일반적으로 그것을 수리하고 적절히 처리할 의무를 진다. 그러나 그 밖에 어떠한 법적 효과를 발생하는가는 상대방으로서의 행정기관의 행위가 어떠한 성질을 가지는가에 따라 다르다고 할 수 있다. 즉 행정기관의 행위가 행정행위(처분)의 성질을 가지는지 여부, 그 행정행위가 기속행위인가 재량행위인가 등에 따라 많은 차이가 있다. 이에 대하여는 「제2편 행정작용법」에서 자세히 다루기로 한다.

> **[판례]** 식품위생법 제39조 제1항, 제3항에 의한 영업양도에 따른 지위승계 신고를 행정청이 수리하는 행위는 단순히 양도·양수인 사이에 이미 발생한 사법상의 영업양도의 법률효과에 의하여 양수인이 그 영업을 승계하였다는 사실의 신고를 접수하는 행위에 그치는 것이 아니라, 양도자에 대한 영업허가 등을 취소함과 아울러 양수자에게 적법하게 영업을 할 수 있는 지위를 설정하여 주는 행위로서 영업허가자 등의 변경이라는 법률효과를 발생시키는 행위이다(대판 2020. 3. 26.,
2019두38830).

3. 사인의 공법행위의 하자와 행정행위의 효력

사인의 공법행위, 그 중에서도 행정행위의 신청 또는 행정행위에 대한 동의 등과 같은 의사표시에 하자가 있는 경우에 그 사인의 공법행위에 의거한 행정행위(혀가·특)의 효력은 어떻게 되는 것인가?

(1) 통설적 견해

다수설은 문제된 사인의 공법행위(실청·)가 행정행위를 위한 동기(희망의)인가 아니면 전제요건(필요적)인가로 나누어, 전자에 해당하는 경우에는 행정행위의 효력은 영향받지 않는 데 대하여, 후자에 해당하는 경우에는 그 행정행위는 무효가 된다고 한다.

(2) 사 견

생각건대, 통설적 견해에 있어서 가장 문제가 되는 점은, 사인의 의사표시에 있어서의 단순한 희망표시와 필요적 요건의 구별 및 단순위법과 무효의 구분이 명확치 않다고 하는 점이다. 이러한 통설적 견해를 보충하기 위하여 다음과 같은 "원칙·예외의 체계"를 제시하고자 한다.[9]

첫째는 취소성의 원칙(Grundsatz der Anfechtbarkeit)이다. 즉 사인의 공법행위(실청·동)에 하자가 있는 때에는 그에 의한 행정행위는 "취소할 수 있는 것"이 됨이 원칙이라고 보아야 한다. 본래 행정행위는 행정청의 일방적 행위로서의 성질을 가지는 바, 만일에 사인의 공법행위가 행정행위의 효력을 좌우하는 것이 된다면 사인이 행정행위를 형성(gestalten)하는 것이 되어 행정행위의 속성과 합치되지 않는다고 보는 것이다. 또한 오늘날에 있어서와 같이 행정쟁송제도가 정비되어 있는 때에 있어서는 "취소성의 원칙"이 사인의 권리구제에 큰 지장을 주지 않으며, 법적 안정성에도 도움을 준다고 생각된다.

둘째로, 그러나 위의 원칙에 대한 예외로서 다음과 같은 경우에는 그 행정행위는 무효로 봄이 타당하다.

① 법이 개별적으로 상대방의 동의를 행정행위의 효력발생요건으로 정하고 있는 경우(공무원)에 그에 동의하지 않는 경우.

② 행정행위가 공문서의 교부를 통하여 행해지는데 상대방이 그의 수령을 거부하는 경우.

③ '신청을 요하는 행정행위'에 있어 신청의 결여가 명백한 경우.

---

9) 아울러 Kirchhof, Der Verwaltungsakt auf Zustimmung, DVBl. 1985, S. 652 f.; 김남진, 기본문제, 245면 이하 참조.

> **[판례]** 허가신청행위가 없음에도 불구하고 피고가 내린 허가처분은 과시 논지가 주장하는 것처럼 무효라고 보는 것인데, 원심이 취소를 명한 것은 무효인 행정처분을 무효라고 확인하는 취지라 할 것이므로 원심판결에는 영향이 없게 된다(대판 1974. 8. 30. 74누168).

사례해설

위 수리행위는 단순히 양도·양수인 사이에 이미 발생한 사법상의 영업양도의 법률효과에 의해 양수인이 그 영업을 승계하였다는 사실의 신고를 접수하는 행위에 그치는 것이 아니라 영업허가자의 변경이라는 법률효과를 발생시키는 행위라 할 것이므로(대판 1995. 2. 24. 94누9146) 甲의 신고는 행위요건적인 사인의 공법행위에 해당하고 乙의 수리는 처분성이 인정된다.[10]

Ⅳ. 공법상의 사무관리와 부당이득

사무관리란 법률상의 의무없이 타인의 사무를 관리하는 행위(민법 734조)를 말하며, 부당이득이란 법률상 원인없이 타인의 재산 또는 노무로 인하여 이익을 얻고 이로 인하여 타인에게 손해를 끼치는 것(민법 741조)을 말한다. 이는 본래 사법상의 관념이지만 공법의 영역에서도 그러한 행위가 존재할 수 있음은 물론이며, 그로 인하여 행정법상의 법률관계가 발생하게 된다. 이에 대하여는 행정구제법의 편에서 "행정법상의 채권관계"[11]라는 제목하에 고찰하기로 한다.

---

10) 상세는 김연태, 행정법사례연습, 130면 이하 참조.
11) 본서 789면 이하.

제 2 편

행정작용법

제1장 개 설

1. 행정작용의 다양화

행정기능이 확대됨에 따라 행정작용은 나날이 다양해지고 있다. 그 다양한 행정작용을 일정한 기준에 따라 분류하여 행정의 모습을 법적인 관점에서 체계적으로 파악하려는 것이 행정작용법의 과제이며 내용이다.[1] 행정작용을 "행정의 행위형식", "행정활동" 등으로 부르기도 한다.

2. 행정작용 분류의 이유

행정이 질서유지라고 하는 소극적인 임무만을 수행하던 때에는 행정작용 역시 단순하고 파악하기가 용이하였다. 즉 명령(행정입법)·행정행위·행정강제의 세 종류가 행정작용의 근간을 이루었다고 볼 수 있다. 그리고 그들 세 종류의 행정작용은 각각 규범·개별적 조치·권력적 사실행위 등의 법적 특색을 지니고 있으며, 이들 행정작용에 대응한 개인의 쟁송수단 역시 비교적 명확히 구분될 수 있었다. 명령에 대해서는 구체적 규범심사제, 행정행위에 대해서는 취소쟁송, 행정강제에 대해서는 집행정지제도 같은 것을 생각할 수 있는 것이다.

전통적으로 명령·행정행위·행정강제 등을 법이론상으로 구분하는 이유는, 무엇보다도 그들 행정작용이 각각 법적 요건과 효과를 달리하며 그에 대한 쟁송수단을 달리하는 데에 있었다고 할 수 있다. 오늘날에 있어서 행정작용을 이론적으로 분류하는 기본적인 이유도 그러한 점에 있다. 다만 행정작용이 과거보다 복잡·다양해짐에 따라 그 분류 작업이 더욱 어려워져 가고 있는 점이 달라진 점이라 할 수 있다.

우리의 실정법상으로도 행정쟁송의 수단(종류)은 취소심판·확인심판·이행심판, 항고소송·당사자소송 등으로 다양하게 구분되고 있다. 이와 같은 행정쟁송수단의 다원화는 행정작용의 이질성을 전제로 하는 것이다. 따라서 행정

---

[1] 참조: 김남진, 행정상의 법적 형식·작용형식·실현형식의 구별, 학술원통신 제323호, 2020. 6; 김남진, 행정법총론의 기능과 관련 문제, 학술원통신 제334호, 2021. 5.

작용법의 과제는 무엇보다 서로 성질을 달리하는 작용을 유형화하는 기준을
찾아내는 데에 있다고 할 수 있다.

3. 행정작용 분류의 기준

다양한 행정작용을 분류함에 있어 중요한 의의를 가지는 기준에는 다음과
같은 것이 있다.

(1) 법적 행위와 사실행위

이것은 어떤 행정작용이 법적 효과($^{권리 \cdot 의무}_{등의 변동}$)를 발생시키는가 아닌가에 따른
분류이다. 과거에는 사실행위는 행정법학의 대상에서 제외되는 경향에 있었으
나, 근래에는 중요한 고찰의 대상이 되고 있다. 경고·권고·정보제공·행정지
도 등 사실행위가 현실의 행정에서 중요한 기능을 수행하며, 간접적으로 많은
법적 문제를 일으키기 때문이다.

(2) 공법행위와 사법행위

이것은 어떤 행정작용이 공법의 규율을 받는가, 사법의 규율을 받는가에 따
른 분류이다. 그러나 공법행위가 반드시 공법적 효과를 발생하는 것만을 의미
하는 것이 아님을 유의할 필요가 있다. 공법행위($^{공물등의}_{공용수}$)가 사법적 효과($^{소유권의}_{변동}$)
를 발생하는 예도 많이 있기 때문이다.

(3) 의사(정신)작용과 사실(물리)작용

이것은 의사작용으로 목적을 달성하는 것인가, 신체적·물리적 작용을 수반
하는 것인가에 따른 분류이다. 이와 관련하여 행정법이론에 있어서 "사실행위
(작용)"는 비법적 행위 및 물리적 강제력을 수반하는 행위라고 하는 두 가지
뜻으로 사용되고 있는 점에 유의할 필요가 있다. 아울러 후자는 법적 행위로서
의 성질을 가지는 경우도 많다는 점 또한 유의할 필요가 있다. 예컨대, 수도 등
의 공급중단, 압류와 같은 사실행위($^{권력적}_{사실행위}$)는 상대방에게 수인의무를 부과하고
있는 점에서 법적 행위($^{합성적}_{행정행위}$)로서의 성질을 가지는 것이다.

(4) 일방(권력)적 행위와 쌍방(대등)적 행위

이것은 행정주체가 상대방보다 우월한 지위에서 행하는 작용($^{행정행}_{위등}$)인가, 상
대방과 대등한 지위에서 의사합치를 통해서 행해지는 작용(^{계약})인가에 따른 분
류이다.

(5) 일반적·추상적 규율과 개별적·구체적 규율

이것은 불특정다수인을 상대로(일반적) 되풀이(추상적)되어 적용될 수 있는 법적 행위(규범·명령)인가, 특정인을 상대로(개별적) 일회적으로 또는 시간과 장소를 한정하여(구체적) 적용될 수 있는 법적 행위(행정행위·처분)인가에 따른 분류이다. 이와 같은 두 가지의 기본적 행위형식을 바탕으로 다시 일반적·구체적 규율, 개별적·추상적 규율과 같은 행위유형이 구분될 수 있다.

(6) 대인적 행위와 물적 행위

이것은 직접 사람에 관해 규율하는 행위인가, 아니면 직접적으로는 물건의 성질 또는 상태에 관해 규율하는 행위로서 물건의 소유주 등 사람에 대해서는 간접적인 법적 효과만을 미치는가에 따른 분류이다.

(7) 공식적 행정작용과 비공식적 행정작용

공식적 행정작용(formales Verwaltungshandeln)이라 함은 그 근거·절차, 요건·효과 등이 법에 정하여져 있으며 법적 구속력을 발생하는 일체의 행정작용(예: 명령, 행정행위, 행정강제 등)을 의미한다. 이에 대해 비공식적 행정작용(informales Verwaltungshandeln)이라 함은 그 형식이나 절차 등이 법에 정하여져 있지 않으며 직접적으로는 법적 구속력을 발생하지 않는 일체의 행정작용을 의미하며, 행정기관이 일방적으로 행하는 경고와 권고, 교시 또는 정보제공, 행정주체와 국민간에 행해지는 교섭·비구속적 합의 등이 그에 해당한다.

(8) 종국적 행위와 잠정적 행위

법이 정한 효과를 확정적으로 발생시키는 행위를 "종국적 행위"라고 하고, 종국적 행위가 행해지기까지 잠정적으로만 법적 효과를 가지는 행위를 "잠정적 행위"라고 한다. 법적 행위는 대개가 종국적 행위에 해당한다고 할 수 있으며, 후자에 해당하는 것으로서 근래 가행정행위(잠정적 행정행위)가 논해지고 있다.[2]

(9) 다단계 행정작용

원자력발전소나 공업단지를 건설한다고 하는 경우, 그 기간은 10여년이 소요되며, 그 사업이 완성되기까지 여러 종류의 행정활동이 행해지게 된다. 이러

---

2) 이에 대해서는 김남진, 기본문제, 299면 이하; 류지태, 가행정행위의 개념, 행정법의 이해, 2006; 최봉석, 잠정적 행정행위의 요건과 한계, 고시연구, 2006. 3 등 참조.

한 사업의 계획단계에서부터 완료시까지 행해지는 행정활동을 "다단계 행정작용"이라 부를 수 있는 것인데, 그 가운데 행정법상 특별히 논해지는 것에 사전결정(또는 예비결정: Vorbescheid)과 부분허가(Teilgenehmigung)가 있다.

이상의 행정작용에 대해 구체적으로 고찰하는 것이 "제2편 행정작용법"의 내용을 이룬다.

제2장 행정입법

제1절 개 설

I. 행정입법의 의의

행정입법은 행정권이 일반적·추상적인 규율을 제정하는 작용 또는 그에 의해 제정된 규범으로서의 명령을 말한다. 여기에서 '일반적'이란 불특정다수인에게 적용된다는 의미를 가지며, '추상적'이란 불특정다수의 사안(경우)에 적용된다는 의미를 가진다. 또한 '규율'은 법적 효과를 발생함을 의미한다. 국가적 작용 가운데 '일반적·추상적 규율'을 '법규범'이라고 말할 수 있으며, 그 법규범 가운데 행정권이 제정한 것을 '명령'이라고 부른다.

이처럼 행정입법이 일반적·추상적 규율의 성질을 가지는 점에서, 보통 행정권(행정청)의 개별적·구체적 규율로서의 성질을 갖는 행정행위(처분)와 구별된다.

II. 행정입법의 기능

「입법권은 국회에 속한다」는 헌법규정($\frac{40}{조}$)에 나타나 있는 바와 같이, 권력분립을 기초로 하는 법치국가에서는 법규범을 제정하는 작용인 입법권은 원칙적으로 국민의 대표기관인 의회(국회)에 속한다. 최소한 의회의 심의를 거침이 원칙이다. 따라서 행정입법, 즉 행정권에 의한 입법은 국회입법의 원칙 및 권력분립의 원칙에 위배되는 것으로 볼 수 있다. 실제로 19세기의 여러 나라에서는 행정입법을 금기로 생각하는 경향이 있었다. 국민에 의하여 위임받은 입법권은 타기관에 재위임될 수 없다는 의미의 복위임금지의 원칙(delegata potestas non potest delegari)은 그러한 사상을 나타내는 것으로 볼 수 있다.[1]

그러나 20세기에 들어와서 행정기능의 확대, 그의 전문화·기술화 등의 현상과 요청은 행정입법을 불가결의 것으로 만들었으며, 헌법이 명문으로 행정입법을 인정하는 나라도 증가하기 시작하였는데,[2] 우리의 헌법($^{75조,\ 76조,\ 95}_{조,\ 114조\ 6항}$)도 그 중의 하나이다. 한편, 행정입법의 필요성 내지 행정입법의 순기능으로서는 ① 전문적·기술적인 입법사항의 증대, ② 행정현상의 급격한 변화에 즉응하는 입법의 필요, ③ 행정요원의 전문적 지식 및 경험의 활용, ④ 국회의 부담경감 등을 열거할 수 있다.

Ⅲ. 행정입법의 분류

행정입법은 법규성($^{대외적\ 구속성,}_{재판규범성,}$)을 가지는가 여부에 따라 크게 법규명령과 행정규칙으로 구분하는 것이 일반적 견해라 할 수 있다. 즉 행정기관이 정립한 법규범 중에서 법규의 성질을 가지는 것을 법규명령이라 하고, 법규의 성질을 가지지 않는 것을 행정규칙 또는 행정명령이라 한다. 이에 대하여 행정규칙은 법률의 근거 없이도 집행권의 고유권한으로 발령될 수 있는 것이므로 그것을 행정상 '입법'의 일종으로 보는 것은 타당하지 않다는 주장[3]이 있다. 즉 법규명령만 행정입법으로 보고 행정규칙은 그 자체로서 특수한 행정작용의 법형식이라고 한다.

생각건대, 행정의 행위형식이라는 관점에서 볼 때, 법규명령과 행정규칙은 다 같이 행정권의 일반적·추상적 규율이라는 공통점을 가지고 있으며, 그 법규명령과 행정규칙의 구분이 보는 관점에 따라 유동적일 수 있기 때문에 그 양자를 하나로 묶어 살펴보는 것이 의미가 있을 것이다.[4]

---

1) 미합중국헌법은 제1조에서 「이 헌법에 의하여 부여되는 일체의 입법권은 상원과 하원으로 구성되는 합중국의회에 속한다」(All Legislative Powers herein granted shall be vested in a Congress of the United States, which shall consist of a Senate and a House of Representatives)라고 규정하고 있으며, 이러한 헌법조문이 현재까지도 「입법권의 행정권에의 위임금지」의 근거가 되어 있다고 볼 수 있다.

2) 예컨대, 미국의 헌법과는 달리, 독일의 헌법(Grundgesetz)은 법률의 위임을 통한 정부(연방정부, 연방장관, 주정부)의 법규명령(Rechtsverordnungen)의 제정권을 명문으로 인정하고 있다. 그러면서도 위임되는 권한의 내용·목적 및 정도(Inhalt, Zweck und Ausmass der erteilten Ermächtigung)가 법률에 규정되어야 하며, 명령에는 그의 법적 근거가 명시되도록 되어 있다(기본법 80조 1항 참조). 그리고 이와 같은 내용의 헌법상의 수권규정이 본질사항유보설의 연원이 되었다고 볼 수 있다.

3) 홍준형(총론), 171-172면 및 351면.

4) 김남진, 행정입법의 현황과 문제점, 고시계, 1996. 12. 16면.

제 2 절 법규명령

I. 법규명령의 의의

1. 법규명령의 개념

법규명령이란 행정권이 정립하는 일반적·추상적 규정으로서 법규의 성질을 가지는 것을 말한다. 따라서 법규명령은 행정권이 행하는 법정립작용, 즉 행정입법이라 할 수 있다. 광의로는 국회의 의결을 거치지 아니하고 제정된 일반적·추상적 규율로서 법규의 성질을 가진 모든 법규범을 의미하는데, 이에 의하면 대법원규칙, 헌법재판소규칙 등도 그에 포함되게 된다. 법규의 성질, 즉 대외적 구속력을 갖는 점에서 일반적으로 법규의 성질을 가지지 않고 원칙적으로 행정기관 내부에서만 효력을 갖는 행정규칙과 구별된다.

2. 헌법·법률·조례 등과의 구별

법규명령이 '일반적·추상적 규율', 즉 규범 내지 법규로서의 성질을 가지는 점은 헌법·법률·조례 등과 성질을 같이 하나, 제정의 주체·절차·효력 등의 점에서 그들과 차이가 있다.

3. 법규의 의의 및 법규명령의 요소

법규(法規)란 국가 등 행정주체 내부에서만이 아니라 일반 국민과의 관계에서도 직접 구속력(또는 기속력)을 가지며 재판규범이 되는 법규범(일반적·추상적 규율)을 의미한다. 따라서 행정조직 또는 특별신분관계(특별행정법관계) 내부에서만 구속력을 가지며, 재판규범으로서의 성질을 가지지 않을 뿐 아니라, 법령에 근거를 두고 있지 않는 행정규칙(행정명령)은 원칙적으로 법규의 성질을 가지지 않는다고 보아야 한다.

법규의 의미를 위와 같이 이해할 때, '법규명령'은 행정기관이 정한 명령이면서도 그것을 발한 행정기관은 물론 일반국민, 법원과 같은 다른 국가기관에 대해서도 구속력을 가질 수 있는 명령을 의미하게 된다. 그리고 법규는 법치국가에서는 의회의 의결을 거쳐서 제정되는 것이 원칙이므로, 법규명령은 헌법·

법률 등 상위규범의 수권을 통해서 또는 상위규범을 집행하기 위해서만(법령에 근거하여서만) 제정될 수 있다고 보아야 할 것이다(헌법 75조 및 95조 등 참조).

위와 같은 법규관념에 입각하여 법규명령을 분석하게 되면, 다음과 같이 말할 수 있다.

① 법규명령의 제정에는 법령상의 근거를 필요로 한다.

② 법규명령은 일반성과 추상성을 지님이 보통이다. 법규명령의 형식을 취하고 있으나, 그의 효력(구속력)이 개별성·구체성을 지니고 있는 경우에는 "법규명령형식의 처분(행정행위)"으로 부를 수 있을 것이다.

③ 일반 국민에 대하여 직접 구속력(대외적 효력)을 가짐이 보통이다. 그러나 (형식적) 법규명령(대통령령·부령 등·) 가운데 행정조직 내부에서만 구속력을 가지고, 직접 대외적 구속력을 가지지 않는 것(직제 등)도 많이 있음이 사실이다. 따라서 '대외적 구속력'은 법규명령의 가능성(Möglichkeit) 또는 능력(Fähigkeit)이라고 할 수 있으며, 모든 법규명령이 일반국민에 대한 구속력을 현실적으로 지니고 있어야 하는 것은 아니다.

④ 법규명령은 법률과 같이 재판규범으로서의 성질을 가진다. 그러나 법관은 명령의 위법성 여부가 재판의 전제가 되는 경우, 스스로 명령의 위법성을 심사하여 적용을 배제할 수 있으므로(헌법 107조 2항 참조), 법규명령의 재판규범성은 그 한도에서 제약을 받는다고 말할 수 있다.

법규명령의 형식(대통령령·총리령·부령 등)을 취하고 있으나 법률의 근거없이 제정된 것도 다수 발견할 수 있는데(구 사법시험령·사무관리규정 등), 이러한 명령은 편의상 '법규명령형식의 행정규칙'이라고 부를 수 있는데, 그의 합헌성에 대하여는 의문이 제기된다.[1]

법규명령은 행정작용이면서 규범(일반적·추상적 규율)의 성질과 효력을 지니는 점에서, 행정행위로서의 개별적·구체적 규율(표준적 행정행위), 일반적·구체적 규율(일반처분) 및 물적 행정행위(dinglicher Verwaltungsakt) 등과 구별되는 점이 강조될 필요가 있다.

---

1) 상세는 김남진, 법률에 근거없는 대통령령, 고시연구, 1994. 5 참조.「국립묘지령은 국민의 권리의무와 직접 관련된 사항에 관해 규정하면서도 아무런 법률적 근거를 갖고 있지 않으므로 효력이 없다」(서울고판 2002. 2. 1, 2001누10631).

Ⅱ. 법규명령의 종류

1. 수권의 범위 · 효력에 따른 분류

(1) 헌법대위명령(비상명령)

행정권이 발하는 명령이면서도 헌법의 일부규정의 효력을 정지시키는 등 헌법적(헌법대위적) 효력을 가지는 명령이 이에 해당한다. 일반적으로 국가비상시에 발해지므로 일명 '비상명령'이라고도 불리운다. 1972년 10월 제정된 이른바 유신헌법하에서의 대통령령의 비상조치에는 헌법대위적 규정도 담을 수 있는 것으로 새겨진 바 있다.

(2) 법률대위명령

법률과 대등한 효력을 지니는 명령을 말하는 것으로서, 현행 헌법 제76조에 근거를 두고 있는 긴급재정 · 경제명령 및 긴급명령이 그에 해당한다.

대통령은 다음과 같은 요건 하에서만 긴급재정 · 경제명령과 긴급명령을 발할 수 있다(헌법 76조 참조).

① 대통령은 내우 · 외환 · 천재 · 지변 또는 중대한 재정 · 경제상의 위기에 있어서 국가의 안전보장 또는 공공의 안녕질서를 유지하기 위하여 긴급한 조치가 필요하고 국회의 집회를 기다릴 여유가 없을 때에 한하여 최소한으로 필요한 재정 · 경제상의 처분(긴급재정 · 경제처분)을 하거나 이에 관하여 법률의 효력을 가지는 명령(긴급재정 · 경제명령)을 발할 수 있다(헌법 76조 1항).

② 대통령은 국가의 안위에 관계되는 중대한 교전상태에 있어서 국가를 보위하기 위하여 긴급한 조치가 필요하고 국회의 집회가 불가능한 때에 한하여 법률의 효력을 가지는 명령(긴급명령)을 발할 수 있다(헌법 76조 2항).

③ 대통령은 긴급재정 · 경제명령 또는 긴급명령을 한 때에는 지체없이 국회에 보고하여 그 승인을 얻어야 한다. 대통령이 그 승인을 얻지 못한 때에는 그 처분 또는 명령은 그때부터 효력을 상실한다. 이 경우 그 명령에 의하여 개정 또는 폐지되었던 법률은 그 명령이 승인을 얻지 못한 때부터 당연히 효력을 회복한다(헌법 76조 3항 및 4항).

(3) 법률종속명령(위임명령·집행명령)

법률이 위임한 범위 안에서는 본래 법률로써 정할 수 있는 사항(법규사항)을 정할 수 있는 명령을 '위임명령'이라고 하고, 단순히 법률을 집행하는 내용을 정할 수 있을 뿐, 새로운 법규사항을 담을 수 없는 명령을 '집행명령'이라고 한다. 위임명령은 상위법령에 의하여 위임된 사항에 관하여 발하는데 대하여, 집행명령은 상위법령의 명시적 규정이 없더라도 직권으로 발할 수 있다.

그러나 실제에 있어서 위임명령과 집행명령의 구분이 분명하지 않은 경우가 많으며, 양자가 혼재하고 있는 것이 일반적이다.[2]

위임명령과 집행명령에 관한 구체적인 내용은 후술하는 "법규명령의 제정 범위와 한계"에서 고찰하기로 한다.

2. 권한의 소재·법형식에 따른 분류

(1) 헌법이 명시하고 있는 법규명령

헌법이 명시하고 있는 명령에는 다음과 같은 것이 있다.

(가) 대통령령

헌법 제76조에 근거하여 대통령이 정하는 긴급재정·경제명령 및 긴급명령과 헌법 제75조에 근거하여 대통령이 정하는 위임명령과 집행명령이 이에 속한다.

(나) 총리령·부령

헌법 제95조에 근거하여 국무총리 및 각부장관이 정하는 총리령 및 부령이 이에 해당한다. 이에는 위임명령과 집행명령이 있는데, 부령의 경우 보통 '시행규칙'의 이름으로 불리운다.

(다) 중앙선거관리위원회규칙

헌법 제114조 6항에 근거하여 중앙선거관리위원회는 법령의 범위 안에서 선거관리·국민투표관리 또는 정당사무에 관한 규칙을 제정할 수 있으며, 법률에 저촉하지 아니하는 범위 안에서 내부규율에 관한 규칙을 정할 수 있게 되어 있다.

---

2) 김도창(상), 307면; 이상규(상), 293면; 김동희·최계영(Ⅰ), 145면.

(2) 헌법 이외의 법령에 근거한 법규명령(론)

(가) 감사원규칙 등

「감사원법」은 "감사원은 감사에 관한 절차, 감사원의 내부규율과 감사사무처리에 관한 규칙을 제정할 수 있다"($^{52}_{조}$)라고 정하고 있는데, 이에 근거하여 제정된 감사원규칙이 "법규명령"인가 "행정규칙"인가에 대해서는 의견이 나누어져 있다.

행정규칙설은 「감사원법」과 같은 법률은 '법률내용의 구체적·한정적 위임'은 할 수 있어도 '입법의 형식' 자체는 창설할 수 없다는 것을 그 근거로 삼는다.[3] 즉 헌법에 명시되어 있는 명령만이 법규명령의 성질을 가진다고 보는 것이다.

법규명령설은 법률은 국민대표기관인 국회의 의결을 거쳐 제정된 것으로서 민주적 정당성을 가지는 것이므로, 법률에 종속하는 하위규범으로서의 법규명령의 창설도 가능한 것으로 보고 있다.

감사원규칙을 법규명령으로 보는 경우, 「독점규제 및 공정거래에 관한 법률」($^{48조}_{2항}$), 「금융위원회의 설치 등에 관한 법률」($^{16}_{조}$), 「노동위원회법」($^{25}_{조}$), 「방송법」($^{31}_{조}$) 등에 각기 근거를 두고 있는 공정거래위원회규칙, 금융위원회규칙, 중앙노동위원회규칙, 방송통신위원회규칙도 법규명령으로 볼 수밖에 없을 것이다.[4]

생각건대, 국회입법의 원칙에 대한 예외는 헌법 스스로 인정한 경우에 한하며, 법률에 의하여 창설적으로 인정될 수는 없다고 보아야 할 것이다.

(나) 고시 등

고시, 훈령과 같은 행정규칙도 법령의 위임을 통하여 법규사항을 정하고 그에 따라 법규명령으로서의 성질 또는 효력을 취득할 수 있는지가 문제된다.

상당수 학설이 그에 동조하고 있을 뿐 아니라, 그에 동조하는 판례도 상당수 있다.

> **[판례]** 행정규칙이 갖는 일반적 효력으로서가 아니라, 행정기관에 법령의 내용을 보충할 권한을 부여한 법령규정의 효력에 의하여 그 내용을 보충하는 기능을 갖게 된다 할 것이므로 이와 같은 행정규칙은 당해 법령의 위임한계를 벗어나지 아니하는 한 그것들과 결합하여 대외적인 구속력이 있는 법규명령으로서의 효력을 갖게 된다(대판 1987. 9. 29, 86누484. 동지판례: 대판 1994. 4. 26, 93누21668; 대판 1988. 3. 22, 87누654; 대판 2002. 9. 27, 2000두7933).

---

3) 김도창(상), 311면.
4) 이러한 점에 관하여는 특히 김철용(I), 153-154면 참조.

이른바 "행정규칙형식의 법규명령(론)"이 논란의 대상이 되어 오던 중, 「행정규제기본법」의 "다만, 법령에서 전문적·기술적 사항이나 경미한 사항으로서 업무의 성질상 위임이 불가피한 사항에 관하여 구체적으로 범위를 정하여 위임한 경우에는 고시 등으로 정할 수 있다"(4조 2항단서)는 규정, 동법 시행령의 "법 제4조 제2항 단서에서 '고시 등'이라 함은 훈령·예규·고시 및 공고를 말한다"(2조 2항)라고 하는 규정은 위 판례의 입장을 뒷받침해 주는 것으로 보인다. 그러나 위와 같은 규정의 합헌성 여부가 검증될 필요가 있다.[5]

한편, 최근에 제정된 「행정기본법」은 이 법에서 사용하는 용어의 정의를 하면서, '법령'에 해당하는 것으로 감사원규칙을 「헌법」에 규정된 국회규칙·대법원규칙·헌법재판소규칙·중앙선거관리위원회 규칙과 함께 병렬적으로 열거하고, 법률 및 대통령령·총리령·부령 또는 국회규칙·대법원규칙·헌법재판소규칙·중앙선거관리위원회 규칙 및 감사원규칙의 위임을 받아 중앙행정기관의 장이 정한 훈령·예규 및 고시 등 행정규칙을 '법령'에 포함시키고 있다(2조 1호).

(3) 그 밖의 관련문제

(가) 국무총리직속기관의 명령

국무위원으로 보하는 국무총리직속기관도 독자적으로 법규명령을 정할 수 있는가? 과거에 이 문제가 쟁점이 되었던 것인데, 「정부조직법」의 개정(1998. 2)을 통하여 현재는 더 이상 쟁점이 되고 있지 않다. 이전에 국무위원으로 보하였던 기관(재정경제원 통일원 등)이 행정각부의 지위를 누리게 됨에 따라 일단락되었기 때문이다.

(나) 총리령과 부령과의 관계

총리령과 부령과의 관계에 대하여 총리령우위설과 동위설이 나뉘어져 있다. 총리령우위설은 국무총리는 헌법상 행정각부를 통할하는 지위를 가지므로, 총리령과 부령이 내용상으로 저촉되는 경우에는 총리령이 우월하다고 보아야 한다는 견해이고, 동위설은 총리령과 부령은 동일한 지위에서 발해지므로, 양자

---

5) 이 문제를 본격적으로 연구한 논문으로는 고영훈, 행정상의 고시의 법적 문제점과 개선방향에 관한 연구, 공법연구 제29집 1호, 2000. 11, 277면 이하 참조. 이 논문에서 현실과 헌법규범 사이에 괴리가 있을 때에는 헌법규범을 고치든지 아니면 현실을 개선하여 헌법규범에 합치되도록 하여야 할 것이라며, 여러 가지 건설적인 개선책을 제시하고 있다. 최근의 문헌으로는 정남철, '고시'형식의 법규명령의 내용 및 법적 문제점, 고시연구, 2006. 7; 김중권, 조문형식을 띤 고시의 처분성 인정에 따른 문제점에 관한 소고, 저스티스 98호, 2007. 6; 김중권, 행정법상의 고시의 법적 성질에 관한 소고, 고시계, 2008. 2 등.

는 동일하고 충돌될 경우 신법 우선 또는 특별법 우선의 원칙으로 해결해야 한다는 견해이다.

그러나 총리령은 통상 국무총리 소속기관의 사무에서 제정되고, 부령은 행정각부의 사무에서 제정되기 때문에 양자는 충돌될 일이 거의 발생하지 않으므로, 논의의 큰 실익은 없다고 생각한다.

Ⅲ. 법규명령의 성립·효력요건

법규명령이 적법하게 성립하여 효력을 발생하기 위해서는 다음의 요건을 갖추어야 한다.

1. 주체에 관한 요건

법규명령은 대통령·국무총리·행정각부의 장·중앙선거관리위원회 등 정당한 권한을 가진 기관이 제정하여야 한다.

2. 절차에 관한 요건

(1) 대통령령은 법제처의 심사와 국무회의의 심의를 거쳐야 하며, 총리령과 부령은 법제처의 심사를 거쳐야 한다(헌법 89조 제3호. 정부 조직법 23조 1항 참조).

(2) 학사제도·공중위생·환경보전·토지제도·국가시험 기타 다수 국민의 일상생활과 관계되는 법령안은 그 입법취지·주요내용을 관보 또는 일간신문에 20일 이상 게재하여 국민에게 예고하고 이해관계인으로부터 서면에 의한 의견제출을 받아야 한다(이와 같은 내용의 입법예고제도는 1983년 5월에 공포된 「법령안입법예고에 관한 규정」에 의해 도입 되었으며, 현재 「행정절차법」 제41조 이하와 「법제업무운영규정」 제14조 이하에서 규정하고 있다).

3. 형식에 관한 요건

법규명령은 조문의 형식에 의하여야 하는 것 외에도 일정한 형식을 갖추어야만 한다.

(1) 대통령령의 경우에는, 대통령령 공포문의 전문에 국무회의의 심의를 거친 사실을 적고, 대통령이 서명한 후 대통령인을 찍고 그 공포일을 명기하여 국무총리와 관계 국무위원이 부서한다(법령 등 공포에 관한 법률 7조).

(2) 총리령을 공포할 때에는 그 일자를 명기하고, 국무총리가 서명한 후 총리인을 찍는다(동법 9 조 1항). 그리고 부령을 공포할 경우에는 그 일자를 명기하고, 해

당 부의 장관이 서명한 후 그 장관인을 찍는다($\frac{동법 9}{조 2항}$).

　(3) 대통령령·총리령 및 부령은 각각 그 번호를 붙여서 공포한다($\frac{동법}{10조}$).

4. 근거 및 내용에 관한 요건

　법규명령에 법률유보원칙, 법률우위원칙이 적용됨은 행정행위에 있어서와 마찬가지이다. 따라서 법규명령은 법령에 근거하고, 수권의 범위 내에서 발해 져야 하며, 상위법령에 직접 또는 간접으로 저촉되어서는 안 된다. 또한 법규명 령은 그 내용이 가능한 것이어야 하고 명확해야 한다($\frac{아울러 \ 아래}{의 \ IV \ 참조}$).

> **[판례]** 어느 시행령이나 조례의 규정이 모법에 저촉되는지의 여부가 명백하지 아 니하는 경우에는 모법과 시행령 또는 조례의 다른 규정들과 그 입법 취지, 연혁 등 을 종합적으로 살펴 모법에 합치된다는 해석도 가능한 경우라면 그 규정을 모법위 반으로 무효라고 선언하여서는 안 된다. 이러한 법리는, 국가의 법체계는 그 자체 통일체를 이루고 있는 것이므로 상·하규범 사이의 충돌은 최대한 배제되어야 한 다는 원칙과 더불어, 민주법치국가에서의 규범은 일반적으로 상위규범에 합치할 것 이라는 추정원칙에 근거하고 있을 뿐만 아니라, 실제적으로도 하위규범이 상위규범 에 저촉되어 무효라고 선언되는 경우에는 그로 인한 법적 혼란과 법적 불안정은 물론, 그에 대체되는 새로운 규범이 제정될 때까지의 법적 공백과 법적 방황은 상 당히 심각할 것이므로 이러한 폐해를 회피하기 위해서도 필요하다($\frac{대판 \ 2014. \ 1. \ 16, \ 2011}{두6264. \ 동지판례: \ 대판}$ $\frac{2015. \ 9. \ 10.}{2013두25856}$).

5. 공　포

　법규명령은 그 내용을 외부에 표시함으로써 유효하게 성립된다. 이와 같은 법규명령의 대외적 표시절차를 공포라 하는데, 공포는 관보[6]에 게재하여 행하 여야 한다. 그리고 이 경우 공포일은 그 법규명령을 게재한 관보가 발행된 날 로 한다($\frac{법령 등 공포에 관한 법률 11조, 12조}{및 \ 대판 \ 1969. \ 11. \ 25, \ 69누129 \ 참조}$).

6. 효력발생

　(1) 법규명령은 특별한 규정이 없으면 공포한 날로부터 20일을 경과함으로

---

6) 2008년 3월 법개정을 통해 종래의 종이관보 외에 '전자관보'를 도입하였다(법령 등 공포에 관한 법률 11조 3항 및 4항). 관보는 종이로 발행되는 관보(종이관보)를 기본으로 하며, 이를 전자적 형태로 전환 하여 제공되는 관보(전자관보)를 보완적으로 운영할 수 있다. 관보의 내용해석 및 적용시기 등은 종이 관보를 우선으로 하며, 전자관보는 부차적인 효력을 가진다.

써 효력을 발생한다($\binom{\text{법령 등 공포에}}{\text{관한 법률 13조}}$).

(2) 국민의 권리 제한 또는 의무 부과와 직접 관련되는 법규명령은 긴급히 시행하여야 할 특별한 사유가 있는 경우를 제외하고는 공포일로부터 적어도 30일이 경과한 날로부터 시행되도록 하여야 한다($\binom{\text{동별}^{13}}{\text{조의2}}$).

Ⅳ. 법규명령의 제정범위와 한계

헌법 제75조는 "대통령은 법률에서 구체적으로 범위를 정하여 위임받은 사항과 법률을 집행하기 위하여 필요한 사항에 관하여 대통령령을 발할 수 있다."고 규정하여 위임입법의 근거를 마련함과 아울러 위임입법의 범위와 한계를 명시하고 있다.

> **[판례]** 헌법 제75조는 "대통령은 법률에서 구체적으로 범위를 정하여 위임받은 사항과 법률을 집행하기 위하여 필요한 사항에 관하여 대통령령을 발할 수 있다."라고 규정하고 있다. 따라서 대통령은 법률에서 구체적으로 범위를 정하여 위임받은 사항과 법률을 집행하기 위하여 필요한 사항에 관하여만 대통령령을 발할 수 있으므로, 법률의 시행령은 모법인 법률에 의하여 위임받은 사항이나 법률이 규정한 범위 내에서 법률을 현실적으로 집행하는 데 필요한 세부적인 사항만을 규정할 수 있을 뿐, 법률에 의한 위임이 없는 한 법률이 규정한 개인의 권리·의무에 관한 내용을 변경·보충하거나 법률에 규정되지 아니한 새로운 내용을 규정할 수는 없다($\binom{\text{대판 2020. 9. 3.}}{\text{2016두32992}}$).

1. 위임명령의 범위와 한계

위임명령은 상위법령으로부터 구체적으로 범위를 정하여 위임받은 사항에 대하여서만 정할 수 있다. 특별히 고찰할 사항은 다음과 같다.

(1) 포괄적 위임의 금지

입법권자는 자신의 입법권한을 전면적으로 다른 기관에게 위임할 수 없다. 헌법은 대통령령에 관하여서만 '법률에서 구체적으로 범위를 정하여 위임받은 사항'에 관하여 명령을 발할 수 있음을 규정하고 있으나($\binom{75}{조}$), 그 취지는 그 밖의 위임명령에도 적용되어야 한다. 여기서 '구체적으로 범위를 정하여'는 그 수권규정에서 행정입법의 규율대상·범위·기준 등을 명확히 하여야 함을 의미하며, 따라서 일반적·포괄적 위임은 허용되지 않는다. 이러한 위임입법의 범위의 유월 여부가 재판상 문제가 되기도 한다.

[판례①]   위임명령은 법률이나 상위명령에서 구체적으로 범위를 정한 개별적인 위임이 있을 때에 가능하고, 여기에서 구체적인 위임의 범위는 규제하고자 하는 대상의 종류와 성격에 따라 달라지는 것이어서 일률적 기준을 정할 수는 없지만, 적어도 위임명령에 규정될 내용 및 범위의 기본사항이 구체적으로 규정되어 있어서 누구라도 당해 법률이나 상위명령으로부터 위임명령에 규정될 내용의 대강을 예측할 수 있어야 하나, 이 경우 그 예측가능성의 유무는 당해 위임조항 하나만을 가지고 판단할 것이 아니라 그 위임조항이 속한 법률이나 상위명령의 전반적인 체계와 취지·목적, 당해 위임조항의 규정 형식과 내용 및 관련법규를 유기적·체계적으로 종합판단하여야 하고, 나아가 각 규제대상의 성질에 따라 구체적·개별적으로 검토함을 요한다(대판 2004. 7. 22, 2003두7606, 동지판례: 대판 2002. 8. 23, 2001두5651; 대판 2007. 10. 26, 2007두9884; 대판 2008. 11. 27, 2006두19570).

[판례②]   헌법 제75조의 규정상 대통령령으로 정할 사항에 관한 법률의 위임은 구체적으로 범위를 정하여 이루어져야 하고, 이 때 구체적으로 범위를 정한다고 함은 위임의 목적·내용·범위와 그 위임에 따른 행정입법에서 준수하여야 할 목표·기준 등의 요소가 미리 규정되어 있는 것을 가리키고, 이러한 위임이 있는지 여부를 판단함에 있어서는 직접적인 위임규정의 형식과 내용 외에 당해 법률의 전반적인 체계와 취지·목적 등도 아울러 고려하여야 하고, 규율대상의 종류와 성격에 따라서는 요구되는 구체성의 정도 또한 달라질 수 있으나, 국민의 기본권을 제한하거나 침해할 소지가 있는 사항에 관한 위임에 있어서는 위와 같은 구체성 내지 명확성이 보다 엄격하게 요구된다(대판 2000. 10. 19, 98두6265).

[판례③]   기반시설의 종류로서 체육시설을 규정한 이 사건 정의조항(체육시설을 도시계획시설사업의 대상이 되는 기반시설의 한 종류로 규정한 '국토의 계획 및 이용에 관한 법률'(2002. 2. 4. 법률 제6655호로 제정된 것. 이하 '국토계획법'이라 한다) 제2조 제6호 라목 중 "체육시설" 부분)은 이 사건 수용조항(민간 기업이 도시계획시설사업의 시행자로서 도시계획시설사업에 필요한 토지 등을 수용할 수 있도록 규정한 국토계획법 제95조 제1항의 "도시계획시설사업의 시행자" 중 "제86조 제7항"의 적용을 받는 부분)과 결합한 전반적인 규범체계 속에서 도시계획시설사업의 시행을 위해 수용권이 행사될 수 있는 대상의 범위를 확정하는 역할을 하므로 재산권 제한과 밀접하게 관련된 조항이라 할 것이다. 그런데 특히 재산권 수용에 있어 요구되는 공공필요성과 관련하여 살펴본다면 체육시설은 시민들이 손쉽게 이용할 수 있는 시설에서부터 그 시설 이용에 일정한 경제적 제한이 존재하는 시설, 시설이용비용의 다과와는 관계없이 그 자체 공익목적을 위하여 설치된 시설 등에 이르기까지 상당히 넓은 범위에 걸쳐 있다. 따라서 그 자체로 공공필요성이 인정되는 교통시설이나 수도·전기·가스공급설비 등 국토계획법상의 다른 기반시설과는 달리, 기반시설로서의 체육시설의 종류와 범위를 대통령령에 위임하기 위해서는, 체육시설 중 공공필요성이 인정되는 범위로 한정해 두어야 한다. 그러나 이 사건 정의조항은 체육시설의 구체적인 내용을 아무런 제한

없이 대통령령에 위임하고 있으므로, 기반시설로서의 체육시설의 구체적인 범위를 결정하는 일을 전적으로 행정부에게 일임한 결과가 되어 버렸다. 그렇다면, 이 사건 정의조항은 개별 체육시설의 성격과 공익성을 고려하지 않은 채 구체적으로 범위를 한정하지 않고 포괄적으로 대통령령에 입법을 위임하고 있으므로 헌법상 위임입법의 한계를 일탈하여 포괄위임금지원칙에 위배된다(현재 2011. 6. 30. 2008헌바166, 2011헌바35).

[판례④] 특정 사안과 관련하여 법률에서 하위 법령에 위임을 한 경우에 모법의 위임범위를 확정하거나 하위 법령이 위임의 한계를 준수하고 있는지를 판단할 때에는, 하위 법령이 규정한 내용이 입법자가 형식적 법률로 스스로 규율하여야 하는 본질적 사항으로서 의회유보의 원칙이 지켜져야 할 영역인지와 함께, 당해 법률 규정의 입법 목적과 규정 내용, 규정의 체계, 다른 규정과의 관계 등을 종합적으로 고려하여야 하고, 위임 규정 자체에서 의미 내용을 정확하게 알 수 있는 용어를 사용하여 위임의 한계를 분명히 하고 있는데도 문언적 의미의 한계를 벗어났는지 여부나 하위 법령의 내용이 모법 자체로부터 위임된 내용의 대강을 예측할 수 있는 범위 내에 속한 것인지, 수권 규정에서 사용하고 있는 용어의 의미를 넘어 범위를 확장하거나 축소하여서 위임 내용을 구체화하는 단계를 벗어나 새로운 입법을 한 것으로 평가할 수 있는지 등을 구체적으로 따져 보아야 한다(대판 2020. 2. 27. 2017두37215. 동지판례: 대판 2012. 12. 20. 2011두30878; 대판 2010. 4. 29. 2009두17797).

한편, 판례는 법률이 주민의 권리의무에 관한 사항에 관하여 조례에 위임한 경우(판례①), 법률이 공법적 단체 등의 정관에 자치법적 사항을 위임한 경우(판례②)에는 위임명령에 적용되는 포괄적 위임의 금지가 원칙적으로 적용되지 않는다고 판시하고 있다.

[판례①] 헌법 제117조 제1항은 지방자치단체에 포괄적인 자치권을 보장하고 있으므로, 자치사무와 관련한 조례에 대한 법률의 위임은 법규명령에 대한 법률의 위임과 같이 구체적으로 범위를 정하여서 할 엄격성이 반드시 요구되지는 않는다. 법률이 주민의 권리의무에 관한 사항에 관하여 구체적으로 범위를 정하지 않은 채 조례로 정하도록 포괄적으로 위임한 경우에도 지방자치단체는 법령에 위반되지 않는 범위 내에서 각 지역의 실정에 맞게 주민의 권리의무에 관한 사항을 조례로 제정할 수 있다(대판 2019. 10. 17. 2018두40744. 동지판례: 대판 1991. 8. 27. 90누6613; 대판 2006. 9. 8. 2004두947; 대판 2017. 12. 5. 2016추5162; 대판 2022. 4. 28. 2021추5036).

[판례②] 법률이 공법적 단체 등의 정관에 자치법적 사항을 위임한 경우에는 헌법 제75조가 정하는 포괄적인 위임입법의 금지는 원칙적으로 적용되지 않는다고 봄이 상당하고, 그렇다 하더라도 그 사항이 국민의 권리·의무에 관련되는 것일 경우에는 적어도 국민의 권리·의무에 관한 기본적이고 본질적인 사항은 국회가 정하여야 한다(대판 2007. 10. 12. 2006두14476).

(2) 국회전속사항(본질적 사항)의 위임금지

국회의 전속사항, 즉 실정법상 또는 이론상 법률로써 정해야 할 사항이나 국회의 심의를 거쳐야 하는 사항은 명령으로써 정할 수 없다. 헌법은 대한민국의 국민이 되는 요건($\frac{2조}{1항}$), 통신·방송의 시설기준($\frac{21조}{3항}$), 재산권의 수용·사용·제한 및 그에 대한 보상($\frac{23조}{3항}$), 국회의원의 수와 선거구($\frac{41조\ 2}{항,\ 3항}$), 국군의 조직과 편성($\frac{74조}{2항}$), 행정각부의 설치·조직($\frac{96}{조}$), 법관의 자격($\frac{101조}{3항}$), 지방자치단체의 종류($\frac{117조}{2항}$) 등을 법률로 정하도록 하고 있으며, 죄형법정주의($\frac{13조}{1항}$)와 조세법률주의($\frac{59}{조}$)에 관해 규정하고 있다. 다만 이러한 입법사항이 전적으로 법률로 규율되어야 하는 것은 아니고, 그 본질적 내용이 법률로 정해져야 함을 의미한다. 따라서 그 세부적 사항에 관하여 구체적으로 범위를 정하여 행정입법에 위임하는 것은 허용된다고 새겨진다.

문제는 당해 헌법규정이 어느 범위의 것을 법률로써 정하도록 하고 있느냐를 밝히는 것이 중요하며, 그 범위가 객관적으로 밝혀지는 경우 그에 관하여는 반드시 법률로 정해야 한다($\frac{본질사항\ 위임}{금지의\ 원칙}$).

(3) 처벌규정의 위임 문제

처벌규정을 행정입법에 위임하는 것이 허용되는지가 죄형법정주의와 관련하여 문제되고 있는 바, 모법이 범죄구성요건의 구체적 기준을 정하고 형벌의 상하한을 정하여 위임하는 것은 허용된다고 보는 것이 통설이다.

> **[판례]** 형벌법규에 대하여도 특히 긴급한 필요가 있거나 미리 법률로써 자세히 정할 수 없는 부득이한 사정이 있는 경우에 한하여 수권법률(위임법률)이 구성요건의 점에서는 처벌대상인 행위가 어떠한 것일거라고 이를 예측할 수 있을 정도로 구체적으로 정하고, 형벌의 점에서는 형벌의 종류 및 그 상한과 폭을 명확히 규정하는 것을 조건으로 위임입법이 허용되며 이러한 위임입법은 죄형법정주의에 반하지 않는다($\frac{현재\ 1996.\ 2.\ 29.}{94헌마213}$).

(4) 재위임의 문제

법령에 의하여 위임받은 사항을 전혀 규정하지 않고 하위명령에 백지재위임하는 것은 실질적으로는 수권법의 내용을 권한 없이 변경하는 것이 되기 때문에 허용되지 않으나, 위임받은 사항에 관한 대강을 정하고 세부적인 사항의 보충을 하위법령에 재위임함은 무방하다.

> **[판례]** 법률에서 위임받은 사항을 전혀 규정하지 않고 재위임하는 것은 위임금지
> 의 법리에 반할 뿐 아니라 수권법의 내용변경을 초래하는 것이 되고, 부령의 제정·
> 개정절차가 대통령령에 비하여 보다 용이한 점을 고려할 때 재위임에 의한 부령의
> 경우에도 위임에 의한 대통령령에 가해지는 헌법상의 제한이 당연히 적용되어야 할
> 것이므로, 법률에서 위임받은 사항을 전혀 규정하지 아니하고 그대로 재위임하는
> 것은 허용되지 않으며 위임받은 사항에 관하여 대강을 정하고 그 중의 특정사항을
> 범위를 정하여 하위법령에 다시 위임하는 경우에만 재위임이 허용된다(헌재 1996. 2. 29, 94헌마213).

(5) 법령의 위임 없이 법령규정사항을 변경한 부령의 효력

법령의 위임 없이 상위법령에서 규정하고 있는 사항을 부령의 형식으로 변
경한 경우, 위임입법의 한계를 벗어난 것으로 위법하다고 보아야 할 것이다. 이
러한 경우에 대법원은 해당 부령의 규정에 대하여 국민에 대한 구속력은 인정
할 수는 없고 행정청 내부의 사무처리 기준 등을 정한 것으로서 행정조직 내에
서 적용되는 행정명령의 성격을 지닐 뿐이라고 한다.

> **[판례]** 법령에서 행정처분의 요건 중 일부 사항을 부령으로 정할 것을 위임한 데
> 따라 시행규칙 등 부령에서 이를 정한 경우에 그 부령의 규정은 국민에 대해서도
> 구속력이 있는 법규명령에 해당한다고 할 것이지만, 법령의 위임이 없음에도 법령
> 에 규정된 처분 요건에 해당하는 사항을 부령에서 변경하여 규정한 경우에는 그
> 부령의 규정은 행정청 내부의 사무처리 기준 등을 정한 것으로서 행정조직 내에서
> 적용되는 행정명령의 성격을 지닐 뿐 국민에 대한 대외적 구속력은 없다고 보아야
> 한다. 따라서 어떤 행정처분이 그와 같이 법규성이 없는 시행규칙 등의 규정에 위
> 배된다고 하더라도 그 이유만으로 처분이 위법하게 되는 것은 아니라 할 것이고,
> 또 그 규칙 등에서 정한 요건에 부합한다고 하여 반드시 그 처분이 적법한 것이라
> 고 할 수도 없다. 이 경우 처분의 적법 여부는 그러한 규칙 등에서 정한 요건에 합
> 치하는지 여부가 아니라 일반 국민에 대하여 구속력을 가지는 법률 등 법규성이
> 있는 관계 법령의 규정을 기준으로 판단하여야 한다(대판 2013. 9. 12, 2011두10584. 동지 판례: 대판 1992. 3. 31, 91누4928).

2. 집행명령의 범위와 한계

집행명령은 위임명령과 달리 법률이나 상위명령의 명시적 수권이 없더라도
직권으로 발할 수 있으나, 상위법령을 집행하기 위하여 필요한 세부적·구체적
사항만을 정하는 것이므로 상위법령의 범위 내에서 그 시행에 필요한 구체적
인 절차·형식 등을 규정할 수 있을 뿐이고, 새로운 입법사항은 정할 수 없다.

예컨대, 허가를 받기 위한 시설의 기준 등은 집행명령으로는 독자적으로 정할 수 없으며, 허가신청서의 서식 등은 집행명령으로 정할 수 있다.

> [판례] 법률의 시행령이나 시행규칙은 법률에 의한 위임이 없으면 개인의 권리·의무에 관한 내용을 변경·보충하거나 법률이 규정하지 아니한 새로운 내용을 정할 수는 없지만, 법률의 시행령이나 시행규칙의 내용이 모법의 입법 취지와 관련 조항 전체를 유기적·체계적으로 살펴보아 모법의 해석상 가능한 것을 명시한 것에 지나지 아니하거나 모법 조항의 취지에 근거하여 이를 구체화하기 위한 것인 때에는 모법의 규율 범위를 벗어난 것으로 볼 수 없으므로, 모법에 이에 관하여 직접 위임하는 규정을 두지 아니하였다고 하더라도 이를 무효라고 볼 수는 없다 $\left(\begin{smallmatrix} \text{대판 2014. 8. 20,} \\ \text{2012두19526} \end{smallmatrix}\right)$.

V. 법규명령의 하자·신뢰보호

1. 법규명령의 하자

법규명령이 상술한 적법·유효요건을 갖추지 못한 경우에는 '하자있는 명령'이 된다. 이때에 하자있는 명령의 효력이 어떠한가에 관해서 학설상 논란이 되고 있다.[7] 우리나라에서 일부 학설은 법규명령의 하자가 중대하고 명백한 경우에 무효가 되고, 중대·명백한 정도에 이르지 않은 경우에는 취소할 수 있다고 한다.[8]

생각건대, 법규명령에 하자가 있는 경우에는 무효이며, 무효와 유효의 중간 단계인 '취소할 수 있는 명령'과 같은 것은 존재하지 않는다고 보아야 할 것이다. 현행 행정소송법상 일반적·추상적 규율로서의 명령은 항고쟁송($\begin{smallmatrix} \text{취소쟁} \\ \text{송등} \end{smallmatrix}$)의 대상이 되지 않는다.

> [판례①] 물품세법 제3조에는 과세물품의 반입자에 대하여는 물품세를 부과한다는 규정이 없음에도 불구하고 일정한 경우에 물품의 반입자를 물품세 납세의무자

---

7) 이에 관한 상세는 김남진, 명령의 하자이론, 고시계, 1990. 12: 김남진, 기본문제, 160면 이하 참조.
8) 규범의 세계에서는, 상위규범에 위배되는 모든 법적 행위는 무효로 된다고 보아야 한다. 행정행위도 법적 행위인 이상 당연히 그렇게 되어야 한다고 생각한다. 그럼에도 불구하고 하자있는 행정행위가 "무효"로 되는 것과 "취소할 수 있는 것(공정력이 있는 것)"으로 구분되는 것은 어떠한 이유에서인가? 그 것은 행정행위(처분)에 대하여 취소쟁송제도가 인정되고 있기 때문이다.

로 규정한 물품세법 시행령 제17조 제6항, 동 시행규칙 제7조의5 제3항 각호 및 제4항의 규정은 모법의 위임없이 실질적으로 새로운 납세의무자를 규정한 것으로 무효이며, 이를 근거로 한 과세처분은 위법이다($\frac{\text{대판 1979. 2. 27.}}{\text{77누86}}$).

[판례②] 일반적으로 법률의 위임에 따라 효력을 갖는 법규명령의 경우에 위임의 근거가 없어 무효였더라도 나중에 법 개정으로 위임의 근거가 부여되면 그때부터는 유효한 법규명령으로 볼 수 있다. 그러나 법규명령이 개정된 법률에 규정된 내용을 함부로 유추·확장하는 내용의 해석규정이어서 위임의 한계를 벗어난 것으로 인정될 경우에는 법규명령은 여전히 무효이다($\frac{\text{대판 2017. 4. 20.}}{\text{2015두45700 전합}}$).

[판례③] 행정소송의 대상이 될 수 있는 것은 구체적인 권리의무에 관한 분쟁이어야 하고 일반적·추상적인 법령 그 자체로서는 국민의 구체적 권리 의무에 직접적 변동을 초래하는 것이 아니므로 그 대상이 될 수 없다($\frac{\text{대판 1987. 3. 24.}}{\text{86누656}}$).

그러나 비록 행정입법(명령)의 형식으로 발하여졌으나 그것이 처분의 성질을 가지는 것인 때에는 예외적으로 취소쟁송의 대상이 될 수 있다고 보아야 한다.

[참고판례] 조례($\frac{\text{경기도 두밀분교통}}{\text{폐합에 관한 조례}}$)가 집행행위의 개입없이도 그 자체로서 직접 국민의 구체적인 권리의무나 법적 이익에 영향을 미치는 등의 법률상 효과를 발생하는 경우 그 조례는 항고소송의 대상이 되는 행정처분에 해당한다($\frac{\text{대판 1996. 9. 20.}}{\text{95누8003}}$).[9]

2. 권리구제 · 신뢰보호

입법례로서는 법규명령에 대한 추상적 규범심사를 인정하고 있는 나라($\frac{\text{독일 행정법}}{\text{원법 47조}}$), 법규명령에 대한 취소소송을 인정하고 있는 나라($\frac{\text{프랑스·}}{\text{미국 등}}$)도 있다. 그러나 우리나라에서는 직접 법규명령에 대한 행정쟁송제도($\frac{\text{추상적 규범}}{\text{심사제도}}$)는 인정되지 않고 있으며, 법규명령의 위법 여부가 구체적인 재판의 전제가 되는 경우에 간접적으로 그 위법 여부에 대한 심사가 가능할 뿐이다.[10] 구 「지방자치법」에서 인정되었던 소청제도($\frac{\text{자치법규에 대}}{\text{한 규범심사}}$)는 폐지되었다. 한편, 명령의 개폐에 따른 국민의 신뢰보호, 손실보상의 문제도 검토되어야 할 문제이며, 명령의 급격한 변화

---

9) 이 판례의 평석에 관하여는 김남진, 초등학교의 폐지조례 및 폐지조치와 권리보호, 고시연구, 2002. 10 참조.

10) 헌법재판소는 헌법 제107조 2항의 명문규정에도 불구하고 헌법소원이 제기된 법무사법 시행규칙 제3조 1항에 대하여 직접 위헌결정을 내린 바 있다(헌재 1990. 10. 15, 89헌마178).

에 따른 국민의 불이익을 방지하기 위해서는 과도기의 설정 또한 고려되어야 할 것이다.[11]

Ⅵ. 법규명령의 소멸

1. 폐   지

법규명령의 효력을 장래에 향하여 소멸시키는 행정권의 의사표시를 폐지라고 한다. 이러한 법규명령의 폐지는 그 대상인 명령과 동일한 형식의 법규명령 또는 상위의 법령에서 규정되어야 한다. 폐지의 의사표시는 명시적으로, 또는 당해 법규명령과 내용상 충돌되는 상위법령의 제정의 경우처럼 묵시적으로 행해질 수 있다.

2. 종기의 도래 또는 해제조건의 성취

시행기간 또는 해제조건이 붙은 법규명령은 각각 종기의 도래, 해제조건의 성취에 의하여 소멸한다.

3. 근거법령의 소멸

법규명령은 상위 또는 동위의 법령에 근거하여 발하여지는 것이므로, 특별한 규정이 없는 한 근거법령이 소멸된 경우에는 법규명령도 소멸함이 원칙이다.

> **[판례]** 상위법령의 시행에 필요한 세부적 사항을 정하기 위하여 행정관청이 일반적 직권에 의하여 제정하는 이른바 집행명령은 근거법령인 상위법령이 폐지되면 특별한 규정이 없는 이상 실효되는 것이나 상위법령이 개정됨에 그친 경우에는 개정법령과 성질상 모순, 저촉되지 아니하고 개정된 상위법령의 시행에 필요한 사항을 규정하고 있는 이상 그 집행명령은 상위법령의 개정에도 불구하고 당연히 실효되지 아니하고 개정법령의 집행을 위한 집행명령이 제정·발효될 때까지는 여전히 그 효력을 유지한다(대판 1989. 9. 12. 88누6962).

---

11) 법령 등 공포에 관한 법률 제13조의2의 규정(법령의 시행유예기간)은 이러한 정신을 제도화한 것으로 볼 수 있다. 이러한 점과 관련하여서는 아울러 한수웅, 법률개정과 신뢰보호, 인권과 정의, 1997. 6, 76면 이하 참조.

Ⅶ. 법규명령에 대한 통제

행정기능의 확대와 행정의 전문화·기술화로 인하여 법규명령이 양적으로 증가하고 질적으로 그 중요성을 더해감에 따라 법규명령이 국민의 생활관계에 미치는 영향은 날로 커져가고 있다. 이에 따라 국민의 권익보호라는 관점에서 법규명령의 남용방지 및 그에 대한 효과적인 통제가 중요한 과제로 등장하고 있다.

1. 국회에 의한 통제

(1) 직접적 통제

이는 법규명령의 성립·발효에 대한 동의 또는 승인권이나, 일단 유효하게 성립한 법규명령의 효력을 소멸시키는 권한을 의회에 유보하는 방법에 의한 통제를 말한다. 그 대표적인 예로는 영국의 의회제출절차(laying process), 미국의 입법적 거부(legislative veto), 독일의 동의권유보(Zustimmungsvorbehalt)를 들 수 있다.[12]

우리 헌법은 대통령이 긴급재정·경제명령이나 긴급명령을 발한 때에는 지체 없이 국회에 보고하여 그 승인을 얻도록 하고, 만일 승인을 얻지 못한 때에는 그 때부터 효력을 상실하도록 하고 있다($\frac{76조}{4항}$ ^{3항}). 또한 「국회법」은 법률에서 위임한 사항이나 법률을 집행하기 위하여 필요한 사항을 규정한 대통령령·총리령·부령 등이 제정·개정 또는 폐지된 때에는 소관 중앙행정기관의 장으로 하여금 국회의 소관 상임위원회에 10일 이내에 이를 제출하도록 하고, 이 기간 이내에 이를 제출하지 못한 경우에는 그 이유를 소관상임위원회에 통지하여야 한다고 규정하고 있다($\frac{98조의2}{1항, 2항}$).

(2) 간접적 통제

이는 국회가 법규명령의 성립이나 효력발생에 직접적으로 관여하는 것이

---

12) 이에 대한 상세는 이일세, 법규명령에 대한 통제에 관한 고찰 - 영·미에서의 입법적 통제를 중심으로, 토지공법연구 제27집, 2005. 9; 이기한, 행정입법의 의회 통제에 관한 연구, 행정작용법(김동희교수 정년기념논문집), 2005; 최정일, 독일과 미국에서의 의회에 의한 위임입법의 직접적 통제에 관한 연구 - 동의권 유보와 입법적 거부를 중심으로, 행정법연구 제21호, 2008. 8; 이상덕, 독일 행정법원법에서의 규범통제소송 제도에 관한 고찰, 행정법연구 제32호, 2012. 4; 김환학, 독일 연방의회의 법규명령 통제, 행정법연구 제52호, 2018. 2. 참조.

아니라, 국회가 행정부에 대하여 가지는 국정감시권의 행사에 의하여 간접적으로 법규명령의 적법·타당성을 확보하는 것을 말한다. 현행 헌법상 인정되고 있는 간접통제의 방법으로는 국정감사·조사($^{61}_{조}$), 국무총리 등에 대한 질문($^{62}_{조}$), 국무총리 또는 국무위원의 해임건의($^{63}_{조}$) 및 대통령 등에 대한 탄핵소추($^{65}_{조}$) 등을 들 수 있다. 또한 국회는 법규명령의 제정에 관한 수권을 제한·철회하거나 법규명령과 내용상 상충되는 법률을 제정함으로써 법규명령의 효력을 상실케 할 수 있다.

2. 사법적 통제

(1) 일반법원에 의한 통제

(가) 의 의

법규명령에 대한 사법적 통제방법은 각국의 사법제도에 따라 다르지만, 크게 추상적 규범통제제도를 취하고 있는 국가와 구체적 규범통제제도를 취하고 있는 국가로 나눌 수 있다. 우리 헌법은 「명령·규칙 또는 처분이 헌법이나 법률에 위반되는 여부가 재판의 전제가 된 경우에는 대법원은 이를 최종적으로 심사할 권한을 가진다」($^{107조}_{2항}$)고 함으로써 구체적 규범통제제도를 취하고 있으며, 「행정소송법」은 항고소송의 대상을 '처분 등'에 한정하여 인정하고 있다 ($^{19조}_{38조}$). 따라서 구체적인 사건에 있어서 법규명령의 위헌·위법성이 재판의 전제가 되는 경우에 한하여 그 사건의 심판을 위한 선결문제로서 다루어질 수 있을 뿐이며, 독립하여 법규명령의 효력을 소송에 의해 다투는 것은 허용되지 않는다. 다만 예외적으로 법규명령이 '처분'의 성질을 가지는 경우에는 그 처분적 명령에 대한 항고소송이 가능하다.[13]

(나) 위헌(위법)으로 판정된 명령의 효력

구체적 규범통제를 통하여 위헌(위법)으로 판정된 명령의 효력에 대하여 ① 당해 사건 외에는 폐지되기 전까지는 유효하다는 견해,[14] ② 개별적 사건에 있어서의 적용거부만을 그 내용으로 해야 하지만, 현재 대법원은 법규명령의 무효를 일반적으로 선언하고 있다는 견해,[15] ③ 일반적으로 무효가 된다는 견해[16]

---

13) 이에 대한 상세는 김중권, 명령(법률하위적 법규범)에 대한 사법적 통제에 관한 소고, 고시연구, 2004. 6; 박정훈, 행정입법에 대한 사법심사, 행정법연구 제11호, 2004. 5; 김남진, 행정입법에 대한 사법적 통제, 고시연구, 2005. 10 참조.
14) 김동희·최계영(Ⅰ), 159면; 류지태·박종수(신론), 318면; 정하중·김광수(개론), 131면.
15) 홍정선(상), 275면.

등이 대립하고 있다.

생각건대, 법원의 본래의 임무는 구체적 사건의 심판이지 명령·규칙의 효력 자체를 심사하는 것은 아니고, 대법원 역시 법규명령이 위헌(위법)이므로 무효라는 것을 판결이유에서 설시함을 별론으로 하고 주문에서 일반적으로 무효를 선언하고 있지 않으므로, ① 설이 타당하다 할 것이다. 즉, 대법원 판결은 당해 사건에서 위헌으로 판단되기 때문에 당해 사건에 그 명령·규칙을 적용하지 아니하는 '적용 배제'에 그치는 것이므로 위헌(위법)으로 판정된 명령도 일반적으로는 여전히 효력을 가지게 됨이 원칙이다. 다만 부수적 심사에서 하급심이 상급심의 판단에 기속되는 것은 대법원의 위헌심사에 일반적 효력이 인정되기 때문이 아니라 '선례 구속의 원칙' 때문이라고 해석된다(개별적 효력설). 이 점에서 헌법재판소의 위헌결정의 효력과 다르다는 점을 유의할 필요가 있다.

(다) 명령·규칙의 위헌(위법) 확정 후 통보·게재절차

「행정소송법」제6조는 위헌·위법 판결이 확정되면 행정안전부장관에게 통보하고, 행정안전부장관은 이를 관보에 게재하도록 하고 있다. 이에 대하여 현행 구체적 규범통제가 실제상 추상적 규범통제에 접근하고 있다고 보는 견해가 있으나,[17] 이는 문제의 명령·규칙의 개정을 검토할 기회를 행정부에게 부여하거나 그러한 명령이나 규칙의 집행이나 적용에 신중을 기하여 동종 사안의 재발을 방지하고자 하는 것 이상의 제도적 의의는 없는 것이라고 본다.

(2) 헌법재판소에 의한 통제

헌법은 명령·규칙에 대한 위헌·위법심사권을 법원에 부여하고 있다($\frac{107조}{2항}$). 다른 한편, 헌법 제111조 1항 5호는 헌법재판소에 법률이 정하는 헌법소원에 대한 심판권을 부여하고 있으며,「헌법재판소법」제68조 1항은 "공권력의 행사 또는 불행사로 인하여 헌법상 보장된 기본권을 침해받은 자는 법원의 재판을 제외하고는 헌법재판소에 헌법소원심판을 청구할 수 있다"고 규정하고 있다. 그러면 헌법재판소는 법규명령의 위헌성 여부에 대한 헌법소원이 제기된 경우에 그에 대한 심판권을 가지는 것인가?[18]

---

16) 박균성, 행정입법에 대한 사법적 통제, 고시계, 1996. 12. 81-82면.

17) 홍정선(상), 275면.

18) 주요문헌: 김남진, 기본문제, 889면 이하; 이상규, 명령·규칙의 위헌심사권, 인권과 정의, 1990. 11; 허영, 헌법소원제도의 이론과 우리 제도의 문제점, 고시연구, 1989. 4; 김종빈, 헌법소원의 대상, 헌법재판자료 2집, 1989; 김학성, 헌법소원에 관한 연구, 서울대학교 박사학위논문, 1990; 홍성방, 헌법 제107조와 헌법소원, 한국공법학회 제12회 월례발표회 요지문, 1990. 11; 박일환, 법규범에 대한 헌법소원과 제

헌법재판소는 「법무사법 시행규칙」(대법원규칙)에 대한 헌법소원을 받아들여 동 규칙이 위헌임을 결정한 바 있다.

> **[판례]** 헌법 제107조 제2항이 규정한 명령·규칙에 대한 대법원의 최종심사권리란 구체적인 소송사건에서 명령·규칙의 위헌여부가 재판의 전제가 되었을 경우 법률의 경우와는 달리 헌법재판소에 제청할 것 없이 대법원이 최종적으로 심사할 수 있다는 의미이며, 명령·규칙 그 자체에 의하여 직접 기본권이 침해되었음을 이유로 하여 헌법소원심판을 청구하는 것은 위 헌법규정과는 아무런 상관이 없는 문제이다. 따라서 입법부·행정부·사법부에서 제정한 규칙이 별도의 집행행위를 기다리지 않고 직접 기본권을 침해하는 것일 때에는 모두 헌법소원심판의 대상이 될 수 있는 것이다. 이 사건에서 심판청구의 대상으로 하는 것은 법원행정처장의 법무사시험 불실시 즉 공권력의 불행사가 아니라 법원행정처장으로 하여금 그 재량에 따라 법무사시험을 실시하지 아니해도 괜찮다고 규정한 법무사법 시행규칙 제3조 제1항이다. 법령자체에 의한 직접적인 기본권침해 여부가 문제되었을 경우 그 법령의 효력을 직접 다투는 것을 소송물로 하여 일반 법원에 구제를 구할 수 있는 절차는 존재하지 아니하므로 이 사건에서는 다른 구제절차를 거칠 것 없이 바로 헌법소원심판을 청구할 수 있는 것이다(헌재 1990. 10. 15. 89헌마178).19)

구체적인 사건에서 법규명령의 위헌·위법 여부가 재판의 전제가 되는 경우에 대법원에게 최종적인 심사권이 있음은 명확하다(헌법 107 조 2항). 그러나 재판의 전제성이 없는 경우에 법규명령의 헌법소원 대상적격에 대하여는 대법원과 헌법재판소간에 견해의 대립이 있다. 지금까지 대법원은 집행행위를 매개하지 않고 직접 개인의 권리를 침해하는 법규명령의 처분성을 인정하는 데 소극적이었다. 이러한 입장을 유지하는 한, 개인의 권리구제의 측면에서 처분적 명령에 대한 헌법소원 대상성을 인정하지 않을 수 없을 것이다.

3. 행정적 통제

(1) 행정감독권에 의한 통제

행정청은 상·하의 계층적 구조를 이루고 있으며, 상급행정청은 하급행정청의 적법·타당한 권한행사와 통일성 있는 행정을 기하기 위하여 지휘·감독권

소요건, 제13회 월례발표회 요지문; 김철용, 헌법재판소 89헌마178 결정에 대한 관견, 제13회 월례발표회 요지문; 박균성, 행정입법에 대한 사법적 통제, 고시계, 1996. 12 참조.

19) 이 헌재결정에 대한 평석으로는 김남진, 명령·규칙에 대한 헌법소원심판, 법률신문, 1991. 4. 4 및 김남진, 기본문제, 889면 이하 참조.

을 행사할 수 있다.[20]

따라서 상급행정청은 하급행정청의 행정입법권의 행사에 대하여 ① 그 기준과 범위를 정하고, ② 수권을 철회하거나 위법한 법규명령의 폐지를 명할 수 있으며, ③ 행정입법권의 관장에 관하여 행정청간의 분쟁이 있는 때에는 주관쟁의결정권의 행사에 의해 주관행정청을 결정할 수 있다.

(2) 절차적 통제

이는 법규명령을 발함에 있어서 일정한 절차를 거치도록 함으로써 법규명령의 적법성을 확보하는 방법이다. 법규명령의 제정절차로서는 법규명령안의 사전통지, 이해관계인의 청문, 관계기관과의 협의 및 공포 등을 들 수 있다.

우리나라의 경우에는 아직 통칙적 규정은 없으나, 국무회의의 심의($\frac{헌법}{조 3호}$89), 법제처에 의한 심사($\frac{정부조직법}{23조 1항}$)가 여기에 해당한다. 그 밖에 「행정절차법」은 행정청은 원칙적으로 법령 등을 제정·개정 또는 폐지하고자 할 때 이를 예고하도록 규정($\frac{행정절차}{법 41조}$)하여 절차적 통제를 강화하고 있다.

(3) 행정심판 과정에서의 통제

「행정심판법」 제59조에서는 중앙행정심판위원회에게 다음과 같이 법령 등에 대한 통제권을 부여하고 있다. 이에 따르면 중앙행정심판위원회는 심판청구를 심리·재결할 때에 처분 또는 부작위의 근거가 되는 명령 등($\frac{대통령령·총리령·부령·훈}{령·예규·고시·조례·규칙}$을 말한다)이 법령에 근거가 없거나 상위 법령에 위배되거나 국민에게 과도한 부담을 주는 등 크게 불합리하면 관계 행정기관에 그 명령 등의 개정·폐지 등 적절한 시정조치를 요청할 수 있다.

(4) 국민권익위원회의 법령개선 권고 등

국민권익위원회는 법률·대통령령·총리령·부령 및 그 위임에 따른 훈령·예규·고시·공고와 조례·규칙의 부패유발요인을 분석·검토하여 그 법령 등의 소관 기관의 장에게 그 개선을 위하여 필요한 사항을 권고할 수 있으며($\frac{부패방지 및 국민권익위원회의}{설치와 운영에 관한 법률 28조}$), 고충민원을 조사·처리하는 과정에서 법령 그 밖의 제도나 정책 등의 개선이 필요하다고 인정되는 경우에는 관계 행정기관 등의 장에게 이에 대한 합리적인 개선을 권고하거나 의견을 표명할 수 있다($\frac{통법}{47조}$).

---

20) 아울러 이에 관한 상세는 김남진·김연태(Ⅱ), 32면 이하 참조.

4. 국민에 의한 통제

이는 법규명령의 제정시에 공청회·청문 등을 통하여 국민의 의사를 반영시킨다든가, 매스컴이나 시민단체의 활동 등 여론을 통하여 행정입법의 적법성을 확보하는 방법이다. '입법예고제'가 이를 제도적으로 뒷받침하고 있다고 볼수 있다.

제 3 절 행정규칙

Ⅰ. 행정규칙의 의의

행정규칙이란 상급행정기관 또는 상급자가 하급행정기관 또는 하급자에 대하여 법률의 수권 없이 그의 권한 범위 내에서 발하는 일반적·추상적 규율을 말한다. 행정청이 발하는 일반적·추상적 규율인 점에서는 법규명령과 같으나, 법령의 수권 없이도 행정권의 고유한 권한으로 발하는 것이며 원칙적으로 행정조직 내부에서만 구속력을 가지는 점에서 법규명령과 구별된다.

Ⅱ. 행정규칙의 성질(법규명령과의 구별)

행정규칙은 다음과 같은 점에서 법규명령과 구별된다.

(1) 권력의 기초(법률유보원칙과의 관계)

행정규칙은 행정기관이 하급행정기관에 대한 지휘·감독권 등에 근거하여 제정할 수 있는 것이므로 법률의 수권이 필요치 않다. 이 점이 법령의 수권(위임) 또는 근거를 필요로 하는 법규명령과 구별되는 점이다.

(2) 규율의 대상과 범위

행정규칙은 행정조직 내에서 그의 기관 또는 구성원을 직접적인 규율대상, 즉 수범자(Adressat)로 함이 원칙이다. 그러나 하급자가 국민과의 관계에서 상급자가 정한 행정규칙(처분기준·재 량준칙 등)을 집행하는 결과 행정규칙의 효과가 일반국민에게도 미치는 경우는 많이 있다.

(3) 재판규범성의 부인

행정규칙(_{훈령})은 재판규범으로서의 효력(구속력)을 가지지 않는 것이 원칙이다.

> **[참고판례]** ㉮ 행정기관이 소속 공무원이나 하급행정기관에 대하여 세부적인 업무처리절차나 법령의 해석·적용 기준을 정해 주는 '행정규칙'은 상위법령의 구체적 위임이 있지 않는 한 조직 내부에서만 효력을 가질 뿐 대외적으로 국민이나 법원을 구속하는 효력이 없다. 행정규칙이 이를 정한 행정기관의 재량에 속하는 사항에 관한 것인 때에는 그 규정 내용이 객관적 합리성을 결여하였다는 등의 특별한 사정이 없는 한 법원은 이를 존중하는 것이 바람직하다. ㉯ 그러나 행정규칙의 내용이 상위법령이나 법의 일반원칙에 반하는 것이라면 법치국가원리에서 파생되는 법질서의 통일성과 모순금지 원칙에 따라 그것은 법질서상 당연무효이고, 행정내부적 효력도 인정될 수 없다. 이러한 경우 법원은 해당 행정규칙이 법질서상 부존재하는 것으로 취급하여 행정기관이 한 조치의 당부를 상위법령의 규정과 입법 목적 등에 따라서 판단하여야 한다(_{대판 2020. 5. 28, 2017두66541. 동지판례: 대판 2019. 10. 31, 2013두20011: 대판 2020. 11. 26, 2020두42262}).

(4) 행정규칙위반의 효과

첫째, 공무원이 행정규칙을 위반하는 경우 징계원인이 될 수 있다. 공무원은 훈령을 포함한 소속상관의 직무명령에 복종할 의무를 지니고 있으며, 이에 위반하면 징계의 원인이 된다(_{국가공무원법 57조, 78조, 지방공무원법 49조, 69조}).

둘째, 법규명령을 위반하는 행정작용은 곧바로 위법하게 되지만, 행정규칙을 위반한 행정작용이 바로 위법하게 되지는 않는다. 행정규칙을 위반한 행정작용이 위법한지 여부는 상위법령의 규정과 입법 목적, 행정법의 일반원칙 등에 위반되는지에 따라 판단하여야 한다.

> **[판례①]** 상급행정기관이 소속 공무원이나 하급행정기관에 대하여 업무처리지침이나 법령의 해석·적용 기준을 정해 주는 '행정규칙'은 일반적으로 행정조직 내부에서만 효력을 가질 뿐 대외적으로 국민이나 법원을 구속하는 효력이 없다. 처분이 행정규칙을 위반하였다고 해서 그러한 사정만으로 곧바로 위법하게 되는 것은 아니고, 처분이 행정규칙을 따른 것이라고 해서 적법성이 보장되는 것도 아니다. 처분이 적법한지는 행정규칙에 적합한지 여부가 아니라 상위법령의 규정과 입법 목적 등에 적합한지 여부에 따라 판단해야 한다(_{대판 2019. 7. 11, 2017두38874. 동지판례: 대판 2018. 6. 15, 2015두40248: 대판 2021. 10. 14, 2021두39362}).
>
> **[판례②]** 「국토의 계획 및 이용에 관한 법률」(이하 '국토계획법'이라고 한다) 시행령 제56조 제1항 [별표 1의2] '개발행위허가기준'은 국토계획법 제58조 제3항의

위임에 따라 제정된 대외적으로 구속력 있는 법규명령에 해당한다. 그러나 국토계획법 시행령 제56조 제4항은 국토교통부장관이 제1항의 개발행위허가기준에 대한 '세부적인 검토기준'을 정할 수 있다고 규정하였을 뿐이므로, 그에 따라 국토교통부장관이 국토교통부 훈령으로 정한 '개발행위허가운영지침'은 국토계획법 시행령 제56조 제4항에 따라 정한 개발행위허가기준에 대한 세부적인 검토기준으로, 상급행정기관인 국토교통부장관이 소속 공무원이나 하급행정기관에 대하여 개발행위허가 업무와 관련하여 국토계획법령에 규정된 개발행위허가기준의 해석·적용에 관한 세부 기준을 정하여 둔 행정규칙에 불과하여 대외적 구속력이 없다. 따라서 행정처분이 위 지침에 따라 이루어졌다고 하더라도, 해당 처분이 적법한지는 국토계획법령에서 정한 개발행위허가기준과 비례·평등원칙과 같은 법의 일반원칙에 적합한지 여부에 따라 판단해야 한다(대판 2023. 2. 2. 2020두43722).

한편, 행정규칙(재량준칙 등)을 위반한 경우, 그 위반이 평등원칙위반, 신뢰보호원칙위반 등의 결과를 가져옴으로써 간접적으로 위법이 될 수 있다.

[판례①] 상급행정기관이 하급행정기관에 대하여 업무처리지침이나 법령의 해석 적용에 관한 기준을 정하여 발하는 이른바 '행정규칙이나 내부지침'은 일반적으로 행정조직 내부에서만 효력을 가질 뿐 대외적인 구속력을 갖는 것은 아니므로 행정처분이 그에 위반하였다고 하여 그러한 사정만으로 곧바로 위법하게 되는 것은 아니다. 다만, 재량권 행사의 준칙인 행정규칙이 그 정한 바에 따라 되풀이 시행되어 행정관행이 이루어지게 되면 평등의 원칙이나 신뢰보호의 원칙에 따라 행정기관은 그 상대방에 대한 관계에서 그 규칙에 따라야 할 자기구속을 받게 되므로, 이러한 경우에는 특별한 사정이 없는 한 그를 위반하는 처분은 평등의 원칙이나 신뢰보호의 원칙에 위배되어 재량권을 일탈·남용한 위법한 처분이 된다(대판 2009. 12. 24. 2009두7967).

[판례②] 공공기관의 운영에 관한 법률 제39조 제2항, 제3항에 따라 입찰참가자격제한기준을 정하고 있는 구 공기업·준정부기관 계약사무규칙 제15조 제2항, 국가를 당사자로 하는 계약에 관한 법률 시행규칙 제76조 제1항 [별표 2], 제3항 등은 비록 부령의 형식으로 되어 있으나 규정의 성질과 내용이 공기업·준정부기관이 행하는 입찰참가자격 제한처분에 관한 행정청 내부의 재량준칙을 정한 것에 지나지 아니하여 대외적으로 국민이나 법원을 기속하는 효력이 없으므로, 입찰참가자격 제한처분이 적법한지 여부는 이러한 규칙에서 정한 기준에 적합한지 여부만에 따라 판단할 것이 아니라 공공기관의 운영에 관한 법률상 입찰참가자격 제한처분에 관한 규정과 그 취지에 적합한지 여부에 따라 판단하여야 한다. 다만 그 재량준칙이 정한 바에 따라 되풀이 시행되어 행정관행이 이루어지게 되면 평등의 원칙이나 신뢰보호의 원칙에 따라 행정청은 상대방에 대한 관계에서 그 규칙에 따라야 할

자기구속을 받게 되므로, 이러한 경우에는 특별한 사정이 없는 한 그에 반하는 처분은 평등의 원칙이나 신뢰보호의 원칙에 어긋나 재량권을 일탈·남용한 위법한 처분이 된다(대판 2014. 11. 27.).

[판례③] 이른바 행정규칙은 일반적으로 행정조직 내부에서만 효력을 가지는 것이고 대외적인 구속력을 갖는 것이 아니다. 다만, 행정규칙이 법령의 규정에 의하여 행정관청에 법령의 구체적 내용을 보충할 권한을 부여한 경우, 또는 재량권 행사의 준칙인 규칙이 그 정한 바에 따라 되풀이 시행되어 행정관행이 이룩되게 되면 평등의 원칙이나 신뢰보호의 원칙에 따라 행정기관은 그 상대방에 대한 관계에서 그 규칙에 따라야 할 자기구속을 당하게 되는 경우에는 대외적인 구속력을 가지게 된다(헌재 1990. 9. 3.).

Ⅲ. 행정규칙의 종류

1. 내용에 의한 구분

(1) 조직규칙

행정기관의 설치, 내부적인 권한분배 등에 관한 행정규칙(직제, 위임전 결규정 등)이 이에 해당한다. 우리의 실정법은 중앙행정기관 및 보조기관 등의 설치·조직과 직무범위를 법률과 대통령령으로 정하도록 하고 있는 결과(헌법 96조, 정 부조직법 2조), 조직규칙에 의한 규율범위는 한정되어 있다.

(2) 규범해석규칙

법규의 적용, 특히 법령상의 불확정개념의 적용에 있어 그 해석이나 적용지침을 정하기 위하여 발하는 것이다. 이러한 규칙은 하급행정기관에 의한 법률의 해석, 적용에 있어 중요한 준거규준이 되고, 또한 통일적인 법적용을 확보하여 주는 기능을 수행한다.

(3) 재량준칙

행정기관에 재량권이 인정되어 있는 경우 그 재량권행사의 일반적 방향과 기준을 제시하기 위하여 정립하는 것이다.

(4) 기 타

학설상 다음과 같은 행정규칙이 논의된다.

(가) 규범구체화 행정규칙(normkonkretisierende Verwaltungsvorschriften)

문자 그대로 상위규범($^{법률 \cdot 법규}_{명령 \cdot 등}$)을 구체화하는 내용의 행정규칙을 의미한다. 1985년 12월 19일의 독일의 연방행정법원이 이른바 뷜(Whyl)원자력발전소 관련판결에서 연방내무부장관의 지침인 "배출공기 또는 지표수를 통한 방사성물질유출에 있어서 방사선노출에 대한 일반적 산정기준"을 '규범구체화 행정규칙'으로 부르며, 그것에 대해 대외적 효과(재판규범성)를 인정한 것에서 유래한다.[1)]

독일에서 규범구체화 행정규칙에 관한 논의: 전통적인 이론에 따르면 행정규칙은 외부효를 갖는다는 의미에서의 법규에 포함되지 않았다. 행정규칙은 행정작용의 내부적인 조정에 관하여 규율하기 때문에 단지 간접적으로, 즉 평등의 원칙에 따라 행정실무의 동등한 적용을 요구함으로써 외부적 효력을 발휘할 수 있음에 그친다. 행정규칙은 단지 그에 상응한 행정실무가 존재한다는 사실을 나타냄에 불과한 것이고 행정법원이 그에 구속되는 것은 아니다.

그러나 환경법과 기술법의 영역에서 행정부는 어떠한 기관보다도 전문지식을 보유하고 있다고 인정되므로 법률에서 세부적인 사항의 규율을 행정기관에게 위임한 경우에 제정된 행정규칙의 효력에 대하여 이와 상반되는 주장이 나타나기 시작하였다.

독일 연방행정법원은 1978년 뵈르데(Voerde)판결에서 연방임밋씨온방지법(BImSchG) 제48조를 근거로 한 일반 행정규칙은 자연과학적 전문지식을 내용으로 하기 때문에 '선취된 감정인의 평가의견'(antizipiertes Sachverständigengutachten)으로서 법원의 심사를 위하여도 중요한 의미를 가지는 것이라고 하였다.

뤼네부르그 고등행정법원(OVG Lüneburg)은 1985년 부쉬하우스(Buschhaus)판결에서 연방임밋씨온방지법(BImSchG) 제48조를 근거로 제정된 행정규칙은 명백한 법적 수권이 있고 또한 법적 절차를 통해 제정된 것이므로 법원이 판단함에 있어서 이를 기초로 하여야 하는 구속력을 갖고 있는 것이라고 하였다. 다만, 법원에 대한 구속력은 새로운 인식에 의하여 행정규칙의 근거가 된 자연과학적 지식이 시대에 뒤진 것임이 증명되거나, 또는 행정규칙의 제정 당시 규율될 수 없었거나, 규율되지 않았던 비전형적인 사안에는 그의 한계를 가진다고 하였다.

1985년 12월 19일 연방행정법원의 뷜(Whyl)판결은 내용상으로는 동일하지만 용어사용에 있어서 '규범구체화 행정규칙'이라는 개념을 도입하였다. 즉 "배출공기 또는 지표수를 통한 방사성물질유출에 있어서 방사선노출에 대한 일반적 산정기준"(Allgemeine Berechnungsgrundlage für Strahlenexposition bei radioaktiven

---

1) 주요문헌: 최정일, 독일에서의 행정규칙의 법적 성질 및 효력 – 특히 규범구체화행정규칙을 중심으로, 서울대학교 박사학위논문, 1995; 송동수, 규범구체화 행정규칙과 법규범체계의 재정비 – 독일 행정규칙 이론과 유럽재판소 판결을 중심으로, 토지공법연구 제39집, 2008 등.

Ableitungen mit der Abluft oder im Oberflächengewässer)은 '규범구체화적인 지침'으로서 행정법원도 구속한다고 판시하였다. 이 지침은 '규범해석적인 행정규칙'(norminterpretierende Verwaltungsvorschriften)과 달리 규범에 설정된 한계 내에서 행정법원을 구속한다는 것이다. 이 지침은 행정법원에 의하여 그것이 (행정청의) 자의적인 조사에 근거한 규범인지 또는 허가관청이 이러한 산출기준을 적용함에 있어서, 정당한 방법에 의하여 확정된 방사선노출치가 개개의 변수에 있어서 현존하는 불확정성에도 불구하고 충분히 수용가능한 평가를 받을 수 있다고 볼 수 있는지 여부에 대하여만 심사될 수 있다고 하였다.

이 판결에 의하여 '규범구체화 행정규칙'(Normkonkretisierende Verwaltungs-vorschriften)이란 개념이 탄생하였다.

우리의 판례 가운데 법령의 위임에 따라 행정규칙의 형식으로 제정된 훈령에 법규명령의 효력을 인정하는 것이 있다.

[판례] 법령이 일정한 행정기관에 대하여 법령의 내용을 구체적으로 보충규정할 권한을 위임하고 이에 따라 행정기관이 행정규칙의 형식으로 그 법령의 내용이 될 사항을 규정하였다면 위 행정규칙은 법령의 내용과 결합하여 법규로서의 효력을 가진다 할 것이므로 소득세법 시행령이 국세청장에게 일정한 범위의 거래를 지정할 수 있는 권한을 부여하고 이에 따라 국세청장이 훈령으로서 재산제세사무처리규정을 제정한 것인 만큼 이 규정은 과세의 법령상 근거가 된다(대판 1988. 3. 22. 87누654. 동 지판례: 대판 1987. 9. 29. 86누 484; 대판 1994. 4. 26. 93누21668).

이러한 판례의 견해를 받아들인다면 차라리 그러한 행정규칙을 "규범구체화 행정규칙"이라고 부르는 것이 좋겠다는 제안이 있다.[2]

생각건대, 우선 규범구체화 행정규칙이라는 개념을 받아들여 대외적 구속력 있는 행정규칙을 인정하는 것에 대하여는 법규명령과 행정규칙의 기본적인 구별을 무시한다는 점에서 비판이 제기될 수 있다. 법령의 내용이 될 사항(위 판례의 경우 과세의 근거)은 법규의 효력을 갖는 법률 또는 법규명령에 의하여 규율하여야 하고, 행정규칙의 형식으로 해서는 안 된다(이에 대하여는 후술 참조). 아울러 독일에서의 규범구체화 행정규칙에 관한 논의를 받아들인다 하더라도, 우리나라에서 독일의 규범구체화 행정규칙에 해당하는 행정규칙이 인정될 수 있는지 문제된다.[3] 독일의 규범구체

---

2) 이에 대하여는 김남진, 기본문제, 186면 이하.
3) 류지태·박종수(신론), 328면 참조.

화 행정규칙은 법률에 의한 명시적 수권이 있고 또한 법적 절차를 통해 제정된 것이며, 행정기관이 갖는 과학기술적 전문지식 등을 이유로 인정되는 것인데, 그러한 의미의 행정규칙이 우리나라에 존재하는지는 의문이다.

(나) 간소화 규칙(Vereinfachungsanweisungen)

대량적 행정행위, 예를 들면 과세처분을 발하는 경우의 지침을 정해주는 것으로서 조세부과과정을 단순화하는 데 봉사한다.

(다) 법률대위규칙(gesetzvertretende Verwaltungsvorchriften)

관계법령이 정해져 있지 않거나 불충분한 영역(특히 급부)에 있어서 관계법령이 정해지기까지 행정기관의 행위를 통제·지도하는 기능을 발휘하는 것을 의미한다. 여기에서의 "법률대위"를 법률과 대등한 효력을 가지는 것으로 오해하여서는 안 될 것이다.[4]

2. 형식에 의한 구분

아래에 열거한 것은 「행정 효율과 협업 촉진에 관한 규정」(4조)에 의한 구분이다. 그런데 그들 행위형식이 전부 일반적·추상적 규율로서의 행정규칙에 해당하는 것이 아님을 유의해야 한다.

(1) 훈 령

상급기관이 하급기관에 대하여 장기간에 걸쳐 권한행사를 일반적으로 지시하기 위하여 발하는 명령이다.

> [판례] 훈령이란 행정조직 내부에 있어서 그 권한의 행사를 지휘, 감독하기 위하여 발하는 행정명령으로서, 훈령, 예규, 통첩, 고시, 각서 등 그 사용명칭 여하에 불구하고 공법상의 법률관계 내부에서 준거할 준칙 등을 정하는 데 그치고 대외적으로는 아무런 구속력도 가지는 것이 아니다(대판 1983. 6. 14.).

(2) 지 시

상급기관이 직권 또는 하급기관의 문의에 의하여 하급기관에 개별적·구체적으로 발하는 명령을 의미하는데, 이는 일반적·추상적 규율이 아니므로 행정

---

4) 법률대위규칙에 대하여 「법률이 필요한 영역이지만 법률이 없는 경우에 이를 대신하는 행정규칙」으로 설명하는 예도 있는데(홍정선(상), 290면), 이러한 설명은 당해 행정규칙이 법률과 대등한 효력을 가지는 것으로 오해를 일으킬 염려가 있다.

규칙에 해당하지 않는다고 보아야 할 것이다.[5]

(3) 예 규

행정사무의 통일을 기하기 위하여 반복적 행정사무의 처리기준을 제시하는 법규문서외의 문서로서 일종의 사무처리규정이다.[6]

(4) 일일명령

당직·출장·시간외근무·휴가 등 일일업무에 관한 명령이다. 다만 그의 내용이 일반성·추상성을 가지지 않을 때에는 행정규칙에는 해당하지 않으며, 단순한 직무명령으로 보아야 할 것이다.[7]

Ⅳ. 법규명령형식의 행정규칙·행정규칙형식의 법규명령(론)

1. 법규명령형식의 행정규칙론(제재적 처분기준을 정한 법규명령의 법적 성질)

기본사례

乙구청장이 주택건설사업자인 甲에 대해 「주택법 시행령」상의 등록업자의 등록말소 및 영업정지처분에 관한 기준에 따라 3개월의 영업정지처분을 내렸다. 이 경우 처분의 근거법령의 성질은 어떠한가?

행정규칙으로 정해질 내용은 보통 고시, 훈령, 예규 등의 형식을 취하지만 때때로 법규명령의 형식을 취하는 경우도 있다. 내용적으로 행정기관 내부의 일반적 기준에 불과한 처분기준을 시행령 또는 시행규칙 등 법규명령의 형식으로 정한 경우가 그에 해당한다. 이와 같이 행정규칙으로 정해질 사항이 법규명령의 형식으로 발해진 경우, 즉 '형식의 과잉'에 의한 규정을 행정규칙으로 볼 것인지 아니면 법규명령으로 볼 것인지에 관하여 의견이 대립되고 있다.[8]

---

5) 동지: 홍정선(상), 294면; 홍준형(총론), 395면.
6) 참조: 농림축산식품부예규 제39호(농지취득자격증명발급심사요령); 재판예규 제1578호(법관등의 사무분담 및 사건배당에 관한 예규).
7) 동지: 홍정선(상), 294면.
8) 주요문헌: 김남진, 법규명령과 행정규칙의 구별, 판례월보 제339호, 1998. 12; 김남진, 처분기준으로서의 대통령령·부령, 고시연구, 2001. 12; 김남진, 법규명령·행정규칙 구별에 관한 대법원의 실질적 판례변경, 법률신문 제3568호, 2007. 7. 5; 고영훈, '법규명령형식의 행정규칙'과 '행정규칙형식의 법규명령'의 문제점과 개선방안, 공법학연구 제5권 제3호, 2004. 12; 김동건, 대법원 판례에 비추어 본 법규명령과 행정규칙, 고시계, 1998. 11; 김동희, 제재적 재량처분의 기준을 정한 규범의 법적 성질, 한국공법

(1) 학 설

(가) 행정규칙설(실질설)

내용을 중시하여 법규성을 부정하는 견해이다. 즉 문제된 행정입법의 실질 내용이 명백히 행정사무의 처리준칙으로서 행정기관 내부에서만 효력을 갖는 것인 때에는, 당해 행정입법의 형식을 법규명령으로 하고 있더라도 행정규칙으로서의 성질은 변하지 않는다고 보고 있다.[9]

(나) 법규명령설(형식설)

내용에 불구하고 법규명령의 형식으로 제정된 때에는 국민이나 법원을 기속한다는 견해로서 현재의 다수설이다.[10] 그 논거로 ① 행정규칙으로 정할 고유한 사항은 없다는 점, ② 재량처분의 기준이 법규명령의 형식으로 규정되어 있는 경우 관계 공무원은 법령준수의무에 따라 그 기준에 따른 처분을 할 것인데, 쟁송단계에서는 그 법규명령의 법적인 의미가 부인되는 것은 실제적으로 바람직하지 못하다는 점 등을 들고 있다.[11]

(다) 수권여부기준설

상위법령의 수권여부를 구별하여, 위임의 근거가 있는 경우에는 법규명령으로서의 성질을 인정하고, 위임의 근거가 없는 경우에는 행정규칙으로서의 성질을 인정하여야 한다는 견해이다.[12]

(2) 판 례

판례는 제재적 행정처분의 기준이 '부령 형식'으로 규정되어 있는 경우 그것은 행정청 내부의 사무처리준칙을 규정한 것에 지나지 않아 대외적으로 국민이나 법원을 기속하는 효력이 없다고 함으로써 일관되게 법규성을 부정하고 있다(판례①, 판례②).[13]

이론의 새로운 전개(김도창박사 팔순기념논문집), 2005; 김중권, 민주적 법치국가에서 의회와 행정의 공관적 법정립에 따른 법제처의 역할에 관한 소고, 행정법 기본연구 Ⅰ, 2008; 류지태, 행정입법의 형식성 논의의 헌법적 평가, 행정법의 이해, 2006; 윤영선, 행정소송과 재량준칙 – 제재적처분의 재량준칙에 관한 판례의 논리, 공법연구 제28집 1호, 1999; 정남철, 행정처분기준의 현황 및 정비방향에 관한 소고, 법제 604호, 2008. 4 등.

9) 류지태·박종수(신론), 345면 이하.

10) 김동희·최계영(Ⅰ), 165면.

11) 김동희, 행정법연습, 59-60면.

12) 홍정선(상), 310면.

13) 이와 구분해야 할 것은 '제재적 처분기준'이 아닌 부령 형식의 처분기준에 대해서는 판례 역시 법규명령으로 보고 있는 바, 이는 부령 역시 법규명령이라는 점에서 당연한 것이라 할 수 있다. 예를 들어 대법원은 부령 형식의 처분기준과 관련하여 "구 여객자동차 운수사업법 시행규칙 제31조 제2항 제1호, 제

그러나 제재적 행정처분의 기준이 '대통령령 형식'으로 규정되어 있는 경우에는 부령의 경우와는 달리 법규명령의 성질을 가진다고 보고 있다(판례②). 더 나아가 대통령령 형식으로 정한 과징금처분기준의 법적 성질을 법규명령으로 보면서도 과징금 금액은 정액이 아니라 최고한도액으로 봄으로써, 과징금처분기준의 대외적 구속력을 인정함과 동시에 구체적 사정에 적응할 수 있는 재량이 행정청에게 있음을 인정하고 있다(판례③).

> **[판례①]** 규정형식상 부령인 시행규칙 또는 지방자치단체의 규칙으로 정한 행정처분의 기준은 행정처분 등에 관한 사무처리기준과 처분절차 등 행정청 내의 사무처리준칙을 규정한 것에 불과하므로 행정조직 내부에 있어서의 행정명령의 성격을 지닐 뿐 대외적으로 국민이나 법원을 구속하는 힘이 없고, 그 처분이 위 규칙에 위배되는 것이라 하더라도 위법의 문제는 생기지 아니하고, 또 위 규칙에서 정한 기준에 적합하다 하여 바로 그 처분이 적법한 것이라고도 할 수 없으며, 그 처분의 적법 여부는 위 규칙에 적합한지의 여부에 따라 판단할 것이 아니고 관계 법령의 규정 및 그 취지에 적합한 것인지 여부에 따라 개별적·구체적으로 판단하여야 한다(대판 1995. 10. 17, 94누14148. 동지판례: 대판 1993. 6. 29, 93누5635; 대판 1994. 10. 14, 94누4370; 대판 1995. 3. 28, 94누6925; 대판 1996. 2. 23, 95누16318).
>
> **[판례②]** 제재적 행정처분이 재량권의 범위를 일탈하였거나 남용하였는지는, 처분사유인 위반행위의 내용과 위반의 정도, 처분에 의하여 달성하려는 공익상의 필요와 개인이 입게 될 불이익 및 이에 따르는 여러 사정 등을 객관적으로 심리하여 공익침해의 정도와 처분으로 인하여 개인이 입게 될 불이익을 비교·교량하여 판단하여야 한다. 이러한 제재적 행정처분의 기준이 부령 형식으로 규정되어 있더라도 그것은 행정청 내부의 사무처리준칙을 규정한 것에 지나지 않아 대외적으로 국민이나 법원을 기속하는 효력이 없다. 따라서 그 처분의 적법 여부는 처분기준만이 아니라 관계 법령의 규정 내용과 취지에 따라 판단하여야 한다. 그러므로 처분기준에 부합한다 하여 곧바로 처분이 적법한 것이라고 할 수는 없지만, 처분기준이 그 자체로 헌법 또는 법률에 합치되지 않거나 그 기준을 적용한 결과가 처분사유인 위반행위의 내용 및 관계 법령의 규정과 취지에 비추어 현저히 부당하다고 인정할 만한 합리적인 이유가 없는 한, 섣불리 그 기준에 따른 처분이 재량권의 범위를 일탈하였다거나 재량권을 남용한 것으로 판단해서는 안 된다(대판 2019. 9. 26, 2017두48406. 동지판례: 대판 2018. 5. 15, 2016두57984).
>
> **[판례③]** 당해 처분의 기준이 된 주택건설촉진법 시행령 제10조의3 제1항 [별표

2호, 제6호는 구 여객자동차 운수사업법 제11조 제4항의 위임에 따라 시외버스운송사업의 사업계획변경에 관한 절차, 인가기준 등을 구체적으로 규정한 것으로서, 대외적인 구속력이 있는 법규명령이라고 할 것이고, 그것을 행정청 내부의 사무처리준칙을 규정한 행정규칙에 불과하다고 할 수는 없는 것이다."라고 판시하고 있다(대판 2006. 6. 27, 2003두4355).

1]은 주택건설촉진법 제7조 제2항의 위임규정에 터잡은 규정형식상 대통령령이므로 그 성질이 부령인 시행규칙이나 또는 지방자치단체의 규칙과 같이 통상적으로 행정조직 내부에 있어서의 행정명령에 지나지 않는 것이 아니라 대외적으로 국민이나 법원을 구속하는 힘이 있는 법규명령에 해당한다($\frac{\text{대판 1997. 12. 26.}}{\text{97누15418}}$).14)

[판례④] 구 청소년보호법 제49조 제1항, 제2항에 따른 같은 법 시행령 제40조 [별표 6]의 위반행위의 종별에 따른 과징금 처분기준은 법규명령이기는 하나 모법의 위임규정의 내용과 취지 및 헌법상의 과잉금지의 원칙과 평등의 원칙 등에 비추어 같은 유형의 위반행위라 하더라도 그 규모나 기간·사회적 비난 정도·위반행위로 인하여 다른 법률에 의하여 처벌받은 다른 사정·행위자의 개인적 사정 및 위반행위로 얻은 불법이익의 규모 등 여러 요소를 종합적으로 고려하여 사안에 따라 적정한 과징금의 액수를 정하여야 할 것이므로 그 수액은 정액이 아니라 최고한도액이다($\frac{\text{대판 2001. 3. 9.}}{\text{99두5207}}$).15)

한편, 위반횟수에 따라 가중처벌을 하도록 하는 처분기준이 부령에 규정되어 있는 경우, 그 처분의 효력기간 경과 후에 행정처분의 취소를 구할 법률상 이익이 있는지가 문제된 사안에서 종래에는 부령은 행정규칙에 불과하다 하여 소의 이익을 부정해 왔으나, 최근 전원합의체로 종래의 입장을 변경하여 공무원의 준수의무를 근거로 소의 이익을 인정하였다($\frac{\text{대판 2006. 6. 22.}}{\text{2003두1684}}$). 이 판례의 별개의견에서는 더 나아가 부령이 법규명령임을 근거로 소의 이익을 인정하여 주목된다.16)

---

14) 이에 대한 평석으로는 김남진, 법규명령과 행정규칙의 구분 등, 법제 485호, 1998. 5; 김남진, 처분기준으로서의 대통령령·부령, 고시계, 1998. 6; 김동희, 법규명령형식으로 제정된 행정규칙의 법적 효력의 문제, 고시연구, 1998. 9; 김동희, 제재적 재량처분의 기준을 정한 규범의 법적 성질, 한국공법이론의 새로운 전개(김도창박사 팔순기념논문집), 2005; 김원주, 법규명령과 행정규칙 구별의 실익, 고시계, 1998. 11; 김유환, 법규명령과 행정규칙의 구별기준, 고시계, 1998. 11; 최정일, 행정규칙의 법규성 문제를 또 생각하며, 법제 486호, 1998. 6; 홍준형, 제재적 처분기준을 정한 시행령의 법적 효력, 판례행정법, 1999 등 참조.

15) 이에 대한 평석으로는 김남진, 처분기준으로서의 대통령령·부령, 고시연구, 2001. 12; 강현호, 재량준칙의 법적 성격, 행정판례연구 Ⅶ, 2002, 25면 이하 참조.

16) 이 판결의 「별개의견」은 다음과 같다. "다수의견은, 제재적 행정처분의 기준을 정한 부령인 시행규칙의 법적 성질에 대하여는 구체적인 논급을 하지 않은 채, 시행규칙에서 선행처분을 받은 것을 가중사유나 전제요건으로 하여 장래 후행처분을 하도록 규정하고 있는 경우, 선행처분의 상대방이 그 처분의 존재로 인하여 장래에 받을 불이익은 구체적이고 현실적이라는 이유로, 선행처분에서 정한 제재기간이 경과한 후에도 그 처분의 취소를 구할 법률상 이익이 있다고 보고 있는바, 다수의견이 위와 같은 경우 선행처분의 취소를 구할 법률상 이익을 긍정하는 결론에는 찬성하지만, 그 이유에 있어서는 부령인 제재적 처분기준의 법규성을 인정하는 이론적 기초 위에서 그 법률상 이익을 긍정하는 것이 법리적으로는 더욱 합당하다고 생각한다. 상위법령의 위임에 따라 제재적 처분기준을 정한 부령인 시행규칙은 헌법 제95조에서 규정하고 있는 위임명령에 해당하고, 그 내용도 실질적으로 국민의 권리의무에 직접 영향을 미치는 사항에 관한 것이므로, 단순히 행정기관 내부의 사무처리준칙에 지나지 않는 것이 아니라 대외적으로 국민이나 법원을 구속하는 법규명령에 해당한다고 보아야 한다."

(3) 검 토

법규명령설이 타당하다고 생각된다. 법규명령은 법제처의 심사 혹은 국무회의의 심의(대통령령), 입법예고, 공포 등 절차적 정당성이 부여된다는 점, 국민에게 예측가능성을 부여하게 된다는 점, 애초부터 법규명령으로 제정되어야 할 고유한 사항이란 있을 수 없다는 점 등에서 그러하다. 한편, 판례는 부령과 대통령령을 구분하여 후자의 경우만 법규명령이라고 보는바, 부령과 대통령령은 다같이 법규명령이라는 점에서 본질적으로 차이가 없으므로 이러한 태도는 타당치 않다.

사례해설

「주택법 시행령」상의 처분기준은 그 형식은 법규명령이지만 내용은 행정기관 내부의 일반적인 기준에 불과한 것이다. 이처럼 행정규칙으로 정해질 사항이 법규명령의 형식으로 정해진 경우 이를 법규명령으로 보는 견해와 행정규칙으로 보는 견해가 대립하고 있는데, 법규명령으로 보는 것이 타당하다. 그러나 대법원은 합리적인 이유 없이 처분기준을 대통령령으로 정한 경우와 부령으로 정한 경우를 구별하여 전자의 경우만 법규명령으로 보고 있다. 설문의 시행령은 대통령령이므로 판례에 의하더라도 법규명령에 해당한다($\frac{대판 1997. 12. 26.}{97누15418}$).[17]

2. 행정규칙형식의 **법규명령론**(법령보충적 행정규칙의 법적 성질)

기본사례

乙 세무서장은 토지를 단타로 매매한 甲에게 과세처분을 내리기 위해 「소득세법」 및 동법 시행령의 위임에 따라 국세청장이 훈령의 형식으로 제정한 재산제세사무처리규정을 근거로 과세하였다. 乙의 이러한 과세처분은 적법한가?

행정규칙의 형식을 취했지만 법규명령으로서의 효력을 인정할 수 있는가? 이 문제는 특히 법령보충적 행정규칙의 법적 성질과 관련하여 논의된다. 즉 법령이 행정기관에게 그 법령 내용의 구체적인 사항을 정할 수 있는 권한을 부여하면서 그 권한행사의 절차나 방법을 특정하지 아니한 관계로 수임행정기관이 행정규칙의 형식으로 그 법령내용을 구체적으로 정하고 있어 그 내용과 형식이 일치하지 않는 경우 그 법적 성질을 둘러싸고 견해가 대립된다.[18]

---

17) 상세는 김연태, 행정법사례연습, 240면 이하 참조.
18) 주요문헌: 고영훈, 행정상의 고시의 법적 문제점과 개선방향에 관한 연구, 공법연구 제29집 제1호,

(1) 학 설

(가) 법규명령설(실질설)

이러한 행정규칙은 법령의 구체적·개별적 위임에 따라 법규를 보충하는 기능을 가지며 대외적 효력을 가지므로 법규명령으로 보아야 한다는 견해이다.[19]

(나) 행정규칙설(형식설)

행정입법은 국회입법원칙에 대한 예외이므로 그러한 예외적인 입법형식은 헌법에 근거가 있어야 한다는 이유로 행정규칙으로 보는 견해이다.[20]

(다) 규범구체화행정규칙설

이러한 행정규칙은 원칙적으로 위헌·무효로 보아야 할 것이나, 판례의 입장을 수용할 경우 이를 통상적인 행정규칙과는 달리 그 자체로서 국민에 대한 법적 구속력이 인정되는 규범구체화행정규칙으로 보고자 하는 견해이다.

(라) 위헌무효설

이러한 유형의 행정규칙은 헌법적 근거가 없는 위임입법이므로 위헌으로 평가되어야 한다는 견해이다.[21]

(2) 판 례

(가) 대법원의 입장 – 이른바 '법령보충적 행정규칙'의 효력에 대한 판단

대법원은 「법령의 직접적 위임에 따라 수임행정기관이 그 법령을 시행하는데 필요한 구체적 사항을 정한 것이면, 그 제정형식은 비록 법규명령이 아닌 고시·훈령·예규 등과 같은 행정규칙이더라도 그것이 상위법령의 위임한계를 벗어나지 않는 한 상위법령과 결합하여 대외적인 구속력을 갖는 법규명령으로서 기능하게 된다고 보아야 할 것」이라고 하여, 행정규칙이 예외적으로 대외적 효력이 있을 수 있다고 판시해 왔다(대판 1987. 9. 29, 86누484; 대판 1999. 11. 26, 97누13474 등).

2000. 11; 정남철, '고시'형식의 법규명령의 내용 및 법적 문제점, 고시연구, 2006. 7; 김중권, 조문형식을 띤 고시의 처분성 인정에 따른 문제점에 관한 소고, 저스티스 98호, 2007. 6; 김중권, 행정법상의 고시의 법적 성질에 관한 소고, 고시계, 2008. 2; 김중권, 민주적 법치국가에서 의회와 행정의 공관적 법정립에 따른 법제처의 역할에 관한 소고, 행정법기본연구 Ⅰ, 2008 등.

19) 김동희·최계영(Ⅰ), 172면; 박윤흔·정형근(상), 225·226면; 이상규(상), 295면. 아울러, 김남진, 법령보충적 행정규칙의 법적성질, 법률저널, 2003. 5. 13; 김남진, "장관이 정하는 범위안에서"와 위임입법의 한계, 법률신문, 2003. 7. 3. 참조.

20) 석종현·송동수(상), 204면.

21) 류지태·박종수(신론), 349면 이하.

이러한 일관된 기준에 따라 대법원은 소득세법 시행령의 위임을 받은 국세청장이 제정한 훈령인 재산제세사무처리규정(대판 1987. 9. 29, 86누484), 공업배치 및 공장설립에 관한 법률에 따라 산업자원부 장관이 정한 공장입지기준고시(대판 2003. 9. 26, 2003두2274), 구 택지개발촉진법령의 위임에 따라 건설교통부장관이 정한 택지개발업무처리지침(대판 2008. 3. 27, 2006두3742), 산지관리법령의 위임에 따라 산림청장이 정한 산지전용허가기준의 세부검토규정(대판 2008. 4. 10, 2007두4841), 산업입지 및 개발에 관한 법률 시행령의 위임에 따라 제정된 산업입지의 개발에 관한 통합지침(대판 2011. 9. 8, 2009두23822) 등에 대해서, 그 형식은 행정규칙으로 되어 있지만, 근거법령에 의하여 위임을 받아 제정되었으므로 실질적으로는 법규명령으로서 대외적 효력을 가지고 있다고 판시하고 있다.

> **[판례①]** 상급행정기관이 하급행정기관에 대하여 업무처리지침이나 법령의 해석적용에 관한 기준을 정하여 발하는 이른바 행정규칙은 일반적으로 행정조직 내부에서만 효력을 가질 뿐 대외적인 구속력을 갖지 않지만, 법령의 규정이 특정 행정기관에게 그 법령 내용의 구체적 사항을 정할 수 있는 권한을 부여하면서 그 권한 행사의 절차나 방법을 특정하고 있지 않아 수임행정기관이 행정규칙의 형식으로 그 법령의 내용이 될 사항을 구체적으로 정하고 있다면, 그와 같은 행정규칙은 위에서 본 행정규칙이 갖는 일반적 효력으로서가 아니라 행정기관에 법령의 구체적 내용을 보충할 권한을 부여한 법령 규정의 효력에 의하여 그 내용을 보충하는 기능을 갖게 되고, 따라서 이와 같은 행정규칙은 당해 법령의 위임 한계를 벗어나지 않는 한 그것들과 결합하여 대외적인 구속력이 있는 법규명령으로서의 효력을 가진다(대판 2008. 3. 27, 2006두3742. 동지판례: 대판 1987. 9. 29, 86누484: 대판 1999. 7. 23, 97누6261: 대판 2016. 1. 28, 2015두53121).
> **[판례②]** 법령이 일정한 행정기관에 대하여 법령의 내용을 구체적으로 보충규정할 권한을 위임하고 이에 따라 행정기관이 행정규칙의 형식으로 그 법령의 내용이 될 사항을 규정하였다면 위 행정규칙은 법령의 내용과 결합하여 법규로서의 효력을 가진다 할 것이므로, 소득세법시행령이 국세청장에게 일정한 범위의 거래를 지정할 수 있는 권한을 부여하고 이에 따라 국세청장이 훈령으로서 재산제세사무처리규정을 제정한 것인 만큼 이 규정은 과세의 법령상 근거가 된다(대판 1988. 3. 22, 87누654. 동지판례: 대판 1996. 4. 12. 95누7727).

다만, 고시가 법령에 근거를 둔 것이더라도 규정 내용이 법령의 위임 범위를 벗어난 것일 경우에는 법규명령으로서의 대외적 구속력을 인정할 수 없다.

[판례①] 일반적으로 행정 각부의 장이 정하는 고시라 하더라도 그것이 특히 법령의 규정에서 특정 행정기관에 법령 내용의 구체적 사항을 정할 수 있는 권한을 부여함으로써 그 법령 내용을 보충하는 기능을 가질 경우에는 그 형식과 상관없이 근거 법령 규정과 결합하여 대외적으로 구속력이 있는 법규명령으로서의 효력을 가지는 것이나 이는 어디까지나 법령의 위임에 따라 그 법령 규정을 보충하는 기능을 가지는 점에 근거하여 예외적으로 인정되는 효력이므로 특정 고시가 비록 법령에 근거를 둔 것이라고 하더라도 그 규정 내용이 법령의 위임 범위를 벗어난 것일 경우에는 위와 같은 법규명령으로서의 대외적 구속력을 인정할 여지는 없다.

그리고 특정 고시가 위임의 한계를 준수하고 있는지 여부를 판단할 때에는, 당해 법률 규정의 입법 목적과 규정 내용, 규정의 체계, 다른 규정과의 관계 등을 종합적으로 살펴야 하고, 법률의 위임 규정 자체가 그 의미 내용을 정확하게 알 수 있는 용어를 사용하여 위임의 한계를 분명히 하고 있는데도 고시에서 그 문언적 의미의 한계를 벗어났다든지, 위임 규정에서 사용하고 있는 용어의 의미를 넘어 그 범위를 확장하거나 축소함으로써 위임 내용을 구체화하는 단계를 벗어나 새로운 입법을 한 것으로 평가할 수 있다면, 이는 위임의 한계를 일탈한 것으로서 허용되지 않는다(대판 2016. 8. 17. 2015두51132, 동지판례: 대판 1999. 11. 26. 97누13474; 대판 2019. 5. 30. 2016다276177).

[판례②] 행정규칙이나 규정이 상위법령의 위임범위를 벗어난 경우에는 법규명령으로서 대외적 구속력을 인정할 여지는 없다. 이는 행정규칙이나 규정 '내용'이 위임범위를 벗어난 경우뿐 아니라 상위법령의 위임규정에서 특정하여 정한 권한행사의 '절차'나 '방식'에 위배되는 경우도 마찬가지이므로, 상위법령에서 세부사항 등을 시행규칙으로 정하도록 위임하였음에도 이를 고시 등 행정규칙으로 정하였다면 그 역시 대외적 구속력을 가지는 법규명령으로서 효력이 인정될 수 없다(대판 2012. 7. 5. 2010다72076).

(나) 헌법재판소의 입장 – 헌법적 정당성에 대한 판단

헌법재판소는 법률이 입법사항을 대통령령이나 부령과 같은 법규명령이 아닌 고시와 같은 행정규칙에 위임하는 것의 위헌성 여부에 대해, 그 합헌성을 제한적으로 인정하였다(헌재 2004. 10. 28. 99헌바91).

[판례①] 오늘날 의회의 입법독점주의에서 입법중심주의로 전환하여 일정한 범위 내에서 행정입법을 허용하게 된 동기가 사회적 변화에 대응한 입법수요의 급증과 종래의 형식적 권력분립주의로는 현대사회에 대응할 수 없다는 기능적 권력분립론에 있다는 점 등을 감안하여 헌법 제40조와 헌법 제75조, 제95조의 의미를 살펴보면, 국회입법에 의한 수권이 입법기관이 아닌 행정기관에게 법률 등으로 구체적인 범위를 정하여 위임한 사항에 관하여는 당해 행정기관에게 법정립의 권한을 갖게

되고, 입법자가 규율의 형식도 선택할 수도 있다 할 것이므로, 헌법이 인정하고 있는 위임입법의 형식은 예시적인 것으로 보아야 할 것이고, 그것은 법률 이 행정규칙에 위임하더라도 그 행정규칙은 위임된 사항만을 규율할 수 있으므로, 국회입법의 원칙과 상치되지도 않는다. 다만, 형식의 선택에 있어서 규율의 밀도와 규율영역의 특성이 개별적으로 고찰되어야 할 것이고, 그에 따라 입법자에게 상세한 규율이 불가능한 것으로 보이는 영역이라면 행정부에게 필요한 보충을 할 책임이 인정되고 극히 전문적인 식견에 좌우되는 영역에서는 행정기관에 의한 구체화의 우위가 불가피하게 있을 수 있다. 그러한 영역에서 행정규칙에 대한 위임입법이 제한적으로 인정될 수 있다(한재 2004. 10. 28.).[22)]

[판례②] 행정규칙은 법규명령과 같은 엄격한 제정 및 개정절차를 요하지 아니하므로, 재산권 등과 같은 기본권을 제한하는 작용을 하는 법률이 입법위임을 할 때에는 "대통령령", "총리령", "부령" 등 법규명령에 위임함이 바람직하고, 금융감독위원회의 고시와 같은 형식으로 입법위임을 할 때에는 적어도 행정규제기본법 제4조 제2항 단서에서 정한 바와 같이 법령이 전문적·기술적 사항이나 경미한 사항으로서 업무의 성질상 위임이 불가피한 사항에 한정된다 할 것이고, 그러한 사항이라 하더라도 포괄위임금지의 원칙상 법률의 위임은 반드시 구체적·개별적으로 한정된 사항에 대하여 행하여져야 한다(한재 2004. 10. 28.).

[판례③] 고시는 그 성질이 일률적으로 판단될 것이 아니라 고시에 담겨진 내용에 따라 구체적인 경우마다 달리 결정되는 것으로, 그 내용 속에 일반적·추상적 규율을 갖는 것과 구체적인 규율의 성격을 갖는 것이 있을 수 있다. 또한 원칙적으로 행정규칙은 그 성격상 대외적 효력을 갖는 것은 아니나, 특별히 예외적인 경우에 대외적으로 효력을 가질 수 있는데, 그 예외적인 경우는 재량권 행사의 준칙인 규칙이 그 정한 바에 따라 되풀이 시행되어 행정관행이 이룩되게 되면 평등의 원칙이나 신뢰보호의 원칙에 따라 행정기관은 그 상대방에 대한 관계에서 그 규칙에 따라야 할 자기구속을 당하게 되는 경우, 또는 법령의 직접적 위임에 따라 수임행정기관이 그 법령을 시행하는데 필요한 구체적 사항을 정하였을 때, 그 제정형식은 비록 법규명령이 아닌 고시·훈령·예규 등과 같은 행정규칙이더라도 그것이 상위법령의 위임한계를 벗어나지 않는 경우이다. 그러나 위와 같은 행정규칙, 특히 후자와 같은 이른바 법령보충적 행정규칙이라도 그 자체로서 직접적으로 대외적인 구속력을 갖는 것은 아니다. 즉, 상위법령과 결합하여 일체가 되는 한도 내에서 상위법령의 일부가 됨으로써 대외적 구속력이 발생되는 것일 뿐 그 행정규칙 자체는 대외적 구속력을 갖는 것은 아니라 할 것이다(한재 2004. 10. 28.).

---

22) 이 결정에서 반대의견의 논거는 다음과 같다. 「우리 헌법은 제40조에서 국회입법의 원칙을 천명하면서 예외적으로 법규명령으로 대통령령, 총리령과 부령, 대법원규칙, 헌법재판소규칙, 중앙선거관리위원회

(3) 검 토

헌법재판소와 대법원은 헌법에 규정된 행정입법의 형식을 예시적인 것으로 보고 법률은 법률에 종속하는 하위규범으로서의 법규명령의 창설도 가능하다는 전제하에서, 비록 법규명령이 아닌 고시·훈령·예규 등과 같은 행정규칙이더라도 상위법령과 결합하여 대외적인 구속력을 갖는 법규명령으로서 기능하게 된다고 해석하고 있다.

생각건대, 법규명령을 제정할 수 있는 주체는 헌법의 규정에 따라 대통령, 국무총리, 행정각부의 장 및 중앙선거관리위원회에 한정되는 것으로 보아야 한다. 왜냐하면 행정입법은 헌법상의 국회입법의 원칙에 대한 예외이므로 그 예외는 헌법 스스로 명문으로 인정한 경우에 한정되어야 하기 때문이다. 또한 국민생활을 고권적·일방적으로 규율하는 실질적 의미의 법규명령을 행정규칙의 형식으로 발하는 것은 국민의 권익보호를 위하여 보다 엄격한 절차와 형식에 의하도록 하고 있는 헌법의 취지에 반하는 것이다. 법률유보원칙의 적용을 받는 사항은 법률이 직접 정하거나 구체적 범위를 정한 법률의 수권을 받아 법규명령으로 제정해야 한다. 따라서 행정규칙은 법규가 아니므로 대외적 구속력을 인정하게 되면 법률유보의 원칙에 반하는 것이다.

이러한 점에서 법령보충적 행정규칙을 법규명령으로 보아 대외적 구속력을 인정하는 것은 타당하지 않으며, 따라서 행정규칙설에 찬성한다.

사례해설

행정입법은 헌법상 국회입법원칙에 대한 예외이므로 그 예외 역시 헌법 스스로 명문으로 인정한 경우에 한정되어야 한다는 점에서 법령보충적 행정규칙에 대해서는 대외적 구속력을 인정할 수 없다고 본다. 그러나 다수설·판례는 법령보충적 행정규칙이 법령의 구체적·개별적 위임에 따라 법규를 보충하는 기능을 가진다 하여 대외적 효력을 인정한다 (대판 1987. 9. 29. / 86누484). 이러한 법규명령설에 의하면 을의 과세처분은 적법하다.[23]

규칙을 한정적으로 열거하고 있는 한편 우리 헌법은 그것에 저촉되는 법률을 포함한 일체의 국가의사가 유효하게 존립될 수 없는 경성헌법이므로, 법률 또는 그 이하의 입법형식으로써 헌법상 원칙에 대한 예외를 인정하여 고시와 같은 행정규칙에 입법사항을 위임할 수는 없다. 우리 헌법을 이렇게 해석한다면 위임에 따른 행정규칙은 법률의 위임 없이도 제정될 수 있는 집행명령(헌법 75조 후단)에 의하여 규정할 수 있는 사항 또는 법률의 의미를 구체화하는 내용만을 규정할 수 있다고 보아야 하는 것이고 새로운 입법사항을 규정하거나 국민의 새로운 권리·의무를 규정할 수는 없다」.

23) 상세는 김연태, 행정법사례연습, 262면 이하 참조.

V. 행정규칙의 성립 및 발효요건

1. 주체 및 내용에 관한 요건

행정규칙은 정당한 권한을 가진 행정기관이 그 권한의 범위 내에서 발할 수 있다. 행정규칙을 정하는 데에는 특별한 법률적 수권을 필요로 하지 않는다 (법률유보원칙 의 배제).

행정규칙도 법률우위의 원칙, 비례의 원칙 등 법의 일반원칙에 위반되지 않는 범위 내에서 발할 수 있음은 다른 행정작용에 있어서와 마찬가지이다.

2. 절차에 관한 요건

훈령의 중요성에 대한 인식이 높아짐에 따라 훈령에 대한 일정한 절차가 요구되고 있다. 즉 대통령훈령 및 국무총리훈령의 제정은 법제에 관한 사무의 하나로서 법제처의 심사를 거치고 있으며(정부조직법 23조 참조), 각 부·처·청의 장의 훈령에 대해서도 법제처의 사전 또는 사후의 통제를 밟고 있다.

3. 형식에 관한 요건

행정규칙은 일반적으로 요식행위가 아니며, 따라서 구술에 의한 발령도 가능한 것으로 보고 있다. 그러나 행정규칙이 일반적·추상적 규율로서의 기능을 발휘하기 위해서는 문서로써 그리고 조문형식으로 작성됨이 바람직하다고 할 것인 바, 그것이 또한 통례이다. 정부도 「행정 효율과 협업 촉진에 관한 규정」을 통해 공문서의 종류로서 훈령 등을 지정하고(4조), 문서는 전자적으로 처리하도록 하고 있다(5조).

4. 표   시

행정규칙도 어떠한 형태로든 그 내용이 표시되어 수범자가 알 수 있는 상태로 이르러야 효력을 발생한다. 다만 법규명령에 있어서와는 달리, 그의 공포(고시)에 있어 법률(법령 등 공포 에 관한 법률)의 적용을 받지 않는다. 한편, 처분기준의 설정·공표에 관한 「행정절차법」의 규정(20조)은 행정규칙에도 적용된다고 보아야 할 것이다.

VI. 행정규칙의 효력(구속력)[24]

1. 내부적 효력

예컨대 공무원이 근무규칙을 위반한 경우에 징계의 원인이 되는 것에서 보듯이 행정규칙은 행정조직 내부에서 일정한 구속력을 갖는데, 이를 내부적 효력이라고 부를 수 있다.

2. 외부적 효력

(1) 대국민적 효과

행정규칙은 본래 행정조직 내부의 문제를 규율하기 위하여 제정되는 것이다. 그런데 행정기관의 행위를 통제·지도하는 이른바 행위통제규칙(행위지도규칙)은 행정조직 밖의 일반국민에게도 지대한 효과를 미치는 것이 사실이다. 예컨대 행정청에게 인정되어 있는 처분권·감독권(영업허가의 정지·철회 등의 권한)의 행사기준을 정한 행정규칙(재량준칙)이 제정되고 나면, 그들 규칙의 수범자(규율대상)인 하급행정기관은 물론 규칙제정권자 스스로도 정해진 규칙에 따라 권한을 행사하게 된다. 그에 따라 관계법규를 어긴 자는 재량준칙이 정한 기준에 따라 영업허가의 정지 또는 철회 등의 처분을 받게 될 것이므로, 그 효과가 행정영역 밖의 국민에게도 미치게 되는 것이다.

(2) 법적 효력의 여부

위에서 언급한 바와 같이, 일부 행정규칙(행위통제규칙)은 행정조직 내부에서만 구속력을 가지는 것이 아니고 행정영역 밖의 국민에게도 지대한 효과를 미친다는 것은 부인할 수 없다. 다만 이와 관련하여서는 행정규칙의 외부적 효력이 법적 효력을 의미하는 것인지, 사실적 효력에 지나지 않는 것인지가 규명될 필요가 있다.

(가) 사실적 효력의 일반성

행정규칙은 본래 행정내부사항을 규율하기 위하여 제정되는 것이다. 따라서 행정기관이 행정규칙이 정한 바에 따라 사무를 집행하고 그 효과가 외부(국민)

---

24) 후술하는 "행정행위의 효력 및 구속력"에서 설명하는 바와 같이, 효력과 구속력은 구별되어야 한다. 그러나 일반적으로 양자를 같은 의미로 사용하고 있기에, 여기에서는 효력을 구속력의 의미로 사용하기로 한다.

에 미치더라도 그 효과는 간접적이며 사실적인 것에 지나지 않는다고 봄이 타당하다.

(나) 법적 문제의 발생

행정기관이 재량준칙이 정한 바와 다르게 행정처분을 한 경우 상대방이 다른 사람과 달리 자기에 대해서만 규칙과 다르게 처분을 한 것은 평등원칙에 위반되는 것으로서 위법이라고 주장할 수 있는지가 문제된다. 통설은 행정규칙이 정하여진 이후, 권한행사가 그 행정규칙이 정한 대로 실시된 관행이 성립된 경우에 한하여 당해 행정규칙위반이 위법으로 된다고 보며, "위법의 근거"로서는 행정규칙위반이 아니라 평등원칙·신뢰보호원칙과 같은 법원칙위반을 내세운다. 이러한 법리는 보통 '행정의 자기구속의 원칙'(Prinzip der Selbstbindung der Verwaltung)으로 설명된다.[25]

행정규칙이 외부적 효력을 발생하는 경우, 그것은 행정규칙의 직접적 수범자인 행정기관을 매개로 한 것이며, 법적 효력 역시 평등원칙 등을 매개로 한 간접적인 것이라는 것이 통설적 견해라고 말할 수 있다.[26]

> **[판례①]** 이른바 행정규칙은 일반적으로는 대외적 구속력을 갖는 것이 아니며, 다만 법령의 규정에 의하여 행정관청에 법령의 구체적 내용을 보충할 권한을 부여한 경우 또는 평등의 원칙이나 신뢰보호의 원칙에 따라 행정기관이 규칙에 따라야 할 자기구속을 당하는 경우에는 대외적 구속력을 갖게 된다(헌재 1990. 9. 3. 90헌마13).
>
> **[판례②]** 구 '부당한 공동행위 자진신고자 등에 대한 시정조치 등 감면제도 운영고시' 제16조 제1항, 제2항은 그 형식 및 내용에 비추어 재량권 행사의 기준으로 마련된 행정청 내부의 사무처리준칙 즉 재량준칙이라 할 것이고, 구 '독점규제 및 공정거래에 관한 법률 시행령'(이하 '시행령'이라 한다) 제35조 제1항 제4호에 의한 추가감면 신청 시 그에 필요한 기준을 정하는 것은 행정청의 재량에 속하므로 그 기준이 객관적으로 보아 합리적이 아니라든가 타당하지 아니하여 재량권을 남용한 것이라고 인정되지 않는 이상 행정청의 의사는 가능한 한 존중되어야 한다. 이러한 재량준칙은 일반적으로 행정조직 내부에서만 효력을 가질 뿐 대외적인 구속력을 갖는 것은 아니므로 행정처분이 이를 위반하였다고 하여 그러한 사정만으로 곧바로 위법하게 되는 것은 아니고, 다만 그 재량준칙이 정한 바에 따라 되풀이 시행되어 행정관행이 이루어지게 되면 평등의 원칙이나 신뢰보호의 원칙에 따라 행정기관은 상대방

---

25) 아울러 본서 62면 이하 참조.
26) 참조: 강구철(Ⅰ), 285면 이하; 석종현·송동수(상), 197면; 류지태·박종수(신론), 332면; 한견우·최진수, 현대행정법, 431면; 홍정선(상), 299면 이하; 홍준형(총론), 397면 등.

에 대한 관계에서 그 규칙에 따라야 할 자기구속을 받게 되므로, 이러한 경우에는
특별한 사정이 없는 한 그에 반하는 처분은 평등의 원칙이나 신뢰보호의 원칙에
어긋나 재량권을 일탈·남용한 위법한 처분이 된다(대판 2013. 11. 14.).
2011두28783

(다) 대외적·직접적 구속력설

통설적 견해와는 달리, 고유한 집행부법(originäres Exekutivrecht)이 존재할
수 있음을 이유로 특정 행정규칙(재량준칙 등)의 직접적·대외적 구속력(un-
mittelbare Verbindlichkeit im Außenbereich)을 인정하는 학설이 있다.[27]

그러나 이러한 견해는 "고유한(시원적) 집행부법"의 인정이 권력분립주의에
반할 뿐 아니라, 실정법상 행정권(해당 행정규칙을 발한 행정청)이 외부적 효력을 가지는 법규명
령과 내부적 효력을 가지는 행정규칙 중 어느 하나를 선택할 수 있고, 그에 따
라 의도적으로 행정규칙을 선택하였는데, 그에 대하여 법규명령의 효력을 인정
할 수는 없다는 비판[28]을 받는다.

VII. 행정규칙의 하자

행정규칙에 하자가 있으면 무효가 된다. 따라서 "하자가 있어 취소할 수 있
는 행정규칙"이란 관념은 성립되지 않는다. 이것은 법규명령에 있어서와 같은
이치이다.[29]

[판례] 상급행정기관이 소속 공무원이나 하급행정기관에 대하여 세부적인 업무처
리절차나 법령의 해석·적용 기준을 정해 주는 '행정규칙'은 상위법령의 구체적 위
임이 있지 않는 한 행정조직 내부에서만 효력을 가질 뿐 대외적으로 국민이나 법
원을 구속하는 효력이 없다. 다만 행정규칙이 이를 정한 행정기관의 재량에 속하는
사항에 관한 것인 때에는 그 규정 내용이 객관적 합리성을 결여하였다는 등의 특
별한 사정이 없는 한 법원은 이를 존중하는 것이 바람직하다.

그러나 행정규칙의 내용이 상위법령에 반하는 것이라면 법치국가원리에서 파생
되는 법질서의 통일성과 모순금지 원칙에 따라 그것은 법질서상 당연무효이고, 행

---

27) 이 문제에 대하여는 Young Hoon Ko, Verwaltungsvorschriften als Aussenrecht, Nomos Verlag, 1991 ;
고영훈, 외부법으로서의 행정규칙 - 대외성과 허용성, 공법학회 제26회 월례발표회요지문, 1992. 3. 28.
36면 이하 참조.
28) 정하중, 행정규칙의 효력, 고시연구, 1995. 12. 133면 등.
29) 아울러 본서 180면 이하 참조.

정내부적 효력도 인정될 수 없다. 이러한 경우 법원은 해당 행정규칙이 법질서상 부존재하는 것으로 취급하여 행정기관이 한 조치의 당부를 상위법령의 규정과 입법 목적 등에 따라서 판단하여야 한다(대판 2019. 10. 31,\ 2013두20011).

Ⅷ. 소   멸

행정규칙은 명시적·묵시적 폐지, 종기의 도래, 해제조건의 성취 등에 의하여 효력을 상실한다.

Ⅸ. 행정규칙의 통제

1. 입법적 통제

행정규칙 및 그에 관한 이론·판례의 현황은 한 마디로 혼란스럽다. 법원은 엄연한 법규명령을 행정규칙(또는 행정명령)으로 보는가 하면, 반대로 훈령과 같은 행정규칙에 대하여 법규명령으로서의 효력을 인정하기도 하며, 일부 학설이 그에 동조하고 있음은 앞에서 살펴 본 바와 같다. 그 밖에 법률(모법)에 근거가 없는 명령(대통령령)이 제정됨으로써 혼란이 가중되고 있다. 이러한 현상은 헌법이 위임명령·집행명령 등 명령의 형식과 제정범위 등을 특별히 규정하고 있으며, 그러한 명령만을 법규명령으로 부르고 있는 이론체계에도 반한다고 생각된다. 다른 한편, 현재와 같은 혼란이 이론이나 판례의 발전을 통해 해결되기를 기대하기도 어려운 상태에 있다. 따라서 입법을 통해 해결책을 모색하는 것이 필요하리라 생각된다. 이와 관련하여 독일 연방정부의 "연방의 행정규칙의 작성, 정리, 심사를 위한 연방의 지침"(Die Richtlinie der Bundesregierung zur Gestaltung, Ordnung und Überprüfung von Verwaltungsvorschriften des Bundes vom 20. Dezember 1989)은 하나의 좋은 참고가 될 것이다. 이 지침은 행정규칙의 명칭을 통일하고, 행정규칙의 남발을 억제하는 동시에, 정기적인 심사·공고 등에 관하여 규정하고 있다.[30]

---

30) Vgl. Bundesministerium des Innern(Hg.), Massnahmen zur Verbesserung der Rechtsetzung und von Verwaltungsvorschriften, Beschluss der Bundesregierung vom 20. Dezember 1989, 1990; Bundesministerium des Innern(Hg.), Handbuch zur Vorbereitung von Rechts und Verwaltungsvorschriften, 1992.

2. 행정적 통제

상급행정기관은 하급행정기관에 대한 지휘·감독권을 가지고 있는데, 여기에는 행정규칙에 대한 감독권도 포함되어 있다고 보아야 할 것이다.[31]

3. 사법적 통제

행정규칙은 법규(특히 재판규범)가 아니므로, 법원은 재판에 있어 행정규칙에 구속되지 않는다. 다만 행정규칙(특히 행위통제규칙)을 전문가의 의견으로서 존중할 필요가 있으며, 만일에 행정규칙이 법령에 저촉된다고 판단되는 경우에는 그의 존재를 무시할 수 있다. 그러나 현실에 있어서는 재판에 있어, 법규명령이 행정규칙이라 하여 효력이 부인되는가 하면, 행정규칙의 법규성이 긍정되는 예가 있음은 앞에서 살펴본 바와 같다.

제 4 절 자치입법

지방자치단체가 제정하는 자치입법에는 다음과 같은 것이 있다.[1]

1. 조   례

조례는 지방자치단체가 법령의 범위 내에서 그 사무에 관하여 지방의회의 의결을 거쳐 제정하는 법규범이다(헌법 117조, 지방자치법 22조).

2. 규   칙

규칙은 지방자치단체의 장이 법령 또는 조례의 범위 안에서 그의 권한에 속하는 사무에 관하여 제정하는 법규범이다(지방자치법 23조).

3. 교육규칙

교육규칙은 교육감이 법령 또는 조례의 범위 안에서 그 권한에 속하는 사무에 관하여 제정하는 법규범이다(지방교육자치에 관한 법률 25조 참조).

---

31) 이에 관한 상세는 김남진·김연태(Ⅱ), 32면 이하; 김남진, 조례제정권과 위임명령제정권의 구별, 법률신문, 2003. 12. 15 참조.
 1) 이에 관한 상세는 김남진·김연태(Ⅱ), 제6편 제3장 제5절 이하 참조.

제3장 행정행위

제1절 행정행위의 의의 및 요소

Ⅰ. 개   설

1. 개념성립의 기초

행정행위는 우리나라의 경우, 실정법상의 개념이 아니라 학문상의 개념이 며, 실정법상으로는 행정처분 또는 처분이라는 용어가 사용되고 있다. 행정행 위의 개념은 행정재판제도를 가지는 프랑스, 독일 등에서 형성되었다. 즉 행정 행위개념은 행정활동에 대한 법치국가적 제한과 구속을 위하여 이미 19세기에 프랑스에서 이론적으로 구성되었으며, 이것이 오토 마이어(Otto Mayer)에 의하 여 독일법에 계수되었다.

이처럼 행정행위개념이 행정재판제도를 가지는 국가에서 성립·발달한 이 유는 그들 국가에서는 행정주체의 모든 행정작용이 행정재판의 대상이 되는 것이 아니라 행정작용 중에서 특수한 법적 규율을 받고, 그 때문에 다른 행정 작용과 구별되는 법적 성질(법적합성·존속성··$_{자력집행성 등}$)을 가지는 행위, 즉 행정행위만이 그 대상이 된 데에 연유한다.

2. 개념정립의 실익

우리나라에서도 행정작용 중 일정한 행위($_{처분}$)에 대해서만 행정쟁송(항고쟁 송)을 제기할 수 있는데($_{행정심판법 3조,}^{행정소송법 19조}$), 학문적 의미의 행정행위와 쟁송법상의 처 분개념의 구별에 대하여 일원설 또는 이원설 중 어느 학설을 따르더라도 학 문적 의미의 행정행위가 행정심판이나 항고소송의 대상이 된다는 것은 명백 하다.

더욱이 행정행위에는 다른 행정작용에는 볼 수 없는 구성요건적 효력·존속력·자력집행력 등의 특별한 효력이 인정되고 있다.

따라서 우리의 실정법에 기초해서도 행정행위의 개념을 구성할 실익은 충분히 있다.

Ⅱ. 행정행위의 개념

1. 학 설

행정행위개념이 학문적으로 성립한 탓으로 그 개념(정의)에는 광·협의 등 여러 가지가 있다.

(1) 최광의

이는「행정청이 행하는 일체의 행위」를 행정행위로 보는 입장이다. 이러한 견해에 의하면 행정행위에는 행정청의 사실행위·입법행위·비권력적 행위 및 사법행위까지 포함하게 되어 개념정립의 의의가 없어진다.

(2) 광 의

이는 행정행위를「행정청의 공법행위」의 뜻으로 사용하는 입장이다. 이러한 견해에 의하면 행정작용 중에서 사실행위, 사법행위 등이 제외되지만, 공법상 계약과 같은 비권력적 행정작용과 행정입법과 같은 법정립작용이 포함되게 되는바, 행정행위 개념정립의 취지에 비추어 보아 여전히 넓다.

(3) 협 의

이는 행정행위를「행정청이 구체적 사실에 관한 법집행으로서 행하는 공법행위」의 뜻으로 사용하는 입장이다. 이러한 견해에 의하면 광의의 개념에서 법정립작용인 행정입법이 제외되지만, 여전히 행정청의 단독처분 이외에 공법상 계약·합동행위와 같은 비권력적 작용까지도 행정행위개념에 포함되는 점에 문제점이 있게 된다.

(4) 최협의

이는 행정행위를「행정청이 구체적 사실에 관한 법집행으로서 행하는 권력적·단독적 공법행위」로 보는 입장으로서, 우리나라 및 일본의 통설적 견해라 할 수 있다. 이러한 견해에 의하면 협의의 개념에서 다시 공법상 계약·합동행위 등과 같은 비권력적 작용이 제외되게 된다.

2. 입법례

독일 연방행정절차법 제35조는 "행정행위(Verwaltungsakt)는 행정청이 공법의 영역에서 개별적 경우를 규율하기 위하여 발하고 외부에 대하여 직접적 효과를 발생시키는 모든 처분(Verfügung), 결정(Entscheidung) 또는 그 밖의 고권적 조치(hoheitliche Maßnahme)를 말한다. 일반처분(Allgemeinverfügung)이란, 일반적 징표에 의하여 특정되거나 특정될 수 있는 인적 범위를 대상으로 한 행정행위 및 물건의 공법상의 성질 또는 일반 공중에 의한 그 이용에 관하여 규율하는 행정행위를 말한다"라고 정의하고 있는 바, 이는 최협의의 행정행위개념을 입법화한 예로 볼 수 있다.

한편 미국 행정절차법(APA) 제551조 13항은 agency action에 대하여 "행정기관의 규칙·처분·인가·제재·구제 기타 이에 상당하는 행위나 그것의 거부행위·부작위의 전부 또는 일부를 말한다"라고 규정하고 있는바, 이는 '광의의 행정행위개념'에 가깝다고 할 수 있다.

Ⅲ. 행정행위와 행정쟁송법상의 처분

1. 행정쟁송법상의 처분개념

「행정심판법」은 "처분이란 행정청이 행하는 구체적 사실에 관한 법집행으로서의 공권력의 행사 또는 그 거부, 그 밖에 이에 준하는 행정작용을 말한다"($^{2조}_{항}{}^1_{1호}$)라고 정의하고 있으며($^{아울러\ 행정절차}_{법\ 2조\ 2호\ 참조}$), 「행정소송법」 역시 같은 처분개념을 받아들이는 동시에, 그 처분과 행정심판의 재결을 합쳐 '처분 등'이라 하고 있다($^{동법2조}_{1항1호}$). 당초 정부의 행정소송법 시안에서는 처분을 "공권력의 행사 또는 그 거부와 그 밖에 이에 준하는 행정작용"으로 정의해 놓았으며, 이에 대하여는 지나치게 넓은 것이라 하여 강한 비판이 제기된 바 있다.[1]

---

1) 상세는 김남진, 행정소송법시안상의 문제점, 고시연구, 1984. 1, 49면 이하; 신보성, 행정행위와 행정처분, 고시계, 1984. 6; 김남진, 행정의 행위형식의 의의 및 기능, 동아대 법학연구소 하계학술대회 발표문, 2011. 8 참조.

2. 행정행위와 처분의 이동

행정쟁송법(행정심판법·행정소송법)에 처분개념이 등장하면서부터 학문적 의미의 행정행위개념과 쟁송법상의 처분개념이 같은 것인가 다른 것인가 하는 점이 문제되고 있다. 즉 학문적 의미의 행정행위와 쟁송법상의 처분을 같은 것으로 보면서 그 처분과 다른 행정작용과의 구별의 징표를 철저히 탐구하려는 일원설(실체법상 처분개념설)과, 학문적 의미의 행정행위개념과 행정쟁송법상의 처분개념을 다른 것으로 보고 후자의 내포를 확대하려고 노력하는 이원설(쟁송 법상 처분개념설)의 대립이 있다.

구체적으로 일원설측에서는 「행정작용은 그의 법적 효과, 그에 대한 쟁송수 단의 여하 등에 따라 명령(행정입법)·행정행위·행정계약·사실행위 등으로 구분되어 있는바, 이원설(쟁송법상 처분개념설)은 자칫 그들 실정법상의 행정작 용의 구분 및 행위형식의 분류에 관한 학문적 노력을 무위로 만들 염려가 있으 며, 하나의 법기술적인 도구개념인 처분에 이질적인 성질의 것을 포함하려는 것은 바람직하지 못한 것이라 할 수 있다」[2]라고 주장한다. 이에 대하여 이원설 측에서는 「항고쟁송의 대상이 되는 행정청의 행위인 처분에는 행정구제의 기 회확대라는 요구에 비추어 다양한 성질의 행정작용이 포함되지 않을 수 없으 며」,[3] 「새 행정심판법·행정소송법에는 '처분'의 관념을 넓게 정의하고 있어서, 이를 종전과 같이 행정행위와 동의어로 해석할 수는 없다고 본다」[4] 등의 주장 을 펴고 있다.

3. 사   견

「행정심판법」및 「행정소송법」상의 처분개념은 광범위한 권리보호를 위하 여 도입된 개념이다. '그 밖에 이에 준하는 행정작용'이라는 법률용어의 정의로 는 어울리지 않는 표현을 쓰면서 전형적인 행정행위 내지 처분에 해당하지 않 지만 개인의 법적 지위에 영향을 미치는 권력적 성질을 가지는 행정작용에 대 하여는 취소소송의 대상으로 삼아 효과적인 권리구제를 기하려는 의도를 갖고

---

2) 강구철(Ⅰ), 331면. 동지(일원설): 석종현·송동수(상), 215면; 신보성, 제문제, 130면; 류지태·박종수 (신론), 188면; 홍정선(상), 338면 이하 등.
3) 이상규(상), 330면.
4) 김동희·최계영(Ⅰ), 250면. 동지(이원설): 김도창(상), 361면; 박종국(총론), 277면; 박윤흔·정형근 (상), 268면; 변재옥(Ⅰ), 263면; 이명구(원론), 228면; 천병태(Ⅰ), 217-218면; 한견우·최진수, 현대 행정법, 1004-1005면; 홍준형(총론), 183면 등.

있는 것이라고 해석된다.

예를 들면 집합개념(Sammelbegriff)으로서의 사실행위 가운데에는 그것을 '처분'에 포함시켜 항고쟁송으로 다툴 수 있게 하는 것이 국민의 권리구제를 위하여 도움이 되는 것(^{이른바 권력적사실}_{실행위, 경고등})[5]이 있다.

아래의 행정행위 이론을 통해 알 수 있는 바와 같이, 양자를 구별할 의의는 충분히 있다. 따라서 이 장(제3장)에서는 통설적 행정행위 개념을 바탕으로 그에 관한 이론을 주로 고찰하고, '쟁송법상의 처분'에 관한 구체적인 것은 행정쟁송법(제5편 제6장 이하)에서 고찰하기로 한다.

Ⅳ. 행정행위의 개념적 요소

행정행위는 일반적으로 "행정청이 구체적 사실을 규율하기 위하여 대외적으로 공권력의 발동으로 행하는 일방적 공법행위"라고 정의된다. 아래에서는 그 행정행위의 개념적 요소(징표)를 검토해 보기로 한다.

1. 행 정 청

행정행위는 '행정청'의 행위이다. 행정청은 일반적으로 「국가 또는 공공단체의 기관으로서 직접 대외적 구속력 있는 의사를 결정·표시할 수 있는 권한을 가진 기관」을 말하고, 내부기관은 여기에 포함되지 아니한다. 통상 행정청은 행정관서의 장과 같은 단독기관(^{예: 행정자치부장관·}_{지방자치단체장 등})임이 보통이나, 합의제기관(^{예: 토지수}_{용위원회·}
_{소청심사위원회·}
_{국가배상심의회 등})도 있다.

한편, 「행정절차법」은 '행정청'을 "행정에 관한 의사를 결정하여 표시하는 국가 또는 지방자치단체의 기관 기타 법령 또는 자치법규에 의하여 행정권한을 가지고 있거나 위임 또는 위탁받은 공공단체나 그 기관 또는 사인"으로 정의하고 있고(^{2조}_{1호}), 「행정심판법」은 '행정청'을 "행정에 관한 의사를 결정하여 표시하는 국가 또는 지방자치단체의 기관, 그 밖에 법령 또는 자치법규에 따라 행정권한을 가지고 있거나 위탁을 받은 공공단체나 그 기관 또는 사인"으로 정의하고 있으며(^{2조}_{4호}), 「행정소송법」은 "이 법을 적용함에 있어서 행정청에는 법령에 의하여 행정권한의 위임 또는 위탁을 받은 행정기관, 공공단체 및 그 기

---

5) 이에 대하여는 김남진, 행정상의 경고·추천·시사, 월간고시, 1994. 7; 김남진, 행정상의 사실행위와 행정쟁송, 고시연구, 1994. 10 참조.

관 또는 사인이 포함된다"고 규정하고 있다($^{2조}_{2항}$).

> [판례] 행정소송의 대상이 되는 행정처분이란 행정청 또는 그 소속기관이나 법령에 의하여 행정권한의 위임 또는 위탁을 받은 공공단체 등이 특정 사항에 대하여 법규에 의한 권리의 설정 또는 의무의 부담을 명하거나 기타 법률상의 효과를 직접 발생하게 하는 등 국민의 구체적인 권리·의무에 관계되는 사항에 관하여 직접 효력을 미치는 공권력의 발동으로서 하는 공법상의 행위를 말하며, 그것이 국민의 구체적인 권리·의무에 관계되는 사항에 관하여 직접 효력을 미치는 행위라 하더라도 행정청 또는 그 소속기관이나 법령에 의하여 행정권한을 위임받은 공공단체 등의 행위가 아닌 한 이를 행정처분이라고 할 수 없다($^{대판\ 2012.\ 12.\ 13,\ 2010두20874.\ 동지판례:\ 대}_{판\ 2008.\ 1.\ 31,\ 2005두8269;\ 대판\ 2009.\ 2.\ 24,}$ $^{2009두}_{12853}$).

학문적으로 말하는 행정청은 반드시 조직법상의 그것을 말하는 것은 아니고, 실질적·기능적 의미의 것임을 유의할 필요가 있다. 따라서 보조기관($^{국장}_{등}$)도 때로 행정청이 될 수 있고, 국회·법원의 기관도 행정청으로 기능하는 경우가 있다($^{직원의}_{임명\ 등}$).

또한 공공단체, 공무수탁사인(Beliehener)도 행정행위를 발할 수 있음에 유의할 필요가 있다. 법인·단체 또는 사인은 일정한 공적 목적의 달성을 위하여 법령에 의하여 행정권한을 부여받으면 공공단체 또는 공무수탁사인으로서 행정행위를 발할 수 있는 행정주체의 지위를 갖는다.

2. 구체적 사실

(1) 개별적·구체적 규율

행정행위는 행정청이 행하는 '구체적 사실에 관한 법집행작용'이다. 이 점에서 행정청에 의한 법의 제정작용 내지는 그의 산물로서의 명령($^{법규명령·행}_{정규칙\ 등}$)은 행정행위가 아니다.

일반적으로 명령은 일반적·추상적 규율(generell-abstrakte Regelung)이라 하고 행정행위는 개별적·구체적 규율(individuell-konkrete Regelung)이라 하여 양자를 대비시킨다. 여기에서 일반적인가 개별적인가는 '규율대상'에 관한 것이다. 즉 수범자($^{행정행위의}_{규율대상}$)가 불특정 다수인인 경우를 '일반적'이라 하고, 특정인 또는 특정할 수 있는 인적 범위인 경우를 '개별적'이라 한다.[6] 추상적인가 구체적

---

6) 일반적 또는 개별적 규율이냐는 수적으로 구분되는 것이 아니라, 수범자의 범위를 객관적으로 확정할

인가는 '적용되는 사안(경우)'에 관한 것이다. 즉 불특정 다수의 사안에 반복적
으로 적용되는 것을 '추상적'이라 하고, 시간적·공간적으로 특정한 사안에 적
용되는 것을 '구체적'이라 한다. 결국 명령은 불특정 다수인을 대상으로 장래에
향하여 되풀이 규율하는 것이고, 행정행위는 일반적으로 특정인을 특정의 사안
에 있어서 규율하는 것이라 할 수 있다.

명령은, 그것을 특정인에 대하여 구체화하는 행정작용을 매개로 하여 비로
소 현실적인 행정목적을 달성할 수 있음이 보통이다. 예컨대, 행정청이「음식점
영업허가를 받은 자가 두 번 허가정지를 받고서 세 번째에 또 다시 영업허가정
지사유를 범한 경우에는 허가를 철회하여야 한다」는 규율을 정해 놓았다고 하
게 되면 이것이 법규범으로서의 명령에 해당한다. 그리고 행정청이 위의 요건
에 해당하는 특정인에 대하여 '허가철회'라고 하는 조치를 취할 때, 이것이 바
로「구체적 사실에 관한 법집행으로서의 공권력의 행사」로서의 행정행위가 되
며, 상기 특정인은 이를 취소쟁송 등을 통해 다툴 수 있게 되는 것이다. 그러나
현실적으로는 '명령', '고시', '계획' 등의 이름으로 행정행위의 성질을 가진 행정
작용이 행해질 수 있다. 그러한 경우에는 그의 명칭, 형식여하를 불문하고 그러
한 행정작용을 행정행위로 보아 그에 대한 취소쟁송 등이 인정될 수 있다. 그
러한 가운데 자치입법으로서의 지방자치단체의 조례의 처분성이 인정된 판례
가 있음은 주목할 만하다.

> **[판례]** 조례(경기도 두밀분교통폐합에 관한 조례)가 집행행위의 개입없이도 그 자체로서 직접 국민의 권
> 리의무나 법적 이익에 영향을 미치는 등의 법률상 효과를 발생하는 경우 그 조례
> 는 항고소송의 대상이 되는 행정처분에 해당한다(대판 1996. 9. 20, 95누8003).

이러한 판례의 태도는 행정청이 제정하여 시행하는 고시에 대해서도 마찬
가지이다.

> **[판례]** 어떠한 고시가 일반적·추상적 성격을 가질 때에는 법규명령 또는 행정규
> 칙에 해당할 것이지만, 다른 집행행위의 매개 없이 그 자체로서 직접 국민의 구체
> 적인 권리의무나 법률관계를 규율하는 성격을 가질 때에는 행정처분에 해당한다
> (대판 2006. 9. 22, 2005두2506).

수 있느냐에 달려있다. 예컨대, 집회해산명령은 명령을 발할 당시 집회에 참가한 사람의 범위를 대규모
집회인 경우에도 최소한 확정할 수 있기 때문에 개별적 규율에 해당하는 것이다.

(2) 개별적 · 추상적 규율

행정청은 특정 범위의 사람을 장래에 향하여 계속적으로 규율하기 위하여 일정한 조치를 취하는 경우가 있다. 예컨대, 행정청이 어느 공장주에게 공장으로부터 뿜어 나오는 수증기로 인해 도로에 빙판이 생길 때마다 그것을 제거하라는 명령을 발하는 것이 그에 해당한다. 이 경우에 하명의 수범자는 특정인이지만, 빙판의 제거라는 규율내용은 장래의 불확정한 생활관계이므로, 이는 개별적 · 추상적 규율에 해당한다. 이러한 내용의 조치는 이례적인 것인 데다가 국내의 다른 학자에 의해서는 별로 논해지는 바 없지만, 행정행위의 일종으로 보아도 무방할 것이다.

(3) 일반적 · 구체적 규율(일반처분)

행정청이 경우에 따라서는 일반적 · 구체적 규율을 발하는 경우가 있다. 「어느 날, 어느 장소에서의 집회금지」가 이에 해당한다. 동 조치의 수범자는 불특정 다수인인 점에서 '일반적'이지만, 시간적 · 공간적으로 특정한 사안에 대해 규율하는 점에서 '구체적'이라 할 수 있다. 이러한 일반적 · 구체적 규율을 일반처분(Allgemeinverfügung)이라 하며 역시 행정행위의 일종으로 볼 수 있다. 독일 행정절차법($\frac{35조}{2문}$)은 일반처분에 관하여 명문의 규정[7]을 두고 있다.

(4) 물적 행정행위

예컨대 행정청이 어느 도로구간을 주차금지구역으로 지정하거나 또는 공물의 공용지정(Widmung)을 한 경우에, 이러한 조치의 직접적인 규율대상은 물건(공물 · 공공시설)이며 사람은 그에 의해 간접적으로 규율받을 뿐인데, 이러한 조치를 물적 행정행위(dinglicher Verwaltungsakt)라고 한다.[8]

과연 이와 같은 물적 행정행위가 행정행위(처분)의 일종인가, 아니면 법규범으로서의 명령에 해당하는가 하는 것이 독일에서도 오랫동안 논쟁의 대상이 된 바 있다. 독일 행정절차법($\frac{35조}{2문}$)은 일반처분의 내용에 물적 행정행위를 포함시킴으로써 입법적으로 해결하였다.

---

7) 독일 행정절차법 제35조 2문: 「일반처분이란 일반적 징표에 의해서 특정되거나 또는 특정될 수 있는 인적 범위를 대상으로 한 행정행위 및 물건의 공법상의 성질 또는 일반 공중에 의한 그 이용에 관하여 규율하는 행정행위를 말한다」.

8) 물적 행정행위에 대한 상세한 논의는 김남진, 기본문제, 232면 이하; 김남진, 물적 행정행위, 월간고시, 1985. 4; 김남진, 횡단보도설치의 법적 성질 등, 고시연구, 2001. 5; 정하중, 법규명령과 행정행위의 한계 설정, 저스티스 제30권 2호, 1997. 6; 정하중, 일반처분과 물적 행정행위, 고시연구, 2000. 11; 최봉석, 물적 행정행위의 유용성 진단, 토지공법연구 제36집, 2007. 5 참조.

우리나라에서는 '횡단보도의 설치(교통표지)'가 물적 행정행위인가 하는 점이 재판상 다투어진 바 있는데,[9] 독일의 입법례처럼 물적 행정행위의 개념을 받아들여 이를 행정행위의 일종으로 보는 데 문제가 없을 것이다.[10]

3. 규율(법적 행위)

행정행위는 '규율'로서의 성격을 갖는 행위, 다시 말하면 법적 효과를 발생·변경·소멸시키는 행위이다. 따라서 행정행위는 권리·의무를 발생·변경·소멸시키거나 확정하는 법률효과를 가진다. 물적 행정행위를 인정하는 경우 물건의 법적 상태를 규율하는 것도 행정행위에 포함된다.

규율로서의 성격이 없기 때문에 행정행위에 포함되지 않는 것으로는 직접적인 법적 효과를 발생시키지 않는 사실행위, 독자적인 의미는 없고 단지 최종적인 결정을 위한 준비행위에 불과한 것 등을 들 수 있다.

[판례①] 피고(관악경찰서장)가 그 관리하에 있는 운전면허 행정처분처리대장에 기재하는 벌점의 배점은 자동차운전면허의 취소, 정지처분의 기초자료를 제공하기 위한 것이고, 그 대장상의 배점 자체만으로는 아직 국민에 대하여 구체적으로 어떤 권리를 제한하거나 의무를 명하는 등 법률적 규제를 하는 효과를 발생하는 요건을 갖춘 것이 아니어서 그 무효확인 또는 취소를 구하는 소송의 대상이 되는 행정처분이라고 할 수 없다(대판 1994. 8. 12. 94누2190).

[판례②] 건축물대장은 건축물에 대한 공법상의 규제, 지방세의 과세대상, 손실보상가액의 산정 등 건축행정의 기초자료로서 공법상의 법률관계에 영향을 미칠 뿐만 아니라, 건축물에 관한 소유권보존등기 또는 소유권이전등기를 신청하려면 이를 등기소에 제출하여야 하는 점 등을 종합해 보면, 건축물대장의 작성은 건축물의 소유권을 제대로 행사하기 위한 전제요건으로서 건축물 소유자의 실체적 권리관계에 밀접하게 관련되어 있으므로 건축물대장 소관청의 작성신청 반려행위는 국민의 권리관계에 영향을 미치는 것으로서 항고소송의 대상이 되는 행정처분에 해당한다(대판 2009. 2. 12. 2007두17359).[11]

---

9) 지하상가의 상인들이 횡단보도의 설치행위의 취소를 구한 사건으로서, 대법원은 지방경찰청장이 횡단보도를 설치하여 보행자의 통행방법 등을 규제하는 것은 행정청이 특정사항에 대하여 의무의 부담을 명하는 행위이고 이는 국민의 권리의무에 직접 관계가 있는 행위로서 행정처분이라고 보아야 하지만, 횡단보도가 설치된 도로 인근에서 영업활동을 하는 자에게 횡단보도의 설치에 관하여 특정한 권리나 법령에 의하여 보호되는 이익이 부여되어 있다고 말할 수 없다고 하였다(대판 2000. 10. 27. 98두8964).
10) 상세는 김남진, 횡단보도설치의 법적 성질 등, 고시연구, 2001. 5 참조.
11) 종래 대법원은 건축물대장은 기본적으로 행정사무집행의 편의와 사실증명의 자료로 삼기 위한 것일 뿐이고, 그 등재나 변경등재로 인하여 당해 건축물에 대한 실체상의 권리관계에 어떤 변동을 초래하는 것

[판례③] 부과처분을 위한 과세관청의 질문조사권이 행해지는 세무조사결정이 있는 경우 납세의무자는 세무공무원의 과세자료 수집을 위한 질문에 대답하고 검사를 수인하여야 할 법적 의무를 부담하게 되는 점, 세무조사는 기본적으로 적정하고 공평한 과세의 실현을 위하여 필요한 최소한의 범위 안에서 행하여져야 하고, 더욱이 동일한 세목 및 과세기간에 대한 재조사는 납세자의 영업의 자유 등 권익을 심각하게 침해할 뿐만 아니라 과세관청에 의한 자의적인 세무조사의 위험마저 있으므로 조세공평의 원칙에 현저히 반하는 예외적인 경우를 제외하고는 금지될 필요가 있는 점, 납세의무자로 하여금 개개의 과태료 처분에 대하여 불복하거나 조사종료 후의 과세처분에 대하여만 다툴 수 있도록 하는 것보다는 그에 앞서 세무조사결정에 대하여 다툼으로써 분쟁을 조기에 근본적으로 해결할 수 있는 점 등을 종합하면, 세무조사결정은 납세의무자의 권리·의무에 직접 영향을 미치는 공권력의 행사에 따른 행정작용으로서 항고소송의 대상이 된다(대판 2011. 3. 10. 2009두23617).

[판례④] 징계 요구는 징계 요구를 받은 기관의 장이 요구받은 내용대로 처분하지 않더라도 불이익을 받는 규정도 없고, 징계 요구 내용대로 효과가 발생하는 것도 아니며, 징계 요구에 의하여 행정청이 일정한 행정처분을 하였을 때 비로소 이해관계인의 권리관계에 영향을 미칠 뿐, 징계 요구 자체만으로는 징계 요구 대상 공무원의 권리·의무에 직접적인 변동을 초래하지도 아니하므로, 행정청 사이의 내부적인 의사결정의 경로로서 '징계 요구, 징계 절차 회부, 징계'로 이어지는 과정에서의 중간처분에 불과하여, 감사원의 징계 요구와 재심의결정이 항고소송의 대상이 되는 행정처분이라고 할 수 없다(대판 2016. 12. 27. 2014두5637).

[판례⑤] 행정청의 어떤 행위가 항고소송의 대상이 될 수 있는지는 추상적·일반적으로 결정할 수 없고, 관련 법령의 내용과 취지, 그 행위의 주체·내용·형식·절차, 그 행위와 상대방 등 이해관계인이 입는 불이익과의 실질적 견련성, 법치행정의 원리, 당해 행위에 관련된 행정청과 이해관계인의 태도 등을 참작하여 구체적·개별적으로 결정하여야 한다. 행정청 내부에서의 행위나 알선, 권유, 사실상의 통지 등과 같이 상대방 또는 기타 관계자들의 법률상 지위에 직접적인 법률적 변동을 일으키지 아니하는 행위는 항고소송의 대상이 아니다. 이 사건 고지방송명령은 권고적 효력만을 가지는 비권력적 사실행위에 해당할 뿐, 항고소송의 대상이 되는 행정처분에 해당하지 않는다(대판 2023. 7. 13. 2016두34257, 동지판례: 대판 1995. 11. 21, 95누9099; 대판 1998. 7. 10, 96누6202; 대판 2008. 4. 24, 2008두3500).

[판례⑥] 피고가 법위반사업자에 대하여 누산 벌점이 일정 기준을 초과한다고 보아 관계행정기관의 장 등에게 입찰참가자격제한이나 영업정지 요청을 하고, 그 관

은 아니라는 이유에서 원칙적으로 건축물대장의 용도란의 변경등재행위(대판 1985. 3. 12, 84누738), 기재사항의 정정신청거부(대판 1989. 12. 12, 89누5348), 소유권에 관한 사항의 기재변경신청거부(대판 1998. 2. 24, 96누5612) 등을 모두 행정처분이 아니라고 하여 그 취소를 구하는 소를 각하하여 왔는데, 본 판례는 이러한 종전의 판시와는 달리 처분성을 인정한 것이다.

계행정기관의 장 등이 그 사업자에 대하여 입찰참가자격제한이나 영업정지를 하면 비로소 위 사업자는 입찰참가자격을 상실하거나 영업정지를 당하게 된다. 그러므로 그 이전 단계에서 이루어지는 이 사건 각 벌점 부과행위만으로 위 사업자의 권리의무에 직접적인 변동이 발생한다고 볼 수 없다. 또한 아래와 같은 점을 고려하면, 이 사건 각 벌점 부과행위만으로는 원고에게 후속행위인 입찰참가자격제한 등 요청 및 그에 따른 입찰참가자격제한 등을 받을 구체적·현실적인 위험이 발생하였다고 보기 어려우므로, 그로 인한 법률상 불이익이 존재한다고 볼 수도 없다. 이 사건 벌점 부과행위는 사업자의 권리의무에 직접적으로 영향을 미치는 행위라고 볼 수 없어 항고소송의 대상이 되는 행정처분에 해당하지 않는다(대판 2023. 1. 12, 2020두50690).

4. 대 외 적

행정행위는 외부에 대하여 직접 법적 효과를 발생하는 행위이다. 따라서 행정조직 내부에서의 행위는 원칙적으로 행정행위로서의 성질을 갖지 않는다. 예컨대, 행정조직 내부에서 행해지는 상급관청의 지시나 상관의 명령 등은 행정행위가 아니며 행정규칙 역시 행정행위에서 제외된다.[12]

5. 공권력의 발동으로 행하는 일방적 공법행위

행정행위는 행정청이 공권력의 발동으로 행하는 일방적 공법행위만을 의미한다. 행정행위는 행정주체가 행정객체에 대하여 우월한 지위에서 행하는 '공권력 행사작용'으로서의 성질을 갖는다. 여기서 '공권력의 행사'는 고권적(hoheitlich) 또는 일방적(einseitig)이라는 말로 표현될 수 있다. 따라서 행정청의 구체적 사실에 관한 법집행행위일지라도 상대방과의 의사의 합치에 의해서 성립하는 공법상 계약은 공권력행사에 해당하지 않으므로 행정행위는 아니다.

행정행위가 행정청의 일방적 행위라는 사실이 상대방이 행정절차에 참여할 수 있는 권한을 가진다는 것과 배치되는 것은 아니다. 행정행위 중에는 상대방의 동의를 요하는 행정행위가 많다(허가·특허·인가, 공무원의 임명 등). 동의를 요하는 행정행위의 경우, 상대방은 동의를 거부함으로써 행정행위의 성립을 저지할 수 있다. 그러나 행정법관계의 내용에까지 영향을 미칠 수 있는 것은 아니다. 이러한 점에서 공법상의 계약과 구별된다.

또한 행정행위는 공법행위로서의 성질을 가지므로, 행정청의 법적 행위일지

---

12) 홍준형(총론), 177면.

라도 ① 물자 등의 구매를 위한 사법상의 보조작용, ② 홍삼판매와 같은 영리활동, ③ 공적 임무작용이기는 하나 사법상 계약의 형식을 취하는 행위 등과 같은 행정상의 사법작용은 행정행위에 해당되지 않는다.

> **[판례]** 지방자치단체가 구 지방재정법 시행령 제71조의 규정에 따라 기부채납받은 공유재산을 무상으로 기부자에게 사용을 허용하는 행위는 사경제주체로서 상대방과 대등한 입장에서 하는 사법상의 행위이지 행정청이 공권력의 주체로서 행하는 공법상의 행위라고 할 수 없으므로, 기부자가 기부채납한 부동산의 일정기간 무상사용한 후에 한 사용허가기간연장신청을 거부한 행정청의 행위도 단순한 사법상의 행위일 뿐 행정처분 기타 공법상의 법률관계에 있어서의 행위는 아니라고 할 것이다(대판 1993. 2. 18, 92구11307).

6. 거부행위

앞에서 살펴 본 바와 같은 요소를 갖춘 행위, 즉 '행정행위'의 신청이 있는 경우 그것을 거부하는 행정작용이 '행정행위로서의 거부' 또는 거부행위이다. 따라서 사실행위의 거부, 계약의 청약에 대한 거부 등 행정행위에 해당되지 않는 행정작용에 대한 거부는 여기에서 말하는 거부 또는 거부행위에는 해당되지 않는다고 보아야 한다.

다만 거부행위가 항고소송의 대상이 되는 처분에 해당하는지에 대하여는 논란이 많은 것이 현황이다.[13] 이에 대하여는 행정소송법(제5편 제7장 이하)에서 고찰하기로 한다.

> **[판례①]** 국민의 적극적 신청행위에 대하여 행정청이 그 신청에 따른 행위를 하지 않겠다고 거부한 행위가 항고소송의 대상이 되는 행정처분에 해당하기 위해서는, 신청한 행위가 공권력의 행사 또는 이에 준하는 행정작용이어야 하고, 거부행위가 신청인의 법률관계에 어떤 변동을 일으키는 것이어야 하며, 국민에게 행위발동을 요구할 법규상 또는 조리상의 신청권이 있어야 한다(대판 2017. 6. 15, 2013두2945, 동지 판례: 대판 1991. 2. 26, 90누5597).
> **[판례②]** 거부처분의 처분성을 인정하기 위한 전제요건이 되는 신청권의 존부는 구체적 사건에서 신청인이 누구인가를 고려하지 않고 관계 법규의 해석에 의하여 일반국민에게 그러한 신청권을 인정하고 있는가를 살펴 추상적으로 결정되는 것이

---

13) 상세는 김남진, 행정청의 거부행위의 처분성 여부, 법률신문, 1991. 6. 24; 김남진, 기본문제, 951면 이하; 김유환, 형식적 거부처분에 대한 취소소송에 있어서의 심사범위, 판례월보, 1997. 3, 25면 이하 참조.

고, 신청인이 그 신청에 따른 단순한 응답을 받을 권리를 넘어서 신청의 인용이라는 만족적 결과를 얻을 권리를 의미하는 것은 아니다. 따라서 국민이 어떤 신청을 한 경우에 그 신청의 근거가 된 조항의 해석상 행정발동에 대한 개인의 신청권을 인정하고 있다고 보여지면 그 거부행위는 항고소송의 대상이 되는 처분으로 보아야 할 것이고, 구체적으로 그 신청이 인용될 수 있는가 하는 것은 본안에서 판단할 사항이다(대판 1996. 6. 11.
95누12460).

V. 행정행위의 기능

행정행위의 기능으로는 일반적으로 ① 실체법적 기능, ② 절차법적 기능, ③ 집행법적 기능, ④ 쟁송법적 기능이 열거되고 있는데, 甲이 乙행정청으로부터 자기 소유의 건물의 철거명령을 받은 경우를 예로 들어 설명해 보기로 한다.

1. 행정행위의 실체법적 기능

乙의 甲에 대한 철거명령은 甲에게 건물을 철거하여야 할 의무(작위의무)를 부과한 것이므로, 이러한 기능을 행정행위의 실체법적 기능이라고 말할 수 있다.

2. 행정행위의 절차법적 기능

만일에 법이 乙의 甲에 대한 철거명령의 발급에 앞서서 청문을 하도록 규정하고 있다면, 그러한 내용의 것을 행정행위의 절차법적 기능이라고 할 수 있다. 이와 관련하여 「행정절차법」이 처분 등의 절차에 관하여 자세히 정하고 있는 점에 유의할 필요가 있다.

3. 행정행위의 집행법적 기능

乙의 철거명령에도 불구하고 甲이 스스로 건물을 철거하지 않을 때에는 乙은 대집행을 할 수 있다. 이 경우 처분(철거명령)은 대집행이라고 하는 행정상 강제집행의 근거가 되는데, 이와 같은 행정행위의 기능은 집행법적 기능 또는 명의기능(Titelfunktion)이라고 한다.

4. 행정행위의 쟁송법적 기능

만일에 甲이 乙의 철거명령이 위법하며 그에 의하여 자기의 법률상 이익이 침해를 받는다고 생각하는 경우에는, 甲은 행정쟁송을 제기할 수 있다. 이와 같이 행정행위에 대하여 쟁송(취소심판·취소소송 등)을 제기함으로써 권리구제를 받을 수 있게 되는 것이 행정행위의 쟁송법적 기능이라고 할 수 있다.

제 2 절   행정행위의 특수성

Ⅰ. 개   설

행정행위는 앞에서 살펴 본 바와 같이, 행정청의 일방적 공법행위로서의 성질을 가지고 있다. 이러한 행정행위의 특수성을 사법상의 법률행위 및 법원의 판결과 대비해 보며 구체적으로 살펴보기로 한다.

1. 법률행위와의 구별

사인간에 있어서의 주요한 행위형식이 법률행위임은 부인할 수 없을 것이다. 민법이 법률행위에 관한 그토록 많은 규정(제1편 제5장 등)을 두고 있는 이유도 거기에 있으며, 민법을 법률행위에 관한 법이라고 하여도 과언이 아닐 것이다. 여하튼, 사법상의 법률행위는 계약자유의 원칙에 따라 당사자의 자유의사를 출발점으로 하고, 원칙적으로 자유로운 의사의 합치에 의해 성립된다. 이에 비해 행정청이 일방적으로 행하는 행정행위는 법률이 명하는 바에 따르고 그를 구체화하는 것으로서, 행정청의 자유로운 의사결정에 의하는 것이 아니다. 그 결과 행정행위와 사법상의 법률행위 사이에는 구체적으로 다음과 같은 차이점이 있다.

① 법률행위에 관한 핵심규정인 의사표시에 관한 규정(민법 107조 이하)은 원칙적으로 행정행위에 적용되지 아니한다.

② 행정행위는 사법상의 법률행위의 내용을 규제하는 사법상의 강행법규에 원칙적으로 구속되지 않는다. 행정행위는 법에 구체화된 국가의사의 집행이므로 그 내용의 적부는 근거법규의 요건·목적 등에 비추어 판단되어야 하기 때문이다.

③ 행정행위에 의해 형성된 국민의 지위는 계약법상의 지위가 아니므로 원칙적으로 계약법원리의 적용을 받지 않는다. 예컨대 공물사용허가의 철회(국유재산법 36조 참조 등)는 행정행위의 철회의 법리에 의해 행해지고, 계약법원리에 의해 지배되지 않는다.

2. 법원의 판결과의 구별

행정행위는 개별적인 경우에 무엇이 법인가를 결정하는 법의 인식행위인 점에서 법원의 판결과 유사한 점을 가지고 있다. 그러나 양자간에는 다음과 같은 중요한 차이점이 있는 것을 간과해서는 안 될 것이다.

① 판결이 법적 평화를 위해 법적 분쟁의 종국적 해결을 목표로 하는 것인 데 대해, 행정행위는 장래를 향한 사회형성적 활동으로서의 의의를 강하게 가진다.

② 판결을 주관하는 법원은 대립하는 양 당사자의 법적 분쟁에 관해 공평하고도 제3자적·중립적 입장에서 결정한다. 이에 대해 행정행위의 발급기관인 행정청은 그 자신에 맡겨진 임무사항에 대해 결정한다. 그러한 의미에서 행정청은 사안의 결정권자인 동시에 '당사자'로서의 지위를 가지는 셈이다.

③ 법원의 판결은 언제나 법적 결정으로서의 성격을 가진다. 이에 대해 행정행위에 있어서는 목적적 이익형량에 의한 결정도 가능하다.

④ 판결은 소의 제기를 통해서만 행해지며, 법원이 능동적으로 사건을 맡을 수는 없다. 이에 대해 행정행위의 대부분은 행정청의 능동적·직권적 행위로서의 성격을 가진다. 물론 인·허가와 같이 상대방의 신청에 의해 행해지는 행정행위도 많이 있다. 그러나 그 '신청에 의한 행정행위'도 기타의 점에 있어서는 판결과의 차이가 있는 것을 부인할 수 없다.

⑤ 판결은 공정하고도 진실된 결정에 도달할 수 있게 하기 위해 그의 절차는 신중하고 여러 단계를 거쳐서 행해진다. 이에 대해 행정행위는 신속성과 합목적성을 추구하기 때문에 무방식이 일반적이다. 그러나 근래에는 국민의 권리보호, 행정의 민주화 요청에 따라 행정절차도 점차 정비되어 가는 추세에 있음은 주지의 사실이다. 개별법에서의 청문제도의 채택, 행정절차법의 입법화 등의 추세가 이것을 말해 준다.

Ⅱ. 행정행위의 일반적 특질

행정행위의 개념을 통해서, 또한 행정행위와 법률행위 및 판결과의 대비를 통해서 행정행위가 가지는 특색이 대체로 드러났다고 볼 수 있다. 그것들을 보통 '행정행위의 특수성'이라는 항목 아래 총괄적으로 개관하는 경향이 있다. 여기에서 설명되는 '특수성'은 대체로 법률행위와 비교해 본 특색이라고 할 수 있다.

1. 법적합성

행정행위는 공권력행위이므로 법에 의거하여 행해져야 하며, 그의 내용도 법에 적합하지 않으면 안 된다.

2. 공 정 성

행정행위는 상대방이 알 수 있는 상태에 놓임으로써 효력을 발생하는데, 그것이 적법한가 또는 위법한가를 불문하고 효력이 발생한다. 다만 행정행위의 하자가 중대하고 명백한 경우에는 처음부터 무효가 된다. 그러나 행정행위에 하자가 있더라도 그것이 중대·명백하지 않는 한 권한 있는 기관에 의해 취소되기까지는 유효한 행위로 통용되며, 따라서 하자 있는 행정행위의 효력을 부인하기 위해서는 상대방이 행정쟁송을 제기하여야 한다.

3. 구성요건성

유효한 행정행위가 존재하는 이상 다른 국가기관은 그의 존재를 존중하며 스스로의 판단의 기초 내지 구성요건으로 삼아야 한다. 행정행위의 이러한 특질은, 권한과 관할을 달리하는 국가기관은 상호 타기관의 권한을 존중하여야 한다는 데에서 비롯된다. 행정행위의 위법 여부, 효력 유무가 민사재판 또는 형사재판 등의 선결문제가 되는 경우에 당해 사건의 수소법원이 이에 관해 직접 심리할 수 있느냐의 문제는 행정행위의 구성요건성이라는 특질과 관련하여 문제되는 것이라 할 것이다.

4. 존속성(불가쟁성·불가변성)

행정행위가 불가쟁력($\frac{형식적}{존속력}$)과 불가변력($\frac{실질적}{존속력}$)을 가짐을 행정행위의 특수성의 하나로서의 존속성 또는 확정성이라고 한다. 여기에서 불가쟁성은 무효 아닌 하자가 있는 행정행위는 그에 대한 쟁송기간이 경과했거나 심급을 다 거친 경우에는 더 이상 다툴 수 없게 됨을 의미한다. 행정행위의 불가변성은 처분청일지라도 일단 행한 행정행위를 임의로 취소·변경하지 못함을 의미하는 것인바, 어떠한 행정행위가 불가변력을 가지는가에 관해서는 견해가 나누어진다. 일반적으로는, 다음과 같은 경우에 행정행위가 불가변성을 가지게 된다.

① 취소에 의해 상대방의 권리·이익이나 공공복리가 침해받게 되는 경우
② 행정심판의 재결과 같은 확인판단적·준사법적 행위의 경우
③ 실정법이 행정행위에 소송법적 확정력을 인정하고 있는 경우

5. 행정행위의 실효성

행정행위에 의해 과해진 의무를 개인이 이행하지 않는 경우 또는 개인이 행정법규를 위반하는 경우에 행정주체가 자력으로 그 의무를 강제로 이행시키며($\frac{행정상의}{강제집행}$), 혹은 제재를 가하는 경우가 있다($\frac{행정벌}{등}$). 행정행위의 효력을 담보하기 위해 실정법이 마련한 그와 같은 제도를 설명하기 위해 '행정행위의 실효성'이라는 용어가 사용되고 있다. 종래 행정상의 강제집행은 국민으로 하여금 '장래에 향하여' 의무를 이행시키는 수단이며, 행정벌은 '과거의 의무위반'에 대한 제재인 것으로 설명되기도 했다. 그러나 근래에는 "행정법상의 의무이행의 확보수단" 또는 "행정의 실효성확보수단"이라고 하는 통일된 관점에서 그것을 고찰하며, 그의 목록도 공급거부, 인·허가의 제한, 명단의 공표, 과징금 등 매우 다양해지고 있다.

6. 행정행위에 대한 구제제도의 특수성

위법·부당한 행정행위로 인해 권리·이익을 침해받은 자는 「행정심판법」과 「행정소송법」이 정하는 바에 따라 구제받을 수 있는 특수한 구제제도($\frac{행정쟁송절차}{의 특수성}$)가 마련되어 있다. 또한 적법한 공권력의 행사($\frac{수용}{등}$)를 통해 재산권을 침해받은 자에게는 손실보상제도($\frac{헌법 23조 3항, 공익사업을 위한 토지}{등의 취득 및 보상에 관한 법률 등}$)가, 위법한 행정활동을 통해 손해를 받은 자에게는 국가배상제도($\frac{헌법 29조, 국}{가배상법 등}$)가 마련되어 있음으로써 국민의 권리구제에 이바지하고 있다.

제 3 절   행정행위의 종류

Ⅰ. 법률행위적 행정행위와 준법률행위적 행정행위

행정행위는 그 내용, 즉 법률적 효과에 따라 법률행위적 행정행위와 준법률행위적 행정행위로 구분하는 것이 통례이다. 전자는 행정청의 의사표시를 구성요소로 하고 그 표시된 의사의 내용에 따라 법적 효과를 발생시키는 데 대하여, 후자는 의사표시 이외의 정신작용(판단·인지)의 표시를 요소로 하고 그 법적 효과는 행위자의 의사 여하를 불문하고 전적으로 법이 정한 바에 따라 결정된다는 데에 양자의 차이가 있다고 하는 것이 통설적 견해이다. 행정행위의 이와 같은 분류는 민법상의 법률행위의 개념을 차용하여 이루어진 것인데, 근래에는 이것을 비판·부인하려는 견해가 유력해지고 있다.[1] 부인설의 주장은 행정행위는 법률의 구체화 또는 집행으로서의 성질을 가지는 까닭에 행위자의 의사의 요소는 중요한 의미를 가지지 않는다는 것을 그 이유로 삼는다. 사실 법률행위적 행정행위의 경우 행정청의 의사표시를 요소로 한다지만, 그 경우의 행정청의 의사는 공무원의 심리적 의사가 아니라 법 안에 화체된 입법자의 의사로서의 의미를 가진다. 동시에 법률행위적 행정행위와 준법률행위적 행정행위의 구별은 부관을 붙일 수 있느냐 없느냐를 판단하는 기준이 된다고 하나, 그것조차 의심스럽고 보면, 그 양자의 구별은 별로 중요치 않음을 상기할 필요가 있다. 다만 여기에서는 일단 통설에 따라 살펴보기로 한다. 법률행위적 행정행위와 준법률행위적 행정행위를 다시 세분하여 도표로 표시하면 다음과 같은데, 그 구체적 내용은 후술하는 「행정행위의 내용」에서 설명하기로 한다.

---

1) 자세한 것은 김남진, 기본문제, 195면 이하 참조.

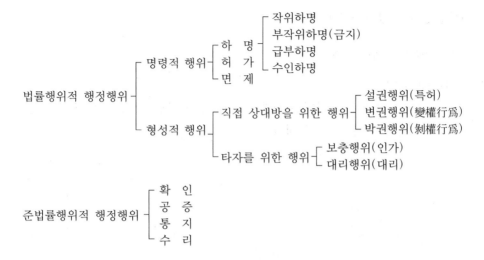

Ⅱ. 기속행위와 재량행위

1. 개 설

법규범은 일반적으로 조건적으로, 즉 구체적 사실이 법이 정한 요건(행위요건)을 충족하면 일정한 법적 효과가 발생한다는 식으로 구성되어 있다. 물론 이러한 전형적인 형식과 달리 목적지향적으로 구성되어 있는 규범도 있다. 이러한 규범은 특히 계획법규에서 많이 볼 수 있다.

법의 적용은 대체로 다음과 같은 4가지 과정을 통해서 행하여진다. 즉 ① 사안을 조사·확정하고, ② 법률상의 행위요건을 해석하며, ③ 구체적 사안과 법률상의 요건이 일치하는가에 대하여 판단(포섭: Subsumtion)하고, 마지막으로 ④ 법적 효과를 확정하게 된다.

행정주체에 의한 법적용은 법원에 의하여 통제를 받는다. 즉 법원은 행정이 법에 적합하게 행해졌는지를 사후에 심사하는 것이다. 물론 사법적 통제는 관계자의 소의 제기를 전제로 하지만, 법원의 통제가능성에 의해 행정주체가 법을 적용할 때 그의 적법성을 위해 노력하게 된다는 사전적 효과를 가지게 된다. 그러나 행정의 법률기속성은 행정청에 재량권 또는 불확정법개념의 사용에 의한 판단여지를 줌으로써 완화될 수 있다. 법률기속성의 완화는 법원에 의한 사후통제의 완화를 의미한다. 왜냐하면 법원은 행정활동의 적법성만을 심사할 수 있는데, 행정청에 재량 또는 판단여지가 있는 한 그 한도 내에서 행정청에 최종결정권이 있기 때문이다.

2. 개념적 구분

(1) 기속행위

기속행위란 행정청에 어떤 행정행위를 할 수도 안할 수도 있는 자유가 인정되어 있는 것이 아니라, 법이 정한 요건이 충족되면 법이 정한 효과로서의 일정한 행위를 반드시 하거나 해서는 안 되는 경우의 행정행위를 말한다.

(2) 재량행위

(가) 의의 및 종류

재량행위란 행정법규가 행정청에 법적 효과를 스스로 결정할 수 있는 권한을 위임한 경우를 말한다. 즉 "복수행위 가운데 어느 것을 선택할 수 있는 자유로서의 재량이 인정되어 있는 행정행위"를 말한다. '재량'은 어떤 행위를 할 수도 안할 수도 있는 경우인 결정재량(Entschließungsermessen)과 다수의 행위 중 어느 것을 선택해도 괜찮은 경우인 선택재량(Auswahlermessen)으로 나눌 수 있는데, 하나의 행정행위에 결정재량과 선택재량이 모두 인정되어 있는 경우도 있으며, 그 중의 어느 하나(특히 결정재량)만이 인정되어 있는 경우도 있다. 위와 같은 의미의 재량을 행위재량(Handlungsermessen, Verhaltensermessen)이라 하는데, 효과재량(Erfolgsermessen)이라고도 한다. 결정재량과 선택재량이 일반적으로 요건에서가 아니라 효과(행위)의 영역에서 나타남을 전제로 하는 것이다.

법치국가에서는 행정이 법에 의하여 행하도록 되어 있으나, 입법자가 행정청으로 하여금 구체적인 경우에 행정목적에 적합한 행위를 스스로 결정·선택할 수 있는 권한을 부여함으로써 재량행위가 존재한다고 말할 수 있다. 재량이 부여된 경우 행정청은 추구하는 법의 목적과 구체적 사안을 고려하여 당해 사안에 적합하고 합리적인 결정을 내릴 수 있게 된다.

(나) 유사개념과의 구별

① **자유로운 행위와의 구별:** 자유로운 행위[2]라 함은 재량행위에 있어서와 같이 재량이 법에 의해 구체적으로 수권되어 있는 것이 아니라, 법이 공백상태에 있거나 불충분하게 규율하고 있음으로써 행정권이 자유를 누리는 경

---

2) "자유로운 행위"에 대한 명칭은 아직 일치치 않다. "법률로부터 자유로운 행위" 또는 "자유로이 형성되는 행위" 등으로 불리우기도 한다.

우를 의미한다. 이러한 "자유로운 행위"는 급부행정 및 지방자치행정의 영역에서 많이 발견된다. 예컨대, 법률이 "지방자치단체는 …공공시설을 설치할 수 있다"($^{지방자치}_{법144조}$)라고만 규정하고 있을 뿐, 어떤 종류의 공공시설을 어디에 설치할 것인가의 문제는 전적으로 행정청의 재량에 맡겨 놓고 있는 경우가 이에 해당한다. 이러한 행위도 법률우위의 원칙, 평등의 원칙 등을 위반할 수 없는 점에서, 법에서 완전히 자유로운 것은 아니라는 점에 유의할 필요가 있다. 따라서 본래의 의미의 "재량행위"와 "자유로운 행위"의 차이는 양적인 것이라 할 수 있다.

② **판단여지와의 구별**[3] :   법률이 행정행위의 요건에 「대한민국의 이익이나 공공의 안전 또는 경제질서를 해할 우려」($^{출입국관리법}_{4조 1항 5호}$)와 같은 불확정개념 또는 불확정법개념(unbestimmter Rechtsbegriff)을 사용하고 있음으로써 어떤 사실이 그 요건에 해당하는가 여부가 일의적으로 확정되기 어려운 때, 거기에 행정청의 판단여지(Beurteilungsspielraum) 또는 한계상황(Grenzfälle)[4]이 존재한다고 말하여진다.

행정행위의 요건에 위와 같은 불확정법개념이 사용될 때, 어떤 사실이 그 요건에 해당하는가 여부는 일의적으로 판단하기 어려우며, 따라서 일정한 범위에서 행정청의 전문적 · 기술적 · 정책적 판단이 종국적인 것으로서 존중되며, 그 한도에서 행정청의 판단에 대한 법원의 심사가 제약받게 되는 경우가 생기게 된다. 행정청의 일정한 판단에 대한 법원의 심사권이 제약되는 점에 있어서는 재량과 판단여지는 유사한 점이 있다. 그러나 재량은 "복수행위 사이의 선택의 자유"가 법에 의하여 처음부터 인정되어 있는 경우를 의미하는 데 대하여, 판단여지는 불확정법개념의 해석 · 적용($^{법률요건에}_{의 포섭}$)이라는 법률문제로서 본래 법원에 의한 전면적 심사의 대상이 되는 영역에 있어서 예외적으로만 인정되는 점 등의 차이가 있으므로 재량과 판단여지는 구분함이 좋다.[5]

---

3) 주요문헌: 김남진, 행위재량 · 판단여지 · 계획재량의 구별, 고시저널, 1996. 5: 정준현, 불확정법개념의 해석과 적용, 성균관대학교 석사학위논문, 1983: 홍준형, 불확정법개념과 판단여지의 한계, 양승두교수화갑기념논문집, 1994: 정하중, 행정법에 있어서의 불확정법개념, 법정고시, 1996. 8: 서정범, 불확정개념과 판단여지, 고려대학교 법학논집 특별호, 1997: 김용섭, 행정재량의 체계적 위치, 고시계, 2001. 12: 최선웅, 불확정법개념과 판단여지, 행정법연구 제28호, 2010. 12.

4) "판단여지"는 바호프(Otto Bachof), "한계상황"은 울레(Carl Hermann Ule)에 의하여 처음으로 사용되었다. 그런데 그 울레의 이론은 일명 Vertretbarkeitslehre 또는 Vertretbarkeitstheorie라고 불리고 있고, 우리나라에서는 보통 '대체가능성설'로 번역되고 있는바, 오히려 '타당성설'로 번역됨이 좋을 것이다.

5) 「재량과 판단의 여지는 첫째로 규범규율영역의 위치, 둘째로 복수행위의 가능성, 셋째로 법원의 심사방식이라는 관점에서 차이가 있다」(김용섭, 행정재량의 체계적 위치, 고시계, 2001. 12, 30면)라고 기술함도 같

예컨대, 행정기관에게 어떤 사람을 "대한민국의 이익이나 공공의 안전 또는 경제질서를 해할 우려가 있다고 인정되는 자"로 인정할 수도 안할 수도 있는 자유, 즉 재량이 인정될 수는 없는 일이다. 다만 우리나라의 경우, 그 재량과 판단여지의 구분에 대하여 소극적인 입장을 취하는 학자도 상당수 있다.[6]

그러나 판단여지설의 창시자로 볼 수 있는 바호프(Otto Bachof)가 "서로 성질과 현상을 달리하는 것을 하나의 이름으로 부른다는 것(einheitliche Nomen-klatur)은 결코 허용된 용어사용(kein zulässiger Sprachgebrauch)이 아니라 용어의 남용(Sprachmißbrauch)이다"라고 말하였음을 상기할 필요가 있다.

한편, 판단여지를 부인하는 입장에서는 판단여지에 해당하는 것을 요건재량, 법규재량, 판단재량 등으로 표현하는 경향에 있다(구별기준에 관한 학설 참조). 판례도 아직 재량과 판단여지의 구분을 하지 않고 있는 것이 사실이다(판단여지의 소재와 한계 참조).

> **[판례①]** 행정청의 전문적인 정성적 평가 결과는 그 판단의 기초가 된 사실인정에 중대한 오류가 있거나 그 판단이 사회통념상 현저하게 타당성을 잃어 객관적으로 불합리하다는 등의 특별한 사정이 없는 한 법원이 그 당부를 심사하기에는 적절하지 않으므로 가급적 존중되어야 한다. 여기에 재량권을 일탈·남용한 특별한 사정이 있다는 점은 증명책임분배의 일반원칙에 따라 이를 주장하는 자가 증명하여야 한다(대판 2018. 6. 15, 2016두57564. 동지판례: 대판 2016. 1. 28, 2013두21120; 대판 2020. 7. 9, 2017두39785).
>
> **[판례②]** 의료법 제59조 제1항은 보건복지부장관 또는 시·도지사는 보건의료정책을 위하여 필요하거나 국민보건에 중대한 위해가 발생하거나 발생할 우려가 있으면 의료기관이나 의료인에게 필요한 지도와 명령을 할 수 있다고 규정하고 있다. 한편 의료법 제53조 제1항, 제2항에 의하면 보건복지부장관은 국민건강을 보호하고 의료기술의 발전을 촉진하기 위하여 새로 개발된 의료기술로서 안전성·유효성을 평가할 필요성이 있다고 인정하는 신의료기술에 대하여 제54조에 따른 신의료기술평가위원회의 심의를 거쳐 그 안전성·유효성 등에 관한 평가를 하여야 한다.
> 위와 같은 규정들의 문언과 체제, 형식, 모든 국민이 수준 높은 의료 혜택을 받을 수 있도록 국민의료에 필요한 사항을 규정함으로써 국민의 건강을 보호하고 증진하려는 의료법의 목적 등을 종합하여 보면, 불확정개념으로 규정되어 있는 의료법 제59조 제1항에서 정한 지도와 명령의 요건에 해당하는지, 나아가 그 요건에 해당하는 경우 행정청이 어떠한 종류와 내용의 지도나 명령을 할 것인지의 판단에

은 취지라 할 수 있다. 아울러, 김남진, 자유재량·기속재량·판단여지, 시사법률신문, 2003. 5. 20. 참조.
6) 「불확정개념을 사용한 경우에 있어서의 행정청의 판단여지와 재량행위에 있어서의 재량권은 이를 구별할 실익이 없는 것이다」(김동희), 「판단여지이론을 재량행위와 별도로 구분하여 인정해야 할 이론적 독자성이나 현실적 필요는 존재하지 않는다고 생각한다」(류지태) 등의 주장이 그에 해당한다.

관해서는 행정청에 재량권이 부여되어 있다고 보아야 할 것이다.

　그리고 신의료기술의 안전성·유효성 평가나 신의료기술의 시술로 인해 국민보건에 중대한 위해가 발생하거나 발생할 우려가 있는지에 관한 판단은 고도의 의료·보건상의 전문성을 요하는 것이므로, 행정청이 국민의 건강을 보호하고 증진하려는 목적에서 의료법 등 관계 법령이 정하는 바에 따라 이에 대하여 전문적인 판단을 하였다면, 그 판단의 기초가 된 사실인정에 중대한 오류가 있거나 그 판단이 객관적으로 불합리하거나 부당하다는 등의 특별한 사정이 없는 한 존중되어야 할 것이다. 또한 행정청이 위와 같은 전문적인 판단에 기초하여 재량권의 행사로서 한 처분은 비례의 원칙을 위반하거나 사회통념상 현저하게 타당성을 잃는 등 재량권을 일탈하거나 남용한 것이 아닌 이상 위법하다고 볼 수 없다(대판 2016. 1. 28, 2013두21120).

[판례③] 국토의 계획 및 이용에 관한 법률상 개발행위허가는 허가기준 및 금지요건이 불확정개념으로 규정된 부분이 많아 그 요건에 해당하는지 여부는 행정청의 재량판단의 영역에 속한다. 그러므로 그에 대한 사법심사는 행정청의 공익판단에 관한 재량의 여지를 감안하여 원칙적으로 재량권의 일탈·남용이 있는지 여부만을 대상으로 하고, 사실오인과 비례·평등원칙 위반 여부 등이 판단 기준이 된다.

　특히 환경의 훼손이나 오염을 발생시킬 우려가 있는 개발행위에 대한 행정청의 허가와 관련하여 재량권의 일탈·남용 여부를 심사할 때에는 해당 지역 주민들의 토지이용실태와 생활환경 등 구체적 지역 상황과 상반되는 이익을 가진 이해관계자들 사이의 권익 균형 및 환경권의 보호에 관한 각종 규정의 입법 취지 등을 종합하여 신중하게 판단하여야 한다. '환경오염 발생 우려'와 같이 장래에 발생할 불확실한 상황과 파급효과에 대한 예측이 필요한 요건에 관한 행정청의 재량적 판단은 그 내용이 현저히 합리성을 결여하였다거나 상반되는 이익이나 가치를 대비해 볼 때 형평이나 비례의 원칙에 뚜렷하게 배치되는 등의 사정이 없는 한 폭넓게 존중하여야 한다(대판 2021. 3. 25, 2020두51280, 동지판례: 대판 2017. 3. 15, 2016두55490; 대판 2021. 7. 29, 2021두33593).

(다) 자유재량·기속재량 구분의 무의미성

　재량을 "복수행위간의 선택의 자유"로 이해하는 입장에서 재량을 자유재량(공익재량 또는 편의 재량이라고도 함)·기속재량(법규재량이 라고도 함)으로 나누는 것을 무의미한 것으로 생각한다. 모든 재량행위는 재량의 한계 내에서는 '자유'로운 반면, 재량의 한계를 벗어날 수 없는 '기속'을 받기 때문이다. 결국 자유롭지 아니한 재량이 없고 기속받지 않는 재량이 존재하지 아니하기에 자유재량·기속재량의 구분은 무의미하다고 보는 것이다.

　그러나 판례상으로는 여전히 자유재량과 기속재량의 구분이 행해지고 있다.

[판례] 어느 행정행위가 기속행위인지 재량행위인지 나아가 재량행위라 할지라도 기속재량행위인지 또는 자유재량에 속하는 것인지 여부는 이를 일률적으로 규정지을 수 없는 것이고, 당해 처분의 근거가 된 규정의 형식이나 체제 또는 문언에 따라 개별적으로 판단하여야 한다(대판 1995. 12. 12, 94누12302, 동지판례: 대판 1997. 12. 26, 97누15418; 대판 1998. 4. 28, 97누21086; 대판 1998. 9. 8, 98두8759; 대판 2001. 2. 9, 98두17593).

3. 기속행위와 재량행위의 구별

(1) 구별의 필요성

(가) 행정쟁송과의 관계

외국의 입법례[7]와 달리 우리나라에는 행정청의 재량에 속하는 행정행위를 행정소송사항에서 제외시키는 명문의 규정이 없다. 그러나 「행정심판법」이 행정청의 '위법 또는 부당'한 처분에 대한 행정심판을 인정하고 있는 데 대하여(동법 1조, 5조 참조), 「행정소송법」은 '위법'한 처분에 대해서만 행정소송을 인정하고 있으며(동법 1조, 4조 참조) 또한 "행정청의 재량에 속하는 처분이라도 재량권의 한계를 넘거나 그 남용이 있는 때에는 법원은 이를 취소할 수 있다"(동법 27조)라고 규정하고 있는 것에 비추어 기속행위와 재량행위의 구분은 필요하다.

대법원은 기속행위와 재량행위는 사법심사의 방식에 있어서 차이가 있음을 밝히고 있다.

[판례] 행정행위가 재량성의 유무 및 범위와 관련하여 이른바 기속행위와 재량행위로 구분된다고 할 때, 그 구분은 해당 행위의 근거가 된 법규의 체재·형식과 문언, 해당 행위가 속하는 행정 분야의 주된 목적과 특성, 해당 행위 자체의 개별적 성질과 유형 등을 모두 고려하여 판단하여야 한다. 이렇게 구분되는 양자에 대한 사법심사는, 전자의 경우 그 법규에 대한 원칙적인 기속성으로 인하여 법원이 사실인정과 관련 법규의 해석·적용을 통하여 일정한 결론을 도출한 후 그 결론에 비추어 행정청이 한 판단의 적법 여부를 독자의 입장에서 판정하는 방식에 의하게 되나, 후자의 경우 행정청의 재량에 기한 공익판단의 여지를 고려하여 법원은 독자의 결론을 도출함이 없이 해당 행위에 재량권의 일탈·남용이 있는지 만을 심사하게 된다(대판 2020. 10. 15, 2019두45739, 동지판례: 대판 2001. 2. 9, 98두17593; 대판 2014. 4. 10, 2012두16787). [8]

---

7) 1875년의 오스트리아 행정법원설치법 3조는 「행정청의 자유재량에 속하는 사항은 행정법원의 관할에 속하지 아니한다」라고 규정하였으며, 미국 행정절차법 701조 a항 2호도 같은 내용을 규정하고 있다.

8) 종전의 대법원 판례는 같은 취지로 판시하면서 "행정행위가 그 재량성의 유무 및 범위와 관련하여 이른바 기속행위 내지 기속재량행위와 재량행위 내지 자유재량행위로 구분된다고 할 때"라고 함으로써 '기속재량행위'와 '자유재량행위'라는 용어를 사용하였으나(대판 2001. 2. 9, 98두17593 참조), 최근 판례

(나) 공권의 성립과의 관계

기속행위(작위하명)에 있어서는 행정청은 그 기속행위를 행하여야 할 의무를 진다. 따라서 상대방에게는 그 기속행위를 해 줄 것을 요구할 수 있는 청구권(공법상의권리)이 생길 수 있다. 반면에, 재량행위에 있어서는 행정청은 그 재량행위를 할 수도 안할 수도 있는 것이므로 상대방에게는 재량행위에 대한 청구권('형식적 권리'로 말해지는 '무하자재량행위청구권'에 대해서는 후술 참조)이 생길 수 없다. 다만 재량권이 0으로 수축되어 재량행위가 기속행위로 된 경우에 비로소 공권(행정개입청구권)이 발생할 수 있는 것이다.

그러나 위의 내용을 기속행위로부터는 공권이 도출되나, 재량행위로부터는 공권이 도출되지 않는다는 식으로 오인해서는 안 된다. 기속행위와 재량행위의 구별은 행정청에게 관련 행위를 할 의무가 있느냐의 문제이지 그로부터 개인적 공권을 도출할 수 있느냐의 문제와는 직접적인 관련이 없다. 즉 기속행위의 경우 행정청은 법이 정한 요건을 충족하는 한, 그 기속행위를 하여야 할 의무가 있다. 그러나 그로부터 바로 상대방에게 그 행위를 해 줄 것을 청구할 수 있는 권리가 생기는 것은 아니다. 그를 위해서는 관계 규정의 목적이 공익뿐만 아니라 사익도 보호해야 하는 요건을 충족해야 한다.

재량행위의 경우 행정청은 재량권의 한계 내에서는 법이 정한 요건을 충족하더라도 그 행위를 해야 할 의무는 없는 것이다. 그러나 행정청은 법적 한계를 벗어나서 재량권을 행사해서는 안 된다. 즉 행정청은 재량권의 한계를 준수할 의무가 있는 것이다. 더욱이 재량권이 0으로 수축하는 경우 행정청은 그 행위를 하여야 할 의무가 발생된다. 그러나 이러한 의무로부터 바로 상대방의 개인적 공권이 도출되는 것은 아니고, 역시 재량규범이 개인적 이익도 보호하고 있는지를 판단해야 하는 것이다.

결론적으로 기속행위로부터는 바로 그 행위를 하여야 할 행정청의 의무가 도출되지만, 재량행위의 경우에는 재량의 한계를 벗어나지 않도록 재량권을 행사해야 할 의무가 있는 것이다. 이러한 의무에 위반되고 관계 규정이 사익도 보호하고 있다면 이해관계인은 권리구제를 청구할 수 있는 것이다. 따라서 양자는 행정청의 의무의 내용 내지 정도에 있어서 차이가 있는 것이지, 공권의 성립과 직접적인 관련은 없는 것이다.

에서는 그와 같은 용어를 사용하지 않고 있다는 점에서 긍정적으로 평가할 수 있다.

(다) 부관과의 관계

학설 가운데에는, 재량행위에만 부관을 붙일 수 있고 기속행위에는 부관을 붙일 수 없다고 하며, 이 점에서 기속행위와 재량행위의 구별의 필요성을 인정한다. 그러나 재량행위라고 해서 언제나 부관을 붙일 수 있고 기속행위라고 해서 절대로 부관을 붙일 수 없는 것은 아니다. 기속행위의 경우 법률효과를 제한하는 부관은 붙일 수 없지만, 요건의 충족을 확보하는 의미의 부관은 붙일 수 있다(후술하는 "부관의 한계" 참조).

(라) 양자의 구별필요성의 경감

과거에는 재량행위에 대해 행정소송을 제기하는 경우에, 법원은 청구내용에 대한 심사를 행함이 없이 소(재판청구)를 각하하였다. 그러나 현재는 재량행위에 대해서도 법원은 권한의 남용이나 한계유월이 있는가 여부 등을 심사한 연후에, 그러한 사실이 없을 때 청구를 기각하고 있다. 또한 현행 「행정소송법」은 그러한 취지를 명문화 하였다(27조).

결국 재량행위도 기속행위와 마찬가지로 법원의 심사의 대상이 되고 있으므로, 재량행위와 기속행위와의 구별의 필요성은 그만큼 적어졌으며, 따라서 논의의 중점은 행위의 구별이 아니라 재량행위의 한계 내지는 재량통제 쪽으로 옮겨졌다고 말할 수 있다.

(2) 구별기준에 관한 학설

그 동안 기속행위와 재량행위의 구별의 기준에 관해서는 여러 가지 이론(학설)이 제시된 바 있다. 아래에서 그들 이론에 관해 고찰해 보기로 한다.

(가) 요건재량설 · 법규재량설

어떤 사실이 법이 정한 요건에 해당하는가 아닌가의 판단(예컨대 어떤 사람이 "대한민국의 이익이나 공공의 안전 또는 경제질서를 해할 우려가 있는 사람"에 해당하는가 아닌가의 판단)에 재량이 존재할 수 있다고 보는 견해이다. 그러한 전제하에, 법이 행정행위의 요건에 대하여 행정행위의 종국목적, 즉 공익개념만을 나타내고 있는 경우에는 재량이 인정되고 있는 것으로 보고, 법이 행정행위의 종국목적 외에 중간목적을 규정하고 있는 경우에는 기속행위에 해당한다고 주장한다.[9]

이른바 요건재량설에 대하여는 행정행위의 종국목적과 중간목적의 구분 자

---

9) 우리나라에 학설 가운데 판단여지설을 '신요건재량설'로 부르는 입장(한견우 · 최진수, 199면 참조)은 요건재량설을 취하는 것으로 볼 수 있다.

체가 불분명하고, 법률문제인 요건인정을 재량문제로 오인하고 있다는 등의 비
판이 가해질 수 있다.

(나) 효과재량설(성질설)

일본 및 우리나라에서 오랫동안 지배적인 이론으로서 통용되었던 효과재량
설은 재량을 어떠한 법률효과를 발생시킬 것인가에 대한 선택으로 보는 견해
인데, 그의 명칭과는 달리 그의 실질에 있어서는 '성질설'로 볼 수 있다. 즉 법
에 특별한 규정이 있는 경우를 제외하고는 행정행위의 성질, 즉 수익적 행위인
가 부담적 행위인가에 따라 (기속)재량행위 여부를 결정할 수 있다고 하는 설
이다. 다음과 같은 판례에 그러한 입장이 잘 나타나 있다.

> **[판례]** 주택건설촉진법 제33조 제1항이 정하는 주택건설사업계획의 승인은 이른
> 바 수익적 행정처분으로서 행정청의 재량행위에 속하고, 따라서 그 전단계로서 같
> 은 법 제32조의4 제1항이 정하는 주택건설사업계획의 사전결정 역시 재량행위라고
> 할 것이다(대판 1998. 4. 24, 97누1501. 동지판례: 대판 2007. 3. 15, 2006두15783; 대판 2007. 5. 10, 2005두13315).

그러나 수익적 행위인가 부담적 행위인가는 취소 또는 철회의 제한 등을 논
함에 있어 의미를 가지는 것이지, (기속)재량행위 여부를 구별하는 데에는 직
접적인 관계가 없다고 보지 않을 수 없다. 실제로 수익적 행정행위(허가)를 기속
행위로 볼 수 있고, 부담적 행정행위(징계)를 재량행위로 볼 수 있는 경우는 얼
마든지 있는 것이다.

(다) 결어(사견)

기속행위와 재량행위의 구별의 기준은 법치행정의 원칙에 따라, 우선 "법의
규정"에서 찾아야 한다. 부담적 행위 또는 수익적 행위와 같은 행위의 성질은
어디까지나 부차적인 기준이 되어야 한다. 그의 구체적인 사례는 다음과 같다.

첫째, 법이 "하여야 한다" 또는 "한다" 등으로 규정하고 있는 경우, 그에 의
거한 행정행위는 일반적으로 기속행위로 볼 수 있다.

둘째, 법이 "할 수 있다"라고 규정하고 있는 경우에는 그에 의거한 행정행
위는 일단 재량행위로 보아도 좋을 것이다.[10)]

---

10) 법이 행정행위의 효과와 관련하여 "할 수 있다"라고 정하고 있는 경우에도, 언제나 재량행위인 것으로
보아서는 안 된다. 불확정개념으로 표시된 구성요건(예: 행정대집행법 제2조에 있어서의 "그 불이행을
방치함이 심히 공익을 해할 것으로 인정될 때" 등)이 충족되는 한, "할 수 있다"고 하는 효과에 있어서
의 가능규정에도 불구하고 당해 행위는 기속행위로 볼 수밖에 없게 되는 것이다. 학술상 이러한 규정을

법이 상기한 바와 같은 문언을 통해 기속행위와 재량행위를 구분하고 있는 예는 많이 있다. 예컨대, 「도로교통법」은 ① 「운전중 고의 또는 과실로 교통사고를 일으킨 때」에는 「운전면허를 취소하거나 1년의 범위 안에서 그 운전면허의 효력을 정지시킬 수 있다」라고 규정하고 있는 데 대하여, ② 「운전면허를 받을 수 없는 사람이 운전면허를 받거나 거짓이나 그 밖의 부정한 수단으로 운전면허를 받은 때」 등에는 「그 운전면허를 취소하여야 한다」라고 규정하고 있는 것이다(동법 93조 참조). 위의 사례 중 ②에 의한 행위가 기속행위이며, ①에 의한 행위가 재량행위에 해당됨은 쉽게 판단할 수 있다. 또한 ①의 경우 행정청은 처분을 할 수도 안할 수도 있으며, 운전면허의 취소와 정지 중 어느 하나를 선택할 수 있으므로, 행정청에게는 결정재량과 아울러 선택재량이 인정되어 있다고 말할 수 있다.

> **[판례]** 학교용지법 제5조 제1항은 "시·도지사는 개발사업지역에서 단독주택을 건축하기 위한 토지를 개발하여 분양하거나 공동주택을 분양하는 자에게 부담금을 부과·징수할 수 있다."라고 규정하고 있어, 그 문언상 위 규정에 따른 학교용지부담금 부과는 재량행위로 해석된다. 또한 같은 조 제4항은 "시·도지사는 다음 각호의 어느 하나에 해당하는 경우에는 부담금을 면제할 수 있다. 다만 제1호·제3호 및 제4호의 경우에는 부담금을 면제하여야 한다."라고 규정하면서 제2호에서 '최근 3년 이상 취학 인구가 지속적으로 감소하여 학교 신설의 수요가 없는 지역에서 개발사업을 시행하는 경우'를 들고 있다. 이와 같이 위 규정 제1호, 제3호, 제4호에 따른 학교용지부담금 면제는 기속행위인 반면, 제2호에 따라 학교용지부담금을 면제할 것인지 여부를 결정하는 데에는 행정청의 재량이 인정된다(대판 2022. 12. 29. 2020두49041).

그런데 법령이 "할 수 있다"는 식으로 규정되어 있다고 해서 이러한 규정들을 모두 재량규정으로 볼 수는 없다는 점에 유의하여야 한다. 위와 같은 규정이 재량규정이라기보다는 행정청의 권한규정으로서 권한행사의 가능성을 명시적으로 인정한 것에 불과하고, 실질에 있어서는 행정의 재량이 부인되고 기속을 규정한 것이라고 볼 수 있는 경우도 있다. ① 구 「사무관리규정」 제33조 제2항에서 공문서를 보존하고 있는 행정기관은 행정기관이 아닌 자가 문서의 열람 또는 복사를 요청하는 때에는 비밀 또는 대외비로 분류된 문서이거나 특별한 사유가 있는 경우를 제외하고는 이를 허가할 수 있다고 규정하고 있으

보통 연결규정(Koppelungsvorschriften)이라고 부른다.

나,「행정기관의 정보공개허가 여부는 기밀에 관한 사항 등 특별한 사유가 없
는 한 반드시 정보공개에 응하여야 하는 기속행위」라는 것이 대법원 판례이다
($\frac{\text{대판 1989. 10. 24.}}{\text{88누9312}}$). 또한 ②「대기환경보전법」제34조 2항은 "시·도지사는 대기오
염으로 주민의 건강상·환경상의 피해가 급박하다고 인정하면 환경부령으로
정하는 바에 따라 즉시 그 배출시설에 대하여 조업시간의 제한이나 조업정지,
그 밖에 필요한 조치를 명할 수 있다" 규정하고 있는데, "명할 수 있다"는 "명
해야 한다"로 해석하는 것이 합당할 것이다.

셋째, 법은 예컨대「영업을 하려는 자는 … 시장·군수 또는 구청장의 허가
를 받아야 한다」($\frac{\text{식품위생}}{\text{법 37조}}$)라는 식으로 행정청의 권한에 관하여 간접적으로 규정
하고 있는 경우가 있다. 이러한 경우에는 당해 행위의 당사자와의 관계, 특히
헌법상의 기본권과의 관련성을 고려하여 판단하여야 한다. 즉 당해 행위가 원
래 당사자에게 허용되는 행위로서 그 발령이 기본권회복의 의미를 갖는 경우
에는 기속행위로 보아야 할 것이다. 반면에 당해 행위의 발령이 새로운 권리를
부여하는 의미를 가질 때에는 재량행위로 보아야 한다.[11]

이러한 기준에 의하여 판단해 볼 때, 위의 경우에 개인에 의한 '영업'이라는
것이 헌법이 보장하고 있는 기본권으로서의 직업선택의 자유($\frac{\text{헌법}}{\text{15조}}$)의 행사로서
의 의미를 가지므로, 행정청은 상대방이 허가요건($\frac{\text{식품위생법}}{\text{36조 참조}}$)을 충족하고 있는 한,
허가를 거부할 수 없는 기속을 받게 된다. 따라서 동조에 의한 행위는 기속행
위로 새겨야 할 것이다.

> **[판례①]** 어느 행정행위가 기속행위인지 재량행위인지 여부는 이를 일률적으로
> 규정지을 수는 없는 것이고, 당해 처분의 근거가 된 규정의 형식이나 체재 또는 문
> 언에 따라 개별적으로 판단하여야 한다($\frac{\text{대판 2013. 12. 12.}}{\text{2011두3388}}$).
>
> **[판례②]** 행정행위가 그 재량성의 유무 및 범위와 관련하여 이른바 기속행위 내
> 지 기속재량행위와 재량행위 내지 자유재량행위로 구분된다고 할 때, 그 구분은 당
> 해 행위의 근거가 된 법규의 체재·형식과 그 문언, 당해 행위가 속하는 행정 분야
> 의 주된 목적과 특성, 당해 행위 자체의 개별적 성질과 유형 등을 모두 고려하여
> 판단하여야 하고, 이렇게 구분되는 양자에 대한 사법심사는, 전자의 경우 그 법규
> 에 대한 원칙적인 기속성으로 인하여 법원이 사실인정과 관련 법규의 해석·적용
> 을 통하여 일정한 결론을 도출한 후 그 결론에 비추어 행정청이 한 판단의 적법
> 여부를 독자의 입장에서 판정하는 방식에 의하게 되나, 후자의 경우 행정청의 재량

---

11) 류지태·박종수(신론), 82면.

에 기한 공익판단의 여지를 감안하여 법원은 독자의 결론을 도출함이 없이 당해 행위에 재량권의 일탈·남용이 있는지 여부만을 심사하게 되고, 이러한 재량권의 일탈·남용 여부에 대한 심사는 사실오인, 비례·평등의 원칙 위배, 당해 행위의 목적 위반이나 동기의 부정 유무 등을 그 판단 대상으로 한다($\begin{smallmatrix} \text{대판 2001. 2. 9.} \\ \text{98두17593} \end{smallmatrix}$).

[판례③] 어느 행정행위가 기속행위인지 재량행위인지 나아가 재량행위라고 할지라도 기속재량행위인지 또는 자유재량에 속하는 것인지의 여부는 이를 일률적으로 규정지을 수는 없는 것이고, 당해 처분의 근거가 된 규정의 형식이나 체제 또는 문언에 따라 개별적으로 판단하여야 할 것인바, 이 사건 처분의 근거인 폐기물관리법 제26조 제1항, 제2항과 같은 법 시행규칙 제17조 제1항 내지 제4항의 체제 또는 문언을 살펴보면 이들 규정들은 폐기물처리업허가를 받기 위한 최소한도의 요건을 규정해 두고는 있으나 사업계획 적정 여부에 대하여는 일률적으로 확정하여 규정하는 형식을 취하지 아니하여 그 사업의 적정 여부에 대하여 재량의 여지를 남겨 두고 있다 할 것이고, 이러한 경우 사업계획 적정 여부 통보를 위하여 필요한 기준을 정하는 것도 역시 행정청의 재량에 속하는 것이므로, 그 설정된 기준이 객관적으로 합리적이 아니라거나 타당하지 않다고 볼 만한 다른 특별한 사정이 없는 이상 행정청의 의사는 가능한 한 존중되어야 할 것이다($\begin{smallmatrix} \text{대판 1998. 4. 28.} \\ \text{97누21086} \end{smallmatrix}$).

[판례④] 의료기관이 의료법 제64조 제1항 제1호에서 제7호, 제9호의 사유에 해당하면 관할 행정청이 1년 이내의 의료업 정지처분과 개설 허가 취소처분(또는 폐쇄명령) 중에서 제재처분의 종류와 정도를 선택할 수 있는 재량을 가지지만, 의료기관이 의료법 제64조 제1항 제8호에 해당하면 관할 행정청은 반드시 해당 의료기관에 대하여 더 이상 의료업을 영위할 수 없도록 개설 허가 취소처분(또는 폐쇄명령)을 하여야 할 뿐 선택재량을 가지지 못한다($\begin{smallmatrix} \text{대판 2021. 3. 11.} \\ \text{2019두57831} \end{smallmatrix}$).

4. 재량의 한계

기속행위는 그것을 그르치면 바로 위법이 되므로, 기속행위의 한계에 대하여는 특별히 논할 필요가 없다. 그러나 재량행위는 그 재량의 한계를 넘어서는 경우에만 위법이 되므로, 별도로 재량의 한계에 관해 고찰할 필요가 있다.

(1) 실정법의 규정

재량에도 한계가 있으며, 그 한계를 넘어서는 경우 위법이 됨은 널리 학설·판례가 인정하는 바이다. 그러한 취지를 「행정소송법」은, 「행정청의 재량에 속하는 처분이라도 재량권의 한계를 넘거나 그 남용이 있는 때에는 법원은 이를 취소할 수 있다」($\begin{smallmatrix} \text{동법} \\ \text{27조} \end{smallmatrix}$)라고 규정하고 있다.

위의 법문에서의 "재량권의 한계"는 재량권의 외적 한계라는 좁은 의미로 사용된 것이라 볼 수 있다. 그러나 일반적으로 재량권이 '한계'를 넘어선 경우 위법이 된다고 하는 경우의 그것은 보다 넓은 뜻을 가진다. 즉 재량의 행사가 위법이 되는 모든 경우가 재량의 한계를 넘어선 경우에 해당하는 것이다.

(2) 재량행위가 위법으로 되는 경우

(가) 재량의 유월(Ermessensüberschreitung)

재량규범의 범위 밖에 있는 법효과를 선택하는 경우를 말한다. 법이 A, B, C 중 어느 하나를 선택할 수 있는 권한(선택재량)을 부여하고 있는 경우에 D나 E와 같은 규정 밖의 것을 선택하는 경우가 이에 해당하며, 이를 "재량의 일탈" 이라고도 한다. 예컨대「식품위생법」은 영업자가 유해식품을 판매한 경우에는 영업허가를 취소하거나 6개월 이내의 기간을 정하여 그 영업의 전부 또는 일부를 정지하거나 영업소 폐쇄를 명할 수 있도록 규정하고 있는데(동법 75조 1항), 행정청이 1년의 영업정지처분을 내린 경우가 그에 해당한다.

그 밖에 행정청이 재량의 전제가 되는 사실관계가 존재하지 않음에도 불구하고 권한을 행사하는 경우도 이에 해당하는 것으로 보기도 한다. 예컨대 징계원인이 되는 사실이 존재하지 않음에도 불구하고 징계권을 행사하는 경우를 그 일례로 든다. 이에 대하여 행정청이 재량의 한계를 넘어서 재량을 행사하였느냐 하는 문제는 우선 재량규범의 요건(행위요건)이 존재하고 따라서 행정청이 재량을 행사할 수 있다는 것을 전제로 하는 것이므로, 재량규범이 정한 요건이 존재하지 않음에도 불구하고 행정청이 재량규범에서 정한 처분을 행한 경우에는 재량권 자체가 존재하지 않기 때문에, 재량의 한계를 넘어섬으로써 위법이 되는 재량의 한계문제가 아니라고 보기도 한다.

(나) 재량의 남용(Ermessensmißbrauch)

행정청이 재량권을 수권한 법률상의 목적, 평등원칙·비례원칙(과잉금지의 원칙)·부당결부금지원칙 등 법원칙에 위배하여 행사하는 경우가 재량의 남용에 해당한다. 법률상 재량행위가 위법으로 판단되는 대부분의 사례가 이에 해당한다고 볼 수 있다.

[판례①] 제재적 행정처분이 재량권의 범위를 일탈하였거나 남용하였는지는, 처분 사유인 위반행위의 내용과 그 위반의 정도, 그 처분에 의하여 달성하려는 공익상의

필요와 개인이 입게 될 불이익 및 이에 따르는 제반 사정 등을 객관적으로 심리하여 공익침해의 정도와 처분으로 인하여 개인이 입게 될 불이익을 비교·교량하여 판단하여야 한다(대판 2021. 10. 28. 2020두41689, 동지판례: 대판 2015.
 12. 10, 2014두5422; 대판 2018. 5. 15, 2016두57984).

[판례②] 징계사유에 해당하는 행위가 있더라도, 징계권자가 그에 대하여 징계처분을 할 것인지, 징계처분을 하면 어떠한 종류의 징계를 할 것인지는 징계권자의 재량에 맡겨져 있다고 할 것이나, 그 재량권의 행사가 징계권을 부여한 목적에 반하거나, 징계사유로 삼은 비행의 정도에 비하여 균형을 잃은 과중한 징계처분을 선택함으로써 비례의 원칙에 위반하거나 또는 합리적인 사유 없이 같은 정도의 비행에 대하여 일반적으로 적용하여 온 기준과 어긋나게 공평을 잃은 징계처분을 선택함으로써 평등의 원칙에 위반한 경우에는, 그 징계처분은 재량권의 한계를 벗어난 것으로서 위법하다(대판 2001. 8. 24. 2000두7704, 동지
 판례: 대판 1991. 7. 23, 90누8954).

[판례③] 자유재량에 있어서도 그 범위의 넓고 좁은 차이는 있더라도 법령의 규정뿐만 아니라 관습법 또는 일반적 조리에 의한 일정한 한계가 있는 것으로서 위 한계를 벗어난 재량권의 행사는 위법하다(대판 1990. 8. 28,
 89누8255).

[판례④] 출입국관리법 제76조의3 제1항 제3호의 문언·내용 등에 비추어 보면, 비록 그 규정에서 정한 사유가 있더라도, 법무부장관은 난민인정 결정을 취소할 공익상의 필요와 취소로 당사자가 입을 불이익 등 여러 사정을 참작하여 취소 여부를 결정할 수 있는 재량이 있다. 그러나 그 취소처분이 사회통념상 현저하게 타당성을 잃거나 비례·평등의 원칙을 위반하였다면 재량권을 일탈·남용한 것으로서 위법하다(대판 2017. 3. 15,
 2013두16333).

[판례⑤] 운전면허를 받은 사람이 음주운전을 한 경우에 운전면허의 취소 여부는 행정청의 재량행위이나, 음주운전으로 인한 교통사고의 증가와 그 결과의 참혹성 등에 비추어 보면 음주운전으로 인한 교통사고를 방지할 공익상의 필요는 더욱 중시되어야 하고, 운전면허의 취소에서는 일반의 수익적 행정행위의 취소와는 달리 취소로 인하여 입게 될 당사자의 불이익보다는 이를 방지하여야 하는 일반예방적 측면이 더욱 강조되어야 한다(대판 2018. 2. 28,
 2017두67476).

(다) 재량의 흠결(Ermessensmangel) **또는 해태**(Ermessensunterlassung)

행정청이 재량행위를 기속행위로 오해하여 복수행위간의 형량을 전혀 하지 않은 경우 등이 이에 해당한다.[12] 예컨대, 법이 행정청에게 A, B, C 중 어느 하나를 선택할 수 있는 재량권을 부여하였는데, A만 해야 하는 것으로 오해하여

---

12) 법이 행정기관에 재량권을 부여하고 있는 경우 복수행위간의 형량, 즉 "이익형량"은 행정기관의 의무가 된다. 그리하여 재량을 '의무에 적합한 재량(pflichtmäßiges Ermessen)'이라고도 표현하는 점에 유의할 필요가 있다.

A, B, C 중 어느 것이 가장 행정목적에 적합한 것인가에 대한 판단을 하지 않은 경우이다.

> **[판례①]** 처분의 근거 법령이 행정청에 처분의 요건과 효과 판단에 일정한 재량을 부여하였는데도, 행정청이 자신에게 재량권이 없다고 오인한 나머지 처분으로 달성하려는 공익과 그로써 처분상대방이 입게 되는 불이익의 내용과 정도를 전혀 비교형량 하지 않은 채 처분을 하였다면, 이는 재량권 불행사로서 그 자체로 재량권 일탈·남용으로 해당 처분을 취소하여야 할 위법사유가 된다(대판 2019. 7. 11. 2017두38874).
>
> **[판례②]** 행정청이 제재처분 양정을 하면서 공익과 사익의 형량을 전혀 하지 않았거나 이익형량의 고려대상에 마땅히 포함하여야 할 사항을 누락한 경우 또는 이익형량을 하였으나 정당성·객관성이 결여된 경우에는 제재처분은 재량권을 일탈·남용한 것이라고 보아야 한다. 처분상대방에게 법령에서 정한 임의적 감경사유가 있는 경우에, 행정청이 감경사유까지 고려하고도 감경하지 않은 채 개별처분기준에서 정한 상한으로 처분을 한 경우에는 재량권을 일탈·남용하였다고 단정할 수는 없으나, 행정청이 감경사유를 전혀 고려하지 않았거나 감경사유에 해당하지 않는다고 오인하여 개별처분기준에서 정한 상한으로 처분을 한 경우에는 마땅히 고려대상에 포함하여야 할 사항을 누락하였거나 고려대상에 관한 사실을 오인한 경우에 해당하여 재량권을 일탈·남용한 것이라고 보아야 한다(대판 2020. 6. 25. 2019두52980).

(3) 재량권의 0으로의 수축과 행정개입청구권

법이 행정기관에게 재량권을 인정하고 있는 경우에도, 그 재량권이 0으로 수축되어, 어느 하나만을 하지 않으면 안 되는 경우에는 재량행위가 기속행위(의무로서의 행위)로 변하게 되며, 그럼에도 불구하고 그 기속행위를 하지 않는 경우(부작위)는 위법이 된다. 그리고 이러한 경우 상대방에게는 행정개입청구권(행정권의 활동을 청구하는 권리)이 발생할 수 있으며, 만일에 행정기관의 부작위로 인해 손해를 받은 자는 국가배상청구권을 가지게 된다. 위와 같은 내용을 가지는 "재량권의 0으로의 수축이론"은 우리나라에도 도입된 지 오래이며, 행정기관의 부작위를 이유로 한 국가배상의 청구는 위의 이론을 매개로 할 때 적절히 설명될 수 있다.[13]

(4) 부당한 재량권의 행사

예컨대 법이 행정기관에게 A, B, C 중 어느 하나를 선택할 수 있는 재량권(선택재량권)을 부여한 경우, 행정기관이 그 중에서 A가 행정목적에 가장 적합

---

13) 상세는 김남진, 기본문제, 441면 이하 및 본서 675면 이하 참조.

하다고 판단하여 그 A를 선택하였다면, 제3자로서는 A를 "부당"하다고 주장
할 수는 있을지라도, "위법"하다고 주장할 수는 없게 된다. 그리고 그 부당한
행위에 대해서는 행정심판을 통해 다툴 수는 있으나, 행정소송을 통해서는 다
툴 수 없는 것이 된다(행정심판법 1조, 행정
소송법 1조 등 참조). 위와 같은 부당과 위법의 구분에 대하여는,
그의 구분이 용이하지 않다는 점 등을 이유로 경시하려는 경향이 없지 않다. 그
러나 현행법(특히 행정심판법)이 엄연히 양자를 구분하고 있는 이상, 그 양자의
구분을 부인한다든가 경시하는 것은 그야말로 부당하다고 하지 않을 수 없다.[14]

5. 재량행위에 대한 통제

(1) 재량통제의 필요성과 적정성

행정의 전문화·유연화를 특징으로 하는 현대국가에 있어서 구체적 타당성
있는 행정을 실현하기 위하여 행정청에 상당한 재량권을 부여함은 불가피하며,
바람직한 면 또한 있다. 그러나 재량권이 남용·오용될 가능성은 언제나 있는
것이므로 그에 대비할 필요가 있다. 반면에, 지나친 재량통제는 공무원의 창의
와 의욕을 꺾고, 구체적 타당성 있는 행정의 창출을 저해할 수도 있다는 점 또
한 아울러 고려할 필요가 있다.

(2) 입법적 통제

(가) 법규적 통제

법률우위의 원칙, 법률유보의 원칙을 그 핵심적 내용으로 하는 법치국가의
원리는 재량에 대한 법규적 통제의 기능을 발휘할 수 있다. 예컨대 법률이 재량
권행사의 목적·범위를 정하며, 재량권행사의 기준을 설정할 수도 있는 것이다.

(나) 정치적 통제

이는 국회가 행정부에 대하여 가지는 국정감시권의 발동에 의해 재량권행
사를 통제하는 것을 말한다. 우리 헌법상 국회에 부여되어 있는 국정에 관한
감사·조사권(61
조), 국무위원, 정부위원 등에 대한 출석·답변요구(62
조), 해임건
의(63
조) 등의 권한이 이러한 기능을 발휘할 수 있는 것이다.

---

14) 상세는 본서 812면 이하 참조.

(3) 행정적 통제

(가) 직무감독

행정기관은 계층적 구조를 형성하고 있으며, 그에 따라 상급행정청은 하급 행정청의 재량권행사에 대해서도 지휘·감독할 수 있음이 원칙이다. 그 주요한 수단이 감시권, 훈령권, 승인권, 취소·정지권, 권한쟁의결정권 등이다.

감사원도 일정한 한도에서 행정기관의 재량권행사에 대한 감독권을 가진다($\substack{상세는 행정 \\ 조직법 참조}$).

(나) 절차적 통제

과거에는 행정에 대한 사후적 통제(행정심판·행정소송)가 보편적이었으나, 행정의 민주화가 진행됨에 따라 근래에는 사전적 통제로서의 행정절차가 더욱 중시되는 경향에 있다. 그에 따라 우리나라에도 「행정절차법」이 제정되어 있거니와, 동법에 규정되어 있는 처리기간의 설정·공표($\substack{19 \\ 조}$), 처분기준의 설정·공표($\substack{20 \\ 조}$), 처분의 사전통지($\substack{21 \\ 조}$), 의견청취($\substack{22 \\ 조}$), 처분의 이유제시($\substack{23 \\ 조}$) 등이 행정에 대한 절차적 통제의 주요 내용을 이룬다고 할 수 있다.

(다) 행정심판을 통한 통제

각종의 행정심판위원회, 중앙행정심판위원회를 통한 행정통제가 이에 해당한다. 「행정심판법」은 '위법'한 처분은 물론 '부당'한 처분에 대한 심판도 인정함으로써($\substack{5 \\ 조}$), 재량행위에 대한 심판통제를 제도화하고 있다.

(4) 사법적 통제

(가) 법원에 의한 통제

재량행위는 법이 정한 테두리 안에서는 자유롭지만 법이 정한 목적이나 한계를 벗어날 수 없는 기속을 받는다. 따라서 행정청이 재량권을 행사함에 있어 남용·유월·흠결 또는 해태를 한 경우에는 위법이 되어 행정소송의 대상이 된다($\substack{행정소송법 \\ 27조 참조}$). 다만 법원은 행정청의 재량결정에 대하여 재량하자가 있는지에 대해서만 심사할 수 있고, 스스로의 결정에 의하여 행정청의 결정을 대치할 수는 없는 것이다.

> **[판례]** 행정청이 복수의 민간공원추진자로부터 자기의 비용과 책임으로 공원을 조성하는 내용의 공원조성계획 입안 제안을 받은 후 도시·군계획시설사업 시행자 지정 및 협약체결 등을 위하여 순위를 정하여 그 제안을 받아들이거나 거부하는

행위 또는 특정 제안자를 우선협상자로 지정하는 행위는 재량행위로 보아야 한다.
  그리고 공원조성계획 입안 제안을 받은 행정청이 제안의 수용 여부를 결정하는
데 필요한 심사기준 등을 정하고 그에 따라 우선협상자를 지정하는 것은 원칙적으
로 도시공원의 설치·관리권자인 시장 등의 자율적인 정책 판단에 맡겨진 폭넓은
재량에 속하는 사항이므로, 그 설정된 기준이 객관적으로 합리적이지 않다거나 타
당하지 않다고 볼 만한 특별한 사정이 없는 이상 행정청의 의사는 가능한 한 존중
되어야 하고, 심사기준을 마련한 행정청의 심사기준에 대한 해석 역시 문언의 한계
를 벗어나거나, 객관적 합리성을 결여하였다는 등의 특별한 사정이 없는 한 존중되
어야 한다.
  따라서 법원은 해당 심사기준의 해석에 관한 독자적인 결론을 도출하지 않은 채
로 그 기준에 대한 행정청의 해석이 객관적인 합리성을 결여하여 재량권을 일탈·
남용하였는지 여부만을 심사하여야 하고, 행정청의 심사기준에 대한 법원의 독자적
인 해석을 근거로 그에 관한 행정청의 판단이 위법하다고 쉽사리 단정하여서는 아
니 된다. 한편 이러한 재량권 일탈·남용에 관하여는 그 행정행위의 효력을 다투는
사람이 주장·증명책임을 부담한다 $\left(\begin{smallmatrix} 대판 2019. 1. 10, \\ 2017두43319 \end{smallmatrix}\right)$.

  한편, "재량권의 0으로의 수축이론", "무하자재량행사청구권의 법리" 등 비
교적 새로운 행정법이론과 처분기준의 설정·공표 및 처분의 이유제시에 관한
「행정절차법」의 규정 $\left(\begin{smallmatrix} 20조. \\ 23조. \end{smallmatrix}\right)$ 등이 재량에 대한 사법적 통제의 확대에 기여하고
있다고 볼 수 있다.[15]

(나) 헌법재판소에 의한 통제

  헌법 제111조 1항에 근거한 「헌법재판소법」 제68조 1항은 재판 이외의 공권력
의 행사 또는 불행사로 인하여 헌법상 보장된 기본권을 침해받은 자는 헌법소원
을 청구할 수 있게 하고 있다. 따라서 행정기관이 재량권을 잘못 행사하여 $\left(\begin{smallmatrix} 유월 \\ 남용 \end{smallmatrix} 등\right)$
국민의 기본권을 침해하는 경우에는 헌법재판소에 의한 통제대상이 될 수 있다.
  다만 헌법재판소에 의한 통제는 헌법소원의 보충성과 재판소원금지에 의하
여 제한받을 수 있다. 행정행위에 대하여 불복이 있는 경우 행정소송을 제기할
수 있으므로, 바로 헌법소원을 제기할 수는 없고 $\left(\begin{smallmatrix} 헌법소원의 \\ 보충성 \end{smallmatrix}\right)$, 만일 행정소송을 제
기하였다면 「헌법재판소법」 제68조 1항의 재판소원 금지규정 때문에 헌법소원
이 허용되지 않게 될 것이다.

---

15) 참조판례: 대판 2004. 5. 28, 2004두961. 이 판례의 평석에 관하여는 김남진, 행정재량에 대한 사법적 통
    제강화와 그 전제, 법률신문, 2004. 12. 6. 참조.

6. 판단여지의 소재와 한계

기본사례

임용권자 乙은 경찰서장 甲의 근무성적이 극히 불량하다는 이유로 甲을 직위해제하였다. 그러나 사실은 甲이 乙의 개인적 부탁을 거절하였기 때문이었다. 위 직위해제처분에 대해 사법심사가 가능한가?

판단여지와 재량이 구분된다고 할 때, 어떠한 영역에서 판단여지가 인정되는지, 그에 적용되는 법원칙, 한계 등의 문제를 심도있게 고찰할 필요가 있다. 한편, 판례는 비록 '판단여지'라는 용어를 사용하고 있지는 않고 '재량'이라는 표현을 사용하고 있으나, 학설이 판단여지로 표현하는 영역에 있어서 "사법심사의 제한"을 구현하고 있음을 발견할 수 있다.

(1) 판단여지의 소재

판단여지는 주로 다음의 영역에서 논해지고 있다.

(가) 비대체적 결정

사람의 인격·적성·능력 등에 관한 판단이 여기에 속하는데, 학생의 성적평가, 공무원의 근무평정 등이 그 예이다. 이러한 비대체적(밝이·대신하·기어려운) 결정에 있어서 법원의 심사권이 제한되는 이유로는 ① '시험' 같은 것은 후일에, 즉 법원의 심사단계 등에서 원래의 것을 재현하기 어려운 면이 있고, ② 학생의 교육, 공무원의 근무평정 등에는 관계자의 특수한 경험과 전문지식을 필요로 한다는 점 등을 들 수 있다.

[판례①] 공무원 임용을 위한 면접전형에 있어서 임용신청자의 능력이나 적격성 등에 관한 판단은 면접위원의 고도의 교양과 학식, 경험에 기초한 자율적 판단에 의존하는 것으로서 오로지 면접위원의 자유재량에 속하고, 그와 같은 판단이 현저하게 재량권을 일탈 내지 남용한 것이 아니라면 이를 위법하다고 할 수 없다(대판1997. 11. 28. 97누11911).

[판례②] 행정청의 전문적인 정성적 평가 결과는 그 판단의 기초가 된 사실인정에 중대한 오류가 있거나 그 판단이 사회통념상 현저하게 타당성을 잃어 객관적으로 불합리하다는 등의 특별한 사정이 없는 한 법원이 그 당부를 심사하기에는 적절하지 않으므로 가급적 존중되어야 한다. 여기에 재량권을 일탈·남용한 특별한 사정이 있다는 점은 증명책임분배의 일반원칙에 따라 이를 주장하는 자가 증명하

여야 한다.

이러한 법리는 임용제청에서 제외된 후보자가 교육부장관의 임용제청 제외처분 또는 대통령의 임용 제외처분에 불복하여 제기한 소송에서도 마찬가지이다. 교육부 장관이 총장 후보자에게 총장 임용 부적격사유가 있다고 밝혔다면, 그 후보자는 그 러한 판단에 사실오인 등의 잘못이 있음을 주장·증명함과 아울러, 임용제청되었거 나 임용된 다른 후보자에게 총장 임용 부적격사유가 있다는 등의 특별한 사정까지 주장·증명하여야 한다(대판 2018. 6. 15.).

(나) 구속적 가치평가

예술·문화 등의 분야에 있어 어떤 물건이나 작품의 가치 또는 유해성 등에 대한 독립한 합의제기관의 판단을 구속적 가치평가라 하는데, 여기에도 판단여 지가 인정되는 경우가 있다.[16]

[판례①] 법원이 교과서검정에 관한 처분의 위법 여부를 심사함에 있어서는 피고 와 동일한 입장에 서서 어떠한 처분을 하여야 할 것인가를 판단하고 그것과 피고 의 처분과를 비교하여 그 당부를 논하는 것은 불가하고, 피고가 관계법령과 심사기 준에 따라서 처분을 한 것이면 그 처분은 유효한 것이고, 그 처분이 현저히 부당하 거나 또는 재량권의 남용에 해당한다고 볼 수밖에 없는 특별한 사정이 있는 때가 아니면 피고의 처분을 취소할 수 없다고 보아야 할 것이다(대판 1988. 11. 8.).[17]

[판례②] 교과서검정이 고도의 학술상, 교육상의 전문적인 판단을 요한다는 특성 에 비추어 보면, 교과용 도서를 검정함에 있어서 법령과 심사기준에 따라서 심사위 원회의 심사를 거치고, 또 검정상 판단이 사실적 기초가 없다거나 사회통념상 현저 히 부당하다는 등 현저히 재량권의 범위를 일탈한 것이 아닌 이상 그 검정을 위법 하다고 할 수 없다(대판 1992. 4. 24.).

[판례③] 신의료기술평가위원회는 진료기록부 조사, 환자추적 조사 등을 통하여 이 사건 수술의 합병증률과 재수술률, 미백 효과에 대한 만족도 등에 관한 조사를 실시한 후 그 조사결과를 토대로 이 사건 수술의 안전성과 유효성을 심의하였고, 피고는 이러한 신의료기술평가위원회의 심의 결과를 근거로 이 사건 수술이 안전

---

16) 예컨대 독일에 있어서 법률(GJS)은 청소년에 유해하다고 생각되는 도서를 유해도서목록에 포함시키는 판정권을 연방심사청(Bundesprüfstelle)에 부여하고 있는 바, 연방행정법원은 동 심사청의 판정을 판단 여지로 보아 법원에 의한 심사대상에서 제외한 바 있다. Vgl. BVerwGE 12, 20. 그러나 독립위원회의 가치평가적 결정에 있어서 그러한 위원회는 외부로부터의 지휘간섭을 받지 않고 행정내부적인, 의회에 의한 통제 또한 받지 않기 때문에 개인의 권리보호라는 측면에서 판단여지의 인정에 대해 비판이 가해 지기도 한다. 이에 대하여는 Mauer, §7 Rn. 45 참조.
17) 교과서검정과 관련된 이 판례의 자세한 내용 및 평석에 관하여는 김남진, 기본문제, 1008면 이하 참조.

성 미흡으로 국민건강에 중대한 위해를 초래할 우려가 있다는 전문적인 판단을 한 것이므로, 피고의 위와 같은 판단에 사실적 기초가 없거나 그 판단의 기준과 절차, 방법, 내용 등에 객관적으로 불합리하거나 부당하다고 볼 만한 사정은 없다고 할 것이다(대판 2016. 1. 28, 2013두21120).

(다) 예측결정

예측결정이란 미래예측적 성질을 가진 행정결정을 의미하는바, 이러한 예측 결정에도 판단여지가 인정될 수 있다.[18]

한편, 최근에 많이 논해지고 있는 리스크(risk, Risiko)에 대한 판단의 문제도 예측결정의 문제로 볼 수 있다.[19]

(라) 형성적 결정

사회형성적 행정의 영역에 있어서도 행정청에게 판단여지 내지 판단우위가 인정된다고 말할 수 있다. 예컨대 「지방자치법」은 "지방자치단체는 주민의 복지를 증진하기 위하여 공공시설을 설치할 수 있다"(161조 1항)라고 규정하고 있는데, 이에 의하여 지방자치단체는 그 주민의 복지증진과 관련하여 광범한 형성의 자유를 누린다고 할 수 있는 것이다.

(2) 판단여지의 한계와 통제

행정청에 의한 불확정법개념의 해석·적용은 원칙적으로 법원에 의하여 전면적인 사후심사를 받을 수 있고 받아야 한다. 그러나 예외적으로 특별한 결정 상황 또는 특별한 사안과 관련되어 사후심사가 사실상 불가능한 경우에는 불확정법개념의 '적용'에 대한 법원의 심사가 제한된다. 다만, 판단여지 또는 판단우위가 인정되어 있는 경우에도 그의 판단에 있어 자의가 개입되어 있다든가, 경험법칙에 위배되는 경우에는 판단여지의 한계를 넘어 위법이 된다고 말할 수 있다. 따라서 판단여지에 관한 사항이 사법심사의 대상이 된 경우에 법원은 곧 각하결정을 할 것이 아니라, 행정청에게 판단여지가 인정되고 있는지, 판단 기관이 적법하게 구성되어 있는지, 판단에 관한 절차적 규정을 준수하였는지, 판단에 있어 법의 일반원칙을 위반하지 않았는지 등에 관하여 심사한 후, 그러

---

18) 이에 관한 상세는, 특히 김해룡, 행정상의 미래예측의 법리, 공법연구 제21집, 1993, 355면 이하 참조.
19) 이에 대해서는 김남진, 위험의 방지와 리스크의 사전배려, 고시계, 2008. 3; 류지태, 행정법에서의 위험관리, 행정법의 이해, 2006, 425면 이하; 김중권 역, 공법상의 리스크 조종, 중앙법학 6권 3호, 2004. 10; 김중권 역, 리스크결정과 법치국가적 행정법, 법학연구 12권, 2001. 12 등 참조. 이에 관한 일본의 문헌으로는 下山憲治, リスク行政の法的構造, 敬文堂, 2007 참조.

한 점에 하자가 없을 때 판단여지 또는 판단우위가 존재함을 이유로 기각판결을 하여야 할 것이다. 아울러, 판단여지와 관련하여서도 전술한 '절차적 통제'가 중요시됨이 강조되어야 할 것이다.[20]

사례해설

甲과 국가와의 관계는 특별권력관계이고 위 직위해제처분이 특별권력관계 내부에서의 행위라 할지라도 동 처분이 행정소송법상의 처분에 해당하는 이상 사법심사의 대상이 된다. 또한 임용권자 乙에게 판단여지가 인정되나 판단여지의 한계를 벗어난 경우에는 위법하게 되므로 법원으로서는 그 한계준수 여부를 심사할 수 있다.[21]

Ⅲ. 수익적 행정행위, 부담적 행정행위, 복효적 행정행위

1. 수익적 행정행위와 부담적 행정행위

상대방에 대해 권리·이익을 부여하거나 혹은 권리의 제한을 철폐하는 등 유리한 효과를 발생시키는 행정행위를 「수익적 행정행위」 또는 「수익처분」이라고 하며, 권리를 제한하고 의무를 과하는 등 상대방에게 불리한 효과를 발생시키는 행정행위를 「부담적 행정행위」 또는 「침익적 행정행위」라고 한다. 허가·특허·면제·인가·부담적 행정행위의 취소·철회 등이 전자의 예이며, 하명·금지·수익적 행정행위의 취소·철회 등이 후자의 예이다.

수익적 행정행위와 부담적 행정행위의 구별은 쟁송의 형태, 취소·철회권의 제한, 행정절차 등과 관련하여 특히 구별의 실익이 있다. 학자에 따라서는 기속행위와 재량행위의 구별, 부관을 붙일 수 있는가 여부와 관련하여서도 구별의 실익이 있는 것으로 본다.

---

20) 이러한 점과 관련하여서는 김남진, 기부금품모집허가의 성질 등, 법률신문, 2000. 4. 6 및 2000. 5. 25; 김남진, 통제허가와 예외적 승인의 구별 등, 고시연구, 2000. 6 참조. 이들 글에서는 법원이 법이 규정하고 있는 절차적 통제(관계 위원회의 심의)의 측면을 경시하고 있다는 점을 지적하고 있다.
21) 상세는 김연태, 행정법사례연습, 106면 이하 참조.

2. 복효적 행정행위[22]

(1) 의 의

복효적 행정행위(Verwaltungsakt mit Doppelwirkung)라고 함은 하나의 행위가 수익과 부담이라고 하는 복수의 효과를 발생하는 행정행위를 말하며, 이중효과적 행정행위라고도 한다. 그 복수의 효과가 동일인에게 발생하는 경우를 혼합효 행정행위(Verwaltungsakt mit Mischwirkung)라고 하고, 1인에게는 이익을, 타인에게는 불이익이라고 하는 상반된 효과를 발생하는 경우를 제3자효 행정행위(Verwaltungsakt mit Drittwirkung)라고 한다.

(2) 제3자효 행정행위의 관련문제

복효적 행정행위 가운데 행정법상 많은 문제를 제기하는 것은 제3자효 행정행위이다. 어떠한 사람에게 건축허가, 영업면허를 부여한 결과 이웃 사람(隣人) 또는 경쟁자·경업자 등의 제3자가 그들의 권리·이익을 침해받았음을 이유로 그 건축허가, 영업면허 등의 취소를 청구하는 것이 그 예이다. 제3자효 행정행위에 있어서 제3자의 권익보호를 위하여는 쟁송의 제기에 앞서 이해관계 있는 제3자의 행정절차 참가를 통한 행정의 사전적 통제가 무엇보다도 중요한 의미를 가진다.

(가) 사전절차

제3자효 행정행위에 있어서는 모든 이해관계인의 행정절차에의 참가가 중요한 의미를 갖는다. 어느 범위의 제3자에게, 어떠한 경우에 절차에 참여할 수 있느냐가 당면의 과제가 되고 있다.

「행정절차법」은 당사자에게 의무를 과하거나 권익을 제한하는 처분을 하는 경우에는 일정한 사항을 '당사자 등'에게 통지하고($^{21조}_{1항}$), 의견제출의 기회를 주어야 한다고 규정하고 있다($^{22조}_{3항}$). 그런데 여기서 '당사자 등'이라 함은 행정청의 처분에 대하여 직접 그 상대가 되는 당사자와 행정청이 직권 또는 신청에 의하여 행정절차에 참여하게 한 이해관계인을 말한다고 정의하고 있으므로($^{2조}_{4호}$), 행정청의 직권 또는 신청에 의하여 행정절차에 참여하게 되지 않는 한, 모든 이해관계 있는 제3자에게 행정처분이 통지되는 것은 아니며, 또한 의견제출의 기회가 주어지는 것도 아니다. 더욱이 사전통지와 의견제출의 기회가 부

22) 주요문헌: 김남진, 기본문제, 605면 이하; 이일세, 복효적 행정행위에 관한 연구, 고려대학교 석사학위논문, 1985; 우성기, 복효적 행정행위, 행정작용법(김동희교수 정년기념논문집), 2005 등.

여되는 것은 당사자에게 의무를 과하거나 권익을 제한하는 처분의 경우이므로, 당사자에게는 수익을 주지만 제3자에게 불이익한 내용의 처분을 하는 경우에 대하여는 규율하고 있지 않다. 행정행위의 직접 상대방 아닌 이해관계자로서의 제3자에게 행정절차에의 참가권이 보장되도록 입법적 개선이 요구된다.

(나) 제3자효 행정행위의 취소·철회

행정행위(특히 수익적 행정행위)의 취소·철회에 있어 '관련 제이익의 고려와 형량'이 필수적인데, 특히 불이익 제거요청과 수익자의 신뢰보호 등이 비교형량되어야 할 것이다.

(다) 행정심판의 고지

행정청이 처분을 하는 때에는 당사자에게 그 처분에 관하여 행정심판을 제기할 수 있는지 여부, 그 밖에 불복을 할 수 있는지 여부, 청구절차 및 청구기간, 그 밖에 필요한 사항을 알려야 한다(행정절차법 26조, 행정심판법 58조 1항). 이해관계인으로서의 제3자는 여기에서의 당사자에 포함되지 않는다. 다만 「행정심판법」은 행정청은 이해관계인이 요구하면 ① 해당 처분이 행정심판의 대상이 되는 처분인지 여부, ② 행정심판의 대상이 되는 경우 소관 위원회 및 심판청구 기간 등의 사항을 지체 없이 알려 주어야 한다고 규정하고 있다(58조 2항).

(라) 심판청구인 및 원고적격

항고쟁송은 당해 처분의 취소 등을 구할 법률상 이익이 있는 자가 제기할 수 있는데(행정심판법 13조, 행정소송법 12조, 35조, 36조), 제3자효 행정행위의 제3자도 쟁송제기의 법률상 이익이 있는 한, 행정심판의 청구인적격 및 행정소송의 원고적격을 가짐에는 이론이 없다.

(마) 쟁송제기기간

현행법은 행정쟁송의 제기기간을 한정하고 있는데(행정심판법 27조, 행정소송법 20조), 처분의 직접 상대방이 아닌 제3자가 행정쟁송을 제기하는 경우에는 특별한 배려가 필요하다.

(바) 행정심판 및 행정소송 참가

행정심판이나 행정소송의 결과에 대하여 이해관계가 있는 제3자는 당해 행정심판 또는 행정소송에 참가할 수 있다(행정심판법 20조 내지 22조, 행정소송법 16조). 제3자가 행정쟁송을 제기한 경우에 참가인은 제3자효 행정행위의 상대방이 되는 것이 보통이다.

(사) 처분의 집행정지

제3자효 행정행위에 의해 자신의 법률상 이익이 관련되는 경우에 이해관계인은 취소심판이나 취소소송을 제기하면서, 임시적인 권리구제의 필요성이 있는 경우에는 집행정지를 신청할 수 있다(행정심판법 30조 2항.). 예컨대 인근주민이 이웃에 건설되는 연탄공장이나 LPG 충전소의 설치를 저지할 목적으로 그 설치허가의 취소소송을 제기한 경우에, 공장이나 충전소가 완공되기 전에 그 '설치허가'의 집행정지(효력정지)를 신청할 수 있을 것이다.

(아) 판결의 제3자에 대한 효력

처분 등의 취소, 무효 등의 확인 및 부작위의 위법을 확인하는 판결은 제3자에 대하여서도 효력이 있다(행정소송법 29조 1항. 38조 1항·2항).

(자) 제3자에 의한 재심청구

처분 등을 취소하는 판결에 의해 권리 또는 이익의 침해를 받은 제3자가 자기에게 책임 없는 사유로 소송에 참가하지 못함으로써 판결의 결과에 영향을 미칠 공격 또는 방어방법을 제출하지 못한 때에는, 일정한 기간 내에 확정된 종국판결에 대한 재심을 청구할 수 있다(행정소송법 31조 1항).

(차) 제3자의 동의

행정실무상으로 제3자효 행정행위의 제3자에 대하여는 여러 가지 배려를 하고 있는데, 그 일례가 행정청이 인·허가를 함에 있어 이해관계 있는 제3자의 동의를 사전에 얻게 하는 제도이다. 그러나 법적 근거도 없이 제3자의 동의를 얻게 하는 것은 도리어 위법이 된다.

> **[관련판례]** 장례식장을 건축하는 것이 인근 토지나 주변 건축물의 이용현황에 비추어 현저히 부적합한 용도의 건축물을 건축하는 경우에 해당하는 것으로 볼 수 없음에도, 건축허가신청을 불허할 사유가 되지 않는 인근 주민들의 민원이 있다는 사정만으로 건축허가신청을 반려한 처분은 법령의 근거 없이 이루어진 것으로 위법하다(대판 2002. 7. 26. 2000두9762).

Ⅳ. 대인적·대물적·혼합적 행정행위와 물적 행정행위

행정행위는 인간의 주관적 사정(능력·경험·등)에 착안하여 행하여지는 것인가, 물건의 객관적 사정(물건의 안전도·기준적합 등)에 착안하여 행해지는 것인가에 따라 대인적 행정행위(운전면허, 건축사 면허, 의사면허 등)와 대물적 행정행위(건축물의 준공검사, 물건의 품질인정 등)로 구분된다. 그리고 그 양자의 요소를 갖춘 것을 혼합적 행정행위(유흥음식점허가·
석유사업허가 등)라고 부른다. 이들 행정행위의 구분은 그들 행정행위의 효과가 타인에게 이전될 수 있는 것과 관련하여 실익이 있다.

대인적 행정행위의 효과는 일신전속적인 것이어서 타인에게 이전될 수 없는 데 대하여, 대물적 행정행위의 효과는 타인에게 이전될 수 있음이 원칙이다. 즉 건물이 양도되면 그 건물에 대한 건축허가의 효과 역시 건물의 양수인에게 양도되는 것이다. 혼합적 행정행위는 사전에 행정청의 승인이 있어야 그 효과가 이전될 수 있음이 원칙이다.

대물적 행정행위와 구별할 것에 "물적 행정행위(dinglicher Verwaltungsakt)"가 있다.[23] 이것은 주차금지구역의 지정, 공물의 공용지정의 예에서 보는 바와 같이, 직접적으로는 행정행위의 효과가 당해 물건에만 미치고, 사람에 대해서는 간접적인 효과(주차금지, 물건의
이용가능 등)를 미친다. 사람에 대한 효과만을 기준으로 하게 되면 그것은 일반적·추상적 규율로서의 효과를 발생하기에 명령(행정입법)의 성질을 가지게 된다. 그리하여, "주차금지구역의 지정"과 같은 행정작용이 법규명령인가 일반처분인가 하는 점이 다투어졌던 것인데, 독일의 행정절차법(35조
2항)은 그것을 일반처분의 일종으로 명문화하였으며, 학자들은 그것을 인적 일반처분(일반적·구체적 규율)과 구별하여 물적 일반처분이라고 부르기도 한다.

V. 직권(단독)적 행정행위와 신청(동의)에 의한 행정행위

행정행위는 행정청이 직권에 의해 단독으로 행하는 행정행위와 상대방의 신청·출원·동의 등에 기하여 행해지는 행정행위로 구분될 수 있는데, 전자를 직권(단독)적 행정행위라 하고 후자를 신청(또는 동의)에 의한 행정행위라고 한다. 옐리네크(Jellinek)는 후자를 쌍방적 행정행위(der zweiseitige Verwaltungs-akt)라 부른 바 있고, 우리나라에서는 현재도 그러한 용어가 널리 사용되고 있다. 그러나 쌍방적 행정행위라는 명칭은 i) 상대방의 신청이나 동의를 행정행위로 보게 되는 점, ii) 명실공히 쌍방적 행위인 공법(행정법)계약과의 구분이

---

23) 물적 행정행위에 대한 상세한 논의는 김남진, 기본문제, 232면 이하; 김남진, 물적 행정행위, 월간고시, 1985. 4; 김남진, 횡단보도설치의 법적 성질 등, 고시연구, 2001. 5; 정하중, 법규명령과 행정행위의 한계 설정, 저스티스 제30권 제2호, 1997. 6; 정하중, 일반처분과 물적 행정행위, 고시연구, 2000. 11; 최봉석, 물적 행정행위의 유용성 진단, 토지공법연구 제36집, 2007. 5 참조.

애매해지는 점 등에 문제점이 있다.[24]

 '동의에 의한 행정행위'에 있어서 특히 문제되는 것은, 사인의 공법상의 의사표시인 신청에 하자가 있는 경우에 그에 의거한 행정행위의 효력은 어떻게 되는가 하는 것이다. 우리나라의 통설적 견해는 사인의 공법행위(신청·동의)가 단순한 행정행위의 동기에 불과한지 아니면 필요요건인지에 따라 구별하는 경향에 있으나, 이에 대하여는 앞에서 "원칙·예외의 체계"를 제시한 바 있다.[25]

 「행정절차법」은 '처분의 신청'에 대하여 자세한 규정($^{17조}_{이하}$)을 두고 있다.

VI. 요식행위와 불요식행위

 행정행위가 일정한 형식을 요하는 것이냐 아니냐에 의한 구별이다. 처분과 관련하여 「행정절차법」이 문서주의를 취하고 있는데($^{24}_{조}$), 개별법에서도 유사한 규정을 때때로 발견할 수 있다($^{행정심판법}_{19조 등}$).

VII. 적극적 행정행위와 소극적 행정행위

 적극적 행정행위는 현재의 법률상태에 변동을 가져오는 행정행위를 의미하며, 소극적 행정행위는 현재의 상태에 변동을 가져오지 않겠다는 의지를 표시하는 행정행위를 의미한다. 허가·특허 등이 전자의 예이며, 허가·특허 등의 신청에 대한 거부처분이 후자의 예에 해당한다.

VIII. 수리를 요하는 행정행위와 수리를 요하지 않는 행정행위

 이는 행정행위가 그 상대방에게 수령될 것을 요하는지의 여부에 따른 구분이다. 행정행위가 효력을 발생하기 위해서는 원칙적으로 상대방에 의해 수령될 것을 요하는 바, 이 때에 도달주의의 원칙이 적용되어 상대방이 그 행위의 내용을 현실적으로 알 수 있는 상태에 이르면 충분한 것으로 판단된다. 이에 대

---

24) 자세한 것은 김남진, 동의에 의한 행정행위, 고시계, 1985. 11, 37면 이하: 김남진, 기본문제, 239면 이하 참조.
25) 상세는 본서 157면 이하 및 김남진, 기본문제, 247면 이하 참조.

하여 행정행위의 상대방이 불특정다수이거나 또는 특정되어 있지만 주소·거
소가 불명한 경우에는 일정한 방법에 의한 공시·공고로써 송달에 갈음하게
되며, 이 때에는 상대방에 의한 개별적 수령이 없더라도 행정행위의 효력은 발
생한다고 보아야 한다(예: 광업법 시 행령 68조).

　이러한 점과 관련하여, 「행정절차법」이 송달·공고 등에 대하여 자세히 규
정하고 있는 점(14조 이하), 앞에서 살펴 본 바와 같이, 사인의 공법행위로서의 신고
와 관련하여서도 수리의 문제가 논의되고 있는 점에 유의할 필요가 있다.

IX. 잠정적 행정행위와 종국적 행정행위

　잠정적 행정행위(가행정행위)란 종국적 행정행위(종행정행위)가 있기까지,
즉 행정행위의 법적 효과 또는 구속력이 최종적으로 결정될 때까지 잠정적으
로만 행정행위로서의 구속력을 가지는 행정의 행위형식을 말하며, 조세법의 영
역에서 일찍부터 행하여져 왔다. 물품수입에 있어 일단 잠정세율을 적용했다가
나중에 세율을 확정짓는 것(관세법 28조 참조)이 그 예이다.[26]

　잠정적 행정행위의 성질에 관해서는 행정행위와 구별되는 독자적인 행위형
식으로 볼 수는 없으며, 행정행위의 일종으로서 특수한 행정행위로 보는 것이
타당하다. 또한 잠정적 행정행위는 그 자체가 본체인 행정행위이며 종국적 행
정행위에 부종되어 있는 것은 아니라는 점에서 본체인 행위에 부종되어 있는
행정행위의 부관과 구별된다. 이러한 잠정적 행정행위는 종국적 결정이 내려지
면 종국적 행정행위로 대체된다는 점에서 행정행위의 철회 또는 취소를 제약
하는 법리를 완화시켜 주는 기능을 가지는 동시에, 행정의 능률화에도 이바지
한다고 할 수 있다.[27]

---

26) 주요문헌: 김남진, 기본문제, 299면 이하; 류지태, 가행정행위의 개념, 행정법의 이해, 2006; 최봉석, 잠
　 정적 행정행위의 요건과 한계, 고시연구, 2006. 3 등.
27) 그 밖에 잠정적 행정행위는 법률유보, 존속력, 권리구제 등과 관련하여 문제 되고 있는바, 이에 관한 상
　 세는 김남진, 기본문제, 305면 이하; 김남진, 샘물개발 가허가의 요건 등, 판례월보 제364호, 2000. 1, 24
　 면 이하 참조.

제 4 절 행정행위의 내용

제 1 관 법률행위적 행정행위

법률행위적 행정행위는 그 법률효과의 내용에 따라 다시 명령적 행위와 형성적 행위로 나누어진다.

Ⅰ. 명령적 행위

명령적 행위란 국민에 대하여 일정한 작위·부작위·급부·수인 등의 의무를 명하거나 혹은 이들 의무를 면제하는 행정행위를 말한다. 이는 공공의 필요에 의하여 개인의 자연적 자유를 제한하거나 그 제한을 해제시켜 주는 행위라는 점에서, 개인에게 권리 또는 능력을 설정·변경·소멸시키는 행위인 형성적 행위와 구별된다.

명령적 행위는 그 내용에 따라 다시 하명·허가·면제로 나누어 볼 수 있다.

1. 하   명

(1) 하명의 개념

하명(下命)이란 행정청이 개인에 대하여 작위·부작위·급부·수인 등의 의무를 명하는 행위를 말한다. 이 중에서 부작위의무를 명하는 것을 특히 금지라 한다.

(2) 하명의 성질

하명은 새로운 의무를 과하는 것을 내용으로 하므로 부담적 행정행위에 속하며, 따라서 법령의 근거를 필요로 한다. 또한 하명은 부담적(침익적) 행정행위이기 때문에 기속행위의 성질을 가짐이 보통이다.

(3) 하명의 종류

하명은 그에 의하여 과하여지는 의무의 내용에 따라 작위하명·부작위하

명·수인하명·급부하명으로 구분되며, 그에 의하여 달성하려는 목적에 따라
조직하명·경찰하명·재정하명·군정하명 등으로 나눌 수 있다. 또한 대상에
따라 대인적 하명·대물적 하명·혼합하명으로 나눌 수 있다.

(4) 하명의 대상 및 상대방

하명은 주로 사실상의 행위(철거의 등)에 대해서 행해지나 법률상의 행위(물품의 매매계약 등)
에 대해서 행해지는 경우도 있다. 또한 하명, 특히 금지는 특정인에 대해서뿐만
아니라 불특정 다수인에 대해 행해지는 경우가 있는데, 후자를 보통 일반처분
이라고 한다.

(5) 사전통지·의견청취

행정청이 하명을 하는 경우에는 사전에 일정한 사항(처분하고자 하는 원인이 되는 사실과 처분의 내용 등)을 당
사자 등에게 통지하여야 하며, 의견청취를 하여야 한다(행정절차법 21조, 22조).

(6) 하명의 효과

하명은 그 내용에 따라 상대방에게 일정한 공법상의 의무를 발생시킨다. 즉,
① 작위하명에 의해서는 일정한 행위를 적극적으로 하여야 할 의무, ② 부작위
하명 (금지)에 의해서는 일정한 행위를 하지 않을 의무, ③ 급부하명에 의해서
는 금전적 가치 있는 것의 제공의무, ④ 수인하명에 의해서는 행정청에 의한
실력행사를 감수하고, 이에 저항하지 않을 의무가 발생한다.

대인적 하명의 효과는 그 상대방에 대해서만 미치는 데 대하여, 대물적 하
명의 효과는 그 대상이 된 물건의 이전과 함께 양수인에게 승계됨이 보통이다.

(7) 하명위반의 효과

하명에 의해 과해진 의무를 이행하지 않는 자에 대해서는 행정상의 강제집
행이 행해지거나 또는 행정상의 제재가 과해질 뿐, 하명위반의 법률행위의 효
력 자체는 부인 받지 않음이 보통이다. 예컨대, 행정청에 의한 '물품판매금지명
령(부작위하명)'에 위반하여 물품을 판매하였더라도, 처벌을 받거나 강제집행의
대상이 될지언정 '물건의 매매'라고 하는 법률적 효력까지 부인되지는 않음이
일반적이다.

(8) 위법한 하명에 대한 구제

위법한 하명에 의하여 권리·이익을 침해당한 자는 행정쟁송에 의하여 그 취

소·변경을 구할 수 있으며, 그로 인한 손해에 대해서는 배상청구를 할 수 있다.

2. 허가(통제허가)

(1) 허가의 의의

(가) 허가의 개념

허가(許可) 또는 통제허가(統制許可)란 법령에 의한 일반적 금지를 특정한 경우에 해제하여 적법하게 일정한 행위(사실행위 또는 법률행위)를 할 수 있게 하는 행정행위를 말하는바, 영업허가·건축허가 등이 그 예이다. 다만 허가는 학문상의 용어로서, 실정법상으로는 허가 이외에 면허·인허·인가·승인·등록·지정 등의 용어가 사용되고 있는 한편, 법령상 허가라고 규정되어 있는 것이 학문상의 특허·인가에 해당하는 것도 있다. 허가는 허가를 유보한 상대적 금지의 존재를 전제로 한다. 따라서 어떠한 경우에도 해제될 수 없는 절대적 금지(예: 미성년자의
옮주·흡연금지)에 대하여는 허가를 할 수 없다.[1]

(나) 예외적 승인과의 구별

허가 또는 통제허가는 예방적 금지(präventives Verbot)를 해제하여 주는 행위인 점에서, 억제적 금지(repressives Verbot)를 해제하여 주는 행위인 "예외적 승인"(Ausnahmebewilligung)과 구별하는 것이 일반적이다. 학자에 따라서는 예외적 승인을 '예외적 허가'라고 부르기도 한다.

허가(통제허가)는 위험방지라고 하는 통제목적을 위해 잠정적으로 금지된 행위를 적법하게 할 수 있게 하여 주는 행정행위인 데 대하여, 예외적 승인은 사회적으로 유해한(sozialschädlich) 행위임으로 인하여 일반적으로 금지된 행위를 특정한 경우에 예외적으로 할 수 있게 하여 주는 행정행위인 점에서 상호 구별된다고 한다. 예컨대 주거지역 내의 주택건축은 통제허가의 대상이 되는 데 대하여, 개발제한구역 내의 건축은 예외적 승인의 대상이 된다고 할 수 있다.

예외적 승인의 존재이유는 일반·추상적 법규정을 구체적 사건에 적용함에 있어서 나타날 수 있는 곤란함과 불합리한 점을 해결하면서, 행정청으로 하여금 특별히 이형적인 사건에서 일반적인 금지로부터 벗어날 수 있게 하기 위해서라고 한다.[2]

---

1) 주요문헌: 이원우, 허가·특허·예외적 승인의 법적 성질 및 구별, 행정작용법(김동희교수 정년기념논문집), 2005; 김중권, 행정법상의 금지와 그것의 해제에 관한 소고, 행정법기본연구 Ⅰ, 2008 등.
2) 김중권, 행정법상 억제적 금지에 대한 예외적 승인, 저스티스, 1998. 3, 138면.

> **[판례]** 개발제한구역 내에서는 구역지정의 목적상 건축물의 건축 및 공작물의 설
> 치 등 개발행위가 원칙적으로 금지되고, 다만 구체적인 경우에 이러한 구역지정의
> 목적에 위배되지 아니할 경우 예외적으로 허가에 의하여 그러한 행위를 할 수 있
> 게 되어 있음이 그 규정의 체제와 문언상 분명하고, 이러한 예외적인 개발행위의
> 허가는 상대방에게 수익적인 것이 틀림이 없으므로 그 법률적 성질은 재량행위 내
> 지 자유재량행위에 속하는 것이다(대판 2004. 3. 25.).

이와 같이 예방적 금지와 억제적 금지, 예방적 금지를 해제하는 통제허가와
억제적 금지를 해제하는 예외적 승인을 구별하는 것이 지배적인 견해라 할 수
있다. 그러나 그 구별은 명백하지도 않고 또한 꼭 필요한 것도 아니다. 사회적
으로 바람직한 행위와 바람직하지 않은 행위의 구별은 그 자체가 벌써 자의적
이라 할 수 있다. 또한 통제허가는 기속결정이고 예외적 승인은 재량결정이라
는 등식이 항상 성립하는 것은 아니다. 구체적인 경우에 통제허가의 부여가 행
정청의 재량에 놓일 수 있고, 반대로 예외적 승인의 부여가 헌법적으로 요구
(기속적)될 수도 있다.[3] 결국 허가신청자에게 허가발급청구권이 인정될 것인지
의 여부는 금지의 형태가 예방적 금지에 해당하느냐 또는 억제적 금지에 해당
하느냐에 달려 있는 것이 아니라, 개별적·구체적으로 고찰해야 할 것이다.

(다) 신고와의 구별

허가의 경우 허가의 대상이 되는 사인의 부작위의무가 허가라는 행정행위
에 의해 해제되는 데 비하여, 신고의 경우 신고가 사인의 공법행위로서의 성질
을 가지며, 신고가 행정기관에 접수됨과 더불어 사인의 부작위의무가 해제되는
점에 차이가 있다고 말할 수 있다(전술 '사인의 공법행위' 참조).

> **[판례①]** 의료법은 의료기관의 개설 주체가 의원·치과의원·한의원 또는 조산원
> 을 개설하려고 하는 경우에는 시장·군수·구청장에게 신고하도록 규정하고 있지
> 만(제33조 제3항), 종합병원·병원·치과병원·한방병원 또는 요양병원을 개설하려고 하는
> 경우에는 시·도지사의 허가를 받도록 규정하고 있다(제33조 제4항). 이와 같이 의료법이
> 의료기관의 종류에 따라 허가제와 신고제를 구분하여 규정하고 있는 취지는, 신고
> 대상인 의원급 의료기관 개설의 경우 행정청이 법령에서 정하고 있는 요건 이외의
> 사유를 들어 신고 수리를 반려하는 것을 원칙적으로 배제함으로써 개설 주체가 신

---

3) 예방적 금지와 억제적 금지의 구별에 대한 비판은 Hoppe/Beckmann, Umweltrecht, 1989, §8 Rdn. 27;
Kloepfer, Umweltrecht, 2. Aufl., 1998, §5 Rdn. 51 f. 참조.

속하게 해당 의료기관을 개설할 수 있도록 하기 위함이다.

　관련 법령의 내용과 이러한 신고제의 취지를 종합하면, 정신과의원을 개설하려는 자가 법령에 규정되어 있는 요건을 갖추어 개설신고를 한 때에, 행정청은 원칙적으로 이를 수리하여 신고필증을 교부하여야 하고, 법령에서 정한 요건 이외의 사유를 들어 의원급 의료기관 개설신고의 수리를 거부할 수는 없다(대판 2018. 10. 25.
2018두44302).4)

[판례②]　건축법상 신고사항에 관하여는 건축을 하고자 하는 자가 적법한 요건을 갖춘 신고만 하면 건축을 할 수 있고, 행정청의 수리처분 등 별단의 조치를 기다릴 필요가 없다(대판 1995. 3. 14, 94누9962. 동지판례:
대판 1999. 10. 22, 98두18435 등).

[판례③]　건축법에서 인·허가의제 제도를 둔 취지는, 인·허가의제사항과 관련하여 건축허가 또는 건축신고의 관할 행정청으로 그 창구를 단일화하고 절차를 간소화하며 비용과 시간을 절감함으로써 국민의 권익을 보호하려는 것이지, 인·허가의제사항 관련 법률에 따른 각각의 인·허가 요건에 관한 일체의 심사를 배제하려는 것으로 보기는 어렵다. 왜냐하면, 건축법과 인·허가의제사항 관련 법률은 각기 고유한 목적이 있고, 건축신고와 인·허가의제사항도 각각 별개의 제도적 취지가 있으며 그 요건 또한 달리하기 때문이다. 나아가 인·허가의제사항 관련 법률에 규정된 요건 중 상당수는 공익에 관한 것으로서 행정청의 전문적이고 종합적인 심사가 요구되는데, 만약 건축신고만으로 인·허가의제사항에 관한 일체의 요건 심사가 배제된다고 한다면, 중대한 공익상의 침해나 이해관계인의 피해를 야기하고 관련 법률에서 인·허가 제도를 통하여 사인의 행위를 사전에 감독하고자 하는 규율체계 전반을 무너뜨릴 우려가 있다. 또한 무엇보다도 건축신고를 하려는 자는 인·허가의제사항 관련 법령에서 제출하도록 의무화하고 있는 신청서와 구비서류를 제출하여야 하는데, 이는 건축신고를 수리하는 행정청으로 하여금 인·허가의제사항 관련 법률에 규정된 요건에 관하여도 심사를 하도록 하기 위한 것으로 볼 수밖에 없다. 따라서 인·허가의제 효과를 수반하는 건축신고는 일반적인 건축신고와는 달리, 특별한 사정이 없는 한 행정청이 그 실체적 요건에 관한 심사를 한 후 수리하여야 하는 이른바 '수리를 요하는 신고'로 보는 것이 옳다(대판 2011. 1. 20.
2010두14954).

(라) 등록과의 구별

　'등록'에 있어서도 행정청에 의한 '등록의 수리'가 등록의 대상이 되는 사인의 부작위의무를 해제하는 요건이 된다는 점에서 허가에 가깝다. 다만, 등록의 수리에 있어서, 행정청의 심사 범위가 적격사유의 유무 등에 한정되는 점이 허

---

4) 대법원은 "원심판결 이유 중 원고의 개설신고가 '수리를 요하지 않는 신고'라는 취지로 판시한 부분은 적절하지 않다"고 하여, 원심판결(부산고법 2018. 4. 20, 2017누24288)과 달리 이 사건 신고를 '수리를 요하는 신고'로 보고 있다.

가와 다른 점이라 할 수 있다.

(마) 특허·인가와의 구별

학문적 의미의 허가와 특허 및 인가는 개인(법인포함)이 일정한 일(상업등)을 하고자 하는 경우, 사전에 행정청의 승인(심사·통제)을 받아야 하는 점에서는 공통된다. 그러나 그의 효과에 있어 많은 차이가 있는데, 이에 대하여는 후술하는 특허, 인가에서 살펴보기로 한다.

(2) 허가의 성질

(가) 명령적 행위인가 형성적 행위인가

종래 허가는 상대방에게 금지를 해제하여 자연적 자유를 회복시켜 주는 행위이므로 명령적 행위에 속하며, 이 점에서 형성적 행위인 특허·인가와 구별된다고 하는 것이 통설적 견해였다. 그러나 근래에는 '허가의 명령적 행위성'에 대해 많은 의문이 제기되고 있다. 즉, 허가는 단순한 자연적 자유의 회복에 그치는 것이 아니라, 제한을 해제하여 적법한 권리행사를 가능케 하여 주는 행위이므로 형성적 행위의 성질을 가지며, 이러한 점에서 허가와 특허의 구분은 상대화되어가고 있다고 말해진다.

생각건대, 허가에 의해 사인이 새로운 법적 지위를 향유하여 새로운 법률관계가 창설되는 점에서 허가는 형성적 행위의 일면을 가지고 있다. 이에 대하여는 "허가의 효과"에서 자세히 살펴보기로 한다.

> **[판례①]** 공중목욕장업 경영허가는 사업경영의 권리를 설정하는 형성적 행위가 아니라 경찰금지를 해제하는 명령적 행위로 인한 영업자유의 회복에 불과하므로 원고가 본건 허가처분에 의하여 사실상 목욕장업에 의한 이익이 감소된다 하여도 원고의 이 영업상 이익은 단순한 사실상의 반사적 이익에 불과하고 법률에 의하여 보호되는 이익이라 할 수 없다(대판 1963. 8. 31. 63누101).
> **[판례②]** 유기장영업허가는 유기장경영권을 설정하는 설권행위가 아니고 일반적 금지를 해제하는 영업자유의 회복이므로 그 영업상의 이익은 반사적 이익에 불과하다(대판 1985. 2. 8. 84누369).

(나) 기속행위인가 재량행위인가

허가는 특별히 권리를 설정하여 주는 것이 아니라 공익목적을 위해서 제한되었던 자유를 회복시켜 주는 것이므로, 법령에 특별한 규정이 없는 한 기속행위 내지 기속재량행위에 속한다고 보는 것이 종래의 통설적 견해이다. 우선 기속재량과 자유재량의 구분이 무의미하다는 점에서 허가를 기속재량행위로 보는 것은 의문이다. 엄격히 말하면 허가에는 기속행위와 재량행위(특히 선택재량행위)가 모두 있을 수 있으나, 일반적으로는 기속행위의 성질을 가진다고 말할 수 있다. 또한 허가의 요건이 불확정법개념으로 규정되어 있는 경우에는 그의 적용(요건에의 포섭)에 있어 판단여지가 인정될 수도 있을 것이다.

> **[판례①]** 건축허가권자는 건축허가신청이 건축법 등 관계 법규에서 정하는 어떠한 제한에 배치되지 않는 이상 당연히 같은 법조에서 정하는 건축허가를 하여야 하고, 중대한 공익상의 필요가 없는데도 관계 법령에서 정하는 제한사유 이외의 사유를 들어 요건을 갖춘 자에 대한 허가를 거부할 수는 없다(대판 2009. 9. 24, 2009두8946. 동지판례: 대판 2003. 4. 25, 2002두3201: 대판 2006. 11. 9, 2006두1227: 대판 1992. 12. 11, 92누3038).
>
> **[판례②]** 식품위생법의 관계규정의 취지를 종합하여 볼 때, 식품위생법상의 유흥접객업허가는 성질상 일반적 금지에 대한 해제에 불과하므로 허가권자는 허가신청이 법에서 정한 요건을 구비한 때에는 반드시 허가하여야 할 것이고, 허가제한 사유에 관한 같은 법 제24조 제1항 제4호 소정의 공익상 허가를 제한할 필요의 유무를 판단함에 있어서도 허가를 제한하여 달성하려는 공익과 이로 인하여 받게 되는 상대방의 불이익을 교량하여 신중하게 재량권을 행사하여야 한다(대판 1993. 2. 12, 92누4390).

(3) 허가와 신청(출원)

허가는 상대방의 신청에 의하여 행하여지는데, 그 신청이 허가의 필요요건인지가 문제된다. 긍정설[5]에 의하면 신청은 허가의 필요요건이며, 따라서 신청 없는 허가는 무효이고, 또한 수정허가도 인정되지 않는다고 한다. 이에 대하여 부정설[6]에 의하면, 특별한 규정이 없는 한 신청이 허가의 필요요건은 아니며, 따라서 신청 없는 허가나 신청과 다른 내용의 허가도 당연무효가 되는 것은 아니라고 한다. 생각건대, 허가는 원칙적으로 신청을 요하지만, 신청의 요건을 엄격하게 이해해야 할 필요는 없다. 신청이 없는 허가나 수정허가는 그의 효력이 일정기간 부동상태에 있다가 상대방의 동의가 있음으로써 그 효력이 완성된다고 할 수 있다.

판례는 신청과 다른 내용의 허가가 당연무효인 것은 아니라고 판시한 바

---

5) 김도창(상), 357면.
6) 이상규(상), 366면: 석종현·송동수(상), 261면: 강구철(Ⅰ), 388면.

있다.

> **[판례]** 개축허가신청에 대하여 행정청이 착오로 대수선 및 용도변경허가를 하였
> 다 하더라도 취소 등 적법한 조치없이 그 효력을 부인할 수 없음은 물론, 이를 다
> 른 처분으로 볼 근거도 없다(대판 1985. 11. 26,
85누382).

학설 가운데에는, 신청(출원)에 의하지 않는 허가의 예로서 통행금지해제 등을 들기도 한다. 그러나 그러한 경우는 "허가"라기보다 "금지의 폐지"로 봄이 타당시 된다. 한편, 「행정절차법」에 정해진 "처분의 신청"에 관한 규정(17조
이하)이 허가의 신청에도 그대로 준용되는 점에 유의할 필요가 있다.

(4) 허가의 형식

허가는 하명과 달리 그 성질상 항상 처분의 형식으로만 행해진다. 왜냐하면 허가는 일반적 금지의 존재를 전제로 특정한 경우에 그 금지를 해제하여 주는 것인데, 법규에 의하여 일반적 허가가 행하여진다면 허가의 전제가 되는 일반적 금지가 소멸하기 때문이다.

허가도 처분의 일종이므로 문서에 의하여 행해짐이 원칙이다(행정절차법
24조 참조). 또한 개별법에서 허가의 유무 및 내용을 객관적으로 명백히 하기 위하여 면허증·등록증 등의 교부와 같은 형식을 취하도록 하고 있는 경우가 많이 있다(관광진흥법 시
행령 4조 등).

(5) 허가의 효과

(가) 금지의 해제

허가의 효과는 일반적 금지를 해제함에 그치고, 배타적·독점적 권리 또는 능력을 설정하는 것이 아니다. 허가의 결과 상대방이 사실상 어떤 사업의 독점 혹은 기타의 이익을 얻는 경우가 있더라도 그것은 부수적·반사적 효과에 지나지 않음이 보통이다. 그러므로 일정한 권리, 권리능력, 포괄적 법률관계를 설정하여 주는 특허라든가, 제3자의 법률적 행위를 보충하여 그의 법률상의 효과를 완성시켜 주는 인가와 같은 형성적 행위와는 성질을 달리한다.

> **[판례①]** 공중목욕장업영업허가는 사업경영의 권리를 설정하는 형성적 행위가 아
> 니라 경찰금지를 해제하는 명령적 행위로 인한 영업자유의 회복에 불과하므로, 원
> 고가 본건 허가행정처분에 의하여 사실상 목욕장업에 의한 이익이 감소된다 하여
> 도 원고의 이 영업상 이익은 단순한 사실상의 반사적 이익에 불과하고, 법률에 의

하여 보호되는 이익이라 할 수 없다(대판 1963. 8. 22.)).[7]

[판례②] 한의사면허는 경찰금지를 해제하는 명령적 행위(강학상 허가)에 해당하고, 한약조제시험을 통하여 약사에게 한약조제권을 인정함으로써 한의사인 원고들의 영업상 이익이 감소되었다고 하더라도 이러한 이익은 사실상의 이익에 불과하고 약사법이나 의료법 등의 법률에 의하여 보호되는 이익이라고 볼 수 없다(대판 1998. 3. 10. 97누4289)).[8]

일반적으로 허가의 대상으로 간주되고 있는 사업이 거리제한 등에 의하여 보호되고 있는 경우(예컨대 구 소방법 시행령 71조 3항에 의한 주유소설치허가), 당해 허가는 허가와 특허의 성질을 공유하는 합체행위의 성질을 가진다고 말해지기도 한다.

생각건대 관계법이 거리제한규정을 둔 취지가 전적으로 공익적 고려에 기한 것인 때에는 당해 이익은 반사적 이익에 그치나, 그 목적·취지가 기존업자의 이익도 동시에 보호하려는 것인 때에는, 그것은 법적으로 보호되는 이익 내지는 권리라고 할 수 있는 것이다. 그러나 영업허가와 관련하여 경업자간의 경쟁을 방지하기 위하여 거리제한을 허가요건으로 정할 수 있는가 하는 것이 헌법상의 직업(선택)의 자유, 영업의 자유와 관련하여 문제가 된다. 결론적으로 거리제한 등을 통해 국민의 직업의 자유, 영업의 자유를 제한하는 것에는 엄격한 요건이 요구된다고 하겠다.

[판례①] 甲이 적법한 약종상허가를 받아 허가지역내에서 약종상영업을 경영하고 있음에도 불구하고 행정청이 구 약사법시행규칙을 위배하여 같은 약종상인 乙에게 乙의 영업허가구역이 아닌 甲의 영업구역내로 영업소를 이전하도록 허가하였다면, 甲으로서는 이로 인하여 기존업자로서의 법률상 이익을 침해받았음이 분명하므로 甲에게는 행정관청의 영업소이전허가처분의 취소를 구할 이익이 있다(대판 1988. 6. 14. 87누873)).[9]

---

7) 목욕장업이 현재는 '허가영업'이 아니라, 신고의 일종으로 볼 수 있는 '통보영업'으로 되어 있는 점에 유의할 필요가 있다(공중위생관리법 3조 참조).

8) 이 사건에서 법원이 한의사면허를 '강학상 허가'로 본 데 대한 비판으로는 이광윤, 경찰국가의 청산을 위하여, 법률신문, 1998. 6. 29 참조. 그러나 허가제와 특허제를 구분하고 법률상 이익과 사실상 이익을 구별하는 이상, 이 사건에서 법원이 한의사면허를 허가의 일종으로 본 데에 큰 잘못이 없다고 생각한다. 이에 대하여는 김남진, 법률상 이익과 사실상의 이익, 법률신문, 1999. 8. 19; 김남진, 허가와 특허의 구별과 기준, 고시연구, 1999. 11 참조.

9) 당시의 약사법에 의하면, 약종상은 면에 1개만 허가하되, 당해 면이 큰 산이나 강으로 2분되어 있는 경우, 각 지역에 1개의 약종상만 허가하도록 되어 있었다. 결국, 약종상은 허가받은 지역에서 독점적 이익을 누리도록 법이 보장하고 있었던 셈이다. 따라서 이러한 경우의 약종상허가는 그의 명칭에도 불구하고 학문적으로는 특허로 보아야 한다.

> **[판례②]** 담배사업법의 규정들을 종합해 보면, 담배 일반소매인의 지정기준으로서 일반소매인의 영업소 간에 일정한 거리제한을 두고 있는 것은 담배유통구조의 확립을 통하여 국민의 건강과 관련되고 국가 등의 주요 세원이 되는 담배산업 전반의 건전한 발전 도모 및 국민경제에의 이바지라는 공익목적을 달성하고자 함과 동시에 일반소매인 간의 과당경쟁으로 인한 불합리한 경영을 방지함으로써 일반소매인의 경영상 이익을 보호하는 데에도 그 목적이 있다고 보이므로, 일반소매인으로 지정되어 영업을 하고 있는 기존업자의 신규 일반소매인에 대한 이익은 단순한 사실상의 반사적 이익이 아니라 법률상 보호되는 이익이라고 해석함이 상당하다(대판 2008. 3. 27, 2007 두23811).

그러나 판례는 「공중목욕장업법」(현행 공중위 생관리법)에 의한 공중목욕장업의 경우 기존업자의 이익을 반사적 이익으로 보았다.

> **[판례]** 원고에 대한 공중목욕장업 경영 허가는 경찰금지의 해제로 인한 영업자유의 회복이라고 볼 것이므로 이 영업의 자유는 법률이 직접 공중목욕장업 피허가자의 이익을 보호함을 목적으로 한 경우에 해당되는 것이 아니고 법률이 공중위생이라는 공공의 복리를 보호하는 결과로서 영업의 자유가 제한되므로 인하여 간접적으로 관계자인 영업자유의 제한이 해제된 피허가자에게 이익을 부여하게 되는 경우에 해당되는 것이고, 거리의 제한과 같은 위의 시행세칙이나 도지사의 지시가 모두 무효인 이상 원고가 이 사건 허가처분에 의하여 목욕장업에 의한 이익이 사실상 감소된다 하여도 이 불이익은 본건 허가처분의 단순한 사실상의 반사적 결과에 불과하고 이로 말미암아 원고의 권리를 침해하는 것이라고는 할 수 없음으로 원고는 피고의 피고 보조참가인에 대한 이 사건 목욕장업허가처분에 대하여 그 취소를 소구할 수 있는 법률상 이익이 없다(대판 1963. 8. 31, 63누101).10)

(나) 법률상 이익의 향유

개인이 허가를 받아 향유하는 이익은 법률상 이익으로서 법의 보호를 받는 경우가 많다. 예컨대 허가를 받아 적법하게 음식점 등 영업을 하고 있는데 이유없이 허가가 철회되었다든가, 방해를 받은 경우에는 행정쟁송, 그 밖의 수단을 통해 보호받을 수 있는 것이다. 허가의 효과가 "반사적 이익(사실상 이익)"으로서 법의 보호를 받지 못하는 경우는, 적법한 허가를 받은 신규업자가 출현함으로써 기존업자의 영업상 이익이 감소하는 경우이다. 행정청의 입장에서 볼

---

10) 목욕장업이 현재는 허가영업이 아니라 신고의 일종으로 볼 수 있는 통보영업으로 되어 있음을 유의하여야 한다(공중위생관리법 제3조 참조).

때에는, 기존업자나 신규업자나 다 같이 법이 정한 요건을 충족하였기 때문에 허가를 부여한 것으로서, 허가받은 자가 영업상 이익을 누리는가 여부는 행정 청의 고려사항이 아닌 것이다. 그리고 이 점이 "허가의 효과"가 처음부터 독점 적 이익을 보장해 주는 "특허의 효과"와 구별되는 점이다. 결국, 위에 설명한 "기존업자의 신규업자에 대한 관계(제3자에 대한 대항력)"를 떠나서는 허가의 효과로서의 이익은 "법률상 이익"으로서 법의 보호를 받는다고 보아도 잘못이 없을 것이 다. 그리고 허가가 이와 같은 효과(법률상 이익)를 발생시키는 점을 생각하면, 그 허가 를 형성적 행위로 볼 수 있는 것이다.

> **[참고판례]** 주류제조업의 면허를 얻은 자의 이익은 단순한 사실상의 반사적 이익 에만 그치는 것이 아니고, 주세법의 규정에 따라 보호되는 이익이고 위 면허권이 가지는 재산적 가치는 현실적으로 부인할 수 없다(대판 1989. 12. 22. 89누46).

(다) 타법상의 제한과 인허가의제

허가는 그 근거가 된 법령에 의한 금지를 해제할 뿐이고 다른 법령에 의한 금지까지 해제하는 효과를 가지지 않는 것이 일반적이다. 예컨대 공무원인 자 가 음식점영업허가를 받는다고 하더라도 「식품위생법」상 금지가 해제될 뿐이 지 공무원법상 영리업무금지까지 해제되는 것은 아니다. 따라서 어떤 행위나 사업을 영위하기 위해서는 실제로 일을 개시하기까지 수많은 법령에 따라 다 수의 행정기관으로부터 각기 다른 허가·특허·인가·확인 등을 받아야 하는 경우가 현실적으로 존재한다. 그래서 "공장 하나 짓는 데 수 백개의 도장을 받 아야 하며, 몇 년의 세월이 걸린다" 등의 민원이 제기되고 있는 것이다. 이러한 불편을 해소하기 위하여, 특정 법률에 의한 허가(또는 특허·인가)를 받게 되면, 유사한 다른 법령상의 허가 등을 받은 것으로 간주하는 제도, 즉 '인허가의제' 가 현행법에 다수 도입되어 있다(예: 건축법 11조 5항, 국토의 계획 및 이용에 관한 법률 61조 등).[11] 여러 법률에 규정된 인 허가를 받는 데에 소요되는 시간과 비용을 줄임으로써 규제를 완화하고 국민 의 편익을 제고하기 위한 제도이다. 다만 인허가의제 제도는 국민의 편의를 위 한 제도일 뿐이므로 인허가가 의제되는 관련 인허가 역시 효력발생요건을 충 족하여야 함은 물론이다.[12]

---

11) 예컨대 건축허가를 받으면 개발행위허가, 산지전용허가, 농지전용허가, 도로점용허가, 하천점용허가 등 「건축법」 제11조 5항이 정한 여러 인허가를 받을 것으로 보는 것이 그에 해당한다.
12) 주요문헌: 김남진, 국책사업과 집중효·구속효·배제효, 법정고시, 1996. 7; 강현호, 집중효, 공법연구

그런데 인허가의제를 규정하고 있는 개별 법률의 규정 방식·내용 등이 상이하고, 의제되는 관련 인허가의 절차적 요건 준수 여부, 관련 인허가청의 사후관리·감독 여부 등에 관한 명확한 원칙·기준이 없어 국민과 일선 공무원의 혼란이 큰 상황을 고려하여, 「행정기본법」에서 그에 관한 공통 절차와 집행 기준을 마련하였다($^{24조·25}_{조·26조}$).

우선 제24조는 인허가의제의 정의, 인허가의제 시 필요한 서류 제출, 관련 기관과의 사전 협의, 협의 기간(20일) 및 협의 간주 규정, 관련 인허가에 필요한 심의, 의견 청취 등 절차는 법률에 인허가의제 시에도 해당 절차를 거친다는 명시적인 규정이 있는 경우에만 거치도록 하는 등 인허가의제의 기본적인 기준을 정하고 있다.

구체적으로 인허가의제를 받기 원하는 신청인은 주된 인허가를 신청할 때 관련 인허가에 필요한 서류를 함께 제출하여야 한다($^{24조}_{2항}$).[13] 주된 인허가 행정청은 주된 인허가를 하기 전에 관련 인허가에 관하여 미리 관련 인허가 행정청과 협의하여야 한다($^{24조}_{3항}$). 행정청은 주된 인허가는 물론 인허가가 의제되는 관련 인허가의 요건을 충족하고 있는지를 심사($^{주된 인허가와 관련 인허가의}_{관할 행정기관이 동일한 경우}$)하거나 협의($^{주된 인허가와 관련 인허가의}_{관할 행정기관이 다른 경우}$)하여야 하기 때문이다. 따라서 여기서의 협의란 단순한 자문이 아니라, '동의'를 의미하므로 관련 인허가 행청청이 동의하지 않으면 해당 인허가에 대하여 의제효과를 부여할 수 없다고 할 것이다. 협의를 요청받은 관련 인허가 행정청은 그 요청을 받은 날부터 20일 이내에 의견을 제출하여야 한다. 이 경우 위의 기간 내에 협의 여부에 관하여 의견을 제출하지 않으면 협의가 된 것으로 본다($^{24조}_{4항}$). 협의를 요청받은 관련 인허가 행정청은 해당 법령을

제28집 제2호, 2000; 정태용, 인·허가의제제도에 관한 고찰, 법제 제530호, 2002; 박종국, 독일법상의 계획확정결정의 집중효, 공법연구 제32집 제1호, 2003. 11; 임영호, 인·허가의제규정의 적용범위, 대법원판례해설 통권 51호, 2005. 6; 선정원, 인허가의제의 효력범위에 관한 고찰, 행정법연구 제34호, 2012. 12; 류준모, 인허가의제제도에 관한 입법적 개선 방안 연구, 법제 제657호, 2012; 이광제, 인·허가의제 제도의 입법적 대안 연구, 법제 제671호, 2015; 이용우, 인허가의제의 요건 및 이에 대한 사법심사의 기준에 관한 연구, 사법논집 제61집, 2016; 정태용, 인·허가의제의 효력범위에 관한 고찰, 법제 제679호, 2017; 김중권, 독일 행정절차법상의 허가의제제도와 그 시사점, 법제연구 제54호, 2018; 김중권, 의제된 인·허가의 취소와 관련된 문제점, 법조 제731호, 2018; 박균성, 의제된 지구단위계획의 공시방법의 하자와 주된 인허가처분인 주택건설사업계획승인처분의 효력, 법조 제729호, 2018; 박균성·김재광, 인·허가의제제도의 재검토, 토지공법연구 제81호, 2018; 정해영, 의제된 인허가의 처분성, 아주법학 제13권 제2호, 2019; 조인성, 행정기본법(안)상 인허가 의제제도와 토지행정법상 인허가 의제제도 비교분석, 토지공법연구 제93집, 2021. 2; 배정범, 「행정기본법」상의 인허가의제 규정에 대한 법적 소고, 법학연구, 2021. 3.
13) 반드시 인허가 의제 처리를 신청할 의무가 있는 것은 아니므로 신청인은 주된 인허가를 신청하면서 관련 인허가를 함께 신청할 것인지를 선택할 수 있다.

위반하여 협의에 응해서는 아니 된다($\frac{24조}{5항}$). 이 조항의 취지는 협의 요청을 받은 관련 인허가 행정청은 법이 정한 관련 인허가의 실체적 요건을 충족하는 경우에만 협의에 응하도록 한 것이다. 한편, 절차적 요건과 관련하여서는, "관련 인허가에 필요한 심의, 의견 청취 등 절차에 관하여는 법률에 인허가의제 시에도 해당 절차를 거친다는 명시적인 규정이 있는 경우에만 이를 거친다"고 함으로써($\frac{24조 5항}{단서}$), 특별한 규정이 없는 한 관련 인허가의 절차는 별도로 거치지 않아도 된다고 하였다.

제25조는 협의된 사항에 대해서 주된 인허가를 받았을 때 관련 인허가를 받은 것으로 보도록 하고, 인허가의제의 효과는 주된 인허가의 해당 법률에 규정된 관련 인허가에 한정되는 것이지 재의제까지는 되지 않음을 명확히 하였다.

제26조는 관련 인허가 행정청은 관련 인허가를 직접 행한 것으로 보아 관계 법령에 따른 관리·감독 등 필요한 조치를 하여야 하고, 주된 인허가를 변경하는 경우에도 인허가의제 관련 기준 등이 준용되도록 하며, 주된 인허가시 의제되는 인허가의 기재방법 등 그 밖에 필요한 세부 사항은 하위법령에 위임하였다.

인허가의제는 허가·특허·인가 등의 권한과 절차에 관한 특례를 정하는 것이므로 반드시 법률의 근거가 있어야 하고 그 효과도 법률에 명시된 허가·특허·인가에 한하여 발생한다. 따라서 특정 법률에 의한 허가 등을 받은 것으로 간주되는 대상은 법률에 열거되어 있어야 한다.[14]

> **[판례①]** 건축법에서 인·허가의제 제도를 둔 취지는, 인·허가의제사항과 관련하여 건축허가 또는 건축신고의 관할 행정청으로 그 창구를 단일화하고 절차를 간소화하며 비용과 시간을 절감함으로써 국민의 권익을 보호하려는 것이지, 인·허가의제사항 관련 법률에 따른 각각의 인·허가 요건에 관한 일체의 심사를 배제하려는 것으로 보기는 어렵다. 왜냐하면, 건축법과 인·허가의제사항 관련 법률은 각기 고유한 목적이 있고, 건축신고와 인·허가의제사항도 각각 별개의 제도적 취지가 있으며 그 요건 또한 달리하기 때문이다. 나아가 인·허가의제사항 관련 법률에 규정된 요건 중 상당수는 공익에 관한 것으로서 행정청의 전문적이고 종합적인 심사가 요구되는데, 만약 건축신고만으로 인·허가의제사항에 관한 일체의 요건 심사가 배제된다고 한다면, 중대한 공익상의 침해나 이해관계인의 피해를 야기하고 관련 법률에서 인·허가 제도를 통하여 사인의 행위를 사전에 감독하고자 하는 규율체계 전반을 무너뜨릴 우려가 있다. 또한 무엇보다도 건축신고를 하려는 자는 인·허가

---

14) 임영호, 인·허가의제규정의 적용범위, 대법원판례해설 통권 51호, 2005. 6, 612면.

의제사항 관련 법령에서 제출하도록 의무화하고 있는 신청서와 구비서류를 제출하여야 하는데, 이는 건축신고를 수리하는 행정청으로 하여금 인·허가의제사항 관련 법률에 규정된 요건에 관하여도 심사를 하도록 하기 위한 것으로 볼 수밖에 없다 (대판 2011. 1. 20, 2010두14954. 동지 판례: 대판 2015. 7. 9, 2015두39590).

[판례②] 중소기업창업 지원법(이하 '중소기업창 업법'이라 한다) 제35조 제1항, 제4항에 따르면 시장 등이 사업계획을 승인할 때 제1항 각호에서 정한 관련 인허가에 관하여 소관 행정기관의 장과 협의를 한 사항에 대해서는 관련 인허가를 받은 것으로 본다고 정하고 있다. 이러한 인허가 의제 제도는 목적사업의 원활한 수행을 위해 창구를 단일화하여 행정절차를 간소화하는 데 입법 취지가 있고 목적사업이 관계 법령상 인허가의 실체적 요건을 충족하였는지에 관한 심사를 배제하려는 취지는 아니다. 따라서 시장 등이 사업계획을 승인하기 전에 관계 행정청과 미리 협의한 사항에 한하여 사업계획승인처분을 할 때에 관련 인허가가 의제되는 효과가 발생할 뿐이다. 관련 인허가 사항에 관한 사전 협의가 이루어지지 않은 채 중소기업창업법 제33조 제3항에서 정한 20일의 처리기간이 지난 날의 다음 날에 사업계획승인처분이 이루어진 것으로 의제된다고 하더라도, 창업자는 중소기업창업법에 따른 사업계획승인처분을 받은 지위를 가지게 될 뿐이고 관련 인허가까지 받은 지위를 가지는 것은 아니다. 따라서 창업자는 공장을 설립하기 위해 필요한 관련 인허가를 관계 행정청에 별도로 신청하는 절차를 거쳐야 한다. 만일 창업자가 공장을 설립하기 위해 필요한 국토의 계획 및 이용에 관한 법률에 따른 개발행위허가를 신청하였다가 거부처분이 이루어지고 그에 대하여 제소기간이 도과하는 등의 사유로 더 이상 다툴 수 없는 효력이 발생한다면, 시장 등은 공장설립이 객관적으로 불가능함을 이유로 중소기업창업법에 따른 사업계획승인처분을 직권으로 철회하는 것도 가능하다 (대판 2021. 3. 11, 2020두42569).

[판례③] 건축법 제14조 제2항, 제11조 제5항 제3호에 따르면, 건축신고 수리처분이 이루어지는 경우 국토의 계획 및 이용에 관한 법률 제56조에 따른 개발행위(토지형질변경)의 허가가 있는 것으로 본다. 이처럼 어떤 개발사업의 시행과 관련하여 여러 개별 법령에서 각각 고유한 목적과 취지를 가지고 그 요건과 효과를 달리하는 인허가 제도를 각각 규정하고 있다면, 그 개발사업을 시행하기 위해서는 개별 법령에 따른 여러 인허가 절차를 각각 거치는 것이 원칙이다. 다만 어떤 인허가의 근거 법령에서 절차간소화를 위하여 관련 인허가를 의제 처리할 수 있는 근거 규정을 둔 경우에는, 사업시행자가 인허가를 신청하면서 하나의 절차 내에서 관련 인허가를 의제 처리해 줄 것을 신청할 수 있다. 관련 인허가 의제 제도는 사업시행자의 이익을 위하여 만들어진 것이므로, 사업시행자가 반드시 관련 인허가 의제 처리를 신청할 의무가 있는 것은 아니다(대판 2023. 9. 21, 2022두31143).

(라) 지역적 효과

허가의 효과는 당해 허가행정청의 관할구역 내에서만 미치는 것이 원칙이다. 그러나 법령의 규정이 있거나 허가의 성질상 관할구역에 국한시킬 것이 아닌 경우(예: 운전)에는 관할구역 외에까지 그 효과가 미치게 된다.

(마) 허가효과의 승계

허가의 효과가 승계되는지의 여부는 일반적으로 그것이 대인적 허가인가, 대물적 허가인가, 양자를 혼합한 혼합허가인가에 따라 다르다. ① 대인적 허가(예: 운전)의 승계는 불가능하며, ② 대물적 허가는 그의 승계가 가능한 것이 일반적인데, ③ 혼합허가의 경우는 인적 요소의 변경에 관해서는 새로운 허가를 요하고 물적 요소의 변경에 관해서는 신고를 요하는 등 제한이 따르는 것이 일반적이다.[15]

[판례①] 석유판매업(주유업)허가는 소위 대물적 허가의 성질을 갖는 것이어서 그 사업의 양도도 가능하고, 이 경우 양수인은 양도인의 지위를 승계하게 됨에 따라 양도인의 위 허가에 따른 권리의무가 양수인에게 이전되는 것이므로 만약 양도인에게 그 허가를 취소할 위법사유가 있다면 허가관청은 이를 이유로 양수인에게 응분의 제재조치를 취할 수 있다 할 것이고, 양수인이 그 양수 후 허가관청으로부터 석유판매업허가를 다시 받았다 하더라도 이는 석유판매업의 양수·양도를 전제로 한 것이어서 이로써 양도인의 지위승계가 부정되는 것은 아니라 할 것이다 (대판 1986. 7. 22. 86누203).[16]

[판례②] 화물자동차법에서 '운송사업자'란 화물자동차법 제3조 제1항에 따라 화물자동차 운송사업 허가를 받은 자를 말하므로(3조 3항), '운송사업자로서의 지위'란 운송사업 허가에 기인한 공법상 권리와 의무를 의미하고, 그 '지위의 승계'란 양도인의 공법상 권리와 의무를 승계하고 이에 따라 양도인의 의무위반행위에 따른 위법상태의 승계도 포함하는 것이라고 보아야 한다. 불법증차를 실행한 운송사업자로부터 운송사업을 양수하고 화물자동차법 제16조 제1항에 따른 신고를 하여 화물자동차법 제16조 제4항에 따라 운송사업자의 지위를 승계한 경우에는 설령 양수인이 영업양도·양수 대상에 불법증차 차량이 포함되어 있는지를 구체적으로 알지 못하였다 할지라도, 양수인은 불법증차 차량이라는 물적 자산과 그에 대한 운송사업자로서의 책임까지 포괄적으로 승계한다(헌재 2019. 9. 26. 2017헌바397 참조).

따라서 관할 행정청은 양수인의 선의·악의를 불문하고 양수인에 대하여 불법증

---

15) 공법상 지위의 승계에 대해서는 김연태, 공법상 지위 승계와 제재사유 승계에 관한 판례의 분석·비판적 고찰, 고려법학 제95호, 2019 참조.

차 차량에 관하여 지급된 유가보조금의 반환을 명할 수 있다. 다만 그에 따른 양수인의 책임범위는 지위승계 후 발생한 유가보조금 부정수급액에 한정되고, 지위승계 전에 발생한 유가보조금 부정수급액에 대해서까지 양수인을 상대로 반환명령을 할수는 없다. 유가보조금 반환명령은 '운송사업자등'이 유가보조금을 지급받을 요건을 충족하지 못함에도 유가보조금을 청구하여 부정수급하는 행위를 처분사유로 하는 '대인적 처분'으로서, '운송사업자'가 불법증차 차량이라는 물적 자산을 보유하고 있음을 이유로 한 운송사업 허가취소 등의 '대물적 제재처분'과는 구별되고, 양수인은 영업양도·양수 전에 벌어진 양도인의 불법증차 차량의 제공 및 유가보조금 부정수급이라는 결과 발생에 어떠한 책임이 있다고 볼 수 없기 때문이다(대판 2021. 7. 29. 2018두55968).

(6) 무허가행위의 효과

허가를 받아 행하여야 할 행위(예: 주류 의 판매)를 허가 없이 행한 경우 행정상의 강제집행이나 행정벌의 대상은 되지만, 행위 자체의 법률적 효력은 부인되지 않는 것이 일반적이다. 이 점이 형성적 행위로서의 인가와 다른 점 중의 하나이다.

3. 면   제

면제(免除)란 법령에 의해 정하여진 작위·급부 등의 의무를 특정한 경우에 해제해 주는 행위이다. 해제되는 의무의 종류만 다를 뿐 의무를 해제한다는 면에서 허가와 같으므로, 위의 허가에 대한 설명은 면제에도 거의 그대로 적용될 수 있다.

작위의무나 급부의무의 이행을 연기하거나 유예하는 것에 대해서는, 그것이 의무 그 자체를 소멸시키는 것은 아니며 오직 의무의 내용의 일부를 변경하는 데 그치는 것이므로 '하명의 변경'에 해당한다고 하는 견해도 있으나, 면제의 일종으로 봄이 타당시 된다. 의무의 일부해제 역시 면제의 일종으로 볼 수 있다.

Ⅱ. 형성적 행위

형성적 행위는 국민에 대하여 특정한 권리·권리능력·행위능력 또는 포괄적인 법률관계 기타 법률상의 힘을 설정·변경·소멸시키는 행정행위를 말한

---

16) 이 판례에 있어서 양도인에게 있는 "허가의 취소사유"가 이전될 수 있는 성질의 것인가에 대해서는 의문을 가진다. 동지: 홍준형(총론), 228면. 그 밖에 동 판례에 대한 상세는 김남진, 행정법상의 권리·의무승계, 고시계, 1990. 11; 김남진, 기본문제, 114면 이하 참조.

다. 어느 것이나 제3자에 대항할 수 있는 법률상의 힘을 부여하거나, 혹은 그것을 부정하는 것을 목적으로 하는 행위인 점에서 자유의 제한 또는 그 제한의 해제를 목적으로 하는 명령적 행위와 구별된다.

형성적 행위는 상대방 여하에 따라 ① 직접 상대방을 위해 권리 등을 설정 (^{설권행위 또는}_{특허라고 한다}) 혹은 박탈·변경하는 행위와 ② 제3자의 법률적 행위를 보충(동의)하여 그 효력을 완성시키는 행위(^{보충행위 또는}_{인가라고 한다}) 및 ③ 제3자를 대신하여 하는 행위 (_{행위}^{대리}) 등으로 나누어진다.

1. 특 허

(1) 특허의 개념

특허(特許)란 특정인을 위해 새로운 법률상의 힘을 부여하는 행정행위를 말한다. 권리(^{예: 공물사용권과 같은 공}_{권. 또는 광업권과 같은사권}), 권리능력(^{예: 법인}_{의 설립}), 포괄적 법률관계(^{예: 귀화}_{의 허가})를 설정하는 행위 등이 그에 해당한다. 그러한 이유로 특허를 설권행위라고 부르기도 한다. 특허도 학문상의 개념으로서, 실정법상으로는 특허 이외에 허가, 면허 등의 용어가 사용되는가 하면, 학문상의 특허가 아닌 행위를 특허라고 표현하는 예(^{특허법}_{2조 등})도 있다.

(2) 특허의 성질과 효과

특허는 상대방에게 권리 등을 설정하여 주는 행위인 점에서 형성적 행위에 속하며, 이 점에서 명령적 행위의 일종으로서의 허가와 구별되고 있으나, 허가에도 형성적 행위로서의 측면이 있음은 앞에서 설명한 바와 같다.

특허를 할 것인지의 여부는 행정청의 재량에 맡겨짐이 보통이나, 법령이 일정한 요건을 갖춘 경우에 특허를 하도록 규정하고 있는 경우에는 기속행위에 속하게 된다. 다른 한편, 특허의 요건규정에 불확정법개념이 사용되는 경우 판단여지가 인정될 수도 있다.

[판례①] 공유수면매립면허는 설권행위인 특허의 성질을 갖는 것이므로 원칙적으로 행정청의 자유재량에 속한다(^{대판 1989. 9. 12.}_{88누9206}).
[판례②] 공유수면 관리 및 매립에 관한 법률에 따른 공유수면의 점용·사용허가는 특정인에게 공유수면 이용권이라는 독점적 권리를 설정하여 주는 처분으로서 처분 여부 및 내용의 결정은 원칙적으로 행정청의 재량에 속하고, 이와 같은 재량 처분에 있어서는 재량권 행사의 기초가 되는 사실인정에 오류가 있거나 그에 대한

법령적용에 잘못이 없는 한 처분이 위법하다고 할 수 없다(대판 2017. 4. 28, 2017두30139, 동지판례: 대판 2004. 5. 28, 2002두5016: 대판 2014. 9. 4, 2014두2164).

[판례③] 여객자동차 운수사업법에 의한 개인택시운송사업면허는 특정인에게 권리나 이익을 부여하는 이른바 수익적 행정행위로서 법령에 특별한 규정이 없는 한 재량행위이고, 그 면허를 위하여 정하여진 순위 내에서 운전경력 인정방법에 관한 기준을 설정하거나 변경하는 것 역시 행정청의 재량에 속하는 것이므로, 그 기준의 설정이나 변경이 객관적으로 합리적이 아니라거나 타당하지 않다고 보이지 아니하는 이상 행정청의 의사는 가능한 한 존중되어야 하며, 설령 그 기준의 해석상 불명확한 점이 생길 수 있다고 하더라도 이를 합리적으로 해석하여 통일을 기함으로써 모든 면허신청자에게 동일하게 적용된다면 객관적으로 합리적이 아니라고 할 수 없다(대판 2007. 3. 15, 2006두15783. 동지판례: 대판 1996. 10. 11, 96누6172: 대판 1998. 2. 13, 97누13061: 대판 2005. 4. 28, 2004두8910: 대판 2005. 7. 22, 2005두999: 대판 2007. 3. 15, 2006두15783: 대판 2007. 6. 1, 2006두17987).

[판례④] 도로법에 의한 도로점용은 일반공중의 교통에 사용되는 도로에 대하여 이러한 일반사용과는 별도로 도로의 특정부분을 유형적·고정적으로 특정한 목적을 위하여 사용하는 이른바 특별사용을 뜻하는 것이고, 이러한 도로점용의 허가는 특정인에게 일정한 내용의 공물사용권을 설정하는 설권행위로서, 공물관리자가 신청인의 적격성, 사용목적 및 공익상의 영향 등을 참작하여 허가를 할 것인지의 여부를 결정하는 재량행위이다(대판 2002. 10. 25, 2002두5795).

[판례⑤] 출입국관리법령의 문언, 내용 및 형식, 체계 등에 비추어 보면, 체류자격 변경허가는 신청인에게 당초의 체류자격과 다른 체류자격에 해당하는 활동을 할 수 있는 권한을 부여하는 일종의 설권적 처분의 성격을 가지므로, 허가권자는 신청인이 관계 법령에서 정한 요건을 충족하였다고 하더라도, 신청인의 적격성, 체류목적, 공익상의 영향 등을 참작하여 허가 여부를 결정할 수 있는 재량을 가진다고 할 것이다. 다만 이러한 재량을 행사할 때 판단의 기초가 된 사실인정에 중대한 오류가 있는 경우 또는 비례·평등의 원칙을 위반하거나 사회통념상 현저하게 타당성을 잃는 등의 사유가 있다면 이는 재량권의 일탈·남용으로서 위법하다(대판 2016. 7. 14, 2015두48846).

한편, 특허 효과의 이전(또는 승계) 문제는 일반원칙(일신전속적인 것인지 여부 등)에 따라 판단할 문제이다.

(3) 특허와 신청

특허는 상대방의 신청을 필요요건으로 한다는 것이 다수설의 견해이다. 다만 공법인의 설립의 경우와 같이 성질상 상대방의 출원을 기다릴 여지가 없는 경우에는 출원을 필요로 하지 않는다는 견해도 있으나, '공법인의 설립'은 법률에 의한 특허(법규특허)로서 여기에서 말하는 '행정행위로서의 특허'와 구별하여야 할 것이다.

(4) 특허의 형식

특허는 권리의 설정 등 중요한 내용을 담는 것이므로, 일반적으로 서면에 의하여 행해진다고 보아야 할 것이다.

(5) 허가와의 구별

특허는 상대방에게 법률상의 힘을 부여하는 형성적 행위인 점에서, 자연적 자유를 회복시켜 주는 행위인 허가와 구별된다고 하는 것이 일반론이다. 그러나 양자의 차이는 상대적이므로, 개개 실정법에 근거하여 그의 성질 내지 효과를 판단하여야 할 것이다.

학자에 따라서는, 허가는 기속재량행위인 데 대하여, 특허는 자유재량행위인 점에서 양자는 구별된다고 말해지기도 한다. 그러나 오늘날 '자유재량, 기속재량의 구분'에 문제가 있을 뿐 아니라, 재량행위 여부는 획일적으로 말할 수 없다는 점을 지적해 두기로 한다.

2. 인　가

(1) 인가의 개념

인가(認可)란 제3자의 법률적 행위를 보충하여 그의 법률상의 효과를 완성시키는 행정행위를 말하며, 이를 일명 보충행위라고도 한다. 법령상으로는 인허, 승인 등의 용어가 사용되기도 한다.[17)]

> **[판례①]** 어업협동조합의 임원 선출에 관한 행정청의 인가는 어업협동조합의 임원 선출행위를 보충하여 그 법률상 효력을 완성케 하는 보충행위이다(대판 1969. 11. 11. 66누146).
>
> **[판례②]** 민법 제45조 제3항의 재단법인 정관변경의 허가는 그 법적 성격은 인가라고 보아야 할 것이다(대판 1995. 5. 16. 95누4810).
>
> **[판례③]** 구 사립학교법 제20조 제1항, 제2항은 학교법인의 이사장·이사·감사 등의 임원은 이사회의 선임을 거쳐 관할청의 승인을 받아 취임하도록 규정하고 있는바, 관할청의 임원취임승인행위는 학교법인의 임원선임행위의 법률상 효력을 완성케 하는 보충적 법률행위이다(대판 2007. 12. 27. 2005두9651).

---

17) 주요문헌: 김중권, 행정법상 인가의 인정여부와 관련한 문제점에 관한 소고, 저스티스 통권 91호, 2006. 6; 김종보, 관리처분계획의 처분성과 그 공정력의 범위, 행정판례연구 제7집, 2002 등.

(2) 인가의 대상

법률적 행위만이 인가의 대상이 되며, 그 법률적 행위에는 공법상의 성질을 가지는 것(지방채기채
의 인가 등)과 사법상의 성질을 가지는 것(토지의 양)이 있다. 그 어느 경우에나 행정청의 인가는 법률적 행위가 완전한 효력을 발생하기 위한 요건인 점에 특색이 있다.

(3) 인가와 신청

인가는 기본이 되는 법률적 행위를 하려는 당사자의 신청(출원)이 있는 경우에만 행하여진다. 따라서 행정청은 인가신청에 대하여 소극적으로 인가를 할 것인지의 여부에 관하여만 결정할 수 있으며, 적극적으로 신청의 내용과 다른 내용의 인가(수정인가)를 행하지 못한다.

(4) 인가의 형식

인가도 일반적으로 서면으로 행해진다고 보아야 할 것이다.

(5) 인가의 효과

인가가 행해지면 비로소 제3자의 법률적 행위의 효과가 완성된다. 인가의 효과는 타인에게 이전되지 아니함이 원칙이다.

(6) 무인가행위의 효과

인가를 요하는 행위를 인가 없이 행한 때에는 원칙적으로 무효로 보아야 할 것이다.

(7) 인가와 기본행위

인가는 제3자의 법률적 행위의 효과를 완성시켜 주는 보충행위에 지나지 않으므로, 인가의 대상이 되는 제3자의 법률적 행위(기본행위)가 불성립 또는 무효인 경우에는 인가가 있더라도 유효로 되지 않으며, 인가의 대상이 된 행위에 취소원인이 있는 경우에는 인가가 있은 후에도 이를 취소할 수 있다고 보아야 할 것이다. 또한 유효한 기본행위를 대상으로 유효하게 성립된 인가라 할지라도 후에 그 기본행위가 취소되거나 실효하게 되면 인가는 그 존립의 바탕을 잃게 됨으로써 실효한다고 보아야 할 것이다.

따라서 기본행위 자체에 하자가 있어 그 효력에 다툼이 있는 경우에는 민사쟁송이나 항고소송으로 기본행위의 무효확인을 구하는 등의 방법으로 분쟁을 해결하여야 하고, 기본행위에 대한 보충행위로서 그 자체만으로는 아무런 효력도 없는 인가처분만의 취소나 무효확인을 구하는 것은 분쟁해결의 유효적절한 수단이라 할 수 없어 소의 이익이 없다. 다만 기본행위가 적법·유효하고 보충행위인 인가처분 자체에만 하자가 있다면 그 인가처분의 무효확인이나 취소를 주장할 수는 있을 것이다.

[**판례①**] 사립학교법 제20조 제2항에 의한 학교법인의 임원에 대한 감독청의 취임승인은 학교법인의 임원선임행위를 보충하여 그 법률상의 효력을 완성케 하는 보충적 행정행위로서 성질상 기본행위를 떠나 승인처분 그 자체만으로는 법률상 아무런 효력도 발생할 수 없으므로 기본행위인 학교법인의 임원선임행위가 불성립 또는 무효인 경우에는 비록 그에 대한 감독청의 취임승인이 있었다 하여도 이로써 무효인 그 선임행위가 유효한 것으로 될 수는 없다(대판 1987. 8. 18. 86누152. 동지 판례: 대판 1967. 2. 8. 66누8).

[**판례②**] 도시재개발법 제34조에 의한 행정청의 인가는 주택개량재개발조합의 관리처분계획에 대한 법률상의 효력을 완성시키는 보충행위로서 그 기본되는 관리처분계획에 하자가 있을 때에는 그에 대한 인가가 있었다 하여도 기본행위인 관리처분계획이 유효한 것으로 될 수 없으며, 다만 그 기본행위가 적법·유효하고 보충행위인 인가처분 자체에만 하자가 있다면 그 인가처분의 무효나 취소를 주장할 수 있다고 할 것이지만, 인가처분에 하자가 없다면 기본행위에 하자가 있다 하더라도 따로 그 기본행위의 하자를 다투는 것은 별론으로 하고 기본행위의 무효를 내세워 바로 그에 대한 행정청의 인가처분의 취소 또는 무효확인을 소구할 법률상의 이익이 있다고 할 수 없다(대판 2001. 12. 11. 2001두7541).

[**판례③**] 구 도시 및 주거환경정비법에 기초하여 주택재개발정비사업조합이 수립한 사업시행계획은 관할 행정청의 인가·고시가 이루어지면 이해관계인들에게 구속력이 발생하는 독립된 행정처분에 해당하고, 관할 행정청의 사업시행계획 인가처분은 사업시행계획의 법률상 효력을 완성시키는 보충행위에 해당한다. 따라서 기본행위인 사업시행계획에는 하자가 없는데 보충행위인 인가처분에 고유한 하자가 있다면 그 인가처분의 무효확인이나 취소를 구하여야 할 것이지만, 인가처분에는 고유한 하자가 없는데 사업시행계획에 하자가 있다면 사업시행계획의 무효확인이나 취소를 구하여야 할 것이지 사업시행계획의 무효를 주장하면서 곧바로 그에 대한 인가처분의 무효확인이나 취소를 구하여서는 아니 된다(대판 2021. 2. 10. 2020두48031).

[**판례④**] 민법 제45조와 제46조에서 말하는 재단법인의 정관변경 '허가'는 법률상의 표현이 허가로 되어 있기는 하나. 그 성질에 있어 법률행위의 효력을 보충해 주는 것이지 일반적 금지를 해제하는 것이 아니므로, 그 법적 성격은 인가라고 보아야한다. 인가는 기본행위인 재단법인의 정관변경에 대한 법률상의 효력을 완성시키는 보충행위로서, 그 기본이 되는 정관변경 결의에 하자가 있을 때에는 그에 대한

인가가 있었다 하여도 기본행위인 정관변경 결의가 유효한 것으로 될 수 없으므로 기본행위인 정관변경 결의가 적법 유효하고 보충행위인 인가처분 자체에만 하자가 있다면 그 인가처분의 무효나 취소를 주장할 수 있지만, 인가처분에 하자가 없다면 기본행위에 하자가 있다 하더라도 따로 그 기본행위의 하자를 다투는 것은 별론으로 하고 기본행위의 무효를 내세워 바로 그에 대한 행정청의 인가처분의 취소 또는 무효확인을 소구할 법률상의 이익이 없다(대판 1996. 5. 16, 95누4810).

한편, 「도시 및 주거환경정비법」에 따르면, 주택재건축·재개발 등의 정비사업을 시행하려면 토지소유자로 구성된 조합을 설립하고, 조합원의 분양신청을 받은 후 관리처분계획안을 마련하여 그에 대한 조합 총회결의와 토지 등 소유자의 공람절차를 거친 후 행정청의 인가·고시를 거쳐야 한다. 관리처분계획은 행정청의 인가·고시를 통해 비로소 구속적 행정행위로서의 효력이 발생하게 된다.[18]

그런데 행정처분인 관리처분계획에 이르기 위한 전제행위로서 조합 총회결의에 하자가 있는 경우 이를 다투는 방법에 대하여, 최근 대법원은 관리처분계획안에 대한 조합 총회결의는 관리처분계획이 인가·고시되기 전에는 조합 총회결의를 '당사자소송'으로 다툴 수 있지만, 관리처분계획이 인가·고시된 후에는 관리처분계획에 대한 '항고소송'으로 다투어야 하고, 그와 별도로 행정처분에 이르는 절차적 요건 중 하나에 불과한 총회결의 부분만 따로 떼어내어 효력 유무를 다투는 확인의 소를 제기하는 것은 특별한 사정이 없는 한 허용되지 않는다고 판시함으로써, 인가·고시 전후를 불문하고 '민사소송'으로 총회결의의 하자를 다툴 수 있다고 한 종전의 입장을 변경하였다.

[판례] ㉮ 관리처분계획은 재건축조합이 조합원의 분양신청 현황을 기초로 관리처분계획안을 마련하여 그에 대한 조합 총회결의와 토지 등 소유자의 공람절차를 거친 후 관할 행정청의 인가·고시를 통해 비로소 그 효력이 발생하게 되므로, 관리처분계획안에 대한 조합 총회결의는 관리처분계획이라는 행정처분에 이르는 절차적 요건 중 하나로, 그것이 위법하여 효력이 없다면 관리처분계획은 하자가 있는 것으로 된다. 따라서 행정주체인 재건축조합을 상대로 관리처분계획안에 대한 조합 총회결의

---

18) 대법원은 재건축조합이 행정주체의 지위에서 도시 및 주거환경정비법 제48조에 따라 수립하는 관리처분계획은 정비사업의 시행 결과 조성되는 대지 또는 건축물의 권리귀속에 관한 사항과 조합원의 비용분담에 관한 사항 등을 정함으로써 조합원의 재산상 권리·의무 등에 구체적이고 직접적인 영향을 미치게 되므로, 관리처분계획을 구속적 행정계획으로서 재건축조합이 행하는 독립된 행정처분으로 이해하고 있다(대판 2009. 9. 17, 2007다2428 참조).

의 효력 등을 다투는 소송은 행정처분에 이르는 절차적 요건의 존부나 효력유무에 관한 소송으로서 그 소송결과에 따라 행정처분의 위법 여부에 직접 영향을 미치는 공법상 법률관계에 관한 것이므로, 이는 행정소송법상의 당사자소송에 해당한다.

㉯ 그리고 이러한 소송은, 관리처분계획이 인가·고시되기 전이라면 위법한 총회결의에 대해 무효확인 판결을 받아 이를 관할 행정청에 자료로 제출하거나 재건축조합으로 하여금 새로이 적법한 관리처분계획안을 마련하여 다시 총회결의를 거치도록 함으로써 하자 있는 관리처분계획이 인가·고시되어 행정처분으로서 효력이 발생하는 단계에까지 나아가지 못하도록 저지할 수 있고, 또 총회결의에 대한 무효확인판결에도 불구하고 관리처분계획이 인가·고시되는 경우에도 관리처분계획의 효력을 다투는 항고소송에서 총회결의 무효확인소송의 판결과 증거들을 소송자료로 활용함으로써 신속하게 분쟁을 해결할 수 있으므로, 관리처분계획에 대한 인가·고시가 있기 전에는 허용할 필요가 있다. 그러나 나아가 관리처분계획에 대한 관할 행정청의 인가·고시까지 있게 되면 관리처분계획은 행정처분으로서 효력이 발생하게 되므로, 총회결의의 하자를 이유로 하여 행정처분의 효력을 다투는 항고소송의 방법으로 관리처분계획의 취소 또는 무효확인을 구하여야 하고, 그와 별도로 행정처분에 이르는 절차적 요건 중 하나에 불과한 총회결의 부분만을 따로 떼어내어 효력 유무를 다투는 확인의 소를 제기하는 것은 특별한 사정이 없는 한 허용되지 않는다고 보아야 한다(대판 2009. 9. 17., 2007다2428).

(8) 허가와의 구별

이상에서 살펴본 바에 의하여, 인가는 다음의 점에서 허가와 구별된다.

① 인가는 상대방의 법률적 행위를 보충하여 그 법률적 효과를 완성시켜 주는 행위로서 형성적 행위의 일종인 데 대하여, 허가는 상대방에게 자연적 자유를 회복시켜 주는 행위로서 명령적 행위의 일종이다.

② 인가는 법률적 행위만을 대상으로 하는 데 대하여, 허가의 대상에는 사실행위 및 법률적 행위가 포함된다.

③ 수정인가는 성질상 허용되지 않는 데 대하여, 허가의 경우에는 수정허가도 가능한 것으로 보고 있다.

④ 인가를 요하는 행위를 인가 없이 행한 때에는 원칙적으로 무효이지만 강제집행이나 처벌의 대상은 되지 않는 것이 보통인 데 대하여, 허가를 요하는 행위를 허가 없이 행한 때에는 강제집행 또는 처벌의 대상이 되기도 한다.

(9) 인가와 인허(허가 또는 특허+인가)

일반적으로 허가와 인가는 이질적인 것으로 설명되고 있다. 그럼에도 불구하고 근래에는 인가에는 허가의 효과가 당연히 포함된다거나 특허의 효과가 합쳐진 인가가 소개되기도 한다.[19]

> **[판례]** 개인택시운송사업면허의 양도양수에 대한 인가를 하였을 때에는 그 법률효과를 완성시키는 의미에서의 인가처분뿐만 아니라 양수인에 대해 양도인이 가지고 있던 면허와 동일한 내용의 면허를 부여하는 처분이 포함되어 있다(대판 1994. 8. 23.).

주택재건축정비사업에 대한 행정청의 조합설립인가의 법적 성격에 관하여, 구「주택건설촉진법」에서 규정한 바에 따른 재건축조합설립인가는 강학상의 '인가'로 보았으나,[20] 현행「도시 및 주거환경정비법」상의 조합설립 인가처분은 "단순히 사인들의 조합설립행위에 대한 보충행위로서의 성질을 갖는 것에 그치는 것이 아니라 법령상 요건을 갖출 경우 도시 및 주거환경정비법상 주택재건축사업을 시행할 수 있는 권한을 갖는 행정주체(공법인)로서의 지위를 부여하는 일종의 설권적 처분의 성격을 갖는다"고 판시하여, 강학상 '특허'로서의 성격에 중점이 있다고 보았다.[21]

참고로「도시 및 주거환경정비법」에 따른 주택재개발정비사업조합(재개발조합)의 인가처분에 대하여는 "단순히 사인들의 조합설립행위에 대한 보충행위로서의 성질을 갖는 것이 아니라 법령상 일정한 요건을 갖출 경우 행정주체(공

---

19) 양승두, 행정행위의 내용상 분류에 관한 고찰, 서원우교수화갑기념논문집, 1991, 367면 이하; 홍준형(총론), 223면; 藤田宙靖, 行政法 I, 183면 등 참조.
20) 구「주택건설촉진법」시행 당시 재건축조합은 주택사업을 시행하는 주택조합의 일종으로 민간사업자일 뿐, 행정주체의 지위를 갖지 않았다.
21) 조합설립인가를 강학상의 인가, 즉 보충행위로 보면, ① 조합을 상대로 조합설립결의의 무효확인을 구하는 민사소송이 조합설립의 효력을 다투는 주된 방법이 될 것이므로 조합설립결의와 관할 행정청의 인가 중 전자에 무게가 쏠리게 될 것이고, ② 무효확인을 구하는 소송이므로 원칙적으로 제소기간의 제한을 받지 않을 것이며, ③ 민사소송으로 판결의 효력 또한 소를 제기한 당사자들(원고와 조합) 사이에서만 미치게 되어, 소를 제기한 당사자가 승소하더라도 그 효력은 제한적일 수밖에 없는 반면, 조합설립인가를 특허, 즉 설권적 처분으로 보면, ① 조합설립의 효력을 다투는 주된 방법이 관할 행정청을 상대로 조합설립인가의 취소 또는 무효확인을 구하는 행정소송이 될 것이므로 조합설립결의와 관할 행정청의 인가 중 후자가 다툼의 중심이 될 것이고, ② 취소를 구하는 경우 제소기간의 제한을, 무효확인을 구하는 경우에는 하자가 중대하고 객관적으로 명백하여야 하는 제한을 받게 되며, ③ 처분을 취소하거나 무효로 확인하는 확정판결은 당사자인 행정청 기타 관계 행정청을 기속함은 물론, 제3자에게도 효력을 미치게 된다. 따라서 조합설립인가를 설권적 처분으로 보면, 과거보다 조합설립을 둘러싼 분쟁을 신속하고 정합성 있게 해결할 수 있게 되고, 조합의 지위가 장기간 불안한 상태에 놓이는 것도 방지할 수 있는 효과가 있다고 한다(서울행정법원 실무연구회, 행정소송의 이론과 실무, 2014, 549면 이하).

법인)의 지위를 부여하는 일종의 설권적 처분의 성격을 갖는다"고 하여, '인가'로서의 성격은 없고 '특허'의 성격만 있다고 하였다.[22)]

[판례①] 주택건설촉진법에서 규정한 바에 따른 관할시장 등의 재건축조합설립인가는 불량·노후한 주택의 소유자들이 재건축을 위하여 한 재건축조합설립행위를 보충하여 그 법률상 효력을 완성시키는 보충행위일 뿐이므로 그 기본되는 조합설립행위에 하자가 있을 때에는 그에 대한 인가가 있다 하더라도 기본행위인 조합설립이 유효한 것으로 될 수 없고, 따라서 그 기본행위는 적법유효하나 보충행위인 인가처분에만 하자가 있는 경우에는 그 인가처분의 취소나 무효확인을 구할 수 있을 것이지만 기본행위인 조합설립에 하자가 있는 경우에는 민사쟁송으로써 따로 그 기본행위의 취소 또는 무효확인 등을 구하는 것은 별론으로 하고 기본행위의 불성립 또는 무효를 내세워 바로 그에 대한 감독청의 인가처분의 취소 또는 무효확인을 소구할 법률상 이익이 있다고 할 수 없다(대판 2000. 9. 5, 99두1854. 동지판례: 대결 2002. 3. 11, 2002그120).

[판례②] 행정청이 도시 및 주거환경정비법 등 관련 법령에 근거하여 행하는 조합설립인가처분은 단순히 사인들의 조합설립행위에 대한 보충행위로서의 성질을 갖는 것에 그치는 것이 아니라 법령상 요건을 갖출 경우 도시 및 주거환경정비법상 주택재건축사업을 시행할 수 있는 권한을 갖는 행정주체(공법인)로서의 지위를 부여하는 일종의 설권적 처분의 성격을 갖는다고 보아야 한다. 그리고 그와 같이 보는 이상 조합설립결의는 조합설립인가처분이라는 행정처분을 하는 데 필요한 요건 중 하나에 불과한 것이어서, 조합설립결의에 하자가 있다면 그 하자를 이유로 직접 항고소송의 방법으로 조합설립인가처분의 취소 또는 무효확인을 구하여야 하고, 이와는 별도로 조합설립결의 부분만을 따로 떼어내어 그 효력 유무를 다투는 확인의 소를 제기하는 것은 원고의 권리 또는 법률상의 지위에 현존하는 불안·위험을 제거하는 데 가장 유효·적절한 수단이라 할 수 없어 특별한 사정이 없는 한 확인의 이익은 인정되지 아니한다(대판 2009. 9. 24. 2008다60568. 동지판례: 대판 2009. 10. 15, 2009다30427; 대판 2009. 10. 15, 2009다10638, 10645; 대판 2010. 2. 25, 2007다73598). [23)]

---

22) 「도시 및 주거환경정비법」상 정비사업의 하나인 주택재건축사업은 정비기반시설은 양호하나 노후·불량건축물이 밀집한 지역에서 주거환경을 개선하기 위하여 시행하는 사업이다. 주택재개발사업은 노후·불량건축물이 밀집한 지역에서 주거환경을 개선하기 위한 사업이라는 점에서 주택재건축사업과 같지만, 정비기반시설이 열악한 지역을 대상으로 한다는 점에서 차이가 있다. 이와 같은 차이로 인해 주택재개발사업의 경우 공공성이 주택재건축사업의 경우보다 강하다고 할 수 있고, 그에 따라 공적 개입의 정도도 더 강화된다. 또한 조합원의 자격에 있어서도 주택재개발사업에서는 정비구역 안의 토지 등 소유자 전원이 주택재개발조합의 조합원이 되고 이들은 조합설립에 동의하지 않더라도 조합원의 지위를 갖지만(강제가입제), 주택재건축사업에서는 토지 등의 소유자로서 주택재건축사업에 동의한 자만이 주택재건축조합의 조합원이 될 수 있다. 이와 같이 주택재개발사업과 주택재건축사업은 그 공공성·강제성의 정도에 있어서 차이가 있다.
23) 이 판례에서 이 사건 소는 「도시 및 주거환경정비법」상 주택재건축정비사업조합에 대한 행정청의 조합설립인가처분이 있은 후에 조합설립결의의 하자를 이유로 민사소송으로 그 결의의 무효 등 확인을 구하는 것으로 제기된 것인바, 그 소가 확인의 이익이 없는 부적법한 소에 해당한다고 볼 여지가 있으나,

[판례③]   재개발조합설립인가신청에 대한 행정청의 조합설립인가처분은 단순히 사인들의 조합설립행위에 대한 보충행위로서의 성질을 가지는 것이 아니라 법령상 일정한 요건을 갖추는 경우 행정주체(공법인)의 지위를 부여하는 일종의 설권적 처분의 성질을 가진다고 보아야 한다. 그러므로 도시 및 주거환경정비법상 재개발조합설립인가신청에 대하여 행정청의 조합설립인가처분이 있은 이후에는, 조합설립동의에 하자가 있음을 이유로 재개발조합 설립의 효력을 부정하려면 항고소송으로 조합설립인가처분의 효력을 다투어야 한다(대판 2010. 1. 28, 2009두4845. 동지판례: 대판 2009. 9. 24, 2009마168, 169; 대판 2010. 4. 8, 2009다27636).

한편, 대법원은 토지거래허가구역 내의 토지거래에 대한 허가의 법적 성질에 대하여 '인가'로 보고 있다.

[판례]   국토이용관리법 제21조의3 제1항 소정의 허가가 규제지역 내의 모든 국민에게 전반적으로 토지거래의 자유를 금지하고 일정한 요건을 갖춘 경우에만 금지를 해제하여 계약체결의 자유를 회복시켜 주는 성질의 것이라고 보는 것은 위 법의 입법취지를 넘어선 지나친 해석이라고 할 것이고, 규제지역 내에서도 토지거래의 자유가 인정되나 다만 위 허가를 허가 전의 유동적 무효 상태에 있는 법률행위의 효력을 완성시켜 주는 인가적 성질을 띤 것이라고 보는 것이 타당하다(대판 1991. 12. 24, 90다12243).

3. 대   리

대리(代理)란 제3자가 해야 할 일을 행정청이 대신하여 행함으로써 제3자가 행한 것과 같은 법적 효과를 일으키는 행정행위를 말한다. 국세의 강제징수를 위한 압류재산의 공매에 있어서 한국자산관리공사에 의한 공매의 대행(국세징수법 61조 5항), 당사자간의 협의가 이루어지지 않는 경우의 재정 등이 그에 해당하는 것으로 볼 수 있다. 이곳에서 말해지는 대리는 '행정행위로서의 공법상 대리'를 의미하기 때문에 행정조직 내부에서 행해지는 행정청의 대리(법정대리, 임의대리 등)와는 구별되어야 한다.

재건축조합에 관한 설립인가처분을 보충행위로 보았던 종래의 실무관행 등에 비추어 그 소의 실질이 조합설립인가처분의 효력을 다투는 취지라고 못 볼 바 아니고, 여기에 소의 상대방이 행정주체로서의 지위를 갖는 재건축조합이라는 점을 고려하면, 그 소가 공법상 법률행위에 관한 것으로서 행정소송의 일종인 당사자소송으로 제기된 것으로 봄이 상당하고, 그 소는 이송 후 관할법원의 허가를 얻어 조합설립인가처분에 대한 항고소송으로 변경될 수 있어 관할법원인 행정법원으로 이송함이 마땅하다고 판시하였다.

제2관 준법률행위적 행정행위[24]

1. 확   인

(1) 확인의 개념

확인(確認)이란 특정한 사실 또는 법률관계의 존부 또는 적부에 관해 의문이나 다툼이 있는 경우에 행정청이 이를 공적으로 확정하는 행위를 말한다. 도로·하천 등의 구역결정, 당선인의 결정, 교과서의 검정, 행정심판의 재결 등이 그 예이다.

(2) 확인의 성질

확인은 특정한 사실 또는 법률관계의 존부·적부 등에 관한 의문 또는 분쟁을 전제로 하는 판단작용이라는 점에서 법원의 판결과 유사한 점이 있다. 따라서 확인을 '준사법적 행위'라고 부르기도 한다.

(3) 확인의 형식

확인은 언제나 구체적인 처분(행정행위)의 형식으로 행해지며, 또한 일정한 형식이 요구되는 것이 보통이다.

(4) 확인의 효과

확인은 특정한 사실 또는 법률관계의 존재 여부 또는 정당성 여부를 공적으로 확정하는 효과를 발생시킨다. 따라서 확인행위에는 일반적으로 불가변력이 발생한다. 그 밖에는 개개 확인에 따라 법이 정한 바의 효과를 발생시킨다.

2. 공   증

(1) 공증의 개념

특정한 사실 또는 법률관계의 존재를 공적으로 증명하는 행위를 공증(公證)이라 한다. 각종의 등기·등록·증명서의 발급 등이 이에 해당한다. 통설의 설명에 따르면, 확인은 특정한 법률사실이나 법률관계에 관한 의문 또는 분쟁이

---

24) 준법률행위적 행정행위의 내용이 과연 행정행위의 내용(법률적 효과)에 의한 분류인가에 대해서도 의문이 제기되고 있다. 다만 여기에서는 통설적 설명에 따르기로 한다. 이와 관련하여 김중권, 이른바 '준법률행위적(준권리설정행위적) 행정행위'와의 결별에 관한 소고, 행정법기본연구 Ⅰ, 2008 참조.

있음을 전제로 하는 데 대하여, 공증은 의문이나 분쟁이 없는 것을 전제로 하는 점에서 양자가 구별된다고 한다. 그러나 확인이 일반적으로 공증($\frac{증명서}{등}$)의 형식으로 대외적으로 표시되므로, 그 확인과 공증의 구별은 확실치 않다고 봄이 타당시 된다. 오늘날 공증을 독자적인 행정행위로 보는 것에 대해 의문이 제기되고 있는 이유가 여기에 있다고 하겠다.

(2) 공증의 형식

공증은 특정한 사실 또는 법률관계의 존재를 공적으로 증명하는 것이기 때문에, 원칙적으로 문서에 의해야 할 뿐만 아니라 일정한 형식($\frac{등기}{등록 등}$)이 요구되는 것이 보통이다.

(3) 공증의 효과

공증의 공통된 효과는 공증된 사항에 대해 공적 증거력을 부여하는 점에 있다.

종래 대법원은 각종 공부 등재 및 변경행위의 처분성을 부인하였는데,[25] 헌법재판소는 지적공부의 등록사항 정정신청을 반려한 행위를 공권력의 행사인 거부처분이라 판시한 바 있으며, 최근 대법원 판결에서 지목변경신청을 반려한 행위에 대하여 항고소송의 대상이 되는 행정처분에 해당한다고 판시하여 종전의 의견을 변경하였다.

> **[판례①]** 피청구인의 반려행위는 지적관리업무를 담당하고 있는 행정청의 지위에서 청구인의 등록사항 정정신청을 확정적으로 거부하는 의사를 밝히는 것으로서 공권력의 행사인 거부처분이라 할 것이므로 헌법재판소법 제68조 제1항 소정의 공권력에 해당한다($\frac{헌재\ 1999.\ 6.\ 24.}{97헌마315}$).[26]
>
> **[판례②]** 지목은 토지에 대한 공법상의 규제, 개발부담금의 부과대상, 지방세의 과세대상, 공시지가의 산정, 손실보상가액의 산정 등 토지행정의 기초로서 공법상의 법률관계에 영향을 미치고, 토지소유자는 지목을 토대로 토지의 사용·수익·처분에 일정한 제한을 받게 되는 점 등을 고려하면, 지목은 토지소유권을 제대로 행

---

25) 대판 2002. 4. 26, 2000두7612:「지적공부에 기재된 일정한 사항을 변경하는 행위는 행정사무집행의 편의와 사실증명의 자료로 삼기 위한 것으로, 이로 인하여 당해 토지에 대한 실체상의 권리관계에 변동을 가져오는 것이 아니고, 토지 소유권의 범위가 지적공부의 기재만에 의하여 증명되는 것도 아니므로, 지적도의 경계를 현재의 도로경계선에 따라 정정해 달라는 지적정리 요청을 거부하는 내용의 회신은 항고소송의 대상이 되는 행정처분이라고 할 수 없다」.

26) 이 판례의 평석에 관하여는 김남진, 행정청의 지목변경신청거부와 권리구제, 판례월보, 1999. 11; 홍준형, 지적등록사항 정정신청반려행위의 처분성, 법제, 1999. 12, 3면 참조.

사하기 위한 전제요건으로서 토지소유자의 실체적 권리관계에 밀접하게 관련되어 있으므로 지적공부 소관청의 지목변경신청반려행위는 국민의 권리관계에 영향을 미치는 것으로서 항고소송의 대상이 되는 행정처분에 해당한다(대판 2004. 4. 22.).[27]

공증은 공적 증거력을 발생시키는 외에, 법령에 정해진 바에 따라 권리행사의 요건(예: 선거인명), 권리의 성립요건(예: 부동산등기) 또는 권리설정의 요건(예: 광업원부)이 되기도 한다.

3. 통   지

통지(通知)란 특정인 또는 불특정 다수인에 대해 특정한 사항을 알리는 행위를 말한다. 토지수용에 있어서의 사업인정의 고시, 대집행의 계고, 납세의 독촉 등이 그 예이다. 이미 성립한 행정행위의 효력발생요건으로서의 통지 또는 고지는 그 자체로서 독립한 행정행위가 아닌 점에서 여기서 말하는 통지와는 구별된다.

한편, 내용(효과)을 기준으로 할 때에는, 사업인정의 고시는 형성적 행위(특허)로 볼 수 있고, 대집행의 계고는 작위하명, 납세의 독촉은 급부하명의 성질과 효과를 가진다고 볼 수 있다.

> **[판례]** 토지수용법 제14조에 의한 토지수용을 위한 사업인정은 단순한 확인행위가 아니라 형성행위이고, 당해사업이 비록 토지를 사용할 수 있는 사업에 해당된다 하더라도 행정청으로서는 그 사업이 공용수용을 할 만한 공익성이 있는지의 여부를 모든 사정을 참작하여 구체적으로 판단하여야 하는 것이므로 사업인정의 여부는 행정청의 재량에 속한다 할 것이다(대판 1992. 11. 13.).

4. 수   리

수리(受理)란 타인의 행정청에 대한 행위를 유효한 행위로서 수령하는 행위를 말한다. 사직원의 수리가 그 예이다. 수리는 행정청이 타인의 행위를 유효한 것으로서 수령하는 인식의 표시행위인 점에서 단순한 문서의 도달이나 접수와 다르다. 이 점과 관련하여 특히 주의를 요하는 것이 "신고의 접수"이다.

신고는 형식적 요건을 갖추고 있는 한 신고서가 접수기관에 도달한 때에 그

---

27) 이 판례의 평석에 관하여는 김남진, 지목변경신청반려의 법적 성질, 법률신문, 2004. 8. 23 참조.

효력을 발생하므로($^{행정절차법}_{40조 참조}$), 행정청의 수리를 필요로 하지 않는 것이다. 그럼에도 불구하고, "신고의 수리"라는 용어가 일상적으로 사용되고 있는데, 그러한 경우의 수리는 "행정행위" 아닌 "사실행위"로서의 수리를 의미한다고 보아야 할 것이다.

> **[판례]** 의원(병원)의 개설신고를 받은 행정관청으로서는 별다른 심사·결정없이 그 신고를 당연히 수리하여야 한다($^{대판 1985. 4. 23, 84도2953. 동지}_{판례: 대판 1988. 8. 9, 86누889}$).

수리의 효과는 법령이 정한 바에 따라 다른데, 수리에 의해 사법상의 효과가 발생하기도 하며($^{예: 혼인신}_{고의 수리}$), 행정청에게 결정·재정 등을 행할 의무를 발생시키기도 한다($^{예: 이의신청; 행정}_{심판 청구 등의 수리}$). 한편, 공무원의 사표수리는 공무원관계의 소멸이라는 법적 효과를 발생하므로 "형성적 행위"로서의 성질을 갖는다고 보아야 할 것이다. 위의 사표수리에 있어서와 같이, 어떤 법적 효과를 발생시키는 수리만 행정행위(처분)로서의 성질을 가지는 것이며, 그 밖의 수리는 다만 사실행위의 성질을 가진다고 보아야 할 것이다.

제 5 절 행정행위의 부관

I. 개   설

1. 부관의 의의

(1) 부관의 정의

행정행위의 부관(Nebenbestimmung)이란 행정행위의 효과를 제한 또는 보충하기 위하여 행정기관에 의하여 주된 행위에 부가된 종된 규율(부대적 규율)을 말한다. 과거에는 행정행위의 부관을 「행정행위의 효과를 제한하기 위하여 주된 의사표시에 부과된 종된 의사표시」로 정의하는 입장이 유력하였다.

종래의 유력설이 "의사표시"라는 요소를 강조한 이유는 "의사표시"를 요소로 하지 않는 이른바 "준법률행위적 행정행위"에는 부관을 붙일 수 없음을 강조하기 위한 것이다. 그러나 그러한 주장이 의미가 없음은 뒤에서 보는 바와 같다.

(2) 유사개념과의 구별

① 행정행위의 부관은 행정청 스스로의 의사로 붙이는 것을 말하는 점에서 법령이 행정행위의 조건, 기한 등을 정하고 있는 경우인 법정부관(광업권의 존속기간에 관한 광업법 12조.)과 구별된다.

② 근래에는 부관과 "행정행위의 내용적 제한(예: 영업구 역의 설정)"을 구별하여야 한다는 주장이 대두되고 있으며, 그러한 전제하에 종래 부관의 일종으로서 열거되었던 '법률효과의 일부배제' 및 '수정부담'을 부관의 목록으로부터 제외하기도 하는데, 상세는 해당 부관에서 설명하기로 한다.

③ 법령상 또는 실무상으로는 부관을 '조건'으로 표시하는 경우가 오히려 많은 점에 유의할 필요가 있다.

(3) 이론과 현상의 다양화

부관에 관하여는, 오랫동안 앞에 소개한 종래의 유력설이 통설로서 지배하여 다른 주장은 거의 고려의 대상조차 되지 않은 듯이 보였다. 다행히 근년에는 국내외에 걸쳐 부관에 관한 연구[1]가 활발히 전개됨으로써, 종래의 통설과 이설의 위치가 뒤바뀐 감마저 주고 있다.

한편, 과거에는 부관이 행정청에 의해 일방적으로 붙여지는 것으로만 생각되며 설명되는 경향에 있었다. 그러나 실제로는, 규모가 큰 사업(지하도의 건설, 아 파트의 건축 등)에 있어서는 더욱이 행정청과 상대방(허가의 신 청자 등)과의 협의・협상(비공식 행정작용)을 통해, 혹은 정식의 계약을 통해 정해지는 예가 많이 있음을 간과해서는 안 될 것이다.[2]

> **[판례]** 수익적 행정처분에 있어서는 법령에 특별한 근거규정이 없다고 하더라도 그 부관으로서 부담을 붙일 수 있고, 그와 같은 부담은 행정청이 행정처분을 하면서 일방적으로 부가할 수도 있지만 부담을 부가하기 이전에 상대방과 협의하여 부

---

1) 주요문헌: 박종국, 행정행위의 부관론, 건국대학교 박사학위논문, 1987; 菊井康郎, 行政行爲의 負擔; 塩野宏, 附款에 關する一考察, 이상 公法의 課題(田中二郎先生追悼論文集) 所收, 1985; 이일세, 행정행위의 부관과 행정쟁송, 계희열교수화갑기념논문집, 1995; 김남진, 행정행위의 부관과 행정쟁송, 고시저널, 1996. 7; 김남진, 기한부 행정행위와 행정쟁송, 고시연구, 1996. 8; 정하중, 부관에 대한 행정소송, 고시계, 2001. 5; 김중권, 행정행위의 부관의 허용성에 관한 소고, 고시연구, 2006. 11; 박재윤, 행정행위의 부관에 관한 분쟁유형별 고찰, 행정법연구 제38호, 2014. 2; 이승민, '불확정 부관(개방형 부관)'에 대한 법적 검토, 행정법연구 제48호, 2017. 2; 박재윤, 행정기본법과 부관의 남용, 행정법연구 제63호, 2020. 11.
2) 참조: 김남진, 교섭・합의에 의한 부관의 효력, 법률신문, 1995. 11. 13; 김남진, 교섭에 의한 부관의 가능성과 한계, 법률신문, 1999. 6.

담의 내용을 협약의 형식으로 미리 정한 다음 행정처분을 하면서 이를 부가할 수
도 있다(대판 2009. 2. 12. 2005다65500).

2. 부관의 기능

행정행위의 부관은 행정청으로 하여금 구체적 사정에 적합한 행정을 할 수
있도록 유연성을 부여해 준다. 예컨대 허가의 신청인이 그 요건을 완전히 구비
하고 있지 않은 경우에 허가를 거부하지 않고 충족되지 않은 요건을 갖출 것을
부관으로 정하여 허가를 해 주는 것이 그 일례이다. 이러한 점에서 부관의 기능
을 행정행위의 "효과를 제한"하는 것으로만 파악하는 견해에 대하여는 의문을
제기하였던 것이다. 부관의 기능으로서는 오늘날 행정에 대한 신속성(절차적 경
제의 도모), 유연성·상황적합성의 부여, 공익 및 제3자 보호 등이 논해지고 있으며, 그의
역기능(남용)에 대해서도 유념할 필요가 있다.[3]

Ⅱ. 부관의 종류

1. 조   건

행정행위의 효과의 발생 또는 소멸을 장래의 불확실한 사실(사건)에 의존시
키는 부관을 조건(Bedingungen)이라고 한다. 이 중에서 행정행위의 효과의 발
생에 관한 조건을 '정지조건'이라 하며, 소멸에 관한 조건을 '해제조건'이라 한
다. 예를 들면, 도로의 완공을 조건으로 한 자동차운수사업의 면허는 전자에 해
당하며, 면허일로부터 3개월 내에 공사에 착수할 것을 조건으로 하는 공유수면
매립면허는 후자에 해당한다.

조건은 기한과 마찬가지로 행정행위의 구성요소를 이루는 것으로서, 행정행
위의 내용을 제한하는 것과 유사한 성질을 가진다. 또한 후술하는 부담과는 달
리, 조건에 대해서만 강제집행할 수는 없다.

---

3) 허가 등 행정작용을 현실에 적합하게, 융통성 있게 운용하기 위해서는 부관은 필수적인 것으로 보인다.
그럼에도 불구하고 그 부관이 행정의 상대방에게 필요 이상의 "규제"로 작용하는 경우가 있는가 하면,
부관을 붙이는 것이 필요하다고 판단하면서도 감사와 오해가 싫고 두려워 붙이지 못하는 경우가 많다
는 것이 행정실무자의 고충이라고 한다.

2. 기　한

행정행위의 효과의 발생·소멸 또는 계속을 시간적으로 정한 부관을 기한 (Befristung)이라고 한다. 혹은 기한을 「행정행위의 효과의 발생 또는 소멸을 장래 도래가 확실한 사실의 발생에 매이게 하는 부관」으로 정의하기도 한다.

행정행위의 효과의 발생에 관한 기한을 '시기'라 하고, 소멸에 관한 기한을 '종기'라 한다. 기한은 시기의 도래 또는 사건의 발생이 확실하다는 점에서 사건의 발생 자체가 불확실한 조건과 구별된다. 그러나 기한이 반드시 "월 일"식으로 날짜로 표시될 필요는 없으며, 따라서 "죽을 때" 등과 같이 도래시기가 확정되어 있지 않은 것도 기한의 일종이라 할 수 있는 바, 후자를 특히 '불확정기한'이라 한다.

기한에 관련하여 특히 문제가 되는 것은, '종기가 행정행위의 절대적 소멸원인이 되느냐' 하는 점이다. 이에 관하여는 ① 그 내용상 장기계속성이 예정되는 행정행위에 부당하게 짧은 기한이 붙여진 경우에는 그것은 행정행위의 효력의 존속기간이 아니라 그 내용의 갱신기간으로 보아야 한다는 견해와 ② 그 종기의 도래로 그 행정행위는 당연히 효력이 소멸된다는 견해가 나뉘어져 있는데, 전설이 타당시 된다.

[판례①]　행정행위인 허가 또는 특허에 붙인 조항으로서 종료의 기한을 정한 경우 종기인 기한에 관하여는 일률적으로 기한이 왔다고 하여 당연히 그 행정행위의 효력이 상실된다고 할 것이 아니고, 그 기한이 그 허가 또는 특허된 사업의 성질상 부당하게 짧은 기한을 정한 경우에 있어서는 그 기한은 그 허가 또는 특허의 조건의 존속기간을 정한 것이며, 그 기한이 도래함으로써 그 조건의 개정을 고려한다는 뜻으로 해석하여야 한다(대판 1995. 11. 10. 94누11866).

[판례②]　일반적으로 행정처분에 효력기간이 정하여져 있는 경우에는 그 기간의 경과로 그 행정처분의 효력은 상실되고, 다만 허가에 붙은 기한이 그 허가된 사업의 성질상 부당하게 짧은 경우에는 이를 그 허가 자체의 존속기간이 아니라 그 허가조건의 존속기간으로 보아 그 기한이 도래함으로써 그 조건의 개정을 고려한다는 뜻으로 해석할 수는 있지만, 그와 같은 경우라 하더라도 그 허가기간이 연장되기 위하여는 특별한 사정이 없는 한, 그 종기가 도래하기 전에 그 허가기간의 연장에 관한 신청이 있어야 하며, 만일 그러한 연장신청이 없는 상태에서 허가기간이 만료하였다면 그 허가의 효력은 상실된다고 보아야 한다(대판 2007. 10. 11. 2005두12404).

[판례③]　일반적으로 행정처분에 효력기간이 정하여져 있는 경우에는 그 기간의

경과로 그 행정처분의 효력은 상실되며, 다만 허가에 붙은 기한이 그 허가된 사업의 성질상 부당하게 짧은 경우에는 이를 그 허가 자체의 존속기간이 아니라 그 허가조건의 존속기간으로 보아 그 기한이 도래함으로써 그 조건의 개정을 고려한다는 뜻으로 해석할 수 있지만, 이와 같이 당초에 붙은 기한을 허가 자체의 존속기간이 아니라 허가조건의 존속기간으로 보더라도 그 후 당초의 기한이 상당 기간 연장되어 연장된 기간을 포함한 존속기간 전체를 기준으로 볼 경우 더 이상 허가된 사업의 성질상 부당하게 짧은 경우에 해당하지 않게 된 때에는 관계 법령의 규정에 따라 허가 여부의 재량권을 가진 행정청으로서는 그 때에도 허가조건의 개정만을 고려하여야 하는 것은 아니고 재량권의 행사로서 더 이상의 기간연장을 불허가할 수도 있는 것이며, 이로써 허가의 효력은 상실된다(대판 2004. 3. 25, 2003두12837).

그러나 일반적으로는 종기의 도래에 의하여 행정행위의 효력은 일단 소멸되며, 따라서 예컨대 재허가 등을 하는 경우에는 법이 정한 소정의 허가요건을 충족하고 있는가를 새로이 판단하여야 할 것이다.

[판례] 종전의 허가가 기한의 도래로 실효한 이상, 원고가 종전 허가의 유효기간이 지나서 신청한 이 사건 기간연장신청은 그에 대한 종전의 허가처분을 전제로 하여 단순히 그 유효기간을 연장하여 주는 행정처분을 구하는 것이라기보다는 종전의 허가처분과 별도의 새로운 허가를 내용으로 하는 행정처분을 구하는 것이라고 보아야 할 것이어서, 이러한 경우 허가권자는 이를 새로운 허가신청으로 보아 법의 관계규정에 의하여 그 허가 요건의 적합여부를 새로이 판단하여 그 허가 여부를 결정하여야 할 것이다(대판 1995. 11. 10, 94누11866).

3. 부   담

부담(Auflage)이란 행정행위의 주된 내용에 부가하여 그 행정행위의 상대방에게 작위·부작위·급부 등의 의무를 부과하는 부관을 말하며, 주로 허가·특허 등과 같은 수익적 행정행위에 붙여진다. 영업허가를 행하면서 일정한 시설의무를 과하는 것 등이 그 예이다. 부담은 본체인 행정행위에 부수해서 상대방에게 일정한 의무를 과할 뿐이며, 행정행위의 효과를 제한하는 요소를 가지고 있지 않다. 이러한 점에서 부관의 기능을 행정행위의 "효과의 제한"에서 찾는 견해는 부담의 부관성에 의문을 제기하기도 한다.

그러나 앞에서 살펴본 바와 같이, 부관의 기능은 행정행위의 효과를 보충·보조함으로써 그 적절한 실현을 돕는 데 있다. 따라서 부담이야말로 부관으로서의 기능을 훌륭히 수행한다고 하겠으며, 실제로 가장 많이 활용되고 있다(후술하는 부담유보, 수정 부담 등 참조).

상대방이 부담을 통해서 부과된 의무를 이행하지 않을 때에는 강제집행 또는 제재의 대상이 되며, 부담부 행정행위의 철회원인을 구성할 수 있다. 다만 이 때의 철회는 상대방에 대한 가장 무거운 제재로서의 성격을 가지기 때문에 그 철회는 항상 자유로운 것이 아니며, 행정행위의 철회에 관한 일반원칙(특히 과잉금지원칙)에 의한 제약을 받는다고 하는 점에 유의할 필요가 있다.

부담은 조건과 혼동하기 쉽다. 그러나 ① 정지조건부 행정행위는 일정한 사실의 성취가 있어야 비로소 효력이 발생하게 되는 데 대하여, 부담부 행정행위는 처음부터 효력을 발생하는 점, ② 해제조건부 행정행위는 조건이 되는 사실의 성취에 의하여 당연히 효력이 소멸되는 데 대하여, 부담부 행정행위는 부담을 이행하지 않더라도 당연히 그 효력이 소멸되지 않는 점, ③ 부담은 독립하여 강제집행의 대상이 되는 데 대하여, 조건은 그렇지 않은 점 등에 있어서 양자는 구별된다. 아울러 양자의 구분이 명확하지 않을 때에는 원칙적으로 부담으로 추정함이 타당시 된다. 그 이유는, 조건에 비하여 부담이 상대방의 이익 및 법률생활의 안정 등의 점에서 유리하다고 보기 때문이다.

4. 철회권의 유보

행정청이 일정한 경우에 행정행위를 철회하여 그의 효력을 소멸시킬 수 있음을 정한 부관이 철회권의 유보(Widerrufsvorbehalt)이다. 철회권의 유보는 행정행위의 효력소멸의 원인이 되는 점에서 해제조건과 유사한 면이 있으나, 철회권의 유보의 경우에는 유보된 사실이 발생하더라도 행정행위의 효력을 소멸시키는 행정청의 의사표시(철회)가 있어야 그 효력이 소멸하는 데 대하여, 해제조건의 경우에는 조건사실이 발생하면 자동으로 행정행위의 효력이 소멸하는 점에 차이가 있다. 철회권의 유보에 의해 유보된 사실(상대방의 의 무위반 등)이 발생하더라도 철회권의 행사가 항상 자유로운 것은 아니며, 이 경우에도 철회의 일반원칙에 따라야 한다.

[판례] 이른바 수익적 행정행위를 철회하는 경우에는 이미 상대방에게 부여된 기득권을 침해하는 것이 되므로, 비록 행정행위의 부관으로 철회권이 유보되어 있는 등 철회의 사유가 있다고 하더라도 그 철회권의 행사는 상대방의 기득권과 행정행

위에 대한 신뢰 및 법률생활의 안정성 침해를 정당화할 만한 중대한 공익상의 필요 또는 제3자의 이익을 보호할 필요가 있는 때에 한하여 허용된다 할 것이고, 그와 같은 공익상의 필요 등이 인정되지 않는다면 철회권의 행사는 재량권의 한계를 일탈한 것으로서 위법하다(대판 2006. 11. 9. 2006두10498).

철회권 유보의 부관이 실행되더라도 그 효과는 소급하지 않고 장래를 향하여 발생한다(철회의 일반원칙).

[판례] 행정행위의 취소는 일단 유효하게 성립한 행정행위를 그 행위에 위법 또는 부당한 하자가 있음을 이유로 소급하여 그 효력을 소멸시키는 별도의 행정처분이고, 행정행위의 철회는 적법요건을 구비하여 완전히 효력을 발하고 있는 행정행위를 사후적으로 그 행위의 효력의 전부 또는 일부를 장래에 향해 소멸시키는 행정처분이다. 그러므로 행정행위의 취소사유는 행정행위의 성립 당시에 존재하였던 하자를 말하고, 철회사유는 행정행위가 성립된 이후에 새로이 발생한 것으로서 행정행위의 효력을 존속시킬 수 없는 사유를 말한다.
　이 사건 기본재산전환인가의 인가조건으로 되어 있는 사유들은 모두 위 인가처분의 효력이 발생하여 기본재산 처분행위가 유효하게 이루어진 이후에 비로소 이행할 수 있는 것들이고, 인가처분 당시에 그 처분에 그와 같은 흠이 존재하였던 것은 아니므로, 위 법리에 의하면, 위 사유들은 모두 인가처분의 철회사유에 해당한다고 보아야 하고, 인가처분을 함에 있어 위와 같은 철회사유를 인가조건으로 부가하면서 비록 철회권 유보라고 명시하지 아니한 채 조건불이행시 인가를 취소할 수 있다는 기재를 하였다 하더라도 위 인가조건의 전체적 의미는 인가처분에 대한 철회권을 유보한 것이라고 봄이 상당하다.
　그럼에도 불구하고, 원심이 이와 다른 견해에서 부산광역시장의 위 처분이 기본재산전환인가의 취소에 해당한다는 이유로 위 인가처분이 소급하여 무효가 되었다고 판단한 것은 기본재산전환인가의 인가조건의 성격에 관한 법리를 오해함으로써 판결에 영향을 미친 위법을 범한 것이라 할 것이다(대판 2003. 5. 30. 2003다6422).

한편, 철회권이 유보되었다고 하여 행정행위의 철회가 자유로운 것이 아니라는 점을 들어, "철회권의 유보"의 실용성에 대해 의문이 제기되기도 한다. 그러나 상대방이 신뢰보호원칙을 원용하는 데 있어 제한을 받는 등 실용성이 전혀 없는 것은 아니다.

5. 법률효과의 일부배제

법률이 행정행위에 부여하는 효과의 일부를 배제하는 내용의 부관을 법률효과의 일부배제(Ausschluß von gesetzlichen Rechtswirkung)라고 한다. 택시의 영업허가를 부여하면서 격일제운행을 부관으로 정하는 것 등이 그 예이다.

대법원은 공유수면매립법상 소유권의 일부제한의 부관, 기선선망어업의 허가를 하면서 운반선, 등선 등 부속선을 사용할 수 없도록 제한한 부관 등을 법률효과의 일부배제의 예로 보고 있다.

그러나 법률효과의 일부배제는, 법률이 같은 종류의 행정행위에 일반적으로 부여하게 되어 있는 효과의 일부를 배제하는 것이므로, 법률의 근거가 있는 경우에 한하여 붙일 수 있다고 보지 않으면 안 된다.

> **[판례①]** 지방국토관리청장이 일부 공유수면매립지에 대하여 한 국가 또는 직할시 귀속처분은 매립준공인가를 함에 있어서 매립의 면허를 받은 자의 매립지에 대한 소유권취득을 규정한 공유수면매립법 제14조의 효과 일부를 배제하는 부관을 붙인 것이다(대판 1993. 10. 8, 93누2032).
>
> **[판례②]** 수산업법 시행령 제14조의4 제3항의 규정내용은 기선선망어업에는 그 어선규모의 대소를 가리지 않고 등선과 운반선을 갖출 수 있고, 또 갖추어야 하는 것이라고 해석되므로 기선선망어업의 허가를 하면서 운반선, 등선 등 부속선을 사용할 수 없도록 제한한 부관은 그 어업허가의 목적달성을 사실상 어렵게 하여 그 본질적 효력을 해하는 것일 뿐만 아니라 위 시행령의 규정에도 어긋나는 것이다(대판 1990. 4. 27, 89누6808).

6. 행정행위의 사후변경의 유보·부담유보

행정행위의 사후변경의 유보(Vorbehalt einer nachträglichen Änderung des Verwaltungsakts)란 행정청이 행정행위를 발하면서 사후에 부관을 부가할 수 있는, 또는 이미 부가된 부관의 내용을 변경할 수 있는 권한을 유보하는 내용의 부관을 의미한다. 그의 가능성이 이론적으로 논의되어 오던 중 독일 행정절차법(36조 2항 5호)에 부담유보, 즉 부담의 사후부가·변경 또는 보충의 유보(Vorbehalt der nachträglichen Aufnahme, Änderung oder Ergänzung einer Auflage)라는 내용으로 성문화되기에 이르렀다. 참고로 「행정기본법」에서는 부관의 종류로 종래의 이론·판례에 따라 확립된 조건, 기한, 부담, 철회권의 유보를 명시하고, '등'을 추가함으로써 그 밖의 부관의 형태에 대하여는 그 가능성을 열어두고 있다

($^{17조}_{1항}$). 한편, 제17조 3항에서 처분을 한 후에도 부관을 새로 붙이거나 종전의 부관을 변경할 수 있음을 규정하고 있다. 오늘날은 사회·경제적 변화 및 기술적 발전이 너무나 빠르고 예측하기가 어려워 그와 같은 내용의 새로운 부관이 급변하는 행정환경에 합리적으로 적응할 수 있는 수단을 제공하게 될 것이다.

> **[판례]** 행정처분에 이미 부담이 부가되어 있는 상태에서 그 의무의 범위 또는 내용 등을 변경하는 부관의 사후변경은, 법률에 명문의 규정이 있거나 그 변경이 미리 유보되어 있는 경우 또는 상대방의 동의가 있는 경우에 한하여 허용되는 것이 원칙이 지만, 사정변경으로 인하여 당초에 부담을 부가한 목적을 달성할 수 없게 된 경우에 도 그 목적달성에 필요한 범위 내에서 예외적으로 허용된다($^{대판\ 2007.\ 9.\ 21,\ 2006두7973.\ 동지}_{판례:\ 대판\ 1997.\ 5.\ 30,\ 97누2627}$).

7. 수정부담

수정부담(modifizierende Auflage)이란 행정행위($^{허가\ 등수}_{의적\ 행위}$)에 부가하여 새로운 의무를 부과하는 것이 아니라, 상대방이 신청한 것과는 다르게 행정행위의 내용을 정하는 것을 말한다. 예를 들면, 甲이 행정청에 대해 A국으로부터의 쇠고기 수입허가를 신청하였던바, 행정청이 甲에 대해 B국으로부터의 쇠고기 수입부담부의 허가를 부여하는 것과 같은 경우를 말한다. 이러한 수정부담은 상대방이 수정된 내용을 받아들임으로써 완전한 효력을 발생한다고 보아야 할 것이다. 그리고 이른바 수정부담은 보통의 부담이 "Ja, aber"의 내용을 가지는 것과는 달리, "Nein, aber"의 성격을 가지는 점에 그 특색이 있다고 할 수 있다. 수정부담으로 인하여 권리를 침해당한 자의 구제수단으로서 취소쟁송은 적합하지 않으며, 의무이행쟁송이 실효적인 구제수단이 될 것이다.

수정부담은 당초 독일에서 판례를 통해 발전된 것으로서, 그의 부관성 여부가 다투어졌는데, "새로운 행정행위($^{수정된}_{허가}$)설"이 점차 유력시되고 있다. 한편, 일본에서는 집단시위행렬의 허가신청에 대하여, 행정청이 신청된 것과는 다른 진로를 지정하여 처분하는 것이 수정부담의 사례로서 거론되고 있다.

Ⅲ. 부관의 가능성과 한계(허용성)

기본사례

甲의 상가건물 건축허가신청에 대해 구청장 乙은 건축물부지의 일부를 도로로 지정하고 그 지정된 도로의 기부채납을 요구하는 부관을 붙여서 건축허가를 하였다. 위 부관은 적법한가?

1. 부관의 가능성

(1) 명문규정이 있는 경우

우리나라에는 독일의 행정절차법($^{36}_조$)에 있어서와 같은 행정행위의 부관에 관한 통칙적 규정이 없었으나, 「행정기본법」에서 부관의 부가 가능성과 한계에 대한 규정을 두었다. 즉, 부관은 처분에 재량이 있는 경우에 붙일 수 있으며, 처분에 재량이 없는 경우에는 법률에 근거가 있는 경우에 붙일 수 있다고 규정하였다($^{17}_조$).

개별법에서 부관의 근거에 대하여 규정을 두고 있는 경우가 많은데(식품위생법 37조 2항, 공유수면 관리 및 매립에 관한 법률 29조 등), 이 경우 당해 규정에 의거하여 부관을 붙일 수 있는 것은 당연하다(다만, 부관의 한계 참조).

(2) 재량행위와 부관

개별법에 명문의 근거가 없더라도, 처분에 재량이 있는 경우에는 근거 법령의 취지에 벗어나지 않는 범위 내에서 부관을 붙일 수 있다. 상대방에게 권리나 이익을 부여하는 효과를 수반하는 수익적 행정행위로서 행정행위의 성질이 재량행위에 해당하는 때에는 관계 법령에 명시적인 금지규정이 없는 한 행정목적을 달성하기 위하여 부관을 붙일 수 있다. 한편, 침익적 행정행위의 경우에도 조건, 기한 등의 부관을 부가할 가능성(예컨대, 출국명령시 출국기한, 공사중지명령의 해제조건 등)이 존재하는바, 재량이 있는 경우에는 부관을 부가할 수 있다.

[판례①] 재량행위에는 법령상 근거가 없더라도 그 내용이 적법하고 이행가능하며 비례의 원칙 및 평등의 원칙에 적합하고 행정처분의 본질적 효력을 해하지 아니하는 한도 내에서 부관을 붙일 수 있다. 일반적으로 보조금 교부결정에 관해서는

행정청에게 광범위한 재량이 부여되어 있고, 행정청은 보조금 교부결정을 할 때 법령과 예산에서 정하는 보조금의 교부 목적을 달성하는 데에 필요한 조건을 붙일 수 있다(대판 2021. 2. 4, 2020두48772).

[판례②] 수익적 행정행위에 있어서는 법령에 특별한 근거규정이 없다고 하더라도 그 부관으로서 부담을 붙일 수 있으나, 그러한 부담은 비례의 원칙, 부당결부금지의 원칙에 위반되지 않아야만 적법하다(대판 1997. 3. 11, 96다49650).

[판례③] 수익적 행정처분에 있어서는 법령에 특별한 근거규정이 없다고 하더라도 그 부관으로서 부담을 붙일 수 있고, 그와 같은 부담은 행정청이 행정처분을 하면서 일방적으로 부가할 수도 있지만 부담을 부가하기 이전에 상대방과 협의하여 부담의 내용을 협약의 형식으로 미리 정한 다음 행정처분을 하면서 이를 부가할 수도 있다(대판 2009. 2. 12, 2005다65500).[4]

[판례④] 하천부지 점용허가 여부는 관리청의 재량에 속하고 재량행위에 있어서는 법령상의 근거가 없어도 부관을 붙일 것인가의 여부는 당해 행정청의 재량에 속하며, 또한 구 하천법 제33조 단서가 하천의 점용허가에는 하천의 오염으로 인한 공해 기타 보건위생상 위해를 방지함에 필요한 부관을 붙이도록 규정하고 있으므로, 하천부지 점용허가의 성질의 면으로 보나 법 규정으로 보나 부관을 붙일 수 있음은 명백하다(대판 2008. 7. 24, 2007두25930, 25947, 25954).

(3) 준법률행위적 행정행위와 부관

이른바 준법률행위적 행정행위(확인·공증·통지·수리)에도 부관을 붙일 수 있는가? 과거는 물론, 현재에도 그것을 부정하는 입장이 없지 않다.[5] 부관은 행정청의 주된 '의사표시'의 효과를 제한하기 위해 붙이는 것이므로 의사표시를 요소로 하지 않는 준법률행위적 행정행위에는 붙일 수 없다는 것이 그 이유이다. 그러나 그러한 주장에 대해서는 다음과 같이 의문을 제기할 수 있다.

첫째, 법률행위적 행정행위에도 부관을 붙이기가 적당치 않은 것이 있는가 하면, 이른바 준법률행위적 행정행위에도 부관을 붙일 수 있는 것이 있다는 점이다. 즉, 귀화허가는 부관과 친숙하지 않은 반면에, 확인·공증에는 기한(특히 종기)같은 것이 붙여지는 경우가 많이 있다. 여권에 붙여진 유효기간, 각종 허가 신청의 조건부(부담부)수리 등을 예로 들 수 있다.

둘째, 행정행위를 사법상의 법률행위에 준하여 법률행위적 행정행위와 준법

---

4) 이 판례에 대한 평석으로는 김남진, 대법원의 애매한 행정행위의 부관론, 법률신문 제3848호, 2010. 6. 14.
5) 김동희·최계영(Ⅰ), 314면.

률행위적 행정행위로 나누는 것 자체에 문제가 있다.[6]

(4) 기속행위와 부관

과거에는 재량행위에만 부관을 붙일 수 있고 기속행위(또는 기속재량행위)에는 붙이지 못한다고 하는 주장이 유력하였다. 이는 기속행위의 경우 행정청은 법규에 엄격히 기속되어 그것을 기계적으로 집행하는데 그치므로 행정청이 법규가 정한 효과를 임의로 제한할 수 없는 반면, 재량행위의 경우에는 행정청의 재량에 의하여 법적 근거 없이도 행정행위와 함께 그 내용을 제한하거나 보충하는 부관을 붙일 수 있다는 점을 근거로 한다.

[판례①] 일반적으로 기속행위나 기속적 재량행위에는 부관을 붙일 수 없고 가사 부관을 붙였다 하더라도 무효이다. 건축허가를 하면서 일정 토지를 기부채납하도록 하는 내용의 허가조건은 부관을 붙일 수 없는 기속행위 내지 기속적 재량행위인 건축허가에 붙인 부담이거나 또는 법령상 아무런 근거가 없는 부관이어서 무효이 다(대판 1995. 6. 13. 94다56883. 동지판례: 대판 1988. 4. 27. 87누 1106; 대판 1990. 10. 10. 89누4673; 대판 1993. 7. 27. 92누13998).[7]

[판례②] 개발제한구역 내에서는 구역지정의 목적상 건축물의 건축 및 공작물의 설치 등 개발행위가 원칙적으로 금지되고, 다만 구체적인 경우에 이러한 구역지정의 목적에 위배되지 아니할 경우 예외적으로 허가에 의하여 그러한 행위를 할 수 있게 되어 있음이 그 규정의 체계와 문언상 분명하고, 이러한 예외적인 개발행위의 허가는 상대방에게 수익적인 것이 틀림이 없으므로 그 법률적 성질은 재량행위 내지 자유재량행위에 속하는 것이고, 이러한 재량행위에 있어서는 관계 법령에 명시적인 금지규정이 없는 한 행정목적을 달성하기 위하여 조건이나 기한, 부담 등의 부관을 붙일 수 있고, 그 부관의 내용이 이행 가능하고 비례의 원칙 및 평등의 원칙에 적합하며 행정처분의 본질적 효력을 저해하지 아니하는 이상 위법하다고 할 수 없다(대판 2004. 3. 25. 2003두12837. 동지 판례: 대판 2007. 7. 12. 2007두6663).[8]

생각건대, 종래의 통설과 판례가 기속행위(또는 기속재량행위)에는 절대로 부관을 붙일 수 없다고 하는 것은 행정행위의 효과를 제한하는 것만이 부관의 기능인 것으로 오해하고 있는 데서 비롯된 것으로 보인다. 그러나 전술한 바와

---

6) 이에 관한 상세는 김남진, 기본문제, 195면 이하 참조.

7) 이러한 판례와 관련하여 비록 그 부관에 하자가 있다고 하더라도 그 하자가 중대·명백하여 무효로 볼 것인가에 대해서는 생각해 볼 필요가 있다. 이와 관련하여 김남진, 기본문제, 983면; 김남진, 법률신문, 1994. 2. 7; 김남진, 교섭·합의에 의한 부관의 효력, 법률신문, 1995. 11. 13 등 참조.

8) 이러한 판례의 태도에 대한 비판적 평석으로는 김남진, 대법원의 애매한 행정행위의 부관론, 법률신문 제3848호, 2010. 6. 14. 참조.

같이 행정행위의 효과실현을 보충·보조하는 것이야말로 부관의 본래적 기능임을 이해할 필요가 있다. 부관의 기능을 이와 같이 이해할 때, 재량행위라고 해서 무조건 붙이고 기속행위라 하여 절대로 못 붙이는 것은 아니며, 기속행위에 대해서도 장래에 있어서의 법률요건의 충족을 확보할 필요가 있다고 판단되는 때 등에는 부관을 붙일 수 있다고 보는 것이 타당하다.[9]

「행정기본법」은 처분에 재량이 있는 경우(재량행위)에 행정청은 부관을 붙일 수 있고, 처분에 재량이 없는 경우(기속행위)에는 법률에 근거가 있는 경우에 부관을 붙일 수 있다고 규정하였다($^{17조\,1항}_{및\,2항}$). 법안 제정 논의 과정에서는 이른바 '요건충족적 부관'의 경우, 법령의 근거가 없어도 부가할 수 있도록 명시하기로 의견이 모아졌으나, 행정청의 부패가능성과 인허가 요건을 갖추지 못한 인허가 민원인의 악용 가능성 등을 고려하여 이번 법안에서는 제외하기로 하였다.

2. 부관의 한계(자유성)

(1) 부관은 법령에 위배되지 않는 한도에서 붙일 수 있다. 즉, 여기에도 법률 우위의 원칙이 지배하며, 법률유보의 원칙이 적용되는 경우($^{예:\,법률효과의\,일}_{부배제의\,경우\,등}$)도 있을 수 있다.

> **[판례①]** 부관의 내용은 적법하여야 하고 그 이행이 가능하여야 한다($^{대판\,1985.\,2.\,6.}_{83누625}$).
> **[판례②]** 행정청이 수익적 행정처분을 하면서 부가한 부담의 위법 여부는 처분 당시 법령을 기준으로 판단하여야 하고, 부담이 처분 당시 법령을 기준으로 적법하다면 처분 후 부담의 전제가 된 주된 행정처분의 근거 법령이 개정됨으로써 행정청이 더 이상 부관을 붙일 수 없게 되었다 하더라도 곧바로 위법하게 되거나 그 효력이 소멸하게 되는 것은 아니다. 따라서 행정처분의 상대방이 수익적 행정처분을 얻기 위하여 행정청과 사이에 행정처분에 부가할 부담에 관한 협약을 체결하고 행정청이 수익적 행정처분을 하면서 협약상의 의무를 부담으로 부가하였으나 부담의 전제가 된 주된 행정처분의 근거 법령이 개정됨으로써 행정청이 더 이상 부관을 붙일 수 없게 된 경우에도 곧바로 협약의 효력이 소멸하는 것은 아니다($^{대판\,2009.\,2.\,12.}_{2005다65500}$).

(2) 부관은 본체인 행정행위의 목적에 위배하여 붙일 수 없다.

---

9) 동지: 강구철(Ⅰ), 364면; 박종국(총론), 378면; 이명구, 기속행위와 부관, 고시연구, 1985. 5; 류지태·박종수(신론), 283면 이하 등.

> **[판례]** 수산업법 제15조에 의하여 어업의 면허 또는 허가에 붙이는 부관은 그 성
> 질상 허가된 어업의 본질적 효력을 해하지 않는 한도의 것이어야 한다. 기선선망어
> 업의 허가를 하면서 운반선, 등선 등 부속선을 사용할 수 없도록 제한한 부관은 그
> 어업허가의 목적달성을 사실상 어렵게 하여 그 본질적 효력을 해하는 것으로 위법
> 한 것이다(대판 1990. 4. 27.).
> 89누6808

(3) 부관은 평등의 원칙, 비례의 원칙, 행정권한의 부당결부금지원칙 등 행정
법의 일반원칙에 위배하여 붙일 수 없다.

> **[판례①]** 재량행위에 있어서는 법령상의 근거가 없다고 하더라도 부관을 붙일 수
> 있는데, 그 부관의 내용은 적법하고 이행가능하여야 하며 비례의 원칙 및 평등의
> 원칙에 적합하고 행정처분의 본질적 효력을 해하지 아니하는 한도의 것이어야 한
> 다(대판 1997. 3. 14.).
> 96누16698
> **[판례②]** 수익적 행정행위에 있어서는 법령에 특별한 근거규정이 없다고 하더라
> 도 그 부관으로서 부담을 붙일 수 있으나, 그러한 부담은 비례의 원칙, 부당결부금
> 지의 원칙에 위반되지 않아야만 적법하다고 할 것이다. 소외 인천시장은 원고에게
> 주택사업계획승인을 하게 됨을 기화로 그 주택사업과는 아무런 관련이 없는 토지
> 인 위 2,791㎢를 기부채납하도록 하는 부관을 위 주택사업계획승인에 붙인 사실이
> 인정되므로, 위 부관은 부당결부금지의 원칙에 위반되어 위법하다고 할 것이다
> (대판 1997. 3. 11.).
> 96다49650
> **[판례③]** 구 도시계획법 제47조 제2항에 의하면, 행정청은 개발행위허가를 함에
> 있어서 필요하다고 인정되는 경우에는 대통령령이 정하는 바에 따라 '당해 개발행
> 위에 따른' 공공시설의 설치·위해방지·환경오염방지·조경 등의 조치를 할 것을
> 조건으로 개발행위허가를 할 수 있다고 규정하고 있으므로, 행정청이 도시계획시설
> (도로)로 예정된 토지의 기부채납을 당사자가 신청한 형질변경허가의 조건으로 하
> 기 위하여는 기부채납의 대상이 된 토지에 공공시설을 설치할 필요가 있고 그 기
> 부채납의 정도가 공익상 불가피한 범위와 형질변경의 이익범위 내에서 이루어져야
> 한다는 점 외에도 그러한 공공시설 설치의 필요성이 당해 토지에 대한 형질변경에
> 따른 것이어야 한다(대판 2005. 6. 24.).
> 2003두9367

(4) 「행정기본법」은 행정편의에 따른 과도한 부관으로 법적 안정성이 저해
되고 국민의 권익이 과도하게 제한되는 결과가 초래되지 않도록 부관의 한계
를 규정하였다. 즉, 부관은 ① 해당 처분의 목적에 위배되지 아니할 것, ② 해당
처분과 실질적인 관련이 있을 것, ③ 해당 처분의 목적을 달성하기 위하여 필

요한 최소한의 범위일 것의 요건에 적합하여야 한다($^{17조}_{4항}$).

3. 부관의 사후부가(시간적 한계)

본체인 행정행위를 발한 후 사후에 부관을 붙일 수 있는가에 관해서는 학설이 나누어져 있다.

(1) 부담에 한하여 가능하다는 설

사후부관의 가능성을 일반적으로 인정하는 일은 부관의 성질에 어긋나지만, 부담은 그 부관성 자체에 의문이 있으므로 부담만은 사후에도 과할 수 있다는 견해이다.[10]

(2) 제한적 가능설

법규나 행정행위가 예상하였거나 상대방의 동의가 있을 때에는 사후에도 부관을 붙일 수 있다는 견해이다.[11] 생각건대 제한적 가능설이 타당하다. 즉, 법령에 근거가 있는 경우 혹은 그러한 취지가 유보되어 있는 경우($^{부관의 사후}_{변경유보}$) 등에는 가능하다고 하겠는 바, 부관의 사후부가는 언제나 행정행위의 부분적 폐지를 가져오는 것이므로 행정행위의 폐지($^{취소}_{철회}$)에 관한 법원칙의 준용이 있어야 하는 점에 유의할 필요가 있다.

「행정기본법」에서는 법적 안정성과 예측가능성을 위해 사후부관의 가능성과 조건을 규정하였다. 즉, 행정청은 ① 법률에 근거가 있는 경우, ② 당사자의 동의가 있는 경우, ③ 사정이 변경되어 부관을 새로 붙이거나 종전의 부관을 변경하지 아니하면 해당 처분의 목적을 달성할 수 없다고 인정되는 경우에는 그 처분을 한 후에도 부관을 새로 붙이거나 종전의 부관을 변경할 수 있다고 규정하였다($^{17조}_{3항}$). '그 변경이 미리 유보되어 있는 경우'는 개별 사안에 따라 해석에 맡기는 것이 타당하고, '당사자가 동의하는 경우'에 포함될 수 있으므로 규정하기 않기로 하였다.

> [판례] 행정처분에 이미 부담이 부가되어 있는 상태에서 그 의무의 범위 또는 내용 등을 변경하는 부관의 사후변경은, 법률에 명문의 규정이 있거나 그 변경이 미리 유보되어 있는 경우 또는 상대방의 동의가 있는 경우에 한하여 허용되는 것이

---

10) 이상규(상), 388면.
11) 김철용, 행정행위의 부관, 고시계, 1977. 12, 85-86면.

원칙이지만, 사정변경으로 인하여 당초에 부담을 부가한 목적을 달성할 수 없게 된 경우에도 그 목적달성에 필요한 범위 내에서 예외적으로 허용된다(대판 1997. 5. 30. 97누 2627. 동지판례: 대판 2007. 9. 21. 2006두7973).

사례해설

기속행위라도 요건충족적 부관의 경우와 법령의 근거가 있는 경우에는 부관의 부가가 허용된다. 설문의 부관은 기속행위인 건축허가에 부가된 부관으로서 건축허가의 요건충족과 관련이 없다고 판단되고 별도의 근거규정도 존재하지 않는다. 따라서 설문의 부관은 위법하다.[12]

Ⅳ. 부관의 하자와 행정쟁송

기본사례

공유수면매립 면허관청이 甲에게 공유수면매립면허를 함에 있어서 매립지 중 특정 부분에 대하여 준공인가시에 국가소유로 귀속한다는 조건을 붙였다. 이 경우 甲은 위 부관만의 취소를 구할 수 있는가?

1. 하자있는 부관의 효력

부관에 하자가 있는 경우, 그 부관의 효력 문제는 일단 행정행위의 하자에 관한 일반이론에 비추어 판단하면 될 것이다. 따라서 부관의 하자가 중대하고 명백한 것인 때에는 그 부관은 무효이며, 그렇지 않은 경우에는 취소할 수 있는 것이 된다.

2. 무효인 부관이 붙은 행정행위의 효력

부관이 무효인 경우에 이것이 본체인 행정행위에 어떠한 영향을 미치는가에 대해서는, ① 부관만이 무효가 될 뿐 본체인 행정행위에 대하여는 아무런 영향을 미치지 않는다는 주장, ② 부관이 붙은 행정행위 전체가 무효로 된다는 주장 등이 있었으나, ③ 오늘날은 무효인 부관이 본체인 행정행위의 중요요건

---

12) 상세는 김연태, 행정법사례연습, 153면 이하 참조.

을 이루는 경우(부관이 없게 되면, 주된 행위를 하지 / 않았을 것이라고 판단되는 경우)에 한하여 본체인 행정행위를 무효로 만든다고 보는 입장이 통설이라 할 수 있다.

3. 하자있는 부관과 행정쟁송

(1) 문제의 소재

하자있는 부관에 대한 행정쟁송의 문제를 생각함에 있어서는 ① 부관만의 취소를 구하고자 하는가(진정일부취소청구) 아니면 부관이 붙은 행정행위 전체를 쟁송의 대상으로 삼고서 부관만의 취소를 구하고자 하는가(부진정일부 / 취소청구)를 나눌 필요가 있으며, ② 이 경우, 특히 쟁송가능성(쟁송의 / 허용성)과 취소가능성(청구의 인 / 용가능성)을 구별하는 동시에, ③ 쟁송의 형태의 문제를 아울러 고려해야 한다.

(2) 부관의 독립쟁송가능성

(가) 학 설

① **부담만의 독립쟁송가능성설**:   부관 중 부담은 그 자체로서 특정한 의무를 명하는 행정처분으로서의 성질을 가지므로 부담만을 독립적으로 다툴 수 있으나, 그 밖의 부관(조건, 기한, 철 / 회권의 유보 등)은 그 자체로서 독자적인 처분성을 갖지 못하고 주된 행정행위의 한 부분으로서의 성격을 갖는 부관이므로 전체로서의 부관부 행정행위를 다투어야 한다는 입장이다.

② **모든 부관의 취소청구가능성설**:   이 견해는 부관에 위법성이 존재하는 한 그 종류를 불문하여 소의 이익이 있다면 모든 부관에 대하여 독립하여 행정쟁송을 제기할 수 있다고 보면서, 그 논거로서 부관의 본체인 행정행위와의 불가분성은 쟁송을 이유 있게 하는 것과 관계되는 것이지 쟁송의 허용성과 관계되는 것은 아니라는 점을 들고 있다.

③ **분리가능성설**:   부관의 독립쟁송가능성 여부의 문제는 법원에 의한 부관의 독자적인 취소가능성 문제의 전제조건으로서의 성격을 갖는다고 볼 수 있으므로, 부관만의 독립취소가 법원에 의하여 인정될 정도의 독자성(즉 주된 행정 / 행위와의 분 / 리가능성)을 갖고 있는가에 달려 있다고 한다. 따라서 분리가능성이 없는 부관의 경우에는 독립쟁송가능성은 부인된다고 한다.

(나) 판 례

판례는 부담에 한하여 독립하여 행정쟁송의 대상이 될 수 있다는 입장을 취하고 있다.

[판례①] 행정행위의 부관 중에서도 부담의 경우에는 다른 부관과는 달리 행정행위의 불가분적 요소가 아니고 그 존속이 본체인 행정행위의 존재를 전제로 하는 것일 뿐이므로, 부담 그 자체로서 행정쟁송의 대상이 될 수 있다(대판 1992. 2. 21.).

[판례②] 어업면허처분을 함에 있어 그 면허의 유효기간을 1년으로 정한 경우, 위 면허의 유효기간은 행정청이 위 어업면허처분의 효력을 제한하기 위한 행정행위의 부관이라 할 것이고 이러한 행정행위의 부관은 독립하여 행정소송의 대상이 될 수 없는 것이므로 위 어업면허처분 중 그 면허유효기간만의 취소를 구하는 청구는 허용될 수 없다(대판 1986. 8. 19.).[13]

(다) 검 토

부관의 독립쟁송가능성은 당사자가 부관을 주된 행정행위와는 독립하여 취소소송으로 다툴 수 있는가의 문제로서, 이것은 부관이 독립적으로 취소소송의 대상이 되는가의 문제이다. 따라서 처분성이 긍정되는 부담의 경우 부담만의 취소를 구하는 소송을 제기할 수 있으며, 처분성이 인정되는 않는 부관의 경우에는 전체 행정행위를 대상으로 소송을 제기하여야 할 것이다.

분리가능성 여부로 판단하는 견해에 대해서는 주된 행정행위와의 분리가능성의 문제는 부관의 독립취소가능성의 문제로 보아야 한다는 점에서 비판이 가능하다. 분리가능성 여부는 쟁송을 이유 있게 하는 것, 즉 부관의 독립취소가능성과 관련된 것이지 쟁송의 허용성(독립쟁송가능성)의 문제와 관계되는 것은 아니다.

(3) 쟁송제기의 형식

(가) 문제의 소재

부관의 하자를 독자적으로 다툴 수 있는 가능성이 개별적인 경우에 비추어 허용된다고 하더라도 이를 쟁송제기에 있어서 어떠한 모습으로 관철시킬 수 있는가 하는 것은 별개의 문제이다.[14] 이에 대해 처분성이 있어 독립쟁송가능성이 있는 부담인 경우에는 당해 부담만을 취소소송의 직접적인 대상으로 하여 소송을 제기하는 진정일부취소소송을 인정하는 데 이견이 없다. 그러나 부담 이외의 부관에 대하여 부진정일부취소소송을 인정할 것인지는 견해가 대립한다.

---

13) 수산업법은 어업면허의 기한을 5년 이상 10년 이하로 정하고 있는데, 면허행정청이 1년의 기한을 붙여 소송에 이르게 된 사건이다. 이 판례의 평석에 관하여는 김남진, 기본문제, 967면 이하 참조.

14) 류지태・박종수(신론), 294면.

(나) 학 설

학설은 대체로 부담 이외의 부관에 대하여는 처분성이 인정되지 않고 「행정소송법」 제4조 1호의 '변경'은 의무이행소송이 인정되고 있지 않는 이상, 적극적인 처분의 변경의 아니라 처분의 일부취소를 구하는 것을 의미한다고 보는 견지에서, 부관부 행정행위 전체를 소송대상으로 하여 그 중에서 부관 부분만의 취소를 구하는 부진정일부취소소송 형식을 취해야 한다고 한다.

(다) 판 례

판례는 부진정일부취소소송이라는 관념을 인정하지 않고 있다. 판례에 따르면 위법한 부담 이외의 부관으로 인하여 권리를 침해당한 자는 ① 부관부 행정행위 전체의 취소를 구하거나 아니면 ② 먼저 행정청에 부관 없는 또는 부관의 내용을 변경하는 처분으로 변경해 줄 것을 청구한 다음 그것이 거부된 경우 거부처분 취소소송을 제기할 가능성을 모색할 수밖에 없다.

어업면허처분 중 그 면허유효기간 부분의 취소를 구하는 청구를 인용한 원심판결에 대하여 대법원은 "어업면허처분을 함에 있어 그 면허의 유효기간을 1년으로 정한 경우 … 위 어업면허처분 중 그 면허유효기간만의 취소를 구하는 청구는 허용될 수 없다"(대판 1986. 8. 19.
86누202)고 판시하여 부담을 제외한 나머지 부관에 대해서는 부관만의 취소는 구할 수 없고, 부관이 붙은 행정행위 전체의 취소를 통해서만 부관을 다툴 수 있다는 태도를 취하고 있다.

이에 따라 대법원은 "도로점용허가의 점용기간은 행정행위의 본질적인 요소에 해당한다고 볼 것이어서 부관인 점용기간을 정함에 있어서 위법사유가 있다면 이로써 도로점용허가처분 전부가 위법하게 된다 할 것이다"(대판 1985. 7. 9.
84누604)라고 판시하여 위법부관이 중요부분이면 전부취소의 판결을, 그렇지 않으면 기각판결을 내림으로써, 부담 이외의 위법부관에 대하여는 일부취소를 인정하지 않는다.

결국 대법원의 입장에 의하면 원고가 전체 행정행위를 대상으로 취소소송을 제기한 경우 부관이 위법하고 중요부분으로 판명되면 법원은 당해 행정행위 전체를 취소하게 되고, 이에 따라 취소판결의 기속력 중 재처분의무에 의해 판결주문의 전제가 된 판결이유, 즉 부관의 위법성을 시정하여 하자 없는 부관부 행정행위를 발령하게 함으로써 결과적으로 부관의 취소를 구하는 효과를 가져오게 된다. 한편, 부관이 위법하나 중요부분이 아닌 경우에는 결국 원고는 행정청에 부관 없는 또는 부관의 내용을 변경하여 달라고 신청한 후 그것이 거부되면 당해 거부처분에 대한 취소소송을 제기하여 취소판결을 받음으로써 행정청으로부터 판결의 기속력에 따라 부관 없는 또는 변경된 부관이 부가된 행정행위를 발령받게 될 것이다.

(라) 검 토

① 「행정소송법」 제4조 1호의 '변경'은 의무이행소송이 인정되고 있지 않는 이상, 적극적인 처분의 변경을 구할 수 없고 그 처분의 일부취소를 구하는 것을 의미한다는 점, ② 부진정일부취소소송을 인정하지 않아 행정청에 부관 없는 또는 부관의 내용을 변경하여 달라고 신청한 후 그것이 거부된 경우에 그 거부처분 취소소송을 제기하여야 한다고 한다면 권리구제가 우회적이 된다는 점을 고려할 때 부진정일부취소소송을 인정함이 타당하다.

(4) 부관의 독립취소가능성

(가) 문제의 소재

부관에 대한 취소소송($\frac{진정일부취소소송}{부진정일부취소소송}$)이 허용되는 경우 본안에서 당해 부관만을 본체인 행정행위와는 독립적으로 취소할 수 있는가가 문제된다. 이것이 문제되는 이유는 부관만을 취소하고 본체인 행정행위를 존속시키는 것은 행정청이 부관 없이는 하지 않았을 것으로 보이는 행위를 행정청에게 강제하는 결과로 되는 경우가 생길 수 있기 때문이다.

(나) 학 설

① 기속행위·재량행위로 나누는 입장: 주된 행정행위가 기속행위($\frac{재량권}{경우 포함}$으로 수축된)인 경우에는 그에 부과된 부관은 모두 독립적으로 취소될 수 있는 데 대하여, 재량행위의 경우에는 부관만을 취소하는 것이 부관 없이는 하지 아니하였을 것으로 보이는 행위를 행정청에게 강제하는 결과로 될 수 있으므로 부관($\frac{부담이진 그 밖의}{부관이전 모두 포함}$)만의 독립적 취소는 원칙적으로 인정되지 않는다는 입장이다.

② 분리가능성의 여부로 나누는 입장: 진정일부취소소송의 형태든 부진정일부취소소송의 형태든 부관만의 취소를 다투는 경우에 부관이 주된 행정행위와 분리될 수 있는 경우에 한해서 부관만의 취소판결을 내릴 수 있다는 입장이다. 본안심리의 결과 부관의 독립취소가능성이 인정되지 않는 경우에는 기각판결이 내려지게 된다.

(다) 검 토

기속행위와 재량행위로 나누는 입장은 재량행위에 있어서 법원이 부관을 취소하는 경우 행정청의 재량결정권을 침해하여 부관 없이는 하지 않을 것으로 보이는 행위를 행정청에게 강제로 부과하는 결과를 발생시킨다고 하나, 모든 재량행위에 그러한 비판이 타당한 것은 아니고 주된 행정행위와 부관이 일체적 재량결정을 이루는 경우에 한하여 타당하다고 본다.

따라서 분리가능성 여부에 따라 그 독립취소가능성 여부를 판단하는 입장이 타당하다고 본다. 이에 대해서 분리가능성이라는 것이 매우 불확실한 요소이며, 그 의미가 쉽게 파악되기 어렵다는 점이 지적되고 있으나, ① 행정청이 부관 없이는 주된 행정행위를 발하지 않았을 것이라고 인정되는 경우, ② 부관의 취소에 의하여 주된 행정행위까지 위법하게 만드는 정도로 부관이 중요요소인 경우, ③ 주된 행정행위와 부관이 일체적 재량결정을 이루는 경우에는 분리가능성이 없다고 보아야 할 것이다.

사례해설

설문의 부관은 매립면허로 인해 甲이 취득하는 매립지 중 일부를 국가에 귀속한다는 내용으로서 법률이 행정행위에 부여하는 효과의 일부를 배제하는 내용인 법률효과의 일부배제에 해당한다. 판례는 부관 중 부담에 한하여 처분성을 긍정하므로(대판 1992. 2. 21. 91누1264) 설문의 부관만의 취소를 구할 수는 없다. 따라서 甲은 전체 행정행위를 소송의 대상으로 하여 그 중에서 부관 부분만의 취소를 구하는 부진정일부취소소송을 제기하여야 한다. 설문의 부관은 그 주된 행정행위인 공유수면매립면허와 관련하여 당해 부관이 취소되면 공유수면매립면허가 위법하게 된다거나 공유수면매립면허와 일체적 재량결정을 이루는 경우에 해당한다고 볼 수 없다. 즉 분리가능하다고 보이므로 부관만의 독립취소가 가능하다.[15]

제6절 행정행위의 성립 및 효력발생

I. 행정행위의 성립 및 적법요건

행정행위가 적법하게 성립(내부적 성립)하기 위해서는 다음과 같은 여러 요건을 충족할 필요가 있다.

---

15) 상세는 김연태, 행정법사례연습, 172면 이하 참조.

1. 주체에 관한 요건

행정청은 그에게 부여된 '권한'의 범위 내에서만 행정행위를 발할 수 있다. 즉, 행정권은 헌법·법률 등에 의해 여러 행정주체($_{자치단체 등}^{국가·지방}$)에 분할되어 있고, 그들 행정주체의 의사를 결정·표시하는 기관인 행정청의 권한 또는 관할 역시 지역적·사항적으로 한정되어 있으므로, 그 안에서 행정행위가 행해져야 하는 것이다. 이 점과 관련하여 「행정절차법」이 제6조(관할)에서, "행정청이 그 관할에 속하지 아니하는 사안을 접수하였거나 이송받은 경우에는 지체없이 이를 관할 행정청에 이송하여야 하고 그 사실을 신청인에게 통지하여야 한다. 행정청이 접수하거나 이송받은 후 관할이 변경된 경우에도 또한 같다"($_{항}^{1}$), "행정청의 관할이 분명하지 아니하는 경우에는 해당 행정청을 공통으로 감독하는 상급행정청이 그 관할을 결정하며, 공통으로 감독하는 상급행정청이 없는 경우에는 각 상급행정청의 협의하여 그 관할을 결정한다"($_{항}^{2}$)라고 정하고 있는 점에 유의할 필요가 있다.

2. 절차에 관한 요건

행정행위에 관하여 일정한 절차가 요구되고 있는 경우에는 그에 관한 절차를 거치지 않으면 안 된다. 다만, 절차와 관련하여 가장 중요한 의견청취(청문·공청회·의견제출)에 관하여서는 행정절차법(제3편)에서 다루기로 한다.

3. 형식에 관한 요건

형식에 관한 요건으로서는 특히 다음의 두 가지가 중요하다.

(1) 서면주의

행정행위의 존재를 명확히 하는 동시에 이해관계인으로 하여금 그 내용을 알기 쉽게 하기 위하여는 일정한 형식을 갖추는 것이 필요하다($_{제3편 3절 참조}^{자세한 내용은}$).

> **[판례]** 행정절차법 제24조 제1항이 행정청이 처분을 하는 때에는 다른 법령 등에 특별한 규정이 있는 경우를 제외하고는 문서로 하도록 규정한 것은 처분내용의 명확성을 확보하고 처분의 존부에 관한 다툼을 방지하기 위한 것이라 할 것이다($_{7. 28, 2003}^{대판2005.}$ $_{두469}$).

(2) 이유제시

(가) 이유제시의 원칙

근래에는 넓은 의미의 행정절차의 요소로서 이유제시(이유명시 또는 이유
부기라고도 한다)가 강조되고, 개별법(국가공무원법 75조, 민원 처
리에 관한 법률 27조 등) 및 「행정절차법」(23
조)에서 자세한 규정을 두고 있다(제3편 2
장 참조).

(나) 이유제시의 기능

오늘날 이유제시가 강조되며 입법화되고 있는 이유는, 이유제시가 ① 사안을 설명하며 명확하게 하는 기능(Klarstellungsfunktion), ② 당사자를 양해시키고 만족시키는 기능(Befriedigungsfunktion), ③ 권리구제기능(Rechtsschutzfunktion), ④ 행정통제의 기능(Kontrollfunktion) 등 다양한 기능을 발휘하기 때문이다.[1]

> **[판례]** 면허 등의 취소처분에 그 결정이유를 명시토록 하는 취지는 행정청의 자의적 결정을 배제하고 이해관계인으로 하여 행정구제절차에 적절히 대처할 수 있게 하기 위한 때문이다(대판 1990. 9. 11.
90누1786).

4. 내용에 관한 요건

행정행위는 그 내용에 있어서 적법·타당하여야 함은 물론, 사실상·법률상 실현가능하고 객관적으로 명확해야 한다.

(1) 행정행위의 법률적합성

행정행위가 적법하기 위해서는 그의 내용이 법에 적합하지 않으면 안 된다. 행정행위의 법률적합성의 요청은 헌법상의 법치국가원리의 표현일 뿐 아니라 민주국가원리의 표현이기도 하다. 그 이유는 법률은 국민의 대표기관인 의회의 의결의 산물이기 때문이다. 행정행위가 법에 적합해야 함은 무엇보다 법률우위의 원칙이 준수되어야 함을 의미한다. 또한 최소한 부담적 행정행위는 반드시 법률에 근거해야 하며, 명령에 근거하고 있는 경우에는 그 명령은 법률에 의해 수권된 것이어야 한다.

(2) 행정행위의 헌법적합성

행정행위는 그 내용이 법률에 적합할 뿐 아니라 기본권규정을 위시한 헌법

---

1) 이유제시의 필요성 내지 실익에 관하여는 오준근, 행정절차법, 1998, 349면 이하 참조.

에 적합할 것이 요청된다. 이러한 점과 관련하여 오늘날 행정법은 '헌법의 집행법'이며, '구체화된 헌법'(konkretisiertes Verfassungsrecht)으로서의 성격을 가진다는 점이 상기될 필요가 있다.

(3) 행정행위내용의 실현가능성과 확정성

행정행위는 사실상·법률상 실현가능하고, 그의 내용이 명확히 확정될 수 있어야 한다.

Ⅱ. 행정행위의 효력발생요건

1. 대외적 표시와 도달

행정행위는 표시와 동시에 효력을 발생하는 경우도 많이 있다(경고, 교통신호 등). 그러나 상대방이 있는 행정행위는, 외부에 표시되어 상대방이 알 수 있는 상태에 도달함으로써 효력을 발생하게 됨이 일반적이라 할 수 있다. 「행정 효율과 협업 촉진에 관한 규정」이 "문서는 수신자에게 도달(전자문서의 경우는 수신자가 관리하거나 지정한 전자적 시스템 등에 입력되는 것을 말한다)됨으로써 효력을 발생한다"(6조 2항)라고 규정하고 있는 것은 그러한 취지를 명문화한 것으로 볼 수 있다. 다만, 여기에서 '도달'이라 함은 반드시 상대방이 직접 수령하여야 한다는 뜻이 아니고, 상대방이 알 수 있는 상태에 놓이는 것을 의미한다고 새겨진다.

[판례①] ㉮ 일반적으로 처분이 주체·내용·절차와 형식의 요건을 모두 갖추고 외부에 표시된 경우에는 처분의 존재가 인정된다. 행정의사가 외부에 표시되어 행정청이 자유롭게 취소·철회할 수 없는 구속을 받게 되는 시점에 처분이 성립하고, 그 성립 여부는 행정청이 행정의사를 공식적인 방법으로 외부에 표시하였는지를 기준으로 판단해야 한다.

㉯ 병무청장이 법무부장관에게 '가수 甲이 공연을 위하여 국외여행허가를 받고 출국한 후 미국 시민권을 취득함으로써 사실상 병역의무를 면탈하였으므로 재외동포 자격으로 재입국하고자 하는 경우 국내에서 취업, 가수활동 등 영리활동을 할 수 없도록 하고, 불가능할 경우 입국 자체를 금지해 달라'고 요청함에 따라 법무부장관이 甲의 입국을 금지하는 결정을 하고, 그 정보를 내부전산망인 '출입국관리정보시스템'에 입력하였으나, 甲에게는 통보하지 않은 사안에서, 행정청이 행정의사를 외부에 표시하여 행정청이 자유롭게 취소·철회할 수 없는 구속을 받기 전에는 '처

분'이 성립하지 않으므로 법무부장관이 출입국관리법 제11조 제1항 제3호 또는 제4호, 출입국관리법 시행령 제14조 제1항, 제2항에 따라 위 입국금지결정을 했다고 해서 '처분'이 성립한다고 볼 수는 없고, 위 입국금지결정은 법무부장관의 의사가 공식적인 방법으로 외부에 표시된 것이 아니라 단지 그 정보를 내부전산망인 '출입국관리정보시스템'에 입력하여 관리한 것에 지나지 않으므로, 위 입국금지결정은 항고소송의 대상이 될 수 있는 '처분'에 해당하지 않는데도, 위 입국금지결정이 처분에 해당하여 공정력과 불가쟁력이 있다고 본 원심판단에 법리를 오해한 잘못이 있다(대판 2019. 7. 11., 2017두38874).

[판례②] 상대방 있는 행정처분은 특별한 규정이 없는 한 의사표시에 관한 일반법리에 따라 상대방에게 고지되어야 효력이 발생하고, 상대방 있는 행정처분이 상대방에게 고지되지 아니한 경우에는 상대방이 다른 경로를 통해 행정처분의 내용을 알게 되었다고 하더라도 행정처분의 효력이 발생한다고 볼 수 없다(대판 2019. 8. 9., 2019두38656. 동지 판례: 대판 2014. 2. 27, 2011두11570: 대판 2012. 11. 15, 2011두31635).

[판례③] 행정처분의 효력발생요건으로서의 도달이란 상대방이 그 내용을 현실적으로 양지할 필요까지는 없고 다만 양지할 수 있는 상태에 놓여짐으로써 충분하다고 할 것인데, 甲의 처가 甲의 주소지에서 甲에 대한 정부인사발령통지를 수령하였다면 비록 그때 甲이 구치소에 수감중이었고 처분청 역시 그와 같은 사실을 알고 있었다거나 甲의 처가 위 통지서를 甲에게 전달하지 아니하고 폐기해 버렸더라도 甲의 처가 위 통지서를 수령한 때에 그 내용을 양지할 수 있는 상태에 있었다고 볼 것이다(대판 1989. 9. 26., 89누4963).

2. 송 달

(1) 「행정절차법」이 정한 송달(제14조)

① 송달은 우편·교부 또는 정보통신망 이용 등의 방법으로 하되 송달받을 자(대표자 또는 대리인을 포함한다)의 주소·거소·영업소·사무소 또는 전자우편주소(이하 "주소등")로 한다. 다만, 송달받을 자가 동의하는 경우에는 그를 만나는 장소에서 송달할 수 있다.

② 교부에 의한 송달은 수령확인서를 받고 문서를 교부함으로써 하며, 송달하는 장소에서 송달받을 자를 만나지 못한 경우에는 그 사무원·피용자 또는 동거인으로서 사리를 분별할 지능이 있는 사람에게 문서를 교부할 수 있다.

③ 정보통신망을 이용한 송달은 송달받을 자가 동의하는 경우에만 한다. 이 경우 송달받을 자는 송달받을 전자우편주소 등을 지정하여야 한다.

④ 다음의 어느 하나에 해당하는 경우에는 송달받을 자가 알기 쉽도록 관보·공보·게시판·일간신문중 하나 이상에 공고하고 인터넷에도 공고하여야 한다.

㉠ 송달받을 자의 주소 등을 통상의 방법으로 확인할 수 없는 경우

㉡ 송달이 불가능한 경우

⑤ 행정청은 송달하는 문서의 명칭, 송달받을 자의 성명 또는 명칭, 발송방법 및 발송연월일을 확인할 수 있는 기록을 보존하여야 한다.

(2) 송달의 효력발생($\frac{15}{조}$)

① 송달은 다른 법령 등에 특별한 규정이 있는 경우를 제외하고는 송달받을 자에게 도달됨으로써 그 효력이 발생한다.

② 제14조 3항의 규정에 따라 정보통신망을 이용하여 전자문서로 송달하는 경우에는 송달받을 자가 지정한 컴퓨터 등에 입력된 때에 도달된 것으로 본다.

③ 제14조 4항의 경우에는 다른 법령 등에 특별한 규정이 있는 경우를 제외하고는 공고일부터 14일이 경과한 때에 그 효력이 발생한다. 다만, 긴급히 시행하여야 할 특별한 사유가 있어 효력 발생 시기를 달리 정하여 공고한 경우에는 그에 따른다.

[판례①] 독점규제 및 공정거래에 관한 법률($\frac{이하 '공정거래}{법'이라 한다}$) 제49조 제3항은 피고는 법 위반 사실에 대해 조사를 한 결과 시정조치명령 등의 처분을 하고자 하는 경우 그 처분의 내용을 서면으로 당사자에게 통지하여야 한다는 취지로 규정하고 있고, 독점규제 및 공정거래에 관한 법률 시행령 제61조의2 제1항은 피고가 과징금을 부과하고자 하는 때에는 그 위반행위의 종별과 과징금의 금액 등을 명시하여 이를 납부할 것을 서면으로 통지하여야 한다고 규정하고 있으며, 문서의 송달에 관하여 공정거래법 제53조의3 제1항에 의하여 준용되는 행정절차법 제15조 제1항은 송달은 다른 법령 등에 특별한 규정이 있는 경우를 제외하고는 해당 문서가 송달받을 자에게 도달됨으로써 그 효력이 발생한다고 규정하고 있다.

원심은, 피고가 시정명령 등 처분을 할 경우 그 처분은 서면으로 통지하여야 하며 그 효력은 서면이 송달받을 자에게 도달함으로써 발생한다는 전제 아래, 이 사건 처분서는 이 사건 공동행위의 종료일인 위 2008. 11. 11.부터 5년이 경과한 2013. 11. 12. 원고에게 도달되어 효력이 발생하였으므로, 이 사건 처분은 처분시효가 경과한 후에 이루어진 것으로 부적법하다($\frac{대판 2015. 5. 28.}{2015두37396}$).

[판례②] 내용증명우편이나 등기우편과는 달리, 보통우편의 방법으로 발송되었다

는 사실만으로는 그 우편물이 상당한 기간 내에 도달하였다고 추정할 수 없고, 송달의 효력을 주장하는 측에서 증거에 의하여 이를 입증하여야 한다(대판 2009. 12. 10, 2007두20140).

[판례③] 송달받을 사람의 동거인에게 송달할 서류가 교부되고 그 동거인이 사리를 분별할 지능이 있는 이상 송달받을 사람이 그 서류의 내용을 실제로 알지 못한 경우에도 송달의 효력은 있다. 이 경우 사리를 분별할 지능이 있다고 하려면, 사법제도 일반이나 소송행위의 효력까지 이해할 수 있는 능력이 있어야 한다고 할 수는 없을 것이지만 적어도 송달의 취지를 이해하고 그가 영수한 서류를 송달받을 사람에게 교부하는 것을 기대할 수 있는 정도의 능력은 있어야 한다(대판 2011. 10. 11, 2011재두148. 동지판례: 대결 2000. 2. 14, 99모225; 대결 2005. 12. 5, 2005마1039).

(3) 기간 및 기한의 특례(16조)

① 천재지변 기타 당사자 등에게 책임 없는 사유로 기간 및 기한을 지킬 수 없는 경우에는 그 사유가 끝나는 날까지 기간의 진행이 정지된다.

② 외국에 거주 또는 체류하는 자에 대한 기간 및 기한은 행정청이 그 우편이나 통신에 걸리는 일수를 고려하여 정하여야 한다.

제 7 절 행정행위의 효력 및 구속력

Ⅰ. 개 설

1. 행정행위의 효력과 구속력의 구분

행정행위가 그의 적법요건과 유효요건을 모두 갖춘 경우에는 행정행위로서의 효력(Wirksamkeit)을 발생하며, 유효한 행정행위는 그의 내용 또는 대상에 따라 상이한 구속력(Verbindlichkeit, Bindungswirkung)을 발생한다. 우리나라에서는 여기에서 말하는 행정행위의 '효력'과 '구속력'을 다 같이 '행정행위의 효력'이라고 부름이 일반적이다. 그러나 양자를 구별함이 좋을 것으로 생각된다.

2. 누구에 대한 구속력인가

행정행위의 구속력을 고찰함에 있어서는 "누구에 대한 구속력인가"하는 점이 중요한 관점이 된다. 이러한 관점에서 행정행위의 구속력을 분류·고찰할 때, 문제를 보다 정확하게 파악할 수 있을 것이다.[1] 아래에서는 행정행위의 여러 구속력의 내용을 살펴보기로 한다.

Ⅱ. 내용적 구속력(협의의 구속력)

행정행위가 그 내용에 따라 관계행정청 및 관계인에 대하여 일정한 법률적 효과를 발생하는 힘을 '내용적 구속력'이라고 할 수 있다. 예컨대, 과세처분이 행해지면 상대방에게 급부의무가 발생하는 것이 그에 해당한다. 다만, 다수의 학설은, 여기에서의 내용적 구속력을 단순히 '구속력'이라 부름이 보통이다. 행정행위의 내용(효과에 의한 행 / 정행위의 분류)에 관해 별도로 고찰하고 있는 이상, '행정행위의 내용적 구속력'을 별도로 논할 필요는 적다.

Ⅲ. 공정력(예선적 효력)

1. 의   의

(1) 통설적 견해

종래의 통설적 견해에 의하면 행정행위의 공정력이란 「비록 행정행위에 하자가 있을지라도 하자가 중대하고 명백하여 당연무효인 경우를 제외하고는 권한 있는 기관에 의하여 취소될 때까지는 일응 적법 또는 유효한 것으로 추정되어 누구든지(상대방은 물론 다른 행정기 / 관 및 법원 등 국가기관 포함) 그 효력(또는 구속력)을 부인하지 못하는 힘」을 의미하는 것으로 설명되고 있다.[2]

'공정력' 대신에 '예선적 효력' 또는 '잠정적 효력'이라는 용어를 사용하기도 한다. 공정력의 본질(성질)에 관하여는, 「행정행위의 구속력(내용적 / 효력)은 행정행위의 내용에 따라 또는 직접 법률의 규정에 따라 일정한 효력을 발생하는 실체법

---

1) 이러한 관점에 따라 행정행위의 구속력을 분류하면, ① 행정행위의 상대방에 대한 구속력(내용적 구속력, 공정력, 불가쟁력), ② 행정행위의 제3자에 대한 구속력, ③ 행정행위의 처분청에 대한 구속력(불가변력), ④ 행정행위의 다른 국가적 기관에 대한 구속력(구성요건적 효력), ⑤ 선행정행위의 후행정행위에 대한 구속력(규준력) 등으로 분류할 수 있다.

2) 우리나라에서 통용되고 있는 '공정력이론'은 일본학계의 영향을 받은 것인데, 일본에서의 유력설은 공정력을 「행정행위가 위법한 행위임에도 불구하고, 권한있는 기관에 의한 취소가 있기까지 일응, 적법의 추정을 받아, 상대방은 물론 제3자나 국가기관도 그 효력을 부정할 수 없는 효력을 말한다」(田中二郎, 行政法總論, 321면-322면)라고 설명한 바 있다.

상 효력인 데 대하여, 공정력은 그러한 구속력이 있는 것을 승인시키는 절차적·잠정적 효력이다」 등으로 설명됨이 보통이다.

공정력이라는 용어는 판례에도 등장하고 있으나, 그 의미가 일정하거나 명확한 것은 아니다.

> **[판례①]** 행정행위는 공정력과 불가쟁력의 효력이 있어 설혹 행정행위에 하자가 있는 경우에도 그 하자가 중대하고 명백하여 당연무효로 보아야 할 사유가 있는 경우 이외에는 그 행정행위가 행정소송이나 다른 행정행위에 의하여 적법히 취소될 때까지는 단순히 취소할 수 있는 사유가 있는 것만으로는 누구나 그 효력을 부인할 수는 없고 법령에 의한 불복기간이 경과한 경우에는 당사자는 그 행정행위의 효력을 다툴 수 없다(대판 1991. 4. 23, 90누8756).
>
> **[판례②]** 공정력이란 행정행위가 위법하더라도 취소되지 않는 한 유효한 것으로 통용되는 효력을 의미하는 것이다(대판 1994. 4. 12, 93누21088).

(2) 통설적 견해에 대한 의문점

통설이 말하는 행정행위의 공정력 또는 예선적 효력의 설명에 대해서는 다음과 같은 의문점이 있다.

첫째, 행정행위의 직접 상대방(또는 이해관계인)에 대한 구속력과 제3의 국가적 기관(처분청 이외의 행정기관 및 처분의 취소소송수소법원 이외의 법원)에 대한 구속력은 그의 근거와 내용을 달리하므로 각각 분리하여 고찰함이 타당함에도 불구하고, 양자를 구분하지 않는 점이다. 특히 행정행위의 공정력의 근거를 「행정심판법」 및 「행정소송법」상의 처분의 취소쟁송조항에서 찾고 있는 한,[3] 그들 조항이 제3의 국가적 기관과는 무관함을 생각할 때 이 점은 명백해진다.

둘째, 공정력 또는 예선적 효력을 과연 진정한 의미의 행정행위의 구속력의 일종으로 볼 수 있겠는가 하는 점이다. 공정력의 본체는 다만 행정행위의 상대방 등이 취소쟁송의 방법을 통해서 하자가 있다고 여기는 행정행위의 효력을 부인하게 만들어 놓은 행정쟁송제도 등의 반사적 효과에 지나지 않는다고 볼 것이기 때문이다.[4]

---

3) 참조: 「현행법이 행정쟁송(행정심판과 행정소송)제도를 두고 있는 것이, 행정행위의 공정력을 인정한 간접적 근거가 될 수 있다」(김도창(상), 440면), 「공정력은 과거에는 행정행위에 내재하는 효력으로 보았으나, 오늘날은 행정상 쟁송제도의 반사적 효과에 지나지 않는 것으로 본다」(박윤흔·정형근(상), 112면) 등.

4) 공정력이론의 본고장이라 할 일본에서도 종전의 공정력이론에 대한 반성이 행해지는 가운데, 근래의 유력설은 「공정력이란, 그것이 실정법제도상의 법적 효과인 이상, 실정법상의 근거가 있지 않으면 안

하자있는 행정행위로 인하여 자기의 법률상 이익을 침해받은 자는 그 행정행위의 취소·변경을 청구할 수 있는 권리가 법에 의해 보장되어 있는 점을 오히려 중시할 필요가 있을 것이다. 그럼에도 불구하고, 하자있는 행정행위가 구속력의 승인을 요구하는 힘을 가진다든가, 적법 또는 유효한 행위로서 추정되는 효력을 가진다는 식으로 설명한다는 것은 사물의 본말을 전도하는 것이 아니겠는가 하는 의문을 자아내게 한다.

위와 같은 관점에서 행정행위의 공정력을 설명해보게 되면, 공정력이란 「행정행위가 무효가 아닌 한, 상대방 또는 이해관계인은 행정행위가 권한 있는 기관(_{처분청, 재결청}
_{또는 법원등})에 의해 취소되기까지는 그의 효력을 부인할 수 없는 것(구속력)」이라고 할 수 있다. 무엇보다도 공정력은 행정행위의 상대방 또는 이해관계인에 대한 구속력인 점에서, 행정행위의 취소권을 가지고 있는 기관(_{처분청·감독청 및}
_{취소소송의 수소}
_{법원}) 이외의 다른 국가적 기관에 대한 구속력인 '구성요건적 효력'과 구별될 필요가 있다.

2. 근   거

(1) 실정법상의 근거

종전에는 공정력을 직접적으로 인정하는 규정이 없었고, 단지 간접적으로 취소쟁송제도를 뒷받침하는 실정법상의 규정(_{행정심판법 5조,}
_{행정소송법 4조})에서 그의 법적 근거를 찾음이 일반적이었다. 최근 「행정기본법」은 제15조에서 "처분은 권한이 있는 기관이 취소 또는 철회하거나 기간의 경과 등으로 소멸되기 전까지는 유효한 것으로 통용된다. 다만, 무효인 처분은 처음부터 그 효력이 발생하지 아니한다"고 하여 처분이 취소되기까지의 효력, 즉 공정력을 명확하게 규정하였다.

(2) 이론상의 근거

(가) 자기확인설

독일 행정법학의 아버지로 일컬어지는 오토 마이어(Otto Mayer)는, 행정행위와 사인의 법률행위와의 차이(_{행정행위의}
_{특수성})를 설명하는 가운데, 「법률행위는 적법성을 증명하지 못하는 한 효력이 없다(wirkungslos). 이에 대해 행정청은 스스로의 행위의 유효성을 위한 특별한 전제가 부여되어 있음을 스스로 확인한다

된다. 그리고 그것은 행정사건소송법에 있어서의 취소소송제도에서 구해진다」(塩野 宏, 行政法 Ⅰ, 116면)라고 설명하고 있다.

(bezeugt). 이와 같은 자기확인(Selbstbezeugung) 및 행위의 효력(Wirksamkeit des Aktes)은 보다 우월한 권한에 의해서만 극복된다」라고 한 바 있는데, 행정행위의 공정력의 근거를 위와 같은 오토 마이어의 이론에서 찾는 입장을 흔히 자기확인설이라고 부른다.

(나) 국가권위설

이는 포르스트호프(Forsthoff)가 행정행위와 민법상의 의사표시와의 차이를 설명하는 가운데, 「행정행위는 위법성이나 하자의 유무를 불문하고 언제나 국가권위의 표명(eine Bekundung der Staatsautorität)이며, 그 자체로서 존중받을 권리(Anspruch auf Beachtung)를 가진다」라고 한 데에서 유래한다.

(다) 예선적 특권설

'공정력'이라는 이름 대신에 예선적 효력이라는 이름을 택하고 있는 입장에서는, "행정행위에 대하여 법원의 적법·위법의 판정이 있기 전에 미리(pré-alablement: 예선적으로) 행정청에게 자신의 행정결정에 대한 정당한 통용력을 인정"하는 것을 내용으로 하는 예선적 특권설에서 그의 이론적 근거를 찾으려고 한다.

(라) 법적 안정설(행정정책설)

공정력의 근거를 행정목적의 신속한 달성, 행정법관계의 안정성유지, 상대방의 신뢰보호 등과 같은 정책적 고려에서 구하는 견해를 널리 보통 법적 안정설 또는 행정정책설로 부르고 있다.

(마) 소 결

행정행위(처분)에 대하여 취소심판 및 취소소송에 관한 관련규정에 의해 간접적으로, 또는 「행정기본법」에서처럼 직접적인 근거에 의하여 그와 같은 특수한 구속력을 인정하는 이유는 행정의 안정성과 실효성을 확보하기 위한 것이라고 말할 수 있다.

3. 공정력의 한계

(1) 무효인 행정행위와 공정력

공정력은 무효인 행정행위에는 인정되지 않는다. 무효인 행정행위에 대해서는 행정심판, 행정소송 등을 통하여 어느 때나 그의 무효확인을 구할 수 있게 되어 있기 때문이다. 다만 어떠한 행위가 무효인 행정행위이며, 어떠한 행위가

이른바 공정력이 있는 '취소할 수 있는 행정행위'에 해당하는가를 가리는 것이
쉽지 않음은 뒤에서 살펴보는 바와 같다.

(2) 행정행위(처분) 이외의 행정작용

행정행위(처분)에 대하여 공정력이 인정되므로, 처분에 해당하지 않는 명령
(법규명령·행정규칙·자치법규 등), 행정계약(공법계약·사법계약), 단순한 사실행위, 사법행위 등에는 공정력이
인정되지 않는다.

4. 공정력과 증명책임

공정력이 취소소송에 있어서 증명책임의 소재(배분)에 직접 영향을 미치
는 것인지가 문제된다. 행정행위의 공정력을 "적법성의 추정"으로 이해하는
입장에서는 그것을 긍정적으로 새긴 바 있다.[5] 그러나 오늘날에는 공정력과
증명책임의 배분과는 직접적인 관련이 없다고 하는 것이 통설적 견해이며 타
당하다.

5. 공정력과 선결문제

일부 학설 및 판례는 민사소송, 형사소송 등에 있어서 등장하는 행정행위의
위법 또는 유효 여부에 대한 선결문제(Vorfrage)를 행정행위의 공정력과 결부
시켜 설명한다. 그러나 선결문제는 공정력이 아니라 '구성요건적 효력'과 관계
되는 것이다. 이에 대하여는 후술하기로 한다.

Ⅳ. 구성요건적 효력

1. 의   의

(1) 개   념

행정행위의 구성요건적 효력(Tatbestandswirkung)[6]이란 유효한 행정행위가

---

5) 田中二郞, 行政訴訟の法理, 有斐閣, 1954, 107면; 이 견해를 뒷받침하는 논거에 대해서는 市原昌三郞,
取消訴訟における立證責任, 實務民事訴訟講座(8) 行政訴訟 Ⅰ, 1970, 230면 참조.
6) Tatbestandswirkung은 학자에 따라 사실적 효력(김도창), 집행지속력(이상규), 요건사실적 효력(홍준
형) 등으로 번역되고 있다. 생각건대, Tatbestandswirkung에 있어서의 Tatbestand는 tatsächlich bestehen
(사실상으로 존재한다)의 준말이므로, 그것을 '사실적 효력' 등으로 번역해도 무방할 것이다. 다만, 그
Tatbestand가 우리나라에서 보통 '구성요건'으로 번역되고 있으므로 '구성요건적 효력'이라는 이름을
붙이게 되었음을 밝혀 두기로 한다.

존재하는 이상, 비록 하자가 있는 행위일지라도, 모든 국가적 기관(지방자치단체기관을 포함한 행정기관 및 법원 등)은 그의 존재(또는 유효성·내용)를 존중하며, 스스로의 판단의 기초 내지는 구성요건으로 삼아야 하는 구속력을 말한다. 예컨대, A라는 사람이 「국적법」 제4조에 근거하여 법무부장관으로부터 귀화허가를 받았다면, 그 귀화허가가 무효가 아닌 한 모든 국가적 기관은 A를 대한민국 국민으로 인정해야 함을 의미한다.

(2) 공정력과의 관계

위에 설명한 바와 같이, 행정행위의 구성요건적 효력을 유효한 행정행위의 다른 국가적 기관에 대한 구속력(또는 효력)으로 이해하는 입장에서는 그 구성요건적 효력과 공정력은 구별되어야 함을 강조한다. 이에 대해 공정력을 넓게 이해하는 입장에서는, 구성요건적 효력을 공정력의 내용의 하나로 보고, 양자의 구분의 필요성을 부인함이 보통이다.[7]

앞에서 설명한 바와 같이, 행정행위의 공정력과 구성요건적 효력은 그 효력의 내용과 범위, 이론적·법적 근거를 달리하므로, 양자는 구별되어야 할 충분한 이유가 있다고 하지 않을 수 없다.

2. 근 거

행정행위의 구성요건적 효력의 법적·제도적 근거는, 국가적 기관은 상호 권한과 직무 또는 관할을 달리하는 데에서 찾을 수 있다. 권한과 직무 또는 관할을 달리하는 국가적 기관이 다른 기관의 권한을 상호 존중하며 침해해서는 안 된다고 함은 당연한 이치인 점에 그의 이론적 근거가 있다고 할 수 있다.

---

7) ① 공정력을 "행정행위가 행하여지면 그 실체법상의 적법·위법 또는 합당·부당을 가릴 것 없이, 다시 말하면 비록 법정요건(실체법상의 요건)을 갖추지 못하여 흠(위법·부당)이 있더라도 그 흠이 중대하고 명백하여 절대무효로 인정되는 경우를 제외하고는, 당해 행정기관의 판단을 우선시켜 권한있는 기관(처분행정청 또는 행정심판의 재결청이나 행정소송의 소송법원)에 의하여 취소되기까지는, 상대방·제3자(특히 다른 행정·법원)에 대하여, 일응 구속력이 있는 것으로 통용되는 힘"으로 정의하고서는, "공정력과 구성요건적 효력을 구분하는 것은 그 성질의 차이에 따른 구분이라기보다는 공정력을 그 상대방에 따라 사인에 대한 것과 국가기관에 대한 것으로 나누어 설명하는 것에 지나지 아니한다고 할 것이다"라고 하는 입장(박윤흔), ② 공정력을 넓게 "행정행위의 성립에 하자가 있는 경우에도 그것이 중대·명백하여 무효로 인정되는 경우를 제외하고는, 권한있는 기관에 의하여 취소되기까지 유효한 것으로 통용되는 힘"으로 정의하고서는, "공정력의 관념은 학설상으로뿐만 아니라 판례상으로도 채택되고 있는 것이고, 이를 (협의의) 공정력 및 구성요건적 효력이라는 관념으로 대체하여야 할 논리적 필연성이나 그러한 실익도 없는 것"이라고 하는 입장(김동희) 등이 여기에 속한다.

3. 구성요건적 효력과 선결문제

행정행위의 구성요건적 효력과 관련하여 문제가 되는 것은, 민사 및 형사사건 등에 있어서의 선결문제이다. 즉, 민사·형사사건 등에 있어서 어떤 행정행위의 위법 여부 또는 존재 여부(무효 여부)가 그 사건에 있어서의 선결문제가 되는 경우에, 당해 사건을 맡은 법원이 그에 관해 스스로 심리·판단할 수 있느냐 하는 것이다.

(1) 민사사건과 선결문제

(가) 국가배상소송[8]의 경우

예컨대 행정청의 철거명령(처분)으로 인해 집을 철거당한 사람이 그 철거명령의 위법을 이유로 국가배상을 청구한 경우에, 관할법원은 그 철거명령의 위법성을 스스로 심사할 수 있느냐 하는 것인데, 이에 관하여는 부정설과 긍정설이 대립하고 있다.

① **부정설:** 이는 행정행위(처분)가 당연무효가 아닌 한, 민사소송에 있어서 법원은 그 위법성 여부를 스스로 심리·판단할 수 없다는 견해[9]이다. 그 이유로서는 ㉠ 행정행위는 공정력이 있기 때문에 권한 있는 기관에 의하여 취소될 때까지는 어떠한 국가기관도 그 효력에 구속되어야 하는 점, ㉡ 현행법은 취소소송의 배타적 관할제도를 취하고 있기 때문에 민사법원은 행정행위에 대한 취소권이 없다는 점, ㉢ 취소소송절차에 민사소송과 다른 특수성이 존재한다는 점, ㉣ 현행 행정소송법은 「처분 등의 효력 유무 또는 존재 여부」가 민사소송의 선결문제로 되는 경우에 대해서만 규정하고 있는 점($^{11조}_{1항}$) 등이 제시되고 있다.

② **긍정설:** 이는 배상사건에 있어서 법원은 선결문제로서 행정행위의 위법 여부를 스스로 심리·판단할 수 있다고 하는 견해이다.[10]

앞에서 본 바와 같이, 선결문제가 행정행위의 구성요건적 효력에 관련되는 것인가 공정력에 관련되는 것인가에 대해서는 학자 사이에 이견이 있지만, 행

---

8) 판례는 국가배상소송을 민사소송으로 해결하고 있으나, 국가배상을 공법적 원인에 의하여 발생한 손해에 대한 배상으로 보아 공법상의 당사자소송으로 해결하여야 한다는 견해를 따르더라도 구성요건적 효력과 관련하여 선결문제는 마찬가지로 논의된다. 구성요건적 효력은 무효인 행정행위를 제외하고 다른 국가기관(처분청 이외의 행정청과 취소소송수소법원 이외의 법원)에 대한 행정행위의 구속력이므로, 공법상 당사자소송을 관할하는 행정법원도 다른 국가기관에 해당한다.

9) 이상규(상), 408면; 이재성, 민사소송에 있어서의 선결문제로서의 행정행위의 효력, 사법행정, 1974. 8.

10) 학계의 압도적 다수설이다.

정상 손해배상사건에 있어서 행정행위의 위법 여부가 본안사건에서의 선결문제로서 등장하는 경우 법원이 스스로 심리할 수 있다고 하는 점에서는 거의 이견이 없는 것이다. 예컨대, '구성요건적 효력설(선결문제를 행정행위의 구성요건적 효력과 관련되는 것으로 보는 입장)'측에서는, 「행정행위의 효력 자체를 부인하는 것이 아닌 한 위법성판단은 가능하다고 보아야 할 것이다」,[11] 「법원이 행정처분의 효력 자체를 부인(취소)하는 것은 아니므로 행정처분의 구성요건적 효력에 저촉되는 것은 아니기 때문이다」[12]라는 식으로 설명하고 있으며, '공정력설'측에서는 「행정상 손해배상소송에서는 행정행위의 효력의 부인에까지 이르는 것은 아니고, 다만 당해 행위의 위법성만이 문제되는 것이므로 수소법원인 민사법원이 직접 그 위법성 여부를 심리·판단할 수 있다고 할 것이다」,[13] 「권한 있는 기관에 의하여 취소되기 전이라도 그 효력을 직접 부정하는 것이 아니면 민사소송이나 공법상 당사자소송에서 선결문제로서 행정행위의 위법은 인정될 수 있다고 본다」[14] 등으로 설명하고 있는 것이다.

판례는, 학설에 있어서와 같이 공정력이니, 구성요건적 효력이니 하는 이론을 매개로 하고 있지는 않으나, 국가배상사건에서 법원이 선결문제로서 행정행위의 위법성 여부에 대한 심사를 할 수 있다는 입장을 취하고 있다.

> **[판례]** 계고처분, 행정처분이 위법임을 이유로 배상을 청구하는 경우에는 미리 그 행정처분의 취소판결이 있어야만 그 행정처분의 위법임을 이유로 배상을 청구할 수 있는 것은 아니다(대판 1972. 4. 28, 72다337).

(나) 부당이득반환청구소송의 경우

부당이득반환청구사건에 있어서는 행정행위의 존재 여부(무효 여부)가 선결문제가 되는 경우가 있다. 심사결과 행정행위에 하자(위법성)가 있더라도 무효가 아닌 한 청구는 인용될 수 없다. 행정행위가 존재하는 이상, 국가 등이 '법률상 원인 없이' 부당이득한 것이 되지 않기 때문이다(민법741조 참조). 따라서 예컨대 과세처분이 무효가 아닌 한 과세처분이 존재하지 않음을 전제로 한 부당이득반환청구소송은 인용될 수 없는 것이다. 하자가 있더라도, 행정행위가 '존재'하는 이상 취소소송사건을 맡은 법원이 아닌 법원은 행정행위의 존재에 구속되는 점

---

11) 류지태·박종수(신론), 224면 이하.
12) 석종현·송동수(상), 313면. 동지: 김남진, 국가배상사건과 선결문제, 법률신문, 1983. 4. 18면.
13) 김동희·최계영(Ⅰ), 337면 이하.
14) 박윤흔·정형근(상), 115면.

에서, 여기에서도 행정행위의 구성요건적 효력이 특별한 의미를 가지는 것이다.

> **[판례①]** 행정상대방이 행정청에 이미 납부한 돈이 민법상 부당이득에 해당한다고 주장하면서 그 반환을 청구하는 것은 민사소송절차를 따라야 한다(대판 1995. 4. 28, 94다55019 참조). 그러나 그 돈이 행정처분에 근거하여 납부한 것이라면 그 행정처분이 취소되거나 당연무효가 아닌 이상 법률상 원인 없는 이득이라고 할 수 없다(대판 2021. 12. 30, 2018다241458).
>
> **[판례②]** 국세 등의 부과 및 징수처분 등과 같은 행정처분이 당연무효임을 전제로 하여 민사소송을 제기한 때에는 그 행정처분의 당연무효인지의 여부가 선결문제이므로, 법원은 이를 심사하여 그 행정처분의 하자가 중대하고 명백하여 당연무효라고 인정될 경우에는 이를 전제로 하여 판단할 수 있으나, 그 하자가 단순한 취소사유로 그칠 때에는 법원은 그 효력을 부인할 수 없다 할 것이다(대판 1973. 7. 10, 70다1439).

다만, 처분의 취소를 구하는 취소소송에 당해 처분의 취소를 선결문제로 하는 부당이득반환소송이 병합된 경우 법원은 처분을 취소하는 판결이 '확정'되지 않더라도 부당이득반환청구를 인용할 수 있다. 즉 법원은 처분을 취소하는 판결을 선고하면서 동시에 부당이득반환을 명하는 판결을 할 수 있다.

> **[판례]** 행정소송법 제10조 제1항, 제2항은 처분의 취소를 구하는 취소소송에 당해 처분과 관련되는 부당이득반환소송을 관련 청구로서 병합할 수 있다고 규정하고 있는바, 이 조항을 둔 취지에 비추어 보면, 취소소송에 병합할 수 있는 당해 처분과 관련되는 부당이득반환소송에는 당해 처분의 취소를 선결문제로 하는 부당이득반환청구가 포함되고, 이러한 부당이득반환청구가 인용되기 위해서는 그 소송절차에서 판결에 의해 당해 처분이 취소되면 충분하고 그 처분의 취소가 확정되어야 하는 것은 아니라고 보아야 한다(대판 2009. 4. 9, 2008두23153. 동지 판례: 대판 2008. 2. 29, 2006도7689).

(다) 결 어

행정행위의 공정력을 행정행위의 '적법성의 추정'으로 이해한다면, 취소소송의 수소법원이 아닌 배상사건의 수소법원이 선결문제로서의 행정행위(처분)의 위법성을 스스로 심리·판단할 수 없다는 결론에 이르게 됨은 논리상 당연하다. 그러나 공정력을 '적법성의 추정'으로 이해하는 데에 우선 문제가 있으며, 그 결과 '적법성 추정설'은 오늘날에는 거의 자취를 감추었다고 볼 수 있다.

배상사건에서는 '행정행위의 위법성 여부'가, 부당이득반환청구사건에 있어서는 '행정행위의 존재 여부(무효 여부)'가 선결문제가 된다. 손해배상청구에 있어 위법성 판단은 행정행위의 효력을 부정하는 정도에 이르는 것이 아니다. 따라서 취소소송의 수소법원이 아닌 법원으로서는 당해 행정행위의 위법성 여부에 대한 심사가 가능하다고 할 것이다. 그러나 행정행위의 하자가 당연무효에 해당하는 경우가 아니라면 그 효력을 부인할 수는 없다고 보는 것이 권한과 직무 또는 관할을 달리하는 국가기관이 다른 기관의 권한을 상호 존중하며 침해해서는 안 된다는 데에 근거를 둔 구성요건적 효력을 인정하는 것에 부합되는 결론이라고 할 것이다.

(2) 형사사건

형사사건에 있어서 행정행위의 '위법 여부' 또는 '존재 여부(무효 여부)'가 선결문제로 되는 경우에, 법원이 그 문제를 스스로 심리 · 판단할 수 있는가? 이 문제에 대하여서도 일찍부터 학설상 긍정설[15]과 부정설[16]이 나뉘어져 있는 가운데, 판례는 긍정설의 입장을 취하고 있는 것으로 보인다.

첫째로, 「도시계획법」에 의거한 행정청의 하명의 적법성 여부가 형사재판에서의 선결문제가 된 사건에서 대법원은 이것을 긍정한 바 있다.

> **[판례]** 구 도시계획법의 관련 규정을 종합하면 도시계획구역 안에서 허가 없이 토지의 형질을 변경한 경우 행정청은 그 토지의 형질을 변경한 자에 대하여서만 같은 법 제78조 제1항에 의하여 처분이나 원상회복 등의 조치명령을 할 수 있다고 해석되고, 같은 조항에 정한 처분이나 조치명령을 받은 자가 이에 위반한 경우 이로 인하여 같은 법 제92조에 정한 처벌을 받기 위하여는 그 처분이나 조치명령이 적법한 것이라야 한다고 봄이 상당하다. … 그 형질을 변경한 자도 아닌 피고인에 대하여 원상복구의 시정명령이 발하여진 것을 알 수 있으므로 위 원상복구의 시정명령은 위법하다 할 것이고, 따라서 피고인이 위법한 위 시정명령을 따르지 않았다고 하여 피고인을 같은 법 제92조 제4호에 정한 조치명령 등 위반죄로 처벌할 수는 없다 할 것이며, 위 시정명령을 당연무효로 볼 수 없다 하더라도 그것이 위법한 처분으로 인정되는 한 이 사건 도시계획위반죄가 성립될 수 없다(대판 1992. 8. 18, 90도1709).

다음으로, 행정행위에 위법의 하자가 있더라도 그것이 무효에 이르지 않는 한, 형사법원은 그 '행정행위의 존재'를 부인할 수 없음도 확립된 판례라 할 수 있다. 예컨대, 운전면허에 하자가 있더라도 그 운전면허의 소지자를 무면허운

---

15) 서원우, 행정처분의 공정력과 형사재판과의 관계, 월간고시, 1979. 10: 김남진, 위법한 행정행위의 복종의무와 가벌성 여부, 월간고시, 1982. 6 참조.
16) 이상규(상), 409면.

전자로 인정하여 처벌할 수는 없는 일이다.

> **[판례]**　허위의 방법으로 연령을 속여 발급받은 운전면허는 비록 위법하다고 하더라도, 도로교통법 제65조 제3호의 허위 기타 부정한 수단으로 운전면허를 받은 경우에 해당함에 불과하여 취소되지 않는 한 그 효력이 있는 것이라 할 것이므로 그러한 운전면허에 의한 운전행위는 무면허운전이라 할 수 없다(대판 1982. 6. 8.,).[17]

4. 구성요건적 효력의 한계

구성요건적 효력은 유효한 행정행위만이 가지는 구속력이므로 무효인 행정행위에는 인정되지 않는다.

Ⅴ. 존속력(불가쟁력·불가변력)

1. 존속력의 의의

행정행위가 일단 행해지면 그에 의거하여 많은 법률관계가 형성된다. 따라서 되도록이면 일단 정해진 행정행위를 존속시키는 것이 여러모로 바람직하다고 할 것인바, 이러한 요청을 제도화한 것이 행정행위의 불가쟁력, 불가변력 내지는 실질적 확정력이며, 그들을 합쳐 존속력(Bestandskraft)[18]이라고 부른다.[19]

---

17) 부정설을 취하는 입장에서는 이 판례를 부정설을 지지하는 판례로, 즉 "행정행위의 위법성 여부에 관한 문제가 형사재판에 있어서의 선결문제로 된 경우에 당해 법원은 그것이 당연무효의 경우가 아닌 한 그에 대한 심리·판단권을 가지지 아니한다"는 취지의 판례인 것으로 소개하고 있다(이상규(상), 409면). 그러나 이 판례는 행정행위의 위법성 여부에 관한 것이 아니라 행정행위의 존재 여부가 선결문제로 되어 있다고 보여지며, 비록 하자가 있는 행정행위(연령을 속여 운전면허를 받았다)이기는 하나, 면허행정청이 당해 운전면허를 취소하지 않았으므로, 법원이 무면허운전죄로 처벌할 수 없다고 판시하였음은 타당하며, 이른바 행정행위의 구성요건적 효력이론에 의기할 때 문제를 올바로 이해할 수 있다고 판단된다.

18) 과거에는 존속력 대신에 확정력(Rechtskraft)이라는 용어가 많이 사용되었다. 행정행위의 존속력은 소송법상의 확정력의 개념에 상응하여 도출된 개념이나, 행정행위와 판결의 이질성을 인정한다면 양자는 적어도 부분적으로는 그 출발점을 달리하는 것이라 할 수 있다. 법원과 달리 행정청은 공평하고 중립적이며 제3자적 입장에서 결정하는 것이 아니라, 자신의 사무에 관여하는 것으로 결정기관인 동시에 당사자의 지위에 있는 것이다. 더욱이 행정행위는 판결처럼 실질적 적법성을 보장하는 것이 아니며, 또한 장래지향적인 사회형성의 수단으로서 변화된 사정에의 적응이 요청된다는 점에서 법원의 판결과 동일한 확정력을 인정할 수 없는 것이다.

19) 주요문헌: 이명구, 행정행위의 존속력, 고시연구, 1985. 2, 13면 이하; 맹장섭, 행정행위의 구속력, 고시계, 1989. 7, 121면 이하; 김성수, 행정행위의 존속력, 월간고시, 1990. 7~8; 박종국, 행정행위의 존속력, 구병삭박사 정년기념논문집; 류지태, 행정행위의 효력으로서의 존속력, 저스티스 제32권 제3호; 정하중, 행정행위의 공정력, 구속력 그리고 존속력, 공법연구 제26집 제3호, 1998. 6; 홍준형, 행정행위의 불

> **[판례]** 어떤 행정처분을 위법하다고 판단하여 취소하는 판결이 확정되면 행정청은 취소판결의 기속력에 따라 그 판결에서 확인된 위법사유를 배제한 상태에서 다시 처분을 하거나 그 밖에 위법한 결과를 제거하는 조치를 할 의무가 있다($^{행정소송}_{법\ 30조}$). 그리고 행정처분이 불복기간의 경과로 인하여 확정될 경우 그 확정력은, 처분으로 인하여 법률상 이익을 침해받은 자가 해당 처분이나 재결의 효력을 더 이상 다툴 수 없다는 의미일 뿐, 더 나아가 판결에 있어서와 같은 기판력이 인정되는 것은 아니어서 처분의 기초가 된 사실관계나 법률적 판단이 확정되고 당사자들이나 법원이 이에 기속되어 모순되는 주장이나 판단을 할 수 없게 되는 것은 아니다($^{대판\ 2019.\ 10.}_{17,\ 2018두104}$).

2. 불가쟁력

(1) 의의 및 내용

행정행위에 대한 쟁송제기기간이 경과하거나 쟁송수단을 다 거친 경우에는 상대방 또는 이해관계인은 더 이상 행정행위의 효력을 다툴 수 없게 되는바, 이러한 구속력을 불가쟁력(Unanfechtbarkeit) 또는 형식적 존속력이라 한다. 불가쟁력은 행정법관계의 안정과 능률적인 행정목적의 수행을 위하여 그 효력에 관한 다툼을 제한된 시간 내에서만 허용한다는 목적에서 인정되는 것이다. 불가쟁력은 행정행위의 상대방이나 이해관계인에 대한 구속력이며, 처분청이나 그 밖의 국가기관을 구속하지는 않는다. 따라서 처분청은 불가쟁력이 발생한 후에도 행정행위를 취소·변경할 수 있다. 불가쟁력이 발생한 행정행위에 대한 행정심판 및 행정소송(항고소송)의 제기는 부적법한 것으로서 각하된다. 한편, 무효인 행정행위는 쟁송제기기간의 제한을 받지 않으므로($^{행정심판법\ 27조\ 7항,}_{행정소송법\ 20조,\ 38조\ 1항}$) 불가쟁력이 발생하지 않는다.

(2) 불가쟁적 행정행위의 재심사

(가) 문제의 의의

행정행위와 판결을 비교해 볼 때, 적어도 기관의 독립성·제3자성 및 절차의 공정성·신중성이라는 점에 있어, 전자는 도저히 후자에 비길 수 없다. 그렇다고 할 때, 확정된 판결에 대해서는 재심의 기회가 부여되어 있음에도 불구하고($^{민사소송법\ 451조,}_{형사소송법\ 420조}$), 확정된 행정행위에 대해서는 그러한 길이 봉쇄되어 있다면 너

가변력에 대한 고찰, 고시계, 2001. 8.

무나 불합리하다고 하지 않을 수 없다. 불가쟁력이 발생한 행정행위의 재심사의 문제는 바로 그와 같은 이치에 바탕을 둔 것이다. 결국 불가쟁적 행정행위의 재심사는 확정된 판결의 재심에 준한 제도라 할 것인바, 이는 독일 행정절차법($\frac{51}{조}$)이 그와 같은 제도를 명문화하면서부터 주목받기 시작한 제도이며,[20) 우리의 "1987년 행정절차법안($\frac{33}{조}$)"에도 도입된 바 있었다.[21) 그러나 현행 「행정절차법」에는 그러한 규정을 두고 있지 않았다. 2021년 제정된 「행정기본법」은 제재처분 및 행정상 강제를 제외한 처분에 대해서는 쟁송을 통하여 더 이상 다툴 수 없게 된 경우에도 처분의 근거가 된 사실관계 또는 법률관계가 추후에 당사자에게 유리하게 바뀐 경우 등 일정한 요건에 해당하면 당사자는 해당 처분을 한 행정청에 대하여 처분을 취소·철회하거나 변경하여 줄 것을 신청할 수 있도록 하였다($\frac{37}{조}$).[22)

(나) 재심사의 대상

「행정기본법」은 재심사의 대상에서 '제재처분'[23)과 '행정상 강제'[24)를 제외하고 있는데, 이는 우리에게 처음 도입되는 제도라는 점에서, 우선 수익적 처분에 한정하여 운영해 보고 추후 확대 여부를 결정하기로 한 것이다. 또한 법원의 확정판결이 있는 경우는 처분의 재심사를 신청할 수 없다고 규정하고 있다.

한편, 공무원 인사 관계 법령에 따른 처분의 특수성, 노사관계의 특수성, 형사·행형·보안처분 관련 사항의 사법작용으로서의 성격, 상호주의가 적용되는 외국인 관련 사항의 특수성 등을 고려하여 해당 사항을 재심사 대상에서 제외하고 있다. 즉, ① 공무원 인사 관계 법령에 따른 징계 등 처분에 관한 사항, ② 「노동위원회법」 제2조의2에 따라 노동위원회의 의결을 거쳐 행하는 사항, ③ 형사, 행형 및 보안처분 관계 법령에 따라 행하는 사항, ④ 외국인의 출입

---

20) 동조는 독일의 연방행정법원이 재심에 관한 규정을 두지 않은 절차법은 위헌이라 판시한 판결(BVerwGE 39, 197 ff.)이 계기가 되어 정착된 것이다. 자세한 것은 김남진, 기본문제, 275면 이하; 신보성, 불가쟁적 행정행위의 재심사, 고시연구, 1986. 3, 71면 이하; 김성수, 행정행위의 존속력(상), 월간고시, 1990. 7, 75면 이하 참조.

21) 1987년에 입법예고되었던 행정절차법안은 1996년말의 행정절차법의 제정을 통해 하나의 역사적 기록 정도의 의미만을 가지게 되었다. 그에 따라 '불가쟁적 행정행위의 재심사'도 제도화되는 기회를 잃게 되었다. 그러나 동 법리가 당연한 법치국가적 요청이라고 할 때, 조속한 입법화가 필요하다고 생각한다(동지: 이상규(상), 411면).

22) 참고로 처분의 재심사에 관한 「행정기본법」 제37조는 2023. 3. 24.부터 시행된다.

23) '제재처분'이란 법령등에 따른 의무를 위반하거나 이행하지 아니하였음을 이유로 당사자에게 의무를 부과하거나 권익을 제한하는 처분(행정상 강제는 제외)을 말한다(행정기본법 제2조 5호).

24) '행정상 강제'는 행정대집행, 이행강제금, 직접강제, 강제징수, 즉시강제를 의미한다(행정기본법 제30조 1항).

국·난민인정·귀화·국적회복에 관한 사항, ⑤ 과태료 부과 및 징수에 관한 사항, ⑥ 개별 법률에서 그 적용을 배제하고 있는 경우에는 처분의 재심사에 관한 규정을 적용하지 아니한다($^8_9$).

(다) 재심사의 사유

「행정기본법」에서 규정하고 있는 재심사의 사유는 다음의 세 가지이다.[25]

① 처분의 근거가 된 사실관계 또는 법률관계가 추후에 당사자에게 유리하게 바뀐 경우이다. 이것은 처분이 원래 위법한 것이 아니라, 추후에 처분의 근거가 된 사실관계와 법률관계가 더 이상 현존하는 법질서와 일치하지 않게 된 경우를 말한다. '사실관계의 변경'은 처분의 결정에 객관적으로 중요하였던 사실이 없어지거나 새로운 사실(과학적 지식 포함)이 추후에 발견되어 당사자에게 유리한 결정을 이끌어 낼 수 있는 경우를 의미하고, '법률관계의 변경'은 처분의 근거 법령이 처분 이후에 폐지되었거나 변경된 경우 등을 의미한다.

② 당사자에게 유리한 결정을 가져다주었을 새로운 증거가 있는 경우이다. 여기에서 '새로운 증거'는 '새로운 사실'과는 다른 점에 유의하여야 한다. 즉, 새로운 증거란 이전에 이미 존재하기는 하였으나 그 당시 알지 못하여 고려되지 않은 사실로서 후에 새로이 발견된 것을 의미하는 것이다. '새로운 증거'는 처분의 절차나 쟁송 과정에서 사용할 수 없었던 증거, 당사자의 과실 없이 절차 진행 당시 제때 습득하지 못하거나 마련할 수 없었던 증거거나 그 당시 인지하지 못하고 있었던 증거, 처분 당시 제출되어 있었으나 행정청의 오판이나 불충분한 고려가 있었던 경우 등을 의미한다.

③ 「민사소송법」 제451조에 따른 재심사유에 준하는 사유가 발생한 경우 등 대통령령으로 정하는 경우이다.

(라) 재심사의 제한

「행정기본법」의 입법예고안에는 국민의 권리구제 강화라는 재심사의 취지를 고려하여 「행정소송법」상 원고적격이 있는 제3자와 소송참가가 인정되는 제3자도 재심사를 신청할 수 있도록, 재심사 신청권자로 '이해관계인'을 포함하는 것으로 규정되었다. 그러나 관계기관의 의견수렴 과정에서 신청권자의 범위가 지나치게 확대되어 행정청에게 부담이 커진다는 의견을 반영하여 '당사자'로 제한하게 되었다.

---

25) 독일의 행정절차법 및 1987년 행정절차법안에 있어서의 재심사의 사유도 마찬가지이다.

재심사 신청은 당사자가 중대한 과실 없이 해당 처분의 절차, 행정심판, 행정소송 및 그 밖의 쟁송에서 법 제37조 1항 각호의 사유를 주장하지 못한 경우에만 할 수 있도록 제한하였다($\frac{2}{8}$). 이는 재심사의 남용을 막기 위한 장치로서 해당 처분의 절차와 행정쟁송에서 재심사의 사유를 주장하였거나 주장하지 못하였더라도 당사자에게 중대한 과실이 있는 경우에는 재심사 신청을 허용하지 않으려는 것이다.

재심사의 남용을 막기 위한 또 다른 장치로 신청 기간을 법 제37조 1항 각호의 사유를 안 날부터 60일 이내로 하고, 처분이 있은 날부터 5년이 지나면 신청할 수 없도록 제한하였다($\frac{3}{8}$). 입법예고안에는 안 날부터 60일의 제한만 있었는데, 재심사 신청 기간이 당사자의 인지(認知) 여부에 좌우되어 행정청에 지나친 부담으로 작용할 우려가 있다는 의견을 반영하여 제척기간에 해당하는 단서를 두게 되었다. 재심사 사유를 안 날이란 재심사 사유가 되는 사실관계를 현실적으로 인지한 날을 의미하는 것이지, 그러한 사실관계가 재심사의 사유가 된다는 점까지 인지한 날을 의미하는 것은 아니다.

(마) 재심사의 절차 등

행정청은 특별한 사정이 없으면 신청을 받은 날부터 90일(합의제행정기관은 180일) 이내에 처분의 재심사 결과(재심사 여부와 처분의 유지·취소·철회·변경 등에 대한 결정을 포함한다)를 신청인에게 통지하도록 하되, 부득이한 사유로 그 기간 내에 통지할 수 없는 경우에는 한 차례 연장할 수 있도록 하였다($\frac{4}{8}$).

한편, 처분의 재심사 결과 중 처분을 유지하는 결과에 대해서는 행정심판, 행정소송 및 그 밖의 쟁송수단을 통하여 불복할 수 없도록 하여 불필요한 쟁송 반복을 방지하고 재심사로 인한 행정청의 부담을 완화하였다($\frac{5}{8}$). 이 조항은 입법예고안에는 없었는데, 쟁송기간이 지나 불가쟁력이 발생한 처분에 대하여 재심사와 쟁송을 통한 불복을 무한정 반복할 수 있게 된다면, 행정청의 부담이 급증하고 사법시스템을 무력화할 수 있다는 의견을 반영한 것이다. 이에 대하여는 재심사 제도가 실효성이 있으려면 재심사 결정에 대해서도 쟁송제기가 가능해야 할 것이고, 재심사의 사유·요건 등을 감안하면 쟁송이 무한 반복될 우려는 크지 않으며, 다른 법률에서 불복을 금지한 사례를 찾아 볼 수 없다는 점 등을 이유로 불복 제한 규정은 삭제해야 한다는 의견이 강력하게 제기되었다.

(바) 재심사와 직권취소·철회의 관계

「행정기본법」은 "행정청의 제18조에 따른 취소와 제19조에 따른 철회는 처분의 재심사에 의하여 영향을 받지 아니한다"고 규정하여($^6_항$), 행정청은 처분의 재심사와 관계없이 직권취소나 철회를 할 수 있도록 하였다. 제18조 및 제19조에 따른 직권취소나 철회와 함께 재심사 제도가 도입될 경우 재심사 신청 요건에 해당한다고 판단하여 신청하였는데 기각되면 해당 사안은 직권취소나 철회도 못하게 된다는 오해를 해소하기 위한 규정이다. 현재는 고충민원 등을 통해 직권취소나 철회가 가능한데, 직권취소와 철회 제도를 재심사 제도와 함께 도입하면서 일정 요건 하에서만 재심사를 신청할 수 있게 되면 직권취소나 철회 제도는 이용을 못하는 것으로 해석될 우려가 있다는 점을 고려한 규정이다.

(3) 불가쟁적 행정행위의 규준력

일련의 행정행위가 연속적으로 행해지는 가운데 선행행위가 불가쟁력을 발생한 경우, 그것이 후행행위에 어떠한 법적 효과(^{규준력})를 미치는가? 이 문제는 독일 학계에서도 이론의 미로(Labyrinth der Meinung)라고 말해질 만큼 행정법학에 있어서의 난제의 하나이다. 이 문제는 '행정행위의 규준력($^{선행정행위의\ 후행정}_{행위에\ 대한\ 구속력}$)'의 이름으로 별도로 다루어지고 있다.

3. 불가변력

(1) 의 의

행정행위는 하자가 있음을 이유로 행정청에 의해 취소·변경되며, 혹은 행정행위를 그대로 존속시킬 수 없는 새로운 사정의 발생을 이유로 철회되기도 한다. 이러한 행정행위의 취소 및 철회는 행정행위의 하자 또는 부적합성을 시정함으로써 법치주의를 확보하고, 행정의 공익적합성 및 상황적합성을 유지하기 위한 수단으로 간주된다. 다만, 행정행위의 하자 또는 새로운 사정의 발생에도 불구하고, 직권에 의한 취소·철회가 제약받는 경우가 있는데, 행정행위의 이와 같은 효력(구속력)을 불가변력 또는 실질적 존속력이라 한다.

(2) 불가변력이 논의되는 행정행위

불가변력은 모든 행정행위에 공통된 효력이 아니라, 특별한 경우에만 인정되는데, 특히 다음과 같은 경우에 인정될 수 있는 것으로 말해지고 있다.

① 취소에 의해 상대방의 권리·이익이나 공공복리가 침해되는 경우($^{수익적}_{행정행위}$)[26]

---

26) 동지판례: 동일한 사유에 관하여 보다 무거운 면허취소처분을 하기 위하여 이미 행하여진 가벼운 면허정지처분을 취소하는 것은 선행처분에 대한 당사자의 신뢰 및 법적 안정성을 크게 저해하는 것이 되어

② 행정심판의 재결 등과 같이 일정한 쟁송절차를 거쳐 행해지는 확인판단적·준사법적 행정행위

③ 법률이 일정한 행위에 대하여 소송법적 확정력을 인정하고 있는 경우, 즉 행정행위에 의해 정해진 법률관계의 내용이 이후 당사자간의 법률관계의 기준이 됨으로써 당사자가 이에 반한 주장을 할 수 없으며, 또한 타 행정청이나 법원도 이에 모순되는 판단을 할 수 없는 경우(¹⁹⁹⁷. ¹². ¹³. 법률 제5433호로 개정되기 이전의 국가배상법 16조에 의한 배상심의회의 결정)

그런데 위의 세 가지 경우를 놓고 볼 때, ①은 취소권의 제한의 문제로 보아야 할 것이며, ②의 경우만 불가변력의 효과로 보아야 할 것이다. 또한 ③의 경우는 행정행위에 대해 판결의 기판력과 대등한 효력(구속력)을 인정하는 것이 되어, 권력분립원칙 위반의 문제를 일으킨다. 실제로 구「국가배상법」제16조는 다음 판례에서 보는 바와 같이 위헌판정을 받았으며, 그에 따라 법률개정을 통해 삭제되었다.

> **[판례]** 이 사건 심판대상조항부분(국가배상법 제16조 중 '심의회의 배상결정은 신청인이 동의한 때에는 민사소송법의 규정에 의한 재판상의 화해가 성립된 것으로 본다'의 부분)은 국가배상에 관한 분쟁을 신속히 종결·이행시키고 배상결정에 안정성을 부여하여 재심의 소에 의하여 취소 또는 변경되지 않는 한 그 효력을 다툴 수 없도록 하고 있는 바, 각종 중재·조정절차와는 달리 배상결정에 있어서는 심의회의 제3자성·독립성이 희박한 점을 종합하여 볼 때, 과잉입법금지의 원칙에 반할 뿐 아니라, 분쟁해결에 관한 종국적인 권한은 법관으로 구성되는 사법부에 귀속시키고, 나아가 국민에게 법관에 의한 재판을 청구할 수 있는 기본권을 보장하고 있는 헌법의 정신에도 충실하지 못한 것이다(헌재 1995. 5. 25. 91헌가7).

4. 불가쟁력과 불가변력과의 관계

불가쟁력과 불가변력의 관계에 관해서는 다음과 같은 점을 지적할 수 있다.

① 불가쟁력은 행정행위의 상대방 및 이해관계인에 대한 구속력인 데 대하여, 불가변력은 주로 처분청 등 행정기관에 대한 구속력으로 볼 수 있다.

② 불가쟁력이 생긴 행위가 당연히 불가변력을 발생시키는 것은 아니다. 따라서 불가쟁력이 발생한 행정행위도 불가변력이 발생하지 않는 한 권한 있는

허용될 수 없다(대판 2000. 2. 25, 99두10520). 아울러 이 판례에 대한 평석으로서 김남진, 행정행위의 불가변력 등, 고시연구, 2002. 8 참조.

기관이 취소·변경하는 것은 가능하다.

③ 불가변력이 있는 행위가 당연히 불가쟁력을 가지는 것은 아니다. 따라서 불가변력이 있는 행정행위도 쟁송제기기간이 경과하기 전에는 쟁송을 제기하여 그 효력을 다툴 수 있다.

④ 불가쟁력이 절차법적 효력인 데 대하여, 불가변력은 실체법적 효력이라고도 말해진다.

Ⅵ. 강제력(집행력·제재력)

1. 집 행 력

(1) 의 의

행정행위의 집행력이란 행정행위에 의해 부과된 행정상 의무를 상대방이 이행하지 않는 경우에 행정청이 스스로의 강제력을 발동하여 그 의무를 실현시키는 힘을 말한다. 모든 행정행위가 집행력을 가지는 것이 아니라, 상대방에게 어떤 의무를 부과하는 하명행위만이 집행력을 가질 수 있다. 따라서 허가·면제·특허·인가 등 의무의 부과와는 무관한 행정행위는 집행력과는 아무런 관계가 없다.

(2) 근 거

행정행위의 집행력은 행정행위에 내재하는 당연한 속성인가, 아니면 별도의 법적 근거를 요하는 것인가?

과거에는, 의무($\frac{작위의무·}{급부의무 등}$)를 부과하는 법적 근거만 있으면 그 의무의 내용을 변경함이 없이 강제집행하는 데에는 별도의 법적 근거가 필요 없다고 한 주장도 있었다. 그러나 오늘날은, 행정행위의 집행력은 하명과는 별도의 법규에 의해 부여되는 것으로 보는 데에 이견이 없다고 하겠다. 행정행위의 집행력의 일반적인 법적 근거로서는 「행정대집행법」과 「국세징수법」을 들 수 있다.

「행정기본법」은 행정목적을 달성하기 위하여 필요한 경우에는 '법률로 정하는 바에 따라' 행정상 강제조치를 할 수 있다고 규정하여($\frac{30조}{1항}$),[27] 행정상 강제에 대한 개별법에 근거가 있어야 한다는 점을 분명히 하고 있다.

---

27) 참고로 행정상 강제에 관한 「행정기본법」 제30조는 2023. 3. 24.부터 시행된다.

2. 제 재 력

행정행위에 의하여 부과된 의무(주로 부작위의무)를 위반하는 경우(예컨대 허가를 받지 않고 영업을 하거나 집 축을 하는 등) 행정벌(행정형벌·행정질서벌)이 과해지는 경우가 많이 있다(식품위생법 94조, 건축법 108조 등). 그리고 이러한 현상을 우리나라에서는 보통 "행정행위의 제재력"의 이름으로 설명하고 있다. 그러나 과연 그러한 것이 행정행위의 "효력(구속력)"과 직접 연관되는 것인가에 대해서는 의문이다.

Ⅶ. 후행정행위에 대한 구속력(규준력)

예컨대 행정청이 甲에 대하여 건물의 철거명령을 내렸던바, 자진하여 철거하지 않으므로 대집행의 계고를 하였더니, 甲이 철거명령이 불가쟁력을 발생한 후에 철거명령의 위법을 이유로 계고처분의 취소를 구하는 경우, 심판기관(법원 포함)은 어떠한 결정을 내려야 하는 것인가? 이 문제는 선행정행위의 후행정행위에 대한 구속력(규준력)의 문제로서 고찰할 수 있는 문제이다.

다만 우리나라에서는 그 문제를 "행정행위의 하자승계"의 이름으로 다루므로, 본서 역시 그러한 제목 아래 후술하기로 한다.

제 8 절 행정행위의 하자

Ⅰ. 개   설

1. 하자의 의의: 좁은 의미의 하자

행정행위가 적법하게 성립하고 효력을 발생하기 위해서는 주체, 절차, 형식, 내용, 표시 등에 관한 요건을 갖추어야 한다(제6절 참조). 행정행위가 그들 법적 요건을 모두 갖춘 경우 그 행정행위는 적법한(rechtmäßig) 것이 되며, 반대로 법이 요구하는 요건을 충족하지 못할 때, 그 행정행위는 위법한(rechtswidrig) 것이 된다. 그리고 그러한 위법한 행위를 하자있는(fehlerhaft) 행위로 부를 수 있다. 따라서 "하자가 있다"는 것과 "위법하다"는 것은 같은 뜻(synonym)이 되는 셈인데, 이러한 의미의 하자를 '좁은 의미(협의)의 하자'라 부르기로 한다. 그리고 보통 '행정행위의 하자'라고 할 때에는 그 '좁은 의미의 하자'를 가리킨다는 것을 밝혀 두기로 한다.

2. 부당 · 공익위반 · 오기 · 오산 등의 문제

(1) 부당한 행위(넓은 의미의 하자)

행정기관이 재량을 그르치게 행사하였으나 법이 정한 한계를 벗어나지 않은 경우를 '부당'이라고 부르는데, 하자를 특별히 넓은 의미(광의)로 사용하는 경우에만 '부당한 행위'도 '하자있는 행위'에 포함된다.

(2) 공익에 위반되는 경우

학설에 따라서는 "공익위반"을 "부당"과 같은 뜻으로 이해하기도 한다. 그러나 공익위반이 언제나 부당에 머무르는 것은 아니며, 오히려 대부분의 공익위반은 위법으로 된다고 생각한다.

(3) 오기 · 오산 등(처분의 정정)

명백한 오기 · 오산 기타 이에 준하는 행정행위의 표면상의 오류에 대하여 행정청은 언제나 이것을 정정할 수 있으며, 상대방도 특별한 형식 · 절차에 의함이 없이 그의 정정을 요구할 수 있다. 따라서 오기 · 오산 등이 있는 행위는 "하자있는 행위"와는 구별된다고 보는 것이 타당하다.

한편, 「행정절차법」은 제25조에서, 행정청은 처분에 오기 · 오산 기타 이에 준하는 명백한 잘못이 있는 때에는 직권 또는 신청에 의하여 지체 없이 정정하고 이를 당사자에게 통지하여야 한다고 규정하고 있다.

3. 하자의 효과

행정행위에 하자가 있는 경우, 그 하자있는 행위의 효력은 어떻게 되는가? 우리나라의 경우 그에 관한 명문의 일반적 규정이 없으므로, 그 문제는 현재 거의 전적으로 학설 · 판례의 발전에 맡겨져 있다. 하자있는 행위는 일반적으로 "무효"인 행위와 "취소"할 수 있는 행위로 구분되고 있는데, 이에 관하여는 뒤에서 별도로 고찰하기로 한다.

4. 하자의 판단시점

행정행위에 하자가 있는가 여부는 일반적으로 행정행위가 외부에 표시된 시점을 기준으로 판단되어야 할 것이다. 예컨대, 행정청에 의한 해산명령, 세금의 부과처분 같은 것은, 당해 행정행위가 상대방에게 표시된(도달된) 시점을 기준으로 하자가 있는지 여부가 판단되어야 할 것이다. 따라서 행정행위가 발해진 연후에 법이나 사실관계가 변경되어, 나중에 행정행위가 위법하게 되는 경우는 "행정행위의 하자의 문제"로서가 아니라, "행정행위의 철회"의 문제로서 다루게 된다. 따라서 "본래가 위법한(ursprünglich rechtswidrig) 행정행위"와 나중에 "위법하게 된(rechtswidrig geworden) 행정행위"는 구별할 필요가 있다. "위법하게 된 행정행위"는 "계속효를 가지는 행정행위(Verwaltungsakt mit Dauerwirkung)"와 관련된 문제임을 고려할 필요가 있다.

「행정기본법」은 제14조에서 법 적용의 기준을 제시하고 있는바, 당사자의 신청에 따른 처분은 처분 당시의 법령등을 적용하는 것을 원칙으로 하고, 법령등에 특별한 규정을 두거나 처분 당시 법령을 적용하기 곤란한 특별한 사정(예컨대, 행정청의 부당한 처리 지연 등)이 있는 경우에는 예외를 인정하고 있다(2항).

[판례①] 행정행위는 처분 당시에 시행중인 법령과 허가기준에 의하여 하는 것이 원칙이고, 인·허가신청 후 처분 전에 관계 법령이 개정 시행된 경우 신법령 부칙에 그 시행 전에 이미 허가신청이 있는 때에는 종전의 규정에 의한다는 취지의 경과규정을 두지 아니한 이상 당연히 허가신청 당시의 법령에 의하여 허가 여부를 판단하여야 하는 것은 아니며, 소관 행정청이 허가신청을 수리하고도 정당한 이유 없이 처리를 늦추어 그 사이에 법령 및 허가기준이 변경된 것이 아닌 한 변경된 법령 및 허가기준에 따라서 한 불허가처분은 위법하다고 할 수 없다(대판 2005. 7. 29. 2003두3550).

[판례②] 행정처분은 원칙적으로 처분시의 법령과 허가기준에 의하여 처리되어야 하는 것이고, 허가신청 당시의 기준에 따라야 하는 것은 아니다. 다만 소관행정청이 허가신청을 수리하고도 이유없이 그 처리를 늦추어 그 사이에 허가기준이 변경된 것이라면 변경된 허가기준에 따라 불허가처분이 위법하게 될 경우가 있을 것이지만, 이 사건의 경우에 있어서는 그 허가처리기간(7일) 내에 허가기준이 변경된 것이므로 새로운 허가기준에 따라서 한 이 사건 불허가처분이 위법하다고 할 수 없다(대판 1989. 7. 25. 88누11926. 동지판례: 대판 2002. 7. 9. 2001두10684: 대판 2002. 10. 25. 2002두4464: 대판 2005. 4. 15. 2004두10883: 대판 2007. 5. 11. 2007두1811.).

Ⅱ. 행정행위의 부존재 - 비행정행위

1. 의   의

행정청의 행위가 사실상으로 존재하지 않는 경우, 즉 행정행위라고 볼 수 있는 외형상의 존재 자체가 없는 경우를 행정행위의 부존재라고 한다. 일반적으로 ① 행정청이 아닌 것이 명백한 사인의 행위, ② 행정권의 발동으로 볼 수 없는 행위, ③ 행정기관 내에서 내부적 의사결정이 있었을 뿐 아직 외부에 표시되지 않은 경우, ④ 취소·철회·실효 등으로 소멸한 경우 등이 그에 해당하는 것으로서 예시됨이 보통이다.

행정행위의 부존재를 다시 "비행정행위"와 "협의의 부존재"로 나누어, 위의 예 중에서 ①·②를 비행정행위에, ③·④를 협의의 부존재에 분류하는 견해도 있다.

2. 무효·부존재 및 비행정행위를 구별할 실익 유무

행정행위의 부존재와 무효인 행정행위를 구별한 실익이 있는가? 이에 관한 학자들의 견해는 일치되어 있지 않다.

(1) 부정설[1]에 의하면, ① 행정행위가 무효인 경우에는 외형상으로는 행정행위 같은 것이 존재하더라도 법률상으로는 행정행위로서의 효력이 전혀 발생하지 않으므로 그 법적 효력의 면에서는 부존재의 경우와 같은 점, ② 현행「행정심판법」($\frac{5조}{2호}$)과「행정소송법」($\frac{4조}{2호}$)은 무효등확인심판, 무효등확인소송의 이름하에 행정행위(처분)의 효력 유무나 존재 여부의 확인을 구할 수 있게 하고 있는 점 등을 들어 양자를 구별할 실익이 없다고 한다.

(2) 이에 대하여 긍정설[2]에 의하면, ① 비록 효력의 면에서 행정행위의 무효와 부존재가 같을지라도 전자는 행정행위로서의 외형을 가지고 있는 점에서 외형조차 존재하지 않는 후자와 다른 점, ② 현행법 아래서도 무효확인소송과

---

1) 강구철(Ⅰ), 436면 등.
2) 석종현·송동수(상), 325면 이하; 박윤흔·정형근(상), 361면. 종래 긍정설의 입장에서는 행정행위의 부존재의 경우에는 쟁송의 목적물이 없으므로 그 쟁송은 각하를 면할 수 없는 데 대하여, 무효인 행정행위의 경우에는 무효확인소송을 제기할 수 있다는 점에서 구별실익이 있다고 주장되었으나, 현행법이 무효확인소송뿐만 아니라 부존재확인소송까지도 명문으로 인정함으로써, 현재 이러한 논거를 드는 학자는 없다.

부존재확인소송은 그 소송형태를 달리하는 점 등을 들어 양자를 구별할 실익이 있다고 한다.

(3) 일설은, 행정행위의 부존재를 행정행위의 하자의 한 유형(내용적으로는 그 위법성의 정도가 무효인 경우보다도 더 중대한 예외적인 경우)으로 보는 전제에 입각하여 "무효와 부존재를 구별할 실익은 없다"는 입장을 취한다.[3]

(4) 생각건대 관념적으로나 실무상으로나 양자는 구별할 필요가 있다. 행정행위가 존재하나 그 위법의 정도가 심하여 효력이 부인되는 경우와 행정행위로 부를 만한 외형조차 존재하지 않는 현상은 분명히 다르다. 따라서 실무상으로도 행정행위가 존재하지 않음에도 불구하고, "행정행위의 무효확인"을 소구하는 경우에는 각하되어야 할 것이다(다만 법관이 석명권을 행사하여 원고의 주장을 바로잡아 줄 수는 있을 것이다). 무효확인소송과 부존재확인소송이 하나의 법조문에 규정되어있다 하여, 양자가 동일하게 다루어지는 것은 아니라고 보아야 할 것이다. 앞에서 기술한 바와 같이, 행정행위의 하자는 주로 위법을 의미한다. 따라서 행정행위가 존재하지 않는다면 행정행위의 하자 내지 위법을 논할 여지도 없다고 하지 않을 수 없다. 그러한 점에서, "행정행위의 부존재"를 행정행위의 "하자의 한 유형"으로 보는 견해에 대해서는 의문을 표시하는 바이다.

Ⅲ. 행정행위의 무효와 취소

1. 무효·취소의 의의

행정행위의 무효(Nichtigkeit)라고 함은 행정행위로서의 외형은 갖추고 있으나 행정행위로서의 효력이 전혀 없는 경우를 말한다. 행정행위의 외형을 갖추고 있는 점에서 전술한 행정행위의 부존재(Unvorhandensein)와는 구별된다. 취소할 수 있는(aufhebbar, anfechtbar) 행정행위라고 함은 행정행위에 하자가 있음에도 불구하고, 권한 있는 기관이 그것을 취소함으로써 비로소 행정행위로서의 효력을 상실하게 되는 행정행위를 말한다.

---

3) 김동희·최계영(Ⅰ), 345면.

2. 양자의 구별이유

(1) 효력과의 관계

무효인 행정행위는 처음부터 행정행위로서의 아무런 효력을 발생하지 않는 데 대하여, 취소할 수 있는 행정행위는 권한 있는 기관에 의해 취소될 때까지 는 유효한 행위로서 통용된다.

(2) 공정력·구성요건적 효력과의 관계

행정행위의 공정력과 구성요건적 효력은 취소할 수 있는 행정행위에만 인 정되며, 무효인 행정행위에는 인정되지 않는다.

(3) 불가쟁력과의 관계

무효인 행정행위는 타 행정행위로 전환되지 않는 한 언제까지나 무효이므 로 쟁송제기기간의 제한을 받지 않는다(행정심판법 27조 7항, 행정소송법 20조, 38조). 이에 대해 취소할 수 있 는 행정행위는 쟁송제기기간(행정심판법 27조 1항, 행정소송법 20조)이 경과하면 불가쟁력을 발생하게 되므로 취소쟁송의 길이 막혀 버린다.

(4) 하자의 치유와의 관계

취소할 수 있는 행정행위만이 요건의 사후보완(추완 포함)을 통해 치유될 수 있으며, 무효인 행정행위에는 이것이 인정될 수 없다는 것이 지배적인 견해이다.

(5) 하자있는 행정행위의 전환과의 관계

우리나라에서의 다수설은 무효인 행정행위에 대해서만 다른 행정행위로의 전환을 인정하고, 취소할 수 있는 행정행위에 대해서는 그것을 부인한다. 그러 나 전환을 반드시 무효인 행정행위에 국한시킬 필요는 없다고 생각된다.

(6) 선행행위의 하자의 승계(행정행위의 규준력)의 문제

일정한 행정목적을 실현하기 위하여 둘 이상의 행정행위가 연속적으로 행 해진 경우, 선행행위의 하자가 후행행위에 승계되는가(선행행위의 규준력이 후 행행위에 미치는가 여부)의 문제는 "취소할 수 있는 행정행위"에만 관계되고, "무효인 행정행위"와는 무관하다.

(7) 쟁송형태와의 관계

취소할 수 있는 행정행위에 대하여는 취소심판 또는 취소소송의 형식으로 취소를 구할 수 있는 데 대하여(행정심판법 5조 1호, 행정소송법 4조 1호), 무효인 행정행위에 대해서는 무효확인심판 또는 무효확인소송의 형식으로 무효확인을 구할 수 있다(행정심판법 5조 2호, 행정소송 법 4조 2호). 다만, 무효인 행정행위에 대하여는 "무효선언을 구하는 의미에서의 취소 소송"이 판례상 인정됨으로써, 이 구별은 상대화되어가고 있다.

> **[판례①]** 행정처분의 당연무효를 선언하는 의미에서 그 취소를 구하는 행정소송
> 을 제기하는 경우에는 전치절차와 그 제소기간의 준수 등 취소소송의 제소요건을
> 갖추어야 하는 것이다(대판 1987. 6. 9. 87누219. 동지판례: 대판 1990. 8. 28. 90누1892).
> **[판례②]** 일반적으로 행정처분의 무효확인을 구하는 소에는 원고가 그 처분의 취
> 소를 구하지 아니한다고 밝히지 아니한 이상 그 처분이 만약 당연무효가 아니라면
> 그 취소를 구하는 취지도 포함되어 있는 것으로 보아야 한다(대판 1994. 12. 23. 94누477).
> **[판례③]** 행정처분에 대한 무효확인과 취소청구는 서로 양립할 수 없는 청구로서
> 주위적·예비적 청구로서만 병합이 가능하고 선택적 청구로서의 병합이나 단순 병
> 합은 허용되지 아니한다(대판 1998. 8. 20. 97누6889).

(8) 행정소송의 제기요건과의 관계

행정행위(처분)의 취소소송은 제기기간(행정소송 법 20조) 등의 제약을 받는 데 대하여, 행정행위의 무효확인소송은 그와 같은 제약을 받지 않는다. 다만 "행정행위의 무효선언을 구하는 의미에서의 취소소송"의 경우에는 취소소송의 제기요건을 갖추어야 한다는 것이 판례의 태도이다.

(9) 사정판결 및 사정재결과의 관계

다수설과 판례는 ① 처분이 무효인 경우에는 존치시킬 유효한 처분이 없으 며, ② 무효 등 확인쟁송에 대하여 취소소송의 사정판결(재결)규정(행정심판법 44조, 행정소송법 28조)을 준용하고 있지 않다는 것(행정심판법 44조 3항, 행정소송법 38조 1항)을 논거로 무효인 행정행위에 대해서는 사정판결(재결)이 인정되지 않는다고 한다. 이에 대하여 사정판결의 존치이유에 비추어 계쟁의 행정행위가 취소할 수 있는 것인가, 아니면 무효인 것인가 하는 점보다는 기성의 사실을 원상회복시키는 것이 공공복리의 관점에서 유익한 것 인가 아닌가 하는 기준을 통해 문제해결의 열쇠를 찾아야 한다는 견해도 있다.

> **[판례]** 당연무효의 행정처분을 소송목적물로 하는 행정소송에서는 존치시킬 효력
> 이 있는 행정행위가 없기 때문에 행정소송법 제28조 소정의 사정판결을 할 수 없
> 다(대판 1996. 3. 22. 95누5509).

(10) 선결문제와의 관계

민사사건 및 형사사건 등에 있어서, 행정행위의 위법성이 선결문제가 되는 경우와 관련하여, 행정행위가 무효인 경우에만 본안사건의 관할법원이 무효인 것을 스스로 판단할 수 있으며, 취소할 수 있는 행정행위인 경우는 그의 위법성에 대해 심사할 수 없다는 견해도 없지 않다. 그러나 취소할 수 있는 행정행위의 경우에도 본안사건의 관할법원이 그의 위법성에 대해 판단할 수 있다고 보는 것이 타당하다.

Ⅳ. 무효와 취소의 구별기준

하자있는 행정행위는 앞에서 본 바와 같이 무효인 행정행위와 취소할 수 있는 행정행위로 구별되어 그의 효력 및 쟁송수단 등을 달리하므로, 그의 구별의 기준을 찾아볼 필요가 있다. 우리나라에는 아직 이에 관한 통칙적 규정이 없으므로, 이 문제는 학설 판례의 발전에 맡겨져 있다.

1. 구별에 관한 이론

(1) 논리적 견해

법은 행정행위의 효과를 국가에 귀속시키기 위한 요건을 정하고 있으므로 그 요건을 결하는 행위는 법률에 특별한 규정이 없는 한 무효라고 하는 견해 (H. Kelsen 등)이다. 법률요건을 충족하지 않은 행정행위를 당연히 무효가 된다고 보는 점에서 법치주의의 요청에 충실하며, 개인의 권익보장에 도움이 되는 면이 있다. 그러나 법규의 성질, 목적, 규율대상 등의 차이에도 불구하고 그 모두를 행정행위의 효력요건으로 보는 데에 문제가 있다.

(2) 개념론적 견해[4]

법이 정한 행정행위의 요건에 가치의 차이를 두어 무효인 행위와 취소할 수 있는 행위를 구별하고자 하는 견해이다. 이 견해는 법규를 ① 능력규정과 명령규정, ② 강행규정과 비강행규정 등으로 나누어, 전자에 위반하는 행위는 무효, 후자에 위반하는 행위는 취소할 수 있는 것으로 본다. 이는 행정행위의 요건을 정한 법규의 성질 가치의 차이를 인정하는 점에서 위의 논리적 견해의 결함을

---

4) 이를 중대설이라고 부르는 견해도 있다(김동희·최계영(Ⅰ), 346면).

보완하고 있지만, 법규정의 그와 같은 구분이 분명한 것이 아니며, 또한 같은 성질의 규정도 입법취지에 따라 중요도에 차이가 있음을 간과하고 있다는 비난을 면하기 어렵다.

(3) 목적론적 견해

법률요건 이외의 사정, 특히 행정행위 일반의 성격, 행정의 이익, 법률생활의 안정, 신뢰보호 등 전체로서의 행정제도의 취지·목적을 고려하여 무효·취소를 논하는 입장을 널리 목적론적 견해라고 부른다.

(4) 기능론적 견해

행정쟁송(특히 취소쟁송)제도의 취지·목적에 비추어 행정행위의 무효와 취소를 구별하려는 학설이다. 즉, 현행법이 취소쟁송제도를 마련하고 있는 이유는 행정행위의 효력에 대해 의문이 있는 경우에 권한 있는 기관에 의한 판단을 통해 그의 효력을 소멸시키려는 데 있는 것이므로, 그 하자가 중대하고 명백한 경우에는 구태여 취소쟁송을 거칠 필요가 없다고 한다. 따라서 하자가 중대하고 명백한 것이 무효인 행정행위이고, 그에 이르지 않은 것이 취소할 수 있는 행정행위라는 견해로서, 과거 일본에 있어서의 유력설이었다. 그러나 이 학설은 부담적 행정행위에만 타당할 수 있는 점이 문제이다. 그 이유는 부담(불이익)을 주는 행정행위에 대해서만 취소쟁송이 가능하기 때문이다.

(5) 중대·명백설

이는 중대하고 명백한 하자를 무효원인으로 보고 그에 이르지 않는 하자를 취소원인으로 보는 학설로서, 오늘의 보편적 이론이다. 학자에 따라서 명백설(Evidenztheorie)이라고 부르기도 한다. 이 학설(이론)과 관련하여서는, 무엇을 "중대·명백한 하자"로 보며 누구(행정행위의 이해관계인, 평균인, 행정청 등)의 판단을 기준으로 그것을 정하느냐 하는 문제가 남게 되는 바(후술참조), 그럼에도 불구하고 이 학설이 국내외 학설·판례의 주류를 이루고 있음은 부인할 수 없다.

(가) 하자의 중대성

하자의 중대성이란 행정행위가 중요한 법률요건을 위반하고, 그 위반의 정도가 상대적으로 심하여 그 하자의 내용상 중대하다는 것을 말한다. 어떠한 하자를 중대한 하자로 볼 것인가는 일률적으로 말하기 어려우며, 구체적 사정 아래에서 당해 행정행위에 요구되는 법적 요건(주체·절차·형식·내용 등)의 중요도를 참작하여야 할 것이다. 근년에는 청문과 같은 절차적 요건, 이유제시와 같은 형식적 요건이 과거에 비해 중요하게 부각되고 있는 점도 고려되어야 한다.

(나) 하자의 명백성

어느 정도의 하자를 명백한 하자로 볼 것인가, 누구의 판단기준을 표준으로 명백 여부를 결정할 것인가 등의 문제가 있다. 이러한 점과 관련하여, 현재 일본에서는 외관상 일견명백설과 조사의무위반설(행정기관이 그의 조사의무를 이행하게 되면 잘못을 발견
할 수 있는 경우에도 명백성의 요건을 충족하는 것으로
보려는
견해)로 나누어져 있다고 한다.[5]

[판례①]   ㉮ 과세처분이 당연무효라고 하기 위하여는 그 처분에 위법사유가 있다는 것만으로는 부족하고 그 하자가 법규의 중요한 부분을 위반한 중대한 것으로서 객관적으로 명백한 것이어야 하며, 하자가 중대하고 명백한지를 판별할 때에는 과세처분의 근거가 되는 법규의 목적·의미·기능 등을 목적론적으로 고찰함과 동시에 구체적 사안 자체의 특수성에 관하여도 합리적으로 고찰하여야 한다. 그리고 어느 법률관계나 사실관계에 대하여 어느 법령의 규정을 적용하여 과세처분을 한 경우에 그 법률관계나 사실관계에 대하여는 그 법령의 규정을 적용할 수 없다는 법리가 명백히 밝혀져서 해석에 다툼의 여지가 없음에도 과세관청이 그 법령의 규정을 적용하여 과세처분을 하였다면 그 하자는 중대하고도 명백하다고 할 것이나, 그 법률관계나 사실관계에 대하여 그 법령의 규정을 적용할 수 없다는 법리가 명백히 밝혀지지 아니하여 해석에 다툼의 여지가 있는 때에는 과세관청이 이를 잘못 해석하여 과세처분을 하였더라도 이는 과세요건사실을 오인한 것에 불과하여 그 하자가 명백하다고 할 수 없다.

㉯ 과세관청이 법령 규정의 문언상 과세처분 요건의 의미가 분명함에도 합리적인 근거 없이 그 의미를 잘못 해석한 결과, 과세처분 요건이 충족되지 아니한 상태에서 해당 처분을 한 경우에는 법리가 명백히 밝혀지지 아니하여 그 해석에 다툼의 여지가 있다고 볼 수 없다(대판 2019. 4. 23, 2018다287287. 동지판례: 대판 2018.
7. 19, 2017다242409; 대판 2019. 5. 16, 2018두34848).

[판례②] 행정처분의 대상이 되지 아니하는 어떤 법률관계나 사실관계에 대하여 이를 처분의 대상이 되는 것으로 오인할 만한 객관적인 사정이 있는 경우로서 그것이 처분대상이 되는지의 여부가 그 사실관계를 정확히 조사하여야 비로소 밝혀질 수 있는 때에는 비록 이를 오인한 하자가 중대하다고 할지라도 외관상 명백하다고 할 수 없는 것이다(대판 2007. 3. 16, 2006다83802. 동지판례: 대판 2004. 10.
15, 2002다68485; 대판 2006. 10. 26, 2005다31439 등).

---

5) 塩野 宏, 行政法 Ⅰ, 131면. 다른 한편 우리나라의 문헌에서는 이 이론이 조사의무설의 이름으로 소개되기도 한다.

(6) 명백성보충요건설

행정행위의 무효를 논함에 있어, "하자의 중대성"을 필수적 요건으로 보고, 명백성의 요건은 행정의 법적 안정, 국민의 신뢰보호의 요청이 있는 경우에만 가중적으로 요구되는 요건이라고 보는 견해이다.[6]

2. 판례의 경향

우리나라의 판례는 중대·명백설에 입각하고 있다. 그리하여 하자가 중대하더라도 명백하지 않은 경우에는 당해 행위를 무효로 보지 않는 경향에 있다.

> **[판례①]** 하자 있는 행정처분이 당연무효가 되기 위하여는 그 하자가 법규의 중요한 부분을 위반한 중대한 것으로서 객관적으로 명백한 것이어야 하며 하자가 중대하고 명백한 것인지 여부를 판별함에 있어서는 그 법규의 목적, 의미, 기능 등을 목적론적으로 고찰함과 동시에 구체적 사안 자체의 특수성에 관하여도 합리적으로 고찰함을 요한다(대판 1995. 7. 11, 94누4615. 동지 판례: 대판 1993. 12. 7, 93누11432).
>
> **[판례②]** 하자 있는 행정처분이 당연무효로 되려면 그 하자가 법규의 중요한 부분을 위반한 중대한 것이어야 할 뿐 아니라 객관적으로 명백한 것이어야 하고, 행정청이 위헌이거나 위법하여 무효인 시행령을 적용하여 한 행정처분이 당연무효로 되려면 그 규정이 행정처분의 중요한 부분에 관한 것이어서 결과적으로 그에 따른 행정처분의 중요한 부분에 하자가 있는 것으로 귀착되고, 또한 그 규정의 위헌성 또는 위법성이 객관적으로 명백하여 그에 따른 행정처분의 하자가 객관적으로 명백한 것으로 귀착되어야 하는바, 일반적으로 시행령이 헌법이나 법률에 위반된다는 사정은 그 시행령의 규정을 위헌 또는 위법하여 무효라고 선언한 대법원의 판결이 선고되지 아니한 상태에서는 그 시행령 규정의 위헌 내지 위법 여부가 해석상 다툼의 여지가 없을 정도로 명백하였다고 인정되지 아니하는 이상 객관적으로 명백한 것이라 할 수 없으므로, 이러한 시행령에 근거한 행정처분의 하자는 취소사유에 해당할 뿐 무효사유가 되지 아니한다(대판 2007. 6. 14. 2004두619).
>
> **[판례③]** 행정처분이 당연무효라고 하기 위해서는 처분에 위법사유가 있다는 것만으로는 부족하고 그 하자가 법규의 중요한 부분을 위반한 중대한 것으로서 객관적으로 명백한 것이어야 한다. 특히 법령 규정의 문언만으로는 처분 요건의 의미가 분명하지 아니하여 그 해석에 다툼의 여지가 있었더라도 해당 법령 규정의 위헌 여부 및 그 범위, 법령이 정한 처분 요건의 구체적 의미 등에 관하여 법원이나 헌법재판소의 분명한 판단이 있고, 행정청이 그러한 판단 내용에 따라 법령 규정을

---

6) 이에 관한 상세는 김남진, 중대·명백설의 맹종에서 벗어나야, 법률신문, 2003. 10. 2: 김남진, 행정행위의 무효와 취소의 구별기준, 법률저널, 2003. 10. 6 참조.

해석·적용하는 데에 아무런 법률상 장애가 없는데도 합리적 근거 없이 사법적 판단과 어긋나게 행정처분을 하였다면 그 하자는 객관적으로 명백하다고 봄이 타당하다(대판 2017. 12. 28.
2017두30122).

다만, 위 판례(대판 1995. 7. 11.
94누4615)에서 반대의견은 '명백성보충요건설'을 취하고 있으며(판례
①), 최근 판례에서 신고납부방식의 취득세의 신고행위의 하자에 대해서 명백성보충요건설을 적용하고 있는 경우가 있다(판례
②).

한편, 대법원 2018. 7. 19. 선고 2017다242409 판결의 반대의견에서는 명백성보충요건설을 명확하게 취하고 있지는 않지만, 과세처분에 적용된 과세법리가 납세의무에 관한 법령을 잘못 해석·적용한 데에서 비롯되었음이 대법원판결로 확인된 경우에 그 판결 선고 이전에 하자의 명백성 요건이 결여되었다는 점을 내세워 하자가 무효사유가 될 수 없다고 하여서는 안 된다고 하여, 결론에 있어서는 명백성보충요건설을 취한 것과 마찬가지의 입장을 보이고 있다(판례
③).

[판례①] 행정행위의 무효사유를 판단하는 기준으로서의 명백성은 행정처분의 법적 안정성 확보를 통하여 행정의 원활한 수행을 도모하는 한편 그 행정처분을 유효한 것으로 믿은 제3자나 공공의 신뢰를 보호하여야 할 필요가 있는 경우에 보충적으로 요구되는 것으로서, 그와 같은 필요가 없거나 하자가 워낙 중대하여 그와 같은 필요에 비하여 처분 상대방의 권익을 구제하고 위법한 결과를 시정할 필요가 훨씬 더 큰 경우라면 그 하자가 명백하지 않더라도 그와 같이 중대한 하자를 가진 행정처분은 당연무효라고 보아야 한다(대판 1995. 7. 11.
94누4615 반대의견).

[판례②] 취득세 신고행위는 납세의무자와 과세관청 사이에 이루어지는 것으로서 취득세 신고행위의 존재를 신뢰하는 제3자의 보호가 특별히 문제되지 않아 그 신고행위를 당연무효로 보더라도 법적 안정성이 크게 저해되지 않는 반면, 과세요건 등에 관한 중대한 하자가 있고 그 법적 구제수단이 국세에 비하여 상대적으로 미비함에도 위법한 결과를 시정하지 않고 납세의무자에게 그 신고행위로 인한 불이익을 감수시키는 것이 과세행정의 안정과 그 원활한 운영의 요청을 참작하더라도 납세의무자의 권익구제 등의 측면에서 현저하게 부당하다고 볼 만한 특별한 사정이 있는 때에는 예외적으로 이와 같은 하자 있는 신고행위가 당연무효라고 함이 타당하다(대판 2009. 2. 12.
2008두11716).

[판례③] 과세처분은 그 존재를 신뢰하는 제3자의 보호가 특별히 문제 되지 않고, 따라서 그 위법성의 중대함을 이유로 당연무효라고 하더라도 법적 안정성이 저해되지 않는다. 과세행정의 안정과 원활한 운영의 요청을 참작한다고 하여 잘못 부

과·납부된 세금을 납세의무자에게 반환하지 아니할 정당한 근거가 될 수 없다. 그런데도 과세처분에 납세의무에 관한 법령을 잘못 해석한 중대한 하자가 있고, 그로써 납세의무 없는 세금이 부과·납부된 경우, 그 과세처분의 효력을 무효로 보지 않는 다수의견은 잘못된 법령 해석으로 인한 불이익을 과세관청이 아닌 납세의무자에게 전가시키는 결과가 되어 납득할 수 없다.

과세관청이 어느 법률관계나 사실관계에 대하여 법령의 규정을 적용할 수 있다는 해석론에 기초하여 과세처분을 하였으나, 그 해석론이 잘못되었다는 법리가 뒤늦게나마 분명하게 밝혀져 과세처분에 정당성이 없다는 사정이 확인되었으면, 국가는 충분한 구제수단을 부여하여 이를 바로잡을 필요가 있을 뿐 아니라 바로잡는 것이 마땅하다. 국가가 그러한 구제수단을 마련하지 않거나 구제수단을 제한한 채 납부된 세액의 반환을 거부하고 그 이익을 스스로 향유한다면, 국민의 권리와 재산을 지킨다는 본연의 존립 목적에 반하는 것이다.

다수의견과 같이 대법원이 판결을 선고하여 확인되는 과세법리에 관한 하자가 판결이 선고되기 이전에는 명백성 요건을 충족하지 못하고, 판결이 선고된 이후에만 명백성 요건을 충족한다고 볼 논리필연적인 이유가 없다.

결국 과세처분이 무효로 인정되기 위하여 하자의 중대성과 명백성을 모두 갖추어야 한다고 보더라도, 적어도 과세처분에 적용된 과세법리가 납세의무에 관한 법령을 잘못 해석·적용한 데에서 비롯되었음이 대법원판결로 확인된 경우까지 그 판결 선고 이전에 하자의 명백성 요건이 결여되었다는 점을 내세워 하자가 무효사유가 될 수 없다고 하여서는 안 된다.

이상에서 본 바와 같이 과세처분에 적용된 과세법리가 납세의무에 관한 법령을 잘못 해석·적용한 결과 정당한 세액을 초과하는 세금이 부과·납부된 경우 그 과세처분에 있는 하자는 무효사유가 된다고 보아야 한다(대판 2018. 7. 19, 2017 다242409 반대의견).

3. 헌법재판소 결정례

헌법재판소는 위헌법률에 근거한 행정처분의 효력과 관련하여, 원칙적으로 중대·명백설에 따라 처분의 근거법규가 위헌이었다는 하자는 중대하기는 하나 명백한 것이라고는 할 수 없다는 의미에서 그 행정처분은 당연무효가 되지 않는다고 하면서, 다만 그 행정처분을 무효로 하더라도 법적 안정성을 크게 해치지 않는 반면에 그 하자가 중대하여 그 구제가 필요한 경우에 대해서는 그 예외를 인정하여 이를 당연무효사유로 보아야 할 것이라는 입장을 취하고 있다(헌재 1994. 6. 30, 92헌바23). 즉 법적 안정성의 요구에 비하여 권리구제의 필요성이 큰 경우에는 중대·명백설의 예외를 인정하고 있다.

4. 입법례

행정행위의 무효·취소의 구별기준을 입법적으로 해결하려는 노력이 독일에서 일찍부터 시도되어 왔는데, 그의 결산으로서의 독일 행정절차법의 관계규정은 우리에게도 중요한 시사를 준다고 생각된다. 동법은 행정행위의 무효원인과 비무효원인을 나열하는 동시에($\frac{44조}{3항}$ $\frac{2항}{}$·), 그 밖의 사항에 관해서는 하자가 중대하며(besonders schwerwiegend), 고려될 수 있는 모든 사정을 합리적으로 평가하여 명백한 때에(bei verständiger Würdigung aller in Betracht kommenden Umstände offenkundig ist)는 무효로 하고 있다($\frac{동조}{1항}$). 전자를 절대적 무효원인, 후자를 상대적 무효원인이라고 부름이 보통이다.[7]

5. 결 어

생각건대, 무효·취소의 구별기준에 관한 논의는 궁극적으로 법적 안정성, 제3자의 신뢰보호, 행정의 원활한 수행 및 권리구제의 요청을 조화시키려는 것이다.

하자가 중대하고 객관적으로 명백한 경우에만 처음부터 아무런 효력을 발생하지 않는 무효인 행정행위로 보고, 그 이외의 경우에는 권한 있는 기관에 의하여 취소되어야만 비로소 처분의 효력을 상실하게 할 수 있는 취소사유로 보는 중대·명백설은 이러한 요청을 적절히 조화시키는 이론이라 할 것이다.

다만, 법적 안정성 및 제3자의 신뢰보호에 비하여 처분의 침해로부터 상대방을 보호할 필요가 강하게 요구되는 경우에는 예외적으로 하자가 중대하기만 하면 무효로 보는 것이 권리보호의 요청에 부합하고 불합리한 결과를 피하는 방법이 될 것이다.

V. 행정행위의 위법의 구체적 사유(무효 및 취소원인)

학설과 판례를 중심으로 행정행위의 하자의 구체적 유형 및 그의 효력을 살

---

7) 동법은 ① 서면행위로서 발급청이 불명한 것, ② 요증서교부행위로서 그 요식을 결한 것, ③ 부동산 기타 재산권에 관한 지역적 무권한행위, ④ 사실상의 불능행위, ⑤ 형벌 또는 과태료의 구성요건에 해당하는 행위의 실행을 요구하는 행위(법률상 불능행위), ⑥ 선량한 풍속에 반하는 행위 등을 절대적 무효행위로 규정하고 있으며, 그에 대응하여 ① 지역관할권에 관한 규정위반(위 ③의 경우 제외), ② 제척사유해당자의 관여, ③ 의결기관의 의결의 결여, ④ 행정청의 법정협력의 결여 등을 비무효원인으로 정하고 있다.

펴보면 다음과 같다.

1. 주체에 관한 하자[8]

(1) 무권한의 행위

행정권한은 사항적·지역적으로 한정되어 있는 것이 보통인데, 그 중에서 사항적 무권한(경찰관청이 조세를
부과하는 경우)은 원칙으로 무효인 데 대하여, 지역적 무권한(서울특별
시장이 관할구역 외에서
의 영업허가를 하는 경우)은 반드시 무효가 아니라고 하는 것이 일반론이다. 다만, 판례의 태도는 일정하지 않다.

> **[판례①]** 유기장의 영업허가는 시장이 하게 되어 있으므로 허가권한이 없는 동장으로부터 받은 영업허가는 당연무효이다(대판 1976. 11. 8,
62누163).
>
> **[판례②]** 행정기관의 권한에는 지역적·대인적으로 한계가 있으므로, 이러한 권한의 범위를 넘어서는 무권한의 행위는 원칙적으로 무효이다(대판 1996. 6. 28,
96누4374).

한편, 행정조직상의 권한분배는 외부인에게는 알기 어려운 경우가 많다. 그러므로 무권한의 행위일지라도, 구체적 사정에 따라 효력을 유지해야 할 경우가 있을 수 있다. 따라서 정당한 대리권이 없는 자의 행위는 원칙적으로 무효이지만, 정당한 대리권자라고 믿을 만한 이유가 있을 때에는 민법상의 표현대리의 법리에 따라 그 행위의 효력을 인정할 수밖에 없는 경우가 있을 수 있다. 판례상으로는 수납기관이 아닌 자의 양곡대금수납행위(대판 1963. 12. 5,
63다519), 세금징수관 보조원의 수납행위(대판 1969. 5. 13,
69다356)에 대하여 표현대리가 인정된 바 있다.

행정권한의 위임과 관련하여서도 비슷한 문제가 발생한다. 판례는 ① 무효인 권한위임조례의 규정에 근거하여 구청장이 건설업영업정지처분을 한 경우(대판 1995. 7. 11, 94누4615. 동지판례: 대판 1997.
6. 19, 95누8669; 대판 2002. 12. 10, 2001두4566), ② 무효인 권한위임 규칙에 근거하여 행한 교육장의 학교법인 임원취임의 승인취소처분을 한 경우(대판 1997. 6. 19,
95누8669), ③ 적법한 권한위임 없이 세관출장소장이 관세부과처분을 한 경우(대판 2004. 11. 26,
2003두2403) 등에 대해 그 하자가 객관적으로 명백하다고 할 수 없어 당연무효는 아니라고 하였다.

---

8) 주체에 관한 하자는 ① 정당한 권한을 가지지 아니하는 행정기관의 행위, ② 행정기관의 권한 외의 행위, ③ 행정기관의 정상의 의사에 의하지 아니한 행위 등으로 구분함이 일반적이다. 그러나 본서에서는 ①, ②를 함께 행정권한상의 하자란 제목으로 묶었으며, ①에 속하는 것으로 예시되고 있는 적법하게 조직되지 않은 합의체기관의 행위는 직접 권한의 문제와는 관련이 없기 때문에 별도의 제목을 달았다. 한편, 타기관의 협력을 결한 행위를 주체에 관한 하자로 분류함이 일반적이나 본서에서는 절차에 관한 하자로 분류하였다.

[판례①] 교육법 제24조 제2호, 제33조의 규정상 교육기관인 유치원의 설립이전 및 폐지에 관한 사항은 교육위원회의 관장사무로서 합의체인 교육위원회의 의결사항이었고, 교육감은 교육위원회의 의결사항에 관한 사무를 처리하는 기관에 지나지 않는 것인 바, 피고위원회의 교육감은 동위원회의 의결에 의한 위임을 받은 사실도 없이 피고보조참가인 박문갑에 대하여 전기 유치원의 설립을 전결로써 인가하였던 것이라는 사실들을 확정하였으니 유치원의 설립인가는 권한없는 교육감의 처분이었으니 중대하고 명백한 하자가 있는 무효의 처분이다(대판 1969. 3. 4.).9)

[판례②] 체납취득세에 대한 압류처분권한은 도지사로부터 시장에게 권한위임된 것이고, 시장으로부터 압류처분권한을 내부위임을 받은 데 불과한 피고로서는 시장 명의로 압류처분을 대행처리할 수 있을 뿐이고 자신의 명의로 이를 할 수 없다 할 것이므로 이 사건 압류처분은 권한없는 자에 의하여 행하여진 위법무효의 처분이다(대판 1993. 5. 27. 93누6621).

[판례③] 피고(서울특별시 서대문구청장)의 이 사건 관리처분계획 인가처분은 결과적으로 적법한 위임없이 권한없는 자에 의하여 행해진 것과 마찬가지가 되어 그 하자가 중대하다고 할 것이나 처분의 위임과정의 하자가 객관적으로 명백한 것이라고 할 수 없으므로 이로 인한 하자는 결국 당연무효사유는 아니라고 봄이 상당하다(대판 1995. 8. 22. 94누5694).

(2) 적법하게 조직되지 않은 합의제 행정기관의 행위

적법하게 소집되지 않은 경우, 의사 또는 의결정족수를 결한 경우, 결격자를 참가시킨 경우 등의 합의제행정기관의 행위는 무효의 원인이 됨이 원칙이다.

[판례] 구 폐기물처리시설 설치촉진 및 주변지역 지원 등에 관한 법률에 정한 입지선정위원회가 그 구성방법 및 절차에 관한 같은 법 시행령의 규정에 위배하여 군수와 주민대표가 선정·추천한 전문가를 포함시키지 않은 채 임의로 구성되어 의결을 한 경우, 그에 터잡아 이루어진 폐기물처리시설 입지결정처분의 하자는 중대한 것이고 객관적으로도 명백하므로 무효사유에 해당한다(대판 2007. 4. 12. 2006두20150).

(3) 행정기관의 의사에 흠결이 있는 경우

(가) 의사가 없는 행위

공무원의 심신상실중의 행위 및 저항할 수 없을 정도의 강박에 의한 행위는 무효이다.

---

9) 그러나 이는 신뢰보호 등의 견지에서 볼 때 의문이 가는 판례이다.

(나) 의사결정에 하자가 있는 행위

그 하자가 행정청의 책임영역에서 유래하는 단순한 착오는 그것만으로는 위법이 되지 않으며, 착오에 의한 행위 자체에 하자가 있을 때($^{착오의\ 결과\ 불능}_{이\ 될\ 경우\ 등}$) 그것이 이유가 되어 무효 또는 취소할 수 있는 것이 된다.[10] 판례상으로는 착오에 의한 행정재산의 매각처분($^{대판\ 1967.\ 6.\ 27.}_{67다806}$), 착오에 의한 양도소득세부과처분($^{대판\ 1983.\ 8.\ 23.}_{83누179}$)이 무효로 판시된 바 있으며, 과세대상을 오인한 과세처분($^{대판\ 1962.\ 9.\ 27.}_{62누29}$), 착오에 의한 국유림의 불하처분($^{대판\ 1965.\ 4.\ 27.}_{64누171}$) 등이 취소원인으로 판시된 바 있다.

상대방의 사기·강박·증뢰 등의 부정수단에 의해 행해진 행정행위는 상대방의 신뢰를 보호할 필요가 없으므로 취소할 수 있다. 판례상 사위로 받은 한지의사면허처분이 위법으로 취소원인이 되는 것으로 판시되었다($^{대판\ 1975.\ 12.\ 9.}_{75누123}$).

> **[판례]** 행정행위는 그 요소에 착오가 있다고 해서 그것만을 이유로 취소할 수는 없는 것이고, 그 행정행위의 절차와 내용의 위법만이 문제가 되는 것이다($^{대판\ 1979.\ 6.}_{26.\ 79누43}$).

(다) 행위능력에 하자가 있는 행위

미성년자도 공무원이 될 수 있으므로($^{공무원임용시험}_{령\ 16조\ 참조}$) 그 행위의 효력은 적법·유효하다.

2. 절차에 관한 하자

일반적 기준으로서, ① 절차를 정한 취지 목적이 상호 대립하는 당사자 사이의 이해를 조정함을 목적으로 하는 경우, 또는 이해관계인의 권리·이익의 보호를 목적으로 하는 경우, 그 절차를 결하는 때에는 그 절차에 중대·명백한 하자가 있는 것이 되어 무효원인이 되며, ② 절차의 취지·목적이 단순히 행정의 적정·원활한 운영을 위하는 등 행정상의 편의에 있을 때에는 그 절차를 결하는 행위는 반드시 무효가 되지는 않는다고 보는 것이 일반적 추세라 할 수 있다. 주요 사례를 보면 다음과 같다.

(1) 상대방의 신청 또는 동의를 결한 행위

법령이 일정한 행정행위에 대하여 상대방의 신청 또는 동의를 필요적 절차로 규정하고 있는 경우에 상대방의 신청 또는 동의를 결하는 행위는 무효라고

---

10) 상세는 김남진·이명구, 행정법연습, 158면 이하 참조.

볼 것이다. 예컨대, 분배신청을 하지 아니한 자에 대한 농지분배처분은 무효이
다(대판 1970. 10. 23.).

다만, 대법원은 구「도시개발법」제4조 제3항에 따라 도시개발계획안에 관
하여 해당 토지 소유자들의 동의를 받은 후 계획안이 변경되었으나 위 규정에
의한 새로운 동의를 갖추지 아니한 도시개발구역 지정 처분에 대하여, 여러 사
정을 종합하여 그 위법사유가 중대하기는 하나 위 처분을 당연무효로 만들 정
도로 명백하지는 않다고 판시한 바 있다(대판 2008. 1. 10.).

(2) 다른 기관의 필요한 협력을 결한 행위

행정청이 행정행위를 함에 있어서 다른 기관의 의결·협의·승인을 거치도
록 규정한 경우에 그들 절차를 결한 경우는 하자의 정도에 따라 무효 또는 취
소의 원인이 될 것이다.

> [판례①] 구 택지개발촉진법(1999. 1. 25. 법률 제5688 호로 개정되기 전의 것)에 의하면, 택지개발은 택지개발예정
> 지구의 지정(제3 조), 택지개발계획의 승인(제8 조), 이에 기한 수용재결 등의 순서로 이
> 루어지는바, 위 각 행위는 각각 단계적으로 별개의 법률효과가 발생되는 독립한 행
> 정처분이어서 선행처분에 불가쟁력이 생겨 그 효력을 다툴 수 없게 된 경우에는
> 선행처분에 위법사유가 있다고 할지라도 그것이 당연무효의 사유가 아닌 한 선행
> 처분의 하자가 후행처분에 승계되는 것은 아니라고 할 것인데, 같은 법 제3조에서
> 건설부장관이 택지개발예정지구를 지정함에 있어 미리 관계중앙행정기관의 장과
> 협의를 하라고 규정한 의미는 그의 자문을 구하라는 것이지 그 의견을 따라 처분
> 을 하라는 의미는 아니라 할 것이므로 이러한 협의를 거치지 아니하였다고 하더라
> 도 이는 위 지정처분을 취소할 수 있는 원인이 되는 하자 정도에 불과하고 위 지
> 정처분이 당연무효가 되는 하자에 해당하는 것은 아니다(대판 2000. 10. 13.).
> [판례②] 자동차운송사업계획변경(기점연장)인가처분과 자동차운송사업계획변경
> (노선 및 운행시간)인가처분을 함에 있어서 그 내용이 2 이상의 시·도에 걸치는
> 노선업종에 있어서의 노선신설이나 변경 또는 노선과 관련되는 사업계획변경의 인
> 가 등에 관한 사항이므로 미리 관계 도지사와 협의하여야 함에도 불구하고 이를
> 하지 아니한 하자가 있으나, 그와 같은 사정만으로는 자동차운송사업계획변경(기점
> 연장)인가처분과 자동차운송사업계획변경(노선 및 운행시간)인가처분이 모두 당연
> 무효의 처분이라고 할 수 없다(대판 1995. 11. 7. 95누9730. 동지판례: 대판 2006. 3. 24. 2005두8351; 대판 1992. 7. 28. 91누12844).

한편, 관련 법령에 따라 일단 관계기관과 협의를 거쳤지만 관계기관의 의사
에 반하는 처분을 한 경우 그 처분의 위법성은 협의의 법적 성격에 따라 달리

판단하여야 할 것이다.

> **[참고판례]** 구 군사시설보호법 제7조 제3호, 제6호, 제7호 등에 의하면, 관계 행정
> 청이 군사시설보호구역 안에서 가옥 기타 축조물의 신축 또는 증축, 입목의 벌채 등
> 을 허가하고자 할 때에는 미리 관할 부대장과 협의를 하도록 규정하고 있고, 구 군
> 사시설보호법 시행령 제10조 제2항에 비추어 보면, 여기서 협의는 동의를 뜻한다 할
> 것이며, 같은 조 제3항에 의하면, 관계 행정청이 이러한 협의를 거치지 않거나 협의
> 를 한 경우에도 협의조건을 이행하지 아니하고 건축허가 등을 한 경우에는 당해 행
> 정청에 대하여 그 허가의 취소 등을 요구할 수 있고, 그 요구를 받은 행정청은 이에
> 응하여야 한다고 규정하고 있으므로, 군사시설보호구역으로 지정된 토지는 군 당국
> 의 동의가 없는 한 건축 또는 사용이 금지된다 할 것이다(대판 1995. 3. 10, 94누12739).

(3) 필요한 공고 또는 통지를 결한 행위

법령이 행정행위를 함에 있어 이해관계인으로 하여금 그의 권리를 주장하
고 이의신청 등을 할 기회를 부여하기 위하여 행정행위에 앞서 일정한 공고 또
는 통지(토지수용에 있어서의 공고, 독촉 통 지세목의 공고, 독촉 등)를 하도록 규정하고 있는 경우, 그 공고나 통지를 결한
행정행위는 원칙으로 무효로 보아야 할 것이다. 판례는 일관된 입장을 견지하
고 있지는 않다.

> **[판례①]** 환지계획 인가 후에 당초의 환지계획에 대한 공람과정에서 토지소유자
> 등 이해관계인이 제시한 의견에 따라 수정하고자 하는 내용에 대하여 다시 공람절
> 차 등을 밟지 아니한 채 수정된 내용에 따라 한 환지예정지 지정처분은 환지계획
> 에 따르지 아니한 것이거나 환지계획을 적법하게 변경하지 아니한 채 이루어진 것
> 이어서 당연무효라고 할 것이다(대판 1999. 8. 20, 97누6889).
> **[판례②]** 토지 소유자에게 대한 조사와 통지를 결여한 특별개간 예정지 결정처분
> 은 무효이다(대판 1970. 10. 23, 70누96).
> **[판례③]** 납세의무자가 세금을 납부기한까지 납부하지 아니하자 과세청이 그 징
> 수를 위하여 압류처분에 이른 것이라면 비록 독촉절차없이 압류처분을 하였다 하
> 더라도 이러한 사유만으로는 압류처분을 무효로 되게 하는 중대하고도 명백한 하
> 자로는 되지 않는다(대판 1987. 9. 22, 87누383).

(4) 필요한 이해관계인의 입회 또는 협의를 결한 행위

이해관계인의 이익의 보호 또는 조정을 목적으로 한 이해관계인의 입회
(예: 재산압 류의 입회) 또는 협의(예: 토지수 용의 협의) 등을 결한 행정행위는 원칙으로 무효라고 보아야

할 것이다. 예컨대 사전에 토지소유자 또는 관계인과 협의를 거치지 않고 행한 토지수용위원회의 재결이 그에 해당한다(반대취지의 판결: 대판 1971. 5. 24. 70다1459). 다만 행정기관이 이해 관계인과 "협의할 의무"를 진다고 하는 점과 관계인의 "의견에 구속되는가"는 별개의 문제라고 하는 점을 유의하여야 할 것이다.

> **[참고판례]** 광업법 제88조 제2항에서 처분청이 같은 법 제1항의 규정에 의하여 광업용 토지수용을 위한 사업인정을 하고자 할 때에 토지소유자와 토지에 관한 권리를 가진 자의 의견을 들어야 한다고 한 것은 그 사업인정 여부를 결정함에 있어서 소유자나 기타 권리자의 의견을 반영할 기회를 주어 이를 참작하도록 하고자 하는 데 있을 뿐, 처분청이 그 의견에 기속되는 것은 아니다(대판 1995. 12. 2. 95누30).

그러나 반면에 법규에 근거가 없는 주민의 동의를 요구하는 등의 처분은 도리어 위법이 된다.

(5) 필요한 청문 등을 결한 행위

행정행위를 함에 있어서 법에 규정된 소정의 청문이나 의견진술의 기회를 주지 않는 경우 그 행위는 원칙적으로 무효라고 보는 것이 일반적이다. 개별법률이 청문흠결행위를 무효로 규정하고 있는 경우(국가공무원법 13조 2항, 81조 3항)도 있다.

판례는 청문(공청회 포함) 등을 결한 경우를 과거에는 무효로 보았으나, 근년에는 취소원인으로 보는 경향을 나타내고 있다(① 무효원인으로 본 판례: 대판 1969. 3. 31. 68누179 ② 취소원인으로 본 판례: 대판 1977. 6. 28. 77누96: 대판 1977. 8. 23. 77누26 등).

> **[판례①]** 행정청이 영업허가취소 등의 처분을 하려면 반드시 사전에 청문절차를 거쳐야 하고, 설사 식품위생법 제26조 제1항 소정의 사유가 분명히 존재하는 경우라 할지라도 해당 영업자가 청문을 포기한 경우가 아닌 한, 청문절차를 거치지 않고 한 영업소폐쇄명령은 위법하여 취소사유에 해당된다(대판 1983. 6. 14. 83누14).
> **[판례②]** 약종상허가취소처분을 하기에 앞서 약사법 제69조의2 규정에 따른 청문의 기회를 부여하지 아니한 것은 위법이나 그러한 흠 때문에 동 허가취소처분이 당연무효가 되는 것은 아니다(대판 1986. 8. 19. 86누115).
> **[판례③]** 도시계획수립에 있어 도시계획법 제16조의2 소정의 공청회를 열지 아니하고 공공용지의 취득 및 손실보상에 관한 특례법 제8조 소정의 입주대책을 수립하지 아니하였다 하더라도 이는 절차상 위법으로서 취소사유에 불과하다(대판 1990. 1. 23. 87누947).
> **[판례④]** 행정청이 침해적 행정처분을 하면서 당사자에게 행정절차법상의 사전통

지를 하거나 의견제출의 기회를 주지 않고, 그 처분의 근거와 이유를 제시하지 아니하였다면, 그러한 절차를 거치지 않아도 되는 예외적인 경우에 해당하지 아니하는 한 그 처분은 위법하다. 이 사건 해임처분 과정에서 원고가 그 처분의 내용을 사전에 통지받거나 그에 대한 의견제출의 기회 등을 받지 못했고, 해임처분 시 그 법적 근거 및 구체적 해임 사유를 제시받지 못해 이 사건 해임처분은 위법하지만, 그 절차나 처분형식의 하자가 중대하고 명백하다고 볼 수 없어 취소 사유에 해당한다($^{대판\ 2012.\ 2.\ 23.}_{2011두5001}$).

3. 형식에 관한 하자

(1) 서면에 의하지 아니한 행위

법령상 서면에 의하도록 되어 있는 행정행위($^{행정심판법}_{35조\ 1항\ 등}$)를 서면에 의하지 않는 경우는 무효라고 봄이 일반적이다.

> **[판례]** 예비군대원의 교육훈련을 위한 소집은 당해 경찰서장이 발부하는 소집통지서에 의하므로, 경찰서장이 임의로 구두 또는 타종 기타 방법으로 훈련을 위한 소집을 할 수 없다($^{대판\ 1970.\ 3.\ 24.}_{69누7240}$).

(2) 이유제시를 결한 행위

법률상 처분의 근거와 이유를 제시하여야 하는데($^{행정절차법}_{23조\ 1항\ 등}$), 그것을 결한 행정행위는 위법($^{무효\ 또는}_{취소원인}$)이나 일정한도에서 사후추완 및 사후보완을 생각할 수 있다.

> **[판례①]** 국세징수법 제9조 제1항은 단순히 세무행정상의 편의를 위한 훈시규정이 아니라 조세행정에 있어 자의를 배제하고 신중하고 합리적인 처분을 행하게 함으로써 공정을 기함과 동시에 납세의무자에게 부과처분의 내용을 상세히 알려 불복여부의 결정과 불복신청에 편의를 제공하려는 데서 나온 강행규정이므로 세액의 산출근거가 기재되지 아니한 납세고지서에 의한 부과처분은 위법한 것으로 취소의 대상이 된다($^{대판\ 1984.\ 5.\ 9.}_{84누116}$).
>
> **[판례②]** 허가의 취소처분에는 그 근거가 되는 법령이나 취소권유보의 부관 등을 명시하여야 하고 나아가 처분을 받은 자가 어떠한 위반사항에 대하여 당해 처분이 있었는지를 알 수 있을 정도의 사실의 적시를 요한다고 할 것이고 이와 같은 취소처분의 근거와 위반사항의 적시를 빠뜨린 하자는 피처분자가 처분당시 그 취지를 알고 있었다거나 그 후 알게 되었다고 하여도 이로써 치유될 수는 없다고 할 것이

다(대판 1987. 5. 26.,
86누788).

[판례③] 행정청이 침해적 행정처분을 하면서 당사자에게 행정절차법상의 사전통지를 하거나 의견제출의 기회를 주지 않고, 그 처분의 근거와 이유를 제시하지 아니하였다면, 그러한 절차를 거치지 않아도 되는 예외적인 경우에 해당하지 아니하는 한 그 처분은 위법하다. 이 사건 해임처분 과정에서 원고가 그 처분의 내용을 사전에 통지받거나 그에 대한 의견제출의 기회 등을 받지 못했고, 해임처분 시 그 법적 근거 및 구체적 해임 사유를 제시받지 못해 이 사건 해임처분은 위법하지만, 그 절차나 처분형식의 하자가 중대하고 명백하다고 볼 수 없어 취소 사유에 해당한다(대판 2012. 2. 23.,
2011두5001).

(3) 서명·날인을 결한 행위

행정행위가 정당한 권한 있는 행정청에 의하여 행하여짐을 명백히 하기 위하여 행정청의 서명·날인이 특히 요구된다고 인정되는 경우에, 그것을 결한 행정행위는 원칙으로 무효로 보아야 할 것이다.

4. 내용에 관한 하자

(1) 내용이 실현불능인 행위

내용이 실현불능인 행위는 사실상 불능인 경우와 법률상 불능인 경우가 있다. 죽은 사람을 상대방으로 하는 행위, 존재하지 않는 물건을 대상으로 하는 행위는 전자의 예이며, 법률상 인정되지 않는 권리를 부여하거나 혹은 의무를 과하는 행위는 후자의 예이다. 이러한 불능을 내용으로 하는 행정행위는 무효라 하겠다.

[판례①] 사망자에게 대한 행정처분은 무효이고 그 무효의 행정처분이 그 상속인에게 송달되었다 하여서 그 무효의 행정처분이 유효화 될 리 없다(대판 1969. 1. 21.,
68누190).
[판례②] 체납처분으로서 압류의 요건을 규정한 국세징수법 제24조 각 항의 규정을 보면 어느 경우에나 압류의 대상을 납세자의 재산에 국한하고 있으므로, 납세자가 아닌 제3자의 재산을 대상으로 한 압류처분은 그 처분의 내용이 법률상 실현될 수 없는 것이어서 당연무효이다(대판 2012. 4. 12.,
2010두4612).

(2) 내용이 불명확한 행위

행정행위의 내용이 사회통념상 인식할 수 없을 정도로 불명확하거나 확정되지 아니한 경우에는 원칙적으로 무효이다.

> **[판례①]** 행정처분은 그 유효요건으로서 그 처분의 목적물이 특정되어 있어야 할 것이고, 이것이 특정되어 있지 아니한다 할 것 같으면 그 행정처분은 무효임을 면할 수 없다(대판 1964. 5. 26, 63누136).
>
> **[판례②]** 대집행의 계고를 함에 있어서는 의무자가 이행하여야 할 행위와 그 불이행시 대집행할 행위의 내용 및 범위가 구체적으로 특정되어야 할 것이지만, 그 행위의 내용과 범위는 반드시 철거명령서나 대집행계고서에 의하여서만 특정되어야 하는 것은 아니고, 그 처분 후에 송달된 문서나 기타 사정을 종합하여 이를 특정할 수 있으면 족하다 할 것이다(대판 1990. 1. 25, 89누4543).

(3) 공서양속에 반하는 행위

공서양속에 반하는 행위의 효력에 대해서는 이론이 있으나, 민법(103조)에서와는 달리 취소의 원인이 된다고 보는 견해가 유력하다. 다만, 독일의 행정절차법(44조 2항)은 선량한 풍속(gute Sitten)에 반하는 행위를 절대적 무효사유로 규정하고 있다.

Ⅵ. 하자있는 행정행위의 치유와 전환

1. 개 설

법치주의에 비추어 볼 때, 위법한 행정행위는 그 효력이 부인되거나 취소되어야 하는 것이지만, 그 법치주의의 요청을 후퇴시킬 만한 다른 법가치가 존재할 때 취소권이 제한되는 것과 같이, 하자가 있는 행정행위를 일정한 상황하에서 하자의 존재에도 불구하고 그 효력을 유지시키고자 하는 법리가 바로 '하자의 치유에 관한 법리'와 '위법행위의 전환의 법리'이다. 이들 법리는 사법에 있어서는 하자있는 법률행위의 추인(민법 143조, 145조) 및 전환(민법 138조)의 문제로서 이미 성문화되어 있는 데 비하여, 행정법에 있어서는 아직 학설과 판례를 통해 논해지고 있을 뿐이다. 이러한 관점에서 볼 때, 독일 행정절차법상의 절차 및 형식의 하자의 치유(Heilung von Verfahrens- und Formfehlern)에 관한 규정(45조) 및 하자있는 행정행위의 전환(Umdeutung eines fehlerhaften Verwaltungsaktes)에 관한 규정(47조)은 우리에게 많은 참고가 될 것으로 생각된다.

2. 하자의 치유

(1) 하자의 치유의 개념

행정행위의 하자의 치유라 함은 성립 당시에 하자가 있는 행정행위라 하더라도 그 하자의 원인인 법정요건을 사후에 추완하였다든가 또는 그 하자가 취소를 요하지 않을 정도로 경미해진 경우에, 그 행위의 효력을 유지하도록 하는 것을 의미한다.

특히 이유제시(Begründung)와 관련하여서는 하자의 사후추완(Nachholung) 이외에 사후보완(Nachschieben)의 문제가 논의되고 있는데, 여기에서 '사후추완'이란, 빠뜨린 요건을 사후에 충족하는 것을 의미하고, '사후보완'이란, 이미 행해진 것을 사후에 보충(Ergänzung) 또는 정정(Berichtung)하는 것을 의미한다(후술 참조).

하자의 치유는 ① 행정행위에 대한 상대방의 신뢰보호, ② 행정법관계의 안정성 고려 및 공공복리의 도모, ③ 행정행위의 불필요한 반복의 배제 등의 관점에서 인정되는 것으로 보고 있다.

> **[판례①]** 하자있는 행정행위의 치유는 행정행위의 성질이나 법치주의의 관점에서 볼 때 원칙적으로 허용될 수 없는 것이고, 예외적으로 행정행위의 무용한 반복을 피하고 당사자의 법적 안정성을 위해 이를 허용하는 때에도 국민의 권리나 이익을 침해하지 않는 범위에서 구체적 사정에 따라 합목적으로 인정하여야 한다(대판 2002. 7. 9. 2001
> 두10684. 동지판례: 대판 1991. 5. 28. 90누1359; 대판 1983. 7. 26. 82누420; 대판 2010. 8. 26. 2010두2579).
>
> **[판례②]** 행정청이 식품위생법상의 청문절차를 이행함에 있어 소정의 청문서 도달기간을 지키지 아니하였다면 이는 청문의 절차적 요건을 준수하지 아니한 것이고, 이를 바탕으로 한 행정처분은 일단 위법하다고 보아야 할 것이지만, 청문제도의 취지는 처분을 받게 될 영업자에게 미리 변명과 진술의 자료를 제출할 기회를 부여함으로써 부당한 권리침해를 예방하려는 데에 있는 것임을 고려할 때, 가령 행정청이 청문서 도달기간을 다소 어겼다 하더라도 당사자가 스스로 청문기일에 출석하여 그 의견을 진술하고 변명하는 등 방어의 기회를 충분히 가졌다면 청문서도달기간을 준수하지 아니한 하자는 치유되었다고 봄이 상당하다(대판 1992. 10. 23. 92누2844).

(2) 하자의 치유의 사유

어떠한 경우에 하자가 치유된다고 볼 것인가? 우리나라에서는 종래에 그에 해당하는 경우로서, ① 흠결된 요건의 사후추완(예컨대 무권대리행위의 추인, 불특정목적물의 사후특정, 타기관 또는 상대방의 필요적 협력이 결여된 경우의 추인,

^{요식행위의}_{형식보완}), ② 장기간 방치로 인한 법률관계의 확정, ③ 취소를 불허하는 공익상의 요구의 발생 등을 예시함이 보통이었다.

그러나 ②와 ③은 행정행위의 "취소의 제한사유"로 봄이 타당하며, 이것을 '치유'의 사유에 포함시킴은 치유의 뜻이나 취지에 어긋난다고 판단된다. 따라서 ①만을 엄밀한 의미의 치유의 사유에 해당한다고 보아야 한다.

독일의 행정절차법은 행정행위의 절차(Verfahren)·형식(Form)의 하자에 대하여 특별히 치유를 인정하고 있는데, 그에 해당하는 것으로서 ① 필요한 신청의 사후제출, ② 필요한 이유의 사후제시, ③ 필요한 관계인의 청문의 사후추완, ④ 필요한 위원회 의결의 사후결의, ⑤ 타행정청의 필요한 협력의 보완 등을 열거하고 있다(^{동법 45}_{조 참조}).

(3) 무효인 행정행위의 치유의 인정 여부

무효인 행정행위에 대해서도 치유를 인정할 것인가? 이에 대하여 무효와 취소의 구별이 상대적이란 전제 아래 무효인 행정행위의 치유까지 인정하려는 견해도 없지 않다. 그러나 무효인 행정행위는 그 하자가 내용적으로 중대하고 명백한 경우인데, 그러한 행위의 치유를 인정하는 것은 오히려 관계인의 신뢰 및 법적 생활의 안정을 해치는 결과가 될 우려가 있다. 또한 무효인 행정행위는 처음부터 당연히 어떠한 효력도 발생하지 아니하는 것으로서, 새로운 다른 행정행위로 전환됨은 몰라도 '본래'의 행정행위로서는 효력을 발생할 수 없기 때문에 그의 치유는 인정될 수 없다고 볼 것이다. 독일의 행정절차법이 「행정행위를 무효로 만들지 않는 절차 및 형식규정의 위반」에 대해서 치유를 인정하고 있는 점(^{45조}_{2항})은 하나의 참고가 될 것이다.

[판례①] 하자 있는 행정처분의 치유는 행정처분의 성질이나 법치주의의 관점에서 볼 때 원칙적으로 허용될 수 없는 것이고, 예외적으로 행정처분의 무용한 반복을 피하고 당사자의 법적 안정성을 위해 이를 허용하는 때에도 국민의 권리나 이익을 침해하지 않는 범위에서 구체적 사정에 따라 합목적적으로 인정하여야 할 것이나, 무효인 행정처분은 그 하자가 중대하고도 명백한 것으로 처음부터 어떠한 효력도 발생하지 아니하는 것이므로, 무효인 행정처분의 하자의 치유는 인정되지 아니한다(^{대판 2012. 8. 23.}_{2010두13463}).

[판례②] 토지등급결정내용의 개별통지가 있다고 볼 수 없어 토지등급결정이 무효인 이상, 토지소유자가 그 결정 이전이나 이후에 토지등급결정내용을 알았다거나

또는 그 결정 이후 매년 정기 등급수정의 결과가 토지소유자 등의 열람에 공하여 졌다 하더라도 개별통지의 하자가 치유되는 것은 아니다(대판 1997. 5. 28, 96누5308).

[판례③] 징계처분이 중대하고 명백한 흠 때문에 당연무효의 것이라면 징계처분을 받은 자가 이를 용인하였다 하여 그 흠이 치료되는 것은 아니다(대판 1989. 12. 12, 88누8869).

(4) 치유의 한계

하자의 치유를 인정할 경우 행정행위의 상대방이 치유 전에 비하여 불이익하게 되는 경우 대법원은 치유를 부인하고 있다.

[판례] 선행처분인 개별공시지가결정이 위법하여 그에 기초한 개발부담금 부과처분도 위법하게 된 경우 그 하자의 치유를 인정하면 개발부담금 납부의무자로서는 위법한 처분에 대한 가산금 납부의무를 부담하게 되는 등 불이익이 있을 수 있으므로, 그 후 적법한 절차를 거쳐 공시된 개별공시지가결정이 종전의 위법한 공시지가결정과 그 내용이 동일하다는 사정만으로는 위법한 개별공시지가결정에 기초한 개발부담금 부과처분이 적법하게 된다고 볼 수 없다(대판 2001. 6. 26, 99두11592).

절차적 하자의 경우에 하자의 치유가 인정될 수 있다는 것은 판례나 학설이 일치하고 있으나, 내용상의 하자의 경우에는 견해의 대립이 있다.[11] 대법원은 내용상의 하자에 대해서는 그 치유를 부인하는 것으로 보인다.

[판례] 이 사건 처분(노선여객자동차운송사업의 사업계획변경인가처분)에 관한 하자가 행정처분의 내용에 관한 것이고 새로운 노선면허가 이 사건 소 제기 이후에 이루어진 사정 등에 비추어 하자의 치유를 인정치 않은 원심의 판단은 정당하다(대판 1991. 5. 28, 90누1359).

(5) 치유의 효과

치유의 효과에 대하여 이를 소급적으로 보아 처음부터 적법한 행위로서의 효력을 유지하는데 있다고 보는 것이 일반적이다.[12] 이에 대하여 치유행위가 있다고 하여 절차의 하자가 있었던 사실이 없어지는 것은 아니고, 하자 자체는 여전히 위법한 상태로 남기 때문에 치유의 효과는 장래효만 있다는 견해도 있다.[13]

---

11) 내용상의 하자에 대하여도 하자의 치유를 '인정'하는 입장으로는 박균성(상), 483면. '부정'하는 입장으로는 홍준형(총론), 320면; 홍정선(상), 489면 이하.
12) 홍정선(상), 490면.

(6) 치유의 시한

(가) 쟁송 제기 이전 가능설

행정행위의 치유는 어느 시점까지 가능한가? 우리나라에서는 아직 이에 대한 확립된 학설이나 판례는 없는 상태이다. 그러나 그 하자의 치유는 행정쟁송(행정심판/행정소송) 제기 이전까지만 가능하다는 것이 유력설이며, 판례의 경향인 것으로 보인다.

> **[판례]** 행정행위가 이루어진 당초에 그 행정행위의 위법사유가 되는 하자가 사후의 추완행위 또는 어떤 사정에 의하여 보완되었을 경우에는 행정행위의 무용한 반복을 피하고 당사자의 법적 안정을 기한다는 입장에서는 이 하자는 치유되고 당초의 위법한 행정행위가 적법·유효한 행위로 될 수 있다고 할 것이나, 행정행위의 성질이나 법치주의의 관점에서 볼 때 하자있는 행정행위(과세처분시 세액의 산출/근거 등이 누락된 경우)의 치유는 원칙으로 허용될 수 없는 것일 뿐만 아니라, 이를 허용하는 경우에는, 늦어도 과세처분에 대한 불복여부의 결정 및 불복신청에 편의를 줄 수 있는 상당한 기간 내에 보정행위를 하여야 그 하자가 치유된다 할 것이다(대판 1983. 7. 26, 82누420. 동지/판례: 대판 1984. 4. 10, 83누393).

(나) 쟁송단계에서의 하자의 추완과 보완

독일의 행정절차법(45조2항)은 당초 행정소송의 전치절차가 종결되기까지, 전치절차가 행해지지 아니하는 경우에는 행정소송을 제기하기 전까지 하자의 추완(Nachholung)이 허용되는 것으로 규정하였다. 그러나 그 뒤 동 조항의 개정(1996년)을 통해 행정소송절차가 종결되기까지 추완이 허용되고 있다.

한편, 이유제시(Begründung)의 정정 또는 보충을 위한 쟁송단계에서의 이유 또는 근거의 사후보완(Nachschieben von Gründen) 역시 비교적 넓게 인정되어 있다.[14]

(다) 소 결

우리나라에 이유제시, 청문 등 제도가 도입된 지 일천하며, 현재로서는 그와 같은 제도가 현실에 뿌리를 내리게 하는 데에 진력하여야 한다고 생각된다. 그러나 행정의 능률 역시 무시할 수 없는 법가치이며, 당사자에게도 시간과 노력을 절약시키는 효과도 지니는 것이므로, 그 하자의 추완·보완(이유제시관련)의 문제

---

13) 류지태·박종수(신론), 491면.

14) 특히 1996년의 행정법원법의 개정(114조 2문)을 통해 행정소송절차에서도 처분청이 행정행위의 재량고려를 보완할 수 있도록 하였음은 주목을 요한다. 아울러 김남진, 이유보완을 통한 하자의 치유, 법률신문, 2003. 9. 4 참조.

도 적극적으로 검토되어야 할 것이다.

3. 하자있는 행정행위의 전환

(1) 의 의

하자있는 행정행위의 전환이라 함은 하자가 있는 행정행위를 하자 없는 다른 행정행위로서의 효력을 발생케 하는 것을 말한다. 사망자에 대한 조세부과처분을 그 상속인에 대한 처분으로 효력을 발생케 하는 것이 그 예이다. 방법은 다르지만 하자있는 행정행위가 하자가 없는 것으로 된다는 점에서 「하자의 치유」의 경우와 동일한 의미와 목적을 가진다. 종래의 통설은 무효인 행정행위에 대해서만 다른 행위로의 전환을 인정하고 있으나, 반드시 무효인 행정행위에 국한시킬 필요는 없다고 생각된다. 독일 행정절차법은 하자있는(fehlerhaft) 행정행위의 전환을 인정하고 있는데($\substack{\text{통법}\\\text{47조}}$), 그 하자있는 행위에는 무효인 행위 이외에 취소할 수 있는 행위도 포함된다고 보고 있음은 우리에게 참고될 만하다.

(2) 전환의 요건

학설은 일반적으로 전환의 요건으로서 ① 하자있는 행정행위와 전환하려는 행위와의 사이에 요건·목적·효과에 있어 실질적 공통성이 있을 것, ② 전환될 행위의 성립 효력요건을 갖추고 있을 것, ③ 당사자가 그 전환을 의욕하는 것으로 인정될 것, ④ 제3자의 이익을 침해하지 않을 것, ⑤ 행위의 중복을 회피하는 의미가 있을 것 등을 열거하고 있다.

독일의 행정절차법은 하자있는 행위의 다른 행위로의 전환은 ① 양자가 동일한 목적을 가지고, ② 후자를 발하는 행정청이 절차 및 형식에 있어 이를 적법하게 할 수 있는 경우이며, ③ 후자를 발하는 것에 대한 요건을 충족하는 경우에 가능한 것으로 규정하고 있다($\substack{\text{47조}\\\text{1항}}$).

(3) 전환의 불허용

독일의 행정절차법은 하자있는 행정행위의 전환이 허용되지 않는 경우로서 ① 전환이 처분청의 의도에 명확히 반하는 경우, ② 관계인에게 원행정행위보다 불이익으로 되는 경우, ③ 하자있는 행정행위의 취소가 허용되지 않는 경우 등을 들고 있으며($\substack{\text{47조}\\\text{2항}}$), 또한 기속행위($\substack{\text{법률에 기}\\\text{속된 경우}}$)의 재량행위로의 전환을 금지하고 있다($\substack{\text{47조}\\\text{3항}}$).

(4) 전환의 성질 및 절차

행정청에 의한 하자있는 행정행위의 전환은 그 자체가 하나의 행정행위의 성질을 가진다고 말할 수 있다. 따라서 그 '전환'에 대해서도 일정한도에서 행정절차법이 적용된다고 보아야 할 것이다.

Ⅶ. 행정행위의 하자의 승계(선행행위의 후행행위에 대한 구속력)

기본사례

乙구청장은 「건축법」 제79조 제1항에 의하여 甲에게 목욕장시설의 철거를 명령한 후 4개월이 경과한 뒤, 후속조치로서 이행강제금 납부를 명하였다. 앞의 철거명령이 위법하다고 할 때 甲은 철거명령의 위법을 이유로 이행강제금 부과처분을 다툴 수 있는가?

1. 문제의 의의

둘 이상의 행정행위가 연속적으로 행해진 경우, 그리고 선행행위(선행정행위)가 불가쟁력을 발생한 경우, 이것이 후행행위(후행정행위)에 어떠한 효과를 미치는가?

이 문제를 일본에서는 종래 "불가쟁력을 발생한 행정행위의 하자가 후행행위에 어떠한 전제하에 승계되는가" 즉 "행정행위의 하자의 승계"의 문제로서 다루어 오다가 근래 많은 변화를 보이고 있다. 즉, 일본 학자 가운데에는 "행정행위의 하자승계론은 이미 파탄되었다"고 보는 입장이 유력함에도 불구하고,[15] 우리나라에서는 아직 학설 및 판례에 있어 온존하고 있는 것이다.

이 문제는 "하자의 승계"라는 시각이 아니라, "행정행위의 구속력(선행행위의 후행행위에 대한 구속력, 약칭하여 '기결력' 또는 '규준력'이라고도 한다)"이라는 시각에서 다룰 문제임을 오래 전부터 강조한 바 있다. 이하에서는 먼저, 통설적 "하자승계론"부터 살펴 본 다음에 행정행위의 규준력의 관점에서 살펴보기로 한다.

---

15) 우리나라에서는 하자있는 행정행위의 "치유·전환·승계"의 셋을 한 묶음으로 다루고 있는 것과는 달리 일본의 행정법교재에서는 "행정행위의 하자"를 논함에 있어 행정행위의 "치유와 전환" 두 가지만 설명함이 일반적이다. 대표적으로 塩野 宏, 行政法 Ⅱ, 133면 이하 참조.

2. 하자승계론에 따른 문제해결

(1) 논의의 전제조건

하자승계논의를 검토하기 위해서는 ① 선행행위와 후행행위가 모두 항고소송의 대상인 행정처분일 것, ② 선행행위에 취소사유인 하자가 존재할 것, ③ 후행행위에 고유한 하자가 없을 것, ④ 선행행위에 불가쟁력이 발생하였을 것 등이 전제조건으로 요구된다.

(2) 학설의 경향

선행행위와 후행행위가 결합하여 하나의 효과를 완성하는 것인 경우에는 선행행위의 하자가 후행행위에 승계되는 데 대하여, 선행행위와 후행행위가 서로 독립하여 별개의 효과를 발생하는 것인 경우에는 선행행위가 당연무효가 되지 않는 한 그 하자가 후행행위에 승계되지 않는다고 보는 것이 통설적 견해이다. 전자의 예로는 조세체납처분에 있어서의 독촉·압류·매각·청산의 각 행위 사이, 행정대집행에 있어서의 계고·대집행영장에 의한 통지·대집행실행·비용징수의 각 행위 사이 등을 들고 있으며, 후자의 예로는 과세처분과 체납처분 사이, 건물철거명령과 대집행행위 사이 등을 들고 있다.

(3) 관련판례

판례도 대체로 종래의 '하자승계론'에 입각하고 있다고 볼 수 있다.

[판례①] 연속적으로 이루어지는 선행처분과 후행처분이 동일한 행정목적을 달성하기 위하여 단계적인 일련의 절차로 연속하여 행하여지는 것으로서, 서로 결합하여 하나의 법률효과를 발생시키는 것이라면, 선행처분의 하자가 중대·명백한 것이 아니어서 당연무효로 볼 수 없고 행정소송으로 효력이 다투어지지도 아니하여 이미 불가쟁력이 생겼으며, 후행처분 자체에는 아무런 하자가 없다고 하더라도, 후행처분의 취소를 청구하는 소송에서 청구원인으로 선행처분이 위법한 것을 주장할 수 있으나, 이와 달리 선행처분과 후행처분이 서로 독립하여 별개의 법률효과를 목적으로 하고 선행처분에 불가쟁력이 생겨 그 효력을 다툴 수 없게 된 경우에는 선행처분의 하자가 중대하고 명백하여 당연무효인 경우에만 선행처분의 하자를 이유로 후행처분의 효력을 다툴 수 있다(대판 2015. 12. 10. 2015두46505).

[판례②] 선행처분과 후행처분이 서로 독립하여 별개의 법률효과를 목적으로 하는 때에도 선행처분이 당연무효이면 선행처분의 하자를 이유로 후행처분의 효력을 다툴 수 있다. 도시계획시설사업의 시행자가 작성한 실시계획을 인가하는 처분은

도시계획시설사업 시행자에게 도시계획시설사업의 공사를 허가하고 수용권을 부여하는 처분으로서 선행처분인 도시계획시설사업 시행자 지정 처분이 처분 요건을 충족하지 못하여 당연무효인 경우에는 사업시행자 지정 처분이 유효함을 전제로 이루어진 후행처분인 실시계획 인가처분도 무효라고 보아야 한다(대판 2017. 7. 11. 2016두35120).

(가) 하자승계가 부정된 사례

① 공무원에 대한 직위해제처분과 직권면직처분(대판 1984. 9. 11. 84누191 등)

② 과세처분과 체납처분(대판 1988. 6. 28. 87누1009 등)

③ 도시계획결정과 수용재결(대판 1990. 1. 23. 87누947)

④ 재개발사업시행인가처분과 토지수용재결처분(대판 1992. 12. 11. 92누5584 등)

⑤ 옥외광고물설치허가기간연장거부처분과 그 광고물철거계고처분(대판 1993. 9. 14. 93누3929)

⑥ 토지등급의 설정 또는 수정처분과 이에 기초한 과세처분(대판 1995. 3. 28. 93누23565 등)

⑦ 표준지 공시지가결정과 개별토지가격결정(대판 1996. 9. 20. 95누11931 등)

⑧ 건물철거명령과 대집행계고처분(대판 1998. 9. 8. 97누20502 외 다수)

⑨ 주택건설사업계획 승인처분과 도시계획시설변경 및 지적승인고시처분(대판 2000. 9. 5. 99두9889)

⑩ 택지개발예정지구지정처분과 택지개발계획승인처분, 택지개발계획승인처분과 수용재결처분(대판 2000. 10. 13. 99두653)

⑪ 보충역편입처분과 그에 터 잡은 공익근무요원소집처분(대판 2002. 12. 10. 2001두5422)

⑫ 시설의 장 교체명령과 그 불이행을 이유로 한 급여지급보조중단처분(대판 2003. 4. 11. 2003두1189)

⑬ 하천복구명령과 대집행계고처분(대판 2004. 6. 10. 2002두12618)

⑭ 토지구획정리사업시행인가처분과 환지청산금 부과처분(대판 2004. 10. 14. 2002두424)

⑮ 전직처분과 직권면직처분(대판 2005. 4. 15. 2004두14915)

⑯ 신고납세방식의 취득세의 신고행위와 징수처분(대판 2006. 9. 8. 2005두14394)

⑰ 종전 상이등급 결정과 그 이후에 이루어진 상이등급 개정 여부에 관한 결정(대판 2015. 12. 10. 2015두46505)

⑱ 도시·군계획시설결정과 실시계획인가(대판 2017. 7. 18. 2016두49938)

[판례①] 이 사건 도시계획시설변경 및 지적승인고시처분(이하 '이 사건 처분')이 피고가 피고보조참가인에 대하여 한 1993. 4. 16.자 사업계획승인처분과는 절차적으로 전혀 별개의 독립된 처분이고, 가사 위 사업계획승인처분과 이 사건 처분이 선행행위와 후행행위의 관계에 있다고 하더라도 선행행위와 후행행위가 서로 독립하여 각각 별개의 법률효과를 목적으로 하는 때에는 선행행위의 하자가 중대하고 명백하여 당연무효인 경우를 제외하고는 선행행위의 하자를 이유로 후행행위의 효력을 다툴 수 없다(대판 2000. 9. 5.,\ 99두9889).

[판례②] 이러한 위법을 선행처분인 도시계획결정이나 사업시행인가단계에서 다투지 아니하였다면, 그 쟁송기간이 이미 도과한 후인 수용재결단계에 있어서는 위 도시계획수립행위의 위와 같은 위법을 들어 재결처분의 취소를 구할 수는 없다 할 것이다(대판 1990. 1. 23.,\ 87누947).

[판례③] 표준지로 선정된 토지의 공시지가에 대하여 불복하기 위하여는 구지가공시및토지등의평가에관한법률 제8조 제1항 소정의 이의절차를 거쳐 처분청을 상대로 그 공시지가결정의 취소를 구하는 행정소송을 제기하여야 하고, 그러한 절차를 밟지 아니한 채 개별토지가격결정의 효력을 다투는 소송에서 그 개별토지가격 산정의 기초가 된 표준지 공시지가의 위법성을 다툴 수는 없다(대판 1996. 9. 20, 95누11931,\ 동지판례: 대판 1996. 3. 28,\ 94누12920; 대판 1996.\ 5. 10, 95누9808).

[판례④] 도시·군계획시설결정과 실시계획인가는 도시·군계획시설사업을 위하여 이루어지는 단계적 행정절차에서 별도의 요건과 절차에 따라 별개의 법률효과를 발생시키는 독립적인 행정처분이다. 그러므로 선행처분인 도시·군계획시설결정에 하자가 있더라도 그것이 당연무효가 아닌 한 원칙적으로 후행처분인 실시계획인가에 승계되지 않는다(대판 2017. 7. 18.,\ 2016두49938).

(나) 하자승계가 긍정된 사례

① 한지의사시험자격인정과 한지의사면허처분(대판 1975. 12. 9.,\ 75누123)

② 독촉과 가산금·중가산금징수처분(대판 1986. 10. 28.,\ 86누8542)

③ 국립보건원장의 안경사시험합격무효처분과 보건사회부장관의 안경사면허취소처분(대판 1993. 2. 9.,\ 92누4567)

④ 대집행계고처분과 비용납부명령(대판 1993. 11. 9.,\ 93누14271)

⑤ 대집행계고처분과 대집행영장통지처분(대판 1996. 2. 9.,\ 95누12507)

⑥ 개별공시지가와 이에 근거한 과세처분 또는 개발부담금부과처분(대판 1996.\ 6. 25, 93누17935; 대판 2001. 6.\ 26, 99두11592 등)

⑦ 어업정지처분과 그 불이행을 이유로 한 어업허가취소처분(대판 2001. 9. 7.,\ 99두9056)

⑧ 표준지공시지가 결정과 수용재결(보상액 재결)($\binom{\text{대판 2008. 8. 21.}}{2007두13845}$)

> **[판례]** 대집행의 계고, 대집행영장에 의한 통지, 대집행의 실행, 대집행에 요한 비
> 용의 납부명령 등은 타인이 대신하여 행할 수 있는 행정의무의 이행을 의무자의
> 비용부담 하에 확보하고자 하는, 동일한 행정목적을 달성하기 위하여 단계적인 일
> 련의 절차로 연속하여 행하여지는 것으로서, 서로 결합하여 하나의 법률효과를 발
> 생시키는 것이므로, 선행처분인 계고처분이 하자가 있는 위법한 처분이라면, 비록
> 그 하자가 중대하고도 명백한 것이 아니어서 당연무효의 처분이라고 볼 수 없고
> 행정소송으로 효력이 다투어지지도 아니하여 이미 불가쟁력이 생겼으며, 후행처분
> 인 대집행영장발부통보처분 자체에는 아무런 하자가 없다고 하더라도, 후행처분인
> 대집행영장발부통보처분의 취소를 청구하는 소송에서 청구원인으로 선행처분인 계
> 고처분이 위법한 것이기 때문에 그 계고처분을 전제로 행하여진 대집행영장발부통
> 보처분도 위법한 것이라는 주장을 할 수 있다($\binom{\text{대판 1996. 2. 9.}}{95누12507}$).16)

3. 행정행위의 규준력에서의 관점

(1) 의 의

우리나라 및 일본에서의 주류적 입장이 상기 문제를 "하자승계"라는 관점
에서 해결하려는 경향을 보이는 데 대하여, 독일에서는 일반적으로 그 문제를
"불가쟁력이 발생한 선행정행위의 후행정행위에 대한 구속력"의 문제로서 파
악하고 있다.17) 즉, 선행정행위와 후행정행위가 동일한 법적효과를 추구하는 경
우에 불가쟁력이 생긴 선행행위는 후행행위에 대하여 일정한 범위에서 '규준
력' 또는 '기결력'이 생겨 그 범위 안에서는 선행정행위의 효과와 다른 주장을
할 수 없다는 것이다. 이러한 입장이 타당하다고 생각한다.

(2) 후행정행위에 대한 구속력의 근거

이에 대한 직접적인 법적 근거는 발견되지 않으나, 행정행위의 불가쟁력, 즉

---

16) 참조: 김남진, 건물철거명령 대집행계고 및 영장통보의 관계, 법률신문, 1996. 10. 21. 이 판례평석에서
    원심(서울고판 1995. 7. 27, 93구27224)의 판단이 옳고, 원심을 파기환송한 대법원의 판단이 잘못이라고
    평한 바 있다. 즉 원심은 계고처분이 불가쟁력을 발생한 이상, 후행처분인 영장발부통보처분의 단계에
    서 선행처분인 계고처분의 위법을 이유로 후행처분의 취소를 청구할 수 없다는 취지의 판결을 하였던
    것이다(후술 참조).

17) 참조: 김남진, 기본문제, 283면 이하; 김남진, 행정행위의 하자승계론과 규준력이론, 행정법연구 제2호,
    1998; 김성수, 행정행위의 존속력(하), 월간고시, 1990. 8; 신보성, 선행정행위의 후행정행위 구속력, 고
    시계, 1991. 5; 박종국, 행정행위의 존속력, 구병삭박사정년기념논문집, 1991; 정하중, 행정행위의 공정
    력, 구속력 그리고 존속력, 공법연구 제26집 제3호, 1998. 6; 김남진, 불가쟁 직위해제의 직권면직에 대
    한 구속력, 법률저널, 2002. 11. 26.

행정쟁송제기기간에 관한 규정(행정심판법 27조,) 이 이에 대한 간접적인 근거를 제공
해 준다고 볼 수 있다. 왜냐하면 선행행위가 불가쟁력을 발생하였는데 후행행
위의 단계에 이르러 선행행위의 하자를 이유로 후행행위의 효력을 다툴 수 있
게 되면 불가쟁력을 인정하는 제도적 취지가 무의미해지기 때문이다.

아울러, 행정법에 있어서는 이론(Dogmatik)이 앞장서고, 법에 의한 제도화
(근거규정) 가 뒤따른 예가 수없이 많이 있는데(예: 경찰권행사), 이 문제 역시 그러한
과정을 밟을 것을 예상하며 기대하는 바이다. 또한 "하자승계론"의 주장도 실
정법에 명문의 근거가 있는 것이 아닌 점에 유의할 필요가 있다.

(3) 후행정행위에 대한 규준력의 한계

행정행위가 연속적으로 행해지는 경우에 있어서, 어떠한 기준에 의하여 "불
가쟁력이 발생한 선행행위의 규준력의 범위·한계(선행행위·후행)를 정할 수 있는
것인가?" 이에 관하여는 다음과 같은 기준을 제시할 수 있다.

(가) 사물적(객관적) 한계

선행정행위가 후행정행위에 규준력을 미침으로써, 후행정행위의 단계에서
선행정행위의 규준력(특히 불가쟁력)에 배치되는 주장을 하지 못하도록 하기
위해서는, 양 행위의 규율대상 내지는 법적 효과에 있어서 일치성이 있어야 한
다. 하자승계론의 주장과는 달리, 건물의 철거명령과 그 철거명령을 집행하기
위한 일련의 처분(계고'에서 '비용납부명령') 은 사물적 한계를 같이 한다고 판단된다.

> **[같은 취지의 판례]** 이 사건 기간연장허가반려처분과 그 적법함을 전제로 행하여
> 진 위 철거명령과 계고처분은 모두 적법하게 확정되었다고 할 것이고, 그러한 이상
> 그 후행행위인 이 사건 영장발부통지처분에 있어서 원고는 이 사건 기간연장허가
> 반려처분이나 자진철거명령이나 계고처분이 위법·부당하다는 주장을 못한다고 할
> 것이다(서울고판 1995. 7. 27,).
> 93구27224

(나) 대인적(주관적) 한계

선행정행위의 후행정행위에 대한 규준력은 양 행정행위의 수범자(상대방)가
일치하는 한도에서만 미친다.

(다) 시간적 한계

선행정행위의 후행정행위에 대한 규준력은 또한 선행정행위의 기초를 이루
는 사실 및 법상태가 유지되는 한도 내에서만 미친다고 말할 수 있다.

(라) 추가적 요건으로서 예측가능성과 수인가능성

선행정행위의 후행정행위에 대한 구속력(규준력)이 상기한 한계 내에서 인정되는 경우 선행행위의 위법을 이유로 후행행위의 취소를 청구할 수 없다고 보아야 하나, 그 결과가 개인에게 지나치게 가혹하며, 수인(또는 예측) 가능한 것이 아닌 경우에는 규준력의 효과를 차단할 필요가 있다. 다시 말하여, 선행행위의 불가쟁력에도 불구하고 선행행위의 위법을 이유로 후행행위의 취소청구가 허용될 필요가 있다는 것이다.

이러한 관점에서 판례($\frac{대판 1984. 9. 11.}{84누191}$)가 취한 결론과는 달리, 선행행위인 직위해제처분의 위법을 이유로 한 직권면직처분의 취소청구가 허용될 필요가 있다고 평한 바 있다.[18]

판례는 하자승계론의 관점을 기본적 입장으로 하나, 쟁송기간이 도과한 개별공시지가 결정의 위법을 이유로 하여 그에 기초하여 부과된 양도소득세 부과처분의 취소를 구한 사건에서 '예측가능성'과 '수인가능성'을 추가적 요건으로 적용하여 구체적 타당성 있는 해결을 모색하고 있다.

[판례①] ㉮ 두 개 이상의 행정처분이 연속적으로 행하여지는 경우 선행처분과 후행처분이 서로 결합하여 1개의 법률효과를 완성하는 때에는 선행처분에 하자가 있으면 그 하자는 후행처분에 승계되므로 선행처분에 불가쟁력이 생겨 그 효력을 다툴 수 없게 된 경우에도 선행처분의 하자를 이유로 후행처분의 효력을 다툴 수 있는 반면 선행처분과 후행처분이 서로 독립하여 별개의 법률효과를 목적으로 하는 때에는 선행처분에 불가쟁력이 생겨 그 효력을 다툴 수 없게 된 경우에는 선행처분의 하자가 중대하고 명백하여 당연무효인 경우를 제외하고는 선행처분의 하자를 이유로 후행처분의 효력을 다툴 수 없는 것이 원칙이나, 선행처분과 후행처분이 서로 독립하여 별개의 효과를 목적으로 하는 경우에도 선행처분의 불가쟁력이나 구속력이 그로 인하여 불이익을 입게 되는 자에게 수인한도를 넘는 가혹함을 가져오며, 그 결과가 당사자에게 예측가능한 것이 아닌 경우에는 국민의 재판받을 권리를 보장하고 있는 헌법의 이념에 비추어 선행처분의 후행처분에 대한 구속력은 인정될 수 없다. ㉯ 개별공시지가결정은 이를 기초로 한 과세처분 등과는 별개의 독립된 처분으로서 서로 독립하여 별개의 법률효과를 목적으로 하는 것이나, 개별공시지가는 이를 토지소유자나 이해관계인에게 개별적으로 고지하도록 되어 있는 것

---

18) 김남진, 판례평석, 법률신문, 1985. 3. 18; 김남진, 기본문제, 977면 이하 참조. 이 사건과 관련하여 직위해제를 받은 공무원은 30일 이내에 소청을 제기하도록 되어 있는데, 직위해제된 공무원이 다시 보직을 받는가 아니면 직권면직되는가 여부는 대체로 90일이 지난 후에 결정하도록 되어 있는 점을 감안할 필요가 있다(국가공무원법 73조의3 3항, 76조 1항 참조).

이 아니어서 토지소유자 등이 개별공시지가결정 내용을 알고 있었다고 전제하기도 곤란할 뿐만 아니라 결정된 개별공시지가가 자신에게 유리하게 작용될 것인지 또는 불이익하게 작용될 것인지 여부를 쉽사리 예견할 수 있는 것도 아니며, 더욱이 장차 어떠한 과세처분 등 구체적인 불이익이 현실적으로 나타나게 되었을 경우에 비로소 권리구제의 길을 찾는 것이 우리 국민의 권리의식임을 감안하여 볼 때 토지소유자 등으로 하여금 결정된 개별공시지가를 기초로 하여 장차 과세처분 등이 이루어질 것에 대비하여 항상 토지의 가격을 주시하고 개별공시지가결정이 잘못된 경우 정해진 시정절차를 통하여 이를 시정하도록 요구하는 것은 부당하게 높은 주의의무를 지우는 것이라고 아니할 수 없고, 위법한 개별공시지가결정에 대하여 그 정해진 시정절차를 통하여 시정하도록 요구하지 아니하였다는 이유로 위법한 개별공시지가를 기초로 한 과세처분 등 후행 행정처분에서 개별공시지가의 위법을 주장할 수 없도록 하는 것은 수인한도를 넘는 불이익을 강요하는 것으로서 국민의 재산권과 재판받을 권리를 보장한 헌법의 이념에도 부합하는 것이 아니라고 할 것이므로, 개별공시지가결정에 위법이 있는 경우에는 그 자체를 행정소송의 대상이 되는 행정처분으로 보아 그 위법을 다툴 수 있음은 물론 이를 기초로 한 과세처분 등 행정처분의 취소를 구하는 행정소송에서도 선행처분인 개별공시지가결정의 위법을 독립된 위법사유로 주장할 수 있다고 해석함이 타당하다(대판 1994. 1. 25, 93누8542, 동지판례: 대판 2019. 1. 31, 2017두40372). 19)

[판례②] 개별공시지가 결정에 대하여 한 재조사청구에 따른 조정결정을 통지받고서도 더 이상 다투지 아니한 경우까지 선행처분인 개별공시지가 결정의 불가쟁력이나 구속력이 수인한도를 넘는 가혹한 것이거나 예측불가능하다고 볼 수 없어, 위 개별공시지가 결정의 위법을 이 사건 과세처분의 위법사유로 주장할 수 없다(대판 1998. 3. 13, 96누6059).

[판례③] 甲을 친일반민족행위자로 결정한 친일반민족행위진상규명위원회(이하 '진상규명위원회'라 한다)의 최종발표(선행처분)에 따라 지방보훈지청장이 독립유공자 예우에 관한 법률(이하 '독립유공자법'이라 한다) 적용 대상자로 보상금 등의 예우를 받던 甲의 유가족 乙등에 대하여 독립유공자법 적용배제자 결정(후행처분)을 한 사안에서, 진상규명위원회가 甲의 친일반민족행위자 결정 사실을 통지하지 않아 乙은 후행처분이 있기 전까지 선행처분의 사실을 알지 못하였고, 후행처분인 지방보훈지청장의 독립유공자법 적용배제결정이 자신의 법률상 지위에 직접적인 영향을 미치는 행정처분이라고 생각했을 뿐, 통지를 받지도 않은 진상규명위원회의 친일반민족행위자 결정처분이 자신의 법률상 지위에 영향을 주는 독립된 행정처분이라고 생각하기는 쉽지 않았을 것으로 보여, 乙이 선행처분에 대하여 일제강점하 반민족행위 진상규명에 관한 특별법에 의한 이의신청절차를 밟거나 후행처분에 대한 것과 별개로 행정심판이나 행정소송

---

19) 이 판례의 평석에 관하여는 김남진, 과세처분의 선행행위인 개별지가공시의 위법성심사, 판례월보, 1994. 6 참조.

을 제기하지 않았다고 하여 선행처분의 하자를 이유로 후행처분의 효력을 다툴 수 없게 하는 것은 乙에게 수인한도를 넘는 불이익을 주고 그 결과가 乙에게 예측가능한 것이라고 할 수 없어 선행처분의 후행처분에 대한 구속력을 인정할 수 없으므로 선행처분의 위법을 이유로 후행처분의 효력을 다툴 수 있음에도, 이와 달리 본 원심판결에 법리를 오해한 위법이 있다(대판 2013. 3. 14. 2012두6964).

한편, 대법원은 표준지공시지가의 경우 조세소송에서 그 공시지가결정의 위법성을 다툴 수 없다고 판시한 바 있으나(판례①), 인근 토지 소유자가 토지의 수용 경과 등에 비추어 표준지공시지가의 확정 전에 이를 다투는 것이 불가능하였던 사정을 감안하여 수용보상금의 증액을 구하는 소송에서 선행처분으로서 그 수용대상 토지 가격 산정의 기초가 된 비교표준지공시지가결정의 위법을 독립된 사유로 주장할 수 있다고 하였다(판례②). 대법원은 최근 이의절차나 행정소송 등을 통하여 표준지공시지가결정의 위법성을 다툴 수 있었던 사건에서는 그러한 절차를 밟지 않은 채 토지 등에 대한 재산세 부과처분의 취소를 구하는 소송에서 표준지공시지가결정의 위법성을 다투는 것은 원칙적으로 허용되지 않는다고 판시하였다(판례③).

[판례①] 표준지로 선정된 토지의 공시지가에 대하여는 구 지가공시및토지의평가등에관한법률 제8조 제1항 소정의 이의절차를 거쳐 처분청을 상대로 그 공시지가결정의 위법성을 다툴 수 있을 뿐 그러한 절차를 밟지 아니한 채 조세소송에서 그 공시지가결정의 위법성을 다툴 수는 없다. … 개별토지가격에 대한 불복방법과는 달리 표준지의 공시지가에 대한 불복방법을 위와 같이 제한하고 있는 것은 표준지의 공시지가와 개별토지가격은 그 목적·대상·결정기관·결정절차·금액 등 여러 가지면에서 서로 다른 성질의 것이라는 점을 고려한 것이므로, 이러한 차이점에 근거하여 표준지의 공시지가에 대한 불복방법을 개별토지가격에 대한 불복방법과 달리 인정한다고 하여 그것이 헌법상 평등의 원칙, 재판권 보장의 원칙에 위반된다고 볼 수는 없다(대판 1997. 9. 26. 96누7649).

[판례②] 표준지공시지가결정은 이를 기초로 한 수용재결 등과는 별개의 독립된 처분으로서 서로 독립하여 별개의 법률효과를 목적으로 하는 것이나, 표준지공시지가는 이를 인근 토지의 소유자나 기타 이해관계인에게 개별적으로 고지하도록 되어 있는 것이 아니어서 인근 토지의 소유자 등이 표준지공시지가결정 내용을 알고 있었다고 전제하기가 곤란할 뿐만 아니라 결정된 표준지공시지가가 공시될 당시 보상금 산정의 기준이 되는 표준지의 인근 토지를 함께 공시하는 것이 아니어서

인근 토지 소유자는 보상금 산정의 기준이 되는 표준지가 어느 토지인지를 알 수 없으므로(더욱이 표준지공시지가가 공시된 이후 자
기 토지가 수용되리라는 것을 알 수도 없다) 인근 토지 소유자가 표준지의 공시지가가 확정되기 전에 이를 다투는 것은 불가능하다. 더욱이 장차 어떠한 수용재결 등 구체적인 불이익이 현실적으로 나타나게 되었을 경우에 비로소 권리구제의 길을 찾는 것이 우리 국민의 권리의식임을 감안하여 볼 때 인근 토지소유자 등으로 하여금 결정된 표준지공시지가를 기초로 하여 장차 토지보상 등이 이루어질 것에 대비하여 항상 토지의 가격을 주시하고 표준지공시지가결정이 잘못된 경우 정해진 시정절차를 통하여 이를 시정하도록 요구하는 것은 부당하게 높은 주의의무를 지우는 것이라 아니할 수 없고, 위법한 표준지공시지가결정에 대하여 그 정해진 시정절차를 통하여 시정하도록 요구하지 아니하였다는 이유로 위법한 표준지공시지가를 기초로 한 수용재결 등 후행 행정처분에서 표준지공시지가결정의 위법을 주장할 수 없도록 하는 것은 수인한도를 넘는 불이익을 강요하는 것으로서 국민의 재산권과 재판받을 권리를 보장한 헌법의 이념에도 부합하는 것이 아니라고 할 것이다. 따라서 표준지공시지가결정에 위법이 있는 경우에는 그 자체를 행정소송의 대상이 되는 행정처분으로 보아 그 위법 여부를 다툴 수 있음은 물론, 수용보상금의 증액을 구하는 소송에서도 선행처분으로서 그 수용대상 토지 가격 산정의 기초가 된 비교표준지공시지가결정의 위법을 독립된 사유로 주장할 수 있다(대판 2008. 8. 21.
2007두13845).

[판례③] 표준지로 선정된 토지의 표준지공시지가를 다투기 위해서는 처분청인 국토교통부장관에게 이의를 신청하거나 국토교통부장관을 상대로 공시지가결정의 취소를 구하는 행정심판이나 행정소송을 제기해야 한다. 그러한 절차를 밟지 않은 채 토지 등에 관한 재산세 등 부과처분의 취소를 구하는 소송에서 표준지공시지가결정의 위법성을 다투는 것은 원칙적으로 허용되지 않는다. (…) 원고는 이의절차나 국토교통부장관을 상대로 한 행정소송 등을 통하여 이 사건 토지에 대한 표준지공시지가결정의 위법성을 다투었어야 한다. 그러한 절차를 밟지 않은 채 원고가 이 사건 부동산에 관한 재산세 등 부과처분의 취소를 구하는 이 사건 소송에서 그 위법성을 다투는 것은 허용되지 않는다. (…) 원심은 원고가 이 사건 소송에서 표준지공시지가결정의 위법성을 다툴 수 있다고 판단하였다. 원심판결에는 재산세 등 부과처분 취소소송에서 표준지공시지가결정의 위법성을 다툴 수 있는지 여부에 관한 법리 등을 오해하여 판결에 영향을 미친 잘못이 있다. (…) 원심이 원용한 대법원 2008. 8. 21. 선고 2007두13845 판결은 표준지 인근 토지의 소유자가 토지 등의 수용 경과 등에 비추어 표준지공시지가의 확정 전에 이를 다투는 것이 불가능하였던 사정 등을 감안하여 사업시행자를 상대로 수용보상금의 증액을 구하는 소송에서 비교표준지공시지가결정의 위법을 독립된 사유로 주장할 수 있다고 본 것으로 이 사건과 사안이 다르므로 이 사건에 원용하기에 적절하지 않다(대판 2022. 5. 13.
2018두50147).

(4) 선행정행위의 후행정행위에 대한 구속력과 기본권과의 관계

헌법에 직업선택의 자유($\frac{15}{조}$), 재산권($\frac{23}{조}$) 등 국민의 기본권이 보장되어 있다는 것은 그 기본권이 침해되었을 때에 그 기본권 향유자의 효과적인 권리보호청구권이 또한 보장됨을 의미한다고 하겠다. 바로 이와 같은 논리가 선행정행위의 후행정행위에 대한 구속력에 어떠한 장애를 제공하는 것은 아닌가 하는 점이 문제가 될 수 있다.

생각건대, 국민의 기본권을 침해하는 행정행위에도 불가쟁력이 생길 수 있으므로 어떤 행정행위가 국민의 기본권과 관계가 있다고 하더라도 그것이 선행정행위의 후행정행위에 대한 구속력을 배제하는 절대적 사유는 될 수 없다고 봄이 타당하다. 왜냐하면 법률관계의 안정성, 행정의 실효성 역시 경시할 수 없는 헌법적 가치이기 때문이다.

4. 규준력이론 비판에 대한 반론

(1) 비판론의 요지

이와 같은 규준력이론($^{선행정행위의\ 후행정행}_{위에\ 대한\ 구속력이론}$)에 대해서는 ① 실정법의 근거를 결한다, ② 판결과 행정행위의 차이를 무시하고 '판결의 기판력이론'을 차용하였다 등의 비판이 가해지고 있다.

(2) 반론의 요지

①의 비판에 대하여는 이미 "후행정행위에 대한 규준력의 근거"에서 언급하였고, ②에 대하여는 본래 행정행위의 개념 및 이론이 판결을 모델로 하여 구성되었다고 하는 점, 그리하여 행정행위의 효력(구속력)의 하나로서 확정력($^{근래에는\ '존속력'으로}_{불리우는\ 경향에\ 있다}$)이 논해지고 있다고 하는 점을 지적해 두기로 한다.

사례해설

철거명령의 하자가 무효사유라면 이행강제금 부과처분 역시 그 근거를 상실하여 당연무효이다. 한편 철거명령의 하자가 취소사유인 경우에는 철거명령이 불가쟁력을 발생하였는데 철거명령의 하자를 이유로 이행강제금 부과처분을 다툴 수 있는지가 문제된다. 하자승계론의 관점에서 보면, 철거명령이 철거의무를 구체적으로 확정하는 것인 데 대하여 이행강제금 부과처분은 이미 확정된 행정법상 의무의 강제집행절차라는 점에서 양자는 행정목적을 달리한다. 행정행위의 규준력의 관점에서 보면, 양 행위는 시설물의 철거를 추구하는 점에서 규율 대상과 법적 효과에 있어서 일치성이 있고 수범자 및 사실·법 상태를 같이하므

로, 선행정행위의 후행정행위에 대한 규준력이 미친다. 따라서 사안상 철거명령의 불가쟁
력을 관철하더라도 수인한도를 넘는다거나 甲이 예측할 수 없었다고 판단되지 않는 이상,
제소기간이 도과한 철거명령의 위법을 이유로 이행강제금 부과처분을 다툴 수 없다.[20]

제 9 절   행정행위의 취소

Ⅰ. 취소의 의의

1. 취소의 개념

행정행위의 취소라 함은 좁은 의미로는 직권취소, 즉 일단 유효하게 성립한
행정행위를 하자가 있음을 이유로 또는 부당함을 이유로 행정청이 그 효력을
소멸시키는 행정행위를 의미한다. 이러한 의미의 직권취소 이외에 이해관계인
의 쟁송제기에 의해 심판기관(행정심판위원회, 법원)이 행하는 취소(쟁송취소)까지도 포함하
는 취소[1]를 광의의 취소라고 할 수 있다. 그런데 직권취소와 쟁송취소는 너무
나 차이가 많다고 하는 점을 인식하게 됨에 따라, 오늘날 단순히 "취소"라고
하는 경우, 특히 행정행위편에서 취소라고 하는 경우에는 직권취소만을 의미함
이 보통이며, 여기에서도 그에 따르기로 한다.[2]

행정행위의 취소는 '일단 유효하게 성립한 행정행위'의 효력을 소멸시키는
행위인 점에서 처음부터 효력을 발생하지 않는 무효인 행정행위임을 공적으로
확인하는 행위인 '무효'와 구별되며, 또한 그 '성립 당시에 하자가 있음'을 이유
로 효력을 소멸시키는 행위인 점에서 하자 없이 성립하였으나 그 효력을 존속
시킬 수 없는 새로운 사유의 발생을 이유로 하는 '철회' 및 취소와 철회를 합친
의미의 '폐지'와도 구별된다.

---

20) 상세는 김연태, 행정법사례연습, 204면 이하 참조.
 1) 과거에는 직권취소와 쟁송취소를 구분함이 없이 취소를 논함으로 인하여 많은 혼란이 있었다.
 2) 따라서 여기에서는 직권에 의한 행정행위의 취소가 그의 주된 대상이 되며, 쟁송취소는 행정쟁송법에
   서 상세히 고찰하기로 한다.

[판례①] 행정행위의 '취소'는 일단 유효하게 성립한 행정행위를 그 행위에 위법한 하자가 있음을 이유로 소급하여 효력을 소멸시키는 별도의 행정처분을 의미함이 원칙이다. 반면, 행정행위의 '철회'는 적법요건을 구비하여 완전히 효력을 발하고 있는 행정행위를 사후적으로 효력의 전부 또는 일부를 장래에 향해 소멸시키는 별개의 행정처분이다. 그리고 행정행위의 '취소 사유'는 원칙적으로 행정행위의 성립 당시에 존재하였던 하자를 말하고, '철회 사유'는 행정행위가 성립된 이후에 새로이 발생한 것으로서 행정행위의 효력을 존속시킬 수 없는 사유를 말한다(대판 2018. 6. 28, 2015두58195).
[판례②] 행정행위의 취소는 일단 유효하게 성립한 행정행위를 성립 당시 존재하던 하자를 사유로 소급하여 효력을 소멸시키는 행정처분이고, 행정행위의 철회는 적법요건을 구비하여 유효한 행정행위를 행정행위 성립 이후 새로이 발생한 사유로 행위의 효력을 장래에 향해 소멸시키는 행정처분이다. 행정청의 행정행위 취소가 있더라도 취소사유의 내용, 경위 기타 제반 사정을 종합하여 명칭에도 불구하고 행정행위의 효력을 장래에 향해 소멸시키는 행정행위의 철회에 해당하는지 살펴보아야 한다(대결 2022. 9. 29, 2022마118).

2. 취소의 종류

행정행위의 취소는 그것을 구별하는 기준에 따라 다음과 같이 분류될 수 있다.

(1) 행정청에 의한 취소와 법원에 의한 취소

이는 행정행위를 취소할 수 있는 권한을 가진 기관에 따른 구별이다. 이 구분은 쟁송취소와 직권취소의 구분에 상응하는 것이나, 반드시 그러한 것은 아니다. 법원에 의한 취소는 언제나 쟁송취소인 데 대하여, 행정청에 의한 취소는 직권취소와 쟁송취소(행정심판)로 나누어진다.

(2) 직권에 의한 취소와 쟁송에 의한 취소

이는 행정행위의 취소권을 발동하게 된 직접적인 동기에 따른 구분이다. 즉, 행정청이 직권으로 행하는 것이 직권취소이고, 상대방이나 이해관계인의 쟁송제기에 의해 쟁송기관이 행하는 것이 쟁송취소이다.

(3) 수익적 행정행위의 취소와 부담적 행정행위의 취소

이는 취소의 대상인 행정행위의 종류에 따른 구분인데, 이러한 구분은 직권에 의한 취소에 있어서의 취소권의 제한과 관련하여 중요한 의미를 갖는다(후술참조).

(4) 전부취소와 일부취소

행정행위 전체를 취소하는 경우인가 일부만 취소하는 경우인가에 따른 구분이다. 부관의 취소가 행정행위의 일부취소에 해당한다 함은 행정행위의 부관론에서 살펴 본 바와 같다.

3. 쟁송취소와 직권취소의 구별

(1) 구별의 배경

과거에 직권취소와 쟁송취소의 차이점에 대한 인식이 적었던 원인은 2차대전 전의 독일 및 일본에서의 행정재판소가 조직이나 기능에 있어 '사법'에 속한 것이 아니라 '행정'에 속했던 것에 기인하는 것으로 판단된다. 그러나 오늘날은 행정소송도 엄연히 '사법'에 속하므로, 쟁송취소, 그 중에서도 법원에 의한 행정행위의 취소는 사법작용으로서의 판결이며 결코 행정행위로 분류될 수는 없는 일이다. 여기에 행정행위의 쟁송취소와 직권취소를 분명하게 구분해야 하는 이유가 있다.

(2) 기본적인 차이

위법한 행정행위의 쟁송취소는 법률에 의한 행정의 원리를 실현하기 위해 적법상태를 회복시키기 위한 제도로서, 국민의 권리구제의 성격을 가지고 있으며, 쟁송취소의 대상은 부담적(침익적) 행정행위이다. 이에 비해 직권취소는 적법성을 회복시키는 동시에, 장래에 향하여 행정목적을 실현하기 위한 수단으로 행하여지는 점에 그의 특색이 있다. 이 점에서 철회와의 공통점이 많이 있으며, 수익적 행정행위가 주로 그 대상이 된다.

(3) 구체적인 상위점

(가) 취소사유

쟁송취소, 그 중에서도 법원에 의한 취소는 위법성만이 취소사유가 된다. 이에 대해 직권취소에 있어서는 부당도 취소사유가 된다.

(나) 이익형량

쟁송취소에 있어서는 위법성이 있는 한 이익의 비교형량을 함이 없이 취소됨이 원칙이며, 실정법에 의해 예외적으로 이익형량이 행해질 뿐이다(행정심판법 44조의 사정재결 및 행정소송법 28조의 사정판결). 이에 대해 직권취소에서는 행정목적에 비추어 위법의 내용을 구체적으로 확정해야 하는 동시에 취소에 의해 초래되는 효과에 대해서도 세밀히 검토하지 않으면 안 된다.

> **[판례]** 수익적 행정처분에 대한 취소권 등의 행사는 기득권의 침해를 정당화할 만한 중대한 공익상의 필요 또는 제3자의 이익보호의 필요가 있는 때에 한하여 허용될 수 있다는 법리는, 처분청이 수익적 행정처분을 직권으로 취소·철회하는 경우에 적용되는 법리일 뿐 쟁송취소의 경우에는 적용되지 않는다(대판 2019. 10. 17, 2018두104).

(다) 취소기간

쟁송취소는 쟁송의 제기기간이 법에 정해져 있다(행정심판법 27조, 행정소송법 20조). 이에 대하여 직권취소는 원칙적으로 그러한 기간의 제한을 받지 않는다.

(라) 취소절차

쟁송취소는 「행정심판법」, 「행정소송법」이 정한 쟁송절차에 따라 행해진다. 이에 대해 직권취소의 절차는 부분적으로 개별법 및 일반법인 「민원 처리에 관한 법률」에 규정되어 있다.

(마) 취소형식

쟁송취소는 재결·판결 등의 형식으로 행해지므로 일정사항을 기재한 서면으로 하여야 하나, 직권취소에는 그와 같은 엄격한 형식이 요구되어 있지 않다.

(바) 취소의 소급효

쟁송취소는 회고적으로 적법성을 확보하려는 것이므로 원칙적으로 소급효가 인정되는데 대하여, 직권취소는 일의적으로 소급효 여부에 대해 말할 수 없으며, 구체적 사건마다 이익형량의 결과에 따라 소급효 여부가 결정된다.

(사) 취소의 범위

직권취소는 처분청 또는 상급행정청이 하는 것이므로 구체적인 행정목적을 실현하기 위해 필요한 경우에는 처분의 적극적인 변경을 할 수 있는데 대하여, 쟁송취소 중 취소소송의 경우는 원칙적으로 일부취소를 내용으로 하는 변경만이 허용된다는 것이 통설적 견해이다.[3] 다만, 쟁송취소 중 행정심판에서는 처분의 적극적인 변경이 가능하다(행정심판법 43).

II. 취소권자와 법적 근거

(1) 처분청의 경우

당해 행정행위를 한 행정청, 즉 처분청이 행정행위를 취소할 수 있는 권한을 가지는 것에 관해서는 이론이 없다. 그에 관한 법적 근거가 없는 경우에도 그러하다. 판례 또한 같다.

> **[판례]** 행정행위를 한 처분청은 그 행위에 하자가 있는 경우에는 별도의 법적 근거가 없더라도 스스로 이를 취소할 수 있다(대판 2006. 5. 25. 2003두4669, 동지판례: 대판 1986. 2. 25. 85누664; 대판 1991. 8. 23. 90누7760; 대판 2002. 2. 5. 2001두5286).

(2) 감독청의 경우

법에 감독청의 취소권이 인정되어 있는 경우에는 그에 따르면 된다(정부조직법 11조, 지방자치법 188조). 그러나 이러한 법적 근거가 없는 경우 감독청이 취소권을 행사할 수 있는가에 대하여는 견해가 나누어져 있다. 소극설은 감독청은 처분청에 대해 취소를 명할 수 있을 뿐, 스스로 취소할 수 없다고 한다. 반면 적극설은 감독의 목적달성을 위해서 감독청은 당연히 취소권을 갖는다고 한다.

생각건대, 감독청의 감독권에는 하급관청의 처분권한을 직접 행사할 수 있는 권한까지 포함되는 것은 아니며, 따라서 감독권에는 처분의 취소권이 포함되지 않는다고 볼 것이다. 결국 법령상 근거가 없는 한 감독청은 처분청에 대하여 처분의 취소를 명할 수 있을 뿐, 감독청이 직접 취소할 수는 없는 것이다.

III. 취소의 사유

행정행위의 취소사유는 법령에서 명문으로 규정되어 있는 경우(정부조직법 11조 2항, 지방자치법 169조) 외에는 통칙적 규정이 없기 때문에 의문의 여지가 있기는 하나, 행정행위

---

3) 취소소송에서 일부취소의 가능성과 관련하여 판례는 "외형상 하나의 행정처분이라 하더라도 가분성이 있거나 그 처분대상의 일부가 특정될 수 있다면 그 일부만의 취소도 가능하고 그 일부의 취소는 당해 취소부분에 관하여만 효력이 생긴다"고 판시하고 있다(대판 2000. 12. 12. 99두12243, 동지판례: 대판 1995. 11. 16. 95누8850; 대판 2012. 3. 29. 2011두9263; 대판 2012. 5. 24. 2012두1891). 이에 대한 상세는 본서 1007면 참조.

에 하자가 있을지라도 그 하자가 중대·명백하지 않는 경우 및 하자가 중대 하기는 하나 명백하지 않는 경우, 행정행위가 취소의 대상이 된다고 말할 수 있다.

학설 또는 판례를 통해 취소사유로 제시되는 것으로서는, ① 권한초과, ② 행위능력결여, ③ 사기·강박·증뢰 등 부정행위에 의한 경우, ④ 착오의 결과로서 위법·부당하게 된 경우, ⑤ 공서양속에 위배되는 경우, ⑥ 기타 행위 내용이 단순히 경미한 법규위반, 조리법 등 불문법위반인 경우 또는 공익위반인 경우, ⑦ 경미한 절차나 형식을 결여한 경우 등이 있다(제8절 참조).

한편, 하자가 있었으나 이미 치유된 경우, 다른 적법한 행위로 전환된 경우 등에는 취소의 대상이 되지 않음은 말할 것도 없다. 또한 취소의 사유가 있다고 해서 항상 그의 취소가 자유로운 것은 아니다. 이에 대하여는 아래에서 살펴보기로 한다.

Ⅳ. 취소권의 한계

1. 취소의 자유원칙으로부터 제한원칙으로

행정행위에 하자가 있는 경우 행정청은 임의로 취소할 수 있는가? 과거에는 행정의 자유로운 취소(freie Rücknahmebarkeit)가 원칙이며, 따라서 행정청은 행정행위에 하자가 있는 경우에는 언제든지 취소할 수 있다고 하는 설이 유력했다. 나아가 행정행위에 하자가 있는 경우에 행정청이 그것을 취소할 수 있음은 말할 것도 없고, 취소는 행정청의 법적 의무임을 강조한 학자(Forsthoff 등)도 있었다.

그러나 그와 같은 주장은 대세에 밀렸으며 이론적으로도 타당하지 않음이 드러났다. 행정에 있어서 법률적합성원칙이 중요함은 누구도 부인하지 않는다. 그러나 행정에 적용되는 원칙에는 여러 가지가 있으며 법률적합성원칙이 언제나 절대적일 수는 없다. 행정행위가 일단 발해지면 비록 그 성립에 하자가 있을지라도 공정력·구성요건적 효력 등에 의해 일응 유효하게 존속하고 그것을 기초로 하여 많은 법률관계가 형성되므로, 이를 함부로 취소하는 경우에는 관계자의 신뢰와 법적 생활의 안정을 해칠 수 있기 때문이다. 더욱이 어떤 행정행위를 함에 있어서 준수되어야 하는 법원칙과 법에 위반된 행정이 행해진 경우에 있어서 이 문제를 해결함에 필요한 법원칙 및 그들 법원칙(가치 내지 는 이익)의 서열이 동일할 수는 없는 것이다.

즉, 행정행위를 행함에 있어서는 행정의 법률적합성, 그 중에서도 법률우위원칙이 절대적 지위를 차지한다고 할 수 있으나, 그럼에도 불구하고 하자있는 위법한 행정행위가 행해진 후에는 법률적합성원칙만으로 문제를 해결할 수는 없다. 여기에는 법률생활의 안정성, 국민의 기득권 보호, 신뢰보호원칙 등이 고려되어야 하며, 이익형량의 결과 당해 행정행위를 취소함으로써 얻어지는 가치가 취소하지 않음으로써 얻어지는 가치보다 더 큰 경우에 한하여 취소될 수 있는 것이다(과잉·과소금지
원칙의 적용).

2. 이익형량과 그 기준

(1) 부담적 행정행위의 경우

특별한 사정이 없는 한 부담적(불이익적) 행정행위의 취소는 자유롭다고 보아야 할 것이다.

(2) 수익적 행정행위의 경우

수익적 행정행위의 직권취소에 있어서는, 관련된 제이익을 형량하여 취소 여부를 결정해야 한다. 이 경우 행정처분을 직권으로 취소해야 할 필요성에 관한 증명책임은 행정청에 있다.

> **[판례①]** 처분청은 행정처분에 하자가 있는 경우에는 별도의 법적 근거가 없더라도 스스로 이를 취소할 수 있고, 다만 수익적 행정처분을 취소할 때에는 이를 취소하여야 할 중대한 공익상 필요와 취소로 인하여 처분상대방이 입게 될 기득권과 법적 안정성에 대한 침해 정도 등 불이익을 비교·교량한 후 공익상 필요가 처분상대방이 입을 불이익을 정당화할 만큼 강한 경우에 한하여 취소할 수 있다(대판 2020. 7. 23,
2019두31839. 동
지판례: 대판 2002. 2. 5, 2001두
5286: 대판 2006. 5. 25, 2003두4669).
>
> **[판례②]** 일정한 행정처분으로 국민이 일정한 이익과 권리를 취득하였을 경우에 종전 행정처분에 하자가 있음을 전제로 직권으로 이를 취소하는 행정처분은 이미 취득한 국민의 기존 이익과 권리를 박탈하는 별개의 행정처분으로, 취소될 행정처분에 하자가 있어야 하고, 나아가 행정처분에 하자가 있다고 하더라도 취소해야 할 공익상 필요와 취소로 당사자가 입게 될 기득권과 신뢰보호 및 법률생활안정의 침해 등 불이익을 비교·교량한 후 공익상 필요가 당사자가 입을 불이익을 정당화할 만큼 강한 경우에 한하여 취소할 수 있는 것이며, 하자나 취소해야 할 필요성에 관한 증명책임은 기존 이익과 권리를 침해하는 처분을 한 행정청에 있다(대판 2014. 11. 27,
2014두9226).

[판례③] 행정처분을 한 처분청은 처분의 성립에 하자가 있는 경우 별도의 법적 근거가 없더라도 직권으로 이를 취소할 수 있다고 봄이 원칙이므로, 국민연금법이 정한 수급요건을 갖추지 못하였음에도 연금 지급결정이 이루어진 경우에는 이미 지급된 급여 부분에 대한 환수처분과 별도로 지급결정을 취소할 수 있다. 이 경우에도 이미 부여된 국민의 기득권을 침해하는 것이므로 취소권의 행사는 지급결정을 취소할 공익상의 필요보다 상대방이 받게 될 불이익 등이 막대한 경우에는 재량권의 한계를 일탈한 것으로서 위법하다고 보아야 한다. 다만 이처럼 연금 지급결정을 취소하는 처분과 그 처분에 기초하여 잘못 지급된 급여액에 해당하는 금액을 환수하는 처분이 적법한지를 판단하는 경우 비교·교량할 각 사정이 동일하다고는 할 수 없으므로, 연금 지급결정을 취소하는 처분이 적법하다고 하여 환수처분도 반드시 적법하다고 판단하여야 하는 것은 아니다(대판 2017. 3. 30. 2015두43971).

그런데 문제는 어떠한 기준에 의하여 관련된 제이익을 형량할 것인가 하는 데 있다. 학설 판례상 논의된 기준을 살펴보면 다음과 같다.

(가) 취소가 제한되지 않는 경우

① 위험의 방지(Gefahrenabwehr)는 항상 우선적 지위를 차지해야 할 것이다.

② 행정행위의 하자가 수익자의 책임에 기인할 때, 특히 수익자의 사기·강박·증뢰 등 부정한 방법으로 수익적 행정행위가 발해졌을 때에는 취소에 관한 공익이 앞선다고 볼 것이다. 이와 같은 내용은 실정법에도 많이 규정되어 있다(국유재산법 36조 1항 1호 등 참조). 수익자가 행정행위의 위법성을 알았거나 중대한 과실로 알지 못한 경우도 동일하게 볼 수 있다.

「행정기본법」은 거짓이나 그 밖의 부정한 방법으로 처분을 받은 경우와 당사자가 처분의 위법성을 알고 있었거나 중대한 과실로 알지 못한 경우에는 취소로 인하여 당사자가 입게 될 불이익(취소로 당사자가 입게 될 기득권과 신뢰 보호 및 법률생활 안정의 침해 등 불이익)을 취소로 달성되는 공익과의 비교·형량에서 제외한다고 규정하였다(18조 2항 단서).

[판례] 수익적 행정처분의 하자가 당사자의 사실은폐나 기타 사위의 방법에 의한 신청행위에 기인한 것이라면 당사자는 처분에 의한 이익이 위법하게 취득되었음을 알아 취소가능성도 예상하고 있었다 할 것이므로, 그 자신이 처분에 관한 신뢰이익을 원용할 수 없음은 물론 행정청이 이를 고려하지 아니하였더라도 재량권의 남용이 되지 아니한다. 한편 당사자의 사실은폐나 기타 사위의 방법에 의한 신청행위가 있었는지 여부는 행정청의 상대방과 그로부터 신청행위를 위임받은 수임인 등 관계자 모두를 기준으로 판단하여야 한다(대판 2014. 11. 27, 2013두16111. 동지판례; 대판 2008. 11. 13, 2008두8628; 대판 1996. 10. 25, 95누14190).

③ 행정행위의 위법성이 수익자의 객관적인 책임에 귀속시킬 수 있는 경우에도 취소에 관한 공익이 우선한다고 볼 수 있다. 여기에서 수익자의 객관적 책임에 귀속시킬 수 있는 경우란, 수익자가 제시한 잘못된 또는 불완전한 자료에 의해 행정행위가 행해진 경우를 말한다.

(나) 취소가 제한되는 경우

① 수익자가 하자있는 행정행위를 객관적으로 신뢰하였을 뿐 아니라 수령한 것을 사용하였을 때에는 두터운 신뢰보호를 받는다. 즉, 수령한 금전을 이미 소비하였다거나, 하자있는 건축허가를 믿고 건축에 착수한 경우 등이 이에 해당한다. 후자의 사례(건축의)에 있어서 그럼에도 불구하고 공익상의 필요에서 그 건축허가를 취소해야만 하는 경우에는 보상을 통해서 선의의 수익자를 보호할 필요가 있다.

> **[판례]** 건축법 제11조 제7항은 건축허가를 받은 자가 허가를 받은 날부터 1년 이내에 공사에 착수하지 아니한 경우에 허가권자는 허가를 취소하여야 한다고 규정하면서도, 정당한 사유가 있다고 인정되면 1년의 범위에서 공사의 착수기간을 연장할 수 있다고 규정하고 있을 뿐이며, 건축허가를 받은 자가 착수기간이 지난 후 공사에 착수하는 것 자체를 금지하고 있지 아니하다.
>
> 이러한 법 규정에는 건축허가의 행정목적이 신속하게 달성될 것을 추구하면서도 건축허가를 받은 자의 이익을 함께 보호하려는 취지가 포함되어 있다고 할 것이므로, 건축허가를 받은 자가 건축허가가 취소되기 전에 공사에 착수하였다면 허가권자는 그 착수기간이 지났다고 하더라도 건축허가를 취소하여야 할 특별한 공익상 필요가 인정되지 않는 한 건축허가를 취소할 수 없다고 봄이 타당하다. 이는 건축허가를 받은 자가 건축허가가 취소되기 전에 공사에 착수하려 하였으나 허가권자의 위법한 공사중단명령으로 인하여 공사에 착수하지 못한 경우에도 마찬가지이다 (대판 2017. 7. 11. 2012두22973. 동) (지판례: 대판 1985. 10. 22. 85누93).

② 하자있는 행정행위의 취소를 통해서 초래되는 경제적인 효과도 고려되어야 한다. 하자있는 행정행위의 취소를 통해서 관계자가 막대한 경제적 손실을 입게 된다든가, 국가적 재정에 미치는 영향 등도 고려되어야 할 것이다.

③ 위법한 행정행위가 발해진 때 또는 위법한 행정행위가 고지된 때로부터의 기간의 경과도 취소 여부와 관련하여 중요한 의미를 가진다. 1987년에 입법예고 되었던 행정절차법안(31조)은 행정청이 위법한 수익처분을 안 날로부터 1년, 처분이 있는 날로부터 2년 내에 취소할 수 있는 것으로 규정하면서도 사기,

강박, 증·수뢰 기타 당사자 등에 책임이 있는 경우에는 그에 대한 예외를 인
정하는 규정을 두었다.[4]

④ 사법적 절차에 의한 행정행위 및 합의제행정청에 의한 행정행위 역시 취
소의 제한을 받는다. 다른 말로 표현하면 분쟁심판적(streitentscheidend) 내지
확인적(feststellend) 행정행위는 그의 취소가 제한된다는 것이다. 예컨대, 행정
심판의 재결, 토지수용위원회의 재결 등이 이에 속한다. 어떤 행정행위가 사법
적 절차에 의하여 혹은 합의제행정청에 의하여 행하여진다는 것은 그만큼 당
해 행정행위의 적법성과 존속성을 보장한다는 의미를 가지기에 그러한 행정행
위의 취소가 제한된다고 보는 것이다. 그리고 그러한 점은 우리의 판례상으로
받아들여진 바 있다.

> **[판례]** 심계원의 판정이 행정처분임은 물론이나 당해 회계관계직원과 관계행정청
> 을 구속하는 성격을 띤 확정력을 가지는 것으로서 판정을 한 기관조차 일반행정처
> 분과는 달리 소정의 재심에 의한 경우를 제외하고는 취소·변경할 수 없으며 어떠
> 한 행정청도 이의 취소·변경을 할 수 없다(대판 1963. 7. 25, 63누65).

⑤ 사인의 법률적 행위의 효력을 완성시켜 주는 행위, 즉 인가는 이미 그 사
인의 법률행위가 완성한 이후에는 그의 취소가 제한받는다고 보아야 한다. 이
경우는 법적 안정성의 요청이 강하기 때문이다.

⑥ 하자의 치유·전환이 가능한 경우에도 행정행위의 취소가 제한받는다고
보아야 할 것이다.

V. 취소의 절차

행정행위의 "직권취소"에 관하여 개별법에 청문 등 특별규정이 있는 경우
(도로법 101조, 하천법 91조 등)에는 우선적으로 그에 의하여야 한다. 개별법에 특별한 규정이 없는
경우에도 수익적 행정행위의 취소는 침익적 행정행위(의무를 과하거나 권익을 제한하는 처분)의 성질을
가지므로, 「행정절차법」이 정하는 바에 따라 처분의 사전통지(21조), 의견청취
(22조), 처분의 이유제시(23조) 등의 규정을 준수하여 행해져야 한다.

행정행위의 "쟁송취소"에는 「행정심판법」과 「행정소송법」 등이 적용된다.

---

4) 독일의 행정절차법(48조 4항)도 같은 취지의 규정을 두고 있으나, 처분청이 취소원인을 안 때로부터 1
   년 이내에 취소권을 행사하도록 하고 있는 점이 우리의 1987년 법안과 다르다.

Ⅵ. 취소의 효과

1. 소급효의 인정 여부

취소의 소급효가 인정되는지 여부는 일률적으로 말할 수 없으며, 구체적인 이익형량에 따라 결정되어야 한다.

쟁송취소의 효과는 원칙적으로 소급한다. 그러나 직권취소의 경우 취소의 원인이 당사자에게 있거나, 과거에 완결한 법률관계(또는 법률사실)를 제거하지 않으면 취소의 목적을 달성할 수 없는 경우에는 소급효가 인정되지만, 그 밖의 경우에는 구체적인 이익형량의 결과에 따라 결정해야 할 것이다.

직권취소의 경우에는 그 취소의 대상이 부담적 행정행위인 경우와 수익적 행정행위의 경우로 나누어서 검토할 필요가 있다. 부담적 행정행위의 취소는 원칙적으로 소급효가 있는 것으로 보아야 하는 반면, 수익적 행정행위의 취소는 상대방에게 귀책사유가 없는 한 원칙적으로 소급효가 인정되지 않는다. 다만, 수익적 행정행위의 경우에도 취소의 소급효를 인정하지 않으면 심히 공익을 해친다고 판단되는 경우에는 소급효를 인정해야 할 것이다.

「행정기본법」제18조 1항도 같은 취지에서 행정청은 위법 또는 부당한 처분의 전부나 일부를 소급하여 취소할 수 있다고 하면서도 당사자의 신뢰를 보호할 가치가 있는 등 정당한 사유가 있는 경우에는 장래를 향하여 취소할 수 있다고 규정하고 있다.

> **[판례①]** 국세 감액결정 처분은 이미 부과된 과세처분에 하자가 있음을 이유로 사후에 이를 일부취소하는 처분이므로, 취소의 효력은 그 취소된 국세 부과처분이 있었을 당시에 소급하여 발생하는 것이고, 이는 판결 등에 의한 취소이거나 과세관청의 직권에 의한 취소이거나에 따라 차이가 있는 것이 아니다(대판 1995. 9. 15, 94다16045).
>
> **[판례②]** 피고인이 행정청으로부터 자동차 운전면허취소처분을 받았으나 나중에 그 행정처분 자체가 행정쟁송절차에 의하여 취소되었다면, 위 운전면허취소처분은 그 처분시에 소급하여 효력을 잃게 되고, 피고인은 위 운전면허취소처분에 복종할 의무가 원래부터 없었음이 후에 확정되었다고 봄이 타당할 것이고, 행정행위에 공정력의 효력이 인정된다고 하여 행정소송에 의하여 적법하게 취소된 운전면허취소처분이 단지 장래에 향하여서만 효력을 잃게 된다고 볼 수는 없다(대판 1999. 2. 5, 98도4239).
>
> **[판례③]** 피고인이 특정범죄 가중처벌 등에 관한 법률 위반(도주차량)의 범행을

저지른 사실이 없음을 이유로 전라남도 지방경찰청장이 이 사건 운전면허 취소처분을 철회하였다면, 이 사건 운전면허 취소처분은 행정쟁송절차에 의하여 취소된 경우와 마찬가지로 그 처분시에 소급하여 효력을 잃게 되고, 피고인은 그 처분에 복종할 의무가 당초부터 없었음이 후에 확정되었다고 봄이 타당하다(대판 2008. 1. 31, 2007도9220). 5)

[판례④] 도로점용허가는 도로의 일부에 대한 특정사용을 허가하는 것으로서 도로의 일반사용을 저해할 가능성이 있으므로 그 범위는 점용목적 달성에 필요한 한도로 제한되어야 한다. 도로관리청이 도로점용허가를 하면서 특별사용의 필요가 없는 부분을 점용장소 및 점용면적에 포함하는 것은 그 재량권 행사의 기초가 되는 사실인정에 잘못이 있는 경우에 해당하므로 그 도로점용허가 중 특별사용의 필요가 없는 부분은 위법하다.

이러한 경우 도로점용허가를 한 도로관리청은 위와 같은 흠이 있다는 이유로 유효하게 성립한 도로점용허가 중 특별사용의 필요가 없는 부분을 직권취소할 수 있음이 원칙이다. 다만 이 경우 행정청이 소급적 직권취소를 하려면 이를 취소하여야 할 공익상 필요와 그 취소로 당사자가 입을 기득권 및 신뢰보호와 법률생활 안정의 침해 등 불이익을 비교 교량한 후 공익상 필요가 당사자의 기득권 침해 등 불이익을 정당화할 수 있을 만큼 강한 경우여야 한다(대판 2019. 1. 17, 2016두56721, 56738).

2. 손실보상의 여부

수익적 행정행위가 상대방의 귀책사유에 기인하지 않는 하자로 인하여 취소되는 경우에는 그로 인한 상대방의 손실을 보상하여야 할 것이다. 1987년의 행정절차법안은 제31조 3항에서 「행정처분을 취소한 경우에 당해 행정청은 청구가 있으면 당사자 등이 받은 재산상의 손실에 대하여 원상회복, 손실보상 기타 필요한 조치를 하여야 한다」라고 규정한 바 있다.

Ⅶ. 하자있는 취소의 취소

1. 무효원인이 있는 경우

직권취소처분에 중대하고 명백한 하자가 있으면 그 취소처분은 무효이며, 그에 따라 원행정행위가 그대로 존속하는 결과가 될 것이다.

---

5) 이 판례에 대한 평석으로는 김중권, 행정행위의 공정력과 취소판결의 소급효간 충돌에 관한 소고, 법률신문 제3634호, 2008. 3.

2. 취소원인이 있는 경우

직권취소처분에 취소사유인 하자가 있는 때에 이를 다시 직권으로 취소할 수 있는지에 대해서 견해가 나뉘어져 있다.

(1) 학   설

(가) 소극설

법령에 명문의 규정이 없는 한 취소에 의하여 이미 소멸된 행정행위의 효력을 다시 소생시킬 수는 없으며, 따라서 원행정행위를 소생시키려면 원행정행위와 같은 내용의 행정행위를 다시 행하는 수밖에 없다는 견해이다.

(나) 적극설

직권취소처분 역시 성질상 행정행위의 일종이므로 그에 하자가 있으면 행정행위의 취소에 대한 일반원칙에 따라 취소할 수 있다는 견해이다. 적극설이 다수설이다.

(2) 판   례

판례의 태도는 일견 일관되지 않은 것으로 보인다.

(가) 부정적 판례

> **[판례①]** 행정행위를 일단 취소한 후에 그 취소처분 자체의 위법을 이유로 다시 그 취소처분을 취소함으로써 시초의 행정행위의 효력을 회복시킬 수 있는 것인가의 문제는 두가지 경우로 나누어 생각해 볼 수 있다. 하나는 취소처분의 위법이 중대하고 명백하므로 인하여 그 취소처분이 절대로 무효일 경우인데 이 경우에 있어서는 그 취소처분에 대한 무효선언으로서의 취소가 가능할 것이다. 다른 하나는 그 취소처분이 절대로 무효가 되는 경우가 아닌 단순위법인 경우인데 이 경우에도 취소처분에 대하여 법률이 명문으로 소원 또는 행정소송의 제기를 허용하고 있는 때에는 그 절차에 따라 해결하면 될 것이고 법률에 그와 같은 취소처분의 취소에 관한 명문의 규정이 없는 때에는, 취소처분은 비록 위법할지라도 일단 유효하게 성립하고, 따라서 행정행위의 효력을 확정적으로 상실시키는 것이므로, 취소처분의 취소에 의하여 이미 효력을 상실한 행정행위를 소생시킬 수는 없으며, 소생시키기 위하여는 원 행정행위와 동일한 내용의 새로운 행정행위를 행할 수밖에 없는 것으로 풀이하는 것이 타당할 것이다(대판 1979. 5. 8.77누61).
>
> **[판례②]** 국세기본법 제26조 제1호는 부과의 취소를 국세납부의무 소멸사유의 하나로 들고 있으나, 그 부과의 취소에 하자가 있는 경우의 부과의 취소의 취소에 대

하여는 법률이 명문으로 그 취소요건이나 그에 대한 불복절차에 대하여 따로 규정을 둔 바도 없으므로, 설사 부과의 취소에 위법사유가 있다고 하더라도 당연무효가 아닌 한 일단 유효하게 성립하여 부과처분을 확정적으로 상실시키는 것이므로, 과세관청은 부과의 취소를 다시 취소함으로써 원부과처분을 소생시킬 수는 없고 납세의무자에게 종전의 과세대상에 대한 납부의무를 지우려면 다시 법률에서 정한 부과절차에 좇아 동일한 내용의 새로운 처분을 하는 수밖에 없다(대판 1995. 3. 10. 94누7027).

[판례③] 지방병무청장이 재신체검사 등을 거쳐 현역병입영대상편입처분을 보충역편입처분이나 제2국민역편입처분으로 변경하거나 보충역편입처분을 제2국민역편입처분으로 변경하는 경우 비록 새로운 병역처분의 성립에 하자가 있다고 하더라도 그것이 당연무효가 아닌 한 일단 유효하게 성립하고 제소기간의 경과 등 형식적 존속력이 생김과 동시에 종전의 병역처분의 효력은 취소 또는 철회되어 확정적으로 상실된다고 보아야 할 것이므로 그 후 새로운 병역처분의 성립에 하자가 있었음을 이유로 하여 이를 취소한다고 하더라도 종전의 병역처분의 효력이 되살아난다고 할 수 없다(대판 2002. 5. 28. 2001두9653).

(나) 긍정적 판례

[판례①] 행정처분이 취소되면 그 소급효에 의하여 처음부터 그 처분이 없었던 것과 같은 효과를 발생하게 되는바, 행정청이 의료법인의 이사에 대한 이사취임승인취소처분(제1처분)을 직권으로 취소(제2처분)한 경우에는 그로 인하여 이사가 소급하여 이사로서의 지위를 회복하게 되고, 그 결과 위 제1처분과 제2처분 사이에 법원에 의하여 선임결정된 임시이사들의 지위는 법원의 해임결정이 없더라도 당연히 소멸된다(대판 1997. 1. 21. 96누3401).

[판례②] 광업권 허가에 대한 취소처분을 한 후에 새로운 이해관계인이 생기기 전에 취소처분을 취소하여 그 광업권의 회복을 시켰다면 모르되, 취소처분을 한 후에 제3자가 선출원을 적법히 함으로써 이해관계인이 생긴 이후에 취소처분을 취소하여 광업권을 복구시키는 조처는, 제3자의 선출원 권리를 침해하는 위법한 처분이라고 하지 않을 수 없다(대판 1967. 10. 23. 67누126).

(3) 검 토

대법원이 적극설을 취한 판결은 모두 원행정행위가 수익적 행정행위의 경우에 관한 것인 반면, 소극설을 취한 판결은 모두 원행정행위가 침익적 행정행위인 조세부과처분의 경우에 관한 것으로 구체적인 사례를 통하여 이익형량을 고려하여 판단하고 있다.

우선 원행정행위가 '수익적 행정행위'인 경우에는, ① 수익적 행정행위의 (하자 있는) 취소행위의 취소에 의하여 원행정행위가 다시 부활하는 것으로 하여도 특별히 이해관계인의 권리를 침해하지 아니하는 이상 특별히 문제될 것이 없다는 점, ② 당초의 취소행위에 있는 하자는 상대방에게 책임을 귀속시킬 수 있는 것이 아니므로 당사자인 상대방의 신뢰보호가 필요한 점, ③ 당초의 취소행위는 하자가 있는 위법한 행정행위이므로 이러한 위법을 제거하기 위한 취소행위에 의하여 원행정행위가 부활하지 아니한다고 하게 되면 행정청으로서는 위법한 취소행위를 덮어두고 새로운 신청에 의한 행정행위를 유도할 가능성이 크게 되어 행정의 법률적합성의 원칙이 무너질 위험이 있는 점, ④ 원행정행위의 부활을 인정하지 아니한다면 새로운 신청과 행정행위라는 무익한 절차를 되풀이하여야 하므로 경제성의 원칙에 반하는 점 등의 관점에서 '적극설'이 타당하다.

반면 원행정행위가 '침익적 행정행위'인 경우에는, ① 침익적 행정행위의 (하자 있는) 취소행위에 의하여 당사자에게 부담이 없는 상태의 신뢰가 생겼는데 당초의 취소행위에 하자가 있었다는 이유만으로 이를 다시 취소함으로써 당초의 침익적 행정행위가 부활한다는 것은 당사자의 신뢰보호의 관점에서 문제가 있는 점, ② 원행정행위가 침익적 행정행위인 경우에는 신중한 행정행위를 유도함은 물론 행정행위의 범위와 불복기간의 기산일 등을 분명하게 할 필요가 있다는 측면에서 원행정행위를 부활하게 하는 것보다 새로운 행정행위를 하도록 하는 것이 행정의 법률적합성의 원칙에 부합한다는 점 등의 관점에서 '소극설'이 타당하다.

Ⅷ. 제3자효 행정행위의 취소

제3자효 행정행위의 직권취소 역시 전술한 일반원칙에 따라 행해지면 될 것이다. 다만 제3자효 행정행위는 3극적 법률관계를 형성하므로 그의 이익형량의 범위가 확대되고, 그에 따라 고려할 사항이 많은 점에 유의할 필요가 있다 (행정행위의 종류에서 "제3자효 행정행위" 참조).

제10절 행정행위의 철회

Ⅰ. 철회의 의의

1. 철회의 의의

행정행위의 철회라 함은, 하자없이 성립한 행정행위에 대해 그의 효력을 존속시킬 수 없는 새로운 사정이 발생하였음을 이유로 장래에 향하여 그의 효력을 소멸시키는 행정행위를 말한다. 실정법상으로는 대부분 취소라는 용어가 사용되고 있다(도로법 63조, 식품 위생법 75조 등).[1]

2. 취소와의 구별

직권취소와 비교할 때, 철회는 ① 처분청만이 할 수 있는 점, ② 장래에 향해서만 효과를 발생하는 점, ③ 철회원인이 행정행위 성립 후의 새로운 사정에 기인하고 있는 점 등에서 구별된다고 하는 것이 종래의 설명이다.

그러나 근래에는 철회와 취소의 차이보다는 철회와 직권취소간의 유사성이 오히려 강조되는 경향에 있다. 그 이유는 앞의 ①과 관련하여 직권취소도 주로 처분청이 한다고 하는 점, ②와 관련하여 직권취소의 효력은 예외적으로만 소급한다고 하는 점, ③과 관련하여 취소원인의 원시성, 철회원인의 후발성은 상대화될 수 있는 점(예컨대, 취소원인이 있는 행정행위에 대하여, 일단 개선명령을 내리고, 그에 따르는 의무의 불이행을 이유로 철회권을 행사하는 경우도 있는 것에) 등에 비추어 볼 때, 직권취소와 철회의 차이는 많이 줄어드는 것이다. 이와 같은 철회와 직권취소의 구별의 상대성은 적법상태의 회복과 행정목적의 실현을 아울러 도모하는 '직권취소의 이중성'에 기인하는 셈이다.

그러나 그럼에도 불구하고, 취소는 '하자의 시정'(Korrektur)에, 철회는 '변화한 사정에의 적합화'(Anpassung)에 1차적 목적을 두고 있다는 것 자체는 경시되어서는 안 될 것이다.

---

[1] 국유재산법(36조)이 취소와 철회를 명시적으로 구분하고 있음은 매우 드문 예에 속한다.

[판례①] 행정행위의 '취소'는 일단 유효하게 성립한 행정행위를 그 행위에 위법한 하자가 있음을 이유로 소급하여 효력을 소멸시키는 별도의 행정처분을 의미함이 원칙이다. 반면, 행정행위의 '철회'는 적법요건을 구비하여 완전히 효력을 발하고 있는 행정행위를 사후적으로 효력의 전부 또는 일부를 장래에 향해 소멸시키는 별개의 행정처분이다. 그리고 행정행위의 '취소 사유'는 원칙적으로 행정행위의 성립 당시에 존재하였던 하자를 말하고, '철회 사유'는 행정행위가 성립된 이후에 새로이 발생한 것으로서 행정행위의 효력을 존속시킬 수 없는 사유를 말한다(대판 2018. 6. 28, 2015두58195).

[판례②] 행정행위의 취소는 일단 유효하게 성립한 행정행위를 성립 당시 존재하던 하자를 사유로 소급하여 효력을 소멸시키는 행정처분이고, 행정행위의 철회는 적법요건을 구비하여 유효한 행정행위를 행정행위 성립 이후 새로이 발생한 사유로 행위의 효력을 장래에 향해 소멸시키는 행정처분이다. 행정청의 행정행위 취소가 있더라도 취소사유의 내용, 경위 기타 제반 사정을 종합하여 명칭에도 불구하고 행정행위의 효력을 장래에 향해 소멸시키는 행정행위의 철회에 해당하는지 살펴보아야 한다(대결 2022. 9. 29, 2022마118).

Ⅱ. 철회권자

행정행위의 철회는 처분청만이 할 수 있으며, 감독청은 법률에 근거가 있는 경우에 한하여 철회권을 가진다. 종래 이 점이 취소와의 차이점으로 강조되는 경향에 있었으나, 직권취소 역시 처분청이 주로 한다고 함은 앞에 적어 놓은 바와 같다.

한편 처분청만이 철회권을 갖게 되는 근거로서는, ① 철회는 그 자체가 새로운 행정행위로서의 성질을 가진다고 하는 점, ② 감독권은 피감독청의 잘못을 시정하기 위하여 발해짐이 보통이라는 점, ③ 감독청은 법률에 특별한 규정이 없는 한, 피감독청의 권한에 대한 대집행의 권한이 없다고 하는 점을 지적할 수 있다.

Ⅲ. 법적 근거

행정행위의 철회사유가 존재하는 경우에 침익적 행정행위의 철회에 대해서는 철회 행위 자체가 상대방에게 수익적이므로 법적 근거가 필요하지 않다고 보는 것이 일반적이지만, 수익적 행정행위에 대해서는 견해가 대립되고 있다. 학설은 크게 근거불요설($_{소극}^{설}$)과 근거필요설($_{적극}^{설}$)로 나뉘어져 있다. 기본적으로 행정의 편의성을 우선시킬 것인가, 법치주의를 우선시킬 것인가의 견해대립으로 볼 수 있다.

1. 학   설

(1) 근거불요설(소극설)

행정행위의 철회는 그를 존속시키기 어려운 (처분 후의) 새로운 사정과의 관련하에서 고려되는 것이고 보면, 행정의 법률적합성이나 공익적합성, 새로운 사정에 대한 적응요청 등을 고려할 때, 철회에도 반드시 법적 근거가 있어야 한다는 견해는 타당한 것으로 보기 어렵다는 주장[2] 등이 이에 속한다. 판례도 소극설을 취하고 있는 것으로 보인다.

(2) 근거필요설(적극설)

수익적 행정행위의 철회는 철회가 법령에 규정되어 있는 경우, 상대방의 귀책사유에 기인하는 경우 또는 처음부터 철회권이 유보되었다고 볼 수 있는 경우를 제외하고는, 법적 근거가 필요하다는 원칙에서 출발해야 한다는 것이다. 행정행위의 강제집행에 있어서 처분의 근거법규 이외에 별도의 법적 근거가 필요한 것과 같은 이치로 수익적 행정행위의 철회에는 법적 근거가 있어야 함이 강조되기도 한다.[3]

2. 판   례

판례는 대체로 근거불요설(소극설)을 취하고 있는 것으로 보인다. 한편, 처분의 효력을 과거로 소급하여 상실시키는 경우에는 그에 대한 별도의 법적 근거가 필요하다고 본 판례가 있다($_{⑧}^{판례}$).

> **[판례①]** 행정행위를 한 행정청은 그 취소(철회)사유가 법령에 규정되어 있는 경우뿐만 아니라 의무위반이 있는 사정변경이 있는 경우, 좁은 의미의 취소(철회)권이 유보된 경우, 또는 중대한 공익상의 필요가 발생한 경우 등에는 그 행정처분을

---

2) 김동희·최계영(Ⅰ), 371면 등.
3) 홍준형(총론), 343면; 류지태·박종수(신론), 268면 이하 등. 아울러 김남진, 중대한 공익상 필요와 법치행정의 실종, 법률신문, 2003. 8. 7; 김남진, 행정행위의 철회와 법률유보원칙, 시사법률신문, 2003. 10. 7. 참조.

취소(철회)할 수 있는 것이다(대판 1984. 11. 13,
84누269).

[판례②] 행정행위를 한 처분청은 비록 그 처분 당시에 별다른 하자가 없었고, 또 그 처분 후에 이를 철회할 별도의 법적 근거가 없다 하더라도 원래의 처분을 존속시킬 필요가 없게 된 사정변경이 생겼거나 또는 중대한 공익상의 필요가 발생한 경우에는 그 효력을 상실케 하는 별개의 행정행위로 이를 철회할 수 있다고 할 것이나, 수익적 행정처분을 취소 또는 철회하는 경우에는 이미 부여된 그 국민의 기득권을 침해하는 것이 되므로, 비록 취소 등의 사유가 있다고 하더라도 그 취소권 등의 행사는 기득권의 침해를 정당화할 만한 중대한 공익상의 필요 또는 제3자의 이익보호의 필요가 있는 때에 한하여 상대방이 받는 불이익과 비교·교량하여 결정하여야 하고, 그 처분으로 인하여 공익상의 필요보다 상대방이 받게 되는 불이익 등이 막대한 경우에는 재량권의 한계를 일탈한 것으로서 그 자체가 위법하다(대판 2004. 11. 26, 2003두10251. 동지판례: 대판 2002.
11. 26, 2001두2874; 대판 2004. 7. 22, 2003두7606).

[판례③] 중요무형문화재 보유자 인정처분을 한 관할청은 문화재보호법 제12조 제2항의 사유가 발생하였을 때 그 조항에 따라 보유자 인정을 해제하는 처분을 할 수 있을 뿐 아니라, 비록 그 인정처분 자체에 별다른 흠이 없고, 또 그 처분을 취소할 수 있는 별도의 법적 근거가 없다 하더라도 원래의 처분을 유지할 필요가 없게된 사정변경이 생겼다거나 중대한 공익상의 필요가 생긴 경우에는 그 처분의 효력을 상실하게 하는 별도의 행정행위로 이를 철회할 수 있다(대판 2007. 2. 8,
2006두6505).

[판례④] 영유아보육법 제30조 제5항 제3호에 따른 평가인증의 취소는 평가인증 당시에 존재하였던 하자가 아니라 그 이후에 새로이 발생한 사유로 평가인증의 효력을 소멸시키는 경우에 해당하므로, 법적 성격은 평가인증의 '철회'에 해당한다. 그런데 행정청이 평가인증을 철회하면서 그 효력을 철회의 효력발생일 이전으로 소급하게 하면, 철회 이전의 기간에 평가인증을 전제로 지급한 보조금 등의 지원이 그 근거를 상실하게 되어 이를 반환하여야 하는 법적 불이익이 발생한다. 이는 장래를 향하여 효력을 소멸시키는 철회가 예정한 법적 불이익의 범위를 벗어나는 것이다. 이처럼 행정청이 평가인증이 이루어진 이후에 새로이 발생한 사유를 들어 영유아보육법 제30조 제5항에 따라 평가인증을 철회하는 처분을 하면서도, 평가인증의 효력을 과거로 소급하여 상실시키기 위해서는, 특별한 사정이 없는 한 영유아보육법 제30조 제5항과는 별도의 법적 근거가 필요하다(대판 2018. 6. 28,
2015두58195).

3. 검 토

생각건대, 행정청의 허가 내지 특허를 요하는 국민의 생활활동의 대부분이 헌법이 보장하고 있는 국민의 기본권의 행사라는 의미를 갖는다고 하는 점을 먼저 인식할 필요가 있다. 예컨대 각종의 영업은 헌법 제15조가 보장하고 있는 직업선택의 자유를, 각종의 건축은 제23조에 보장되어 있는 재산권을 행사하는 것으로 볼 수 있는 것이다. 따라서 허가나 특허의 거부가 수익처분의 기본권 구체화적 성격(grundrechtsaktualisierender Charakter)에 배치되지 않도록 유의함과 동시에, 이미 부여된 수익처분의 철회가 결과적으로 국민의 기본권의 행사를 침해하는 면을 가진다는 점 또한 유의할 필요가 있다. 그러한 의미에서 적어도 공익상의 필요를 이유로 행해지는 수익처분(그 중에서도 기본권 구체화적 성격을 가지는 수익처분)의 철회는 국민의 권리·자유의 사회적 구속성(Sozialbindung), 기타 헌법상의 국민의 기본권보장의 한계규정($^{37조}_{항 등}$^{2})에 합치되는 내용의 법률의 수권을 필요로 한다고 봄이 타당하다.

학자에 따라서는, "국민에게 부담이 되는 행정행위는 법적 근거를 요한다"는 원칙을 인정하면서도, "행정법규가 완벽하지 않은 상태에서 철회에 일일이 법률의 근거를 요한다고 하면 중대한 공익상의 요청이 있는 경우에도 철회할 수 없게 된다"는 점을 우려하여 근거불요설에 가담하기도 한다.

그러나 법적 당위론과 법적 불비는 일단 구분하여 판단할 문제인 동시에, 전자의 입장에서 후자를 비판하는 자세를 취함이 마땅하다.

다행히 최근에 제정된 「행정기본법」은 법령등 또는 사정의 변경이 있거나 중대한 공익을 위하여 필요한 경우 등에는 철회할 수 있다는 규정을 둠으로써, 철회에 대한 일반적 법적 근거를 마련하였다($^{19}_{조}$).

Ⅳ. 철회의 사유

행정행위의 철회 사유는 일단 행정행위가 적법·유효하게 성립한 이후에 새로이 발생한 것으로서 행정행위의 효력을 존속시킬 수 없는 사유를 의미한다. 이 점에서 원칙적으로 행정행위의 성립 당시에 존재하였던 하자를 의미하는 행정행위의 취소 사유와 구분된다.

> **[판례]** 행정행위의 '취소 사유'는 원칙적으로 행정행위의 성립 당시에 존재하였던 하자를 말하고, '철회 사유'는 행정행위가 성립된 이후에 새로이 발생한 것으로서 행정행위의 효력을 존속시킬 수 없는 사유를 말한다(대판 2018. 6. 28.
2015두58195).

철회의 주된 사유에는 다음과 같은 것이 있다.

1. 철회권유보사실의 발생

행정행위를 하면서 일정한 사실이 발생하게 되면 동 행정행위를 철회하겠다는 취지의 부관을 붙였는데, 그 유보된 사실이 발생한 경우이다.

> **[판례]** 피고가 원고에 대해 주류판매업면허를 함에 있어서 조건부면허를 한 것은 행정행위의 부관 중 취소권(철회권)의 유보로서, 그 취소사유는 법령에 규정이 있는 경우가 아니라고 하더라도, 의무위반 또는 중대한 공익상의 필요가 발생한 경우 등에는 당해 행정행위를 한 행정청은 그 행정처분을 취소할 수 있다 (대판 1984. 11. 13. 84누269).

2. 부담의 불이행 등

수익적 행정행위에 부관으로서의 부담이 붙여져 있음에도 불구하고 상대방이 그 부담을 전혀 또는 정해진 기한 내에 이행하지 않는 경우 및 법령이 정한 의무에 위반하는 경우 등이다.

> **[판례①]** 부담부 행정행위에 있어서 처분의 상대방이 부담을 이행하지 아니한 경우에 처분행정청으로서는 당해 처분을 취소(철회)할 수 있는 것이다 (대판 1989. 10. 24. 86누2431).
>
> **[판례②]** 원고가 건평 $97.65m^2$의 주택건축허가를 받고서도 처음부터 건평 $102.17m^2$의 사찰형 건물의 건축공사에 착수하였고 감독관청의 시정지시에도 불구하고 계속 공사를 강행하여 온 이상, 건축허가를 취소(철회)당함으로써 입는 손해가 비록 크다하더라도 이는 스스로 자초한 것이어서 감수하여야 하므로 건축허가 취소처분은 적법하다 (대판 1986. 1. 21. 85누612).

3. 사실관계의 변화

사실관계의 변경으로 행정청이 그 행정행위를 하지 않을 수 있고, 또 이를 철회하지 않으면 공익이 침해될 우려가 있게 된 경우이다. 도로의 폐지에 따른 도로점용허가의 철회 같은 것이 그에 해당한다.

> **[판례]** 구 공유수면매립법 제32조 제3호, 제40조, 같은 법 시행령 제40조 제4항, 제1항의 규정을 종합하면, 구 농림수산부장관은 매립공사의 준공인가 전에 공유수면의 상황 변경 등 예상하지 못한 사정변경으로 인하여 공익상 특히 필요한 경우

에는 같은 법에 의한 면허 또는 인가를 취소·변경할 수 있는바, 여기에서 사정변
경이라 함은 공유수면매립면허처분을 할 당시에 고려하였거나 고려하였어야 할 제
반 사정들에 대하여 각각 사정변경이 있고, 그러한 사정변경으로 인하여 그 처분을
유지하는 것이 현저히 공익에 반하는 경우라고 보아야 할 것이며, 위와 같은 사정
변경이 생겼다는 점에 관하여는 그와 같은 사정변경을 주장하는 자에게 그 입증책
임이 있다(대판 2006. 3. 16,
2006두330).

4. 법령의 개정

행정행위를 발한 후 근거법령이 개정됨으로써 원행정행위를 유지할 수 없
게 된 경우이다. 즉 법령의 변경으로 행정청이 그 행정행위를 하지 않을 수 있
고, 아직 상대방이 그 행정행위로 인한 수익을 사용하지 않거나 급부를 얻지
않았으며, 철회를 하지 않으면 공익이 침해될 우려가 있는 경우이다. 건축허가
를 하였으나 당해 지역이 법령에 의하여 건축불허지역으로 변경되고 아울러
건축이 개시되지도 아니한 경우를 예로 들 수 있다.

5. 공익상의 필요[4]

사실관계나 법령의 변경 없이도 우월한 공익상의 필요가 있는 경우에는
철회가 인정되어야 할 것이다. 일례로, 국유재산법은 행정재산에 대한 사용허
가를 부여한 후, 국가나 지방자치단체가 직접 공용이나 공공용으로 사용하기
위하여 필요하게 된 경우에는 그 허가를 철회할 수 있음을 규정하고 있다
(동법 36
조 2항).

> [판례] 행정행위의 발령 후에 이를 취소(철회)할 별도의 법적 근거가 없다하더라
> 도 공익상의 필요가 발생한 경우에는 그 효력을 상실케 하는 별개의 행정행위로
> 이를 취소(철회)할 수 있는 것이다(대판 1995. 2. 28, 94누7713; 동지
판례: 대판 1995. 5. 26, 94누8266).

6. 기타 법령이 정한 사실의 발생

현행 법령에는 그 밖에도 일일이 열거할 수 없을 정도로 많은 철회사유에
관한 규정이 있다(국유재산법 36조, 식품
위생법 75조 등 참조).[5]

---

4) 이 문제와 관련하여서는 김남진, 행정의 적법판단 기준으로서의 공익, 고시연구, 2003. 1 참조.

5) 그 밖에도 ① 일정한 시기까지 권리행사·사업착수가 없는 경우, ② 사업성공·목적달성의 불가능이
판명된 경우, ③ 당사자의 동의나 신청 있는 경우 등이 철회의 사유로서 예시되기도 한다.

7. 「행정기본법」상의 철회 사유

「행정기본법」은 철회 사유로 ① 법률에서 정한 철회 사유에 해당하게 된 경우, ② 법령등의 변경이나 사정변경으로 처분을 더 이상 존속시킬 필요가 없게 된 경우, ③ 중대한 공익을 위하여 필요한 경우 등 3가지를 규정하고 있다($\binom{19\text{조}}{1\text{항}}$).

V. 철회권의 제한

1. 부담적 행정행위의 철회

부담적 행정행위의 철회는 상대방에게 이익을 가져다주는 것이므로 수익적 행정행위의 철회에서와 같은 제한을 받지 않음이 원칙이다. 그러나 부담적 행정행위의 철회도 다음과 같은 경우에는 제한을 받는다고 보아야 할 것이다.

① 본래의 행정행위가 행정청의 의무로 되어 있는 경우, 즉 재량행위가 아니라 기속행위인 경우

② 동일한 내용의 행정행위를 새로이 발급하게 되는 경우($\binom{\text{독일 행정절차법}}{49\text{조 1항 참조}}$)

부담적 행정행위가 이미 불가쟁적(unanfechtbar)으로 되어 있는가의 여부는 절대적 의미를 갖지 않는다. 또한 그 부담적 행정행위의 적법성이 행정심판의 재결청이나 법원에 의해 확정되어 있더라도 동 행정행위의 철회에 지장을 주는 것은 아니다.

2. 수익적 행정행위의 철회

수익적 행정행위의 철회는 상대방의 신뢰와 법적 안정성을 해할 우려가 있으므로 철회사유가 발생한 경우에도 그것을 자유로이 철회할 수 있는 것은 아니며, 취소의 경우와 마찬가지로 다음과 같은 조리상의 제약을 받는다.

① 철회를 요하는 공익상의 필요, 상대방의 신뢰 내지 기득권 보호, 법적 안정성의 유지 등 제이익을 비교형량하여 철회 여부를 결정하여야 한다. 특히 신뢰보호의 원칙이 직권취소의 경우보다 더욱 존중될 필요가 있다.

「행정기본법」은 행정청이 처분을 철회하려는 경우에 철회로 인하여 당사자가 입게 될 불이익을 철회로 달성하려는 공익과 비교·형량하도록 하여 공익상 필요가 당사자가 입을 불이익을 정당화할 만큼 강한 경우에 철회할 수 있다고 규정하였다($\binom{19\text{조}}{2\text{항}}$). 여기서 '당사자가 입게 될 불이익'은 당사자의 기득권, 신

뢰보호 및 법률생활 안정의 침해 등을 의미한다.

> **[판례]** 면허청이 상대방에게 면허권을 주는 행정처분을 하였을 때에는 비록 법규
> 상의 취소권(철회권)발동사유가 발생하더라도 수익자에게 실제로 취소권(철회권)
> 을 발동시키는 데에 취소(철회)하여야 할 공익상의 필요와 취소(철회)로 인하여
> 당사자가 입을 불이익 등을 형량하여 취소(철회) 여부를 결정하여야 하고 이것이
> 잘못되었을 경우에는 기속재량권의 남용이나 그 범위의 일탈에 해당하여 취소(철
> 회)처분이 위법함을 면할 수 없다(대판 1990. 6. 26.).
>   89누5713

② 수익적 행정행위의 철회는 가장 무거운 제재로서의 성질을 가지므로, 특
히 과잉금지의 원칙(광의의 비례원칙)이 철저히 준수되어야 한다. 예컨대 개선
명령 등과 같은 방법에 의해 목적을 달성할 수 있는 경우에는 먼저 이에 의하
여야 하며, 처음부터 철회권을 행사하여서는 안 된다. 학자에 따라서는 이러한
법리를 "철회권행사의 보충성"의 이름으로 설명한다.[6]

> **[판례①]** 처분청은 비록 처분 당시에 별다른 하자가 없었고, 또 처분 후에 이를
> 철회할 별도의 법적 근거가 없더라도 원래의 처분을 존속시킬 필요가 없게 된 사
> 정변경이 생겼거나 또는 중대한 공익상의 필요가 발생한 경우에는 그 효력을 상실
> 케 하는 별개의 처분으로 이를 철회할 수 있다. 다만 수익적 처분을 취소 또는 철
> 회하는 경우에는 이미 부여된 국민의 기득권을 침해하는 것이 되므로, 비록 취소
> 등의 사유가 있더라도 취소권 등의 행사는 기득권의 침해를 정당화할 만한 중대한
> 공익상의 필요 또는 제3자의 이익보호의 필요가 있는 때에 한하여 상대방이 받는
> 불이익과 비교·형량하여 결정하여야 하고, 그 처분으로 인하여 공익상의 필요보다
> 상대방이 받게 되는 불이익 등이 막대한 경우에는 재량권의 한계를 일탈한 것으로
> 서 허용되지 않는다(대판 2020. 4. 29. 2017두31064. 동지).
>   판례: 대판 2017. 3. 15. 2014두41190
> **[판례②]** 주유소가 단 한번 부정휘발유를 취급한 것을 이유로 가장 무거운 제재
> 인 석유판매업허가 자체를 취소(철회)한 행정처분은 재량권일탈이다(대판 1988. 5. 10.).
>   87누707

③ 실권의 법리에 의한 철회권 제한을 생각할 수 있다. 참고로 독일의 행정
절차법(49조)은 수익적 행정행위의 철회는 사실을 안 날로부터 1년 이내에 하도
      2항
록 규정하고 있다.

---

6) 홍정선(상), 510면.

[판례] 택시운전사가 1983. 4. 5 운전면허정지기간 중의 운전행위를 하다가 적발되어 형사처벌을 받았으나 행정청으로부터 아무런 행정조치가 없어 안심하고 계속 운전업무에 종사하고 있던 중 행정청이 위 위반행위가 있은 이후에 장기간에 걸쳐 아무런 행정조치를 취하지 않은 채 방치하고 있다가 3년여가 지난 1986. 7. 7에 와서 이를 이유로 행정제재를 하면서 가장 무거운 운전면허를 취소하는 행정처분을 하였다면 이는 행정청이 그간 별다른 행정조치가 없을 것이라고 믿은 신뢰의 이익과 그 법적 안정성을 빼앗는 것이 되어 매우 가혹할 뿐만 아니라 비록 그 위반행위가 운전면허취소 사유에 해당한다 할지라도 그와 같은 공익상의 목적만으로는 위 운전사가 입게 될 불이익에 견줄 바 못된다 할 것이다(대판 1987. 9. 8. 87누373).

④ 행정심판의 재결 등과 같이 일정한 쟁송절차를 거쳐 행해지는 확인판단적·준사법적 행정행위는 불가변력이 인정되는바, 불가변력이 인정되는 행위는 철회할 수 없다.

Ⅵ. 철회의 절차와 이유제시

특히 수익적 행정행위를 철회하는 경우에는 청문의 기회를 주고 이유를 제시하여야 한다. 개별법(도로법 101조, 공중위 생관리법 12조 등)에 근거가 있는 외에 「행정절차법」(제22조, 23조 등)이 채택하고 있는 대원칙이라 할 수 있다(제2장 행정 절차 참조).

Ⅶ. 철회의 효과

① 철회의 효과는 장래에 미치는 것이 원칙이다. 다만 철회원인의 발생시기, 철회의 시기에 따라 구체적인 시점은 상이할 수 있다. 예컨대 부담의 불이행을 이유로 급부결정을 철회하는 경우에 있어서 급부가 이미 이행되었다면 장래에만 효력을 갖는 철회는 무의미할 것이다. 따라서 부담의 불이행을 이유로 철회되는 경우에는 소급하여, 사실 또는 법상태의 변화를 이유로 한 철회의 경우에는 변경의 시점을 기준으로 효력이 발생하도록 할 필요가 있다.

[판례] 영유아보육법 제30조 제5항 제3호에 따른 평가인증의 취소는 평가인증 당시에 존재하였던 하자가 아니라 그 이후에 새로이 발생한 사유로 평가인증의 효력을 소멸시키는 경우에 해당하므로, 법적 성격은 평가인증의 '철회'에 해당한다. 그런데 행정청이 평가인증을 철회하면서 그 효력을 철회의 효력발생일 이전으로 소급하게 하면, 철회 이전의 기간에 평가인증을 전제로 지급한 보조금 등의 지원이 그 근거를 상실하게 되어 이를 반환하여야 하는 법적 불이익이 발생한다. 이는 장래를 향하여 효력을 소멸시키는 철회가 예정한 법적 불이익의 범위를 벗어나는 것이다. 이처럼 행정청이 평가인증이 이루어진 이후에 새로이 발생한 사유를 들어 영유아보육법 제30조 제5항에 따라 평가인증을 철회하는 처분을 하면서도, 평가인증의 효력을 과거로 소급하여 상실시키기 위해서는, 특별한 사정이 없는 한 영유아보육법 제30조 제5항과는 별도의 법적 근거가 필요하다(대판 2018. 6. 28. 2015두58195).

② 철회의 부수적 효과로서 원상회복, 개수 등의 명령이 수반될 수 있다.

③ 상대방의 책임으로 돌릴 수 있는 경우를 제외하고서는 수익적 행정행위의 철회로 인해 발생하는 손실은 보상함이 원칙이다(국유재산법 36조 3항, 도로법 99조 2항 등 참조).

Ⅷ. 하자있는 철회의 효력

행정행위의 철회는 하나의 독립한 행정행위이기 때문에 행정행위의 성립·적법요건을 구비하여야 하며, 만일 하자가 있는 경우에는 하자에 관한 일반원칙에 따라 철회행위가 무효이거나 취소할 수 있는 행위가 된다.

Ⅸ. 제3자효 행정행위의 철회

근래 특히 환경행정·지역정서행정·소비자행정과 관련하여 어느 한 사람에게 이익을 주는 반면, 다른 사람에게 불이익을 주는 것과 같은 제3자효 행정행위가 행정법학자의 관심을 끌고 있다. 제3자효 행정행위는 3극적 법률관계를 형성하여 이익형량의 대상과 범위가 확대되므로 그의 철회는 더욱 신중히 행할 필요가 있다.

제11절 행정행위의 실효

Ⅰ. 실효의 의의

행정행위의 실효란 아무런 하자 없이 적법하게 성립한 행정행위가 일정한 사실의 발생에 의하여 당연히 그 효력이 소멸되는 것을 말한다.

실효는 ① 일단 적법하게 발생된 효력이 실효사유에 의하여 소멸되고, ② 하자와는 전혀 관계가 없으며, ③ 실효사유가 발생한 때로부터 장래에 향하여 효력이 소멸된다는 점에서 중대하고 명백한 하자로 인하여 처음부터 아무런 효력을 발생하지 않는 무효와 구별된다. 또한 일정한 사실의 발생에 의하여 당연히 그 효력이 소멸되는 점에서 행정행위의 효력을 소멸시키는 행정청의 의사행위를 필요로 하는 취소·철회의 경우와도 구별된다.

Ⅱ. 실효의 사유

1. 행정행위의 대상의 소멸

행정행위는 그 대상인 사람의 사망이나 물건의 소멸 등으로 당연히 효력이 소멸된다.

> **[판례①]** 청량음료제조업허가는 신청에 의한 영업이고, 원고가 그 영업을 폐업한 경우에는 그 영업허가는 당연 실효된다(대판 1981. 7. 14. 80누593).
>
> **[판례②]** 구 유기장업법상 유기장의 영업허가는 대물적 허가로서 영업장소의 소재지와 유기시설 등이 영업허가의 요소를 이루는 것이므로, 영업장소에 설치되어 있던 유기시설이 모두 철거되어 허가를 받은 영업상의 기능을 더 이상 수행할 수 없게 된 경우에는 이미 당초의 영업허가는 허가의 대상이 멸실된 경우와 마찬가지로 그 효력이 당연히 소멸되는 것이고, 또 유기장의 영업허가는 신청에 의하여 행하여지는 처분으로서 허가를 받은 자가 영업을 폐업할 경우에는 그 효력이 당연히 소멸되는 것이니, 이와 같은 경우 허가행정청의 허가취소처분은 허가가 실효되었음을 확인하는 것에 지나지 않는다(대판 1990. 7. 13. 90누2284. 동지 판례: 대판 1974. 2. 26. 73누171).

2. 해제조건의 성취, 종기의 도래

해제조건이 붙은 행정행위는 그 조건인 사실이 발생함으로써, 종기가 붙은 행정행위는 종기가 도래함으로써 각각 그 효력이 당연히 소멸된다.

> **[판례]** 어업에 관한 허가 또는 신고의 경우 그 유효기간이 경과하면 그 허가나 신고의 효력이 당연히 소멸하며, 재차 허가를 받거나 신고를 하더라도 허가나 신고의 기간만 갱신되어 종전의 어업허가나 신고의 효력 또는 성질이 계속된다고 볼 수 없고 새로운 허가 내지 신고로서의 효력이 발생한다(대판 2019. 4. 11. 2018다284400).

3. 목적의 달성

행정행위는 그 목적이 달성됨으로써 효력이 소멸된다.

Ⅲ. 실효의 효과

행정행위의 실효사유가 발생하면 행정청의 특별한 의사행위를 기다릴 것 없이 그때부터 장래에 향하여 당연히 효력이 소멸된다.

제4장 그 밖의 행정의 주요 행위형식

제1절 행정상의 확약

Ⅰ. 확약의 의의

1. 확약의 개념과 대상

확약이라 함은 행정청이 자기구속을 할 의도로써 장래에 향하여 행정행위의 발급 또는 불발급을 약속하는 의사표시를 말한다.[1] 이러한 확약은 약속의 대상을 행정행위에 한정하지 않는 확언(Zusage)의 일종이다.[2] 즉 일정한 행정행위의 발급 또는 불발급에 대한 확언만을 확약(Zusicherung)이라 하고, 확언은 그 외에 예컨대 사실행위($^{물건의 지급·}_{지역개발 등}$), 행정계획의 실시·존속보장, 입법행위 등에 대한 약속도 포함하는 넓은 개념이다.

독일의 경우 행정절차법이 제정되기 전까지는 행정청의 확언이 행정의 전반에 걸쳐서 실무상 이용되어 왔음에도 불구하고, 행정절차법 제38조는 오로지 일정한 '행정행위'의 발급 또는 불발급에 대한 확언만을 확약으로 인정하고, 서면의 형식을 취할 것을 효력발생의 요건으로 정함으로써, 종래 학설 및 판례에 의해 논의된 확언의 개념을 좁힌 결과를 가져왔다. 그러나 행정의 실제에 있어서는, 행정행위 이외의 것에 대한 행정청의 약속(확언)도 행해진다고 할 수 있는 바, 법리상으로 확약과 확언을 구분하는 것은 필요한 일이다. 확약의 불이행

---

1) 1987년 7월에 입법예고되었던 행정절차법안 제25조 제1항에서는 확약을 "행정청이 어떠한 행정처분을 추후에 하거나 하지 아니할 것을 약속하는 행위"로 규정하였다.

2) 학자에 따라서는 Zusage를 확약으로, Zusicherung을 확언으로 번역하여 사용하기도 한다(김동희·최계영(Ⅰ), 239면). 이와 관련하여 유의할 점은, 독일의 행정절차법이 Zusicherung에 관하여 명문규정을 두고 있고, 그리하여 그의 법적 성질(행정행위성 여부 등) 등 이론적인 문제도 주로 Zusicherung을 대상으로 논해지고 있다고 하는 사실이다.

에 대하여는 이행심판, 부작위의 위법확인소송을 통한 구제를 생각할 수 있으나, 그 밖의 확언에 대해서는 그러하지 않기 때문이다(후술참조).

2022년 1월 개정된 「행정절차법」은 "법령등에서 당사자가 신청할 수 있는 처분을 규정하고 있는 경우 행정청은 당사자의 신청에 따라 장래에 어떤 처분을 하거나 하지 아니할 것을 내용으로 하는 의사표시(이하 "확약"이라 한다)를 할 수 있다"고 규정하여(40조의2 1항), 확약에 대해 명문화하였다.[3] 강학상 인정되고 있는 확약에 대해 「행정절차법」에 명문으로 규정하여 제도화함으로써 모든 행정영역에서 확약이 활용될 수 있도록 하였다. 다만, 다른 법령등에서 당사자가 신청할 수 있는 처분을 규정하고 있는 경우에 한정하여 확약을 신청할 수 있도록 하고 있다.

2. 법적 성질(행정행위성 여부)

확약의 법적 성질에 관하여 가장 문제가 되고 있는 것은 과연 확약을 행정행위로 볼 수 있느냐 하는 점이다. 우리나라에서는 확약을 행정행위의 일종으로 보는 견해[4]도 많은 편이다. 생각건대, 행정청이 어떤 행정행위에 대한 확약을 한 경우 그에 관한 종국적인 규율은 약속된 행정행위를 통해서 행해지는 것이지 확약 그 자체에 의해서 행해지는 것이 아니다. 법적 이유에서든 사실적 이유에서든 어떤 문제에 대해서 즉시로 규율(Regelung)할 수 없는 사정이 있을 때에 행정청이 확약을 하게 된다는 점에 유의할 필요가 있다. 그러한 의미에서, 확약은 행정행위와 매우 유사한 성질을 가지고 있기는 하나, '확약에 의하여 그 가능성이 보증된 본행정행위'와는 별개의 것이라고 하겠으며, 따라서 확약의 독자적 행위형식성을 인정함이 좋을 것으로 생각된다.[5] 간단한 예로서, '건축허가(행정행위)'를 받은 자는 바로 건축을 시작할 수 있으나, '건축허가에 대한 확약'만 받은 자는 아직 건축을 시작할 수 없는 것이므로 양자는 다른 것이며, 따라서 양자는 구별될 필요가 있다고 보는 것이다.

대법원은 장래 일정한 처분을 하거나 하지 아니할 것을 약속하는 의사표시

---

3) 참고로 확약에 관한 「행정절차법」 제40조의2는 2022. 7. 12.부터 시행된다. 「행정절차법」은 확약의 개념 정의(1항), 확약의 문서주의(2항), 다른 행정청과의 협의 절차(3항), 확약의 기속력 제한 및 그에 따른 통지절차(4항 및 5항)등 확약에 관한 기본사항을 규정하고 있다. 행정작용에 관한 기본법이라고 할 수 있는 「행정기본법」에 확약에 관한 별도의 규정을 두지 않고, '절차법'에서 확약의 개념 정의와 같은 실체적 내용을 담은 것이 입법형식상으로 적절한 것인지에 대해서는 이견이 존재할 수 있다.

4) 류지태 · 박종수(신론), 216면 등.

5) 동지: 정하중, 행정법에 있어서 확약, 법정고시, 1997. 1. 100면. 정하중교수는 위 논문에서 「독일행정절차법 38조 2항에서는 행정행위의 무효, 취소 및 철회 등에 관한 규정이 확약에 준용된다고 규정함으로써 확약의 법적 성격의 독자성을 전제로 하고 있다」(101면, 주 5)라고 기술하고 있다.

인 확약(내인가 또는 내허가)은 대외적 효력이 없고 행정청만 구속하므로 행정행위가 아니라는 태도를 취하는 것으로 보인다.[6]

> **[판례]** 어업권면허에 선행하는 우선순위결정은 행정청이 우선권자로 결정된 자의 신청이 있으면 어업권면허처분을 하겠다는 것을 약속하는 행위로서 강학상 확약에 불과하고 행정처분은 아니므로, 우선순위결정에 공정력이나 불가쟁력과 같은 효력은 인정되지 아니하며, 따라서 우선순위결정이 잘못되었다는 이유로 종전의 어업권면허처분이 취소되면 행정청은 종전의 우선순위결정을 무시하고 다시 우선순위를 결정한 다음 새로운 우선순위결정에 기하여 새로운 어업권면허를 할 수 있다(대판 1995. 1. 20, 94누6529).[7]

다만 행정청이 내인가를 한 후 본인가신청이 있음에도 내인가를 취소함으로써 다시 본인가에 대하여 따로 인가여부의 처분을 한다는 사정이 보이지 않는 경우 위 내인가취소를 인가신청거부처분으로 본 바는 있다(대판 1991. 6. 28, 90누4402 참조).

> **[판례]** 우선순위결정을 신청하였다가 어업권면허결격사유가 있다는 이유로 우선순위결정대상에서조차 탈락하자 이를 행정처분으로 보고 그 취소를 구한 사안에서, 우선순위탈락결정이 독립한 행정처분임을 전제로 하여 본안판결을 하였다(대판 1994. 4. 12, 93누10804).[8]

3. 유사행정작용과의 구별

확약은 ① 행정청이 자기구속을 할 의도로 행하는 것인 점에서 비구속적인 법률적 견해의 표명과 같은 정보제공(Auskunft)과 구별되며, ② 행정청의 일방적 조치인 점에서 쌍방적 행위인 공법계약과 구별되며, ③ 국민에 대한 의사표시인 점에서 행정조직 내의 내부행위와 구별되며, ④ 일정한 법적 효과를 발생시키는 점에서(예컨대 권의 발생 등), 행정지도와 같은 사실행위와 구분되는 점은 쉽게 판단할 수 있다.

---

6) 이에 관하여 김해룡, 행정상 확약에 관한 판례연구, 토지공법연구 제43집 2호, 2009. 2 참조.

7) 어업권 면허의 부여절차는 어장이용개발계획의 수립, 우선순위의 결정, 어업권 면허의 부여 등의 순서로 이루어진다.

8) 대판 1995. 1. 20, 94누6529 판결과 대판 1994. 4. 12, 93누10804 판결의 차이점은 다음과 같다. 후자의 대상으로 된 우선순위탈락결정은 행정청이 상대방을 우선순위결정의 대상으로조차 삼지 않음으로써 상대방에게 어업권면허를 부여하지 않겠다는 종국적인 법률효과를 발생시킨 것이다. 따라서 우선순위결정과는 달리 독립한 처분으로 보아야 할 것이므로, 이는 엄밀한 의미에서 확약이 아니다. 따라서 양 판결은 모순되는 것이 아니다.

한편, 예비결정(또는 사전결정: Vorbescheid)이나 부분허가(Teilgenehmigung)는 한정된 사항에 대하여 종국적으로 규율하는 행정행위의 효과를 발생하는 점에서, 종국적 규율(행정행위)에 대한 약속에 지나지 않는 확약과 구별된다고 보아야 한다.

Ⅱ. 확약의 허용성과 한계

1. 허용의 근거

확약의 근거규정을 두고 있는 경우, 확약의 가능성을 논할 실익은 없을 것이다. 1987년 행정절차법안에서는 확약에 관하여 규정하였으나, 1996년 12월 제정된 「행정절차법」에서는 확약에 관한 규정을 받아들이지 않았으므로, 확약의 허용성에 대하여 논할 실익이 있었다. 2022년 1월 개정된 「행정절차법」은 확약에 대하여 명문화함으로써 이제는 확약의 허용성에 대하여 논할 필요는 없다.

실정법에 확약에 관한 명문규정이 없다면, 그의 허용성의 근거를 어디에서 찾을 수 있는 것인가? 과거 독일에서의 판례는 신의칙 내지 신뢰보호를 그의 근거로 삼았으며, 학설은 확약의 권한이 본처분의 권한에 포함되는 것으로 보는 경향에 있었다.

생각건대, 신뢰보호는 확약의 허용성에 관한 근거가 되는 것이 아니라 확약의 이행을 의무지우는 근거로서 활용될 수 있다. 그러한 의미에서, 확약의 허용성의 근거는 본처분의 근거규정에서 찾는 것이 타당하다. 즉, 행정청이 일정한 권한을 부여받고 있는 경우, 상대방에 대하여 장차 행하고자 하는 조치(본처분)의 내용에 관하여 정보제공 또는 확약(자기구속)을 행한다는 것은 당해 권한행사의 일환을 이루는 행동으로 보아야 할 것이다. 그러한 의미에서 확약은 본처분권에 수반되는 사전처리작용의 성격을 가진다. 따라서 법이 일정한 권한을 행정청에게 부여하고 있는 경우, 반대규정이 없는 한 당해 조치에 관한 확약의 권한도 부여받고 있다고 새겨지며, 확약의 구속력은 신뢰보호의 원칙에서 찾음이 좋을 것으로 생각된다.

2. 허용의 한계

확약의 한계와 관련하여 다음과 같은 점이 검토될 필요가 있다.

(1) 재량행위와 기속행위

재량행위에 관하여 확약을 할 수 있는 것에 대해서는 이론이 없으나, 기속행위에 대해서도 확약을 할 수 있는 것인가? 결정재량이나 선택재량이 부인되고 법규에 엄격히 기속된 본처분에 대해서는 확약의 허용성을 부인하는 견해가 있다. 즉, 행정청의 독자적인 의사활동의 여지가 없는 기속행위에 대해서는 확약을 통한 자기구속의 여지가 없다는 것이다.

그러나 본처분의 선택에 관한 재량의 폭의 문제와 사전결정의 가능 여부의 문제는 별개로 보아야 할 것이다.

(2) 요건사실 완성 후에 있어서의 확약의 가능 여부

예컨대 과세에 관한 요건사실이 완성된 후에 있어서도 확약이 납세의무자 측에게 예지이익, 준비이익 또는 기대이익을 줄 수 있는 것이므로, 이 문제도 긍정적으로 볼 것이다.

Ⅲ. 확약의 적법요건과 효과·효력

1. 확약의 적법요건

확약도 적법하게 성립하여 효력을 발생하기 위해서는 다음과 같은 요건을 충족하여야 할 것이다.

(1) 주체에 관한 요건

확약이 적법하게 성립하기 위해서는, 확약에 대하여 정당한 권한을 가진 행정청이 확약을 하여야 한다. 이는 무엇보다도 확약의 대상이 되는 행정행위에 대하여 권한을 가지는 행정청이 확약을 하여야 함을 의미한다.

(2) 절차에 관한 요건

법이 확약의 대상이 되는 행정행위를 하기에 앞서, 이해관계자의 청문, 다른 행정기관(행정청 위원회 등)과의 협의를 거치도록 규정하고 있는 경우에는, 그들 절차를 거친 다음에 확약을 행할 필요가 있을 것이다. 2022년 1월 개정된 「행정절차법」은 다른 행정청과의 협의 등의 절차를 거쳐야 하는 처분에 대하여 확약을 하려는 경우에는 확약을 하기 전에 그 절차를 거쳐야 한다는 규정을 두고 있다($^{40조의2}_{3항}$).

(3) 형식에 관한 요건

2022년 1월 개정된 「행정절차법」은 확약을 문서로 하도록 규정하고 있다 $\binom{40조의2}{2항}$.

(4) 내용에 관한 요건

확약의 내용은 적법, 가능, 명확할 필요가 있다.

2. 확약의 효력발생요건과 효과(구속력)

(1) 효력발생요건

확약도 상대방에게 고지되어 상대방이 알 수 있는 상태에 이르러야 효력이 발생한다고 보아야 할 것이다.

(2) 확약의 효과

일단 확약이 행해지면, 확약을 행한 행정청은 확약을 이행할 자기구속(Sel-bstverpflichtung)을 받으며, 상대방은 확약이 이행될 것에 대한 기대권을 가진다고 할 수 있다. 따라서 행정청이 확약을 이행하지 않을 때에는 쟁송을 통해 다투며, 배상 등을 청구할 수 있게 된다($\binom{후술}{참조}$). 이 점과 관련하여, 대법원이 확약의 처분성을 부인하며, 확약에 대하여 공정력과 불가쟁력을 부인하였음은 앞에 소개한 판례($\binom{대판 1995. 1. 20.}{94누6529}$)에서 본 바와 같다.

Ⅳ. 확약의 취소·철회·실효

1. 확약의 취소

하자있는 확약은 행정청의 취소(직권취소)에 의하여 그 효력이 상실된다. 다만, 그 확약의 취소에도 행정에 대한 신뢰보호의 원칙, 신의성실의 원칙 등에 따른 제약이 따른다고 보아야 할 것이다($\binom{독일 행정절차법}{38조 2항 참조}$).

2. 확약의 철회

확약을 행한 행정청은 상대방의 의무불이행, 기타 확약 후에 발생한 사정을 이유로 확약을 철회할 수 있으나, 과잉금지원칙 등 법원칙에 따르는 제약을 받는다고 보아야 할 것이다($\binom{독일 행정절차법}{38조 2항 참조}$).

> **[판례]** 피고의 내부규정(국세청훈령인 재산제세조사사무취급규정)에 의한 비과세 통지는 이 사건 과세처분에 의하여 철회 내지 취소된 것이라고 볼 것이고, 비과세 결정 내지 그 통지가 있었다는 사실만으로써 위 부과처분이 당연무효로 될 아무런 근거가 없다($^{대판\ 1982.\ 10.\ 26.}_{81누69}$).

3. 확약의 실효(기속력의 배제)

2022년 1월 개정된 「행정절차법」은 ① 확약을 한 후에 확약의 내용을 이행할 수 없을 정도로 법령등이 사정이 변경된 경우, ② 확약이 위법한 경우에는 확약에 기속되지 아니한다고 규정하고 있다($^{40조의2}_{4항}$). 행정청은 확약이 ① 또는 ②의 어느 하나에 해당하여 확약을 이행할 수 없는 경우에는 지체 없이 당사자에게 그 사실을 통지하여야 한다($^{동조}_{5항}$).

확약의 실효에 관한 법리는 이미 우리의 판례에 받아들여지고 있었다.

> **[판례]** 행정청이 상대방에게 장차 어떤 처분을 하겠다고 확약 또는 공적인 의사표명을 하였더라도, 기간 내에 상대방의 신청이 없었거나 확약이 있은 후에 사실적·법률적 상태가 변경되었다면, 그 확약은 별다른 의사표시를 기다리지 않고 실효된다($^{대판\ 1996.\ 8.\ 20.}_{95누10877}$).

V. 권리구제

1. 행정쟁송

확약은 행정행위(처분)를 대상으로 하는 것이므로, 행정청의 확약의 불이행에 대해서 의무이행심판을 통해 직접 의무의 이행을 청구할 수 있고, 부작위위법확인소송을 통해서 간접적으로 의무이행을 촉구할 수 있다고 보아야 할 것이다. 문제는 확언의 대상이 행정행위가 아닌 경우에도 의무이행심판이나 부작위소송을 통한 구제가 가능한가 하는 점이다.[9]

---

9) Zusage를 확약으로 번역하며 그러한 의미의 확약의 대상에는 행정행위 아닌 행정작용도 포함되는 것으로 용어를 사용하면서, 「행정청이 확약의 내용인 행위를 하지 않는 경우, 상대방은 의무이행심판 내지는 부작위위법확인소송에 의하여 그 이행을 청구할 수 있을 것」(김동희·최계영(Ⅰ), 244면 이하)이라는 견해에는 의문을 가진다.

2. 손해배상 · 손실보상

행정청의 확약의 불이행으로 인하여 손해를 입은 자는 국가배상법 제2조의 요건이 충족되는 한도에서 손해배상을 청구할 수 있다. 또한 확약의 철회에 '행정행위의 철회에 관한 법리'가 준용된다고 할 때, '공익상의 이유로 확약이 철회된 경우에 있어서의 손실보상의 청구'도 생각할 수 있다.[10] 그리고 같은 법리는 확약이 실효되는 경우(구속력이 배제되는 경우)에도 적용될 수 있을 것이다.[11]

제 2 절 행정계획

기본사례

乙도지사는 甲소유의 대지를 지나는 도로를 신설하는 내용의 도시계획시설결정을 하였다. 그런데 위 도로는 우회도로이고 주택가를 지나게 되는 데 반해, 계획결정시 대안으로 고려된 도로노선의 경우 동일목적을 달성할 수 있으면서도 임야를 지나는 직선도로이어서 재산권침해가 적고 공사비가 적게 든다. 이와 같은 경우에 위 결정은 적법한가?

Ⅰ. 행정계획의 의의

1. 행정계획의 기능과 필요성

오늘날 행정분야에는 국토이용계획, 도시계획 등 많은 종류의 계획이 수립 · 활용되고 있으며, 계획과 관련되지 않은 행정은 거의 존재하지 않는다고 해도 과언이 아니다. 도시계획을 중심으로 한 지역계획은 어느 나라에서나 일찍부터 존재하였다. 그러나 계획이 사회질서형성의 주요한 수단으로 활용되기 시작한 것은 금세기의 일로 볼 수 있다. 근대국가에서는 사회질서의 형성이 개인의 창의와 자유에 맡겨지는 것을 이상으로 생각하였으며, 사회는 보이지 않는 손을 통해서 저절로 질서와 조화를 이룰 것으로 기대하였다. 그러나 오늘날

---

10) 예컨대, 행정청이 공장설립의 허가를 확약하여, 그것을 믿고 토지를 매입하는 등 준비를 하였는데, 행정청이 공익상의 이유 등을 내세워 확약을 철회함으로 인하여 재산상의 손실을 입은 경우 등을 생각할 수 있는 것이다.

11) 동지: 류지태 · 박종수(신론), 218면 이하.

에 있어서는 사회의 자연적 조화는 기대할 수 없게 되었다. 인구의 증가, 자원의 고갈, 사회계층의 분열과 갈등은 사회질서의 인위적 형성과 조정을 필요로하게 되었으며, 그러한 기능을 수행하는 행정의 현대적 행위형식의 하나가 행정계획이라 할 수 있다.[1]

2. 행정계획의 개념적 요소와 정의

(1) 계획과 기획의 구분

계획(Plan)은 그 계획을 수립·책정하는 행위인 기획(Planung)의 산물인 점에서, 일단 양 개념은 구별될 필요가 있다. 즉, 계획을 수립하는 행위가 기획이며, 계획은 이러한 기획의 산물이라고 할 수 있다.

(2) 계획(기획)의 개념적 요소

행정계획에 대한 정의를 내리기에 앞서, 계획(기획)의 개념적 요소를 도출해 보기로 한다.

(가) 목표의 설정

적어도 계획이라고 하기 위해서는 일정한 목표를 담고 있어야 한다. 비록 계획 또는 정책 등 유사한 명칭을 띠고 있더라도 목표를 담고 있지 않으면 그것은 계획이 아니다.

(나) 목표의 실현

목표라는 것은 그것이 현실에 실현됨으로써 의미를 가진다. 어떤 계획이 목표만 세워 놓고 그것을 실제로 실현하는 내용을 가지지 않는다면 하나의 공상에 지나지 않는 것이 된다.

(다) 수단의 정합성

계획에 담겨진 목표를 달성하는 데에는 수많은 수단(인력·자금·자료·시간) 등이 필요하다. 계획은 목표를 능률적·합리적으로 달성하려는 목적을 가지는 것이므로, 목표달성을 위해 동원되는 모든 수단은 상호 정합성을 가지지 않으면 안 된다.

---

1) 행정계획은 특히 지역정서(지역정비)의 분야에서 불가결의 수단이 되고 있으며, 그에 따라 행정계획에 관한 보다 상세한 것은, 행정법 각론에서 다루어진다(김남진·김연태(Ⅱ), 제7편 제3장 참조).

(3) 행정계획의 잠정적 정의

전술한 계획의 요소를 종합하여, 행정계획을 일단 「상호 관련된 정합적 수단을 통하여 일정한 목표를 실현하는 것을 내용으로 하는 행정의 행위형식」으로 정의해 보기로 한다.

> **[판례]** 행정계획이라 함은 행정에 관한 전문적·기술적 판단을 기초로 하여 도시의 건설·정비·개량 등과 같은 특정한 행정목표를 달성하기 위하여 서로 관련되는 행정수단을 종합·조정함으로써 장래의 일정한 시점에 있어서 일정한 질서를 실현하기 위한 활동기준으로 설정된 것이다(대판 2011. 2. 24. 2010두21464. 동지판례: 대판 1996. 11. 29. 96누8567; 대판 2012. 1. 12. 2010두5806).

Ⅱ. 행정계획의 종류

행정계획은 여러 가지 관점(기준)에 따라 다양하게 분류될 수 있다.

1. 대상에 따른 분류

경제계획, 사회계획, 재정계획, 국토계획, 방재계획 등 수없이 많은 분류가 행해질 수 있다.

2. 대상지역에 따른 분류

국토종합계획, 수도권정비계획, 도종합계획, 시·군종합계획, 지역계획 등이 이에 해당한다(국토기본법 6조, 수도권 정비계획법 4조 참조).

3. 계획기간에 따른 분류

장기계획, 중기계획, 단기계획, 연도계획 등이 이에 해당한다. 일반적으로 장기계획은 20년, 중기계획은 10년, 단기계획은 5년, 연도계획은 1년 단위의 계획을 의미한다.

4. 책정수준에 따른 분류

다른 계획의 기준이 되는지 여부에 따른 구별로서, 상위계획, 하위계획 등이 이에 해당한다. 예컨대 도시기본계획은 상위계획인 국토이용계획의 지침을 수용·발전시켜서 도시의 장기적인 발전방향 및 미래상을 제시하는 하위계획인 것이다.

5. 구체화 정도에 따른 분류

물적·경제적·사회적 측면을 종합한 '기본계획'과 이것을 개별적으로 시행하기 위한 세부계획인 '집행계획'이 이에 해당한다.

6. 형식에 따른 분류

법률형식에 의한 계획·예산의 형식에 의한 계획·명령 또는 조례에 의한 계획·행정행위에 의한 계획 등이 이에 속한다. 특히 독일과 같이 예산이 법률의 형식으로 책정되고, 지방자치단체(Gemeinde 등)의 건설계획(Bebauungsplan) 등이 조례에 의해 책정되는 경우에는 형식에 의한 분류가 중요한 의미를 가진다고 할 수 있다.

7. 대상범위에 따른 분류

계획은 대상범위에 따라 종합계획 또는 전체계획(master plan, Gesamtplanung)과 부문계획(Fachplanung)으로 구분될 수 있다. 국토종합계획, 도시기본계획은 전자에 속하고, 도시관리계획으로서의 도로 등 기반시설의 설치계획 등은 후자에 속한다고 볼 수 있다. 다만, 도시관리계획에는 기반시설의 설치계획 이외에 용도지역에 관한 계획(지역·지구·구역의 지정 또는 변경에 관한 계획) 및 사업계획(도시개발사업· 정비사업)이 포함되므로 (국토의 계획 및 이용에 관한 법률 2조 참조), 전체계획, 부문계획 어느 하나로 귀일시키기 어렵다.

8. 구속력에 따른 분류

(1) 명령적 계획(imperative Pläne)

명령적 계획이라고 함은 대외적이든 대내적(행정조직내부)이든 일정한 구속력을 가지는 일체의 행정계획을 말한다(후술 참조).

(2) 유도적 계획(influenzierende Pläne)

유도적 또는 영향적 계획이라고 함은 직접적으로 구속력 또는 권리·의무를 발생시키지 않으나, 보조금·장려금의 지급, 아파트 입주권의 부여와 같은 조성적 수단을 통해서 계획의 수범자(Adressaten)를 일정한 방향으로 유도하는 계획을 말한다. 산아의 제한 또는 촉진을 내용으로 하는 인구계획, 비권력적 도시정비계획 등에서 그 예를 많이 볼 수 있다.

(3) 정보제공적 · 지침적 계획(informative od. indikative Pläne)

구체적인 목표나 구속력을 가짐이 없이, 장래의 경제 · 사회발전의 추세 내지 전망 등을 담은 각종의 경제계획 · 개발계획이 이에 해당하다. 이러한 계획은 "백서"의 이름으로 공표되는 경우가 많다. 이러한 계획의 이해관계자는 그 지침적 계획을 하나의 자료로 삼아 스스로의 계획을 수립하는 데 이용함이 보통이다.

> **[판례①]** 도시기본계획은 도시의 기본적인 공간구조와 장기발전방향을 제시하는 종합계획으로서 그 계획에는 토지이용계획, 환경계획, 공원녹지계획 등 장래의 도시개발의 일반적인 방향이 제시되지만, 그 계획은 도시계획입안의 지침이 되는 것에 불과하여 일반 국민에 대한 직접적인 구속력은 없는 것이다(대판 2002. 10. 11, 2000두8226).
>
> **[판례②]** 국토해양부, 환경부, 문화체육관광부, 농림수산식품부가 합동으로 2009. 6. 8. 발표한 '4대강 살리기 마스터플랜' 등은 4대강 정비사업과 주변 지역의 관련 사업을 체계적으로 추진하기 위하여 수립한 종합계획이자 '4대강 살리기 사업'의 기본방향을 제시하는 계획으로서, 행정기관 내부에서 사업의 기본방향을 제시하는 것일 뿐, 국민의 권리 · 의무에 직접 영향을 미치는 것이 아니어서 행정처분에 해당하지 아니한다(대결 2011. 4. 21, 2010무111).

구속력을 기준으로 행정계획을 위와 같이 삼분하였으나, 행정계획의 상당수(특히 명령적 계획의 경우)는 위의 제요소를 병유한다고 볼 수 있다.

Ⅲ. 명령적 계획의 법적 성질

1. 광의의 명령적 계획과 협의의 명령적 계획

직접 국민에 대해서든 행정조직내부에서든 구속력을 가지는 계획을 명령적 계획이라 한다. 명령적 계획은 다시 직접 국민에 대하여 작위 · 부작위 · 급부 · 수인 등의 의무를 부과하는 계획과 행정조직내부에서 행정기관에 대하여 작위 · 부작위 등의 의무를 과하는 계획으로 나눌 수 있는데, 전자의 대표적 예로서는 도시계획을 들 수 있으며, 후자의 예로서는 예산(재정계획)을 들 수 있다. 양 계획 중 전자만을 명령적 계획이라고도 하는데, 본서에서는 '협의의 명령적 계획'이라고 부르기로 한다.

2. 법규명령인가 행정행위인가

독일에 있어서와 같이, 계획이 법률이나 조례 또는 법규명령의 형식을 취해서 발해질 때에는 일단 그의 형식을 기준으로 그들의 법적 성질을 규명할 수 있다. 그러나 그와 같은 형식에 의하지 않고 협의의 명령적 계획이 행해질 때에는 그의 법적 성질을 둘러싸고 자주 논쟁이 일어난다.[2]

우리나라에서는 그동안 특히 도시계획의 법적 성질이 논의의 대상이 되었다. 대법원은 도시기본계획(국토의 계획 및 이용에 관한 법률 2조 3호 참조)에 대해서는 구속력을 부인하고 있지만, 도시관리계획(국토의 계획 및 이용에 관한 법률 2조 4호 참조)에 대해서는 처분성을 인정하여 행정소송의 대상이 된다고 하는 확립된 견해를 가지고 있고(대판 1978. 12. 26, 78누281; 대판 1982. 3. 9, 80누105; 대판 1985. 7. 23, 83누727; 대판 1990. 9. 28, 89누8101; 대판 1997. 3. 14, 96누16698 참조), 헌법재판소도 마찬가지이다(헌재 1991. 6. 3, 89헌마46; 헌재 1991. 7. 22, 89헌마174 참조).

> **[판례①]** 도시계획법 제12조 소정의 도시계획결정이 고시되면 도시계획 구역 안의 토지나 건물소유자의 토지형질변경, 건축물의 신축·개축 또는 증축 등 권리행사가 일정한 제한을 받게 되는 바, 이런 점에서 볼 때 고시된 도시계획결정은 특정 개인의 권리 내지 법률상의 이익을 개별적이고 구체적으로 규제하는 효과를 가져오게 하는 행정청의 처분이라 할 것이고 이는 행정소송의 대상이 되는 것이라 할 것이다(대판 1982. 3. 9, 80누105, 동지판례: 대판 1986. 8. 19, 86누256).[3]
>
> **[판례②]** 도시계획법 제21조 및 동법 시행령 제20조의 경우는 건설부장관의 개발제한구역의 지정·고시라는 별도의 구체적인 집행행위에 의하여 비로소 재산권 침해여부의 문제가 발생할 수 있는 것이므로 위 법령의 조항에 대한 헌법소원심판청구는 직접성을 갖지 못하여 부적법하다. 건설부장관의 개발제한구역의 지정·고시가 공권력의 행위로서 헌법소원심판의 대상이 됨은 물론이나 헌법소원심판은 다른 법률에 구제절차가 있는 경우에는 그 절차를 모두 거친 후가 아니면 청구할 수 없으므로 건설부장관의 개발제한구역의 지정·고시에 대한 헌법소원심판청구는 행정쟁송절차를 모두 거친 후가 아니면 부적법하다(헌재 1991. 7. 22, 89헌마174).

그러나 위의 판례에 대한 평석[4]을 통해 도시계획 가운데에는 법규명령적인 것도 있고, 행정행위적인 것도 있을 수 있으며, 모든 도시계획을 획일적으로 처

---

2) 행정계획의 성질과 관련하여, 이론상으로는 입법행위설, 행정행위설, 독자성설(aliud설) 등이 논해진 바 있다. 그러나 오늘날은 행정계획의 성질을 획일적으로 논할 수는 없고, 행정계획에는 여러 형식이 존재할 수 있는 것에 이론이 없다고 하겠다.
3) 위 판례는 구 도시계획법에 관한 것이므로, 여기에서 말하는 도시계획은 구 도시계획법상의 (협의의) 도시계획, 즉 현행 국토계획법상의 도시관리계획을 말하는 것이다.
4) 김남진, 도시계획변경처분취소청구사건, 판례월보, 1983. 9.

분(행정행위)으로 단정할 수 없다고 논한 바 있다. 무엇보다도 도시계획에는 ①
지역·지구·구역의 지정 또는 변경에 관한 계획, ② 도로 등 기반시설의 설
치·정비·개량에 관한 계획, ③ 도시개발사업 또는 재개발사업과 같은 도시계
획사업에 관한 계획 등 성질을 달리하는 여러 종류의 계획이 있음에 유의할 필
요가 있다(구 도시계획 법 2조 참조).5)

대법원 판례를 좀 더 구체적으로 살펴보면, 「하수도법」에 의하여 기존의 하
수도정비기본계획을 변경하여 광역하수종말처리시설을 설치하는 등의 내용으
로 수립한 하수도정비기본계획이나, 구 「도시계획법」상의 도시기본계획은 직
접적 구속력이 없어서 처분이 아니라고 한다. 또한 구 「농어촌도로정비법」 제6
조 소정의 농어촌도로기본계획은 관할구역 안의 도로에 대한 장기개발방향의
지침을 정하기 위한 계획으로서 그에 후속되는 농어촌도로정비계획의 근거가
되는 것일 뿐 그 자체로 국민의 권리의무를 개별적 구체적으로 규제하는 효과
를 가지는 것은 아니므로 이 역시 처분으로 볼 수 없다고 판시하였다.6)

반면, 특정 개인의 권리·이익을 규제하는 개별적이거나 구체적 행위는 처
분이 되는데, 고시된 도시관리계획결정, 택지개발예정지구의 지정, 도시개발법
상의 관리처분계획과 같은 구속적 행정계획이나 토지거래계약에 관한 허가구
역의 지정7) 등은 그에 의하여 침해되는 특정인의 권익침해가 구체적이라는 점
에서 처분성을 인정하였다.

Ⅳ. 행정계획의 적법요건과 효력

1. 행정계획의 적법요건

행정계획도 행정의 행위형식의 하나이므로 행정작용이 일반적으로 갖추어
야 하는 요건을 충족하여야만 적법하게 성립하고 효력을 발생할 수 있다.

(1) 주체 및 절차에 관한 요건

행정계획도 권한을 가진 기관이 법정의 절차를 거쳐서 수립하지 않으면 안
된다.

---

5) 환지계획의 처분성을 부인한 판례(대판 1999. 8. 20, 97누6889) 및 이에 대한 평석에 관하여는 김남진,
  판례평석, 법률신문, 1999. 12. 13 참조.
6) 대판 2000. 9. 5, 99두974.
7) 대판 2006. 12. 22, 2006두12883.

[판례] 도시계획의 결정·변경 등에 관한 권한을 가진 행정청은 이미 도시계획이 결정·고시된 지역에 대하여도 다른 내용의 도시계획을 결정·고시할 수 있고, 이 때에 후행 도시계획에 선행 도시계획과 서로 양립할 수 없는 내용이 포함되어 있다면, 특별한 사정이 없는 한 선행 도시계획은 후행 도시계획과 같은 내용으로 변경되는 것이나, 후행 도시계획의 결정을 하는 행정청이 선행 도시계획의 결정·변경 등에 관한 권한을 가지고 있지 아니한 경우에 선행 도시계획과 서로 양립할 수 없는 내용이 포함된 후행 도시계획결정을 하는 것은 아무런 권한 없이 선행 도시계획결정을 폐지하고, 양립할 수 없는 새로운 내용이 포함된 후행 도시계획결정을 하는 것으로서, 선행 도시계획결정의 폐지 부분은 권한 없는 자에 의하여 행해진 것으로서 무효이고, 같은 대상지역에 대하여 선행 도시계획결정이 적법하게 폐지되지 아니한 상태에서 그 위에 다시 한 후행 도시계획결정 역시 위법하고, 그 하자는 중대하고도 명백하여 다른 특별한 사정이 없는 한 무효라고 보아야 한다(대판 2000. 9. 8.,
99두11257).

행정계획은 일단 그것이 확정되면 많은 사람을 상대로, 또한 장기적으로 영향을 미치므로 타행정작용에 있어서보다는 많은 기관 및 이해관계자의 참여하에 정해짐이 보통이다. 현행법상 행정계획을 확정함에 필요한 주요절차에는 다음과 같은 것이 있다.

(가) 관계기관의 협의·조정

전국적 규모의 행정계획은 관계기관의 협의·조정을 거쳐 정함이 보통이다. 국토교통부장관이 국토종합계획을 수립함에 있어 관계행정기관의 장과 협의해야 하는 것 등이 그 예이다(국토기본
법 9조).

(나) 합의제기관의 심의

행정계획을 확정함에 있어서는 사전에 합의제기관의 심의를 거침이 보통이다. 국정의 기본계획을 국무회의에서 심의함은 대표적 예이며(헌법 65
조 1호), 이 밖에 행정계획의 심의를 위한 많은 심의기관이 설치되어 있다(국토의 계획 및 이용에 관
한 법률 106조 이하 등).

(다) 주민 및 관계전문가 등의 의견청취

명령적 계획을 수립함에 있어서는 공청회를 열어 주민 및 관계 전문가 등으로부터 의견을 듣는 등 참여의 기회를 넓히고 있는 것이 일반적 경향이다(국토의 및
계획 및
이용에 관한
법률 14조 등).

(라) 계획의 영향평가

근래에는 어떤 사업계획을 수립·시행함에 앞서 그것이 주위의 환경 등에

끼칠 영향을 평가하는 제도가 도입되고 있다. 환경영향평가법에 의한 환경영향
평가 등이 그에 해당한다.

(마) 지방자치단체의 참여

지방자치단체 및 그의 주민에게 영향을 미치는 행정계획은 지방자치단체 스
스로가 정해야 할 것이다. 그러나 현재 지방자치단체의 계획확정권(계획고권)
은 충분히 인정되지 않고 있으며, 참여권만 인정되는 경우가 많이 있다. 시 또
는 군이 도시관리계획의 입안, 의견제출 등의 권한만 가지고, 결정권은 시·도
지사 또는 국토교통부장관에게 부여되어 있는 것이 그 예이다($^{국토의 \ 계획 \ 및 \ 이용에}_{관한 \ 법률 \ 29조 \ 등 \ 참조}$).
이와 같이 행정계획의 수립에 있어서 많은 기관 또는 이해관계자의 참여 등 사
전절차를 두텁게 거치게 하는 이유는, 행정계획에 대한 사후통제 내지 구제가
용이하지 않다는 사정이 감안된 것으로 볼 수 있다.

> **[판례]** 도시계획법 제11조 제1항, 제15조 제1항, 제16조의2 제2항, 동법 시행령 제
> 11조 제1항, 제14조의 2 제6항 및 동법 시행규칙 제4조 제2항 등의 취지는 도시계
> 획의 입안에 있어 다수이해관계자의 이익을 합리적으로 조정하여 국민의 자유·권
> 리에 대한 부당한 침해를 방지하고 행정의 민주화와 신뢰를 확보하기 위하여 국민
> 의 의사를 그 과정에 반영시키는 데 있다 할 것이므로 위와 같은 절차에 하자가
> 있는 행정처분은 위법이다($^{대판 \ 1988. \ 5. \ 24.}_{87누388}$).

(바) 행정절차법의 준용

① **처분적 성질의 계획**:   행정계획 가운데, 처분의 성질을 가지는 것에
대해서는 행정절차법상의 처분에 관한 규정($^{제2}_{장}$)이 준용되는 점에 유의할 필요
가 있다.

② **행정예고**:   행정청은 정책, 제도 및 계획($^{이하 \ "정책등"}_{이라 \ 한다}$)을 수립·시행하
거나 변경하려는 경우에는 이를 예고하여야 한다. 다만, ⅰ 신속하게 국민의 권
리를 보호하여야 하거나 예측이 어려운 특별한 사정이 발생하는 등 긴급한 사
유로 예고가 현저히 곤란한 경우, ⅱ 법령등의 단순한 집행을 위한 경우, ⅲ 정
책등의 내용이 국민의 권리·의무 또는 일상생활과 관련이 없는 경우, ⅳ 정책
등의 예고가 공공의 안전 또는 복리를 현저히 해칠 우려가 상당한 경우 중 어
느 하나에 해당하는 경우에는 예고를 하지 아니할 수 있다($^{46}_{조}$).

(2) 내용에 관한 요건

행정계획도 법률우위원칙 및 법률유보원칙을 준수하는 등 그의 내용이 적법하고 공익에 적합할 것이 요구된다. 오늘날 법률유보원칙의 적용범위에 관해서는 학설이 여러 갈래로 나뉘어져 있으나, 적어도 명령적 계획(협의)에 법률상의 수권이 필요한 점에 관해서는 이론이 있을 수 없다.

2. 행정계획의 발효와 효력

(1) 공포·고시

계획을 법률, 법규명령, 조례 등의 형식으로 정하는 경우에는 「법령 등 공포에 관한 법률」이 정한 형식을 갖추어 대외적으로 공포하지 않으면 안 된다. 그밖의 형식으로 계획을 정하는 경우에는 개별법이 정한 형식에 의하여 고시되지 않으면 안 된다.

법령의 형식을 취하여 행정계획이 발해지는 경우에는, 원칙적으로 공포한 날로부터 20일을 경과함으로써 효력을 발생한다. 기타의 형식을 취하여 고시되는 행정계획은 법에 특별한 규정이 없는 한 고시와 동시에 효력을 발생한다고 할 수 있다.

> **[판례]** 구 도시계획법 제7조의 '고시'는 도시계획구역결정 등의 효력발생요건이라 해석되므로 비록 도지사 등의 기안, 결재 등을 거쳐 정당하게 도시계획구역결정 등의 처분을 하였다 하더라도 이는 관보에 게재하여 고시하지 않은 이상(관서 게시판에 게시한 것만으로는 적법한 고시방법이라 할 수 없다) 대외적으로 아무런 효력이 생기지 않는다(대판 1985. 12. 10. 85누186).

(2) 행정계획의 효력(효과)

(가) 내용적 효력

행정계획은 그의 행위형식(법률·명령·행정행위 등)에 상응한 효력·효과를 발생하게 되는데, 그 내용은 행정계획의 '구속력에 의한 분류'에서 설명한 바와 같다.

(나) 집중효·배제효·구속효(불가변효) 등

외국(독일)에서는 특히 '행정행위의 성질을 가지는 계획'이 확정되는 경우, 그 행정계획에 집중효(다른 법령에 의하여 받게 되어 있는 허가 등을 받은 것으로 간주하는 효력), 배제효(주민 등 이해당사자 등에 대한 불가쟁력), 구속효(행정청에 대한 불가변력) 등의 법적 효과를 인정하는 예를 찾아 볼 수 있는데, 이러한 효력은, 고속철도사업, 원자력발전소건설사업 등과 같이, 그의 건설에 오랜 시일이 소요되는 사업(국책사업)을 추진하는 경우에 특별히 의미가 있다.

V. 계획재량과 형량명령[8]

1. 계획재량의 의의 및 특색

계획은 미래에 달성하고자 하는 목표를 설정하고 그것을 실현하는 것을 내용으로 한다. 아무리 과학이 발달하고 미래를 예측하는 기법이 발달하였다고 하나, 역시 미래를 설계하고 그것을 실현하는 것은 매우 어려운 문제이다. 따라서 행정계획의 근거법규범은 목표를 넓게 정하며, 그것을 달성하는 수단·방법의 선택에 있어서도 행정기관에게 넓은 폭의 재량 또는 형성의 자유를 인정하지 않을 수 없다. 「형성의 자유 없는 계획은 그 자체 모순이다」라는 말도 이래서 나오게 된다. 계획법규범이 가지는 위와 같은 특색을 목적 프로그램(Zweck-program) 또는 목적·수단의 정식(Zweck-Mittel-Schema)으로 표현하며, 행위재량(또는 효과재량)의 법규범에서 보는 바와 같은 조건적 프로그램(Konditional-program) 또는 가언명령적 정식(Wenn-Dann-Schema)과 대비시키기도 한다. 여기에 바로 법이 정한 요건이 충족된 연후에 있어서의 효과의 선택을 의미하는 행위재량과 계획재량과의 차이가 있다고 하겠다. 행정청에 인정된 재량의 범위에 있어서, 통상적인 행위재량보다 계획결정의 경우 더 광범위한 재량권이 인정됨이 보통이다. 그에 따라 통상적인 행위재량보다 계획결정에 대한 법원의 통제의 범위가 좁다고 하겠다. 계획재량은 또한 불확정개념으로 요건을 정함으로 인하여 예외적으로(극히 한정된 범위에서) 인정되는 판단여지와도 구별된다고 보아야 할 것이다.[9]

> **[판례]** 행정계획이라 함은 행정에 관한 전문적·기술적 판단을 기초로 하여 도시의 건설·정비·개량 등과 같은 특정한 행정목표를 달성하기 위하여 서로 관련되

---

8) 주요문헌: 김남진, 계획재량과 형량명령, 월간고시, 1986. 12; 김연태, 계획결정에 있어서 형량에 대한 사법적 통제, 계희열박사화갑기념논문집, 1995; 김남진, 도시관리계획의 입안과 형량명령, 법률저널, 2003. 11. 3; 신봉기, 행정계획에 대한 사법적 통제, 토지공법연구 제10집, 2000; 신봉기, 형량하자있는 행정계획에 대한 사법심사, 행정판례연구 제5집, 2000; 최우익, 행정계획의 위법성, 토지공법연구 제10집, 2000; 임영호, 계획행정과 형량명령, 대법원판례해설 제64호, 2006; 김해룡, 법치국가의 원리로서의 형량명령, 외법논집 제34권 제1호, 2010. 2; 강현호, 계획적 형성의 자유의 통제수단으로서 형량명령, 토지공법연구 제66집, 2014. 8; 최승필, 행정계획에서의 형량, 토지공법연구 제76집 제1호, 2016. 1.

9) 상세는 김남진, 행위재량·판단여지·계획재량의 구별, 고시저널, 1996. 5 참조.

는 행정수단을 종합·조정함으로써 장래의 일정한 시점에 있어서 일정한 질서를 실현하기 위한 활동기준으로 설정된 것으로서, 관계 법령에는 추상적인 행정목표와 절차만이 규정되어 있을 뿐 행정계획의 내용에 관하여는 별다른 규정을 두고 있지 않아 행정주체는 구체적인 행정계획을 입안·결정함에 있어서 비교적 광범위한 형성의 자유를 가진다(대판 2011. 2. 24. 2010두21464. 동지 판례: 대판 2012. 1. 12, 2010두5806).

2. 형량명령과 형량의 하자

계획법규범이 대개 목적·수단 등을 이종·복수로써 정하고 있는 결과, 계획행정기관에는 넓은 범위의 재량·형성의 자유(계획재량)가 인정되고 있기는 하나, 계획재량의 행사 역시 법령, 행정상의 법원칙을 위반할 수 없으며, 무엇보다 관련된 이익, 즉 공익과 사익 상호간, 공익 상호간 및 사익 상호간에 정당한 형량이 행해질 것이 요구된다.[10] 이러한 형량명령은 계획결정에 있어서 비례의 원칙을 고려한 것으로 법치국가원칙에서 그 뿌리를 찾을 수 있는 것이다.

2022년 1월 개정된「행정절차법」은 "행정청은 행정청이 수립하는 계획 중 국민의 권리·의무에 직접 영향을 미치는 계획을 수립하거나 변경·폐지할 때에는 관련된 여러 이익을 정당하게 형량하여야 한다"고 규정하여(40조의4), 학설과 판례에 의해 정립된 형량명령의 원칙을 명문화하고 있다.[11]

형량명령은 계획상 형성의 자유(계획재량)를 제한하는 이론으로서 행정청뿐만 아니라 법원의 심사를 위하여 중요한 의미가 있다. 형량이론, 특히 형량하자이론은 행정청이 적정한 형량을 할 수 있도록 행위기준을 제시하여 주는 것이므로 형량에 있어서 하자의 발생을 방지하는 기능을 가진다. 또한 형량하자이론은 형량의 적법성 심사 및 심사정도에 관한 기준을 제공한다.

독일의 연방행정법원의 지속적인 판례에 의하면 형량명령은 다음과 같은 것을 요구한다:[12] ① 형량 자체가 행해져야 한다. ② 형량에는 구체적 상황에 따라 그에 포함되어야 할 이익이 모두 포함되어야 한다. ③ 관련 공익·사익의 가치를 잘못 파악하거나 관련 이익의 조정이 개개 이익의 객관적 가치와의 비례관계를 벗어나면 안 된다.

---

10) 예컨대 도로를 건설하는 경우, 토지를 수용당하는 사람과 개발이익을 향유하는 사람간에는 이해가 상충되며, 경제적 이익과 환경파괴(마이너스의 공익)가 상충하게 되는데, 이들 여러 이해를 정당하게 형량하여야 하는 것이다.

11) 참고로 행정계획에 관한「행정절차법」제40조의4는 2022. 7. 12.부터 시행된다.

12) BVerwGE 48, 56(63 f.). 동지판례: BVerwGE 34, 301(309); BVerwGE 45, 309(314 f.); BVerwGE 56, 110(122 f.).

이와 같은 형량명령에 대한 위반은 "형량의 하자"를 가져오는데, 구체적으로 ① 형량을 전혀 하지 않는 경우(형량의 결여·해태), ② 형량의 대상에 마땅히 포함시켜야 할 사항을 빠뜨리고 형량을 행하는 경우(형량의 흠결·결함), ③ 제이익간의 형량을 행하기는 하였으나 그 형량이 객관성·비례성을 결하는 경우(잘못된 형량·오형량)에는 형량의 하자로서 위법이 된다. 이와 같은 법리는 다음에 보는 바와 같이, 우리의 판례에도 정착되어 있다고 할 수 있다.

대법원은 행정계획이 형량명령의 원칙을 위반한 경우 재량권의 일탈·남용 또는 비례의 원칙 위반에 해당하여 위법하다고 판시함으로써 계획재량에 관한 사법적 통제를 행정재량에 관한 사법적 통제와 마찬가지로 재량권의 일탈·남용의 이론에 따라 판단하는 취지의 판시를 한 바 있다.

[판례] 행정주체가 구체적인 도시계획을 입안·결정함에 있어서 비교적 광범위한 계획재량을 갖고 있지만, 여기에는 도시계획에 관련된 자들의 이익을 공익과 사익에서는 물론, 공익 상호간과 사익 상호간에도 정당하게 비교·교량 하여야 한다는 제한이 있는 것이므로, 행정주체가 도시계획을 입안·결정함에 있어서 이익형량을 전혀 하지 아니하거나 이익형량의 고려대상에 마땅히 포함시켜야 할 사항을 누락한 경우 또는 이익형량을 하였으나 정당성·객관성이 결여된 경우에는 그 행정계획결정은 재량권을 일탈·남용한 위법한 처분이라 할 수 있고, 또한 비례의 원칙(과잉금지의 원칙)상 그 행정목적을 달성하기 위한 수단은 목적달성에 유효·적절하고 또한 가능한 한 최소 침해를 가져오는 것이어야 하며 아울러 그 수단의 도입으로 인한 침해가 의도하는 공익을 능가하여서는 아니 된다(대판 1998. 4. 24, 97누1501, 동지판례: 대판 2000. 3. 23, 98두2768; 대판 2005. 3. 10, 2002두5474 등).

그런데 대법원 2006. 9. 8. 선고 2003두5426 판결에서는 행정계획이 형량명령의 원칙을 위반한 경우 형량에 하자가 있어서 위법하다고 판시함으로써 계획재량에 관한 사법적 통제와 행정재량에 관한 사법적 통제를 명확히 구분하였다.

[판례①] 구 도시계획법 등 관계 법령에는 추상적인 행정목표와 절차만이 규정되어 있을 뿐 행정계획의 내용에 대하여는 별다른 규정을 두고 있지 아니하므로 행정주체는 구체적인 행정계획을 입안·결정함에 있어서 비교적 광범위한 형성의 자유를 가진다고 할 것이지만, 행정주체가 가지는 이와 같은 형성의 자유는 무제한적인 것이 아니라 그 행정계획에 관련되는 자들의 이익을 공익과 사익 사이에서는

물론이고 공익 상호간과 사익 상호간에도 정당하게 비교교량하여야 한다는 제한이 있는 것이고, 따라서 행정주체가 행정계획을 입안·결정함에 있어서 이익형량을 전혀 행하지 아니하거나 이익형량의 고려 대상에 마땅히 포함시켜야 할 사항을 누락한 경우 또는 이익형량을 하였으나 정당성과 객관성이 결여된 경우에는 그 행정계획결정은 형량에 하자가 있어 위법하다(대판 2006. 9. 8, 2003두5426. 동지판례: 대판 2007. 4. 12, 2005두1893: 대판 2007. 1. 25, 2004두12063: 대판 2011. 2. 24, 2010두21464).

[판례②] 행정주체가 행정계획을 입안·결정하면서 이익형량을 전혀 행하지 않거나 이익형량의 고려 대상에 마땅히 포함시켜야 할 사항을 빠뜨린 경우 또는 이익형량을 하였으나 정당성과 객관성이 결여된 경우에는 행정계획결정은 형량에 하자가 있어 위법하게 된다. 이러한 법리는 행정주체가 구 국토의 계획 및 이용에 관한 법률 제26조에 의한 주민의 도시관리계획 입안 제안을 받아들여 도시관리계획결정을 할 것인지를 결정할 때에도 마찬가지이고, 나아가 도시계획시설구역 내 토지 등을 소유하고 있는 주민이 장기간 집행되지 아니한 도시계획시설의 결정권자에게 도시계획시설의 변경을 신청하고, 결정권자가 이러한 신청을 받아들여 도시계획시설을 변경할 것인지를 결정하는 경우에도 동일하게 적용된다고 보아야 한다(대판 2012. 1. 12, 2010두5806).

Ⅵ. 행정계획과 권리보호

행정계획의 결정 또는 변경(소멸 포함)으로 인하여 권리·이익을 침해받은 자에게 어떠한 구제방법이 있는가. 개인에게는 이른바 계획보장청구권이 인정되는가 등의 문제가 검토될 필요가 있다.

1. 행정쟁송

위법·부당한 처분적 행정계획으로 인하여 자기의 법률상 이익을 침해받은 자는 일단 당해 행정계획(도시계획 등)의 취소쟁송을 제기할 수 있다(행정심판법 13조. 행정소송법 12조 등 참). 이러한 행정계획의 위법·부당성의 심사에 있어서는 단순히 성문법규의 저촉 여부라는 관점에서만이 아니라 전술한 형량명령의 위반 여부, 절차의 준수 여부 등의 관점에서 심사되어야 한다는 것이 강조될 필요가 있다.

다만, 행정쟁송을 통한 권리구제에는 어려움이 많이 따른다. 행정계획의 처분성 여부, 사건의 성숙성 여부가 자주 문제가 되며, 기성사실(다른 관련계획 등)과의 연계로 인해 사정판결(사정재결 포함)을 받을 가능성이 높은 것이다. 계획재량 역시 하나의 장애가 될 수 있다.

2. 손해배상의 청구

행정계획의 수립 등에 관여하는 공무원의 직무상 불법행위가 있는 경우에 국가배상을 청구할 수 있음은 당연하다($_{2조 참조}^{국가배상법}$). 그러나 취소쟁송의 요건을 충족하기 어려운 것과 같이 국가배상책임의 요건이 충족되기도 용이하지 않다고 보지 않을 수 없다.

3. 손실보상의 청구

예컨대, 자기의 토지($_{등지}^{대지}$)가 개발제한구역으로 지정되었다든가 또는 상업지역으로 지정되었던 토지가 주거지역으로 변경되었다든가 하는 사정으로 지가가 현저히 내려갔다고 하는 경우, 당해 토지의 소유자는 공공필요에 의한 재산권침해로 특별한 희생을 입었다고 생각하며, 따라서 당연히 그에 대한 보상을 받아야 마땅하다고 생각한다. 그럼에도 불구하고, "계획제한"으로 인하여 발생한 손실에 대해서는 법률이 거의 보상규정을 두고 있지 않음으로 인하여 여러 가지 어려운 문제를 제공하고 있다($_{의 손실보상 참조}^{제5편 제2장 행정상}$).

Ⅶ. 계획보장 · 계획보장청구권

1. 문제의 의의

계획은 장래에 달성하고자 하는 목표를 설정하여 그것을 실현하는 것을 내용으로 하는 것이므로, 국민의 신뢰를 바탕으로 한 안정성과 계속성을 생명으로 한다. 그러나 미래를 정확히 예측하기가 어려운 데다가 현실은 부단히 변함으로 인하여 가변성 또한 계획의 불가피한 속성으로 인정하지 않을 수 없다. 안정성과 가변성이라고 하는 상반된 속성 내지 요청을 계획과 관련하여 조정하며, 계획의 유동성(변경 · 폐지 등) 또는 불이행에 따르는 리스크를 계획주체와 계획의 수범자간에 적절히 분배해 보려는 것이 계획보장(Plangewährleistung) 또는 계획보장청구권(Plangewährleistungsrecht)의 이름으로 논해지는 법리의 문제라고 할 수 있다.

판례는 행정계획의 장기성 · 종합성을 이유로 원칙적으로 부정적인 입장을 보이면서, 예외를 인정하고 있다.

2. 계획보장의 내용

(1) 계획존속청구권

예컨대 정부(계획주체)가 발표한 행정계획(공업단지설치계획 등)을 믿고서 막대한 투자를 하였는데, 그 후 정부가 당해 계획을 변경함으로 인하여 손실을 입게 된 경우에, 상기 투자자에게는 계획의 존속을 요구할 수 있는 권리(Anspruch auf Planfortbestand)가 인정될 수 있는 것인가? '계획의 존속을 구할 청구권'은 일반적으로는 인정되지 않는다. 그와 같은 청구권은 계획의 가변성과 합치되지 않을 뿐만 아니라, 계획의 존속을 구하는 개인의 이익은 일반적으로 계획변경을 필요로 하는 공익에 양보하지 않으면 안 된다고 보기 때문이다. 아울러, 계획주체의 계획개폐에 대한 권한은 계획의 수권규정에 포함되는 것으로 보는 경향에 있다.

(2) 계획준수청구권

예컨대, 계획행정청이 계획에 위반되는 행위를 하는 경우, 이해관계자는 그 계획행정청을 상대로 계획을 준수할 것을 청구할 수 있는가? 일반적인 계획준수청구권(Anspruch auf Planbefolgung)은 부인된다고 보아야 할 것이다. 만일에 계획행정청의 계획위반행위가 '처분'의 성질을 가지는 경우에는 행정심판 및 행정소송(항고소송)이 정하는 바에 따라 해결할 문제이다.

(3) 경과규정 및 적합원조청구권

이해당사자의 입장에서, 계획의 개폐를 저지할 수 없다고 판단되는 경우, 그렇다면 경과규정 및 적합원조에 대한 청구권(Anspruch auf Übergangsregelungen und Anpassungshilfen)을 행사할 수 있다고 볼 것인가? 그 문제는 입법을 통해 해결할 문제로서, 외국에도 아직 그러한 청구권은 인정되지 않는 것으로 보인다.

(4) 보상 등 청구권

계획의 규율을 받는 이해당사자가 계획의 변경 등을 저지하지 못하는 경우, 손실보상·손해배상의 방법을 통해 구제받을 수 있는 것인가? 계획보장청구권을 좁게 새기는 입장(계획이 변경 또는 폐지된 경우에 손해의 전보가 보장되어야 한다는 입장)에서는, 이와 같은 의미의 보상 또는 배상청구권을 계획보장청구권의 문제로서 다루고 있는데, 그 문제는 일반의 손실보상, 손해배상의 문제로서 고찰할 사항이다(손실보상의 경우 재산권으로 보호되는 재산적 지위가 침해되었을 것을 전제로 하며, 침해의 직접성이 인정되어야 한다).

3. 계획변경·폐지청구권

소극적인 계획보장청구권과는 달리 적극적으로 계획의 변경 또는 폐지를 청구할 권리가 인정되는지 문제가 된다. 판례는 행정계획의 장기성·종합성으로 이유로 원칙적으로 부정적인 입장을 보이면서, 그 예외를 인정하고 있다.

[판례] 도시계획법상 주민이 행정청에 대하여 도시계획 및 그 변경에 대하여 어떤 신청을 할 수 있음에 관한 규정이 없고, 도시계획과 같이 장기성·종합성이 요구되는 행정계획에 있어서 그 계획이 일단 확정된 후에 어떤 사정의 변동이 있다고 하여 지역주민에게 일일이 그 계획의 변경 또는 폐지를 청구할 권리를 인정해 줄 수도 없는 것이므로, 지역주민에게 도시계획시설(여객자동차정류장)의 변경·폐지를 신청할 조리상의 권리가 있다고도 볼 수 없다(대판 1994. 12. 9., 94누8433).

계획변경청구권의 문제는 사인에게 기존계획의 변경을 청구할 수 있는가의 문제인 바, 대법원은 법령상 신청권이 부여되어 있는 경우에는 그것을 매개로 행정계획의 변경신청을 하게 되고 이를 거부하면 그 거부처분에 대하여 취소소송을 제기할 수 있다고 본다.

[판례] 구 도시계획법(2002. 2. 4. 법률 제6655호 국토의계획및 이용에관한법률 부칙 제2조로 폐지)은 도시계획의 수립 및 집행에 관하여 필요한 사항을 규정함으로써 공공의 안녕질서를 보장하고 공공복리를 증진하며 주민의 삶의 질을 향상하게 함을 목적으로 하면서도 도시계획시설결정으로 인한 개인의 재산권행사의 제한을 줄이기 위하여, 도시계획시설부지의 매수청구권, 도시계획시설결정의 실효에 관한 규정과 아울러 도시계획 입안권자인 특별시장·광역시장·시장 또는 군수로 하여금 5년마다 관할 도시계획구역 안의 도시계획에 대하여 그 타당성 여부를 전반적으로 재검토하여 정비하여야 할 의무를 지우고, 도시계획입안제안과 관련하여서는 주민이 입안권자에게 '1. 도시계획시설의 설치·정비 또는 개량에 관한 사항 2. 지구단위계획구역의 지정 및 변경과 지구단위계획의 수립 및 변경에 관한 사항'에 관하여 '도시계획도서와 계획설명서를 첨부'하여 도시계획의 입안을 제안할 수 있고, 위 입안제안을 받은 입안권자는 그 처리결과를 제안자에게 통보하도록 규정하고 있는 점 등과 헌법상 개인의 재산권 보장의 취지에 비추어 보면, 도시계획구역 내 토지 등을 소유하고 있는 주민으로서는 입안권자에게 도시계획입안을 요구할 수 있는 법규상 또는 조리상의 신청권이 있다고 할 것이고, 이러한 신청에 대한 거부행위는 항고소송의 대상이 되는 행정처분에 해당한다(대판 2004. 4. 28., 2003두1806).

또한 대법원은 일정한 행정처분을 구할 법률상 지위에 있는 자가 한 국토이용계획변경신청에 대한 행정청의 거부가 결과적으로 당해 행정처분 자체를 거부하는 셈이 되는 경우에는 예외를 인정하고 있다.

[판례] 구 국토이용관리법(2002. 2. 4. 법률 제6655호. 국토의계획및 이용에관한법률 부칙 제2조로 폐지)상 주민이 국토이용계획의 변경에 대하여 신청을 할 수 있다는 규정이 없을 뿐만 아니라, 국토건설종합계획의 효율적인 추진과 국토이용질서를 확립하기 위한 국토이용계획은 장기성, 종합성이 요구되는 행정계획이어서 원칙적으로는 그 계획이 일단 확정된 후에 어떤 사정의 변동이 있다고 하여 그러한 사유만으로는 지역주민이나 일반 이해관계인에게 일일이 그 계획의 변경을 신청할 권리를 인정하여 줄 수는 없을 것이지만, 장래 일정한 기간 내에 관계 법령이 규정하는 시설 등을 갖추어 일정한 행정처분을 구하는 신청을 할 수 있는 법률상 지위에 있는 자의 국토이용계획변경신청을 거부하는 것이 실질적으로 당해 행정처분 자체를 거부하는 결과가 되는 경우에는 예외적으로 그 신청인에게 국토이용계획변경을 신청할 권리가 인정된다고 봄이 상당하므로, 이러한 신청에 대한 거부행위는 항고소송의 대상이 되는 행정처분에 해당한다(대판 2003. 9. 23, 2001두10936).13)

사례해설

도시계획결정은 도시관리계획으로서 이러한 행정계획을 결정함에 있어서는 시·도지사에게 폭넓은 계획재량이 인정되지만 형량명령을 준수해야 할 한계가 있다. 설문에서 형량이 행해지고 형량에 있어서 고려해야 할 이익들을 편입한 것으로 보인다. 다만 도로노선을 선택함에 있어 직선도로는 동일한 도로건설의 목적을 달성할 수 있으면서도 재산권 침해가 적고 공사비도 적게 드는 점 등에 비추어 우회도로를 선택한 것은 관련된 모든 이익의 비교형량을 제대로 한 것으로 볼 수 없다. 즉 정당성·객관성이 결여된 형량으로 보인다(오형량). 따라서 위 결정은 위법하다.14)

---

13) 이 판례와 관련한 상세한 검토는 김중권, 국토이용계획변경신청권의 예외적 인정의 문제점에 관한 소고, 행정법기본연구 Ⅰ, 2008 참조.
14) 상세는 김연태, 행정법사례연습, 304면 이하 참조.

제 3 절 공법상 계약

Ⅰ. 공법계약의 위치

1. 공법계약의 유용성

행정이라는 것을 엄격한 법의 집행작용으로만 생각한다면, 행정계약, 그의 일종으로서의 공법계약은 생각하기 어렵다. 「모든 국가행정은 법률에 의거해서만 행해질 수 있다」는 헌법조항($^{18조}_{1항}$)을 가지고 있는 오스트리아에 있어서 행정계약이 소극적 평가를 받고 있는 이유도 그러한 점에서 찾을 수 있다. 그러나 행정이 법의 기계적인 집행에만 머물 수 없어서 판단여지와 재량이 인정되는 것과 마찬가지로 계약을 통한 행정목적의 수행의 필요성 및 그의 유용성에 대한 인식 또한 점차 높아지고 있다.[1]

공법계약의 장점으로서는 ① 행정을 개별적·구체적 사정에 따라 탄력적으로 처리할 수 있다. ② 사실관계, 법률관계가 명확하지 않을 때에 해결을 용이하게 하여 준다. ③ 법의 흠결을 메워 준다. ④ 법률지식이 없는 자에게도 교섭을 통하여 문제를 이해시킬 수 있다는 등의 점을 들 수 있다.

2. 공법계약의 가능성과 자유성

(1) 가능성

공법관계에 있어서도 계약이 존재할 수 있는가? 과거에는 부정하는 학자도 없지 않았으나, 오늘날은 공법계약의 성립가능성을 부인하는 이론은 거의 찾아볼 수 없으므로 '공법계약의 가능성'을 논할 실익은 사라졌다고 보아도 좋을 것이다. 2021년 제정된 「행정기본법」은 비권력적 행정의 대표적인 행위형식이며,

---

1) 주요문헌: 김남진, 행정계약·공법상계약·행정법상 계약, 고시계, 2007. 7; 김남진, 공사협력·계약수법 도입의 입법동향, 법연 제52호, 2016. 9; 김남진, 계약과 협약을 통한 입법, 법연 제54호, 2017. 3; 김남진, 공법상 계약의 법정화, 학술원통신 제329호, 2020. 12; 김병기, 독일 행정법상 위법한 행정계약과 그 법적 효력, 행정법연구 제3호, 1998; 송동수, 행정계약의 현대적 재조명, 토지공법연구 제10집, 2000; 장태주, 공법상 계약의 적용범위, 공법연구 제29집 2호, 2001; 김대인, 행정계약에 관한 연구, 서울대학교 박사학위논문, 2006; 정하중, 법치행정의 원리와 공법상 계약, 서강법학 제11권 1호, 2009. 6; 김병기, 행정절차법 개정을 통한 행정계약법 총론의 법제화 방안, 행정법학 제5호, 2013. 9; 김판기, 행정계약의 공법적 체계에 관한 연구, 고려대학교 박사학위논문, 2016.

미래 행정의 주요 도구의 하나인 공법상 계약에 관하여 규정하고 있다($\frac{27}{조}$).

(2) 자유성

공법계약이 원칙적으로 '법률우위원칙'에 위반될 수 없음은 다른 행정작용에 있어서와 마찬가지이다. '법률유보원칙'과 관련하여서는, 특히 '행정행위에 갈음하는 공법계약'을 법률의 수권 없이 체결할 수 있는가 하는 것이 문제가 된다. 독일은 그 문제를 입법($\frac{행정절차법}{54조\ 2문}$)을 통해 해결하였다.

생각건대, 재량행위인 경우는 그에 갈음하는 공법계약을 인정해도 좋을 것이다. 다시 말하면, 법률이 특히 행정행위에 의할 것을 명시하고 있지 않는 한 행정청은 법률의 집행에 있어서 행정행위를 수단으로 할 것인가 계약을 수단으로 할 것인가는 법의 강제를 받는 것이 아니며, 오히려 계약에 의하는 것이 쌍방에게 만족할 만한 결과를 가져올 때에는 행정청은 가능한 한 상대방의 의사가 존중되는 공법계약을 통하여 행정을 실현함이 좋을 것이다.

Ⅱ. 공법계약의 의의 및 타행위와의 구별

1. 공법계약의 의의

공법계약은 일반적으로 「공법적 효과의 발생을 목적으로 하는 복수의 당사자 사이의 반대방향의 의사의 합치에 의하여 성립되는 공법행위」로서 정의되고 있다. 사법상의 계약이 사법적 효과의 발생을 목적으로 하는 데 대하여, 공법계약은 공법적 효과의 발생을 목적으로 하는 점이 양자의 차이점으로서 강조되고 있는 것이다. 이러한 공법계약의 정의에서는 공법계약의 '당사자'의 특성이 무시되고 있다. 예컨대 순수한 사인간에 공권 또는 공의무의 발생을 목적으로 하는 계약을 체결하더라도 이것이 공법계약이 될 수는 없다고 보아야 할 것이다. 그러므로 여기서는 공법계약을 「행정주체 상호간, 또는 행정주체와 사인간에 공법적 효과의 발생을 내용으로 하는 계약」으로 정의해 보기로 한다. 여기서의 '행정주체'에는 공권력주체로서의 국가·공공단체 이외에 공무수탁사인(Beliehene), 즉 '공권력을 위임받은 사인'도 포함된다.

[판례] 공법상 계약이란 공법적 효과의 발생을 목적으로 하여 대등한 당사자 사이의 의사표시 합치로 성립하는 공법행위를 말한다. 어떠한 계약이 공법상 계약에

해당하는지는 계약이 공행정 활동의 수행 과정에서 체결된 것인지, 계약이 관계 법령에서 규정하고 있는 공법상 의무 등의 이행을 위해 체결된 것인지, 계약 체결에 계약 당사자의 이익만이 아니라 공공의 이익 또한 고려된 것인지 또는 계약 체결의 효과가 공공의 이익에도 미치는지, 관계 법령에서의 규정 내지 그 해석 등을 통해 공공의 이익을 이유로 한 계약의 변경이 가능한지, 계약이 당사자들에게 부여한 권리와 의무 및 그 밖의 계약 내용 등을 종합적으로 고려하여 판단하여야 한다. 공법상 계약의 한쪽 당사자가 다른 당사자를 상대로 그 이행을 청구하는 소송 또는 이행의무의 존부에 관한 확인을 구하는 소송은 공법상 법률관계에 관한 분쟁이므로 분쟁의 실질이 공법상 권리·의무의 존부·범위에 관한 다툼이 아니라 손해배상액의 구체적인 산정방법·금액에 국한되는 등의 특별한 사정이 없는 한 공법상 당사자소송으로 제기하여야 한다(대판 2023. 6. 29. 2021다250025. 동지. 판례: 대판 2021. 2. 4. 2019다277133).

다른 한편, 사경제주체로서의 국가나 지방자치단체와 상대방과의 의사합치는 사법계약으로서의 성질을 가지는 점에 유의할 필요가 있다.

[판례①] 지방자치단체가 구 지방재정법 시행령 제71조의 규정에 따라 기부채납받은 공유재산을 무상으로 기부자에게 사용을 허용하는 행위는 사경제주체로서 상대방과 대등한 입장에서 하는 사법상 행위이지 행정청이 공권력의 주체로서 행하는 공법상 행위라고 할 수 없다(대판 1994. 1. 25. 93누7365).

[판례②] 지방자치단체가 일방 당사자가 되는 이른바 '공공계약'이 사경제의 주체로서 상대방과 대등한 위치에서 체결하는 사법상 계약에 해당하는 경우 그에 관한 법령에 특별한 정함이 있는 경우를 제외하고는 사적 자치와 계약자유의 원칙 등 사법의 원리가 그대로 적용된다(대판 2018. 2. 13. 2014두11328).

2. 다른 계약과의 구별

(1) 사법계약과의 구별

첫째, 공법계약은 계약당사자의 일방 또는 쌍방이 행정주체이다. 따라서 순수한 사인 상호간의 계약은 공법계약이 될 수 없다.

둘째, 공법계약은 공법적 효과의 발생을 내용으로 하는 계약이다. 문제는 그 '공법적 효과'가 무엇을 의미하는가에 있는데, 「공법상의 권리와 의무의 발생·변경·소멸」이 그 공법적 효과의 내용이라고 말할 수 있다. 또한 공법계약의 대상(Gegenstand)이 공법적인 것이라고 말할 수 있는데, 다음과 같은 것이 그에 해당한다.

① 공법상의 규범의 집행에 봉사하는 계약(공익사업을 위한 토지 등의 취득 및 보상)
(에 관한 법률의 집행을 위한 수용계약 등)

② 행정행위(예: 건축) 기타 행정상의 직무행위를 발하는 것에 대한 계약
(허가 등)

③ 시민의 공법상의 권리 또는 의무(예: 도로의) 에 관한 계약
(청소의무 등)

(2) 행정계약과의 구별

학자에 따라서는, 우리나라에서는 아직도 공법상계약과 사법상계약의 구별 기준이 확립되어 있지 않다는 것 등을 이유로 행정상의 공법상계약과 사법상 계약을 포괄하는 관념으로서의 행정계약 일반에 대하여 논하기도 한다.[2]

그러나 오히려 행정계약에 공통적으로 적용될 수 있는 법원칙 등이 확립되어 있지 않고 있으며, 공법과 사법을 구별하는 체계를 취하고 있는 우리의 실정법하에서는 공법계약(행정상의)과 사법계약의 구분은 필요하다고 보지 않으면 (공법계약) 안된다. 그리고 그 공법계약과 사법계약의 구분은 ① 적용법규 및 법원칙의 발견과 적용, ② 국가보상(손해배상·손실보상), ③ 쟁송제도 등과 관련하여 중요한 의미를 가진다고 말할 수 있다.

3. 행정행위와의 구별

(1) 공통점과 차이점

공법계약과 행정행위는 일반적으로 행정법상의 개별적·구체적 규율행위인 점에서 공통점을 가지며, 이 점에서 일반적·추상적 규율행위인 행정입법(명령)과 구분된다. 그러나 행정행위는 행정청이 일방적으로 발하는 데 대하여, 공법계약은 양 당사자의 합의에 의하여 성립한다는 점에서 차이가 있다.[3] 이러한 양자의 차이점은 구체적으로 그의 성립요건·효력·변경·집행 등에서 나타난다.

(2) 동의(협력)에 의한 행정행위와의 구별

행정행위 가운데는 상대방의 신청·동의 등에 의거하여 발해지는 것이 있다. 공무원의 임명·영업허가 등이 그 예이다. 상대방의 의사표시를 행위의 요소로 하고 있는 점에서 공법계약과 공통된 점이 있다. 그러나 공법계약에 있어서는 상대방의 의사표시가 그의 존재요건(Existenzvoraussetzung)을 이루는 데 대하여 행정행위에 있어서는 단순히 적법요건(Rechtmäßigkeitsvoraussetzung) 또

---

2) 김동희·최계영(Ⅰ), 230면 이하.

3) 다만, 오늘날은 행정청이 행정행위를 발하기 전에 상대방과 미리 교섭·협의하는 경우도 많이 있어 '교섭에 입각한 행정행위'(ausgehandelte Verwaltungsakt)라는 새로운 용어가 출현하는 것을 보면, 공법계약과 행정행위의 구분이 현실에 있어 상대화되어 가는 면도 있다고 말할 수 있다.

는 효력요건(Rechtswirksamkeitsvoraussetzung)을 이루는 데 지나지 않는다. 즉, 공법계약에 있어서는 상대방의 의사표시가 없게 되면 그 계약이라는 것이 존재하지 않는다. 이에 대하여 행정행위에 있어서는 상대방의 협력이 없더라도 행정행위는 존재하나 그것이 위법으로서 취소의 원인이 되거나 무효가 될 뿐이다.

행정행위에 있어서 상대방의 의사표시는 본인이 원하지 않는 행정행위가 발해지는 것을 방지하는 목적을 가지는 데 대하여, 계약에 있어서는 그것이 계약의 내용형성에 참가하는 의의를 가지는 점에 근본적으로 차이가 있다.

4. 합동행위와의 구별

공법계약은 당사자간의 반대방향의 의사합치에 의하여 성립하는 공법행위인 점에서, 동일방향의 의사합치에 대하여 성립하는 합동행위(실·군조합의 설립 등)와 구분된다. 또한 합동행위에 있어서는 그 법률효과가 당사자간에 동일한 점이 계약과 다른 점이라고 하겠다.

Ⅲ. 공법계약의 종류

1. 행정주체 상호간의 공법계약

공공단체 상호간의 사무위탁(교육사무위탁, 조합비징수위탁), 도로 등 공공시설의 관리 및 경비부담에 관한 협의 등이 이에 속한다. 이와 같은 공법계약은 공법상의 협정(Vereinbarung)이라고 불려짐이 보통이다.

2. 국가 및 공공단체와 사인간의 공법계약

대법원은 전문직 공무원 채용계약의 성격을 공법상 계약으로 보고, 그 채용계약 해지의 의사표시에 대해 무효확인을 구하는 내용의 소는 항고소송으로 다룰 것이 아니라 공법상 당사자소송으로 취급하여야 한다는 입장을 취하고 있다.

[판례] 현행법이 지방전문직공무원 채용계약 해지의 의사표시를 일반 공무원에 대한 징계처분과는 달리 항고소송의 대상이 되는 처분 등의 성격을 가진 것으로 인정하지 아니하고, 지방전문직공무원규정 제7조 각호의 1에 해당하는 사유가 있을 때 지방자치단체가 채용계약관계의 한쪽 당사자로서 대등한 지위에서 행하는 의사표시로 취급하고 있는 것으로 이해되므로, 지방전문직공무원 채용계약 해지의 의사

표시에 대하여는 대등한 당사자 간의 소송형식인 공법상 당사자소송으로 그 의사 표시의 무효확인을 청구할 수 있다(대판 1993. 9. 14.).

아울러 대법원은 ① 공중보건의사 채용계약(대판 1996. 5. 31.),[4] ② 시립무용단원 위촉(대판 1995. 12. 22.), ③ 시립합창단원 위촉(대판 2001. 12. 11.), ④ 국방홍보원장 채용계약 (대판 2002. 11. 26.) 등을 공법상 계약관계로 파악하고 있다. 다만 창덕궁관리소장의 1년 단위 비원안내원 채용계약에 관해서는 사법상 계약으로 보았다(대판 1995. 10. 13.).[5]

한편, 국가나 지방자치단체가 사인과 물품매매계약·건물임대차계약·공사 도급계약 등을 체결하거나 국·공유 일반재산을 대부·매각·교환·양여하는 행위(후술하는 행정의 사법상)는 국가나 지방자치단체가 사경제주체로서 상대방과 대등한 위치에서 행하는 사법상 계약이라고 보는 것이 일반적이다. 대법원도 ① 국가나 지방자치단체가 국가계약법에 따라 당사자가 되는 공공계약(대판 2001. 12. 11, 2001다33604: 대판 2006. 4. 28, 2004다50129; 대결 2006. 6. 19, 2006마117), ② 국·공유 일반재산을 대부·매각·교환·양여하는 행위 (대판 1993. 12. 7, 91누11612; 대판 1995. 5. 12, 94누5281; 대판 2000. 2. 11, 99다61675) 등을 사법관계로 보고 있다.

3. 공무수탁사인과 사인간의 공법계약

사업시행자로서의 사인과 토지소유자간의 토지수용에 관한 협의(공익사업을 위한 토지 등의 취득 및 보상에 관한 법률 16조 참조)가 이에 해당하는 것으로 자주 예시된다. 흔히는 "사인과 사인 사이의 공법계약" 또는 "사인상호간의 계약"으로 표시된다. 그러나 순수한 사인간에서는 그 내용이 아무리 공공성을 띤다 하더라도 그것을 공법계약이라고 부를 수는 없다. 계약당사자의 일방 또는 쌍방이 행정주체(공무수탁사인 포함)인 경우에 한해서 공법계약이 존재한다고 봄이 타당하다.

---

4) 반면에 국·공립병원의 전공의(인턴, 레지던트)는 공무원연금법상 급여대상인 국가공무원법상의 전문직공무원이 아니라고 판시하였다(대판 1994. 12. 2, 94누8778).
5) 위 판례에 의하면, 그 채용근거가 문화공보부장관의 훈령인 '비정규직원계약 및 근무 등에 관한 규정'으로서 국가공무원법 제2조 제3항 제3호, 전문직공무원규정과 다르고, 그 직무의 성질에 비추어 전문성이 요구되는 것도 아니어서 공법상 계약의 개념적 징표인 대등한 당사자 사이의 채용계약이라고 보기 어렵기 때문에 그 채용계약은 단순한 사법상의 고용계약이라고 한다.

Ⅳ. 공법계약의 특수성

1. 실체법적 특수성

(1) 법적합성

공법계약은 법에 위배되지 않는 범위 내에서 체결될 수 있다.「행정기본법」은 이를 명시하고 있다($^{27조}_{1항}$). 여기서의 법은 공법계약을 금지하는 모든 명시적·묵시적 법을 말한다. 예컨대 법이 과세처분, 공무원임용 등을 기속행위로서 규정하고 있는 경우에는 원칙적으로 공법계약에 의한 대체는 허용되지 않는다고 보아야 할 것이다. 또한 법률유보원칙이 적용되는 사항은 공법계약을 위해서도 법률에 의한 수권이 필요하다고 보아야 할 것이다.

(2) 계약의 절차·형식

공법계약의 체결에 행정청의 확인,[6] 이해관계자의 동의[7]를 요하는 경우가 있으며, 원칙적으로 문서에 의해야 할 것이다.「행정기본법」도 계약의 목적, 내용을 명확히 적도록 하는 등 서면에 의할 것을 요구하고 있다($^{27조}_{1항}$). 공법계약을 반드시 서면으로 체결케 함은 그러한 방식이 증명·통제기능(die Beweis- und Kontrollfunktion)과 아울러 당사자로 하여금 신중을 기하게 하는 경고기능(Warnfunktion)을 발휘한다고 보기 때문이다.

> **[참고판례]** 국가계약법 제11조의 규정 내용과 국가가 일방당사자가 되어 체결하는 계약의 내용을 명확히 하고 국가가 사인과 계약을 체결할 때 적법한 절차에 따를 것을 담보하려는 규정의 취지 등에 비추어 보면, 국가가 사인과 계약을 체결할 때에는 국가계약법령에 따른 계약서를 따로 작성하는 등 그 요건과 절차를 이행하여야 할 것이고, 설령 국가와 사인 사이에 계약이 체결되었더라도 이러한 법령상 요건과 절차를 거치지 아니한 계약은 그 효력이 없다고 할 것이다($^{대판 2015. 1. 15,}_{2013다215133}$).

---

6) 구 토지수용법상의 기업자와 토지소유자와의 협의(동법 25조, 25조의2)와 관련하여 토지수용위원회의 확인을 받지 않은 기업자의 토지취득은 승계취득이라는 것이 법원의 거듭된 태도이다(대판 1994. 6. 28, 94누2732 등).

7) 제3자의 권리·이익을 침해하는 내용의 공법계약은 그 제3자의 동의를 얻어야 효력을 발생한다고 할 것이며, 독일의 행정절차법(58조 1항)은 그것을 명시하고 있다.

(3) 계약의 하자

공법계약에 하자(위법성)가 있는 경우, 유효 아니면 무효 중의 하나에 해당하며, '취소할 수 있는 행정행위'와 같은 '취소할 수 있는 공법계약'은 인정되지 않는다고 생각된다.[8]

독일의 행정절차법은 일단 민법상 계약의 무효규정이 공법계약에 준용된다고 하면서, 특히 행정행위에 갈음하는 공법계약, 즉 종속계약의 경우에 추가적으로 적용되는 무효사유를 제한·열거해 놓고 있다(동법 59조 1항, 2항 참조).[9] 그 결과 독일에 있어서는 '위법하지만 무효가 아닌 공법계약'이 존재할 수 있음을 명문으로 규정하고 있다.

(4) 사정변경

일정한 경우 계약의 내용변경, 해제·해지가 인정된다(보조금의 예산 및 관리에 관한 법률 제21조는 사정변경에 의한 보조금결정의 내용변경, 해제(취소) 및 그로 인한 손실보상에 관하여 규정하고 있다). 사정의 변경이 생기면, 당사자는 1차적으로 계약내용의 수정을 위해 노력해야 할 것이며, 그것이 불가능한 경우 및 기대가능성이 없는 경우에 계약의 해지가 인정된다고 보아야 할 것이다. 또한 공공복리에 대한 중대한 불이익 등을 방지하기 위한 계약의 해지가 인정되어야 할 것이나 대상이 주어져야 할 것이다(독일 행정절차법 제60조 1항 참조).

2. 절차법적 특수성

(1) 계약의 강제절차

공법계약에 따르는 의무를 계약당사자가 이행하지 않는 경우, 당사자(행정주체 또는 상대방인 사인)는 정식재판을 통해 집행권원을 취득하는 등 법원의 힘을 빌려서 강제집행할 수밖에 없다. 다만, 독일에 있어서는 종속계약과 관련하여 사전의 합의가 있는 경우 재판을 거치지 않고 계약내용의 즉시집행(sofor-

---

8) 동지: 홍정선(상), 568면.
9) 독일의 행정절차법 제59조 2항에 따라 행정행위에 갈음하는 공법계약이 무효로 되는 경우는 ① 공법계약과 같은 내용을 가지는 행정행위가 무효로 되는 경우, ② 공법계약과 같은 내용을 가지는 행정행위가 동법 제46조의 규정의 의미에 있어서의 절차 또는 형식의 하자만으로 위법하게 되는 경우가 아니며, 그러한 사실이 계약체결자에게 알려져 있는 경우, ③ 화해계약의 체결을 위한 요건이 존재하지 않으며, 또한 공법계약과 같은 내용을 가지는 행정행위가 제46조의 규정의 의미에 있어서의 절차 또는 형식의 하자만의 이유로 위법하게 되는 경우가 아닌 경우, ④ 행정청이 제56조의 규정에 의하여 허용되지 않는 반대급부를 약속한 경우 등이다. 독일의 행정절차법이 공법계약의 무효사유를 한정한 것은 공법계약의 존속성을 높이려는 데 그 뜻이 있다고 하겠다. 그러나 그러한 입법에 대한 평가, 당해 규정의 해석 등과 관련해서는 논란이 많은 것이 사실이다. 이에 대한 상세는 박기병, 공법상의 계약에 대한 민법규정의 적용 – 독일의 경우를 중심으로, 이명구박사화갑기념논문집 Ⅱ, 235면 이하 참조.

tige Vollstreckung)을 할 수 있는 규정($^{독일\ 행정절}_{차법\ 61조}$)을 두고 있는데, 우리 역시 고려해 볼 만한 제도인 것으로 생각된다.

(2) 쟁송절차

공법계약의 효력, 의무이행에 관련된 분쟁은 일반적으로 당사자소송($^{행정소송법}_{4장\ 참조}$)으로써 해결해야 할 것이다. 그러나 계약의 내용이 행정주체가 행정행위($^{허가}_{등}$)를 발급하는 것일 때에는 상대방은 그 행정행위의 발급을 의무이행심판 또는 부작위위법확인소송을 통해 구할 수 있을 것이다.

> **[판례①]** 공법상 계약의 한쪽 당사자가 다른 당사자를 상대로 효력을 다투거나 이행을 청구하는 소송은 공법상의 법률관계에 관한 분쟁이므로 분쟁의 실질이 공법상 권리·의무의 존부·범위에 관한 다툼이 아니라 손해배상액의 구체적인 산정 방법·금액에 국한되는 등의 특별한 사정이 없는 한 공법상 당사자소송으로 제기하여야 한다($^{대판\ 2021.\ 2.\ 4.}_{2019다277133}$).
>
> **[판례②]** 현행 실정법이 지방전문직공무원 채용계약 해지의 의사표시를 일반공무원에 대한 징계처분과는 달리 항고소송의 대상이 되는 처분 등의 성격을 가진 것으로 인정하지 아니하고, 지방전문직공무원규정 제7조 각호의 1에 해당하는 사유가 있을 때 지방자치단체가 채용계약관계의 한 쪽 당사자로서 대등한 직위에서 행하는 의사표시로 취급하고 있는 것으로 이해되므로, 지방전문직 공무원 채용계약해지의 의사표시에 대하여는 대등한 당사자간의 소송형식인 공법상 당사자소송으로 그 의사표시의 무효확인을 청구할 수 있다($^{대판\ 1993.\ 9.\ 14.}_{92누4611}$).

> **[참고판례]** 피고 공단의 지위, 입주계약 및 변경계약의 효과, 입주계약 및 변경계약 체결 의무와 그 의무를 불이행한 경우의 형사적 내지 행정적 제재, 입주계약해지의 절차, 그 해지통보에 수반되는 법적 의무 및 그 의무를 불이행한 경우의 형사적 내지 행정적 제재 등을 종합적으로 고려하면, 이 사건 변경계약 취소는 행정청인 관리권자로부터 관리업무를 위탁받은 피고 공단이 우월적 지위에서 원고들에게 일정한 법률상 효과를 발생하게 하는 것으로서 항고소송의 대상이 되는 행정처분에 해당한다고 보아야 한다($^{대판\ 2017.\ 6.\ 15.\ 2014두46843.\ 동지}_{판례:\ 대판\ 2011.\ 6.\ 30.\ 2010두23859}$).

제4절 행정상의 사실행위 일반

Ⅰ. 의 의

행정상의 사실행위 또는 행정사실행위(Verwaltungsrealakt, tatsächliches Ver-waltungshandeln)라고 함은[1] 행정기관의 행위 가운데 직접적으로는 사실상의 효과(tatsächlicher Erfolg)만을 발생하는 일체의 행위형식을 의미한다.

행정사실행위는 첫째로, 사실상의 효과발생만을 목적으로 하는 행위인 점에서 특정한 법적 효과의 발생을 목적으로 하는 행정행위, 기타의 법적 행위(Re-chtsakten)와 구별된다. 둘째로, 행정사실행위는 법적 효과의 발생을 직접적으로 목적하지 않을 뿐, 법적 효과를 간접적으로 발생케 하는 경우는 많이 있다. 예컨대 행정지도[2]와 같은 사실행위를 잘못함으로 인하여 상대방이 손해를 입은 경우에는 손해배상의무와 같은 법적 효과를 발생시킬 수도 있다. 행정법학에서는 그 동안 위 행정상 사실행위를 한 묶음으로 묶어서 그의 법적 성질 내지 권리보호 등의 문제를 다루어 왔는바, 근년 변화가 일어나고 있다. 사실행위는 극히 다양하고 이질적인 내용을 지닌 행위유형을 총칭하는 집합개념(Sammel-begriff, Sammelbezeichnung)으로서 결코 동질적인 것이 아님이 점차 인식되고 있는 것이다.

Ⅱ. 행정사실행위의 종류

행정사실행위도 보는 관점에 따라 다양하게 분류될 수 있다.

1. 내부적 행위와 외부적 행위

이것은 사실행위가 행정조직내부에서 행해지는 것인가, 국가 등 행정주체와 국민과의 관계에서 행해지는 것인가에 따른 구분이다. 전자에 해당하는 것으로

---

1) 이하에서는 "행정사실행위"라는 용어를 사용하기로 한다.
2) 일본 및 우리나라에서는 행정사실행위 가운데 "행정지도"에 대해서만 특별히 관심을 쏟음으로써 그에 대한 연구가 많이 행해졌음은 주지의 사실이다. 그러나 행정지도도 사실행위의 일종이므로 여기에서의 논의가 거의 그대로 적용될 수 있음을 밝혀 두기로 한다.

는 문서·금전처리, 행정결정을 위한 준비행위 등이 있으며, 후자에 해당하는 것은 무수히 세분될 수 있다.

행정사실행위 가운데 행정법상 중요한 의의를 가지는 것은 외부적 행위이다. 따라서 이하에서는 외부적 사실행위가 주된 고찰의 대상이 됨을 밝혀 두기로 한다.

2. 정신적 사실행위와 물리적 사실행위

이것은 사실행위가 인간의 육체적 행동, 그 밖의 물리적 행위를 수반하여 행해지는 것인가 아닌가에 따른 분류이다. 지식표시행위(Wissenserklärung)와 사실적 업무행위(tatsächliche Verrichtungen)의 구분도 이에 상당한다.

행정지도, 행정상의 공보작용($^{경고·권고}_{정보제공 등}$)이 정신적 사실행위의 대표적 예이며, 공물($^{도로·공}_{원등}$)·영조물($^{학교·도}_{서관 등}$)의 설치·관리작용이 물리적 사실행위의 대표적 예이다.

3. 집행행위로서의 사실행위와 독립적 사실행위

이것은 행정사실행위가 행정행위 등 법적 행위를 집행하기 위해 행해지는 것인가($^{대집행·강제}_{징수 등}$), 독자적으로 행해지는 것인가($^{행정지도·}_{행정조사 등}$)에 따른 분류이다.

4. 공법적 사실행위와 사법적 사실행위

이것은 행정사실행위가 공법의 규율을 받는 것인가, 사법의 규율을 받는 것인가에 따른 분류이다. 이러한 분류는 권리구제(행정쟁송, 손해전보)의 방법과 관련하여 중요한 의미를 가진다.

5. 권력적 사실행위와 비권력적 사실행위

이것은 사실행위를 행정주체가 사인보다 우월한 지위에서 행하는가, 사인과 대등한 지위에서 행하는 것인가에 따른 구분이다. 공권력 행사로서 일방적으로 강제하는 성질을 갖는 사실행위가 권력적 사실행위이고, 공권력 행사로서의 성질을 갖지 않는 사실행위가 비권력적 사실행위이다. 대집행으로서의 건물의 강제철거는 전자의 대표적 사례이며, 관수물자($^{예: 행정에 필}_{요한 비품 등}$)의 구매가 후자의 대표적 사례이다.

Ⅲ. 사실행위의 법적 근거와 한계[3]

1. 사실행위와 법적 근거

사실행위에 법률유보원칙이 적용되는가? 이른바 '권력적 사실행위'에 법률의 수권을 필요로 하는 것에 대해서는 이의가 있을 수 없다. 그러나 전부유보설을 취하지 않는 한, 모든 사실행위에 법률유보원칙이 적용된다고 말하기는 어렵다.

법률유보원칙의 적용과 관련하여 어려운 문제를 제공하는 것이 행정청에 의한 경고(Warnung) · 권고(Empfehlung) · 시사(Hinweise)와 같은 정보제공작용이다.[4] 예컨대, 행정기관이 "A회사의 제품 B는 인체에 해로울 수 있다"는 식으로 경고 또는 시사를 하는 경우, 사람들이 그 물품을 사지 않을 것이기 때문에, A회사가 입게 되는 타격은 크지 않을 수 없다. 결과에 있어, 상기한 경고 또는 시사는 행정기관이 A회사에 대하여 "앞으로는 B제품을 생산하지 마시오"라고 명하는 것이나 다름없는 것이 된다. 유사한 문제는 성능이 비슷한 C라는 상품이 여러 회사에서 생산되는데, 행정기관이 특정 회사의 상품만을 권고하는 경우에도 발생하게 된다. 이와 같은 문제는 현대사회가 이른바 '정보화사회'에 들어서게 됨에 따라 새로이 대두되는 법률문제의 하나로 볼 수 있다.

2. 사실행위의 법적 한계

사실행위도 행정기관의 조직법적 · 작용법적 권한의 범위 내에서 행해지며, 비례의 원칙 등 법원칙에 위배해서는 안 됨은 다른 행정작용에 있어서와 마찬가지이다.

---

3) 이 부분은 후술하는 "행정지도의 근거와 한계"와 내용적으로 중복되므로 약술하기로 한다.
4) 이 문제의 상세에 관하여는 오준근, 행정청의 경고와 권고, 성균관법학 제3호, 1990; 김남진, 행정상의 경고 · 추천 · 시사, 월간고시, 1994. 7 참조.

Ⅳ. 사실행위와 행정구제[5]

1. 행정쟁송

사실작용 가운데, 공무원에 의한 무허가건물의 철거작용과 같은 '권력적 사실행위'가 처분의 성질을 가지며, 따라서 행정심판·행정소송(항고소송)의 대상이 되는 것에 대해서는 이의가 없다. 권력적 사실행위는 법적 규율로서의 수인의무를 부과하는 요소(수인하명)와 물리적 집행행위가 결합된 것으로서, 전자가 취소쟁송의 대상이 될 수 있으며 이것이 취소되었음에도 여전히 위법한 사실행위가 계속되고 있는 경우에는 그 사실행위의 제거를 청구하는 공법상 당사자소송으로서의 이행소송의 제기가 가능할 것이다.

> **[참고판례]** 교도소장이 수형자 甲을 '접견내용 녹음·녹화 및 접견 시 교도관 참여대상자'로 지정한 사안에서, ㉠ 피고가 위와 같은 지정행위를 함으로써 원고의 접견 시마다 사생활의 비밀 등 권리에 제한을 가하는 교도관의 참여, 접견내용의 청취·기록·녹음·녹화가 이루어졌으므로 이는 피고가 그 우월적 지위에서 수형자인 원고에게 일방적으로 강제하는 성격을 가진 공권력적 사실행위의 성격을 갖고 있는 점, ㉡ 위 지정행위는 그 효과가 일회적인 것이 아니라 이 사건 제1심판결이 선고된 이후인 2013. 2. 13.까지 오랜 기간 동안 지속되어 왔으며, 원고로 하여금 이를 수인할 것을 강제하는 성격도 아울러 가지고 있는 점, ㉢ 위와 같이 계속성을 갖는 공권력적 사실행위를 취소할 경우 장래에 이루어질지도 모르는 기본권의 침해로부터 수형자들의 기본적 권리를 구제할 실익이 있는 것으로 보이는 점 등을 종합하면, 위와 같은 지정행위는 수형자의 구체적 권리의무에 직접적 변동을 초래하는 행정청의 공법상 행위로서 항고소송의 대상이 되는 '처분'에 해당한다(대판 2014. 2. 13. 2013두20899).

2. 손실보상 및 손해배상

적법 또는 위법한 행정상 사실행위가 타인에게 재산상 손실 또는 손해를 가한 경우, 손실보상 또는 손해배상의 원인이 됨은 다른 행정작용에 있어서와 마찬가지이다.

---

5) 역시 행정지도 부분과 내용적으로 중복되므로 약술하기로 한다.

제 5 절 비공식 행정작용

I. 비공식 행정작용 일반론

1. 비공식 행정작용의 의의

비공식(또는 비공식적) 행정작용(informales od. informelles Verwaltungshandeln)
이란 그의 요건·효과·절차 등이 법에 정해져 있는 '공식 행정작용' 이외의 행
정작용을 총칭하는 개념으로 볼 수 있다.[1]

행정법학은 종래 공식 행정작용(특히 명령·행정행 위·행정강제 등)에 대해서는 많은 관심을 가지
고 연구를 행하여 왔는 데 대하여, 비공식 행정작용에 대해서는 거의 관심을
가지지 않았었다. '비공식 행정작용'이라는 용어조차 근년에 사용되기 시작했
다. 그러나 행정의 현실을 놓고 보면, 실제의 행정은 공식 행정작용에 의해서만
이 아니라 비공식 행정작용에 의해서 행해지는 경우도 매우 많음을 실감하지
않을 수 없다.

행위형식의 다양화는 현대행정의 일반적 추세라고 하겠다. 행위형식의 다양
화 및 변화는 현대국가가 수행하여야 할 과제가 확대되었으며, 행정주체와 개
인 사이의 관계가 명령·복종의 관계에서 타협·협동의 관계로 변화되었음에
그 원인을 찾을 수 있다. 권위주의적인 국가에서 민주적·협동적인 국가로 넘
어간 현대국가에 있어서, 전통적인 명령·강제의 수단은 더 이상 새로운 행정
과제를 수행하는 데 적절하지 않음으로 인해, 새로운 행위유형이 자주 활용되
게 된 것이다. 즉 행정기관은 명령하는 대신에, 협상·약속·설득·유인·충
동·장려·광고·품질보증·호소·위협·경고·권고·조언·조정 등의 수단
을 사용하는 것이다.

이러한 전형적인 행위유형에 속하지 않는 간접적인 조정수단을 어떻게 분
류하고 체계화할 것인가가 법적인 문제로서 등장하는 것이다. 종래에는 법적으

---

1) 주요문헌: 김남진, 비공식 행정작용, 고시계, 1989. 8; 김남진, 비공식 행정작용의 활용, 법연 제48호,
2015. 9; 김세규, 비공식행정작용의 문제점, 공법연구, 1994. 6; 김창규, 행정지도와 비정형적 행정작용,
법제연구 통권 제9호, 1995; 김연태, 환경행정에 있어서 비공식적 행정작용으로서의 협상, 공법연구 제
23집 3호, 1995; 김삼룡, 독일에서의 '비공식적 행정작용', 공법연구 제31집 3호, 2003; 이중호, 비공식적
행정작용의 법적 평가, 동아법학 제47호, 2010. 5.

로 규율되지 않고 구속력이 없는 비공식적 활동을 단순 고권작용(Schlichtes Hoheitshandeln)[2] 또는 행정상의 사실행위라는 집합적 카테고리에 넣어 고찰하였는데, 이러한 비공식적 활동을 세분화하여 법적으로 체계화하고 평가하는 것이 현대 행정법학의 과제가 되고 있는 것이다.

비공식 행정작용은 우선 행정청의 일방적인 비공식 행정작용(예: 경고, 권고, 시사. 또는 정보제공 등)과 행정청과 개인의 협력에 의한 비공식 행정작용(예: 교섭, 비구속적 합의, 사전절충. 사전조정, 규범대체적 협상 등)으로 나눌 수 있다. 다만, 좁은 의미로는 행정청과 상대방의 협력에 의한 비공식적 행정작용만을 의미한다.[3]

2. 비공식 행정작용의 장점과 효과

(1) 행정의 능률화

전통적인 공식 행정작용, 특히 일방적인 명령·금지 등은 규범의 집행 및 그에 대한 통제의 어려움을 가져올 뿐만 아니라, 상대방의 자발적인 참여를 저해한다. 그에 대하여 비공식 행정작용은 개인의 자유로운 의사결정을 유도함으로써 행정목적의 달성을 쉽게 하는 이점을 가지고 있다. 또한 비공식 행정작용은 공식 행정작용에 따르는 노력·비용 등을 절감케 하는 효용을 발휘할 수 있으며, 절차진행의 신속 및 직무수행의 간편화를 가져온다.

(2) 법적 분쟁의 회피

당사자의 합의에 의한 비공식 행정작용은 사후의 집행상의 문제를 일으키지 않으며, 행정심판이나 소송의 제기와 같은 법적 분쟁을 회피하거나 또는 감소시키는 긍정적 측면이 있다.

(3) 법적 불확실성의 제거

오늘날 법치주의, 법치행정의 원칙이 강조되고 있기는 하나, 법령의 해석·적용의 현장에 있어 불확실성은 면할 길이 없다. 이러한 경우에 비공식 행정작용으로서의 행정권과 상대방 사이의 협상·절충은 법적 불확실성의 제거를 위해 유용하게 기능할 수 있다.

---

2) 단순 고권작용(Schlichtes Hoheitshandeln) 또는 단순 고권행정(Schlichte Hoheitsverwaltung)에 대하여는 W. Jellinek, Verwaltungsrecht, 1931, S. 22; Ossenbühl, Die Handlungsformen der Verwaltung, JuS 1979, 681(685); 김남진, 행정상의 경고·추천·시사, 월간고시, 1994. 7, 98면 참조.

3) 김남진, 기본문제, 318면.

(4) 탄력성의 제고

비공식 행정작용은 구체적인 경우에 있어서 행정과제의 효과적인 수행을 위하여 상황에 적합한 탄력적 수단으로서 활용될 수 있다.[4]

3. 비공식 행정작용의 단점과 위험성

행정법학에 있어서 근래 비공식 행정작용에 대한 관심이 높아지고 있는 이유는 실제로 많이 행해지고 있는 그들 행정작용을 법치국가의 암실로부터 끌어내어 공개리에 법적 내지는 법학적 조명을 가해 보려는 데 있다고 말해진다. 비공식 행정작용에는 상술한 바와 같은 여러 장점과 효용이 있을 수 있는 동시에, 그 장점이 단점 내지는 위험으로 전락될 가능성이 많다고 하는 점도 간과해서는 안 될 것이다.

비공식 행정작용의 단점 내지는 위험으로서 지적되고 있는 주요 사항은 다음과 같다.

(1) 법치행정의 후퇴

비공식 행정작용은 공식적 행위형식에 대한 법적 구속 및 법원의 통제로부터 벗어나기 위하여 행정청에 의하여 의도적으로 선택되는 것이 보통이다. 다시 말하면 행정청은 공식적 행정작용, 즉 행정행위, 공법계약 또는 행정입법의 법적인 구속력, 절차·형식규정 등의 법적 규율로부터 벗어나길 원하고 있는 것이다. 이와 같이 비공식 행정작용을 선택하는 행정청의 의도가 단지 법적 규율로부터 벗어나기 위함이라고 한다면 이는 법치국가원리에 모순되는 것이라 할 수 있다. 또한 비공식 행정작용은 그의 불확정성으로 인하여 예측하기가 어렵게 되고, 쉽게 변경할 수 있기 때문에 법적 안정성을 해치게 된다.

(2) 제3자의 위험부담

비공식 행정작용은 행정당국과 상대방이라고 하는 양극관계(bipolare Ausrichtung)에서 행해짐이 보통이다. 그런데 비공식 행정작용은 그의 전모가 외부에 노출되지 않으므로 이해관계있는 제3자에게 불리하게 작용될 가능성은 충분히 있다고 하지 않을 수 없다. 근래 제3자효 행정행위의 문제가 이론 및 실무의 면에서 점점 그의 비중을 더해가고 있거니와, 한 쪽 사람에게 유리한 행정작용이 다른 쪽 사람에게 불리한 결과를 가져오는 사례는 얼마든지 있을 수 있

---

4) 행정의 탄력적 운용에 관하여는 김남진, 행정의 법적합성과 상황적합적 탄력성, 월간고시, 1989. 6 참조.

다. 그러한 상황에서 비공식 행정작용이 제3자의 지위를 위태롭게 하는 일이 없도록 각별한 주의를 베풀 필요가 있다.

(3) 효과적 권리보호의 어려움

행정소송법은 행정소송의 종류로서 항고소송·당사자소송·민중소송 및 기관소송을 인정하고 있지만, 그 가운데 항고소송, 특히 취소소송 중심으로 구성되어 있음은 주지의 사실이다. 그 취소소송의 대상은 처분(재결 포함)이므로, 사실행위로서의 비공식 행정작용은 대부분 취소소송 내지 항고소송의 대상에서 제외되게 되며, 이에 의하여 가장 효과적인 권리보호의 길이 막히는 결과를 가져오게 되는 점을 지적하지 않을 수 없다. 한편, 비공식 행정작용은 그의 과정이나 형식이 외부에 노출되지 않음이 보통이므로, 이것이 그에 의하여 이해관계에 영향을 받게 되는 제3자의 권리보호에 장애가 된다고 하는 점도 시인되어야 할 것이다.

> **[판례]** 행정청의 어떤 행위가 항고소송의 대상이 될 수 있는지는 추상적·일반적으로 결정할 수 없고, 관련 법령의 내용과 취지, 그 행위의 주체·내용·형식·절차, 그 행위와 상대방 등 이해관계인이 입는 불이익과의 실질적 견련성, 법치행정의 원리, 당해 행위에 관련된 행정청과 이해관계인의 태도 등을 참작하여 구체적·개별적으로 결정하여야 한다. 행정청 내부에서의 행위나 알선, 권유, 사실상의 통지 등과 같이 상대방 또는 기타 관계자들의 법률상 지위에 직접적인 법률적 변동을 일으키지 아니하는 행위는 항고소송의 대상이 아니다(대판 2023. 7. 13, 2016두34257. 동지판례: 대판 1995. 11. 21, 95누9099; 대판 1998. 7. 10, 96누6202; 대법 2008. 4. 24, 2008두3500).

(4) 능률적 행정에 대한 장애

비공식 행정작용은 상대방과의 합의·양해 하에 행정을 능률적으로 처리하는 데 기여하는 반면에, 능률적 행정 또는 활성적 행정에 대한 장애가 되기도 한다. 예를 들면 무허가건물 내지 노후건물의 제거를 포함하는 도시재개발사업 또는 신도시의 개발 등에 있어, 행정당국은 주민 등과의 마찰을 피하기 위해 법에 정해진 공식 행정작용(행정강제등 ^공)에 의해서보다는 타협·협상 등을 바탕으로 하는 비공식 행정작용의 방법으로 일을 추진하는 경향이 있는데, 이것이 결과적으로 행정의 능률적 집행을 저해하기도 하는 것이다.

4. 비공식 행정작용의 허용성

법치국가원리는 입법자와 법의 집행자의 권한의 분리를 요청하며, 행정작용의 법에의 기속을 특히 강조한다. 그러나 법률유보의 원칙과 법률우위의 원칙은 항상 법률에의 엄격한 기속을 요구하는 것은 아니다. 행정이 법률에 기속되는 범위와 정도는 법적 규율의 유형과 내용에 따라 상이하게 나타난다. 법률규정이 목적과 그의 달성을 위한 수단을 강제적으로(zwingend) 규정한 경우에 행정청은 그에 엄격히 기속되지만, 목적을 달성하기 위한 수단을 확정하고 있지 않은 경우에 행정청에게는 수단의 선택에 있어서 재량이 부여되는 것이다. 더 나아가 법률규정이 행정청에게 권한만을 부여하고 있는 경우에 행정청에게는 독자적으로 법률목적을 구체화하고 실현시킬 가능성이 열려있는 것이다. 이러한 경우에 행정청은 상황에 적합한 법발견을 위한 권한이 있는 것이므로 탄력적인 행정활동은 허용될 뿐만 아니라, 법률목적을 실현하기 위하여 요구되는 것이다.

따라서 비공식 행정작용 그 자체가 법적으로 금지되는 것은 아니다. 다만, 법적 질서와 관련하여 그 내용이 문제될 수 있는 것이다. 결국 비공식 행정작용의 허용성, 적법성의 요건은 개별적인 비공식 행정작용의 내용에 따라 판단하여야 할 것이다.[5]

II. 행정상의 경고·권고·정보제공(일방적인 비공식 행정작용)

1. 문제의 의의

행정기관이 어떠한 사실을 국민에게 알리는 행정상의 공보활동은 여러 가지 형태를 띠고 행해지는데, 그 중에서도 공법상의 경고·권고(또는 추천)·정보제공(또는 시사)은 단순한 사실의 적시와 달리 뚜렷한 목표를 추구한다는 점에서 특별한 취급을 필요로 한다.[6] 즉 공법상의 경고·권고·정보제공은 국민의 행위를 일정한 방향으로 유도·조정하려는 목적을 가지고 있다. 이와 같은

---

5) 이에 대하여는 김연태, 환경행정에 있어서 비공식적 행정작용으로서의 협상, 공법연구 제23집 제3호, 1995, 242면 이하 참조.

6) 행정청의 일방적인 비공식적 행정작용의 법적 문제에 대하여는 김남진, 행정상의 경고·추천·시사, 월간고시, 1994. 7, 97면 이하; 오준근, 행정청의 경고와 권고, 성균관법학 제3호, 1990, 51면 이하; 김연태, 환경보전작용연구, 고려대학교 출판부, 1999, 161면 이하; Leidinger, Hoheitliche Warnungen, Empfehlungen und Hinweise im Spektrum staatlichen Informationshandelns, DÖV 1993, S. 925 ff.; Ossenbühl, Umweltpflege durch behördliche Warnungen und Empfehlungen, 1986, S. 1 ff. 참조.

행정상의 공보작용은 국민에게 직접 작위·부작위 등의 의무를 부과하는 것처럼 법적 구속력을 발생하지는 않지만, 국민으로 하여금 스스로의 판단에 따라 정부가 의도하는 바에 따르게 하는 사실상의 효력을 가진다.

그런데 행정상의 공보활동은 상반된 이해관계에 부딪히게 된다. 국민의 입장에서는 건강 또는 환경위험에 대하여 정보를 제공받는 것이 수익적이라고 할 수 있지만, 반대로 행정기관의 공보활동에 의한 행위유도·조정의 결과 영향을 받게 되는 개인 또는 기업의 입장에서는 부담적 효과를 가져올 수 있다. 이와 관련하여 행정기관은 그의 권한의 범위 내에서 기본권에서 도출되는 보호의무에 따라 위험의 예방 또는 위험방지를 위하여 경고·권고 또는 정보제공을 하여야 할 의무가 발생하는 반면에, 다른 한편으로는 그러한 공보활동에 있어서 이해관계인의 기본권을 보호하여야 한다는 요구에 직면하게 된다.

2. 유 형

(1) 행정기관의 경고·권고

경고와 권고는 특정상품의 위험성, 유해성 및 유용성과 관련하여 환경 및 건강보호의 분야에서 국민을 행정기관이 바라는 방향으로 유도하려는 목적으로 자주 활용되고 있다. 즉 행정기관은 국민에게 일정한 행위를 할 것을 명령하지 않고,[7] 단지 간접적으로 요구하거나 또는 권하는 것이다. 따라서 그에 따르는가 여부는 스스로 결정할 문제이므로 법적 구속력을 갖지 않는다. 예컨대 행정청이 특정상품의 소비가 환경에 유해하다거나 또는 건강에 해롭다고 국민에게 알리거나, 환경친화적 상품의 사용을 권하는 경우가 이에 해당한다. 이와 같이 행정기관의 경고·권고는 관계된 상품의 시장형성에 상당한 영향을 미치는 것이 보통이다.

경고와 권고는 의사형성에 영향을 미치는 정도에 따라 구별할 수 있다. 행정기관은 생명·건강·재산 또는 법질서 등과 같은 경찰법상의 법익을 보호하기 위하여 경고라는 수단에 의하여 특정한 행위를 할 것을 요구한다. 경고에 접한 사람은 행정기관이 의도하는 행위 이외의 다른 선택을 할 가능성이 사실상 없게 된다는 점에서 경고는 행위유도·조정을 위한 강력한 수단이라 할 수 있다. 그에 대하여 행정상의 권고는 예컨대 같은 종류의 제품 중에서 건강에 유해하지 않은 제품 또는 환경에 친화적인 제품을 추천하는 것이다. 권고는 다

---

7) 법률상의 근거가 없기 때문에 명령할 권한 자체가 없는 경우가 많다.

수의 선택가능성이 존재한다는 점에서 오직 유일한 선택만이 요구되는 경고와 의사형성의 영향도에 있어서 차이가 있다. 따라서 어느 하나만을 제외하고는 모두 유해하거나 위험하다고 하여 특정의 것을 추천한다면 그것은 권고라기보다는 경고에 해당한다고 보아야 할 것이다.

행정기관의 경고·권고는 법적인 구속력이 없다는 점에서 명령·금지 등의 침해적 행위와 구별되지만, 사실상으로는 같은 효과를 가지거나, 경우에 따라서는 더 큰 사실상의 효과를 나타낼 수 있기 때문에 법치행정의 원리와 관련하여 법률유보원칙의 적용 여부, 그의 허용성 및 한계가 문제된다.

(2) 정보제공

정보제공이란 행정기관이 단순히 특정한 목적물에 관하여 지식·정보를 제공하고, 그것을 어떻게 받아들이는가는 전적으로 국민 각자에게 맡겨져 있는 행정작용을 말한다. 물론 이 경우에도 행정기관은 정보제공에 의한 행위유도·조정의 의도를 갖고 있다. 그러나 행정기관이 국민에게 어떠한 특정한 행위를 요구하거나 권하는 것이 아니다. 예컨대 행정기관이 어떤 물건의 성분 또는 효용을 분석·발표하고, 그 중의 어느 것을 선택할 것인지는 전적으로 국민이 결정하게 되어 있는 경우가 이에 해당한다.

구체적인 경우에 행정상의 공보작용이 경고, 권고 또는 정보제공에 해당하는지는 그 내용 및 영향도를 기준으로 결정해야 할 것이다. 예컨대 동종의 물건에 대한 성분분석 결과 특정의 제품이 인체에 유해하다는 내용은 경고에 해당 한다고 하겠으며, 전부가 무해하나 그 중에서의 우열이 표시되는 경우에는 권고에 해당한다고 할 수 있다.

3. 기본권 관련성

행정상의 경고·권고·정보제공은 법적 구속력을 발생하지 않고 단지 사실상의 영향력에 의하여 행위를 유도·조정한다는 점에서 행정기관의 법적 활동이 아니고 단순 고권적 행정작용에 해당하는 것이다. 그러나 경우에 따라서는 이러한 사실상의 행정작용에 의해서도 이해관계인의 법적 지위에 영향이 미칠 수 있는 것이다. 예컨대 행정기관이 어느 제품이 생명 또는 건강에 해롭다고 경고하여 그 결과 소비자들이 당해 제품을 구매하지 않는다면, 행정기관의 경고는 당해 기업 내지 기업주의 재산권에 중대한 침해를 가져오게 될 것이다. 권고 또한 비슷한 결과를 가져올 수 있다. 특정회사의 제품이 다른 회사의 제

품보다 효용이 우수하다고 인증을 해주는 경우, 그와 같은 행정기관의 인증은
결과적으로 인증을 받은 회사의 제품의 판매를 촉진하는 효과를 가져오고 경
쟁관계에 있는 다른 회사에 대해서는 타격을 줄 것이 분명하다. 따라서 이 경
우에 있어서도, 행정기관의 공보작용은 경쟁의 자유 또는 직업의 자유에 대한
제한을 가져올 수 있다.[8]

그런데 행위유도·조정의 목적을 가진 행정기관의 공보작용에 의한 기본권
의 제한은 직접적인 것이 아니라, 행정기관의 공보작용의 영향을 받은 자의 행
위에 의한 간접적·사실적이라는 점에 유의하여야 한다. 이와 관련하여 간접
적·사실적 제한도 기본권에 의하여 보호되는지 여부가 밝혀져야 한다. 이전의
전통적 의미의 침해개념에 의하면 기본권은 국가의 궁극적이고 직접적이며 또
한 법적 행위에 의해서만 침해될 수 있다고 보았었다.[9] 그러나 현재에는 간접
적·사실적 제한까지도 기본권에 의하여 보호된다는 데 이론이 없다.[10] 기본권
은 형식에 관계없이 모든 공권력의 행사로부터 보호되는 것이다.

그렇다면 어떠한 경우에 행정기관의 경고·권고·정보제공에 의한 간접
적·사실적 제한이 기본권에 대한 침해로 판단되어 법률유보원칙이 적용되어
야 할 것인지가 중요한 문제로 대두된다. 행정기관의 공보작용이 기본권의 침
해에 해당하는지에 대한 일반적인 판단기준으로는 다음의 세 가지를 들 수 있
다:[11] ① 공보작용이 공권력의 행사에 해당하느냐? ② 공보작용으로 인해 이해
관계인에게 중대한 결과가 발생할 것인가? ③ 행정기관이 그러한 결과의 발생
을 의도하거나 또는 적어도 예상했느냐?

우선 행정기관의 홍보작용이 단순히 비구속적인 입장표명에 불과하거나 특
정사안에 대한 일반적인 정보제공에 해당하는 경우에는 기본권에 대한 침해가
발생하지 않는다. 그러나 위험방지의 목적으로 경고를 하는 경우에는 사정이
다르다. 이 경우는 위험방지를 위한 법적 행위와 마찬가지로 행정기관의 공권

---

8) 김남진, 행정상의 경고·추천·시사, 월간고시 1994. 7, 102면.
9) 전통적인 침해개념에 의하면 침해가 성립하기 위하여 다음의 네 가지 요건을 갖추어야 한다: ① 궁극
   적이어야 한다. 전적으로 다른 목표를 지향하는 국가작용의 비의도적인 결과이어서는 안 된다. ② 직접
   적이어야 한다. 의도적이라 하더라도 국가작용의 간접적 결과이어서는 안 된다. ③ 단순한 사실상의 효
   력이 아닌 법적인 효력을 가진 법적 행위이어야 한다. ④ 명령·강제의 수단에 의하여 행해지거나 관철
   되어야 한다. 이에 대하여는 Pieroth/Schlink, Staatsrecht II, 9. Aufl., 1993, Rn. 271 참조.
10) 오늘날에는 기본권의 제한은 궁극적·비의도적, 직접적·간접적, 법적·사실적, 명령 또는 강제의 동반
    여부와 관계없이 인정될 수 있다고 본다. 이에 대하여는 Pieroth/Schlink, Staatsrecht II, 9. Aufl.,
    1993, Rn. 274 참조.
11) 이 기준은 독일 연방행정법원(BVerwG, NJW 1989, S. 2272 ff.)이 제시한 것으로, 이후의 판결 및 문헌
    에서 받아들여지고 있다. 이에 대하여는 BVerwG, NJW 1991, S. 1768 참조.

력의 행사에 해당하는 것으로 보아야 할 것이다.

둘째로, 이해관계인에게 중대한 결과를 가져와야 한다. 예컨대 이해관계인에게 판매고의 현저한 감축을 가져올 것이 예견되는 경우에는 기본권에 대한 침해를 인정해야 할 것이다.

셋째로, 공보작용의 기본권침해 여부를 판단함에 있어서 공보작용의 결과에 대한 행정기관의 의도를 고려하여야 한다. 행정기관의 의도는 공보활동의 유형에 따라 다르게 나타나는데, 우선 일반적인 지식·정보를 제공하는 경우에 행정기관에게 강제적인 의사가 있다고 볼 수 없다. 그러나 특정인 또는 특정 제품에 관련된 경고 또는 권고의 경우에는 행정기관에게 국민의 행위를 변경시키려는 의도가 있으며 그 효과는 미리 예견할 수 있는 것이다. 그에 비하여 개별적인 생산자 또는 제조회사를 밝히지 않고 동종의 모든 제품에 관한 권고, 즉 일반적인 권고는 행정기관이 해당 제품 전부를 시장에서 배제하려는 의도를 갖고 있지 않는 한, 기본권침해를 가져온다고 볼 수 없다.

결론적으로 경찰법상 '위험'에 대한 경고는 특정 제품에 대하여 '위험한 것'이라는 낙인을 찍는 것이므로 기본권침해에 해당한다고 보아야 한다. 또한 구체적인 제품에 관련된 권고도 기본권침해로 평가될 수 있다. 따라서 경고와 구체적인 권고의 경우에는 법률유보원칙이 적용되어 그에 대한 법적 근거가 있어야 한다. 그러나 일반적인 권고와 효과·성분분석에 대한 정보제공은 행정기관의 일반적인 교시활동으로서 기본권에 대한 침해를 가져온다고 볼 수 없다. 따라서 이 경우에는 법률유보원칙이 적용되지 않는다.

Ⅲ. 비공식 행정작용으로서의 협상

1. 협상에 의한 문제해결

행정법에 있어서 협상에 의한 문제해결의 방식은 새로운 현상이라고 할 수 있다. 민사법의 영역에서는 오래 전부터 이러한 당사자 사이의 협상이 행해졌다. 그러나 민사상의 분쟁에 있어서는 당사자의 사적 이익의 조정이 문제되는 데 비하여, 공법의 영역에서는 당사자의 이익뿐만 아니라 공익에 관련된 사안이 문제된다는 점에서 양자의 차이점이 있다고 하겠다. 이러한 이유로 공법의 영역은 전통적으로 '결정의 일방성'(Einseitigkeit der Entscheidung)으로 특징지

워지고 있는 것이다.

그러나 법률에 의하여 명문으로 행정청에게 재량이 부여된 경우도 있고, 계획법규에서와 같이 법률이 단지 목적만을 규정하고 그 목적의 실현을 위한 수단은 구체적 상황에 따라 여러 관점을 비교형량하여 선택하도록 되어 있는 경우도 있다. 따라서 행정청에게는 구성요건적 측면에서 결정의 여지가 있을 수 있고, 절차의 형성 내지 법률의 집행에 있어서 재량이 부여될 수도 있다. 이러한 경우에 행정청은 법적 의무의 이행 여부, 이행시기, 수단을 공정한 재량권의 행사에 의하여 결정하는 것이다. 이와 같이 행정청에게 부여된 재량권에서 협상에 의한 문제해결방식의 정당성의 근거를 찾을 수 있는 것이고, 행정이 수행해야 할 과제의 복잡성·전문성, 이해관계의 다양성으로 인해 행정목적의 효과적 달성을 위해서는 구체적 상황에 적합한 탄력적 수단의 활용이 불가피하게 된 것이다. 또한 위에서 언급한 바와 같이 현대국가가 권위주위적 국가에서 민주적·협동적인 국가로 이전하면서 더 이상 명령·강제의 수단만으로는 행정목적을 달성할 수 없고, 행정청과 개인의 협동·합의에 의한 문제해결이 절실하게 요구된 것이다.

2. 개념과 유형

협상이라 함은 행정청과 개인 사이에 대화에 의하여 양자의 장래의 행위에 대한 합의를 하는 것을 말한다. 법적 구속력이 있는 장래의 행위에 대한 약속(Verhaltenszusagen)이 행하여지는 경우에는 계약(또는 확언)으로 해석하여야 한다. 따라서 비공식 행정작용으로서 협상은 법적 구속력이 없는 단순한 장래의 활동에 대한 의도의 표시에 한정되어야 한다. 구체적인 경우에 그것이 법적 구속력을 가지는가 또는 사실상의 효력만을 가지는가는 엄격한 기준에 의하여 판단하여야 한다. 계약의 형식을 취하지 않고, 협의된 바를 준수하지 않을 경우 그에 대한 제재의 가능성이 없다면 그것은 여기서 말하는 비공식 행정작용으로서의 협상에 해당한다고 하겠다.

행정에 있어서의 협상은 기능에 따라 규범대체적 협상(normersetzende Absprachen)과 규범집행적 협상(normvollziehende Absprachen)으로 나눌 수 있다.[12]

---

12) 물론 이러한 분류가 최종적인 것은 아니다. 그 밖에 규범집행적인 요소와 규범대체적인 요소를 함께 가지는 협상, 계획대체적인 협상 또는 계획집행적인 협상 등도 생각해 볼 수 있다. 이에 대하여는 Bohne, Informales Verwaltungs und Regierungshandelns als Instrument des Umweltschutzes, VerwArch. 75(1984), S. 345 참조.

규범집행적 협상은 행정결정의 내용이 법적으로 규율된 절차에서 논의되는 것이 아니라, 사전의 또는 법적 절차와 병행하여 진행되는 비공식 절차에서 결정되는 것이다. 예를 들면 행정절차 전에 또는 행정절차 진행중에 행정기관과 비구속적 합의, 사전절충, 사전조정 등을 행하는 것이 그에 해당한다. 이러한 협상에서 최종적인 행정결정의 내용이 미리 논의되는 것이다. 그러나 이 단계에서 벌써 협의된 행정결정이 내려지는 것은 법적으로 허용되지 않는다고 하겠다.

규범대체적 협상은 개별기업 내지 사업단체가 자발적인 조치를 취하겠다는 약속에 대응하여 행정주체가 법규로 규율할 것을 잠정적으로 고려하지 않겠다고 약속하는 것이 그 예이다. 이러한 협상은 대개 그것이 결렬될 경우 예정된 엄격한 법률 또는 법규명령의 제정을 피하기 위하여 행하여진다. 일반적으로 자기제한적 협정(Selbstbeschränkungsabkommen)이 논의의 중심을 이루는데, 예를 들면 제품의 생산에 있어서 환경오염을 유발하는 물질의 사용을 줄이겠다는 협약, 환경에 친화적인 제품을 생산하겠다는 협약이 이에 해당한다. 이러한 자기제한적 협정이 지켜지지 않는 경우 행정주체는 입법을 통하여 이에 대응할 수 있는 것이다.

제 6 절 행정지도

기본사례

기존에 하천유수인용허가를 받아 유수를 사용하고 있던 甲은 허가기간 연장신청을 하였는데 하천관리청 乙은 인근주민들이 민원을 제기한 사실이 있었으므로 甲에게 유수사용에 대한 주민들의 협조를 구할 것은 권고하였다. 甲이 위 권고에 따르지 아니하였음을 이유로 乙은 甲의 연장신청을 불허할 수 있는가?

Ⅰ. 행정지도의 개념

행정지도는 일반적으로 "행정기관이 일정한 공적 목적을 달성하기 위하여 상대방의 일정한 행위(작위·부작위 등)를 기대하여 행해지는 비강제적 사실행위"인 것으로 정의되어 왔다.[1] 그러던 중, 1996년의 「행정절차법」의 제정을 통하여 우리나라에 있어 행정지도는 법률용어가 되었는데, 그 내용은 다음과 같다: 「행정 기관이 그 소관사무의 범위 안에서 일정한 행정목적을 실현하기 위하여 특정 인에게 일정한 행위를 하거나 하지 아니하도록 지도·권고·조언 등을 하는 행정작용」($\frac{동법 2}{조 3호}$).[2]

Ⅱ. 행정지도의 등장배경

(1) 행정지도라는 행정의 행위형식이 등장하게 된 배경 내지 이유로서는, ① 전통적인 행위형식으로써는 현실의 행정수요에 적절히 대응할 수 없게 된 점, ② 상대방의 동의 내지는 협력하에 임의적 조치를 취함이 마찰이나 저항을 줄 일 수 있는 점 등을 들 수 있다. 「행정지도의 필요성은 현대의 적극적 국가관에 따른 행정기능의 확대와 행정책임의 중대성, 임의적·비강제적 수단의 편의성 등에서 찾아 볼 수 있다」[3]라는 주장도 같은 뜻이라 할 수 있다.

(2) 행정지도는 일본에서 출현한 것으로, 이에 관한 깊이 있는 연구를 한 독 일인 Pape[4]는 행정지도는 민속학적 분석(ethnologische Analyse)하에서만 이해 가 가능함을 전제하고서는, 일본에서 행정지도라고 하는 행정의 행위형식이 생 성된 문화·사회학적 배경으로서 ① 수직구조적 사회, ② 응석부림, ③ 일본식 의 특이한 의무감(의리), ④ 공과 사에 관한 특유한 이해, ⑤ 일본식 법의식 등 을 들고 있다.

Fujita교수는 위 Pape의 분석에 동조하면서, ① 다른 사람이 행동하는 식으 로 행동하는 것이 최선의 것이다, ② 남과 달리 행동함으로써 남의 눈에 띄는 것을 꺼리며 부끄러움을 느낀다, ③ 행정지도에 따르지 않음으로써 입게 될 후

---

1) 주요문헌: 김성원, 행정지도에 관한 소고, 공법학연구 제6권 1호, 2005. 2; 김상태, 행정지도와 국가배상 - 일본에서의 논의를 중심으로, 행정법연구 제22호, 2008. 12; 이승민, 행정지도의 개념과 실제, 행정법 연구 제38호, 2014. 2.

2) 1994년 10월부터 시행되고 있는 일본의 행정절차법은 행정지도를 「행정기관이 그 임무 또는 소관사무 의 범위 내에서 일정한 행정목적을 실현하기 위하여 특정한 자에 대하여 일정한 작위 또는 부작위를 구하는 지도, 권고, 조언 기타의 행위로서 처분에 해당하지 않는 것을 말한다」(2조 6호)라고 정의하고 있다.

3) 김영훈, 행정지도에 대한 개설, 월간고시, 1984. 4, 14면. 동지: 김원주, 행정지도와 법적 구제, 고시연구, 1977. 7, 72면.

4) 그는 행정지도를 독일어로는 Verwaltungsleitung 또는 Verwaltungsempfehlung으로, 영어로는 ad-ministrative guidance 등으로 옮길 수 있겠으나, 그것으로써는 일본이라는 특수한 풍토에서 생성한 행 정지도의 본질과 특성을 정확히 파악할 수 없음을 이유로 일본발음 그대로 Gyoseishido라는 용어를 사 용하기를 권하고 있다. W. Pape, Gyoseishido und das Anti-Monopol-Gesetz in Japan, 1980, S. 7.

환을 두려워 한다는 것 등을 일본에서의 행정지도의 등장배경 및 관행의 원인
으로서 들고 있다.[5]

위와 같은 외국 학자의 '일본식 행정지도'의 분석과 평가는 우리나라에서의
행정지도를 이해하는 데 도움이 될 것으로 생각된다.

Ⅲ. 행정지도의 원칙과 방식·절차

행정절차법이 정하고 있는 내용은 다음과 같다.

1. 행정지도의 원칙($^{48}_조$)

① 행정지도는 그 목적달성에 필요한 최소한도에 그쳐야 하며, 행정지도의
상대방의 의사에 반하여 부당하게 강요하여서는 아니 된다.

② 행정기관은 행정지도의 상대방이 행정지도에 따르지 아니하였다는 것을
이유로 불이익한 조치를 하여서는 아니된다.

2. 행정지도의 방식($^{49}_조$)

① 행정지도를 하는 자는 그 상대방에게 당해 행정지도의 취지·내용 및 신
분을 밝혀야 한다.

② 행정지도가 말로 이루어지는 경우에 상대방이 제1항의 사항을 적은 서
면의 교부를 요구하면 그 행정지도를 하는 자는 직무수행에 특별한 지장
이 없으면 이를 교부하여야 한다.

3. 의견제출($^{50}_조$)

행정지도의 상대방은 해당 행정지도의 방식·내용 등에 관하여 행정기관에
의견제출을 할 수 있다.

4. 다수인을 대상으로 하는 행정지도($^{51}_조$)

행정기관이 같은 행정목적을 실현하기 위하여 많은 상대방에게 행정지도를
하려는 경우에는 특별한 사정이 없으면 행정지도에 공통적인 내용이 되는 사

---

5) Tokiyasu Fujita, GYOSEISHIDO-Rechtsprobleme eines Hauptmittels der gegenwärtigen Verwalt-
ung in Japan, Die Verwaltung, 1982, S. 226 f. 참조.

항을 공표하여야 한다.

5. 행정절차법의 적용범위

다른 법률에 특별한 규정이 있는 것을 제외하고는 행정지도절차에 행정절차법이 적용된다(동법 3조 1항).

Ⅳ. 행정지도의 유형

행정지도는 근거규정의 유무, 기능 등에 따라 여러 가지로 분류될 수 있다.

1. 법령의 근거에 의한 분류

(1) 법령의 직접적 근거에 의한 행정지도

지도·권고 등 행정지도에 관한 명문의 규정(법 19조, 문화재보호법 56조 등 사행행위 등 규제 및 처벌 특례)에 의거한 지도가 이에 해당한다.

(2) 법령의 간접적 근거에 의한 행정지도

예컨대 건축물의 철거·개축·사용제한 등 처분을 발할 수 있는 법적 근거(건축법 79조)가 있는 경우에, 그 처분에 갈음하여 행정지도를 하는 경우가 이에 해당한다.

(3) 법령에 근거하지 않은 행정지도(후술하는 행정지도의 법적 근거 참조).

행정주체가 법령의 근거 없이 그 소관사무에 관하여 일반적인 권한에 의거하여 행정지도를 하는 경우가 이에 해당한다.

2. 기능에 의한 분류

(1) 규제적·억제적 행정지도

일정한 행위를 예방·억제하기 위한 행정지도로서, 물가의 억제를 위한 지도 등이 이에 해당한다.

(2) 조정적 행정지도

이해대립이나 과당경쟁을 조정하기 위한 행정지도로서, 노사간 분쟁의 조정, 투자·수출량의 조절 등을 위한 지도가 이에 해당한다.

(3) 조성적 · 촉진적 행정지도

일정한 질서의 형성을 촉진하기 위한 행정지도로서, 장학지도, 중소기업의 기술지도 같은 것이 이에 해당한다.

Ⅴ. 행정지도의 법적 근거와 한계

1. 행정지도의 법적 근거

우리의 현행법 가운데에는 명칭은 일정치 않으나 행정지도에 관한 명시적 근거가 많은 법률에 산재하고 있다. 또한 대집행 같은, 법률에 근거가 있는 행정작용(공식적 행정작용)을 갈음하는 행정지도가 널리 행해지고 있는 것도 사실이다. 문제는 법령에 직접 · 간접의 근거가 있는 행정지도만 가능하고, 법령에 근거를 두지 않은 행정지도는 허용되지 않는다고 볼 것인가?

"비공식 행정작용의 단점 · 위험성"에서 살펴 본 바와 같은 "행정지도의 단점 · 위험성"을 생각하면, 적어도 '규제적 · 억제적 행정지도'에 대해서는 법률 유보원칙이 적용되어야 한다는 주장에 찬의를 표할 만하다. 그러나 "비공식 행정작용의 이점과 효과"를 행정지도에 의하여 거둘 수 있다는 점을 고려할 때, 법률유보원칙의 적용에 안이하게 찬성하기 어려운 면이 있다. 이미 행정절차법이 제정 · 시행된 현시점에 있어서는 행정지도가 동법에 정해진 방식과 절차에 의하도록 요구하는 것이 현실적이라고 생각된다.

2. 행정지도의 한계

행정기관 상호간의 임무 · 권한 등이 분할되어 있는 당연한 결과로서, 행정기관은 조직법상 주어진 권한의 범위 내에서만 행정지도를 할 수 있다. 개별법규에 형식, 절차, 내용 등에 관한 규정이 있으면 그에 따르고 그러한 규정이 없으면 행정절차법 소정의 규정(49조 50조)을 따라야 하며, 행정법의 일반원칙을 준수하여야 한다. 행정절차법도 행정지도는 그 목적 달성에 필요한 최소한도에 그쳐야 한다고 규정하고 있다(48조 1항).

[판례] 이른바 행정지도라 함은 행정주체가 일정한 행정목적을 실현하기 위하여 권고 등과 같은 비강제적인 수단을 사용하여 상대방의 자발적 협력 내지 동의를 얻어내어 행정상 바람직한 결과를 이끌어내는 행정활동으로 이해되고, 따라서 적법

한 행정지도로 인정되기 위하여는 우선 그 목적이 적법한 것으로 인정될 수 있어야 할 것이다(대판 1994. 12. 13.).

VI. 행정지도와 행정구제

1. 행정쟁송

행정청의 권고와 같은 행정지도는 일반적으로 '처분'의 성질을 가지지 않는다고 보아야 한다. 따라서 위법 또는 부당한 처분의 취소 등을 구하는 행정쟁송(행정심판, 항고소송)은 행정지도에 대한 유효한 구제방법이 되기 어렵다.

> **[판례]** 세무당국이 소외 회사에 대하여 특정인과의 주류거래를 일정한 기간 중지하여 줄 것을 요청한 행위는 권고 내지 협조를 요청하는 권고적 성격의 행위로서 소외 회사나 특정인의 법률상의 지위에 법률상의 변동을 가져오는 행정처분이라고 볼 수 없는 것이므로 항고소송의 대상이 될 수 없다(대판 1980. 10. 27, 80누395. 동지판례: 대판 1993. 10. 26, 93누6331).

2. 손해배상청구

공무원이 법령에 위반하여 행한 행정지도로 인하여 손해를 받은 자는, 법이 정한 요건이 충족되는 한 국가 또는 지방자치단체에 대하여 손해의 배상을 청구할 수 있다(국가배상법 2조 등 참조). 이와 반대로 행정지도가 한계를 일탈하지 않아 적법한 경우라면 그로 인하여 상대방에게 어떤 손해가 발생하였다 하더라도 국가는 손해배상책임이 없다.

> **[판례]** 행정지도가 강제성을 띠지 않은 비권력적 작용으로서 행정지도의 한계를 일탈하지 아니하였다면, 그로 인하여 상대방에게 어떤 손해가 발생하였다 하더라도 행정기관은 그에 대한 손해배상책임이 없다(대판 2008. 9. 25, 2006다18228).

3. 손실보상청구

행정주체의 적법한 행정지도로 인하여 재산상의 손실을 입은 자는 역시 국가 또는 지방자치단체를 상대로 한 손실보상청구를 생각할 수 있다. 다만, 손해배상청구에 있어서와 같은 일반법(국가배상법)이 제정되어 있지 않으므로, 손실보상의 청구에는 어려움이 많은 것이 사실이다.

과거, 정부가 쌀 증산을 위하여 '통일벼'의 보급에 앞장서던 시절, 정부의 권고에 따라 통일벼를 심은 농민들이 의외의 재산상 손실을 본 일이 있었다. 그러한 경우를 대비한 이론적·법제적 준비가 필요하다고 하겠다.

사례해설

설문의 권고는 甲에게 심리적·간접적 강제력을 발하여 하천유수인용허가관청의 소관에 속하는 사무의 범위 안에서 일정한 행정목적을 실현하려는 행정작용으로서 행정지도에 해당한다. 행정지도는 상대방의 임의적 협력에 의하여 행정목적을 달성하려는 비구속적 작용이므로 상대방이 이에 따르지 않았다고 하여 불리한 조치를 할 수 없고, 이는 또한 「행정절차법」 제48조 제2항의 입법취지이다. 따라서 乙은, 甲이 주민들의 협조를 구하라는 권고를 따르지 않았다는 이유로 甲의 신청을 불허할 수 없다.[6]

제 7 절 행정의 자동화작용

I. 개   설

오늘날은 자동화(Automatisierung)의 시대이며, 인터넷 등 정보통신기술을 바탕으로 빛의 속도로 변화하고 있는 고도의 정보화시대이다. 각종 통계의 집계, 자료의 수집·저장과 같은 양적 행정업무의 처리는 말할 것도 없고, 국민의 이해관계에 큰 영향을 미치게 되는 행정과정(행정절차)의 중요 부분까지도 자동장치를 통하여 처리되는 전자정부(Electronic Government; e-Governemnt)의 시대가 도래하고 있는 것이다.[1] 우리나라도 「전자정부구현을 위한 행정업무 등

---

6) 상세는 김연태, 행정법사례연습, 322면 이하 참조.
1) 주요문헌: 김남진, 기술시대의 행정·행정법, 고시계, 1992. 3; 김중권, 행정자동절차에 관한 법적 고찰, 고려대학교 박사학위논문, 1993; 김중권, 행정자동화결정의 법적 성질 및 그의 능부, 공법연구, 1994. 6; 김중권, 행정자동결정(자동적 행정행위)의 실체적 문제점에 관한 소고, 공법연구 제28집 4호, 2000. 6; 김재광, 전자정부 구현을 위한 행정조직법제 정비, 한국법제연구원, 2000. 10; 김재광, 디지털경제법제의 제문제 - 전자정부법제를 중심으로, 한국법제연구원, 2001. 12; 김민호, 전자공문서의 관리에 관한 법적 과제, 한국법제연구원, 2001. 11; 정준현, 행정정보의 전자적 제공에 따른 법적 문제, 한국법제연구원, 2001. 12; 김중권, 자동적 행정행위(컴퓨터 행정행위)에 관한 소고, 김동희교수 정년기념논문집, 2005. 5; 성봉근, 전자정부에서 행정작용의 변화에 대한 연구, 고려대학교 박사학위논문, 2014 등.

의 전자화촉진에 관한 법률」($\frac{\text{현행·전자}}{\text{정부법}}$)을 제정하여, 2001년 7월부터 시행하게 됨으로써 전자정부[2]의 시대가 막을 올리게 되었다.

행정의 자동화는 행정의 조직에도 영향을 미침으로써 행정 전반이 코페르니쿠스적 전환(kopernikanische Wende)을 거듭하고 있는데, 여기에서는 그 중 행정의 행위형식에 관련된 부분에 대해서만 간단히 살펴보기로 한다.

Ⅱ. 자동적 처분

2021년 제정된 「행정기본법」에서는 자동적 처분에 관한 규정을 둠으로써, 행정청이 완전히 자동화된 시스템이나 인공지능 기술을 적용한 시스템으로 처분을 할 수 있는 토대를 마련하였다($\frac{20}{\text{조}}$).

1. 자동적 행위의 범위

입법과정상 독일 「연방행정절차법」 제35조a와 같이 '자동적 행정행위'를 규율할 것인지, 아니면 보다 넓은 개념으로 '자동적 행정작용'을 규율할 것인지가 논의되었다. 자동적 행위를 모든 행정작용에 확대 적용하자는 의견도 있었는데, 처분이 아닌 사실행위와 같은 행정작용에는 법령에 근거가 없이도 가능하고, 처음 도입되는 제도인 만큼 우선 '처분'에 한정하여 도입하는 것이 적절하다는 의견을 반영하였다.

이에 따라 「행정기본법」은 "행정청은 법률로 정하는 바에 따라 완전히 자동화된 시스템($\frac{\text{인공지능 기술을 적용}}{\text{한 시스템을 포함한다}}$)으로 처분을 할 수 있다"고 규정하였다($\frac{20}{\text{조}}$). 교통신호 위반단속, 시험 채점, 세금 결정 등을 완전히 자동화된 시스템으로 행한 처분은 행정청이 직접 행한 처분으로 인정한다는 취지이다.

2. 처분에 재량이 있는 경우

「행정기본법」은 처분에 재량이 있는 경우에는 자동적 처분의 대상에서 제외하였다($\frac{20조}{\text{단서}}$). 즉, 행정청의 재량적 판단(의사결정)이 필요한 처분은 처분의 전 과정이 자동화된 처분을 허용하지 않으려는 것이다. '처분과정의 일부 자동화'

---

2) 전자정부(Electronic Government. 약칭 e-Government)는 여러 가지로 정의되고 있는데, 「전자정부법」에서는 전자정부를 「정보기술을 활용하여 행정기관 및 공공기관의 업무를 전자화하여 행정기관 등의 상호 간의 행정업무 및 국민에 대한 행정업무를 효율적으로 수행하는 정부」(2조 1호)라고 정의하고 있다.

는 법령상 근거가 없이도 가능하기 때문에 이 조항의 적용대상이 아니다.

완전 자동적 처분은 이미 결정된 것을 발급하는 차원에서 기계의 도움을 받을 수 있다는 의미가 아니라, 그 결정 과정이 사람이 아닌 인공지능을 통해 이루어지는 것을 의미하기 때문에 확정된 사안에 대한 법 효과의 귀속이 분명한 영역에서만 국한될 수밖에 없으며, 이와 같은 맥락에서 독일 연방행정절차법도 '재량이나 판단여지가 없을 때'라는 제한을 둔 것으로 보인다.

3. 개별 법령의 유보

「행정기본법」 제20조의 규정이 바로 자동적 처분의 집행 근거가 되는 것은 아니며, 처분의 특성을 검토하여 개별 법령에서 근거를 두고 있는 경우에 자동적 처분이 허용된다.

개별 법령에서 자동적 처분에 대하여 규정할 때에는 다음과 같은 사항을 고려할 필요가 있다. ① 자동적 처분의 과정에서 개별 특수성이 조사되지 않을 수 있는 가능성을 감안하여 개별 특수성이 반영될 수 있는 방안(전자신청서에 별도 기재란 마련 등)을 마련해야 한다. ② 이를 통해 당사자에 관한 특별한 사정이 인지(조사)될 경우 개별 특수성을 반영하여 자동적 처분을 할 것인지 비자동적 처분을 할 것인지 판단해야 한다. ③ 시스템을 통한 처분이 결정되면 이를 통지하기 전에 당사자의 특별한 사정을 감안하여 재처리할 것인지 판단하여야 한다. ④ 「행정절차법」에 따른 절차(의견제출의 회 부여 등[기])를 거치기 어려운 경우에는 이에 대한 특례 또는 대체 방안을 마련해야 한다.

자동적 처분에 대한 개별법의 제정과 관련하여 입법지침적 성격을 갖는 내용을 「행정기본법」에 규정할 것인지, 즉 개별 법령에서 자동적 처분을 도입할 때에 처분의 과정에서 개별적 특수 사항을 고려하도록 「행정기본법」에 명시하는 방안이 검토되었으나,[3) 그 의미가 불명확하고 개별 법령에서 도입할 때 해당 사안별로 고려해서 규정할 사항이라는 등의 사유로 제외되었다.

---

3) 참고로 독일 연방행정절차법 제24조 1항 3문에서는 "행정청이 행정행위를 발령하기 위해 자동화 설비를 사용한 경우, 행정청은 개별 사안과 관련하여 관련자의 중요한 사실적 상황 중 자동화 절차를 통해 조사되지 않을 수도 있는 것을 고려해야 한다"고 규정하고 있다.

Ⅲ. 관련 문제

1. 행정절차

자동적 처분에 대해「행정절차법」상 규정이 적용될 수 있는지 문제된다. 이전에 독일은 컴퓨터를 이용한 행정행위에 대해 이유제시 및 청문절차를 적용하지 않았지만, 그것은 그 당시 컴퓨터의 한계에 따른 결과이며 현재에는 의미가 없다고 보아야 한다.「행정기본법」은 자동적 처분에 대한 근거 규정일 뿐, 개별적인 절차에 대하여는「행정절차법」이 적용되어야 한다.

완전 자동적 처분의 발급은 특히 절차경제에 이바지하기 때문에, 당사자 등의 참여권은 물론 당사자에 대한 통지의무, 처분의 이유제시의무가 제한될 위험이 있다. 그러나 행정절차는 행정결정의 민주적 정당성에 이바지하는 것으로, 자동적 처분이라고 하더라도 이러한 절차적 요청을 완전히 배제하는 것은 허용되지 않는다. 따라서 자동적 행정작용에 대해서도「행정절차법」상의 규정은 원칙적으로 적용되어야 하며, 개별적 특수성을 고려하여 개별법에서 절차에 대한 특례 규정을 둘 수는 있을 것이다.

2. 자동적 처분의 하자

(1) 자동적 처분에도 하자가 생길 수 있는데, 그의 효력은 행정행위의 하자에 관한 일반원칙에 따라 결정하면 될 것이다. 여기에서 "하자에 관한 일반원칙"이라 함은, 하자가 중대하고 명백한 경우에는 행정행위가 무효가 되고, 하자가 그 정도에 이르지 않을 때에는 취소의 원인이 되는 것을 말한다.

(2) 행정행위의 하자가 취소사유에 해당한다고 하더라도 당연히 취소되는 것이 아니라 관련 이익의 비교형량 등 행정행위의 취소(특히 침익적 행정행위의 직권취소)에 관한 여러 법원칙이 여기에도 적용되어야 한다.

처분의 직권취소 및 철회의 경우 행정청의 재량이 존재하므로 완전히 자동화된 직권취소 또는 철회는 원칙적으로 제한된다고 볼 수 있다.

(3) 자동적 처분에 오기·오산 기타 이에 준하는 명백한 잘못이 있는 때에는 행정청은 직권 또는 신청에 의하여 지체 없이 정정하고 이를 당사자에게 통지하여야 한다(행정절차법 25조 참조).

3. 배상책임

행정의 기술화·자동화가 급속히 추진되고 있는 현황에 비추어 볼 때, 그 자동장치 등의 하자에 따른 손해의 배상문제도 특별한 고려를 필요로 한다. 그러나 이 문제도 일단은 기존의 법 테두리 안에서 해결의 실마리를 찾아야 할 것이다.

첫째, 자동장치의 하자가 공무원의 고의 또는 과실에 의한 직무행위에 기인할 때에는「국가배상법」제2조에 따른 배상책임이 발생한다고 볼 수 있다.

둘째, 자동장치의 설치·관리의 하자로 인해 타인이 손해를 입은 경우에는「국가배상법」제5조에 따른 배상책임이 발생한다고 볼 수 있다.

그러나 자동장치가 손해발생의 원인이 되면서도 현행법에 의해 해결이 되지 않는 경우도 있을 수 있다. 예컨대 공무원의 '무과실행위'가 손해의 원인이 되는 경우가 앞으로는 많아질 가능성이 있다. '전자정부시대'라고 하는 새로운 시대에 맞는 관련 제도의 정비를 생각할 때이다.

제 8 절 행정의 사법적 활동

Ⅰ. 개   설

행정기능이 확대됨에 따라 행정의 사법적 활동(사법형식의행정작용)도 증가하는 추세에 있다. 행정주체에는 강행법규에 위반되지 않는 한도 내에서 사법상의 조직 및 행위형식에 대한 선택권이 인정된다고 보기에 사법형식의 행정활동을 부정적으로 볼 필요는 없다. 그런데 문제가 있다. 사법의 세계에는 의사자치의 원칙이 지배하고 있는데, 만일에 행정이 사법의 형식을 취할 수도 있다고 한다면 행정이 공법의 형식을 취하는 경우에 받게 되는 여러 가지 제약을 벗어나기 위하여 고의적으로 제복(Uniform)을 벗어 버리고 사복으로 갈아입을 염려가 있지 않겠는가, 즉 행정의 사법으로 도피(Flucht ins Privatrecht)가 일어날 수도 있지 않느냐 하는 것이다.

행정이 사법의 형식을 취할 수 있음을 일단 긍정하면서도 위에서 지적한 바와 같은 폐단을 막아 보자는 의도에서 나온 이론이 후술하는 행정사법(Verwaltungsprivatrecht)의 이론이라 할 수 있다.

Ⅱ. 사법적 행정활동의 범위

사법형식의 행정활동의 전부를 광의의 국고작용 또는 국고행정(fiskalische Verwaltung)이라고 할 때, 그것들은 활동의 내용 또는 과제에 따라 다음의 세 가지로 분류될 수 있다.

1. 행정의 사법상 보조작용

행정기관이 필요로 하는 물자(^{사무용품, 자동차,}_{토지·건물 등})를 사법형식에 의해 조달하는 행정작용이 그의 중심을 이룬다. 그 밖에 공사의 도급계약, 노무자의 고용계약 등도 이에 해당한다. 사법상의 계약의 체결에 있어서 참가자의 자격을 제한하거나 참가자를 지명하는 등(^{국가를 당사자로 하는 계약}_{에 관한 법률 27조 참조}) 공법적 요소가 가미되는 예도 많이 있으나, 이에 의해 그 계약의 사법적 성질에 변화를 일으키지는 않는다.

> **[판례]** 국유재산법의 규정에 의하여 총괄청 또는 그 권한을 위임받은 기관이 국유재산을 매각하는 행위는 사경제주체로서 행하는 사법상의 법률행위에 지나지 아니하며, 행정청이 공권력의 주체라는 지위에서 행하는 공법상의 행정처분은 아니라 할 것이므로, 국유재산매각신청을 반려한 거부행위도 단순한 사법상의 행위일뿐 공법상의 행정처분으로 볼 수 없다(^{대판 1986. 6. 24.}_{86누171}).

2. 행정의 영리적 활동

국가 또는 지방자치단체 등 행정주체가 스스로의 기관을 통해 또는 공사·공단·주식회사 등의 형태를 취하여 기업적 활동을 전개하는 경우가 이에 해당한다. 국가가 광산이나 은행을 경영하거나 주식시장에 참가하는 경우, 지방자치단체가 영리목적으로 기업을 경영하는 경우(^{지방공기업법 제3조에 규정되어 있}_{는 '지방공기업' 이외의 기업활동}) 등이 이에 해당한다.

이러한 기업적 행정활동은 수익을 얻을 목적으로 경제법칙에 따라 수행되는 것이며, 따라서 이와 같은 행정활동에는 「민법」과 「상법」은 물론, 「독점규제 및 공정거래에 관한 법률」의 적용도 있게 되는 것이다.

3. 사법형식에 의한 행정과제의 직접적 수행

목적이나 기능은 '공적'이라 할 수 있는데, 형식은 '사법적'인 행정활동을 총칭하는 것으로서, 이를 '행정사법작용'이라고도 한다. 시민의 일상생활에 불가결한 전기·가스 등의 공급을 사법상 계약을 맺어 행하고, 대규모 산업을 지원하기 위하여 행하는 기업에 대한 자금지원(Subvention), 채무의 보증 같은 행정작용에서 그 예를 발견할 수 있다.

Ⅲ. 행정사법이론

1. 의의 및 연혁

행정사법 개념의 창시자인 볼프(Wolff)는 「공행정의 주체가 공법상의 임무규정에 의해 자신에게 부여된 공행정(급부 및) 목적을 달성하기 위해 사법상의 법률관계에 들어서게 되면, 그것은 형식적으로는 '국고적' 활동이나, 내용적으로는 그렇지가 않다. 여기에는 특별한 행정사법이 적용된다. 행정사법의 특수성은, 공행정주체가 법률행위상의 사적 자치를 완전하게 누리지를 못하며 오히려 약간의 공법상의 기속을 받게 되는 점에 있다」[1]는 말로써 행정사법을 설명하고 있다. 결국 행정사법이론이란 행정주체가 사법적 형식에 의하여 행정목적을 수행하는 경우에 공법적으로 기속을 받게 된다는 이론을 말한다.[2]

2. 행정사법의 적용영역

행정사법은 위에서 본 세 종류의 사법적 행정활동 전부에 적용되는 것이 아니고, 그 가운데 세 번째 종류의 것(사법형식에 의한 행정)에만 적용된다는 것이 종래의 유력설이었다.

그러나 행정이 수행하는 과제 또는 내용에 따른 3분류에 따라 그 어느 것을 행정사법의 적용범위에서 전적으로 배제하는 식의 논법에는 위험이 따른다. 예컨대, 조달행정과 같은 협의의 국고행정에 있어서 평등원칙과 같은 헌법원칙이 적용되지 않는다고 할 때, 그렇다면 야당을 지지하는 자 등에게는 계약에 참가

---

1) Wolff/Bachof/Stober, Bd. Ⅰ, S. 238 f.
2) 주요문헌: 이명구, 사법행정작용과 행정사법, 고시연구, 1992. 5; 정하중, 사법행정의 기본권기속, 고시연구, 2000. 4~5; 김남진, 행정의 사법적 활동과 공법에의 기속, 고시연구, 2000. 10; 김중권, 사법형식의 행정(사법적 행정)의 공법적·사법적 구속에 관한 소고, 행정법기본연구 Ⅰ, 2008 등.

하는 기회를 주지 않아도 되겠느냐는 반문이 나올 수 있기 때문이다. 또한 영
리적 행정활동의 경우에도 예컨대, 국가나 지방자치단체와 같은 행정주체는 기
업의 결손을 납세자의 세금으로 메울 수 있는 등 사기업에 비해 유리한 입장에
서 있는 것을 생각할 때, 그러한 경우의 행정주체와 사기업을 동일 평면에 놓
을 수 없는 면도 있음을 간과할 수 없다. 그러한 의미에서 행정사법의 적용 여
부는 앞서 본 '영역'의 구별이라는 기준에 의해서가 아니라, '특별한 국가적 힘
이 작용'하고 있는 경우인가 아닌가라는 실질적 기준을 적용하여 개별적으로
그것을 결정하는 것이 타당하다고 생각된다.[3]

3. 공법적 기속의 구체적 내용

행정사법이론은 행정주체가 사법의 형식으로 활동하는 경우에도 다음과 같
이 일정한 공법적 기속을 받는 것으로 본다.

(1) 기본권규정 등에 의한 제약

국가, 지방자치단체, 공무수탁사인과 같은 행정주체는 사법의 형식으로 활
동하는 경우에도 헌법상의 평등원칙, 자유권조항, 그 밖의 헌법원칙(광의의 비례)에
의한 기속을 받는다고 보아야 할 것이다. 이러한 점은 오늘날 사인 상호간의
법률관계에서도 기본권규정 등이 (간접적으로) 적용된다는 이론(기본권의 제3)이 정
착되어 있는 점에 비추어 보아 수용되어야 할 것이다.

(2) 사법적 규율의 수정ㆍ제약

국가 등 행정주체가 사법의 형식으로 활동하는 경우에는 사법상의 행위능
력에 관한 규정, 의사표시에 관한 규정 등이 수정되는 경우가 있을 수 있다. 「우
편법」이 무능력자의 행위를 능력자의 행위로 간주하는 규정(10조), 공기업이용관
계에 있어서의 계약강제 등은 좋은 예가 될 수 있다.

Ⅳ. 권리구제

사법형식의 행정작용은 그 자체 사법작용이므로, 그에 관한 법적 분쟁은 특
별한 규정이 없는 한 민사소송을 통해 구제를 도모하여야 한다. 이른바 행정사

---

3) Vgl. O. Bachof, VVDStRL 19, S. 161.

법작용의 경우도 마찬가지이다. 사법작용이 공법규정에 의한 기속을 받는다고 공법작용으로 변질되는 것이 아니라는 점에 유의할 필요가 있다.

제 3 편

행정절차 · 행정조사 · 행정공개

제1장 개 설

과거에는 '행정'하게 되면, 행정기관이 국민보다 우월한 지위에 서서 일방적으로 명령·강제하는 일, 혹은 각종의 허·인가를 부여하거나 취소·철회하는 일을 맡아 하는 기관 내지 그의 활동을 연상하였다 하여도 과언이 아니다. 그와 같은 행정활동을 학술상으로 '질서행정'이라고 부르는데, 초기의 행정법학·행정법이론 역시 그러한 질서행정을 대상으로 하였다. 따라서 '행정작용'과 관련하여서도, 법을 구체적으로 집행하는 작용으로서의 행정행위, 그 행정행위의 실효성을 확보하는 수단으로서의 행정강제(강제집행), 행정벌 등이 중시되었으며, 그러한 행정이 행해지는 과정 내지 그 행정과정에 국민이 참여하는 제도로서의 행정절차 같은 것은 거의 관심의 대상이 되지 않았다. 1970년대 초반까지의 우리나라의 행정법학(총론)의 내용과 수준은 대체로 그 정도에 머물렀다 해도 과언이 아닐 것이다.

그러나 그 이후 우리나라에서의 모든 것이 급속히 변화·발전한 것과 같이, 행정 및 행정법이론에도 많은 변화가 일어났다. 과거에는 예컨대, 행정청이 일방적으로 허가 등을 취소하고, 그에 대해 이의가 있는 사람은 행정심판이나 행정소송을 통해 구제를 받으라는 식이었다. 말하자면, 국민에게는 사후구제의 길만이 열려 있었던 셈이다. 행정이 본래 국민보다 우월한 지위에 서 있는 것이고, 명령·강제가 행정의 당연한 속성으로 여겨졌던 시대와는 달리, 행정이란 국민에게 봉사하기 위해 존재하는 것이고, 따라서 행정도 국민의 참여하에 행해지고, 국민에 의한 감시와 비판을 받는 것이 당연시 된 시대에 있어서는, 행정의 모습과 제도, 그들을 대상으로 하는 행정법이론에도 커다란 변화가 오지 않을 수 없는 일이다. 그러한 변화를 단적으로 보여 주는 것이 1996년 말에 제정된 「행정절차법」과 「공공기관의 정보공개에 관한 법률」이다. 행정절차의 핵심은, 행정이 그의 상대방에게 불이익한 일을 하고자 할 때, 미리 그러한 사실을 알리고, 상대방이 스스로를 방어할 수 있는 기회를 제공하는 일이다. 그런데 상대방이 스스로를 효과적으로 방어하기 위해서는, 행정이 가지고 있는 정

보, 자료를 알 필요가 있기에, 행정공개(정보공개)는 행정절차와 표리의 관계에
있다고 말할 수 있다.

다른 한편, 행정이 어떤 결정을 내리고 집행하기 위해서는 사전에 필요한
정보·자료를 수집하여야 하는데, 그러한 행정활동(행정조사) 역시 행정절차,
행정공개와 밀접한 관계에 있다고 하지 않을 수 없다.[1]

위와 같은 생각으로 행정절차, 행정조사 및 행정공개를 하나로 묶어($\frac{제3}{편}$) 고
찰해 보기로 한다.

---

[1] 우리나라에서는, 행정조사를 즉시강제 다음에 설명하는 경향에 있다. 그리고 그것에는 연혁적인 이유가
있다. 불심검문이 즉시강제의 일반법으로 말해지는 「경찰관 직무집행법」(제3조)에 규정되어 있음으로
인하여, 불심검문 역시 즉시강제의 일종으로 설명되어 왔던 것인데, 그 뒤 행정조사의 이름으로 분리되
어 설명되기 시작하였던 것이다. 그러나 불심검문만이 행정조사의 수단이 아님이 분명한 이상, 오히려
넓은 의미의 행정절차(행정과정)의 요소의 하나로 자리잡게 하는 것이 체계에 맞는 것으로 생각된다.

제 2 장 행정절차

제 1 절 개   설

Ⅰ. 행정절차의 개념

행정절차가 무엇을 의미하는지에 대하여는 학자, 입법례에 따라 상당한 차이가 있다. 여기서는 일단 광의, 협의 및 최협의로 나누기로 한다.

1. 광의의 행정절차

행정절차란 넓은 의미로는 행정의사의 결정과 집행에 관련된 일체의 과정을 의미한다고 볼 수 있는바, 여기에는 행정의 준비절차로서의 행정조사에서 시작하여, 행정조사를 통해 확보된 정보·자료에 입각한 행정결정, 그 행정결정의 실효성을 확보하기 위한 수단으로서의 행정강제, 행정벌 등이 모두 포함될 수 있다. 1925년에 제정된 오스트리아의 일반행정절차법(Allgemeines Verwaltungsverfahrensgesetz)이 그와 같은 넓은 의미의 행정절차에 접근한 입법례라고 할 수 있다.

2. 협의의 행정절차

각종의 행정작용(행정입법, 행정계획, 행정처분, 행정지도 등)의 사전절차를 총칭하여 행정절차라고 부르는 경우가 이에 해당되는데, 1996년 말에 제정된 우리의 「행정절차법」이 이에 가까운 입법례라고 할 수 있다.

3. 최협의의 행정절차

행정처분(행정행위)의 사전절차만을 행정절차로 부르는 경우가 이에 해당된다. 과거에는 최협의의 행정절차가 학문상의 주된 관심의 대상이 되었으며, 우리의 「행정절차법」을 포함하여 각국의 행정절차법에 있어서, 최협의의 행정절차가 중심을 차지하고 있음은 부인하기 어렵다. 1989년에 제정된 행정절차운영지침($\substack{\text{국무총리훈령} \\ \text{제235호}}$) 역시 최협의의 행정절차(행정처분절차)에 관한 규정이라 할 수 있다.

Ⅱ. 행정절차의 이념과 기능

1. 인간의 존엄과 가치의 존중

우리 헌법은 "모든 국민은 인간으로서의 존엄과 가치를 가진다"($\substack{10 \\ \text{조}}$)라고 규정하고 있으며, 독일의 기본법($\substack{1조 \\ 1항}$)도 인간의 존엄은 불가침이다(unantastbar)라고 규정하고 있는데, '자기를 방어할 수 있는 기회'를 사전에 주는 행정절차는 바로 인간의 존엄과 가치를 존중하는 제도이다.

2. 민주주의의 실현

행정절차는 '국민의 행정에의 참여'의 길을 열어 주는 것이므로, 민주주의의 이념에 합치되는 동시에 민주주의를 실천에 옮기는 과정을 의미한다고 할 수 있다. 우리의 「행정절차법」이 제1조에서 "이 법은 행정절차에 관한 공통적인 사항을 규정하여 국민의 행정참여를 도모함으로써"라고 규정함은 행정절차가 민주주의와 직결되는 것임을 잘 나타내 주고 있다고 할 수 있다.

3. 법치주의의 보장

행정절차의 법제화가 행정의 투명성·예측가능성을 부여하고, 행정권발동의 남용을 방지하는 역할을 한다고 할 때, 그것은 법치주의의 이념에 부합되고 실천하는 것이 된다. 우리의 「행정절차법」이 제1조에서 "이 법은 행정의 공정성·투명성 및 신뢰성을 확보하고 국민의 권익을 보호함을 목적으로 한다"라고 규정함은 행정절차가 법치주의를 보장·실천하는 제도임을 잘 나타내 주고 있다고 할 수 있다.

4. 행정의 능률화에의 기여

행정권의 발동이 일방적으로 행해지고, 사후에 그에 대해 이의가 제기되어 일이 진척되지 않는 것보다는, 사전에 당사자간에 의견수렴이 행해지는 것이 행정의 원활한 집행에 도움이 되어 행정의 능률화에 기여하는 것이라고 말할 수 있다.

5. 재판적 통제의 보완

행정에 대한 사전통제제도로서의 행정절차가 정비되어 있지 않다면, 국민은 최종적으로 법원에 호소하여 구제를 기대하는 수밖에 없게 된다. 그러나 재판을 통한 구제에는 많은 시간과 노력, 경비가 소요된다. 행정절차는 재판보다 간편히, 또한 재판이 미치지 않는 영역에서 국민의 권익구제에 이바지 할 수 있는 점에서 재판적 통제를 보완하는 기능을 가진다고 말할 수 있다.

Ⅲ. 행정절차의 일반적 내용

행정절차의 개념을 광의, 협의, 최협의로 나눌 수 있듯이, 행정절차의 내용 역시 관점에 따라 혹은 입법례에 따라 달리 볼 수 있다. 그러나 행정작용의 사전절차로서의 행정절차는 최소한 다음과 같은 내용을 담을 필요가 있다.

1. 사전통지

행정절차를 개시하기 위해서는 우선 이해관계인에게 행정청이 하고자 하는 행정작용의 내용과 청문(광의)의 일시·장소 등을 알릴 필요가 있는데, 이를 사전통지(notice, Bekanntgabe)라고 한다. 통지의 방법에는 송달, 공고 등이 있다. 우리의 「행정절차법」역시 처분의 사전통지(동법21조) 및 송달의 방법(동법14조)에 관하여 규정하고 있다.

2. 청 문

사전통지된 내용에 따라 이해관계인에게 자기의 의견을 진술하며 스스로를 방어할 수 있는 기회를 제공하는 것이 청문(hearing, Anhörung)이다.

청문의 형태는 나라에 따라 다르다. 독일(연방)의 행정절차법은 청문을 크게 비정식절차와 정식절차(계획확정절차 포함)로 구분하여 규정하고 있는 가운데, 전자(무형식성)를 원칙으로 하고 있다. 미국에 있어서는 사실심형청문과 진술형청문으로 구분하고 있는데, 전자는 당사자가 상대방이 제출한 근거 및 변론을 알고 이를 반박할 기회가 부여되는 청문을 의미하며, 후자는 당사자에게 단지 자기에게 유리한 의견의 진술이나 증거 또는 참고자료를 제출할 수 있는 기회가 주어지는 청문을 의미한다. 우리의 「행정절차법」은 넓은 의미의 청문을 의견청취라 부르고 그 안에 청문, 공청회 및 의견제출을 포함시키고 있다($\frac{동법}{22조}$).

3. 결정 및 결정이유의 제시

청문(광의)은 올바르고 공정한 행정결정을 내리기 위한 요건의 하나로 볼 수 있다. 따라서 행정결정은 그 청문에 나타난 사실을 바탕으로 행해져야 하며, 상대방에게 최종적 결정의 근거와 이유를 밝힐 필요가 있다.

우리의 「행정절차법」에도 ① "행정청은 처분을 할 때에 당사자 등이 제출한 의견이 상당한 이유가 있다고 인정하는 경우에는 이를 반영하여야 하며, 당사자 등이 제출한 의견을 반영하지 아니하고 처분을 한 경우 당사자 등이 처분이 있음을 안 날부터 90일 이내에 그 이유의 설명을 요청하면 그 이유를 알려야 한다"($\frac{27조의2\ 1}{항\ 및\ 2항}$), ② "행정청은 처분을 할 때에 제35조제4항에 따라 받은 청문조서, 청문주재자의 의견서, 그 밖의 관계 서류 등을 충분히 검토하고 상당한 이유가 있다고 인정하는 경우에는 청문결과를 반영하여야 한다"($\frac{35조}{의2}$), ③ "행정청은 처분을 할 때에 공청회, 전자공청회 및 정보통신망 등을 통하여 제시된 사실 및 의견이 상당한 이유가 있다고 인정하는 경우에는 이를 반영하여야 한다"($\frac{39조}{의2}$)는 규정을 통해 그러한 취지를 밝혀 놓는 동시에 '처분의 이유 제시'에 관하여도 구체적으로 규정하고 있다($\frac{동법}{23조}$).

4. 기   타

앞에서 설명한 세 가지는 행정절차의 최소한의 요소이다. 그러나 근래에는 우리의 「행정절차법」에도 명시되어 있는 바와 같이, 처분기준의 설정 · 공표($\frac{동법}{20조}$), 문서의 열람($\frac{동법}{37조}$) 등도 빠질 수 없는 행정절차의 요소로서 간주하는 경향에 있다.

제 2 절 각국의 행정절차법

1. 영 국

1215년의 magna carta(대헌장)에 이미 오늘에 말하는 청문제도의 취지가 반영되어 있다고 말할 만큼 영국은 청문제도를 창설한 나라로 볼 수 있다. 그러한 영국에 있어서 행정절차에 관한 법적 규제는 자연적 정의(natural justice)의 원칙과 이것을 보충하는 제정법을 통해 발전되었다. 여기에서 '자연적 정의'란 "누구든지 자기가 관계되는 사건에서 심판관이 될 수 없다"(No one shall be a judge in his own case)고 하는 편견(bias)배제의 원칙과, "누구든지 청문없이는 불이익을 받아서는 안 된다"(No one shall be condemned unheard) 또는 "쌍방이 청문되어야 한다"(Both sides must be heard)는 원칙을 그 내용으로 하고 있다. 이들 원칙은 본래 법원에서의 사법절차에 적용되었던 것인데, 행정기능(특히 분쟁해결기능)이 확대됨에 따라 행정절차에도 적용하게 되었다.

행정절차에 관한 영국의 실정법 가운데 가장 주목할 만한 것이 1958년에 제정된 후 수차의 개정을 겪은 「심판소 및 심문에 관한 법률」(Tribunals and Inquiries Act)이다. 이 법률에 의하여 심판소심의회가 설치되었으며, 각 심판소가 절차규칙을 제정하는 경우에는 심의회의 자문을 받도록 되어 있다.

2. 미 국

미국 수정헌법 제5조는 "누구든지 법의 정당한 절차(due process of law)에 의하지 아니하고는 생명·자유 또는 재산을 박탈당하지 않는다"라고 규정하고 있는데, 이와 같은 헌법정신을 행정과정에 도입하기 위하여 1946년에 제정된 것이 연방의 행정절차법(Administrative Procedure Act)이다. 동법은 현재 5 U.S.C. 551~559, 701~706, 1305, 3105, 3344, 5372, 7521로서 연방법전에 삽입되어 있으며, 따라서 현재 독립된 행정절차법은 존재하지 않는다. 그럼에도 불구하고 연방법전의 상기한 제조항을 총괄하여 행정절차법이라고 부르는 것이 통례이다. 각 주 역시 각각 행정절차법을 가지고 있다. 1946년의 법제정 후 미국에서는, 1965년의 기관대리법(Agency Practice Act)을 통해 행정절차에 있어서 사인을 대리하는 변호사의 자격제한을 금지하였으며, 1972년의 연방자문위원회법(Federal Advisory Act)을 통해 연방자문위원회의 공개 및 회의록의 열람 · 복사를 인정하고 있으며, 1976년의 유명한 정부일조법(Government in the Sunshine Act)을 통해 행정위원회의 원칙적 공개에 관하여 규정하고 있다. 또한 1980년의 평등접근법(Equal Access to Justice Act)은 소송절차뿐만 아니라 정식재결에 있어서 자기주장이 인용된 사람의 쟁송절차비용의 부담에 관하여 규정하고 있다. 또한 1990년의 교섭에 의한 규칙제정법(Negotiated Rulemaking Act) 및 행정분쟁해결법(Administrative Dispute Resolution Act)은 교섭에 의한 합의의 형성을 장려하고 있다.

3. 독   일

독일에서는 다년간의 연구 끝에 행정절차법(Verwaltungsverfahrensgesetz)을 제정하여 1977년부터 시행하고 있으며, 절차법이라는 명칭에도 불구하고, 행정행위의 개념($\frac{35}{조}$), 부관($\frac{36}{조}$), 확약($\frac{38}{조}$), 재량($\frac{40}{조}$), 행정행위의 효력 · 무효 · 취소 · 철회($\frac{43조-}{53조}$), 공법계약($\frac{54조-}{62조}$) 등에 관한 많은 실체법적 규정을 담고 있음은 주지의 사실이다. 다만 아래에서는 순수한 절차법적 성격을 가지는 것에 관해서만 약술해 보기로 한다.

첫째, 행정절차는 "행정행위의 요건심사, 준비 및 발급 또는 공법계약의 체결을 위하여 행해지는 것으로 외부에 효력을 발생하는 행정청의 활동"을 의미한다($\frac{동법}{참조}$9조). 동법은 특정한 지역관련의 사업계획안(raumbezogene Vorhaben)의 계획확정(Planfeststellung)의 절차에 관해서도 자세히 규정하고 있는데($\frac{동법}{이하}$72조), 계획확정 역시 행정행위로서의 성질을 가지는 까닭에 상기한 행정절차개념과 모순되지 않는다.

둘째, 행정절차는 일단 비정식 행정절차와 정식절차로 나눌 수 있는데, 특별한 형식을 요구하지 않는 무형식성(Nichtformlichkeit)을 원칙으로 한다. 정식절차는 법에 특별한 규정이 있는 경우에 적용되는데 당사자, 증인, 감정인 등의 참여하에 구술심리를 거치고, 서면을 작성하여, 이유를 붙여야 하는 등 엄격한 절차가 요구되고 있다($\frac{동법}{이하}$63조).

셋째, 행정절차에 관련된 법원칙으로서 중요한 것은 절차의 관여자에게 청문권(Recht auf Anhörung), 문서열람권(Recht auf Akteneinsicht), 비밀유지청구권(Recht auf Geheimhaltung) 등이 보장되어 있는 점이다.

4. 프 랑 스

프랑스에서는 Conseil d'État 등에 의해 행정의 사후통제는 철저히 행해지는 반면에, 행정의 사전절차로서의 비소송적 행정절차(procedure administrative non contentieuse)에 대해서는 상대적으로 관심이 희박한 듯이 보이며, 현재까지 통일적 행정절차법전은 제정되어 있지 않다. 그러한 프랑스에서도 1970년대부터 행정개혁의 일환으로서, '행정과 공중간의 관계개선'을 위한 일련의 시책이 채택되었는데, 그 안에는 행정의 투명성 관련법령 또는 행정절차관련법제로 일컬어지고 있는 것이 포함되어 있다. 그의 제1장을 행정문서의 악세스에 충당하고 있는 1978년 7월 17일의 법률(^{1988년 4월 28일의}_{정영에 의해 보완}), 행정결정의 이유부기에 관한 1979년 7월 18일 법률(^{1986년 1월 17일}_{의 법률로 보완}), 방어권보장에 관한 법리를 명문화한 1983년 11월 23일의 정령(政令) 등이 그에 해당한다.

프랑스 행정절차의 또 하나의 특징을 이루어온 것은 여러 종류의 이익대표심의회(commissions représentatives des intérêts)가 구성되어 있는 점이라 할 수 있다. 그 심의회의 이익대표위원은 관계이익단체의 지명하에 선임됨이 보통이다. 행정청이 심의회에 부의하는 사항은 행정입법, 일반처분, 각종 계획, 개별처분 등인데, 이들 결정에 앞서서 심의회의 자문을 거치는 것이 의무로 되어 있는 경우가 많다. 이 경우에 행정청은 심의회에 대하여 충분한 심의가 되도록 배려해야 할 완전부의의무를 지는 반면에, 심의회는 행정청으로부터 부의된 자문사항에 관하여 모든 관점에서의 사안의 문제점, 서류·자료를 검토하지 않으면 안 되는 완전심의의무를 진다.

5. 일   본

일본에서는 과거에 대륙법의 영향을 받아 행정활동을 실체법적 견지에서 사후통제를 하는 것에만 관심을 쏟고, 청문 등을 통한 행정의 사전통제제도에 대해서는 관심이 희박한 셈이었다. 청문제도가 일본에 도입된 것은 2차대전 후 미군의 점령하에 행정개혁이 실시되면서부터였다. 이에 의하여 고지, 청문에 관한 규정이 다수의 실정법에 도입되긴 하였으나, 행정기관이나 국민이 그러한 제도에 친숙하지 않음으로 인해 절차규정의 운용실태는 형식적·명목적인 경우가 많았다. 그러나 그 후에 행정절차에 대한 이해가 깊어짐에 따라 행정절차를 헌법원리와 관련시켜 가면서 확립하려는 견해가 제고되는 한편, 일반법으로서의 행정절차법 제정의 작업도 진행되어 왔던 바, 드디어 1993년 11월에 행정수속법이 공포되었으며, 1994년 10월부터 시행되기에 이르렀다. 동법은 행정처분(^{신청에 대한 처분}_{과 불이익처분}), 행정지도, 계출(신고)에 대한 절차에 관해서만 규정하고 있을 뿐, 행정입법, 행정계획, 행정계약, 행정조사 등에 관한 절차에 대해서는 규정하고 있지 않았다. 다만, 법률(행정수속법)의 개정(2005)을 통하여 행정입법(명령 등)에 관한 절차규정이 도입되었는바, 의견공모절차에 관한 규정(^{동법 39}_{조 이하})이 그에 해당한다.

6. 우리나라

우리나라에 있어서 행정절차의 필요성이 인식되고 개별법에 청문제도가 도입된 지는 오래 되었다(^{국가공무원법 31조의2, 식품위생법}_{81조, 도로법 101조, 하천법 91조 등}). 청문조항은 현재 그 수가 증가일로에 있으며, 그의 규모도 공청회 개최(^{국토의 계획 및 이용}_{에 관한 법률 14조}) 등으로 확대되는 경향에 있다. 행정절차법의 입법을 위한 노력도 꾸준히 계속되었다.

특히 1987년에는 정부에 의한 행정절차법안이 입법예고된 바도 있다. 그리고 그 안에는 행정처분절차(^{제2}_장), 행정계획의 확정절차(^{제3}_장), 행정입법의 예고절차(^{제4}_장), 행정예고절차(^{제5}_장), 행정지도절차(^{제6}_장) 등이 규정되어 있었으나, 무엇보다도 정부의 강한 의지가 결여된 탓으로 법률로 완성되지 못하였다. 그러나 그 내용의 일부(^{행정처분에}_{대한 절차})가 「행정절차운영지침」(^{국무총리훈령}_{제235호})의 이름으로 시행되기도 하였다. 그 뒤 일본의 행정수속법이 공포된 이후(1993년), 그 일본의 법률을 많이 참고하여 실체적 규정은 완전히 배제하고 순수 절차법 중심으로 엮어져 있는 것이 1996년 제정된 현행 「행정절차법」의 내용이라 할 수 있다.[2] 다른 한편, 특별 행정절차법이라 할 수 있는 「민원사무 처리에 관한 법률」(^{1997. 8. 22. 제정 법률}_{제5369호. 현행 민원}^{처리에 관}_{한 법률})이 별도로 제정되어 있다.

제 3 절 행정절차법의 내용

I. 행정절차의 헌법적 근거

사전절차(^{특히 침익적 처}_{분에 있어서})의 의미에서의 행정절차의 법적 근거를 직접 헌법에서

---

2) 참조: 김남진, 행정절차법 개선방향 연구결과를 듣고서, 법연 제57호, 2017. 12.

구할 수 있는가 하는 점이 논의되고 있다. 즉 청문의 기회를 주지 않은 침익적 처분, 이유제시를 하지 않은 행정처분을 헌법을 근거로 하여 '위법'으로 판정할 수 있는 것인가에 대하여 학설·판례의 태도는 일정치 않다.

1. 학설의 경향

(1) 적법절차조항근거설

학설 가운데에는, 특히 '청문절차'의 법적 근거를 헌법 제12조 1항의 적법절차조항에서 찾는 견해가 있다. 즉 헌법 제12조 1항 후단은 "모든 국민은 법률과 적법한 절차에 의하지 아니하고는 처벌·보안처분 또는 강제노역을 받지 아니한다"라고 규정하고 있는데, 이 조항은 미국 헌법상의 적법절차조항이나, 일본 헌법상의 법정절차조항(일본헌법31조)과 비슷한 내용을 규정한 것으로 형사사법작용뿐만 아니라 행정작용에도 적용된다고 보는 견해[1]가 그에 해당한다.

(2) 헌법원리근거설

생각건대, 청문 등 행정절차의 이념적·법적 근거는 민주국가원리, 법치국가원리와 같은 헌법원리 또는 인간의 존엄과 가치에 관한 헌법 제10조 등에서 찾을 수 있다.

특히 '청문절차'의 경우, 그것은 단순히 자기의 의견을 진술하며 방어의 기회를 제공하는 의미를 넘어서서, '국민의 행정에의 참가를 통한 행정의 민주화'라는 보다 적극적인 의미를 가진다고 본다. 행정절차의 헌법적 근거의 하나를 민주국가원리에서 찾는 이유는 그 점에 있다. 또한 오늘날 청문 못지않게 행정절차의 필수적 요소로 간주되고 있는 '이유제시'의 경우, 그의 헌법적 근거는 법치국가원리에서 찾아야 한다고 본다.

2. 판례의 경향

(1) 헌법재판소 판례

헌법재판소는 헌법 제12조상의 적법절차조항을 행정절차에 대한 직접 구속력 있는 헌법적 근거로 보는 경향에 있다.

---

1) 이상규(상), 272면. 「헌법 제12조(신체의 자유)의 "적법한 절차"라는 규정이 물론 직접적으로는 형사사법권의 발동에 관한 조항이라 하더라도, 그 취지는 행정절차에도 유추된다고 볼 수 있다」(김도창(상), 537면)는 견해도 그에 가깝다고 할 수 있다.

[판례①] 헌법 제12조 제3항 본문은 동조 제1항과 함께 적법절차원리의 일반조항에 해당하는 것으로서, 형사절차상의 영역에 한정되지 않고 입법·행정 등 국가의 모든 공권력의 작용에는 절차상의 적법성뿐만 아니라 법률의 실체적 내용도 합리성과 정당성을 갖춘 실체적인 적법성이 있어야 한다는 적법절차의 원칙을 헌법의 기본원리로 명시한 것이다(헌재 1992. 12. 24. 92헌마78).

[판례②] 공소가 제기된 변호사에 대해서 형사상의 소추만으로 법무부장관의 일방적 명령에 의하여 변호사업무를 정지시키는 것은, 당해 변호사가 자기에게 유리한 사실을 진술하거나 필요한 증거를 제출할 수 있는 청문의 기회가 보장되지 아니하여 적법절차를 존중하지 아니한 것이 된다. 변호사법 제15조는 위헌이다(헌재 1990. 11. 19. 90헌가48).

(2) 대법원 판례

(가) 청문절차 관련

대법원은 훈령이 정한 청문을 결한 행정처분(건축사사무소등록취소처분)을 위법으로 판시한 바 있었다.

[판례] 건축사사무소의 등록취소 및 폐쇄처분에 관한 규정(1979. 9. 6 건설부훈령 제447호) 제1조에는 이 규정은 건축사법 제28조 및 동 시행령 제30조의 규정에 의한 건축사사무소의 등록취소 및 폐쇄처분에 따른 세부기준을 정함을 목적으로 한다. 제9조에는 "건축사사무소의 등록을 취소하고자 할 때에는 미리 당해 건축사에 대하여 청문을 하거나 필요한 경우에 참고인의 의견을 들어야 한다. 다만 정당한 사유없이 청문에 응하지 아니하는 경우에는 그러하지 아니한다"라고 규정하고 있는바, 이와 같이 관계 행정청이 건축사사무소의 등록취소처분을 함에 있어 당해 건축사들을 사전에 청문하도록 한 법제도의 취지는 위 행정처분으로 인하여 건축사사무소의 기존 권리가 부당하게 침해받지 아니하도록 등록취소사유에 대하여 당해 건축사에게 변명과 유리한 자료를 제출할 기회를 부여하여 위법사유의 시정가능성을 감안하고 처분의 신중성과 적정성을 기하려 함에 있다 할 것이므로 관계 행정청이 위와 같은 처분을 하려면 반드시 사전에 청문절차를 거쳐야 하고 설사 위 같은 법 제28조 소정의 사유가 분명히 존재하는 경우라 하더라도 당해 건축사가 정당한 이유없이 청문에 응하지 아니한 경우가 아닌 한 청문절차를 거치지 아니하고 한 건축사사무소 등록취소처분은 청문절차를 거치지 아니한 위법한 처분이다(대판 1984. 9. 11. 82두166).

그러나 위 판례는 훈령위반을 위법으로 판시한 점에서 의문이 있다.[2]

---

2) 이에 대하여 위 대법원 판결은 청문절차를 불문법원리로 파악하여 그에 위반한 처분을 위법으로 판단

그 후 대법원은 훈령이 정한 청문절차를 거치지 않은 행정처분을 위법하지 않다고 하였으며, 청문절차를 거치지 않은 행정처분이 위법하게 되기 위해서는 청문절차에 대한 법령의 근거가 있어야 한다고 판시하였다.

> **[판례]** 청문을 포함한 당사자의 의견청취절차 없이 어떤 행정처분을 한 경우에도 관계법령에서 당사자의 의견청취절차를 시행하도록 규정하지 않고 있는 경우에는 그 행정처분이 위법하게 되는 것은 아니라고 할 것이다($_{94누3414}^{대판\ 1994.\ 8.\ 9.}$).

(나) 이유제시 관련

청문절차에서와는 달리, 대법원은 법률에 근거가 없는 경우에도 이유제시 없는 불이익처분을 위법으로 보는 경향에 있다.

> **[판례①]** 허가취소처분에는, 그 근거가 되는 법령과 처분을 받은 자가 어떠한 위반사실에 대하여 당해 처분이 있었는지를 알 수 있을 정도의 위 법령에 해당하는 사실의 적시를 요한다 할 것이다($_{82누551}^{대판\ 1984.\ 7.\ 10.}$).
>
> **[판례②]** 면허(주류판매허가)의 취소처분에는 그 근거가 되는 법령이나 취소권유보의 부관 등을 명시하여야 함은 물론 처분을 받은 자가 어떠한 위반사실에 대하여 당해 처분이 있었는지를 알 수 있을 정도로 사실을 적시할 것을 요하며, 이와 같은 취소처분의 근거와 위반사실의 적시를 빠뜨린 하자는 피처분자가 처분 당시 그 취지를 알고 있었거나 그 후에 알게 되었다 하여도 치유될 수 없다($_{90누1786}^{대판\ 1990.\ 9.\ 11.}$).

3. 소   결

침익적 처분에 대한 사전절차, 그 중에서도 청문절차와 이유제시는 행정절차의 핵심을 이루는 내용으로서 사전적 권리구제의 기능을 담당하는 것이다. 따라서 청문 등 행정절차는 헌법에 뿌리를 두고 있는 것으로 보아야 한다. 그에 대한 헌법적 근거는 헌법상의 민주국가원리·법치국가원리 또는 그에 근거한 법원칙(법의 일반원칙)에서 찾을 수 있다.

다만 1996년 제정된 「행정절차법」에서 이를 구체화하는 명문규정($_{23조의\ 이유제시}^{22조의\ 청문,}$)을 두고 있으므로 법적 근거에 대한 논의의 실익은 반감되었다고 볼 수 있다. 헌법적 근거를 찾는 주된 이유는 헌법을 구체화하는 개별 법규정이 없는 경우에 헌법을 직접 적용하는 데 있기 때문이다.

한 것이라고 해석해야 한다는 견해가 있다(김동희·최계영(Ⅰ), 383면).

[판례①] 행정절차에 관한 일반법인 행정절차법 제21조, 제22조에서 사전 통지와 의견청취에 관하여 정하고 있다. 행정청이 당사자에게 의무를 부과하거나 권익을 제한하는 처분을 하는 경우에는 미리 '처분의 제목', '처분하려는 원인이 되는 사실과 처분의 내용 및 법적 근거', '이에 대하여 의견을 제출할 수 있다는 뜻과 의견을 제출하지 아니하는 경우의 처리방법', '의견제출기관의 명칭과 주소', '의견제출기한' 등을 당사자 등에게 통지하여야 한다($_{제1항}^{제21조}$). 다른 법령 등에서 필수적으로 청문을 하거나 공청회를 개최하도록 정하고 있지 않은 경우에도 당사자 등에게 의견제출의 기회를 주어야 하고($_{제3항}^{제22조}$), 다만 '해당 처분의 성질상 의견청취가 현저히 곤란하거나 명백히 불필요하다고 인정될 만한 상당한 이유가 있는 경우' 등에 한하여 처분의 사전 통지나 의견청취를 하지 않을 수 있다($_{제22조\ 제4항}^{제21조\ 제4항}$). 따라서 행정청이 침해적 행정처분을 하면서 당사자에게 행정절차법상의 사전 통지를 하거나 의견제출의 기회를 주지 않았다면, 사전 통지를 하지 않거나 의견제출의 기회를 주지 않아도 되는 예외적인 경우에 해당하지 않는 한, 그 처분은 위법하여 취소를 면할 수 없다($_{1254:\ 대판\ 2013.\ 1.\ 16.\ 2011두30687:\ 대판\ 2016.\ 10.\ 27.\ 2016두41811}^{대판\ 2020.\ 7.\ 23.\ 2017두66602.\ 동지판례:\ 대판\ 2004.\ 5.\ 28.\ 2004두}$).

[판례②] 행정청이 침해적 행정처분을 하면서 당사자에게 행정절차법상의 사전통지를 하거나 의견제출의 기회를 주지 않고, 그 처분의 근거와 이유를 제시하지 아니하였다면, 그러한 절차를 거치지 않아도 되는 예외적인 경우에 해당하지 아니하는 한 그 처분은 위법하다. 이 사건 해임처분 과정에서 원고가 그 처분의 내용을 사전에 통지받거나 그에 대한 의견제출의 기회 등을 받지 못했고, 해임처분 시 그 법적근거 및 구체적 해임 사유를 제시받지 못해 이 사건 해임처분은 위법하지만, 그 절차나 처분형식의 하자가 중대하고 명백하다고 볼 수 없어 취소 사유에 해당한다($_{2011두5001}^{대판\ 2012.\ 2.\ 23.}$).

Ⅱ. 행정절차법의 주요 내용

1. 구성과 특징

「행정절차법」은 제1장 총칙($_{협조,\ 제3절\ 당사자\ 등.\ 제4절\ 송달\ 및\ 기간·기한의\ 특례}^{제1절\ 목적·정의\ 및\ 적용범위\ 등,\ 제2절\ 행정청의\ 관할\ 및}$), 제2장 처분($_{출\ 및\ 청문,\ 제3절\ 공청회}^{제1절\ 통칙,\ 제2절\ 의견제}$), 제3장 신고·확약 및 위반사실 등의 공표 등, 제4장 행정상 입법예고, 제5장 행정예고, 제6장 행정지도, 제7장 국민참여의 확대, 제8장 보칙의 전문 70개조와 부칙으로 구성되어 있다. 그 중에서 제2장 처분에 관한 규정($_{39조의3}^{17조-}$)이 약 절반을 차지하고 있는 동시에 실체적 규정은 일부만 포함하고 있

는 점에 비추어 보아, 현행 「행정절차법」은 실질적으로 처분절차법이라 할 수 있다.[3]

다른 한편, 본서는 「행정절차법」의 내용을 각 행위형식 내지 각 사항별로 해당부분에서 설명해 놓은 바 있다. 따라서 여기에서는 중복을 피하는 의미에서, 행정절차에 관한 통칙적 규정과 각 행위형식에 따르는 절차를 개관한 다음, '광의의 청문절차(의견청취)'에 중점을 두어 내용을 살펴보기로 한다.

2. 통칙적 규정

(1) 용어의 정의

「행정절차법」에서 사용되는 용어의 뜻은 다음과 같다(법2조).

① "행정청"이란 다음 어느 하나에 해당하는 자를 말한다.

　　㉠ 행정에 관한 의사를 결정하여 표시하는 국가 또는 지방자치단체의 기관

　　㉡ 그 밖에 법령 또는 자치법규(이하 "법령등"이라 한다)에 따라 행정권한을 가지고 있거나 위임 또는 위탁받은 공공단체 또는 그 기관이나 사인(私人)

② "처분"이란 행정청이 행하는 구체적 사실에 관한 법 집행으로서의 공권력의 행사 또는 그 거부, 그 밖에 이에 준하는 행정작용을 말한다.

③ "행정지도"란 행정기관이 그 소관 사무의 범위에서 일정한 행정목적을 실현하기 위하여 특정인에게 일정한 행위를 하거나 하지 아니하도록 지도, 권고, 조언 등을 하는 행정작용을 말한다.

④ "당사자 등"이란 다음 어느 하나에 해당하는 자를 말한다.

　　㉠ 행정청의 처분에 대하여 직접 그 상대가 되는 당사자

　　㉡ 행정청이 직권으로 또는 신청에 따라 행정절차에 참여하게 한 이해관계인

⑤ "청문"이란 행정청이 어떠한 처분을 하기 전에 당사자 등의 의견을 직접 듣고 증거를 조사하는 절차를 말한다.

---

3) 최근 개정된 「행정절차법」(2022. 1. 11. 일부개정, 법률 제18748호, 2022. 7. 12. 및 2023. 3. 24. 시행)은 인허가 등의 취소 등 국민에게 불이익한 처분을 하는 경우 당사자 등의 신청이 없는 경우에도 청문을 하도록 청문의 대상을 확대하고, 온라인 중심으로 빠르게 변화하는 행정환경을 반영하여 온라인 공청회를 단독으로도 개최할 수 있도록 하였다. 그 밖에도 행정청이 법령에 따른 의무를 위반한 자의 성명·법인명, 위반사실 등을 공표하는 경우에 필요한 공통 절차를 정하여 법 위반사실 공표 제도의 통일적 운영을 꾀하고 있다. 한편, 이번 개정 법률에서는 확약과 행정계획에 관한 규정을 신설하였는데, 제40조의2 제1항에서는 확약의 개념 정의를, 제40조의4에서는 행정계획에 요구되는 형량명령원칙을 입법화하여 순수한 절차적 사항 이외의 실체적 규정들도 담기게 되었다.

⑥ "공청회"란 행정청이 공개적인 토론을 통하여 어떠한 행정작용에 대하여 당사자 등, 전문지식과 경험을 가진 사람, 그 밖의 일반인으로부터 의견을 널리 수렴하는 절차를 말한다.

⑦ "의견제출"이란 행정청이 어떠한 행정작용을 하기 전에 당사자 등이 의견을 제시하는 절차로서 청문이나 공청회에 해당하지 아니하는 절차를 말한다.

⑧ "전자문서"란 컴퓨터 등 정보처리능력을 가진 장치에 의하여 전자적인 형태로 작성되어 송신·수신 또는 저장된 정보를 말한다.

⑨ "정보통신망"이란 전기통신설비를 활용하거나 전기통신설비와 컴퓨터 및 컴퓨터 이용기술을 활용하여 정보를 수집·가공·저장·검색·송신 또는 수신하는 정보통신체제를 말한다.

(2) 적용범위

처분, 신고, 확약, 위반사실 등의 공표, 행정계획, 행정상 입법예고, 행정예고 및 행정지도의 절차(이하 "행정절차"라 한다)에 관하여 다른 법률에 특별한 규정이 있는 경우를 제외하고는 「행정절차법」에서 정하는 바에 따른다(법 3조 1항). 다음 어느 하나에 해당하는 사항에 대하여는 「행정절차법」을 적용하지 아니한다(법 3조 2항).

① 국회 또는 지방의회의 의결을 거치거나 동의 또는 승인을 받아 행하는 사항

② 법원 또는 군사법원의 재판에 의하거나 그 집행으로 행하는 사항

③ 헌법재판소의 심판을 거쳐 행하는 사항

④ 각급 선거관리위원회의 의결을 거쳐 행하는 사항

⑤ 감사원이 감사위원회의의 결정을 거쳐 행하는 사항

⑥ 형사(刑事), 행형(行刑) 및 보안처분 관계법령에 따라 행하는 사항

⑦ 국가안전보장·국방·외교 또는 통일에 관한 사항 중 행정절차를 거칠 경우 국가의 중대한 이익을 현저히 해칠 우려가 있는 사항

⑧ 심사청구, 해난심판, 조세심판, 특허심판, 행정심판, 그 밖의 불복절차에 따른 사항

⑨ 병역법에 따른 징집·소집, 외국인의 출입국·난민인정·귀화, 공무원 인사 관계법령에 따른 징계와 그 밖의 처분, 이해 조정을 목적으로 하는 법령에 따른 알선·조정·중재·재정 또는 그 밖의 처분 등 해당 행정작

용의 성질상 행정절차를 거치기 곤란하거나 거칠 필요가 없다고 인정되는 사항과 행정절차에 준하는 절차를 거친 사항으로서 대통령령으로 정하는 사항

[판례①] 행정과정에 대한 국민의 참여와 행정의 공정성, 투명성 및 신뢰성을 확보하고 국민의 권익을 보호함을 목적으로 하는 행정절차법의 입법목적과 행정절차법 제3조 제2항 제9호의 규정 내용 등에 비추어 보면, 공무원 인사관계 법령에 의한 처분에 관한 사항 전부에 대하여 행정절차법의 적용이 배제되는 것이 아니라 성질상 행정절차를 거치기 곤란하거나 불필요하다고 인정되는 처분이나 행정절차에 준하는 절차를 거치도록 하고 있는 처분의 경우에만 행정절차법의 적용이 배제된다. 따라서 군인사법령에 의하여 진급예정자명단에 포함된 자에 대하여 의견제출의 기회를 부여하지 아니한 채 진급선발을 취소하는 처분을 한 것이 절차상 하자가 있어 위법하다(대판 2007. 9. 21, 2006두20631, 동지
판례: 대판 2013. 1. 16, 2011두30687).

[판례②] 행정절차법의 적용이 제외되는 공무원 인사관계 법령에 의한 처분에 관한 사항이란 성질상 행정절차를 거치기 곤란하거나 불필요하다고 인정되는 처분이나 행정절차에 준하는 절차를 거치도록 하고 있는 처분에 관한 사항만을 말하는 것으로 보아야 한다. 이러한 법리는 '공무원 인사관계 법령에 의한 처분'에 해당하는 육군3사관학교 생도에 대한 퇴학처분에도 마찬가지로 적용된다. 그리고 행정절차법 시행령 제2조 제8호는 '학교·연수원 등에서 교육·훈련의 목적을 달성하기 위하여 학생·연수생들을 대상으로 하는 사항'을 행정절차법의 적용이 제외되는 경우로 규정하고 있으나, 이는 교육과정과 내용의 구체적 결정, 과제의 부과, 성적의 평가, 공식적 징계에 이르지 아니한 질책·훈계 등과 같이 교육·훈련의 목적을 직접 달성하기 위하여 행하는 사항을 말하는 것으로 보아야 하고, 생도에 대한 퇴학처분과 같이 신분을 박탈하는 징계처분은 여기에 해당한다고 볼 수 없다(대판 2018. 3. 13,
2016두33339).

[판례③] 국가공무원법상 직위해제처분은 구 행정절차법 제3조 제2항 제9호, 구 행정절차법 시행령 제2조 제3호에 의하여 당해 행정작용의 성질상 행정절차를 거치기 곤란하거나 불필요하다고 인정되는 사항 또는 행정절차에 준하는 절차를 거친 사항에 해당하므로, 처분의 사전통지 및 의견청취 등에 관한 행정절차법의 규정이 별도로 적용되지 않는다(대판 2014. 5. 16,
2012두26180).

[판례④] 행정절차법의 적용이 제외되는 '외국인의 출입국에 관한 사항'이란 해당 행정작용의 성질상 행정절차를 거치기 곤란하거나 거칠 필요가 없다고 인정되는 사항이나 행정절차에 준하는 절차를 거친 사항으로서 행정절차법 시행령으로 정하는 사항만을 가리킨다. '외국인의 출입국에 관한 사항'이라고 하여 행정절차를 거칠 필요가 당연히 부정되는 것은 아니다.

> 외국인의 사증발급 신청에 대한 거부처분은 당사자에게 의무를 부과하거나 적극적으로 권익을 제한하는 처분이 아니므로, 행정절차법 제21조 제1항에서 정한 '처분의 사전통지'와 제22조 제3항에서 정한 '의견제출 기회 부여'의 대상은 아니다. 그러나 사증발급 신청에 대한 거부처분이 성질상 행정절차법 제24조에서 정한 '처분서 작성·교부'를 할 필요가 없거나 곤란하다고 일률적으로 단정하기 어렵다. 또한 출입국관리법령에 사증발급 거부처분서 작성에 관한 규정을 따로 두고 있지 않으므로, 외국인의 사증발급 신청에 대한 거부처분을 하면서 행정절차법 제24조에 정한 절차를 따르지 않고 '행정절차에 준하는 절차'로 대체할 수도 없다(대판 2019. 7. 11., 2017두38874).

(3) 신의성실 및 신뢰보호

행정청은 직무를 수행함에 있어서 신의에 따라 성실히 하여야 한다. 행정청은 법령 등의 해석 또는 행정청의 관행이 일반적으로 국민들에게 받아들여졌을 때에는 공익 또는 제3자의 정당한 이익을 현저히 해칠 우려가 있는 경우를 제외하고는 새로운 해석 또는 관행에 따라 소급하여 불리하게 처리하여서는 아니 된다(법4조).[4]

(4) 투명성

행정청이 행하는 행정작용은 그 내용이 구체적이고 명확하여야 한다. 행정작용의 근거가 되는 법령 등의 내용이 명확하지 아니한 경우 상대방은 해당 행정청에 그 해석을 요청할 수 있으며, 해당 행정청은 특별한 사유가 없으면 그 요청에 따라야 한다. 또한, 행정청은 상대방에게 행정작용과 관련된 정보를 충분히 제공하여야 한다(법5조).

(5) 행정업무 혁신

행정청은 모든 국민이 균등하고 질 높은 행정서비스를 누릴 수 있도록 노력하여야 한다. 행정청은 정보통신기술을 활용하여 행정절차를 적극적으로 혁신하도록 노력하여야 하며, 이 경우 행정청은 국민이 경제적·사회적·지역적 여건 등으로 인하여 불이익을 받지 아니하도록 하여야 한다. 행정청은 행정청이 생성하거나 취득하여 관리하고 있는 데이터(정보처리능력을 갖춘 장치를 통하여 생성 또는 처리되어 기계에 의한 판독이 가능한 형태로 존재하는 정형 또는 비정형의 정보를 말한다)를 행정과정에 활용하도록 노력하여야 한다. 그리고 행정청은 행정업무 혁신 추진에 필요한 행정적·재정적·기술적 지원방안을 마련하여야 한다(법의2 5조).

---

4) 이 조항에 의거한 신의성실·신뢰보호의 원칙에 관하여는 본서 48면 이하 참조.

(6) 송 달

행정절차법은 송달의 방법($\frac{법}{14조}$), 송달의 효력발생($\frac{법}{15조}$)에 관하여 특별히 규정하고 있다. 다만, 그 내용을 행정행위의 효력발생요건의 하나로서 자세히 소개해 놓았으므로, 여기서는 설명을 생략한다.

(7) 기간 및 기한의 특례

천재지변이나 그 밖에 당사자등에게 책임이 없는 사유로 기간 및 기한을 지킬 수 없는 경우에는 그 사유가 끝나는 날까지 기간의 진행이 정지된다. 외국에 거주하거나 체류하는 자에 대한 기간 및 기한은 행정청이 그 우편이나 통신에 걸리는 일수를 고려하여 정하여야 한다($\frac{법}{16조}$).

3. 행정절차의 당사자

「행정절차법」이 적용되는 인적 범위('당사자등')에는 ① 행정청의 처분에 대하여 직접 그 상대가 되는 당사자와 ② 행정청이 직권으로 또는 신청에 따라 행정절차에 참여하게 한 이해관계인이 포함된다($\frac{2조}{4호}$). 한편, 「행정절차법」은 자연인, 법인, 법인이 아닌 사단 또는 재단, 그 밖에 다른 법령등에 따라 권리·의무의 주체가 될 수 있는 자는 행정절차에서 당사자등이 될 수 있다고 하여 당사자등이 될 수 있는 자격을 구체적으로 규정하고 있다($\frac{9}{조}$). 이와 관련하여 국가가 당사자등에 포함될 수 있는지가 문제되는데, 대법원은 이를 긍정한 바 있다.

> **[판례]** 행정절차법 제2조 제4호에 의하면, '당사자 등'이란 행정청의 처분에 대하여 직접 그 상대가 되는 당사자와 행정청이 직권 또는 신청에 의하여 행정절차에 참여하게 한 이해관계인을 의미하는데, 같은 법 제9조에서는 자연인, 법인, 법인 아닌 사단 또는 재단 외에 '다른 법령 등에 따라 권리·의무의 주체가 될 수 있는 자' 역시 '당사자 등'이 될 수 있다고 규정하고 있을 뿐, 국가를 '당사자 등'에서 제외하지 않고 있다. 또한 행정절차법 제3조 제2항에서 행정절차법이 적용되지 않는 사항을 열거하고 있는데, '국가를 상대로 하는 행정행위'는 그 예외사유에 해당하지 않는다. 위와 같은 행정절차법의 규정과 행정의 공정성·투명성 및 신뢰성 확보라는 행정절차법의 입법 취지 등을 고려해 보면, 행정기관의 처분에 의하여 불이익을 입게 되는 국가를 일반 국민과 달리 취급할 이유가 없다. 따라서 국가에 대해 행정처분을 할 때에도 사전 통지, 의견청취, 이유 제시와 관련한 행정절차법이 그대로 적용된다고 보아야 한다($\frac{대판\ 2023.\ 9.\ 21.}{2023두39724}$).

4. 처분절차

「행정절차법」은 제2장에서 '처분절차'에 관하여 규정하고 있는 가운데, 그 내용은 크게 '신청에 의한 처분'(수익적 처분)에 관한 것과 '당사자에게 의무를 과하거나 권익을 제한하는 처분'(침익적 처분)에 관한 것으로 구분할 수 있다. 그러면서도 양자에 공통되는 부분(공통사항)도 상당수 있으므로, 공통사항을 먼저 살펴 본 다음 그 두 가지 처분절차에 관하여 살펴보기로 한다.

(1) 공통사항

(가) 처분기준의 설정·공표($\frac{법}{20조}$)[5]

① 행정청은 필요한 처분기준을 해당 처분의 성질에 비추어 되도록 구체적으로 정하여 공표하여야 한다. 처분기준을 변경하는 경우에도 또한 같다.

② 「행정기본법」 제24조에 따른 인허가의제의 경우 관련 인허가 행정청은 관련 인허가의 처분기준을 주된 인허가 행정청에 제출하여야 하고, 주된 인허가 행정청은 제출받은 관련 인허가의 처분기준을 통합하여 공표하여야 한다. 처분기준을 변경하는 경우에도 또한 같다.[6]

③ 위 ①에 따른 처분기준을 공표하는 것이 해당 처분의 성질상 현저히 곤란하거나 공공의 안전 또는 복리를 현저히 해치는 것으로 인정될 만한 상당한 이유가 있는 경우에는 처분기준을 공표하지 아니할 수 있다.

④ 당사자 등은 공표된 처분기준이 명확하지 아니한 경우 해당 행정청에 그 해석 또는 설명을 요청할 수 있다. 이 경우 해당 행정청은 특별한 사정이 없으면 그 요청에 따라야 한다.

> [판례①]   행정청으로 하여금 처분기준을 구체적으로 정하여 공표하도록 한 것은 해당 처분이 가급적 미리 공표된 기준에 따라 이루어질 수 있도록 함으로써 해당 처분의 상대방으로 하여금 결과에 대한 예측가능성을 높이고 이를 통하여 행정의 공정성, 투명성, 신뢰성을 확보하며 행정청의 자의적인 권한행사를 방지하기 위한 것이다. 그러나 처분의 성질상 처분기준을 미리 공표하는 경우 행정목적을 달성할

---

5) 처분기준은 현실적으로 법규명령(대통령령, 부령 등) 또는 행정규칙(훈령 등)으로 정해진다. 그런데 대통령령 또는 부령으로 재량행위의 처분기준(재량준칙)을 정하는 경우, 그것이 법규(특히 재판규범)로서의 성질을 가지는가 하는 점 등이 큰 쟁점이 되고 있다. 이에 관한 상세는 본서 195면 이하 및 김남진, 처분기준으로서의 대통령령·부령, 고시연구, 2001. 12 참조.
6) 「행정기본법」에 인허가의제 관련 규정이 제정된 것에 맞추어 처분기준 설정·공표 시에 주된 인허가와 관련 인허가의 처분기준을 통합 공표하여 민원인의 편의성을 높이고자 신설되었다(2023. 3. 24. 시행).

수 없게 되거나 행정청에 일정한 범위 내에서 재량권을 부여함으로써 구체적인 사안에서 개별적인 사정을 고려하여 탄력적으로 처분이 이루어지도록 하는 것이 오히려 공공의 안전 또는 복리에 더 적합한 경우도 있다. 그러한 경우에는 행정절차법 제20조 제2항에 따라 처분기준을 따로 공표하지 않거나 개략적으로만 공표할 수도 있다 $\left(\begin{smallmatrix} 대판 2019. 12. 13. \\ 2018두41907 \end{smallmatrix}\right)$.

[판례②] 행정청이 정하여 공표한 처분기준이 과연 구체적인지 또는 행정절차법 제20조 제2항에서 정한 처분기준 사전공표 의무의 예외사유에 해당하는지는 일률적으로 단정하기 어렵고, 구체적인 사안에 따라 개별적으로 판단하여야 한다. 만약 행정청이 행정절차법 제20조 제1항에 따라 구체적인 처분기준을 사전에 공표한 경우에만 적법하게 처분을 할 수 있는 것이라고 보면, 처분의 적법성이 지나치게 불안정해지고 개별법령의 집행이 사실상 유보·지연되는 문제가 발생하게 된다.

사전에 공표한 심사기준 중 경미한 사항을 변경하거나 다소 불명확하고 추상적이었던 부분을 명확하게 하거나 구체화하는 정도를 뛰어넘어, 심사대상기간이 이미 경과하였거나 상당 부분 경과한 시점에서 처분상대방의 갱신 여부를 좌우할 정도로 중대하게 변경하는 것은 갱신제의 본질과 사전에 공표된 심사기준에 따라 공정한 심사가 이루어져야 한다는 요청에 정면으로 위배되는 것이므로, 갱신제 자체를 폐지하거나 갱신상대방의 수를 종전보다 대폭 감축할 수밖에 없도록 만드는 중대한 공익상 필요가 인정되거나 관계 법령이 제·개정되었다는 등의 특별한 사정이 없는 한, 허용되지 않는다 $\left(\begin{smallmatrix} 대판 2020. 12. 24. \\ 2018두45633 \end{smallmatrix}\right)$.

(나) 처분의 이유제시 $\left(\begin{smallmatrix} 법 \\ 23조 \end{smallmatrix}\right)$[7]

① 행정청은 처분을 할 때에는 다음의 어느 하나에 해당하는 경우를 제외하고는 당사자에게 그 근거와 이유를 제시하여야 한다.

ㄱ 신청 내용을 모두 그대로 인정하는 처분인 경우

ㄴ 단순·반복적인 처분 또는 경미한 처분으로서 당사자가 그 이유를 명백히 알 수 있는 경우

ㄷ 긴급히 처분을 할 필요가 있는 경우

② 행정청은 ㄴ과 ㄷ의 경우에 처분 후 당사자가 요청하는 경우에는 그 근거와 이유를 제시하여야 한다.

---

7) 행정법 및 행정법학에서 '처분의 이유제시'가 가지는 의미는 너무나 크고 중요하다. 그리고 그 문제는 행정행위의 성립·적법요건, 행정행위의 하자, 행정행위의 치유, 행정절차의 헌법적 근거, 행정절차의 하자 등 여러 곳에서 다루어지고 있으므로, 여기에서의 설명은 생략하기로 한다.

[판례①]   구 출입국관리법 제76조의2 제3항, 제4항 및 구 출입국관리법 시행령 제88조의2에 따르면, 난민 인정에 관한 신청을 받은 행정청은 난민 신청자에 대하여 면접을 하고 사실을 조사하여 이를 토대로 난민 인정 여부를 심사하며, 심사 결과 난민으로 인정하지 아니하는 경우에는 신청자에게 서면으로 사유를 통지하여야 한다. 출입국관리법이 난민 인정 거부 사유를 서면으로 통지하도록 규정한 것은 행정청으로 하여금 난민 요건에 관한 신중한 조사와 판단을 거쳐 정당한 처분을 하도록 하고, 처분의 상대방에게 처분 근거를 제시하여 이에 대한 불복신청에 편의를 제공하며, 나아가 이에 대한 사법심사의 심리범위를 명확하게 하여 이해관계인의 신뢰를 보호하고 절차적 권리를 보장하기 위한 것이다(대판 2017. 12.\ 5. 2016두42913).

[판례②]   행정절차법 제23조 제1항은 "행정청은 처분을 할 때에는 다음 각호의 어느 하나에 해당하는 경우를 제외하고는 당사자에게 그 근거와 이유를 제시하여야 한다."라고 정하고 있다. 이는 행정청의 자의적 결정을 배제하고 당사자로 하여금 행정구제절차에서 적절히 대처할 수 있도록 하는 데 그 취지가 있다. 따라서 처분서에 기재된 내용, 관계 법령과 해당 처분에 이르기까지 전체적인 과정 등을 종합적으로 고려하여, 처분 당시 당사자가 어떠한 근거와 이유로 처분이 이루어진 것인지를 충분히 알 수 있어서 그에 불복하여 행정구제절차로 나아가는 데 별다른 지장이 없었던 것으로 인정되는 경우에는 처분서에 처분의 근거와 이유가 구체적으로 명시되어 있지 않았더라도 이를 처분을 취소하여야 할 절차상 하자로 볼 수 없다(대판 2019. 12. 13. 2018두41907, 동지판례: 대판 2009.\ 12. 10. 2007두20348: 대판 2013. 11. 14. 2011두18571).

[판례③]   과세표준과 세율, 세액, 세액산출근거 등의 필요한 사항을 납세자에게 서면으로 통지하도록 한 세법상의 제 규정들은 단순히 세무행정의 편의를 위한 훈시규정이 아니라 조세행정에 있어 자의를 배제하고 신중하고 합리적인 처분을 행하게 함으로써 공정을 기함과 동시에 납세의무자에게 부과처분의 내용을 상세히 알려서 불복여부의 결정과 불복신청에 편의를 제공하려는 데서 나온 강행규정으로서 납세고지서에 그와 같은 기재가 누락되면 그 과세처분 자체가 위법한 처분이 되어 취소의 대상이 된다(대판 1985. 5. 28.\ 84누289).

[판례④]   면허의 취소처분에는 그 근거가 되는 법령이나 취소권 유보의 부관 등을 명시하여야 함은 물론 처분을 받은 자가 어떠한 위반사실에 대하여 당해 처분이 있었는지를 알 수 있을 정도로 사실을 적시할 것을 요하며, 이와 같은 취소처분의 근거와 위반사실의 적시를 빠뜨린 하자는 피처분자가 처분 당시 그 취지를 알고 있었다거나 그 후 알게 되었다 하여도 치유될 수 없다(대판 1990. 9. 11.\ 90누1786).

[판례⑤]   행정절차법 제23조 제1항은 행정청은 처분을 하는 때에는 당사자에게 그 근거와 이유를 제시하여야 한다고 규정하고 있는바, 일반적으로 당사자가 근거 규정 등을 명시하여 신청하는 인·허가 등을 거부하는 처분을 함에 있어 당사자가 그 근거를 알 수 있을 정도로 상당한 이유를 제시한 경우에는 당해 처분의 근거

및 이유를 구체적 조항 및 내용까지 명시하지 않았더라도 그로 말미암아 그 처분이 위법한 것이 된다고 할 수 없다(대판 2002. 5. 17., 2000두8912).

[판례⑥] 행정청은 처분을 하는 때에는 원칙적으로 당사자에게 근거와 이유를 제시하여야 한다(행정절차법 제23조 제1항). 당사자가 신청하는 허가 등을 거부하는 처분을 하면서 당사자가 그 근거를 알 수 있을 정도로 이유를 제시한 경우에는 처분의 근거와 이유를 구체적으로 명시하지 않았더라도 그로 말미암아 그 처분이 위법하다고 볼 수는 없다. 이때 '이유를 제시한 경우'는 처분서에 기재된 내용과 관계 법령 및 당해 처분에 이르기까지의 전체적인 과정 등을 종합적으로 고려하여, 처분 당시 당사자가 어떠한 근거와 이유로 처분이 이루어진 것인지를 충분히 알 수 있어서 그에 불복하여 행정구제절차로 나아가는 데 별다른 지장이 없었다고 인정되는 경우를 뜻한다(대판 2017. 8. 29., 2016두44186).

[판례⑦] 교육부장관이 어떤 후보자를 총장 임용에 부적격하다고 판단하여 배제하고 다른 후보자를 임용제청하는 경우라면 배제한 후보자에게 연구윤리 위반, 선거부정, 그 밖의 비위행위 등과 같은 부적격사유가 있다는 점을 구체적으로 제시할 의무가 있다. 그러나 부적격사유가 없는 후보자들 사이에서 어떤 후보자를 상대적으로 더욱 적합하다고 판단하여 임용제청하는 경우라면, 이는 후보자의 경력, 인격, 능력, 대학운영계획 등 여러 요소를 종합적으로 고려하여 총장 임용의 적격성을 정성적으로 평가하는 것으로 그 판단 결과를 수치화하거나 이유제시를 하기 어려울 수 있다. 이 경우에는 교육부장관이 어떤 후보자를 총장으로 임용제청하는 행위 자체에 그가 총장으로 더욱 적합하다는 정성적 평가 결과가 당연히 포함되어 있는 것으로, 이로써 행정절차법상 이유제시의무를 다한 것이라고 보아야 한다. 여기에서 나아가 교육부장관에게 개별 심사항목이나 고려요소에 대한 평가 결과를 더 자세히 밝힐 의무까지는 없다(대판 2018. 6. 15., 2016두57564).

(다) 처분의 방식(법 24조)

① 행정청이 처분을 할 때에는 다른 법령등에 특별한 규정이 있는 경우를 제외하고는 문서로 하여야 하며, ㉠ 당사자등의 동의가 있는 경우, ㉡ 당사자가 전자문서로 처분을 신청한 경우에는 전자문서로 할 수 있다.

② 공공의 안전 또는 복리를 위하여 긴급히 처분을 할 필요가 있거나 사안이 경미한 경우에는 말, 전화, 휴대전화를 이용한 문자 전송, 팩스 또는 전자우편 등 문서가 아닌 방법으로 처분을 할 수 있다. 이 경우 당사자가 요청하면 지체 없이 처분에 관한 문서를 주어야 한다.[8]

---

8) 종전의 규정과 비교할 때, 전자문서로 처분을 할 수 있는 경우 및 문서 형식이 아닌 그 밖의 방식으로

> **[판례①]** 행정절차에 관한 일반법인 행정절차법은 제24조 제1항에서 "행정청이 처분을 할 때에는 다른 법령 등에 특별한 규정이 있는 경우를 제외하고는 문서로 하여야 하며, 전자문서로 하는 경우에는 당사자 등의 동의가 있어야 한다. 다만 신속히 처리할 필요가 있거나 사안이 경미한 경우에는 말 또는 그 밖의 방법으로 할 수 있다."라고 정하고 있다. 이 규정은 처분내용의 명확성을 확보하고 처분의 존부에 관한 다툼을 방지하여 처분상대방의 권익을 보호하기 위한 것이므로, 이를 위반한 처분은 하자가 중대 · 명백하여 무효이다(대판 2019. 7. 11. 2017두38874. 동지판례: 대판 2011. 11. 10. 2011도11109).
>
> **[판례②]** 행정청이 문서에 의하여 처분을 한 경우 그 처분서의 문언이 불분명하다는 등의 특별한 사정이 없는 한, 그 문언에 따라 어떤 처분을 하였는지 여부를 확정하여야 할 것이고, 처분서의 문언만으로도 행정청이 어떤 처분을 하였는지가 분명함에도 불구하고 처분경위나 처분 이후의 상대방의 태도 등 다른 사정을 고려하여 처분서의 문언과는 달리 다른 처분까지 포함되어 있는 것으로 확대해석하여서는 아니 된다(대판 2005. 7. 28. 2003두469. 동지판례: 대판 2016. 10. 13. 2016두42449).
>
> **[판례③]** 행정청이 문서로 처분을 한 경우 원칙적으로 처분서의 문언에 따라 어떤 처분을 하였는지 확정하여야 한다. 그러나 처분서의 문언만으로는 행정청이 어떤 처분을 하였는지 불분명한 경우에는 처분 경위와 목적, 처분 이후 상대방의 태도 등 여러 사정을 고려하여 처분서의 문언과 달리 처분의 내용을 해석할 수 있다. 특히 행정청이 행정처분을 하면서 논리적으로 당연히 수반되어야 하는 의사표시를 명시적으로 하지 않았다고 하더라도, 그것이 행정청의 추단적 의사에도 부합하고 상대방도 이를 알 수 있는 경우에는 행정처분에 위와 같은 의사표시가 묵시적으로 포함되어 있다고 볼 수 있다(대판 2020. 10. 29. 2017다269152. 동지판례: 대판 2021. 2. 4. 2017다207932).

③ 처분을 하는 문서에는 그 처분 행정청과 담당자의 소속 · 성명 및 연락처(전화번호, 팩스번호, 전자우편주소 등을 말한다)를 적어야 한다.

(라) 처분의 정정(법25조)

행정청은 처분에 오기, 오산 또는 그 밖에 이에 준하는 명백한 잘못이 있을 때에는 직권으로 또는 신청에 따라 지체 없이 정정하고 그 사실을 당사자에게 통지하여야 한다.

처분을 할 수 있는 경우를 보다 더 명확히 규정하고, 그 밖의 방식의 처분 형식을 보다 더 구체적으로 예시하는 방식으로 개정되었다(2022. 7. 12. 시행).

(2) 신청에 의한 처분(수익적 처분)의 절차

(가) 처분의 신청(법17조)

① 행정청에 처분을 구하는 신청은 문서로 하여야 한다. 다만, 다른 법령 등에 특별한 규정이 있는 경우와 행정청이 미리 다른 방법을 정하여 공시한 경우에는 그러하지 아니하다.

② 제1항에 따라 처분을 신청할 때 전자문서로 하는 경우에는 행정청의 컴퓨터 등에 입력된 때에 신청한 것으로 본다.

③ 행정청은 신청에 필요한 구비서류, 접수기관, 처리기간, 그 밖에 필요한 사항을 게시(인터넷 등을 통한 게시를 포함한다)하거나 이에 대한 편람을 갖추어 두고 누구나 열람할 수 있도록 하여야 한다.

④ 행정청은 신청을 받았을 때에는 다른 법령 등에 특별한 규정이 있는 경우를 제외하고는 그 접수를 보류 또는 거부하거나 부당하게 되돌려 보내서는 아니 되며, 신청을 접수한 경우에는 신청인에게 접수증을 주어야 한다. 다만, 대통령령으로 정하는 경우에는 접수증을 주지 아니할 수 있다.

⑤ 행정청은 신청에 구비서류의 미비 등 흠이 있는 경우에는 보완에 필요한 상당한 기간을 정하여 지체 없이 신청인에게 보완을 요구하여야 한다.

⑥ 행정청은 신청인이 제5항에 따른 기간 내에 보완을 하지 아니하였을 때에는 그 이유를 구체적으로 밝혀 접수된 신청을 되돌려 보낼 수 있다.

⑦ 행정청은 신청인의 편의를 위하여 다른 행정청에 신청을 접수하게 할 수 있다. 이 경우 행정청은 접수할 수 있는 신청의 종류를 미리 정하여 공시하여야 한다.

⑧ 신청인은 처분이 있기 전에는 그 신청의 내용을 보완·변경하거나 취하할 수 있다. 다만, 다른 법령 등에 특별한 규정이 있거나 그 신청의 성질상 보완·변경하거나 취하할 수 없는 경우에는 그러하지 아니하다.

[판례] ㉮ 행정절차법 제17조에 따르면, 행정청은 신청에 구비서류의 미비 등 흠이 있는 경우에는 보완에 필요한 상당한 기간을 정하여 지체 없이 신청인에게 보완을 요구하여야 하고(제5항), 신청인이 그 기간 내에 보완을 하지 않았을 때에는 그 이유를 구체적으로 밝혀 접수된 신청을 되돌려 보낼 수 있으며(제6항), 신청인은 처분이 있기 전에는 그 신청의 내용을 보완·변경하거나 취하할 수 있다(제8항 본문). ㉯ 이처럼 행정절차법 제17조가 '구비서류의 미비 등 흠의 보완'과 '신청 내

용의 보완'을 분명하게 구분하고 있는 점에 비추어 보면, 행정절차법 제17조 제5항
은 신청인이 신청할 때 관계 법령에서 필수적으로 첨부하여 제출하도록 규정한 서
류를 첨부하지 않은 경우와 같이 쉽게 보완이 가능한 사항을 누락하는 등의 흠이
있을 때 행정청이 곧바로 거부처분을 하는 것보다는 신청인에게 보완할 기회를 주
도록 함으로써 행정의 공정성 · 투명성 및 신뢰성을 확보하고 국민의 권익을 보호
하려는 행정절차법의 입법 목적을 달성하고자 함이지, 행정청으로 하여금 신청에
대하여 거부처분을 하기 전에 반드시 신청인에게 신청의 내용이나 처분의 실체적
발급요건에 관한 사항까지 보완할 기회를 부여하여야 할 의무를 정한 것은 아니라
고 보아야 한다(대판 2020. 7. 23.
2020두36007).

(나) 다수의 행정청이 관여하는 처분($^{법}_{18조}$)

행정청은 다수의 행정청이 관여하는 처분을 구하는 신청을 접수한 경우에
는 관계 행정청과의 신속한 협조를 통하여 그 처분이 지연되지 아니하도록 하
여야 한다.

(다) 처리기간의 설정 · 공표($^{법}_{19조}$)

① 행정청은 신청인의 편의를 위하여 처분의 처리기간을 종류별로 미리 정
하여 공표하여야 한다.

② 행정청은 부득이한 사유로 제1항에 따른 처리기간 내에 처분을 처리하기
곤란한 경우에는 해당 처분의 처리기간의 범위에서 한 번만 그 기간을 연장할
수 있다.

③ 행정청은 제2항에 따라 처리기간을 연장할 때에는 처리기간의 연장 사유
와 처리 예정 기한을 지체 없이 신청인에게 통지하여야 한다.

④ 행정청이 정당한 처리기간 내에 처리하지 아니하였을 때에는 신청인은
해당 행정청 또는 그 감독 행정청에 신속한 처리를 요청할 수 있다.

⑤ 제1항에 따른 처리기간에 산입하지 아니하는 기간에 관하여는 대통령령
으로 정한다.

[판례] ㉮ 행정절차법 제19조 제1항은 "행정청은 신청인의 편의를 위하여 처분의
처리기간을 종류별로 미리 정하여 공표하여야 한다."라고 정하고 있다. 민원 처리
에 관한 법률 제17조 제1항은 "행정기관의 장은 법정민원을 신속히 처리하기 위하
여 행정기관에 법정민원의 신청이 접수된 때부터 처리가 완료될 때까지 소요되는
처리기간을 법정민원의 종류별로 미리 정하여 공표하여야 한다."라고 정하고 있고,

민원 처리에 관한 법률 시행령 제23조 제1항은 "행정기관의 장은 민원이 접수된 날부터 30일이 지났으나 처리가 완료되지 아니한 경우 또는 민원인의 명시적인 요청이 있는 경우에는 그 처리진행상황과 처리완료 예정일 등을 적은 문서를 민원인에게 교부하거나 정보통신망 또는 우편 등의 방법으로 통지하여야 한다."라고 정하고 있다. ㉴ 처분이나 민원의 처리기간을 정하는 것은 신청에 따른 사무를 가능한 한 조속히 처리하도록 하기 위한 것이다. 처리기간에 관한 규정은 훈시규정에 불과할 뿐 강행규정이라고 볼 수 없다. 행정청이 처리기간이 지나 처분을 하였더라도 이를 처분을 취소할 절차상 하자로 볼 수 없다. 민원처리법 시행령 제23조에 따른 민원처리진행상황 통지도 민원인의 편의를 위한 부가적인 제도일 뿐, 그 통지를 하지 않았더라도 이를 처분을 취소할 절차상 하자로 볼 수 없다(대판 2019. 12. 13.\n2018두41907).

(라) 의견청취

수익적 처분에 있어서도 행정청은 ① 다른 법령 등에서 청문을 하도록 규정하고 있는 경우, ② 행정청이 필요하다고 인정하는 경우, ③ 인허가 등의 취소, 신분·자격의 박탈, 법인이나 조합 등의 설립허가 취소 등의 처분을 하는 경우 청문을 하며,[9] ① 다른 법령 등에서 공청회를 개최하도록 규정하고 있는 경우, ② 해당 처분의 영향이 광범위하여 널리 의견을 수렴할 필요가 있다고 행정청이 인정하는 경우, ③ 국민생활에 큰 영향을 미치는 처분으로서 대통령령으로 정하는 처분에 대하여 대통령령으로 정하는 수 이상의 당사자 등이 공청회 개최를 요구하는 경우에는 공청회를 개최한다(법 22조 1\n항 및 2항).

(3) 침익적 처분의 절차

본래 행정의 사전절차로서의 청문 등 행정절차는 공권력의 행사에 앞서, 상대방에게 방어 내지 변명의 기회를 제공하기 위한 제도로서 발전하였기에, 처분절차의 진면목도 이 곳에서 찾을 수 있다.

대표적으로 사전통지, 의견청취, 이유제시 제도가 있고, 이러한 절차를 거치지 않고 이루어진 처분은 원칙적으로 위법하다.

---

9) 종전에는 이러한 처분 시 '당사자 등의 신청이 있는 경우'에 청문을 하도록 하였으나, 행정의 공정성·투명성을 제고하고 국민의 권익을 보호하기 위하여 인허가 등의 취소 등 국민에게 불이익한 처분을 하는 경우 당사자 등의 신청이 없는 경우에도 청문을 하도록 청문의 대상을 확대하는 내용으로 개정되었다(2022. 7. 12. 시행).

[판례] 행정절차에 관한 일반법인 행정절차법 제21조 내지 제23조에서 사전 통지, 의견청취, 이유 제시에 관하여 정하고 있다. 행정청이 당사자에게 의무를 부과하거나 권익을 제한하는 처분을 하는 경우에는 미리 '처분의 제목', '처분하려는 원인이 되는 사실과 처분의 내용 및 법적 근거', '이에 대하여 의견을 제출할 수 있다는 뜻과 의견을 제출하지 아니하는 경우의 처리방법', '의견제출기관의 명칭과 주소', '의견제출기한' 등의 사항을 당사자 등에게 통지하여야 하고($^{21조}_{1항}$), 다른 법령 등에서 필수적으로 청문을 하거나 공청회를 개최하도록 규정하고 있지 않은 경우에도 당사자 등에게 의견제출의 기회를 주어야 하며($^{22조}_{3항}$), 행정청이 처분을 할 때에는 원칙적으로 당사자에게 그 근거와 이유를 제시해야 한다($^{23조}_{1항}$). 따라서 행정청이 침해적 행정처분을 하면서 위와 같은 절차를 거치지 않았다면 원칙적으로 그 처분은 위법하여 취소를 면할 수 없다($^{대판\ 2023.\ 9.\ 21.}_{2023두39724}$).

(가) 처분의 사전통지와 생략 등[10]

① **처분의 사전통지:** 행정청은 당사자에게 의무를 부과하거나 권익을 제한하는 처분을 하는 경우에는 미리 ㉠ 처분의 제목, ㉡ 당사자의 성명 또는 명칭과 주소, ㉢ 처분하려는 원인이 되는 사실과 처분의 내용 및 법적 근거, ㉣ 위 ㉢에 대하여 의견을 제출할 수 있다는 뜻과 의견을 제출하지 아니하는 경우의 처리방법, ㉤ 의견제출기관의 명칭과 주소, ㉥ 의견제출기한, ㉦ 그 밖에 필요한 사항을 당사자 등에게 통지하여야 하며($^{법\ 21조}_{1항}$), 위 ㉥에 따른 기한은 의견제출에 필요한 기간을 10일 이상으로 고려하여 정하여야 한다($^{법\ 21조}_{3항}$).

처분의 사전통지 대상이 되는 처분은 당사자에게 의무를 부과하거나 권익을 제한하는 처분이므로 수익적 처분은 사전통지의 대상이 아니다.

[판례①] 행정절차법 제21조 제1항, 제22조 제3항 및 제2조 제4호의 각 규정에 의하면, 행정청이 당사자에게 의무를 과하거나 권익을 제한하는 처분을 함에 있어서는 당사자 등에게 처분의 사전통지를 하고 의견제출의 기회를 주어야 하며, 여기서 당사자라 함은 행정청의 처분에 대하여 직접 그 상대가 되는 자를 의미한다 할 것이고, 한편 구 식품위생법 제25조 제2항, 제3항의 각 규정에 의하면, 지방세법에 의한 압류재산 매각절차에 따라 영업시설의 전부를 인수함으로써 그 영업자의 지위를 승계한 자가 관계 행정청에 이를 신고하여 행정청이 이를 수리하는 경우에는 종전의 영업자에 대한 영업허가 등은 그 효력을 잃는다 할 것인데, 위 규정들을 종

---

10) 주요문헌: 김남진, 수취인 부재 등과 청문의 요건, 고시연구, 2001. 11; 동인, 처분의 사전통지 및 청문과 판례의 경향, 법률저널, 2004. 9. 20; 김광수, 청문결여 행정처분의 법적 효력 등, 고시연구, 2006. 1.

합하면 위 행정청이 구 식품위생법 규정에 의하여 영업자지위승계신고를 수리하는 처분은 종전의 영업자의 권익을 제한하는 처분이라 할 것이고 따라서 종전의 영업자는 그 처분에 대하여 직접 그 상대가 되는 자에 해당한다고 봄이 상당하므로, 행정청으로서는 위 신고를 수리하는 처분을 함에 있어서 행정절차법 규정 소정의 당사자에 해당하는 종전의 영업자에 대하여 위 규정 소정의 행정절차를 실시하고 처분을 하여야 한다(대판 2003. 2. 14, 2001두7015).

[판례②] 행정청이 관광진흥법 또는 체육시설법의 규정에 의하여 유원시설업자 또는 체육시설업자 지위승계신고를 수리하는 처분은 종전의 유원시설업자 또는 체육시설업자의 권익을 제한하는 처분이라 할 것이고, 종전의 유원시설업자 또는 체육시설업자는 그 처분에 대하여 직접 그 상대가 되는 자에 해당한다고 봄이 상당하므로, 행정청으로서는 그 신고를 수리하는 처분을 함에 있어서 행정절차법 규정 소정의 당사자에 해당하는 종전의 유원시설업자 또는 체육시설업자에 대하여 위 규정 소정의 행정절차를 실시하고 처분을 하여야 한다(대판 2012. 12. 13, 2011두29144).

거부처분이 사전통지의 대상이 되는지에 관하여 대법원은 부정적인 입장을 보이고 있다.

[판례] 행정절차법 제21조 제1항은 행정청은 당사자에게 의무를 과하거나 권익을 제한하는 처분을 하는 경우에는 … 당사자 등에게 통지하도록 하고 있는바, 신청에 따른 처분이 이루어지지 아니한 경우에는 아직 당사자에게 권익이 부과되지 아니하였으므로 특별한 사정이 없는 한 신청에 대한 거부처분이라고 하더라도 직접 당사자의 권익을 제한하는 것은 아니어서 신청에 대한 거부처분을 여기에서 말하는 '당사자의 권익을 제한하는 처분'에 해당한다고 할 수 없는 것이어서 처분의 사전통지대상이 된다고 할 수 없다(대판 2003. 11. 28, 2003두674).

② **청문실시를 위한 사전통지**: 행정청이 청문을 하려면 청문이 시작되는 날부터 10일 전까지 법 제21조 제1항 각 호의 사항을 당사자 등에게 통지하여야 하되, 4호부터 6호까지의 사항은 청문 주재자의 소속·직위 및 성명, 청문의 일시 및 장소, 청문에 응하지 아니하는 경우의 처리방법 등 청문에 필요한 사항으로 갈음한다(법 21조 2항).

③ **사전통지의 생략**: 행정청은 ㉠ 공공의 안전 또는 복리를 위하여 긴급히 처분을 할 필요가 있는 경우, ㉡ 법령등에서 요구된 자격이 없거나 없어지게 되면 반드시 일정한 처분을 하여야 하는 경우에 그 자격이 없거나 없어지

게 된 사실이 법원의 재판 등에 의하여 객관적으로 증명된 경우, ⓒ 해당 처분의 성질상 의견청취가 현저히 곤란하거나 명백히 불필요하다고 인정될 만한 상당한 이유가 있는 경우 등에는 처분의 사전통지를 아니할 수 있으며($^{법}_{4항}$^{21조}), 위 규정에 따라 처분의 사전통지를 하지 아니할 수 있는 구체적인 사항에 대해서는 동법 시행령 제13조[11]에서 정하고 있다($^{법}_{5항}$^{21조}).

「행정절차법」 제21조 4항에 따라 사전 통지를 하지 아니하는 경우 행정청은 처분을 할 때 당사자등에게 통지를 하지 아니한 사유를 알려야 하며, 다만 신속한 처분이 필요한 경우에는 처분 후 그 사유를 알릴 수 있다($^{법}_{6항}$^{21조}). 이때 처분의 방식에 대한 제24조를 준용하여 원칙적으로 문서($^{전자문서로 하는 경우에는}_{당사자등의 동의 필요}$)로 하여야 한다($^{법}_{7항}$^{21조}).

> **[판례①]** 행정절차법 제21조 제4항 제3호는 침해적 행정처분을 할 경우 청문을 실시하지 않을 수 있는 사유로서 "당해 처분의 성질상 의견청취가 현저히 곤란하거나 명백히 불필요하다고 인정될 만한 상당한 이유가 있는 경우"를 규정하고 있으나, 여기에서 말하는 '의견청취가 현저히 곤란하거나 명백히 불필요하다고 인정될 만한 상당한 이유가 있는지 여부'는 당해 행정처분의 성질에 비추어 판단하여야 하는 것이지, 청문통지서의 반송 여부, 청문통지의 방법 등에 의하여 판단할 것은 아니며, 또한 행정처분의 상대방이 통지된 청문일시에 불출석하였다는 이유만으로 행정청이 관계 법령상 그 실시가 요구되는 청문을 실시하지 아니한 채 침해적 행정처분을 할 수는 없을 것이므로, 행정처분의 상대방에 대한 청문통지서가 반송되었다거나, 행정처분의 상대방이 청문일시에 불출석하였다는 이유로 청문을 실시하지 아니하고 한 침해적 행정처분은 위법하다($^{대판 2001. 4. 13.}_{2000두3337}$).
>
> **[판례②]** 건축법상의 공사중지명령에 대한 사전통지를 하고 의견제출의 기회를 준다면 많은 액수의 손실보상금을 기대하여 공사를 강행할 우려가 있다는 사정은 사전통지 및 의견제출절차의 예외사유인 "당해 처분의 성질상 의견청취가 현저히

---

11) 「행정절차법 시행령」 제13조에서는 처분의 사전 통지 생략사유로서 ① 급박한 위해의 방지 및 제거 등 공공의 안전 또는 복리를 위하여 긴급한 처분이 필요한 경우, ② 법원의 재판 또는 준사법적 절차를 거치는 행정기관의 결정 등에 따라 처분의 전제가 되는 사실이 객관적으로 증명되어 처분에 따른 의견청취가 불필요하다고 인정되는 경우, ③ 의견청취의 기회를 줌으로써 처분의 내용이 미리 알려져 현저히 공익을 해치는 행위를 유발할 우려가 예상되는 등 해당 처분의 성질상 의견청취가 현저하게 곤란한 경우, ④ 법령 또는 자치법규(이하 "법령등"이라 한다)에서 준수하여야 할 기술적 기준이 명확하게 규정되고, 그 기준에 현저히 미치지 못하는 사실을 이유로 처분을 하려는 경우로서 그 사실이 실험, 계측, 그 밖에 객관적인 방법에 의하여 명확히 입증된 경우, ⑤ 법령등에서 일정한 요건에 해당하는 자에 대하여 점용료 · 사용료 등 금전급부를 명하는 경우 법령등에서 규정하는 요건에 해당함이 명백하고, 행정청의 금액산정에 재량의 여지가 없거나 요율이 명확하게 정하여져 있는 경우 등 해당 처분의 성질상 의견청취가 명백히 불필요하다고 인정될 만한 상당한 이유가 있는 경우 등을 규정하고 있다.

곤란하거나 명백히 불필요하다고 인정될 만한 상당한 이유가 있는 경우"에 해당한
다고 볼 수 없다(대판 2004. 5. 28. / 2004두1254).

[판례③] 현장조사에서 원고가 위반사실을 시인하였다거나 위반경위를 진술하였
다는 사정만으로는 행정절차법 제21조 제4항 제3호가 정한 '의견청취가 현저히 곤
란하거나 명백히 불필요하다고 인정될 만한 상당한 이유가 있는 경우'로서 처분의
사전통지를 하지 아니하여도 되는 경우에 해당한다고 볼 수도 없다(대판 2016. 10. 27. / 2016두41811).

[판례④] 국가공무원법상 직위해제처분은 구 행정절차법 제3조 제2항 제9호, 구
행정절차법 시행령 제2조 제3호에 의하여 당해 행정작용의 성질상 행정절차를 거
치기 곤란하거나 불필요하다고 인정되는 사항 또는 행정절차에 준하는 절차를 거
친 사항에 해당하므로, 처분의 사전통지 및 의견청취 등에 관한 행정절차법의 규정
이 별도로 적용되지 않는다(대판 2014. 5. 16. / 2012두26180).

(나) 의견청취

행정청이 침익적 처분을 할 때에는 의견청취(청문·공청회·의견제출)를 하여
야 한다. 다만 법 제21조 4항 각 호의 어느 하나에 해당하는 경우와 당사자가
의견진술의 기회를 포기한다는 뜻을 명백히 표시한 경우에는 의견청취를 하지
아니할 수 있다(법 제22조 / 4항).

[판례] 행정절차법 제21조, 제22조, 행정절차법 시행령 제13조의 내용을 행정절차
법의 입법 목적과 의견청취 제도의 취지에 비추어 종합적·체계적으로 해석하면,
행정절차법 시행령 제13조 제2호에서 정한 "법원의 재판 또는 준사법적 절차를 거
치는 행정기관의 결정 등에 따라 처분의 전제가 되는 사실이 객관적으로 증명되어
처분에 따른 의견청취가 불필요하다고 인정되는 경우"는 법원의 재판 등에 따라
처분의 전제가 되는 사실이 객관적으로 증명되면 행정청이 반드시 일정한 처분을
해야 하는 경우 등 의견청취가 행정청의 처분 여부나 그 수위 결정에 영향을 미치
지 못하는 경우를 의미한다고 보아야 한다. 처분의 전제가 되는 '일부' 사실만 증명
된 경우이거나 의견청취에 따라 행정청의 처분 여부나 처분 수위가 달라질 수 있
는 경우라면 위 예외사유에 해당하지 않는다(대판 2020. 7. 23. / 2017두66602).

① 청 문

㉠ 청문의 실시: 행정청은 ① 다른 법령등에서 청문을 하도록 규정하
고 있는 경우, ⅱ 행정청이 필요하다고 인정하는 경우, ⅲ 인허가 등의 취소, 신
분·자격의 박탈, 법인이나 조합 등의 설립허가 취소 등의 처분을 하는 경우
청문을 한다(법 제22조 / 1항).¹²⁾

[판례] 청문제도는 행정처분의 사유에 대하여 당사자에게 변명과 유리한 자료를 제출할 기회를 부여함으로써 위법사유의 시정가능성을 고려하고 처분의 신중과 적정을 기하려는 데 그 취지가 있음에 비추어 볼 때. 행정청이 침해적 행정처분을 함에 즈음하여 청문을 실시하지 않아도 되는 예외적인 경우에 해당하지 않는 한 반드시 청문을 실시하여야 하고, 그 절차를 결여한 처분은 위법한 처분으로서 취소사유에 해당한다. 행정청이 당사자와 사이에 도시계획사업의 시행과 관련한 협약을 체결하면서 관계 법령 및 행정절차법에 규정된 청문의 실시 등 의견청취절차를 배제하는 조항을 두었다고 하더라도, 국민의 행정참여를 도모함으로써 행정의 공정성 · 투명성 및 신뢰성을 확보하고 국민의 권익을 보호한다는 행정절차법의 목적 및 청문제도의 취지 등에 비추어 볼 때, 위와 같은 협약의 체결로 청문의 실시에 관한 규정의 적용을 배제할 수 있다고 볼 만한 법령상의 규정이 없는 한, 이러한 협약이 체결되었다고 하여 청문의 실시에 관한 규정의 적용이 배제된다거나 청문을 실시하지 않아도 되는 예외적인 경우에 해당한다고 할 수 없다(대판 2004. 7. 8. 2002두8350. 동지판례: 대판 2007. 11. 16. 2005두15700).

ⓛ 청문의 주재자: 　행정청은 소속 직원 또는 대통령령으로 정하는 자격을 가진 사람 중에서 청문 주재자를 공정하게 선정하여야 한다(법 28조 1항).

행정청은 ⓘ 다수 국민의 이해가 상충되는 처분, ⓙ 다수 국민에게 불편이나 부담을 주는 처분, ⓚ 그 밖에 전문적이고 공정한 청문을 위하여 행정청이 청문 주재자를 2명 이상으로 선정할 필요가 있다고 인정하는 처분을 하려는 경우에는 청문 주재자를 2명 이상으로 선정할 수 있다. 이 경우 선정된 청문 주재자 중 1명이 청문 주재자를 대표한다(법 28조 2항).[13]

ⓒ 청문주재자의 제척 · 기피 · 회피: 　청문 주재자에게는 제척 · 기피 · 회피의 사유가 없어야 한다(법 29조).

ⓓ 청문의 공개: 　청문은 당사자가 공개를 신청하거나 청문 주재자가 필요하다고 인정하는 경우 공개할 수 있다. 다만, 공익 또는 제3자의 정당한 이익을 현저히 해칠 우려가 있는 경우에는 공개하여서는 아니 된다(법 30조).

ⓜ 청문의 진행: 　청문 주재자가 청문을 시작할 때에는 먼저 예정된

---

12) 종전에는 이러한 처분 시 '당사자 등의 신청이 있는 경우'에 청문을 하도록 하였으나. 행정의 공정성 · 투명성을 제고하고 국민의 권익을 보호하기 위하여 인허가 등의 취소 등 국민에게 불이익한 처분을 하는 경우 당사자 등의 신청이 없는 경우에도 청문을 하도록 청문의 대상을 확대하는 내용으로 개정되었다(2022. 7. 12. 시행).

13) 공정하고 전문적인 청문을 위하여 다수 국민의 이해가 상충되는 처분이나 다수 국민에게 불편이나 부담을 주는 처분 등을 하는 경우 청문 주재자를 2명 이상으로 선정할 수 있도록 하는 내용이 신설되었다(2022. 7. 12. 시행).

처분의 내용, 그 원인이 되는 사실 및 법적 근거 등을 설명하여야 하고, 당사자 등은 의견을 진술하고 증거를 제출할 수 있으며, 참고인·감정인 등에 대하여 질문할 수 있다($\frac{법}{31조}$).

ⓗ 증거조사: 청문 주재자는 직권으로 또는 당사자의 신청에 따라 필요한 조사를 할 수 있으며, 당사자 등이 주장하지 아니한 사실에 대하여도 조사할 수 있다($\frac{법}{33조}$).

ⓢ 청문조서·청문주재자의 의견서: 청문 주재자는 청문의 일시 및 장소, 당사자들의 진술의 요지 및 제출된 증거 등이 적힌 청문조서를 작성하여야 하고, 청문 주재자는 청문의 제목, 처분의 내용, 주요 사실 또는 증거와 종합 의견 등이 적힌 의견서를 작성하여야 한다($\frac{법 34조}{34조의2}$).

ⓞ 청문의 종결: 청문 주재자는 해당 사안에 대하여 당사자 등의 의견진술, 증거조사가 충분히 이루어졌다고 인정하는 경우에는 청문을 마칠 수 있으며, 청문을 마쳤을 때에는 지체 없이 청문조서, 청문 주재자의 의견서, 그 밖의 관계 서류 등을 행정청에 제출하여야 한다($\frac{법}{35조}$).

ⓩ 청문의 재개: 행정청은 청문을 마친 후 처분을 할 때 새로운 사정이 발견되어 청문을 재개할 필요가 있다고 인정할 때에는 청문의 재개를 명할 수 있다($\frac{법}{36조}$).

ⓒ 문서의 열람 및 비밀유지: 당사자 등은 청문의 통지가 있는 날부터 청문이 끝날 때까지 행정청에 해당 사안의 조사결과에 관한 문서와 그 밖에 해당 처분과 관련되는 문서의 열람 또는 복사를 요청할 수 있다($\frac{법}{37조}$).

② 공청회

ⓐ 공청회의 개최: 행정청은 처분을 할 때 ⅰ 다른 법령등에서 공청회를 개최하도록 규정하고 있는 경우, ⅱ 해당 처분의 영향이 광범위하여 널리 의견을 수렴할 필요가 있다고 행정청이 인정하는 경우, ⅲ 국민생활에 큰 영향을 미치는 처분으로서 대통령령으로 정하는 처분에 대하여 대통령령으로 정하는 수 이상의 당사자등이 공청회 개최를 요구하는 경우 등에는 공청회를 개최한다($\frac{법 22조}{2항}$).

[판례] 묘지공원과 화장장의 후보지를 선정하는 과정에서 서울특별시, 비영리법인, 일반 기업 등이 공동발족한 협의체인 추모공원건립추진협의회가 후보지 주민들의 의견을 청취하기 위하여 그 명의로 개최한 공청회는 이 사건 협의회가 이 사건

추모공원의 후보지를 선정하는 과정에서 후보지 주민들의 의견을 청취하기 위하여 그 명의로 개최된 것일 뿐이지, 행정청인 피고(서울특별시장)가 이 사건 도시계획시설결정이라는 처분을 함에 있어서 당해 처분의 영향이 광범위하여 널리 의견을 수렴할 필요가 있다고 스스로 인정하여 개최한 공청회가 아니므로, 위 각 공청회를 개최함에 있어 행정절차법에서 정한 절차를 준수하여야 하는 것은 아니라 할 것이고, 위 각 공청회 개최과정에서 피고가 이 사건 협의회의 구성원으로서 행정적인 업무지원을 하였다 하여 달리 볼 것은 아니다(대판 2007. 4. 12.).

ⓛ 공고 등: 행정청이 공청회를 개최하고자 하는 경우에는 공청회 개최 14일 전까지 제목, 일시·장소, 주요내용 등을 당사자등에게 통지하고 관보, 공보, 인터넷 홈페이지 또는 일간신문 등에 공고하는 등의 방법으로 널리 알려야 한다(별 38조).

ⓒ 공청회의 진행: ⓘ 행정청은 해당 공청회의 사안과 관련된 분야에 전문적 지식이 있거나 그 분야에 종사한 경험이 있는 사람으로서 대통령령으로 정하는 자격을 가진 사람 중에서 공청회의 주재자를 선정한다. ⓘⓘ 발표자는 발표를 신청한 사람 중에서 행정청이 선정하며, 발표를 신청한 사람이 없거나 공청회의 공정성을 확보하기 위하여 필요하다고 인정하는 경우에는 사안과 관련된 당사자 및 전문가 등에서 지명하거나 위촉할 수 있다. ⓘⓘⓘ 발표자는 공청회의 내용과 직접 관련된 사항에 대하여만 발표하여야 한다. ⓘⓥ 공청회 주재자는 공청회를 공정하게 진행하여야 하며, 공청회의 원활한 진행을 위하여 발표 내용을 제한 할 수 있고, 질서유지를 위하여 발언 중지 및 퇴장 명령 등 행정안전부장관이 정하는 필요한 조치를 할 수 있다. ⓥ 공청회의 주재자는 발표자의 발표가 끝난 후에는 발표자 상호간에 질의 및 답변을 할 수 있도록 하여야 하며, 방청인에게 의견을 제시할 기회를 주어야 한다(별 38조의 3, 39조).

ⓔ 온라인공청회: 정보통신망을 이용한 온라인공청회는 위의 내용과 같은 공청회와 병행하여서만 실시할 수 있는 것이 원칙이다. 다만, ⓘ 국민의 생명·신체·재산의 보호 등 국민의 안전 또는 권익보호 등의 이유로 제38조에 따른 공청회를 개최하기 어려운 경우, ⓘⓘ 제38조에 따른 공청회가 행정청이 책임질 수 없는 사유로 개최되지 못하거나 개최는 되었으나 정상적으로 진행되지 못하고 무산된 횟수가 3회 이상인 경우, ⓘⓘⓘ 행정청이 널리 의견을 수렴하기 위하여 온라인공청회를 단독으로 개최할 필요가 있다고 인정하는 경우에는 온라인공청회를 단독으로 개최할 수 있다. 온라인공청회를 실시하는 경우에는

누구든지 정보통신망을 이용하여 의견을 제출하거나 제출된 의견 등에 대한 토론에 참여할 수 있다(법 제38조의2).[14]

③ 의견제출

㉠ 기회의 제공: 행정청이 당사자에게 의무를 부과하거나 권익을 제한하는 처분을 할 때 청문을 실시하거나 공청회를 개최하는 경우 외에는 당사자 등에게 의견제출의 기회를 주어야 한다(법 제22조3항).

[판례①] ㉮ 행정절차법 제21조 제1항, 제4항, 제22조 제1항, 제3항, 제4항에 의하면, 행정청이 당사자에게 의무를 부과하거나 권익을 제한하는 처분을 하는 경우에는 미리 '처분의 제목', '처분하려는 원인이 되는 사실과 처분의 내용 및 법적 근거', '이에 대하여 의견을 제출할 수 있다는 뜻과 의견을 제출하지 아니하는 경우의 처리방법', '의견제출기관의 명칭과 주소', '의견제출기한' 등의 사항을 당사자 등에게 통지하여야 하고, 의견제출기한은 의견제출에 필요한 상당한 기간을 고려하여 정하여야 하며, 다른 법령 등에서 필수적으로 청문을 하거나 공청회를 개최하도록 규정하고 있지 아니한 경우에도 당사자 등에게 의견제출의 기회를 주어야 하며, 다만 '해당 처분의 성질상 의견청취가 현저히 곤란하거나 명백히 불필요하다고 인정될 만한 상당한 이유가 있는 경우' 등에 한하여 처분의 사전통지나 의견청취를 하지 아니할 수 있다. 따라서 행정청이 침해적 행정처분을 하면서 당사자에게 위와 같은 사전통지를 하거나 의견제출의 기회를 주지 아니하였다면, 그 사전통지나 의견제출의 예외적인 경우에 해당하지 아니하는 한, 그 처분은 위법하여 취소를 면할 수 없다. ㉯ 이처럼 행정절차법이 당사자에게 의무를 부과하거나 권익을 제한하는 처분을 하는 경우에 사전통지 및 의견청취를 하도록 규정한 것은 불이익처분 상대방의 방어권 행사를 실질적으로 보장하기 위함이다. ㉰ 이러한 행정절차법의 규정 내용과 체계에 의하면, 행정청이 당사자에게 의무를 부과하거나 권익을 제한하는 처분을 하는 경우에는 원칙적으로 행정절차법 제21조 제1항에 따른 사전통지를 하고, 제22조 제3항에 따른 의견제출 기회를 주는 것으로 족하며, 다른 법령 등에서 반드시 청문을 실시하도록 규정한 경우이거나 행정청이 필요하다고 인정하는 경우 등에 한하여 청문을 실시할 의무가 있다(대판 2020. 4. 29. 2017두31064).

[판례②] 구 행정절차법 제22조 제3항에 따라 행정청이 의무를 부과하거나 권익을 제한하는 처분을 할 때 의견제출의 기회를 주어야 하는 '당사자'는 '행정청의 처

---

14) 종전의 '전자공청회'라는 용어를 '온라인공청회'로 변경하고, 코로나바이러스감염증-19의 장기화 등으로 인하여 온라인 중심으로 빠르게 변화하는 행정환경을 반영하여 종전에는 오프라인 공청회와 병행하여서만 온라인 공청회를 개최할 수 있도록 하던 것을, 국민의 생명·신체·재산의 보호 등 국민의 안전 또는 권익보호 등의 이유로 오프라인 공청회를 개최하기 어려운 경우 등에는 온라인 공청회를 단독으로도 개최할 수 있도록 개정되었다(2022. 7. 12. 시행).

분에 대하여 직접 그 상대가 되는 당사자'($^{구 행정절차법}_{제2조 제4호}$)를 의미한다. 그런데 '고시'의
방법으로 불특정 다수인을 상대로 의무를 부과하거나 권익을 제한하는 처분은 성
질상 의견제출의 기회를 주어야 하는 상대방을 특정할 수 없으므로, 이와 같은 처
분에 있어서까지 구 행정절차법 제22조 제3항에 의하여 그 상대방에게 의견제출의
기회를 주어야 한다고 해석할 것은 아니다($^{대판 2014. 10. 27,}_{2012두7745}$).

[판례③] 퇴직연금의 환수결정은 당사자에게 의무를 과하는 처분이기는 하나, 관
련 법령에 따라 당연히 환수금액이 정하여지는 것이므로, 퇴직연금의 환수결정에
앞서 당사자에게 의견진술의 기회를 주지 아니하여도 행정절차법 제22조 제3항이
나 신의칙에 어긋나지 아니한다($^{대판 2000. 11. 28,}_{99두5443}$).

ⓒ 의견의 제출: ⓘ 당사자 등은 처분 전에 그 처분의 관할 행정청에
서면이나 말 또는 정보통신망을 이용하여 의견제출을 할 수 있다. ⓘⓘ 당사자 등
은 의견제출을 하는 경우 그 주장을 증명하기 위한 증거자료 등을 첨부할 수
있다. ⓘⓘⓘ 행정청은 당사자 등이 말로 의견제출을 하였을 때에는 서면으로 그 진
술의 요지와 진술자를 기록하여야 한다. ⓘⓥ 당사자 등이 정당한 이유 없이 의견
제출기한까지 의견제출을 하지 아니한 경우에는 의견이 없는 것으로 본다. ⓥ
행정청은 처분을 할 때에 당사자등이 제출한 의견이 상당한 이유가 있다고 인
정하는 경우에는 이를 반영하여야 한다. ⓥⓘ 행정청은 당사자 등이 제출한 의견
을 반영하지 아니하고 처분을 한 경우 당사자 등이 처분이 있음을 안 날부터
90일 이내에 그 이유의 설명을 요청하면 서면으로 그 이유를 알려야 한다. 다
만, 당사자 등이 동의하면 말, 정보통신망 또는 그 밖의 방법으로 알릴 수 있다
($^{법 27조 및}_{27조의2}$).

5. 신   고[15]

(1) 법령 등에서 행정청에 일정한 사항을 통지함으로써 의무가 끝나는 신고
를 규정하고 있는 경우 신고를 관장하는 행정청은 신고에 필요한 구비서류, 접
수기관, 그 밖에 법령등에 따른 신고에 필요한 사항을 게시($^{인터넷 등을 통한}_{게시를 포함한다}$)하거나
이에 대한 편람을 갖추어 두고 누구나 열람할 수 있도록 하여야 한다($^{법40조}_{1항}$).

(2) 신고가 다음 각 호의 요건을 갖춘 경우에는 신고서가 접수기관에 도달된
때에 신고의무가 이행된 것으로 본다($^{동조}_{2항}$).

---

15) 신고에 관한 이론적 법적 문제는 이미 "사인의 공법행위"의 절에서 고찰한 바 있다. 따라서 여기에서는
신고에 관한 행정절차법의 규정(40조)만 적어 놓기로 한다.

① 신고서의 기재사항에 흠이 없을 것

② 필요한 구비서류가 첨부되어 있을 것

③ 그 밖에 법령 등에 규정된 형식상의 요건에 적합할 것

(3) 행정청은 제2항 각 호의 요건을 갖추지 못한 신고서가 제출된 경우에는 지체 없이 상당한 기간을 정하여 기간 내에 보완을 요구하여야 한다($\frac{통조}{3항}$).

(4) 행정청은 신고인이 제3항에 따른 기간 내에 보완을 하지 아니하였을 때에는 그 이유를 구체적으로 밝혀 해당 신고서를 되돌려 보내야 한다($\frac{통조}{4항}$).

6. 행정상 입법예고

(1) 입법예고의 원칙

법령 등을 제정·개정 또는 폐지($\frac{이하 \, "입법"}{이라 \, 한다}$)하려는 경우에는 해당 입법안을 마련한 행정청은 이를 예고하여야 한다. 다만 ① 신속한 국민의 권리 보호 또는 예측 곤란한 특별한 사정의 발생 등으로 입법이 긴급을 요하는 경우, ② 상위 법령등의 단순한 집행을 위한 경우, ③ 입법내용이 국민의 권리·의무 또는 일상생활과 관련이 없는 경우, ④ 단순한 표현·자구를 변경하는 경우 등 입법내용의 성질상 예고의 필요가 없거나 곤란하다고 판단되는 경우, ⑤ 예고함이 공공의 안전 또는 복리를 현저히 해칠 우려가 있는 경우에는 입법예고를 하지 아니할 수 있다($\frac{법}{41조}$).

(2) 예고방법·기간

행정청은 법령의 입법안을 입법예고하는 경우에는 관보 및 법제처장이 구축·제공하는 정보시스템을 통해, 자치법규의 입법안을 입법예고하는 경우에는 공보를 통해 입법안의 취지, 주요 내용 또는 전문(全文)을 공고하여야 하며, 추가로 인터넷, 신문 또는 방송 등을 통하여 공고할 수 있다. 또한 행정청은 입법예고를 할 때에 입법안과 관련이 있다고 인정되는 중앙행정기관, 지방자치단체, 그 밖의 단체 등이 예고사항을 알 수 있도록 예고사항을 통지하거나 그 밖의 방법으로 알려야 하며, 예고된 입법안에 대하여 전자공청회 등을 통하여 널리 의견을 수렴할 수 있다($\frac{법}{42조}$). 입법예고기간은 예고할 때 정하되, 특별한 사정이 없으면 40일(자치법규는 20일) 이상으로 한다($\frac{법}{43조}$).

(3) 의견제출 및 처리

누구든지 예고된 입법안에 대하여 의견을 제출할 수 있다. 행정청은 해당

입법안에 대한 의견이 제출된 경우 특별한 사유가 없으면 이를 존중하여 처리하여야 한다. 행정청은 의견을 제출한 자에게 그 제출된 의견의 처리결과를 통지하여야 한다($\frac{법}{44조}$).

7. 행정예고

(1) 행정예고의 원칙

행정청은 정책, 제도 및 계획(이하 "정책등"이라 함)을 수립 · 시행하거나 변경하려는 경우에는 이를 예고하여야 한다.[16] 다만, ① 신속하게 국민의 권리를 보호하여야 하거나 예측이 어려운 특별한 사정이 발생하는 등 긴급한 사유로 예고가 현저히 곤란한 경우, ② 법령등의 단순한 집행을 위한 경우, ③ 정책등의 내용이 국민의 권리 · 의무 또는 일상생활과 관련이 없는 경우, ④ 정책등의 예고가 공공의 안전 또는 복리를 현저히 해칠 우려가 상당한 경우 중 어느 하나에 해당하는 경우에는 예고를 하지 않을 수 있다($\frac{법}{1항}^{46조}$).

(2) 행정예고기간

행정예고기간은 예고 내용의 성격 등을 고려하여 정하되, 20일 이상으로 한다. 다만, 행정목적을 달성하기 위하여 긴급한 필요가 있는 경우에는 행정예고기간을 단축할 수 있는데, 이 경우 단축된 행정예고기간은 10일 이상으로 한다($\frac{법\ 46조\ 3항}{및\ 4항}$).[17]

(3) 예고방법 등

행정청은 정책등안(案)의 취지, 주요 내용 등을 관보 · 공보나 인터넷 · 신문 · 방송 등을 통하여 공고하여야 한다. 행정예고의 방법, 의견제출 및 처리, 공청회 및 전자공청회에 관하여는 입법예고의 규정을 준용한다($\frac{법}{47조}$).

---

16) 종전에는 정책, 제도 및 계획을 수립 · 시행하거나 변경하려는 경우 국민생활에 매우 큰 영향을 주는 사항 등 일정한 경우에만 행정예고를 하였으나, 2019. 12. 10. 일부 개정된 「행정절차법」에서는 정책, 제도 및 계획의 내용이 국민의 권리 · 의무 또는 일상생활과 관련이 없는 경우 등을 제외하고는 원칙적으로 모두 행정예고를 하여야 하는 것으로 전환하였다.

17) 종전 규정은 행정예고기간을 '특별한 사정이 없으면 20일 이상으로 한다'고만 하여 특별한 사정이 있으면 20일 미만으로 예고할 수 있었다. 그러나 개정 법률에 따르면 행정예고 기간은 원칙적으로 20일 이상이며, 이를 단축할 수 있는 경우를 보다 구체적으로 규정하는 한편, 예고기간을 단축하더라도 최소 10일 이상 행정예고를 하도록 하여 국민의 알권리 보장과 행정의 투명성 제고에 기여할 것으로 보인다 (2022. 7. 12. 시행).

8. 행정지도[18]

(1) 의견제출

행정지도의 상대방은 해당 행정지도의 방식·내용 등에 관하여 행정기관에 의견제출을 할 수 있다($\frac{법}{50조}$).

(2) 다수인을 대상으로 하는 행정지도

행정기관이 같은 행정목적을 실현하기 위하여 많은 상대방에게 행정지도를 하려는 경우에는 특별한 사정이 없으면 행정지도에 공통적인 내용이 되는 사항을 공표하여야 한다($\frac{법}{51조}$).

Ⅲ. 특별행정절차

앞에서 살펴 본 「행정절차법」은 행정절차에 관한 일반법이라고 할 수 있다. 현행법에는 행정절차에 관하여 규정하고 있는 수많은 법률이 있는데, 그 중에서 「행정규제기본법」과 「민원 처리에 관한 법률」의 내용을 특별행정절차의 이름으로 살펴보기로 한다.

1. 행정규제기본법의 주요 내용

(1) 개 설

(가) 행정규제의 수단으로서의 행정행위

보통 '행정행위의 내용'이라는 이름 아래 설명되고 있는 행정행위, 특히 명령적 행위(하명·허가·면제)와 형성적 행위(특허와 인가), 확인, 공증 등은 '행정규제', 즉 「국가 또는 지방자치단체가 특정한 행정목적의 실현을 위하여 국민의 권리를 제한하거나 의무를 부과하는 것」($\frac{행정규제기본법}{2조\ 1항\ 1호}$)의 수단으로서 활용되고 있음을 먼저 인식할 필요가 있다.

첫째, '하명'은 개인에 대해 각종의 의무(작위·부작위·급부·수인의 의무)를 부과하는 것이므로 그들 행정행위가 행정규제의 수단이 됨은 설명을 필요치 않는다.

둘째, '허가'와 '면제'도 의무의 존재를 전제로 하는 것이므로 이들 행정행위

---

18) 행정지도절차에 관한 상세는 제2편 제4장 제6절 행정지도 참조 요망.

도 행정규제의 수단이 된다.

셋째, '특허'와 '인가' 역시 허가와 마찬가지로 행정기관에 의한 사전통제의 수단이 되는 점에서 역시 행정규제의 수단이 되고 있다.[19]

넷째, '확인' 역시 건물의 준공검사, 자동차의 검사 등의 예에서 보는 바와 같이 행정규제의 수단이 되고 있다.

다섯째, '공증' 역시 주민등록증의 발급, 여권의 발급, 각종 검사증의 발급의 예에서 보는 바와 같이, 역시 행정규제의 중요 수단이 되고 있다.

(나) 시대적 요청으로서의 규제완화

이와 같이 행정행위, 이른바 '수익적 행정행위'로 분류되고 있는 허가·특허·인가까지도 실질에 있어 '규제'의 수단으로 활용되고 있고, '규제의 과다'가 국민의 창의와 자유를 억제하며, 기업의 국제경쟁력을 약화시킨다는 인식의 결과, '규제완화'가 시대적 과제로 되고 있다고 말할 수 있다.[20]

(2) 행정규제의 원칙과 방법 등

「행정규제기본법」은 행정규제에 관한 기본적인 사항을 규정하여 불필요한 행정규제를 폐지하고 비효율적인 행정규제의 신설을 억제함으로써 사회·경제 활동의 자율과 창의를 촉진하여 국민의 삶의 질을 높이고 국가경쟁력이 지속적으로 향상되도록 함을 목적으로 하는 법으로서(법1조), 그의 주된 내용은 다음과 같다.

(가) 행정규제법정주의

행정규제는 법률에 근거하여야 하며, 그 내용은 알기 쉬운 용어로 구체적이고 명확하게 규정되어야 한다(법4조1항).

(나) 행정규제의 원칙

국가나 지방자치단체는 국민의 자유와 창의를 존중하여야 하며, 규제를 정하는 경우에도 그 본질적 내용을 침해하지 아니하도록 하여야 하며(법5조1항), 규제를 정할 때에는 국민의 생명·인권·보건 및 환경 등의 보호와 식품·의약품의 안전을 위한 실효성이 있는 규제가 되도록 하여야 한다(법5조2항). 또한 규제

---

19) 행정법의 교재(특히 총론)에서는 허가·특허·인가의 차이점만 주로 설명하고 있다. 그러나 그들 상호 간에 개인의 활동에 대한 "사전통제"라고 하는 공통점이 있는 것을 간과해서는 안 될 것이다. 상세는 김남진·김연태(Ⅱ), 제7편 제2장 제4절 제2관 이하 「특허기업」 부분을 참조.

20) 이러한 사정에 관하여는 김남진, 정부규제의 완화와 강화, 사법행정, 1994. 2; 최병선, 정부규제론, 1993 등 참조.

의 대상과 수단은 규제의 목적 실현에 필요한 최소한의 범위에서 가장 효과적인 방법으로 객관성·투명성 및 공정성이 확보되도록 설정되어야 한다(법 5조).

(다) 우선허용·사후규제 원칙

국가나 지방자치단체가 신기술을 활용한 새로운 서비스 또는 제품(이하 "신기술 서비스·제품"이라 한다)과 관련된 규제를 법령등이나 조례·규칙에 규정할 때에는 다음 각 호의 어느 하나의 규정 방식을 우선적으로 고려하여야 한다(법의2 5조).

① 규제로 인하여 제한되는 권리나 부과되는 의무는 한정적으로 열거하고 그 밖의 사항은 원칙적으로 허용하는 규정 방식

② 서비스와 제품의 인정 요건·개념 등을 장래의 신기술 발전에 따른 새로운 서비스와 제품도 포섭될 수 있도록 하는 규정 방식

③ 서비스와 제품에 관한 분류기준을 장래의 신기술 발전에 따른 서비스와 제품도 포섭될 수 있도록 유연하게 정하는 규정 방식

④ 그 밖에 신기술 서비스·제품과 관련하여 출시 전에 권리를 제한하거나 의무를 부과하지 아니하고 필요에 따라 출시 후에 권리를 제한하거나 의무를 부과하는 규정 방식

(라) 규제영향분석

중앙행정기관의 장은 규제를 신설 또는 강화(규제의 존속기한 연장을 포함한다. 이하 같다)하고자 할 때에는 다음의 사항을 종합적으로 고려하여 규제영향분석을 하고 규제영향분석서를 작성하여야 한다(법 7조).

① 규제의 신설 또는 강화의 필요성

② 규제목적의 실현가능성

③ 규제의 대체수단의 존재 및 기존규제와의 중복여부

④ 규제의 시행에 따라 규제를 받는 집단 및 부담하여야 할 비용과 편익의 비교분석

⑤ 규제의 시행이 「중소기업기본법」 제2조에 따른 중소기업에 미치는 영향

⑥ 경쟁제한적 요소의 포함여부

⑦ 규제 내용의 객관성과 명료성

⑧ 규제의 신설 또는 강화에 따른 행정기구·인력 및 예산의 소요

⑨ 관련 민원사무의 구비서류·처리절차 등의 적정여부

(마) 자체심사

중앙행정기관의 장은 규제영향분석의 결과를 기초로 규제의 대상 · 범위 · 방법 등을 정하고 그 타당성에 대하여 자체심사를 하여야 한다. 이 경우 관계 전문가 등의 의견을 충분히 수렴하여 심사에 반영하여야 한다($\frac{법7조}{3항}$).

(바) 규제의 존속기한 명시

① 중앙행정기관의 장은 규제를 신설하거나 강화하려는 경우에 존속시켜야 할 명백한 사유가 없는 규제는 존속기한 또는 재검토기한(일정기간마다 그 규제의 시행상황에 관한 점검결과에 따라 폐지 또는 완화 등의 조치를 할 필요성이 인정되는 규제에 한정하여 적용되는 기한을 말한다. 이하 같다)을 설정하여 그 법령등에 규정하여야 한다.

② 규제의 존속기한 또는 재검토기한은 규제의 목적을 달성하기 위하여 필요한 최소한의 기간 내에서 설정되어야 하며, 그 기간은 원칙적으로 5년을 초과할 수 없다.

③ 중앙행정기관의 장은 규제의 존속기한 또는 재검토기한을 연장할 필요가 있을 때에는 그 규제의 존속기한 또는 재검토기한의 6개월 전까지 제10조에 따라 위원회에 심사를 요청하여야 한다. 법률에 규정된 규제의 존속기한 또는 재검토기한을 연장할 필요가 있을 때에는 그 규제의 존속기한 또는 재검토기한의 3개월 전까지 규제의 존속기한 또는 재검토기한 연장을 내용으로 하는 개정안을 국회에 제출하여야 한다($\frac{법}{8조}$).

(사) 의견수렴

중앙행정기관의 장은 규제를 신설하거나 강화하려면 공청회, 행정상 입법예고 등의 방법으로 행정기관 · 민간단체 · 이해관계인 · 연구기관 · 전문가 등의 의견을 충분히 수렴하여야 한다($\frac{법}{9조}$).

(아) 규제정비의 요청

누구든지 위원회에 고시 등 기존규제의 폐지 또는 개선(이하 '정비'라 한다)을 요청할 수 있다. 위원회는 기존규제의 정비 요청을 받으면 해당 규제의 소관 행정기관의 장에게 지체 없이 통보하여야 하고, 통보를 받은 행정기관의 장은 책임자 실명으로 성실히 답변하여야 한다. 위원회는 그 답변과 관련하여 필요한 경우 해당 행정기관의 장에게 규제 존치의 필요성 등에 대하여 소명할 것을 요청할 수 있으며, 소명을 요청받은 행정기관의 장은 특별한 사유가 없으면 이에 따라야 한다($\frac{법}{17조}$).

(자) 다른 행정기관 소관의 규제에 관한 의견 제출

중앙행정기관의 장은 규제 개선 또는 소관 정책의 목적을 효과적으로 달성하기 위하여 다른 중앙행정기관의 소관 규제를 개선할 필요가 있다고 판단하는 경우에는 그에 관한 의견을 위원회에 제출할 수 있다($^{법17조}_{의2}$).

(차) 기존규제의 자체정비

중앙행정기관의 장은 매년 소관 기존규제에 대하여 이해관계인·전문가 등의 의견을 수렴하여 정비가 필요한 규제를 선정하여 정비하여야 한다($^{법19조}_{1항}$).

2. 민원 처리 절차

(1) 개 설

여기에서 '민원 처리 절차'라고 하는 것은 「민원 처리에 관한 법률」에 정해진 절차를 말하는 것으로서, 동법은 민원 처리에 관한 기본적인 사항을 규정하여 민원의 공정하고 적법한 처리와 민원행정제도의 합리적 개선을 도모함으로써 국민의 권익을 보호함을 목적으로 제정되었다($^{법}_{1조}$).

(2) 주요내용

(가) 민원의 신청 등

민원의 신청은 문서($^{전자정부법\ 제2조\ 제7호에}_{따른\ 전자문서를\ 포함한다}$)로 하여야 한다. 다만, 기타민원은 구술 또는 전화로 할 수 있다($^{법}_{8조}$).

한편, 민원인은 민원의 처리에 필요한 증명서류나 구비서류를 「전자정부법」제2조 제7호에 따른 전자문서나 제8호에 따른 전자화문서로 제출할 수 있다. 다만, 행정기관이 전자문서나 전자화문서로 증명서류나 구비서류를 받을 수 있는 정보시스템을 구축하지 아니한 경우 등에는 그러하지 아니하다($^{법8조의2}_{1항}$).

(나) 민원 처리의 원칙과 의무

① 민원을 처리하는 담당자는 담당 민원을 신속·공정·친절·적법하게 처리하여야 한다($^{법}_{4조}$).

② 행정기관의 장은 관계법령등에서 정한 처리기간이 남아 있다거나 그 민원과 관련 없는 공과금 등을 미납하였다는 이유로 민원 처리를 지연시켜서는 아니 된다. 다만, 다른 법령에 특별한 규정이 있는 경우에는 그에 따른다($^{법6조}_{1항}$).

③ 행정기관의 장은 법령의 규정 또는 위임이 있는 경우를 제외하고는 민원 처리의 절차 등을 강화하여서는 아니 된다($^{법6조}_{2항}$).

(다) 민원의 처리

① 행정기관의 장은 민원의 신청을 받았을 때에는 다른 법령에 특별한 규정이 있는 경우를 제외하고는 그 접수를 보류하거나 거부할 수 없으며, 접수된 민원문서를 부당하게 되돌려 보내서는 아니 된다($^{법}_{1항}{}^{9조}$).

② 행정기관의 장은 민원을 접수·처리할 때에 민원인에게 관계법령등에서 정한 구비서류 외의 서류를 추가로 요구하여서는 아니 된다($^{법}_{1항}{}^{10조}$). 행정기관의 장은 동일한 민원서류 또는 구비서류를 복수로 받는 경우에는 특별한 사유가 없으면 원본과 함께 그 사본의 제출을 허용하여야 한다($^{법}_{2항}{}^{10조}$). 행정기관의 장은 민원을 접수·처리할 때에 민원인이 소지한 주민등록증·여권·자동차운전면허증 등 행정기관이 발급한 증명서로 그 민원의 처리에 필요한 내용을 확인할 수 있는 경우나 해당 행정기관의 공부(公簿) 또는 행정정보로 그 민원의 처리에 필요한 내용을 확인할 수 있는 경우 또는 「전자정부법」 제36조 제1항에 따른 행정정보의 공동이용을 통하여 그 민원의 처리에 필요한 내용을 확인할 수 있는 경우에는 민원인에게 관련 증명서류 또는 구비서류의 제출을 요구할 수 없으며, 그 민원을 처리하는 담당자가 직접 이를 확인·처리하여야 한다 ($^{법}_{3항}{}^{10조}$).

③ 행정기관의 장은 접수한 민원이 다른 행정기관의 소관인 경우에는 접수된 민원문서를 지체 없이 소관 기관에 이송하여야 한다($^{법}_{1항}{}^{16조}$).

(라) 본인정보 공동이용

민원인은 행정기관이 컴퓨터 등 정보처리능력을 지닌 장치에 의하여 처리가 가능한 형태로 본인에 관한 행정정보를 보유하고 있는 경우 민원을 접수·처리하는 기관을 통하여 행정정보 보유기관의 장에게 본인에 관한 증명서류 또는 구비서류 등의 행정정보($^{법원의\ 재판사무\cdot조정사무\ 및\ 그\ 밖에\ 이}_{와\ 관련된\ 사무에\ 관한\ 정보는\ 제외한다}$)를 본인의 민원 처리에 이용되도록 제공할 것을 요구할 수 있다. 이 경우 민원을 접수·처리하는 기관의 장은 민원인에게 관련 증명서류 또는 구비서류의 제출을 요구할 수 없으며, 행정정보 보유기관의 장으로부터 해당 정보를 제공받아 민원을 처리하여야 한다($^{법\ 10조}_{의2\ 1항}$).

(마) 민원 1회방문 처리제의 시행

① 행정기관의 장은 복합민원을 처리할 때에 그 행정기관의 내부에서 할 수 있는 자료의 확인, 관계 기관·부서와의 협조 등에 따른 모든 절차를 담당 직

원이 직접 진행하도록 하는 민원 1회방문 처리제를 확립함으로써 불필요한 사유로 민원인이 행정기관을 다시 방문하지 아니하도록 하여야 한다($\frac{\text{법}}{\text{1항}}^{32조}$).

② 행정기관의 장은 제1항에 따른 민원 1회방문 처리에 관한 안내와 상담의 편의를 제공하기 위하여 민원 1회방문 상담창구를 설치하여야 한다($\frac{\text{법}}{\text{2항}}^{32조}$).

(바) 민원처리기준표의 고시

행정안전부장관은 민원인의 편의를 위하여 관계법령등에 규정되어 있는 민원의 처리기관, 처리기간, 구비서류, 처리절차, 신청방법 등에 관한 사항을 종합한 민원처리기준표를 작성하여 관보에 고시하고 통합전자민원창구에 게시하여야 한다($\frac{\text{법}}{\text{1항}}^{36조}$).

(사) 처리결과의 통지

행정기관의 장은 접수된 민원에 대한 처리를 완료한 때에는 그 결과를 민원인에게 문서로 통지하여야 한다. 다만, 기타민원의 경우와 통지에 신속을 요하거나 민원인이 요청하는 등 대통령령으로 정하는 경우에는 구술, 전화, 문자메시지, 팩시밀리 또는 전자우편 등으로 통지할 수 있다($\frac{\text{법}}{\text{1항}}^{27조}$). 행정기관의 장은 민원인의 동의가 있거나 민원인이 전자민원창구나 통합전자민원창구를 통하여 전자문서로 민원을 신청한 경우에는 처리결과의 통지를 전자문서로 통지할 수 있다. 다만, 민원인이 전자문서로 민원을 신청한 경우로서 민원인이 문서 교부를 요청하면 지체 없이 민원 처리 결과에 관한 문서를 교부하여야 한다($\frac{\text{법}}{\text{2항}}^{27조}$). 행정기관의 장은 민원의 처리결과를 통지할 때에 민원의 내용을 거부하는 경우에는 거부 이유와 구제절차를 함께 통지하여야 한다($\frac{\text{법}}{\text{3항}}^{27조}$). 행정기관의 장은 민원의 처리결과를 허가서·신고필증·증명서 등의 문서(전자문서 및 전자화문서는 제외한다)로 민원인에게 직접 교부할 필요가 있는 때에는 그 민원인 또는 그 위임을 받은 자임을 확인한 후에 이를 교부하여야 한다($\frac{\text{법}}{\text{4항}}^{27조}$).

(아) 거부처분에 대한 이의신청

법정민원에 대한 행정기관의 장의 거부처분에 불복하는 민원인은 그 거부처분을 받은 날부터 60일 이내에 그 행정기관의 장에게 문서로 이의신청을 할 수 있다($\frac{\text{법}}{\text{}}^{35조}$). 이때 행정기관의 장은 이의신청을 받은 날부터 10일 이내에 그 이의신청에 대하여 인용 여부를 결정하고 그 결과를 민원인에게 지체 없이 문서로 통지하여야 한다. 다만, 부득이한 사유로 정하여진 기간 이내에 인용 여부를 결정할 수 없을 때에는 그 기간의 만료일 다음 날부터 기산하여 10일 이내의 범위에서 연장할 수 있으며, 연장 사유를 민원인에게 통지하여야 한다($^{법 35조}_{2항}$).

[판례] 민원사무처리에 관한 법률($^{이하 '민원사무처}_{리법'이라 한다}$) 제18조 제1항에서 정한 거부처분에 대한 이의신청($^{이하 '민원 이의}_{신청'이라 한다}$)은 행정청의 위법 또는 부당한 처분이나 부작위로 침해된 국민의 권리 또는 이익을 구제함을 목적으로 하여 행정청과 별도의 행정심판기관에 대하여 불복할 수 있도록 한 절차인 행정심판과는 달리, 민원사무처리법에 의하여 민원사무처리를 거부한 처분청이 민원인의 신청 사항을 다시 심사하여 잘못이 있는 경우 스스로 시정하도록 한 절차이다. 이에 따라, 민원 이의신청을 받아들이는 경우에는 이의신청 대상인 거부처분을 취소하지 않고 바로 최초의 신청을 받아들이는 새로운 처분을 하여야 하지만, 이의신청을 받아들이지 않는 경우에는 다시 거부처분을 하지 않고 그 결과를 통지함에 그칠 뿐이다. 따라서 이의신청을 받아들이지 않는 취지의 기각 결정 내지는 그 취지의 통지는, 종전의 거부처분을 유지함을 전제로 한 것에 불과하고 또한 거부처분에 대한 행정심판이나 행정소송의 제기에도 영향을 주지 못하므로, 결국 민원 이의신청인의 권리·의무에 새로운 변동을 가져오는 공권력의 행사나 이에 준하는 행정작용이라고 할 수 없어, 독자적인 항고소송의 대상이 된다고 볼 수 없다고 봄이 타당하다($^{대판 2012. 11. 15.}_{2010두8676}$).

(자) 사전심사의 청구

민원인은 법정민원 중 신청에 경제적으로 많은 비용이 수반되는 민원 등 대통령령으로 정하는 민원에 대하여는 행정기관의 장에게 정식으로 민원을 신청하기 전에 미리 약식의 사전심사를 청구할 수 있다($^{법 30조}_{1항}$). 행정기관의 장은 사전심사가 청구된 법정민원이 다른 행정기관의 장과의 협의를 거쳐야 하는 사항인 경우에는 미리 그 행정기관의 장과 협의하여야 한다($^{법 30조}_{2항}$). 행정기관의 장은 사전심사 결과를 민원인에게 문서로 통지하여야 하며, 가능한 것으로 통지한 민원의 내용에 대하여는 민원인이 나중에 정식으로 민원을 신청한 경우에도 동일하게 결정을 내릴 수 있도록 노력하여야 한다. 다만, 민원인의 귀책사유 또는 불가항력이나 그 밖의 정당한 사유로 이를 이행할 수 없는 경우에는 그러하지 아니하다($^{법 30조}_{3항}$).

제 4 절 행정절차의 하자

I. 행정절차 하자의 의의

1. 광의의 행정절차의 하자

행정절차의 하자를 광의로 이해할 때에는 '모든 행정작용'의 절차상의 '모든 하자'를 의미한다. 따라서 행정행위만이 아니라, 행정입법, 행정지도 등 모든 행정작용의 절차에 관련된 '모든 하자(사전통지, 청문주재자)'가 여기에 포함된다.

2. 협의의 행정절차의 하자

행정절차의 하자를 협의로 이해할 때에는, '행정행위(처분)'의 절차에 관련된 하자 가운데 주로 '청문(광의)'과 '이유제시'에 관련된 하자만을 의미하며, 여기에서도 그러한 의미의 하자에 관해서만 살펴보기로 한다.

II. 절차상 하자와 행정행위의 효력

1. 문제의 소재

처분에 실체적 하자가 없다면 절차상 하자만을 이유로 이를 취소하거나 무효확인하더라도 행정청으로서는 적법한 절차를 거쳐 동일한 처분을 행할 수 있다는 점에서 절차상의 하자를 독자적 위법사유로 인정하여 당해 처분을 취소하거나 무효확인하는 것이 행정경제에 반하는 것은 아닌지가 문제된다.

2. 절차상 하자의 독자적 위법사유성

(1) 학 설

(가) 소극설

절차규정이란 적정한 행정행위를 확보하기 위한 수단에 불과하다는 점, 절차상의 하자가 있더라도 실체법상으로 적법하면 당해 행정처분이 취소되더라도 행정청은 다시 적법한 절차를 거쳐서 동일한 내용의 처분을 발할 것이기 때문에 절차적 하자를 독자적 위법사유로 인정하면 행정경제에 반한다는 점 등을 이유로 절차상의 하자만으로는 당해 행정행위를 무효로 보거나 취소할 수 없다고 보는 견해이다.

(나) 적극설

행정의 법률적합성원칙에 따라 행정행위는 내용상으로뿐만 아니라 절차상으로도 적법해야 한다는 점, 당해 처분을 취소한 후 행정청이 재처분을 하는 경우에 반드시 전과 동일한 처분을 한다고 단정할 수 없다는 점, 소극설에 따르면 절차적 규제의 담보 수단이 없어지게 된다는 점 등을 근거로 절차상 하자가 독자적 위법사유로 된다는 견해이다.

(2) 판 례

판례는 기속행위인지 재량행위인지를 불문하고 적극적인 입장을 취하고 있다.

> **[판례①]** 과세표준과 세율, 세액, 세액산출근거 등의 필요한 사항을 납세자에게 서면으로 통지하도록 한 세법상의 제 규정들은 단순히 세무행정의 편의를 위한 훈시규정이 아니라 조세행정에 있어 자의를 배제하고 신중하고 합리적인 처분을 행하게 함으로써 공정을 기함과 동시에 납세의무자에게 부과처분의 내용을 상세히 알려서 불복여부의 결정과 불복신청에 편의를 제공하려는 데서 나온 강행규정으로서 납세고지서에 그와 같은 기재가 누락되면 그 과세처분 자체가 위법한 처분이 되어 취소의 대상이 된다(대판 1985. 5. 28, 84누289).
>
> **[판례②]** 식품위생법 제64조, 같은법 시행령 제37조 제1항 소정의 청문절차를 전혀 거치지 아니하거나 거쳤다고 하여도 그 절차적 요건을 제대로 준수하지 아니한 경우에는 가사 영업정지사유 등 위 법 제58조 등 소정 사유가 인정된다고 하더라도 그 처분은 위법하여 취소를 면할 수 없다(대판 1991. 7. 9, 91누971. 동지판례: 대판 2007. 11. 16, 2005두15700).
>
> **[판례③]** 행정청이 침해적 행정처분을 함에 있어서 당사자에게 위와 같은 사전통지를 하거나 의견제출의 기회를 주지 아니하였다면 사전통지를 하지 않거나 의견제출의 기회를 주지 아니하여도 되는 예외적인 경우에 해당하지 아니하는 한 그 처분은 위법하여 취소를 면할 수 없다(대판 2004. 5. 28, 2004두1254. 동지판례: 대판 2007. 9. 21, 2006두20631).
>
> **[판례④]** 행정청이 구 학교보건법 소정의 학교환경위생정화구역 내에서 금지행위 및 시설의 해제 여부에 관한 행정처분을 함에 있어 학교환경위생정화위원회의 심의를 거치도록 한 취지는 그에 관한 전문가 내지 이해관계인의 의견과 주민의 의사를 행정청의 의사결정에 반영함으로써 공익에 가장 부합하는 민주적 의사를 도

출하고 행정처분의 공정성과 투명성을 확보하려는 데 있고, 나아가 그 심의 요구가 법률에 근거하고 있을 뿐 아니라 심의에 따른 의결내용도 단순히 절차의 형식에 관련된 사항에 그치지 않고 금지행위 및 시설의 해제 여부에 관한 행정처분에 영향을 미칠 수 있는 사항에 관한 것임을 종합해 보면, 금지행위 및 시설의 해제 여부에 관한 행정처분을 하면서 절차상 위와 같은 심의를 누락한 흠이 있다면 그와 같은 흠을 가리켜 위 행정처분의 효력에 아무런 영향을 주지 않는다거나 경미한 정도에 불과하다고 볼 수는 없으므로, 특별한 사정이 없는 한 이는 행정처분을 위법하게 하는 취소사유가 된다(대판 2007. 3. 15, 2006두15806).

다만, 행정처분에 절차상 하자가 있더라도 구체적인 사정을 고려하여 처분에 취소사유에 이를 정도의 하자가 존재한다고 보기 어려운 경우에는 그 처분이 위법하지 않다는 판례도 있다.

[판례①] 피고가 이 사건 각 처분을 하면서 원고에게 이 사건 각 처분에 대하여 행정심판을 제기할 수 있는지 여부, 청구절차 및 청구기간 등을 알리지 않은 사실은 인정되나, 이와 같은 사정만으로는 이 사건 각 처분을 위법한 것으로서 취소해야 할 정도의 절차상 하자는 없다는 취지로 판단하였는바, 기록에 비추어 보면, 이러한 원심의 조치는 정당하고, 거기에 상고이유와 같은 행정절차법 제26조에 규정된 고지에 관한 법리오해의 위법이 없다(대판 2007. 10. 11, 2005두5390). 21)

[판례②] 민원사무를 처리하는 행정기관이 민원 1회방문 처리제를 시행하는 절차의 일환으로서 민원사항의 심의·조정 등을 위한 민원조정위원회를 개최하면서 민원인에게 그 회의일정 등을 사전에 통지하지 아니하였다 하더라도, 이러한 사정만으로 곧바로 그 민원사항에 대한 행정기관의 장의 거부처분에 취소사유에 이를 정도의 흠이 존재한다고 보기는 어렵다. 다만 행정기관의 장의 거부처분이 재량행위인 경우에, 위와 같은 사전통지의 흠결로 민원인에게 의견진술의 기회를 주지 아니한 결과 민원조정위원회의 심의과정에서 그 고려대상에 마땅히 포함시켜야 할 사항을 누락하는 등 재량권의 불행사 또는 해태로 볼 수 있는 구체적 사정이 있다면, 그 거부처분은 재량권을 일탈·남용한 것으로서 위법하다고 평가할 수 있을 것이다(대판 2015. 8. 27, 2013두1560).

[판례③] 행정청이 처분을 할 때에는 원칙적으로 당사자에게 그 근거와 이유를 제시하여야 한다(행정절차법 제23조 제1항). 이 경우 행정청은 처분의 원인이 되는 사실과 근거가 되는 법령 또는 자치법규의 내용을 구체적으로 명시하여야 한다(행정절차법 시 행령 제14조의2). 다만 행정청의 자의적 결정을 배제하고 당사자로 하여금 행정구제절차에서 적절히 대처할 수 있도록 하는 처분의 근거 및 이유제시 제도의 취지에 비추어, 처분을 하면서

당사자가 그 근거를 알 수 있을 정도로 이유를 제시한 경우에는 처분의 근거와 이유를 구체적으로 명시하지 않았더라도 그로 말미암아 그 처분이 위법하다고 볼 수는 없다. 이때 '이유를 제시한 경우'는 처분서에 기재된 내용과 관계 법령 및 당해 처분에 이르기까지의 전체적인 과정 등을 종합적으로 고려하여, 처분 당시 당사자가 어떠한 근거와 이유로 처분이 이루어진 것인지를 충분히 알 수 있어서 그에 불복하여 행정구제절차로 나아가는 데 별다른 지장이 없었다고 인정되는 경우를 뜻한다(대판 2019. 1. 31. 2016두64975).

[판례④] 행정청이 처분절차에서 관계 법령의 절차 규정을 위반하여 절차적 정당성이 상실된 경우에는 해당 처분은 위법하고 원칙적으로 취소하여야 한다. 다만 처분상대방이나 관계인의 의견진술권이나 방어권 행사에 실질적으로 지장이 초래되었다고 볼 수 없는 특별한 사정이 있는 경우에는, 절차 규정 위반으로 인하여 처분절차의 절차적 정당성이 상실되었다고 볼 수 없으므로 해당 처분을 취소할 것은 아니다(대판 2021. 1. 28. 2019두55392. 동지 판례: 대판 2018. 3. 13. 2016두33339).

(3) 검 토

「행정소송법」 제30조 3항이 취소판결의 기속력과 관련하여 「신청에 따른 처분이 절차의 위법을 이유로 취소되는 경우」를 규정하고 있는 점을 고려할 때 적극설이 타당하다. 또한 행정절차를 거치지 않았거나 불충분하게 거쳤음에도 당해 행정행위의 취소 내지 무효확인을 부인한다면 이는 행정절차를 의무화한 취지를 몰각시키는 것이라고 할 것이다. 따라서 절차상 하자있는 행정행위는 실체적 하자 유무와 관계없이 그 자체 위법하다고 본다.

3. 행정행위의 효력 - 위법성의 정도

절차상 하자있는 행정행위의 효력에 대하여는 절차상 하자 자체의 위법성의 정도를 무효와 취소의 구별기준에 따라 판단하여야 할 것이다.

무효 · 취소의 구별기준에 관한 통설 · 판례의 입장인 중대 · 명백설에 따를 때, 행정절차의 하자가 중대하고 명백한 경우에 그에 해당하는 행정행위는 무효가 되며, 그 하자가 중대 · 명백하지 않거나, 중대하지만 명백하지 않은 경우에 당해 행정행위는 취소할 수 있는(공정력이 있는) 행위가 된다.

---

21) 절차상 하자가 취소사유에 이를 정도는 아니라는 이유로 처분이 위법하지 않다는 하급심 판례를 대법원이 수용한 것인데, 이론상 비판의 여지가 크다.

[판례] 국세기본법 및 국세기본법 시행령이 과세전적부심사를 거치지 않고 곧바로 과세처분을 할 수 있거나 과세전적부심사에 대한 결정이 있기 전이라도 과세처분을 할 수 있는 예외사유로 정하고 있다는 등의 특별한 사정이 없는 한, 과세예고 통지 후 과세전적부심사 청구나 그에 대한 결정이 있기도 전에 과세처분을 하는 것은 원칙적으로 과세전적부심사 이후에 이루어져야 하는 과세처분을 그보다 앞서 함으로써 과세전적부심사 제도 자체를 형해화시킬 뿐만 아니라 과세전적부심사 결정과 과세처분 사이의 관계 및 그 불복절차를 불분명하게 할 우려가 있으므로, 그와 같은 과세처분은 납세자의 절차적 권리를 침해하는 것으로서 그 절차상 하자가 중대하고도 명백하여 무효라고 할 것이다(대판 2016. 12. 27., 2016두49228).

Ⅲ. 하자의 치유

행정행위의 하자의 절($\frac{제2편}{제8절}$)에서 고찰한 바와 같이, 성립 당시에 하자있는 행정행위가 그 하자의 사후추완·사후보완을 통해 하자없는 행위로 되는 것을 '행정행위의 하자의 치유'라고 한다. 대표적인 사례가 이유제시를 결여하였거나 불완전하게 한 경우, 사후에 추완 또는 보완하는 경우이다. 우리나라에서는 학설과 판례가 다 같이, 그 하자의 치유에 대해 엄격한 편이다. 즉, 행정쟁송(행정심판·행정소송)을 제기하기 이전의 치유만 인정하는 경향에 있다. 그러나 행정심판은 행정과정(행정절차)의 일부로 볼 수도 있으므로, 하자의 추완·보완을 인정해도 무방할 것이며, 행정소송의 단계에서도 일정한 조건하의 하자의 보완은 인정해도 무방하며, 실제로 행해지고 있는 것이 사실이다.

Ⅳ. 행정절차 참여권 침해와 국가배상책임

국가 등의 대규모 공익사업 시행 과정에서는 인근 주민들의 의견제출과 같은 행정절차에의 참여가 보장되고 있다. 필수적으로 거쳐야 하는 행정절차를 결여한 경우 해당 사업과 관련된 행정처분에 위법사유가 존재함은 앞서 살펴본 바와 같다. 그 밖에도 위와 같은 경우 인근 주민들은 자신들에게 보장된 행정절차 참여권 침해를 이유로 국가 등을 상대로 손해배상을 청구할 수 있을 것인가? 이는 결국 「국가배상법」 제2조 제1항의 요건이 충족되는가의 문제인데, 최근 대법원은 이와 관련하여 정신적 손해의 인정 여부에 대한 구체적인 기준을 제시한 바 있다. 이에 따르면 행정절차에 참여할 권리 그 자체는 사적 권리로서의 성질을 가지는 것이 아니므로, 주민들의 의견제출 등 절차적 권리를 보장하지 않은 위법이 있다고 하더라도 ① 그 후 이를 시정하여 절차를 다시 진행한 경우, ② 종국적으로 행정처분 단계까지 이르지 않거나 처분을 직권으로 취소하거나 철회한 경우, ③ 행정소송을 통하여 처분이 취소되거나 처분의 무효를 확인하는 판결이 확정된 경우 등에는 원칙적으로 절차적 권리 침해로 인한 정신적 고통에 대한 배상은 인정되지 않는다. 다만, 여전히 주민들의 절차적 권리 침해로 인한 정신적 고통이 남아 있다고 볼 특별한 사정이 있는 예외적인 경우에는 배상책임을 긍정할 수 있다고 한다.

> **[판례]** 국가나 지방자치단체가 공익사업을 시행하는 과정에서 해당 사업부지 인근 주민들은 의견제출을 통한 행정절차 참여 등 법령에서 정하는 절차적 권리를 행사하여 환경권이나 재산권 등 사적 이익을 보호할 기회를 가질 수 있다. 그러나 법령에서 주민들의 행정절차 참여에 관하여 정하는 것은 어디까지나 주민들에게 자신의 의사와 이익을 반영할 기회를 보장하고 행정의 공정성, 투명성과 신뢰성을 확보하며 국민의 권익을 보호하기 위한 것일 뿐, 행정절차에 참여할 권리 그 자체가 사적 권리로서의 성질을 가지는 것은 아니다. 이와 같이 행정절차는 그 자체가 독립적으로 의미를 가지는 것이라기보다는 행정의 공정성과 적정성을 보장하는 공법적 수단으로서의 의미가 크므로, 관련 행정처분의 성립이나 무효 · 취소 여부 등을 따지지 않은 채 주민들이 일시적으로 행정절차에 참여할 권리를 침해받았다는 사정만으로 곧바로 국가나 지방자치단체가 주민들에게 정신적 손해에 대한 배상의무를 부담한다고 단정할 수 없다. 이와 같은 행정절차상 권리의 성격이나 내용 등에 비추어 볼 때, 국가나 지방자치단체가 행정절차를 진행하는 과정에서 주민들의 의견제출 등 절차적 권리를 보장하지 않은 위법이 있다고 하더라도 그 후 이를 시정하여 절차를 다시 진행한 경우, 종국적으로 행정처분 단계까지 이르지 않거나 처분을 직권으로 취소하거나 철회한 경우, 행정소송을 통하여 처분이 취소되거나 처분의 무효를 확인하는 판결이 확정된 경우 등에는 주민들이 절차적 권리의 행사를 통하여 환경권이나 재산권 등 사적 이익을 보호하려던 목적이 실질적으로 달성된 것이므로 특별한 사정이 없는 한 절차적 권리 침해로 인한 정신적 고통에 대한 배상은 인정되지 않는다. 다만 이러한 조치로도 주민들의 절차적 권리 침해로 인한 정신적 고통이 여전히 남아 있다고 볼 특별한 사정이 있는 경우에 국가나 지방자치단체는 그 정신적 고통으로 인한 손해를 배상할 책임이 있다. 이때 특별한 사정이 있다는 사실에 대한 주장 · 증명책임은 이를 청구하는 주민들에게 있고, 특별한 사정이 있는지는 주민들에게 행정절차 참여권을 보장하는 취지, 행정절차 참여권이

침해된 경위와 정도, 해당 행정절차 대상사업의 시행경과 등을 종합적으로 고려해서 판단해야 한다(대판 2021. 7. 29.
2015다221668).

제 3 장   행정조사와 개인정보의 보호

제 1 절   행정조사

I. 개   설

행정에 있어서의 조사활동, 즉 정보나 자료의 수집을 위한 활동은 이미 오래전부터 광범위하게 행해져 왔다. 행정주체가 여러 가지 결정을 행하기 전에 관련된 정보나 자료를 수집·조사하는 것은 당연한 일로 받아들여지고 있다. 행정조사는 상대방의 신청서에 대한 심사와 같은 수동적 형식으로 행해지는가 하면, 관계공무원에 의한 현장검증·질문·검사 등과 같이 적극적인 활동을 통해 행해지는 경우도 많이 있다. 그 밖에 구체적인 행정결정과의 직접적인 관련 없이도 정책의 입안, 적정한 행정운영의 확보를 위해 널리 행정조사활동이 행해지는데, 이러한 조사활동은 효율적이고도 합리적인 행정수행을 위한 당연한 책무로 볼 수 있다.

행정의 이와 같은 활동, 즉 행정조사는 실무상 중요한 의의를 가짐에도 불구하고 그것이 법적 행위가 아니고 그 준비단계인 사실행위라는 점, 그리고 행정조사의 방법·대상 등이 다종·다양함으로 인해 그것을 통일적인 법적 도구개념으로 구성하는 데 어려움이 많다는 점 등으로 인해 종래 행정법학에서 별로 연구의 대상이 되지 않았다.

그러나 근래 행정조사활동의 중요성에 대한 인식이 높아지고 있는 것 외에, 정보화사회의 진전에 따른 개인 또는 사생활의 보호라는 관점에서 이 문제가 재조명받고 있다.[1] 이에 따라 행정조사에 관한 기본원칙·행정조사의 방법 및

---

1) 주요문헌: 김남진, 행정조사와 개인정보보호, 월간고시, 1990. 2; 김남진, 기본문제, 397면 이하; 김원주, 행정과정과 정보공개, 고시계, 1990. 9; 김영조, 행정조사에 관한 연구, 경희대학교 박사학위논문, 1998; 김영조, 미국 행정법상 행정조사의 법리에 관한 고찰, 토지공법연구 제21집, 2004; 오준근, 행정조사의 공법이론적 재검토, 공법연구 제31집 3호, 2003. 3; 오준근, 행정조사제도의 법리적 논의·입법

절차 등에 관한 공통적인 사항을 규정함으로써 행정의 공정성·투명성 및 효율성을 높이고, 국민의 권익을 보호함을 목적으로 2007년 5월 17일에 「행정조사기본법」이 제정되었다.[2]

종래 행정상의 즉시강제의 일종으로 다루어졌던 행정조사가 근래에 그 중요성이 인식되면서 하나의 독립한 행정제도로 다루어지게 되었음은 환영할 만한 일이다. 아울러 행정조사는 광의의 행정절차의 내용의 하나로 볼 수 있음을 지적해 두고자 한다.

Ⅱ. 행정조사의 의의

1. 개념정의

(1) 행정조사는 행정기관이 필요한 정보·자료 등을 수집하는 일체의 행정활동을 의미한다.

첫째, 행정조사는 행정기관에 의한 조사활동인 점에서 입법기관, 사법기관에 의한 조사활동과 일단 구분된다.

둘째, 행정조사는 정보·자료 등의 수집을 목적으로 하며 반드시 실력행사를 수반하지는 않는 점에서, 행정의사의 강제적 실현을 목적으로 하며, 실력행사를 요소로 하는 행정상의 강제집행, 즉시강제 등과 구별된다.

셋째, 행정조사는 직접 법적 효과를 발생하지 않는 사실행위가 대부분인 점에서 법적 행위인 행정행위 등과 구별된다. 행정조사는 법적 행위를 행하기 위한 준비적·보조적 활동으로서 많이 행해진다고 할 수 있다.

(2) 행정조사를 「행정청이 행정작용을 위하여 필요한 자료를 얻기 위하여 하는 권력적 조사작용」[3]이라고 정의하는 예도 있다. 그러나 이러한 정의는 ① 조사의 주체를 행정청에 국한시키고 있는 점, ② 행정조사를 권력작용으로만 보고 있는 점에 문제가 있다.

동향의 평가와 개선방향에 관한 연구, 토지공법연구 제45집, 2009. 8; 최환용, 행정조사의 법적 근거 및 한계에 관한 고찰, 한국 공법학의 발견(강구철교수 화갑기념논문집), 2007 등.

2) 주요문헌: 김재광·박영도·김치환·김영조, 행정조사기본법 제정방안연구, 한국법제연구원, 2005; 김재광, 행정조사기본법의 입법방향, 한국 공법학의 발견(강구철교수 화갑기념논문집), 2007; 김영조, 행정조사기본법의 문제점과 개선방안, 공법학연구 제8권 3호, 2007. 8 등.

3) 이상규(상), 558면. 행정조사를 「행정기관이 정책의 수립이나 행정작용의 적정한 실행을 위하여 필요한 자료·정보 등을 수집하기 위하여 행하는 행정활동」(김동희·최계영(Ⅰ), 506면)으로 정의함도 같은 예로 볼 수 있다.

(3) 「행정조사기본법」도 이와 같은 취지에서 "행정기관이 정책을 결정하거나 직무를 수행하는 데 필요한 정보나 자료를 수집하기 위하여 현장조사 · 문서열람 · 시료채취 등을 하거나 조사대상자에게 보고요구 · 자료제출요구 및 출석 · 진술요구를 행하는 활동"이라고 규정하고 있다(동법 2조 1호).

2. 즉시강제와의 구별

현재 행정조사로서 논해지고 있는 내용은 종래 즉시강제에 포함시켜 설명함이 일반적이었다. 그러나 즉시강제는 상대방의 신체 등에 실력을 행사하여 구체적인 행정목적을 실현하는 작용인 데 대하여, 행정조사는 행정목적을 위하여 정보 · 자료를 수집하는 준비적 · 보조적 작용으로서, 일반적으로 실력행사를 수반하지 않으며, 그의 실효성의 확보는 벌칙을 통해 행해지는 점 등에서 양자는 구별된다.

Ⅲ. 행정조사의 분류

행정조사도 보는 관점에 따라 여러 가지로 분류할 수 있다.

1. 성질에 의한 구분

행정조사는 성질을 기준으로 할 때 권력적 행정조사와 비권력적 행정조사로 구분할 수 있다. 이 중에서 전자는 즉시강제적 성격을 가질 수 있으며, 그 한도에서 즉시강제의 법리가 적용될 수 있다.

2. 대상에 의한 구분

인구, 물가, 여론, 위생 등 대상에 의한 구분은 무한히 나누어질 수 있다. 학자에 따라서는 ① 대인적 조사, ② 대물적 조사, ③ 대가택조사로 구분하기도 한다.

3. 기   타

행정조사는 그 밖에 ① 개별적 조사와 집단적 조사, ② 구두에 의한 조사와 문서에 의한 조사 등으로 구분할 수 있다. 또한 영역(경찰 · 재무행정 · 군사 행정 · 복리행정 등)에 따른 분류를 행할 수도 있다.

Ⅳ. 행정조사의 법적 근거

모든 행정작용에 법률의 수권을 필요로 한다는 전부유보설에 입각하지 않는 한, 행정조사에 언제나 법률의 수권이 필요하다고 볼 수는 없을 것이다. 그러나 개인정보(프라이버시)의 수집에는 원칙적으로 당사자의 동의 또는 법률의 수권이 필요하다고 봄이 타당하다.

행정조사에 대한 일반법인 「행정조사기본법」은 "행정기관은 법령 등에서 행정조사를 규정하고 있는 경우에 한하여 행정조사를 실시할 수 있다. 다만, 조사대상자의 자발적인 협조를 얻어 실시하는 행정조사의 경우에는 그러하지 아니하다"고 규정하여($\frac{동법}{5조}$), 원칙적으로 행정조사의 법적 근거를 요구하고 있다.

현재 많은 개별법($\frac{통계법\ 26조,\ 식품위생법\ 22조,\ 소득세법\ 79조,\ 경찰관직무}{집행법\ 3조,\ 독점규제\ 및\ 공정거래에\ 관한\ 법률\ 81조\ 등}$)에 근거규정이 있으며, 「개인정보 보호법」은 정보주체의 동의를 받은 경우, 정보주체와의 계약의 체결 및 이행을 위해 불가피하게 필요한 경우 등 동법에서 정한 특정한 경우에 한하여 개인정보를 수집할 수 있도록 명시하고 있으며, 개인정보를 수집하는 경우에도 그 목적에 필요한 최소한의 개인정보를 수집하도록 하고 있다($\frac{동법\ 15조}{및\ 16조}$).

Ⅴ. 행정조사의 방법

1. 행정조사의 일반적 방법

「행정조사기본법」 제9조부터 제13조는 행정조사의 방법으로서 출석·진술요구, 보고요구와 자료제출의 요구, 현장조사, 시료채취 등의 구체적인 내용에 대해서 규정하고 있다.

2. 공동조사

행정기관의 장은 당해 행정기관 내의 2 이상의 부서가 동일하거나 유사한 업무분야에 대하여 동일한 조사대상자에게 행정조사를 실시하는 경우 또는 서로 다른 행정기관이 대통령령으로 정하는 분야에 대하여 동일한 조사대상자에게 행정조사를 실시하는 경우에는 공동조사를 하여야 한다($\frac{동법\ 14}{조\ 1항}$).

3. 중복조사의 제한

「행정조사기본법」 제7조에 따라 정기조사 또는 수시조사를 실시한 행정기관의 장은 동일한 사안에 대하여 동일한 조사대상자를 재조사하여서는 아니된다. 다만, 당해 행정기관이 이미 조사를 받은 조사대상자에 대하여 위법행위가 의심되는 새로운 증거를 확보한 경우에는 그러하지 아니하다(동법 15조 1항).

4. 자율관리체제

(1) 자율신고제도

행정기관의 장은 법령 등에서 규정하고 있는 조사사항을 조사대상자로 하여금 스스로 신고하도록 하는 제도를 운영할 수 있고, 행정기관의 장은 조사대상자가 자율신고제도에 따라 신고한 내용이 거짓의 신고라고 인정할 만한 근거가 있거나 신고내용을 신뢰할 수 없는 경우를 제외하고는 그 신고내용을 행정조사에 갈음할 수 있다(동법 25조).

(2) 자율관리체제의 구축

행정기관의 장은 조사대상자가 자율적으로 행정조사사항을 신고 · 관리하고, 스스로 법령준수사항을 통제하도록 하는 체제(자율관리체제)의 기준을 마련하여 고시할 수 있고(동법 26조 1항), 조사대상자 또는 조사대상자가 법령 등에 따라 설립하거나 자율적으로 설립한 단체 또는 협회는 제1항에 따른 기준에 따라 자율관리체제를 구축하여 대통령령으로 정하는 절차와 방법에 따라 행정기관의 장에게 신고할 수 있다(동법 26조 2항).

(3) 자율관리에 대한 혜택의 부여

행정기관의 장은 제25조에 따라 자율신고를 하는 자와 제26조에 따라 자율관리체제를 구축하고 자율관리체제의 기준을 준수한 자에 대하여는 법령 등으로 규정한 바에 따라 행정조사의 감면 또는 행정 · 세제상의 지원을 하는 등 필요한 혜택을 부여할 수 있다(동법 27조).

Ⅵ. 행정조사의 법적 한계

1. 실체법상 한계

행정조사도 행정작용이라는 점에서 행정법의 일반원칙에 따른 한계 내에서 이루어져야 한다. 또한 법령에서 규정하고 있는 한계도 준수하여야 한다. 「행정조사기본법」이 규정하고 있는 행정조사의 기본원칙($\frac{동법}{4조}$), 조사대상의 선정($\frac{동법}{8조}$), 중복조사의 제한($\frac{동법}{15조}$) 등이 법령상의 한계라고 할 수 있다. 「행정조사기본법」상의 행정조사의 기본원칙은 행정법의 일반원칙인 비례원칙 등을 행정조사의 영역에서 구체화하고 있다.

2. 절차법상 한계

(1) 증표의 휴대와 제시

호구조사, 위생검사, 제품검사 등 행정기관의 일상적인 행정조사를 위해서는 증표의 휴대와 제시라는 방법을 통해 업무를 수행할 수 있다고 보아야 할 것이다. 현행법도 그와 같은 경향에 입각하고 있다($\frac{식품위생법 22조 3항, 국세기본법 76}{조 3항, 지방세기본법 140조 2항 등}$).[4]

(2) 영장의 필요성 여부

헌법은 압수·수색 등을 할 때에는 법관이 발부한 영장을 제시하도록 규정하고 있다($\frac{12조}{3항}$). 따라서 행정조사를 위해 압수·수색 등이 필요한 때에는 역시 법원이 발부한 영장의 제시가 있어야 할 것이다. 현행법 역시 그러하다($\frac{조세범처벌절}{차법 9조 등}$).

> **[판례①]** 음주운전 여부에 대한 조사 과정에서 운전자 본인의 동의를 받지 아니하고 또한 법원의 영장도 없이 채혈조사를 한 결과를 근거로 한 운전면허 정지·취소 처분은 도로교통법 제44조 제3항을 위반한 것으로서 특별한 사정이 없는 한 위법한 처분으로 볼 수밖에 없다($\frac{대판 2016. 12. 27.}{2014두46850}$).
> **[판례②]** 우편물 통관검사절차에서 이루어지는 우편물의 개봉, 시료채취, 성분분석 등의 검사는 수출입물품에 대한 적정한 통관 등을 목적으로 한 행정조사의 성격을 가지는 것으로서 수사기관의 강제처분이라고 할 수 없으므로, 압수·수색영장 없이 우편물의 개봉, 시료채취, 성분분석 등 검사가 진행되었다 하더라도 특별한 사정이 없는 한 위법하다고 볼 수 없다($\frac{대판 2013. 9. 26.}{2013도7718}$).

---

4) 행정조사의 일반적 한계의 문제로서, ① 행정조사의 사전통지와 조사이유의 고지, ② 합리적 시간대(일출시부터 일몰시까지) 등이 논해지기도 한다.

(3) 실력행사의 허용 여부

공무원의 행정조사목적을 위한 장부검사나 위생검사 등을 상대방이 거부하는 경우, 관계공무원이 실력을 행사하여 그것을 강행할 수 있는가의 문제가 있다. 이것을 긍정하는 견해[5]도 있다. 그러나 실정법이 이에 대해 직접적 강제수단을 규정하지 않고 영업허가의 철회·벌칙 등의 규정을 마련하고 있는 취지로 보아 간접적으로 강제할 수 있을 뿐, 상대방의 신체나 재산에 대한 직접적인 실력행사는 허용되지 않는다고 보아야 할 것이다.[6]

(4) 사전통지와 의견제출

행정조사를 실시하고자 하는 행정기관의 장은 출석요구서($\frac{동법}{9조}$), 보고요구서·자료제출요구서($\frac{동법}{10조}$) 및 현장출입조사서($\frac{동법}{11조}$)를 조사개시 7일 전까지 조사대상자에게 서면으로 통지하여야 한다. 다만, ① 행정조사를 실시하기 전에 관련 사항을 미리 통지하는 때에는 증거인멸 등으로 행정조사의 목적을 달성할 수 없다고 판단되는 경우, ② 통계법 제3조 2호에 따른 지정통계의 작성을 위하여 조사하는 경우, ③ 행정조사기본법 제5조 단서에 따라 조사대상자의 자발적인 협조를 얻어 실시하는 행정조사의 경우에는 행정조사의 개시와 동시에 출석요구서 등을 조사대상자에게 제시하거나 행정조사의 목적 등을 조사대상자에게 구두로 통지할 수 있다($\frac{동법 17}{조 1항}$).

「행정조사기본법」 제17조에 따른 사전통지의 내용에 대하여 조사대상자는 행정기관의 장에게 의견을 제출할 수 있고, 행정기관의 장은 그 의견이 상당한 이유가 있다고 인정하는 경우에는 이를 행정조사에 반영하여야 한다($\frac{동법}{21조}$).

Ⅶ. 위법한 행정조사의 효과

행정조사에 위법이 있는 경우 이를 기초로 한 행정결정이 위법한 것으로 되는지가 문제되나, 적어도 법이 요구하는 요건을 무시하여 조사로 볼 수 없을 정도의 위법한 행정조사에 기초하여 행정처분이 행해졌을 경우에는 행정처분의 위법을 초래한다고 보아야 할 것이다.

---

5) 홍정선(상), 785면.
6) 동지: 류지태·박종수(신론), 438면.

[판례①] 음주운전 여부에 대한 조사 과정에서 운전자 본인의 동의를 받지 아니하고 또한 법원의 영장도 없이 채혈조사를 한 결과를 근거로 한 운전면허 정지·취소 처분은 도로교통법 제44조 제3항을 위반한 것으로서 특별한 사정이 없는 한 위법한 처분으로 볼 수밖에 없다($\frac{대판\ 2016.\ 12.\ 27.}{2014두46850}$).

[판례②] 국세기본법은 제81조의4 제1항에서 "세무공무원은 적정하고 공평한 과세를 실현하기 위하여 필요한 최소한의 범위에서 세무조사를 하여야 하며, 다른 목적 등을 위하여 조사권을 남용해서는 아니 된다."라고 규정하고 있다. 이 조항은 세무조사의 적법 요건으로 객관적 필요성, 최소성, 권한 남용의 금지 등을 규정하고 있는데, 이는 법치국가원리를 조세절차법의 영역에서도 관철하기 위한 것으로서 그 자체로서 구체적인 법규적 효력을 가진다. 따라서 세무조사가 과세자료의 수집 또는 신고내용의 정확성 검증이라는 본연의 목적이 아니라 부정한 목적을 위하여 행하여진 것이라면 이는 세무조사에 중대한 위법사유가 있는 경우에 해당하고 이러한 세무조사에 의하여 수집된 과세자료를 기초로 한 과세처분 역시 위법하다($\frac{대판\ 2016.\ 12.\ 15.}{2016두47659}$).

Ⅷ. 행정조사에 대한 구제

1. 적법한 조사의 경우

적법한 행정조사로 인하여 손실을 입은 자에 대하여는 보상이 주어져야 할 것이다. 이것을 명문화한 규정도 상당수 있다($\frac{국토의\ 계획\ 및\ 이용에\ 관한\ 법률\ 131조.\ 공익사업을}{위한\ 토지\ 등의\ 취득\ 및\ 보상에\ 관한\ 법률\ 9조\ 등}$).

2. 위법한 조사의 경우

(1) 행정쟁송

수인하명을 수반하는 행정조사($\frac{권력적}{사실행위}$)의 상태가 계속되는 경우($\frac{물건의}{압수\ 등}$), 취소쟁송을 통한 구제를 생각할 수 있다.

[판례] 부과처분을 위한 과세관청의 질문조사권이 행해지는 세무조사결정이 있는 경우 납세의무자는 세무공무원의 과세자료 수집을 위한 질문에 대답하고 검사를 수인하여야 할 법적 의무를 부담하게 되는 점, 세무조사는 기본적으로 적정하고 공평한 과세의 실현을 위하여 필요한 최소한의 범위 안에서 행하여져야 하고, 더욱이 동일한 세목 및 과세기간에 대한 재조사는 납세자의 영업의 자유 등 권익을 심각하게 침해할 뿐만 아니라 과세관청에 의한 자의적인 세무조사의 위험마저 있으므

로 조세공평의 원칙에 현저히 반하는 예외적인 경우를 제외하고는 금지될 필요가 있는 점, 납세의무자로 하여금 개개의 과태료 처분에 대하여 불복하거나 조사 종료 후의 과세처분에 대하여만 다툴 수 있도록 하는 것보다는 그에 앞서 세무조사결정에 대하여 다툼으로써 분쟁을 조기에 근본적으로 해결할 수 있는 점 등을 종합하면, 세무조사결정은 납세의무자의 권리 · 의무에 직접 영향을 미치는 공권력의 행사에 따른 행정작용으로서 항고소송의 대상이 된다(대판 2011. 3. 10, 2009
두23617, 23624).

(2) 국가배상

위법한 행정조사가 국가배상법 제2조의 요건을 충족하는 한, 그로 인한 손해에 대하여 동법에 의거한 배상청구를 생각할 수 있다.

[참고판례] 아스콘 · 레미콘 제조 공장을 운영하는 甲 주식회사가 재생아스콘을 생산한 이후, 특정대기유해물질 검출, 악취와 먼지 발생 등에 대한 주민들의 민원이 계속 제기되자, 乙 지방자치단체가 12개과 소속 41명 공무원으로 이루어진 T/F 팀을 구성하고, 甲 회사의 공장이나 그 주변을 19회 방문하여 조사 및 단속을 실시한 사안에서, 원심은 乙 지방자치단체의 조사 · 단속행위가 甲 회사로 하여금 공장 가동을 완전히 중단시키거나 이전하도록 압박할 목적으로 이루어져 목적이 부당하고, 비례의 원칙을 위반하였다고 보아 乙 지방자치단체의 손해배상책임을 인정하였다. 원심의 이러한 판단에는 국가배상책임에 관한 법리를 오해한 잘못이 있다 (대판 2022. 9. 7,
2020다270909).

3. 기타의 구제수단

행정조사에 대한 구제의 문제를 넓게 고찰하는 경우, 그 밖에 즉시강제와 관련하여 논해지고 있는 여러 가지 구제수단(정당방위, 긴급
피난, 청원 등)을 생각할 수 있다.

제 2 절 개인정보의 보호

Ⅰ. 개인정보의 보호와 관리

1. 행정조사의 부작용

정부(^{지방자치}_{단체 포함})는 가족관계의 등록, 주민등록, 차량등록 등을 국민에게 강제함으로써 국민 개개인의 신상을 소상히 파악하고 있으며, 부동산취득의 신고, 각종 세무자료를 통해 국민 개개인의 경제적 사정도 상세히 파악하고 있다. 그밖에 행정기관(^{중앙행정기관·지방자}_{치단체·지정기관 등})은 통계법에 의거하여 개인에 관련된 각종의 정보를 광범위하게 수집·관리하고 있다(^{동법 24조}). 또한 경찰·검찰·국가정보원 등 치안관서 역시 개인에 관한 정보를 널리 수집·보관하고 있음은 주지의 사실에 속한다.

한편, 정부가 수집해 놓은 개인정보는 오늘날 컴퓨터에 입력됨으로써 그의 활용이 편리해졌다. 민원사무처리의 신속화, 비용절감 등은 행정전산망이 가져다주는 하나의 혜택으로 볼 수 있다. 그러나 컴퓨터를 통한 개인정보의 수집·활용에는 갖가지 부작용이 수반된다. 무엇보다도 개인의 프라이버시 침해에 대한 우려의 소리가 높아지고 있다. 본인도 모르게 자기에 관한 정보가 수집되고 확산되는 것에 불안을 느끼는 것이다. 개인정보가 잘못 입력되어 정보주체에 대한 허상이나 그릇된 판단이 형성될 우려도 있는 것이다. 「컴퓨터는 망각의 은총을 모른다」(Computer kennt keine Gnade des Vergessens)는 점도 오늘날 정보화사회의 폐단의 하나로 지적되기도 한다. 정부는 컴퓨터 등 현대적 기기의 활용을 통해 개인정보를 수집하여 개인을 감시·통제함으로써, George Owell의 소설('1984년')에 묘사되어 있는 바와 같은 '큰 형'(big brother)이 되어가는 반면에, 개인은 자기의 모든 것이 노출되는 '유리알 인간'(gläserne Menschen)이 되어가고 있다고 경고되기도 한다.

2. 수집된 개인정보의 관리

행정조사 및 정보화사회가 가져다주는 위와 같은 위험에 대처하기 위하여 각국에서는 개인정보보호를 위한 입법이 강구된 지 오래다. 미국의 프라이버시

보호법(Privacy Act, 1974년), 독일의 연방데이타보호법(Bundesdatenschutzgesetz, 1990년 개정) 등이 대표적 예이다. 우리나라에서도 그에 관한 법률의 제정이 요청되던 중 1994년 1월 7일에 「공공기관의 개인정보보호에 관한 법률」이 제정되어 운용되어 오다가 2011년 3월 29일 공공기관뿐만 아니라 비영리단체 등 민간기업에 대해서도 개인정보보호규정을 준수하도록 해야 한다는 요청에 따라 「개인정보 보호법」이 제정되면서 기존의 법률은 폐지되었다. 「개인정보 보호법」은 공공부문과 민간부문을 망라하여 개인정보 처리원칙 등을 규정하고, 개인정보 침해로 인한 국민의 피해 구제를 강화하였다.

Ⅱ. 개인정보 보호법의 주요 내용

1. 총칙적 사항

(1) 정의($_{2조}^{별}$)

① "개인정보"란 살아 있는 개인에 관한 정보로서 다음 각 목의 어느 하나에 해당하는 정보를 말한다.

㉠ 성명, 주민등록번호 및 영상 등을 통하여 개인을 알아볼 수 있는 정보

㉡ 해당 정보만으로는 특정 개인을 알아볼 수 없더라도 다른 정보와 쉽게 결합하여 알아볼 수 있는 정보. 이 경우 쉽게 결합할 수 있는지 여부는 다른 정보의 입수 가능성 등 개인을 알아보는 데 소요되는 시간, 비용, 기술 등을 합리적으로 고려하여야 한다.

㉢ ㉠ 또는 ㉡을 제1호의2에 따라 가명처리함으로써 원래의 상태로 복원하기 위한 추가 정보의 사용·결합 없이는 특정 개인을 알아볼 수 없는 정보(이하 "가명정보"라 한다)

② "가명처리"란 개인정보의 일부를 삭제하거나 일부 또는 전부를 대체하는 등의 방법으로 추가 정보가 없이는 특정 개인을 알아볼 수 없도록 처리하는 것을 말한다.

③ "처리"란 개인정보의 수집, 생성, 연계, 연동, 기록, 저장, 보유, 가공, 편집, 검색, 출력, 정정(訂正), 복구, 이용, 제공, 공개, 파기(破棄), 그 밖에 이와 유사한 행위를 말한다.

④ "정보주체"란 처리되는 정보에 의하여 알아볼 수 있는 사람으로서 그 정

보의 주체가 되는 사람을 말한다.

⑤ "개인정보파일"이란 개인정보를 쉽게 검색할 수 있도록 일정한 규칙에 따라 체계적으로 배열하거나 구성한 개인정보의 집합물(集合物)을 말한다.

⑥ "개인정보처리자"란 업무를 목적으로 개인정보파일을 운용하기 위하여 스스로 또는 다른 사람을 통하여 개인정보를 처리하는 공공기관, 법인, 단체 및 개인 등을 말한다.

⑦ "공공기관"이란 다음 각 목의 기관을 말한다.

㉠ 국회, 법원, 헌법재판소, 중앙선거관리위원회의 행정사무를 처리하는 기관, 중앙행정기관(대통령 소속 기관과 국무총리 소속 기관을 포함한다) 및 그 소속 기관, 지방자치단체

㉡ 그 밖의 국가기관 및 공공단체 중 대통령령으로 정하는 기관

⑧ "고정형 영상정보처리기기"란 일정한 공간에 설치되어 지속적 또는 주기적으로 사람 또는 사물의 영상 등을 촬영하거나 이를 유·무선망을 통하여 전송하는 장치로서 대통령령으로 정하는 장치를 말한다.

⑨ "이동형 영상정보처리기기"란 사람이 신체에 착용 또는 휴대하거나 이동 가능한 물체에 부착 또는 거치(據置)하여 사람 또는 사물의 영상 등을 촬영하거나 이를 유·무선망을 통하여 전송하는 장치로서 대통령령으로 정하는 장치를 말한다.

⑩ "과학적 연구"란 기술의 개발과 실증, 기초연구, 응용연구 및 민간 투자 연구 등 과학적 방법을 적용하는 연구를 말한다.

(2) 개인정보 보호 원칙(법3조)

① 개인정보처리자는 개인정보의 처리 목적을 명확하게 하여야 하고 그 목적에 필요한 범위에서 최소한의 개인정보만을 적법하고 정당하게 수집하여야 한다.

② 개인정보처리자는 개인정보의 처리 목적에 필요한 범위에서 적합하게 개인정보를 처리하여야 하며, 그 목적 외의 용도로 활용하여서는 아니 된다.

③ 개인정보처리자는 개인정보의 처리 목적에 필요한 범위에서 개인정보의 정확성, 완전성 및 최신성이 보장되도록 하여야 한다.

④ 개인정보처리자는 개인정보의 처리 방법 및 종류 등에 따라 정보주체의 권리가 침해받을 가능성과 그 위험 정도를 고려하여 개인정보를 안전하게 관리하여야 한다.

⑤ 개인정보처리자는 개인정보 처리방침 등 개인정보의 처리에 관한 사항을 공개하여야 하며, 열람청구권 등 정보주체의 권리를 보장하여야 한다.

⑥ 개인정보처리자는 정보주체의 사생활 침해를 최소화하는 방법으로 개인정보를 처리하여야 한다.

⑦ 개인정보처리자는 개인정보를 익명 또는 가명으로 처리하여도 개인정보 수집목적을 달성할 수 있는 경우 익명처리가 가능한 경우에는 익명에 의하여, 익명처리로 목적을 달성할 수 없는 경우에는 가명에 의하여 처리될 수 있도록 하여야 한다.

⑧ 개인정보처리자는 이 법 및 관계 법령에서 규정하고 있는 책임과 의무를 준수하고 실천함으로써 정보주체의 신뢰를 얻기 위하여 노력하여야 한다.

(3) 정보주체의 권리(법4조)

정보주체는 자신의 개인정보 처리와 관련하여 다음의 권리를 가진다.

① 개인정보의 처리에 관한 정보를 제공받을 권리

② 개인정보의 처리에 관한 동의 여부, 동의 범위 등을 선택하고 결정할 권리

③ 개인정보의 처리 여부를 확인하고 개인정보에 대하여 열람(사본의 발급을 포함한다. 이하 같다)을 요구할 권리

④ 개인정보의 처리 정지, 정정·삭제 및 파기를 요구할 권리

⑤ 개인정보의 처리로 인하여 발생한 피해를 신속하고 공정한 절차에 따라 구제받을 권리

⑥ 완전히 자동화된 개인정보 처리에 따른 결정을 거부하거나 그에 대한 설명 등을 요구할 권리

(4) 다른 법률과의 관계(법6조)

개인정보 보호에 관하여는 다른 법률에 특별한 규정이 있는 경우를 제외하고는 이 법에서 정하는 바에 따른다.

2. 개인정보 보호위원회

(1) 보호위원회의 설치(법7조 1항 및 2항)

개인정보 보호에 관한 사무를 독립적으로 수행하기 위하여 국무총리 소속으로 개인정보 보호위원회(이하 "보호위원회"라 한다)를 둔다.

(2) 보호위원회의 구성($\frac{법}{및}\frac{7조의2}{7조의4}$)

보호위원회는 상임위원 2명(위원장 1명, 부위원장 1명)을 포함한 9명의 위원으로 구성하며, 위원장과 부위원장은 국무총리의 제청으로, 그 외 위원 중 2명은 위원장의 제청으로, 2명은 대통령이 소속되거나 소속되었던 정당의 교섭단체 추천으로, 3명은 그 외의 교섭단체 추천으로 대통령이 임명 또는 위촉한다. 위원장과 부위원장은 정무직 공무원으로 임명하며, 위원의 임기는 3년으로 하되, 한 차례만 연임할 수 있다.

(3) 보호위원회의 소관사무($\frac{법}{의8}7조$)

보호위원회는 다음 각 호의 소관 사무를 수행한다.

① 개인정보의 보호와 관련된 법령의 개선에 관한 사항

② 개인정보 보호와 관련된 정책·제도·계획 수립·집행에 관한 사항

③ 정보주체의 권리침해에 대한 조사 및 이에 따른 처분에 관한 사항

④ 개인정보의 처리와 관련한 고충처리·권리구제 및 개인정보에 관한 분쟁의 조정

⑤ 개인정보 보호를 위한 국제기구 및 외국의 개인정보 보호기구와의 교류·협력

⑥ 개인정보 보호에 관한 법령·정책·제도·실태 등의 조사·연구, 교육 및 홍보에 관한 사항

⑦ 개인정보 보호에 관한 기술개발의 지원·보급 및 전문인력의 양성에 관한 사항

⑧ 이 법 및 다른 법령에 따라 보호위원회의 사무로 규정된 사항

(4) 보호위원회의 심의·의결 사항($\frac{법}{의9}7조$)

보호위원회는 다음 각 호의 사항을 심의·의결한다.

① 제8조의2에 따른 개인정보 침해요인 평가에 관한 사항

② 제9조에 따른 기본계획 및 제10조에 따른 시행계획

③ 개인정보 보호와 관련된 정책, 제도 및 법령의 개선에 관한 사항

④ 개인정보의 처리에 관한 공공기관 간의 의견조정에 관한 사항

⑤ 개인정보 보호에 관한 법령의 해석·운용에 관한 사항

⑥ 제18조 제2항 제5호에 따른 개인정보의 이용·제공에 관한 사항

⑦ 제33조 제3항에 따른 영향평가 결과에 관한 사항

⑧ 제28조의6, 제34조의2, 제39조의15에 따른 과징금 부과에 관한 사항

⑨ 제61조 제1항에 따른 의견제시에 관한 사항

⑩ 제64조 제4항에 따른 조치의 권고에 관한 사항

⑪ 제65조에 따른 고발 및 징계권고에 관한 사항

⑫ 제66조에 따른 처리 결과의 공표에 관한 사항

⑬ 제75조에 따른 과태료 부과에 관한 사항

⑭ 소관 법령 및 보호위원회 규칙의 제정·개정 및 폐지에 관한 사항

⑮ 개인정보 보호와 관련하여 보호위원회의 위원장 또는 위원 2명 이상이 회의에 부치는 사항

⑯ 그 밖에 이 법 또는 다른 법령에 따라 보호위원회가 심의·의결하는 사항

보호위원회는 심의·의결을 위해 필요한 경우 관계 공무원, 개인정보 보호에 관한 전문 지식이 있는 사람이나 시민사회단체 및 관련 사업자로부터의 의견을 청취하거나 관계 기관 등에 대한 자료제출이나 사실조회를 요구 할 수 있다. 이러한 요구를 받은 관계 기관 등은 특별한 사정이 없으면 이에 따라야 한다.

3. 개인정보의 처리

(1) 개인정보의 수집, 이용, 제공 등

(가) 개인정보의 수집·이용($\frac{법}{15조}$)

① 개인정보처리자는 다음 어느 하나에 해당하는 경우에는 개인정보를 수집할 수 있으며 그 수집 목적의 범위에서 이용할 수 있다.

㉠ 정보주체의 동의를 받은 경우

㉡ 법률에 특별한 규정이 있거나 법령상 의무를 준수하기 위하여 불가피한 경우

㉢ 공공기관이 법령 등에서 정하는 소관 업무의 수행을 위하여 불가피한 경우

㉣ 정보주체와의 계약의 체결 및 이행을 위하여 불가피하게 필요한 경우

㉤ 정보주체 또는 그 법정대리인이 의사표시를 할 수 없는 상태에 있거나 주소불명 등으로 사전 동의를 받을 수 없는 경우로서 명백히 정보주체 또는 제3자의 급박한 생명, 신체, 재산의 이익을 위하여 필요하다고 인정되는 경우

㉥ 개인정보처리자의 정당한 이익을 달성하기 위하여 필요한 경우로서 명백하게 정보주체의 권리보다 우선하는 경우. 이 경우 개인정보처리자의

정당한 이익과 상당한 관련이 있고 합리적인 범위를 초과하지 아니하는 경우에 한한다.

Ⓢ 공중위생 등 공공의 안전과 안녕을 위하여 긴급히 필요한 경우

② 개인정보처리자는 위의 ①㉠에 따른 동의를 받을 때에는 다음의 사항을 정보주체에게 알려야 한다. 다음 어느 하나의 사항을 변경하는 경우에도 이를 알리고 동의를 받아야 한다.

㉠ 개인정보의 수집·이용 목적

㉡ 수집하려는 개인정보의 항목

㉢ 개인정보의 보유 및 이용 기간

㉣ 동의를 거부할 권리가 있다는 사실 및 동의 거부에 따른 불이익이 있는 경우에는 그 불이익의 내용

③ 개인정보처리자는 당초 수집 목적과 합리적으로 관련된 범위에서 정보주체에게 불이익이 발생하는지 여부, 암호화 등 안전성 확보에 필요한 조치를 하였는지 여부 등을 고려하여 대통령령으로 정하는 바에 따라 정보주체의 동의 없이 개인정보를 이용할 수 있다.

(나) 개인정보의 수집 제한(법
16조)

① 개인정보처리자는 위의 (가)①의 어느 하나에 해당하여 개인정보를 수집하는 경우에는 그 목적에 필요한 최소한의 개인정보를 수집하여야 한다. 이 경우 최소한의 개인정보 수집이라는 증명책임은 개인정보처리자가 부담한다.

② 개인정보처리자는 정보주체의 동의를 받아 개인정보를 수집하는 경우 필요한 최소한의 정보 외의 개인정보 수집에는 동의하지 아니할 수 있다는 사실을 구체적으로 알리고 개인정보를 수집하여야 한다.

③ 개인정보처리자는 정보주체가 필요한 최소한의 정보 외의 개인정보 수집에 동의하지 않는다는 이유로 정보주체에게 재화 또는 서비스의 제공을 거부하여서는 안 된다.

(다) 개인정보의 제공(법
17조)

① 개인정보처리자는 다음 어느 하나에 해당되는 경우에는 정보주체의 개인정보를 제3자에게 제공(공유를 포함한
다. 이하 같다)할 수 있다.

㉠ 정보주체의 동의를 받은 경우

㉡ 위의 (가)①㉡, ㉢, ㉤에 따라 개인정보를 수집한 목적 범위에서 개인정보를 제공하는 경우

② 개인정보처리자는 위의 (다)①㉠에 따른 동의를 받을 때에는 다음의 사항을 정보주체에게 알려야 한다. 다음 어느 하나의 사항을 변경하는 경우에도 이를 알리고 동의를 받아야 한다.

㉠ 개인정보를 제공받는 자

㉡ 개인정보를 제공받는 자의 개인정보 이용 목적

㉢ 제공하는 개인정보의 항목

㉣ 개인정보를 제공받는 자의 개인정보 보유 및 이용 기간

㉤ 동의를 거부할 권리가 있다는 사실 및 동의 거부에 따른 불이익이 있는 경우에는 그 불이익의 내용

③ 개인정보처리자는 당초 수집 목적과 합리적으로 관련된 범위에서 정보주체에게 불이익이 발생하는지 여부, 암호화 등 안전성 확보에 필요한 조치를 하였는지 여부 등을 고려하여 대통령령으로 정하는 바에 따라 정보주체의 동의 없이 개인정보를 제공할 수 있다.

(2) 개인정보의 처리 제한

(가) 민감정보의 처리 제한(^법_{23조})

① 개인정보처리자는 사상 · 신념, 노동조합 · 정당의 가입 · 탈퇴, 정치적 견해, 건강, 성생활 등에 관한 정보, 그 밖에 정보주체의 사생활을 현저히 침해할 우려가 있는 개인정보로서 대통령령으로 정하는 정보(이하 "민감정보"라 한다)를 처리하여서는 아니 된다. 다만, 다음 각 호의 어느 하나에 해당하는 경우에는 그러하지 아니하다.

㉠ 정보주체에게 위의 (1)(가)② 또는 (1)(다)② 각각의 사항을 알리고 다른 개인정보의 처리에 대한 동의와 별도로 동의를 받은 경우

㉡ 법령에서 민감정보의 처리를 요구하거나 허용하는 경우

② 개인정보처리자가 제1항 각 호에 따라 고유식별정보를 처리하는 경우에는 그 고유식별정보가 분실 · 도난 · 유출 · 위조 · 변조 또는 훼손되지 아니하도록 대통령령으로 정하는 바에 따라 암호화 등 안전성 확보에 필요한 조치를 하여야 한다.

③ 개인정보처리자는 재화 또는 서비스를 제공하는 과정에서 공개되는 정보에 정보주체의 민감정보가 포함됨으로써 사생활 침해의 위험성이 있다고 판단하는 때에는 재화 또는 서비스의 제공 전에 민감정보의 공개 가능성 및 비공

개를 선택하는 방법을 정보주체가 알아보기 쉽게 알려야 한다.

(나) 고유식별정보의 처리 제한($\frac{\text{법}}{24조}$)

① 개인정보처리자는 다음 각 호의 경우를 제외하고는 법령에 따라 개인을 고유하게 구별하기 위하여 부여된 식별정보로서 대통령령으로 정하는 정보($\frac{\text{이하 "고유식별}}{\text{정보"라 한다}}$)를 처리할 수 없다.

㉠ 정보주체에게 (1)(가)② 또는 (1)(다)② 각각의 사항을 알리고 다른 개인정보의 처리에 대한 동의와 별도로 동의를 받은 경우

㉡ 법령에서 구체적으로 고유식별정보의 처리를 요구하거나 허용하는 경우

② 대통령령으로 정하는 기준에 해당하는 개인정보처리자는 정보주체가 인터넷 홈페이지를 통하여 회원으로 가입할 경우 주민등록번호를 사용하지 아니하고도 회원으로 가입할 수 있는 방법을 제공하여야 한다.

③ 개인정보처리자가 고유식별정보를 처리하는 경우에는 그 고유식별정보가 분실·도난·유출·위조·변조 또는 훼손되지 아니하도록 대통령령으로 정하는 바에 따라 암호화 등 안전성 확보에 필요한 조치를 하여야 한다.

(다) 고정형 영상정보처리기기의 설치·운영 제한($\frac{\text{법}}{\text{1항}}$ 25조)

누구든지 다음의 경우를 제외하고는 공개된 장소에 고정형 영상정보처리기기를 설치·운영하여서는 아니 된다.

㉠ 법령에서 구체적으로 허용하고 있는 경우

㉡ 범죄의 예방 및 수사를 위하여 필요한 경우

㉢ 시설안전 및 화재 예방을 위하여 필요한 경우

㉣ 교통단속을 위하여 필요한 경우

㉤ 교통정보의 수집·분석 및 제공을 위하여 필요한 경우

(라) 가명정보의 처리에 관한 특례($\frac{\text{법}}{\text{의2 이하}}$ 28조)

① 개인정보처리자는 통계작성, 과학적 연구, 공익적 기록보존 등을 위하여 정보주체의 동의 없이 가명정보를 처리할 수 있으나 제3자에게 제공하는 경우에는 특정 개인을 알아보기 위하여 사용될 수 있는 정보를 포함해서는 아니 된다($\frac{\text{법 28조의2}}{\text{1항 및 2항}}$).

② 제28조의2에도 불구하고 통계작성, 과학적 연구, 공익적 기록보존 등을 위한 서로 다른 개인정보처리자 간의 가명정보의 결합은 보호위원회 또는 관계 중앙행정기관의 장이 지정하는 전문기관이 수행한다. 결합을 수행한 기관

외부로 결합된 정보를 반출하려는 개인정보처리자는 가명정보 또는 제58조의2
에 해당하는 정보로 처리한 뒤 전문기관의 장의 승인을 받아야 한다($^{법}_{1항 및 2항}$ ^{28조의3}).

③ 개인정보처리자는 가명정보를 처리하는 경우에는 원래의 상태로 복원하
기 위한 추가 정보를 별도로 분리하여 보관·관리하는 등 해당 정보가 분실·
도난·유출·위조·변조 또는 훼손되지 않도록 대통령령으로 정하는 바에 따
라 안전성 확보에 필요한 기술적·관리적 및 물리적 조치를 하여야 한다
($^{법}_{의4 1항}$ ^{28조}).

④ 누구든지 특정 개인을 알아보기 위한 목적으로 가명정보를 처리해서는
안 되며, 개인정보처리자는 가명정보를 처리하는 과정에서 특정 개인을 알아볼
수 있는 정보가 생성된 경우에는 즉시 해당 정보의 처리를 중지하고, 지체 없
이 회수·파기하여야 한다($^{법}_{1항 및 2항}$ ^{28조의5}).

4. 개인정보의 안전한 관리

(1) 개인정보 영향평가($^{법}_{1항}$ ^{33조})

공공기관의 장은 대통령령으로 정하는 기준에 해당하는 개인정보파일의 운
용으로 인하여 정보주체의 개인정보 침해가 우려되는 경우에는 그 위험요인의
분석과 개선 사항 도출을 위한 평가($^{이하 "영향평가"}_{라 한다}$)를 하고 그 결과를 개인정보 보
호위원회에 제출하여야 한다. 개인정보 보호위원회는 대통령령으로 정하는 인
력·설비 및 그 밖에 필요한 요건을 갖춘 자를 영향평가를 수행하는 기관
($^{이하 "평가기관"}_{이라 한다}$)으로 지정할 수 있으며, 공공기관의 장은 영향평가를 평가기관에 의
뢰하여야 한다.

(2) 개인정보 유출 통지 등($^{법}_{1항}$ ^{34조})

개인정보처리자는 개인정보가 유출되었음을 알게 되었을 때에는 지체 없이
해당 정보주체에게 다음의 사실을 알려야 한다.

　　㉠ 유출된 개인정보의 항목

　　㉡ 유출된 시점과 그 경위

　　㉢ 유출로 인하여 발생할 수 있는 피해를 최소화하기 위하여 정보주체가 할
　　　수 있는 방법 등에 관한 정보

　　㉣ 개인정보처리자의 대응조치 및 피해 구제절차

　　㉤ 정보주체에게 피해가 발생한 경우 신고 등을 접수할 수 있는 담당부서

및 연락처

5. 정보주체의 권리 보장

(1) 권리행사의 방법 및 절차($^{법}_{1항}$ ^{38조})

정보주체는 열람, 정정·삭제, 처리정지 등의 요구($^{이하}_{요구}$ $^{"열람등}_{"라 한다}$)를 문서 등 대통령령으로 정하는 방법·절차에 따라 대리인에게 하게 할 수 있다.

(2) 손해배상책임($^{법}_{1항}$ ^{39조})

정보주체는 개인정보처리자가 이 법을 위반한 행위로 손해를 입으면 개인정보처리자에게 손해배상을 청구할 수 있다. 이 경우 그 개인정보처리자는 고의 또는 과실이 없음을 증명하지 아니하면 책임을 면할 수 없다.

6. 정보통신서비스 제공자 등의 개인정보처리 특례($^{법}_{의3 이하}$ ^{39조})

(1) 개인정보 수집 및 이용 동의 등

정보통신서비스 제공자는 제15조 제1항에도 불구하고 이용자의 개인정보를 이용하려고 수집하는 경우에는 ① 개인정보의 수집·이용 목적, ② 수집하는 개인정보의 항목, ③ 개인정보의 보유·이용 기간 등을 사용자에게 알리고 동의를 받아야 한다. 위의 내용 중 어느 하나의 사항을 변경하려는 경우에도 또한 같다. 이때, 이용자가 필요한 최소한의 개인정보 이외의 개인정보를 제공하지 아니한다는 이유로 그 서비스의 제공을 거부해서는 안 되며, 필요한 최소한의 개인정보는 해당 서비스의 본질적 기능을 수행하기 위하여 반드시 필요한 정보를 말한다($^{법}_{1항 및 3항}$ ^{39조의3}).

(2) 개인정보 유출 등의 통지·신고·파기 등

정보통신서비스 제공자와 그로부터 이용자의 개인정보를 제공받은 자($^{이하 "정}_{보통신서}$ $^{비스 제공자등"}_{이라 한다}$)는 개인정보의 분실·도난·유출 사실을 안 때에는 지체 없이 ① 유출등이 된 개인정보 항목, ② 유출등이 발생한 시점, ③ 이용자가 취할 수 있는 조치, ④ 정보통신서비스 제공자등의 대응 조치, ⑤ 이용자가 상담 등을 접수할 수 있는 부서 및 연락처 등을 해당 이용자에게 알리고 보호위원회 또는 대통령령으로 정하는 전문기관에 신고하여야 하며, 정당한 사유 없이 그 사실을 안 때부터 24시간을 경과하여 통지·신고해서는 아니 된다. 다만, 이용자의 연락처를 알 수 없는 등 정당한 사유가 있는 경우에는 대통령령으로 정하는 바에 따라 통지를 갈음하는 조치를 취할 수 있다($^{법}_{의4\,1항}^{39조}$).

(3) 개인정보 파기 및 이용자의 권리 등

정보통신서비스 제공자등은 정보통신서비스를 1년의 기간 동안 이용하지 아니하는 이용자의 개인정보를 보호하기 위하여 대통령령으로 정하는 바에 따라 개인정보의 파기 등 필요한 조치를 취하여야 한다. 다만, 그 기간에 대하여 다른 법령 또는 이용자의 요청에 따라 달리 정한 경우에는 그에 따른다($^{법}_{의6\,1항}^{39조}$).

이용자는 정보통신서비스 제공자등에 대하여 언제든지 개인정보 수집·이용·제공 등의 동의를 철회할 수 있다. 정보통신서비스 제공자등은 동의의 철회, 제35조에 따른 개인정보의 열람, 제36조에 따른 정정을 요구하는 방법을 개인정보의 수집방법보다 쉽게 하여야 하며, 이용자가 동의를 철회하면 지체 없이 수집된 개인정보를 복구·재생할 수 없도록 파기하는 등 필요한 조치를 하여야 한다($^{법\,39조의7\,1}_{항\,내지\,3항}$).

(4) 노출된 개인정보의 삭제·차단

정보통신서비스 제공자등은 주민등록번호, 계좌정보, 신용카드정보 등 이용자의 개인정보가 정보통신망을 통하여 공중에 노출되지 않도록 해야 하며, 그럼에도 불구하고 공중에 노출된 개인정보에 대하여는 보호위원회 또는 대통령령으로 지정한 전문기관의 요청이 있는 경우에 삭제·차단 등 필요한 조치를 취하여야 한다($^{법}_{조의10}^{39}$).

7. 개인정보 분쟁조정위원회

(1) 설치 및 구성($^{법\,40조\,1항}_{및\,2항}$)

개인정보에 관한 분쟁의 조정을 위하여 개인정보 분쟁조정위원회($^{이하\,"분쟁조정}_{위원회"라\,한다}$)를 둔다. 분쟁조정위원회는 위원장 1명을 포함한 30명 이내의 위원으로 구성하며, 위원은 당연직위원과 위촉위원으로 구성한다.

(2) 집단분쟁조정($^{법}_{1항}^{49조}$)

국가 및 지방자치단체, 개인정보 보호단체 및 기관, 정보주체, 개인정보처리자는 정보주체의 피해 또는 권리침해가 다수의 정보주체에게 같거나 비슷한 유형으로 발생하는 경우로서 대통령령으로 정하는 사건에 대하여는 분쟁조정위원회에 일괄적인 분쟁조정($^{이하\,"집단분쟁}_{조정"이라\,한다}$)을 의뢰 또는 신청할 수 있다.

8. 개인정보 단체소송($\frac{법}{51조}$)

다음 어느 하나에 해당하는 단체는 개인정보처리자가 집단분쟁조정을 거부하거나 집단분쟁조정의 결과를 수락하지 아니한 경우에는 법원에 권리침해 행위의 금지·중지를 구하는 소송($\frac{이하}{이라} \frac{"단체소송"}{한다}$)을 제기할 수 있다.

① 「소비자기본법」 제29조에 따라 공정거래위원회에 등록한 소비자단체로서 다음 각 목의 요건을 모두 갖춘 단체

㉠ 정관에 따라 상시적으로 정보주체의 권익증진을 주된 목적으로 하는 단체일 것

㉡ 단체의 정회원수가 1천명 이상일 것

㉢ 「소비자기본법」 제29조에 따른 등록 후 3년이 경과하였을 것

② 「비영리민간단체 지원법」 제2조에 따른 비영리민간단체로서 다음 각 목의 요건을 모두 갖춘 단체

㉠ 법률상 또는 사실상 동일한 침해를 입은 100명 이상의 정보주체로부터 단체소송의 제기를 요청받을 것

㉡ 정관에 개인정보 보호를 단체의 목적으로 명시한 후 최근 3년 이상 이를 위한 활동실적이 있을 것

㉢ 단체의 상시 구성원수가 5천명 이상일 것

㉣ 중앙행정기관에 등록되어 있을 것

제 4 장   행정공개(정보공개)

Ⅰ. 개   설

오늘날 "행정에 대한 국민의 참여를 통한 행정의 민주화"가 현대적 민주주의의 과제로 되어 있는데, 이러한 의미의 "행정의 민주화"가 달성되기 위해서는 무엇보다도 행정과정이 공개적으로 이루어지고, 행정기관이 보유하고 있는 정 보·자료에 대한 국민의 접근이 보장됨으로써 국정에 대한 국민의 참여와 국정운영의 투명성이 확보되어야 한다.

정부는 행정조사를 통해 방대한 양의 개인정보를 확보하고 있는 만큼, 개인 역시 정부가 보유하고 있는 정보를 알 수 있어야만 무기의 평등성(Waffen-gleichheit)이 보장되는 셈이다. 따라서 행정의 민주화를 달성하고, 행정과 상대하는 개인의 권익을 보장하기 위해서는 무엇보다도 개인에게 행정기관이 보유하고 있는 정보·자료에 대한 접근이 보장되지 않으면 안 된다.[1]

각국이 입법[2] 등을 통해 개인에게 공문서열람권(Recht auf Einsichtnahme in Behördenunterlagen, Recht auf Akteneinsicht)을 보장하는 추세에 있음은 바로 그와 같은 현대적 사조를 반영하고 있는 것으로 볼 수 있다.[3] 우리나라에서도 다년간의 진통 끝에[4] 「공공기관의 정보공개에 관한 법률」(1996. 12. 31. 법률 제5242호, 이하 '정보공개법'이라 한다)이 제

---

1) 주요문헌: 김남진, 정보화사회와 행정법체계의 재구성, 월간고시, 1991. 7; 홍준형, 정보공개청구권과 정보공개법, 법과 사회, 1992, 76면 이하; 성낙인, 정보공개와 알 권리, 고시연구, 1995. 2; 김명식, 정보의 공개와 비밀의 엄수, 고시계, 1997. 4; 이한성, 미국의 행정정보공개제도, 행정법연구 제2호, 1998. 4; 김태호, 국가비밀과 정보공개, 행정법연구 제8호, 2002. 8; 이인호, 한국 정보법의 발전동향, 공법연구 제35집 제4호, 2007. 10; 정하명, 행정정보공개대상 정보의 적정 범위, 법학연구 제51권 제1호, 2010. 3; 조성규, 정보공개 거부처분을 둘러싼 법적 쟁점, 행정법연구 제43호, 2015. 11; 최승필, 행정정보의 공동 이용에 대한 법적 쟁점의 검토, 행정법연구 제51호, 2017. 12.
2) 여러 나라가 정보공개에 관한 법률 또는 제도를 가지고 있는 가운데, 1966년에 제정된 이래 개정을 거듭하고 있는 미국의 정보자유법(Freedom of Information Act, FOIA)이 가장 유명하며, 각국에 영향을 많이 끼쳤다고 볼 수 있다. 본래는 1946년에 제정된 행정절차법(3조)에서 이해관계인(persons properly and directly concerned)에 대한 정보공개를 규정하였던 것인데, 정보자유법을 통해 모든 사람(any person)에 대한 정보공개를 규정하기에 이르렀다. '외국의 법제'에 관하여는 총무처, 외국의 정보공개제도, 1996; 한국행정연구원, 행정정보공개제도에 관한 연구, 1992 참조.
3) 이러한 사정에 관하여는 김남진, 행정절차상의 문서열람권, 고시계, 1991. 8 참조.

정·공포되었음은 획기적 의의를 가진다고 할 수 있다.

Ⅱ. 개인의 정보공개청구권

1. 정보공개청구권의 헌법적 근거

정보공개청구권이란 개인이 공공기관에 대하여 그 보유정보를 열람 또는 복사하게 하는 등의 방법으로 공개할 것을 청구하는 권리를 말한다. 정보공개에 대하여 개별법에서 규정하고 있지 않은 경우에, 정보공개청구권이 헌법으로부터 직접적으로 도출될 수 있는지가 논의된다. 따라서 현재 「공공기관의 정보공개에 관한 법률」에서 정보공개청구권에 대하여 규정하고 있는 우리나라에서, 정보공개청구권의 헌법적 근거를 찾는 것은 실질적 의미보다는 이론적인 측면에서 그 의의를 찾아야 할 것이다.

행정의 정보공개, 그에 대응한 국민의 문서열람권 내지 정보공개청구권의 근거를 '알 권리'에서 찾으려는 것이 우리 학계의 다수의견이라 할 수 있다. 아래에서는 알 권리의 의의와 내용을 살펴봄으로써 알 권리와 정보공개청구권의 관계 및 정보공개청구권이 알 권리에서 차지하는 위치를 확인하고, 알 권리의 헌법적 근거에 대하여 고찰해보기로 한다.

(1) 알 권리의 의의와 내용

(가) 학설의 입장

일반적으로 알 권리란 '의사형성에 필요한 정보를 수집하고 처리할 수 있는 권리'로 정의된다. 알 권리의 내용으로 논의되는 것은 학자에 따라 조금씩 차이가 있으나, 우리 학계의 다수의견은 알 권리를 국가나 사인에 의하여 방해받지 않고 일반적으로 접근할 수 있는 정보원으로부터 정보를 얻을 수 있는 '정보의 자유' 또는 '정보수령방해배제청구권'(소극적 측면)과 국가나 사회에 대하여 정보를 공개해 달라고 요청할 수 있는 '정보공개청구권'(적극적 측면)을 포함하는 포괄적 권리로 파악하고 있다.[5] 그 밖에 '일반적으로 접근할 수 있는 정보원으로부터 의사형성에 필요한 정보를 수집하고, 수집된 정보를 취사·선택할 수

---

4) 입법과정에 관하여는 강경근, 한국 정보공개법제정경과와 문제점, 김영훈박사화갑기념논문집, 1995; 최송화, 공공기관의 정보공개에 관한 법률의 내용과 특징, 고시계, 1997. 2 참조.

5) 권영성, 헌법학원론, 500-502면; 김철수, 헌법개설, 133면·179면 이하; 홍성방, 헌법학(중), 161면.

있는 자유'라고 알 권리를 정의함으로써 알 권리와 정보의 자유를 동일시하는
견해도 있다.[6]

(나) 판례의 입장

헌법재판소도 학계의 다수의견과 마찬가지로 알 권리가 자유권적 성질의
정보의 자유에 한정되지 않고, 적극적으로 정보공개를 청구할 수 있는 성질을
가진다고 보고 있다.

> **[판례①]** 알 권리는 민주국가에 있어서 국정의 공개와도 밀접한 관련이 있는데
> 우리 헌법에 보면 입법의 공개($\frac{제50조}{제1항}$), 재판의 공개($\frac{제109}{조}$)에는 명문규정을 두고 행
> 정의 공개에 관하여서는 명문규정을 두고 있지 않으나, 알 권리의 생성기반을 살펴
> 볼 때 이 권리의 핵심은 정부가 보유하고 있는 정보에 대한 국민의 알 권리, 즉 국
> 민의 정부에 대한 일반적 정보공개를 구할 권리($\frac{청구권적}{기본권}$)라고 할 것이며, 또한 자유
> 민주적 기본질서를 천명하고 있는 헌법 전문과 제1조 및 제4조의 해석상 당연한
> 것이라고 봐야 할 것이다($\frac{헌재\ 1989.\ 9.\ 4.}{88헌마22}$).
> **[판례②]** 정보에의 접근 · 수집 · 처리의 자유, 즉 '알 권리'는 표현의 자유와 표리
> 일체의 관계에 있으며 자유권적 성질과 청구권적 성질을 공유하는 것이다. 자유권
> 적 성질은 일반적으로 정보에 접근하고 수집 · 처리함에 있어서 국가권력의 방해를
> 받지 아니한다는 것을 말하며, 청구권적 성질은 의사형성이나 여론 형성에 필요한
> 정보를 적극적으로 수집하고 수집을 방해하는 방해제거를 청구할 수 있다는 것을
> 의미하는 바 이는 정보수집권 또는 정보공개청구권으로 나타난다($\frac{헌재\ 1991.\ 5.\ 13.}{90헌마133}$).

대법원도 알 권리에는 '국가정보에의 접근의 권리'가 포함된다고 하면서, 그
권리는 일반 국민이 국가에 대하여 보유 · 관리하고 있는 정보의 공개를 청구할
수 있는 일반적인 정보공개청구권과 자신의 권익보호와 직접 관련이 있는 정보
의 공개를 청구할 수 있는 개별적 정보공개청구권을 내용으로 한다고 하였다.[7]

(2) 알 권리의 헌법적 근거

위에서 살펴본 바와 같이 정보공개청구권을 알 권리의 적극적 측면으로 보
는 것이 우리 학계의 다수의견이며 판례의 입장이다. 그런데 우리 헌법에는 이
러한 내용의 알 권리가 명시되어 있지 않음으로 인해 알 권리의 헌법상의 구체
적 근거가 무엇인지에 관해서는 견해가 나누어져 있다.

---

6) 허영, 한국헌법론, 569-571면.
7) 대판 1999. 9. 21, 97누5114; 대판 1999. 9. 21, 98두3426.

① 인간의 존엄과 가치 및 행복추구권에 관한 헌법 제10조: 알 권리를 개인의 자기실현을 가능케 하기 위한 개인적인 권리로서 인간의 존엄권의 전제가 된다고 보며, 그의 헌법적 근거를 인간의 존엄과 가치 및 행복추구권에서 찾는 견해가 있다.[8]

② 표현의 자유에 관한 헌법 제21조: 알 권리를 일반적으로 접근할 수 있는 정보원으로부터 의사형성에 필요한 정보를 수집하고, 수집된 정보를 취사·선택할 수 있는 자유라고 파악하는 입장에서 알 권리의 헌법적 근거를 헌법 제21조의 표현의 자유에서 찾는 견해가 있다.[9]

③ 복합적으로 근거를 구하는 견해: 알 권리를 명문으로 규정하지 아니한 현행 헌법하에서, 알 권리는 민주적인 국정참여를 위하여 인격의 자유로운 발현과 인간다운 생활을 확보하기 위하여 필요한 정보수집권을 의미하므로 헌법 제21조 1항($\frac{표현의}{자유}$), 제1조($\frac{국민주권}{의 원리}$), 제10조($\frac{인간의 존엄과 가치}{및 행복추구권}$), 제34조 1항($\frac{인간다운 생활}{을 할 권리}$) 등에서 그 헌법적 근거를 찾을 수 있다는 견해[10] 등이 주장된다.

헌법재판소는 알 권리의 헌법적 근거를 헌법 제21조의 표현의 자유에서 찾고 있다.

[판례] 우리나라는 헌법 제21조에 언론·출판의 자유, 즉 표현의 자유를 규정하고 있는데, 이 자유는 전통적으로는 사상 또는 의견의 자유로운 표명($\frac{발표의}{자유}$)과 그것을 전파할 자유($\frac{전달의}{자유}$)를 의미하는 것으로서, 개인이 인간으로서의 존엄과 가치를 유지하고 행복을 추구하며 국민주권을 실현하는 데 필수 불가결한 것으로 오늘날 민주국가에서 국민이 갖는 가장 중요한 기본권의 하나로 인식되고 있는 것이다. 그런데 사상 또는 의견의 자유로운 표명은 자유로운 의사의 형성을 전제로 하는데, 자유로운 의사의 형성은 충분한 정보에의 접근이 보장됨으로써 비로소 가능한 것이며, 다른 한편으로 자유로운 표명은 자유로운 수용 또는 접수와 불가분의 관계에 있다고 할 것이다. 그러한 의미에서 정보에의 접근·수집·처리의 자유, 즉 '알 권리'는 표현의 자유에 당연히 포함되는 것으로 보아야 하는 것이다($\frac{헌재 1989. 9. 4.}{88헌마22}$).[11]

8) 김철수, 헌법개설, 180면.
9) 허영, 한국헌법론, 569면; 홍성방, 헌법학(중), 161면.
10) 권영성, 헌법학원론, 501면; 성낙인, 헌법학, 595면.
11) 같은 취지의 헌법재판소의 결정으로는 헌재 1991. 5. 13, 90헌마133 및 헌재 1992. 2. 25, 89헌가104 등이 있다. 다만 헌법재판소 1991. 5. 13. 선고, 90헌마133 결정에서 재판관 한병채와 최광률의 반대의견이 있었는데, 두 재판관은 알 권리의 헌법적 근거를 표현의 자유에 관한 제21조 1항만이 아니고, 헌법 전문, 국민주권의 원리에 관한 제1조 1항, 인간의 존엄과 행복추구권에 관한 제10조, 인간다운 생활을 할 권리에 관한 제34조 1항 등이 모두 그 근거가 된다고 하였다.

대법원도 알 권리, 특히 국가정보에의 접근의 권리는 헌법상 기본적으로 표현의 자유와 관련하여 인정된다고 하여 그 헌법적 근거를 헌법 제21조에서 찾고 있다.[12]

(3) 소 결

알 권리에 관한 명문의 규정[13]이 없는 우리나라의 경우 알 권리를 어떻게 개념정의 내릴 것인지에 대하여는 여러 가지 견해가 가능하다. 학계나 판례의 입장은 대체로 알 권리를 국가나 사인에 의하여 방해받지 않고 일반적으로 접근할 수 있는 정보원으로부터 정보를 얻을 수 있는 '정보의 자유'(소극적 측면)와 국가나 사회에 대하여 정보를 공개해 달라고 요청할 수 있는 '정보공개청구권'(적극적 측면)을 포함하는 포괄적 권리로 파악하는 것으로 볼 수 있다.

그런데 이와 같이 알 권리를 정보의 자유와 정보의 공개청구권을 포함하는 내용으로 이해하는 경우, 이들의 법적 근거를 하나의 조문에서 도출해야 하는 논리 필연적 이유는 없다.[14] 정보의 자유 또는 정보수집방해배제청구권은 우리의 경우 헌법 제21조의 표현의 자유에서 도출할 수 있다. 그러나 표현의 자유를 적극적인 이행청구권인 정보공개청구권까지 포함하는 포괄적인 기본권으로 이해하는 것은 표현의 자유의 보호영역을 모호하게 하여 오히려 표현의 자유의 실효성을 저해하게 될 우려가 있다.

정보의 자유는 일반적으로 접근 가능한 정보원을 전제로 하는 것이다. 일반적으로 접근 가능하도록 만드는 데에는 입법자의 형성의 여지가 인정된다. 입법에 의하여 일반적으로 접근 가능한 정보원으로 되지 않는 한 정보의 자유에서 바로 그에 대한 공개청구권이 도출될 수는 없다.

결론적으로 헌법 제21조의 표현의 자유는 정보의 자유는 보장하지만 공공기관이 보유하고 있는 정보에 대한 열람 또는 공개청구는 포함하고 있지 않다. 정보의 공개청구 중 개인정보[15]에 대한 열람 내지 공개청구는 표현의 자유가

---

12) 대판 1999. 9. 21, 97누5114; 대판 1999. 9. 21, 98두3426.
13) 독일의 기본법(5조 1항)은 '일반이 접근할 수 있는 정보원으로부터 방해받지 않고 알 수 있는 권리(das Recht, sich aus allgemein zugänglichen Quellen ungehindert zu unterrichten)'를 보장하고 있다. 독일 기본법이 보장하고 있는 권리는 정보의 자유, 즉 정보수령방해배제청구권에 한정되는 것이고 이로부터 정보공개청구권이 도출될 수 없는 것이다.
14) 박종보, 공공정보공개제도와 알 권리, 공법연구 제28집 제1호, 1999, 10면; 경건, 정보공개청구권의 헌법적 근거와 그 제한, 행정판례연구 V, 2000, 173면.
15) 「개인정보 보호법」에 따르면 "개인정보"란 살아 있는 개인에 관한 정보로서 ① 성명, 주민등록번호 및 영상 등을 통하여 개인을 알아볼 수 있는 정보(해당 정보만으로는 특정 개인을 알아볼 수 없더라도 다른 정보와 쉽게 결합하여 알아볼 수 있는 것을 포함), ② 해당 정보만으로는 특정 개인을 알아볼 수 없

아닌 정보의 자기결정권(Recht auf informationelle Selbstbestimmung)에서 도출된
다고 보아야 한다. 독일의 연방헌법재판소는 정보의 자기결정권의 근거를 기본
법 제1조 1항과 결합하여 기본법 제2조 1항의 일반적 인격권에서 찾고 있다.
그런데 우리의 경우 독일과 달리 사생활의 비밀과 자유, 다시 말하면 프라이버
시권을 헌법에 명시적으로 규정하고 있으며(동법
17조), 이 권리가 소극적으로 사생
활비밀의 불가침, 사생활자유의 불가침을 내용으로 할 뿐만 아니라 적극적으로
자기정보통제권을 보장하는 것으로 이해할 때,[16] 개인의 정보적 자기결정권의
직접적 근거는 우선적으로 헌법 제17조에서 찾아야 할 것이다. 사생활의 비밀
과 자유로부터 개인의 정보적 자기결정권의 직접적인 근거를 찾을 수 있는 한
그 근거로서 일반적 인격권을 언급할 필요는 없을 것이다. 따라서 개인의 사적
영역에 관한 정보의 열람 내지 공개가 문제되는 한 헌법 제17조에 의하여 보장
되는 정보의 자기결정권을 근거로 하여야 할 것이다.

그 이외의 정보의 경우에는 인간의 존엄과 가치 및 행복추구권에 관한 헌법
제10조와 자유와 권리가 헌법에 열거되지 아니한 이유로 경시되지 않는다는
헌법 제37조 1항의 결합에 의한 일반적 인격권이 그 근거로서 논의될 수 있을
것이다. 다만 일반적 인격권에 근거하여 공공기관이 보유·관리하고 있는 모든
정보에 대하여 일반 국민이 공개를 청구할 수 있는 것은 아니며, 공개의 기관,
대상, 범위, 절차 등에 있어서 광범위한 입법재량이 인정된다고 보아야 할 것이
다. 정당한 이해관계 있는 정보의 경우 입법자의 재량여지는 제한되는데, 특히
법적으로 보호되는 이익의 침해를 방지하기 위하여 필수 불가결한 정보의 경
우에 그 공개에 관한 개별 법률규정이 없다면 헌법 제10조 및 헌법 제37조 1항
을 근거로 공개청구권이 도출될 수 있을 것이다.

2. 문서열람권과 정보공개청구권

우리나라의 경우 행정의 민주화를 달성하고 개인의 권익을 보장하기 위하
여 개인에게 행정기관이 보유하고 있는 정보·자료에 대한 접근이 보장되어야
한다는 요구가 일찍이 제기되었음에도 불구하고 그 부작용 등을 우려하여 정

더라도 다른 정보와 쉽게 결합하여 알아볼 수 있는 정보, 그리고 ③ 위와 같은 정보를 가명처리 함으로
써 원래의 상태로 복원하기 위한 추가 정보의 사용·결합 없이는 특정 개인을 알아볼 수 없는 정보(가
명정보)를 말한다(동법 2조 1호 참조).

16) 홍성방, 헌법학(중), 126-130면. 그러나 김철수 교수는 사생활의 비밀과 자유권을 소극적 권리로 보고,
정보에 대한 자기결정권은 헌법 제10조에서 보장된다고 한다(김철수, 헌법개설, 132-133면).

보공개법의 제정이 미루어지다가 1996년 12월 비로소 「공공기관의 정보공개에 관한 법률」(이하 '정보공개 법'이라 한다)이라는 명칭의 일반적 정보공개법이 제정되어 1998년 1월 1일부터 시행되고 있다. 정보공개법은 제5조 1항에서 「모든 국민은 정보의 공개를 청구할 권리를 가진다」고 하여 개인의 일반적인 정보공개청구권을 보장하고 있다.

물론 정보공개법이 제정되기 이전에도 「사무관리규정」(대통령령)은 "행정기관은 행정기관이 아닌 자가 당해 행정기관에서 보존하고 있는 문서의 열람 또는 복사를 요청하는 때에는 특별한 사유가 있는 경우를 제외하고는 이를 허가할 수 있다"(33조 2항)고 규정하여, 일반인에게 기밀에 관한 사항 등 특별한 사유가 없는 한 행정기관이 보유하고 있는 문서에 대한 열람 및 복사청구권을 보장하고 있었다. 대법원은 이 규정이 일반적 정보공개청구권의 법적 근거가 될 수 있다고 보았다.[17] 헌법재판소도 같은 입장이다.[18] 다만 이 조항은 1997년 10월 21일 「공공기관의 정보공개에 관한 법률 시행령」의 제정과 함께 삭제되어 현재 일반적 정보공개청구권의 법적 근거로는 정보공개법만이 고려된다.

정보공개법 이외에 문서열람권 내지 정보공개청구권을 인정하는 경우가 있는데, 우선 「행정절차법」에서 문서열람권을 보장하고 있는 것을 들 수 있다. 「행정절차법」은 "당사자 등은 청문의 통지가 있는 날부터 청문이 끝날 때까지 행정청에 해당 사안의 조사결과에 관한 문서와 그 밖에 해당 처분과 관련되는 문서의 열람 또는 복사를 요청할 수 있다. 이 경우 행정청은 다른 법령에 따라 공개가 제한되는 경우를 제외하고는 그 요청을 거부할 수 없다"(동법 37 조 1항)고 규정하여, 청문절차와 관련하여 관계인의 문서열람 및 정보공개청구권을 보장하고 있다. 이 규정에 의한 문서열람 및 정보공개청구권은 행정절차의 당사자 등에 한하여,[19] 청문의 통지가 있는 날부터 청문이 끝날 때까지,[20] 당해 사안의 조사결

---

17) 대판 1999. 9. 21, 97누5114: 「국민의 알 권리, 특히 국가정보에의 접근의 권리는 우리 헌법상 기본적으로 표현의 자유와 관련하여 인정되는 것으로 그 권리의 내용에는 일반 국민 누구나 국가에 대하여 보유·관리하고 있는 정보의 공개를 청구할 수 있는 이른바 일반적인 정보공개청구권이 포함되고, 이 청구권은 공공기관의정보공개에관한법률이 1998. 1. 1. 시행되기 전에는 구 사무관리규정(1997. 10. 21. 대통령령 제15498호로 개정되기 전의 것) 제33조 제2항과 행정정보공개운영지침(1994. 3. 2. 국무총리 훈령 제288호)에서 구체화되어 있었다」.

18) 헌재 1989. 9. 4, 88헌마22: 「공문서 공개의 원칙보다는 공문서의 관리·통제에 중점을 두고 만들어진 규정이기는 하지만 '정부공문서규정' 제36조 제2항이 미흡하나마 공문서의 공개를 규정하고 있는 터이므로 이 규정을 근거로 해서 국민의 알 권리를 곧바로 실현시키는 것이 가능하다고 보아야 할 것이다」.

19) 여기서 '당사자 등'이란 행정청의 처분에 대하여 직접 그 상대가 되는 당사자와 행정청이 직권으로 또는 신청에 따라 행정절차에 참여하게 한 이해관계인을 말한다(행정절차법 2조 4호). 따라서 '당사자 등'에 해당하지 않는 일반인은 행정절차법에 의한 문서열람권을 청구하지 못하고 정보공개법에 의한 정보

과에 관한 문서이거나 당해 처분과 관련되는 문서에 대하여만 인정되는 것으로 주체, 시간, 대상에 있어서 제한을 받는다. 따라서 「행정절차법」상의 문서열람청구권은 청문절차와 관련하여 당사자 등에게만 인정되는 제한된 정보공개청구권이라는 점에서 정보공개법상의 일반적 정보공개청구권과 구별되며, 그에 대한 특별법적 지위를 가지는 것이라 할 수 있다.[21]

그 밖에 개별법령에서 문서열람권 내지 정보공개청구권을 보장하고 있는 경우도 적지 않다. 예를 들면 「국토의 계획 및 이용에 관한 법률」은 국토교통부장관으로부터 광역도시계획의 승인을 받은 경우, 시·도지사는 이를 공고하고 일반이 열람할 수 있도록 하여야 함을 규정하고 있으며(동법 16조 4항), 「공익사업을 위한 토지의 취득 및 보상에 관한 법률」은 토지수용위원회가 재결신청서를 접수한 때에는 지체없이 이를 공고하고, 공고한 날부터 14일 이상 관계 서류의 사본을 일반이 열람할 수 있도록 하여야 함을 규정하고 있다(동법 31조 1항).

또한 「개인정보 보호법」은 정보주체에게 개인정보처리자가 처리하는 본인의 개인정보에 대한 열람을 요구할 수 있는 권리, 즉 개별적 정보공개청구권을 보장하고 있다(동법 35조 1항 및 2항).

Ⅲ. 정보공개의 실현

1. 정보공개청구의 대상 및 범위

정보공개법에 의한 정보공개의 대상으로서의 정보는 공공기관이 보유·관리하는 정보이다.

'공공기관'이란 국가기관, 지방자치단체, 「공공기관의 운영에 관한 법률」 제2조에 따른 공공기관, 「지방공기업법」에 따른 지방공사 및 지방공단, 그 밖에 대통령령으로 정하는 기관을 말하며, 여기서 국가기관은 ① 국회, 법원, 헌법재판소, 중앙선거관리위원회, ② 중앙행정기관(대통령 소속 기관과 국무총리 소속 기관 포함) 및 그 소속 기관, ③

공개청구권이 고려될 뿐이다.
20) 행정절차법은 청문절차의 적용에 있어서 불이익처분의 내용을 기준으로 하지 않고 기본적으로 관계법의 규정을 기준으로 하고 있다. 즉 행정절차법 제22조 1항에 의하면 다른 법령 등에서 청문을 실시하도록 규정하고 있는 경우와 행정청이 필요하다고 인정하는 경우에만 청문을 실시하게 된다. 따라서 청문이 실시되지 않는 경우와 실시되더라도 청문의 통지 이후 청문의 종결시 이외에는 행정절차법상의 문서열람권이 보장되지 않는다.
21) 홍준형, 문서열람청구권과 정보공개청구권, 행정법연구, 1998, 10면.

「행정기관 소속 위원회의 설치 · 운영에 관한 법률」에 따른 위원회 등을 말한
다($^{정보공개법}_{2조 3호}$).

'정보'란 공공기관이 직무상 작성 또는 취득하여 관리하고 있는 문서($^{전자문서}_{포함}$)
및 전자매체를 비롯한 모든 형태의 매체 등에 기록된 사항을 말한다($^{동법 2}_{조 1호}$). 정
보에는 객관적 사실에 대한 기록뿐만 아니라 공공기관에 보관되어 있는 주관
적인 평가에 관한 기록도 포함된다.

> **[판례]** 공공기관의 정보공개에 관한 법률에서 말하는 공개대상 정보는 정보 그 자
> 체가 아닌 정보공개법 제2조 제1호에서 예시하고 있는 매체 등에 기록된 사항을
> 의미한다($^{대판 2013. 1. 24.}_{2010두18918}$).

공개청구의 대상이 되는 문서는 반드시 원본일 필요는 없다.

> **[판례]** 공개청구의 대상이 되는 정보란 공공기관이 직무상 작성 또는 취득하여 현
> 재 보유 · 관리하고 있는 문서에 한정되는 것이기는 하나, 그 문서가 반드시 원본일
> 필요는 없다($^{대판 2006. 5. 25.}_{2006두3049}$).

정보공개의 대상이 되는 정보는 공개청구의 시점에 공공기관이 보유 · 관리
하고 있는 정보이다. 따라서 구상중에 있거나 계획의 단계에 있는 정보 또는
아직 조사가 끝나지 않은 사항에 대하여는 공개를 청구할 수 없다. 또한 대상
정보가 폐기되었든가 하여 공공기관이 그 정보를 보유 · 관리하지 않게 된 경
우에도 공개를 청구할 수 없다.

> **[판례]** 공개대상 정보는 원칙적으로 공개를 청구하는 자가 정보공개법 제10조 제1
> 항 제2호에 따라 작성한 정보공개청구서의 기재내용에 의하여 특정되며, 만일 공개
> 청구자가 특정한 바와 같은 정보를 공공기관이 보유 · 관리하고 있지 않은 경우라
> 면 특별한 사정이 없는 한 해당 정보에 대한 공개거부처분에 대하여는 취소를 구
> 할 법률상 이익이 없다($^{대판 2013. 1. 24.}_{2010두18918}$).

정보공개청구에 대하여 공공기관이 그 정보를 보유 · 관리하고 있지 않다는
주장을 하는 경우 정보의 보유 · 관리에 대한 증명책임이 누구에게 있는지가
문제되는바, 공공기관이 그 정보를 보유 · 관리하고 있을 상당한 개연성이 있다
는 점에 대하여는 공개청구자가 증명하여야 하고, 그 정보를 더 이상 보유 · 관

리하고 있지 아니하다는 점에 대하여는 공공기관이 증명하여야 할 것이다. 판례도 같은 입장이다.

> **[판례]** 정보공개제도는 공공기관이 보유·관리하는 정보를 그 상태대로 공개하는 제도로서 공개를 구하는 정보를 공공기관이 보유·관리하고 있을 상당한 개연성이 있다는 점에 대하여 원칙적으로 공개청구자에게 증명책임이 있다고 할 것이지만, 공개를 구하는 정보를 공공기관이 한 때 보유·관리하였으나 후에 그 정보가 담긴 문서 등이 폐기되어 존재하지 않게 된 것이라면 그 정보를 더 이상 보유·관리하고 있지 아니하다는 점에 대한 증명책임은 공공기관에게 있다(대판 2004. 12. 9, 2003두12707. 동지판례: 대판 2006. 1. 13, 2003두9459; 대판 2013. 1. 24. 2010두18918).

정보공개법은 정보를 작성하거나 취득하여야 할 공공기관의 의무에 대하여는 아무런 규정을 두고 있지 않으므로 일반적으로 공공기관에게 그러한 의무가 있다고는 볼 수 없다. 그러나 개별 법령에서 정보를 보유·관리해야 할 의무를 규정하고 있는 경우에는 다르게 취급하여야 한다.

2. 정보공개의 청구와 공공기관의 결정

(1) 정보공개의 청구

모든 국민은 공공기관이 보유·관리하는 정보의 공개를 청구할 권리를 가진다(동법 5조 1항). 정보공개에 대하여 구체적이고 개별적인 이익이 존재해야 하는 것은 아니다. 외국인은 국내에 일정한 주소를 두고 거주하거나 학술·연구를 위하여 일시적으로 체류하는 사람이거나 국내에 사무소를 두고 있는 법인 또는 단체인 경우에 정보공개를 청구할 수 있다(동법시행령 3조). 법인이나 단체가 정보공개를 청구할 수 있는지가 문제될 수 있으나, 국내에 사무소를 두고 있는 외국의 법인 또는 단체에게 정보공개의 청구를 인정하고 있는 동법 시행령 제3조에 의하여 명확하게 되었다.

> **[판례]** 공공기관의 정보공개에 관한 법률 제6조 제1항은 "모든 국민은 정보의 공개를 청구할 권리를 가진다"고 규정하고 있는데, 여기에서 말하는 국민에는 자연인은 물론 법인, 권리능력 없는 사단·재단도 포함되고, 법인, 권리능력 없는 사단·재단 등의 경우에는 설립목적을 불문한다(대판 2003. 12. 12, 2003두8050).

정보공개를 청구하는 자가 어떠한 목적으로 그러한 청구를 하는지에 대해서는 묻지 않는다. 다만, 대법원은 국민의 정보공개청구가 권리의 남용에 해당하는 것이 명백한 경우에는 정보공개청구권의 행사를 허용할 수 없다는 입장이다.

[판례①] 공공기관의 정보공개에 관한 법률은 국민의 알권리를 보장하고 국정에 대한 국민의 참여와 국정 운영의 투명성을 확보함을 목적으로 하고(제1조), 공공기관이 보유 · 관리하는 정보는 국민의 알권리 보장 등을 위하여 적극적으로 공개하여야 한다는 정보공개의 원칙을 선언하고 있으며(제3조), 모든 국민은 정보의 공개를 청구할 권리를 가진다고 하면서(제5조 제1항) 비공개대상정보에 해당하지 않는 한 공공기관이 보유 · 관리하는 정보는 공개 대상이 된다고 규정하고 있을 뿐(제9조 제1항) 정보공개 청구권자가 공개를 청구하는 정보와 어떤 관련성을 가질 것을 요구하거나 정보공개청구의 목적에 특별한 제한을 두고 있지 아니하므로 정보공개 청구권자의 권리구제 가능성 등은 정보의 공개 여부 결정에 아무런 영향을 미치지 못한다(대판 2017. 9. 7. 2017두44558).

[판례②] 공공기관의 정보공개에 관한 법률의 목적, 규정 내용 및 취지에 비추어 보면 정보공개청구의 목적에 특별한 제한이 없으므로, 오로지 상대방을 괴롭힐 목적으로 정보공개를 구하고 있다는 등의 특별한 사정이 없는 한 정보공개의 청구가 신의칙에 반하거나 권리남용에 해당한다고 볼 수 없다(대판 2006. 8. 24. 2004두2783).

[판례③] 일반적인 정보공개청구권의 의미와 성질, 구 공공기관의 정보공개에 관한 법률의 규정 내용과 입법 목적, 정보공개법이 정보공개청구권의 행사와 관련하여 정보의 사용 목적이나 정보에 접근하려는 이유에 관한 어떠한 제한을 두고 있지 아니한 점 등을 고려하면, 국민의 정보공개청구는 정보공개법 제9조에 정한 비공개 대상정보에 해당하지 아니하는 한 원칙적으로 폭넓게 허용되어야 하지만, 실제로는 해당 정보를 취득 또는 활용할 의사가 전혀 없이 정보공개 제도를 이용하여 사회통념상 용인될 수 없는 부당한 이득을 얻으려 하거나, 오로지 공공기관의 담당공무원을 괴롭힐 목적으로 정보공개청구를 하는 경우처럼 권리의 남용에 해당하는 것이 명백한 경우에는 정보공개청구권의 행사를 허용하지 아니하는 것이 옳다(대판 2014. 12. 24. 2014두9349).

정보공개의 절차는 정보공개의 청구에 의하여 개시된다. 정보의 공개를 청구하는 자(이하 '청구인'이라 한다)는 해당 정보를 보유하거나 관리하고 있는 공공기관에 ① 청구인의 이름 · 주민등록번호 · 주소 및 연락처, ② 공개를 청구하는 정보의 내용 및 공개방법을 적은 정보공개청구서를 제출하거나 말로써 정보의 공개를 청구할 수 있다($\frac{동법}{조1항}^{10}$). 정보공개청구서의 내용은 명확하고 특정되어야 한다. 특히 어떠한 정보의 공개를 청구하는지를 알 수 있어야 한다. 청구인이 정보공개에 대하여 특별한 이해관계가 있음을 증명할 필요는 없다.

> **[판례]** 공공기관의 정보공개에 관한 법률 제10조 제1항 제2호는 정보의 공개를 청구하는 자는 정보공개청구서에 '공개를 청구하는 정보의 내용' 등을 기재할 것을 규정하고 있는바, 청구대상정보를 기재함에 있어서는 사회일반인의 관점에서 청구대상정보의 내용과 범위를 확정할 수 있을 정도로 특정함을 요한다. 정보비공개결정의 취소를 구하는 사건에 있어서, 만일 공개를 청구한 정보의 내용 중 너무 포괄적이거나 막연하여서 사회일반인의 관점에서 그 내용과 범위를 확정할 수 있을 정도로 특정되었다고 볼 수 없는 부분이 포함되어 있다면, 이를 심리하는 법원으로서는 마땅히 공공기관의 정보공개에 관한 법률 제20조 제2항의 규정에 따라 공공기관에게 그가 보유·관리하고 있는 공개청구정보를 제출하도록 하여 이를 비공개로 열람·심사하는 등의 방법으로 공개청구정보의 내용과 범위를 특정시켜야 하고, 나아가 위와 같은 방법으로도 특정이 불가능한 경우에는 특정되지 않은 부분과 나머지 부분을 분리할 수 있고 나머지 부분에 대한 비공개결정이 위법한 경우라고 하여도 정보공개의 청구 중 특정되지 않은 부분에 대한 비공개결정의 취소를 구하는 부분은 나머지 부분과 분리하여 이를 기각하여야 한다 ($\frac{대판\ 2007.\ 6.\ 1,\ 2007두2555,\ 동지}{판례:\ 대판\ 2018.\ 4.\ 12,\ 2014두5477}$).

청구서의 내용이 불명확한 경우, 이를 이유로 정보공개를 거부할 것이 아니라 공공기관은 정보공개청구권이 보장될 수 있도록 청구인의 요구가 무엇인지를 직권으로 조사하여야 할 것이다.[22] 청구인이 말로써 정보의 공개를 청구할 때에는 담당공무원 등의 앞에서 진술하여야 하고, 담당공무원 등은 정보공개청구 조서를 작성하여 이에 청구인과 함께 기명날인하거나 서명하여야 한다($\frac{동법}{조2항}^{10}$).

한편, 공공기관은 그 기관이 보유·관리하는 정보에 대하여 국민이 쉽게 알 수 있도록 정보목록을 작성하여 갖추어 두고, 그 목록을 공개하여야 한다($\frac{동법}{조1항}^{8}$).

정보공개를 청구하는 자가 원하는 정보를 보유하거나 관리하는 공공기관을 잘못 지정하여 청구하였다는 이유로 비공개결정을 내리는 것은 정보공개의 원칙 및 개인의 정보공개청구권을 인정한 법의 취지에 반하는 것이라 할 것이다. 다른 공공기관이 보유하거나 관리하는 정보의 정보공개청구서를 접수한 공공

---

22) 이와 관련하여 비교법적인 측면에서 미국의 정보자유법의 규정이 참고할 만하다. 1974년의 정보자유법까지는 공개를 청구하는 정보가 청구인에 의하여 충분히 구체화되어 공공기관이 그것을 식별할 수 있어야 했다. 그러나 현재에는 청구인이 원하는 정보를 특정함에 있어서 공공기관의 협력의무를 규정하고 있다.

기관은 지체없이 이를 소관기관에 이송하여야 하며, 이송한 후에는 지체없이 소관기관 및 이송사유 등을 분명히 밝혀 청구인에게 문서로 통지하여야 한다 (동법 11 조 4항).

(2) 공공기관의 결정

(가) 결정기간

공공기관은 정보공개의 청구를 받으면 그 청구를 받은 날부터 10일 이내에 공개여부를 결정하여야 한다. 부득이한 사유로 이 기간 내에 공개여부를 결정할 수 없을 때에는 그 기간이 끝나는 날의 다음 날부터 기산하여 10일의 범위 내에서 공개여부 결정기간을 연장할 수 있다. 이 경우 공공기관은 연장이유를 청구인에게 지체없이 서면으로 통지하여야 한다(동법 11조 1항, 2항).

여기에서 '부득이한 사유'라 함은 ① 한꺼번에 많은 정보공개가 청구되거나 공개 청구된 내용이 복잡하여 정해진 기간 내에 공개 여부를 결정하기 곤란한 경우, ② 정보를 생산한 공공기관 또는 공개 청구된 정보와 관련 있는 법 제11 조 3항에 따른 제3자의 의견청취, 법 제12조에 따른 정보공개심의회 개최 등의 사유로 정해진 기간 내에 공개 여부를 결정하기 곤란한 경우, ③ 전산정보처리조직에 의하여 처리된 정보가 공개 부분과 비공개 부분을 포함하고 있고, 정해진 기간 내에 부분 공개 가능 여부를 결정하기 곤란한 경우, ④ 천재지변, 일시적인 업무량 폭주 등으로 정해진 기간 내에 공개 여부를 결정하기 곤란한 경우 등을 말한다(동법 시행 령 7조).

(나) 결정의 형식

공공기관이 정보의 비공개결정을 한 경우에는 그 내용을 청구인에게 지체없이 문서로 통지하여야 한다(동법 13 조 5항).[23]

> **[판례]** 구 공공기관의 정보공개에 관한 법률(이하 '정보공개법'이라 한다) 제13조
> 제4항은 공공기관이 정보를 비공개하는 결정을 한 때에는 비공개이유를 구체적으

---

23) 민원인의 행정정보 공개요구에 대해 행정청의 직원이 서면이 아닌 구술로 불허한 경우도 행정소송의 대상이 되는 거부처분이 존재한다는 법원의 판결이 있다. 서울고등법원은 1999. 4. 29. 제37회 변리사 2 차시험에 응시했다가 낙방한 김 모씨가 시험답안지와 채점결과의 열람신청을 거부한 것은 부당하다며 특허청장을 상대로 낸 행정정보공개거부처분 취소소송(98누9570)에서 소를 각하한 원심을 취소하고 원고승소판결을 내렸다. "이 사건에서의 문서열람허용과 같이 행정청의 사실행위를 신청한 경우에 행정청의 권한있는 직원이 이를 허용하지 아니할 의사를 명백히 표시했다면, 비록 그 의사가 서면으로 고지된 바 없다고 하더라도 행정청에 의한 거부처분이 있었다고 보아야 한다"고 밝혔다.

로 명시하여 청구인에게 그 사실을 통지하여야 한다고 규정하고 있다. 정보공개법 제1조, 제3조, 제6조는 국민의 알 권리를 보장하고 국정에 대한 국민의 참여와 국정운영의 투명성을 확보하기 위하여 공공기관이 보유·관리하는 정보를 모든 국민에게 원칙적으로 공개하도록 하고 있다. 그러므로 국민으로부터 보유·관리하는 정보에 대한 공개를 요구받은 공공기관으로서는, 정보공개법 제9조 제1항 각호에서 정하고 있는 비공개사유에 해당하지 않는 한 이를 공개하여야 한다. 이를 거부하는 경우라 할지라도, 대상이 된 정보의 내용을 구체적으로 확인·검토하여, 어느 부분이 어떠한 법익 또는 기본권과 충돌되어 정보공개법 제9조 제1항 몇 호에서 정하고 있는 비공개사유에 해당하는지를 주장·증명하여야만 하고, 그에 이르지 아니한 채 개괄적인 사유만을 들어 공개를 거부하는 것은 허용되지 아니한다(대판 2018. 4. 12. 2014두5477).

정보공개법은 공공기관이 정보의 공개를 결정한 때에도 공개일시·공개장소 등을 명시하여 청구인에게 통지하여야 한다고 함으로써 공개결정도 서면으로 할 것을 요구한다.

(다) 의견청취 및 통지

공공기관이 비공개결정을 함에 있어서 미리 청구인의 의견을 들어야 하는 것은 아니다. 그러나 공개대상정보의 전부 또는 일부가 제3자와 관련이 있다고 인정되는 때에는 공개 청구된 사실을 제3자에게 지체없이 통지하여야 하며, 필요한 경우에는 그에 대한 의견을 청취할 수 있도록 규정하고 있다(동법 11조 3항). 다만 이 규정은 문언상 제3자의 의견청취 여부를 공공기관의 재량에 맡겨 놓고 있는데, 정보공개에 의하여 제3자의 법률상 이익의 침해를 가져올 수 있는 경우에는 반드시 제3자의 의견을 들어야 할 것이다.

공개 청구된 정보 중 전부 또는 일부가 다른 공공기관이 생산한 정보인 경우에는 공공기관이 공개여부를 결정하기 전에 그 정보를 생산한 공공기관의 의견을 들어야 한다(동법 시행령 9조).

공공기관이 공개결정 또는 비공개결정을 함에 있어서 서면으로 청구인에게 통지하여야 함은 위에서 언급하였다. 비공개결정의 경우 비공개사유·불복방법 및 불복절차를 명시하여(동법 13조 5항), 청구인이 불복신청을 제기함에 있어서 편의를 제공하여야 한다.

(라) 결정의 내용

공공기관은 청구인에게 원하는 정보를 열람하게 하거나 사본·복제물 등을 교부하는 등 단순한 사실행위를 하는 것만으로는 충분하지 않고, 행정처분으로 공개여부, 범위 및 방법 등에 대하여 결정을 내려야 한다. 공공기관은 청구된 정보가 특히 정보공개법 제9조의 비공개 대상 정보에 해당하여 정보공개청구권이 배제되거나 제한되는 경우에 비공개결정을 내리게 된다. 공개청구된 정보가 제9조 1항 각호의 어느 하나에 해당하는 부분과 공개 가능한 부분이 혼합되어 있는 경우에는 공개청구의 취지에 어긋나지 아니하는 범위에서 두 부분을 분리할 수 있는 경우에는 제9조 1항 각호의 어느 하나에 해당하는 부분을 제외하고 공개하여야 한다(동법).

[판례①] 법원이 행정기관의 정보공개거부처분의 위법 여부를 심리한 결과 공개를 거부한 정보에 비공개대상 정보에 해당하는 부분과 공개가 가능한 부분이 혼합되어 있고 공개청구의 취지에 어긋나지 아니하는 범위 안에서 두 부분을 분리할 수 있음을 인정할 수 있을 때에는 청구취지의 변경이 없더라도 공개가 가능한 정보에 관한 부분만의 일부취소를 명할 수 있다 할 것이고, 공개청구의 취지에 어긋나지 아니하는 범위 안에서 비공개대상 정보에 해당하는 부분과 공개가 가능한 부분을 분리할 수 있다고 함은, 이 두 부분이 물리적으로 분리가능한 경우를 의미하는 것이 아니고 당해 정보의 공개방법 및 절차에 비추어 당해 정보에서 비공개 대상 정보에 관련된 기술 등을 제외 내지 삭제하고 그 나머지 정보만을 공개하는 것이 가능하고 나머지 부분의 정보만으로도 공개의 가치가 있는 경우를 의미한다고 해석하여야 한다(대판 2004. 12. 9, 2003두12707, 동지판례: 대판 2009. 12. 10, 2009두12785; 대판 2010. 2. 11, 2009두6001).

[판례②] 정보비공개결정의 취소를 구하는 사건에 있어서, 만일 공개를 청구한 정보의 내용 중 너무 포괄적이거나 막연하여서 사회일반인의 관점에서 그 내용과 범위를 확정할 수 있을 정도로 특정되었다고 볼 수 없는 부분이 포함되어 있다면, 이를 심리하는 법원으로서는 마땅히 공공기관의 정보공개에 관한 법률 제20조 제2항의 규정에 따라 공공기관에게 그가 보유·관리하고 있는 공개청구정보를 제출하도록 하여 이를 비공개로 열람·심사하는 등의 방법으로 공개청구정보의 내용과 범위를 특정시켜야 하고, 나아가 위와 같은 방법으로도 특정이 불가능한 경우에는 특정되지 않은 부분과 나머지 부분을 분리할 수 있고 나머지 부분에 대한 비공개결정이 위법한 경우라고 하여도 정보공개의 청구 중 특정되지 않은 부분에 대한 비공개결정의 취소를 구하는 부분은 나머지 부분과 분리하여 이를 기각하여야 한다(대판 2007. 6. 1, 2007두2555).

3. 정보공개의 방법

(1) 정보의 공개 결정을 한 경우

공공기관은 정보의 공개를 결정한 경우에는 공개의 일시 및 장소 등을 분명히 밝혀 청구인에게 통지하여야 한다(동법 13조 1항). 그리고 공공기관은 정보의 공개를 결정하였을 때(제3자의 비공개 요청에도 불구하고 정보공개법 제21조 2항에 따라 공개 결정을 한 경우는 제외한다)에는 공개를 결정한 날부터 10일 이내의 범위에서 공개 일시를 정하여 청구인에게 통지하여야 하며, 다만 청구인이 요청하는 경우에는 공개 일시를 달리 정할 수 있다(동법 시행령 12조).

이때 공공기관은 청구인이 사본 또는 복제물의 교부를 원하는 경우에는 이를 교부하여야 하며, 다만 공개 대상 정보의 양이 너무 많아 정상적인 업무수행에 현저한 지장을 초래할 우려가 있는 경우에는 정보의 사본·복제물을 일정 기간별로 나누어 제공하거나 열람과 병행하여 제공할 수 있다(동법 13조 2항 및 3항).

한편 공공기관은 정보의 원본이 더럽혀지거나 파손될 우려가 있거나 그 밖에 상당한 이유가 있다고 인정할 때에는 그 정보의 사본·복제물을 공개할 수 있다(동법 13조 4항).[24]

(2) 정보의 비공개 결정을 한 경우

공공기관은 정보의 비공개 결정을 한 경우에는 그 사실을 청구인에게 지체 없이 문서로 통지하여야 하며, 이 경우 비공개 이유와 불복의 방법 및 절차를 구체적으로 밝혀야 한다(동법 13조 5항).

(3) 부분공개

공개 청구한 정보가 정보공개법 제9조 1항에서 정한 비공개사유에 해당하는 부분과 공개 가능한 부분이 혼합되어 있는 경우로서 공개 청구의 취지에 어긋나지 아니하는 범위에서 두 부분을 분리할 수 있는 경우에는 제9조 1항의 비공개사유에 해당하는 부분을 제외하고 나머지 부분을 공개하여야 한다(동법 14조).

---

24) 정보공개법 시행령 14조에서는 정보의 형태에 따른 공개의 방법으로 ① 문서·도면·사진 등은 열람 또는 사본의 제공, ② 필름·테이프 등은 시청·열람 또는 사본·복제물의 제공, ③ 마이크로필름·슬라이드 등은 시청·열람 또는 사본·복제물의 제공, ④ 전자적 형태로 보유·관리하는 정보 등은 파일을 복제하여 정보통신망을 활용한 정보공개시스템으로 송부, 매체에 저장하여 제공, 열람·시청 또는 사본·출력물의 제공, ⑤ 법 제7조제1항에 따라 이미 공개된 정보는 해당 정보의 소재(소재) 안내 등에 대해 규정하고 있다.

(4) 정보의 전자적 공개

공공기관은 전자적 형태로 보유 · 관리하는 정보에 대하여 청구인이 전자적 형태로 공개하여 줄 것을 요청하는 경우에는 그 정보의 성질상 현저히 곤란한 경우를 제외하고는 청구인의 요청에 따라야 하며(동법 15조 1항), 전자적 형태로 보유 · 관리하지 아니하는 정보에 대하여 청구인이 전자적 형태로 공개하여 줄 것을 요청한 경우에는 정상적인 업무수행에 현저한 지장을 초래하거나 그 정보의 성질이 훼손될 우려가 없으면 그 정보를 전자적 형태로 변환하여 공개할 수 있다(동법 15조 2항).

(5) 즉시 처리가 가능한 정보의 공개

다음의 어느 하나에 해당하는 정보로서 즉시 또는 말로 처리가 가능한 정보에 대해서는 정보공개법 제11조에 따른 정보공개 여부의 결정 절차를 거치지 아니하고 공개하여야 한다(동법 16조).

① 법령 등에 따라 공개를 목적으로 작성된 정보
② 일반국민에게 알리기 위하여 작성된 각종 홍보자료
③ 공개하기로 결정된 정보로서 공개에 오랜 시간이 걸리지 아니하는 정보
④ 그 밖에 공공기관의 장이 정하는 정보

(6) 비용 부담

정보의 공개 및 우송 등에 드는 비용은 실비의 범위에서 청구인이 부담한다(동법 17조 1항). 이때 공개를 청구하는 정보의 사용 목적이 공공복리의 유지 · 증진을 위하여 필요하다고 인정되는 경우에는 청구인이 부담하는 비용을 감면할 수 있다(동법 17조 2항).

4. 정보공개의 제한

공공기관이 보유 · 관리하는 정보에 대하여는 그 공개를 원칙으로 하고 있으나, 정보공개법은 제9조에서 광범위한 비공개대상정보를 열거하여 이들 정보는 공개하지 아니할 수 있다고 규정하고 있다. 법문상으로는 공개여부의 결정에 대하여 공공기관에게 재량을 부여하고 있지만, 제9조 1항 각호의 1에서 규정한 요건에 해당하면 재량의 여지는 없고 공공기관은 반드시 공개하지 말아야 할 것이다. 반면에 2항에서는 비공개대상정보가 기간의 경과 등으로 인하여 비공개의 필요성이 없어진 경우에는 당해 정보를 공개대상으로 하여야 한다고

규정하고 있다. 결국 공공기관은 공개청구된 정보가 1항 각호의 어느 하나에 해당하는지, 해당하는 경우 비공개의 필요성이 계속 존재하는지를 판단하여야 한다. 이러한 공공기관의 판단은 국민의 정보공개청구권과 직접 관련되는 것으로 사실적·법적 관점에서 사후에 법원에 의한 전면적인 사법심사의 대상이 된다. 법원의 심리에 있어서 명문의 규정은 없지만 공개의 원칙과 관련하여 비공개대상정보에 해당함을 공공기관이 증명하여야 할 것이다.

정보공개법이 비공개대상정보로 열거한 것을 살펴보면 다음과 같다.

(1) 다른 법령에 의한 비공개대상정보

다른 법률 또는 법률에서 위임한 명령에 따라 비밀로 유지되거나 비공개사항으로 규정된 정보는 공개하지 아니할 수 있다(동법 제9조 1항 1호). 즉 개별 법령에서 비공개사항으로 정한 경우 개별법이 정보공개법에 우선하여 적용된다. 다만 정보공개의 원칙이 개별 법령의 비공개규정에 의하여 무의미해지는 것을 막기 위하여 비공개정보의 내용과 범위가 구체적으로 특정되어야 하며,[25] 비공개로 하는 합리적 사유가 존재하여야 한다. 또한 위 규정에 의한 '법률이 위임한 명령'은 정보의 공개에 관하여 법률의 구체적인 위임 아래 제정된 법규명령으로 엄격하게 해석하여야 할 것이다.

> **[판례①]** 공공기관의 정보공개에 관한 법률 제1조, 제3조, 헌법 제37조의 각 취지와 행정입법으로는 법률이 구체적으로 범위를 정하여 위임한 범위 안에서만 국민의 자유와 권리에 관련된 규율을 정할 수 있는 점 등을 고려할 때, 공공기관의 정보공개에 관한 법률 제7조 제1항 제1호 소정의 '법률에 의한 명령'은 법률의 위임규정에 의하여 제정된 대통령령, 총리령, 부령 전부를 의미한다기보다는 정보의 공개에 관하여 법률의 구체적인 위임 아래 제정된 법규명령(위임명령)을 의미한다(대판 2003. 12. 11, 2003두8395, 동지판례: 대판 2006. 10. 26, 2006두11910; 대판 2010. 6. 10, 2010두2913).
>
> **[판례②]** 검찰보존사무규칙이 검찰청법 제11조에 기하여 제정된 법무부령이기는 하지만, 그 사실만으로 같은 규칙 내의 모든 규정이 법규적 효력을 가지는 것은 아니다. 기록의 열람·등사의 제한을 정하고 있는 같은 규칙 제22조는 법률상의 위임 근거가 없어 행정기관 내부의 사무처리준칙으로서 행정규칙에 불과하므로, 위 규칙상의 열람·등사의 제한을 공공기관의 정보공개에 관한 법률 제9조 제1항 제1호의 '다른 법률 또는 법률에 의한 명령에 의하여 비공개사항으로 규정된 경우'에 해당

---

25) 성낙인, 정보공개법제의 비교법적 검토, 인권과 정의, 1995. 1, 42면; 경건, 정보공개청구제도에 관한 연구, 서울대학교 박사학위논문, 1998, 258면.

한다고 볼 수 없다(대판 2006. 5. 25, 2006두3049).

[판례③] 구 국가정보원법 제6조는 "국가정보원의 조직·소재지 및 정원은 국가안전보장을 위하여 필요한 경우에는 이를 공개하지 아니할 수 있다"고 규정하고 있다. 여기서 '국가안전보장'이란 국가의 존립, 헌법의 기본질서의 유지 등을 포함하는 개념으로서 국가의 독립, 영토의 보전, 헌법과 법률의 기능 및 헌법에 의하여 설치된 국가기관의 유지 등의 의미로 이해할 수 있는데, 국외 정보 및 국내 보안정보(대공, 대정부전복, 방첩, 대테러 및 국제범죄조직에 관한 정보)의 수집·작성 및 배포 등을 포함하는 국가정보원의 직무내용과 범위(제3조), 그 조직과 정원을 국가정보원장이 대통령의 승인을 받아 정하도록 하고 있는 점(제4조, 제5조 제2항), 정보활동의 비밀보장을 위하여 국가정보원에 대한 국회정보위원회의 예산심의까지도 비공개로 하고 국회정보위원회 위원으로 하여금 국가정보원의 예산 내역을 공개하거나 누설하지 못하도록 하고 있는 점(제12조 제5항) 등 구 국가정보원법상 관련 규정의 내용, 형식, 체계 등을 종합적으로 살펴보면, 국가정보원의 조직·소재지 및 정원에 관한 정보는 특별한 사정이 없는 한 국가안전보장을 위하여 비공개가 필요한 경우로서 구 국가정보원법 제6조에서 정한 비공개 사항에 해당하고, 결국 공공기관의 정보공개에 관한 법률 제9조 제1항 제1호에서 말하는 '다른 법률에 의하여 비공개 사항으로 규정된 정보'에도 해당한다고 보는 것이 타당하다(대판 2013. 1. 24, 2010두18918).

(2) 중대한 국가의 이익에 관한 정보

제9조 1항 2호에서는 중대한 국가의 이익을 보호하기 위하여 정보의 공개를 제한하고 있다. 즉 공개될 경우 국가안전보장·국방·통일·외교관계 등 국가의 중대한 이익을 해칠 우려가 있다고 인정되는 정보에 대하여는 공개하지 아니할 수 있다. 여기서 외교관계란 우리나라와 다른 국가 또는 국제기구와의 관계를 말하며, 국가안전보장에 대한 이익을 해하는 경우란 국가의 존립 또는 기능에 대한 위험이 존재하는 것을 말한다. 남북분단의 특수한 상황에 놓여 있는 우리나라에 있어서는 특히 국가기밀에 관련된 사항이라는 이유로 공개가 거부되는 정보가 많은데, 중대한 국익을 위하여 공개가 제한되어야 할 범위가 객관적이고 실질적인 측면에서 한정되어야 할 것이다.[26]

---

26) 헌재 1992. 2. 25, 89헌가104: 군사기밀의 범위는 국민의 표현의 자유 내지 '알 권리'의 대상영역을 최대한 넓혀줄 수 있도록 필요한 최소한도에 한정되어야 할 것이며, 따라서 군사기밀보호법 제6조, 제7조, 제10조는 동법 제2조 제1항의 '군사상의 기밀'이 비공지의 사실로서 적법절차에 따라 군사기밀로서의 표지를 갖추고 그 누설이 국가의 안전보장에 명백한 위험을 초래한다고 볼 만큼의 실질가치를 지닌 것으로 인정되는 경우에 한하여 적용된다.

[판례①] 보안관찰법 소정의 보안관찰 관련 통계자료는 우리나라 53개 지방검찰청 및 지청관할지역에서 매월 보고된 보안관찰처분에 관한 각종 자료로서, 보안관찰처분대상자 또는 피보안관찰자들의 매월별 규모, 그 처분시기, 지역별 분포에 대한 전국적 현황과 추이를 한눈에 파악할 수 있는 구체적이고 광범위한 자료에 해당하므로 '통계자료'라고 하여도 그 함의를 통하여 나타내는 의미가 있음이 분명하여 가치중립적일 수는 없고, 그 통계자료의 분석에 의하여 대남공작활동이 유리한 지역으로 보안관찰처분대상자가 많은 지역을 선택하는 등으로 위 정보가 북한정보기관에 의한 간첩의 파견, 포섭, 선전선동을 위한 교두보의 확보 등 북한의 대남전략에 있어 매우 유용한 자료로 악용될 우려가 없다고 할 수 없으므로, 위 정보는 공공기관의정보공개에관한법률 제7조 제1항 제2호 소정의 공개될 경우 국가안전보장·국방·통일·외교관계 등 국가의 중대한 이익을 해할 우려가 있는 정보, 또는 제3호 소정의 공개될 경우 국민의 생명·신체 및 재산의 보호 기타 공공의 안전과 이익을 현저히 해할 우려가 있다고 인정되는 정보에 해당한다(대판 2004. 3. 18, 2001두8254).

[판례②] 구 「공공기관의 정보공개에 관한 법률」 제9조 제1항 제2호는 외교관계에 관한 사항으로서 공개될 경우 국가의 중대한 이익을 현저히 해할 우려가 있다고 인정되는 정보를 비공개대상정보로 규정하고 있다.

원심은, 12·28 일본군위안부 피해자 합의와 관련된 협의가 비공개로 진행되었고, 대한민국과 일본 모두 그 협의 관련 문서를 비공개문서로 분류하여 취급하고 있는데, 우리나라가 그 협의 내용을 일방적으로 공개할 경우 우리나라와 일본 사이에 쌓아온 외교적 신뢰관계에 심각한 타격이 있을 수 있는 점, 이에 따라 향후 일본은 물론 다른 나라와 협상을 진행하는 데에도 큰 어려움이 발생할 수 있는 점, 12·28 일본군위안부 피해자 합의에 사용된 표현이 다소 추상적이고 모호하기는 하나, 이는 협상 과정에서 양국이 나름의 숙고와 조율을 거쳐 채택된 표현으로서 그 정확한 의미에 대한 해석이 요구된다기보다 오히려 표현된 대로 이해하는 것이 적절한 점 등을 종합하여, 위 합의를 위한 협상 과정에서 일본군과 관헌에 의한 위안부 '강제연행'의 존부 및 사실인정 문제에 대해 협의한 정보를 공개하지 않은 처분이 적법하다고 판단하였다. 관계 법령 및 법리와 기록에 비추어 살펴보면, 이러한 원심의 판단은 정당하다(대판 2023. 6. 1, 2019두41324).

(3) 공공의 안전과 이익에 관한 정보

공개될 경우 국민의 생명·신체 및 재산 등과 같은 공동사회의 기본적 법익에 대한 사실상의 중대한 위험이 발생할 우려가 있다고 인정되는 정보는 공공의 안전과 이익을 위하여 공개하지 아니할 수 있다.

(4) 진행중인 형사절차 또는 재판에 관한 정보

진행중인 재판에 관련된 정보와 범죄의 예방, 수사, 공소의 제기 및 유지, 형의 집행, 교정, 보안처분에 관한 사항으로서 공개될 경우 그 직무 수행을 현저히 곤란하게 하거나 형사피고인의 공정한 재판을 받을 권리를 침해한다고 인정할 만한 상당한 이유가 있는 정보에 대하여는 공개하지 아니할 수 있다.

> **[판례①]** 공공기관의 정보공개에 관한 법률의 입법 목적, 정보공개의 원칙, 비공개대상정보의 규정 형식과 취지 등을 고려하면, 법원 이외의 공공기관이 정보공개법 제9조 제1항 제4호에서 정한 '진행 중인 재판에 관련된 정보'에 해당한다는 사유로 정보공개를 거부하기 위하여는 반드시 그 정보가 진행 중인 재판의 소송기록 자체에 포함된 내용일 필요는 없다. 그러나 재판에 관련된 일체의 정보가 그에 해당하는 것은 아니고 진행 중인 재판의 심리 또는 재판결과에 구체적으로 영향을 미칠 위험이 있는 정보에 한정된다고 보는 것이 타당하다(대판 2011. 11. 24. 2009두19021. 동지 판례: 대판 2018. 9. 28. 2017두69892).
>
> **[판례②]** 구 공공기관의정보공개에관한법률 제7조 제1항 제4호에서 비공개대상으로 규정한 '형의 집행, 교정에 관한 사항으로서 공개될 경우 그 직무수행을 현저히 곤란하게 하는 정보'라 함은 당해 정보가 공개될 경우 재소자들의 관리 및 질서유지, 수용시설의 안전, 재소자들에 대한 적정한 처우 및 교정 · 교화에 관한 직무의 공정하고 효율적인 수행에 직접적이고 구체적으로 장애를 줄 고도의 개연성이 있고, 그 정도가 현저한 경우를 의미한다고 할 것이며, 여기에 해당하는지 여부는 비공개에 의하여 보호되는 업무수행의 공정성 등의 이익과 공개에 의하여 보호되는 국민의 알권리의 보장과 국정에 대한 국민의 참여 및 국정운영의 투명성 확보 등의 이익을 비교 · 교량하여 구체적인 사안에 따라 개별적으로 판단되어야 한다(대판 2004. 12. 9. 2003두12707. 동지 판례: 대판 2009. 12. 10. 2009두12785).

(5) 행정결정과정에 있는 정보

감사 · 감독 · 검사 · 시험 · 규제 · 입찰계약 · 기술개발 · 인사관리에 관한 사항이나 의사결정 과정 또는 내부검토 과정에 있는 사항 등으로서 공개될 경우 업무의 공정한 수행이나 연구 · 개발에 현저한 지장을 초래한다고 인정할 만한 상당한 이유가 있는 정보에 대해서는 공개하지 아니할 수 있다(동조 1항 5호 본문). 다만, 의사결정 과정 또는 내부검토 과정을 이유로 비공개할 경우에는 의사결정 과정 및 내부검토 과정이 종료되면 청구인에게 이를 통지하여야 한다(동호 단서).

이 규정에 의하여 결정 과정 중에 있는 사항이 공개됨으로써 절차의 진행이 지연되거나 방해받는 것을 방지할 수 있게 되었다. 그러나 공개될 경우 업무의 공정한 수행이나 연구 · 개발에 현저한 지장을 초래할 것인지에 대한 판단은 전적으로 공공기관에게 맡겨져 있다. 이 경우 공공기관의 자의적인 판단에 의하여 정보공개청구권이 공허하게 되어서는 안 된다.

[판례①] 공공기관의 정보공개에 관한 법률 제9조 제1항 제5호에서 비공개대상정보로 규정하고 있는 '감사·감독·검사·시험·규제·입찰계약·기술개발·인사관리·의사결정과정 또는 내부검토과정에 있는 사항 등으로서 공개될 경우 업무의 공정한 수행에 현저한 지장을 초래한다고 인정할 만한 상당한 이유가 있는 정보'란 ⋯ 공개될 경우 업무의 공정한 수행이 객관적으로 현저하게 지장을 받을 것이라는 고도의 개연성이 존재하는 경우를 말하고, 이에 해당하는지는 비공개함으로써 보호되는 업무수행의 공정성 등 이익과 공개로 보호되는 국민의 알권리 보장과 국정에 대한 국민의 참여 및 국정운영의 투명성 확보 등 이익을 비교·교량하여 구체적인 사안에 따라 신중하게 판단할 것이다. 그리고 그 판단을 할 때에는 공개청구의 대상이 된 당해 정보의 내용뿐 아니라 그것을 공개함으로써 장래 동종 업무의 공정한 수행에 현저한 지장을 가져올지도 아울러 고려해야 한다(대판 2012. 10. 11. 2010두18758, 동지 판례: 대판 2003. 8. 22. 2002두12946; 대판 2010. 2. 25. 2007두9877; 대판 2011. 11. 24. 2009두19021; 대판 2014. 7. 24. 2013두20301; 대판 2018. 9. 28. 2017두69892).

[판례②] 공공기관의 정보공개에 관한 법률 제9조 제1항 제5호는 시험에 관한 사항으로서 공개될 경우 업무의 공정한 수행에 현저한 지장을 초래한다고 인정할 만한 상당한 이유가 있는 정보는 공개하지 아니할 수 있도록 하고 있는바, 여기에서 시험정보로서 공개될 경우 업무의 공정한 수행에 현저한 지장을 초래하는지 여부는 같은 법 및 시험정보를 공개하지 아니할 수 있도록 하고 있는 입법 취지, 당해 시험 및 그에 대한 평가행위의 성격과 내용, 공개의 내용과 공개로 인한 업무의 증가, 공개로 인한 파급효과 등을 종합하여 개별적으로 판단되어야 한다(대판 2007. 6. 15. 2006두15936).

[판례③] 사법시험 제2차 시험의 답안지 열람은 시험문항에 대한 채점위원별 채점 결과의 열람과 달리 사법시험업무의 수행에 현저한 지장을 초래한다고 볼 수 없다(대판 2003. 3. 14. 2000두6114).

[판례④] 시험의 관리에 있어서 가장 중요한 것은 정확성과 공정성이므로, 이를 위하여 시험문제와 정답, 채점기준 등 시험의 정확성과 공정성에 영향을 줄 수 있는 모든 정보는 사전에 엄격하게 비밀로 유지되어야 할 뿐만 아니라, 공공기관에서 시행하는 대부분의 시험들은 평가대상이 되는 지식의 범위가 한정되어 있고 그 시행도 주기적으로 반복되므로 이미 시행된 시험에 관한 정보라 할지라도 이를 제한 없이 공개할 경우에는 중요한 영역의 출제가 어려워지는 등 시험의 공정한 관리 및 시행에 영향을 줄 수밖에 없다고 할 것이므로, 이 사건 법률조항이 시험문제와 정답을 공개하지 아니할 수 있도록 한 것이 과잉금지원칙에 위반하여 알권리를 침해한다고 볼 수 없다(헌재 2011. 3. 11. 2010헌바291).

[판례⑤]   인사관리에 관한 정보 중 공개될 경우 인사의 공정한 수행에 현저한 지장을 초래한다고 인정할 만한 상당한 이유가 있는 정보의 비공개를 허용하는 것은 외부의 부당한 영향을 받지 않은, 보다 정확하고 공정한 인사운용을 보장할 수 있는 방법이다. 정보공개법의 적용을 받는 공공기관이 다양하고, 인사관리에 관한 정보의 내용이 모두 상이하므로, 심판대상조항은 당해 공공기관의 판단에 따라 공개할 수 없는 정보의 범위를 스스로 획정할 수 있도록 하는 한편, 인사관리에 관한 사항 중에서 공개될 경우 업무의 공정한 수행에 현저한 지장을 초래할 우려가 있는 정보만을 비공개 대상 정보로 규정하는 등 비공개 가능한 정보의 요건을 강화하고 있다. 또한 공공기관의 재량을 통제하는 방법으로 정보공개법은 비공개결정에 대하여 청구인이 이의신청할 수 있는 절차도 마련하고 있다. 공공기관 전체 업무의 적정성을 높이기 위하여 내부적으로 적시에 적절한 인사행정이 가능하도록 보장하는 것이 무엇보다 중요하다는 점을 고려할 때, 심판대상조항으로 인하여 제한되는 사익보다 보호되는 공익이 크다고 할 것이다. 따라서 심판대상조항은 정보공개청구권을 침해한다고 할 수 없다(헌재 2021. 5. 27.
2019헌바224).

한편, 대법원은 제5호의 비공개사유, 즉 '감사 · 감독 · 검사 · 시험 · 규제 · 입찰계약 · 기술개발 · 인사관리 · 의사결정과정 또는 내부검토과정에 있는 사항'은 비공개대상정보를 예시적으로 열거한 것이라고 보면서, 의사결정과정에 제공된 회의관련 자료나 의사결정과정이 기록된 회의록 등은 의사가 결정되거나 의사가 집행된 경우에는 더 이상 의사결정과정에 있는 사항 그 자체라고는 할 수 없으나, 의사결정과정에 있는 사항에 준하는 사항으로서 비공개대상정보에 포함될 수 있다고 보고 있다. 이러한 전제하에서 대법원은 각종 위원회에서 이루어진 회의록 내용이 비공개대상 정보에 해당할 수 있다고 판시한 바 있다. 다만, 위원회 심의 대상의 특성에 비추어 전적으로 비공개대상이라고 판시한 사안(판례②)과 위원들의 인적 사항을 익명화하여 발언 내용만 공개하는 것은 가능하다고 판시한 사안(판례③)으로 나뉘고 있다.

[판례①]   정보공개법 제9조 제1항 제5호에서의 '감사 · 감독 · 검사 · 시험 · 규제 · 입찰계약 · 기술개발 · 인사관리 · 의사결정과정 또는 내부검토과정에 있는 사항'은 비공개대상정보를 예시적으로 열거한 것이라고 할 것이므로, 의사결정과정에 제공된 회의관련자료나 의사결정과정이 기록된 회의록 등은 의사가 결정되거나 의사가 집행된 경우에는 더 이상 의사결정과정에 있는 사항 그 자체라고는 할 수 없으나, 의사결정과정에 있는 사항에 준하는 사항으로서 비공개대상정보에 포함될 수 있다.

(…) 안장 대상으로 신청된 사람의 국립묘지 안장이 국립묘지의 영예성을 훼손하는지 여부를 심의하기 위해서는 그 사람의 평생의 공과, 즉 그 사람이 어떠한 범죄를 범하였고 그 경위가 어떠한지, 그 사람이 사망 시까지 평생 동안 어떠한 공적을 세웠고 그 공적이 위 범죄를 감안하더라도 국립묘지에 안장될 정도로 충분히 큰지 등을 종합적으로 광범위하게 심의하여야 하므로, 심의위원회의 심의에는 심의위원들의 전문적·주관적 가치판단이 상당 부분 개입될 수밖에 없고, 이러한 심의의 본질에 비추어 공개를 염두에 두지 아니한 상태에서의 심의가 그렇지 아니한 경우보다 더욱 자유롭고 활발한 문답과 토의를 거쳐 객관적이고 공정한 심의 결과에 이르를 개연성이 크다고 할 것이다. (…) 심의위원들로서는 장차 회의록이 공개될 가능성이 있음을 인식하는 것만으로도 솔직하고 자유로운 의사교환에 제한을 받을 수밖에 없을 것이고, 특히 한 사람의 일생의 행적에 대한 평가 과정에서 심의위원들이 한 발언에 대하여는 유족들이 매우 민감한 반응을 보일 가능성이 높으므로 심의위원들이 이를 의식하고 허심탄회한 의견교환을 꺼리게 됨으로써 공정한 심의업무의 수행이 전반적으로 곤란해지게 될 것이며, 이와 같은 문제점은 이 사건 각 회의록을 익명으로 처리한다 하더라도 충분히 해소되기 어렵다(대판 2015. 2. 26., 2014두43356).

[판례②]   위와 같은 (독립유공자서훈) 공적심사위원회의 광범위한 심사내용 및 심사의 본질 등을 고려하면, 이 사건 회의록에 심사위원들의 대립된 의견이나 최종 심사 결과와 세부적인 면에서 차이가 나는 내용이 포함되어 있을 경우 그 공개로 인하여 신청당사자에게는 물론 사회적으로도 불필요한 논란을 불러일으키거나 외부의 부당한 압력 내지 새로운 분쟁에 휘말리는 상황이 초래될 우려가 높고, 심사위원들로서도 공개될 경우에 대한 심리적 부담으로 인하여 솔직하고 자유로운 의사교환에 제한을 받을 수밖에 없을 것으로 보인다. 또한 이는 이 사건 회의록을 익명으로 처리하는 방법으로 해소될 문제는 아니라 할 것이다(대판 2014. 7. 24., 2013두20301).

[판례③]   (학교환경위생) 정화위원회의 심의회의에서는 위 정화위원회의 의사결정에 관련된 문답과 토의가 이루어지므로 자유롭고 활발한 심의가 보장되기 위하여는 심의회의가 종료된 이후에도 심의과정에서 누가 어떤 발언을 하였는지에 관하여는 외부에 공개되지 않도록 이를 철저히 보장하여야 할 필요성 즉, 위 정화위원회의 회의록 중 발언내용 이외에 해당 발언자의 인적 사항까지 공개된다면 정화위원들이나 출석자들은 자신의 발언내용에 관한 공개에 대한 부담으로 인한 심리적 압박 때문에 위 정화위원회의 심의절차에서 솔직하고 자유로운 의사교환을 할 수 없고, 심지어 당사자나 외부의 의사에 영합하는 발언을 하거나 침묵으로 일관할 우려마저 있으므로, 이러한 사태를 막아 정화위원들이 심의에 집중하도록 함으로써 심의의 충실화와 내실화를 도모하기 위하여는 회의록의 발언내용 이외에 해당 발언자의 인적 사항까지 외부에 공개되어서는 아니된다 할 것이어서, '회의록에 기재된 발언내용에 대한 해당 발언자의 인적 사항' 부분은 그것이 공개될 경우 정화위

원회의 심의업무의 공정한 수행에 현저한 지장을 초래한다고 인정할 만한 상당한 이유가 있다(대판 2003. 8. 22. 2002두12946).

(6) 개인에 관한 정보

공개 청구된 정보가 개인관련 정보이거나 개인관련 정보를 포함한 정보로서 공개에 의하여 관련자의 보호할 가치 있는 이익을 해치게 되는 경우에는 정보공개의 대상에서 제외하여야 한다. 이는 헌법상 보장되는 정보의 자기결정권의 당연한 귀결이다.

정보공개법은 이름 · 주민등록번호 등 개인에 관한 사항으로서 공개될 경우 개인의 사생활의 비밀 또는 자유를 침해할 우려가 있다고 인정되는 정보는 정보공개의 대상에서 제외한다.

[판례] 공공기관의 정보공개에 관한 법률의 개정 연혁, 내용 및 취지 등에 헌법상 보장되는 사생활의 비밀 및 자유의 내용을 보태어 보면, 정보공개법 제9조 제1항 제6호 본문의 규정에 따라 비공개대상이 되는 정보에는 구 공공기관의 정보공개에 관한 법률의 이름 · 주민등록번호 등 정보 형식이나 유형을 기준으로 비공개대상정보에 해당하는지를 판단하는 '개인식별정보'뿐만 아니라 그 외에 정보의 내용을 구체적으로 살펴 '개인에 관한 사항의 공개로 개인의 내밀한 내용의 비밀 등이 알려지게 되고, 그 결과 인격적 · 정신적 내면생활에 지장을 초래하거나 자유로운 사생활을 영위할 수 없게 될 위험성이 있는 정보'도 포함된다고 새겨야 한다. 따라서 불기소처분 기록 중 피의자신문조서 등에 기재된 피의자 등의 인적사항 이외의 진술내용 역시 개인의 사생활의 비밀 또는 자유를 침해할 우려가 인정되는 경우 정보공개법 제9조 제1항 제6호 본문 소정의 비공개대상에 해당한다(대판 2012. 6. 18. 2011두2361).

정보공개법은 개인에 관한 정보를 정보공개의 대상에서 제외하면서, 다만 ① 법령에서 정하는 바에 따라 열람할 수 있는 정보, ② 공공기관이 공표를 목적으로 작성하거나 취득한 정보로서 개인의 사생활의 비밀 또는 자유를 부당하게 침해하지 않는 정보, ③ 공공기관이 작성하거나 취득한 정보로서 공개하는 것이 공익이나 개인의 권리구제를 위하여 필요하다고 인정되는 정보,[27] ④

---

27) 여기에서 '공개하는 것이 공익을 위하여 필요하다고 인정되는 정보'에 해당하는지 여부는 비공개에 의하여 보호되는 개인의 사생활 보호 등의 이익과 공개에 의하여 보호되는 국정운영의 투명성 확보 등의 공익을 비교 · 교량하여 구체적 사안에 따라 신중히 판단하여야 한다(대판 2003. 3. 11. 2001두6425; 대판 2007. 12. 13. 2005두13117).

직무를 수행한 공무원의 성명·직위, ⑤ 공개하는 것이 공익을 위하여 필요한 경우로서 법령에 의하여 국가 또는 지방자치단체가 업무의 일부를 위탁 또는 위촉한 개인의 성명·직업 등은 예외로 하고 있다(동조1항6호). 그러나 예외에 해당하는 경우에도 법령 등에서 공개를 허용하고 있는 정보를 제외하고는 공개결정 전에 관련자의 의견을 듣도록 하는 것이 공공기관의 자의적인 해석에 의해 개인의 이익이 침해되는 것을 방지하기 위하여 필요하다.[28]

공개 청구한 정보가 비공개대상인 개인관련 정보에 해당하는 부분과 공개가 가능한 부분이 혼합되어 있는 경우에 공개청구의 취지에 어긋나지 아니하는 범위에서 두 부분을 분리할 수 있는 때에는 공개가 가능한 부분의 공개를 하여야 한다(동법14조).

> **[판례]** 개인정보가 정보주체의 의사와 무관하게 누구에게나 노출되어 개인의 사생활의 비밀과 자유가 침해되는 것을 방지하고자 하는 이 사건 법률조항의 입법목적은 정당하고, 공개하면 개인의 사생활의 비밀 또는 자유를 침해할 우려가 있다고 인정되는 개인정보를 비공개할 수 있도록 한 것은 그 입법목적을 달성하기 위한 효과적이고 적절한 수단이라고 할 수 있다. 한편, 정보공개법은 비공개대상으로 정할 수 있는 개인정보의 범위를 공개될 경우 개인의 사생활의 비밀 또는 자유를 침해할 우려가 있다고 인정되는 정보로 제한하고 있으며, 공개청구한 정보가 비공개대상정보에 해당하는 부분과 공개가 가능한 부분이 혼합되어 있는 경우로서 공개청구의 취지에 어긋나지 아니하는 범위 안에서 두 부분을 분리할 수 있는 때에는 비공개대상정보에 해당하는 부분을 제외하고 공개하도록 규정하고 있으며(정보공개법제14조), 공공기관은 비공개대상정보에 해당하는 개인정보가 비공개의 필요성이 없어진 경우에는 그 정보를 공개대상으로 하여야 한다고 규정하여(정보공개법제9조 제2항), 국민의 알권리(정보공개청구권)를 필요·최소한으로 제한하고 있다. 나아가 이 사건 법률조항에 따른 비공개로 인하여 법률상 이익을 침해받은 자를 위한 구제절차(이의신청, 행정심판, 행정소송)도 마련되어 있어, 국민의 알권리(정보공개청구권)와 개인정보 주체의 사생활의 비밀과 자유 사이에 균형을 도모하고 있으므로 이 사건 법률조항은 청구인의 알권리(정보공개청구권)를 침해하지 아니한다(헌재 2010. 12. 28. 2009헌바258).

---

28) 정보공개법은 제11조 3항에서 공개대상정보의 전부 또는 일부가 제3자와 관련이 있다고 인정되는 때에 공공기관은 공개 청구된 사실을 제3자에게 지체없이 통지하여야 하며, 필요한 경우에는 그에 대한 의견을 청취할 수 있다고 규정하고 있다. 이 규정은 이해관계 있는 제3자의 권익을 보호하려는 취지로 둔 것이지만, 공공기관이 이 규정을 빌미로 정보공개를 늦추거나 비공개의 근거로 삼을 우려가 있다. 이에 대하여는 강경근, 정보공개법의 문제점과 개선안, 정보개혁연구소 창립 기념 시민토론회 발표문, 1990. 5. 31, 37면 참조.

(7) 영업상 비밀에 관한 정보

국민의 정보공개청구권에 의하여 기업의 정당한 비밀유지 이익이 무시되어서는 안 되며, 반대로 기업의 비밀유지에 대한 이익을 강조하여 공공기관이 보유하고 있는 기업관련 정보에 대한 접근권이 공허하게 되어서도 안 된다.

정보공개법은 법인 · 단체 또는 개인의 영업상 비밀에 관한 사항으로서 공개될 경우 법인 등의 정당한 이익을 현저히 해칠 우려가 있다고 인정되는 정보는 정보공개의 대상에서 제외하고 있다(동법9조). 무엇이 영업상 비밀에 해당하는지에 대하여 법령에서는 아무런 규정을 두고 있지 않다. 영업상 비밀로서 비공개대상 정보에 해당하기 위하여는 적어도 다음의 4가지 요소를 갖추어야 할 것이다. ① 사업활동과 관련 있는 사실이어야 하며, ② 공개되지 않은, 다시 말하면 제한된 범위의 사람에게만 알려진 사실이어야 하며, ③ 사업주체가 비밀로 유지되길 원하고 있으며, ④ 사업주체의 정당한 경제적 이익의 대상이 되어야 한다.[29]

이와 같은 요건을 충족한 경우 관련 정보는 영업상 비밀로서 공개되어서는 안 된다. 그러나 공개청구된 정보가 영업상 비밀로서 공개될 경우 법인 등의 정당한 이익을 현저히 해할 우려가 있는 경우에도 ① 사업활동에 의하여 발생하는 위해로부터 사람의 생명 · 신체 또는 건강을 보호하기 위하여 공개할 필요가 있거나, ② 위법 · 부당한 사업활동으로부터 국민의 재산 또는 생활을 보호하기 위하여 공개할 필요가 있을 때에는 공개되어야 한다(동조1항). 즉 국민의 생명 · 신체 · 건강 또는 재산 · 생활에 대한 위험을 방지하기 위하여 공개할 필요성이 있는 경우에 법인 등의 영업상 비밀에 관한 사항을 공개하는 것은 정당화되며, 공공기관은 그것을 공개해야 할 의무가 있다.

> **[판례①]** 구 공공기관의 정보공개에 관한 법률(이하 '구 정보공개법'이라 한다) 제9조 제1항 제7호에서 비공개대상정보로 정하고 있는 '법인 등의 경영 · 영업상 비밀'은 '타인에게 알려지지 아니함이 유리한 사업활동에 관한 일체의 정보' 또는 '사업활동에 관한 일체의 비밀사항'을 의미하는 것이고, 공개여부는 공개를 거부할 만한 정당한 이익이 있는 지 여부에 따라 결정되어야 한다. 그리고 정당한 이익 유무를 판단할 때에는 국민의 알권리를 보장하고 구정에 대한 국민의 참여와 국정 운영의 투명성을 확보

---

29) Scherzberg, DVBl. 1994, 733(741); Cosack/Tomerius, NVwZ 1993, 841(842); Fluck, NVwZ 1994, 1048(1052).

함을 목적으로 하는 구 정보공개법의 입법취지와 아울러 당해 법인 등의 성격, 당해 법인 등의 권리, 경쟁상 지위 등 보호받아야 할 이익의 내용·성질 및 당해 정보의 내용·성질 등에 비추어 당해 법인 등에 대한 권리보호의 필요성, 당해 법인 등과 행정과의 관계 등을 종합적으로 고려해야 한다(대판 2014. 7. 24, 2012두12303, 동지판례: 대판 2008. 10. 23, 2007두1798; 대판 2010. 12. 23, 2008두13392; 대판 2011. 11. 24, 2009두19021).

[판례②] 방송사의 취재활동을 통하여 확보한 결과물이나 그 과정에 관한 정보 또는 방송프로그램의 기획·편성·제작 등에 관한 정보는 경쟁관계에 있는 다른 방송사와의 관계나 시청자와의 관계, 방송프로그램의 객관성·형평성·중립성이 보호되어야 한다는 당위성 측면에서 볼 때 '타인에게 알려지지 아니함이 유리한 사업활동에 관한 일체의 정보'에 해당한다고 볼 수 있는바, 개인 또는 집단의 가치관이나 이해관계에 따라 방송프로그램에 대한 평가가 크게 다를 수밖에 없는 상황에서, 공공기관의 정보공개에 관한 법률에 의한 정보공개청구의 방법으로 방송사가 가지고 있는 방송프로그램의 기획·편성·제작 등에 관한 정보 등을 제한 없이 모두 공개하도록 강제하는 것은 방송사로 하여금 정보공개의 결과로서 야기될 수 있는 각종 비난이나 공격에 노출되게 하여 결과적으로 방송프로그램 기획 등 방송활동을 위축시킴으로써 방송사의 경영·영업상의 이익을 해하고 나아가 방송의 자유와 독립을 훼손할 우려가 있다. 따라서 방송프로그램의 기획·편성·제작 등에 관한 정보로서 방송사가 공개하지 아니한 것은, 사업활동에 의하여 발생하는 위해로부터 사람의 생명·신체 또는 건강을 보호하기 위하여 공개할 필요가 있는 정보나 위법·부당한 사업활동으로부터 국민의 재산 또는 생활을 보호하기 위하여 공개할 필요가 있는 정보를 제외하고는, 공공기관의 정보공개에 관한 법률 제9조 제1항 제7호에 정한 '법인 등의 경영·영업상 비밀에 관한 사항'에 해당할 뿐만 아니라 그 공개를 거부할 만한 정당한 이익도 있다고 보아야 한다(대판 2010. 12. 23, 2008두13101).

(8) 특정인에게 이익 또는 불이익을 줄 우려가 있는 정보

공개될 경우 부동산투기, 매점매석 등으로 특정인에게 이익 또는 불이익을 줄 우려가 있다고 인정되는 정보는 공개하지 아니할 수 있다(동조 1항 8호). 이 조항에 의하여 정부의 개발계획이나 토지이용계획 또는 경제계획 등이 특정인에게 알려짐으로써 부동산투기 또는 매점매석 등을 야기할 가능성이 있는 정보를 공개의 대상에서 제외하고 있다.

Ⅳ. 정보공개와 권리보호

정보공개청구에 대한 공공기관의 결정과 관련하여 제기되는 쟁송형태로서는 정보공개의 청구인이 제기하는 것과 공공기관의 공개결정에 대하여 제3자가 제기하는 것으로 구분될 수 있다.

1. 정보공개 청구인의 권리보호

적법한 정보공개의 청구가 있었는데 거부되었거나 그에 대하여 무응답의 상태에 있거나 또는 불충분하게 공개가 행해졌다면 행정청에게 또는 법원에 대하여 권리구제를 청구할 수 있을 것이다. 정보에의 자유로운 접근권을 관철하기 위하여는 효과적인 권리구제의 가능성이 보장되어야 한다.

정보공개법은 청구인이 정보공개와 관련한 공공기관의 결정에 대하여 불복이 있는 때에는 이의신청, 행정심판 및 행정소송을 제기할 수 있다고 규정하고 있다.

(1) 이의신청

청구인이 정보공개와 관련한 공공기관의 비공개 결정 또는 부분 공개 결정에 대하여 불복이 있거나 정보공개 청구 후 20일이 경과하도록 정보공개 결정이 없는 때에는 공공기관으로부터 정보공개 여부의 결정 통지를 받은 날 또는 정보공개 청구 후 20일이 경과한 날부터 30일 이내에 해당 공공기관에 문서로 이의신청을 할 수 있다($\frac{동법}{1항}$ 18조). 이의신청이 있는 경우 국가기관등은 i) 심의회의 심의를 이미 거친 사항, ii) 단순·반복적인 청구, iii) 법령에 따라 비밀로 규정된 정보에 대한 청구인 경우를 제외하고는 심의회를 개최하여야 한다($\frac{동조}{2항}$). 공공기관은 이의신청을 받은 날부터 7일 이내에 그 이의신청에 대하여 결정하고 그 결과를 청구인에게 지체 없이 문서로 통지하여야 한다. 다만, 부득이한 사유로 정하여진 기간 이내에 결정할 수 없을 때에는 그 기간이 끝나는 날의 다음 날부터 기산하여 7일의 범위에서 연장할 수 있으며, 연장 사유를 청구인에게 통지하여야 한다($\frac{동조}{3항}$).

(2) 행정심판

청구인이 ① 정보공개와 관련한 공공기관의 결정에 대하여 불복이 있거나

② 정보공개 청구 후 20일이 경과하도록 정보공개 결정이 없는 때에는 행정심판을 청구할 수 있다(동법 19조). 청구인은 이의신청 절차를 거치지 아니하고 행정심판을 청구할 수도 있다(동조 2항).

(3) 행정소송

청구인이 정보공개와 관련한 공공기관의 결정에 대하여 불복이 있거나 정보공개 청구 후 20일이 경과하도록 정보공개 결정이 없는 때에는 행정소송을 제기할 수 있다(동법 20조). 행정소송을 제기하기 전에 행정심판을 먼저 청구할 것인지 여부는 청구인의 자유로운 선택에 맡겨져 있으므로 청구인은 행정심판을 거치지 않고 직접 행정소송을 제기할 수 있다.

행정소송을 제기할 경우 어떠한 소송의 형태를 취할 것인지가 문제된다. 정보공개 청구인이 행정소송을 제기하는 경우로는 적법한 정보공개의 청구가 있었는데 ① 그 청구가 거부되었거나, ② 불충분하게 공개가 행해진 경우 또는 ③ 청구에 대하여 무응답의 상태에 있는 경우를 들 수 있다. 정보공개청구는 이행청구권의 성질을 가지므로 이행소송의 형태로 소를 제기하는 것이 청구인의 목적을 달성하는 데 가장 적합한 소송형태임은 분명하다. 그러나 현행 행정소송법의 해석상 의무이행소송이 인정되지 않는다는 것이 판례와 다수설의 입장인데, 그에 의하면 ①의 경우에는 거부처분의 취소소송을 제기하게 될 것이고, ②의 경우에는 불충분한 공개결정의 취소 또는 변경을 청구하여야 할 것이다. 그리고 ③의 경우에는 부작위위법확인소송을 제기할 수 있을 것이다.

③의 경우에 있어서 부작위위법확인소송의 심리범위를 판례와 다수설의 입장처럼 신청의 실체적 내용의 이유 유무에 대하여는 심리하지 않고 부작위의 위법성 확인에 그치는 것으로 본다면, 법원이 정보공개의 청구에 대한 무응답이 위법하다고 판단하여도 행정청은 다시 정보공개를 거부할 수 있으므로 청구인의 목적달성은 무한히 지연될 수 있다. 구 정보공개법은 정보공개를 청구한 날부터 20일 이내에 공공기관이 공개 여부를 결정하지 아니한 경우에는 비공개결정을 한 것으로 보는 의제규정(구 정보공개법 11조 5항)30)을 두고 있었기 때문에 과거에는 청구인의 입장에서는 위의 ③과 같은 무응답의 경우에는 부작위위법확인소송을 제기하기보다는 일정 기간을 기다렸다가 거부처분의 취소소송을 제기

---

30) 제11조 (정보공개여부의 결정) ⑤ 정보공개를 청구한 날부터 20일 이내에 공공기관이 공개여부를 결정하지 아니한 때에는 비공개의 결정이 있는 것으로 본다.

하는 것이 유리하다는 판단을 할 수 있었다. 그러나 최근 정보공개법이 개정
(법률 제11991호, 2013. 11. 7. 시행)되면서 의제조항이 삭제되었으므로, 무응답의 경우에는 부작위위법
확인소송을 제기할 수밖에 없을 것이다.

정보공개의 거부결정을 받은 청구인이 취소소송을 제기한 경우 정보공개거
부처분을 받은 사실 자체만으로도 소를 제기할 이익이 인정된다.

> **[판례①]** 국민의 정보공개청구권은 법률상 보호되는 구체적인 권리이므로, 공공기
> 관에 대하여 정보공개를 청구하였다가 공개거부처분을 받은 청구인은 행정소송을
> 통해 공개거부처분의 취소를 구할 법률상 이익이 인정되고, 그 밖에 추가로 어떤
> 이익이 있어야 하는 것은 아니다(대판 2022. 5. 26, 2022두33439).
>
> **[판례②]** 국민의 정보공개청구권은 법률상 보호되는 구체적인 권리이므로, 공공기
> 관에 대하여 정보의 공개를 청구하였다가 공개거부처분을 받은 청구인은 행정소송
> 을 통하여 그 공개거부처분의 취소를 구할 법률상의 이익이 있고, 공개청구의 대상
> 이 되는 정보가 이미 다른 사람에게 공개되어 널리 알려져 있다거나 인터넷 등을
> 통하여 공개되어 인터넷검색 등을 통하여 쉽게 알 수 있다는 사정만으로는 소의
> 이익이 없다거나 비공개결정이 정당화될 수 없다(대판 2010. 12. 23, 2008두13101).

한편, 대법원은 정보공개 거부처분에 대하여 이의신청을 거쳐 취소소송을
제기하는 경우 제소기간의 기산점은 비공개 결정 등이 있음을 안 날이 아니라
이의신청에 대한 결과를 통지받은 날이라는 입장이다.

> **[판례]** 정보공개법 제18조 제1항은 "청구인이 정보공개와 관련한 공공기관의 비
> 공개 결정 또는 부분 공개 결정에 대하여 불복이 있거나 정보공개 청구 후 20일이
> 경과하도록 정보공개 결정이 없는 때에는 공공기관으로부터 정보공개 여부의 결정
> 통지를 받은 날 또는 정보공개 청구 후 20일이 경과한 날부터 30일 이내에 해당
> 공공기관에 문서로 이의신청을 할 수 있다."라고 규정하고, 같은 조 제3항 본문은
> "공공기관은 이의신청을 받은 날부터 7일 이내에 그 이의신청에 대하여 결정하고
> 그 결과를 청구인에게 지체 없이 문서로 통지하여야 한다."라고 규정하고 있으며,
> 같은 조 제4항은 "공공기관은 이의신청을 각하 또는 기각하는 결정을 한 경우에는
> 청구인에게 행정심판 또는 행정소송을 제기할 수 있다는 사실을 제3항에 따른 결
> 과 통지와 함께 알려야 한다."라고 규정하고, 제20조 제1항은 "청구인이 정보공개
> 와 관련한 공공기관의 결정에 대하여 불복이 있거나 정보공개 청구 후 20일이 경
> 과하도록 정보공개 결정이 없는 때에는「행정소송법」에서 정하는 바에 따라 행정
> 소송을 제기할 수 있다."라고 규정하고 있다. 한편 행정소송법 제20조 제1항 본문

은 "취소소송은 처분등이 있음을 안 날부터 90일 이내에 제기하여야 한다."라고 규정하고 있다.

위와 같은 관련 법령의 규정 내용과 그 취지 등을 종합하여 보면, 청구인이 공공기관의 비공개 결정 등에 대한 이의신청을 하여 공공기관으로부터 이의신청에 대한 결과를 통지받은 후 취소소송을 제기하는 경우 그 제소기간은 이의신청에 대한 결과를 통지받은 날부터 기산한다고 봄이 타당하다($\frac{대판\ 2023.\ 7.\ 27,}{2022두52980}$).

2. 제3자의 권리보호

정보공개에 의하여 제3자의 법률상 이익이 침해될 수 있다. 이것은 특히 개인에 관한 정보, 기업의 영업상 비밀 또는 타인의 지적 소유권에 속하는 정보가 공개되는 경우에 생각해 볼 수 있다. 이와 관련하여 비공개대상정보에 관하여 규정하고 있는 정보공개법 제9조 1항 중 3호($\frac{국민의\ 생명·신체\ 및\ 재산}{의\ 보호\ 등\ 공익관련\ 정보}$), 4호($\frac{진행중인\ 재판관}{련\ 정보,\ 범죄의}$ $\frac{예방·수사,\ 형의\ 집행,\ 보}{안처분에\ 관한\ 사항\ 등}$), 5호($\frac{감사·입찰·계약·기술}{개발\ 등에\ 관한\ 사항}$), 6호($\frac{개인의\ 사생}{활관련\ 정보}$) 및 7호($\frac{기업의\ 영}{업비밀\ 등}$) 등이 특히 중요한 의미를 가질 것이다.

정보공개법은 공개대상정보의 전부 또는 일부가 제3자와 관련이 있다고 인정되는 때에는 공개청구된 사실을 제3자에게 지체없이 통지하여야 하며, 필요한 경우에는 그에 대한 의견을 청취할 수 있도록 규정하고 있다($\frac{동법\ 11}{조\ 3항}$). 다만 이 규정은 필요한 경우에 한하여 의견청취를 할 수 있도록 하여 의견청취 여부를 공공기관의 재량에 맡겨놓고 있는데, 정보공개에 의하여 제3자의 법률상 이익의 침해를 가져올 수 있는 경우에는 반드시 제3자의 의견을 들어야 할 것이다.

공개청구된 사실을 통지받은 제3자는 통지받은 날부터 3일 이내에 당해 공공기관에 공개하지 아니할 것을 요청할 수 있으며, 비공개요청을 받은 공공기관이 당해 제3자의 의사에 반하여 공개하고자 하는 경우에는 공개일시·공개장소 등을 청구인에게 통지하는 것뿐만 아니라 제3자에게 공개사유를 명시하여 문서로 통지하여야 한다($\frac{동법\ 21조}{1항,\ 2항}$). 이 경우 공공기관은 공개결정일과 공개실시일 사이에 최소한 30일의 간격을 두어야 한다($\frac{동법\ 21조}{3항}$). 공개 통지를 받은 제3자는 당해 공공기관에 문서로 이의신청을 하거나 행정심판 또는 행정소송을 제기할 수 있다.

그런데 정보공개법은 정보공개 여부의 결정에 대한 청구인의 이의신청 기간은 30일로 규정하면서 공개결정에 대한 제3자의 이의신청 기간은 7일로 짧게 규정하고 있는데(동법 18조 1항.), 이는 정보공개 청구인의 공개에 대한 이익을 중요하게 고려하려는 입법자의 의도가 내포되어 있지만, 그로 인하여 공개청구된 정보에 관련된 제3자의 이익은 상대적으로 경시되는 문제점이 지적될 수 있을 것이다. 그러나 이의신청은 제3자의 선택에 의한 임의적 절차이며 집행정지의 제도가 인정되지 않으므로 이의신청의 기간이 짧다고 하여 제3자의 권리보호에 결정적인 결함이 생기는 것은 아니다. 제3자가 자신과 관련된 정보의 공개를 궁극적으로 막기 위하여는 행정심판 또는 행정소송을 제기하고 그와 동시에 집행정지를 신청하여야 할 것이다.

정보공개로 인하여 자신의 법률상 이익의 침해를 받게 되는 제3자의 권리보호에 있어서 무엇보다도 중요한 것은 정보가 사실상 공개되기 전에 방어할 기회가 보장되어야 하는 것인바, 이를 담보하기 위한 가장 실효적인 구제수단은 정보보전소송으로서의 예방적 금지소송 및 보전처분으로서의 가처분이다. 정보공개결정이 내려지기 전에 이러한 소송 및 보전처분을 제기할 수 있을 것인지가 항고소송의 유형을 규정하고 있는 「행정소송법」 제4조의 해석 및 제8조 2항에 의한 「민사집행법」 제300조의 준용 여부와 관련하여 문제된다.[31]

---

31) 이에 관하여는 본서 869면 이하 및 989면 이하 참조.

제 4 편

행정의 실효성확보수단

제1장 개 설

제4편에서 다루어지는 내용이 과거에는 "행정강제와 행정벌"이라는 제목으로 논해짐이 보통이었다. 그러나 근년에는, '행정상의 의무이행확보의 수단' 또는 '행정의 실효성확보수단' 등의 제목하에 전통적인 행정강제(강제집행·즉시강제)와 행정벌(행정형벌·질서벌) 외에 새로운 여러 종류의 의무이행확보수단을 추가하며, 혹은 행정조사까지도 그 안에 포함하여 다루는 경향에 있다. 이러한 경향과 관련하여, 여기에서는 이들 문제의 신·구경향에 관하여 개관해 보기로 한다.

I. 전통적 행정강제론

(1) 종래에는 '행정강제'란 「행정목적을 실현하기 위하여 사람의 신체 또는 재산에 실력을 가하여 행정상 필요한 상태를 실현하는 행정권의 사실상의 작용」이라고 정의해 놓고서, 그것을 다시 행정상의 강제집행과 즉시강제로 나누는 것이 일반적이었다. 여기에서 행정상의 강제집행(Zwangsvollzug)이란 행정법상의 의무의 불이행에 대하여 행정권의 주체가 장래에 향하여 그 의무를 이행시키거나 또는 이행이 있었던 것과 같은 상태를 실현하는 작용을 의미하며, 행정상의 즉시강제(sofortiger Zwang)란 행정법상의 의무의 이행을 강제하기 위한 것이 아니라, 행정위반(Verwaltungswidrigkeiten)에 대처하여 목전의 급박한 장해를 제거할 필요가 있는 경우에, 미리 의무를 명할 시간적 여유가 없을 때 또는 성질상 의무를 명함에 의해서는 그 목적을 달성하기 어려울 때에 직접 개인의 신체 또는 재산에 실력을 가함으로써 행정상 필요한 상태를 실현하는 작용을 의미하고 있다. 그리고 행정상의 강제집행의 수단으로서, 비금전적 의무의 강제이행수단으로서의 대집행(Ersatzvornahme)·집행벌(Zwangsstrafe)·직접강제(unmittelbarer Zwang)와, 금전적 의무의 강제이행수단으로서의 강제징수(Zwangsbeitreibung)를 열거하는 점에 있어서도 학설은 거의 일치된 태도를 보

여왔다. 종래의 그와 같은 지배적 경향을 여기에서는 편의상 '전통적 행정강제론'이라 부르기로 한다.

(2) 전통적 행정강제론의 연원을 찾아보게 되면 이 역시 독일에서 온 것임을 -일본을 매개로 하여- 알 수 있다.

독일, 그 중에서도 프로이센에서는 행정의 명령권은 강제권을 수반한다는 관습법이 오래 전부터 확립되어 있었으며, 학설도 이를 지지하는 경향에 있었다. 이것이 입법에도 반영되어 1883년의 일반지방행정법(Gesetz über die Allgemeine Landesverwaltung)이래 행정강제에 관한 일반법이 성립되었으며, 그리하여 그 전통이 오늘에까지 이르고 있다. 1953년에 제정된 독일 연방의 행정집행법 (Verwaltungsvollstreckungsgesetz) 및 각 주(란트)의 입법이 그의 증좌이다. 그들 입법은 대개가 우리의 교재에 소개되어 있는 행정강제의 수단을 포괄적으로 인정하고 있다.[1] 독일이 자족완결적 행정강제제도[2]를 가지고 있다고 말하여지는 까닭은 여기에 있다.

여러 가지 점에서 독일의 제도를 답습한 일본은 행정강제의 면에서도 독일의 그것을 도입하여 제2차대전의 종료 직후까지 행정집행법을 통해 독일적 행정강제제도를 거의 그대로 채택하고 있었다. 그러다가 2차대전 후 새 헌법의 제정과 더불어 인권존중 등의 명분으로 일반법으로서의 행정집행법을 폐지하고 직접강제와 집행벌(강제금)은 개별법에서 예외적으로만 인정하는 한편, 즉시강제 역시 「경찰관 직무집행법」 등 개별법을 통해 인정하고 있는 현행제도로 옮기게 되었는바, 우리나라의 현행법제는 그와 같은 일본의 예를 따른 셈이다.[3]

Ⅱ. 행정강제론의 새로운 경향

1. 새로운 의무이행확보수단의 등장과 평가

과거에는 행정법상의 의무이행확보수단으로서, 대집행·직접강제·집행벌[4]·

---

1) 독일의 행정강제제도 전반에 관하여는 정하중, 한국의 행정상 강제집행제도의 개선방향, 김영훈박사화갑기념논문집, 1995; 김철용, 서독의 행정집행법, 건국대학교 대학원 연구논집 제11집, 1983; 박상희·김명연, 행정집행법의 제정방안, 한국법제연구원, 1995. 11; 송동수, 행정상 강제집행제도의 비교법적 검토, 토지공법연구 제64집, 2014. 2 등 참조.
2) 자족완결적 행정강제제도라 함은 행정기관이 법원의 사전관여 없이 자력강제 할 수 있는 권한이 포괄적으로 인정되어 있음을 의미한다.
3) 참조: 김남진, 행정강제 제도정비의 필요성 등, 학술원통신 제286호, 2017. 5; 김남진, 행정절차법 개선방향 연구결과를 듣고서, 법연 제57호, 2017. 12.

강제징수 등 네 가지를 열거하여 설명함이 일반적이었다. 이것은 그들 제도를 일반법으로써 포괄적으로 인정하고 있는 독일의 법제에서 유래하는 것임은 전술한 바와 같다. 그러나 사회가 복잡·다양해짐에 따라 새로운 의무이행확보수단이 등장하고 있는데, 예를 들면 공급거부·공표·과징금 등의 제도이다. 영업허가 등 수익적 행정행위를 거부한다든가 또는 철회하는 것도 행정법상의 의무이행확보수단으로서 활용되고 있는 점에 유의할 필요가 있다. 엄격히 말하면, 이들 수단은 행정상의 의무의 불이행이 있는 경우 그 법정의 의무를 그대로 강제이행시키는 수단이 아니라 과거의 잘못에 대한 행정상의 "제재"의 성격을 가지는 것인데, 전통적 의미의 행정벌과 같이 간접적으로 행정법상의 의무이행확보수단으로서 기능한다고 볼 수 있는 것이다.

그러나 문제점으로서 등장하는 것은, 그들 여러 새로운 수단을 통해 행정주체는 간편하게 의무의 이행을 확보할 수 있게 되었는지 모르나, 상대방인 사인의 입장에서 볼 때에는, 공권력의 지나친 행사로서 비치는 경우가 많은 것이다. 또한 이론적으로도, 상기한 새로운 여러 수단이 행정상의 강제집행의 수단을 법정하고 그 종류를 한정한 의미를 몰각시키는 것이 아니냐는 의문이 제기될 수 있다.[5]

2. 미비한 현행 제도의 보완책

(1) 전통적 제도의 보강

일본과 우리나라에 있어서, 과거에는 독일식의 자족완결적 행정강제제도를 가지고 있었다. 그러나 제2차대전 후 일본의 행정강제제도에 큰 변화가 일어났다. 전통적 강제집행수단 가운데 대집행과 강제징수만을 인정하고, 집행벌(이행강제금)과 직접강제는 원칙적으로 폐지한 것이다. 우리나라도 그러한 일본의 예를 따랐다. 그 결과 직면하게 된 문제 중의 하나는, 행정법상의 의무의 불이행이 존재하고 있음에도 불구하고 그것을 강제이행시킬 직접적 수단이 존재하지 않는다고 하는 점이다. 그에 관한 좋은 예가 일본에서의 성전공항건설과 관련된 사례이다. 일본의 토지수용법에 의해 공항예정지인 토지와 건물이 수용되기로 결정되었음에도 불구하고 주민 등이 토지와 건물을 명도하지 않은 사건에 있어서, 일본정부는 토지수용법에 규정되어 있는 대집행의 수단으로는 그

---

4) 우리나라에서 집행벌로 불렸던 것은 이행강제금(Zwangsgeld)으로 대체된 지 오래이다.
5) 이에 대하여는 김연태, 행정상 강제집행제도의 입법적 개선에 관한 고찰, 법학연구 제27권 제2호, 2016. 12, 127면 이하 참조.

목적을 달성할 수 없었기에 형법(공무집행방해죄 적용)과 경찰관직무집행법(즉시강제)을 적용하여 주민 및 동조세력을 가옥 등에서 끌어내었던 것이다.

(2) 행정의무에 대한 민사상 강제집행의 가능성 여부

앞에 기술해 놓은 바와 같이, 행정상 강제집행제도가 미비한 일본 및 우리나라에 있어서, 전통적 행정강제수단으로써 목적을 달성할 수 없는 경우가 생김으로 인하여, 그에 대한 대안의 하나로서 민사상의 강제집행수단을 활용할 수는 없는 것인가 하는 발상이 제기됨은, 자연스러운 일로 받아들여질 만한 일이다. 더 나아가 행정상의 강제수단의 활용이 가능한 경우에도 민사상의 수단이 편리한 경우에는 이를 활용할 수도 있지 않겠는가 하는 발상이 제기되기도 한다.

이러한 문제를 이론적으로 해결하기 위해서는 먼저 해결되어야 할 문제점들이 있다. 즉, ① 현행법이 행정상 강제수단이라는 보다 편리한 수단을 제공하고 있음에도 불구하고 우회적인 민사상 수단에 의존한다는 것은 법의 취지에 어긋나는 것이 아닌가, ② 행정주체측이 사법상의 권원(소유권)을 가지고 있는 경우만 이를 인정할 것인가 아니면 공법상의 권원을 가지고 있는 경우에도 가능한가의 문제이다.

우선 행정상 강제수단의 활용이 가능한 경우에 민사집행의 방법을 이용하는 것은, 행정목적의 실현과 의무의 공공성 등을 고려하여 신속하고 효과적인 의무이행을 확보하기 위하여 별도의 법적 근거를 두어 행정상 강제수단을 마련한 법의 취지에 어긋나는 것으로 허용될 수 없다고 할 것이다.[6] 판례도 행정상 강제집행이 가능한 경우에는 민사상의 강제집행은 허용되지 않는다고 본다.

> **[판례①]** 관계 법령상 행정대집행의 절차가 인정되어 행정청이 행정대집행의 방법으로 건물의 철거 등 대체적 작위의무의 이행을 실현할 수 있는 경우에는 따로 민사소송의 방법으로 그 의무의 이행을 구할 수 없다(대판 2017. 4. 28. 2016다213916. 동지 판례: 대판 2000. 5. 12. 99다18909).
> **[판례②]** 대한주택공사가 법 및 시행령에 의하여 대집행권한을 위탁받아 공무인 대집행을 실시하기 위하여 지출한 비용은 행정대집행법의 절차에 따라 국세징수법의 예에 의하여 징수할 수 있다고 봄이 상당하다. (중략) 행정대집행법이 대집행비용의 징수에 관하여 민사소송절차에 의한 소송이 아닌 간이하고 경제적인 특별구제절차를 마련해 놓고 있으므로 민법 제750조에 기한 손해배상으로서 대집행비용의 상환을 구하는 원고의 이 사건 청구는 소의 이익이 없어 부적법하다(대판 2011. 9. 8. 2010다48240).

---

6) 김연태, 행정상 강제집행제도의 입법적 개선에 관한 고찰, 법학연구 제27권 제2호, 2016. 12, 125면.

[판례③] 보조금의 예산 및 관리에 관한 법률은 제30조 제1항에서 중앙관서의 장은 보조사업자가 허위의 신청이나 기타 부정한 방법으로 보조금의 교부를 받은 때 등의 경우 보조금 교부결정의 전부 또는 일부를 취소할 수 있도록 규정하고, 제31조 제1항에서 중앙관서의 장은 보조금의 교부결정을 취소한 경우에 취소된 부분의 보조사업에 대하여 이미 교부된 보조금의 반환을 명하여야 한다고 규정하고 있으며, 제33조 제1항에서 위와 같이 반환하여야 할 보조금에 대하여는 국세징수의 예에 따라 이를 징수할 수 있도록 규정하고 있으므로, 중앙관서의 장으로서는 반환하여야 할 보조금을 국세체납처분의 예에 의하여 강제징수할 수 있고, 위와 같은 중앙관서의 장이 가지는 반환하여야 할 보조금에 대한 징수권은 공법상 권리로서 사법상 채권과는 성질을 달리하므로, 중앙관서의 장으로서는 보조금을 반환하여야 할 자에 대하여 민사소송의 방법으로는 반환청구를 할 수 없다(대판 2012. 3. 15. 2011다17328).

한편, 행정청이 행정상의 강제집행을 실시하지 않는 경우에 개인이 국가에 대하여 가지는 청구권을 보전하기 위하여 국가를 대위하여 민사상의 강제수단을 활용하는 것은 가능하다는 것이 판례의 입장이다.

[판례] 이 사건 토지는 잡종재산인 국유재산으로서, 국유재산법 제52조는 "정당한 사유 없이 국유재산을 점유하거나 이에 시설물을 설치한 때에는 행정대집행법을 준용하여 철거 기타 필요한 조치를 할 수 있다."고 규정하고 있으므로, 관리권자인 보령시장으로서는 행정대집행의 방법으로 이 사건 시설물을 철거할 수 있고, 이러한 행정대집행의 절차가 인정되는 경우에는 따로 민사소송의 방법으로 피고들에 대하여 이 사건 시설물의 철거를 구하는 것은 허용되지 않는다고 할 것이다. 다만, 관리권자인 보령시장이 행정대집행을 실시하지 아니하는 경우 국가에 대하여 이 사건 토지 사용청구권을 가지는 원고로서는 위 청구권을 보전하기 위하여 국가를 대위하여 피고들을 상대로 민사소송의 방법으로 이 사건 시설물의 철거를 구하는 이외에는 이를 실현할 수 있는 다른 절차와 방법이 없어 그 보전의 필요성이 인정되므로, 원고는 국가를 대위하여 피고들을 상대로 민사소송의 방법으로 이 사건 시설물의 철거를 구할 수 있다고 보아야 할 것이고, 한편 이 사건 청구 중 이 사건 토지 인도청구 부분에 대하여는 관리권자인 보령시장으로서도 행정대집행의 방법으로 이를 실현할 수 없으므로, 원고는 당연히 국가를 대위하여 피고들을 상대로 민사소송의 방법으로 이 사건 토지의 인도를 구할 수 있다고 할 것이다(대판 2009. 6. 11. 2009다1122).[7]

---

7) 이 사안에서 보듯이 국유재산의 관리와 관련하여 발생한 동일한 법률관계를 규율함에 있어서 현행법상으로는 시설물 철거의무는 행정대집행을 통한 공법적 수단에 의하고, 토지의 인도의무는 민사집행의 방법으로 이행을 강제하여야 하는 불합리한 결과를 가져온다. 이에 대하여는 박재윤, 행정집행에 관한

행정상 강제집행수단에 대한 입법적 공백이 있는 경우에 행정상 의무의 강제를 위하여 민사상의 집행수단을 활용할 수 있는지 여부에 대하여, 판례는 별도의 행정집행수단이 존재하지 않는 경우에 보충적으로 민사소송을 제기하여 민사집행의 방식으로 행정상 의무이행을 구하는 것은 가능하다는 입장이다.[8] 대법원은 수용대상 토지의 인도의무는 대체적 작위의무라고 볼 수 없으므로 「행정대집행법」에 의한 대집행의 대상이 될 수 없고, 토지 인도청구에 대하여 민사소송을 제기하는 것은 허용될 수 있다고 보았다.[9]

생각건대, 행정상 부과된 의무를 강제할 수단이 별도로 법정되어 있지 않은 경우, 행정의 목적 달성과 행정집행법제의 불비를 보완하기 위하여 행정주체가 사법적 권원을 가지고 있다면 민사집행의 방법을 이용하는 것이 허용될 수 있다고 보아야 할 것이다.[10]

Ⅲ. 사인의 행정개입(강제)청구권

현행법상의 행정강제에 관한 규정을 보게 되면 강제권의 발동 여부 및 수단의 선택이 행정청의 재량에 맡겨져 있음이 보통이다. 그에 따라 사인에게는 자기를 위하여 행정강제권을 발동할 것을 요구할 수 있는 권리는 인정되지 않고, 단지 하자없는 재량행사를 청구할 수 있을 뿐이다. 다만 사정이 위급한 경우 등에는 '재량권의 0으로의 수축(Ermessensschrumpfung auf Null)'을 통해 행정기관에게 개입의무가 발생함과 동시에 사인에게는 행정개입(강제)청구권이 발생할 수도 있다.

통일적 규율의 가능성과 한계, 공법연구 제40집 제1호, 2011. 10, 443면; 김연태, 행정상 강제집행제도의 입법적 개선에 관한 고찰, 법학연구 제27권 제2호, 2016. 12, 126면.

8) 대판 2000. 5. 12, 99다18909. 이 사안에서 대법원은 행정대집행 절차가 존재하는 건물철거 등에 대해 민사소송을 제기하는 것은 부적법하나, 토지 인도청구에 대하여는 민사소송 외에 따로 이를 실현할 수 있는 절차와 방법이 없으므로 이 부분 청구도 부적법하다는 피고들의 상고는 이유 없다고 판단하였다.

9) 대판 2005. 8. 19, 2004다2809; 대판 2000. 5. 12, 99다18909. 또한 대법원은 개정 전 「산업재해보상보험법」상 과오급된 보험급여를 환수할 근거가 없는 경우에 민사소송을 통하여 민법상 부당이득반환청구를 할 수 있다고 보았다(대판 2005. 5. 13, 2004다8630). 금전채권의 발생원인이 공법적인 성질의 것이라 할지라도 관계 법률에 행정상 강제집행수단(체납처분절차)이 규정되지 않으면 그 금전채권의 성질을 사법상의 채권으로 파악하여, 이에 대해 민사소송을 제기하는 것은 문제가 되지 않는다고 본 것이다(이에 대하여는 이상덕, 행정대집행과 민사소송의 관계, 재판실무연구, 2009. 1, 469면 이하).

10) 김연태, 행정상 강제집행제도의 입법적 개선에 관한 고찰, 법학연구 제27권 제2호, 2016. 12, 125면 이하.

제2장 행정상의 강제집행

Ⅰ. 행정상 강제집행의 의의 및 특색

1. 의   의

행정상의 강제집행이란 행정법상의 의무(원칙적으로 행정행위에 의하여 부과된 의무를 말한다)의 불이행이 있는 경우에, 행정주체가 의무자의 신체 또는 재산에 실력을 가하여 그 의무를 이행시키거나, 혹은 이행이 있었던 것과 같은 상태를 실현하는 행정작용을 말한다.

2. 특   색

(1) 민사상 강제집행과의 구별

행정상의 강제집행과 민사상의 강제집행은 국가적 강제력을 배경으로 하여 권리주체의 청구권의 만족을 도모하는 법제도인 점에서 공통성을 가지며, 또한 양자는 그의 강제수단에 있어서도 어느 정도 유사하다. 즉, 민사상의 대체집행은 대집행과, 민사상의 간접강제는 이행강제금(집행벌)과, 민사상의 직접강제 중 동산·부동산인도청구의 집행은 직접강제와 그리고 금전채무의 집행은 강제징수와 각각 유사하다. 그러나 그럼에도 불구하고 민사상의 강제집행이 국가적 강제력에 의해 채권자의 청구권을 실현하는 '타력집행(他力執行)'의 제도인데 대하여, 행정상의 강제집행은 청구권의 주체가 동시에 집행권자인 '자기집행(自己執行)'의 제도인 점에서 근본적인 차이가 있다.

[판례] 관계 법령상 행정대집행의 절차가 인정되어 행정청이 행정대집행의 방법으로 건물의 철거 등 대체적 작위의무의 이행을 실현할 수 있는 경우에는 따로 민사소송의 방법으로 그 의무의 이행을 구할 수 없다. 한편 건물의 점유자가 철거의무자일 때에는 건물철거의무에 퇴거의무도 포함되어 있는 것이어서 별도로 퇴거를 명하는 집행권원이 필요하지 않다(대판 2017. 4. 28, 2016다213916. 동지판례: 대판 1990. 11. 13, 90다카23448; 대판 2000. 5. 12, 99다18909).

(2) 행정상 즉시강제와의 구별

행정상 강제집행은 의무의 존재 및 그의 불이행을 전제로 하는 점에서 이것을 전제로 하지 않고 즉시로 행하여지는 행정상 즉시강제와 구별된다.

(3) 행정벌과의 구별

행정상 강제집행과 행정벌은 다 같이 행정법상의 의무이행을 확보하기 위한 강제수단인 점에서 공통성을 지닌다. 그러나 행정상 강제집행이 장래에 향하여 의무이행을 강제하는 것을 직접 목적으로 하고 있는 데 대하여, 행정벌은 직접적으로는 과거의 의무위반에 대하여 제재를 과함을 목적으로 하며 행정법상의 의무이행의 확보는 그의 간접적인 효과에 지나지 않는 점에 차이가 있다. 양자는 이와 같이 직접적인 목적을 달리하기 때문에, 같은 의무의 불이행 내지 위반에 대하여 병과할 수 있다.

Ⅱ. 행정상 강제집행의 근거

1. 이론적 근거

과거에는 행정주체에게 명령권을 부여하는 법은 동시에 그 의무이행을 강제하는 데에 대한 근거법이 된다고 보는 경향이 있었다. 즉, 행정권의 명령권은 명령의 내용을 실현할 수 있는 강제집행권을 포함하는 것으로 보아, 어떤 의무를 부과하는 법적 근거만 있으면 그 의무의 내용을 변경함이 없이 강제집행하는 경우에는 별도의 법적 근거가 필요없다고 보았다.

그러나 의무를 명하는 행위와 의무의 내용을 강제적으로 실현하는 행위는 각각 별개의 법에 근거해야 한다는 것이 오늘날의 국내외의 통설이다. 즉, 행정행위의 집행력은 행정행위의 당연한 속성이 아니라 법률에 의하여 부여되는 법률적 효력(구속력)이며, 또한 의무를 명하는 행위와 의무의 내용을 강제적으로 실현하는 행위는 성질 및 내용에 있어서 별개의 행정작용이므로, 각각 별도의 법률상 근거가 있어야 한다고 보는 것이다.

「행정기본법」은 제30조 1항에서 행정청은 '법률로 정하는 바에 따라' 행정상 강제 조치를 할 수 있다고 규정함으로써 행정강제에 관한 법률유보원칙을 명시하고 있다.

2. 실정법적 근거

행정대집행에 대하여는 일반법으로「행정대집행법」이 제정되어 있고,[1] 행정상 강제징수에 대하여는「국세징수법」이 실질적으로 일반법으로서의 역할을 하고 있으며, 이행강제금과 직접강제, 그리고 즉시강제에 대해서는 각 개별법에서 규정하고 있다.

Ⅲ. 행정상 강제집행의 수단

행정상 강제집행의 수단으로서 행정대집행, 이행강제금(집행벌), 직접강제 및 강제징수 등이 있으나, 우리나라에서는 일반적인 수단으로서 행정대집행과 강제징수만이 인정되고 있으며 직접강제와 이행강제금(집행벌)은 개별법에 근거가 있는 경우에만 가능하다.

1. 행정대집행

(1) 대집행의 의의

행정대집행이란 대체적 작위의무, 즉 다른 사람이 대신할 수 있는 작위의무에 대한 강제수단으로서, 의무자가 대체적 작위의무를 이행하지 않은 경우에 행정청이 의무자가 할 일을 스스로 행하거나 또는 제3자로 하여금 이를 행하게 함으로써 의무의 이행이 있었던 것과 같은 상태를 실현시킨 후 그 비용을 의무자로부터 징수하는 행정작용을 말한다(행정대집행법 2조). 독일의 경우, 연방 및 일부 주(란트)의 행정집행법(Verwaltungsvollstreckungsgesetz)에 있어서 대체적 작위의무를 의무자의 비용부담으로 제3자가 대행하는 경우(타자집행, Fremdvornahme)만을 대집행으로 보며, 그 의무를 행정청 스스로 대행하는 경우(자기집행, Selbstvornahme)는 직접강제의 일종으로 규정하는 경향에 있다.[2]

결국 '자기집행'과 '타자집행'을 다 같이 대집행으로 보는 입법례와 '타자집

---

1) 「행정대집행법」이 행정상 대체적 작위의무의 강제에 대한 일반법적 근거가 될 수 있는지에 대하여는 김연태, 현행 행정집행제도의 체계상의 문제점, 강원법학 제49권, 2016. 10, 705면 이하 참조.
2) 주요문헌: 한견우, 우리나라 대집행제도의 이론과 실무, 법조 555호, 2002. 12; 한견우, 대집행, 자치행정 222호, 2006. 9; 송희성, 행정상 대집행의 문제, 고시연구, 2005. 1; 김명연, 토지·건물의 명도 및 부작위의무에 대한 행정대집행, 고시계, 2006. 7; 이일세, 행정대집행의 요건에 관한 고찰, 토지공법연구 제37집 제1호, 2007. 8; 박상희·김명연, 행정집행법의 제정방안, 한국법제연구원, 1995. 11; 김아름, 국민의 권익보장을 위한 행정대집행에 관한 연구, 고려대학교 박사학위논문, 2015; 박효근, 행정대집행제도의 문제점 및 개선방안, 한양법학 제30권 제2집, 2019. 5.

행'만을 대집행으로 보는 입법례가 나누어져 있는 가운데, 우리의 법제는 전자를 따르고 있는 셈이다(행정대집행법 2조 참조). 그러나 '자기집행'의 경우에는 직접강제와의 구별이 명확하지 않기 때문에 입법론적으로는 '자기집행'을 직접강제로 보아 그의 요건과 절차를 정비함이 바람직하다.

(2) 대집행의 법률관계

'자기집행'의 경우, 모든 과정이나 법률관계가 공법작용 내지 공법관계로서의 성질을 가지는 점에 대해서는 의문의 여지가 없다. 대집행의 비용징수를 국세징수법에 의할 수 있는 점(행정대집행법 6조), 대집행에 관하여 불복이 있는 자는 행정심판 및 행정소송을 제기할 수 있는 점(동법 7조.) 등이 그러한 판단을 뒷받침해 준다.

'타자집행'의 경우에는 그 법률관계를 ① 행정청과 제3자와의 관계와, ② 제3자와 의무자와의 관계, ③ 행정청과 의무자의 관계로 나눌 수 있는데, ①의 관계는 특별한 규정이 없는 한 계약을 통해서 맺어진 사법관계(사법상의 도 급계약관계)로 보아야 할 것이며, ②의 관계는 직접적으로 아무런 법률관계가 성립하지 않으나, 의무자는 제3자의 대집행행위를 수인해야 할 의무를 부담하게 된다. ③의 관계는 특별한 규정이 없는 한 전적으로 공법관계로서의 성질을 가진다. 행정청은 의무자에게 공법상 비용상환청구권을 가진다.

(3) 대집행의 요건

「행정대집행법」은 제2조에서 "법률(법률의 위임에 의한 명령. 지방 자치단체의 조례를 포함한다)에 의하여 직접 명령되었거나 또는 법률에 의거한 행정청의 명령에 의한 행위로서 타인이 대신하여 행할 수 있는 행위를 이행하지 아니하는 경우 다른 수단으로써 그 이행을 확보하기 곤란하고 또한 그 불이행을 방치함이 심히 공익을 해할 것으로 인정된 때에 당해 행정청은 스스로 의무자가 하여야 할 행위를 하거나 또는 제3자로 하여금 이를 하게 하여 그 비용을 의무자로부터 징수할 수 있다"라고 규정하고 있다. 그와 같은 규정을 바탕으로 대집행의 요건을 살펴보기로 한다.

(가) 대집행의 주체

'행정청'만이 대집행의 주체가 될 수 있다. 법문은 대집행의 주체에 관하여 '당해 행정청'으로 규정하고 있는데, 그 '당해 행정청'은 처분청 또는 관할 행정청을 의미한다고 새겨진다.[3] 판례는 지방자치법상의 권한위임 규정에 따른 경

---

3) '행정청'은 행정에 관한 의사를 결정하여 표시하는 국가 또는 지방자치단체의 기관과 그 밖에 법령 또는 자치법규에 따라 행정권한을 가지고 있거나 위임 또는 위탁받은 공공단체 또는 그 기관이나 사인을

우에는 그 위임을 받은 행정청도 대집행의 주체성을 긍정한다(^{대판 1997. 2. 14.}_{96누15428}). 이와 구별하여 행정청의 위임을 받아 대집행을 실행하는 '제3자'는 대집행의 주체가 아닌 점에 유의할 필요가 있다.

> **[판례①]** 지방자치법 제95조 제1항에 따른 권한의 위임은 내부적으로 집행사무만을 위임한 것이라기보다는 이른바 외부적 권한 위임에 해당한다고 볼 것인데, 군수가 군사무위임조례의 규정에 따라 무허가 건축물에 대한 철거대집행사무를 하부 행정기관인 읍·면에 위임하였다면, 읍·면장에게는 관할구역 내의 무허가 건축물에 대하여 그 철거대집행을 위한 계고처분을 할 권한이 있다고 할 것이다 (^{대판 1997. 2. 14.}_{96누15428}).
>
> **[판례②]** 한국토지공사는 구 한국토지공사법(^{이하 '토지공사}_{법'이라 한다}) 제2조, 제4조에 의하여 정부가 자본금의 전액을 출자하여 설립한 법인이고, 이 사건 택지개발사업은 같은 법 제9조 제4호에 규정된 한국토지공사의 사업으로서, 이러한 사업에 관하여는 공익사업을 위한 토지 등의 취득 및 보상에 관한 법률(^{이하 '공익사업}_{법'이라 한다}) 제89조 제1항, 토지공사법 제22조 제6호 및 같은 법 시행령 제40조의3 제1항의 규정에 의하여, 본래 시·도지사나 시장·군수 또는 구청장의 업무에 속하는 대집행권한을 한국토지공사에게 위탁하도록 되어 있는바, 한국토지공사는 이러한 법령의 위탁에 의하여 이 사건 대집행을 수권받은 자로서 공무인 대집행을 실시함에 따르는 권리·의무 및 책임이 귀속되는 행정주체의 지위에 있다고 볼 것이다(^{대판 2010. 1. 28. 2007}_{다82950, 82967}).

(나) 대체적 작위의무의 불이행

① 의무의 기초: 「행정대집행법」 제2조는 행정청이 직접 명한 경우만이 아니라 「법률(^{법률의 위임에 의한 명령, 지방}_{자치단체의 조례를 포함한다})에 의하여 직접 명령」된 의무를 의무자가 이행하지 아니하는 경우에도 대집행을 할 수 있다고 규정하고 있다. 그러나 일반적으로 법령에 의해 부과된 의무가 바로 대집행의 대상이 되는 것이 아니라, 건물의 철거명령 또는 계고와 같은 행정행위를 통해 '특정인의 의무'로 정해진 다음에 비로소 대집행의 대상이 된다. "법령에 의해 명해진 의무"는 보통 불특정 다수인의 의무로서의 성질을 가지기 때문에, 실제로 대집행의 대상이 되는 것은 대부분 행정행위에 의하여 부과된 의무이다.

포함한다고 볼 것이다(「행정절차법」 제2조 제1호 참조). 국가의 공적 임무를 위탁받은 공무수탁사인도 행정청에 포함되므로, 「행정대집행법」을 근거로 공무수탁사인도 대집행할 수 있다고 해석하여야 할 것이다. 공무수탁사인에 의한 대집행의 문제에 대하여는 김연태, 현행 행정집행제도의 체계상의 문제점, 강원법학 제49권, 2016. 10, 708면 이하 참조.

[판례] 대집행계고처분을 하기 위하여는 법령에 의하여 직접 명령되거나 법령에 근거한 행정청의 명령에 의한 의무자의 대체적 작위의무 위반행위가 있어야 한다. 따라서 피고가 이 사건 계고처분을 하기 위하여는 그 전제로서 원고들이 이 사건 지장물의 이전의무를 부담하여야 하고 원고들의 그러한 의무는 법령에 의하여 직접 부과된 것이거나 법령에 근거한 피고의 행정처분에 의하여 부과된 것이어야 한다. 그런데 피고가 이 사건 계고처분의 근거 법령으로 삼은 이 사건 조항은 "시행자는 제56조 제1항의 규정에 의하여 환지예정지를 지정하는 경우, 제58조 제1항의 규정에 의하여 종전의 토지에 관한 사용 또는 수익을 정지시키는 경우나 공공시설의 변경 또는 폐지에 관한 공사를 시행하는 경우에 필요한 때에는 시행지구 안에 있는 건축물 등 및 장애물 등을 이전하거나 제거할 수 있다"고 규정하고 있을 뿐이어서, 건축물 등의 소유자 또는 점유자에게 직접 그 이전 또는 제거의무를 부과하는 규정이 아님은 법문상 명백하다. 그렇다면 이 사건 계고처분은 원고들에게 행정대집행법 제2조가 정한 바에 따라 명령된 이 사건 지장물 이전의무가 없음에도 그러한 의무의 불이행을 사유로 행하여진 것이어서 위법하다(대판 2010. 6. 24. 2010두1231).

또한 대집행의 기초가 되는 의무는 공법상 의무여야 한다. 따라서 사법상 계약에 의한 이행의무를 기초로 하여서는 대집행을 할 수 없다. 예컨대 단순한 임대차 계약관계는 사법상의 법률관계에 불과하여 당사자에게 공법상의 행위의무가 발생하는 것이 아니므로 당해 임대건물의 철거는 민사소송의 방법으로 구함은 모르되 「행정대집행법」에 의한 철거계고처분을 한 조치는 법에 근거 없는 처분으로써 그 하자가 중대하고 명백한 것이어서 당연무효라 할 것이다.[4]

[판례] 행정대집행법상 대집행의 대상이 되는 대체적 작위의무는 공법상 의무이어야 할 것인데, 구 공공용지의 취득 및 손실보상에 관한 특례법에 따른 토지 등의 협의취득은 공공사업에 필요한 토지 등을 그 소유자와의 협의에 의하여 취득하는 것으로서 공공기관이 사경제주체로서 행하는 사법상 매매 내지 사법상 계약의 실질을 가지는 것이므로, 그 협의취득시 건물소유자가 매매대상 건물에 대한 철거의무를 부담하겠다는 취지의 약정을 하였다고 하더라도 이러한 철거의무는 공법상의 의무가 될 수 없고, 이 경우에도 행정대집행법을 준용하여 대집행을 허용하는 별도의 규정이 없는 한 위와 같은 철거의무는 행정대집행법에 의한 대집행의 대상이 되지 않는다(대판 2006. 10. 13. 2006두7096).

---

4) 대판 1975. 4. 22. 73누215.

② 의무의 대체성: "타인이 대신하여 행할 수 있는" 의무의 불이행이 있어야 한다. 따라서 "타인이 대신하여 행할 수 없는" 의무는 대집행의 대상이 되지 않는다. 부작위의무나 수인의무 같은 것이 그에 해당한다. 부작위의무위반의 경우, 법이 대체적 작위의무로 전환하는 규정을 두고 있지 않는 한, 대집행의 대상이 될 수 없다고 보아야 할 것이다.

[판례①] 행정대집행법 제2조는 대집행의 대상이 되는 의무를 "법률(법률의 위임에 의한 명령, 지방자치단체의 조례를 포함한다. 이하 같다)에 의하여 직접 명령되었거나 또는 법률에 의거한 행정청의 명령에 의한 행위로서 타인이 대신하여 행할 수 있는 행위"라고 규정하고 있으므로, 대집행계고처분을 하기 위하여는 법령에 의하여 직접 명령되거나 법령에 근거한 행정청의 명령에 의한 의무자의 대체적 작위의무 위반행위가 있어야 한다. 따라서 단순한 부작위의무의 위반, 즉 관계 법령에 정하고 있는 절대적 금지나 허가를 유보한 상대적 금지를 위반한 경우에는 당해 법령에서 그 위반자에 대하여 위반에 의하여 생긴 유형적 결과의 시정을 명하는 행정처분의 권한을 인정하는 규정(예컨대, 건축법 제69조 등)을 두고 있지 아니한 이상, 법치주의의 원리에 비추어 볼 때 위와 같은 부작위의무로부터 그 의무를 위반함으로써 생긴 결과를 시정하기 위한 작위의무를 당연히 끌어낼 수는 없으며, 또 위 금지규정(특히 허가를 유보한 상대적 금지규정)으로부터 작위의무, 즉 위반결과의 시정을 명하는 권한이 당연히 추론되는 것도 아니다(대판 1996. 6. 28. 96누4374).

[판례②] 이 사건 토지는 잡종재산인 국유재산으로서, 국유재산법 제52조는 "정당한 사유 없이 국유재산을 점유하거나 이에 시설물을 설치한 때에는 행정대집행법을 준용하여 철거 기타 필요한 조치를 할 수 있다."고 규정하고 있으므로, 관리권자인 보령시장으로서는 행정대집행의 방법으로 이 사건 시설물을 철거할 수 있다(대판 2009. 6. 11. 2009다1122). 5)

[판례③] 구 공유재산 및 물품 관리법 제83조는 "정당한 사유 없이 공유재산을 점유하거나 이에 시설물을 설치한 때에는 행정대집행법 제3조 내지 제6조의 규정을 준

---

5) 「국유재산법」 제74조는 '불법시설물의 철거'라는 제목으로 "정당한 사유 없이 국유재산을 점유하거나 이에 시설물을 설치한 경우에는 「행정대집행법」을 준용하여 철거하거나 그 밖에 필요한 조치를 할 수 있다."고 규정하고 있다. 「국유재산법」은 제7조에서 "누구든지 이 법 또는 다른 법률에서 정하는 절차와 방법에 따르지 아니하고는 국유재산을 사용하거나 수익하지 못한다."고 하여 부작위의무를 과할 뿐, 국유재산에 무단으로 시설물을 설치한 자에게 철거명령을 할 수 있는 수권규범을 규정하고 있지 않다. 결국 「국유재산법」은 국유재산에 대한 무단사용·수익을 금지하면서(부작위의무 부과), 이를 위반하면(부작위의무 불이행) 「행정대집행법」을 준용해서 철거할 수 있다고 규정하고 있는 것이다. 이것이 직접강제를 규정한 것인지, 대집행을 규정한 것인지, 또는 대집행의 요건(대체적 작위의무로의 전환, 즉 철거명령규정)을 결한 대집행규정으로서 결론적으로 이 조항으로는 직접강제는 물론 대집행도 불가한 것인지에 대하여 논란이 있다. 이에 대하여는 김연태, 현행 행정집행제도의 체계상의 문제점, 강원법학 제49권, 2016. 10, 710면 이하 참조.

용하여 철거 그 밖의 필요한 조치를 할 수 있다."라고 정하고 있는데, 위 규정은 대집행에 관한 개별적인 근거 규정을 마련함과 동시에 행정대집행법상의 대집행 요건 및 절차에 관한 일부 규정만을 준용한다는 취지에 그치는 것이고, 대체적 작위의무에 속하지 아니하여 원칙적으로 대집행의 대상이 될 수 없는 다른 종류의 의무에 대하여서까지 강제집행을 허용하는 취지는 아니다(대판 2011. 4. 28. 2007도7514).[6]

의무의 대체성과 관련하여 문제가 되는 다른 하나는, '토지나 가옥의 명도'가 '타인이 대신하여 행할 수 있는 행위'에 해당하는가 하는 점이다.[7] 이에 대해서는 실정법상 특별한 규정이 있는 경우는 별론으로 하고 이를 부정하는 것이 타당하며,[8] 판례도 이와 같은 취지로 이해된다.

[판례①] 도시공원시설인 매점의 관리청이 그 공동점유자 중의 1인에 대하여 소정의 기간 내에 위 매점으로부터 퇴거하고 이에 부수하여 그 판매 시설물 및 상품을 반출하지 아니할 때에는 이를 대집행하겠다는 내용의 계고처분은 그 주된 목적이 매점의 원형을 보존하기 위하여 점유자가 설치한 불법 시설물을 철거하고자 하는 것이 아니라, 매점에 대한 점유자의 점유를 배제하고 그 점유이전을 받는 데 있다고 할 것인데, 이러한 의무는 그것을 강제적으로 실현함에 있어 직접적인 실력행사가 필요한 것이지 대체적 작위의무에 해당하는 것은 아니어서 직접강제의 방법에 의하는 것은 별론으로 하고 행정대집행법에 의한 대집행의 대상이 되는 것은 아니다(대판 1998. 10. 23. 97누157).

[판례②] 피수용자 등이 기업자에 대하여 부담하는 수용대상 토지의 인도의무에 관한 구 토지수용법 제63조, 제64조, 제77조 규정에서의 '인도'에는 명도도 포함되는

---

6) 「국유재산법」과 같이 대체적 작위의무로의 전환규정 없이 「행정대집행법」을 준용하여 철거 등의 조치를 할 수 있다고 규정하였던 「공유재산 및 물품 관리법」 제83조는 2010. 2. 4. 법률 제10006호로 개정되어 "① 지방자치단체의 장은 정당한 사유 없이 공유재산을 점유하거나 공유재산에 시설물을 설치한 경우에는 원상복구 또는 시설물의 철거 등을 명하거나 이에 필요한 조치를 할 수 있다. ② 제1항에 따른 명령을 받은 자가 그 명령을 이행하지 아니할 때에는 「행정대집행법」에 따라 원상복구 또는 시설물의 철거 등을 하고 그 비용을 징수할 수 있다."라고 규정하여 입법적인 해결을 하였다.

7) 이에 대하여는 김연태, 현행 행정집행제도의 체계상의 문제점, 강원법학 제49권, 2016. 10, 713면 이하 참조. 참고로 일본 정부가 새 공항(성전비행장)을 건설하기 위하여 토지를 수용하였는데, 주민들이 이에 항거하며 토지·건물의 인도를 완강히 거부한 일이 있었다. 이때에 건물 등의 인도가 대집행의 대상이 되는가 하는 점이 쟁점으로 등장하였다. 해석상 "인도"는 "타인이 대신하여 행할 수 있는 행위"에 해당되지 않는다고 결론짓게 됨으로써, 일본 정부는 대집행을 통해서가 아니라, 경찰관직무집행법상의 조치(위험발생의 방지 등), 형법상의 공무집행방해죄의 명목으로 토지 등의 인도를 확보한 바 있었다.

8) 참고로 「공익사업을 위한 토지 등의 취득 및 보상에 관한 법률」 제44조에서는 일정한 경우에 사업시행자의 청구에 의하여 토지나 물건의 인도 또는 이전을 대행하도록 규정하고 있다. 여기서의 "대행"이 대집행에 해당하는지 또는 직접강제로 볼 것인지 논란이 있다. 이에 대하여는 김연태, 현행 행정집행제도의 체계상의 문제점, 강원법학 제49권, 2016. 10, 715면 이하 참조.

것으로 보아야 하고, 이러한 명도의무는 그것을 강제적으로 실현하면서 직접적인 실력행사가 필요한 것이지 대체적 작위의무라고 볼 수 없으므로 특별한 사정이 없는 한 행정대집행법에 의한 대집행의 대상이 될 수 있는 것이 아니다(대판 2005. 8. 19.).

(다) 다른 수단으로써 그 이행을 확보하기가 곤란할 것

이 구절은 과잉금지원칙(광의의 비)의 요소로서의 최소침해의 원칙(필요성의)을 명문화한 것으로 볼 수 있다. 그러나 대집행보다 더 적은 침해를 가하는 '다른 수단'이 있는지는 의문이다.

(라) 불이행을 방치하는 것이 심히 공익을 해할 것으로 인정될 것

어떤 사실이 이 요건에 해당하는가는 물론 구체적으로 판단해야 한다.[9] 그리고 그 '판단(요건충족)'의 성질에 대하여, 판례는 재량으로 보는 경향에 있고, 학설은 「이 요건의 존부에 관해서는 전면적인 사법심사의 대상이 된다」[10]는 견해와 「불확정법개념으로서 행정청의 판단여지가 일정한 한계 내에서 인정된다」[11]는 견해가 나뉘어져 있는 상태이다.

생각건대, 보통의 경우는 판단여지의 존부가 문제되는 일은 별로 없을 것이다. 그러나 예외적으로 특별한 상황, 예컨대 도시 내의 대형건물의 철거·개축 등과 관련해서는 판단여지가 인정될 수 있다고 생각한다. 도심지 인구억제, 교통량 조절, 도시미관 등 여러 가지 전문적·기술적 판단이 필요할 수 있기 때문이다.

[판례①] 요건판단을 재량으로 본 판례
행정청이 계고처분을 발급한 경우에 위와 같은 요건을 갖추었다고 볼 수 있을 것인지의 여부는 비록 그것이 공익재량에 속하는 사항이라 할지라도…(대판 1967. 11. 18.).

[판례②] 요건(공익침해)에 해당한다고 본 판례
무허가 증축부분이 상당히 큰 데다가 도로쪽 정면으로 돌출되어 있어 이를 그대로 방치한다면 불법건축물을 단속하는 당국의 권능은 무력화되어 건축행정의 원활한 수행을 위태롭게 하고, 건축법 소정의 제한규정이나 도시계획구역 안에서의 토지의 경제적이고 효율적인 이용을 회피하는 것을 사전에 예방하지 못하게 되어 이는 더 큰 공익을 해하는 것이 된다고 할 것이다(대판 1992. 8. 14.).

---

9) 이 요건의 해석에 대하여는 김연태, 행정상 강제집행제도의 입법적 개선에 관한 고찰, 법학연구 제27권 제2호, 2016. 12, 134면 참조. 일본에서의 논의에 대하여는 김아름, 국민의 권익보장을 위한 행정대집행에 관한 연구, 고려대학교 대학원 박사학위논문, 2015, 132면 이하 참조.
10) 류지태·박종수(신론), 405면; 홍준형(총론), 717면 등.
11) 정하중, 대집행의 요건과 절차, 고시연구, 1995. 8, 131면.

[판례③] 요건(공익침해)에 해당한다고 본 판례
개발제한구역 및 도시공원에 속하는 임야상에 신축된 위법건축물인 대형 교회건물의 합법화가 불가능한 경우, 교회건물의 건축으로 공원미관조성이나 공원관리 측면에서 유리하고 철거될 경우 막대한 금전적 손해를 입게 되며 신자들이 예배할 장소를 잃게 된다는 사정을 고려하더라도 위 교회건물의 철거의무의 불이행을 방치함은 심히 공익을 해한다고 보아야 한다(대판 2000. 6. 23.).

[판례④] 요건에 해당되지 않는다고 본 판례
건축허가면적보다 0.02m 정도 초과하여 이웃의 대지를 침범한 경우에, 이 정도의 위반만으로는 주위의 미관을 해할 우려가 없을 뿐 아니라 이를 철거할 경우 많은 비용이 드는 반면, 공익에는 별 도움이 되지 아니하고, 도로교통·방화·보안·위생·도시미관·공해예방 등의 공익을 크게 해친다고 볼 수도 없기 때문에, 철거를 위한 계고처분은 그 요건을 갖추지 못한 것으로서 위법하며 취소를 면할 수 없다(대판 1992. 3. 12.).

(마) 효과재량의 존재 여부

이상의 요건이 충족된 경우에 있어서, '대집행을 할 것인지 여부'와 관련하여 그것을 재량적 판단으로 보는 견해와 기속행위로 보는 견해가 나뉘어져 있는데, 후자의 견해가 타당하다. 의무의 불이행을 방치함이 '심히 공익을 해할 것으로 인정될 때' 대집행을 하도록 법이 정하고 있는데(행정대집행법 2조), '심히 공익을 해할 것으로 인정'되는 이상, 행정청은 대집행을 행할 의무를 지며, 따라서 그러한 경우의 대집행은 기속행위의 성질을 가진다고 보지 않을 수 없다.[12]

(4) 대집행의 절차

대집행의 절차는 계고, 대집행영장에 의한 통지, 실행, 비용징수의 4단계로 나누어진다. 그러나 긴급시에는 일부절차를 생략할 수 있다.

(가) 계 고

대집행을 하려함에 있어서는 상당한 이행기한을 정하여 그 기한까지 이행되지 아니할 때에는 대집행을 한다는 뜻을 미리 문서로써 계고하여야 한다. 이

---

12) 기속행위와 재량행위의 구분은 1차적으로 법문(법의 규정)에 따라 행할 수밖에 없으며, 따라서 법문이 '할 수 있다'는 표현을 사용하고 있는 경우에는 일반적으로 당해 행위는 '재량행위'에 속한다고 판단할 수 있다. 그러나 법문이 '할 수 있다'로 되어 있는 경우에도, 사안에 비추어 '기속행위'로 새길 수밖에 없는 경우도 있는데, 행정대집행법 제2조가 전형적 예에 해당하는 셈이다. 사태가 '심히 공익을 해할 것으로 인정'됨에도 불구하고, 행정청이 그러한 사태를 방치한다면 직무유기에 해당한다고 봄이 옳을 것이다(본서 229면 이하 참조).

경우 행정청은 상당한 이행기한을 정함에 있어 의무의 성질·내용 등을 고려하여 사회통념상 해당 의무를 이행하는 데 필요한 기간이 확보되도록 하여야 한다(법 3조 1항).

> **[판례]** 행정청이 의무자에게 대집행 영장으로써 대집행할 시기 등을 통지하기 위하여는 그 전제로서 행정청으로 하여금 대집행계고처분을 함에 있어 의무이행을 할 수 있는 상당한 기간을 부여할 것을 요구하고 있으므로, 상당한 의무이행기한이 부여되지 아니한 대집행계고처분은 대집행의 적법절차에 위배한 것으로 위법한 처분이라고 해석하여야 할 것이며, 대집행영장으로써 대집행의 시기가 늦추어졌다는 등의 사정이 있다 하여 위의 결론이 달라진다고 할 수 없을 것이다(대판 1990. 9. 14, 90누2048).

학설은 일반적으로 계고를 준법률행위적 행정행위(통지행위)로 본다. 그러나 그의 효과(내용)를 기준으로 할 때, 작위의무를 부과하는 하명으로 분류할 수도 있다. 근본적으로, 이른바 '준법률행위적 행정행위'라는 개념에 대한 재검토가 필요한 단계이다.

계고를 함에 있어서는 이행하여야 할 행위와 그 의무불이행시 대집행할 행위의 내용과 범위가 구체적으로 특정되어야 한다.

> **[판례]** 행정청이 행정대집행법 제3조 제1항에 의한 대집행계고를 함에 있어서는 의무자가 스스로 이행하지 아니하는 경우에 대집행할 행위의 내용 및 범위가 구체적으로 특정되어야 하지만, 그 행위의 내용 및 범위는 반드시 대집행계고서에 의하여서만 특정되어야 하는 것이 아니고 계고처분 전후에 송달된 문서나 기타 사정을 종합하여 행위의 내용이 특정되거나 대집행 의무자가 그 이행의무의 범위를 알 수 있으면 족하다(대판 1997. 2. 14, 96누15428. 동지 판례: 대판 1990. 1. 25, 89누4543).

그리고 계고 이전에 선행의 행정행위가 존재하여야 하는데, 대집행의 요건은 계고를 할 때에 충족되어야 하며 따라서, 의무를 과하는 행정행위와 계고와는 결합시킬 수 없다고 보아야 한다. 다만 「법률 등에 의하여 직접 명령된 행위」에 따른 의무를 대집행하는 경우에는, 계고를 통해서 비로소 대집행의 대상이 특정되기 때문에 예외를 인정할 수밖에 없을 것이다. 다른 한편, 법률에 다른 규정이 있거나(예: 건축법 85조), 비상시 또는 위험이 절박한 경우에 있어서 대집행의 급속한 실시를 요하며 계고를 할 여유가 없을 때에는 계고절차(대집행영장에 의한 통지 포함)를 거치지 아니하고 대집행을 할 수 있다(행정대집행법 3조 3항).

판례는 건물철거명령과 계고의 결합을 긍정하고 있는 바, 대집행의 요건은 계고시에 충족되어야 한다는 점에서 비판을 받고 있다.

> **[판례]** 계고서라는 명칭의 1장의 문서로서 일정기간 내에 위법건축물의 자진철거를 명함과 동시에 그 소정기한 내에 자진철거를 하지 아니할 때에는 대집행할 뜻을 미리 계고한 경우라도 건축법에 의한 철거명령과 행정대집행법에 의한 계고처분은 독립하여 있는 것으로서 각 그 요건이 충족되었다고 볼 것이고, 이 경우 철거명령에서 주어진 일정기간이 자진철거에 필요한 상당한 기간이라면 그 기간 속에는 계고시에 필요한 '상당한 이행기간'도 포함되어 있다고 보아야 할 것이다(대판 1992. 6. 12. 91누13564).

(나) 대집행영장에 의한 통지

의무자가 계고를 받고도 지정된 기한까지 그 의무를 이행하지 않을 때에는 당해 행정청은 행정대집행 영장으로써 대집행을 할 시기, 대집행책임자의 성명 및 대집행비용의 개산액을 의무자에게 통지하여야 한다(동법 3 조 2항). 다만, 법률에 다른 규정이 있을 경우(예: 건축법 85조) 및 비상시 또는 위험이 절박하여 통지를 할 여유가 없을 때에는 대집행영장에 의한 통지절차 역시 생략할 수 있다(동법 3 조 3항).

(다) 대집행의 실행

대집행은 현장에 파견된 대집행책임자에 의하여 실행된다. 대집행의 실행은 이른바 권력적 사실행위의 성질을 가진다.

행정청은(동법 2조에 따라 대집행을 실행하는 제3자를 포함한다)은 해가 뜨기 전이나 해가 진 후에는 대집행을 하여서는 아니 된다. 다만, ① 의무자가 동의한 경우, ② 해가 지기 전에 대집행을 착수한 경우, ③ 해가 뜬 후부터 해가 지기 전까지 대집행을 하는 경우에는 대집행의 목적 달성이 불가능한 경우, ④ 그 밖에 비상시 또는 위험이 절박한 경우 중 어느 하나에 해당하는 경우에는 그러하지 아니하다(동법 4 조 1항).

행정청은 대집행을 할 때 대집행 과정에서의 안전 확보를 위하여 필요하다고 인정하는 경우 현장에 긴급 의료장비나 시설을 갖추는 등 필요한 조치를 하여야 한다(동법 4 조 2항). 또한 대집행을 하기 위하여 현장에 파견되는 집행책임자는 그가 집행책임자라는 것을 표시한 증표를 휴대하여 대집행시에 이해관계인에게 제시하여야 한다(동법 4 조 3항).

의무자는 대집행실행에 대하여 수인의무를 진다. 그런데 만일 의무자가 대집행의 실행에 항거할 경우에, 실력으로 그 항거를 배제하는 것이 대집행의 실행수단으로서 인정되는지 여부가 문제되고 있다.

독일의 경우,「행정집행법」제15조에서 실력으로 저항을 배제할 수 있는 규정을 두고 있다. 이에 대해, 일본의 경우 그에 관한 명문규정이 없으므로 인하여,「형법」(공무집행방해죄)과「경찰관직무집행법」에 의거하여 주민의 저항을 배제하는 조치를 취할 수밖에 없다.

우리는 일본과 사정을 같이 한다. 학설은「필요한 한도 안에서 저항의 배제에 부득이한 실력은 대집행에 수반된 기능으로 인정되어야 할 것이다」라는 견해[13]와「실력적 배제를 대집행에 내재하는 당연한 권능으로 보기는 어렵다」는 견해[14]로 나뉘어져 있다. 생각건대, 의무자의 저항에 대하여 직접적으로 실력을 행사하는 것은 직접강제의 성질을 갖는 것으로, 대집행의 한계를 벗어나는 것이라고 할 것이다. 대집행의 경우 허용되는 실행수단은 직접적인 실력 행사에 의한 저항의 배제가 아닌 의무자의 의사에 관계없이 집행함에 있어서 발생하는 불가피한 정도의 강제에 그쳐야 할 것이다. 대집행을 실행함에 있어서 물리적 저항이 있을 경우에는 대집행을 불능으로 처리하고 직접강제를 실시하는 방향으로 운영하여야 할 것이다.[15] 그러나 그에 관한 명문규정을 둠이 가장 바람직하다.[16]

> **[판례]** 행정청이 행정대집행의 방법으로 건물철거의무의 이행을 실현할 수 있는 경우에는 건물철거 대집행 과정에서 부수적으로 건물의 점유자들에 대한 퇴거 조치를 할 수 있고, 점유자들이 적법한 행정대집행을 위력을 행사하여 방해하는 경우 형법상 공무집행방해죄가 성립하므로, 필요한 경우에는 '경찰관 직무집행법'에 근거한 위험발생 방지조치 또는 형법상 공무집행방해죄의 범행방지 내지 현행범체포의 차원에서 경찰의 도움을 받을 수도 있다(대판 2017. 4. 28, 2016다213916).

(라) 비용의 징수

대집행에 소요된 비용은 납기일을 정하여 의무자에게 문서로써 납부를 명하고, 불납할 때에는 국세징수의 예에 의하여 강제징수할 수 있다(동법 6조 5조.).

---

13) 박윤흔·정형근(상), 512면. 동지: 김동희·최계영(Ⅰ), 470면; 홍정선(상), 740면.

14) 김도창(상), 560면. 동지: 서원우(상), 575면; 이상규(상), 538면.

15) 김연태, 행정상 강제집행제도의 입법적 개선에 관한 고찰, 법학연구 제27권 제2호, 2016. 12, 135면.

16) 행정강제에 관한 현행법(경찰관 직무집행법 포함)이 전체적으로 매우 불비함은 널리 인정되어 있는 바이다. 이는 1987년의 행정절차법안의 보칙(69조)에 "행정상의 강제집행, 행정상의 즉시강제, 행정조사 등 행정집행절차에 관하여는 따로 법률로 정한다"라고 규정하여 관련규정의 정비를 간접적으로 촉구하고 있는 점에 잘 나타나 있다.

[판례] 대한주택공사가 구 대한주택공사법($\binom{2009.5.22.\ 법률\ 제9706호\ 한국토}{지주택공사법\ 부칙\ 제2조로\ 폐지}$) 및 구 대한주택공사법 시행령($\binom{2009.9.21.\ 대통령령\ 제21744호\ 한국토지}{주택공사법\ 시행령\ 부칙\ 제2조로\ 폐지}$)에 의하여 대집행권한을 위탁받아 공무인 대집행을 실시하기 위하여 지출한 비용은 행정대집행법 절차에 따라 국세징수법의 예에 의하여 징수할 수 있다($\binom{대판\ 2011.9.8,}{2010다48240}$).

(5) 대집행에 대한 불복

(가) 행정심판·행정소송

「행정대집행법」 제7조는 "대집행에 대하여는 행정심판을 제기할 수 있다" 고 규정하고 있으며, 동법 제8조는 "전조의 규정은 법원에 대한 출소의 권리를 방해하지 아니한다"고 규정하고 있다. 대집행실행이 종료된 후에는 대체적 작 위의무를 부과한 처분, 계고, 통지 등에 대해 제기한 항고소송은 소의 이익이 없게 된다. 따라서 소제기와 함께 집행정지신청이 필요하다.

(나) 계고 등의 처분성과 규준력(하자의 승계)

대집행의 기초가 되는 행정청의 하명($\binom{건물의\ 철}{거명령\ 등}$)과 그에 이은 계고가 처분의 성 질을 가지는 것에 대해서는 의문의 여지가 없다. 또한 계고에 이은 대집행영장 의 통지, 대집행의 실행($\binom{권력적}{사실행위}$) 및 비용납부의 명령(통보)이 각각 처분의 성질 을 가진다는 것이 학설·판례의 경향이다.

[판례①] 행정대집행법 제3조 제1항의 계고처분은 그 계고처분 자체만으로서는 행정적 법률효과를 발생하는 것은 아니나, 같은 법 제3조 제2항의 대집행명령장을 발급하고 대집행을 하는데 전제가 되는 것이므로 행정처분이라 할 수 있고, 따라서 행정소송의 대상이 될 수 있다($\binom{대판\ 1962.10.18,}{62누117}$).
[판례②] 건물의 소유자에게 위법건축물을 일정기간까지 철거할 것을 명함과 아 울러 불이행할 때에는 대집행한다는 내용의 철거대집행 계고처분을 고지한 후 이 에 불응하자 다시 제2차, 제3차 계고서를 발송하여 일정기간까지의 자진철거를 촉 구하고 불이행하면 대집행을 한다는 뜻을 고지하였다면, 행정대집행법상의 건물철 거의무는 제1차 철거명령 및 계고처분으로서 발생하였고, 제2차, 제3차의 계고처분 은 새로운 철거의무를 부과한 것이 아니고 다만 대집행기한의 연기통지에 불과하 므로 행정처분이 아니다($\binom{대판\ 1994.10.28,\ 94누5144,\ 동지}{판례:\ 대판\ 2000.2.22,\ 98두4665}$).
[판례③] 대집행계고처분 취소소송의 변론종결 전에 대집행영장에 의한 통지절차 를 거쳐 사실행위로서 대집행의 실행이 완료된 경우에는 행위가 위법한 것이라는 이유로 손해배상이나 원상회복 등을 청구하는 것은 별론으로 하고 처분의 취소를

구할 법률상 이익은 없다(대판 1993. 6. 8. 93누6164. 동지판).

대집행에 대하여 행정심판과 행정소송을 제기할 수 있다고 법(행정대집행법 7조, 8조)이 명시하고 있음은 앞에서 본 바와 같다. 그리고 그 행정심판과 행정소송(항고소송)은 각각 법이 정한 기간 내에 제기하여야 하며, 기간을 도과하여 각 처분의 불가쟁력이 발생한 이후에는 행정심판과 행정소송을 제기할 수 없게 되어 있다(행정심판법 27조, 행정소송법 20조 참조). 그럼에도 불구하고 다수설과 판례는 계고 등 선행처분의 불가쟁력이 발생한 이후, 후행처분의 단계에서 선행처분(계고 등)의 위법성을 이유로 후행처분의 취소를 구할 수 있다고 주장한다(행정행위의 하자승계론).

[판례] 대집행의 계고·대집행영장에 의한 통지·대집행의 실행·대집행에 요한 비용의 납부명령 등은, 타인이 대신하여 행할 수 있는 행정의무의 이행을 의무자의 비용부담 하에 확보하고자 하는, 동일한 행정목적을 달성하기 위하여 단계적인 일련의 절차로 연속하여 행하여지는 것으로서, 서로 결합하여 하나의 법률효과를 발생시키는 것이므로, 선행처분인 계고처분이 하자가 있는 위법한 처분이라면, 비록 하자가 중대하고도 명백한 것이 아니어서 당연무효의 처분이라고 볼 수 없고 대집행의 실행이 이미 사실행위로서 완료되어 계고처분의 취소를 구할 법률상 이익이 없게 되었으며, 또 대집행비용납부명령 자체에는 아무런 하자가 없다 하더라도, 후행처분인 대집행비용납부명령의 취소를 청구하는 소송에서 청구원인으로 선행처분인 계고처분이 위법한 것이기 때문에 그 계고처분을 전제로 행하여진 대집행비용납부명령도 위법한 것이라는 주장을 할 수 있다(대판 1993. 11. 9. 93누14271. 동지판례: 대판 1996. 2. 9. 95누12507).

위와 같은 다수설과 판례의 경향을 받아들일 때, 행정심판의 심판청구기간 및 행정소송의 제소기간의 취지(불가쟁력제도)는 무의미해지지 않을 수 없다.[17] 이 점과 관련하여 독일의 행정집행법이, 대집행에 있어서 선행행위의 불가쟁력이 발생한 이후에는, 후행행위에 의한 권리침해를 이유로 하여서만 소를 제기할 수 있다고 규정하고 있는 점에 유의할 필요가 있다(동법 18조 참조).

17) 이 점에 관하여는 정하중, 한국의 행정상 강제집행제도의 개선방향, 김영훈박사화갑기념논문집, 1995, 397면 참조:「독일에서는 두 개의 행위가 하나의 효과를 완성하는 경우에도 이와 같은 흠의 승계를 인정하고 있지 않으며 후행하는 행위가 흠이 없더라도 선행하는 행위의 흠을 이유로 행정소송을 통하여 다툴 수 있는가의 문제를 전적으로 행정행위의 불가쟁력에 의존시키고 있다. 이미 행정소송법의 제소기간은 행정법관계의 안정이라는 공익과 개인의 권리보호라는 상반된 이익을 충분히 형량하여 내린 입법자의 결정이다. 제소기간이 도과하여 불가쟁력이 발생한 절차상의 독자적인 행위에 대하여 단지 한 개의 효과를 완성시킨다는 이유로 다시 다툴 수 있게 한다면 제소기간을 인정한 행정소송법의 취지에 모순된다고 보고 있다」.

2. 이행강제금

(1) 이행강제금인가 집행벌인가

이행강제금은 종래 '집행벌'이라는 용어가 널리 사용되었으며, 부작위의무, 비대체적 작위의무를 강제하기 위하여 일정 기한까지 이행하지 않으면 금전상의 불이익을 과한다는 뜻을 미리 계고하여 의무자에게 심리적 압박을 가함으로써 의무이행을 간접적으로 강제하는 수단인 것으로 설명되었다.[18]

본래 그 집행벌(Exekutivstrafe)이라는 명칭 및 제도는 독일에서 유래한 것인데, 그곳에서는 집행벌이 (이행)강제금(Zwangsgeld)이라는 명칭으로 바뀐 지 오래 되었으며, '대체적 작위의무'의 간접적 강제수단으로도 활용되고 있을 뿐 아니라.[19] 그러한 내용의 이행강제금 제도가 우리나라에도 정착되어 있으므로, 행정벌로 오해될 수 있는 집행벌이라는 명칭은 더 이상 사용하지 않음이 좋을 것으로 생각된다.

「행정기본법」은 제30조에서 "의무자가 행정상 의무를 이행하지 아니하는 경우 행정청이 적절한 이행기간을 부여하고, 그 기한까지 행정상 의무를 이행하지 아니하면 금전급부의무를 부과하는 것"이라고 정의하고 있다(동조 2호).

> **[판례①]** 이행강제금은 행정법상의 부작위의무 또는 비대체적 작위의무를 이행하지 않은 경우에 '일정한 기한까지 의무를 이행하지 않을 때에는 일정한 금전적 부담을 과할 뜻'을 미리 '계고'함으로써 의무자에게 심리적 압박을 주어 장래를 향하여 그 의무의 이행을 확보하려는 간접적인 행정상 강제집행 수단이다(대판 2015. 6. 24, 2011두2170).
> **[판례②]** 전통적으로 행정대집행은 대체적 작위의무에 대한 강제집행수단으로, 이행강제금은 부작위의무나 비대체적 작위의무에 대한 강제집행수단으로 이해되어 왔으나, 이는 이행강제금제도의 본질에서 오는 제약은 아니며, 이행강제금은 대체적 작위의무의 위반에 대하여도 부과될 수 있다(헌재 2004. 2. 26, 2001헌바80, 84, 102, 103, 2002헌바26).[20]

---

18) 주요문헌: 김남진, 집행벌·강제금·이행강제금, 행정법의 기본문제, 1994; 김남진, 이행강제금과 권리구제, 고시연구, 2001. 1; 김남진, 대집행과 이행강제금의 이동 및 상호관계, 법률신문 제3278호, 2004. 6. 28; 박상희·김명연, 행정집행법의 제정방안, 한국법제연구원, 1995. 11; 조정찬, 이행강제금의 현황과 개선방안, 입법모델 제3집, 법제처, 2003; 전극수, 이행강제금 도입입법에 대한 비판과 개선방안, 공법연구 제37집 2호, 2008. 12; 김연태, 건축법상 이행강제금 부과의 요건과 한계에 관한 고찰, 고려법학 제70호, 2013. 9; 최봉석, 이행강제금의 법적 정체성 확립을 위한 입법적 과제, 비교법연구 제16권 2호, 2016 참조.

19) 참조: 김남진, 기본문제, 382면 이하; 김남진, 이행강제금과 권리구제, 고시연구, 2001. 1, 95면 이하; 정준현, 이행강제금, 법제 제346호, 1991. 7, 22면 이하; 김연태, 건축법상 이행강제금 부과의 요건과 한계에 관한 고찰, 고려법학 제70호, 2013. 9, 159면 이하.

20) 이 판례의 평석에 관하여는 김남진, 대집행과 이행강제금의 이동 및 상호관계, 법률신문, 2004. 6. 28 참

[판례③] 현행법상 위법건축물에 대한 이행강제수단으로 인정되는 대집행과 이행강제금을 비교하면, 대집행은 위반 행위자가 위법상태를 치유하지 않아 그 이행의 확보가 곤란하고 또한 이를 방치함이 심히 공익을 해할 것으로 인정될 때에 행정청 또는 제3자가 이를 치유하는 것인 반면, 이행강제금은 위반행위자 스스로가 이를 시정할 수 있는 기회를 부여하여 불필요한 행정력의 낭비를 억제하고 위반행위로 인한 경제적 이익을 환수하기 위한 제도로서 양 제도의 각각의 장·단점이 있다. 따라서 개별사건에 있어서 위반내용, 위반자의 시정의지 등을 감안하여 행정청은 대집행과 이행강제금을 선택적으로 활용할 수 있다고 할 것이며, 이처럼 그 합리적인 재량에 의해 선택하여 활용하는 이상 중첩적인 제재에 해당한다고 볼 수 없다(헌재 2004. 2. 26., 2001헌바80 등). 21)

이행강제금은 이미 행하여진 위법행위에 대한 제재나 속죄의 의미에서 부과되는 것이 아니라 장래의 행위를 강제하는 수단이다. 따라서 과거의 의무위반에 대한 제재로서 그 위반상태가 현재 소멸되어 있어도 부과되는 행정'벌'(Strafe)과 달리, 이행강제금은 현재의 위반상태를 장래에 향하여 해소하는 것을 목적으로 하므로 의무자에 의해 요구된 행위가 이행되었거나 요구된 상태가 실현된 경우에는 더 이상 그 수단의 적용은 없게 된다. 이행강제금은 요구된 작위 또는 부작위가 그 의무자의 의사에 좌우되고 그에게 법적·사실적으로 불가능한 것이 아니어야 한다.22)

[판례①] 건축법상의 이행강제금은 시정명령의 불이행이라는 과거의 위반행위에 대한 제재가 아니라, 의무자에게 시정명령을 받은 의무의 이행을 명하고 그 이행기간 안에 의무를 이행하지 않으면 이행강제금이 부과된다는 사실을 고지함으로써 의무자에게 심리적 압박을 주어 의무의 이행을 간접적으로 강제하는 행정상의 간

조. 대집행과 이행강제금의 관계에 대하여는 김연태, 건축법상 이행강제금 부과의 요건과 한계에 관한 고찰, 고려법학 제70호, 2013, 162면 이하 참조.

21) 그러나 이 결정의 반대의견으로 재판관 윤영철, 재판관 권성은 "대체적 작위의무의 위반자가 이행강제금의 반복된 부과에도 불구하고 그 위반상태를 시정하지 않는 경우에는 종국적으로 대집행을 할 수밖에 없게 되는바, 대집행이 가능한 경우에 대집행을 하지 않고 이행강제금을 부과하는 것은 위법상태를 시정하는 행정강제의 수단으로서 그 적정성을 인정받기 어렵다. 그리고 대집행 전에 수차에 걸쳐 이행강제금을 부담한 위반자가 다시 대집행을 받는 경우에는 원래 대집행비용의 부담만으로 종결되었을 책임의 양(量)이, 여기에다 이행강제금까지 합산한 금액으로, 크게 늘어나므로 대집행이 가능한 경우에까지 이행강제금을 부과하는 것은 피해의 최소성 원칙에도 어긋난다"고 하여, 대집행이 가능한 경우에 이행강제금을 부과하는 것은 허용되지 않는다는 견해를 제시하고 있다.

22) 이행가능성에 대하여는 김연태, 건축법상 이행강제금 부과의 요건과 한계에 관한 고찰, 고려법학 제70호, 2013, 169면 이하 참조.

접강제 수단에 해당한다. 이러한 이행강제금의 본질상 시정명령을 받은 의무자가 이행강제금이 부과되기 전에 그 의무를 이행한 경우에는 비록 시정명령에서 정한 기간을 지나서 이행한 경우라도 이행강제금을 부과할 수 없다.

나아가 시정명령을 받은 의무자가 그 시정명령의 취지에 부합하는 의무를 이행하기 위한 정당한 방법으로 행정청에 신청 또는 신고를 하였으나 행정청이 위법하게 이를 거부 또는 반려함으로써 결국 그 처분이 취소되기에 이르렀다면, 특별한 사정이 없는 한 그 시정명령의 불이행을 이유로 이행강제금을 부과할 수는 없다고 보는 것이 위와 같은 이행강제금 제도의 취지에 부합한다(대판 2018. 1. 25, 2015두35116).

[판례②] 부동산 실권리자명의 등기에 관한 법률 제10조 제1항, 제4항, 제6조 제2항의 내용, 체계 및 취지 등을 종합하면, 부동산의 소유권이전을 내용으로 하는 계약을 체결하고 반대급부의 이행을 완료한 날로부터 3년 이내에 소유권이전등기를 신청하지 아니한 등기권리자 등에 대하여 부과되는 이행강제금은 소유권이전등기 신청의무 불이행이라는 과거의 사실에 대한 제재인 과징금과 달리, 장기미등기자에게 등기신청의무를 이행하지 아니하면 이행강제금이 부과된다는 심리적 압박을 주어 의무의 이행을 간접적으로 강제하는 행정상의 간접강제 수단에 해당한다. 따라서 장기미등기자가 이행강제금 부과 전에 등기신청의무를 이행하였다면 이행강제금의 부과로써 이행을 확보하고자 하는 목적은 이미 실현된 것이므로 부동산실명법 제6조 제2항에 규정된 기간이 지나서 등기신청의무를 이행한 경우라 하더라도 이행강제금을 부과할 수 없다(대판 2016. 6. 23, 2015두36454).

[판례③] 이행강제금은 행정상 간접적인 강제집행 수단의 하나로서, 과거의 일정한 법률위반 행위에 대한 제재인 형벌이 아니라 장래의 의무이행 확보를 위한 강제수단일 뿐이어서, 범죄에 대하여 국가가 형벌권을 실행하는 과벌에 해당하지 아니한다. 따라서 확정된 구제명령을 따르지 않은 사용자에게 형벌을 부과하고 있음에도, 구제명령을 이행하지 아니한 사용자에게는 이행강제금을 부과하는 근로기준법 제33조 제1항 및 제5항은 이중처벌금지원칙에 위배되지 아니한다(헌재 2014. 5. 29, 2013헌바171).

[판례④] 건축법 제78조에 의한 무허가 건축행위에 대한 형사처벌과 건축법 제83조 제1항에 의한 시정명령 위반에 대한 이행강제금의 부과는 그 처벌 내지 제재대상이 되는 기본적 사실관계로서의 행위를 달리하며, 또한 그 보호법익과 목적에서도 차이가 있으므로 헌법 제13조 제1항이 금지하는 이중처벌에 해당한다고 할 수 없다(헌재 2004. 2. 26, 2001헌바80 등).

한편, 최근 대법원은 공정거래법상 기업결합 시정조치의 실효성 확보수단으로서의 이행강제금에 대해서는 과거의 시정조치 불이행기간에 대해 이행강제금을 부과할 수 있다고 판시한 바 있다.

[판례] 공정거래법 제17조의3은 같은 법 제16조에 따른 시정조치를 그 정한 기간 내에 이행하지 아니하는 자에 대하여 이행강제금을 부과할 수 있는 근거 규정이고, 시정조치가 공정거래법 제16조 제1항 제7호에 따른 부작위 의무를 명하는 내용이 더라도 마찬가지로 보아야 한다. 나아가 이러한 이행강제금이 부과되기 전에 시정 조치를 이행하거나 부작위 의무를 명하는 시정조치 불이행을 중단한 경우 과거의 시정조치 불이행기간에 대하여 이행강제금을 부과할 수 있다고 봄이 타당하다 ($\binom{대판\ 2019.\ 12.\ 12.}{2018두63563}$).

(2) 이행강제금의 부과 및 징수

「행정기본법」은 이행강제금 부과의 근거가 되는 법률에서 부과·징수 주체, 부과 요건, 부과 금액, 부과 금액 산정기준, 연간 부과 횟수나 횟수의 상한을 명확하게 규정할 것을 요구하고 있다. 다만, 부과 금액 산정기준이나 연간 부과 횟수·횟수의 상한을 규정할 경우 입법목적이나 입법취지를 훼손할 우려가 크다고 인정되는 경우로서 대통령령으로 정하는 경우는 제외하도록 하고 있다 ($\binom{31조}{1항}$).

또한 이행강제금 부과 시 ① 의무 불이행의 동기, 목적 및 결과, ② 의무 불이행의 정도 및 상습성, ③ 그 밖에 행정목적을 달성하는 데 필요하다고 인정되는 사유를 고려하여 행정청이 이행강제금의 부과 금액을 가중하거나 감경할 수 있도록 하여, 구체적 사실관계를 기초로 하여 이행강제금 부과의 구체적 타당성을 확보할 수 있도록 규정하였다($\binom{31조}{2항}$).

행정청은 이행강제금을 부과하기 전에 미리 의무자에게 적절한 이행기간을 정하여 그 기한까지 행정상 의무를 이행하지 아니하면 이행강제금을 부과한다는 뜻을 문서로 계고(戒告)하여야 한다($\binom{31조}{3항}$).[23] 행정청은 의무자가 제3항에 따른 계고에서 정한 기한까지 행정상 의무를 이행하지 아니한 경우 이행강제금의 부과 금액·사유·시기를 문서로 명확하게 적어 의무자에게 통지하여야 한다($\binom{31조}{4항}$).

행정청은 의무자가 행정상 의무를 이행할 때까지 이행강제금을 반복하여 부과할 수 있다. 다만, 의무자가 의무를 이행하면 새로운 이행강제금의 부과를 즉시 중지하되, 이미 부과한 이행강제금은 징수하여야 한다($\binom{31조}{5항}$). 행정청은 이

---

23) 상당한 기간과 계고, 그리고 반복 부과에 대하여는 김연태, 건축법상 이행강제금 부과의 요건과 한계에 관한 고찰, 고려법학 제70호, 2013, 171면 이하 참조.

행강제금을 부과받은 자가 납부기한까지 이행강제금을 내지 아니하면 국세 체납처분의 예 또는 「지방행정제재·부과금의 징수 등에 관한 법률」에 따라 징수한다($\frac{31조}{6항}$).

[판례①] 개발제한구역의 지정 및 관리에 관한 특별조치법 제30조 제1항, 제30조의2 제1항 및 제2항의 규정에 의하면 시정명령을 받은 후 그 시정명령의 이행을 하지 아니한 자에 대하여 이행강제금을 부과할 수 있고, 이행강제금을 부과하기 전에 상당한 기간을 정하여 그 기한까지 이행되지 아니할 때에 이행강제금을 부과·징수한다는 뜻을 문서로 계고하여야 하므로, 이행강제금의 부과·징수를 위한 계고는 시정명령을 불이행한 경우에 취할 수 있는 절차라 할 것이고, 따라서 이행강제금을 부과·징수할 때마다 그에 앞서 시정명령 절차를 다시 거쳐야 할 필요는 없다($\frac{대판 2013. 12. 12,}{2012두20397}$).

[판례②] 구 건축법 제80조 제1항, 제4항에 의하면 그 문언상 최초의 시정명령이 있었던 날을 기준으로 1년 단위별로 2회에 한하여 이행강제금을 부과할 수 있고, 이 경우에도 매 1회 부과 시마다 구 건축법 제80조 제1항 단서에서 정한 1회분 상당액의 이행강제금을 부과한 다음 다시 시정명령의 이행에 필요한 상당한 이행기한을 정하여 그 기한까지 시정명령을 이행할 수 있는 기회를 준 후 비로소 다음 1회분 이행강제금을 부과할 수 있다. 따라서 비록 건축주 등이 장기간 시정명령을 이행하지 아니하였다 하더라도, 그 기간 중에는 시정명령의 이행 기회가 제공되지 아니하였다가 뒤늦게 시정명령의 이행 기회가 제공된 경우라면, 그 시정명령의 이행 기회 제공을 전제로 한 1회분의 이행강제금만을 부과할 수 있고, 시정명령의 이행 기회가 제공되지 아니한 과거의 기간에 대한 이행강제금까지 한꺼번에 부과할 수는 없다고 보아야 한다. 그리고 이를 위반하여 이루어진 이행강제금 부과처분은 과거의 위반행위에 대한 제재가 아니라 행정상의 간접강제 수단이라는 이행강제금의 본질에 반하여 구 건축법 제80조 제1항, 제4항 등 법규의 중요한 부분을 위반한 것으로서, 그러한 하자는 중대할 뿐만 아니라 객관적으로도 명백하다($\frac{대판 2016. 7. 14,}{2015두46598}$).

---

(3) 이행강제금의 부과에 대한 불복절차

우리나라의 행정상 강제집행 제도가 그 뿌리를 두고 있는 독일에 있어서는, 이행강제금을 포함하여 행정상 강제집행($\frac{대집행·이행강제금·}{직접강제·강제징수 등}$·직)에 대하여 이의가 있는 자는 당연히 행정심판(전심절차)이나 행정소송(취소소송)을 제기할 수 있는 것으로 보고 있다.[24] 그러나 우리나라의 경우에는 일반적으로 그 이행강제금 부과에 대하여 이의가 있는 경우, 그에 대한 권리구제를 위해 비송사건절차를

---

24) 김남진, 이행강제금과 권리구제, 고시연구 2001. 1, 100면 참조.

밟아야 하는 경우와 일반의 행정쟁송절차($_{행정소송}^{행정심판과}$)을 밟을 수 있는 경우로 나누어진다. 불복절차에 대해서 실정법상으로는 과징금 규정을 준용하는 경우($_{의 등기에 관한 법률}^{예: 부동산 실권리자명}$), 과태료 규정을 준용하는 경우($_{지법}^{예: 농}$), 그리고 특별한 준용규정을 두고 있지 아니한 경우($_{축법}^{예: 건}$) 등으로 유형화할 수 있다.

원칙적으로 이행강제금 부과처분의 불복수단에 대하여 개별 법률에 규정이 있는 경우에는 그에 따르고($_{법 63조}^{예: 농지}$), 개별 법률이 없는 경우($_{80조}^{예: 건축}$)에는 행정심판법과 행정소송법이 정하는 바에 따라 다툴 수 있다. 구체적으로 살펴보면 다음과 같다.

먼저 이행강제금에 불복하는 자는 이의를 제기할 수 있는 것으로 규정하고, 이의를 제기한 경우에는 「비송사건절차법」에 따른 법원의 결정에 따라 이행강제금을 결정하는 것으로 규정하고 있는 경우이다. 예컨대 「농지법」 제63조에 따르면 이행강제금의 부과처분을 받은 자는 그 처분을 고지받은 날부터 30일 이내에 시장·군수 또는 구청장에게 이의를 제기할 수 있다. 이의가 제기된 때에는 시장·군수 또는 구청장은 지체없이 관할 법원에 그 사실을 통보하여야 하며, 통보를 받은 관할법원은 「비송사건절차법」에 따라 과태료 재판에 준하여 재판을 하게 된다. 대법원은 구 「건축법」 제82조 및 제83조와 관련한 사건에서 이행강제금 부과처분에 대해 「비송사건절차법」에 의한 특별한 불복절차가 마련되어 있는 경우에는 이행강제금 부과처분은 항고소송의 대상이 되는 행정처분이 아니라고 판시한 바 있다.[25]

[판례] ㉮ 농지법은 농지 처분명령에 대한 이행강제금 부과처분에 불복하는 자가 그 처분을 고지받은 날부터 30일 이내에 부과권자에게 이의를 제기할 수 있고, 이의를 받은 부과권자는 지체 없이 관할 법원에 그 사실을 통보하여야 하며, 그 통보를 받은 관할 법원은 비송사건절차법에 따른 과태료 재판에 준하여 재판을 하

---

25) 대판 2000. 9. 22, 2000두5722(구 건축법 제82조 제3항, 제4항, 제83조 제6항에 의하면, 같은 법 제83조 소정의 이행강제금 부과처분에 불복하는 자는 그 처분의 고지를 받은 날로부터 30일 이내에 당해 부과권자에게 이의를 제기할 수 있고, 이의를 받은 부과권자는 지체 없이 관할법원에 그 사실을 통보하여야 하며, 그 통보를 받은 관할법원은 비송사건절차법에 의한 재판을 하도록 규정되어 있는바, 위 법규정에 의하면 건축법 제83조의 규정에 의하여 부과된 이행강제금 부과처분의 당부는 최종적으로 비송사건절차법에 의한 절차에 의하여만 판단되어야 한다고 보아야 할 것이므로 위와 같은 이행강제금 부과처분은 행정소송의 대상이 되는 행정처분이라고 볼 수 없다). 2005년 11월 8일 건축법의 일부 개정이 이루어지기 전까지 건축법상 이행강제금에 대한 권리보호절차는 구 건축법 제83조 제6항에 의거하여 동법 제82조 제3항 내지 제5항이 적용되었고, 판례는 동 규정에 따른 이행강제금 부과처분을 행정소송의 대상이 되는 처분이 아니라고 보았다. 그러나 건축법 개정으로 구 건축법 제83조 제6항은 삭제되었으므로, 이제는 이행강제금 부과처분을 행정소송의 대상이 되는 처분으로 보아야 할 것이다.

도록 정하고 있다($\frac{\text{제62조 제1항,}}{\text{제6항, 제7항}}$). 따라서 농지법 제62조 제1항에 따른 이행강제금 부과처분에 불복하는 경우에는 비송사건절차법에 따른 재판절차가 적용되어야 하고, 행정소송법상 항고소송의 대상은 될 수 없다. ㉯ 농지법 제62조 제6항, 제7항이 위와 같이 이행강제금 부과처분에 대한 불복절차를 분명하게 규정하고 있으므로, 이와 다른 불복절차를 허용할 수는 없다. 설령 관할청이 이행강제금 부과처분을 하면서 재결청에 행정심판을 청구하거나 관할 행정법원에 행정소송을 할 수 있다고 잘못 안내하거나 관할 행정심판위원회가 각하재결이 아닌 기각재결을 하면서 관할 법원에 행정소송을 할 수 있다고 잘못 안내하였다고 하더라도, 그러한 잘못된 안내로 행정법원의 항고소송 재판관할이 생긴다고 볼 수도 없다($\frac{\text{대판 2019. 4. 11,}}{\text{2018두42955}}$).

다음으로 이행강제금의 부과처분에 대한 불복방법에 관하여 아무런 규정을 두고 있지 않는 경우나 과징금 규정을 준용하는 경우에는 이행강제금 부과처분에 대해서는 당연히 행정심판 또는 행정소송을 제기할 수 있다($\frac{\text{건축법}}{\text{80조 등}}$).

생각건대, 이행강제금은 행정상 의무이행을 위한 강제수단이며, 그 부과처분은 행정행위의 성격을 갖기 때문에 행정소송의 대상이 되어야 할 것이다. 이행강제금의 권리구제절차를 행정소송에 의하지 않고 과태료부과처분에 따라 규율한 것은 아직도 이행강제금을 과태료의 성격을 갖는 것으로 이해하는데 기인하는 것이다. 구 「건축법」상의 판례에서도 동일한 입장에서 판시한 바 있다.[26] 이행강제금의 부과처분이 행정행위(처분)의 성질을 가짐에도 불구하고, 이에 대한 재판을 「비송사건절차법」에 의하도록 하고 있음은 불합리하다고 할 것이다.

3. 직접강제

(1) 의 의

직접강제란 의무자가 행정상 의무를 이행하지 아니하는 경우 행정청이 의무자의 신체나 재산에 실력을 행사하여 그 행정상 의무의 이행이 있었던 것과 같은 상태를 실현하는 강제집행의 수단이다. 그에 관한 일반법은 없으며, 개별법($\frac{\text{식품위생법}}{\text{79조 등}}$)에만 규정되어 있다.

---

26) 김남진, 기본문제, 390면 이하. 판례 역시 이행강제금 도입 초기에 다음과 같은 판시를 한 바 있다. 「구 건축법 제56조의 2 제1항, 제4항, 제5항과 개정 건축법 제83조 제1항, 제4항 내지 제6항, 제82조 제3항, 제4항의 규정들을 대비하고, 경과규정인 개정 건축법상 부칙 제6조의 규정 취지를 종합해 보면, 개정 건축법상의 이행강제금에 관한 규정은 시정명령 불이행을 이유로 한 구 건축법상의 과태료에 관한 규정을 개선한 것으로서 개정 전후의 과태료와 이행강제금은 본질적으로 동일한 성질을 가진다 할 것이다.」(대판 1997. 4. 28, 96마1597).

(2) 성 질

직접강제는 대체적 작위의무뿐만 아니라 비대체적 작위의무·부작위의무· 수인의무 등 일체의 의무의 불이행에 대해 행할 수 있는 점에서, 대체적 작위 의무의 강제수단인 대집행과 구별된다.[27] 또한 의무의 부과 및 의무의 불이행 을 전제로 행해지는 점에서, 그러한 전제 없이 행해지는 즉시강제와 구별된다.

(3) 근 거

과거에는 직접강제가 개별법에 예외적으로만 인정되었으나, 근년에 이르러 서는 그의 수가 증가하고 있다. 직접강제에 대한 대표적인 개별법상의 근거로 는「식품위생법」상의 영업표지물제거·삭제($^{79조}_{1항}$),「낚시 관리 및 육성법」상의 봉인조치($^{23조}_{2항}$) 등이 있다. 또한 무허가영업장에 대해 행정상 의무이행을 확보 하는 수단으로서 직접강제제도를 마련하고 있는 경우가 다수 있다($^{공중위생관리법 11조,}_{관광진흥법 36조, 계}$ $^{임산업진흥에 관한 법률 38조, 먹는물관리법}_{46조, 파견근로자보호 등에 관한 법률 19조 등}$).

생각건대, 일반법으로써 직접강제에 관하여 규정하고 있는 독일과는 달리, 직접강제를 예외적으로만 인정하는 우리의 경우가 인권보호적 견지에서 더 나은 제도로 비칠 수도 있다. 그러나 개별법에 단편적으로 규정되어 있고, 절차적 미 비[28]로 말미암아 오히려 현실적으로는 위법 내지 탈법적 행정강제가 행해지고 있는 점에 비추어 보아, 일반법으로서의 행정집행법의 제정 등을 통한 제도적 정비가 필요하다고 본다. 앞에서 보았듯이, 토지·건물의 인도의무 등의 경우 에는, 실제로 직접강제와 같은 방법이 사용되어 온 사실이 감안될 필요가 있다.

(4) 한 계

직접강제는 강제집행수단 중에서도 가장 강력한 수단이라 할 수 있으므로, 국민의 기본권을 침해할 가능성이 높다. 따라서 과잉금지원칙($^{광의의}_{비례원칙}$)의 준수하 에 최후수단(ultima ratio)으로서 활용되어야 할 것이다.

직접강제는 강력한 강제수단으로서 행정대집행이나 이행강제금 부과의 방 법으로는 행정상 의무 이행을 확보할 수 없거나 그 실현이 불가능한 경우에 실 시하여야 한다($^{행정기본법}_{32조 1항}$). 직접강제의 수단을 사용함에 있어서는 특히 필요성의 원칙, 좁은 의미의 비례원칙이 준수되어야 한다.

---

27) 대집행과 직접강제의 관계에 대하여는 김연태, 현행 행정집행제도의 체계상의 문제점, 강원법학 제49 권, 2016. 10. 729면 이하 참조.

28) 직접강제에 관하여 규정하고 있는 개별법에 있어서 절차규정의 문제점에 대하여는 김연태, 현행 행정 집행제도의 체계상의 문제점, 강원법학 제49권, 2016. 10. 719면 이하 참조.

직접강제를 실시하기 위하여 현장에 파견되는 집행책임자는 그가 집행책임자임을 표시하는 증표를 보여 주어야 하며($\frac{동법}{2항}$ 32조), 행정청은 직접강제를 실시하기 전에 미리 의무자에게 적절한 이행기간을 정하여 그 기한까지 행정상 의무를 이행하지 아니하면 직접강제를 실시한다는 뜻을 문서로 계고(戒告)하여야 한다($\frac{동법}{3항}$ 32조) 행정청은 의무자가 계고에서 정한 기한까지 행정상 의무를 이행하지 아니한 경우 직접강제 사유·시기 등을 문서로 명확하게 적어 의무자에게 통지하여야 한다($\frac{동법}{3항}$ 32조).

4. 행정상 강제징수

(1) 의 의

행정상의 강제징수란 의무자가 행정상 의무 중 금전급부의무를 이행하지 아니하는 경우 행정청이 의무자의 재산에 실력을 행사하여 그 행정상 의무의 이행이 있었던 것과 같은 상태를 실현하는 작용을 말한다. 작위·부작위 또는 수인의무를 강제하기 위한 수단인 대집행, 직접강제, 이행강제금과는 달리 강제징수는 금전급부의 불이행에 대한 강제수단이다.

(2) 근 거

강제징수에 관한 일반법으로서 「국세징수법」과 「지방세징수법」이 있다. 이들 법률은 원래 국세 또는 지방세의 강제징수에 관한 법이지만, 「소득세법」($\frac{85}{조}$), 「보조금 관리에 관한 법률」($\frac{33조의3}{1항}$), 「국유재산법」($\frac{73조}{2항}$), 「공유재산 및 물품 관리법」($\frac{97조}{2항}$) 등 많은 법률이 강제징수와 관련하여 「국세징수법」 또는 「지방세징수법」을 준용하고 있으므로, 「국세징수법」과 「지방세징수법」은 행정상 강제징수에 관하여 일반법적 지위를 갖고 있다.

(3) 절 차

「국세징수법」과 「지방세징수법」에 따른 강제징수 절차는 기본적으로 동일하게 구성되어 있으므로, 이하에서는 「국세징수법」에 따른 절차를 중심으로 살펴보도록 한다. 「국세징수법」상의 강제징수절차는 독촉 및 강제징수(체납처분)[29]으로 나누어지며, 강제징수는 다시 ① 재산의 압류, ② 압류재산의 매각, ③

---

29) 2020년 12월 「국세징수법」 전부개정시 체납처분이라는 용어를 그 본질적 부분인 강제성을 드러내는 표현인 강제징수로 변경하였다(동법 3조 등 참조). 그러나 「지방세징수법」에서는 여전히 체납처분이라는 용어를 사용하고 있는바, 강제징수로 용어를 통일할 필요가 있다(동법 4조 참조).

청산의 3단계로 나누어진다.

한편, 일반적으로 과세처분과 체납처분 간의 경우와는 달리, 이러한 절차들은 서로 결합하여 1개의 효과를 완성하기 때문에 선행행위의 하자가 후행행위에 승계된다고 설명한다. 그러나 이 문제 역시 '선행행위의 후행행위에 대한 구속력(규준력)'의 관점에서 재음미해 볼 만하다.[30)]

(가) 독 촉

관할 세무서장은 납세자가 국세를 지정납부기한까지 완납하지 아니한 경우 지정납부기한이 지난 후 10일 이내에 체납된 국세에 대한 독촉장을 발급하여야 하며($^{국세징수법}_{10조 1항}$). 관할 세무서장은 독촉장을 발급하는 경우 독촉을 하는 날부터 20일 이내의 범위에서 기한을 정하여 발급한다($^{동법 10조}_{2항}$). 이러한 독촉은 시효중단의 효과를 발생시킨다($^{국세기본법}_{28조 1항}$).

독촉이란 상당한 이행기간을 정하여 의무의 이행을 최고하고, 그 의무가 이행되지 않을 경우에는 강제징수(체납처분)할 뜻의 통지행위인 준법률행위적 행정행위로 보는 것이 일반적이다. 그러나 그 효과(내용)를 기준으로 할 때, 대집행의 계고와 마찬가지로 금전급부의무를 부과하는 하명(급부하명)으로 볼 수 있다.

> **[판례]** 건축법 제69조의 2 제6항, 지방세법 제28조, 제82조, 국세징수법 제23조의 각 규정에 의하면, 이행강제금 부과처분을 받은 자가 이행강제금을 기한 내에 납부하지 아니한 때에는 그 납부를 독촉할 수 있으며, 납부독촉에도 불구하고 이행강제금을 납부하지 않으면 체납절차에 의하여 이행강제금을 징수할 수 있고, 이때 이행강제금 납부의 최초 독촉은 징수처분으로서 항고소송의 대상이 되는 행정처분이 될 수 있다($^{대판 2009. 12. 24.}_{2009두14507}$).

(나) 강제징수

관할 세무서장($^{체납기간 및 체납금액을 고려하여 대통령령으로 정}_{하는 체납자의 경우에는 지방국세청장을 포함한다}$)은 납세자가 독촉($^{국세징수법}_{10조}$) 또는 납부기한 전 징수의 고지($^{동법 9조}_{2항}$)를 받고 지정된 기한까지 국세 또는 체납액을 완납하지 아니한 경우 재산의 압류($^{교부청구 · 참가}_{압류를 포함한다}$), 압류재산의 매각 · 추심 및 청산의 절차에 따라 강제징수를 한다($^{동법}_{24조}$).

① 재산의 압류

㉠ 압류의 의의: 납세자가 독촉을 받고도 정해진 기한까지 이행하지

---

30) 자세한 것은 본서 359면 이하 참조.

아니한 때에는 재산의 압류를 행한다($\frac{동법}{1항}$31조). 압류란 납세자의 재산에 대해 사실상 및 법률상의 처분을 금지시키고, 그것을 확보하는 강제보전행위이다.

    ⓛ 압류의 요건: 관할 세무서장은 ⓘ 납세자가 독촉을 받고 독촉장에서 정한 기한까지 국세를 완납하지 아니한 경우 또는 ⓘⓘ 납부기한 전 징수 시 납부자가 납부고지를 받고 단축된 기한까지 국세를 완납하지 아니한 경우 납세자의 재산을 압류한다($\frac{동법}{1항}$31조).

    관할 세무서장은 납세자에게 납부기한 전 징수의 사유가 있어 국세가 확정된 후 그 국세를 징수할 수 없다고 인정할 때에는 국세로 확정되리라고 추정되는 금액의 한도에서 납세자의 재산을 압류할 수 있다($\frac{동법}{2항}$31조). 이 경우 관할 세무서장은 미리 지방국세청장의 승인을 받아야 하고, 압류 후에는 납세자에게 문서로 그 압류 사실을 통지하여야 하며($\frac{동조}{3항}$), 납세자가 납세담보를 제공하고 압류해제를 요구하거나 압류를 한 날부터 3개월이 지날 때까지 압류에 따라 징수하려는 국세를 확정하지 아니한 경우에는 즉시 압류를 해제하여야 한다($\frac{동조}{4항}$).

    관할 세무서장은 국세를 징수하기 위하여 필요한 재산 외의 재산을 압류할 수 없다. 다만, 불가분물 등 부득이한 경우에는 압류할 수 있다($\frac{동법}{32조}$). 관할 세무서장은 압류재산을 선택하는 경우 강제징수에 지장이 없는 범위에서 전세권·질권·저당권 등 체납자의 재산과 관련하여 제3자가 가진 권리를 침해하지 아니하도록 하여야 한다($\frac{동법}{33조}$).

    ⓒ 압류대상재산: 납세자의 소유로서 금전적 가치가 있고 양도할 수 있는 재산은 모두 압류대상이 된다. 즉, 동산·부동산·무체재산권을 불문한다. 그러나 「국세징수법」은 의무자의 생활필수품이나 임금·급여 등에 대하여 최저생활의 보장·생업의 유지 등의 이유에서 압류를 금지 또는 제한하고 있다($\frac{동법\ 41조,}{42조}$).

    ⓔ 압류의 방법: 압류의 방법은 부동산 등의 압류, 동산과 유가증권의 압류, 채권의 압류, 그 밖의 재산권의 압류 등 그 대상에 따라 각각 구별된다($\frac{동법\ 45조,\ 48조,}{51조,\ 55조\ 등}$). 세무공무원은 체납자의 재산을 압류하는 경우 압류조서를 작성하여야 하며($\frac{동법}{34조}$), 그 신분을 나타내는 증표 및 압류·수색 등 통지서를 지니고 이를 관계자에게 보여 주어야 한다($\frac{동법}{38조}$).

    ⓜ 압류의 효력: 압류에 의해서 압류재산의 사실상·법률상 처분이 금지된다. 세무공무원이 재산을 압류한 경우 체납자는 압류한 재산에 관하여 양도, 제한물권의 설정, 채권의 영수, 그 밖의 처분을 할 수 없다($\frac{동법}{1항}$43조). 세무공

무원이 채권 또는 그 밖의 재산권을 압류한 경우 해당 채권의 채무자 및 그 밖의 재산권의 채무자 또는 이에 준하는 자는 체납자에 대한 지급을 할 수 없다($\frac{동조}{2항}$).

압류의 효력은 압류재산으로부터 생기는 천연과실 또는 법정과실에도 미친다($\frac{동법}{1항}\frac{44조}{}$). 다만, 체납자 또는 제3자가 압류재산의 사용 또는 수익을 하는 경우 그 재산의 매각으로 인하여 권리를 이전하기 전까지 이미 거두어들인 천연과실에 대해서는 압류의 효력이 미치지 아니한다($\frac{동조}{2항}$).

ⓗ 압류의 해제: 관할 세무서장은 압류와 관계되는 체납액의 전부가 납부 또는 충당된 경우, 국세 부과의 전부를 취소한 경우 등 일정한 사유가 있는 경우에는 압류를 즉시 해제하여야 한다($\frac{동법}{1항}\frac{57조}{}$). 관할 세무서장은 압류 후 재산가격이 변동하여 체납액 전액을 현저히 초과한 경우, 압류와 관계되는 체납액의 일부가 납부 또는 충당된 경우 등 일정한 사유가 있는 경우에는 압류재산의 전부 또는 일부에 대하여 압류를 해제할 수 있다($\frac{동조}{2항}$).

ⓢ 교부청구 및 참가압류: 관할 세무서장은 ⅰ 국세 등의 체납으로 체납자에 대한 강제징수 또는 체납처분이 시작된 경우, ⅱ 체납자에 대하여 경매가 시작되거나 체납자가 파산선고를 받은 경우, ⅲ 체납자인 법인이 해산한 경우 등에는 그 집행기관[31]에 대하여 체납액(국세와 강제징수비)의 교부를 청구하여야 한다($\frac{동법}{59조}$). 관할 세무서장은 압류하려는 재산이 이미 다른 기관에 압류되어 있는 경우 참가압류 통지서를 그 재산을 이미 압류한 기관에 송달함으로써 제59조에 따른 교부청구를 갈음하고 그 압류에 참가할 수 있다($\frac{동법}{61조}$).

② **압류재산의 매각**

ⓐ 매각의 의의: 매각은 체납자의 압류재산을 금전으로 환가하는 것을 의미한다.

ⓑ 매각의 방법과 절차: 압류재산은 공매 또는 수의계약으로 매각한다. 이 경우 매각의 공정성을 도모하기 위해 공매(경쟁입찰 또는 경매)를 원칙으로 하고, 수의계약을 예외로 한다($\frac{동법}{66조, 67조}\frac{65조,}{}$).

관할 세무서장은 압류재산의 공매나 수의계약 등에 전문지식이 필요하거나 그 밖에 직접 공매 등을 하기에 적당하지 아니하다고 인정되는 경우 한국자산

---

31) 해당 관할 세무서장, 지방자치단체의 장, 「공공기관의 운영에 관한 법률」 제4조에 따른 공공기관의 장, 「지방공기업법」 제49조 또는 제76조에 따른 지방공사 또는 지방공단의 장, 집행법원, 집행공무원, 강제관리인, 파산관재인 또는 청산인 등을 의미한다(국세징수법 59조 참조).

관리공사에 공매 등을 대행하게 할 수 있다. 이 경우 공매 등은 관할 세무서장이 한 것으로 본다(동법 103조 1항).

공매의 법적 성질에 관하여 학설 및 판례는 이를 처분으로 보고 있다. 한편, 판례는 한국자산관리공사와 세무서장 사이의 법적 관계를 위임의 성질을 가지는 것으로 보고 있다.

[판례①] 과세관청이 체납처분으로서 행하는 공매는 우월한 공권력의 행사로서 행정소송의 대상이 되는 공법상의 행정처분이며 공매에 의하여 재산을 매수한 자는 그 공매처분이 취소된 경우에 그 취소처분의 위법을 주장하여 행정소송을 제기할 법률상 이익이 있다(대판 1984. 9. 25, 84누201).

[판례②] 성업공사(현재의 한국자산관리공사)가 체납압류된 재산을 공매하는 것은 세무서장의 공매권한 위임에 의한 것으로 보아야 할 것이므로, 성업공사가 한 그 공매처분에 대한 취소 등의 항고소송을 제기함에 있어서는 수임청으로서 실제로 공매를 행한 성업공사를 피고로 하여야 하고, 위임청인 세무서장은 피고적격이 없다(대판 1997. 2. 28, 96누1757).

[판례③] 비록 체납자는 국세징수법 제66조에 의하여 직접이든 간접이든 압류재산을 매수하지 못함에도 불구하고, 이와 같이 국세징수법이 압류재산을 공매할 때에 공고와 별도로 체납자 등에게 공매통지를 하도록 한 이유는, 체납자 등으로 하여금 공매절차가 유효한 조세부과처분 및 압류처분에 근거하여 적법하게 이루어지는지 여부를 확인하고 이를 다툴 수 있는 기회를 주는 한편, 국세징수법이 정한 바에 따라 체납세액을 납부하고 공매절차를 중지 또는 취소시켜 소유권 또는 기타의 권리를 보존할 수 있는 기회를 갖도록 함으로써, 체납자 등이 감수하여야 하는 강제적인 재산권 상실에 대응한 절차적인 적법성을 확보하기 위한 것으로 봄이 상당하다. 따라서 체납자 등에 대한 공매통지는 국가의 강제력에 의하여 진행되는 공매에서 체납자 등의 권리 내지 재산상의 이익을 보호하기 위하여 법률로 규정한 절차적 요건이라고 보아야 하며, 공매처분을 하면서 체납자 등에게 공매통지를 하지 않았거나 공매통지를 하였더라도 그것이 적법하지 아니한 경우에는 절차상의 흠이 있어 그 공매처분은 위법하다고 할 것이다. 다만, 공매통지의 목적이나 취지 등에 비추어 보면, 체납자 등은 자신에 대한 공매통지의 하자만을 공매처분의 위법사유로 주장할 수 있을 뿐 다른 권리자에 대한 공매통지의 하자를 들어 공매처분의 위법사유로 주장하는 것은 허용되지 않는다고 할 것이다(대판 2008. 11. 20, 2007두18154 전합).

ⓒ 매각결정 및 매각결정의 취소: 관할 세무서장은 매각결정을 한 경우 매수인에게 대금납부기한을 정하여 매각결정 통지서를 발급하여야 한다(동법 84조 3항). 관할 세무서장은 매수인이 매수대금을 지정된 대금납부기한까지 납부

하지 아니한 경우에는 다시 대금납부기한을 지정하여 납부를 촉구하여야 한다 (동법85조).

관할 세무서장은 ⓘ 매각결정을 한 후 매수인이 매수대금을 납부하기 전에 체납자가 압류와 관련된 체납액을 납부하고 매각결정의 취소를 신청하는 경우 (이 경우 체납자는 매수인의 동의를 받아야 한다) 또는 ⓘⓘ 제86조에 따라 납부를 촉구하여도 매수인이 매수대금을 지정된 기한까지 납부하지 아니한 경우에는 압류재산의 매각결정을 취소하고 그 사실을 매수인에게 통지하여야 한다(동법86조). 이때 ⓘ에 따라 취소하는 경우에는 매수인이 제공한 공매보증을 반환하고(동법71조 4항2호), ⓘⓘ에 따라 취소하는 경우에는 공매보증을 강제징수비, 압류와 관계되는 국세의 순으로 충당한 후 남은 금액은 체납자에게 지급한다(동법71조 5항2호).[32]

③ 청 산

㉠ 청산의 의의: 청산이라 함은 강제징수에 의하여 수령한 금전을 체납세금, 기타의 공과금, 담보채권 및 체납자에게 배분하는 행정작용을 말한다.

㉡ 배분의 방법: 배분금전의 범위는 ⓘ 압류한 금전, ⓘⓘ 채권·유가증권·그 밖의 재산권의 압류에 따라 체납자 또는 제3채무자로부터 받은 금전, ⓘⓘⓘ 압류재산의 매각대금 및 그 매각대금의 예치 이자, ⓘⓥ 교부청구에 따라 받은 금전으로 한다(동법94조).

이 중 ⓘⓘ와 ⓘⓘⓘ의 금전은 ⓐ 압류재산과 관계되는 체납액, ⓑ 교부청구를 받은 체납액·지방세 또는 공과금, ⓒ 압류재산과 관계되는 전세권·질권·저당권 또는 가등기담보권에 의하여 담보된 채권, ⓓ 「주택임대차보호법」 등에 따라 우선변제권이 있는 임차보증금 반환채권, ⓔ 「근로기준법」 등에 따라 우선변제권이 있는 임금, 퇴직금, 재해보상금 및 그 밖에 근로관계로 인한 채권, ⓕ 압류재산과 관계되는 가압류채권, ⓖ 집행문이 있는 판결정본에 의한 채권 등의 체납액과 채권에 배분한다(동법96조 1항). 그리고 ⓘ과 ⓘⓥ의 금전은 각각 그 압류 또는 교부청구와 관계되는 체납액에 배분한다(동법96조 2항). 제1항 및 제2항에 따라 금전을 배분하고 남은 금액이 있는 경우에는 체납자에게 지급한다(동법96조 3항). 관할 세무서장은 매각대금이 제1항 각 호의 체납액 및 채권의 총액보다 적은 경우 「민법」이나 그 밖의 법령에 따라 배분할 순위와 금액을 정하여 배분하여야

---

32) 2010년 1월 「국세징수법」이 개정되기 전까지는 "매수인이 매수대금의 납부최고를 받고서도 매수대금을 지정된 기한까지 납부하지 아니함에 따라 압류재산의 매각결정을 취소하는 경우에 계약보증금은 국고에 귀속한다"고 규정되어 있었으며, 이는 헌법재판소에 의해 헌법불합치결정을 선고받은 바 있다(헌재 2009. 4. 30, 2007헌가8 참조).

한다($\frac{동법}{4항}$ 96조).

이 경우 국세 및 강제징수비는 다른 공과금이나 그 밖의 채권에 우선하여 징수한다($\frac{국세기본법}{35조 1항}$). 국세 강제징수에 따라 납세자의 재산을 압류한 경우에 다른 국세 및 강제징수비 또는 지방세의 교부청구가 있으면 압류와 관계되는 국세 및 강제징수비는 교부청구된 다른 국세 및 강제징수비 또는 지방세보다 우선하여 징수하며($\frac{국세기본법}{36조 1항}$), 지방세 체납처분에 의하여 납세자의 재산을 압류한 경우에 국세 및 강제징수비의 교부청구가 있으면 교부청구된 국세 및 강제징수비는 압류에 관계되는 지방세의 다음 순위로 징수한다($\frac{국세기본법}{36조 2항}$). 한편, 체납된 국세와 강제징수비의 징수 순위는 강제징수비, 국세($\frac{가산세는}{제외한다}$), 가산세 순이다 ($\frac{국세징수법}{3조}$).

관할 세무서장은 금전을 배분하는 경우 배분계산서 원안(原案)을 작성하고, 이를 배분기일 7일 전까지 갖추어 두어야 한다. 체납자등은 관할 세무서장에게 교부청구서, 감정평가서, 채권신고서, 배분요구서, 배분계산서 원안 등 배분금액 산정의 근거가 되는 서류의 열람 또는 복사를 신청할 수 있다. 관할 세무서장은 열람 또는 복사의 신청을 받은 경우 이에 따라야 한다($\frac{국세징수법}{98조}$).

④ 압류·매각의 유예: 　　관할 세무서장은 체납자가 ⓘ 국세청장이 성실납세자로 인정하는 기준에 해당하는 경우 또는 ⓘⓘ 재산의 압류나 압류재산의 매각을 유예함으로써 체납자가 사업을 정상적으로 운영할 수 있게 되어 체납액의 징수가 가능하게 될 것이라고 관할 세무서장이 인정하는 경우에는 체납자의 신청 또는 직권으로 그 체납액에 대하여 강제징수에 따른 재산의 압류 또는 압류재산의 매각을 대통령령으로 정하는 바에 따라 유예할 수 있다 ($\frac{국세징수법}{105조 1항}$). 관할 세무서장은 제1항에 따라 유예를 하는 경우 필요하다고 인정하면 이미 압류한 재산의 압류를 해제할 수 있다($\frac{동조}{2항}$). 관할 세무서장은 제1항 및 제2항에 따라 재산의 압류를 유예하거나 압류를 해제하는 경우 그에 상당하는 납세담보의 제공을 요구할 수 있다($\frac{동조}{3항}$).

(4) 강제징수에 대한 불복수단

독촉 및 강제징수 등의 조치가 위법 또는 부당하다고 인정되는 경우에 납세자는 행정쟁송절차에 의하여 그 취소 또는 변경을 청구할 수 있다. 다만, 「국세기본법」은 행정쟁송절차 중 행정심판에 관하여 일반법인 「행정심판법」의 적용을 배제하는 등의 특칙을 두고 있다($\frac{동법}{이하}$ 55조).

제 3 장   행정상 즉시강제

Ⅰ. 행정상 즉시강제의 의의

1. 개   념

행정상 즉시강제는 일반적으로 "목전의 급박한 위험 또는 장해를 제거할 필요가 있는 경우에, 미리 의무를 명할 시간적 여유가 없을 때 또는 그 성질상 의무를 명함에 의해서는 목적을 달성할 수 없는 때에 직접 개인의 신체 또는 재산에 실력을 가함으로써 행정상 필요한 상태를 실현하는 행정작용"으로 정의되고 있다. 그와 같은 통설적 즉시강제 개념에 의할 때, 즉시강제는 첫째, 미리 의무를 명할 시간적 여유가 없을 경우에, 둘째, 성질상 의무를 명함에 의해서는 행정목적을 달성하기가 어려운 경우(음식 물건의)에 행해질 수 있는 것이 된다. 이에 대하여 후자는 '즉시강제'라는 개념과 일치되지 않는 면이 있어, 전자만을 즉시강제(협의의 즉시강제 또는 즉시집행)로 보고, 후자는 다른 이름(직접시행 또는 광의의 즉시강제)으로 재구성하여야 한다는 주장이 제기된다.[1]

그런데 즉시강제를 미리 의무를 명할 시간적 여유가 없는 경우와 성질상 의무부과 없이 행해지는 경우를 나누어 즉시집행과 직접시행으로 구분할 필요성이 있는지는 의문이다. 양자는 시간적 이유든 성실상의 문제이든 선행하는 구체적 의무부과처분이 존재하지 않는다는 점에서 차이가 없으며, 양자 모두 긴급한 행정상의 장해를 제거하기 위한 강제수단이라는 점에서 동일하며, 일정한 절차가 생략된다는 점에서 차이가 없다.[2]

「행정기본법」은 즉시강제를 "현재의 급박한 행정상의 장해를 제거하기 위한 경우로서 ① 행정청이 미리 행정상 의무 이행을 명할 시간적 여유가 없는

---

1) 김남진, 즉시강제이론의 재구성, 고시계 1988. 4, 38면 이하; 김남진, 기본문제, 393면 이하.
2) 즉시집행과 직접시행을 구분하지 않고 법적으로 동일한 것으로 보는 견해로는 김연태, 현행 행정집행제도의 체계상의 문제점, 강원법학 제49권, 2016. 10, 721면; 이기춘, 행정상 즉시강제에 관한 연구, 공법연구 제39집 제4호, 2011. 6, 295면.

경우, ② 그 성질상 행정상 의무의 이행을 명하는 것만으로는 행정목적 달성이 곤란한 경우에 행정청이 곧바로 국민의 신체 또는 재산에 실력을 행사하여 행정목적을 달성하는 것"이라고 개념 정의하고 있다($^{30조1}_{항 5호}$).

2. 다른 개념과의 구별

(1) 행정상 강제집행과의 구별

즉시강제는 행정목적을 달성하기 위한 실력적 사실작용인 점에서는 강제집행과 공통되나, 개별·구체적인 의무의 존재와 불이행을 전제로 하지 않으며, 급박한 경우에 행해지는 점에서 강제집행과 구별된다.[3]

> [판례] 행정상 즉시강제란 행정강제의 일종으로서 목전의 급박한 행정상 장해를 제거할 필요가 있는 경우에, 미리 의무를 명할 시간적 여유가 없을 때 또는 그 성질상 의무를 명하여 가지고는 목적달성이 곤란할 때에, 직접 국민의 신체 또는 재산에 실력을 가하여 행정상 필요한 상태를 실현하는 작용이며, 법령 또는 행정처분에 의한 선행의 구체적 의무의 존재와 그 불이행을 전제로 하는 행정상 강제집행과 구별된다($^{헌재 2002. 10. 31.}_{2000헌가12}$).

(2) 행정조사와의 구별

행정조사는 일반적으로, "행정상 필요한 정보·자료를 수집하기 위한 비권력적 행정작용"으로서의 성질을 가지므로 "급박한 경우에 있어서의 실력행사"로서의 즉시강제와 그의 목적·수단 등에 있어 차이가 난다. 그러나 행정조사가 즉시강제의 수단을 통해 행해지는 경우도 있으므로, 그 한도에서는 양자의 차이는 상대적이라 할 수 있다.

Ⅱ. 행정상 즉시강제의 근거

1. 이론적 근거

과거에는 행정상 즉시강제의 이론적 근거를 '국가의 긴급권'에서 찾기도 하였다. 즉, 공공의 안녕과 질서에 대한 급박한 위해가 존재하는 경우에 국가는

---

3) 강제집행과 즉시강제의 관계에 대하여는 김연태, 행정상 강제집행제도의 입법적 개선에 관한 고찰, 법학연구 제27권 제2호, 2016. 12, 142면 이하 참조.

그러한 위해를 제거하고 공공의 안녕과 질서를 유지할 자연법적 권리와 의무를 가지므로, 국가는 법률적 근거없이도 즉시강제를 할 수 있는 것으로 보았던 것이다.

그러나 오늘날은 그와 같은 이론이 더 이상 허용될 수 없으며, 그와 같은 이론이 필요하지도 않다.

2. 실정법적 근거

경찰관의 직무집행과 관련된 즉시강제에 대해서는 「경찰관 직무집행법」이 일반법으로서의 지위를 가지며, 그 밖에 많은 개별법에 근거규정이 있다.

> **[판례]** 구 경찰관 직무집행법 제6조 제1항은 "경찰관은 범죄행위가 목전에 행하여지려고 하고 있다고 인정될 때에는 이를 예방하기 위하여 관계인에게 필요한 경고를 발하고, 그 행위로 인하여 인명·신체에 위해를 미치거나 재산에 중대한 손해를 끼칠 우려가 있어 긴급을 요하는 경우에는 그 행위를 제지할 수 있다."라고 정하고 있다. 위 조항 중 경찰관의 제지에 관한 부분은 범죄의 예방을 위한 경찰 행정상 즉시강제, 즉 눈앞의 급박한 경찰상 장해를 제거해야 할 필요가 있고 의무를 명할 시간적 여유가 없거나 의무를 명하는 방법으로는 그 목적을 달성하기 어려운 상황에서 의무불이행을 전제로 하지 않고 경찰이 직접 실력을 행사하여 경찰상 필요한 상태를 실현하는 권력적 사실행위에 관한 근거조항이다(대판 2021. 10. 28, 2017다219218).

Ⅲ. 행정상 즉시강제의 수단

행정상 즉시강제의 수단은 「경찰관 직무집행법」상의 수단과 개별법상의 수단으로 나눌 수 있으며, 그들 수단은 그 대상에 따라 다시 대인적 강제, 대물적 강제 및 대가택강제로 구별된다.

1. 대인적 강제

대인적 강제란 신체에 실력을 가하여 행정상 필요한 상태를 실현시키는 경우를 말한다.

(1) 경찰관직무집행법상의 대인적 강제수단

흉기의 조사(동법 3조 3항), 구호대상자에 대한 보호조치(동법 4조), 경고·압류 또는 피난 등의 위험발생방지조치($^{동법}_{조1항}5$), 범죄의 예방과 제지($^{동법}_{6조}$), 경찰장비의 사용 등($^{동법}_{10조}$) 및 무기의 사용($^{동법}_{조의4}10$) 등을 일반적으로 「경찰관 직무집행법」상의 대인적 강제수단으로서 열거한다. 그러나 엄격히 분석하면, 그들 조치($^{경찰관의 표준}_{적 직무행위}$)는 행정조사($^{불심}_{검문}$), 하명($^{경고}_{등}$), 직접강제($^{무기사용}_{의 경우}$) 등으로 분류될 수 있는 것이다.

(2) 개별법상의 대인적 강제수단

개별법상의 대인적 강제수단으로는 강제치료 및 입원($^{감염병의 예방 및 관리}_{에 관한 법률 42조 1항}$), 통행차단($^{동법}_{조}47$), 강제격리($^{동법}_{조}47$), 강제조사($^{소방의 화재조사에}_{관한 법률 제5조}$), 치료보호($^{마약류 관리에}_{관한 법률 40조}$), 외국인보호($^{출입국관리}_{법 51조}$), 강제퇴거($^{동법}_{46조}$) 등이 있다.

2. 대물적 강제

대물적 강제란 물건에 대해 실력을 가하여 행정상 필요한 상태를 실현시키는 경우를 말한다.

(1) 경찰관직무집행법상의 대물적 강제수단

「경찰관 직무집행법」상의 대물적 강제수단으로는 물건 등의 임시영치($^{동법}_{3항}4조$), 위험발생의 방지($^{동법}_{조1항}5$) 등이 있다.

(2) 개별법상의 대물적 강제수단

개별법에 규정되어 있는 대물적 강제수단으로서는 불량의약품의 폐기($^{약사법}_{71조}$), 물건의 폐기($^{검역법 15조}_{1항 3호}$), 감염병병원체에 오염된 물건에 대한 폐기처분($^{감염병의 예방}_{및 관리에 관}$ $^{한 법률 47}_{조 4호}$) 및 소방대상물의 강제처분($^{소방기본법}_{25조}$) 등이 있다.

3. 대가택강제

대가택강제란 소유자나 점유자 혹은 관리인의 의사에 관계없이 타인의 가택, 영업소 등에 대하여 실력을 가하여 행정상 필요한 상태를 실현하는 경우를 말한다. 종래에는 대가택강제로 인식되었던 것, 예를 들면 식품 또는 영업시설 등의 검사($^{식품위생}_{법 22조}$), 총포·도검·화약류의 제작소·판매소 등의 출입·검사($^{총포·도검·화약류 등의 안}_{전관리에 관한 법률 44조}$) 등은 오늘날에는 대부분 행정조사의 영역에서 논의되고 있다.[4] 즉시강제로서의 대가택강제에 해당하는 것으로는 「경찰관 직무집행법」상의 위험방지를 위한 가택출입($^{동법}_{조1항}7$)을 들 수 있다.

---

4) 자세한 것은 본서 제3장 제1절 행정조사 참조.

Ⅳ. 행정상 즉시강제의 한계

1. 실체법적 한계

「행정기본법」은 즉시강제는 다른 수단으로는 행정 목적을 달성할 수 없는 경우에만 허용되며, 이 경우에도 최소한으로만 실시하여야 한다고 규정하여, 즉시강제의 보충성과 비례원칙을 명시하고 있다($\frac{33조}{1항}$).

행정상 즉시강제는 목전의 급박한 위험 또는 장해를 방지·제거하기 위하여 행해지는 것이므로, 다음과 같은 원칙을 준수하며 행해져야 한다.[5]

(1) 급박성의 원칙

행정상의 즉시강제는 그의 개념정의에 나타나 있는 바와 같이, 목전의 급박한 위해(위험과 장해)를 방지·제거하기 위하여 행해져야 한다.

(2) 적합성의 원칙

즉시강제라는 수단이 행정기관이 의도하는 목적($\frac{목전의\ 급박한\ 위}{해의\ 방지·제거}$)을 달성하는 데에 적합해야 한다.

(3) 필요성의 원칙

즉시강제의 목적을 달성할 수 있는 수단이 여러 가지 있는 경우에, 행정기관은 관계자에게 가장 적은 부담을 주는 수단을 선택하여야 한다. 따라서 필요성의 원칙은 '최소침해의 원칙'이라고도 한다.

(4) 상당성의 원칙

즉시강제조치가 설정된 목적을 위하여 필요한 경우라도 즉시강제조치를 취함에 따른 불이익이 그것에 의해 초래되는 효과보다 큰 경우에는 당해 조치가 취해져서는 안 된다. 이를 '협의의 비례원칙'이라고 부른다.

> **[판례①]** 행정강제는 행정상 강제집행을 원칙으로 하며, 법치국가적 요청인 예측가능성과 법적 안정성에 반하고, 기본권 침해의 소지가 큰 권력작용인 행정상 즉시강제는 어디까지나 예외적인 강제수단이라고 할 것이다. 이러한 행정상 즉시강제는

---

5) 현행법상의 문제점에 대하여는 김연태, 현행 행정집행제도의 체계상의 문제점, 강원법학 제49권, 2016. 10, 723면 참조.

엄격한 실정법상의 근거를 필요로 할 뿐만 아니라, 그 발동에 있어서는 법규의 범위 안에서도 다시 행정상의 장해가 목전에 급박하고, 다른 수단으로는 행정목적을 달성할 수 없는 경우이어야 하며, 이러한 경우에도 그 행사는 필요 최소한도에 그쳐야 함을 내용으로 하는 조리상의 한계에 기속된다(헌재 2002. 10. 31, 2000헌가12).

[판례②] 경찰관직무집행법 제6조 제1항 중 경찰관의 제지에 관한 부분은 범죄의 예방을 위한 경찰행정상 즉시강제에 관한 근거 조항이다. 행정상 즉시강제는 그 본질상 행정 목적 달성을 위하여 불가피한 한도 내에서 예외적으로 허용되는 것이므로, 위 조항에 의한 경찰관의 제지 조치 역시 그러한 조치가 불가피한 최소한도 내에서만 행사되도록 그 발동·행사 요건을 신중하고 엄격하게 해석하여야 한다. 그러한 해석·적용의 범위 내에서만 우리 헌법상 신체의 자유 등 기본권 보장 조항과 그 정신 및 해석 원칙에 합치될 수 있다(대판 2008. 11. 13, 2007도9794).6)

2. 절차법적 한계(영장주의와의 관계)

헌법은 개인의 자유 및 재산을 보호하기 위해 개인의 신체·재산 및 가택에 대한 강제에 법관의 영장을 요하도록 규정하고 있다(헌법 12조, 16조). 헌법상의 영장주의는 연혁상 형사사법권의 남용을 방지하기 위하여 인정된 것이라는 점 등을 근거로 영장주의는 행정상 즉시강제에 적용되지 않는다는 견해(영장불요설)도 있다.

생각건대, 헌법의 취지로 보아 영장주의는 행정상 즉시강제에도 당연히 존중되어야 할 것이다. 특히 그 강제조치가 형사책임의 추급과 직접적 관련성을 띠고 있는 경우(조세범처벌절차법상의 압수·수색 등)에는 헌법상의 규정은 직접적으로 적용된다. 그러나 목전의 급박한 장해를 제거하기 위한 경우로 법관의 영장을 사전에 구할 수 없는 경우와 범죄수사와 관계가 없는 즉시강제에는 반드시 법관의 영장을 요하는 것으로 볼 수 없고 신분증 등 증표의 제시로써 족하다고 볼 것이다(약사법 69조 2항 등 참조).

[판례] 영장주의가 행정상 즉시강제에도 적용되는지에 관하여는 논란이 있으나, 행정상 즉시강제는 상대방의 임의이행을 기다릴 시간적 여유가 없을 때 하명 없이 바로 실력을 행사하는 것으로서, 그 본질상 급박성을 요건으로 하고 있어 법관의 영장을 기다려서는 그 목적을 달성할 수 없다고 할 것이므로, 원칙적으로 영장주의가 적용되지 않는다고 보아야 할 것이다. 만일 어떤 법률조항이 영장주의를 배제할 만한 합리적인 이유가 없을 정도로 급박성이 인정되지 아니함에도 행정상 즉시강

---

6) 이 판결에 대하여는 김연태, 현행 행정집행제도의 체계상의 문제점, 강원법학 제49권, 2016. 10, 722면 이하 참조.

제를 인정하고 있다면, 이러한 법률조항은 이미 그 자체로 과잉금지의 원칙에 위반 되는 것으로서 위헌이라고 할 것이다(헌재 2002. 10. 31. 2000헌가12).

V. 행정상 즉시강제에 대한 구제

행정상의 즉시강제는 행정상 즉시목적을 달성하기 위하여 개인의 신체 또 는 재산 등에 실력을 가하는 권력작용이기 때문에 개인의 권리·이익에 대한 침해가 항상 우려되며, 그 제도의 특수성 등에 비추어 즉시강제에 대한 구제수 단을 살펴볼 필요가 있다.

1. 적법한 즉시강제에 대한 구제

행정상 즉시강제가 법률에 근거하여 적법하게 행하여졌으나 장해발생자 또 는 제3자에게 수인의 한도를 넘는 특별한 희생이 발생한 경우에는 손실보상을 청구할 수 있을 것이다. 손실보상에 관하여 규정하고 있는 예(방조제관리법 11조, 자 연재해대책법 68조 등)도 있으나, 행정상 즉시강제의 대표적인 근거법률인 「경찰관 직무집행법」에는 그 에 관한 규정이 없었던 것이 문제였다. 그러다가 「경찰관 직무집행법」이 개정 되어 경찰관의 적법한 직무집행으로 인하여 생명·신체 또는 재산상의 손실이 발생한 경우에는 국가가 그 손실을 보상하도록 손실보상규정을 신설하였다. 이 에 따라 국가는 경찰관의 적법한 직무집행으로 인하여 ⓘ 손실발생의 원인에 대하여 책임이 없는 자가 생명·신체 또는 재산상의 손실을 입은 경우(손실발생의 원인에 대하 여 책임이 없는 자가 경찰관의 직무집행에 자발적으로 협조하거나 물건 을 제공하여 생명·신체 또는 재산상의 손실을 입은 경우를 포함한다.) ⓘⓘ 손실발생의 원인에 대하여 책임이 있 는 자가 자신의 책임에 상응하는 정도를 초과하는 생명·신체 또는 재산상의 손실을 입은 경우 등에는 정당한 보상을 해야 한다(동법 11조 의2 1항).

2. 위법한 즉시강제에 대한 구제

(1) 행정쟁송

위법 또는 부당한 즉시강제로 인하여 법률상 이익을 침해당한 경우에는 일 단 행정심판이나 행정소송을 통한 구제를 생각할 수 있다. 그러나 즉시강제는 급박한 경우에 취해지는 조치로서, 이미 행위가 완료되어 쟁송의 대상이 소멸 되어 버리는 경우가 대부분일 것이므로, 즉시강제에 대한 행정쟁송은 실질적으로는 '즉시강제의 결과로서의 상태($^{강제수용 · 물건}_{의 영치 등}$)에 대한 쟁송'으로서의 성격을 지닌다고 할 수 있다.

> **[판례]** 행정상의 즉시강제 또는 행정대집행과 같은 사실행위는 그 실행이 완료된 이후에 있어서는 그 행위의 위법을 이유로 하는 손해배상 또는 원상회복의 청구를 하는 것은 몰라도 그 사실행위의 취소를 구하는 것은 권리보호의 이익이 없다($^{대판}_{1965.}$ $^{5. 31,}_{65누25}$).

(2) 손해배상의 청구

즉시강제가 「국가배상법」상의 공무원의 직무상 불법행위를 구성하는 경우($^{헌법 29조, 국}_{가배상법 2조}$)에는 당연히 손해배상을 청구할 수 있다. 이것이 즉시강제가 위법한 경우에 있어서의 가장 적절한 구제수단이라 할 수 있다.

(3) 자력구제

공무원의 즉시강제가 위법하게 행해지는 경우 일단 자력구제를 생각할 수 있다. 위법한 즉시강제에 대한 항거는 공무집행방해죄를 구성하지 않는다고 보아야 할 것이다.

> **[판례]** 적법성이 결여된 직무행위를 하는 공무원에게 항거하였다고 하여도 그 항거행위가 폭력을 수반하는 경우에 폭행죄 등의 죄책을 묻는 것은 별론으로 하고, 공무집행방해죄로 다스릴 수는 없다($^{대판 1992. 2. 11.}_{91도2797}$).

제4장 행 정 벌

Ⅰ. 행정벌의 의의 및 성질

1. 행정벌의 의의

행정벌이란 행정법상의 의무위반에 대하여 일반통치권에 근거하여 과하는 제재로서의 벌을 말하며, 이러한 행정벌이 과하여지는 비행 또는 의무위반을 행정범(行政犯)이라 한다. 행정벌은 직접적으로는 과거의 의무위반에 대하여 제재를 가함으로써 행정법규의 실효성을 확보함을 목적으로 하는 것인데, 간접적으로는 이를 통해 의무자에게 심리적 압박을 가하여 의무자의 행정법상의 의무의 이행을 확보하는 기능도 아울러 가진다.[1]

2. 행정벌의 성질

(1) 징계벌과의 구별

징계벌은 특별신분관계(특별행정법관계)의 질서를 유지하기 위하여 그 내부질서위반자에 대하여 특별권력의 발동으로써 과하는 제재인 데 대해, 행정벌은 일반권력관계에 있어서 일반사인에 대해 통치권의 발동으로써 과하는 제재이다. 따라서 양자는 그 목적·대상·권력의 기초 등에 있어 차이가 있으며, 양자를 병과하는 것은 일사부재리원칙에 저촉되지 아니한다.

(2) 이행강제금(집행벌)과의 구별

행정벌을 이행강제금과 비교할 때, 후자는 행정법상의 의무불이행이 있는 경우에 장래의 의무이행을 확보하기 위한 강제집행의 수단으로서 과하여지는 것인 데 대해, 전자는 과거의 행정법상의 의무위반행위에 대한 제재로서 과하여지는 점에 차이가 있다. 다만 행정벌이 심리적 압박을 통하여 간접적으로 의

---

1) 주요문헌: 박정훈, 협의의 행정벌과 광의의 행정벌, 행정법의 체계와 방법론, 2005; 류지태, 행정질서벌의 체계, 행정법의 이해, 2006; 최봉석, 행정형벌에 관한 일고, 법조, 2002. 12; 김명길, 행정벌의 법리 - 행정형벌과 행정질서벌의 병과를 중심으로, 법학연구 제49권 2호, 2009. 2 등.

무이행을 확보하는 기능도 아울러 가짐은 전술한 바와 같다.

(3) 형사벌과의 구별

「상대적이나마, 형사범에 있어서는 반윤리성·반사회성이 법규 이전에 존재하는 데 대하여, 행정범에 있어서는 그것이 법규에 의하여 창조되는 차이가 있다고 할 수 있다」,[2] 「형사범은 국가의 제정법 이전에 문화규범이나 도덕규범을 침해한 자연범(自然犯)의 성격을 가지나, 행정범은 행위의 성질 자체는 반윤리성, 반사회성을 갖는 것은 아니나 특정한 행정목적의 실현을 위한 국가의 제정법을 침해한 법정범이라는 점에서 차이를 나타낸다」[3]고 하는 것이 행정법학계의 통설적 견해라 할 수 있다. 그러나 위와 같은 행정법학계의 통설적 견해에 대해서는, 「그것은 행정질서벌과 형벌(형사형벌과 행정형벌)과의 구별이지 행정형벌과 형사형벌의 구별이 아니다」[4]라는 비판이 제기된다.

생각건대, 오늘날 행정벌 및 행정범과 형사벌·형사범의 구별은 상대화되어가는 추세에 있으며, 따라서 양자의 구별은 실정법의 규정을 근거로 해석론적으로 전개해가는 수밖에 없는 것으로 보인다.

Ⅱ. 행정벌의 근거

죄형법정주의 원칙은 행정벌에도 적용된다. 따라서 법률에 의하지 아니하고는 행정벌을 과할 수 없다. 그리고 법률은 행정벌규정의 정립권을 명령에 위임할 수 있으나, 이 때에 처벌의 대상인 행위의 기준·행정벌의 최고한도 등을 구체적으로 정하여 위임하여야 한다.

한편 지방자치단체는 조례를 위반한 행위에 대하여 조례로써 1,000만원 이하의 과태료를 정할 수 있다(지방자치법 34조).

Ⅲ. 행정벌의 종류

행정벌은 처벌내용에 따라 행정형벌과 행정질서벌로 나누어진다.

---

2) 김도창(상), 569면.
3) 류지태·박종수(신론), 416면.
4) 조병선, 행정벌에 의한 확보수단, 자치행정, 1994. 8. 7면; 조병선, 질서위반법, 1991, 34면 이하 참조.

1. 행정형벌

행정벌로서 형법에 정하여져 있는 형($\frac{사형·징역·금고·자격상실·자격}{정지·벌금·구류·과료 및 몰수}$)을 과하는 것을 행정형벌이라고 한다.[5] 이에 대해서는 원칙적으로 형법총칙이 적용되며, 과벌절차는 원칙적으로 형사소송절차에 의하나, 즉결심판절차 또는 통고처분절차에 의하는 경우도 있다.

2. 행정질서벌

행정벌로서 과태료를 과하는 경우를 행정질서벌이라고 한다.[6] 그런데 행정질서벌에 관해서는 형법총칙이 적용되지 않고 종래 통칙적 규정이 없어 행정질서벌의 대상이 되는 행위에 대하여는 개개의 법률규정에 따라 판단할 수밖에 없었다. 이에 따라 행정질서벌의 대상이 되는 행위의 성립과 과태료 처분에 관한 법률규정의 불명확성으로 인하여 실무에서 적용하는데 어려움이 많았으며 국민의 권익이 침해될 우려도 적지 않았다. 그리하여 이러한 점들을 개선하여 과태료가 의무이행확보수단으로서의 기능을 효과적으로 수행할 수 있도록 하는 한편 국민의 권익을 보호하려는 목적으로 「질서위반행위규제법」이 제정되어 2008. 6. 22.부터 시행되고 있다. 동법에서는 국가에 의한 경우와 지방자치단체에 의한 경우로 구분되어 있던 과벌절차를 일원화하고 있다.

일반적으로 행정형벌은 행정법상의 의무를 위반함으로써 직접적으로 행정목적을 침해하는 경우에 과하여지는 것인 데 대하여, 행정질서벌은 신고·등록·서류비치 등의 의무를 태만히 하는 것과 같이 간접적으로 행정목적의 달성에 장해를 미칠 위험성이 있는 행위에 대해 과해지는 것이 보통이다.

다만 현재 우리나라에서는 과거에 행정형벌을 과하던 것을 행정질서벌로 대체하는 작업이 광범위하게 진행되고 있는바, 그에 따라 양자의 구별은 상대화되어 가고 있다.[7]

---

5) 최봉석, 행정형벌에 관한 일고, 법조, 2002. 12.
6) 주요문헌: 류지태, 행정질서벌의 체계, 행정법의 이해, 2006; 김성돈, 가칭 질서위반법의 체계와 이른바 질서위반행위의 구조, 법조 577호, 2004. 10; 이승호, 질서위반행위에 대한 제재체계의 정비를 위한 일고찰, 법조, 2004. 10; 조태제, 행정집행제도의 문제점과 그 개선방안, 법조 577호, 2004. 10; 정준현, 행정상 금전제재와 그 실효성 확보방안, 법조 577호, 2004. 10; 김재광, 과태료제도의 문제점과 개선방안, 법조 577호, 2004. 10; 김원중, 행정질서벌(과태료)의 효율적 개선 방안, 유럽헌법연구 제23호, 2017. 4; 박종준, 행정질서벌의 체계에 관한 소고, 공법연구 제46집 제3호, 2018. 2; 박효근, 행정질서벌의 체계 및 법정책적 개선방안, 법과 정책연구 제19권 제1호, 2019. 3; 고헌환, 행정질서벌의 효율성을 위한 법제도적 개선방안, 법학논총 제48집, 2020. 9; 법제처, 서독의 질서위반법, 법제자료 제129집, 1983; 법무부, 질서위반행위규제법과 각국의 입법례, 법무자료 제269집, 2005.

> **[판례]** 어떤 행정법규 위반행위에 대하여 이를 단지 간접적으로 행정상의 질서에 장해를 줄 위험성이 있음에 불과한 경우로 보아 행정질서벌인 과태료를 과할 것인가 아니면 직접적으로 행정목적과 공익을 침해한 행위로 보아 행정형벌을 과할 것인가. 그리고 행정형벌을 과할 경우 그 법정형의 형종(刑種)과 형량(刑量)을 어떻게 정할 것인가는 당해 위반행위가 위의 어느 경우에 해당하는가에 대한 법적 판단을 그르친 것이 아닌 한 그 처벌내용은 기본적으로 입법권자가 제반사정을 고려하여 결정할 입법재량에 속하는 문제라고 할 수 있다(헌재 1994. 4. 28, 91헌바14).

Ⅳ. 행정형벌의 특수성

1. 행정형벌과 형법총칙

위에서 언급한 바와 같이 행정벌 중 행정형벌에 대하여는 형법총칙의 규정이 원칙적으로 적용된다. 그러나 비록 상대적이기는 하나 행정범은 형사범과 성질상의 차이가 있음을 부인할 수 없기 때문에 형법총칙의 적용에 있어서 그 특수성을 인정하지 않을 수 없다.

「형법」 제8조는 "본법 총칙은 타법령에 정한 죄에 적용한다. 단, 그 법령에 특별한 규정이 있는 때에는 예외로 한다"고 규정하고 있다. 따라서 타법령이 특별한 규정을 두고 있지 않는 한, 행정범에 대해서도 형법총칙을 적용하지 않으면 안 된다. 그런데 「형법」 제8조의 "특별한 규정"의 취지에 대하여 과거에는 그 "특별한 규정"에 성문의 규정뿐만 아니라 조리까지 포함된다는 설이 주장된 바 있었다. 그러나 현재에는 그러한 주장을 찾아보기 어렵다.

생각건대, 죄형법정주의 원칙에 비추어 형벌법규의 해석·적용은 엄격해야 하며, 더욱이 행위자에게 불이익하게 해석하는 것은 허용되지 않는다. 다만 형벌의 범위를 축소한다든가 형벌을 감경하는 경우는 죄형법정주의 원칙에 저촉되지 않으므로, 명문의 특별규정이 없더라도 규정의 성질을 고려하여 형법총칙의 규정을 배제·제한할 수 있다고 본다.

2. 행정형벌에 관한 특별규정

행정형벌에 대해서는 특별한 규정에 의해 또는 해석상 형법총칙의 적용이 배제되거나 변형될 수 있는데, 구체적인 예를 살펴보면 다음과 같다.

---

7) 이에 관하여는 박정훈, 행정법의 체계와 방법론, 2005, 338면 이하 참조.

(1) 범 의

「형법」제13조는 "죄의 성립요소인 사실을 인식하지 못한 행위는 벌하지 아니한다. 다만, 법률에 특별한 규정이 있는 경우에는 예외로 한다"고 규정하고 있고, 동법 제14조는 "정상의 주의를 태만함으로 인하여 죄의 성립요소인 사실을 인식하지 못한 행위는 법률에 특별한 규정이 있는 경우에 한하여 처벌한다"고 규정하고 있는바, 이들 규정은 행정범에 대해서도 당연히 적용된다. 즉, 행정범인 경우에도 범죄성립을 위해서는 고의가 있어야 하며, 과실인 경우에는 명문규정이 있거나 과실범도 벌한다는 취지가 명백한 경우에만 범죄가 성립한다. 행정법규에는 과실에 의한 의무위반을 처벌하는 취지의 명문의 규정이 적지 않다(부정수표단속법 2조 3 항, 도로교통법 151조).

> **[판례]** 행정상의 단속을 주안으로 하는 법규라 하더라도 명문규정이 있거나 과실범도 벌할 뜻이 명확한 경우를 제외하고는 형법의 원칙에 따라 고의가 있어야 벌할 수 있다(대판 1986. 7. 22, 85도108, 동지판 례: 대판 2010. 2. 11, 2009도9807).

> **[참고판례①]** 행정법규 위반에 대한 제재조치는 행정목적의 달성을 위하여 행정법규 위반이라는 객관적 사실에 착안하여 가하는 제재이므로, 반드시 현실적인 행위자가 아니라도 법령상 책임자로 규정된 자에게 부과되고, 특별한 사정이 없는 한 위반자에게 고의나 과실이 없더라도 부과할 수 있다(대판 2017. 5. 11, 2014두8773, 동지 판례: 대판 2012. 5. 10, 2012두1297).
>
> **[참고판례②]** 행정처분과 형벌은 각각 그 권력적 기초, 대상, 목적이 다르다. 일정한 법규 위반 사실이 행정처분의 전제사실이자 형사법규의 위반 사실이 되는 경우에 동일한 행위에 관하여 독립적으로 행정처분이나 형벌을 부과하거나 이를 병과할 수 있다. 법규가 예외적으로 형사소추 선행 원칙을 규정하고 있지 않은 이상 형사판결 확정에 앞서 일정한 위반사실을 들어 행정처분을 하였다고 하여 절차적 위반이 있다고 할 수 없다(대판 2017. 6. 19, 2015두59808).

(2) 위법성의 인식

「형법」제16조는 "자기의 행위가 법령에 의하여 죄가 되지 아니하는 것으로 오인한 행위는 그 오인에 정당한 이유가 있는 때에 한하여 벌하지 아니한다"고 하여 금지착오에 대하여 규정하고 있다. 오늘날 형법학계의 다수설에 따르면 위법성의 인식은 고의와 별개의 독자적인 책임요소이며(책임설), 금지착오가 전혀 회피불가능한 경우에는 책임이 배제되고, 회피가능한 경우에는 사정에 따라 책임이 감경될 수 있다. 이러한 금지착오에 관한 규정은 원칙적으로 행정범에 대해서도 적용된다고 할 것이다. 그러나 행정범은 실정법에 의하여 비로소 죄가 되는 것이므로, 행정범에 있어서는 행위자가 구체적인 행정법규의 인식이 없는 결과 그 위법성을 인식하지 못하는 경우가 빈번히 발생할 수 있다. 따라서 형법 제16조는 행정범에 대하여 언제나 타당하다고 할 수는 없으며, 개별법에서 이의 적용을 배제하는 명문규정을 두는 경우가 있다(담배사업법 31조).

(3) 책임능력

형사범에 있어서는 14세 미만인 자의 행위는 벌하지 아니하고(형법 9조), 심신장애인의 행위는 벌하지 아니하거나 그 형을 감경할 수 있으며(동법 10조), 농아자의 행위는 형을 감경한다(동법 11조). 그러나 행정형벌의 경우에는 위와 같은 「형법」상 책임능력 제한 규정의 적용을 제한하는 경우가 있다(담배사업법 31조 참조).

(4) 법인의 책임

형사범에 있어서 법인은 범죄능력을 가지지 않는다고 보는 데 대하여, 행정범에 있어서는 법인의 대표자 또는 법인의 대리인·사용인 기타의 종업원이 법인의 업무에 관하여 의무를 위반한 경우에 행위자뿐만 아니라 법인에 대해서도 처벌하는 경우가 많다(소방기본법 55조, 문화재보호법 102조, 관세법 279조). 이와 같이 행정범에 있어서 법인을 처벌하는 특별한 규정이 있는 경우에는 법인의 범죄능력을 인정하는지 여부에 대하여 학설상 다툼이 있는데, 다수설은 이를 인정하는 입장을 취한다.

법인을 처벌하는 경우에 그 형벌은 성질상 벌금·과료·몰수 등의 금전벌이며, 또한 법인과 함께 행위자도 처벌받는 양벌주의를 취하고 있는 경우가 많다(광업법 103조, 도로교통법 159조).

한편, 국가와 지방자치단체는 법인으로 보는 것이 통설이지만, 과연 양벌규정의 적용대상이 되는 법인에 속하는 것인지 여부가 문제된다. 일반적으로 국가에 대하여는 기본적으로 형벌권의 주체일 뿐 형벌을 부과할 수 있는 법인에는 속하지 않는다고 해석한다. 그에 반해 대법원은 지방자치단체의 경우에는 언제나 양벌규정에서 말하는 법인에 속하는 것은 아니고 경우를 나누어 판단하고 있다. 즉 지방자치단체가 기관위임사무를 수행하는 경우에는 국가의 행정조직으로 활동하는 것으로 국가기관의 일부로 보아 형벌을 부과할 수 없지만, 자치사무를 수행하는 경우에는 양벌규정에 따른 처벌대상이 되는 법인에 해당한다고 판시하고 있다.[8]

[판례] 헌법 제117조, 지방자치법 제3조 제1항, 제9조, 제93조, 도로법 제54조, 제83조, 제86조의 각 규정을 종합하여 보면, 국가가 본래 그의 사무의 일부를 지방자치단체의 장에게 위임하여 그 사무를 처리하게 하는 기관위임사무의 경우에는 지방자치단체는 국가기관의 일부로 볼 수 있는 것이지만, 지방자치단체가 그 고유의 자치사무를 처리하는 경우에는 지방자치단체는 국가기관의 일부가 아니라 국가기관과는 별도의 독립한 공법인이므로, 지방자치단체 소속 공무원이 지방자치단체 고유의 자치사무를 수행하던 중 도로법 제81조 내지 제85조의 규정에 의한 위반행위를 한 경우에는 지방자치단체는 도로법 제86조의 양벌규정에 따라 처벌대상이 되는 법인에 해당한다(대판 2005. 11. 10. 2004도2657, 동지: 판례: 대판 2009. 6. 11. 2008도6530). 9)

(5) 타인의 행위에 대한 책임

형사범에 있어서는 현실의 범죄행위자를 처벌하는 데 대하여, 행정범의 경우에는 반드시 현실의 행위자가 아니라 행정법상의 의무를 지는 자가 책임을 지는 경우도 있다. 미성년자·금치산자의 위법행위에 대하여 법정대리인을 처벌하거나, 양벌규정을 두어 행위자 외에 사업주도 처벌하는 경우 등이 그것이다(조세범처벌법 18조. 관세법 279조). 이 경우의 책임은 타인에 대신하여 책임을 지는 대위책임이 아니라 자기의 감독불충분에 대한 과실책임으로 볼 수 있다. 타인의 행위에 대하여 책임을 지는 것은 죄형법정주의에 따라 명문의 규정이 있는 경우에만 허용됨은 물론이다.

한편, 헌법재판소는 행위자를 벌하는 이외에 사업주도 벌하는 양벌규정에 대해 책임주의에 반한다는 이유로 위헌으로 결정하였다. 즉 영업주가 고용한 종업원 등의 업무에 관한 범법행위에 대하여 영업주도 함께 처벌하도록 하는 것(판례)과 법인의 종업원이 그 법인의 업무에 관하여 범법행위를 한 때 그 법인에 대하여도 벌금형을 과하도록 하는 것(판례)은 책임주의에 반하여 헌법에 위반된다고 하였다.10)

8) 이와 관련하여 김용섭, 양벌규정의 문제점 및 개선방안, 행정법연구 제17호, 2007. 5, 210면 이하 참조.
9) 이 판례에 대한 평석으로는 임영호, 지방자치단체가 도로법 제86조에 따른 양벌규정의 적용대상이 되는 법인에 해당하는지 여부, 대법원판례해설 제59호, 2006. 7; 박재완, 지방자치단체가 양벌규정에의 적용대상이 되는 법인에 해당하는지 여부에 관한 고찰, 법조 599호, 2006. 8 참조.
10) 이와 관련하여 김용섭, 양벌규정의 문제점 및 개선방안, 행정법연구 제17호, 2007. 5; 조국, 법인의 형사책임과 양벌규정의 법적 성격, 서울대학교 법학 제48권 3호, 2007. 9; 이원형, 행정형벌법규에서의 양벌규정의 해석과 문제점, 청연논총 제6집, 2009. 1 참조.

[**판례①**]   ㉮ 형벌은 범죄에 대한 제재로서 그 본질은 법질서에 의해 부정적으로 평가된 행위에 대한 비난이다. 만약 법질서가 부정적으로 평가한 결과가 발생하였다고 하더라도 그러한 결과의 발생이 어느 누구의 잘못에 의한 것도 아니라면, 부정적인 결과가 발생하였다는 이유만으로 누군가에게 형벌을 가할 수는 없다. 이와 같이 '책임없는 자에게 형벌을 부과할 수 없다'는 형벌에 관한 책임주의는 형사법의 기본원리로서, 헌법상 법치국가의 원리에 내재하는 원리인 동시에, 헌법 제10조의 취지로부터 도출되는 원리이다. ㉯ 이 사건 법률조항은 영업주가 고용한 종업원 등이 그 업무와 관련하여 위반행위를 한 경우에, 그와 같은 종업원 등의 범죄행위에 대해 영업주가 비난받을 만한 행위가 있었는지 여부와는 전혀 관계없이 종업원 등의 범죄행위가 있으면 자동적으로 영업주도 처벌하도록 규정하고 있다. 한편, 이 사건 법률조항을 '영업주가 종업원 등에 대한 선임감독상의 주의의무를 위반한 과실 기타 영업주의 귀책사유가 있는 경우에만 처벌하도록 규정한 것'으로 해석할 수 있는지가 문제될 수 있으나, 합헌적 법률해석은 법률조항의 문언과 목적에 비추어 가능한 범위 안에서의 해석을 전제로 하는 것이므로 위와 같은 해석은 허용되지 않는다. 결국 이 사건 법률조항은 아무런 비난받을 만한 행위를 한 바 없는 자에 대해서까지, 다른 사람의 범죄행위를 이유로 처벌하는 것으로서 형벌에 관한 책임주의에 반하므로 헌법에 위반된다(헌재 2009. 7. 30, 2008헌가10).[11]

[**판례②**]   이 사건 법률조항은 법인이 고용한 종업원 등이 업무에 관하여 구 도로법 제83조 제1항 제2호의 규정에 따른 위반행위를 저지른 사실이 인정되면, 법인이 그와 같은 종업원 등의 범죄에 대해 어떠한 잘못이 있는지를 전혀 묻지 않고 곧바로 그 종업원 등을 고용한 법인에게도 종업원 등에 대한 처벌조항에 규정된 벌금형을 과하도록 규정하고 있는바, 오늘날 법인의 반사회적 법익침해활동에 대하여 법인 자체에 직접적인 제재를 가할 필요성이 강하다 하더라도, 입법자가 일단 "형벌"을 선택한 이상, 형벌에 관한 헌법상 원칙, 즉 법치주의와 죄형법정주의로부터 도출되는 책임주의원칙이 준수되어야 한다. 그런데 이 사건 법률조항에 의할 경우 법인이 종업원 등의 위반행위와 관련하여 선임·감독상의 주의의무를 다하여 아무런 잘못이 없는 경우까지도 법인에게 형벌을 부과될 수밖에 없게 되어 법치국가의 원리 및 죄형법정주의로부터 도출되는 책임주의원칙에 반하므로 헌법에 위반된다(헌재 2009. 7. 30, 2008헌가17, 동지: 판례: 헌재 2009. 7. 30, 2008헌가18).

---

11) 이 결정에서의 반대의견:「이 사건 법률조항에서 청소년에게 유해한 주류나 담배를 직접 판매한 자 이외에 영업자를 그와 동일한 벌금형으로 처벌하도록 하는 것은 종업원의 그와 같은 위반행위가 이익의 귀속주체인 영업주의 묵인 또는 방치로 인하여 발생 또는 강화될 가능성이 높아 영업주에 대한 비난가능성이 높음에도 공범으로서의 입증가능성은 오히려 낮을 수 있다는 점을 감안한 것인바, 이는 종업원의 위반행위에 대한 영업주의 위와 같은 선임감독상의 주의의무위반 등에 대하여 강력한 처벌을 하려는 입법자의 의지를 반영한 것이라고 봄이 상당하다. 따라서 이 사건 법률조항의 문언상 '영업주의 종업원에 대한 선임감독상의 과실 기타 귀책사유'가 명시되어 있지 않더라도 그와 같은 귀책사유가 있는

(6) 공 범

행정범에 있어서는 행정법상의 의무의 다양성으로 인해 ① 공동정범($^{형법}_{30조}$)·교사범($^{동법}_{31조}$)·종범($^{동법}_{조등}$^{32})에 관한 규정의 적용을 배제하는 경우가 있는가 하면($^{선박법}_{39조}$), ② 종범감경규정($^{형법}_{조 2항}$^{32})을 배제하는 경우($^{담배사업}_{법 31조}$)도 있다.

(7) 경합범·작량감경

행정범에 있어서는 경합범($^{형법}_{38조}$)·작량감경($^{동법}_{53조}$)에 관한 규정의 적용을 배제하는 특별규정을 두고 있는 경우가 있다($^{담배사업}_{법 31조}$).

3. 행정형벌의 과벌절차

행정형벌도 형사소송법상의 절차에 따라 과벌하는 것이 원칙이나, 이에 대해서는 다음과 같은 예외가 인정되고 있다.

(1) 통고처분

현행법상 조세범·관세범·출입국관리사범 및 도로교통법위반사범 등에 대해서는 형사소송절차에 대신하여 행정청이 벌금 또는 과료에 상당하는 금액의 납부를 명할 수 있는 바, 이를 통고처분이라 한다. 통고처분을 받은 자가 법정기간 내에 통고된 내용에 따라 이행한 때에는 일사부재리의 원칙의 적용을 받아 다시 소추할 수 없는 데 대하여($^{조세범처벌절차법 15조, 관세법}_{317조, 출입국관리법 106조}$), 법정기간 내에 통고된 내용을 이행하지 않으면 통고처분은 효력을 상실하고 관계 기관장의 고발에 의하여 형사소송절차로 이행하게 된다.

> **[판례①]** 경찰서장의 통고처분은 행정소송의 대상이 되는 행정처분이 아니므로 그 처분의 취소를 구하는 소송은 부적법하고, 도로교통법상의 통고처분을 받은 자가 그 처분에 대하여 이의가 있는 경우에는 통고처분에 따른 범칙금의 납부를 이행하지 아니함으로써 경찰서장의 즉결심판청구에 의하여 법원의 심판을 받을 수 있게 될 뿐이다($^{대판 1995. 6. 29, 95누4674. 동지}_{판례: 대판 1980. 10. 14, 80누380}$).
>
> **[판례②]** 도로교통법상의 통고처분은 처분을 받은 당사자의 임의의 승복을 발효요건으로 하고 있으며, 행정공무원에 의하여 발하여지는 것이지만, 통고처분에 따르지 않고자 하는 당사자에게는 정식재판의 절차가 보장되어 있다. 통고처분 제도는 경미한 교통법규 위반자로 하여금 형사처벌절차에 수반되는 심리적 불안, 시간

경우에만 처벌하는 것으로 해석할 수 있고 이는 합헌적 법률해석에 따라 허용되므로, 이러한 해석을 전제로 할 때 이 사건 법률조항은 책임주의원칙에 위반되지 아니한다」.

과 비용의 소모, 명예와 신용의 훼손 등의 여러 불이익을 당하지 않고 범칙금 납부로써 위반행위에 대한 제재를 신속·간편하게 종결할 수 있게 하여 주며, 교통법규위반행위가 홍수를 이루고 있는 현실에서 행정공무원에 의한 전문적이고 신속한 사건처리를 가능하게 하고, 검찰 및 법원의 과중한 업무부담을 덜어준다. 또한 통고처분제도는 형벌의 비범죄화 정신에 접근하는 제도이다. 이러한 점들을 종합할 때, 통고처분제도의 근거규정인 도로교통법 제118조 본문이 적법절차원칙이나 사법권을 법원에 둔 권력분립원칙에 위배된다거나, 재판청구권을 침해하는 것이라 할 수 없다(현재 2003. 10. 30., 2002헌마275).

(2) 즉결심판절차

20만원 이하의 벌금·구류 또는 과료의 행정형벌은 「즉결심판에 관한 절차법」에 따라 과벌되는데, 경찰서장의 청구에 의하여 판사가 피고인에게 벌금 등을 과한다. 즉결심판에 불복이 있는 피고인은 고지를 받은 날부터 7일 이내에 정식재판을 청구할 수 있다(법원조직법 34조, 35조). 이러한 즉결심판절차는 일반형사범에 대하여도 적용되므로, 행정형벌에만 적용되는 특별한 과벌절차는 아니다.

V. 행정질서벌의 특수성

1. 행정질서벌에 관한 통칙적 규정

앞에서 설명한 바와 같이 행정질서벌에는 형법총칙이 적용되지 않고, 종래에는 행정질서벌에 관한 통칙적 규정이 없었다. 그런데 법률이나 지방자치단체의 조례상의 의무를 위반하여 과태료를 부과하는 행위인 질서위반행위를 규율하는 「질서위반행위규제법」이 제정됨으로써 동법이 행정질서벌에 관한 통칙적 규정으로 자리매김하게 되었다(2조 1호 참조).[12]

한편, 「질서위반행위규제법」에서 새로 도입되는 절차를 개별법에서 규정하고 있는 과태료 제도에 어떻게 적용할 것인지가 문제가 된다. 이에 대해 동법 제5조에서는 「과태료의 부과·징수, 재판 및 집행 등의 절차에 관한 다른 법률의 규정 중 이 법의 규정에 저촉되는 것은 이 법으로 정하는 바에 따른다」고 규정하여, 질서위반행위규제법과 다른 법률이 정하고 있는 절차가 다른 경우

---

12) 이에 대한 상세는 법무부, 질서위반행위규제법과 각국의 입법례, 법무자료 제269집, 2005; 법무부, 질서위반행위규제법 해설, 2018 참조.

질서위반행위규제법이 우선적으로 적용됨을 명시하고 있다.

2. 질서위반행위의 성립 등

(1) 고의 또는 과실

종래 행정질서벌의 대상이 되는 행위는 단순한 업무해태로서 반윤리성이 희박하므로, 행위자의 고의·과실과 같은 주관적 요건을 문제삼지 않고 객관적 법규위반이 있으면 행정질서벌을 과할 수 있는 것으로 보았다.

> **[판례①]** 무역거래법 제30조 제2항의 규정에 의한 과태료는 이른바 행정질서벌의 하나로서 행정질서유지를 위한 의무의 위반행위에 대하여 과하는 제재이므로 동법 또는 동법에 의한 처분이 명하는 의무에 위반한 이상 고의 또는 과실 유무를 불문하고 과태료 책임을 면할 수 없으며, 회사정리중에 있다는 사정은 과태료를 필요적으로 면제할 사유가 되지 아니한다(대판 1982. 7. 22, 82마210).
>
> **[판례②]** 과태료와 같은 행정질서벌은 행정질서유지를 위하여 행정법규위반이라는 객관적 사실에 대하여 과하는 제재이므로 반드시 현실적인 행위자가 아니라도 법령상 책임자로 규정된 자에게 부과되고 또한 특별한 규정이 없는 한 원칙적으로 위반자의 고의·과실을 요하지 아니한다(대판 1994. 8. 26, 94누6949).

그러나 「질서위반행위규제법」에서는 고의 또는 과실이 있어야 질서위반행위가 성립하는 것으로 규정하고 있다(7조).

(2) 위법성의 인식

종래에는 앞에서 언급한 바와 같이 위반자의 의무위반에 대한 고의·과실이 없더라도 행정질서벌을 부과할 수 있다고 보았는바, 이러한 입장에 의하더라도 위반자가 의무의 존재를 알지 못한데 대하여 정당한 사유가 있으면 행정질서벌을 부과할 수 없다고 본다. 판례 역시 같은 입장을 취하였다.

> **[판례]** 과태료와 같은 행정질서벌은 행정질서유지를 위한 의무의 위반이라는 객관적 사실에 대하여 과하는 제재이므로 반드시 현실적인 행위자가 아니라도 법령상 책임자로 규정된 자에게 부과되고 원칙적으로 위반자의 고의·과실을 요하지 아니하나, 위반자가 그 의무를 알지 못하는 것이 무리가 아니었다고 할 수 있어 그것을 정당시할 수 있는 사정이 있을 때 또는 그 의무의 이행을 그 당사자에게 기대하는 것이 무리라고 하는 사정이 있을 때 등 그 의무 해태를 탓할 수 없는 정당한 사유가 있는 때에는 이를 부과할 수 없다(대판 2000. 5. 26, 98두5972).

「질서위반행위규제법」에서는 자신의 행위가 위법하지 아니한 것으로 오인하고 행한 질서위반행위는 그 오인에 정당한 이유가 있는 때에 한하여 과태료를 부과하지 않는다고 규정하고 있다($\frac{8}{조}$).

(3) 책임능력

「질서위반행위규제법」에 의하면 14세가 되지 아니한 자나 심신장애로 인하여 행위의 옳고 그름을 판단할 능력이 없거나 그 판단에 따른 행위를 할 능력이 없는 자의 질서위반행위는 과태료를 부과하지 않고($\frac{9조, 10}{조 1항}$), 심신장애로 인하여 이러한 능력이 미약한 자의 질서위반행위는 과태료를 감경한다($\frac{10조}{2항}$).

(4) 법인 등 사용자의 책임

「질서위반행위규제법」에 의하면 법인의 대표자, 법인 또는 개인의 대리인·사용인 및 그 밖의 종업원이 업무에 관하여 법인 또는 그 개인에게 부과된 법률상의 의무를 위반한 때에는 법인 또는 그 개인에게 과태료를 부과한다($\frac{11조}{1항}$).

(5) 다수인의 질서위반행위 가담

「질서위반행위규제법」에 의하면 2인 이상이 질서위반행위에 가담한 때에는 각자가 질서위반행위를 한 것으로 본다($\frac{12조}{1항}$). 그리고 신분에 의하여 성립하는 질서위반행위에 신분이 없는 자가 가담한 때에는 신분이 없는 자에 대하여도 질서위반행위가 성립하며($\frac{동조}{2항}$), 신분에 의하여 과태료를 감경 또는 가중하거나 과태료를 부과하지 아니하는 때에는 그 신분의 효과는 신분이 없는 자에게는 미치지 않는다($\frac{동조}{3항}$).

(6) 수개의 질서위반행위의 처리

하나의 행위가 2이상의 질서위반행위에 해당하는 경우에는 각 질서위반행위에 대하여 정한 과태료 중 가장 중한 과태료를 부과한다($\frac{13조}{1항}$). 위의 경우를 제외하고 2이상의 질서위반행위가 경합하는 경우에는 각 질서위반행위에 대하여 정한 과태료를 각각 부과하며, 다만 다른 법령이나 지방자치단체의 조례에 특별한 규정이 있는 경우에는 그 법령으로 정하는 바에 따른다($\frac{13조}{2항}$).

(7) 행정형벌과 행정질서벌의 병과

행정형벌과 행정질서벌은 다 함께 행정벌이므로 동일 행정범에 대해 양자를 병과할 수는 없다. 그러나 행정처분의 병과는 가능하다.[13]

[판례] 운행정지처분의 이유가 된 사실관계로 자동차 운송사업자가 이미 형사처벌을 받은 바 있다 하여 피고(서울특별시장)의 자동차운수사업법 제31조를 근거로 한 운행정지처분이 일사부재리의 원칙에 위반된다 할 수 없다(대판 1983. 6. 14.).

한편, 위반사실의 동일성이 인정되지 않는 경우에는 행정질서벌인 과태료의 부과처분 후에 행정형벌을 부과하더라도 일사부재리의 원칙에 반하는 것은 아니다.

[판례①] 행정법상의 질서벌인 과태료의 부과처분과 형사처벌은 그 성질이나 목적을 달리하는 별개의 것이므로 행정법상의 질서벌인 과태료를 납부한 후에 형사처벌을 한다고 하여 이를 일사부재리의 원칙에 반하는 것이라고 할 수는 없으며, 자동차의 임시운행허가를 받은 자가 그 허가 목적 및 기간의 범위 안에서 운행하지 아니한 경우에 과태료를 부과하는 것은 당해 자동차가 무등록 자동차인지 여부와는 관계없이, 이미 등록된 자동차의 등록번호표 또는 봉인이 멸실되거나 식별하기 어렵게 되어 임시운행허가를 받은 경우까지를 포함하여, 허가받은 목적과 기간의 범위를 벗어나 운행하는 행위 전반에 대하여 행정질서벌로써 제재를 가하고자 하는 취지라고 해석되므로, 만일 임시운행허가기간을 넘어 운행한 자가 등록된 차량에 관하여 그러한 행위를 한 경우라면 과태료의 제재만을 받게 되겠지만, 무등록 차량에 관하여 그러한 행위를 한 경우라면 과태료와 별도로 형사처벌의 대상이 된다(대판 1996. 4. 12.).

[판례②] 헌법 제13조 제1항은 "모든 국민은 …… 동일한 범죄에 대하여 거듭 처벌받지 아니한다"고 하여 이른바 "이중처벌금지의 원칙"을 규정하고 있는바, 헌법 제13조 제1항에서 말하는 "처벌"은 원칙으로 범죄에 대한 국가의 형벌권 실행으로서의 과벌을 의미하는 것이고, 국가가 행하는 일체의 제재나 불이익처분을 모두 그 "처벌"에 포함시킬 수는 없다 할 것이다. 다만, 행정질서벌로서의 과태료는 행정상 의무의 위반에 대하여 국가가 일반통치권에 기하여 과하는 제재로서 형벌(특히 행정형벌)과 목적·기능이 중복되는 면이 없지 않으므로, 동일한 행위를 대상으로 하여 형벌을 부과하면서 아울러 행정질서벌로서의 과태료까지 부과한다면 그것은 이중처벌금지의 기본정신에 배치되어 국가 입법권의 남용으로 인정될 여지가 있음을 부정할 수 없다. 이중처벌금지의 원칙은 처벌 또는 제재가 "동일한 행위"를 대상으로 행해질 때에 적용될 수 있는 것이고, 그 대상이 동일한 행위인지의 여부는 기본적 사실관계가 동일한지 여부에 의하여 가려야 할 것이다(헌재 1994. 6. 30.).

---

13) 이에 대해서는 김명길, 행정벌의 법리-행정형벌과 행정질서벌의 병과를 중심으로, 법학연구 제49권 2호, 2009. 2 참조.

3. 행정질서벌의 부과절차

종전에는 과태료의 부과·징수절차가 통일되어 있지 않았다. 「질서위반행위규제법」이 시행되기 전까지는 과태료부과처분은 두 가지의 방식으로 이루어졌다. 하나는 법원이 「비송사건절차법」에 따라 부과·징수하는 방법으로, 행정청의 위반사실 통보에 따라 과태료부과대상자의 주소지를 관할하는 지방법원이 「비송사건절차법」에 따라 부과하는 방식이다($^{비송사건절차법}_{247조, 248조}$). 다른 하나는 일차적으로 행정청이 부과하고, 그에 대해 이의신청이 있으면 행정청이 관할 법원에 그 사실을 통보하도록 하여, 그 통보를 받은 법원이 「비송사건절차법」에 따라 부과하는 방식이다.

그러나 「질서위반행위규제법」은 행정청이 일차적으로 과태료를 부과·징수하고, 당사자의 이의제기가 있으면 행정청은 그 사실을 관할 법원에 통보하도록 하며, 그 통보를 받은 법원이 비송사건절차에 따라 재판을 한 후 그에 따라 검사가 집행하는 것으로 절차를 일원화하고 있다. 한편, 「질서위반행위규제법」이 시행되고 있음에도 개별법에서 별도의 절차를 여전히 규정하고 있는 경우에 어느 절차를 적용할 것인지가 문제가 되는데, 이에 대해 동법 제5조에서는 "과태료의 부과·징수, 재판 및 집행 등의 절차에 관한 다른 법률의 규정 중 이 법의 규정에 저촉되는 것은 이 법으로 정하는 바에 따른다"고 규정하여, 질서위반행위규제법이 우선적으로 적용됨을 명시하고 있다. 구체적인 부과·징수절차를 살펴보면 다음과 같다.[14]

(1) 과태료 부과·징수절차

국가 또는 지방자치단체의 기관 등 행정청($^{2조}_{2호}$)이 과태료를 부과하고자 하는 때에는 미리 당사자에게 통지하고 10일 이상의 기간을 정하여 의견제출기회를 준 후 서면($^{당사자가 동의하는 경우에는}_{전자문서를 포함한다}$)으로 과태료를 부과하여야 한다($^{16조}_{17조}$).

행정청의 과태료 부과에 불복하는 당사자는 과태료 부과통지서를 받은 날

---

14) 「질서위반행위규제법」의 적용대상에 대해서는 다음과 같은 점을 유의할 필요가 있다. 동법은 원칙적으로 과태료가 행정질서벌로서 부과되는 경우에 적용되며, 그 명칭이 과태료라고 하더라도 사법상·소송법상의 과태료나 징계벌로서의 과태료는 동법의 적용대상이 아니다. 따라서 ① 「민법」·「상법」 등 사인간의 법률관계를 규율하는 법 또는 「민사소송법」·「가사소송법」·「민사집행법」·「형사소송법」·「민사조정법」 등 분쟁해결에 관한 절차를 규율하는 법상의 의무를 위반하여 과태료를 부과하는 경우는 적용대상이 아니며, ② 「공증인법」·「법무사법」·「변리사법」·「변호사법」 등 기관·단체 등이 질서유지를 목적으로 구성원의 의무위반에 대하여 제재를 할 수 있도록 규정하는 법률에 따른 징계사유에 해당하여 과태료를 부과하는 경우는 적용대상이 아니다(동법 2조 1호, 동법 시행령 2조 참조).

부터 60일 이내에 해당 행정청에 서면으로 이의제기를 할 수 있고, 이 경우 행정청의 과태료 부과처분은 그 효력을 상실한다($\frac{20}{\text{조}}$). 이의제기를 받은 행정청은 이의제기를 받은 날부터 14일 이내에 관할 법원에 통보하고 그 사실을 즉시 당사자에게 통지하여야 한다($\frac{21}{\text{조}}$).

이와 같이 「질서위반행위규제법」에 의하여 과태료 부과·징수절차가 통일적으로 규율됨으로써 행정청의 신속하고 적정한 과태료 부과·징수로 행정능률이 향상되고 국민의 권익이 보호될 것으로 기대된다.

(2) 과태료 재판과 집행절차

종전에는 과태료 재판을 규율하는 「비송사건절차법」상 관련 규정이 미비하여 재판 실무상 통일되지 아니한 부분이 있었고, 행정청이 이해당사자임에도 재판에 참여할 기회가 인정되지 않는 등 문제점이 있었다. 이에 대하여 「질서위반행위규제법」에서는 과태료 재판절차에 관한 미비점을 보완함으로써 과태료 재판이 신속하고 공정하게 진행될 수 있도록 규정하고 있다.

행정청으로부터 이의제기 사실을 통보받은 법원은 이를 즉시 검사에게 통지하고($\frac{30}{\text{조}}$), 심문기일을 열어 당사자의 진술 및 검사의 진술의견 혹은 서면의견을 들어야 하며($\frac{31}{\text{조}}$), 행정청도 재판에 참여할 수 있다($\frac{32\text{조}}{1\text{항}}$). 다만 법원은 상당하다고 인정하는 때에는 심문 없이 과태료 재판을 할 수 있으나, 당사자와 검사가 이러한 약식재판의 고지를 받은 날부터 7일 이내에 이의신청을 하여 법원이 그 적법성을 인정하는 때에는 약식재판은 그 효력을 잃게 되며 법원은 심문을 거쳐 다시 재판하여야 한다($\frac{44\text{조}}{50\text{조}}$). 과태료 재판은 결정으로 하고($\frac{36}{\text{조}}$), 당사자와 검사에게 고지함으로써 효력이 생기며($\frac{37}{\text{조}}$), 당사자와 검사는 과태료 재판에 대하여 즉시항고를 할 수 있다($\frac{38}{\text{조}}$).

과태료 재판은 검사의 명령으로써 집행하나($\frac{42}{\text{조}}$), 검사는 과태료를 최초 부과한 행정청에 대하여 과태료 재판의 집행을 위탁할 수 있고, 지방자치단체의 장이 집행을 위탁받은 경우에는 그 집행한 금원은 지방자치단체의 수입이 된다($\frac{43}{\text{조}}$). 그리하여 종래 지방자치단체의 장이 부과한 과태료라도 과태료 재판 결과에 따라 집행한 과태료는 국고에 귀속되어 지방자치단체의 수입으로 되지 아니하던 문제점을 시정할 수 있게 되었으며, 지방자치단체의 재정확보에도 기여할 것으로 기대된다.

(3) 과태료의 실효성 제고

과태료를 체납하여도 체납자에게 아무런 불이익이 없고 행정청이 적극적으로 강제징수를 추진하기가 곤란하여 과태료 체납현상이 만연하고 있으며, 고액·상습체납자도 급증하고 있는 현실을 타개하기 위하여「질서위반행위규제법」에서는 과태료의 실효성 제고를 위한 여러 규정들을 두고 있다.

과태료 부과 전 의견제출기한 이내에 당사자가 과태료를 자진납부하는 경우에는 과태료를 감경할 수 있도록 규정하고 있다($\frac{18}{조}$). 또한 과태료의 부과·징수를 위하여 행정청에게 공공기관 등에 대한 자료제공요청권한($\frac{23}{조}$)을 부여하고 있으며, 과태료를 체납하는 경우에는 가산금을 징수하고($\frac{24}{조}$), 관허사업을 제한할 수 있으며($\frac{52}{조}$), 신용정보기관에 관련 정보를 제공할 수 있고($\frac{53}{조}$), 고액·상습체납자에 대하여는 법원의 재판을 통하여 30일의 범위 내에서 감치할 수 있도록 규정하고 있다($\frac{54}{조}$).

제5장 그 밖의 행정의 실효성확보수단

I. 개 설

1. 새로운 수단의 등장

개인이 법에 정해진 의무를 이행하지 않는 경우에 그것을 장래에 향해서 강제로 이행시키거나 또는 이행된 것과 같은 상태를 실현하는 수단으로서 종래 대집행·직접강제·이행강제금(집행벌)·강제징수 등이 인정되어 왔으며, 이들 수단을 행정상의 강제집행이라 총칭하였다. 그러나 근래에는 행정벌이 과거의 비행에 대한 제재인 동시에, 행정상 의무의 간접적인 강제이행수단이라는 인식이 높아짐과 함께, 이에 준한 새로운 종류의 수단이 증가하는 추세에 있다. 이 곳에서 다루어지는 각종의 수단이 이에 해당한다.

2. 새로운 수단의 성격

이곳에서 다루어지는 행정의 실효성확보를 위한 새로운 수단의 성격에 관하여는 그것을 행정상의 제재수단의 일종으로 보는 견해와 새로운 의무이행확보수단으로서 규정짓는 견해가 나누어져 있다. 그러나 그 문제를 논할 큰 실익은 없다고 하겠다.

3. 새로운 수단의 등장배경

대집행·직접강제 등과 같은 전통적인 강제집행수단이나 행정벌과 같은 제재수단 이외의 새로운 종류의 실효성확보수단이 등장하게 된 이유는, 전통적인 수단만으로는 오늘의 행정현실에 충분히 대응할 수 없다는 점 이외에 우리나라의 행정집행 관련의 실정법이 미비한 데에도 그 원인이 있다고 생각된다.

Ⅱ. 실효성확보를 위한 여러 수단

1. 금전상의 제재

금전상의 제재는 행정법규의 위반자에게 금전급부의무라는 불이익을 과함으로써 간접적으로 행정상의 의무를 이행케 하는 방법으로서, 이에는 다음과 같은 것이 있다.

(1) 가산금 · 가산세

가산금은 행정법상의 급부의무의 불이행에 대해서 과해지는 금전상의 제재를 말한다. 국세징수법은 국세를 납부기한까지 완납하지 않은 경우 그 납부기한이 지난날부터 체납된 국세의 100분의 3에 상당하는 가산금을 징수하는 규정을 두고 있었으나, 2020년부터 가산금 제도를 폐지하였다.[1] 현재는 「지방세기본법」($\frac{62}{조}$), 「대기환경보전법」($\frac{35조}{5항}$)에 유사규정이 있다.

가산세란 세법에서 규정하는 의무의 성실한 이행을 확보하기 위하여 세법에 따라 산출한 세액에 가산하여 징수하는 금액을 말한다($\frac{국세기본법}{2조 4호}$). 가산세는 개별 세법이 과세의 적정을 기하기 위하여 정한 의무의 이행을 확보할 목적으로 그 의무 위반에 대하여 세금의 형태로 가하는 행정벌의 성질을 가진 제재이므로 그 의무 해태에 정당한 사유가 있는 경우에는 이를 부과할 수 없다.

> **[판례①]** 세법상 가산세는 과세권의 행사 및 조세채권의 실현을 용이하게 하기 위하여 납세자가 정당한 이유 없이 법에 규정된 신고, 납세 등 각종 의무를 위반한 경우에 개별세법이 정하는 바에 따라 부과되는 행정상의 제재로서 납세자의 고의, 과실은 고려되지 않는 것이고, 다만 납세의무자가 그 의무를 알지 못한 것이 무리가 아니었다거나 그 의무의 이행을 당사자에게 기대하는 것이 무리라고 하는 사정이 있을 때 등 그 의무해태를 탓할 수 없는 정당한 사유가 있는 경우에는 이를 부과할 수 없다($\frac{대판 2001. 9. 14, 99두3324, 동지판례:}{대판 2005. 12. 7, 2003두13632}$).

---

1) 2018년 12월 「국세징수법」 및 「국세기본법」의 개정을 통해 2020년부터 「국세징수법」에 따른 '가산금'과 「국세기본법」에 따른 '납부불성실가산세'를 「국세기본법」에 따른 '납부지연가산세'로 통합하고 가산금 제도를 폐지하기로 하였다. 비슷한 제도를 중첩적으로 운영하여 발생하는 납세자의 혼란을 완화하기 위하여 납세자가 세법에 따른 납부기한까지 세금을 완납하지 아니한 경우에 납부고지 전에 적용되는 「국세기본법」에 따른 '납부불성실가산세'와 납부고지 후에 적용되는 「국세징수법」의 '가산금'을 일원화하여 「국세기본법」에 따른 '납부지연가산세'로 규정하였다.

[판례②] 세법상 가산세는 과세권의 행사 및 조세채권의 실현을 용이하게 하기 위하여 납세자가 정당한 이유 없이 법에 규정된 신고·납세의무 등을 위반한 경우에 법이 정하는 바에 의하여 부과하는 행정상의 제재로서 납세자의 고의·과실은 고려되지 아니하는 것이고, 법령의 부지 또는 오인은 그 정당한 사유에 해당한다고 볼 수 없으며, 또한 납세의무자가 세무공무원의 잘못된 설명을 믿고 그 신고납부의무를 이행하지 아니하였다 하더라도 그것이 관계 법령에 어긋나는 것임이 명백한 때에는 그러한 사유만으로는 정당한 사유가 있는 경우에 해당한다고 할 수 없다 $\binom{\text{대판 2002. 4. 12. 2000두5944. 동지판례:}}{\text{대판 2004. 2. 26, 2002두10643}}$.

[판례③] 가산세 부과처분에 관해서는 국세기본법이나 개별 세법 어디에도 그 납세고지의 방식 등에 관하여 따로 정한 규정이 없다. 그러나 가산세는 비록 본세의 세목으로 부과되기는 하지만$\binom{\text{국세기본법 47}}{\text{조 2항 본문}}$, 그 본질은 과세권의 행사와 조세채권의 실현을 용이하게 하기 위하여 세법에 규정된 의무를 정당한 이유 없이 위반한 납세의무자 등에게 부과하는 일종의 행정상 제재라는 점에서 적법절차의 원칙은 더 강하게 관철되어야 한다. … 한편 본세의 부과처분과 가산세의 부과처분은 각 별개의 과세처분인 것처럼, 같은 세목에 관하여 여러 종류의 가산세가 부과되면 그 각 가산세 부과처분도 종류별로 각각 별개의 과세처분이라고 보아야 한다. 따라서 하나의 납세고지서에 의하여 본세와 가산세를 함께 부과할 때에는 납세고지서에 본세와 가산세 각각의 세액과 산출근거 등을 구분하여 기재해야 하는 것이고, 또 여러 종류의 가산세를 함께 부과하는 경우에는 그 가산세 상호 간에도 종류별로 세액과 산출근거 등을 구분하여 기재함으로써 납세의무자가 납세고지서 자체로 각 과세처분의 내용을 알 수 있도록 하는 것이 당연한 원칙이다$\binom{\text{대판 2012. 10. 18,}}{\text{2010두12347}}$.

(2) 과징금

과징금이란 행정법상의 의무위반자에 대하여 과하는 금전벌의 일종이라 할 수 있다. 과징금제도는 본래 행정법규의 위반자에게 경제적 이익이 발생한 경우 그 이익을 박탈함으로써 간접적으로 행정법상의 의무를 이행시키고자 하는 제도로서 도입된 것으로 알려져 있다. 1980년 말에 「독점규제 및 공정거래에 관한 법률」$\binom{\text{약칭 "공정}}{\text{거래법"}}$을 통해 처음으로 도입된 과징금은 의무위반행위로 인해 발생한 부당한 이익을 박탈하기 위하여 그 이익액에 따라 과하여지는 제재금으로서의 성격을 지닌 것이다. 동법은 현재에도, 시장지배적 사업자가 남용행위$\binom{\text{가격을 부당하게}}{\text{결정하는 행위 등}}$를 한 경우$\binom{\text{동법}}{\text{6조}}$ 또는 불공정거래행위가 있는 경우$\binom{\text{동법}}{\text{45조}}$에 당해 사업자에 대하여 과징금을 부과·징수할 수 있도록 규정하고 있다.

[판례①]   과징금은 위반행위에 대한 제재의 성격과 함께 위반행위에 따르는 불법적인 경제적 이익을 박탈하기 위한 부당이득 환수로서의 성격도 가지고, 이는 구 「정보통신망 이용촉진 및 정보보호 등에 관한 법률」(이하 '구 정보통신 망법'이라고 한다) 제64조의3 제1항 각 호에서 정한 행위에 대하여 부과하는 과징금의 경우도 마찬가지이다.

그런데 이 사건과 같이 이용자의 개인정보가 유출된 경우 정보통신서비스 제공자가 개인정보 보호조치를 취하지 않음으로 인해 매출액이 증대되는 경우를 상정하기 어렵다. 구 「개인정보보호 법규 위반에 대한 과징금 부과기준」 제4조 제2항 또한 위반행위로 인하여 직접 또는 간접적으로 영향을 받는 서비스의 범위를 판단할 때 서비스 가입방법, 개인정보 데이터베이스 관리 조직·인력 및 시스템 운영 방식 등을 고려하도록 하고 있는바, 위 요소들은 위반행위로 인하여 취득한 이익의 규모와 직접적인 관련이 없다.

구 정보통신망법 제64조의3 제1항 제6호에서 정한 자에 대하여 과징금을 부과함으로써 박탈하고자 하는 이득은, 문제된 위반행위로 인해 증가한 매출액에 따른 이득이 아니라, 오히려 정보통신서비스 제공자가 적절한 보호조치를 취하지 않은 개인정보를 자신의 영업을 위해 보유함으로써 얻은 이득이라 보아야 한다. 이에 따라 위 과징금 부과를 위한 관련 매출액을 산정함에 있어 "위반행위로 인하여 직접 또는 간접적으로 영향을 받는 서비스"의 범위는, 유출사고가 발생한 개인정보를 보유·관리하고 있는 서비스의 범위를 기준으로 판단하여야 한다(대판 2023. 10. 12. 2022두68923).

[판례②]   행정권에는 행정목적 실현을 위하여 행정법규 위반자에 대한 제재의 권한도 포함되어 있으므로, '제재를 통한 억지'는 행정규제의 본원적 기능이라 볼 수 있는 것이고, 따라서 어떤 행정제재의 기능이 오로지 제재(및 이에 결부된 억지)에 있다고 하여 이를 헌법 제13조 제1항에서 말하는 국가형벌권의 행사로서의 '처벌'에 해당한다고 할 수 없는바, 구 독점규제및공정거래에관한법률 제24조의2에 의한 부당내부거래에 대한 과징금은 그 취지와 기능, 부과의 주체와 절차 등을 종합할 때 부당내부거래 억지라는 행정목적을 실현하기 위하여 그 위반행위에 대하여 제재를 가하는 행정상의 제재금으로서의 기본적 성격에 부당이득환수적 요소도 부가되어 있는 것이라 할 것이고, 이를 두고 헌법 제13조 제1항에서 금지하는 국가형벌권 행사로서의 '처벌'에 해당한다고는 할 수 없으므로, 공정거래법에서 형사처벌과 아울러 과징금의 병과를 예정하고 있더라도 이중처벌금지원칙에 위반된다고 볼 수 없으며, 이 과징금 부과처분에 대하여 공정력과 집행력을 인정한다고 하여 이를 확정판결 전의 형벌집행과 같은 것으로 보아 무죄추정의 원칙에 위반된다고도 할 수 없다(헌재 2003. 7. 24. 2001헌가25).

[판례③]   구 부동산 실권리자명의 등기에 관한 법률 제5조에 규정된 과징금은 그 취지와 기능, 부과의 주체와 절차 등에 비추어 행정청이 명의신탁행위로 인한 불법

> 적인 이익을 박탈하거나 위 법률에 따른 실명등기의무의 이행을 강제하기 위하여
> 의무자에게 부과·징수하는 것일 뿐 그것이 헌법 제13조 제1항에서 금지하는 국가
> 형벌권 행사로서의 처벌에 해당한다고 할 수 없으므로 위 법률에서 형사처벌과 아
> 울러 과징금의 부과처분을 할 수 있도록 규정하고 있다 하더라도 이중처벌금지 원
> 칙에 위반한다고 볼 수 없다(현재 2007. 7. 12, 2006두4554).

본래 부당이득금 박탈적 성격의 것으로서 도입된 과징금은 그 뒤 여타의 많
은 법률에 도입되는 동시에, 그의 성격에도 변화가 일어났다. 즉, 다수국민이
이용하는 사업이나 국가·사회에 중대한 영향을 미치는 사업을 시행하는 자가
행정법규를 위반한 경우, 그 위반자에 대하여 영업정지 등 처분을 하게 한다면
국민에게 생활상 불편을 주는 경우, 제재적 처분에 갈음하여 과하는 금전상의
제재로서 활용되는 경향에 있는 것이다.

예컨대, 「여객자동차 운수사업법」은 국토교통부장관 또는 시·도지사는 여
객자동차 운수사업자가 동법에 따른 위반사항에 해당하여 사업정지 처분을 하
여야 하는 경우에 그 사업정지 처분이 그 여객자동차 운수사업을 이용하는 사
람들에게 심한 불편을 주거나 공익을 해칠 우려가 있는 때에는 그 사업정지 처
분을 갈음하여 5천만원 이하의 과징금을 부과·징수할 수 있다고 규정하고 있
다(동법 88조 1항). 한편, 위 규정에 의하여 징수한 과징금은 일정한 용도(벽지노선운행에 따른 결손의 보전, 운수종사자의 양성·교육훈련 그 밖의 자질향상을 위한 시설 및 운수종사자에 대한 지도업무의 수행을 위한 시설의 건설 및 운영 등) 이외의 용도로는 이를 사용할 수 없게 되어
있다(동법 88조 4항).

> **[참고판례]** 구 여객자동차 운수사업법 제88조 제1항의 과징금부과처분은 제재적
> 행정처분으로서 여객자동차 운수사업에 관한 질서를 확립하고 여객의 원활한 운송
> 과 여객자동차 운수사업의 종합적인 발달을 도모하여 공공복리를 증진한다는 행정
> 목적의 달성을 위하여 행정법규 위반이라는 객관적 사실에 착안하여 가하는 제재
> 이므로 반드시 현실적인 행위자가 아니라도 법령상 책임자로 규정된 자에게 부과
> 되고 원칙적으로 위반자의 고의·과실을 요하지 아니하나, 위반자의 의무 해태를
> 탓할 수 없는 정당한 사유가 있는 등의 특별한 사정이 있는 경우에는 이를 부과할
> 수 없다고 보아야 한다(대판 2014. 10. 15, 2013두5005).

그 밖에 과징금은 현재 「도시가스사업법」, 「주차장법」, 「해운법」, 「관광진흥
법」, 「전기사업법」, 「식품위생법」 등 많은 법률에 규정되어 있다. 현행법상 과

징금의 유형은 크게 경제적 이익 환수 과징금, 영업정지 대체 과징금, 순수한 금전적 제재로서의 과징금으로 구분할 수 있다.

현행법에 과징금이 도입되고 그의 수가 점점 늘어나고 있는 이유는 어디에 있는가. 그것은 대체로 ① 행정법상의 의무위반자에 대한 제재가 일반 공중에 대한 불편을 일으킴이 없이 행해질 수 있는 점, ② 벌금 등 형사벌을 과함으로써 전과자를 양산하는 것을 피할 수 있는 점 등에서 찾아지고 있다.[2]

이와 같이 과징금은 다양한 형태로 도입되어 있으나 그 규정 방식이 통일되어 있지 않은바, 법 집행상의 혼란을 방지하고 행정집행의 효율성을 높이고자 과징금의 법적 성격과 법률유보 등 과징금과 관련된 일반원칙과 기준 등을「행정기본법」에 규정하였다. 행정청은 법령등에 따른 의무를 위반한 자에 대하여 법률로 정하는 바에 따라 그 위반행위에 대한 제재로서 과징금을 부과할 수 있도록 하고($\frac{28조}{1항}$), 과징금 근거 법률 입법 시 과징금 부과·징수 주체, 부과 사유, 상한액, 가산금을 징수하려는 경우 그 사항, 과징금 또는 가산금 체납 시 강제징수를 하려는 경우 그 사항을 명확하게 규정하도록 하였다($\frac{28조}{2항}$). 그 밖에 과징금 납부기한 연기 및 분할납부의 근거 및 사유를 구체적으로 규정하고 있다($\frac{29}{조}$).

(3) 범칙금

범칙금은「도로교통법」을 위반한 범칙자가 통고처분에 의하여 국고에 납부하여야 할 금전을 말한다.

이 범칙금제도는, 일정한 금액의 범칙금의 납부를 통고하고, 그 통고를 받은 자가 기간 내에 이를 납부한 경우에는 해당 범칙행위에 대해서 공소가 제기되지 아니하고, 납부하지 아니할 때에는 형사처벌절차가 진행되는「도로교통법」상의 제도이다($\frac{동법 162}{조 이하}$).

위와 같은 내용의 범칙금이 행정벌의 일종인가에 대해서는 현재 견해가 나뉘어져 있다. 종래 질서벌의 이름으로 과해진 과태료 역시, 현재는 그것을 행정

---

2) 주요문헌: 박영도·박수헌, 과징금제도의 현황과 개선방향, 한국법제연구원, 1993; 이상철, 과징금의 유형구분과 그 법적 성질, 법제, 1998. 10; 김호정, 새로운 행정제재수단에 관한 연구, 한국외국어대학교 박사학위논문, 2000; 박영도·김호정, 과징금제도의 운영실태 및 개선방안, 한국법제연구원, 2002; 배영길, 과징금 제도에 관한 연구, 공법학연구 제3권 제2호, 2002. 3; 김홍대, 과징금제도의 의의와 법적 성격, 법조 555호, 2002. 12; 김남진, 과징금의 법적 성질 등, 법률저널, 2003. 8. 18; 채우석, 과징금제도에 관한 일고찰, 토지공법연구 제22집, 2004; 김치환, 행정집행법제의 개선방안 연구, 한국법제연구원, 2004, 131면 이하; 홍대식, 공정거래법상 과징금 제도에 관한 연구, 서울대학교 박사학위논문, 2006; 조성규, 과징금의 법적 성격에 대한 시론적 고찰, 행정법연구 제55호, 2018. 11.

벌로 볼 수 있는가에 대해 의문이 제기되고 있다. 범칙금이나 과태료나 전과자의 양산의 회피, 탈형벌화가 목적이라고 할 때, 그것들을 "행정벌"로 본다는 것은 자가당착적 모순이 아니냐 하는 것이다.[3]

이 점과 관련하여 정부는 실정법상의 형벌조항을 과태료 등으로 전환하고 있는 바, 그에 해당하는 사항은 다음과 같다.

① 신고의무위반(휴업·폐업 또는 재개업신고, 허가 또는 등록사항의 변경, 사업 등의 양도·양수·승계, 법정고용의무가 있는 경우의 종업원임용, 기타의 신고·신청)

② 장부의 작성·비치·보존의무위반

③ 허가증·요금표 등 표지물의 게시의무위반

④ 허가증·등록증 등의 반납불이행

⑤ 보고·자료제출·출석답변 또는 통지 등 명령위반, 정기보고 등의 불이행 및 허위보고

⑥ 검사·조사 또는 임검 등의 거부·방해 또는 기피

⑦ 유사명칭 사용금지위반

⑧ 정부투자기관·정부출연기관 기타 특수법인 등의 등기 또는 공고해태, 시정, 감독 등 명령위반, 검사방해

⑨ 겸직금지의무위반

⑩ 조사·측량 등을 위한 토지에의 출입을 거부·방해 또는 기피한 경우

⑪ 본 의무이행 후 그 부수의무의 불이행(공인회계사 등의 미등록업무수행 등)

⑫ 사용료·수수료 등의 요금면탈과 승인된 요금 이외의 요금수수

⑬ 기타 경미하거나 수시로 부과되는 행정질서유지를 위한 명령위반

다만, 위에 열거한 기준에 해당하더라도, i) 당해 질서위반행위와 관련된 범죄예방을 위하여 필요한 사항, ii) 질서위반이 결과적으로 위생·안전문제를 크게 저해하는 사항, iii) 정부역점시책에 관련되는 사항, iv) 행정목적 자체를 침해는 사항(영업신고의 경우), v) 기타 행정목적을 달성하기 위하여 반드시 형벌로 존치하여야 할 사항 등의 경우에는 형벌조항을 존치하기로 하였다.

결국 앞에 열거한 특별한 경우를 제외하고는, 경미한 행정법규 내지 질서위반은 되도록 벌금·과료 등 형법전에 적혀 있는 형벌을 부과하지 아니하고, 행정상·금전상의 제재를 통해 다스리며, 그것을 통해 행정법상의 의무이행을 간접적으로 확보하려는 것이 정부의 기본방침이라 할 수 있다. 그렇게 볼 때, 행

---

3) 상세는 조병선, 질서위반법, 1991, 233면 이하; 최봉석, 행정제재로서의 범칙금통고제도에 관한 일고, 토지공법연구 제16집, 2002. 9, 357면 이하 참조.

정벌·행정강제 등 "전통적인 수단"보다는, 이 글에서 다루고 있는 "새로운 수단"을 통해 행정상의 의무이행을 확보하거나 행정법규의 실효성을 확보하려는 것이 정부의 기본방침이라 할 수 있다.

2. 공급거부

(1) 의 의

공급거부란 행정법상의 의무를 위반하거나 불이행한 자에 대하여 일정한 행정상의 서비스나 재화의 공급을 거부하는 행정조치를 말한다. 행정에 의해 제공되는 각종의 서비스·재화(예컨대 전기·수도·가스 등)는 오늘날의 국민생활에 있어 불가결의 것이라는 점에서, 그 공급의 거부는 매우 강력한 행정상 의무이행확보수단으로 기능한다.

(2) 법적 근거

공급거부는 국민의 권익에 중대한 영향을 미치는 것이므로 법적 근거를 요함은 물론이다. 공급거부에 관한 법적 근거로는 구「건축법」(69조 2항), 구「대기환경보전법」(21조 2항), 구「수질환경보전법」(21조 2항) 등이 있었다. 그러나 법률의 개정에 의하여 현재는 공급거부에 관한 내용이 삭제되었다. 공급거부에 관하여 규정하고 있던 대표적인 법률인 구「건축법」제69조 2항에서는 동법 또는 동법에 의하여 발하는 명령이나 처분에 위반하여 건축물의 건축 또는 대수선을 하였을 때에 당해 건축물에 대한 전기·전화·수도 또는 도시가스의 설치·공급의 중지를 요청할 수 있음을 규정하고 있었으나, 동 규정의 위헌성에 대한 의문제기로 인해 개정 건축법에서는 삭제되었다.

(3) 처분성 여부

판례는 단수처분에 대하여 항고소송의 대상이 되는 행정처분에 해당한다고 판시한 적이 있으나(대판 1979. 12. 28. 79누218), 그 이후 대체로 단전, 단수, 단전화조치를 사실상의 조치에 불과한 것으로 보거나(서울고판 1992. 10. 13. 91구24191), 전기·전화의 공급자에게 위법 건축물에 대한 전기·전화공급을 하지 말아 줄 것을 요청한 행위를 권고적 성격의 행위에 불과한 것으로 보아 항고소송의 대상이 되는 행정처분이 아니라고 한다(대판 1996. 3. 22. 96누433. 동지판례: 대판 1995. 7. 28. 94누10832: 대판 1995. 11. 21. 95누9099 등).

[판례] 항고소송의 대상이 되는 행정처분이라 함은 행정청의 공법상의 행위로서 특정 사항에 대하여 법규에 의한 권리의 설정 또는 의무의 부담을 명하거나 기타 법률상 효과를 발생하게 하는 등 국민의 권리의무에 직접 관계가 있는 행위를 가리키는 것이고, 행정권 내부에서의 행위나 알선, 권유, 사실상의 통지 등과 같이 상대방 또는 기타 관계자들의 법률상 지위에 직접적인 법률적 변동을 일으키지 아니하는 행위 등은 항고소송의 대상이 되는 행정처분이 아니다. 건축법 제69조 제2항, 제3항의 규정에 비추어 보면, 행정청이 위법 건축물에 대한 시정명령을 하고 나서 위반자가 이를 이행하지 아니하여 전기·전화의 공급자에게 그 위법 건축물에 대한 전기·전화공급을 하지 말아 줄 것을 요청한 행위는 권고적 성격의 행위에 불과한 것으로서 전기·전화공급자나 특정인의 법률상 지위에 직접적인 변동을 가져오는 것은 아니므로 이를 항고소송의 대상이 되는 행정처분이라고 볼 수 없다 ($\binom{\text{대판 1996. 3. 22,}}{\text{96누433}}$).

생각건대, 판례는 단수 등 요청행위가 권고적 성격에 불과하여 공급자나 특정인의 법률상 지위에 직접적인 변동을 가져오는 것은 아니라고 하나, 단수 등의 조치를 요청받은 자는 특별한 이유가 없는 한 이에 응하여야 하므로($\binom{\text{구 건축법}}{\text{69조 2항}}$), 공급자나 특정인의 법률상 지위에 직접적인 변동을 가져오는 것이라고 할 수밖에 없다. 즉, 단수 등 요청행위는 '구체적 사실에 관한 법집행으로서의 공권력의 행사'($\binom{\text{행정소송법 2조}}{\text{1항 1호 참조}}$)에 해당하는 것으로 보아야 한다.

(4) 공급거부의 한계

행정상의 서비스나 재화는 국민의 일상생활에 있어 불가결의 것이기 때문에, 행정법상의 의무위반자에 대해 그 공급을 거부하는 것이 어느 범위까지 허용되는지가 문제된다. 실제로 건축법규에 정해진 주차장시설을 하지 않은 건물에 대한 단수조치가 문제된 경우가 종종 있었다. 결론적으로 말하면, 의무위반 또는 불이행과 공급거부 사이에 실질적인 관련이 있는 경우에만 허용되며,[4] 이 때에도 과잉금지의 원칙($\binom{\text{광의의 비}}{\text{례원칙}}$)이 적용된다고 할 것이다.

3. 관허사업의 제한

(1) 일반적인 관허사업의 제한

「국세징수법」 제112조에 의하면, 세무서장($\binom{\text{지방국세청장}}{\text{을 포함한다}}$)은 납세자가 허가·인

---

4) 이를 행정권한의 부당결부금지 원칙이라고 하는 바, 이에 관해서는 본서 64면 참조.

가 · 면허 및 등록($_{이하}$ "$_{허가등}$"$_{한다}$)을 받은 사업과 관련된 소득세, 법인세 및 부가가치세를 대통령령으로 정하는 사유 없이 체납하였을 때에는 해당 사업의 주무관서에 그 납세자에 대하여 허가등의 갱신과 그 허가등의 근거 법률에 따른 신규 허가등을 하지 아니할 것을 요구할 수 있으며($\frac{1}{8}$), 허가등을 받아 사업을 경영하는 자가 해당 사업과 관련된 소득세, 법인세 및 부가가치세를 3회 이상 체납한 경우로서 그 체납액이 500만원 이상일 때에는 대통령령으로 정하는 경우를 제외하고 그 주무관서에 사업의 정지 또는 허가등의 취소를 요구할 수 있다($\frac{2}{8}$). 또한 이러한 요구가 있을 때 해당 주무관서는 정당한 사유가 없으면 요구에 따라야 하며, 그 조치결과를 즉시 해당 세무서장에게 알려야 할 것을 정하고 있다($\frac{4}{8}$).

동 규정은 2019년 12월에 개정(2020. 1. 1. 시행)된 것인데, 종전에는 체납자와 사업자가 동일인이기만 하면 체납된 조세와 직접 관련이 없는 사업에 대한 인 · 허가라 할지라도 이를 거부하거나 철회 · 정지할 수 있도록 규정하였기 때문에 부당결부금지의 원칙과 관련하여 논란이 있었다.[5] 그러나 개정된 규정은 체납 국세의 부과 원인과 무관한 사업에 대한 관허사업 제한을 금지하여 납세자의 권익을 보호하고 있으므로 이러한 문제가 해소될 것으로 보인다.

(2) 관련된 특정관허사업의 제한

특정 법령상의 의무에 위반한 경우에 당해 법령에 의한 기존의 인 · 허가를 철회 또는 정지하도록 하거나($^{약사법}_{76조}$), 또는 「건축법」 또는 동법에 의하여 발하는 명령이나 처분에 위반하여 건축물의 건축 또는 대수선을 하였을 때에는 당해 건축물을 사용하여 행할 다른 법령에 의한 영업 기타 행위를 허가할 수 없도록 함으로써 위법건축물을 이용한 관허사업을 제한하고 있다($^{건축법\ 79}_{조\ 2항}$). 또한 과태료를 납부하지 아니하는 경우 행정청은 허가 · 인가 · 면허 · 등록 및 갱신을 요하는 사업을 경영하는 자로서 일정한 요건에 해당하는 고액 · 상습체납자에 대하여 사업의 정지 또는 허가 등의 취소를 할 수 있다($^{질서위반행위}_{규제법\ 52조}$).

이러한 내용이 법규 또는 행정행위의 부관에 규정됨으로써 간접적인 행정법상의 의무이행확보수단으로 기능한다고 볼 수 있다.

---

5) 주요문헌: 김해룡 · 김호정 · 김성수 · 나성길 · 강현철 · 윤광진, 국세징수법상 관허사업제한제도에 관한 입법평가, 한국법제연구원, 2008.

4. 법위반사실의 공표

기본사례

서울시장 乙은 「건축법」을 위반한 甲의 건축물의 출입구에 위반건축물표지를 설치하였다. 이러한 표지 설치행위가 위법한 경우 甲이 제기할 수 있는 소송의 종류는 무엇인가?

(1) 의 의

법위반사실의 공표라 함은 행정법상의 의무위반 또는 의무불이행이 있는 경우에 그의 성명·위반사실 등을 일반에게 공개하여 명예 또는 신용의 침해를 위협함으로써 행정법상의 의무이행을 간접적으로 강제하는 수단을 말하는 바, 고액·상습체납자의 명단공개($^{국세기본법}_{85조의 5}$), 「식품위생법」 위반 영업자의 영업정보 공표($^{식품위생법}_{84조}$) 등이 그 예이다.

2022년 1월 개정된 「행정절차법」 제40조의3은 "행정청은 법령에 따른 의무를 위반한 자의 성명·법인명, 위반사실, 의무 위반을 이유로 한 처분사실 등($^{이하 '위반사실}_{등'이라 한다}$)을 법률로 정하는 바에 따라 일반에게 공표할 수 있다"고 규정하여($^{동법 40조}_{의3 1항}$), 위반사실의 공표 등과 관련하여 공통절차를 마련하였다.[6]

(2) 법적 성질 및 기능

공표는 일정한 사실을 국민에게 알리는 사실행위에 지나지 않으며, 그 자체로서는 아무런 법적 효과를 발생하지 않는다. 이러한 점에서 공표제도의 실효성이 문제될 수 있는바, 그것은 일반적으로 의무위반자의 수치심에 비례한다고 할 수 있다. 더욱이 오늘날의 정보화사회·신용사회에 있어서는 의무위반자의 명단공개는 그들의 명예뿐만 아니라 신용을 추락시키고 그에 의해 유형·무형의 불이익을 가져다줌으로써 상당히 실효성 있는 의무이행확보수단으로 기능할 수 있을 것이다.

(3) 법적 근거

행정법상의 의무위반 사실을 공표하기 위해서는 법적 근거가 있어야 하는지가 문제된다. 공표 그 자체는 직접으로 아무런 법적 효과도 발생하지 아니하

---

6) 위반사실등의 공표 후에는 그로 인해 발생한 권익의 침해를 회복하기 어려우므로 충분한 절차적 보호장치가 필요하다. 개정 「행정절차법」은 공표의 법적 근거, 의견제출 기회, 정정공표 등 위반사실등의 공표와 관련한 공통절차를 규정하여, 위반사실 공표 제도의 통일적 운영을 도모하는 동시에 개별법상 공표 제도를 보완하고 국민의 기본권 침해를 최소화할 것으로 기대된다(2022. 7. 12. 시행).

고 단지 일정한 사실을 국민에게 알리는 사실행위에 지나지 않는다는 점에서
는 법적 근거를 요하지 않는 것으로 볼 수도 있다. 그러나 공표는 현실적으로
행정상 제재 내지 의무이행확보수단으로서의 중요한 기능을 수행하며, 나아가
상대방의 인격권·프라이버시권 등의 기본권을 침해할 우려가 있다는 점에서
원칙적으로 법적 근거를 요한다고 할 것이다.[7] 2022년 1월 개정된 「행정절차법」
은 위반사실등을 '법률로 정하는 바에 따라' 일반에게 공표할 수 있다고 규정하
여($^{동법\ 40조}_{의3\ 1항}$), 법적 근거가 필요함을 명확히 하였다.

(4) 공표와 프라이버시권

공표제도는 행정법상의 의무위반자에 관한 일정한 사실을 일반인에게 공개
하여 그의 명예·신용의 훼손을 위협함으로써 실효성을 거두는 것이므로, 이는
상대방의 프라이버시권($^{헌법}_{17조}$)을 침해하는 것이 아닌지가 문제될 수 있다. 프라
이버시권($^{사생활의\ 비}_{일과\ 자유}$)은 일정한 한계를 가지고 있으며 공공의 이익을 위하여 법률
에 의하여 제한될 수 있는바, 이 때에 공표의 필요성과 상대방의 프라이버시권
리 간의 이익형량이 행해져야 할 것이다. 일반적으로 행정법상의 의무위반자의
성명이나 위반사실을 공표하는 것은 상대방의 프라이버시보다 (공표를 통하여
달성하고자 하는 행정의 목적인 공익 또는) 국민의 알 권리가 앞서므로 허용된다
고 할 것이나, 의무위반과 관계없는 사항, 예컨대 축재과정이나 그 밖의 사생활
을 공표하는 것은 프라이버시권을 침해하게 될 가능성이 크다고 할 것이다.

(5) 「행정절차법」에 따른 공통절차

2022년 1월 개정된 「행정절차법」은 위반사실등의 공표 등과 관련하여 다음
과 같이 공통절차를 마련하고 있다($^{동법\ 40조}_{의3}$).

행정청은 위반사실등의 공표를 하기 전에 사실과 다른 공표로 인하여 당사
자의 명예·신용 등이 훼손되지 아니하도록 객관적이고 타당한 증거와 근거가
있는지를 확인하여야 한다($^{동조}_{2항}$).

행정청은 위반사실등의 공표를 할 때에는 미리 당사자에게 그 사실을 통지
하고 의견제출의 기회를 주어야 한다. 다만, ① 공공의 안전 또는 복리를 위하
여 긴급히 공표를 할 필요가 있는 경우, ② 해당 공표의 성질상 의견청취가 현
저히 곤란하거나 명백히 불필요하다고 인정될 만한 타당한 이유가 있는 경우,

---

7) 상세는 김남진, 행정상의 경고·추천·시사, 월간고시, 1994. 7, 97면 이하; 김용섭, 행정상 공표의 법적
　문제, 판례월보, 2000. 7, 16면 이하 및 본서 440면 이하 참조.

③ 당사자가 의견진술의 기회를 포기한다는 뜻을 명백히 밝힌 경우 등에는 그러하지 아니하다($\frac{동조}{3항}$). 이때 의견제출의 기회를 받은 당사자는 공표 전에 관할 행정청에 서면이나 말 또는 정보통신망을 이용하여 의견을 제출할 수 있다($\frac{동조}{4항}$). 위반사실등의 공표는 관보, 공보 또는 인터넷 홈페이지 등을 통하여 한다($\frac{동조}{6항}$).

행정청은 위반사실등의 공표를 하기 전에 당사자가 공표와 관련된 의무의 이행, 원상회복, 손해배상 등의 조치를 마친 경우에는 위반사실등의 공표를 하지 아니할 수 있다($\frac{동조}{7항}$).

행정청은 공표된 내용이 사실과 다른 것으로 밝혀지거나 공표에 포함된 처분이 취소된 경우에는 그 내용을 정정하여, 정정한 내용을 지체 없이 해당 공표와 같은 방법으로 공표된 기간 이상 공표하여야 한다. 다만, 당사자가 원하지 아니하면 공표하지 아니할 수 있다($\frac{동조}{8항}$).

(6) 위법한 공표에 대한 구제수단

위법한 공표로 인하여 명예를 훼손당하거나 경제적 손해를 받은 자에 대한 권리구제수단으로는 다음과 같은 것이 검토될 수 있을 것이다.

첫째, 위법한 공표로 인하여 손해를 받은 자는 배상을 청구할 수 있다.

둘째, "공표"에 의해 훼손된 명예의 회복을 구하는 방법으로서는 동일한 매스컴을 통한 정정공고를 생각할 수 있다. 이러한 방법은 현행법상으로도 가능한 것으로 보인다($\frac{민법 764}{조 참조}$).

셋째, 공표에 대한 취소소송이 가능한지에 관해서는 다툼이 있는바, 이는 곧 공표행위가 취소소송의 대상인 '처분'에 해당하는가의 문제에 귀착된다. ① 위법한 공표행위에 대하여 다른 적절한 구제수단이 없는 경우에는 공표행위도 공권력의 행사에 준하는 작용으로 보아 그 처분성을 인정할 수 있다는 견해,[8] ② 명단공표결정이 통보되지 않는 경우 공표행위는 행정기관에 의해 일방적으로 행해지며 그로 인해 명예, 신용 또는 프라이버시권이 훼손되므로 권력적 사실행위로 보아야 하고, 공표행위 전에 명단공표결정이 통보되는 경우에 명단공표결정통보는 행정행위의 성질을 갖고, 공표행위는 단순한 집행행위인 사실행위로 보아야 한다는 견해,[9] ③ 공표 그 자체는 비권력적 사실행위로서 처분성

---

8) 김동희·최계영(Ⅰ), 488면.
9) 박균성(상), 668면; 정하중·김광수(개론), 498면.

을 갖지 않는 것으로 보는 견해[10] 등이 있다. 생각건대, 공표가 단순한 정보제공
적인 기능만을 갖는다면 비권력적 사실행위로 볼 수 있지만, 정보제공적 성질
을 갖는 공표가 아니라 제재수단의 성질을 갖는 공표인 경우에는 권력적 사실
행위로 보아 처분성을 인정하는 것이 타당하다. 다만, 공표 전에 공표결정이 선
행하는 경우에는 공표결정의 처분성을 인정하여야 할 것이다.

하급심 판례이기는 하지만, 법원은 고액·상습체납자 명단공개의 취소를 구
한 사건에서 그 처분성을 인정한 바 있다.

> **[판례]** 위 명단공개는 행정상 공표에 해당한다 할 것인데, 행정상 공표는 정보화
> 사회에서 여론의 압력을 통하여 의무이행의 확보를 도모하기 위하여 개인의 명예
> 내지 수치심을 자극함으로써 개인에게 제재를 가하고 아울러 간접적으로 행정상
> 의무이행을 확보하기 위한 제도이다. 이 사건 명단공개는, ① 공표로 인하여 개인
> 의 명예, 신용 또는 프라이버시권이 제한되므로 권력적 사실행위의 성격을 갖고 있
> 는 점, ② 이 사건 공개처분은 일회적으로 끝나는 것이 아니라 상당기간 공표의 상
> 태를 지속하면서 공표의 대상자에게 이를 수인할 것을 명령하는 성격도 아울러 가
> 지고 있는 점, ③ 위와 같은 계속성을 갖는 사실행위에 대하여 그 처분을 취소할
> 경우 장래에 이루어질 인격권의 침해로부터 국민의 권리를 구제할 실익이 있는 점
> 등을 종합하여 보면, 이 사건 공개처분은 국민의 구체적 권리의무에 직접적 변동을
> 초래하는 공법상 행위로서 항고소송의 대상이 되는 처분에 해당한다고 할 것이다
> (서울행판 2011. 10. 21. 2011구합16933).

최근 대법원은 공개 자체가 아닌 행정청의 공개결정의 처분성을 인정하였다.

> **[판례]** 병무청장이 병역법 제81조의2 제1항에 따라 병역의무 기피자의 인적사항
> 등을 인터넷 홈페이지에 게시하는 등의 방법으로 공개한 경우 병무청장의 공개결
> 정을 항고소송의 대상이 되는 행정처분으로 보아야 한다. 그 구체적인 이유는 다음
> 과 같다.
> ㉮ 병무청장이 하는 병역의무 기피자의 인적사항 등 공개는, 특정인을 병역의무
> 기피자로 판단하여 그 사실을 일반 대중에게 공표함으로써 그의 명예를 훼손하고
> 그에게 수치심을 느끼게 하여 병역의무 이행을 간접적으로 강제하려는 조치로서
> 병역법에 근거하여 이루어지는 공권력의 행사에 해당한다.
> ㉯ 병무청장이 하는 병역의무 기피자의 인적사항 등 공개조치에는 특정인을 병

---

10) 홍정선(상), 809면.

역의무 기피자로 판단하여 그에게 불이익을 가한다는 행정결정이 전제되어 있고, 공개라는 사실행위는 행정결정의 집행행위라고 보아야 한다. 병무청장이 그러한 행정결정을 공개 대상자에게 미리 통보하지 않은 것이 적절한지는 본안에서 해당 처분이 적법한가를 판단하는 단계에서 고려할 요소이며, 병무청장이 그러한 행정결정을 공개 대상자에게 미리 통보하지 않았다거나 처분서를 작성·교부하지 않았다는 점만으로 항고소송의 대상적격을 부정하여서는 아니 된다.

ⓒ 병무청 인터넷 홈페이지에 공개 대상자의 인적사항 등이 게시되는 경우 그의 명예가 훼손되므로, 공개 대상자는 자신에 대한 공개결정이 병역법령에서 정한 요건과 절차를 준수한 것인지를 다툴 법률상 이익이 있다. 병무청장이 인터넷 홈페이지 등에 게시하는 사실행위를 함으로써 공개 대상자의 인적사항 등이 이미 공개되었더라도, 재판에서 병무청장의 공개결정이 위법함이 확인되어 취소판결이 선고되는 경우, 병무청장은 취소판결의 기속력에 따라 위법한 결과를 제거하는 조치를 할 의무가 있으므로 공개 대상자의 실효적 권리구제를 위해 병무청장의 공개결정을 행정처분으로 인정할 필요성이 있다. 만약 병무청장의 공개결정을 항고소송의 대상이 되는 처분으로 보지 않는다면 국가배상청구 외에는 침해된 권리 또는 법률상 이익을 구제받을 적절한 방법이 없다.

ⓓ 관할 지방병무청장의 공개 대상자 결정의 경우 상대방에게 통보하는 등 외부에 표시하는 절차가 관계 법령에 규정되어 있지 않아, 행정실무상으로도 상대방에게 통보되지 않는 경우가 많다. 또한 관할 지방병무청장이 위원회의 심의를 거쳐 공개 대상자를 1차로 결정하기는 하지만, 병무청장에게 최종적으로 공개 여부를 결정할 권한이 있으므로, 관할 지방병무청장의 공개 대상자 결정은 병무청장의 최종적인 결정에 앞서 이루어지는 행정기관 내부의 중간적 결정에 불과하다. 가까운 시일 내에 최종적인 결정과 외부적인 표시가 예정된 상황에서, 외부에 표시되지 않은 행정기관 내부의 결정을 항고소송의 대상인 처분으로 보아야 할 필요성은 크지 않다. 관할 지방병무청장이 1차로 공개 대상자 결정을 하고, 그에 따라 병무청장이 같은 내용으로 최종적 공개결정을 하였다면, 공개 대상자는 병무청장의 최종적 공개결정만을 다투는 것으로 충분하고, 관할 지방병무청장의 공개 대상자 결정을 별도로 다툴 소의 이익은 없어진다(대판 2019. 6. 27, 2018두49130).

마지막으로, 위법한 공표를 행한 공무원에 대해서는 형법상의 명예훼손죄(307조), 피의사실공표죄(126조) 또는 공무상비밀누설죄(127조) 등이 문제될 수 있을 것이다.

사례해설

설문의 위반건축물표지 설치행위는 「건축법」 위반사실을 일반에게 공개하여 명예의 침해를 위협함으로써 「건축법」상의 의무이행을 간접적으로 강제하는 수단인 법위반사실의 공표이다. 이러한 공표에 대하여 제재적 효과가 있으므로 권력적 사실행위로 보는 견해에 따르면, 처분성이 인정되므로 취소소송을 제기하여 설치행위의 중단을 구할 수 있을 것이다. 다른 한편, 공표는 단순한 사실행위에 지나지 않으며 그 자체로서는 아무런 법적 효과를 발생시키지 않는다고 보는 견해에 의하면, 위 표지 설치행위는 처분성이 인정될 수 없으므로 甲이 당해 행위를 소송의 대상으로 하여 제기할 수 있는 행정소송상의 구제수단은 공법상의 당사자소송이며, 특히 그 중에서도 설치된 건축물표지의 철거를 구하는 일반이행소송이 될 것이다. 그밖에 국가배상청구권의 성립요건을 충족하고 있는 경우 위반건축물표지 설치행위로 인한 손해배상을 청구할 수 있을 것이다.[11]

5. 차량 등의 사용금지

이는 행정법규의 위반에 사용된 차량 그 밖의 운반수단의 사용을 정지 또는 금지케 함으로써 간접적으로 의무이행을 강제하는 방법이다(도로교통법 47조 등).

6. 수익적 행정행위의 정지 · 철회

종래 행정행위의 '철회'는 행정행위의 효력을 소멸시키는 행정행위로서, 주로 취소와의 차이점에 역점을 두어 설명되어 왔다. 그러나 근래에는, 수익처분의 철회 내지 정지는 가장 무거운 제재수단의 일종이며, 그러한 의미에서 행정의 실효성확보수단의 하나인 점이 새로이 인식되고 있다. 다른 한편, 자동차운수사업면허정지 등 그 여파가 일반국민에게 주는 영향을 고려하여 면허의 정지 · 철회 대신에 과징금을 부과하는 제도가 고안되었음은 전술한 바와 같다.

7. 국외여행의 제한

예컨대 국세의 고액체납자 등에 대한 국외여행의 제한조치가 행해지는 경우가 있는데, 그의 법적 근거는 「출입국관리법」(4조 1항)에 두고 있는 것으로 보인다.

8. 취업의 제한

「병역법」은 ① 병역판정검사 등을 기피하고 있는 사람, ② 징집 · 소집을 기

---

11) 상세는 김연태, 행정법사례연습, 387면 이하 참조.

피하고 있는 사람, ③ 군복무 및 사회복무요원복무를 이탈하고 있는 사람의 취업을 제한하고 있다($\frac{동법}{76조}$).

Ⅲ. 행정권한의 부당결부금지 원칙

현대행정에 있어서는 행정권한의 양적 증대 및 행정수단의 다양성 등으로 인하여 행정권한을 행사함에 있어 반대급부와 결부시키는 것이 어느 정도 불가피하다고 할 수 있다. 우리나라에서도 그러한 경우가 많이 존재하는바, 건축법규를 위반한 건축주로 하여금 의무를 이행하게 만드는 방법으로서 동 건축물을 이용한 영업행위 등을 금지하는 조치를 취한다든가($\frac{건축법\ 79조}{2항\ 참조}$), 납세의무를 이행하지 않는 자에 대하여 관허사업의 영업허가를 거부 또는 철회한다든가($\frac{국세징수법}{112조}$), 고액체납자의 명단을 공표하고 융자 등 각종의 시혜조치를 취소하고 해외여행을 금지하는 것 등이 그 예이다. 그러나 행정권한의 결부를 무한정으로 인정한다면 법치주의, 행정의 예측가능성, 법률생활의 안정성 및 인권의 존중 등이 여지없이 붕괴될 우려가 있으므로 그의 한계가 설정되지 않으면 안 된다. 그의 구체적 준칙을 제시하기는 어렵지만, 일반적으로 행정목적 내지 권한과 수단간의 실질적인 관련(sachliche Zusammenhang)이 있는 한도 내에서만 결부가 허용된다고 보고 있다. 이와 같이 행정기관이 고권적 조치를 취함에 있어서 그것과 실질적인 관련이 없는 반대급부와 결부시켜서는 안 된다는 것을 행정권한의 부당결부금지 원칙(Koppelungsverbot)이라고 한다.「행정기본법」은 부당결부금지의 원칙을 행정의 법원칙의 하나로 명시하고 있는바, 행정청은 행정작용을 할 때 상대방에게 해당 행정작용과 실질적인 관련이 없는 의무를 부과해서는 아니 된다($\frac{13}{조}$).

> **[판례①]** 부당결부금지의 원칙이란 행정주체가 행정작용을 함에 있어서 이와 실질적인 관련이 없는 상대방의 의무를 부과하거나 그 이행을 강제하여서는 아니 된다는 원칙을 말한다($\frac{대판\ 2009.\ 2.\ 12.}{2005다65500}$).
> **[판례②]** 소외 인천시장은 원고에게 주택사업계획승인을 하게 됨을 기화로 그 주택사업과는 아무런 관련이 없는 토지인 2,791㎡를 기부채납하도록 하는 부관을 위 주택사업계획승인에 붙인 사실이 인정되므로, 위 부관은 부당결부금지의 원칙에 위반되어 위법하다고 할 것이다($\frac{대판\ 1997.\ 3.\ 11.}{96다49650}$).

제 5 편

행정구제법

제1장 행정상의 손해배상(국가배상)

제1절 개 설

I. 의의 및 손실보상과의 관계

1. 행정상 손해배상의 의의

행정상 손해배상이란 국가 등 행정주체의 활동으로 인하여 타인이 손해를 입은 경우에 행정주체(또는 가해자)가 그 손해를 전보해 주는 제도를 말한다. 우리나라에서는 「국가배상법」이 그에 관한 일반법이 되어 있음으로 인해 일명 국가배상이라고도 불려진다.

2. 행정상 손실보상과의 관계

(1) 양자의 차이

행정작용에 의하여 타인이 입은 손해를 전보하는 제도에는, 위법한 행정작용에 의하여 타인의 이익이 침해된 경우에 있어서의 구제수단인 손해배상제도와 적법한 행정작용에 의하여 타인의 이익이 침해된 경우에 있어서의 구제수단인 손실보상제도가 있다.

양자는 행정작용으로 인한 손해·손실을 전보하는 제도인 점에서는 공통되나, 종래 그 연혁과 성질을 달리하는 것으로 파악되어 법적으로 별개의 것으로서 발전해 왔다. 즉, 국가배상은 개인주의적인 사상을 바탕으로 하고, 개인적·도의적인 책임을 기초원리로 하여 구성되었고, 그러한 의미에서 원래 민사책임으로서 발달한 사법상의 불법행위제도와 공통된 기반을 가져왔다. 다만, 그 배상의 주체가 국가(공공단체 포함)라는 점에서 통상의 민사책임과는 다소 그의 구성을 달리하였을 뿐이었다. 이에 반하여 손실보상은 자연법사상에 기초를 둔 사유재산의 절대성을 전제로 하여, 재산권은 천부의 기득권인 까닭에 이것을 박탈하기 위해서는 평등의 견지에서 국가전체의 공동의 부담하에 완전한 보상을 하여야 한다는 생각을 그 출발점으로 하였다. 그러한 의미에서 손실보상은 단체주의사상을 바탕으로 하고, 사회적 공평부담주의의 실현을 그 기초이념으로 구성된 것이라 볼 수 있다.

(2) 양자의 융합화 경향

이처럼 국가배상과 손실보상은 그 연혁을 달리하며 동시에 별개의 제도로서 발전해 왔다. 그러나 오늘날에는 이론·제도상으로 그 양자의 접근을 시도하려는 노력이 활발하게 전개되고 있다.[1] 이러한 새로운 경향은 국가배상제도와 손실보상제도가 다 같이 국가의 활동에 의하여 개인이 입은 특별한 손해의 전보를 목적으로 하는 점에서 공통적인 성격과 기반을 가지고 있다는 것을 그 이론적 기초로 삼고 있다. 이것은 바꾸어 말하면, 국가활동의 적법·위법의 구별의 의의가 점차 희박해져 가고 있다는 것을 의미한다. 이와 같은 경향을 가져오게 한 주된 원인은 다음과 같은 점에서 발견할 수 있다.

첫째, 불법행위이론 자체의 수정의 경향이다. 손해보험제도의 발전에 따라, 사법분야에서의 불법행위로 인한 책임에 있어 개인주의적·도의적 책임으로서의 의미가 점차 감소해 가고 있고, 그 결과 국가배상에 있어서도 그 책임의 근거를 개인주의적·도의적인 것에 두는 사상은 거의 받아들여지지 않고 있으며, 가해행위의 위법성 여부를 따짐이 없이 피해자의 입장에 서서 '부담의 공평화'라는 것에 그 책임의 근거를 두려는 경향이 심화되고 있다. 이와 같은 불법행위이론의 수정 경향은 국가배상에까지 영향을 미침으로써, 국가배상제도를 손실보상제도의 사상에 접근시키고 있는 것이다.

둘째, 불법행위에 기한 손해배상과 적법행위에 기한 손실보상과의 중간적 영역을 차지하고 있는 것으로서, 국가의 위험책임 내지 위법·무과실책임이 있다. 이러한 국가의 「위험책임 또는 무과실책임」의 사상은 주로 프랑스의 국사원(Conseil d'État)의 판례법에 의하여 형성되어 온 것인데, 이는 종래의 국가 불법행위책임의 흠결을 보충하고 그 모순을 시정하려는 데에 그 뜻을 두고 있다. 독일에서 발전된 수용유사침해(enteignungsgleicher Eingriff) 및 수용적 침해(enteignender Eingriff)의 이론도 손해배상과 손실보상의 간극을 메우는 이론으로서 기능한다고 볼 수 있다.

---

1) 이에 관한 상세는 특히 박균성, 행정상 손해전보(국가보상)의 개념과 체계, 현대행정과 공법이론(서원 우교수화갑기념논문집), 1991, 474면 이하 참조.

(3) 결 어

위에서 지적한 바와 같이, 행정상의 손해배상(국가배상)과 손실보상이 어느 정도 공통된 기반을 가지고 있고 양자가 서로 융합하는 경향에 있음은 부인하기 어렵다. 그러나 그렇다고 해서 실정법제도상의 양자의 구별을 무시하고 통일적인 법제도·법이론의 형성을 인정할 만큼 현재의 사정이 무르익은 것은 아니다. 오히려 현재의 단계에 있어서는 행정상의 손해배상(국가배상)과 손실보상에 관한 실정법에 입각하여 행정구제의 실효를 거두는 동시에 부족한 부분을 이론·판례를 통해 메우는 노력을 기울이는 것이 현명할 것으로 생각된다.

Ⅱ. 국가배상제도의 기능[2]

1. 개 설

손해배상제도는 일반적으로 피해자를 구제하는 데 일차적 목적 내지 기능을 두고 있다고 할 수 있다. 그러나 모든 배상책임을 오로지 가해자의 책임으로만 돌릴 때, 가해자가 파탄에 빠지는가 하면, 가해자에게 배상능력이 없음으로 인하여 피해자가 충분한 구제를 받지 못하는 결과를 가져올 수도 있다. 그에 따라 배상제도와 관련하여서는 그 배상책임을 분산하는 여러 방책이 강구되고 있는 바, 보험도 그 중의 하나이다. 그리고 공무원의 직무상 불법행위로 인한 손해배상의 책임을 전적으로 공무원의 책임으로 돌리지 않고, 국가가 부담하는 제도인 국가배상제도가 탄생하게 된 이유도 그러한 점에 있다고 할 수 있다.

그 밖에 손해배상제도의 기능에는 제재기능 내지 위법행위억제기능도 있는데, 그것은 국가배상제도로서 대위책임을 취하는가 아니면 국가(공공단체 포함)의 자기책임 또는 그 밖의 유형을 취하는가에 따라 의미를 달리한다고 할 수 있다.

---

2) 주요문헌: 서원우, 국가배상청구의 유형적 고찰, 고시계, 1992. 5; 서원우, 국가배상책임의 기능, 월간고시, 1993. 2~3; 김철용, 공무원 개인의 불법행위책임, 판례월보 290호, 1994. 11; 박균성, 국가배상에 있어서의 국가의 공무원에 대한 구상권, 한창규박사화갑기념논문집, 1993, 654면 이하; 宇賀克也, 國家責任法の分析, 1988; 宇賀克也, 國家責任の機能, 高柳信一先生古稀記念論文集, 1991, 423면 이하.

2. 피해자구제기능

국가배상제도의 주된 기능이 피해자구제에 있음은 쉽게 이해할 수 있다. 그런데 공무원의 직무상불법행위로 인하여 개인이 손해를 입은 경우에 누가 그 손해를 부담하며 책임을 지는가는 세 가지로 나누어 볼 수 있다. ① 피해자가 입은 손해를 방치하는 무책임형, ② 공무원 개인이 부담하는 공무원책임형 및 ③ 국가나 공공단체가 책임을 지는 국가책임형의 세 가지이다. 이 가운데 무책임형이 모순이며 극복되어야 함은 당연한 일이다. 그것을 어떤 방법으로 극복하는가에는 여러 방법이 있을 수 있다.

서양의 여러 나라에서는 가해자인 공무원이 책임을 지는 제도가 일찍부터 발전하였다. 독일에서는 18세기 후기에 영주의 신복(Fürstendiener)이 군주(Landesherr)의 위임에 반하여(contra mandatum) 행동한 경우에는 그 신복은 위임이론에 의하여, 개인으로서 불법행위책임을 지도록 되어 있었던 것이다. 또한 영국에서의 법의 지배(rule of law) 원칙의 하나가, 공무원일지라도 사인과 마찬가지로 손해배상소송의 피고가 된다고 하는 것임은 주지의 사실이다.

그러나 공무원이 개인적으로 손해배상책임을 지는 시스템은 피해자구제기능이라는 점에서 극히 불충분하다고 하지 않을 수 없다. 가해공무원에게 지급능력이 없는 경우에는 불법행위의 요건이 충족되는 경우에도 구제를 받을 수 없기 때문이다.

더욱이 공무원책임형에는 다음과 같은 문제점이 있다. 즉, 공무원은 손해배상책임을 질 것에 대한 두려움 때문에 직무에 소극적인 자세로 임하게 됨으로써 복지부동을 초래할 수 있는 것이다. 그러한 경우 그에 따른 손실은 헤아릴 수 없는 것이 된다. 또한 공적 부분에서의 인재확보에도 지장을 초래할 수 있다.

그에 따라 공무원책임형 시스템을 채택하는 경우에는 공무원의 책임을 제한하려는 경향을 보인다. 프랑스혁명 직후의 헌법에서는 장관 이외의 공무원은 국사원(Conseil d'État)의 사전결정이 있는 경우에만 직무에 관하여 소추할 수 있게 하였으며, 유사한 제도는 다른 나라에도 존재하였다. 공무원의 책임을 제한하려고 한 잔재는 현재에도 독일 민법 제839조에 남아있는 것으로 새겨지고 있는데, "공무원에게 과실만이 있는 경우에는 피해자는 다른 방법으로 배상을 받지 못하는 경우에 한하여 공무원에게 배상을 청구할 수 있다"라고 규정하고 있는 제1항 제2문, "피해자가 법적 수단의 행사에 의해 손해를 회피하는 것을 고의 또는 과실로 해태한 때에는 배상의무는 발생하지 않는다"라고 규정한 제

3항의 규정이 그것을 말하여 준다.

이와 같이 공무원책임형 시스템을 취하는 경우에는 공무원이 짊어지게 되는 가혹한 부담을 덜어주기 위한 제한조치가 채택되는 경향이 있는데, 그러한 조치가 피해자에게 불리한 결과가 됨은 말할 것 없다. 그리하여 피해자를 구제해 주는 한편으로 공무원의 가혹한 부담을 덜어 주는 방법이 모색될 필요가 있는데, 국가(공공단체 포함)의 배상책임제도는 그러한 배경하에서 탄생되었다 할수 있다.

3. 손해분산기능

가해자인 공무원이 피해자가 입은 손해를 배상한다는 것은 일응 당연한 것으로 여겨질 수 있다. 그러나 그러한 경우 '공무원의 생활의 파탄'이라는 또 다른 부작용이 일어나는 문제를 간과할 수 없다. 각국에서 공무원의 책임을 축소하고 국가의 책임을 확대하려는 노력을 기울이게 된 것은 피해자를 구제하는 동시에 공무원에게 집중되는 배상책임을 제거하려는 데 있음을 알 수 있다. 독일이 헌법(기본법/34조)을 통해 공무원책임의 면책적 채무인수로서의 국가의 배상책임을 규정하게 된 것은 이 때문이다. 특히 1981년에 제정되었다가 연방에게 입법권이 없다는 이유로 위헌판결을 받은 국가책임법(Staatshaftungsrecht)이 국가의 자기책임을 널리 인정하였었음은 잘 알려진 사실이다. 그것은 이론적인 이유에도 기인한 것이었지만, 다른 한편으로 공무원에게 집중되는 비용부담을 덜어 주는 의미도 가졌었다고 보인다.

한편, 미국의 경우 국가의 배상제도를 채택한 연방불법행위청구권법(The Federal Tort Claims Act, 1946)이 제정된 이후에 있어서도 공무원책임이 병존하였으나, 공무원에게 넓은 면책이 인정되고 또한 공무원에게 지급능력이 없는 등의 사정으로 피해자구제기능은 거의 전적으로 국가(정부)의 부담으로 돌아갔다. 그럼에도 불구하고 제도상으로 공무원의 책임이 존속된 것은, 다음에 보는 공무원에 대한 제재기능, 위법행위억제기능을 위한 것으로 새겨지고 있다.

4. 제재기능 · 위법행위억제기능

국가배상제도에 제재기능 및 위법행위억제기능이 있다고 함도 일반적으로 인정되고 있다. 제재기능 · 위법행위억제기능을 강조하게 되면, 당연히 가해자인 공무원의 책임을 강조하게 된다. 그러나 공무원에게만 배상책임을 지우는 경우, 여기에도 여러 가지 문제가 있음은 이미 앞에서 살펴 본 바와 같다.

Ⅲ. 각국의 행정상 손해배상제도

1. 개 설

외국에서의 행정상 손해배상제도, 즉 국가배상제도는 국가에 따라 많은 차이가 있다. 그러나 근대국가의 성립 당시만 하더라도 지배적인 것은 국가무책임의 원칙이었다. 그것은 「국왕은 악을 행할 수 없다」(The King can do no wrong)라고 하는 봉건사상에 뿌리를 두었는가 하면, 공무원은 적법한 행위에 대한 위임만 받았으며, 따라서 공무원의 위법행위에 대해서는 국가가 책임을 질 이유가 없다는 법이론(위임이론)으로 무장되기도 하였다. 그리하여 행정상 손해배상은 각국에서 오랫동안 공무원 개인의 배상책임으로 문제를 해결하였다.

그러나 국가의 활동영역에서 일어난 손해의 배상을 공무원 개인의 책임으로만 돌리는 것은 점점 어려워지게 되었다. 국가의 기능이 확대됨에 따라 개인이 손해를 입게 되는 경우도 급속히 늘어나게 되었는데, 그 책임을 전부 공무원에게 돌린다는 것은 우선 공무원의 배상능력의 한계라는 벽에 부딪치게 된다. 또한 국민을 보호하고 생활을 돌보아야 하는 것 역시 국가의 임무로 여겨지게 됨에 따라 국가무책임의 원칙은 더 이상 유지되기 어렵게 되었다.

전통적 국가무책임의 원칙을 어떠한 논리와 제도로써 극복하는가의 차이가 바로 각국에 있어서의 행정상 손해배상제도(국가배상)의 차이의 원인을 이루는 셈이다.

2. 독일의 제도[3]

독일에서는 국가가 국고(Fiskus)로서 사경제적 활동을 하는 경우와 공권력의 주체로서 활동하는 경우 사이에 커다란 차이가 있다. 전자의 경우에 국가가 사인과 동일한 책임을 지는 것은 오랜 전통이며, 실정법의 뒷받침을 받고 있다 ($\binom{민법 89조, 831}{조 등 참조}$).

그러나 공권력의 행사를 담당하고 있는 공무원의 직무상 불법행위에 대한 국가의 배상책임은 19세기말까지는 인정되지 않았다. 1896년의 민법 제839조는

---

3) 주요문헌: 김남진, 기본문제, 411면 이하: 류지태, 한국과 독일의 행정상 손해배상제도, 고시계, 1992. 4.

공무원의 개인책임만을 규정하였다. 그러나 공무원 개인의 책임만으로는 피해
자구제에 충분치 않다는 이유에서 1910년의 국가공무원책임법에서 비로소 민
법상의 공무원책임에 대한 국가의 대위책임을 인정하였고, 1919년 바이마르헌
법은 국가의 대위책임을 헌법상의 원칙으로 격상시켰다.

바이마르헌법 제131조는 공무원이 위탁받은 공권력을 행사함에 있어서 제3
자에 대한 직무상의 의무에 위반한 경우에는 원칙적으로 국가 또는 공공단체
가 그 책임을 지는 것으로 규정하였으나, 그것은 이전의 국가공무원책임법에
규정되어 있었던 것과 마찬가지로 민법 제839조에 의한 책임을 공무원에 갈음
하여(an Stelle des Beamten)지는 것으로 새겨졌다. 1949년에 제정된 기본법도
제34조에 국가책임(Staatshaftung)에 관하여 규정하고 있으나, 민법 제839조[4]를
매개로 하여 국가 등이 대위책임을 지는 구조에는 변함이 없다. 다만 판례·학
설이 실정법의 규정을 확장해석함으로써 국가 등의 배상책임을 강화하려는 노
력은 상당한 정도로 성과를 거두었다 볼 수 있다.

그러나 그럼에도 불구하고, 실정법의 결함[5]을 해석을 통해 극복한다는 것에
는 한계가 있기에, 독일에서는 1981년 6월에 새로운 사상에 입각한 국가책임법
(Staatshaftungsgesetz)을 제정하기에 이르렀다. 무엇보다 동법 제1조 1항은, 「공
권력이 타인에 대하여 지는 공법상의 의무를 위반한 경우에 공권력주체는 그
로 인해 발생하는 손해에 대하여 본법에 의하여 책임을 진다」라고 규정하여,
국가 등의 자기책임을 명백히 하였던 것이다.

그런데 20세기의 모범적 국가책임법으로서의 평가를 받은 동법은 1982년
10월 9일에 연방헌법재판소에 의하여 전부무효의 판결을 받기에 이르렀다. 기
본법 제70조(일법권의 권한규정)에 비추어 연방에는 국가책임법을 제정할 권한이 없다는
것이 그 이유였다. 그 결과 독일에서의 국가배상제도는 다시 원상으로 복귀한

---

4) 독일 민법 제839조 1항: 공무원(Beamte)이 고의 또는 과실로 제3자에 대하여 지는 직무의무(Amtspflicht)
　에 위반한 경우에 공무원은 당해 제3자에 대하여 그로 인한 손해를 배상하지 않으면 안 된다. 공무원에
　게 과실만이 있는 경우에는 피해자(Verletzte)는 다른 방법으로 배상을 얻지 못하는 경우에 한하여 공
　무원에 대하여 배상을 청구할 수 있다.

5) 독일에 있어서 민법 제839조와 기본법 제34조의 결합에 의하여 인정되는 국가의 배상책임(직무책
　임:Amtshaftung)의 결함으로서는 다음과 같은 점이 지적되고 있다. ① 직무책임은 공무원 개인이 배
　상책임의 요건을 충족해야 하기 때문에, 공무원이 특정되고 당해 공무원에게 고의·과실이 있어야 한
　다. ② 민법 제839조 1항 2문의 이른바 보충성조항(Subsidiaritätsklausel)이 국가의 배상책임을 불합리
　하게 제한하는 결과를 가져온다. ③ 직무책임은 공무원이 사인의 입장에서 지는 것이므로, 원상회복
　(Naturalrestitution)은 직무활동을 구하는 것이 되어 직무책임의 범위에 들어가지 않는 것이 된다. 다
　만, 위와 같은 내용의 실정법의 결함이 현재 학설·판례의 발전을 통해 상당한 정도로 완화되고 있음도
　인정해야 할 것이다.

셈이다.

3. 프랑스의 제도[6]

프랑스의 국가배상 또는 행정상 손해배상책임(responsabilité administrative)이 주로 국사원(Conseil d'État)의 판례를 통해 형성·발전되어 왔음은 주지의 사실이다. 특히 1873년 2월 8일의 권한법원의 블랑꼬판결(I'arrêt Blanco)[7]을 통해, 공공역무(service public)에 관한 국가의 배상책임은 행정재판을 관장하는 Conseil d'État의 관할에 속하고, 사인간의 관계를 규율하는 민법의 적용을 받지 않는다는 원칙이 확립되기에 이르렀다.

"행정상의 손해배상책임"이라고 하지만, 「적법한 행위에 기인하는 손실의 보상제도」와 「위법한 행위에 기인하는 손해의 배상제도」가 우리에게 있어서와 같이 제도상으로 명확히 구분되어 있지 않은 것이 프랑스에 있어서의 손해전보제도라 할 수 있다. 이것은 프랑스에 있어서의 국가의 배상책임과 손실보상이 다같이, 개인의 공적부담 앞의 평등(I'égalité des individus devant les charge publiques)이라는 사상에 기초하고 있으며, 동시에 과실책임(responsabilité pour faute) 이외에 무과실책임(responsabilité sans faute) 또는 위험책임(responsabilité pour risque)이 광범하게 인정되어 있는 결과이다.

과실책임에 따르는 경우에도 그 과실의 관념이 객관화되어 있는 동시에, 공무원의 행위가 개인과실(faute personelle)로 인정되어 개인적으로 책임져야 할 경우에도, 그 공무원의 행위가 직무행위와 전혀 무관하지 않는 한 국가 등의 책임이 경합적으로 발생한다는 판례법에 입각하여, 피해자에게는 개인 또는 국가에 대한 선택적 배상청구권이 인정되고 있다.

4. 영·미의 제도[8]

「국왕은 악을 행할 수 없다」는 법의 속담이 전해주듯, 영국에 있어서는 공

---

6) 주요문헌: 김남진, 기본문제, 423면 이하; 김남진, 프랑스 행정법상 손해전보와 무과실책임, 월간고시, 1989. 10; 박균성, 프랑스행정법상의 손해전보책임의 근거, 월간고시, 1990. 4; 이광윤, 한국과 프랑스의 행정상 손해배상제도, 고시계, 1992. 5; 박균성, 프랑스의 국가배상책임, 행정법연구 제5호, 1999. 11; 강구철, 프랑스의 국가배상책임에 관한 연구, 법학논총 제22권 제2호, 2010. 2; 김성원, 프랑스에서의 석면피해와 국가배상책임, 원광법학 제27집 제2호, 2011. 6; 박재현, 프랑스의 행정경찰과 국가배상책임, 법학논총 제24권 제2호, 2017. 8.

7) 블랑꼬판결은 Blanco 소년이 국가가 경영하는 담배공장의 담배운반차에 치어 민사법원에 국가상대의 배상청구소송을 제기하였던 것인데, 그의 관할이 문제되어 권한법원(Tribunnal des conflits)의 재판을 통해 행정재판을 관장하고 있는 Conseil d'État의 관할로 귀착된 사건을 말한다.

8) 주요문헌 : H. B. Jacobini, *An Introduction to Comparative Adminstrative Law*, 1991, p. 23; 宇賀克也,

무원의 직무상 불법행위에 대해 공무원 개인이 책임질 뿐 국가나 국왕은 그에 대해 책임을 지지 않는 것이 오랜 동안 그 나라의 전통이었다. 그러한 영국에서 국가의 배상제도가 도입된 것은 1947년의 국왕소추법(The Crown Proceedings Act)을 통해서이다. 그러면서도 매우 광범한 적용배제조항을 두고 있음으로써 영국에는 아직도 국가(국왕)무책임의 원칙이 상당한 정도로 온존하고 있다고 볼 수 있다. 그러는 가운데 1987년의 국왕소추법의 개정을 통해 군인의 복무중 손해에 대한 국가배상책임의 제한을 평시에는 배제하였음으로 인해 하나의 진전을 보고 있는 셈이다.

미국 역시 주권면책(Sovereign Immunity)의 원칙이 폐기된 것은 1946년의 연방불법행위청구권법(The Federal Tort Claims Act)을 통해서이다. 동법은 「합중국은 불법행위의 청구에 대하여, 같은 사정하에 있는 사인과 같은 방법 및 정도로 책임을 지지 않으면 안 된다」(현재의 연방사법 2674조 1항)라고 규정하고 있는 것이다. 다만 영국에 있어서와 같이 광범한 적용배제조항을 두고 있음으로써, 미국에서도 주권면책의 원칙이 완전히 철폐되었다고 볼 수 없는 것이 현황이다.

5. 일 본[9]

우리나라 「국가배상법」이 원래는 일본의 그것을 거의 그대로 옮겨 온 것인 점에서 일본 국가배상법의 해석·적용은 우리에게 커다란 참고가 된다. 참고로 일본의 국가배상법 제1조와 제2조를 옮겨 보면 다음과 같다.

- 제1조 ① 국가 또는 공공단체의 공권력의 행사에 당하는 공무원이 그 직무를 행함에 있어 고의 또는 과실로 위법하게 타인에게 손해를 가한 경우에 국가 또는 공공단체는 이를 배상할 책임이 있다.
  ② 전항의 경우 공무원에게 고의 또는 중대한 과실이 있는 경우에는, 국가 또는 공공단체가 그 공무원에 대하여 구상권을 가진다.
- 제2조 ① 도로, 하천 기타의 공공의 영조물의 설치 또는 관리에 하자가 있

國家責任法の分析, 299면 이하; 이일세, 미국의 국가배상책임과 공무원책임, 강원법학 제15권, 2002. 11; 윤기택, 영연방 국가의 불법행위의 영역에 있어서의 정신적 충격에 대한 손해배상제도에 관하여, 미국헌법연구 제16권 제1호, 2005. 2; 정하명, 미국연방공무원개인의 손해배상책임에 관한 최근 판결례, 공법학연구 제12권 제2호, 2011. 5.
 9) 주요문헌: 전일주, 국가배상법상 영조물 설치·관리 하자의 판단기준과 판단요소에 관한 연구, 단국법학 제6집, 1997; 노기현, 일본에서의 국가배상법상의 행정지도 부작위 위법책임에 관한 소고, 법학연구 제54권 제3호, 2013. 8; 김광수, 일본 국가배상법의 역사와 현황, 행정법학 제18권 제1호, 2020. 3.

음으로 인하여 타인에게 손해가 발생한 때에는, 국가 또는 공공단체가 이를 배상할 책임이 있다.

② 전항의 경우 손해의 원인에 있어 책임을 져야 하는 다른 자가 있는 때에는 국가 또는 공공단체는 이에 대한 구상권을 가진다.

Ⅳ. 우리나라의 국가배상제도

1. 국가배상청구권의 헌법적 보장

(1) 근거규정

헌법($\frac{29}{조}$)은 국가배상제도에 관하여 "① 공무원의 직무상 불법행위로 손해를 받은 국민은 법률이 정하는 바에 의하여 국가 또는 공공단체에 정당한 배상을 청구할 수 있다. 이 경우 공무원의 자신의 책임은 면제되지 아니한다. ② 군인·군무원·경찰공무원 기타 법률이 정하는 자가 전투·훈련 등 직무집행과 관련하여 받은 손해에 대하여는 법률이 정하는 보상 외에 국가 또는 공공단체에 공무원의 직무상 불법행위로 인한 배상은 청구할 수 없다"라고 규정하여, 이를 국민의 기본권의 하나로서 보장하고 있다.

(2) 관련문제

(가) 방침규정인가 직접효력규정인가

헌법 제29조의 규정이 입법방침규정인가 직접효력규정인가에 대해서 과거에는 이견이 있었으나, 오늘날은 그것을 직접효력규정으로 보는 데에 이론(이론)이 없는 것으로 보인다. 그리고 이미 헌법규정을 구체화한 국가배상법이 제정되어 있는 현재에는 그 문제를 논할 실익이 많지 않은 것으로 보인다.

(나) 헌법 제29조 제2항의 실질적 위헌론

군인·경찰공무원 등의 국가에 대한 배상청구권을 제한한 제29조 2항의 규정은 유신헌법으로 불리우는 1972년 11월 24일의 개정헌법에 의해 신설되었다. 같은 내용으로서의 「국가배상법」 제2조 단서의 위헌론($\frac{違憲}{論}$)을 봉쇄하기 위한 것이었다. 이로써 동조항이 형식적으로는 합헌적인 것이 되었으나, 기본권내재적 가치체계에 비추어 위헌이라는 주장[10]이 제기된다.

---

10) 이상철, 국가배상법 제2조 제1항 단서의 위헌성, 안암법학 창간호, 1993. 9, 274면 이하 참조.

(다) 배상책임주체의 범위문제

헌법은 국가와 공공단체를 배상책임의 주체로서 규정하고 있다. 이와는 달리 국가배상법은 공공단체 가운데 지방자치단체만을 배상주체로서 규정하고 있다. 이 점과 관련하여 헌법에 저촉된다고 보는 견해가 대두하고 있다. 그러나 독일에서와는 달리, 우리나라에서는 공공단체(공법인)의 직원이 공무원의 신분을 가지고 있지 않은 점, 지방자치단체 이외의 공공단체도 일반법인 민법에 의해 배상책임을 지고 있는 점 등에 비추어,「국가배상법」상의 관련규정이 위헌이라고 보기는 어렵다고 생각된다.

(라) 청구권의 주체

헌법은 국가 등에 대한 배상청구권의 주체를 국민($^{자연인}_{및 법인}$)으로서 규정하고 있다. 따라서 대한민국 국민이 아닌 자에 대해서는 기본권으로서의 배상청구권은 보장되지 않는다.

2. 국가배상법

(1) 연 혁

1951년 9월 8일 제정된 전문 5개조의 「국가배상법」은 조문의 순서만 다를 뿐 일본의 국가배상법을 거의 그대로 옮겨 놓은 것이었다. 그러나 그 뒤 개정($^{1967. 3. 3. 전문개정 및 1973. 2. 5. 1980. 1. 4}_{및 1981. 12. 17, 2008. 3. 14, 2009. 10. 21 개정}$)을 거듭함에 따라 일본의 법과 차이를 가지게 되었는데, 다른 점은 다음과 같다.

① 일본의 법에는 군인, 경찰공무원 등에 대한 특별규정이 없다.

② 일본의 법에는 배상청구절차규정이 없다.

③ 일본의 법에는 공공단체도 여전히 배상주체로 되어 있다.

(2) 위헌논란

「국가배상법」이 1967년 3월 3일 전문개정되면서, 군인, 경찰공무원 등에 대한 특례규정이 신설되었다. 내용은 군인, 경찰공무원 등이 다른 법령에 의하여 보상을 지급받을 수 있을 때에는「국가배상법」및「민법」의 규정에 의한 손해배상을 청구할 수 없다는 것이다($^{2조 1항}_{단서}$). 그 뒤 법의 개정($^{1981.}_{12. 17}$)을 통해 군무원과 향토예비군대원도 그에 포함되었다. 위 특례규정에 대해서는 위헌논란이 그치지 않았으며,[11] 법원은 위 단서규정에도 불구하고 군인 등에 대하여 국가배

---

11) 주요문헌: 이상규, 새 행정상 손해배상제도의 특색과 문제점, 법정, 1967. 7; 윤세창, 국가배상법의 문제

상청구권을 인정하였고,[12] 대법원이 드디어 단서조항을 위헌으로 판시하기에 이르렀다.[13]

다수의견($^{9인의, 대법}_{원판사}$)은 군인·군무원이 공무수행중에 신체 또는 생명에 피해를 입은 경우에는 군사원호보상법, 군인사망급여규정 등에 의하여 피해보상금, 유족연금 등을 지급받게 되어 있으므로 불법행위로 인한 손해배상을 받게 되면 이중이 된다는 반론이 있으나, 재해보상금 등은 사회보장적 목적이 있고, 손해배상제도는 불법행위로 인한 손해를 전보하는 데 그 목적이 있으므로 양자는 그 목적이 다르다는 것을 주된 논거로 삼았다. 이에 대하여 소수의견($^{7인의, 대법}_{원판사}$)은 군인의 복무관계의 특수성 등을 들어 위 단서 조항의 합헌성을 주장하였다.

그러는 가운데 유신정권은 위헌법률을 개정하는 대신에 헌법개정을 통하여 위헌시비를 없애는 방법을 택하여, 1972. 11. 24의 헌법개정을 통해 헌법에 군인 등에 대한 특례규정($^{26조}_{2항}$)을 신설하였다. 비상조치에 따라 국회가 해산된 상태에서 제정된 유신헌법의 이 독소조항은 87년 여·야간에 개정안이 마련되기는 했으나 헌법개정 없이 오늘에 이르고 있다. 현재 대체로 이 조항의 개정이 필요하다는 데 의견의 일치를 보고 있으며, 헌법상의 단서규정($^{29조}_{2항}$)에 대한 실질적 위헌론이 주장되고 있는 실정이다.

(3) 국가배상법의 내용

헌법은 공무원의 불법행위로 인한 배상책임만 규정하고 있는 데 대하여, 「국가배상법」은 공무원의 직무책임($^{2조}_{등}$) 외에 영조물의 설치·관리의 하자책임($^{5조}_{등}$)에 관해서도 아울러 규정하고 있다. 그 밖에 「국가배상법」은 배상기준 및 배상절차 등 세부적인 사항에 관해서도 규정을 두고 있다($^{동법 3조}_{이하}$).

특히 「국가배상법」은 외국인에 대한 책임을 상호주의에 입각하여 규정하였기 때문에 외국인이 피해자인 경우에는 상호의 보증이 있는 때에 한하여 동법이 적용된다($^{7}_{조}$).

주한 미국군인, 한국군증원군(KATUSA)의 직무행위 및 그들이 점유·관리하는 시설 등의 설치·관리의 하자로 인한 손해에 대해서는 「국가배상법」이 정한 바에 따라 대한민국에 손해배상을 청구할 수 있도록 되어 있다($^{대한민국과 아메}_{리카합중국간의}$

점, 사법행정, 1971. 1 등.
12) 서울민사지법 1968. 5. 30, 67가12829; 서울고판 1970. 3. 11, 69나1631 등.
13) 대판 1971. 6. 22, 70다1010.

상호방위조약 제4조에 의한 시설과 구역 및 대한민국에서의 합중국 군대의
지위에 관한 협정(SOFA) 23조 5항, 동협정시행에 관한 민사특별법 참조).

(4) 국가배상법의 적용범위

「국가배상법」은 동법의 적용범위(타법과의 관계)에 관하여, "국가나 지방자
치단체의 손해배상의 책임에 관하여는 이 법의 규정된 사항 외에는 「민법」에
따른다. 다만, 「민법」 외의 법률에 다른 규정이 있을 때에는 그 규정에 따른
다"($\frac{8}{조}$)라고 규정하고 있다. 이 규정이 의미하는 바는 다음과 같다.

① 국가배상에 관하여 특별법이 있는 경우에는 특별법(내지 규정)이 우선적
으로 적용된다.

② 국가배상에 관하여 국가배상법 및 특별법에 규정되어 있는 사항 이외에
는 민법을 준용한다.

현재 국가배상에 관한 특별법으로는 i) 무과실책임을 인정하고 있는 것으로
서 「자동차손해배상보장법」($\frac{3}{조}$),[14] 「원자력손해배상법」($\frac{3}{조}$)이 있고, ii) 배상책
임의 범위 또는 배상액을 감경 내지 정형화하고 있는 것으로서 「우편법」($\frac{38}{조}$)
등이 있다.

> **[판례]** 우편관서의 우편물취급으로 인하여 발생한 나라의 손해배상책임에 관하여
> 규정한 우편법 38조는 우편사업의 특수성을 참작하여 규정한 위 동법 38조 이하의
> 손해배상에 관한 규정의 취지로 보아 민법상의 채무불이행이나 불법행위로 인한
> 손해배상 및 국가배상상의 손해배상에 관한 규정에 대한 특별규정이라 할 것이므
> 로 우편물 취급에 수반하여 발생한 손해는 국가배상법에 의한 손해배상 청구는 허
> 용하지 아니한다고 해석함이 타당하다 할 것이다($\frac{대판 1977. 2. 8,}{75다1059}$).

(5) 국가배상법의 법적 성격

「국가배상법」의 법적 성격에 관해서는 공법설과 사법설의 다툼이 있는데,
이는 국가배상책임이 공법상의 배상책임인지 아니면 사법상의 배상책임인지의
문제와 관련된다.

(가) 공법설

공법설은 공법적 원인으로 인한 손해배상을 규율하는 「국가배상법」은 사경
제작용을 규율하는 「민법」과는 근본적으로 성격을 달리하므로, 「민법」과 「국가
배상법」 사이에는 일반법과 특별법의 관계가 성립될 수 없다고 본다. 즉, 공법

---

14) 이에 관하여는 김남진, 공무원의 자동차운행사고와 배상책임, 고시연구, 2002. 5. 참조.

과 사법의 이원적 체계를 인정하는 이상, 공법적 원인에 의해 발생한 손해에 대한 배상을 규율하는 「국가배상법」은 성질상 공법이라는 것이다.[15]

(나) 사법설

사법설은 국가배상청구권은 공법에 특유한 책임이론이 아니라 일반불법행위이론의 한 유형에 지나지 않고, 그 배상청구권은 원인행위 그 자체의 법률효과라기보다는 손해에 대하여 법이 부여한 법률효과라 할 수 있으며, 「국가배상법」 자체도 동법이 「민법」의 특별법적 성격을 가진다는 점을 명문화하고 있다($\frac{동법}{8조}$)는 등의 이유로 동법이 사법적 성질을 가진다고 주장한다.[16]

한편 소송실무상으로는 국가배상청구사건을 통상의 민사소송사건으로 다루고 있다.

> **[판례]** 공무원의 직무상 불법행위로 손해를 받은 국민이 국가 또는 공공단체에 배상을 청구하는 경우 국가 또는 공공단체에 대하여 그의 불법행위를 이유로 손해배상을 구함은 국가배상법이 정한 바에 따른다 하여도 이 역시 민사상의 손해배상책임을 특별법인 국가배상법이 정한 데 불과하다($\frac{대판\ 1972.\ 10.\ 10.}{69다701}$).

(다) 결 어

「국가배상법」은 공법적 원인에 의하여 발생한 손해에 대한 국가 등의 배상책임을 규정한 법으로서 공법으로 보아야 할 것이다. 따라서 국가배상에 관한 소송은 공법상의 당사자소송으로서 「행정소송법」의 적용을 받아야 할 것이다.

제 2 절 공무원의 직무상 불법행위로 인한 손해배상

기본사례1

육군 교관 丙은 훈련 도중, 사병들의 체력상황을 고려하지 않고 기합을 주어 이로 인해 사병 乙이 사망하였다. 이 경우 乙의 아들 甲은 국가를 상대로 손해배상을 청구할 수 있는가?

---

15) 김도창(상), 616면 등 다수설이다.
16) 이상규(상), 590-591면; 변재옥(Ⅰ), 499면.

기본사례2

경찰공무원 乙은 순찰차를 타고 출동하던 중 마주 오던 트럭운전자 甲과 쌍방과실로 충돌하여 동승하고 있던 경찰공무원 丙이 상해를 입었다. 甲이 丙에게 전액 배상한 경우, 甲은 乙의 과실에 따른 손해배상 부담부분에 대하여 국가와 乙을 상대로 구상권을 행사할 수 있는가?

Ⅰ. 배상책임의 요건

배상책임의 요건과 관련하여 「국가배상법」 제2조는 "국가나 지방자치단체는 공무원 또는 공무를 위탁받은 사인(이하 "공무원"이라 한다)이 직무를 집행하면서 고의 또는 과실로 법령을 위반하여 타인에게 손해를 입히거나, 자동차손해배상 보장법에 따라 손해배상의 책임이 있을 때에는 이 법에 따라 그 손해를 배상하여야 한다"라고 규정하고 있다.

위와 같은 규정을 바탕으로 국가 또는 지방자치단체(이하 "국가 등"이라 한다)의 배상책임이 성립하기 위한 구체적인 요건에 관하여 고찰하기로 한다.

1. 공무원의 행위

국가 등의 배상책임이 성립하기 위해서는 '공무원' 또는 '공무를 위탁받은 사인'(이하에서는 양자를 포함하는 개념으로 '공무원'이라 약칭한다)이 손해를 가했어야 한다(국가배상법 2조 1항). 종래 「국가배상법」상 공무원의 범위에는 「국가공무원법」 및 「지방공무원법」상의 공무원뿐만 아니라, 공무수탁사인 등 널리 공무를 위탁받아 실질적으로 그에 종사하는 모든 자를 포함한다고 보아, 공무수탁사인 등의 위법행위로 인한 손해에 대해서도 국가 등의 배상책임이 성립한다고 해석하여 왔다. 이러한 논의를 반영하여, 국가 등의 손해배상책임을 명확히 하기 위해 2009년 법개정을 통해 '공무를 위탁받은 사인'의 위법행위로 인한 손해도 「국가배상법」에 따라 국가 등이 배상하여야 한다는 것을 명시적으로 규정하였다.

[판례①] 구 국가배상법(2005. 7. 13. 법률 제7584호로 개정되기 전의 것) 제2조 제1항은 '국가 또는 지방자치단체는 공무원이 그 직무를 집행함에 당하여 고의 또는 과실로 법령에 위반하여 타인에게 손해를 가한 때에는 손해를 배상하여야 한다.'고 규정하였는데, 그 '공무원'이

란 국가공무원법이나 지방공무원법에 의하여 공무원으로서 신분을 가진 자에 국한하지 않고, 널리 공무를 위탁받아 실질적으로 공무에 종사하고 있는 일체의 자를 가리킨다(현행 국가배상법 제2조 제1항은 '공무를 위탁받은') (대판 2019. 1. 31, 사인'도 공무원에 해당한다고 명시하고 있다)(2013다14217).

[판례②] 국가배상법 제2조 소정의 '공무원'이라 함은 국가공무원법이나 지방공무원법에 의하여 공무원으로서의 신분을 가진 자에 국한하지 않고, 널리 공무를 위탁받아 실질적으로 공무에 종사하고 있는 일체의 자를 가리키는 것으로서, 공무의 위탁이 일시적이고 한정적인 사항에 관한 활동을 위한 것이어도 달리 볼 것은 아니다. (중략) 피고(서울특별시 강서구청)가 '교통할아버지 봉사활동' 계획을 수립한 다음 관할 동장으로 하여금 '교통할아버지' 봉사원을 선정하게 하여 그들에게 활동시간과 장소까지 지정해 주면서 그 활동시간에 비례한 수당을 지급하고 그 활동에 필요한 모자, 완장 등 물품을 공급함으로써, 피고의 복지행정업무에 해당하는 어린이 보호, 교통안내, 거리질서 확립 등의 공무를 위탁하여 이를 집행하게 하였다고 보아, 소외 ○○○은 '교통할아버지' 활동을 하는 범위 내에서는 국가배상법 제2조에 규정된 지방자치단체의 '공무원'이라고 봄이 상당하다(대판 2001. 1. 5, 98다39060. 동지. 판례: 대판 1991. 7. 9, 91다5570).

판례는 소집중인 향토예비군,[1] 미군부대의 카투사(KATUSA),[2] 시청소차운전수,[3] 집행관,[4] 통장[5] 등을 공무원에 포함시키면서도, 의용소방대원[6]은 공무원에서 제외시킨 바 있다. 그러나 의용소방대원도 "공무를 위탁받은 자"에 해당하므로, 여기에서의 공무원에 포함시켜야 한다고 새겨진다.[7]

[판례] 구 소방법 제63조의 규정에 의하여 시·읍·면이 소방서장의 소방업무를 보조하기 위하여 설치한 의용소방대를 국가기관이라고 할 수 없음은 물론 또 그것이 이를 설치한 시·읍·면에 예속된 기관이라고도 할 수 없다(대판 1978. 7. 11, 78다584).

---

1) 대판 1970. 5. 26, 70다471.
2) 대판 1969. 2. 18, 68다2346.
3) 대판 1980. 9. 24, 80다1051.
4) 대판 1966. 7. 26, 66다854: 「집행관은 재판의 집행, 서류의 송달 기타 법령에 의한 사무에 종사하는 실질적 의미에 있어서의 국가공무원에 속한다 할 것이다」.
5) 대판 1991. 7. 9, 91다5570.
6) 대판 1978. 7. 11, 78다584.
7) 동지: 「국가배상법상의 공무원개념은 신분상의 개념이 아니라 기능상의 개념이라는 점, 그리고 현행 소방법(1991년 전문개정)이 의용소방대의 설치(제86조), 보수(제88조), 경비(제90조) 등에 관하여 규정하고 있고, 특히 그 직무로서 "의용소방대원이 소방상 필요에 의하여 소집된 때에는 출동하여 소방본부장 또는 소방소장의 소방업무를 보조한다"는 명문의 규정(제87조)을 두고 있음에 비추어 소방대원도 소집중에 있는 경우에는 당연히 국가배상법상의 공무원에 포함된다고 보아야 할 것이다」(이일세, 국가배상법상의 "공무원이 직무를 집행함에 당하여"에 관한 고찰(상), 사법행정, 1997. 5, 21면).

2. 직무행위

(1) 직무행위의 범위

(가) 협의설

이는 '직무'를 권력작용에만 국한시키는 설이다. 이는 헌법과 국가배상법이 배상책임을 인정하는 것은 종래 부인되어 왔던 권력작용으로 인한 국가의 배상책임을 인정하기 위함이라는 것을 논거로 한다. 그러나 현재 이러한 입장을 취하는 학설은 발견하기 어렵다.

(나) 광의설

현재의 통설로서, '직무'에는 공권력작용 이외에 비권력적 공행정작용, 즉 관리작용도 포함된다고 하는 설로서 다수설과 현재의 판례의 입장으로 볼 수 있다. 이는 주로 「국가배상법」의 법적 성질을 공법으로 보는 학자들의 입장이다. 「국가배상법」이 국가의 배상책임에 관하여 「민법」과 별도로 규정한 것은, 사인 간의 행위와는 다른 공행정작용이면 권력작용이든 관리작용이든 모두 「국가배상법」 제2조의 직무에 포함되지만, 국가가 사인과 동일한 입장에서 행하는 사경제작용은 동일한 관계에는 동일한 법이 적용되어야 한다는 원리에 따라 「민법」의 적용대상이 되어야 한다는 것이 그 주된 논거이다.

(다) 최광의설

이는 제2조의 직무를 공법적 작용뿐만 아니라 사경제작용까지도 포함한 모든 행정작용이라고 보는 입장이다.[8] 이는 주로 「국가배상법」의 법적 성질을 사법으로 보는 학자들의 입장이다. 헌법 제29조는 행정작용의 성질을 불문하고 국가의 배상책임을 인정하고 있으며, 만일 사경제작용을 직무행위에서 제외하여 「민법」의 적용대상으로 하면 국가는 공무원의 선임·감독상의 주의의무의 이행을 증명함으로써 면책되기 때문에 이는 국가의 제1차적 배상책임주의 및 대위책임인 국가배상책임의 성질에 어긋난다는 것이 그 주된 논거이다.

(라) 결 어

국가배상제도를 일찍부터 발전시킨 독일·일본의 경우에는 연혁상으로나 실정법상으로나 국가배상의 대상인 직무행위가 권력행위 또는 공법행위를 의미한다는 것에 대하여 의문의 여지가 없다.[9] 그에 비해 우리나라의 「국가배상

---

8) 이상규(상), 595-596면; 변재옥(Ⅰ), 502면.
9) 일본의 국가배상법 제1조에서는 '공권력의 행사'라는 용어가 사용되고 있으며, 독일의 기본법 제34조에는 공무(öffentliches Amt)라는 용어가 사용되고 있다.

법」은 단순히 '직무'라고만 규정하고 있으므로, 문리상으로는 광의설과 최광의
설이 다 같이 수용될 수도 있다.[10] 그러나 우리의 법이 독일·일본의 법을 계수
한 점과 「국가배상법」은 본래 국가의 공법적 작용의 배상책임을 위해 특별히
제정된 것으로 보아야 하는 점, 국가(지방자치단체 포함)가 사법적으로 활동하는 경우에는
사인과 달리 취급할 필요가 없는 점 등에 비추어 광의설이 타당하다.[11]

판례는 과거 최광의설에 따른 것도 있었으나,[12] 현재는 일관되게 광의설에
따르고 있다. 즉, 국가배상법상 공무원의 직무에는 국가나 지방자치단체의 권
력적 작용뿐만 아니라 비권력적 작용도 포함되지만, 단순한 사경제주체로서 하
는 작용은 포함되지 않는다는 입장이다.

> **[판례①]** 국가배상법의 규정은 공권력의 행사에 있어서 공무원이 그 직무수행에
> 당하여 고의 또는 과실로 법령에 위배하여 타인에게 손해를 가했을 때 국가 또는
> 지방자치단체에게 그 손해의 배상책임을 지우는 경우에 적용되는 것으로서 국가
> 또는 지방자치단체라 할지라도 공권력의 행사가 아니고 순전히 대등한 지위에 있
> 어서의 사경제의 주체로 활동하였을 경우에는 그 손해배상의 책임에 국가배상법의
> 규정이 적용될 수 없다(대판 1970. 11. 24, 70다1148. 동지
판례: 대판 1979. 4. 22, 78다225).
>
> **[판례②]** 국가배상법이 정한 손해배상청구의 요건인 '공무원의 직무'에는 국가나
> 지방자치단체의 권력적 작용뿐만 아니라 비권력적 작용도 포함되지만 단순한 사경
> 제의 주체로서 하는 작용은 포함되지 않는다. (중략) 피고가 소외 회사에게 토지를
> 대부하여 주고 소외 회사가 그 지상에 호텔을 건축하여 이를 피고에게 기부채납
> 하되, 일정 기간 동안 소외 회사가 위 호텔을 유상 또는 무상으로 사용·수익할 수
> 있도록 하는 대부계약을 체결하였다가 위 대부계약을 해지하고, 소외 회사와 기성
> 공사비를 정산하여 그 정산금을 소외 회사에게 지급하여야 할 채무를 부담하였다
> 면, 그 정산금 지급과 관련된 피고의 업무는 사경제 주체로서의 작용에 해당한다
> 할 것이므로, 피고의 소속 공무원이 정산금 지급과 관련된 공탁업무를 처리하던 중
> 고의 또는 과실로 인한 위법행위로 타인에게 손해를 입혔다면 이에 대하여는 국가
> 배상법을 적용할 수는 없고 일반 민법의 규정을 적용할 수밖에 없다(대판 2004. 4. 9, 2002다
10691. 동지판례: 대판
> 2001. 1. 5, 98다39060: 대
판 1999. 11. 26, 98다47245).

---

10) 동지: 천병태(구제법), 310면.

11) 이 문제에 관한 국내외의 학설·판례의 상세는 특히 이일세, 국가배상법상의 "공무원이 직무를 집행함
   에 당하여"에 관한 고찰(상), 사법행정, 1997. 5, 25면 이하 참조.

12) 대판 1957. 6. 15, 4290민상118(국가배상법 제2조 제1항의 소위 공무원의 직무행위라 함은 모든 직무행
   위를 범칭하는 것이므로 그 행위가 국가 또는 공공단체의 경제적 작용에 기인한 경우는 물론 권력적
   작용에 기인한 경우도 이를 포함하는 것이다).

(2) 직무행위의 내용

일반적으로 직무행위의 내용에는 국가의 입법·행정·사법의 모든 작용이 포함된다고 보고 있으며, 특히 행정작용에는 법률행위적 행정행위, 준법률행위적 행정행위와 같은 법적 행위는 물론, 사실행위, 부작위(거부행위 포함) 등도 포함된다고 보고 있다. 이 가운데 직무행위의 내용과 관련하여 입법·사법상의 불법 및 공무원의 부작위에 대해서는 특별한 고찰을 필요로 한다.

(가) 입법작용의 경우

입법작용, 그 중에서도 법률제정의 위법성을 이유로 국가에 대하여 배상책임을 지우기는 용이하지 않다. 입법부(국회)의 구성원인 국회의원의 법령위반, 고의·과실, 법규의 일반·추상성 등이 국가배상의 요건 충족에 장애가 되기 때문이다.[13]

대법원 판례에 의하면 다음과 같이 매우 엄격한 요건을 충족한 경우에만 입법행위와 입법부작위로 인한 국가배상책임이 성립한다(대판 2008. 5. 29. 2004다33469). 우선 입법행위의 경우 입법 내용이 헌법의 문언에 명백히 위반됨에도 불구하고 국회가 굳이 당해 입법을 한 것과 같은 특수한 경우가 아닌 한 국가배상법 제2조 제1항 소정의 위법행위에 해당된다고 볼 수 없다. 다음으로 입법부작위의 경우 국가가 일정한 사항에 관하여 헌법에 의하여 부과되는 구체적인 입법의무를 부담하고 있음에도 불구하고 그 입법에 필요한 상당한 기간이 경과하도록 고의 또는 과실로 이러한 입법의무를 이행하지 아니하는 등 극히 예외적인 사정이 인정되는 경우에만 국가배상책임이 인정된다. 반면 헌법상 구체적인 입법의무 자체가 인정되지 않는 경우에는 애당초 부작위로 인한 불법행위가 성립될 여지가 없다.

> **[참고판례]** 우리 헌법이 채택하고 있는 의회민주주의하에서 국회는 다원적 의견이나 갖가지 이익을 반영시킨 토론과정을 거쳐 다수결의 원리에 따라 통일적인 국가의사를 형성하는 역할을 담당하는 국가기관으로서 그 과정에 참여한 국회의원은 입법에 관하여 원칙적으로 국민 전체에 대한 관계에서 정치적 책임을 질 뿐 국민 개개인의 권리에 대응하여 법적 의무를 지는 것은 아니므로, 국회의원의 입법행위는 그 입법 내용이 헌법의 문언에 명백히 위배됨에도 불구하고 국회가 굳이 당해 입법

---

13) 김남진, 입법·사법상의 불법과 국가책임, 고시계, 1989. 3; 김남진, 기본문제, 432면 이하; 정하중, 입법상의 불법에 대한 국가책임의 문제, 사법행정, 1993. 3; 이덕연, 입법상 불법에 대한 국가책임, 사법행정, 1995. 6; 정남철, 규범상 불법에 대한 국가책임, 공법연구 제33집 제1호, 2004. 11.

을 한 것과 같은 특수한 경우가 아닌 한 국가배상법 제2조 제1항 소정의 위법행위에 해당한다고 볼 수 없고, 같은 맥락에서 국가가 일정한 사항에 관하여 헌법에 의하여 부과되는 구체적인 입법의무를 부담하고 있음에도 불구하고 그 입법에 필요한 상당한 기간이 경과하도록 고의 또는 과실로 이러한 입법의무를 이행하지 아니하는 등 극히 예외적인 사정이 인정되는 사안에 한정하여 국가배상법 소정의 배상책임이 인정될 수 있으며, 위와 같은 구체적인 입법의무 자체가 인정되지 않는 경우에는 애당초 부작위로 인한 불법행위가 성립할 여지가 없다(대판 2008. 5. 29, 2004다33469, 동지: 판례: 대판 1997. 6. 13, 96다56115).

우리의 판례상 입법작용의 위법을 이유로 한 국가의 배상책임이 인정된 것에 구「국가보위입법회의법」부칙 4항에 근거하여 면직당한 국회사무처 및 국회도서관 직원의 배상청구사건[14]이 있다. 동법이 처분법률(Maßnahmegesetz)로서의 성질을 가지는 데다가 헌법재판소에 의하여 위헌판결[15]을 받았음으로 인해 비교적 쉽게 승소판결을 받을 수 있었다고 판단된다.

(나) 사법작용(재판)의 경우

법관도 「국가배상법」에 정해져 있는 공무원에 해당하므로, 법관이 판결을 행함에 있어 고의 또는 과실로 법령에 위반하여 타인에게 손해를 가하였다면, 국가의 배상책임이 충족된다. 그러나 입법상의 불법행위책임에 있어서와 같이, 판결의 위법을 이유로 한 배상책임을 인정하는 것에도 어려움이 많이 있다.[16]

재판은 확정력 있는 판결을 통한 분쟁의 종국적 결정(endgültige Streitentscheidung durch Erlaß rechtskräftiger Urteile)을 의미하는데, 판결에 대한 배상책임은 이와 같은 판결의 성질에 모순된다고 할 수 있다. 즉 재판에 패소한 자가 그 재판(판결)의 위법을 이유로 한 손해배상청구소송에서 승소한다면, 이는 선행판결의 무위를 가져오게 되며, 결과적으로 판결의 확정력은 그 의미를 상실하게 된다고 볼 수 있다.

그러나 위법한 판결로 인해 타인이 손해를 받는 경우를 완전히 배제할 수 없다. 적어도 우리나라 및 독일 등에 있어서와 같이 헌법 및 법률이 공무원의

---

14) 서울민사지법 1992. 8. 28, 91가합84035. 본 판례에 대한 비평에 대해서는 정하중, 입법상의 불법에 대한 국가책임의 문제, 사법행정, 1993. 3 참조.

15) 헌재 1989. 12. 18, 89헌마32 · 33.

16) 주요문헌: 김남진, 기본문제, 438면 이하; 송덕수, 독일법에 있어서 법관의 직무행위와 국가배상책임, 법학논집 제4권 제3호, 1999. 10; 정하중, 법관의 재판작용에 대한 국가배상책임, 저스티스 제75호, 2003. 10; 전극수, 법관의 재판에서의 불법행위에 대한 국가배상책임과 법관의 책임, 외법논집 제34권 제1호, 2010. 2; 김성률 · 정순형, 사법작용에 대한 국가배상의 비교법적 연구, 법이론실무연구 제6권 제1호, 2018. 3.

직무상 불법행위로 인한 국가책임을 규정하고 있는 이상, 판결의 위법을 이유로 한 국가배상의 청구는 일단 그 문이 열려 있다고 보지 않으면 안된다.

실정법에 의해 보장되어 있는 국민의 국가배상청구제도와 판결의 종국성, 이 두 가지 요청을 조화시키기 위해 안출된 제도가 독일에 있어서의 판결의 위법성을 이유로 한 국가책임의 제한인 것으로 새겨진다. 독일에서는 민법에서 공무원의 직무상 불법행위로 인한 손해의 배상책임에 관하여 규정하고 있는 바($_{조}^{839}$), 판결을 행함에 있어서의 공무원의 직무위반이 형법상의 죄를 구성하는 경우에(wenn die Pflichtverletzung in einer Straftät besteht) 한하여 배상책임을 지도록 하고 있다($_{2항}^{839조}$). 이와 같은 제한이 있는 이유 때문인지 독일에 있어서 그 사법적 불법에 대한 국가책임(Staatshaftung für judikatives Unrecht)의 문제는 이론 및 실무에 있어서 경시되어 있는 것 같이 보인다. 사법적 불법에 대한 공무원의 직무상 불법행위책임을 법률이 제한하고 있는 이유에 관하여 독일의 문헌은, 그것이 판결의 확정력(Rechtskraft der Urteile)을 확보하려는 데 있는 것이며, 법관을 보호하거나 그에게 특전을 주려고 하는 데 있지 않음을 강조하고 있다.

독일에 있어서와는 달리, 사법적 불법에 대한 국가책임, 그 중에서도 판결의 위법을 이유로 한 국가배상의 문제는 일본에서 문헌 및 재판을 통해서 활발히 논의되고 있으며, 긍정설과 부정설이 대립되어 있다. 긍정설측은 공무원의 직무상 불법행위를 명문화하고 있는 실정법규정($_{1조 등}^{국가배상법}$), 민주국가에 있어서의 국가무책임배제의 원칙 등을 그의 논거로서 제시한다. 이에 대해 부정설측은 재판관의 독립을 이유로 한 민사면책 등을 그의 논거로 제시한다.

최근 우리나라에서도 이 문제가 부각되고 있다. 대법원은 재판에 대한 국가배상책임 인정에 소극적인 태도를 보이고 있다.

> **[판례]** 법관이 행하는 재판사무의 특수성과 그 재판과정의 잘못에 대하여는 따로 불복절차에 의하여 시정될 수 있는 제도적 장치가 마련되어 있는 점 등에 비추어 보면, 법관의 재판에 법령의 규정을 따르지 아니한 잘못이 있다 하더라도 이로써 바로 그 재판상 직무행위가 국가배상법 제2조 제1항에서 말하는 위법한 행위로 되어 국가의 배상책임이 발생하는 것은 아니고, 그 국가배상책임이 인정되려면 당해 법관이 위법 또는 부당한 목적을 가지고 재판하는 등 법관이 그에게 부여된 권한의 취지에 명백히 어긋나게 이를 행사하였다고 인정할 만한 특별한 사정이 있어야 한다($_{판례: 대판 2001. 3. 9, 2000다29905}^{대판 2001. 4. 24, 2000다16114, 동지}$).

대법원은 재판에 대하여 불복절차 또는 시정절차가 마련되어 있는 경우, 이를 통한 시정을 구하지 않은 사람은 국가배상에 의한 권리구제를 받을 수 없다는 입장을 분명히 하고 있다. 반면 불복절차 내지 시정절차가 마련되어 있지 않은 경우에는 비교적 너그럽게 국가배상책임이 성립을 인정하고 있다.

[판례①] 재판에 대하여 불복절차 또는 시정절차가 마련되어 있는 경우, 법관이나 다른 공무원의 귀책사유로 불복에 의한 시정을 구할 수 없었다거나 그와 같은 시정을 구할 수 없었던 부득이한 사정이 없는 한, 그와 같은 시정을 구하지 않은 사람은 원칙적으로 국가배상에 의한 권리구제를 받을 수 없다. (중략) 재판작용에 대한 국가배상책임에 관한 판례는 재판에 대한 불복절차 또는 시정절차가 마련되어 있으면 이를 통한 시정을 구하지 않고서는 원칙적으로 국가배상을 구할 수 없다는 것으로, 보전재판이라고 해서 이와 달리 보아야 할 이유가 없다(대판 2022. 3. 17. 2019다226975).

[판례②] 재판에 대하여 따로 불복절차 또는 시정절차가 마련되어 있는 경우에는 재판의 결과로 불이익 내지 손해를 입었다고 여기는 사람은 그 절차에 따라 자신의 권리 내지 이익을 회복하도록 함이 법이 예정하는 바이므로, 이 경우에는 불복에 의한 시정을 구할 수 없었던 것 자체가 법관이나 다른 공무원의 귀책사유로 인한 것이라거나 그와 같은 시정을 구할 수 없었던 부득이한 사정이 있었다는 등의 특별한 사정이 없는 한, 스스로 그와 같은 시정을 구하지 아니한 결과 권리 내지 이익을 회복하지 못한 사람은 원칙적으로 국가배상에 의한 권리구제를 받을 수 없다고 봄이 상당하다고 하겠으나, 재판에 대하여 불복절차 내지 시정절차 자체가 없는 경우에는 부당한 재판으로 인하여 불이익 내지 손해를 입은 사람은 국가배상 이외의 방법으로는 자신의 권리 내지 이익을 회복할 방법이 없으므로, 이와 같은 경우에는 위에서 본 배상책임의 요건이 충족되는 한 국가배상책임을 인정하지 않을 수 없다.

헌법소원심판을 청구한 자로서는 헌법재판소 재판관이 일자 계산을 정확하게 하여 본안판단을 할 것으로 기대하는 것이 당연하고, 따라서 헌법재판소 재판관의 위법한 직무집행의 결과 잘못된 각하결정을 함으로써 청구인으로 하여금 본안판단을 받을 기회를 상실하게 한 이상, 설령 본안판단을 하였더라도 어차피 청구가 기각되었을 것이라는 사정이 있다고 하더라도, 잘못된 판단으로 인하여 헌법소원심판 청구인의 위와 같은 합리적인 기대를 침해한 것이고 이러한 기대는 인격적 이익으로서 보호할 가치가 있다고 할 것이므로, 그 침해로 인한 정신상 고통에 대하여는 위자료를 지급할 의무가 있다(대판 2003. 7. 11. 99다24218).

(다) 공무원의 부작위(권한행사의 해태)

공무원의 부작위('행정권한의 해태 또는 불행사라고도 한다')에 관해서는 그 부작위가 재량행위인지 여부, 공무원의 부작위로 인하여 상대방이 법률상 이익을 침해받았는지 아니면 단순히 반사적 이익을 침해받았는지 여부 등이 특별한 의미를 가진다.

부작위의 유형은 ① 법령 자체의 규정이나 그 해석에 의하여 작위의무가 일의적으로 인정되는 경우, ② 법령에 의하여 공무원에게 권한이 부여되어 있지만 그 권한을 행사하는 공무원의 재량이 인정되는 경우, ③ 공무원의 작위권한이 법령에 구체적으로 규정되어 있지 아니한 경우 등으로 나누어 볼 수 있다.

①의 유형은 특정한 행정작용이 기속행위이거나 행정기관의 작위의무가 인정되는 경우임에도 아무런 행정작용을 하지 않아 국민에게 손해가 발생한 경우이다. 이 경우는 공무원의 부작위를 직무상 의무를 위반한 위법행위로 보아 손해배상책임을 인정하는 데 무리가 없다.

> **[판례]** 공무원이 법령에 명시적으로 작위의무가 규정되어 있음에도 그 의무를 불이행하는 경우에는 공무원이 그 직무를 집행함에 당하여 고의 또는 과실로 법령에 위반하여 타인에게 손해를 가한 때에 해당하여 국가배상책임을 인정할 수 있다 (대판 2003. 11. 14, 2002다55304).

②의 유형에 관하여 살펴보면, 종래에는 행정권의 발동 여부는 행정기관의 재량에 맡겨져 있다는 행정편의주의적 이론에 따라, 공무원의 부작위로 인하여 국민이 불이익을 입은 경우에도 이를 단순한 반사적 이익의 침해로 보았다. 그러나 종래의 행정편의주의 및 반사적 이익론의 수정에 따라 공무원의 위법한 부작위에 대한 국가의 배상책임의 길이 넓어져 가고 있다. 특히 근래에는 「재량권의 0으로의 수축」 이론으로 말미암아 공무원의 부작위의 위법성을 논하기가 용이하게 되었다.[17] 예컨대 이른바 김신조사건[18]에서와는 달리, 근래에는 판례상으로도 '공무원의 부작위를 이유로 한 배상책임'과 관련하여서도 '직무범

---

17) 주요문헌: 김연태, 공무원의 부작위에 대한 국가배상책임, 고려대학교 석사학위논문, 1986; 김남진, 공무원의 감독상 직무해태와 배상책임, 자치발전, 2001. 12; 김남진, "이태원 참사"와 국가배상, 학술원통신 제355호, 2023. 2; 김현준, 규제권한 불행사에 의한 국가배상책임의 구조와 위법성 판단기준, 행정판례연구 XVI-I, 2011; 김현준, 경찰부작위로 인한 국가배상청구소송에 있어 작위의무의 성립요건, 토지공법연구 제56집, 2012. 2; 박정훈, 행정부작위와 국가배상책임의 구조적 해석, 토지공법연구 제63집, 2013. 11.

18) 대판 1971. 4. 6, 71다124. 이 사건에서 법원은 공무원의 부작위(신고받은 경찰관의 부작위)와 피해자 (무장공비에 의한 피살자)의 피살간의 인과관계문제만을 다루었다. 상세는 김남진, 기본문제, 441면 이하 참조.

위', '위법성(법령위반)', '인과관계' 등의 요건에 관하여 구체적으로 검토하는 경향을 나타내고 있다.

[판례①] 부랑인선도시설 또는 정신질환자요양시설의 지도·감독사무에 관한 관계 법규의 규정에 의하여 장관의 지도·감독권한을 위임받은 시장·군수·구청장의 지도·감독의 권한 및 의무의 내용은 적어도 부수적으로는 사회구성원 개인의 신체, 건강 등 안전과 이익을 보호하기 위하여 설정된 것이라 할 것이므로, 부랑인선도시설 및 정신질환자요양시설에 대한 지도·감독 업무를 담당하는 공무원이 그와 같은 지도·감독의무를 다하지 아니한 경우 그 의무 위반이 직무에 충실한 보통 일반의 공무원을 표준으로 할 때 객관적 정당성을 상실하였다고 인정될 정도에 이른 경우에는 국가배상법 제2조에서 말하는 위법의 요건을 충족한다고 봄이 상당하고, 또한 시장·군수·구청장이 부랑인선도시설 및 정신질환자요양시설의 업무에 관하여 지도·감독을 하고, 필요한 경우 그 시설에 대하여 그 업무의 내용에 관하여 보고하게 하거나 관계 서류의 제출을 명하거나 소속공무원으로 하여금 시설에 출입하여 검사 또는 질문하게 할 수 있는 등 형식상 시장·군수·구청장에게 재량에 의한 직무수행권한을 부여한 것처럼 되어 있더라도 시장·군수·구청장에게 그러한 권한을 부여한 취지와 목적에 비추어 볼 때 구체적인 사정에 따라 시장·군수·구청장이 그 권한을 행사하여 필요한 조치를 취하지 아니하는 것이 현저하게 불합리하다고 인정되는 경우에는 그러한 권한의 불행사는 직무상의 의무를 위반하는 것이 되어 위법하게 된다고 할 것이다($\binom{\text{대판 2006. 7. 28.}}{\text{2004다759}}$).19)

[판례②] 구 소방법($\binom{\text{2003. 5. 29. 법률 제6893호 소}}{\text{방기본법 부칙 제2조로 폐지}}$)은 화재를 예방·경계·진압하고 재난·재해 및 그 밖의 위급한 상황에서의 구조·구급활동을 통하여 국민의 생명·신체 및 재산을 보호함으로써 공공의 안녕질서의 유지와 복리증진에 이바지함을 목적으로 하여 제정된 법으로서, 소방법의 규정들은 단순히 전체로서의 공공 일반의 안전을 도모하기 위한 것에서 더 나아가 국민 개개인의 인명과 재화의 안전보장을 목적으로 하여 둔 것이므로, 소방공무원이 소방법 규정에서 정하여진 직무상의 의무를 게을리 한 경우 그 의무 위반이 직무에 충실한 보통 일반의 공무원을 표준으로 할 때 객관적 정당성을 상실하였다고 인정될 정도에 이른 경우에는 국가배상법 제2조에서 말하는 위법의 요건을 충족하게 된다. 그리고 소방공무원의 행정권한 행사

---

19) 부랑인선도시설 및 정신질환자요양시설의 지도·감독사무에 관한 법규의 규정 형식과 취지에 비추어 부랑인선도시설 및 정신질환자요양시설에 대한 지방자치단체장의 지도·감독사무는 보건복지부장관 등으로부터 기관위임된 국가사무라고 전제한 다음, 위 시설에 대한 지도·감독 업무를 담당하는 공무원이 위 시설에서 수용자들에 대하여 폭행 등의 부당한 대우가 있음을 알았거나 쉽게 알 수 있었음에도 불구하고 이와 관련하여 필요한 조치를 취하지 아니한 경우, 그 직무상 권한의 불행사가 현저히 합리성을 결한 것으로서 위법하다고 하여 국가배상책임을 인정한 사례.

가 관계 법률의 규정 형식상 소방공무원의 재량에 맡겨져 있다고 하더라도 소방공무원에게 그러한 권한을 부여한 취지와 목적에 비추어 볼 때 구체적인 상황 아래에서 소방공무원이 그 권한을 행사하지 않은 것이 현저하게 합리성을 잃어 사회적 타당성이 없는 경우에는 소방공무원의 직무상 의무를 위반한 것으로서 위법하게 된다(대판 2008. 4. 10. 2005다48994). 20)

특히 경찰관의 권한과 관련해서는 「경찰관 직무집행법」에 규정된 권한을 행사하지 않은 것이 위법한지와 관련되어 문제된다.

[판례] 경찰은 범죄의 예방, 진압 및 수사와 함께 국민의 생명, 신체 및 재산의 보호 등과 기타 공공의 안녕과 질서유지도 직무로 하고 있고, 그 직무의 원활한 수행을 위하여 경찰관직무집행법, 형사소송법 등 관계 법령에 의하여 여러 가지 권한이 부여되어 있으므로, 구체적인 직무를 수행하는 경찰관으로서는 제반 상황에 대응하여 자신에게 부여된 여러 가지 권한을 적절하게 행사하여 필요한 조치를 취할 수 있는 것이고, 그러한 권한은 일반적으로 경찰관의 전문적 판단에 기한 합리적인 재량에 위임되어 있는 것이나, 경찰관에게 권한을 부여한 취지와 목적에 비추어 볼 때 구체적인 사정에 따라 경찰관이 그 권한을 행사하여 필요한 조치를 취하지 아니하는 것이 현저하게 불합리하다고 인정되는 경우에는 그러한 권한의 불행사는 직무상의 의무를 위반한 것이 되어 위법하게 된다(대판 2004. 9. 23. 2003다49009. 동지 판례: 대판 2016. 4. 15. 2013다20427).

③의 유형, 즉 법령의 규정이 없는 경우에 관하여 판례는 다음과 같은 견지에서 국가배상책임의 유무를 판단하고 있다.

[판례] 공무원의 부작위를 이유로 국가배상책임을 인정하기 위해서는 공무원의 작위로 국가배상책임을 인정하는 경우와 마찬가지로 '공무원이 직무를 집행하면서 고의 또는 과실로 법령을 위반하여 타인에게 손해를 입힌 때'라는 국가배상법 제2조 제1항의 요건이 충족되어야 한다. 여기서 '법령 위반'이란 엄격하게 형식적 의미의 법령에 명시적으로 공무원의 작위의무가 규정되어 있는데도 이를 위반하는 경우만을 의미하는 것은 아니고, 인권존중·권력남용금지·신의성실과 같이 공무원으로서 마땅히 지켜야 할 준칙이나 규범을 지키지 않고 위반한 경우를 포함하여 널리

---

20) 유흥주점에 감금된 채 윤락을 강요받으며 생활하던 여종업원들이 유흥주점에 화재가 났을 때 미처 피신하지 못하고 유독가스에 질식해 사망한 사안에서, 소방공무원이 위 유흥주점에 대하여 화재 발생 전 실시한 소방점검 등에서 구 소방법상 방염 규정 위반에 대한 시정조치 및 화재 발생시 대피에 장애가 되는 잠금장치의 제거 등 시정조치를 명하지 않은 직무상 의무 위반은 현저히 불합리한 경우에 해당하여 위법하고, 이러한 직무상 의무 위반과 위 사망의 결과 사이에 상당인과관계가 존재한다고 한 사례.

객관적인 정당성이 없는 행위를 한 경우를 포함한다. 따라서 국민의 생명·신체·재산 등에 관하여 절박하고 중대한 위험상태가 발생하였거나 발생할 우려가 있어서 국민의 생명·신체·재산 등을 보호하는 것을 본래적 사명으로 하는 국가가 초법규적, 일차적으로 그 위험 배제에 나서지 않으면 국민의 생명·신체·재산 등을 보호할 수 없는 경우에는 형식적 의미의 법령에 근거가 없더라도 국가나 관련 공무원에 대하여 그러한 위험을 배제할 작위의무를 인정할 수 있다. 공무원의 부작위를 이유로 국가배상책임을 인정할 것인지가 문제 되는 경우에 관련 공무원에 대하여 작위의무를 명하는 법령 규정이 없다면 공무원의 부작위로 침해된 국민의 법익 또는 국민에게 발생한 손해가 어느 정도 심각하고 절박한 것인지, 관련 공무원이 그와 같은 결과를 예견하여 결과를 회피하기 위한 조치를 취할 가능성이 있는지 등을 종합적으로 고려하여 판단하여야 한다 (대판 2022. 7. 14. 2017다290538, 동지판례: 대판 2021. 7. 21. 2021두33838; 대판 2020. 5. 28. 2017다211559).

한편, 행정입법부작위로 인하여 손해가 발생한 경우 국가배상청구의 요건이 갖추어진다면 국가는 손해를 배상할 의무를 지게 되는 것은 마찬가지이다.

[판례] 입법부가 법률로써 행정부에게 특정한 사항을 위임했음에도 불구하고 행정부가 정당한 이유 없이 이를 이행하지 않는다면 권력분립의 원칙과 법치국가 내지 법치행정의 원칙에 위배되는 것으로서 위법함과 동시에 위헌적인 것이 되는바, 구 군법무관임용법 제5조 제3항과 군법무관임용 등에 관한 법률 제6조가 군법무관의 보수를 법관 및 검사의 예에 준하도록 규정하면서 그 구체적 내용을 시행령에 위임하고 있는 이상, 위 법률의 규정들은 군법무관의 보수의 내용을 법률로써 일차적으로 형성한 것이고, 위 법률들에 의해 상당한 수준의 보수청구권이 인정되는 것이므로, 위 보수청구권은 단순한 기대이익을 넘어서는 것으로서 법률의 규정에 의해 인정된 재산권의 한 내용이 되는 것으로 봄이 상당하고, 따라서 행정부가 정당한 이유 없이 시행령을 제정하지 않은 것은 위 보수청구권을 침해하는 불법행위에 해당한다 (대판 2007. 11. 29. 2006다3561).

(3) 직무행위의 판단기준

「국가배상법」 제2조 1항의 "직무를 집행하면서"라고 함은, 직무행위 자체는 물론 객관적으로 직무의 범위에 속한다고 판단되는 행위 및 직무와 밀접히 관련된 행위를 말한다.

직무행위인지 여부는 당해 행위가 현실적으로 정당한 권한 내의 것인지 또는 행위자인 공무원이 주관적으로 직무집행의 의사를 갖고 있는지의 여부와는 관계없이, 객관적으로 직무행위의 외관을 갖추고 있는지의 여부에 따라 판단해야 한다는 것이 통설과 판례의 태도이다(예컨대 공무원이 공무를 가장해 실질적으로는 개인의 이익을 추구하면서 피해자인 국민에게 손해를 입힌 경우 직무행위의 외관을 갖추고 있으면 국가배상책임이 성립한다).

> **[판례①]** 국가배상법 제2조 제1항의 '직무를 집행함에 당하여'라 함은 직접 공무원의 직무집행 행위이거나 그와 밀접한 관련이 있는 행위를 포함하고, 이를 판단함에 있어서는 행위 자체의 외관을 객관적으로 관찰하여 공무원의 직무행위로 보여질 때에는 비록 그것이 실질적으로 직무행위가 아니거나 또는 행위자로서는 주관적으로 공무집행의 의사가 없었다고 하더라도 그 행위는 공무원이 '직무를 집행함에 당하여' 한 것으로 보아야 한다(대판 2005. 1. 14. 2004다26805, 동지. 판례: 대판 1995. 4. 21. 93다14240).
>
> **[판례②]** 국가배상법 제2조 소정의 "공무원이 그 직무를 집행함에 당하여"라고 함은 직무의 범위 내에 속한 행위이거나 직무수행의 수단으로써 또는 직무행위에 부수하여 행하여지는 행위로서 직무와 밀접한 관련이 있는 것도 포함되는바, 육군중사가 자신의 개인소유 오토바이 뒷좌석에 같은 부대 소속 군인을 태우고 다음날부터 실시예정인 훈련에 대비하여 사전정찰차 훈련지역 일대를 살피고 귀대하던 중 교통사고가 일어났다면, 그가 비록 개인소유의 오토바이를 운전한 경우라 하더라도 실질적, 객관적으로 위 운전행위는 그에게 부여된 훈련지역의 사전정찰임무를 수행하기 위한 직무와 밀접한 관련이 있다고 보아야 한다(대판 1994. 5. 27. 94다6741).
>
> **[판례③]** 공무원이 통상적으로 근무하는 근무지로 출근하기 위하여 자기 소유의 자동차를 운행하다가 자신의 과실로 교통사고를 일으킨 경우에는 특별한 사정이 없는 한 국가배상법 제2조 제1항 소정의 공무원이 '직무를 집행함에 당하여' 타인에게 불법행위를 한 것이라고 할 수 없으므로 그 공무원이 소속된 국가나 지방공공단체가 국가배상법상 책임을 부담하지 아니한다(대판 1996. 5. 31. 94다15271).

3. 직무상 불법행위

국가 등의 배상책임이 성립하기 위해서는 공무원이 고의 또는 과실로 법령에 위반하여 손해를 가했어야 한다.

국가배상청구권의 성립 요건으로서 공무원의 고의 또는 과실을 규정함으로써 무과실책임을 인정하지 않은 「국가배상법」 제2조 제1항이 헌법상 국가배상청구권을 침해하는지 여부가 문제된 사건에서 헌법재판소는 합헌이라고 하였다.

> **[판례]** 헌법상 국가배상청구권은 청구권적 기본권이고, 그 요건인 '불법행위'는 법률에서 구체적으로 형성할 수 있는 개념이라 할 것이다.

헌법 제29조 제1항 제1문은 '공무원의 직무상 불법행위'로 인한 국가 또는 공공단체의 책임을 규정하면서 제2문은 '이 경우 공무원 자신의 책임은 면제되지 아니한다'고 규정하여 헌법상 국가배상책임은 공무원의 책임을 일정 부분 전제하는 것으로 해석될 수 있고, 헌법 제29조 제1항에 법률유보 문구를 추가한 것은 국가재정을 고려하여 국가배상책임의 범위를 법률로 정하도록 한 것으로 해석된다. 공무원의 고의 또는 과실이 없는데도 국가배상을 인정할 경우 피해자 구제가 확대되기는 하겠지만 현실적으로 원활한 공무수행이 저해될 수 있어 이를 입법정책적으로 고려할 필요성이 있다. 외국의 경우에도 대부분 국가에서 국가배상책임에 공무수행자의 유책성을 요구하고 있으며, 최근에는 국가배상법상의 과실관념의 객관화, 조직과실의 인정, 과실 추정과 같은 논리를 통하여 되도록 피해자에 대한 구제의 폭을 넓히려는 추세에 있다.

　이러한 점들을 고려할 때, 이 사건 법률조항이 국가배상청구권의 성립요건으로서 공무원의 고의 또는 과실을 규정한 것을 두고 입법형성의 범위를 벗어나 헌법 제29조에서 규정한 국가배상청구권을 침해한다고 보기는 어렵다($\binom{헌재\ 2015.\ 4.\ 30,}{2013헌바395}$).

(1) 고의·과실

(가) 고의·과실의 의의

고의·과실을 요건으로 하고 있는 점에서, 「국가배상법」은 원칙적으로 과실책임주의에 입각하고 있다. 여기에서 '고의'란 위법한 결과가 발생하리라는 것을 알면서 이를 행하는 심리상태를 말하며, '과실'이란 위법한 결과가 발생한다는 것을 알고 있어야 함에도 불구하고 부주의로 그것을 알지 못하였음을 의미한다.[21] 과실은 그 정도에 따라 중과실과 경과실로 나누어지는데, 국가배상법 제2조 2항이 특별히 중과실을 요구하고 있는 취지로 보아 동법 제2조 1항의 과실에는 경과실도 포함된다고 새겨진다. 이러한 고의·과실은 당해 공무원을 기준으로 판단하여야 하며, 국가 등에 의한 공무원의 선임·감독상의 고의·과실을 말하는 것이 아니다. 이러한 점에서 민법($\frac{756}{조}$)에 의한 사용자책임과 구별된다.

[판례①] 공무원의 직무집행상 과실이란 공무원이 직무를 수행하면서 해당 직무를 담당하는 평균인이 통상 갖추어야 할 주의의무를 게을리한 것을 말한다($\binom{대판\ 2021.\ 6.\ 10,}{2017다286874}$).

---

21) 이 점과 관련하여, 「한국의 통설과 판례는 국가배상법의 과실을 민법상의 불법행위와 같은 손해발생에 관련시키고 있으나 법치주의에 기초하여 국가와 개인의 이익을 도모하는 국가배상법에 있어서는 민법과 달리 과실을 손해발생보다 법령위반, 즉 위법성에 관련시키는 것이 보다 타당할 것이다」는 지적은 경청할 만하다. 정하중, 입법상의 불법에 대한 국가책임의 문제, 사법행정, 1993. 3. 10면 참조.

[판례②] 공무원이 직무 수행 중 불법행위로 타인에게 손해를 입힌 경우에 국가나 지방자치단체가 국가배상책임을 부담하는 외에 공무원 개인도 고의 또는 중과실이 있는 경우에는 불법행위로 인한 손해배상책임을 지고, 공무원에게 경과실이 있을 뿐인 경우에는 공무원 개인은 불법행위로 인한 손해배상책임을 부담하지 아니하는데, 여기서 공무원의 중과실이란 공무원에게 통상 요구되는 정도의 상당한 주의를 하지 않더라도 약간의 주의를 한다면 손쉽게 위법·유해한 결과를 예견할 수 있는 경우임에도 만연히 이를 간과함과 같은 거의 고의에 가까운 현저한 주의를 결여한 상태를 의미한다(대판 2011. 9. 8, 2011다34521).

공무원의 고의·과실 유무와 관련하여 주로 문제되는 것은 법령 해석에 관한 선례나 기준이 마련되어 있지 않은 상황에서 공무원이 한 행정처분으로 손해가 발생하였다면 공무원에게 고의나 과실이 있다고 볼 수 있을 것인지 여부이다. 이와 관련하여 대법원은 ① 일반적으로 공무원이 직무를 집행함에 있어서 관계 법규를 알지 못하거나 필요한 지식을 갖추지 못하여 법규의 해석을 그르쳐 잘못된 행정처분을 하였다면 그가 법률전문가가 아닌 행정직 공무원이라고 하여 과실이 없다고 할 수 없으나, ② 법령에 대한 해석이 그 문언 자체만으로는 명백하지 아니하여 여러 견해가 있을 수 있는 데다가 이에 대한 선례나 학설, 판례 등도 귀일된 바 없어 의의(疑義)가 없을 수 없는 경우에 관계 공무원이 그 나름대로 신중을 다하여 합리적인 근거를 찾아 그 중 어느 한 견해를 따라 내린 해석이 후에 대법원이 내린 입장과 같지 않아 결과적으로 잘못된 해석에 돌아가고, 이에 따른 처리가 역시 결과적으로 위법하게 되어 그 법령의 부당집행이라는 결과를 가져오게 되었다고 하더라도 그와 같은 처리방법 이상의 것을 성실한 평균적 공무원에게 기대하기는 어려운 일이고, 따라서 이러한 경우에까지 공무원의 과실을 인정할 수는 없다는 입장을 일관되게 유지하고 있다(대판 2010. 4. 29, 2009다97925; 대판 1995. 10. 13, 95다32747 등).

[판례①] 법령에 대한 해석이 복잡, 미묘하여 워낙 어렵고, 이에 대한 학설, 판례조차 귀일되어 있지 않는 등의 특별한 사정이 없는 한 일반적으로 공무원이 관계 법규를 알지 못하거나 필요한 지식을 갖추지 못하고 법규의 해석을 그르쳐 행정처분을 하였다면 그가 법률전문가가 아닌 행정직 공무원이라고 하여 과실이 없다고는 할 수 없다(대판 2001. 2. 9, 98다52988).
[판례②] 법령에 대한 해석이 어렵고 이에 대한 학설·판례조차 정리되지 아니하였으나 행정지시 등에 의하여 실무의 취급이 확립되어 있을 때에는 공무원이 행정

지시 등에 따라 사무처리를 한 이상 다른 특별한 사정이 없으면 그 행정지시에 따른 처리에 과실이 없다고 할 것이다(대판 1994. 5. 27, 94다12708, 동지 판례: 대판 2005. 5. 12, 97다70600).

[판례③] 어떠한 행정처분이 뒤에 항고소송에서 취소되었다고 할지라도 그 자체만으로 그 행정처분이 곧바로 공무원의 고의 또는 과실로 인한 불법행위를 구성한다고 단정할 수는 없는바, 그 이유는 행정청이 관계 법령의 해석이 확립되기 전에 어느 한 설을 취하여 업무를 처리한 것이 결과적으로 위법하게 되어 그 법령의 부당집행이라는 결과를 빚었다고 하더라도 처분 당시 그와 같은 처리방법 이상의 것을 성실한 평균적 공무원에게 기대하기 어려웠던 경우라면 특별한 사정이 없는 한 이를 두고 공무원의 과실로 인한 것이라고는 볼 수 없기 때문이다(대판 2001. 3. 13, 2000다 20731, 동지판례: 대판 2001. 12. 14, 2000다12679; 대판 2004. 6. 11, 2002다31018).

[판례④] 법령에 의하여 국가가 그 시행 및 관리를 담당하는 시험에 있어 시험문항의 출제 및 정답결정에 오류가 있어 이로 인하여 합격자 결정이 위법하게 되었다는 것을 이유로 공무원 내지 시험출제에 관여한 시험위원의 고의, 과실로 인한 국가배상책임을 인정하기 위하여는, 제반사정을 종합적으로 고려하여 시험관련 공무원 혹은 시험위원이 객관적 주의의무를 결하여 그 시험의 출제와 정답 및 합격자 결정 등의 행정처분이 객관적 정당성을 상실하고, 이로 인하여 손해의 전보책임을 국가에게 부담시켜야 할 실질적인 이유가 있다고 인정되어야 할 것이다(대판 2003. 11. 27, 2001다33789·33769·33802·33819).

[판례⑤] 형사소송법 및 관계 법령이 형사소송절차에서 피의자가 갖는 권리에 관하여 명문의 규정을 두고 있지 아니하여 그 해석에 관하여 여러 가지 견해가 있을 수 있고, 이에 대하여 대법원 판례 등 선례가 없고 학설도 귀일된 바 없어 의의(疑義)가 있을 수 있는 경우에는, 검사로서는 그 나름대로 신중을 다하여 그 당시의 실무관행을 파악하고 각 견해의 근거의 합리성을 검토하여 어느 한 견해를 따라 조치를 취할 수밖에 없다. 이 경우 그러한 조치 후에 대법원이 형사소송법 등 법령에 명시되지 아니한 피의자의 권리를 헌법적 해석을 통하여 인정하거나 피의자의 다른 권리에 관한 형사소송법의 규정 등을 유추 적용하여 인정함으로써, 사후적으로 피의자에게 그러한 권리가 존재하지 않는 것으로 해석한 검사의 조치가 잘못된 것으로 판명되고 이에 따른 처리가 결과적으로 위법하게 되어 법령의 부당집행이라는 결과를 가져오게 되었다고 하더라도, 그 조치 당시 그 검사가 내린 판단 이상의 것을 성실하고 합리적인 평균적 검사에게 기대하기 어렵다고 인정된다면, 특별한 사정이 없는 한 이러한 경우에까지 당해 검사에게 국가배상법 제2조 제1항에서 규정하는 과실이 있다고 할 수 없다(대판 2010. 6. 24, 2006다58738).[22)]

---

22) 대법원이 헌법 제12조 제4항 본문의 규정 등과 적법절차주의를 선언한 헌법정신 및 구 형사소송법 (2007. 6. 1. 법률 제8496호로 개정되기 전의 것) 제209조, 제89조 등의 유추 적용에 의해, 구금된 피의자

이러한 법리는 위법·무효인 시행령의 제정에 관여한 공무원의 불법행위책임 성립 여부와 관련해서도 적용된다.

> **[판례]** 일반적으로 행정입법에 관여하는 공무원이 시행령이나 시행규칙을 제정함에 있어서 관계 법규를 알지 못하거나 필요한 지식을 갖추지 못하여 법률 등 상위법규의 해석을 그르치는 바람에 상위법규에 위반된 시행령 등을 제정하게 되었다면 그가 법률전문가가 아닌 행정공무원이라고 하여 과실이 없다고 할 수는 없으나, 상위법규에 대한 해석이 그 문언 자체만으로는 명백하지 아니하여 여러 견해가 있을 수 있는 데다가 이에 대한 선례나 학설·판례 등도 하나로 통일된 바 없어 해석상 다툼의 여지가 있는 경우, 그 공무원이 나름대로 합리적인 근거를 찾아 어느 하나의 견해에 따라 상위법규를 해석한 다음 그에 따라 시행령 등을 제정하게 되었다면, 그와 같은 상위법규의 해석이 나중에 대법원이 내린 해석과 같지 아니하여 결과적으로 당해 시행령 등의 규정이 위법한 것으로 되고 그에 따른 행정처분 역시 결과적으로 위법하게 되어 위법한 법령의 제정 및 법령의 부당집행이라는 결과를 가져오게 되었다고 하더라도, 그와 같은 직무처리 이상의 것을 당해 업무를 담당하는 성실한 평균적 공무원에게 기대하기 어려운 것이므로, 이러한 경우에까지 국가배상법상 공무원의 과실이 있다고 할 수는 없다(대판 1997. 5. 28. 95다15735).

행정청이 처분을 할지 여부를 결정하는 것을 지체하여 손해가 발생한 경우에도 마찬가지 법리가 적용된다.

> **[판례]** 행정청의 처분을 구하는 신청에 대하여 상당한 기간 처분 여부 결정이 지체되었다고 하여 곧바로 공무원의 고의 또는 과실에 의한 불법행위를 구성한다고 단정할 수는 없고, 행정처분의 담당공무원이 보통 일반의 공무원을 표준으로 하여 볼 때 객관적 주의의무를 결하여 처분 여부 결정을 지체함으로써 객관적 정당성을 상실하였다고 인정될 정도에 이른 경우에 비로소 국가배상법 제2조가 정한 국가배상책임의 요건을 충족한다. 이때 객관적 정당성을 상실하였는지는 신청의 대상이 된 처분이 기속행위인지 재량행위인지 등 처분의 성질, 처분의 지연에 따라 신청인

에게 피의자신문시 변호인의 참여를 요구할 권리가 있음을 인정하여 구속 피의자 갑에 대한 피의자신문시 변호인의 참여를 불허한 수사검사의 처분이 위법하다는 결정을 함에 따라 원고가 수사검사의 불법행위를 이유로 국가배상청구를 한 사안에서, 위 불허처분 당시 형사소송법의 규정, 판례 및 학설, 검찰실무관행, 대검찰청이 제정한 '변호인의 피의자신문 참여 운영 지침'의 법적 성질 및 내용과 그 실무적 운용 상황 등을 종합하면, 그 처분 당시 성실하고 합리적인 평균적인 검사를 기준으로 할 때 구속 피의자 갑에게 피의자신문시 변호인의 참여를 요구할 권리가 있었고, 그 참여를 불허하는 처분이 그러한 권리를 위법하게 침해하는 것이라는 점을 알 수 있었다고 보기 어려우므로, 수사검사가 대법원결정 전에 위 불허처분을 내린 조치에 국가배상법 제2조 제1항에서 규정하는 과실이 있다고 할 수 없다고 한 사례.

이 입은 불이익의 내용과 정도, 행정처분의 담당공무원이 정당한 이유 없이 처리를 지연하였는지 등을 종합적으로 고려하되, 손해의 전보책임을 국가 또는 지방자치단체에게 부담시킬 만한 실질적인 이유가 있는지도 살펴서 판단하여야 한다. 여기서 정당한 이유 없이 처리를 지연하였는지는 법정 처리기간이나 통상적인 처리기간을 기초로 처분이 지연된 구체적인 경위나 사정을 중심으로 살펴 판단하되, 처분을 아니하려는 행정청의 악의적인 동기나 의도가 있었는지, 처분 지연을 쉽게 피할 가능성이 있었는지 등도 아울러 고려할 수 있다(대판 2015. 11. 27, 2013다6759).

(나) 과실의 객관화

최근에는 「국가배상법」상의 과실관념을 객관화하여 되도록 피해자에 대한 구제의 폭을 넓히려는 추세에 있다.

과실의 객관화를 위한 시도에는 다음과 같은 것이 있다.

① 과실을 주관적인 심리상태로서보다는 객관적인 주의의무위반으로 파악하여 주의의무의 내용을 고도화하는 것이다. 이에 의하면 당해 공무원의 주의력이 아니라, 그 직종의 평균적 공무원의 주의력이 과실의 판단기준이 되며, 그에 따라 직종에 따라서는 보다 높은 주의의무가 과해지게 된다.

② 가해공무원의 특정은 반드시 필요한 것이 아니라고 하는 생각이다. 이에 의하면 누구의 행위인지가 판명되지 않더라도 공무원의 행위에 의한 것인 이상 국가는 배상책임을 지게 된다. 이러한 생각은 독일에 있어서의 조직과실(Organisationsverschulden), 프랑스에 있어서의 공역무과실(faute de service public)[23] 등의 관념과 일맥상통하는 것이라 할 수 있다.[24]

한편, 가해공무원의 특정의 문제는 국가의 배상책임을 자기책임으로 보는가 대위책임으로 보는가와 밀접한 관계가 있다고 할 수 있다. 대위책임설을 취하는 경우 국가의 배상책임은 공무원의 책임을 대신하는 것이기 때문에 공무원 자신의 책임이 성립할 필요가 있으므로, 자연 가해공무원의 특정이 필요하게 된다고 보는 것이다. 그러한 의미에서 국가의 배상책임을 자기책임으로 파악하고, 국가에 귀속시킬 수 있는 행위에 의해 개인에게 손해가 발생한 것이 증명되는 이상 가해공무원의 특정은 반드시 필요한 것이 아니라고 이론구성하는

---

23) 참조: 박현정, 프랑스 행정법상 '역무과실'(la faute de service)에 관한 연구, 서울대학교 박사학위논문, 2014.

24) 데모진압중 최루탄투척 등으로 데모가담자에게 발생한 손해의 국가배상사건에서 가해공무원의 특정을 의도하지 않은 하급심판례(광주지법 1988. 1. 7, 87가합909; 서울민사지법 1988. 9. 21, 88가합2327)는 이른바 조직과실을 인정한 판례로 볼 수 있다.

것이 국민의 권리구제적 측면에서 바람직하다고 여겨진다.

> **[판례]** 국가배상법 제2조 본문은 국가배상책임의 성립요건에 관하여 규정하는바, 공무원이 직무를 집행하면서 고의 또는 과실로 법령을 위반하여 타인에게 손해를 입힌 경우 국가는 국가배상법에 따라 그 손해를 배상해야 한다. 국가배상법 제2조는 제정 당시부터 공무원의 고의 또는 과실을 국가배상책임의 요건으로 하고 있다.
> 　주관적 구성요소로서 고의란 "누군가 타인에게 위법하게 손해를 가한다는 인식, 인용"을 의미하고, 과실이란 "객관적으로 자신의 행위가 누군가 타인의 법익을 침해한다는 것을 부주의로 예견하지 못하였거나(예견의무 위반), 손해 방지를 위한 조치가 부주의로 객관적으로 보아 적절치 못하였거나 불충분한 상태(회피의무위반)"를 의미한다.
> 　공무원의 직무집행상 과실의 의미에 관하여 대법원 판례는 "공무원이 그 직무를 수행함에 있어 당해 직무를 담당하는 평균인이 보통 갖추어야 할 주의의무를 게을리 한 것" 혹은 "담당공무원이 보통 일반의 공무원을 표준으로 하여 볼 때 객관적 주의의무를 결하여"라고 판시하고 있다. 근래에는 국가배상법상의 과실관념을 객관화하거나 조직과실, 과실 추정과 같은 논리의 개발을 통하여 피해자에 대한 구제의 폭을 넓히려는 추세에 있다(헌재 2015. 4. 30. 2013헌바395).

(다) 과실의 증명책임

고의·과실의 증명책임은 원고인 피해자에게 있다고 하는 것이 일반론이다. 그러나 이 점도 과실의 객관화의 추세에 발맞추어 민법상의 일응의 추정(prima facie) 법리를 원용함으로써 완화되는 경향에 있다. 즉, 피해자측이 공무원의 위법한 직무행위에 의하여 손해가 발생하였음을 증명하게 되면, 공무원에게 과실이 있는 것으로 일응 추정되어, 피고(국가)의 측에서 증명을 통해 그 추정을 번복하지 못하는 한 배상책임을 져야 한다는 것이다.

(2) 법령의 위반(위법성)

(가) 국가배상법상의 위법 개념

「국가배상법」상 '법령의 위반', 즉 위법의 개념을 어떻게 이해할 것인지에 대하여 결과불법설, 행위위법설, 상대적 위법성설, 직무의무위반설 등이 주장된다.[25] 이 문제는 특히 취소소송에 있어서의 위법성과 국가배상책임의 성립요건으로서의 위법성의 관계를 어떻게 설정할 것인지와 관련하여 의미가 있는데,

---

25) 참조: 서원우, 현대행정과 위법성의 개념, 전환기의 행정법이론, 1997; 김민호, 국가배상법 제2조 '법령에 위반하여'의 의미, 한국 공법학의 발견(강구철교수 화갑기념논문집), 2007.

양자의 관계설정에 따라 취소소송에서의 판결의 기판력이 국가배상청구소송의 수소법원에 영향을 미치는지 여부가 결정된다. 그런데 취소소송에 있어서의 위법성이란 행정처분의 법적합성을 의미하는 것이므로, 결국 국가배상책임 성립요건으로서의 위법성을 어떻게 이해하느냐에 따라 양자의 관계가 설정된다.

① **결과불법설:** 이 견해는 국가배상책임 성립요건으로서의 위법성을 가해행위의 결과인 손해의 불법을 의미하는 것으로 본다. 이에 따라 위법성 판단은 국민이 받은 손해가 결과적으로 수인되어야 할 것인가의 여부가 기준이 된다.

이 견해에 의하면 취소소송에 있어서의 위법성과 국가배상책임 성립요건으로서의 위법성은 다른 개념이 되므로 취소소송의 본안판결의 기판력이 국가배상청구소송에 미치지 않는다.

② **행위위법설**

㉠ **협의의 행위위법설:** 이 견해는 국가배상책임 성립요건으로서의 위법성을 취소소송에서의 위법성과 마찬가지로 행위 자체의 법에의 위반으로 파악한다. 즉 국가배상법상의 위법을 엄격한 의미의 법령 위반으로 보는 견해이다.[26]

이 견해에 의하면 양자는 같은 개념이므로 취소소송판결의 기판력이 인용판결이든 기각판결이든 불문하고 국가배상청구소송에 미치게 된다.

㉡ **광의의 행위위법설:** 이 견해는 국가배상법상의 위법을 엄격한 의미의 법령 위반뿐만 아니라 명문의 규정이 없더라도 인권존중, 신의성실, 사회질서 등의 원칙 위반도 포함한다.

이 견해에 의하면 국가배상책임요건으로서의 위법 개념이 취소소송에서의 위법보다 넓은 개념이므로 취소소송의 인용판결의 기판력만이 국가배상청구소송에 미치고, 취소소송의 기각판결의 기판력은 국가배상청구소송에 미치지 않는다.

③ **상대적 위법성설:** 「국가배상법」상의 위법 개념을 행위 자체의 위법뿐만 아니라 피침해이익의 성격과 침해의 정도 및 가해행위의 태양 등을 종합적으로 고려하여 행위가 객관적으로 정당성을 결한 경우를 의미한다고 보는 견해이다.[27]

---

26) 이러한 입장으로서는 김철용, 취소소송판결과 국가배상소송, 고시계, 1985. 7; 김남진, 취소소송의 기판력과 국가배상소송의 관계, 고시연구, 2000. 12 참조.

27) 이러한 입장을 취하는 학자로서는 서원우, 위법성의 상대화론과 법률에 의한 행정의 원리, 고시계,

이 견해에 의하면 양 소송의 목적·역할이 다르기 때문에 양자의 위법성의 범위를 다르게 보게 되므로, 취소소송의 본안판결의 기판력이 후소인 국가배상청구소송에 미치지 않는다고 보게 될 것이다.

④ **직무의무위반설**:　「국가배상법」상의 위법을 공무원의 직무의무의 위반으로 보는 견해이다. 취소소송에서의 위법성은 행정작용의 측면에서만 위법 여부를 판단하지만 국가배상책임에서는 행정작용과 행정작용을 한 자와의 유기적 관련성 속에서 위법 여부를 판단한다는 것이다.[28]

이 견해에 의하면 취소소송에 있어서의 위법성과 국가배상청구소송의 위법성은 그 판단의 지평을 달리하는 것으로 기각판결이든 인용판결이든 불문하고 전소판결의 기판력이 후소에 미치지 않게 된다.

⑤ **판례**:　판례는 국가배상책임의 성립요건인 위법성을 '객관적 정당성을 상실한 경우'를 의미하는 것으로 보고 있어, 상대적 위법성설에 가까운 입장으로 해석된다.

> **[판례]** 국가배상책임에 있어 공무원의 가해행위는 법령을 위반한 것이어야 하고, 법령을 위반하였다 함은 엄격한 의미의 법령 위반뿐 아니라 인권존중, 권력남용금지, 신의성실과 같이 공무원으로서 마땅히 지켜야 할 준칙이나 규범을 지키지 않고 위반한 경우를 포함하여 널리 그 행위가 객관적인 정당성을 결여하고 있음을 뜻하는 것이므로, 수사기관이 범죄수사를 하면서 지켜야 할 법규상 또는 조리상의 한계를 위반하였다면 이는 법령을 위반한 경우에 해당한다.
>
> 수사기관은 수사 등 직무를 수행할 때에 헌법과 법률에 따라 국민의 인권을 존중하고 공정하게 하여야 하며 실체적 진실을 발견하기 위하여 노력하여야 할 법규상 또는 조리상의 의무가 있고, 특히 피의자가 소년 등 사회적 약자인 경우에는 수사 과정에서 방어권 행사에 불이익이 발생하지 않도록 더욱 세심하게 배려할 직무상 의무가 있다. 따라서 경찰관은 피의자의 진술을 조서화하는 과정에서 조서의 객관성을 유지하여야 하고, 고의 또는 과실로 위 직무상 의무를 위반하여 피의자신문조서를 작성함으로써 피의자의 방어권이 실질적으로 침해되었다고 인정된다면, 국가는 그로 인하여 피의자가 입은 손해를 배상하여야 한다(대판 2020. 4. 29, 2015다224797. 동지: 판례: 대판 2009. 12. 24, 2009다70180).[29]

1985. 3; 서원우, 국가배상책임상의 위법관념, 월간고시, 1991. 5 참조.

28) 김연태, 행정법사례연습, 715-716면.

29) 판례는 같은 입장에서 헌법상 과잉금지의 원칙 내지 비례의 원칙을 위반하여 국민의 기본권을 침해한 국가작용은 국가배상책임에 있어 법령을 위반한 가해행위가 되고(대판 2022. 9. 29, 2018다224408), 교정시설 수용행위로 인하여 수용자의 인간으로서의 존엄과 가치가 침해되었다면 그 수용행위는 공무원의 법령을 위반한 가해행위가 될 수 있다고 하였다(대판 2022. 7. 14, 2017다266771). 반면 수익적 행정

대법원은 같은 취지에서 행정처분이 위법하다는 이유로 항고소송에서 취소된 경우에도 그대로 국가배상책임이 성립하는 것이 아니라는 입장을 유지하고 있다. 즉, 행정처분이 위법하다는 이유로 항고소송에서 취소된 경우에도 국가배상책임이 성립하기 위해서는 별도로 국가배상책임의 요건이 충족되어야 한다.

> **[판례①]**　어떠한 행정처분이 항고소송에서 취소되었다고 할지라도 그 기판력으로 곧바로 국가배상책임이 인정될 수는 없고, '공무원이 직무를 집행하면서 고의 또는 과실로 법령을 위반하여 타인에게 손해를 입힌 때'라고 하는 국가배상법 제2조 제1항의 요건이 충족되어야 한다. 보통 일반의 공무원을 표준으로 공무원이 객관적 주의의무를 소홀히 하고 그로 말미암아 객관적 정당성을 잃었다고 볼 수 있으면 국가배상법 제2조가 정한 국가배상책임이 성립할 수 있다. 객관적 정당성을 잃었는지는 침해행위가 되는 행정처분의 양태와 목적, 피해자의 관여 여부와 정도, 침해된 이익의 종류와 손해의 정도 등 여러 사정을 종합하여 판단하여야 한다(대판 2022. 4. 28. 2017다233061).[30)]
>
> **[판례②]**　어떠한 행정처분이 뒤에 항고소송에서 취소되었다고 할지라도 그 자체만으로 그 행정처분이 곧바로 공무원의 고의 또는 과실로 인한 불법행위를 구성한다고 단정할 수는 없는바, 그 이유는 행정청이 관계 법령의 해석이 확립되기 전에 어느 한 설을 취하여 업무를 처리한 것이 결과적으로 위법하게 되어 그 법령의 부당집행이라는 결과를 빚었다고 하더라도 처분 당시 그와 같은 처리방법 이상의 것을 성실한 평균적 공무원에게 기대하기 어려웠던 경우라면 특별한 사정이 없는 한 이를 두고 공무원의 과실로 인한 것이라고는 볼 수 없기 때문이다(대판 2001. 3. 13. 2000다20731).

(나) 재량위반

재량의 유월·남용·흠결 등 재량권의 한계를 벗어난 '위법한 재량처분'이 「국가배상법」 제2조의 '법령위반'에 해당하는 것은 분명하다. 그러나 재량권의 한계 내에서 단순히 재량을 그르친 것에 불과한 '부당한 재량처분'은 여기에 포함되지 않는다고 보아야 할 것이다.

처분인 허가 등을 신청한 사안에서 행정기관이 행정처분을 통하여 달성하고자 하는 신청인의 목적 등을 자세하게 살펴 목적 달성에 필요한 안내나 배려 등을 하지 않았다는 사정만으로는 직무집행에 있어 위법한 행위를 한 것이라고 볼 수 없다고 하였다(대판 2017. 6. 29. 2017다211726).

30) 2014년도 수학능력시험 세계지리 과목에 출제오류가 있어 응시자들이 피고 한국교육과정평가원의 성적과 등급결정의 취소를 구하는 소를 제기하여 항소심에서 승소하자 국가배상을 청구한 사안이다. 대법원은 위와 같이 어떠한 행정처분이 항고소송에서 취소되었다고 할지라도 그 기판력으로 곧바로 국가배상책임이 인정될 수는 없고, '공무원이 직무를 집행하면서 고의 또는 과실로 법령을 위반하여 타인에게 손해를 입힌 때'라고 하는 국가배상법 제2조 제1항의 요건이 충족되어야 한다고 전제한 다음, 제반 사정을 종합하여 피고 평가원이 문제의 정답을 정하고 이에 따라 응시자들의 성적과 등급을 결정한 행위는 국가배상책임이 인정될 만큼 객관적 정당성을 잃은 위법한 행위라고 보기 어렵다고 판단하였다.

(다) 행정규칙의 위반

행정규칙의 위반이 「국가배상법」상의 '법령위반'에 포함되는지가 문제된다. 행정규칙의 법규성을 인정하거나, 인정하지 않더라도 「국가배상법」상의 위법 개념을 넓게 이해하는 입장에서는 행정규칙의 위반을 '법령위반'에 해당하는 것으로 본다.[31] 그에 대하여 행정규칙의 법규성을 부인하며, 「국가배상법」상의 위법을 엄격한 의미의 법령 위반으로 보는 입장에서는 행정규칙 위반은 여기 에서 포함되지 않는 것으로 본다. 다만, 이러한 입장에서도 행정규칙(특히 재량 준칙)의 위반이 평등원칙 등을 위반하여 위법으로 되는 경우가 있음을 인정한다.

> **[참고판례]** 상급행정기관이 소속 공무원이나 하급행정기관에 대하여 업무처리지 침이나 법령의 해석·적용 기준을 정해 주는 '행정규칙'은 일반적으로 행정조직 내부에서만 효력을 가질 뿐 대외적으로 국민이나 법원을 구속하는 효력이 없다. 공무원의 조치가 행정규칙을 위반하였다고 해서 그러한 사정만으로 곧바로 위법 하게 되는 것은 아니고, 공무원의 조치가 행정규칙을 따른 것이라고 해서 적법성 이 보장되는 것도 아니다. 공무원의 조치가 적법한지는 행정규칙에 적합한지 여부 가 아니라 상위법령의 규정과 입법 목적 등에 적합한지 여부에 따라 판단해야 한 다(대판 2020. 5. 28.).
> 2017다211559

(라) 공무원의 법령심사권과의 관계

공무원은 법령을 준수할 의무를 지고 있다(국가공무원법 56조.). 그렇다고 명백히 위법한 법령까지 준수해야 할 의무가 있는 것은 아니다. 이와 관련하여 어느 범위에서 공무원은 법령의 위법성을 심사하고 그의 적용을 배제할 수 있는지 가 문제된다. 여기서는 일반론으로서, 재판에 임하고 있는 법관을 제외한 공무 원은 법령에 대한 심사권은 가지고 있으나, 적용의 배제권은 가지고 있지 않다 고 하는 점만 적어 놓기로 한다(행정법 Ⅱ, 공 무원법 참조).

(마) 위법성의 증명책임

공무원의 직무행위의 위법성에 대한 증명책임도 원칙적으로 원고(피해자)측 에 있다고 보아야 한다. 한편, 이에 대해서는 피해자는 가해행위를 증명하면 충 분하고 그 위법성을 증명할 필요가 없다는 견해도 있다.

(바) 선결문제로서 행정행위의 위법성의 문제

법원이 국가배상사건을 심리함에 있어, 행정행위(처분)의 위법(법령 위반)

---

31) 김동희·최계영(Ⅰ), 566면.

여부가 재판의 전제가 되는 경우에 그 배상사건의 수소법원이 행정행위의 위법 여부를 스스로 심판할 수 있느냐 하는 것이 쟁점이 되고 있다. 행정행위의 공정력을 이유로 그것을 부정하는 입장도 있으나, 공정력은 절차적 효력에 불과하고 행위를 실질적으로 적법하게 하는 것은 아니므로, 행정행위의 효력을 부정 (취소)하지 않는 한도에서 위법성을 판단하는 것은 무방하다.

한편, 선결문제의 심사는 행정행위의 공정력과는 관계가 없으며 구성요건적 효력과 관계가 있다는 입장을 앞에서 밝힌 바 있는데, 이러한 입장에서도 결론은 마찬가지이다. 즉, 행정행위의 존재 자체를 부인하지 않는 한, 위법 여부에 대하여 심사하는 것은 구성요건적 효력에 저촉되지 않는다.

4. 타인에 대한 손해의 발생

국가의 배상책임이 발생하기 위해서는 공무원의 직무상 불법행위로 인하여 '타인에게 손해가 발생'하여야 한다.

(1) 타 인

여기에서 '타인'이란 가해자인 공무원과 그의 위법한 직무행위에 가담한 자 이외의 모든 사람을 의미한다. 피해자가 가해자인 공무원과 동일 또는 동종의 기관에 근무하는지 여부는 문제되지 않는바, 공무원 역시 다른 공무원의 가해행위로 인하여 손해가 발생하게 되면 여기서의 타인에 해당한다 할 것이다.

다만, 군인·군무원·경찰공무원 또는 예비군대원이 전투·훈련 등 직무 집행과 관련하여 전사·순직하거나 공상을 입은 경우에 본인이나 그 유족이 다른 법령에 따라 재해보상금·유족연금·상이연금 등의 보상을 지급받을 수 있을 때에는 「국가배상법」 및 「민법」에 따른 손해배상을 청구할 수 없다고 하여, 국가의 배상책임을 부인하는 특례규정이 있음에 유의할 필요가 있다(국가배상법 2조 1항 단서).[32]

(2) 손 해

'손해'란 법익침해에 의한 불이익을 말하며, '반사적 이익의 침해에 의한 불이익', '공공일반의 이익침해' 등은 여기에 포함되지 않는다.[33]

---

32) 종래 제2조 제1항 단서에서 "전투·훈련 기타 직무집행과 관련하거나 국방 또는 치안유지의 목적상 사용하는 시설 및 자동차·함선·항공기 기타 운반기구 안에서 전사"라 규정되어 있었으나, 2005년 법개정을 통해 "전투·훈련 등 직무집행과 관련하여 전사"로 개정하였다. 이는 그동안 배상대상에서 제외되어 불합리한 차별을 받아오던 경찰공무원 등의 보상체계를 부분적으로 개선함으로써 전투·훈련 등 직무집행과 관련한 경우에만 국가나 지방자치단체를 상대로 한 손해배상청구를 제한하고, 그 외의 경우에는 배상청구를 가능하도록 하려는 것으로 이해된다.

[판례①]   일반적으로 국가 또는 지방자치단체가 권한을 행사할 때에는 국민에 대한 손해를 방지하여야 하고, 국민의 안전을 배려하여야 하며, 소속 공무원이 전적으로 또는 부수적으로라도 국민 개개인의 안전과 이익을 보호하기 위하여 법령에서 정한 직무상의 의무에 위반하여 국민에게 손해를 가하면 상당인과관계가 인정되는 범위 안에서 국가 또는 지방자치단체가 배상책임을 부담하는 것이지만, 공무원이 직무를 수행하면서 그 근거되는 법령의 규정에 따라 구체적으로 의무를 부여받았어도 그것이 국민의 이익과는 관계없이 순전히 행정기관 내부의 질서를 유지하기 위한 것이거나, 또는 국민의 이익과 관련된 것이라도 직접 국민 개개인의 이익을 위한 것이 아니라 전체적으로 공공 일반의 이익을 도모하기 위한 것이라면 그 의무에 위반하여 국민에게 손해를 가하여도 국가 또는 지방자치단체는 배상책임을 부담하지 아니한다. 이때 공무원이 준수하여야 할 직무상 의무가 오로지 공공 일반의 전체적인 이익을 도모하기 위한 것에 불과한지 혹은 국민 개개인의 안전과 이익을 보호하기 위하여 설정된 것인지는 결국 근거 법령 전체의 기본적인 취지·목적과 그 의무를 부과하고 있는 개별 규정의 구체적 목적·내용 및 그 직무의 성질, 가해행위의 태양 및 피해의 정도 등의 제반 사정을 개별적·구체적으로 고려하여 판단하여야 한다($\frac{대판\ 2015.\ 5.\ 28,}{2013다41431}$).

[판례②]   상수원수의 수질을 환경기준에 따라 유지하도록 규정하고 있는 관련 법령의 취지·목적·내용과 그 법령에 따라 국가 또는 지방자치단체가 부담하는 의무의 성질 등을 고려할 때, 국가 등에게 일정한 기준에 따라 상수원수의 수질을 유지하여야 할 의무를 부과하고 있는 법령의 규정은 국민에게 양질의 수돗물이 공급되게 함으로써 국민 일반의 건강을 보호하여 공공 일반의 전체적인 이익을 도모하기 위한 것이지, 국민 개개인의 안전과 이익을 직접적으로 보호하기 위한 규정이 아니므로, 국민에게 공급된 수돗물의 상수원의 수질이 수질기준에 미달한 경우가 있고, 이로 말미암아 국민이 법령에 정하여진 수질기준에 미달한 상수원수로 생산된 수돗물을 마심으로써 건강상의 위해발생에 대한 염려 등에 따른 정신적 고통을 받았다고 하더라도, 이러한 사정만으로는 국가 또는 지방자치단체가 국민에게 손해배상책임을 부담하지 아니한다($\frac{대판\ 2001.\ 10.\ 23,}{99다36280}$).

손해에는 정신적 손해(위자료)도 포함되는 것으로 본다.

---

33) 대법원은 공무원의 직무상 의무를 분석하여 제3자 보호성이 인정되는 경우에만 국가배상책임이 성립한다고 한다. 이는 독일의 학설과 판례에 따라 성립된 직무상 의무의 제3자 보호성(사익보호성) 이론이다. 다만, 대법원 판례 중에도 직무상 의무의 제3자 보호성을 위법성 판단기준으로 보는 사례(대판 2002. 3. 12, 2000다55225, 55232; 대판 2008. 2. 28, 2007다52287 등)와 상당인과관계의 판단기준으로 보는 사례(대판 2001. 4. 13, 2000다34891; 대판 2003. 4. 25, 2001다59842; 대판 2007. 12. 27, 2005다62747 등)가 혼재되어 있다.

> **[판례]** 윤락녀들이 윤락업소에 감금된 채로 윤락을 강요받으면서 생활하고 있음을 쉽게 알 수 있는 상황이었음에도, 경찰관이 이러한 감금 및 윤락강요행위를 제지하거나 윤락업주들을 체포·수사하는 등 필요한 조치를 취하지 아니하고 오히려 업주들로부터 뇌물을 수수하며 그와 같은 행위를 방치한 것은 경찰관의 직무상 의무에 위반하여 위법하므로 국가는 이로 인한 정신적 고통에 대하여 위자료를 지급할 의무가 있다 (대판 2004. 9. 23. 2003다49009).

(3) 직무상 불법행위와 인과관계

공무원의 가해행위와 손해의 발생간에 상당인과관계가 있어야 한다. 상당인과관계란 객관적으로 보아 어떠한 선행사실로부터 보통 일반적으로 초래되는 후행사실이 발생하는 범위안에서만 법률이 요구하는 인과관계를 인정하는 것을 말한다.

> **[판례①]** 공무원이 법령에서 부과된 직무상 의무를 위반한 것을 계기로 제3자가 손해를 입은 경우에 제3자에게 손해배상청구권이 인정되기 위하여는 공무원의 직무상 의무 위반행위와 제3자의 손해 사이에 상당인과관계가 있어야 하고, 상당인과관계의 유무를 판단할 때 일반적인 결과발생의 개연성은 물론 직무상 의무를 부과한 법령 기타 행동규범의 목적이나 가해행위의 태양 및 피해의 정도 등을 종합적으로 고려하여야 한다. 공무원에게 직무상 의무를 부과한 법령의 목적이 사회 구성원 개인의 이익과 안전을 보호하기 위한 것이 아니고 단순히 공공일반의 이익이나 행정기관 내부의 질서를 규율하기 위한 것이라면, 설령 공무원이 그 직무상 의무를 위반한 것을 계기로 하여 제3자가 손해를 입었다고 하더라도 공무원이 직무상 의무를 위반한 행위와 제3자가 입은 손해 사이에 상당인과관계가 있다고 할 수 없다 (대판 2020. 7. 9. 2016다26884. 동지판례: 대판 1994. 12. 27. 94다36285; 대판 2003. 2. 14. 2002다62678; 대판 2017. 11. 9. 2017다228083).
>
> **[판례②]** 군인이 자물쇠를 잠그지 아니한 실탄함에서 수류탄을 절취하여 이를 터트려서 인명을 살상하였다면 실탄함을 관리하는 군인의 과실과 이 사건 폭발 사건 사이에 상당인과관계가 있다 (대판 1980. 11. 11. 80다1523.).
>
> **[판례③]** 유흥주점에 감금된 채 윤락을 강요받으며 생활하던 여종업원들이 유흥주점에 화재가 났을 때 미처 피신하지 못하고 유독가스에 질식해 사망한 사안에서, 소방공무원이 위 유흥주점에 대하여 화재 발생 전 실시한 소방점검 등에서 구 소방법상 방염 규정 위반에 대한 시정조치 및 화재 발생시 대피에 장애가 되는 잠금장치의 제거 등 시정조치를 명하지 않은 직무상 의무 위반은 현저히 불합리한 경우에 해당하여 위법하고, 이러한 직무상 의무 위반과 위 사망의 결과 사이에 상당인과관계가 존재한다 (대판 2008. 4. 10. 2005다48994. 동지판례: 대판 2016. 8. 25. 2014다225083).

Ⅱ. 배상의 범위

1. 배상의 기준

국가배상법이 정하고 있는 배상기준은 다음과 같다($\frac{동법}{3조}$).

(1) 타인을 사망하게 한 경우

타인을 사망하게 한 경우($\frac{타인의 신체에 해를 입혀 그로 인}{하여 사망하게 한 경우를 포함한다}$) 피해자의 상속인($\frac{이하 "유족"}{이라 한다}$)에게 다음 각 호의 기준에 따라 배상한다.

① 사망 당시($\frac{신체에 해를 입고 그로 인하여 사망한 경}{우에는 신체에 해를 입은 당시를 말한다}$)의 월급액이나 월실수입액 또는 평균임금에 장래의 취업가능기간을 곱한 금액의 유족배상

② 대통령령으로 정하는 장례비($\frac{시행령 제3조의 규정에 의한}{납자평균 임금의 100일분}$)

(2) 타인의 신체에 해를 입힌 경우

타인의 신체에 해를 입힌 경우에는 피해자에게 다음 각 호의 기준에 따라 배상한다.

① 필요한 요양을 하거나 이를 대신할 요양비

② 제1호의 요양으로 인하여 월급액이나 월실수입액 또는 평균임금의 수입에 손실이 있는 경우에는 요양기간 중 그 손실액의 휴업배상

③ 피해자가 완치 후 신체에 장해가 있는 경우에는 그 장해로 인한 노동력 상실 정도에 따라 피해를 입은 당시의 월급액이나 월실수입액 또는 평균임금에 장래의 취업가능기간을 곱한 금액의 장해배상

(3) 타인의 물건을 멸실·훼손한 경우

타인의 물건을 멸실·훼손한 경우에는 피해자에게 다음 각 호의 기준에 따라 배상한다.

① 피해를 입은 당시의 그 물건의 교환가액 또는 필요한 수리를 하거나 이를 대신할 수리비

② 제1호의 수리로 인하여 수입에 손실이 있는 경우에는 수리기간 중 그 손실액의 휴업배상

2. 기준의 성질

「국가배상법」제3조에 정해진 배상기준($^{특히 생명·신체}_{를 해한 경우}$)의 법적 성질 내지 구속력에 대해서는 다음과 같이 견해가 나누어져 있다.

(1) 단순기준액설

이는 「국가배상법」제3조의 배상기준은 단순한 기준에 불과하고 구체적 사안에 따라서는 배상액을 증감하는 것도 가능하다고 보는 견해이다(^{달수}). 그 논거로서, ① 「국가배상법」의 입법취지는 사안에 따라 균형을 잃은 배상액이 정해지는 것을 방지하기 위함에 있다는 점, ② 제한규정으로 볼 경우 그것은 민법에 의한 배상보다 피해자에게 불리하게 되어 헌법상의 정당한 배상과 관련하여 위헌문제가 제기될 수 있다는 점 등을 든다.

판례 역시 같은 입장을 취하고 있다.

> **[판례]** 국가배상법 제3조 제1항과 제3항의 손해배상기준은 배상심의회의 배상금 지급기준을 정함에 있어서의 하나의 기준을 정한 것에 지나지 아니하는 것이고, 이로써 배상액의 상한을 제한한 것으로 볼 수는 없다 할 것이며, 따라서 법원이 국가배상법에 의한 손해배상액을 산정함에 있어서는 같은 법 제3조 소정의 기준에 구애되는 것은 아니다($^{대판 1970. 1. 29. 69다1203. 동지}_{판례: 대판 1980. 12. 9. 80다1820}$).

(2) 한정액설

이는 「국가배상법」제3조의 배상기준규정을 손해배상액의 상한을 규정한 제한규정으로 보는 견해이다(^{솔수}). 그 논거로서, ① 배상의 범위를 객관적으로 명백히 하여 당사자 사이의 분쟁의 여지를 없앴다는 점, ② 배상의 범위를 법정화한 것은 곧 그에 의한 배상액의 산정을 요구한 것이라고 할 수 있다는 점 등을 든다.

3. 군인·군무원 등에 대한 특례

(1) 규정내용 및 위헌여부

군인·군무원·경찰공무원 또는 예비군대원이 전투·훈련 등 직무 집행과 관련하여 전사·순직하거나 공상을 입은 경우에 본인이나 그 유족이 다른 법령에 따라 재해보상금·유족연금·상이연금 등의 보상을 지급받을 수 있을 때에는 「국가배상법」및 「민법」에 따른 손해배상을 청구할 수 없다($^{헌법 29조 2항 및 국가}_{배상법 2조 1항 단서}$).

[판례] ㉮ 헌법 제29조 제2항 및 국가배상법 제2조 제1항 단서의 취지는, 국가 또는 공공단체가 위험한 직무를 집행하는 군인 등에 대한 피해보상제도를 운영하여, 직무집행과 관련하여 피해를 입은 군인 등이 간편한 보상절차에 의하여 자신의 과실 유무나 그 정도와 관계없이 무자력의 위험부담이 없는 확실하고 통일된 피해보상을 받을 수 있도록 보장하는 대신, 피해 군인 등이 국가 등에 대하여 공무원의 직무상 불법행위로 인한 손해배상을 청구할 수 없게 함으로써, 군인 등의 동일한 피해에 대하여 국가 등의 보상과 배상이 모두 이루어짐으로 인하여 발생할 수 있는 과다한 재정지출과 피해 군인 등 사이의 불균형을 방지하기 위한 것이다.

㉯ 국가배상법 제2조 제1항 단서는 헌법 제29조 제2항에 근거를 둔 규정이고, 보훈보상대상자 지원에 관한 법률(이하 '보훈보상자법'이라 한다)이 정한 보상에 관한 규정은 국가배상법 제2조 제1항 단서가 정한 '다른 법령'에 해당하므로, 보훈보상자법에서 정한 보훈보상대상자 요건에 해당하여 보상금 등 보훈급여금을 지급받을 수 있는 경우는 보훈보상자법에 따라 '보상을 지급받을 수 있을 때'에 해당한다. 따라서 군인·군무원·경찰공무원 또는 향토예비군대원이 전투·훈련 등 직무집행과 관련하여 공상을 입는 등의 이유로 보훈보상자법이 정한 보훈보상대상자 요건에 해당하여 보상금 등 보훈급여금을 지급받을 수 있을 때에는 국가배상법 제2조 제1항 단서에 따라 국가를 상대로 국가배상을 청구할 수 없다(대판 2017. 2. 3. 2015두60075, 동지판. 예: 대판 2002. 5. 10, 2000다39735).34)

이러한 제한은, 위험부담이 매우 높은 직무에 종사하는 공무원이 그 직무집행과 관련하여 받은 손해에 대해서는, 사회보장적 성격의 국가보상제도에 따른 보상만으로 족하고 별도로 그것과 경합되기 쉬운 국가배상청구권을 인정할 필요가 없다는 이중배상금지사상에 기인한다고 말해진다. 그러나 사회보장적인 국가보상과 불법행위책임인 국가배상은 그 성질이 다르기 때문에 양자간에 반드시 '이중배상'이 성립되는 것은 아니며, 군인 등에 대하여 국가배상청구권을 완전히 제한하는 것은 헌법상의 평등원칙에 반한다는 주장이 제기되고 있다. 그러나 헌법재판소와 대법원은 「헌법」 제29조 2항 및 「국가배상법」 제2조 1항 단서가 헌법에 위배되지 않는다고 한다.

[판례①] ㉮ 헌법 및 헌법재판소의 규정상 위헌심사의 대상이 되는 법률은 국회의 의결을 거친 이른바 형식적 의미의 법률을 의미하는 것이므로 헌법의 개별규정

---

34) 다만 위 대법원 판결에 따르면 반대로 전투·훈련 등 직무집행과 관련하여 공상을 입은 군인 등이 먼저 국가배상법에 따라 손해배상금을 지급받은 다음 보훈보상자법이 정한 보상금 등 보훈급여금의 지급을 청구하는 경우에는 국가배상법에 따라 손해배상을 받았다는 사정을 들어 보상금 등 보훈급여금의 지급을 거부할 수 없다고 한다.

자체는 헌법소원에 의한 위헌심사의 대상이 아니다. 한편, 이념적·논리적으로는 헌법규범 상호간의 우열을 인정할 수 있다 하더라도 그러한 규범 상호간의 우열이 헌법의 어느 특정규정이 다른 규정의 효력을 전면적으로 부인할 수 있을 정도의 개별적 헌법규정 상호간에 효력상의 차등을 의미하는 것이라고 볼 수 없으므로, 헌법의 개별규정에 대한 위헌심사는 허용될 수 없다. ㉯ 국가배상법 제2조 제1항 단서는 헌법 제29조 제1항에 의하여 보장되는 국가배상청구권을 헌법 내재적으로 제한하는 헌법 제29조 제2항에 직접 근거하고, 실질적으로 그 내용을 같이하는 것이므로 헌법에 위반되지 아니한다(헌재 2001. 2. 22, 2000헌바38). 35) 36)

[판례②]   헌법 제111조 제1항 제1호 및 헌법재판소법 제41조 제1항의 각 규정에 의하면 헌법재판소의 위헌심판권은 형식적 의미의 법률을 대상으로 할 뿐 헌법의 다른 규정, 즉 강학상 인정되는 하위규범에까지 미친다고 할 수 없으므로, 헌법 규정 상호간의 충돌로 인한 효력문제는 사법심사의 대상이 아니라고 할 것이다. 따라서 국가배상법 제2조 제1항 단서가 헌법 제29조 제2항의 위임범위 내에서 적법하게 제정된 이상, 헌법의 다른 규정들 즉, 헌법 제29조 제1항, 제11조, 제37조 제2항, 제39조의 각 규정에 위반하여 무효라고 주장할 수는 없다 할 것이므로, 위 단서가 법 제29조 제2항 이외의 헌법 규정에 위반되어 무효라는 취지의 논지는 이유 없다(대판 1994. 12. 13, 93다29969).

[판례③]   군인, 군무원 등 국가배상법 제2조 제1항 단서에 열거된 자가 전투·훈련 기타 직무집행과 관련하는 등으로 공상을 입은 경우라고 하더라도 군인연금법 또는 국가유공자예우등에관한법률에 의하여 재해보상금, 유족연금, 상이연금 등 별

---

35) 이 결정에서의 반대의견: 헌법에는 보다 상위의 근본규정에 해당하는 헌법규정과 그러한 근본규정에 해당하지 않는 보다 하위의 헌법규정이 있을 수 있고, 하위의 헌법규정이 상위의 헌법규정과 합치하지 않는 모든 경우에 그 효력을 부인할 수 있는 것은 아니나, 더 이상 감내할 수 없을 정도로 일반인의 정의감정에 합치하지 아니하는 경우에는 헌법의 개별조항도 헌법 제111조 제1항 제1호 및 제5호, 헌법재판소법 제41조 제1항 및 제68조 제2항 소정의 법률의 개념에 포함되는 것으로 해석하여 헌법재판소가 그 위헌성을 확인할 수 있다. 군인 등 신분이라는 이유만으로 국가배상청구권을 박탈한 헌법 제29조 제2항은 상위규정이며 민주주의 헌법의 기본이념이고 근본규정이라고 할 수 있는 헌법 제11조 제1항의 평등원칙에 위배되고 인간의 존엄과 가치를 보장한 헌법 제10조에도 위배된다.

36) 한편, 헌법재판소는 2013헌바22 결정에서 종전의 입장을 그대로 유지하되, 다음과 같은 입법 의견을 제시하였다(헌재 2018. 5. 31, 2013헌바22). 「다만 입법론으로는, 헌법 제29조 제1항이 규정한 국가배상청구권은 피해를 입은 국민이면 누구나 다 향유할 수 있는 기본권으로서 그 국민의 신분에 따라 차별되지 아니하는 것이 원칙인 점, 이 사건 헌법조항이 군인 등을 일반국민, 좀 더 좁게는 일반공무원과도 차별 대우하는 입법목적은 대체로 국가의 재정사정이 그 주요 이유였다고 보여지는데, 이 사건 헌법조항이 신설되었던 1972년으로부터 46여년이 지난 지금에 와서는 당시와 비교할 수 없을 정도로 국가재정이 나아졌으므로 주요 입법목적이 이제는 소멸되었다고 볼 수 있다는 점, 공익상 목적에서 군인 등의 국가배상청구권에 제한을 가할 필요가 있다면 기본권의 일반유보조항인 헌법 제37조 제2항에 의하여 권리의 본질적 내용을 침해하지 아니하는 한도에서 법률로써 제한할 수도 있다는 점 등을 고려하면, 다음에 있을 헌법개정시에는 이 사건 헌법조항의 존치 여부에 대한 고려가 필요하다는 점을 지적해 두기로 한다」.

도의 보상을 받을 수 없는 경우에는 국가배상법 제2조 제1항 단서의 적용 대상에서 제외된다($\frac{대판 1996. 12. 20.}{96다42178}$).

(2) 적용 범위('다른 법령' 해당 여부)

「국가배상법」 제2조 1항 단서 규정의 해석상 '다른 법령에 따른 보상'에 해당하는 경우에는 「국가배상법」 또는 「민법」상의 손해배상청구권 자체가 절대적으로 배제되는 반면, '다른 법령'에 해당하지 않는 경우에는 손해배상청구가 가능하다. 이와 관련하여 대법원은 「공무원연금법」에 따른 공무상 요양비는 위 규정의 '다른 법령에 따른 보상'에 해당하지 않는 반면($\frac{대판 2019. 5. 30.}{2017다16174}$), 「군인연금법」 및 「국가유공자 예우 등에 관한 법률」($\frac{대판 1993. 5. 14, 92다33145;}{대판 1994. 12. 13, 93다29969}$), 「보훈보상대상자 지원에 관한 법률」($\frac{대판 2017. 2. 3.}{2015두60075}$)에 의한 보상금은 '다른 법령에 따른 보상'에 해당한다고 보고 있다.

[판례①] 구 공무원연금법($\frac{2018. 3. 20. 법률 제15523호로 전부 개정되기}{전의 것. 이하 '구 공무원연금법'이라고 한다}$)에 따라 각종 급여를 지급하는 제도는 공무원의 생활안정과 복리향상에 이바지하기 위한 것이라는 점에서 국가배상법 제2조 제1항 단서에 따라 손해배상금을 지급하는 제도와 그 취지 및 목적을 달리하므로, 경찰공무원인 피해자가 구 공무원연금법의 규정에 따라 공무상 요양비를 지급받는 것은 국가배상법 제2조 제1항 단서에서 정한 '다른 법령의 규정'에 따라 보상을 지급받는 것에 해당하지 않는다. 다만 경찰공무원인 피해자가 구 공무원연금법에 따라 공무상 요양비를 지급받은 후 추가로 국가배상법에 따라 치료비의 지급을 구하는 경우나 반대로 국가배상법에 따라 치료비를 지급받은 후 추가로 구 공무원연금법에 따라 공무상 요양비의 지급을 구하는 경우, 공무상 요양비와 치료비는 실제 치료에 소요된 비용에 대하여 지급되는 것으로서 같은 종류의 급여라고 할 것이므로, 치료비나 공무상 요양비가 추가로 지급될 때 구 공무원연금법 제33조 등을 근거로 먼저 지급된 공무상 요양비나 치료비 상당액이 공제될 수 있을 뿐이다. 한편 군인연금법과 구 공무원연금법은 취지나 목적에서 유사한 면이 있으나, 별도의 규정체계를 통해 서로 다른 적용대상을 규율하고 있는 만큼 서로 상이한 내용들로 규정되어 있기도 하므로, 군인연금법이 국가배상법 제2조 제1항 단서에서 정한 '다른 법령'에 해당한다고 하여, 구 공무원연금법도 군인연금법과 동일하게 취급되어야 하는 것은 아니다($\frac{대판 2019. 5. 30.}{2017다16174}$).
[판례②] 국가배상법 제2조 제1항 단서는 헌법 제29조 제2항에 근거를 둔 규정으로서, 구 국가유공자법이 정한 보상에 관한 규정은 국가배상법 제2조 제1항 단서가 정한 '다른 법령'에 해당하므로, 구 국가유공자법에서 정한 국가유공자 요건에 해당

하여 보상금 등 보훈급여금을 지급받을 수 있는 경우는 구 국가유공자법에 따라 '보상을 지급받을 수 있을 때'에 해당한다. 따라서 군인·군무원·경찰공무원 또는 향토예비군대원이 전투·훈련 등 직무집행과 관련하여 공상을 입는 등의 이유로 구 국가유공자법이 정한 국가유공자 요건에 해당하여 보상금 등 보훈급여금을 지급받을 수 있는 경우에는 국가배상법 제2조 제1항 단서에 따라 국가를 상대로 국가배상을 청구할 수 없다고 보아야 한다(대판 2017. 2. 3. 2014두40012).

[판례③] 국가유공자 등 예우 및 지원에 관한 법률에 따른 순직군경 등에 대한 보상 및 보훈보상대상자 지원에 관한 법률에 따른 재해사망군경 등에 대한 보상은 국가배상법 제2조 제1항 단서에서 정한 '다른 법령에 따른 보상'에 해당한다(대판 2015. 11. 26. 2015다226137).

다만, 직무수행 중 상해를 입은 군인·경찰공무원 등이 '다른 법령에 따른 보상'을 받을 수 없는 경우에는 「국가배상법」 제2조 1항 단서가 적용되지 않는다.

[판례①] 군인·군무원 등 국가배상법 제2조 제1항 단서에 열거된 자가 전투, 훈련 기타 직무집행과 관련하는 등으로 공상을 입은 경우라고 하더라도 군인연금법 또는 국가유공자예우등에관한법률에 의하여 재해보상금·유족연금·상이연금 등 별도의 보상을 받을 수 없는 경우에는 국가배상법 제2조 제1항 단서의 적용 대상에서 제외하여야 할 것이다.

국가유공자예우등에관한법률 제4조 제1항 제6호는 군인 또는 경찰공무원으로서 교육훈련 또는 직무 수행중 상이(공무상의 질병을 포함한다)를 입고 전역 또는 퇴직한 자에 대하여는 그 상이정도가 국가보훈처장이 실시하는 신체검사에서 대통령령이 정하는 상이등급에 해당하는 신체의 장애를 입은 것으로 판정된 자만을 공상군경이라고 하여 같은 법의 적용 대상으로 규정하고 있다. 군인 또는 경찰공무원으로서 교육훈련 또는 직무 수행중 상이(공무상의 질병 포함)를 입고 전역 또는 퇴직한 자라고 하더라도 국가유공자예우등에관한법률에 의하여 국가보훈처장이 실시하는 신체검사에서 대통령령이 정하는 상이등급에 해당하는 신체의 장애를 입지 않은 것으로 판명되고 또한 군인연금법상의 재해보상 등을 받을 수 있는 장애등급에도 해당하지 않는 것으로 판명된 자는 위 각 법에 의한 적용 대상에서 제외되고, 따라서 그러한 자는 국가배상법 제2조 제1항 단서의 적용을 받지 않아 국가배상을 청구할 수 있다(대판 1997. 2. 14. 96다28066).

[판례②] 국가유공자 등 예우 및 지원에 관한 법률(이하 '국가유공자 법'이라고 한다)은 국가배상법 제2조 제1항 단서의 '다른 법령'에 해당할 수 있다. 다만 국가유공자법은 군인, 경찰공무원 등이 국민의 생명·재산 보호와 직접적인 관련이 있는 직무수행 중 상이를 입고 전역하거나 퇴직하는 경우 그 상이 정도가 국가보훈처장이 실시하는 신체검

사에서 상이등급으로 판정된 사람을 공상군경으로 정하고(^{제4조 제1}_{항 제6호}) 이러한 공상군경에게 각종 급여가 지급되도록 규정하고 있다.

이에 의하면, 국민의 생명·재산 보호와 직접적인 관련이 있는 직무수행 중 상이를 입은 군인 등이 전역하거나 퇴직하지 않은 경우에는 그 상이의 정도가 위 상이등급에 해당하는지 여부와 상관없이 객관적으로 공상군경의 요건을 갖추지 못하여 국가유공자법에 따른 보상을 지급받을 수 없으므로, '다른 법령에 따라 재해보상금 등의 보상을 지급받을 수 있을 때'의 요건을 갖추지 못하여 업무용 자동차종합보험계약의 관용차 면책약관도 적용될 수 없다. 이는 국민의 생명·재산 보호와 직접적인 관련이 없는 직무수행 중 상이를 입은 군인 등이 전역하거나 퇴직하지 않은 경우에도 마찬가지이다(^{대판 2019. 5. 30.}_{2017다16174}).

반면 다른 법령에 따른 보상을 받을 권리가 발생한 이상, 그 법령에 따른 등록신청을 하는 등으로 실제로 그 권리를 행사하였는지 또는 그 권리를 행사하고 있는지 여부에 관계없이 「국가배상법」 제2조 1항 단서 규정이 적용된다.

[판례①] 국가배상법 제2조 제1항 단서 규정은 다른 법령에 보상제도가 규정되어 있고, 그 법령에 규정된 상이등급 또는 장애등급 등의 요건에 해당되어 그 권리가 발생한 이상, 실제로 그 권리를 행사하였는지 또는 그 권리를 행사하고 있는지 여부에 관계없이 적용된다고 보아야 하고, 그 각 법률에 의한 보상금청구권이 시효로 소멸되었다 하여 적용되지 않는다고 할 수는 없다(^{대판 2002. 5. 10.}_{2000다39735}).

[판례②] 원고들이 개정 국가유공자법 또는 보훈보상자법에서 정한 요건에 해당되어 보상을 받을 수 있는 권리가 발생한다면, 각 법률에 따른 등록신청을 하는 등으로 실제로 그 권리를 행사하지 아니하였다 하더라도 특별한 사정이 없는 한 국가배상법 제2조 제1항 단서가 적용되어 원고들로서는 국가에 대하여 손해배상청구권을 행사할 수 없다(^{대판 2015. 11. 26.}_{2015다226137}).

반면 「국가배상법」에 따라 이미 손해배상을 받았다는 이유로 국가유공자 또는 보훈보상자에 대한 보훈급여금의 지급을 거부하는 것은 허용되지 않는다.

[판례] 전투·훈련 등 직무집행과 관련하여 공상을 입은 군인 등이 먼저 국가배상법에 따라 손해배상금을 지급받은 다음 보훈보상자법이 정한 보상금 등 보훈급여금의 지급을 청구하는 경우, 피고로서는 다음과 같은 사정에 비추어 국가배상법에 따라 손해배상을 받았다는 사정을 들어 보상금 등 보훈급여금의 지급을 거부할 수 없다(^{대판 2017. 2. 3.}_{2015두60075}).

(3) 공동불법행위에서의 구상권 행사 문제

일반국민이 직무집행 중인 군인과의 공동불법행위로 직무집행 중인 다른 군인에게 공상을 입히고서, 그 피해자에게 자신의 귀책부분을 넘어서 손해를 배상한 후, 공동불법행위자인 군인의 부담부분에 관하여 국가에 대하여 구상권을 행사할 수 있는가 하는 문제가 있다. 이에 관해서는 대법원과 헌법재판소는 서로 다른 입장을 취하고 있다.[37]

> **[판례①]** 국가배상법 제2조 제1항 단서는 헌법 제29조 제2항에 근거를 둔 규정으로서, 군인, 군무원 등 위 법률 규정에 열거된 자가 전투·훈련 기타 직무집행과 관련하는 등으로 공상을 입은 데 대하여 재해보상금, 유족연금, 상이연금 등 별도의 보상제도가 마련되어 있는 경우에는 이중배상의 금지를 위하여 이들의 국가에 대한 국가배상법 또는 민법상의 손해배상청구권 자체를 절대적으로 배제하고 있는 규정이므로 이들이 직접 국가에 대하여 손해배상청구권을 행사할 수 없음은 물론 국가와 공동불법행위의 책임이 있는 자가 그 배상채무를 이행하였음을 이유로 국가에 대하여 구상권을 행사하는 것도 허용되지 않는다는 취지이다 (대판 1992. 2. 11. 91다12738).[38]
>
> **[판례②]** 국가배상법 제2조 제1항 단서 중 "군인이 직무집행과 관련하여 공상을 입은 경우에 본인 또는 그 유족이 다른 법령의 규정에 의하여 재해보상금·유족연금·상이연금 등의 보상을 지급받을 수 있을 때에는 이 법 및 민법의 규정에 의한 손해배상을 청구할 수 없다"는 부분은, 일반국민이 직무집행 중인 군인과의 공동불법행위로 직무집행 중인 다른 군인에게 공상을 입혀 그 피해자에게 공동의 불법행위로 인한 손해를 배상한 다음 공동불법행위자인 군인의 부담부분에 관하여 국가에 대하여 구상권을 행사하는 것을 허용하지 아니한다고 해석하는 한, 헌법에 위반된다(헌재 1994. 12. 29. 93헌바21).
>
> **[판례③]** 공동불법행위자 등이 부진정연대채무자로서 각자 피해자의 손해 전부를 배상할 의무를 부담하는 공동불법행위의 일반적인 경우와 달리 예외적으로 민간인은 피해 군인 등에 대하여 그 손해 중 국가 등이 민간인에 대한 구상의무를 부담한다면 그 내부적인 관계에서 부담하여야 할 부분을 제외한 나머지 자신의 부담부분에 한하여 손해배상의무를 부담하고, 한편 국가 등에 대하여는 그 귀책부분의 구

---

37) 이에 대한 상세는 김남진, 민간인·군인의 공동불법행위와 구상권 등, 고시연구, 2003. 5: 박윤흔, 국가배상법 제2조 제1항 단서에 대한 헌법재판소의 한정위헌결정 및 그 기속력을 부인한 대법원 판례에 대한 평석, 행정판례연구 제7집, 2002; 정태륜, 군인 등에 대한 국가배상책임의 제한과 공동불법행위자의 책임, 민사판례연구 제24권, 2002 등 참조.
38) 이 판례는 아래의 대판 2001. 2. 15. 96다42420 전원합의체 판결에 따라 변경되었다.

상을 청구할 수 없다고 해석함이 상당하다 할 것이고, 이러한 해석이 손해의 공평·타당한 부담을 그 지도원리로 하는 손해배상제도의 이상에도 맞는다 할 것이다(대판 2001. 2. 15.,
96다42420 전합).[39)]

종래 대법원은 「국가배상법」 제2조 1항 단서를 이중배상의 금지를 위해 국가에 대한 「국가배상법」 또는 「민법」상의 손해배상청구권을 절대적으로 배제하고 있는 규정으로 보아, 직접 국가에 대하여 손해배상청구권을 행사할 수 없음은 물론 국가와 공동불법행위의 책임이 있는 자가 그 배상채무의 이행을 이유로 국가에 대하여 구상권을 행사하는 것도 허용되지 않는다고 하였다(대판 1992.
2. 11. 91
다12738). 반면 헌법재판소는 「국가배상법」 제2조 1항 단서에 대해 공동불법행위자인 군인의 부담부분에 관하여 국가에 대하여 구상권 행사를 허용하지 않는다고 해석하는 한 헌법에 위반된다고 하여 한정위헌결정을 하였다(헌재 1994. 12. 29.,
93헌바21).

헌법재판소의 위 결정이 나온 후, 대법원은 전원합의체 판결을 통해 종전의 입장을 유지하되, 부진정연대채무의 구상 범위에 관한 입장을 변경하였다. 즉, 여전히 구상권을 행사할 수는 없으나, 다만 자기 부담부분만 손해를 배상하면 충분하다는 것이다. 이러한 대법원 판례는 헌법재판소의 위헌결정의 기속력(헌법재판소법
47조 1항)에 반하는 것이다.[40)] 한편, 피해자는 공동불법행위자에 대하여 손해배상전액을 어느 일방에게 또는 중복하여 청구할 수 있는 것이 일반원칙인데, 가해자가 군인이라는 우연한 사정으로 인하여 자신의 배상청구권을 분할하여 각각 청구하여야 한다는 것은 부당하다고 할 것이다. 따라서 불법행위법의 일반원칙 및 손해의 공평한 부담·분배를 위해서는 손해 전부를 배상한 일반국민은 공동불법행위자인 군인의 부담부분에 관해 국가에 대하여 구상권을 행사할 수 있다고 보아야 한다.

---

39) 이 판례에서의 반대의견: 불법행위법의 목적과 일반원칙에 비추어 볼 때, 가해 공무원의 사용자로서의 지위에서 피해 군인 등의 손해발생에 책임이 있는 국가 등의 손해배상의무가 위 헌법 및 국가배상법의 규정에 의하여 배제 또는 면제되었다고 하더라도, 피해자를 보호하기 위해서는 그 손해발생의 다른 책임주체인 민간인의 손해배상의무까지 감축된다고 할 수 없고 그 민간인은 여전히 피해 군인 등의 손해 전부를 배상할 의무가 있는 것이다. 한편, 손해의 공평·타당한 부담·배분을 위해서는 군인 등의 손해를 배상한 민간인이 국가 등에 대하여 구상권을 행사할 수 있다고 해석하여야 한다.

40) 한정위헌 결정의 기속력에 대해서는 헌법재판소와 대법원의 입장이 서로 다르다. 헌법재판소는 한정위헌 결정의 기속력을 인정하는 입장에서 「헌법재판소의 법률에 대한 위헌결정에는 단순위헌결정은 물론, 한정합헌, 한정위헌결정과 헌법불합치결정도 포함되고 이들은 모두 당연히 기속력을 가진다」(헌재 1997. 12. 24, 96헌마172, 173)고 판시한 반면, 대법원은 한정위헌결정의 기속력을 부정하는 입장에서 「법률의 해석기준을 제시하는 헌법재판소의 한정위헌결정은 법원에 전속되어 있는 법령의 해석·적용 권한에 대하여 기속력을 가질 수 없다」(대판 2001. 4. 27, 95재다14)고 판시하였다.

4. 공   제

피해자가 손해를 입은 동시에 이익을 얻은 경우에는 손해배상액에서 그 이익에 상당하는 금액을 빼야 한다. 또한 유족배상과 장해배상 및 장래에 필요한 요양비 등을 한꺼번에 신청하는 경우에는 중간이자를 빼야 한다($^{동법\ 3조}_{의2}$).

> **[참고판례]** 행정기관의 위법한 행정지도로 일정기간 어업권을 행사하지 못하는 손해를 입은 자가 그 어업권을 타인에게 매도하여 매매대금 상당의 이득을 얻었더라도 그 이득은 손해배상책임의 원인이 되는 행위인 위법한 행정지도와 상당인과관계에 있다고 볼 수 없고, 행정기관이 배상하여야 할 손해는 위법한 행정지도로 피해자가 일정기간 어업권을 행사하지 못한 데 대한 것임에 반해 피해자가 얻은 이득은 어업권 자체의 매각대금이므로 위 이득이 위 손해의 범위에 대응하는 것이라고 볼 수도 없어, 피해자가 얻은 매매대금 상당의 이득을 행정기관이 배상하여야 할 손해액에서 공제할 수 없다($^{대판\ 2008.\ 9.\ 25.}_{2006다18228}$).

Ⅲ. 배상책임

1. 배상책임자

공무원의 위법한 직무행위로 인한 손해의 배상책임자는 원칙적으로 국가 또는 지방자치단체이다($^{동법\ 2조}_{1항}$).

공무원의 선임·감독과 공무원의 봉급·급여, 그 밖의 비용을 부담하는 자가 동일하지 아니하면 그 비용을 부담하는 자도 손해를 배상하여야 한다($^{동법\ 6조}_{1항}$). 따라서 피해자는 양자에 대해 선택적으로 배상을 청구할 수 있다. 이 규정은 특히 기관위임사무와 관련하여 의미가 있다. 기관위임사무의 경우 권한을 위임받은 기관은 권한을 위임한 기관의 소속 행정기관의 지위에서 그 사무를 처리하는 것이므로 사무귀속의 주체가 달라진다고 할 수는 없다. 따라서 권한을 위임받은 기관 소속의 공무원이 위임사무처리에 있어 고의 또는 과실로 타인에게 손해를 가하였거나($^{동법}_{2조}$) 위임사무로 설치·관리하는 영조물의 하자로 타인에게 손해를 발생하게 한 경우($^{동법}_{5조}$)에는 권한을 위임한 관청이 소속된 국가 또는 지방자치단체가 배상책임을 부담한다. 다만, 국가배상법 제6조 제1항에 따라 공무원의 봉급·급여, 그 밖의 비용 또는 영조물의 설치·관리 비용을 부담하는 자 또는 그 기관도 손해배상책임을 부담한다.

[판례①]   도로교통법 제3조 제1항은 특별시장·광역시장 또는 시장·군수(광역시의 군수를 제외)는 도로에서의 위험을 방지하고 교통의 안전과 원활한 소통을 확보하기 위하여 필요하다고 인정하는 때에는 신호기 및 안전표지를 설치하고 이를 관리하여야 하도록 규정하고, 도로교통법 시행령 제71조의2 제1항 제1호는 특별시장·광역시장이 위 법률규정에 의한 신호기 및 안전표지의 설치·관리에 관한 권한을 지방경찰청장에게 위임하는 것으로 규정하고 있다. 이와 같이 행정권한이 기관위임된 경우 권한을 위임받은 기관은 권한을 위임한 기관이 속하는 지방자치단체의 산하 행정기관의 지위에서 그 사무를 처리하는 것이므로 사무귀속의 주체가 달라진다고 할 수 없고, 따라서 권한을 위임받은 기관 소속의 공무원이 위임사무처리에 있어 고의 또는 과실로 타인에게 손해를 가하였거나 위임사무로 설치·관리하는 영조물의 하자로 타인에게 손해를 발생하게 한 경우에는 권한을 위임한 관청이 소속된 지방자치단체가 국가배상법 제2조 또는 제5조에 의한 배상책임을 부담하고, 권한을 위임받은 관청이 속하는 지방자치단체 또는 국가가 국가배상법 제2조 또는 제5조에 의한 배상책임을 부담하는 것이 아니므로, 이 사건의 경우 국가배상법 제2조 또는 제5조에 의한 배상책임을 부담하는 것은 충남지방경찰청장이 소속된 피고(대한민국)가 아니라, 그 권한을 위임한 대전광역시장이 소속된 대전광역시라고 할 것이다.

그러나 국가배상법 제6조 제1항은 같은 법 제2조, 제3조 및 제5조의 규정에 의하여 국가 또는 지방자치단체가 손해를 배상할 책임이 있는 경우에 공무원의 선임·감독 또는 영조물의 설치·관리를 맡은 자와 공무원의 봉급·급여 기타의 비용 또는 영조물의 설치·관리의 비용을 부담하는 자가 동일하지 아니한 경우에는 그 비용을 부담하는 자도 손해를 배상하여야 한다고 규정하고 있으므로 이 사건 신호기를 관리하는 충남지방경찰청장 산하 경찰관들에 대한 봉급을 부담하는 피고도 국가배상법 제6조 제1항에 의한 배상책임을 부담한다(대판 1999. 6. 25, 99다11120).

[판례②]   국가배상법 제6조 제1항 소정의 '공무원의 봉급·급여 기타의 비용'이란 공무원의 인건비만을 가리키는 것이 아니라 당해 사무에 필요한 일체의 경비를 의미한다고 할 것이고, 적어도 대외적으로 그러한 경비를 지출하는 자는 경비의 실질적·궁극적 부담자가 아니더라도 그러한 경비를 부담하는 자에 포함된다(대판 1994. 12. 9, 94다38137).41)

---

41) 구 지방자치법 제131조, 구 지방재정법 제16조 제2항의 규정상, 지방자치단체의 장이 기관위임된 국가행정사무를 처리하는 경우 그에 소요되는 경비의 실질적·궁극적 부담자가 국가라고 하더라도 당해 지방자치단체는 국가로부터 내부적으로 교부된 금원으로 그 사무에 필요한 경비를 대외적으로 지출하는 자이므로, 이러한 경우 지방자치단체는 국가배상법 제6조 제1항 소정의 비용부담자로서 공무원의 불법행위로 인한 같은 법에 의한 손해를 배상할 책임이 있다고 한 사례.

국가배상법 제6조 제1항에 따라 손해를 배상한 자는 내부관계에서 그 손해를 배상할 책임이 있는 자에게 구상할 수 있다($\substack{\text{동법 6조} \\ \text{2항}}$). 여기에서 "내부관계에서 손해를 배상할 책임이 있는 자"는 공무원의 선임 · 감독자를 의미한다는 것이 통설이다.

한편, 헌법이 배상책임자를 '국가 또는 공공단체'로 규정하고 있는 데 대하여, 「국가배상법」은 '국가 또는 지방자치단체'만을 배상책임자로 규정함으로써 그 밖의 공공단체($\substack{\text{공공조합이나} \\ \text{영조물법인 등}}$)의 배상책임은 「민법」에 맡기고 있다. 이 점과 관련해서는, ① 헌법 제29조의 취지에 어긋난다는 견해, ② 국가 · 지방자치단체뿐만 아니라 기타 공공조합 · 영조물법인 등의 공공단체가 포함되는 예시적 의미로 확대해석하여야 한다는 견해, ③ 헌법의 취지는 모든 공공단체에 대하여 동일 법률에 따라 배상하여야 한다는 것을 정한 것은 아니므로 헌법상 문제가 없다는 견해가 나뉘어져 있는 상태이다.

2. 국가 등의 무과실책임

국가 또는 지방자치단체가 공무원의 직무상 불법행위에 대해 배상책임을 지는 경우에, 그 공무원의 선임 · 감독에 있어서의 과실의 유무는 불문한다. 이 점에서 과실책임주의를 취하고 있는 「민법」상의 사용자책임($\substack{756 \\ 조}$)과 「국가배상법」상의 공무원의 선임 · 감독책임이 다른 셈이다.

> **[판례]** 국가배상책임은 민법상 사용자로서 배상책임을 지는 것이 아니므로 선임 · 감독에 과실이 없다는 이유만으로써는 국가배상법상의 책임을 면할 수 없다($\substack{\text{대판 1970. 6. 30.} \\ \text{70다727}}$).

3. 배상책임의 성질

「국가배상법」상의 국가 등의 배상책임의 성질에 관하여는 대위책임설, 자기책임설 및 절충(중간)설 등이 나뉘어져 있다.

(1) 대위책임설

공무원의 위법한 직무행위로 인한 손해배상책임은 원칙적으로 공무원이 져야 하나, 국가 등이 가해자인 공무원을 대신하여 배상책임을 지는 데 불과하다고 보는 견해이다.[42]

---

42) 김도창(상), 636면 등.

① 공무원의 위법한 직무행위는 국가의 행위로 볼 수 없는 공무원 자신의 행위이기 때문에 그러한 행위의 효과는 국가에 귀속시킬 수 없다는 점, ② 배상능력이 충분한 국가 등을 배상책임자로 하는 것이 피해자에게도 유리하다는 점, ③ 행정의 원활한 수행에 대한 배려, ④ 공무원에 대한 경고 및 응징기능 등을 논거로 한다. 입법례로서는 독일의 현행 국가배상법제가 대위책임형에 입각하고 있음은 앞에서 살펴 본 바와 같다.

(2) 자기책임설

국가 등이 지는 배상책임은 공무원의 책임을 대신하여 지는 것이 아니고, 그의 기관인 공무원의 행위라는 형식을 통하여 직접 자기의 책임으로 부담하는 것이라고 보는 견해이다.

① 우리의 실정법규정(헌법 29조 1항; 국 가배상법 2조 등)이 대위책임제를 취하고 있는 독일의 그것과 다르다고 하는 점, ② 구상권의 인정문제는 정책적 측면에서 인정되는 것이므로, 이를 기준으로 배상책임의 성질을 논하는 것은 옳지 않다는 점 등을 논거로 한다.[43]

(3) 절충(중간)설

공무원의 고의·중과실에 대한 국가의 배상책임은 대위책임이나, 경과실에 대한 국가의 배상책임은 자기책임의 성질을 가진다고 보는 입장이다.

① 공무원의 경과실의 직무행위는 기관행위로서 국가 등에 귀속시킬 수 있으나, 고의나 중과실의 행위는 기관행위로서 볼 수 없다는 점, ②「국가배상법」제2조 2항 경과실의 경우에 국가의 공무원에 대한 구상권을 인정하지 않고 있다는 점을 논거로 제시하고 있다.[44]

(4) 결 어

공무원의 위법한 직무행위로 인하여 발생한 손해에 대해 국가 등이 피해자에 대해 배상책임을 지는 것이 그 가해공무원을 갈음하는 것인가(대위책 임설), 아니면 자기 행위에 대해 스스로 책임을 지는 것인가(자기책 임설)의 문제는 궁극적으로 국가(지방자치단체 포함)의 배상책임의 본질에서 찾아야 할 것이다. 현실적으로 국가는 공무원을 통해서 활동하므로, 공무원의 가해행위로 인하여 발생한 손해

---

43) 서원우(상), 701면; 강구철(Ⅰ), 647면; 류지태·박종수(신론), 522면 이하 등.
44) 김동희·최계영(Ⅰ), 578면 이하; 이상규(상), 613면.

에 대한 책임도 국가($\frac{지방자치}{단체 포함}$)가 직접 지는 것으로 봄이 타당하다.

공무원 자신의 책임에 관한 헌법의 규정($\frac{29조}{1항}$), 공무원에 대한 구상권 제한에 관한 「국가배상법」의 규정($\frac{2조}{2항}$)은 국가의 배상책임의 성질과는 직접적으로 무관하다고 새겨진다.[45] 그러한 의미에서, 「국가배상법」($\frac{2조}{2항}$)이 공무원에게 고의나 중과실이 있는 경우에는 국가가 구상할 수 있고, 경과실이 있는 경우에는 구상을 배제하고 있는 것을 근거로 하여 현행 「국가배상법」이 절충설을 취하고 있는 것으로 새긴다는 것은 속단인 것으로 여겨진다. 앞의 '국가배상제도의 기능'에서 살펴 본 바와 같이, 공무원의 직무상 불법행위로 야기된 배상의 부담을 어떻게 규정·분산시키느냐의 문제는 '책임의 본질'과는 관계없이, 입법정책으로 정할 문제이다.

그러나 다음에 보는 바와 같이, 대법원은 현행의 「국가배상법」이 절충설을 취하고 있는 것으로 새기고 있다.

[판례] 국가배상법의 입법취지가 국가 등에게 선임·감독상의 과실 여부에 불구하고 손해부담책임을 부담시켜 국민의 재산권을 보장하되, 공무원이 직무를 수행함에 있어 경과실로 타인에게 손해를 입힌 경우에는 그 직무수행상 통상 예기할 수 있는 흠이 있는 것에 불과하므로 이러한 공무원의 행위는 여전히 국가 등의 행위로 보아 그로 인하여 발생한 손해에 대한 배상책임도 전적으로 국가 등에만 귀속시키고 공무원 개인에게 그로 인한 책임을 부담시키지 아니하고, 반면에 공무원의 위법행위가 고의·중과실에 기인한 경우에는 비록 그 행위가 그 직무와 관련된 것이라고 하더라도 위와 같은 행위는 그 본질에 있어 기관행위로서의 품격을 상실하여 국가 등에게 그 책임을 귀속시킬 수 없으므로 공무원 개인에게 불법행위로 인한 손해배상책임을 부담시키되, 다만 이러한 경우에도 그 행위의 외관을 객관적으로 관찰하여 공무원의 직무행위로 보여질 때에는 피해자인 국민을 두텁게 보호하기 위하여 국가 등이 공무원 개인과 중첩적으로 배상책임을 부담하되, 국가 등이 배상책임을 지는 경우에는 공무원 개인에게 구상할 수 있도록 함으로써 궁극적으로 그 책임이 공무원에게 귀속되도록 하려는 것이라고 봄이 합당하다($\frac{대판 1996. 2. 15.}{95다38677}$).

---

45) 동지: 류지태·박종수(신론), 524면 이하; 홍준형(구제법), 140면.

Ⅳ. 공무원의 배상책임과 구상

1. 공무원에 대한 구상

공무원에게 고의 또는 중대한 과실[46)]이 있으면 국가나 지방자치단체는 그 공무원에게 구상할 수 있다(국가배상법 2조 2항). 국가 등이 구상권을 가지는 경우에, 가해자인 공무원이 소속한 행정기관의 장은 구상권 행사를 위한 조치를 할 수 있으며, 법무부장관 등은 관계기관장에게 구상을 위한 조치를 취할 것을 요청할 수 있다(동법 시행령 25조). 국가의 구상권 행사는 의무적인 것이 아니고, 판례에 의하면 구상권을 행사하는 경우에도 신의칙상 상당한 한도 내에서만 행사하도록 제한된다.

> **[판례]** 국가 또는 지방자치단체의 산하 공무원이 그 직무를 집행함에 당하여 중대한 과실로 인하여 법령에 위반하여 타인에게 손해를 가함으로써 국가 또는 지방자치단체가 손해배상책임을 부담하고, 그 결과로 손해를 입게 된 경우에는 국가 등은 당해 공무원의 직무내용, 당해 불법행위의 상황, 손해발생에 대한 당해 공무원의 기여정도, 당해 공무원의 평소 근무태도, 불법행위의 예방이나 손실분산에 관한 국가 또는 지방자치단체의 배려의 정도 등 제반사정을 참작하여 손해의 공평한 분담이라는 견지에서 신의칙상 상당하다고 인정되는 한도 내에서만 당해 공무원에 대하여 구상권을 행사할 수 있다고 봄이 상당하다(대판 1991. 5. 10, 91다6764).

반면, 경과실이 있는 공무원에게는 구상할 수 없다. 경과실의 경우에 있어서 구상을 인정하지 않는 것은 공무원이 배상에 대한 두려움을 덜고 소신껏 직무에 종사할 수 있게 하려는 정책적 고려에 의한 것으로 볼 수 있다(상술한 '국가배상제도의 기능' 참조).

한편, 경과실이 있는 공무원이 먼저 피해자에게 손해를 배상한 경우에는 국가에 대하여 구상권을 행사할 수 있다.

> **[판례]** 공무원이 직무수행 중 불법행위로 타인에게 손해를 입힌 경우에 국가 등이 국가배상책임을 부담하는 외에 공무원 개인도 고의 또는 중과실이 있는 경우에는 불법행위로 인한 손해배상책임을 지고, 공무원에게 경과실이 있을 뿐인 경우에는 공무원 개인은 손해배상책임을 부담하지 아니한다. 이처럼 경과실이 있는 공무

---

46) 여기에서 공무원의 중과실이란 공무원에게 통상 요구되는 정도의 상당한 주의를 하지 않더라도 약간의 주의를 한다면 손쉽게 위법·유해한 결과를 예견할 수 있는 경우임에도 만연히 이를 간과한 경우와 같이, 거의 고의에 가까운 현저한 주의를 결여한 상태를 의미한다(대판 2021. 11. 11, 2018다288631 참조).

원이 피해자에 대하여 손해배상책임을 부담하지 아니함에도 피해자에게 손해를 배
상하였다면 그것은 채무자 아닌 사람이 타인의 채무를 변제한 경우에 해당하고, 이
는 민법 제469조의 '제3자의 변제' 또는 민법 제744조의 '도의관념에 적합한 비채변
제'에 해당하여 피해자는 공무원에 대하여 이를 반환할 의무가 없고, 그에 따라 피
해자의 국가에 대한 손해배상청구권이 소멸하여 국가는 자신의 출연 없이 채무를
면하게 되므로, 피해자에게 손해를 직접 배상한 경과실이 있는 공무원은 특별한 사
정이 없는 한 국가에 대하여 국가의 피해자에 대한 손해배상책임의 범위 내에서
공무원이 변제한 금액에 관하여 구상권을 취득한다고 봄이 타당하다(대판 2014. 8. 20, 2012다54478).

공무원이 져야 하는 배상책임을 국가가 그에 대신하여 부담하는 것으로 보
는 대위책임설에 의하면, 본래의 배상책임자인 당해 공무원에게 구상하는 것은
당연하다고 할 것이다. 그러나 자기책임설에 의할 경우에도 구상권 행사가 반
드시 배제되어야 하는 것은 아니다. 왜냐하면 공무원은 그 근무관계에서 여러
의무를 지고 있는 바, 그에 위반하여 국가에 대하여 재산상 손해를 발생시키면
그 손해에 대하여 배상책임을 지는 것이 당연하기 때문이다. 아울러, 국가배상
책임의 기능에 '제재적 기능' 내지 '위법행위억제기능'도 있는 점에 유의할 필요
가 있다.

2. 공무원의 선임·감독자와 비용부담자가 다른 경우의 구상

양자 모두 피해자에게 배상책임을 지며, 이 경우 손해를 배상한 자는 내부
관계에서 그 손해를 배상할 책임이 있는 자에게 구상할 수 있다(통법 6조 2항). 여기에
있어서의 "내부관계에서 손해를 배상할 책임이 있는 자"는 공무원의 선임·감
독자를 의미한다고 보는 것이 통설적 견해이다.

3. 공무원의 직접적 배상책임의 여부(선택적 청구권의 문제)

가해자인 공무원이 피해자에게 직접 배상책임을 지는가, 즉 피해자는 국가
또는 지방자치단체와 가해공무원 중 어느 쪽에나 선택적으로 배상을 청구할
수 있는 것인가? 이 점에 관하여 학설의 견해는 나뉘어져 있으며, 판례의 태도
는 변천을 거듭하고 있다.

(1) 긍정설(선택적 청구를 전면적으로 긍정하는 견해)
국가 등의 배상책임과 공무원 개인의 배상책임은 관계가 없기 때문에, 피해

자는 그의 선택에 따라 국가, 지방자치단체 또는 공무원 개인에 대하여 배상을 청구할 수 있다고 보는 견해이다.

이는 ① 헌법이 공무원 자신의 책임은 면제되지 아니한다($^{29조\ 1항}_{단서}$)라고 규정하고 있는 점, ② 자기책임설에 의할 경우 국가 등의 책임과 공무원 개인의 책임은 관계가 없으므로 양자가 양립할 수 있다는 점, ③ 공무원의 직접책임을 부인하면 그 책임의식을 박약하게 만든다는 점 등을 논거로 든다.[47]

> **[동지판례]** 헌법 제26조 단서는 국가 또는 공공단체가 불법행위로 인한 손해배상책임을 지는 경우 공무원 자신의 책임은 면제되지 아니한다고 규정하여 공무원의 직무상 불법행위로 손해를 받은 국민이 공무원 자신에게 대하여도 직접 그의 불법행위를 이유로 손해배상을 청구할 수 있음을 규정하여 국가배상법의 공무원 자신의 책임에 관한 규정 여하를 기다릴 것 없이 공무원 자신이 불법행위를 이유로 민사상의 손해배상책임을 져야 할 법리이다($^{대판 1972. 10. 10.}_{69다701}$).

(2) **부정설**(선택적 청구를 부정하는 견해)

본래 공무원이 져야 하는 배상책임을 국가 등이 그에 대신하여 지는 것으로 보는 대위책임설을 취하는 입장에서는, 피해자는 국가 등에 대해서만 배상을 청구할 수 있고 가해자인 공무원에 대해서는 직접 배상을 청구할 수 없다고 본다.

이는 ① 헌법 제29조 1항 단서의 의미는 국가 등의 구상에 응하는 책임이라고 하는 점, ② 공무원 개인이 직접적으로 배상책임을 지게 되면 고의·중과실의 경우에만 구상권을 인정하는 것과 균형이 맞지 않는다는 점, ③ 선택적 청구를 인정하면 공무원의 직무집행을 위축시킬 우려가 있다는 점 등을 논거로 들고 있다.[48]

> **[동지판례]** 공무원의 직무상 불법행위로 인하여 손해를 받은 사람은 국가 또는 공공단체를 상대로 손해배상을 청구할 수 있고, 이 경우에 공무원에게 고의 또는 중대한 과실이 있는 때에는 국가 또는 공공단체는 그 공무원에게 구상할 수 있을 뿐, 피해자가 공무원 개인을 상대로 손해배상을 청구할 수는 없는 것이다($^{대판 1994. 4. 12.}_{93다11807}$).[49]

---

47) 김철수, 헌법학개론, 962면 등.
48) 김도창(상), 638면 등.
49) 이 판례에 대한 긍정적 평석으로서는 정하중, 판례평석, 법률신문 1994. 5. 14; 비판적 평석으로는 김철용, 공무원개인의 불법행위책임, 판례월보 290호 참조.

(3) (신)절충설

공무원의 직무수행행위에 통상 예기할 수 있는 흠결이 있고, 그러한 행위로 인하여 개인이 손해를 입은 경우에는 기관의 행위로서 국가에 귀속되어 국가가 배상책임을 질 일이나, 그 흠결의 정도가 중대하거나 사적 이익의 추구 등에 기인한 것인 때에는 공무원 개인의 책임만이 문제되나, 행위의 외관상 공무원의 직무행위로 보여질 때에는 피해자를 보호하기 위하여 피해자는 국가 또는 공무원에 대하여 선택적으로 배상을 청구할 수 있다고 보는 입장이다.[50]

대법원은 1996. 2. 15. 선고 95다38677 판결을 통해 위 (신)절충설과 일치되는 내용의 입장을 취하였다. 그러나 다음에 보는 바와 같이, 당해 사건에 있어서, 전원합의체 자체 내에서 의견이 크게 나뉘어져 있음에 유의할 필요가 있다.

① **다수의견:** 공무원이 직무수행 중 불법행위로 타인에게 손해를 입힌 경우에는 국가 등이 국가배상책임을 부담하는 외에 공무원 개인도 고의 또는 중과실이 있는 경우에는 불법행위로 인한 손해배상책임을 진다고 할 것이지만, 공무원에게 경과실뿐인 경우에는 공무원 개인은 손해배상책임을 부담하지 아니한다고 해석하는 것이 헌법 제29조 제1항 본문과 단서 및 「국가배상법」 제2조의 입법취지에 조화되는 올바른 해석이다.

② **별개의견:** 공무원의 직무상 경과실로 인한 불법행위의 경우에도 공무원 개인의 피해자에 대한 손해배상책임은 면제되지 아니한다고 해석하는 것이, 우리 헌법의 관계규정의 연혁에 비추어 그 명문에 충실한 것일 뿐만 아니라 헌법의 기본권보장 정신과 법치주의의 이념에도 부응하는 해석이다.

③ **반대의견:** 공무원이 직무상 불법행위를 한 경우에 국가 또는 공공단체만이 피해자에 대하여 「국가배상법」에 의한 손해배상책임을 부담할 뿐, 공무원 개인은 고의 또는 중과실이 있는 경우에도 피해자에 대하여 손해배상책임을 부담하지 않는 것으로 보아야 한다.

④ **반대보충의견:** 주권을 가진 국민 전체에 대한 봉사자로서 공공이익을 위하여 성실히 근무해야 할 공무원이 공무수행 중 국민에게 손해를 가한 경우, 국민의 봉사자인 공무원이 봉사의 대상이 되는 피해자인 국민과 직접 소송으로 그 시비와 손해액을 가리도록 하여 그 갈등관계를 방치하는 것보다는 국가가 나서서 공무원을 대위하여 그 손해배상책임을 지고, 국가가 다시 내부적

---

50) 김동희·최계영(Ⅰ), 578면 이하. (구)절충설은 공무원의 직접적 배상책임을 부인하였는데, (신)절충설은 공무원의 직접적 배상책임을 인정하는 점이 다르다.

으로 공무원의 직무상 의무의 불이행 내용에 따라 고의·중과실이 있는 경우에만 구상의 형태로 그 책임을 물어 공무원의 국민과 국가에 대한 성실의무와 의무의 불이행을 제도적으로 확보하겠다는 것이 헌법 제29조 제1항 단서와 국가배상법 제2조 제2항의 취지라고 해석함이 이를 가장 조화롭게 이해하는 길이 될 것이다.

(4) 소 결

자기책임설의 입장에 서면서도 대외적으로 국가책임만 인정하는 견해가 있는 반면 대위책임설의 입장에 서면서도 피해구제의 신속·확실성을 기한다는 취지에서 선택적 청구가 허용되어야 한다는 주장이 제기된다는 점을 감안해 보면, 국가배상책임의 성질과 선택적 청구의 인정 여부는 논리적 연관성이 없는 입법정책의 문제로 보아야 한다. 공무원의 직접적 배상책임의 인정문제는 헌법 제29조 1항 단서의 해석과 관련되어 해결되어야 한다.

헌법은 공무원의 직무상 불법행위에 대한 국가(공공단체 포함)의 배상책임을 규정하고 있으면서도 "이 경우 공무원 자신의 책임은 면제되지 아니한다"($^{29조\ 1항}_{단서}$)라고 규정하고 있다. 위 헌법규정상의 '공무원의 책임'의 내용이 불명확한 가운데, 헌법 제29조의 내용을 집행하며 구체화하고 있는 「국가배상법」은 다시 한번 국가 또는 지방자치단체의 공무원의 불법행위에 대한 배상책임을 인정하고서는($^{동법\ 2}_{조\ 1항}$), "공무원에게 고의 또는 중대한 과실이 있으면 국가나 지방자치단체는 그 공무원에게 구상할 수 있다"($^{동법\ 2}_{조\ 2항}$)라고 규정하고 있다. 이 규정을 헌법에 있어서의 '공무원의 책임'을 구체화하고 있는 규정으로 보아, 공무원은 국가 등에 의한 '구상'의 형태로만 책임을 질 뿐, 직접 피해자에 대하여 책임을 지지 않는다고 새길 수 있다.[51]

다른 한편, 헌법규정상의 '공무원의 책임'의 내용을 구체화하고 있는 규정으로 「국가배상법」 제2조 1항 및 2항뿐만 아니라 「민법」 제750조도 포함되는 것으로 해석할 수 있는바, 이러한 해석에 의하면 「국가배상법」 소정의 조항에서는 국가 등의 배상책임과 공무원의 내부적 책임만을 규정하고 있을 뿐 가해공무원의 외부적 책임에 대하여는 규정한 바가 없으므로, 가해공무원은 민법 제750조에 따라 외부적 책임을 지게 된다고 새길 수 있음을 밝혀두기로 한다.[52]

---

51) 김남진(I), 제7판, 526면; 김남진, 국가배상사건인가 일반민사사건인가, 법률신문, 2010. 11. 25.
52) 김연태, 행정법사례연습, 128면. 헌법 제29조 제1항의 단서는, 피해자구제에 만전을 기하기 위하여 특별히 헌법적 결정을 통해 공무원 자신이 면책되지 않음을 규정한 것이고 여기서 '공무원 자신의 책임'이

판례는 공무원에게 고의 또는 중과실이 있는 경우에는 공무원 개인도 불법행위로 인한 손해배상책임을 지고, 경과실만 있는 경우에는 손해배상책임을 부담하지 않는다고 본다.

> **[판례①]** 국가배상법 제2조 제1항 본문 및 제2항에 따르면, 공무원이 공무를 수행하는 과정에서 위법행위로 타인에게 손해를 가한 경우에 국가 등이 손해배상책임을 지는 외에 그 개인은 고의 또는 중과실이 있는 경우에는 손해배상책임을 지지만 경과실만 있는 경우에는 그 책임을 면한다고 해석된다. 위 규정의 입법 취지는 공무원의 직무상 위법행위로 타인에게 손해를 끼친 경우에는 변제자력이 충분한 국가 등에게 선임감독상 과실 여부에 불구하고 손해배상책임을 부담시켜 국민의 재산권을 보장하되, 공무원이 직무를 수행함에 있어 경과실로 타인에게 손해를 입힌 경우에는 그로 인하여 발생한 손해에 대하여 공무원 개인에게는 배상책임을 부담시키지 아니하여 공무원의 공무집행의 안정성을 확보하려는 데에 있기 때문이다(대판 2021. 11. 11, 2018다288631. 동지 판례: 대판 2014. 4. 24, 2012다36340).
>
> **[판례②]** 공법인이 국가로부터 위탁받은 공행정사무를 집행하는 과정에서 공법인의 임직원이나 피용인이 고의 또는 과실로 법령을 위반하여 타인에게 손해를 입힌 경우에는, 공법인은 위탁받은 공행정사무에 관한 행정주체의 지위에서 배상책임을 부담하여야 하지만, 공법인의 임직원이나 피용인은 실질적인 의미에서 공무를 수행한 사람으로서 국가배상법 제2조에서 정한 공무원에 해당하므로 고의 또는 중과실이 있는 경우에만 배상책임을 부담하고 경과실이 있는 경우에는 배상책임을 면한다(대판 2021. 1. 28, 2019다260197).

Ⅴ. 손해배상청구권의 양도 등 금지

공무원의 직무상 불법행위로 인한 손해배상청구권 중 생명·신체상의 손해로 인한 것은 양도 또는 압류할 수 없다(국가배상법 4조). 공무원의 직무상 불법행위로 인한 손해배상청구권은 재산권으로서의 법적 성질을 갖기 때문에 본래는 양도나 압류가 가능한 것으로 보인다. 다만, 「국가배상법」은 생명·신체의 침해를 받은 자나 그 유족을 보호하기 위하여 그의 양도·압류를 특별히 금지한 것으로 새겨진다.

란 국가에 대한 구상책임뿐만 아니라 피해자의 선택적 청구에 대한 배상책임까지도 포함하는 공무원 개인의 법적 책임 일반을 말하는 것으로 새기는 입장(홍준형(구제법), 95면)도 같은 취지이다.

Ⅵ. 배상청구권의 소멸시효

1. 원 칙

국가배상청구권은 피해자나 그 법정대리인이 손해와 가해자를 안 날로부터 3년 또는 불법행위를 한 날로부터 5년간 이를 행사하지 않으면 시효로 소멸한다(_{국가배상법 8조, 민법 166조 1항 및
766조, 국가재정법 96조}).

> **[판례]** 국가배상법 제8조, 민법 제166조 제1항, 제766조 제1항, 제2항, 국가재정법 제96조 제2항, 제1항(_{구 예산회계법 제
96조 제2항, 제1항})에 따르면, 국가배상청구권에 대해서는 피해자나 법정대리인이 그 손해와 가해자를 안 날(_{민법 제166조 제1항, 제766조
제1항에 따른 주관적 기산점})로부터 3년 또는 불법행위를 한 날(_{민법 제166조 제1항, 제766조
제2항에 따른 객관적 기산점})로부터 5년의 소멸시효가 적용됨이 원칙이다(_{대판 2019. 12. 24.
2019다231625}).

2. 단기소멸시효가 완성되기 위한 요건

국가배상청구권의 단기소멸시효는 피해자나 그 법정대리인이 '손해와 가해자를 안 날'부터 진행한다. 여기서 '손해와 가해자를 안 날'은 공무원의 직무집행상 불법행위의 존재 및 그로 인한 손해의 발생 등 불법행위의 요건사실에 대하여 현실적이고도 구체적으로 인식하였을 때를 의미한다.

> **[판례]** 국가배상법 제2조 제1항 본문 전단 규정에 따른 배상책임을 묻는 사건에 대하여는 같은 법 제8조의 규정에 의하여 민법 제766조 제1항 소정의 단기소멸시효제도가 적용되는 것인바, 여기서 가해자를 안다는 것은 피해자나 그 법정대리인이 가해 공무원이 국가 또는 지방자치단체와 공법상 근무관계가 있다는 사실을 알고, 또한 일반인이 당해 공무원의 불법행위가 국가 또는 지방자치단체의 직무를 집행함에 있어서 행해진 것이라고 판단하기에 족한 사실까지 인식하는 것을 의미한다. 한편, 민법 제766조 제1항 소정의 '손해 및 가해자를 안 날'이라 함은 손해의 발생, 위법한 가해행위의 존재, 가해행위와 손해의 발생 사이에 상당인과관계가 있다는 사실 등 불법행위의 요건사실에 대하여 현실적이고도 구체적으로 인식하였을 때를 의미하고, 피해자 등이 언제 불법행위의 요건사실을 현실적이고도 구체적으로 인식한 것으로 볼 것인지는 개별적 사건에 있어서의 여러 객관적 사정을 참작하고 손해배상청구가 사실상 가능하게 된 상황을 고려하여 합리적으로 인정하여야 한다(_{대판 2008. 5. 29.
2004다33469}).

또한 3년의 단기소멸시효는 청구권자가 권리를 행사할 수 있는 때가 되어야 비로소 진행한다.

> **[판례①]** 민법 제166조 제1항은 "소멸시효는 권리를 행사할 수 있는 때로부터 진행한다."라고, 제766조 제1항은 "불법행위로 인한 손해배상의 청구권은 피해자나 그 법정대리인이 그 손해 및 가해자를 안 날로부터 3년간 이를 행사하지 아니하면 시효로 인하여 소멸한다."라고 정한다.
>
> 국가배상청구권에 관한 3년의 단기시효기간 기산에는 민법 제766조 제1항 외에 소멸시효의 기산점에 관한 일반규정인 민법 제166조 제1항이 적용된다. 따라서 3년의 단기시효기간은 그 '손해 및 가해자를 안 날'에 더하여 그 '권리를 행사할 수 있는 때'가 도래하여야 비로소 시효가 진행한다.
>
> 원고가 긴급조치 제9호 위반 등 혐의로 체포·구속되었다가 석방되고 이어 면소판결이 선고·확정되었지만 면소판결은 재심대상이 아니어서 형사재심절차를 거치지 아니한 채 이 사건 청구에 이른 경위, 긴급조치에 대한 사법적 심사가 이루어져 긴급조치 제9호가 위헌·무효라고 판단된 시기 등 제반 사정을 종합해 보면, 이 사건 소 제기 당시까지도 원고가 피고를 상대로 긴급조치 제9호에 기한 일련의 국가작용으로 인한 불법행위로 발생한 권리를 행사할 수 없는 장애사유가 있어 소멸시효가 완성되지 않았다고 보는 것이 타당하다(대판 2023. 1. 12, 2020다10976).
>
> **[판례②]** 국가배상청구권에 관한 3년의 단기시효기간을 기산하는 경우에도 민법 제766조 제1항 외에 소멸시효의 기산점에 관한 일반규정인 민법 제166조 제1항이 적용되므로, 3년의 단기시효기간은 '손해 및 가해자를 안 날'에 더하여 '권리를 행사할 수 있는 때'가 도래하여야 비로소 시효가 진행한다. 그런데 공무원의 직무수행 중 불법행위에 의하여 납북된 것을 원인으로 하는 국가배상청구권 행사의 경우, 남북교류의 현실과 거주·이전 및 통신의 자유가 제한된 북한 사회의 비민주성이나 폐쇄성 등을 고려하여 볼 때, 다른 특별한 사정이 없는 한 북한에 납북된 사람이 국가를 상대로 대한민국 법원에 소장을 제출하는 등으로 권리를 행사하는 것은 객관적으로도 불가능하므로, 납북상태가 지속되는 동안은 소멸시효가 진행하지 않는다(대판 2012. 4. 13, 2009다33754). 53)

---

53) 군무원 A의 직무수행 중 불법행위로 1977. 10. 12. 납북된 피해자의 가족인 원고들이 피해자에 대한 실종선고심판이 2005. 8. 23. 확정되자 국가배상청구를 한 사안이다. 대법원은 ① 납북된 피해자 본인이 불법행위 발생일인 1977. 10. 12.에 손해 및 가해자를 알았다고 하더라도 국가를 상대로 국가배상청구권을 행사하는 것은 객관적으로 불가능하므로 피해자 본인의 국가배상청구권에 관한 소멸시효는 1977. 10. 12.부터 진행한다고 볼 수 없으나(피해자 본인의 국가배상청구권은 소멸시효가 진행하지 않음), ② 피해자의 배우자이자 자녀인 원고들은 불법행위가 발생한 날의 다음 날인 1977. 10. 13.에는 손해 및 가해자를 알았다고 할 수 있으므로 그 다음 날부터 3년이 경과한 1980. 10. 14.에 원고들 고유의 국가배상청구권에 관한 소멸시효가 완성되었다고 판단하였다.

3. 소멸시효항변의 제한

소멸시효가 완성되었다고 하더라도 국가가 소멸시효를 주장하는 것이 신의
성실의 원칙에 반하여 권리남용에 해당하는 경우에는 국가배상청구권은 소멸
하지 않는다.

> **[판례①]** 채무자의 소멸시효에 기한 항변권의 행사도 우리 민법의 대원칙인 신의
> 성실의 원칙과 권리남용금지의 원칙의 지배를 받는 것이어서, 채무자가 시효완성
> 전에 채권자의 권리행사나 시효중단을 불가능 또는 현저히 곤란하게 하였거나, 그
> 러한 조치가 불필요하다고 믿게 하는 행동을 하였거나, 객관적으로 채권자가 권리
> 를 행사할 수 없는 장애사유가 있었거나, 또는 일단 시효완성 후에 채무자가 시효
> 를 원용하지 아니할 것 같은 태도를 보여 권리자로 하여금 그와 같이 신뢰하게 하
> 였거나, 채권자보호의 필요성이 크고, 같은 조건의 다른 채권자가 채무의 변제를
> 수령하는 등의 사정이 있어 채무이행의 거절을 인정함이 현저히 부당하거나 불공
> 평하게 되는 등의 특별한 사정이 있는 경우에는 채무자가 소멸시효의 완성을 주장
> 하는 것이 신의성실의 원칙에 반하여 권리남용으로서 허용될 수 없다. 그러나 국가
> 에게 국민을 보호할 의무가 있다는 사유만으로 국가가 소멸시효의 완성을 주장하
> 는 것 자체가 신의성실의 원칙에 반하여 권리남용에 해당한다고 할 수는 없으므로,
> 국가의 소멸시효 완성 주장이 신의칙에 반하고 권리남용에 해당한다고 하려면 앞
> 서 본 바와 같은 특별한 사정이 인정되어야 하고, 또한 위와 같은 일반적 원칙을
> 적용하여 법이 두고 있는 구체적인 제도의 운용을 배제하는 것은 법해석에 있어
> 또 하나의 대원칙인 법적 안정성을 해할 위험이 있으므로 그 적용에는 신중을 기
> 하여야 한다(대판 2008. 5. 29. 2004다33469).
>
> **[판례②]** 공무원의 직무상 불법행위로 손해를 입은 피해자가 국가배상청구를 하
> 였을 때, 비록 그 소멸시효 기간이 경과하였다고 하더라도 국가가 소멸시효의 완성
> 전에 피해자의 권리행사나 시효중단을 불가능 또는 현저히 곤란하게 하였거나 객
> 관적으로 피해자가 권리를 행사할 수 없는 장애사유가 있었다는 등의 사정이 있어
> 국가에게 채무이행의 거절을 인정하는 것이 현저히 부당하거나 불공평하게 되는
> 등 특별한 사정이 있는 경우에는, 국가가 소멸시효 완성을 주장하는 것은 신의성실
> 원칙에 반하여 권리남용으로서 허용될 수 없다(대판 2016. 6. 10. 2015다217843).

다만, 국가배상청구권의 소멸시효기간이 지난 후에 국가 등의 소멸시효주장
이 권리남용에 해당하는 것으로 인정되어 국가 등이 피해자들에게 손해배상금
을 지급한 경우, 권리남용에 해당하게 된 원인행위를 한 해당 공무원이 그 행
위를 적극적으로 주도하였다는 등의 특별한 사정이 없는 한 국가 등은 해당 공

무원에게 구상할 수 없다.

> **[판례]** 공무원의 불법행위로 손해를 입은 피해자의 국가배상청구권의 소멸시효
> 기간이 지났으나 국가가 소멸시효 완성을 주장하는 것이 신의성실의 원칙에 반하
> 는 권리남용으로 허용될 수 없어 배상책임을 이행한 경우에는, 그 소멸시효 완성
> 주장이 권리남용에 해당하게 된 원인행위와 관련하여 해당 공무원이 그 원인이 되
> 는 행위를 적극적으로 주도하였다는 등의 특별한 사정이 없는 한, 국가가 해당 공
> 무원에게 구상권을 행사하는 것은 신의칙상 허용되지 않는다고 봄이 상당하다
> (대판 2016. 6. 10. / 2015다217843).

4. 소멸시효규정의 적용 배제

국가배상청구와 관련하여 객관적 기산점을 기준으로 하는 소멸시효(장기소
멸시효)의 적용이 배제되는 경우도 있다. 헌법재판소는 민법 제166조 1항과 제
766조 2항(객관적 기산점 부분) 중 「진실·화해를 위한 과거사정리 기본법」 제2
조 1항 3호의 '민간인 집단 희생사건' 및 제4호의 '중대한 인권침해사건·조작
의혹사건'에 적용되는 부분54)이 국가배상청구권을 침해하여 위헌이라는 결정을
선고한 바 있다(헌재 2018. 8. 30. / 2014헌바148 등).

> **[판례]** 일반적인 국가배상청구권에 적용되는 소멸시효 기산점과 시효기간에 합리
> 적 이유가 인정된다 하더라도, 과거사정리법 제2조 제1항 제3호에 규정된 '민간인
> 집단희생사건', 제4호에 규정된 '중대한 인권침해·조작의혹사건'의 특수성을 고려
> 하지 아니한 채 민법 제166조 제1항, 제766조 제2항의 '객관적 기산점'이 그대로 적
> 용되도록 규정하는 것은 국가배상청구권에 관한 입법형성의 한계를 일탈한 것인데,
> 그 이유는 다음과 같다.
> 민간인 집단희생사건과 중대한 인권침해·조작의혹사건은 국가기관이 국민에게
> 누명을 씌워 불법행위를 자행하고, 소속 공무원들이 조직적으로 관여하였으며, 사
> 후에도 조작·은폐함으로써 오랜 기간 진실규명이 불가능한 경우가 많아 일반적인
> 소멸시효 법리로 타당한 결론을 도출하기 어려운 문제들이 발생하였다. 이에 2005

---

54) 진실·화해를 위한 과거사정리 기본법 제2조(진실규명의 범위) ① 제3조의 규정에 의한 진실·화해를
위한 과거사정리위원회는 다음 각 호의 사항에 대한 진실을 규명한다.
3. 1945년 8월 15일부터 한국전쟁 전후의 시기에 불법적으로 이루어진 민간인 집단 사망·상해·실종
사건
4. 1945년 8월 15일부터 권위주의 통치시까지 헌정질서 파괴행위 등 위법 또는 현저히 부당한 공권력
의 행사로 인하여 발생한 사망·상해·실종사건, 그 밖에 중대한 인권침해사건과 조작의혹사건

년 여·야의 합의로 과거사정리법이 제정되었고, 그 제정 경위 및 취지에 비추어볼 때 위와 같은 사건들은 사인간 불법행위 내지 일반적인 국가배상 사건과 근본적 다른 유형에 해당됨을 알 수 있다.

구체적으로 살펴보면, 불법행위의 피해자가 '손해 및 가해자를 인식하게 된 때'로부터 3년 이내에 손해배상을 청구하도록 하는 것은 불법행위로 인한 손해배상청구에 있어 피해자와 가해자 보호의 균형을 도모하기 위한 것이므로, 과거사정리법 제2조 제1항 제3, 4호에 규정된 사건에 민법 제766조 제1항의 '주관적 기산점'이 적용되도록 하는 것은 합리적 이유가 인정된다. 그러나, 국가가 소속 공무원들의 조직적 관여를 통해 불법적으로 민간인을 집단 희생시키거나 장기간의 불법구금·고문 등에 의한 허위자백으로 유죄판결을 하고 사후에도 조작·은폐를 통해 진상규명을 저해하였음에도 불구하고, 그 불법행위 시점을 소멸시효의 기산점으로 삼는 것은 피해자와 가해자 보호의 균형을 도모하는 것으로 보기 어렵고, 발생한 손해의 공평·타당한 분담이라는 손해배상제도의 지도원리에도 부합하지 않는다. 그러므로 과거사정리법 제2조 제1항 제3, 4호에 규정된 사건에 민법 제166조 제1항, 제766조 제2항의 '객관적 기산점'이 적용되도록 하는 것은 합리적 이유가 인정되지 않는다.

결국, 민법 제166조 제1항, 제766조 제2항의 객관적 기산점을 과거사정리법 제2조 제1항 제3, 4호의 민간인 집단희생사건, 중대한 인권침해·조작의혹사건에 적용하도록 규정하는 것은, 소멸시효제도를 통한 법적 안정성과 가해자 보호만을 지나치게 중시한 나머지 합리적 이유 없이 위 사건 유형에 관한 국가배상청구권 보장 필요성을 외면한 것으로서 입법형성의 한계를 일탈하여 청구인들의 국가배상청구권을 침해한다(헌재 2018. 8. 30. 2014헌바148 등).

따라서 위와 같은 위헌결정의 효력이 미치는 사건에 대해서는 장기소멸시효가 적용되지 않는다. 대법원은 헌법재판소 결정에 따라 과거사정리법 제2조 1항 3호와 4호에 규정된 사건에 객관적 기산점을 기준으로 한 장기소멸시효가 적용되지 않는다고 선언한 바 있다.

[판례] 국가배상법 제8조, 민법 제166조 제1항, 제766조 제1항, 제2항, 국가재정법 제96조 제2항, 제1항(구 예산회계법 제96조 제2항, 제1항)에 따르면, 국가배상청구권에 대해서는 피해자나 법정대리인이 그 손해와 가해자를 안 날(민법 제166조 제1항, 제766조 제1항에 따른 주관적 기산점)로부터 3년 또는 불법행위를 한 날(민법 제166조 제1항, 제766조 제2항에 따른 객관적 기산점)로부터 5년의 소멸시효가 적용됨이 원칙이다.

그런데 헌법재판소는 2018. 8. 30. 민법 제166조 제1항, 제766조 제2항 중 진실·화해를 위한 과거사정리 기본법(이하 '과거사정리법'이라 한다) 제2조 제1항 제3호의 '민간인 집단 희생사건', 같은 항 제4호의 '중대한 인권침해사건·조작의혹사건'에 적용되는 부분은 헌법에 위반된다는 결정을 선고하였다(헌법재판소 2014헌바148 등 전원재판부).

  헌법재판소 위헌결정의 효력은 위헌제청을 한 당해 사건만 아니라 위헌결정이 있기 전에 이와 동종의 위헌 여부에 관하여 헌법재판소에 위헌여부심판제청이 되어 있거나 법원에 위헌여부심판제청신청이 되어 있는 경우의 당해 사건과 별도의 위헌제청신청 등은 하지 않았지만 당해 법률 또는 법조항이 재판의 전제가 되어 법원에 계속된 모든 일반 사건에까지 미친다.

  따라서 이 사건 위헌결정의 효력은 과거사정리법 제2조 제1항 제3호의 '민간인 집단 희생사건'이나 같은 항 제4호의 '중대한 인권침해사건·조작의혹사건'에서 공무원의 위법한 직무집행으로 입은 손해에 대한 배상을 청구하는 소송이 위헌결정 당시까지 법원에 계속되어 있는 경우에도 미친다고 할 것이어서, 그 손해배상청구권에 대해서는 민법 제166조 제1항, 제766조 제2항에 따른 '객관적 기산점을 기준으로 하는 소멸시효'(이하 '장기소멸 시효'라 한다)는 적용되지 않고, 국가에 대한 금전 급부를 목적으로 하는 권리의 소멸시효기간을 5년으로 규정한 국가재정법 제96조 제2항(구 예산회계법 제96조 제2항) 역시 이러한 객관적 기산점을 전제로 하는 경우에는 적용되지 않는다(대판 2019. 11. 14, 2018다233686, 동지).
판례: 대판 2020. 4. 29, 2018다286925; 대판 2019. 12. 24, 2019다231625; 대판 2022. 11. 30, 2018다247715; 대판 2022. 11. 30, 2019다216879).

  또한 대법원은 주관적 기산점 역시 과거사정리위원회의 진실규명결정통지서가 송달된 날이라고 판단한 바 있다.

[판례] 과거사정리위원회가 과거사정리법 제2조 제1항 제3호의 민간인 집단 희생 사건에 대하여 진실규명결정을 한 경우 그 피해자 및 유족들의 손해배상청구권에 대한 민법 제766조 제1항의 단기소멸시효와 관련하여 '손해 발생 및 가해자를 안 날'은 진실규명결정일이 아닌 그 진실규명결정통지서가 송달된 날임을 밝혀 둔다
(대판 2020. 4. 29, 2018다239455, 동지판
  례: 대판 2020. 12. 10, 2020다205455).

  한편, 「국가배상법」 제9조에 따른 배상심의회에의 손해배상지급신청은 시효 중단사유인 청구(민법 168조 참조)에 해당한다. 대법원은 「국가배상법」 제12조에 따른 배상심의회에의 손해배상지급신청을 시효중단사유인 청구 중에서 최고로서의 효력을 인정하는 한편, 민법 제174조에 따른 6개월의 기간은 배상심의회의 결정이 있을 때까지 진행하지 않는다고 판시한 바 있다(대판 1975. 7. 8, 74다178). 따라서 배상심의회의 결정이 있은 때로부터 6개월 이내에 민법 제174조에 의거한 다른 시효중단조치(재판상의 청구, 파산절차참가, 압류 또는 가압류, 가처분)를 취하는 경우에는 최고시의 시효중단 효력이 계속 유지되는 반면, 6개월 이내에 다른 시효중단조치를 취하지 않으면 최고로서

의 시효중단 효력이 없게 된다.

사례해설1

丙은 군인으로서 공무원인 점, 기합은 외관상 객관적으로 교관 丙의 직무행위에 속하는 점, 丙은 사병들의 체력상황을 미리 파악하여 위험을 예견하고 이를 회피할 의무를 해태한 과실이 인정되는 점, 기타 위법성과 인과관계를 인정할 수 있어 국가배상법 제2조 제1항 본문의 요건을 충족한다. 그러나 乙이 군인이므로 국가에 대한 배상청구권을 배제하고 있는 동 조항 단서의 요건을 충족하는지가 문제된다. 판례에 따르면 상급자의 구타행위나 얼차려 행위가 불법행위를 구성하는지 여부는 순직 여부를 판단하는 데에 직접적인 관계가 없으므로(대판 1991. 8. 13, 90다16108) 乙의 경우는 순직에 해당할 것이다. 그리고 乙의 유족인 甲에게는 군인연금법에 의해 재해 보상금이 지급되므로 갑은 국가에 대해 손해배상청구를 할 수 없다.[55]

사례해설2

국가는 경찰공무원인 乙이 관용차량인 순찰차를 운전하여 丙에게 상해를 입혔다는 점에서 「국가배상법」 제2조 제1항과 「자동차손해배상보장법」 제3조에 따른 손해배상책임을 부담한다. 그러나 丙은 경찰공무원이므로 「국가배상법」 제2조 제1항 단서에 의해 丙에 대한 국가의 배상책임은 면제되며, 대법원판례에 따른다면 국가의 구상책임은 인정될 수 없다(대판 2001. 2. 15, 96다42420). 그러나 헌법재판소 결정대로 국가는 乙의 과실비율에 따른 구상책임을 진다고 함이 타당하다(헌재 1994. 12. 29, 93헌바21). 한편 가해공무원 개인의 외부적 책임을 인정하는 견지에서 乙은 국가의 배상책임과는 별도로 「민법」 제750조, 760조 1항에 따라 책임을 진다. 따라서 甲은 국가와 乙에 대하여 구상권을 행사할 수 있다.[56]

---

55) 상세는 김연태, 행정법사례연습, 406면 이하 참조.
56) 상세는 김연태, 행정법사례연습, 420면 이하 참조.

제3절 영조물의 설치·관리상의 하자로 인한 손해배상

기본사례

A도의 도지사 乙은 국토교통부장관으로부터 국도의 수선·유지사무를 위임받았는데, 그 국도에 산사태와 낙석의 위험이 있음에도 불구하고 아무런 조치를 취하지 않고 있었다. 그러던 중 집중호우와 강풍으로 인해 돌과 흙더미가 도로에 쌓이게 되어 그 곳을 지나던 甲의 차량이 전복되는 사고가 발생하였다.

(1) 위의 경우에 국가배상책임이 성립하는가?

(2) 국가배상책임이 성립한다면 甲은 누구를 상대로 국가배상을 청구할 수 있는가?

Ⅰ. 개   설

「국가배상법」 제5조는 "① 도로·하천, 그 밖의 공공의 영조물의 설치나 관리에 하자가 있기 때문에 타인에게 손해를 발생하게 하였을 때에는 국가나 지방자치단체는 그 손해를 배상하여야 한다. 이 경우 제2조 제1항 단서, 제3조 및 제3조의2를 준용한다. ② 제1항을 적용할 때 손해의 원인에 대하여 책임을 질 자가 따로 있으면 국가나 지방자치단체는 그 자에게 구상할 수 있다"라고 규정하고 있다.

이 조항은 공작물 등의 점유의 배상책임에 관한 「민법」 제758조에 상응하는 것이나, ① 점유자의 면책조항의 적용이 없다는 점, ② 그 대상이 「민법」상의 공작물보다 넓은 개념이라는 점 등에 차이가 있다. 앞에 적어 놓은 바와 같이 「국가배상법」 제5조는 일본의 국가배상법 제2조를 거의 그대로 옮겨 놓은 것이다. 독일의 법에서는 영조물의 설치·관리의 책임을 포괄적으로 규정한 것을 발견할 수 없으며, 프랑스에서는 공토목(公土木)의 손해(dommage de travaux publics)의 개념이 일찍부터 판례를 통해 발전되어 왔으나, 그것은 부동산만을 대상으로 하며, 손해배상만이 아니라 손실보상도 그 안에 포함시키는 점에서 우리와는 다르다.

Ⅱ. 배상책임의 성립요건

국가 등의 배상책임이 성립하기 위해서는 도로·하천 기타의 공공의 영조물의 설치 또는 관리에 하자가 있기 때문에 타인에게 손해가 발생하였어야 한다($\frac{국가배상법}{5조 1항}$).

따라서 배상책임의 성립요건은 ① 영조물, ② 설치·관리의 하자, ③ 타인에 대한 손해의 발생으로 나누어진다.

1. 영 조 물

본조의 '영조물'은 공적 목적을 달성하기 위한 인적·물적 시설의 종합체를 의미하는 본래적 의미의 영조물이 아니라, 행정주체가 직접 공적 목적을 달성하기 위하여 제공한 유체물, 즉 공물을 의미한다고 보아야 한다. 유체물에는 개개의 물건뿐만 아니라 물건의 집합체인 공공시설도 포함된다고 봄이 타당시된다. 또한 부동산·동산($\frac{예: 소방}{자동차}$), 인공공물($\frac{예: 도로·상하수도}{관공청사·교량 등}$)·자연공물($\frac{예: 하천}{호소 등}$) 및 동물($\frac{예: 경}{찰견}$) 등도 이에 포함된다. 종래에는 자연공물과 관련하여 자연적인 상태 그 자체는 영조물에 포함시키지 아니하고, 하천의 제방 등과 같이 자연공물에 인공으로 부가한 시설이 있으면 그것을 영조물로 보려는 견해도 있었으나, 오늘날에는 자연공물인 하천이 명시되어 있는 점, 자연공물을 자연상태로 방치할 경우 국가에게 배상책임이 없다는 불합리한 결과가 초래되는 점 등을 이유로 자연공물도 본조의 영조물에 포함되는 것으로 이해하고 있다. 자연공물은 국가 등이 "설치"한 것은 아니지만 "관리"의 대상은 되며, 하천과 같이 법에 열거되어 있는 점에서 영조물에 포함시킴이 타당하다.

그러나 국·공유재산일지라도 공적 목적에 제공된 공물이 아닌 것 즉, 국·공유의 사물(私物)은 영조물에 포함되지 아니한다. 따라서 일반재산($\frac{국유재산법}{6조 참조}$)의 관리의 하자로 인하여 타인에게 손해가 발생한 경우에는 「민법」($\frac{758}{조}$)에 의한 배상책임을 진다고 볼 것이다($\frac{국가배상법}{8조 참조}$).

판례상 배상의 원인이 되었던 영조물에는 맨홀($\frac{대판 1971. 11. 15,}{71다1952}$), 건널목경보기($\frac{대판 1969. 12. 9,}{69다1386}$), 공중변소($\frac{대판 1971. 8. 31,}{71다1331}$), 도로($\frac{대판 1993. 6. 8,}{93다11678 등}$), 철도대합실 승강장($\frac{대판 1999.}{6. 22, 99다7008}$), 교통신호기($\frac{대판 1999. 6. 25,}{99다11120}$) 등이 있다.

[판례] ㉮ 국가배상법 제5조 제1항 소정의 '공공의 영조물'이라 함은 국가 또는 지방자치단체에 의하여 특정 공공의 목적에 공여된 유체물 내지 물적 설비를 말하며, 국가 또는 지방자치단체가 소유권, 임차권 그 밖의 권한에 기하여 관리하고 있는 경우뿐만 아니라 사실상의 관리를 하고 있는 경우도 포함된다. ㉯ 이 사건 당시 설치하고 있던 옹벽은 아직 완성도 되지 아니하여 일반공중의 이용에 제공되지 않고 있었던 이상 국가배상법 제5조 제1항 소정의 영조물에 해당한다고 할 수 없고, 따라서 이 사건 사고를 영조물의 설치상의 하자로 인하여 발생한 것이라고 할 수 없다(대판 1998. 10. 23., 98다17381).

2. 설치 · 관리의 하자

(1) 설치 · 관리의 하자의 의의

영조물의 '설치 · 관리의 하자'의 의미와 관련하여, 종래에는 이를 '영조물이 통상적으로 갖추어야 할 안전성을 갖추지 못한 상태'로 이해하는 데에 특별한 이론(異論)이 없었다. 대법원은 여기에 당해 영조물을 구성하는 물적 시설 그 자체에 있는 물리적 · 외형적 흠결이나 불비로 인하여 그 이용자에게 위해를 끼칠 위험성이 있는 경우뿐만 아니라 제3자에게 사회통념상 수인할 것이 기대되는 한도를 넘는 피해를 입히는 경우까지 포함된다고 해석하고 있다.

[판례] 국가배상법 제5조 제1항에 정하여진 '영조물의 설치 또는 관리의 하자'라 함은 공공의 목적에 공여된 영조물이 그 용도에 따라 갖추어야 할 안전성을 갖추지 못한 상태에 있음을 말하고, 안전성을 갖추지 못한 상태, 즉 타인에게 위해를 끼칠 위험성이 있는 상태라 함은 당해 영조물을 구성하는 물적 시설 그 자체에 있는 물리적 · 외형적 흠결이나 불비로 인하여 그 이용자에게 위해를 끼칠 위험성이 있는 경우뿐만 아니라, 그 영조물이 공공의 목적에 이용됨에 있어 그 이용상태 및 정도가 일정한 한도를 초과하여 제3자에게 사회통념상 수인할 것이 기대되는 한도를 넘는 피해를 입히는 경우까지 포함된다고 보아야 한다(대판 2005. 1. 27., 2003다49566).

그러나 근래에는 우리나라에서도 주관설 · 객관설 · 절충설 등 여러 학설이 소개 내지 논의되고 있다. 이러한 견해의 대립은 통상적으로 갖추어야 할 안전성을 결여하였는지를 판단함에 있어서 설치 · 관리자의 귀책사유가 고려되어야 하는지 여부에 관한 다툼이라고 할 수 있다.

(가) 주관설(의무위반설)

주관설은 영조물의 설치, 관리상의 하자를 설치, 관리상의 주의의무위반 내지 안전확보의무위반으로 보는 견해이다. 즉 국가배상법 제5조에 의한 책임을 무과실책임이 아니라, 관리자의 주관적 귀책사유가 있어야 한다는 점에서 과실책임 내지 완화된 과실책임으로 파악하는 견해이다. "「국가배상법」 제5조상의 국가 등의 배상책임이 결과책임 또는 절대적 무과실책임이 아니고 보면, 그 배상책임의 요건으로서의 하자의 판단에 있어서는 관리자의 의무위반을 그 내용으로 하는 의무위반설적 이론구성이 동조상의 배상책임의 성격에 보다 부합하는 것으로 보인다"[1]라는 입장이 여기에 해당될 것이다.

(나) 객관설

하자의 유무는 영조물이 객관적으로 안전성을 결여하였는지 여부에 의하여 판단해야 하므로, 그것이 설치·관리자의 작위 또는 부작위 의무의 위반으로 생긴 것인지는 요구되지 않는다고 보는 견해이다.[2] "「국가배상법」 제5조의 배상책임을 과실책임의 구조하에 이해하려는 주관설은 고의 또는 과실을 요건으로 하는 같은 법 제2조와 달리 단순히 영조물의 설치·관리의 하자를 그 요건으로 하고 있는 법의 명문규정에 반하는 것이다. 또한 (객관화된) 주관적 안전확보의무를 요구하는 것은 피해자 구제의 범위가 제한되는 문제점이 있다. 따라서 관리자의 과실유무와 관계없이 배상책임을 인정하고, 피해자 구제의 폭을 넓힐 수 있다는 측면에서 객관설이 타당하고 바람직하다고 볼 수 있다. 다만 국가의 배상책임의 범위가 무한정으로 확대되는 것을 적정한 범위에서 한정하기 위하여 구체적인 사안에서 면책사유를 인정하여 공물 관리주체의 책임범위를 조정하는 것으로 구체적 타당성을 꾀하여야 할 것으로 본다"[3]라는 입장도 객관설에 포함시킬 수 있을 것이다.

(다) 절충설

하자의 유무를 판단함에 있어서 영조물 자체의 객관적 하자뿐만 아니라, 관리자의 안전관리의무위반이라는 주관적 요소도 아울러 고려해야 한다는 견해

---

1) 김동희·최계영(Ⅰ), 583면.
2) 김도창(상), 642면: 박윤흔·정형근(상), 624면 등. 「객관설을 따라 영조물의 설치나 관리상의 의미를 '통상적으로 영조물이 갖추어야 할 안정성'을 그 기준으로 한다고 하더라도 국가배상책임의 확장을 적정한 선에서 제한하기 위해서는, 그 의미를 문제가 되는 영조물의 평균적인 안정성의 경우로 이해하는 것이 타당하다고 본다」(류지태·박종수(신론), 543면)라고 하는 입장도 객관설로 볼 수 있을 것이다.
3) 김연태, 행정법사례연습, 464-465면.

이다. 그러나 우리나라에서 뚜렷이 절충설을 취하는 입장은 발견되지 않는다.

(라) 위법·무과실책임설

「국가배상법」 제5조에 의한 책임을 (교통)안전의무를 위반함으로써 발생한 손해에 대한 행정주체의 위법·무과실책임으로 보는 입장으로서, ① "공물의 관리주체로서 국가 및 공공단체 등 행정주체가 지는 책임은, 「민법」 758조에 의한 점유자의 책임이 위법·유책의 책임인 데 대하여 위법·무책의 책임이다. 교통안전의무는 국가의 법적 의무로서 공무원의 주관적인 과실과는 아무 관계가 없다. 따라서 5조 1항의 책임은 행정주체의 교통안전의 법적 의무위반에 대한 행위책임이며 무과실책임이라고 말할 수 있다".[4] ② "「국가배상법」이 '영조물의 하자'로 표기하지 않고, '영조물의 설치·관리의 하자'로 표기해 놓고 있기 때문에 순전한 '물적 상태책임'이 아니라 '행위책임'으로 봄이 타당시 된다. 아울러 「국가배상법」 제2조가 공무원의 '고의 또는 과실'을 요건으로 정하고 있는 데 대하여 제5조는 단순히 영조물의 설치·관리의 '하자'를 그 요건으로 정하고 있으므로, 제5조상의 배상책임을 제2조상의 배상책임과 마찬가지로 과실책임으로 본다는 것은 법의 명문규정에 반한다고 하지 않을 수 없다. 그러한 점에서 「국가배상법」 제5조상의 영조물의 설치·관리의 하자의 책임을 행위책임으로 보는 동시에, 그의 성질을 위법·무과실책임으로 보는 입장이 가장 타당시 된다"[5]라는 설명에 잘 나타나 있다.

(마) 판 례

판례는 종래에 객관설을 취하여 왔으나, 최근에는 주관적인 요소를 고려한 판례도 등장하고 있다.

① 객관설을 명백하게 취한 판례

> **[판례]** 국가배상법 제5조 소정의 영조물의 설치·관리상의 하자라 함은 영조물의 설치 및 관리에 불완전한 점이 있어 이 때문에 영조물 자체가 통상 갖추어야 할 안전성을 갖추지 못한 상태에 있는 것을 말하는 것이다. 지방자치단체가 관리하는 도로 지하에 매설되어 있는 상수도관에 균열이 생겨 그 틈으로 새어 나온 물이 도로 위까지 유출되어 노면이 결빙되었다면 도로로서의 안전성에 결함이 있는 상태로서 설치·관리상의 하자가 있다. 국가배상법 제5조 소정의 영조물의 설치·관리상의 하

---

4) 정하중, 국가배상법 제5조의 영조물의 설치·관리에 있어서 하자의 의미와 배상책임의 성격, 행정판례연구 제3집, 1996, 215면.
5) 김남진(Ⅰ), 제7판, 531-532면.

자로 인한 책임은 무과실책임이고 나아가 민법 제758조 소정의 공작물의 점유자의 책임과는 달리 면책사유도 규정되어 있지 않으므로, 국가 또는 지방자치단체는 영조물의 설치·관리상의 하자로 인하여 타인에게 손해를 가한 경우에 그 손해의 방지에 필요한 주의를 해태하지 아니하였다 하여 면책을 주장할 수 없다(대판 1994. 11. 22,
 94다32924).

② 주관적 요소를 고려한 판례

[판례①] 국가배상법 제5조 제1항에 정해진 영조물의 설치 또는 관리의 하자라 함은 영조물이 그 용도에 따라 통상 갖추어야 할 안전성을 갖추지 못한 상태에 있음을 말하는 것이며, 다만 영조물이 완전무결한 상태에 있지 아니하고 그 기능상 어떠한 결함이 있다는 것만으로 영조물의 설치 또는 관리에 하자가 있다고 할 수 없는 것이고, 위와 같은 안전성의 구비 여부를 판단함에 있어서는 당해 영조물의 용도, 그 설치장소의 현황 및 이용 상황 등 제반 사정을 종합적으로 고려하여 설치·관리자가 그 영조물의 위험성에 비례하여 사회통념상 일반적으로 요구되는 정도의 방호조치의무를 다하였는지 여부를 그 기준으로 삼아야 하며, 만일 객관적으로 보아 시간적·장소적으로 영조물의 기능상 결함으로 인한 손해발생의 예견가능성과 회피가능성이 없는 경우 즉 그 영조물의 결함이 영조물의 설치관리자의 관리행위가 미칠 수 없는 상황 아래에 있는 경우임이 입증되는 경우라면 영조물의 설치·관리상의 하자를 인정할 수 없다(대판 2001. 7. 27, 2000다56822, 동지판례: 대판 2007. 9. 21, 2005다65678;
 대판 2007. 10. 25, 2005다62235; 대판 2010. 7. 22, 2010다33354 · 33361).

[판례②] 국가배상법 제5조 제1항에 규정된 '영조물 설치·관리상의 하자'는 공공의 목적에 공여된 영조물이 그 용도에 따라 통상 갖추어야 할 안전성을 갖추지 못한 상태에 있음을 말한다. 그리고 위와 같은 안전성의 구비 여부는 영조물의 설치자 또는 관리자가 그 영조물의 위험성에 비례하여 사회통념상 일반적으로 요구되는 정도의 방호조치의무를 다하였는지를 기준으로 판단하여야 하고, 아울러 그 설치자 또는 관리자의 재정적·인적·물적 제약 등도 고려하여야 한다. 따라서 영조물이 그 설치 및 관리에 있어 완전무결한 상태를 유지할 정도의 고도의 안전성을 갖추지 아니하였다고 하여 하자가 있다고 단정할 수는 없고, 영조물 이용자의 상식적이고 질서 있는 이용 방법을 기대한 상대적인 안전성을 갖추는 것으로 족하다(대판 2022. 7. 28,
 2022다225910).

다만, 주관적인 요소를 고려한 판례를 이해함에 있어서는 견해가 갈린다. ① 판례의 경향을 위법·무과실책임설의 입장을 취한 것으로 이해하는 견해,[6] ②

---

6) 김남진(Ⅰ), 제7판, 532면; 정하중, 국가배상법 제5조의 영조물의 설치·관리에 있어서 하자의 의미와 배상책임의 성격, 행정판례연구 제3집, 1996, 215면.

하자를 판단함에 있어서 관리자가 방호조치의무를 다하였는지 여부를 기준으로 한다는 점에서 의무위반설의 입장을 취하고 있는 것으로 보는 견해[7] 및 ③ 객관설의 입장을 포기하지 않으면서 예측가능성, 결과회피가능성의 결여를 면책사유로 인정한 것이라고 이해하는 견해[8] 등이 있다.

(2) 하자의 증명책임

하자의 증명책임은 원고인 피해자에게 있다. 한편 이 경우에도 과실의 증명책임에서와 마찬가지로 일응의 추정의 법리가 원용된다 할 것인바, 피해자가 영조물로 인하여 손해가 발생하였음을 증명하면 그 하자가 있는 것으로 일응 추정된다.[9] 한편, 손해발생의 예견가능성과 회피가능성이 없었다는 점은 설치·관리자에게 증명책임이 있다.[10]

(3) 자연공물과 설치·관리의 하자

인공공물과 자연공물 사이에는, 동일평면에 놓고 안전성 여부를 논할 수 없는 차이점이 있음을 부인할 수 없다. 특히 하천의 관리의 경우에는, 그 유수원인 강수량의 정확한 예측이 어렵고, 제방의 축조와 같이 막대한 비용이 들며, 예산상의 제약을 받는 등의 특수성으로 인하여 다른 것과 일률적으로 다룰 수 없는 점이 있다. 따라서 자연공물인 하천이 범람하여 수재를 일으킨 경우, 그 전부에 대하여 국가 등이 책임을 질 수는 없을 것이다. 그 경우 비록 제방이 없다 하더라도 그 사실만으로 항상 안전성이 결여되었다고 볼 수 없으며, 정당한 계획저수량의 산정에 기해서 제방이 필요없다고 판단하였다면 관리의 하자를 따질 수 없을 것이다. 또한 제방이 축조되어 있는 경우에도, 계획저수량에 상당하는 높이와 안전성을 제방이 구비하였는지 여부, 계획저수량의 산정이 정당한지 여부에 의하여 안전성 여부가 결정되어야 할 것이다.[11]

> **[판례]** 자연영조물로서의 하천은 원래 이를 설치할 것인지 여부에 대한 선택의 여지가 없고, 위험을 내포한 상태에서 자연적으로 존재하고 있으며, 간단한 방법으로

---

7) 김동희·최계영(Ⅰ), 588면.
8) 홍준형, 국가배상법 제5조에 의한 배상책임의 성질과 영조물 설치·관리상의 하자, 판례월보 323호, 1997. 8. 29면.
9) 동지: 김도창(상), 586면; 박윤흔·정형근(상), 631면.
10) 대판 1998. 2. 10, 97다32536.
11) 자세한 것은 김남진·이명구, 행정법연습, 314면 이하; 김원주, 행정상의 위험관리책임, 고시연구, 1984. 6; 이명구, 수해와 행정상의 배상책임, 고시연구, 1985. 1 참조.

위험상태를 제거할 수 없는 경우가 많고, 유수라고 하는 자연현상을 대상으로 하면 서도 그 유수의 원천인 강우의 규모, 범위, 발생시기 등의 예측이나 홍수의 발생 작 용 등의 예측이 곤란하고, 실제로 홍수가 어떤 작용을 하는지는 실험에 의한 파악 이 거의 불가능하고 실제 홍수에 의하여 파악할 수밖에 없어 결국 과거의 홍수 경 험을 토대로 하천관리를 할 수밖에 없는 특질이 있고, 또 국가나 하천관리청이 목 표로 하는 하천의 개수작업을 완성함에 있어서는 막대한 예산을 필요로 하고, 대규 모 공사가 되어 이를 완공하는 데 장기간이 소요되며, 치수의 수단은 강우의 특성 과 하천 유역의 특성에 의하여 정해지는 것이므로 그 특성에 맞는 방법을 찾아내 는 것은 오랜 경험이 필요하고 또 기상의 변화에 따라 최신의 과학기술에 의한 방 법이 효용이 없을 수도 있는 등 그 관리상의 특수성도 있으므로, 하천관리의 하자 유무는, 과거에 발생한 수해의 규모·발생의 빈도·발생원인·피해의 성질·강우상 황·유역의 지형 기타 자연적 조건, 토지의 이용상황 기타 사회적 조건, 개수를 요 하는 긴급성의 유무 및 그 정도 등 제반 사정을 종합적으로 고려하고, 하천 관리에 있어서의 위와 같은 재정적·시간적·기술적 제약하에서 같은 종류, 같은 규모 하천 에 대한 하천관리의 일반수준 및 사회통념에 비추어 시인될 수 있는 안전성을 구비 하고 있다고 인정할 수 있는지 여부를 기준으로 하여 판단해야 한다(대판 2007. 9. 21., 2005다65678).

3. 타인에게 손해가 발생할 것

영조물의 설치·관리의 하자로 인하여 타인에게 손해가 발생하여야 하며, 그 하자와 손해발생과의 사이에는 상당인과관계가 있어야 한다. 한편, 자연현 상, 제3자 또는 피해자의 행위가 그 손해의 원인으로서 가세한 경우에도 하자 와 손해발생과의 사이에 상당인과관계가 있는 한, 국가 등은 그 한도 내에서 책임을 져야 할 것이다.

양자 사이의 상당인과관계가 있음은 원고가 증명하여야 한다. 공무원이 영 조물의 설치·관리의 하자로 손해를 입은 때에도 여기서의 '타인'에 해당한다. '손해'란 공무원의 직무상 불법행위로 인한 손해의 경우와 마찬가지로, 법익침 해에 의한 불이익을 의미하며 재산적 손해·정신적 손해 또는 적극적 손해· 소극적 손해를 모두 포함한다.

4. 면책사유

(1) 불가항력

통상적으로 갖추어야 할 안전성을 구비하고 있음에도 불구하고 손해가 발생한 경우에는, 불가항력으로서 국가 등은 책임을 지지 않는다. 예컨대, 어떤 영조물이 그 당시의 과학기술수준에 상응한 안정성이 갖추어져 있음에도 이례적인 집중호우나 강풍에 의하여 훼손되고, 그로 말미암아 손해가 발생한 경우, 즉 하자의 유무와 관계 없이 손해가 발행했을 정도라면 그러한 손해는 불가항력에 의한 것이라고 볼 수 있다. 다만, 폭우 등 재해가 과거에 경험해 본 범위 내의 것이라면, 국가 등은 그에 대처할 시설을 했어야 할 의무를 진다고 새겨진다.

> **[판례①]** 이 사건 사고가 일어난 지점의 부근은 산중턱을 깎아 도로의 부지를 조성하였으므로, 비가 많이 올 때 등에 대비하여 깎아내린 산비탈부분이 무너지지 않도록 배수로를 제대로 설치하고 격자블럭 등의 견고한 보호시설을 갖추어야 됨에도 불구하고, 이를 게을리 한 잘못으로 위 산비탈부분이 1991. 7. 25 내린 약 308.5㎜의 집중호우에 견디지 못하고 위 도로 위로부터 무너져 내려 차량의 통행을 방해함으로써 피고의 위 도로의 설치 또는 관리상의 하자로 인하여 일어난 것이라고 보아야 할 것이다. 매년 비가 많이 오는 장마철을 겪고 있는 우리나라와 같은 기후의 여건하에서 위와 같은 집중호우가 내렸다고 하여 전혀 예측할 수 없는 천재지변이라고 보기 어렵다(대판 1993. 6. 8, 93다11678).
>
> **[판례②]** 집중호우로 제방도로가 유실되면서 그 곳을 걸어가던 보행자가 강물에 휩쓸려 익사한 경우, 사고 당일의 집중호우가 50년 빈도의 최대강우량에 해당한다는 사실만으로 불가항력에 기인한 것으로 볼 수 없다(대판 2000. 5. 26, 99다53247).

한편, 불가항력에 의하여 손해가 발생하였다는 점에 대한 증명책임은 국가 등에게 있다.

> **[판례]** 고속도로의 관리상 하자가 인정되는 이상 고속도로의 점유관리자는 그 하자가 불가항력에 의한 것이거나 손해의 방지에 필요한 주의를 해태하지 아니하였다는 점을 주장·입증하여야 비로소 그 책임을 면할 수가 있다(대판 1988. 11. 8, 86다카775. 동지판례: 대판 2008. 3. 13, 2007다29287, 29294).

(2) 재정적 제약(예산부족)

공물의 관리상 필요한 예산의 부족이 국가배상책임을 면책시키는 사유가 될 수 있는지 문제된다. 일반적으로 재정적 제약은 면책사유가 되지 않는다고 본다. 대법원 역시 재정사정은 안전성을 요구하는 데 있어 참작사유에 해당할 뿐, 안전성을 결정지을 절대적 요건은 되지 못한다고 판시하였다.

> **[판례]** 영조물 설치의 하자라 함은 영조물의 축조에 불완전한 점이 있어 이 때문에 영조물 자체가 통상 갖추어야 할 안전성을 갖추지 못한 상태에 있음을 말한다고 할 것인바, 그 하자 유무는 객관적 견지에서 본 안전성의 문제이고, 그 설치자의 재정사정이나 영조물의 사용목적에 의한 사정은 안전성을 요구하는 데 대한 정도 문제로서 참작사유에는 해당할지언정, 안전성을 결정지을 절대적 요건에는 해당하지 아니한다(대판 1967. 2. 21.).

(3) 위험의 존재 인식

피해자가 위험이 존재함을 인식하거나 과실로 인하여 손해가 발생한 경우에는 일정한 한도 내에서 국가의 배상책임이 면제 또는 감면된다.

> **[판례①]** 소음 등을 포함한 공해 등의 위험지역으로 이주하여 들어가 거주하는 경우와 같이 위험의 존재를 인식하거나 과실로 인식하지 못하고 이주한 경우에는 손해배상액의 산정에 있어 형평의 원칙상 과실상계에 준하여 감경 또는 면제사유로 고려하여야 한다(대판 2010. 11. 11. 2008다57975).
>
> **[판례②]** 소음 등을 포함한 공해 등의 위험지역으로 이주하여 들어가서 거주하는 경우와 같이 위험의 존재를 인식하면서 그로 인한 피해를 용인하며 접근한 것으로 볼 수 있는 경우에, 그 피해가 직접 생명이나 신체에 관련된 것이 아니라 정신적 고통이나 생활방해의 정도에 그치고 그 침해행위에 고도의 공공성이 인정되는 때에는, 위험에 접근한 후 실제로 입은 피해 정도가 위험에 접근할 당시에 인식하고 있었던 위험의 정도를 초과하는 것이거나 위험에 접근한 후에 그 위험이 특별히 증대하였다는 등의 특별한 사정이 없는 한 가해자의 면책을 인정하여야 하는 경우도 있을 수 있다. 특히 소음 등의 공해로 인한 법적 쟁송이 제기되거나 그 피해에 대한 보상이 실시되는 등 피해지역임이 구체적으로 드러나고 또한 이러한 사실이 그 지역에 널리 알려진 이후에 이주하여 오는 경우에는 위와 같은 위험에의 접근에 따른 가해자의 면책 여부를 보다 적극적으로 인정할 여지가 있을 것이다. 다만 일반인이 공해 등의 위험지역으로 이주하여 거주하는 경우라고 하더라도 위험에 접근할 당시에 그러한 위험이 존재하는 사실을 정확하게 알 수 없는 경우가 많고, 그 밖에 위험에 접근하게 된 경위와 동기 등의 여러 가지 사정을 종합하여 그와 같은 위험의 존재를 인식하면서도 위험으로 인한 피해를 용인하면서 접근하였다고 볼 수 없는 경우에는 손해배상액의 산정에 있어 형평의 원칙상 과실상계에 준하여 감액사유로 고려하는 것이 상당하다(대판 2012. 6. 14. 2012다13569. 동지판례: 대판 2010. 11. 25. 2007다74560; 대판 2005. 1. 27. 2003다49566).

5. 제2조와 제5조의 경합

제2조는 과실책임이고, 제5조는 무과실책임인 점, 제2조의 직무행위에 영조물의 관리행위도 포함되는 것으로 볼 수 있으므로 양자의 책임은 경합할 수 있다. 양자의 책임이 중복하여 발생하는 경우에 피해자는 양자 중 그 어느 것에 의해서도 배상을 청구할 수 있다.

판례도 보행자 신호기에 고장이 나서 보행자신호와 차량신호가 동시에 녹색등이 들어와 이런 사실이 수차례 신고되었음에도 불구하고 방치한 결과 보행자가 녹색등을 보고 횡단보도를 건너다 사고가 난 사안에서 공무원의 신호기 관리상 과실 및 신호기의 하자가 있으므로 국가배상법 제2조 및 제5조에 따른 손해배상책임을 인정하는 듯한 취지의 판시를 한 바 있다.

> **[참고판례]** 행정권한이 기관위임된 경우 권한을 위임받은 기관은 권한을 위임한 기관이 속하는 지방자치단체의 산하 행정기관의 지위에서 그 사무를 처리하는 것이므로 사무귀속의 주체가 달라진다고 할 수 없고, 따라서 권한을 위임받은 기관 소속의 공무원이 위임사무처리에 있어 고의 또는 과실로 타인에게 손해를 가하였거나 위임사무로 설치·관리하는 영조물의 하자로 타인에게 손해를 발생하게 한 경우에는 권한을 위임한 관청이 소속된 지방자치단체가 국가배상법 제2조 또는 제5조에 의한 배상책임을 부담하고, 권한을 위임받은 관청이 속하는 지방자치단체 또는 국가가 국가배상법 제2조 또는 제5조에 의한 배상책임을 부담하는 것이 아니므로, 지방자치단체장이 교통신호기를 설치하여 그 관리권한이 도로교통법 제71조의2 제1항의 규정에 의하여 관할 지방경찰청장에게 위임되어 지방자치단체 소속 공무원과 지방경찰청 소속 공무원이 합동근무하는 교통종합관제센터에서 그 관리업무를 담당하던 중 위 신호기가 고장난 채 방치되어 교통사고가 발생한 경우, 국가배상법 제2조 또는 제5조에 의한 배상책임을 부담하는 것은 지방경찰청장이 소속된 국가가 아니라, 그 권한을 위임한 지방자치단체장이 소속된 지방자치단체라고 할 것이다(대판 1999. 6. 25, 99다11120).

Ⅲ. 배상의 범위

국가 등은 영조물의 설치·관리의 하자와 상당인과관계에 있는 모든 손해를 배상하여야 한다.

배상기준에 관한 규정(국가배상법 3조)은 이 경우에도 적용된다. 또한 군인 등에 대한 특례규정($^{동법\ 2조}_{단서}$), 공제에 관한 규정($^{동법\ 3조}_{의2}$) 등도 마찬가지로 적용된다.

Ⅳ. 배상책임

1. 배상책임자

(1) 개 설

「국가배상법」 제5조의 배상책임의 요건이 충족된 경우에 국가 또는 지방자치단체는 그 손해를 배상할 책임이 있다. 이 경우에 영조물의 설치·관리를 맡은 자와 비용을 부담하는 자가 동일하지 아니한 경우에는 비용부담자도 배상책임자가 된다($^{동법\ 5조\ 1항.}_{6조\ 참조}$). 국영공비의 공물($^{도로\ 등\ ·\ 하}_{천\ 등}$)의 경우에 이러한 예를 볼 수 있다. 이 경우 피해자인 국민에 대한 관계에서 영조물의 설치·관리자와 비용부담자 모두 손해배상의무가 있고, 피해자는 선택적으로 손해배상을 청구할 수 있다. 이 때 피해자에 대한 관계에서 영조물의 설치·관리자와 비용부담자의 관계는 부진정연대채무관계에 있다.

[판례①] 국도는 국가 전체의 교통망을 종합적으로 관리하기 위하여 국도로 지정된 것으로서 각 지방자치단체가 각기 다른 방식으로 관리하는 것이 바람직하지 않은 점, 지방자치법 제11조 제4호는 지방자치단체가 처리할 수 없는 국가사무로서 전국적 규모의 사업을 규정하면서 일반국도를 그 예로 들고 있는 점 등에 비추어, 도로법 제22조 제2항에 의하여 특별시장 등이 일반국도의 관리청이 되는 경우, 이는 지방자치단체의 장인 특별시장 등이 국가로부터 그 관리 업무를 위임받아 그 산하 행정기관의 지위에서 사무를 처리하는 것으로 보아야 하므로, 국가는 국도의 관리사무의 귀속주체로서 그 관리상의 하자로 인한 손해배상책임을 부담하고, 특별시장 등이 속하는 지방자치단체는 도로법 제56조에 의하여 비용을 부담하는 자로서 국가배상법 제6조 제1항이 정한 배상책임자로서 책임을 부담한다($^{서울지법\ 1997.\ 4.\ 17,}_{96가합10695}$).

[판례②] 트랙터가 서울특별시 내의 일반국도를 주행 중 육교에 충돌하여 그 육교상판이 붕괴되면서 이로 인하여 때마침 육교 밑을 통과해 오던 버스운전사가 사망함으로써 위 트랙터에 관하여 공제계약을 체결한 전국화물자동차운송사업조합연합회가 그 유족에게 손해배상금을 지급하여 공동면책된 경우, 피고 대한민국은 위 육교의 관리사무의 귀속주체로서, 피고 서울특별시는 위 육교의 비용부담자로서 각 손해배상책임을 지는 것이고, 국가배상법 제6조 제2항의 규정은 도로의 관리주체인 국가와 그 비용부담자인 시, 구 상호간에 내부적으로 구상의 범위를 정하는 데 적

용될 뿐 이를 들어 구상권자인 공동불법행위자에게 대항할 수 없는 것이므로, 피고들은 부진정연대채무자로서 각자 피고들 전체의 부담 부분(전체 손해액 중 구상권자인 전국화물 자동차운송사업조합연합회가 부담할 부분을 제 외한 전액)에 관하여 구상권자의 구상에 응하여야 하는 것이지 피고별로 분할채무를 지는 것이 아니다(대판 1998. 9. 22, 97다42502·42519).

(2) 비용부담자의 의미

「국가배상법」 제6조의 비용부담자의 해석과 관련하여 견해가 대립된다. 비용부담자의 의미를 규정상 확연한 것은 아니나 일응 대외적으로 비용을 지출하는 자를 뜻한다고 해석하는 견해(형식적 비용 부담자설)와 비용부담자에 대외적으로 경비를 지출하는 형식적 비용부담자 외에 궁극적으로 비용을 부담하는 실질적 비용부담자를 포함 시킬 수 있다는 견해(병합) 등이 주장된다.

대법원은 비용부담자의 개념에 형식적 비용부담자와 실질적 비용부담자가 모두 포함된다고 해석하고 있다.

[판례①] ㉮ 국가배상법 제6조 제1항 소정의 '공무원의 봉급·급여 기타의 비용'이란 공무원의 인건비만을 가리키는 것이 아니라 당해사무에 필요한 일체의 경비를 의미한다고 할 것이고, 적어도 대외적으로 그러한 경비를 지출하는 자는 경비의 실질적·궁극적 부담자가 아니더라도 그러한 경비를 부담하는 자에 포함된다. ㉯ 지방자치단체의 장이 기관위임된 국가행정사무를 처리하는 경우 그에 소요되는 경비의 실질적·궁극적 부담자는 국가라고 하더라도 당해 지방자치단체는 국가로부터 내부적으로 교부된 금원으로 그 사무에 필요한 경비를 대외적으로 지출하는 자이므로, 이러한 경우 지방자치단체는 국가배상법 제6조 제1항 소정의 비용부담자로서 공무원의 불법행위로 인한 같은 법에 의한 손해를 배상할 책임이 있다(대판 1994. 12. 9, 94다38137).

[판례②] 구 하천법(2009. 4. 1. 법률 제9605 호로 개정되기 전의 것)에 의하면, 국가하천은 건설교통부장관이 관리하고(제8조 제1항), 국가하천의 유지·보수는 시·도지사가 시행하며(제27조 제 5항 단서) 이에 필요한 비용은 해당 시·도가 부담하되(제59조 단서), 건설교통부장관은 그 비용의 일부를 시·도에 보조할 수 있다(제64 조).

국가하천의 유지·보수 사무가 지방자치단체의 장에게 위임된 경우, 지방자치단체의 장은 국가기관의 지위에서 그 사무를 처리하는 것이므로, 국가는 국가배상법 제5조 제1항에 따라 영조물의 설치·관리 사무의 귀속주체로서 국가하천의 관리상 하자로 인한 손해를 배상하여야 한다. 국가가 국가하천의 유지·보수비용의 일부를 해당 시·도에 보조금으로 지급하였다면, 국가와 해당 시·도는 각각 국가배상법 제6조 제1항에 규정된 영조물의 설치·관리 비용을 부담하는 자로서 손해를 배상할 책임

이 있다. 이와 같이 국가가 사무의 귀속주체 및 보조금 지급을 통한 실질적 비용부
담자로서, 해당 시·도가 구 하천법 제59조 단서에 따른 법령상 비용부담자로서 각
각 책임을 중첩적으로 지는 경우에는 국가와 해당 시·도 모두가 국가배상법 제6조
제2항 소정의 궁극적으로 손해를 배상할 책임이 있는 자에 해당한다(대판 2015. 4. 23, 2013다211834).

생각건대, 「국가배상법」 제6조는 피해자가 그 사무의 귀속주체를 정확히 파
악하여 그 사무의 귀속주체에게 배상을 청구할 것을 기대하기 힘든 소송현실
에서 피해자의 권리구제의 길의 확대를 위하여 마련된 규정이다. 이러한 견지
에서 병합설에 찬성한다.

2. 구   상

(1) 설치·관리자와 비용부담자가 다른 경우

영조물의 설치·관리자와 비용부담자가 다른 경우에 있어서, 피해자에게 손
해를 배상한 자는 내부관계에서 그 손해를 배상할 책임이 있는 자에게 구상할
수 있다(동법 6조 2항). 문제는 여기에서의 "내부관계에서 손해를 배상할 자"가 누구인
가 하는 점이다. 과거에는 일반적으로 "영조물의 설치·관리자"가 그에 해당하
는 것으로 보았다. 그러나 최근에는 여기에도 변화가 엿보인다. 일본에서의 학
설을 참고하여, 우리나라에서도 관리자설, 비용부담자설, 기여도설 등이 논해지
고 있는 것이다.[12]

판례의 입장은 명확하지 않으나, 손해발생의 기여도 및 비용부담의 비율 등
제반 사정을 고려하여 결정하여야 한다고 판시한 바 있다.

[판례] 원래 광역시가 점유·관리하던 일반국도 중 일부 구간의 포장공사를 국가
가 대행하여 광역시에 도로의 관리를 이관하기 전에 교통사고가 발생한 경우, 광역
시는 그 도로의 점유자 및 관리자, 도로법 제56조, 제55조, 도로법 시행령 제30조에
의한 도로관리비용 등의 부담자로서의 책임이 있고, 국가는 그 도로의 점유자 및
관리자, 관리사무귀속자, 포장공사비용 부담자로서의 책임이 있다고 할 것이며, 이와
같이 광역시와 국가 모두가 도로의 점유자 및 관리자, 비용부담자로서의 책임을 중
첩적으로 지는 경우에는, 광역시와 국가 모두가 국가배상법 제6조 제2항 소정의 궁
극적으로 손해를 배상할 책임이 있는 자라고 할 것이고, 결국 광역시와 국가의 내

---

12) 주요문헌: 류지태, 국가배상법 제6조의 비용부담자, 고시계, 1998. 4; 강구철, 국가배상법 제6조상의 배
상책임자, 고시계, 2001. 10; 홍준형(구제법), 216면 이하.

부적인 부담 부분은, 그 도로의 인계·인수 경위, 사고의 발생 경위, 광역시와 국가의 그 도로에 관한 분담비용 등 제반 사정을 종합하여 결정함이 상당하다(대판 1998. 7. 10, 96다42819).

(2) 손해원인의 책임자에 대한 구상

국가 등이 손해를 배상한 경우에 있어서, 손해의 원인에 대하여 책임을 져야 하는 자(공작물의 수급인·용)가 따로 있을 때에는 국가 등은 이들에게 구상할 수 있다(동법 5조 2항).

Ⅴ. 기 타

① 배상청구권의 양도 등 금지(동법 4조), ② 배상청구권의 소멸시효 등의 문제는 공무원의 위법·유책행위로 인한 손해의 배상에 있어서와 같다.[13]

Ⅵ. 배상의 청구절차

1. 임의적 결정전치제도

「국가배상법」 제9조는 "이 법에 따른 손해배상의 소송은 배상심의회(이하 "심의회"라 한다)에 배상신청을 하지 아니하고도 제기할 수 있다"라고 규정하고 있다. 이는 법률의 개정을 통하여 종래의 결정전치주의가 임의적 결정전치제도로 변경된 것을 의미한다.

「국가배상법」이 결정전치주의를 취했던 이유는, 피해자가 간이·신속한 절차에 의하여 배상금을 지급받을 수 있도록 하기 위함이었다. 그러나 실제로는 국민의 재판받을 권리를 필요없이 제약한다는 비판 등이 제기되어 임의적 전치제도로 개정되었다 볼 수 있다.

2. 배상심의회

배상심의회는 국가배상에 관하여 심의·결정하고 이를 신청인에게 송달하는 권한을 가진 합의제 행정관청(행정위원회)이다(동법 10조, 13조, 14조 참조).

배상심의회에는 상급심의회인 본부심의회와 특별심의회, 하급심의회인 지

---

13) 본서 712면 이하 참조.

구심의회가 있다. 본부심의회는 법무부에 두며, 배상금의 개산액(概算額)이 대통령령으로 정하는 가액 이상인 사건, 재심신청사건, 그 밖에 법령에 따라 그 소관에 속하는 사항을 심의·처리한다. 특별심의회는 군인·군무원이 타인에게 입힌 손해에 대한 배상신청사건을 심의하기 위하여 국방부에 두며, 그 권한은 본부심의회의 그것과 같다. 지구심의회는 국가배상사건에 대한 일차적 심의·결정기관으로서, 그 관할에 속하는 국가 또는 지방자치단체에 대한 배상금 지급신청사건을 심의·처리한다. 본부심의회 소속 지구심의회는 고등검찰청 소재지에는 고등검찰청에, 그 외의 지역에는 각 지방검찰청에 두며, 특별심의회 소속 지구심의회는 각군본부와 일정한 군부대에 둔다(동법 시행령 제8조).

3. 결정절차

(1) 배상신청

배상금의 지급을 받고자 하는 자는 그 주소지·소재지 또는 배상원인발생지를 관할하는 지구심의회에 대하여 배상신청을 하여야 한다(동법 12조 1항).

(2) 심의와 결정

지구심의회는 배상신청을 받으면 지체 없이 증인신문·감정·검증 등 증거조사를 한 후 그 심의를 거쳐 4주일 이내에 배상금 지급결정, 기각결정 또는 각하결정(이하 "배상결정"이라 한다)을 하여야 한다(동법 13조 1항). 지구심의회는 배상신청사건을 심의한 결과 그 사건이 배상금의 개산액(概算額)이 대통령령으로 정하는 금액 이상인 사건 등에 해당한다고 인정되면 지체 없이 사건기록에 심의 결과를 첨부하여 본부심의회나 특별심의회에 송부하여야 한다(동법 13조 6항).

(3) 결정서의 송달

심의회는 배상결정을 하면 그 결정을 한 날부터 1주일 이내에 그 결정정본을 신청인에게 송달하여야 하며(동법 14조 1항), 이 경우 송달에 관하여는 「민사소송법」의 송달에 관한 규정을 준용한다(동조 2항).

(4) 신청인의 동의와 배상금지급

배상결정을 받은 신청인은 지체 없이 그 결정에 대한 동의서를 첨부하여 국가나 지방자치단체에 배상금 지급을 청구하여야 한다(동법 15조 1항). 배상금 지급에 관한 절차, 지급기관, 지급시기, 그 밖에 필요한 사항은 대통령령으로 정하며, 배상결정을 받은 신청인이 배상금 지급을 청구하지 아니하거나 지방자치단체가 대통령령으로 정하는 기간 내에 배상금을 지급하지 아니하면 그 결정에 동의하지 아니한 것으로 본다($\frac{동조}{항. 3항}\frac{2}{}$).

4. 재심신청

지구심의회에서 배상신청이 기각($\frac{일부기각된 경}{우를 포함한다}$) 또는 각하된 신청인은 결정정본이 송달된 날부터 2주일 이내에 그 심의회를 거쳐 본부심의회나 특별심의회에 재심을 신청할 수 있다($\frac{동법}{의2 1항}\frac{15조}{}$). 재심신청을 받은 지구심의회는 1주일 이내에 배상신청기록 일체를 본부심의회나 특별심의회에 송부하여야 하며, 본부심의회나 특별심의회는 이에 대하여 심의를 거쳐 4주일 이내에 다시 배상결정을 하여야 한다($\frac{동조}{항. 3항}\frac{2}{}$).

5. 배상결정의 효력

1997년 말에 개정되기 이전의 「국가배상법」은 배상심의회의 배상결정은 신청인이 동의하거나, 지방자치단체가 신청인의 청구에 따라 배상금을 지급한 때에는, 「민사소송법」에 의한 재판상 화해가 성립된 것으로 간주된다고 규정하였다($\frac{구 국가배}{상법 16조}$). 그러나 배상심의회의 결정에 대해 재판상 화해와 동등한 효력을 인정한 위 규정은 헌법재판소에 의하여 위헌판결을 받아 삭제되었다.[14] 그에 따라 신청인의 동의가 있는 배상심의회의 배상결정은 「민법」상 화해와 같은 효력만이 인정된다고 할 수 있다.

---

14) 헌재 1995. 5. 25, 91헌가7: 「이 사건 심판대상 조항부분(국가배상법 제16조 중 "심의회의 배상결정은 신청인 동의 … 한 때에는 재판상의 화해가 성립된 것으로 본다"는 부분)은 … 사법절차에 준한다고 볼 수 있는 각종 중재·조정절차와는 달리 배상결정절차에 있어서는 심의회의 제3자성·독립성이 희박한 점, 심의절차의 공정성·신중성도 결여되어 있는 점, 심의회에서 결정되는 배상액이 법원의 그것보다 하회하는 점 및 부제소합의의 경우와는 달리 신청인의 배상결정에 대한 동의에 재판청구권을 포기할 의사까지 포함된 것으로 볼 수도 없는 점을 종합하여 볼 때, 이는 신청인의 재판청구권을 과도하게 제한하는 것이어서 헌법 제37조 2항에서 규정하고 있는 기본권제한입법에 있어서의 과잉입법금지의 원칙에 반할 뿐만 아니라, 권력을 입법·행정 및 사법 등으로 분립한 뒤 실질적 의미의 사법작용인 분쟁해결에 관한 종국적인 권한은 원칙적으로 이를 헌법과 법률에 의한 법관으로 구성되는 사법부에 귀속시키고 나아가 국민에게 그러한 법관에 의한 재판을 청구할 수 있는 기본권을 보장하고자 하는 헌법의 정신에도 충실하지 못한 것이다」.

사례해설

(1) 국가배상책임의 성립 여부와 관련하여 우선 생각해 볼 수 있는 것은 「국가배상법」 제5조에 의한 손해배상책임이다. 설문상 국도는 공물로서 「국가배상법」 제5조상의 영조물에 해당하고 손해발생이나 인과관계 인정에도 문제가 없다. 문제가 되는 요건은 영조물의 설치·관리상의 하자인데, 그 의미에 대해서는 견해가 나뉘고 있으나 설문의 경우에는 어떠한 견해에 따르더라도 국도의 관리상 하자는 인정된다. 따라서 「국가배상법」 제5조에 따른 국가배상책임이 성립한다.

다음으로 문제되는 것은 「국가배상법」 제2조에 따른 손해배상책임의 성립 여부이다. 설문의 경우 乙의 부작위는 도로관리의무에 위반하여 위법할 뿐만 아니라, 산사태와 낙석으로 인해 손해가 발생할 수 있다는 것을 예견할 수 있음에도 불구하고 이를 방지하지 않았다는 점에서 과실도 인정되며, 이러한 과실로 인하여 甲에게 손해가 발생하였다는 점에서 제2조에 따른 손해배상책임도 성립될 수 있다.

한편 제2조는 과실책임이고 제5조는 무과실책임인 점, 그리고 제2조의 직무행위에는 영조물의 관리행위도 포함되는 것으로 볼 수 있다는 점에서 제2조에 의한 배상책임과 제5조에 의한 배상책임은 경합하는 것으로 보아야 할 것이다.

(2) 설문의 국도의 수선·유지사무는 기관위임사무이므로 원칙적으로는 그 사무귀속의 주체이자 실질적 비용부담자인 국가가 손해배상책임을 져야 한다. 그러나 그 위임관계를 자세히 알 수 없는 피해자에 대한 두터운 권리구제를 위하여 「국가배상법」 제6조는 비용부담자에게도 배상책임을 지도록 하고 있다. 비용부담자의 해석과 관련하여 피해자의 권리구제의 확대라는 취지에 비추어 볼 때 병합설이 타당하며, 그에 따라 설문의 경우 甲은 사무의 귀속주체이자 실질적 비용부담자인 국가를 상대로 손해배상을 청구하거나, 형식적 비용부담자인 A도를 상대로 손해배상을 청구할 수 있다.[15]

---

15) 상세는 김연태, 행정법사례연습, 458면 이하 참조.

제2장 행정상의 손실보상(공용침해)

제1절 개   설

Ⅰ. 공용침해·손실보상의 의의

1. 공용침해의 의의

현행 헌법은 국민의 재산권을 보장하는 한편($^{23조}_{1항}$), "공공필요에 의한 재산권의 수용·사용 또는 제한 및 그에 대한 보상은 법률로써 하되, 정당한 보상을 지급하여야 한다"($^{23조}_{3항}$)라고 규정하고 있다. 헌법 제23조 3항은 일반적으로 '공법상의 손실보상'에 관한 근거규정으로 이해되고 있다. 그러나 구체적으로 말한다면 공법상의 손실보상의 원인 내지는 요건, 즉 '공공필요에 의한 재산권의 수용·사용 또는 제한'과 '그에 대한 손실보상'의 근거규정이라고 하여야 할 것이다. 전자에 해당하는 부분을 '재산권에 대한 공용침해' 또는 단순히 '공용침해'라고 부르기도 한다. 이는 독일어인 Enteignung에서 유래하는데, Enteignung의 본래의 뜻은 '공용수용'을 의미하였으나, 최근에는 그 뜻이 재산권에 대한 일체의 보상부침해(entschädigungspflichtiger Eingriff)라는 의미로 확장되어 사용되고 있다.[1] 즉, 우리 헌법상의 '공공필요에 의한 재산권의 수용·사용 또는 제한'을 그들은 Enteignung이라는 하나의 단어로써 부르고 있는 셈이다. 우리나라에서 '공용수용'하게 되면 '공용제한', '공용사용' 등이 제외된 의미로서 사용되므로, 여기에서는 이러한 개념까지 포괄하는 뜻에서 '공용침해'라는 용어를 사용하기로 한다.[2]

---

1) 상세한 것은 이명구, 공용수용개념의 변천, 고시연구, 1991. 9 참조.
2) 이러한 용어사용은 다른 학자에 의해 동조를 얻고 있다. 석종현·송동수(상), 680면; 강구철(Ⅰ), 670면; 박상희, 공용침해의 요건에 관한 연구, 고려대학교 박사학위논문, 1993; 신보성, 손실보상의 요건과 기준, 월간고시, 1986. 3, 50면 이하; 정연주, 공용침해와 불가분조항, 고시연구, 1992. 4, 117면 이하; 김성수, 행정상 손실보상의 요건으로서의 공공의 필요와 특별한 희생의 재조명, 고시계, 1996. 7, 115면 이

2. 손실보상의 의의

행정상의 손실보상이란, 적법한 공권력의 행사에 의해 가해진 재산상의 특별한 희생에 대하여, 사유재산권의 보장과 공평부담이라는 견지에서 행정주체가 행하는 조절적인 재산적 전보를 말한다.

이러한 행정상의 손실보상은 첫째, '적법행위'로 인한 것인 점에서 위법행위로 인한 손해배상 및 원인행위의 위법·적법을 묻지 않고 결과책임을 바탕으로 하는 손해배상과 구별된다.

둘째, 손실보상은 '공권력의 행사'에 의한 것인 점에서 비권력작용, 예컨대 「공익사업을 위한 토지 등의 취득 및 보상에 관한 법률」상의 협의에 의한 취득과 구별된다. 다만 광의로는 후자까지 포함시켜 손실보상이라고 하며, 또한 그 배후에는 공권력 행사인 수용권이 있으므로, 사회적 기능에 있어서는 양자간에 큰 차이가 없다.

셋째, 손실보상은 '재산상의 손실'을 전보하는 것인 점에서 사람의 생명 또는 신체에 대한 침해의 보상은 포함하지 않는다.

넷째, 손실보상은 '특별한 희생'에 대한 조절적인 보상인 점에서 일반적인 부담 또는 재산권 자체에 내재하는 사회적 제약과 구별된다. 따라서 법률이 재산권의 사회적 제약으로 인한 손실에 대하여 보상하도록 규정하고 있는 경우(전염병 예방)에도, 그것은 여기에서 말하는 엄밀한 의미에서의 손실보상이 아니라 별도의 법정책적 고려에 의한 것으로 볼 수 있다.

II. 손실보상의 근거와 그의 변천

헌법상의 손실보상(공용침해) 규정은 그 사이 여러 차례 개정을 겪었다. 헌법개정이 주로 권력구조에 관하여 행하여졌음에도 불구하고, 기본권규정인 동 조항이 빈번히 개정되었음은 이례적인 일이다.

1. 제헌헌법상의 규정

1948년 제헌헌법은 손실보상에 관하여 "공공필요에 의하여 국민의 재산권을 수용 또는 제한함은 법률이 정하는 바에 의하여 상당한 보상을 지급함으로

하: 김남진, 공용침해 및 손실보상과 판례의 입장, 법률저널, 2004. 1. 12.

써 행한다"($\frac{15조}{3항}$)라고 규정하였다.

2. 제3공화국헌법상의 규정

1962년 헌법($\frac{제5차 개정,}{제3공화국헌법}$)에서는 "공공필요에 의한 재산권의 수용·사용 또는 제한은 법률로써 하되 정당한 보상을 지급하여야 한다"($\frac{20조}{3항}$)는 내용으로 개정되었다. 이러한 조문의 취지에 관해 '직접효력설'은 재산권의 침해에는 법률의 근거를 요하나, 손실보상은 직접 헌법에 근거하여 청구할 수 있는 것으로 해석하였으며, 판례 또한 이를 지지하였다.

> **[판례]** 헌법에서 말하는 '정당한 보상'이라는 취지($\frac{구 헌법상의 상당한 보상}{과 같은 취지의 말이다}$)는 그 손실보상액의 결정에 있어서 객관적인 가치를 완전하게 보상하여야 한다는 취지일 뿐 아니라, 한걸음 나아가서 그 보상의 시기, 방법($\frac{그 방법 중에서 피징발자가 징발로써 그 권리를 잃음과 동시에}{지체없이 법원에 그 보상액을 청구할 수 있을 것을 포함한다}$) 등에 있어서 어떠한 제한을 받아서는 아니된다는 것을 의미한다고 풀이하여야 한다($\frac{대판 1967. 11. 2.}{67다1334}$).

3. 유신헌법상의 규정

유신헌법으로 불리우는 1972년 헌법은 공용침해에 관하여, "공공필요에 의한 재산권의 수용·사용 또는 제한 및 그 보상의 기준과 방법은 법률로 정한다"($\frac{20조}{3항}$)라고 간단히 규정하였으며, 그에 따라 대법원의 판례도 다음과 같이 바뀌었다.

> **[판례]** 개정헌법 제20조 3항의 규정에 의하면 "재산권의 수용, 사용 또는 제한 및 그 보상의 기준과 방법은 법률로 정한다"라고 명시하고 있어서 적어도 개정헌법시행 후에 있어서는 개정전 헌법 제20조 3항의 경우와는 달리 손실보상을 청구하려면 그 손실보상의 기준과 방법을 정한 법률에 의하여서만 가능하다($\frac{대판 1976. 10. 16.}{76다1443}$).

4. 현행헌법상의 보상규정

1980년에 개정되었던 공용침해조항은 1987년의 9차 개헌에서 다시 개정되었는바, 헌법 제23조 3항의 "공공필요에 의한 재산권의 수용·사용 또는 제한 및 그에 대한 보상은 법률로써 하되, 정당한 보상을 지급하여야 한다"라는 것이 그 내용이다.

Ⅲ. 공용침해조항의 법적 효력과 청구권의 성질

1. 법적 효력

국가배상과는 달리 행정상의 손실보상에 관하여는 일반법이 제정되어 있지 않고, 각 개별법(공익사업을 위한 토지 등의 취득 및 보상에 관한 법률. 국토의 계획 및 이용에 관한 법률 등)에서 그에 관하여 규정하고 있을 뿐이다. 따라서 공용침해에 관한 법률이 특별한 희생에 대한 손실보상에 관하여 규정하여야 함에도 불구하고 그렇지 아니한 경우가 생길 수 있다. 이러한 경우 재산권을 침해당한 자가 손실보상을 청구할 수 있는 실정법적 근거가 문제되는 바, 이는 헌법상의 공용침해조항의 법적 효력과 연관된다.

(1) 학설의 전개

(가) 입법자에 대한 직접효력설(위헌무효설)

이 학설은 헌법상의 보상규정을 국민에 대한 직접효력규정으로 보지 않고, 다만 입법자로 하여금 국민의 재산권을 침해할 경우에 보상에 관한 규정도 두도록 구속하는 효력을 갖는다고 본다. 즉, 공용침해에 따르는 보상규정이 없는 법률은 위헌무효이고 그에 근거한 재산권침해행위는 위법한 직무행위가 되므로, 그 경우 「국가배상법」에 의거한 손해배상청구만이 가능하고 직접 헌법규정에 근거하여 손실보상을 청구할 수는 없다고 본다.

다만, 「국가배상법」에 근거하여 위법한 공용침해로 인한 손해의 배상을 청구한다고 하는 경우, ① 보상규정을 두지 않은 공용침해작용을 모두 위법으로 볼 수 있겠는가, ② 유책(고의·과실)의 요건이 충족될 수 있겠는가 등의 난점이 있음을 부인하기 어렵다.

(나) 직접효력설

이 학설은 헌법상의 보상규정을 국민에 대해 직접적 효력이 있는 규정으로 보며, 따라서 만일 법률에 당연히 있어야 할 보상규정이 없는 경우에는 직접 헌법상의 보상규정($^{23조}_{3항}$)에 근거하여 보상을 청구할 수 있다고 보는 입장이다. 「손실보상청구권은 재산권을 보장하고 있는 헌법 제23조 제1항과 제3항을 근거로 성립한다고 보는 것이 타당하다.」[3]라는 주장이 이에 속한다고 볼 수 있다.

---

[3] 홍준형(구제법), 244면. 동지: 박규하(상), 516면; 박균성(상), 999면 이하. 「위헌무효설이 가장 타당한 견해로 보인다」고 하면서도 「헌법 제23조 제3항의 규정방식과의 관련에서는 어느 정도 무리가 있지만,

(다) 유추적용설(간접효력설)

공용침해에 따르는 보상규정이 없는 경우에는, 헌법 제23조 1항(재산권보장조항) 및 제11조(평등원칙)에 근거하며, 헌법 제23조 3항 및 관계규정의 유추적용을 통하여 보상을 청구할 수 있다는 입장이다.[4]

이는 독일에서 발전된 '원형'으로서의(후술하는 '자갈채'취사건 이전의) 수용유사침해 및 수용적 침해의 법리를 받아 들여서 문제를 해결하고자 하는 견해인바, 위법·무책 및 비의욕적(결과적) 공용침해에 대한 보상과 국가배상과는 그 성립요건·범위 등에서 구별된다는 것을 그 배경으로 하고 있다.[5]

(라) 소 결

보상규정 없이 재산권에 대한 공용침해가 있을 경우 손실보상청구가 가능한지 여부의 문제는 보상규정의 흠결을 법관이 보충할 수 있는지 여부로 귀결된다. 그리고 법관의 흠결보충가능성은 권력분립원칙에 따른 입법권과 사법권의 긴장관계를 둘러싸고 벌어지는 문제로서, 권력분립원칙이 국민의 기본권을 실효적으로 보장하기 위한 법치국가원리의 제도적 기초로서 요구되는 수단이라면 법률상 흠결이 있을 경우 법관이 헌법상의 규정을 통해 그 흠결을 보충함으로써 국민의 기본권을 보장할 수 있는 경우에는 그것이 오히려 권력분립의 제도적 취지에 부합한다.

따라서 국가의 공권력 행사가 국민의 기본적 인권을 제대로 보장하지 못하여 그 본질내용을 훼손하는 정도에 이를 경우에는 법관에게 그 본질내용을 보장해 줄 수 있는 법발견 권한이 주어지는 것이므로 보상규정 없는 공용침해의 경우에도 손실을 보상해 주지 않는 것이 재산권의 본질내용을 훼손하는 정도에 이르는 경우에는 법관이 헌법상의 재산권 보장($\frac{23조}{1항}$), 기본권의 본질적 내용 보장취지($\frac{37조}{2항}$)에 따라 손실보상청구권을 인정해 줄 수 있다고 본다.

이 때 그 보상액수를 어떻게 산정할 것인가가 문제되는데, 평등원칙($\frac{11}{조}$)에 따라 유사한 사안을 규율하고 있는 법률규정의 취지에 비추어 이를 결정해야 할 것이다.

결국 직접효력설에 의한 구제를 인정할 수밖에 없다고 본다」라고 하는 입장(김동희·최계영(Ⅰ), 613면 이하 참조)도 직접효력설로 분류될 수 있을 것 같다.

4) 김남진(Ⅰ), 제7판, 543면. 동지: 강구철(Ⅰ), 697면: 석종현·송동수(상), 683면.

5) 김성수교수는 "수용유사적 침해이론"을 설명하면서, 「손실보상의 문제는 전적으로 법치국가적 법률유보에 의하여 입법자가 결정하는 것이지만, 입법자의 헌법적 의무가 해태되는 경우에는 수용유사적 침해이론과 같은 판례이론을 통하여 그 문제해결의 책무가 사법부에게 넘어갈 수밖에 없다는 점이 강조되어야 한다」(일반행정법, 706면)라고 결론짓고 있다.

(2) 입법적 해결

위에서 살펴 본 "학설의 전개"는, 법률이 보상을 요하는 공용침해($\substack{공공필요에\ 의 \\ 한\ 재산권의 \\ 수용 \cdot 사용 \cdot \\ 제한\ 등}$)는 인정하면서 보상규정을 두고 있지 않은 경우의 해결책을 모색하는 이론으로서의 의의를 가진다고 할 수 있다. 그러나 어느 입장(학설)이나 입법 적 해결, 즉 법률이 특별한 희생을 수반하는 '공용침해'를 인정하는 경우, '보상' 의 문제도 입법을 통해 해결하는 것이 가장 바람직하다고 보는 점에서는 견해 의 일치를 보이고 있다고 말할 수 있다.

2. 손실보상청구권의 성질

행정상의 손실보상청구권의 성질에 관해서는 공권설과 사권설의 다툼이 있다.

(1) 문제의 소재

현행법상 손실보상금의 결정에 대한 불복절차는 크게 ① 「공익사업을 위한 토지 등의 취득 및 보상에 관한 법률」 제83조 내지 제86조에 규정된 절차 및 방법에 의하도록 한 경우($\substack{국토의\ 계획\ 및\ 이용에\ 관한\ 법률\ 131조\ 4항,\ 도시개발법\ 65 \\ 조\ 4항,\ 공유수면\ 관리\ 및\ 매립에\ 관한\ 법률\ 32조\ 4항\ 등}$), ② 당사자간에 협 의를 거친 후 협의 불성립시 행정청이 결정하거나 재결신청에 의하여 토지수 용위원회 등이 재결하도록 하면서, 그 결정 또는 재결에 대한 불복방법을 특별 히 규정하고 있지 않은 경우($\substack{도로법\ 99조\ 항, \\ 만법\ 93조\ 등}$), ③ 전심절차를 거쳐 보상금지급청구의 소를 제기하도록 되어 있는 경우($\substack{징발법\ 24 \\ 조의2\ 등}$), ④ 법률에서 재산권 침해와 그에 대 한 보상의무만 규정하고 보상금 결정 내지 그 결정에 대한 불복절차에 관하여 아무런 규정을 두고 있지 않은 경우($\substack{수산업법 \\ 81조\ 등}$)로 나누어 볼 수 있다.

①의 경우에는 토지수용위원회의 재결에 대하여 보상금을 지급할 자를 피 고로 하여 보상금증감의 소(형식적 당사자소송)를 제기하여야 하고, ②의 경우 에는 행정청의 결정 또는 토지수용위원회의 재결의 취소를 구하는 항고소송을 제기하면 된다.

[판례] 구 공익사업을 위한 토지 등의 취득 및 보상에 관한 법률($\substack{2007.\ 10.\ 17.\ 법률\ 제8665 \\ 호로\ 개정되기\ 전의\ 것.\ 이}$ $\substack{하\ '구\ 공익사업 \\ 법'이라\ 한다}$) 제77조 제2항은 "농업의 손실에 대하여는 농지의 단위면적당 소득 등 을 참작하여 보상하여야 한다."고 규정하고, 같은 조 제4항은 "제1항 내지 제3항의 규정에 의한 보상액의 구체적인 산정 및 평가방법과 보상기준은 건설교통부령으로

정한다."고 규정하고 있으며, 이에 따라 구 공익사업을 위한 토지 등의 취득 및 보상에 관한 법률 시행규칙($\frac{2007.4.12.건설교통부령 제}{556호로 개정되기 전의 것}$)은 농업의 손실에 대한 보상($\frac{제48}{조}$), 축산업의 손실에 대한 평가($\frac{제49}{조}$), 잠업의 손실에 대한 평가($\frac{제50}{조}$)에 관하여 규정하고 있다. 위 규정들에 따른 농업손실보상청구권은 공익사업의 시행 등 적법한 공권력의 행사에 의한 재산상의 특별한 희생에 대하여 전체적인 공평부담의 견지에서 공익사업의 주체가 그 손해를 보상하여 주는 손실보상의 일종으로 공법상의 권리임이 분명하므로 그에 관한 쟁송은 민사소송이 아닌 행정소송절차에 의하여야 할 것이고, 위 규정들과 구 공익사업법 제26조, 제28조, 제30조, 제34조, 제50조, 제61조, 제83조 내지 제85조의 규정 내용 및 입법 취지 등을 종합하여 보면, 공익사업으로 인하여 농업의 손실을 입게 된 자가 사업시행자로부터 구 공익사업법 제77조 제2항에 따라 농업손실에 대한 보상을 받기 위해서는 구 공익사업법 제34조, 제50조 등에 규정된 재결절차를 거친 다음 그 재결에 대하여 불복이 있는 때에 비로소 구 공익사업법 제83조 내지 제85조에 따라 권리구제를 받을 수 있다.

甲 등이 자신들의 농작물 경작지였던 각 토지가 공익사업을 위하여 수용되었음을 이유로 공익사업 시행자를 상대로 구 공익사업법 제77조 제2항에 의하여 위 농작물에 대한 농업손실보상을 청구한 사안에서, 원심으로서는 농업손실보상금 청구가 구 공익사업법 제34조, 제50조 등에 규정된 재결절차를 거쳐 같은 법 제83조 내지 제85조에 따른 당사자소송에 의한 것인지를 심리했어야 함에도, 이를 간과하여 甲 등이 재결절차를 거쳤는지를 전혀 심리하지 아니한 채 농업손실보상금 청구를 민사소송절차에 의하여 처리한 원심판결에는 농업손실보상금 청구의 소송형태에 관한 법리오해의 위법이 있다($\frac{대판 2011. 10. 13.}{2009다43461}$).

한편, ③의 경우에는 전심절차를 거쳐, ④의 경우에는 바로 보상금지급청구소송을 제기할 수 있을 것인데, 그 소송의 형태가 문제된다. 보상금청구권의 성질을 공권으로 보면 공법상 당사자소송이 되지만, 그 성질을 사권으로 보면 민사소송이 된다.

(2) 학 설

행정상의 손실보상청구권의 성질에 관해서는 공권설과 사권설의 다툼이 있다.

(가) 공권설

손실보상은 원인행위와의 일체성이라는 점에서 그 원인행위인 권력작용($\frac{토지수용·}{징발 등}$)의 법적 효과로 보아야 하기 때문에 손실보상청구권은 공법상의 권리라고 하는 견해이다. 학계에서의 다수설이다. 그리고 손실보상청구권의 성질을 공권으로 보게 되면, 그에 관한 소송은 특별한 규정이 없는 한 행정소송인 당사자소송에 의하게 된다.

(나) 사권설

손실보상의 원인행위가 공법적인 것이라 하더라도, 그에 대한 손실보상까지 공법관계에 속한다고 볼 수 없다 하여 그것을 당사자의 의사 또는 직접 법률의 규정에 의거한 사법상의 채권·채무관계로 보아, 손실보상청구권을 사법상의 권리로 보는 견해이다. 손실보상청구권의 성질을 사권으로 보게 되면, 그에 관한 소송은 당연히 민사소송에 의하게 된다.

(3) 판   례

판례는 손실보상의 원인이 공권력의 행사인 행정처분에 해당된다 하여도 사권에 관한 손실보상청구는 사법상의 권리라는 입장을 취하는 것으로 일반적으로 판단된다.

> **[판례]** 구 수산업법 제81조 제1항 제1호는 법 제34조 제1호 내지 제5호와 제35조 제8호의 규정에 해당되는 사유로 인하여 허가어업을 제한하는 등의 처분을 받았거나 어업면허 유효기간의 연장이 허가되지 아니함으로써 손실을 입은 자는 행정관청에 대하여 보상을 청구할 수 있다고 규정하고 있는바, 이러한 어업면허에 대한 처분 등이 행정처분에 해당된다 하여도 이로 인한 손실은 사법상의 권리인 어업권에 대한 손실을 본질적 내용으로 하고 있는 것으로서 그 보상청구권은 공법상의 권리가 아니라 사법상의 권리이고, 따라서 같은 법 제81조 제1항 제1호 소정의 요건에 해당한다고 하여 보상을 청구하려는 자는 행정관청이 그 보상청구를 거부 하거나 보상금액을 결정한 경우라도 이에 대한 행정소송을 제기할 것이 아니라 면허어업에 대한 처분을 한 행정관청(또는 그 처분을 요청한 행정관청)이 속한 권리주체인 지방자치단체(또는 국가)를 상대로 민사소송으로 직접 손실보상금지급청구를 하여야 한다(대판 1998. 2. 27, 97다46450).

그런데 대법원은 하천법상의 손실보상청구권과 관련하여, 하천구역으로 편입된 토지에 대한 하천법 본칙 소정의 손실보상청구권의 법적 성질을 공법상 권리로 보아 그에 대한 쟁송은 행정소송절차에 의하여야 한다는 입장을 취하고 있다.[6] 한편, 법률 제3782호 「하천법」중 개정법률(이하 '개정 하천법'이라 한다) 부칙 제2조와

---

6) 대판 1994. 6. 28, 93다46827; 대판 2003. 4. 25, 2001두1369 참조. 토지가 하천구역에 편입된 경우 토지

개정 하천법 부칙 제2조의 규정에 의한 보상청구권의 소멸시효가 만료된 「하천구역 편입토지 보상에 관한 특별조치법」(^{이하 '특별조치}_{법'이라 한다}) 제2조에 의한 손실보상청구권의 법적 성질을 사법상의 권리로 보고 그에 대한 쟁송을 민사소송절차에 의하여야 한다고 보았으나, 대법원 2006. 5. 18. 선고 2004다6207 전원합의체 판결에서는 「하천법」 본칙뿐만 아니라 부칙과 특별조치법에 의한 손실보상청구권을 공권으로 보아 그에 대한 쟁송도 행정소송절차에 의하여 한다고 입장을 변경하였다.

> [판례]   개정 하천법 등이 하천구역으로 편입된 토지에 대하여 손실보상청구권을 규정한 것은 헌법 제23조 제3항이 선언하고 있는 손실보상청구권을 하천법에서 구체화한 것으로서, 하천법 그 자체에 의하여 직접 사유지를 국유로 하는 이른바 입법적 수용이라는 국가의 공권력 행사로 인한 토지소유자의 손실을 보상하기 위한 것이므로 하천구역 편입토지에 대한 손실보상청구권은 공법상의 권리임이 분명하고, 따라서 그 손실보상을 둘러싼 쟁송은 사인 간의 분쟁을 대상으로 하는 민사소송이 아니라 공법상의 법률관계를 대상으로 하는 행정소송절차에 의하여야 할 것이며, 이 때문에 개정 하천법 이래 현행 하천법에 이르기까지 하천구역으로 편입된 토지에 대한 하천법 본칙에 의한 손실보상청구는 행정소송에 의하는 것으로 규정되어 왔거나 해석되어 왔고, 실무상으로도 계속하여 행정소송 사건으로 처리하여 왔다.
> 그런데 개정 하천법은 그 부칙 제2조 제1항에서 개정 하천법의 시행일인 1984. 12. 31. 전에 유수지에 해당되어 하천구역으로 된 토지 및 구 하천법의 시행으로 국유로 된 제외지 안의 토지에 대하여는 관리청이 그 손실을 보상하도록 규정하였고, 특별조치법 제2조는 개정 하천법 부칙 제2조 제1항에 해당하는 토지로서 개정 하천법 부칙 제2조 제2항에서 규정하고 있는 소멸시효의 만료로 보상청구권이 소멸되어 보상을 받지 못한 토지에 대하여는 시·도지사가 그 손실을 보상하도록 규정하고 있는바, 위 각 규정들에 의한 손실보상청구권은 모두 종전의 하천법 규정 자체에 의하여 하천구역으로 편입되어 국유로 되었으나 그에 대한 보상규정이 없었거나 보상청구권이 시효로 소멸되어 보상을 받지 못한 토지들에 대하여, 국가가 반성적 고려와 국민의 권리구제 차원에서 그 손실을 보상하기 위하여 규정한 것으로서, 그 법적 성질은 하천법 본칙이 원래부터 규정하고 있던 하천구역에의 편입에

소유자는 하천관리청과 협의를 하고 그 협의가 성립되지 아니하거나 협의를 할 수 없을 때에는 관할 토지수용위원회에 재결을 신청하고 그 재결에 불복일 때에는 바로 관할 토지수용위원회를 상대로 재결 자체에 대한 행정소송을 제기하여 그 결과에 따라 손실보상을 받을 수 있을 뿐이고, 직접 하천관리청을 상대로 민사소송으로 손실보상을 청구할 수는 없다(대판 2003. 4. 25, 2001두1369).

의한 손실보상청구권과 하등 다를 바가 없는 것이어서 공법상의 권리임이 분명하므로 그에 관한 쟁송도 행정소송절차에 의하여야 할 것이다. 따라서 개정 하천법 부칙 제2조나 특별조치법 제2조에 의한 손실보상청구권의 법적 성질을 사법상의 권리로 보거나 그에 대한 쟁송은 행정소송이 아닌 민사소송절차에 의하여야 한다고 하는 것은 법리상으로나 논리상으로 정당하다고 할 수 없다.

한편, 개정 하천법 부칙 제2조와 특별조치법 제2조, 제6조의 각 규정들을 종합하면, 위 규정들에 의한 손실보상청구권은 1984. 12. 31. 전에 토지가 하천구역으로 된 경우에는 당연히 발생되는 것이지, 관리청의 보상금지급결정에 의하여 비로소 발생하는 것은 아니므로, 위 규정들에 의한 손실보상금의 지급을 구하거나 손실보상청구권의 확인을 구하는 소송은 행정소송법 제3조 제2호 소정의 당사자소송에 의하여야 할 것이다(대판 2006. 5. 18. 2004다6207).

최근에 대법원은 「공익사업을 위한 토지 등의 취득 및 보상에 관한 법률」상의 사업폐지에 따른 보상채권은 '공법상 권리'이므로 그에 관한 쟁송은 '행정소송절차'에 의하여야 한다고 하였다.

[판례] 사업폐지 등에 대한 보상청구권은 공익사업의 시행 등 적법한 공권력의 행사에 의한 재산상 특별한 희생에 대하여 전체적인 공평부담의 견지에서 공익사업의 주체가 손해를 보상하여 주는 손실보상의 일종으로 공법상 권리임이 분명하므로 그에 관한 쟁송은 민사소송이 아닌 행정소송절차에 의하여야 한다(대판 2012. 10. 11. 2010다23210).

(4) 결 어

손실보상이란 재산권에 대한 적법한 공권적 침해로 인하여 발생한 특별한 희생을 전보하기 위하여 행하는 공법에 특유한 제도라는 점에서, 또한 손실보상청구권은 개인의 공권력주체에 대한 권리인 점에서도 공권으로 보아야 할 것이다.

제 2 절 손실보상(공용침해)의 요건

I. 개 설

공용침해로 인한 손실의 보상이 행해지기 위해서는, 공공필요를 위한 재산권의 공권적 침해로 인하여 개인에게 특별한 희생이 발생하고, 이러한 공용침해가 법률에 근거하여야 한다.

한편 행정상의 손실보상과 관련해서는, 여전히 '보상'에 중점을 두고 고찰하는 입장과 '보상의 요건', 즉 공용침해의 여러 요건을 아울러 중시하는 입장이 대별된다. 전자는 재산권의 '가치보장'(Wertgarantie) 또는 '보상보장'을 중시하여 손실보상의 요건 가운데서 '특별한 희생'의 문제에 대해서만 주로 고찰한다. 재산권의 가치보장의 논리는 「참으라, 그리고 청산하라」(Dulde und liquidiere)라는 법언에 잘 나타나 있으며, 재산권의 존속보장의 논리는 「방어하라, 그리고 청산하라」(Wehre dich und liquidiere)라는 법언에 잘 표현되어 있다.

재산권의 존속보장을 가치보장에 우선시키는 논거는, 재산권의 인격적 자유에 대한 관계를 중시하는 데서 찾을 수 있다. 보상만 시가대로 충분히 해 주면 문제가 해결된다고 생각하는 것은 재산 또는 재산권의 참다운 가치를 올바로 파악한 것이라고 보기 어렵다. 재산권을 단순히 '재산적 가치있는 권리'로서만이 아니고, 헌법이 보장하고 있는 '인권'의 하나로서 보는 시각이 필요하다.[1]

II. 구체적 요건

1. 재산권에 대한 공권적 침해

(1) 재산권의 의의

여기에서 재산권이란 소유권, 기타 법에 의하여 보호되는 일체의 재산적 가치있는 권리를 의미한다. 이러한 재산권에는 사법상의 권리(물권, 채권, 재산적 가치 있는 회원권, 저작권 등)만이

---

[1] 상세한 것은 김남진, 재산권의 가치보장과 존속보장, 월간고시, 1989. 5; 김남진, 기본문제, 465면 이하; 송희성, 재산권의 존속보장과 공공필요의 요건, 고시연구, 1994. 12; 김남진, 무허가건물에 대한 보상과 보상기준, 고시연구, 2001. 7 참조.

아니라, 재산적 가치를 지니는 공법상의 권리(공용수멸권)도 포함된다. 현존하는 구체적인 재산가치이어야 하므로, 기대이익과 같은 것은 여기서의 보호대상이 되지 않는다. 예컨대 지가(땅값) 상승의 기대와 같은 것은 보호받지 못한다.

(2) 공권적 침해

보상청구권이 성립하기 위해서는 상술한 바와 같은 재산권에 대한 '공권적 침해'가 있어야 한다. 여기에서 '침해'란 일체의 재산적 가치의 감소를 의미하며, '공권적'이란 '공법상의 것'을 의미한다. 그러므로 토지 등을 공적 목적에 사용하기 위하여 사법상의 방법으로 취득하는 경우에 지급하는 대금과 같은 것은 여기에서 말하는 보상에는 포함되지 않는다.

헌법은 재산권에 대한 공권적 침해에 해당하는 전형적인 것으로서, 재산권에 대한 수용·사용·제한을 들고 있다. 여기에서 수용이란 재산권의 박탈을, 사용이란 재산권의 박탈에 이르지 아니하는 일시적 사용을, 제한이란 소유권자 기타 권리자에 의한 사용·수익의 제한을 의미하는 것으로 풀이된다. 그러나 이러한 세 가지만이 공권적 침해의 전부는 아니다. 즉, 환지나 환권 등의 방법에 의하여 재산가치가 감소되는 경우도 포함하여, 재산가치를 박탈·감소시키는 일체의 공권력의 발동이 여기에서의 공권적 침해에 해당한다고 볼 수 있다.

(3) 침해의 직접성

상술한 바와 같은 개인의 재산권에 대한 침해가 공권력의 주체에 의하여 의욕되고 지향되었거나 아니면 최소한 상대방의 재산상의 손실에 대한 직접적인 원인이 되어야 한다. 손실보상 요건의 하나로서 '침해의 직접성'은 엄격한 의미의 공용침해(Enteignung)와 수용적 침해(enteignender Eingriff)를 구분함에 있어 중요한 의미를 가진다. 따라서 개인이 입은 재산상의 손실이 공권력의 발동을 통하여 직접 야기된 것이 아니고, 부수적 사정이 가미되었거나 간접적·결과적으로 야기된 경우에는 여기에서 말하는 보상의 직접적인 원인이 되지 않는다.

2. 공공의 필요

손실보상의 원인이 되는 재산권에 대한 공권적 침해는 '공공의 필요'를 위하여 행해져야 한다. 이 점에 관하여 헌법은 '공공필요'를 위하여 재산권의 수용 등을 할 수 있음을 규정하고 있으며(23조 3항), 「공익사업을 위한 토지 등의 취득 및 보상에 관한 법률」은 동법이 적용될 수 있는 공익사업에 관하여 자세히 규정하고 있다($\frac{4}{\Delta}$).

헌법 제23조에 규정된 '공공필요'라는 개념이 자의적으로 해석되는 경우에는 공용침해의 적법성이 확보될 수 없기 때문에, 이에 대한 올바른 해석이 필요하다.[2] 그러나 '공공필요'의 의미와 내용은 적극적으로 정의하기 어려우며, 또한 고정된 내용을 가지고 있는 것도 아닌 대표적인 불확정법개념이라 할 수 있다.

공용침해를 통해서 얻어지는 이익으로서의 공익과 재산권을 침해당하는 재산권자의 이익으로서의 사익간의 이익형량을 통해서 '공공필요' 여부가 결정될 수 있으며, 그 경우 비례의 원칙(과잉금지의 원칙)이 관계이익을 형량하기 위한 척도가 된다고 할 수 있다.[3] 한편 이와 관련하여, 헌법상의 재산권보장의 취지가 단순한 가치의 보장이 아니라 재산권의 구체적 존속의 보장에 있다는 점도 간과되어서는 안 된다.

헌법재판소는 헌법 제23조 제3항에서 규정하고 있는 '공공필요'의 의미를 "국민의 재산권을 그 의사에 반하여 강제적으로라도 취득해야 할 공익적 필요성"으로 해석하여 왔다.[4] 오늘날 공익사업의 범위가 확대되는 경향에 대응하여 재산권의 존속보장과의 조화를 위해서는, '공공필요'의 요건에 관하여, 공익성은 추상적인 공익 일반 또는 국가의 이익 이상의 중대한 공익을 요구하므로 기본권 일반의 제한사유인 '공공복리'보다 좁게 보는 것이 타당하며, 공익성의 정도를 판단함에 있어서는 공용수용을 허용하고 있는 개별법의 입법목적, 사업내용, 사업이 입법목적에 이바지하는 정도는 물론, 특히 그 사업이 대중을 상대로 하는 영업인 경우에는 그 사업 시설에 대한 대중의 이용·접근가능성도 아울러 고려하여야 한다. 또한 헌법적 요청에 의한 수용이라 하더라도 국민의 재산을 그 의사에 반하여 강제적으로라도 취득해야 할 정도의 필요성이 인정되어야 하고, 그 필요성이 인정되기 위해서는 공용수용을 통하여 달성하려는 공익과 그로 인하여 재산권을 침해당하는 사인의 이익 사이의 형량에서 사인의 재

---

2) 관광시설인 '워커힐' 건설을 위한 토지의 수용에 있어서 그 관광사업(호텔건립)이 구 토지수용법상의 공익사업에 해당하는가 하는 점이 문제된 사건에서, 대법원은 동 시설이 동법 제3조 1항 3호상의 문화시설에 해당함을 이유로 수용을 인정한 바 있다(대판 1971. 10. 22. 71다1716). 그러나 재음미를 요하는 점이 많다고 하겠다.

3) 이에 관한 상세는 김남진, 기본문제, 489면 이하; 정연주, 공용침해의 허용조건으로서의 공공필요, 연세법학연구 창간호, 1990, 155면 이하; 김연태, 공용수용 요건으로서의 '공공필요', 고려법학 제48호, 2007 참조.

4) 헌재 1995. 2. 23. 92헌바14; 헌재 2000. 4. 27. 99헌바58; 헌재 2011. 4. 28. 2010헌바114 등 참조.

산권침해를 정당화할 정도의 공익의 우월성이 인정되어야 하며, 특히 사업시행자가 사인인 경우에는 위와 같은 공익의 우월성이 인정되는 것 외에도 그 사업시행으로 획득할 수 있는 공익이 현저히 해태되지 않도록 보장하는 제도적 규율도 갖추어져 있어야 한다.[5]

'공공필요'의 의미·내용은 구체적 사안에 따라 확정되어야 한다. 예를 들면, 행정주체가 자산증식이나 세수증대 등 재정적 목적을 위해 수용권을 발동한다든가 특정인의 이익을 도모하기 위해 공권력을 행사한다든가 하는 경우는 공공필요를 위한 것으로 볼 수 없다. 그러나 사인의 이익 또는 복지의 증진이 공공필요에 내포가 되는 경우도 있다.[6] 예컨대, 행정주체가 무주택자에게 주택을 공급하기 위하여 타인의 토지를 수용하는 것과 같은 것은 공익을 위한 것으로 볼 수 있다(주택법 27조 참조).

나아가서, 기업은 이윤추구를 목적으로 하는 경제적 사기업인데도, 그러한 기업을 지방에 유치하는 경우 고용증대 등 지역발전에 도움이 된다고 판단되는 사기업에 대해 수용권을 부여하는 것이 공공필요의 요건을 충족한다고 볼 수 있을 것인지가 문제될 수 있다.[7] 이를 인정하더라도 당해 기업이 계속 공적 목적을 수행하는 것에 대한 제도적 장치가 마련될 필요가 있다고 하겠다.

[판례] 도시계획시설사업은 그 자체로 공공필요성의 요건이 충족된다. 또한 이 사건 수용조항(민간기업이 도시계획시설사업의 시행자로서 도시계획시설사업에 필요한 토지 등을 수용할 수 있도록 규정한 '국토의 계획 및 이용에 관한 법률' 제95조 제1항의 "도시계획시설사업의 시행자" 중 "제86조 제7항"의 적용을 받는 부분)은 도시계획시설사업의 원활한 진행을 위한 것이므로 정당한 입법목적을 가진다. 민간기업도 일정한 조건하에서는 헌법상 공용수용권을 행사할 수 있고, 위 수용조항을 통하여 사업시행자는 사업을 원활하게 진행할 수 있으므로, 위 조항은 위 입법목적을 위한 효과적인 수단이 된다. 만약 사업시행자에게 수용권한이 부여되지 않는다면 협의에 응하지 않는 사람들의 일방적인 의사에 의해 도시계획시설사업을 통한 공익의 실현이 저지되거나 연기될 수 있고, 수용에 이르기까지의 과정이 국토계획법상 적법한 절차에 의해 진행되며, 사업시행자는 피수용권자에게 정당한 보상

5) 헌재 2014. 10. 30, 2011헌바129·2011헌바172.
6) 자세한 것은 김남진, 공공적 사용수용, 고시연구, 1988. 11; 김남진, 기본문제, 474면 이하 참조.
7) 이 문제는 독일의 어느 지역(Boxberg)에서 유명한 자동차회사인 Benz가 자동차주행시험장을 건설하는 데 수용권을 인정한 것과 관련하여 크게 논의된 바 있다. 즉 이 사건과 관련하여, 연방행정법원은 고용창출과 지역경제의 활성화를 이유로 공공복리의 요건을 충족하는 것으로 판시하였는데(BVerwGE 71, 108), 연방헌법재판소는 부정적으로 판시하였던 것이다(BVerfGE 74, 264). 이와 유사한 문제로 우리나라에서는 민간기업에게 산업단지개발사업에 필요한 토지 등을 수용할 수 있도록 규정한 「산업입지 및 개발에 관한 법률」 제16조에 관한 규정이 헌법 제23조 3항에 저촉되는지 여부에 관하여 헌법재판소는 합헌으로 판시하였다(헌재 2009. 9. 24, 2007헌바114).

을 지급해야 하고, 우리 법제는 구체적인 수용처분에 하자가 있을 경우 행정소송 등을 통한 실효적인 권리구제의 방안들을 마련하고 있는 점 등에 비추어 이 사건 수용조항이 피해의 최소성 원칙에 반한다고 볼 수 없고, 우리 국가공동체에서 도시계획시설이 수행하는 역할 등을 감안한다면 위 수용조항이 공익과 사익 간의 균형성을 도외시한 것이라고 보기도 어렵다. 따라서 이 사건 수용조항은 헌법 제23조 제3항 소정의 공공필요성 요건을 결여하거나 과잉금지원칙을 위반하여 재산권을 침해한다고 볼 수 없다(헌재 2011. 6. 30, 2008헌바166, 2011헌바35).[8]

한편, 최근 헌법재판소는 고급골프장 사업과 같이 공익성이 낮은 사업에 대해서까지도 시행자인 민간개발자에게 수용권한을 부여하는 구「지역균형개발 및 지방중소기업 육성에 관한 법률」,[9] 제19조 제1항의 '시행자' 부분 중 '제16조 제1항 제4호'에 관한 부분은 헌법에 합치되지 아니한다고 결정하였다.

[판례] 구 지역균형개발 및 지방중소기업 육성에 관한 법률(이하 '지역균형개발법'이라 한다) 제19조 제1항의 '시행자' 부분 중 '제16조 제1항 제4호'에 관한 부분(이하 '이 사건 법률조항'이라 한다)은 이윤 추구를 우선적 목적으로 하는 민간개발자라 하더라도 개발촉진지구에서 시행하는 지역개발사업, 즉 지구개발사업의 시행자로 지정되기만 하면 실시계획의 승인을 받아 해당 지구개발사업의 시행을 위하여 타인의 재산을 수용할 수 있는 권한을 부여하고 있으나, 지구개발사업에는 그 자체로 공공필요성이 충족되기 어려운 사업도 포함하고 있다.

'관광휴양지 조성사업'의 경우, 그 중에는 대규모 놀이공원 사업과 같이 개발수준이 다른 지역에 비하여 현저하게 낮은 지역 등의 주민소득 증대에 이바지할 수 있는 등 입법목적에 대한 기여도가 높을 뿐만 아니라 그 사업이 대중을 상대로 하는 영업이면서 대중이 비용부담 등에서 손쉽게 이용할 수 있어 사업 시설에 대한 대중의 이용·접근가능성이 커서 공익성이 높은 사업도 있는 반면, 고급골프장, 고급리조트 등(이하 '고급골프장 등'이라 한다)의 사업과 같이 넓은 부지에 많은 설치비용을 들여 조성됨에도 불구하고 평균고용인원이 적고, 시설 내에서 모든 소비행위가 이루어지는 자

---

8) 이에 대하여 재판관 김종대의 이 사건 수용조항에 대한 반대의견은 사인은 어디까지나 자신의 영리 추구를 1차적 목표로 하므로 사인이 수용의 주체가 되는 경우에는 국가가 수용의 주체가 되는 경우에 비하여 수용의 이익이 공동체 전체의 이익으로 귀속될 것이라는 보장이 어렵다. 따라서 당해 수용의 공공필요성을 지속적으로 보장하고 수용을 통한 이익을 공공적으로 귀속시킬 수 있는 심화된 제도적 규율 장치를 갖춘 경우에만 사인에 의한 수용이 헌법적으로 정당화될 수 있다. 그러나 이 사건 수용조항의 경우에는 그와 같은 제도적 규율이 부족하므로 이는 평등의 원칙에 위반되고 청구인들의 재산권을 침해한다고 보았다.
9) 2005. 11. 8. 법률 제7695호로 개정되고, 2011. 5. 30. 법률 제10762호로 개정되기 전의 것.

족적 영업행태를 가지고 있어 개발이 낙후된 지역의 균형 발전이나 주민소득 증대 등 입법목적에 대한 기여도가 낮을 뿐만 아니라, 그 사업이 대중을 상대로 하는 영업이면서도 사업 시설을 이용할 때 수반되는 과도한 재정적 부담 등으로 소수에게만 접근이 용이하는 등 대중의 이용·접근가능성이 작아 공익성이 낮은 사업도 있다. 나아가 고급골프장 등의 사업을 시행하기 위하여 공용수용을 통하여 달성하려는 공익과 그로 인하여 재산권을 침해당하는 사인의 이익을 형량해 볼 때, 고급골프장 등 사업의 특성상 그 사업 운영 과정에서 발생하는 지방세수 확보와 지역경제 활성화는 부수적인 공익일 뿐이고, 이 정도의 공익이 그 사업으로 인하여 강제수용당하는 주민들이 침해받는 기본권에 비하여 그 기본권침해를 정당화할 정도로 우월하다고 볼 수는 없다. 따라서 고급골프장 등의 사업에 있어서는 그 사업 시행으로 획득할 수 있는 공익이 현저히 해태되지 않도록 보장하는 제도적 규율이 갖추어졌는지에 관하여는 살펴볼 필요도 없이, 민간개발자로 하여금 위와 같이 공익성이 낮은 고급골프장 등의 사업 시행을 위하여 타인의 재산을 그 의사에 반하여 강제적으로라도 취득할 수 있게 해야 할 필요성은 인정되지 아니한다.

그러므로 이 사건 법률조항은 공익적 필요성이 인정되기 어려운 민간개발자의 지구개발사업을 위해서까지 공용수용이 허용될 수 있는 가능성을 열어두고 있어 헌법 제23조 제3항에 위반된다(헌재 2014. 10. 30, 2011헌바129·2011헌바172).[10]

---

10) 이에 대하여는 지역균형개발법 상 개발촉진지구개발계획에 포함됨으로써 공익성이 있다고 평가받은 지구개발사업에 대해서는 공공필요성이 인정되고, 공익성이 해태되지 않도록 보장하려는 제도적 장치를 갖추고 있다는 점에서 헌법 제23조 제3항에 위배되지 않는다는 취지의 재판관 3인의 반대의견이 있다: 「㉮ 지구개발사업은 지역균형개발법 제10조의 기준에 따라 '개발수준이 다른 지역에 비하여 현저하게 낮은 지역 등의 개발을 촉진하기 위하여 필요하다고 인정되어' 국토해양부장관에 의하여 개발촉진지구로 지정된 지역 내에서 시행하는 지역개발사업으로서, 법 제14조 제7항 제1호 내지 제6호에 규정된 사업을 말하며, 이 사건 법률조항은 지역균형개발법상 지구개발사업 시행자인 민간개발자에게 수용권을 주는 조항일 뿐이다. 헌법재판소는 이미 여러 차례 민간사업자에게 수용권을 주는 조항 자체는 합헌이라고 결정하였고, 민간개발자에게 관광단지 조성을 위하여 토지 수용권을 부여한 관광진흥법 조항을 합헌으로 결정하면서 공공의 필요성을 인정하였다(헌재 2013. 2. 28, 2011헌바250 참조). 관광단지 조성사업에 대해서 공공의 필요성을 인정할 수 있는 이상, 이미 지역균형개발법 상 개발촉진지구개발계획에 포함됨으로써 공익성이 있다고 평가받은 지구개발사업으로서의 관광휴양지 사업에 대해서도 마땅히 공공의 필요성을 인정할 수 있다. ㉯ 이 사건 법률조항은 공익목적을 위해 개발사업을 시행함에 있어 민간기업이 사업시행에 필요한 경우 토지를 수용할 수 있도록 규정할 필요가 있는 점, 수용에 요구되는 공공의 필요성 등에 대한 최종적인 판단권한이 국가와 같은 공적 기관에게 유보되어 있는 점, 공익성이 해태되지 않도록 보장하려는 제도적 장치를 갖추고 있는 점에서 헌법 제23조 제3항이 요구하는 '공공의 필요성'을 갖추고 있다. ㉰ 이 사건에서 민간개발자가 공익성이 낮다고 볼 수 있는 고급골프장 사업의 시행을 위하여 다른 사람의 재산을 수용할 수 있도록 한 것은 다수의견이 적절히 지적한 것처럼 문제가 전혀 없는 것은 아니다. 하지만 이는 행정기관이 개발촉진지구개발사업의 시행자를 지정하고 실시계획을 승인하는 과정에서 개발사업의 공공성 유무 평가를 엄격하게 하지 않은 데 기인하는 것이지, 이 사건 법률조항 자체에 위헌적인 요소가 포함되어 있기 때문이 아니다」.

3. 적법성(법률의 근거)

손실보상의 원인으로서의 개인의 재산권에 대한 침해는 적법한 것이어야 한다. 여기에서 적법한 것이라고 함은 법률에 근거한 것임을 의미한다. 헌법도 공공필요에 의한 재산권의 수용·사용·제한은 '법률로써' 하여야 함을 명시하고 있다. 여기에서의, '법률'은 국회에서 심의·의결된 형식적 의미의 법률을 의미한다. 행정활동 가운데 어느 범위까지 법률의 근거를 필요로 하는가, 즉 법률유보원칙의 적용범위가 어디까지 미치는가 하는 점이 학자들의 커다란 관심이 되고 있는데, 국민의 재산권침해에 법률의 근거가 필요함은 당연하며 헌법($\frac{37조}{2항}$) 역시 그러한 점을 명백히 하고 있다.

공용침해에 관한 근거법으로서는 「공익사업을 위한 토지 등의 취득 및 보상에 관한 법률」($\frac{이하 "토지보상}{법"이라 한다}$)이 대표적 법률이라 할 수 있다. 바로 그와 같은 법률에 근거하여 적법하게 개인의 재산권을 침해하는 것이, 손실보상의 중요한 요건이 된다. 따라서 공권력이 법령에 위반하여, 즉 위법하게 개인의 재산권을 침해한 때에는 국가배상의 원인이 될 뿐, 엄격한 의미의 손실보상의 원인은 되지 않는다고 보아야 한다($\frac{헌법 29조, 국가}{배상법 2조 참조}$).

4. 보상규정

헌법은 공용침해에 대한 보상과 관련하여 「보상은 법률로써 하되, 정당한 보상이 지급되어야 한다」($\frac{23조}{3항}$)라고 규정하고 있다. 이와 같은 법률상의 보상규정에 입각하여 보상을 지급하는 것이 본래의 의미의 공법상(또는 행정상)의 손실보상이므로, 보상규정이 법률상 존재하는 것이 손실보상의 중요한 요건이 된다.

현재 이러한 손실보상의 근거법은 토지보상법($\frac{제6}{장}$)을 위시하여 상당수 존재한다($\frac{국토의 계획 및 이용에 관한 법률 131조,}{도로법 82조, 99조, 하천법 76조, 77조 등}$).

독일에서 논의되고 있는 부대 또는 불가분조항(Junktim Klausel), 즉 「공용침해＝동일법률에 의한 침해＋보상이라는 공식」이 우리의 헌법 제23조 3항에도 그대로 적용되는가? 다시 말하면 어떤 법률이 공용침해($\frac{공공필요에 의한}{재산권의 침해}$)를 허용하면서 보상규정을 두고 있지 않는 경우 바로 위법(위헌)이 된다고 볼 것인가? 이 문제는 학자간에 의견이 나누어져 있는 상태이다.[11]

---

11) 주요문헌: 정연주, 공용침해와 불가분조항, 고시연구, 1992. 4, 118면 이하; 정하중, 수용유사적 그리고 수용적 침해제도, 고시연구, 1994. 3, 88면 이하; 홍준형(구제법), 245면 이하.

생각건대, 독일 기본법 제14조 3항은 보상을 요하는 재산권 침해로서 공용수용만을 규정하고 있고, 또한 이러한 공용수용의 경우 반드시 보상규정을 두어야 한다(_{조항}^{불가분}). 그러나 우리 헌법 제23조 3항은 보상을 요하는 재산권 침해로서 공용수용뿐만 아니라 공용사용 및 공용제한을 아울러 규정하고 있고, 이러한 재산권 침해 유형의 경우에 언제나 보상을 해야 하는 것이 아니라 그 보상 여부조차 입법자의 형성에 맡겨져 있다. 따라서 헌법 제23조의 규범구조를 분석함에 있어서는 이러한 재산권 규정의 차이를 반드시 고려하여야 한다. 결론적으로 헌법 제23조 3항의 문언상 이를 불가분조항으로 보기는 어렵다고 본다.

5. 특별한 희생

마지막으로 손실보상의 요건이 충족되기 위해서는 타인의 재산권에 대한 공권적 침해로 인하여 '특별한 희생'이 발생하여야 한다. 일반적으로 특별한 희생이란, '사회적 제약을 넘어서는 손실'이라고 표현된다. 그런데 구체적으로 보상이 필요한 '특별한 희생'과 보상 없이 감수해야 하는 '사회적 제약'을 어떠한 기준에 의해 구별하는지가 학설상 논란의 대상이 되고 있는데,[12] 이 문제는 특히 재산권에 대한 제한과 관련하여 나타나고 있다. 그 이유는, 재산권의 수용 및 사용의 경우에는 법이 거의 예외 없이 보상규정을 두고 있기 때문이다. 양자의 구별기준에 관하여는 형식적 기준설, 실질적 기준설, 절충설 등이 있으며, 특히 실질적 기준설에 해당하는 것으로서 보호가치성설, 수인한도성설, 목적위배설, 사적 효용설, 사회적 제약설, 중대성설 등이 소개되어 왔다.[13]

(1) 형식적 기준설

일명 개별행위설(Einzelakttheorie)이라고도 하는 바, 이는 재산권에 대한 침해가 특정인 또는 특정집단에게 가해짐으로써 일반인에게는 예상하지 못한 희생을 과하며, 따라서 평등원칙에 위배되는 재산권의 침해가 되는 경우인가 아닌가에 의해 양자의 구분의 기준을 찾으려는 입장이다. 개별행위설의 명칭은 본래 특정인에 대한 개별적 행정행위를 통해서 공용침해가 행해진 것에서 비

---

12) 이러한 학설상의 논란은 재산권의 사회적 제약과 공용침해의 구별기준에 대하여 경계이론을 취할 때 문제되는 것임을 밝혀두기로 한다. 경계이론과 분리이론에 대하여는 김연태, 행정법사례연습, 459면 이하 참조. 또한 재산권의 사회적 제약과 관련한 논의는 정남철, 재산권의 사회적 구속과 수용의 구별에 관한 독일과 한국의 비교법적 고찰-이른바 조정적(조절적) 보상의무 있는 내용규정의 도입가능성, 공법연구 제32집 3호, 2004. 2 참조.
13) 자세한 것은 김남진, 기본문제, 458면 이하 참조.

롯되었다. 그러나 후일 법률에 의한 공용침해(Legalenteignung)가 행해짐에 따라 개별행위설이란 명칭은 적당치 않게 되었는데, '형식적' 기준설은 그러한 이유에서 새로이 붙여진 것으로 보인다. 그러나 재산권의 침해를 받은 특정인이 일반인에게는 과해지지 않는 희생을 입고 있음을 이유로 "특별한 희생설"(Sonderopfertheorie)이라고 호칭하기도 한다.

(2) 실질적 기준설

이는 형식적 기준설에 불만을 가진 학자들이 보호가치성, 수인한도성, 목적위배성, 사적 효용성 및 중대성 등 실질적 기준에 의해 특별한 희생과 사회적 제약을 구분하려는 견해를 통칭하는 이론이다.

(가) 보호가치성설(Schutzwürdigkeitstheorie)

옐리네크(W. Jellinek)에 의하면, 역사 · 일반적 사상 · 언어의 관용 · 법률의 취지 등에 비추어 볼 때 재산권은 보호할 만한 것과 그렇지 않은 것으로 구분할 수 있는바, 전자에 대한 침해만이 보상을 요하는 공용침해라고 한다.

(나) 수인한도성설(Zumutbarkeitstheorie)

어떠한 침해행위가 그의 본질과 강도에 비추어 재산권의 본질인 배타적 지배를 침해한 경우, 그것은 수인의 한도를 넘어서는 공용침해라고 한다.

(다) 목적위배설(Zweckentfremdungstheorie)

일명 기능설(Funktionstheorie)이라고 불리우는 이 설은, 재산권에 가해지는 공권적 침해(주로 제한 공용)가 재산권의 본래의 기능 또는 목적에 위배되는 것인가 아닌가에 의해 보상부 공권적 침해(공용침해)와 무보상부 공권적 침해(사회적 제약)를 구별하려는 입장이다.

(라) 사적 효용설(Privatnützigkeitstheorie)

이는 헌법이 보장하는 사유재산제도의 본질을 개인의 이니셔티브와 개인의 이익, 즉 사적 효용성에 구하고, 이것을 침해하는 것이냐 아니냐에 의해 공용침해인지 여부를 구별하고자 하는 입장이다.

(마) 중대성설(Schweretheorie)

이는 독일의 연방행정법원이 기본적으로 취하고 있는 입장인바, 침해의 중대성과 범위에 의해 공용침해와 사회적 제약을 구별하고자 한다.

(바) 상황구속성설

토지재산권은 지리적 위치나 그 성상과 같은 여건에 의하여 규정되는 등 그 상황구속성으로 인하여 성질상 일정한 부담을 지고 있는데 이 부담을 법률에 의하여 법적 의무로 구체화하더라도 이는 보상을 요하지 아니하는 재산권의 단순한 내용·한계규정에 불과하다.

(3) 결 어

공용침해($^{보상부}_{침해}$)와 사회적 제약($^{무보상부}_{침해}$)과의 구분의 문제는 헌법이 규정하고 있는 바와 같이 일차적으로 법률로 정할 사항이다. 그러나 당해 법률의 합법성이 문제되거나 보상에 관한 규정을 결하는 경우에는 헌법에 근거하여 판단할 수밖에 없는 바, 앞에서 다룬 양자의 구분에 관한 여러 법리는 그 경우에 대비한 이론으로서의 의의를 가진다.

생각건대, 보상이 필요한 공용침해와 보상이 필요없는 사회적 제약의 구분이 어느 특정이론에 의하여 완전히 해결될 수 있는 것은 아니다.[14] 따라서 보상여부의 결정에 있어서는 위의 제 법리를 상호보완적으로 적용하여 구체적으로 판단하여야 할 것이다. 개인적으로는 위의 제 법리 중 목적위배설과 중대성설 및 상황구속성의 법리를 고려하여 판단할 것을 제안한다.

Ⅲ. 손실보상의 대상

1. 보상대상의 변천

손실보상의 대상은 역사적으로 대인적 보상에서 대물적 보상으로, 대물적 보상에서 생활보상으로 변천하여 왔다.

(1) 대인적 보상

손실의 보상이 토지 등 수용목적물의 객관적 가치를 기준으로 하지 아니하고, 피수용자의 수용목적물에 대한 주관적 가치를 기준으로 행해지는 경우의 보상을 '대인적 보상'이라고 한다. 당해 토지의 객관적인 가치가 아니라 토지소유자가 당해 토지를 사용함으로써 현실적으로 향유하고 있는 편익가치, 즉 당

---

14) 김성수교수는 이 문제를 법이론적으로 해결하는 것은 불가능에 가깝다(diese Problematik dogmatisch zu bewätigen, führt nur zur Kasuistik)고 한다(김성수, 행정상 손실보상의 요건으로서의 공공의 필요와 특별한 희생의 재조명, 고시계, 1996. 7, 133면).

해 토지에 대한 주관적인 이용가치가 보상의 기준 또는 대상이 되는 것이다.

(2) 대물적 보상

공용침해($_{의\ 수용\ \cdot\ 사용\ \cdot\ 제한\ 등}^{공공필요에\ 의한\ 재산권}$)의 효과로서의 손실보상은 대물적 보상을 원칙으로 한다. 즉, 수용목적물에 대한 피수용자의 주관적 가치나 기준이 아니라, 수용목적물에 대한 객관적 시장가격($_{객관적인\ 가격하락}^{공용제한의\ 경우는}$)이 보상의 기준이 된다고 하는 것이다. 대인적 보상의 방법을 취하게 되면 보상의 기준이 일정치 않고 보상액이 상승하기 마련이므로, 대물적 보상을 원칙으로 하지 않을 수 없다.

대물적 보상의 특징은 수용의 대상과 보상의 대상이 대체적으로 일치하는 점에 있다. 그러나 철저한 대물적 보상이 피수용자에 대한 정당한 보상이 되지 못하는 경우가 많이 있을 수 있다. 예컨대, 어느 가옥이 수용의 대상이 된 경우에, 그 가옥의 시장가격만으로 보상해서는 불충분하고, 적어도 이전비, 휴업보상, 영업보상 등이 지급되어야 하는 경우가 있을 수 있는 것이다. 오늘날 대물적 보상을 원칙으로 하는 나라에 있어서도 직접 수용의 대상이 되는 재산권에 대한 보상 이외에, 이전료보상, 잔여지보상, 영업보상 등 부대적 손실에 대한 보상을 하는 이유는 그러한 데서 발견할 수 있다.

(3) 생활보상

대물적 보상이 가지는 문제점을 해결하기 위하여 등장한 것이 생활보상의 개념이다. 생활보상이라 함은, 공용침해로 인하여 생활근거를 상실하게 되는 재산권의 피수용자 등에 대하여 생활재건에 필요한 정도의 보상을 행함을 의미한다. 그러나 학자에 따라 그 내용이 상당히 다른바, 크게 광의로 생활보상개념을 이해하는 입장과 협의로 생활보상개념을 이해하는 입장으로 나누어진다.

생활보상을 광의로 이해하는 입장에서는 ① 주거의 총체가치의 보상, ② 영업상 손실의 보상, ③ 이전료보상, ④ 소수잔존자보상 등을 생활보상의 내용으로 보고 있다. 즉, 후술하는 '협의의 생활보상' 외에 상술한 '부대적 손실에 대한 보상'까지를 포함하여 생활보상으로 보는 것이다. 생활보상개념을 협의로 이해하는 입장에서는 광의의 생활보상으로부터 상기한 부대적 손실의 보상의 상당 부분을 제외한다. 이러한 입장에서는 이주대책 등을 생활보상의 주된 내용으로 보는데, 그와 같은 내용의 생활보상($_{생활보상}^{협의의}$)은 댐의 설치, 관광단지의 조성 등 대규모의 공사에 수반하여 행해짐이 보통이다.

2. 생활보상의 특색과 근거

(1) 생활보상의 특색

생활보상의 특색으로서는 다음과 같은 점을 지적할 수 있다.

① 생활보상은 대인적 보상과 다르다. 즉, 대인적 보상은 주관적 성격이 강한 데 대하여, 생활보상에 있어서는 보상기준이 정해져 있기 때문에 객관적 성격이 강하다.

② 생활보상은 엄격한 의미의 대물적 보상과 다르다. 즉, 후자에 있어서는 수용의 대상과 보상의 대상이 일치됨을 원칙으로 하는 데 대하여, 생활보상에 있어서는 그 보상의 대상이 훨씬 확대되고 있다.

③ 생활보상은 대인적 보상과 유사한 점도 있다. 즉, 생활보상은 피수용자에게 수용이 없었던 것과 같은 내용의 생활상태를 확보하려는 보상인 점에서 대인적 보상의 면이 있는 셈이다. 왜냐하면, 피수용자의 재산보다는 그의 생활안정에 중점을 두고 있다고 볼 수 있기 때문이다.

④ 생활보상은 보상의 역사에 있어서 최종단계의 보상으로서의 의미를 가진다. 보상이란 피수용자에게 수용이 없었던 것과 같은 상태를 확보시켜 주는 것을 이념으로 한다고 볼 때, 생활보상이야말로 보상의 종국적 모습이라 할 수 있기 때문이다.

(2) 생활보상의 근거

헌법은 보상에 관하여 「공공필요에 의한 재산권의 수용·사용 또는 제한 및 그에 대한 보상은 법률로써 하되, 정당한 보상을 지급하여야 한다」($^{23조}_{3항}$)라고 규정하고 있는바, 이는 대물적 보상의 원칙을 천명하고 있는 것으로 보인다. 따라서 이와 같은 헌법규정에 의해서는 수용목적물에 대한 보상 및 그것과 직결되어 있는 부대적 손실의 보상은 보장되고 있으나, 협의의 생활보상($^{특히 이주정책}_{과 같은 그것}$)까지는 보장되고 있지 않는 것으로 볼 여지가 있다. 그리하여 생활보상의 이념 및 실정법적 근거를 생존권적 기본권의 보장조항, 즉 「모든 국민은 인간다운 생활을 할 권리를 가진다」($^{헌법 34}_{조 1항}$)라는 규정에서 찾기도 한다. 그러나 생활보상 역시 공용침해를 그의 원인으로 하는 것이므로, 우리나라에서의 생활보상은 헌법 제23조 3항 및 제34조를 근거로 하여 도출할 수 있다고 판단된다.

결론적으로 우리나라에서의 손실보상은 대물적 보상을 바탕으로 하되, 생활보상을 지향하고 있다고 볼 수 있다.

3. 생활보상의 내용

여기에서는 생활보상을 협의로 이해하여, 간접보상과 이주대책에 관하여서만 고찰하기로 한다.

(1) 간접보상

간접보상이라 함은, 토지·건물 등 재산권이 직접 공공용지의 취득대상 또는 수용대상이 되지는 않으나, 대상물건이 공공사업으로 인하여 본래의 기능을 수행할 수 없게 됨으로써 그 소유자 등이 입은 손실을 보상하는 것을 의미한다.

이러한 간접보상은 본래 댐의 건설에 따르는 수몰 등으로 생기는 손실에 대하여 적응하기 위하여 실정법상 채택된 제도인바, 농경지·택지보상, 건물보상, 소수잔존자보상 및 영업보상 등을 그 내용으로 한다. 이와 같은 간접보상은 수몰의 경우 외에, 주택지조성사업, 공업단지조성사업, 신도시개발사업으로 인하여 대상물건이 그 본래의 기능을 다할 수 없게 된 경우의 보상에 준용될 수 있다.[15]

(2) 이주대책

이주대책이라 함은 공공사업의 시행에 필요한 토지 등을 제공함으로 인하여 생활근거를 상실하게 된 사람에 대하여 이주대책을 시행함을 의미한다. 토지보상법 제78조의 '이주대책의 수립 등'에 관한 규정이 대표적인 예이다.

토지보상법은 사업시행자로 하여금 공익사업의 시행으로 주거용 건축물을 제공함에 따라 생활의 근거를 상실하게 되는 자를 위하여 대통령령으로 정하는 바에 따라 이주대책을 수립·실시하거나 이주정착금을 지급하도록 하고 있다($\frac{78조}{1항}$). 그리고 이때 이주대책의 내용에는 이주정착지($\frac{이주대책의 실시로 건설하}{는 주택단지를 포함한다}$)에 대한 도로, 급수시설, 배수시설, 그 밖의 공공시설 등 통상적인 수준의 생활기본시설이 포함되도록 하고 있고, 이에 필요한 비용은 사업시행자가 부담하도록 하고 있다($\frac{78조}{4항}$). 나아가 주거용 건물의 거주자에 대하여는 주거 이전에 필요한 비용과 가재도구 등 동산의 운반에 필요한 비용을 산정하여 보상하고($\frac{78조}{6항}$), 공익사업의 시행으로 영위하던 농업·어업을 계속할 수 없게 되어 다른 지역으로 이주하는 농민·어민이 받을 보상금이 없거나 그 총액이 국토교통부령으로 정하는 금액에 미치지 못하는 경우에는 그 금액 또는 그 차액을 보상하도록 하고 있다($\frac{78조}{7항}$).

---

15) 박균성, 간접손실보상의 재검토, 토지보상법연구 제8집, 2008 참조.

[판례①] 공익사업을 위한 토지 등의 취득 및 보상에 관한 법률에 의한 이주대책제도는, 공익사업 시행으로 생활근거를 상실하게 되는 자에게 종전의 생활상태를 원상으로 회복시키면서 동시에 인간다운 생활을 보장하여 주기 위한 이른바 생활보상의 일환으로 국가의 적극적이고 정책적인 배려에 의하여 마련된 제도이다(대판 2011. 6. 10. 2010두26213).

[판례②] 공익사업을 위한 토지 등의 취득 및 보상에 관한 법률 상의 공익사업시행자가 하는 이주대책대상자 확인·결정은 구체적인 이주대책상의 수분양권을 부여하는 요건이 되는 행정작용으로서의 처분이지 이를 단순히 절차상의 필요에 따른 사실행위에 불과한 것으로 평가할 수는 없다. 따라서 수분양권의 취득을 희망하는 이주자가 소정의 절차에 따라 이주대책대상자 선정신청을 한 데 대하여 사업시행자가 이주대책대상자가 아니라고 하여 위 확인·결정 등의 처분을 하지 않고 이를 제외시키거나 거부조치한 경우에는, 이주자로서는 사업시행자를 상대로 항고소송에 의하여 제외처분이나 거부처분의 취소를 구할 수 있다. 나아가 이주대책의 종류가 달라 각 그 보장하는 내용에 차등이 있는 경우 이주자의 희망에도 불구하고 사업시행자가 요건 미달 등을 이유로 그중 더 이익이 되는 내용의 이주대책대상자로 선정하지 않았다면 이 또한 이주자의 권리의무에 직접적 변동을 초래하는 행위로서 항고소송의 대상이 된다(대판 2014. 2. 27. 2013두10885).

토지보상법에서 정한 이주대책대상자를 포함하여 그 밖의 이해관계인에게까지 대상자를 넓혀 이주대책을 수립하는 것은 당연히 허용되고, 이 경우 토지보상법에서 정한 이주대책대상자외의 이주대책대상자의 범위나 그들에 대한 이주대책 등의 내용을 어떻게 정할 것인지에 관하여는 사업시행자에게 폭넓은 재량이 인정된다.

[판례] 공익사업법령(공익사업을 위한 토지 등의 취득 및 보상에 관한 법률 및 동법 시행령을 의미함: 필자 주)이 이주대책대상자의 범위를 정하고 이주대책대상자에게 시행할 이주대책 수립 등의 내용에 관하여 구체적으로 규정하고 있으므로, 사업시행자는 이처럼 법이 정한 이주대책대상자를 법령이 예정하고 있는 이주대책 수립 등의 대상에서 임의로 제외하여서는 아니 된다. 그렇지만 그 규정 취지가 사업시행자가 시행하는 이주대책 수립 등의 대상자를 법이 정한 이주대책대상자로 한정하는 것은 아니므로, 사업시행자는 해당 공익사업의 성격, 구체적인 경위나 내용, 그 원만한 시행을 위한 필요 등 제반 사정을 고려하여 법이 정한 이주대책대상자를 포함하여 그 밖의 이해관계인에게까지 넓혀 이주대책 수립 등을 시행할 수 있다고 할 것이다.

그런데 사업시행자가 이와 같이 이주대책 수립 등의 시행 범위를 넓힌 경우에, 그 내용은 법이 정한 이주대책대상자에 관한 것과 그 밖의 이해관계인에 관한 것으로 구분되고, 그 밖의 이해관계인에 관한 이주대책 수립 등은 법적 의무가 없는 시혜적인 것으로 보아야 한다. 따라서 시혜적으로 시행되는 이주대책 수립 등의 경우에 그 대상자(이하 '시혜적인 이주 대책대상자'라 한다)의 범위나 그들에 대한 이주대책 수립 등의 내용을 어떻게 정할 것인지에 관하여는 사업시행자에게 폭넓은 재량이 있다고 할 것이다. 그리고 앞서 본 것과 같이 이주대책의 내용으로서 사업시행자가 생활기본시설을 설치하고 그 비용을 부담하도록 강제한 공익사업법 제78조 제4항은 법이 정한 이주대책대상자를 대상으로 하여 특별히 규정된 것이므로, 이를 넘어서서 그 규정이 시혜적인 이주대책대상자에까지 적용된다고 볼 수 없다(대판 2015. 7. 23.
2012두22911).

Ⅳ. 손실보상의 기준과 내용

1. 학 설

재산권에 대한 침해에 대하여 어느 정도까지 손실보상을 인정할 것인가의 문제는 각국의 입법정책 및 재산권에 대한 사회적 가치관에 따라 달라질 수 있으나, 일반적으로는 완전보상설과 상당보상설이 대립되고 있다.

(1) 완전보상설

이는 손실보상은 피침해재산이 가지는 완전한 가치를 보상해야 한다는 설이다. 이러한 완전한 보상의 내용에 관하여는 ① 피침해재산 자체의 손실, 즉 피침해재산이 가지는 객관적 시장가치(일반가격, 시장가격, 재구 입가능가격 등으로 불려짐)만을 내용으로 하고, 부대적 손실은 포함되지 않는다고 보는 견해와 ② 침해에 의해 직접적·필연적으로 발생한 손실의 전부, 즉 부대적 손실(영업손실, 이전비용 등)까지도 포함된다고 보는 견해가 대립하고 있다. 이러한 완전보상의 관념은 미국헌법 수정 제5조의 정당한 보상(just compensation)조항의 해석을 중심으로, 주로 미국에서 발전되어 왔다.

(2) 상당보상설

이는 손실보상은 재산권의 사회적 구속성과 침해행위의 공공성에 비추어 사회국가원리에 바탕을 둔 기준에 따른 적정한 보상이면 족하다는 설이다. 상당보상설은 일반적으로 ① 사회통념에 비추어 객관적으로 타당하면 완전보상을 하회할 수 있다고 보는 견해와, ② 완전보상을 원칙으로 하지만 합리적인 이유가 있을 경우에는 완전보상을 상회하거나 하회할 수 있다고 보는 견해로 나뉘어진다.

이러한 상당보상의 관념은 재산권의 사회적 구속성을 규정한 바이마르헌법 제153조에서 유래한다. 현행 독일의 기본법 제14조 3항 역시 이를 계승하고 있다고 말하여진다. 즉, 공익과 관계자의 이익을 정당히 형량하여 원칙적으로 완전보상을 행하되, 극히 예외적인 경우에 완전보상을 상회할 수 있다고 보는 것이 일반적이다.

2. 실정법상의 주요원칙

(1) 정당한 보상의 원칙

헌법은 공용침해 및 보상은 법률로써 하되, 정당한 보상을 지급할 것을 규정하고 있다($^{23조}_{3항}$). 이 경우 정당한 보상이란 항상 획일적인 보상기준이 적용되는 것이 아니라, 원칙적으로 완전보상을 해 주어야 하지만, 경우에 따라서는 완전보상을 하회할 수도 있고, 또한 생활보상까지 해주어야 하는 경우도 있을 수 있다는 것으로 해석되어야 할 것이다.

(2) 개발이익배제의 원칙

보상기준을 책정함에 있어 개발이익은 배제되어야 한다. 예컨대 공공사업 등으로 인하여 지가 등이 상승한 경우에, 그 이익은 자기의 투자와 노력으로 증식한 것이 아니므로 그러한 개발이익은 보상의 책정에 있어 배제될 필요가 있다.[16] 토지보상법이 「보상액을 산정할 경우에 해당 공익사업으로 인하여 토지 등의 가격이 변동되었을 때에는 이를 고려하지 아니한다」($^{67조}_{2항}$)라고 규정함은 같은 취지이다. 이와 같은 개발이익배제의 원칙은 판례상으로도 승인되어 있다.

> **[판례①]** 헌법 제23조 제3항의 "정당한 보상"은 완전보상을 뜻하는 것이나 개발이익을 보상액에서 배제하는 것은 정당보상의 원리에 어긋나는 것이 아니며, 위 토지수용법의 규정이 헌법상 정당보상의 원리에 어긋나는 것이라 볼 수 없고, 평등의 원칙이 국가가 언제 어디에서 기본권에 관한 상황이나 제도의 개선을 시작할 것인지의 선택을 방해하는 것은 아니므로 일부 토지소유자로부터만 개발이익을 환수하는 것이 합리적 이유 없는 차별이라고는 할 수 없다(헌재 1990. 6. 25, 89헌마107).

16) 참조: 김남진, 토지공개념의 사상적 기초, 사법행정, 1991. 11; 강경근, 토지공개념의 헌법상 문제, 사법행정, 1991. 11; 김성수, 초과소유부담금, 개발부담금, 토지초과이득세의 법적 문제점, 사법행정, 1991. 11 등.

> **[판례②]** 공익사업을 위한 토지 등의 취득 및 보상에 관한 법률 제67조 제2항은 '보상액을 산정할 경우에 해당 공익사업으로 인하여 토지 등의 가격이 변동되었을 때에는 이를 고려하지 아니한다'라고 규정하고 있는바, 수용 대상 토지의 보상액을 산정함에 있어 해당 공익사업의 시행을 직접 목적으로 하는 계획의 승인, 고시로 인한 가격변동은 이를 고려함이 없이 재결 당시의 가격을 기준으로 하여 적정가격을 정하여야 하나, 해당 공익사업과는 관계없는 다른 사업의 시행으로 인한 개발이익은 이를 포함한 가격으로 평가하여야 하고, 개발이익이 해당 공익사업의 사업인정고시일 후에 발생한 경우에도 마찬가지이다(대판 2014. 2. 27. 2013두21182).

(3) 생활보상의 원칙

현행법에 채택되어 있는 보상원칙의 하나로서 생활보상의 원칙을 들 수 있다. 전술하였듯이 생활보상이라고 함은, 공용침해로 인하여 생활근거를 상실하게 되는 재산권의 피수용자 등에 대하여 이주대책을 수립하는 등 생활재건을 위한 조치를 그 보상의 내용으로 함을 의미한다.

3. 구체적인 보상기준

(1) 원칙적인 보상기준

개인의 재산권에 대한 개별적·우연적 침해에 대해서는, 부대적 손실을 포함한 피해자가 입은 모든 손실을 갚아주는 완전보상이 되어야 한다. 공용수용에 관한 일반법인 토지보상법은, 협의의 경우에는 협의성립 당시의 가격을 기준으로 하고, 재결의 경우에는 재결 당시의 가격을 기준으로 할 것을 규정하고 있다. 그리고 동법은 부대적 손실과 관련하여 잔여지손실, 지상물건의 이전료 또는 지상물건의 수용손실, 영업상의 손실, 차임손실을 비롯한 기타의 손실을 보상하도록 규정하고 있다(동법 73조, 75조, 77조, 79조 등 참조).

(2) 공시지가에 의한 개발이익의 배제

한편 국토교통부장관이 「부동산 가격공시에 관한 법률」에 따라 지가를 공시한 경우에는, 그 공시기준일로부터 협의성립시 또는 재결시까지의 관계법령에 따른 그 토지의 이용계획, 해당 공익사업으로 인한 지가의 변동이 없는 지역의 지가변동률, 생산자물가상승률, 그 밖에 그 토지의 위치·형상·환경·이용상황 등을 참작하여 보상액을 정해야 하는데, 이 경우, 그 공시지가는, 사업인정고시일 전의 시점을 공시기준일로 하는 공시지가로서, 해당 토지의 협의성립 또는 재결 당시 공시된 공시지가 중 해당 사업인정고시일에 가장 근접한 시점에 공시된 것이어야 한다(토지보상법 70조 참조).

(3) 완전보상의 예외

한편 다음과 같은 경우에는 공익과 사익을 조정하는 견지에서 완전보상을 하회할 수도 있다.

첫째, 현존 재산법질서를 변혁하는 목적하에 공용침해가 행해지는 경우이다. 그 전형적인 예가 과거에 행해졌던 농지개혁이며, 근래 전국토의 효율적 이용을 위해 행해지고 있는 토지이용계획도 그에 준하여 생각할 수 있다(국토의 계획 및 이용에 관한 법률 참조).

둘째, 전쟁 기타 국가의 위기에 처해 개인의 재산을 징발하는 경우이다. 이 경우에는 정도의 차이는 있으나, 모든 국민이 재산적 손실을 입고 있기 때문이다(징발법 및 징발재산정리에 관한 특별조치법 참조).

(4) 공용사용의 보상기준

토지보상법은 손실액의 산정에 관하여 사용재결 당시의 가격을 기준으로 하되, 그 사용할 토지 및 인근 유사 토지의 지료·임대료 등을 고려하여 평가한 적정가격으로 할 것을 규정하고 있다(71조 참조).

(5) 공용제한의 보상기준

공용제한을 통하여 개인에게 사회적 제약을 넘어서는 손실을 가한 경우에는 정당한 보상이 지급되지 않으면 안 된다. 공용제한에 따른 손실보상에 관하여 규정을 두고 있는 법률(도로법 99조, 산림자원의 조성 및 관리에 관한 법률 47조 7항)도 있지만, 그 보상기준이 통일되어 있지 않다.

법은 대부분의 공용제한(예: 국토의 계획 및 이용에 관한 법률상의 행위제한)에 대하여 보상규정을 두고 있지 않다. 그것은 공용제한을 통한 재산권의 제한은 대체로 재산권의 사회적 제약에 해당된다고 보기 때문이다. 그러나 앞에서 본 특별한 희생과 사회적 제약의 구별에 관한 제 논의는 공용제한의 경우에도 그대로 타당할 것이므로, 그에 의하여 보상 여부를 판단하여야 한다. 공용제한의 보상기준으로서는 현재 다음과 같은 이론이 제시되고 있다.[17]

---

17) 공용제한에 관한 상세는 김남진·김연태(Ⅱ), 제7편 제4장 제3절 공용제한: 유해웅, 토지공법론, 505면 이하 참조.

(가) 상당인과관계설

토지이용제한에 의하여 토지소유자 등이 입게 된 손실 중 당해 이용제한과 상당인과관계에 있는 모든 것이 보상되어야 한다는 이론이다.

(나) 지가저락설

토지의 이용제한에 따르는 손실의 보상은 계속적인 이용제한에 의해 발생하는 토지의 이용가치의 저하에 대해 지급되어야 한다는 이론으로서, 독일의 건축법전(Baugesetzbuch) 및 판례 등이 취하는 이론으로 볼 수 있다.

(다) 실손보전설

토지의 이용제한에 의해 현실적으로 발생한 손실이 보상되어야 한다는 이론이다.

(라) 지대설

공용사용의 성질을 가지는 것이므로, 지대상당액이 보상의 기준이 되어야 한다는 이론이다.

(마) 공용지역권설정설

토지의 이용제한을 공용지역권의 설정으로 보아, 이에 대하여 보상해야 한다는 이론이다.

(6) 사업손실의 보상

(가) 의미내용

사업손실보상은 공공사업의 시행 또는 완성 후의 시설이 간접적으로 사업지(기업지) 밖의 타인의 재산권에 가해지는 손실을 의미한다. 간접손실보상이라고도 하는데 흔히 생활보상의 내용으로 설명되기도 한다.

(나) 법률적 근거

사업손실보상의 근거로서는 토지보상법 제73조(잔여지의 손실과 공사비보상), 제75조(건축물 등 물건에 대한 보상), 제75조의2(잔여건축물의 손실에 대한 보상 등), 제76조(권리의 보상), 제77조(영업의 손실 등에 대한 보상 등), 제78조(이주대책의 수립 등) 등을 들 수 있다.

(다) 보상의 대상과 범위

현행법에 규정된 사업손실보상으로서는 ① 잔여지에 대한 손실보상, ② 잔여지상의 시설·공사비의 보상, ③ 농경지 등에 대한 간접보상, ④ 건물 등의 간접보상, ⑤ 소수잔존자 보상, ⑥ 영업의 간접보상, ⑦ 공작물 등의 간접보상,

⑧ 어업의 피해 등이 있다($\substack{\text{토지보상법 시}\\\text{행규칙 참조}}$).

V. 손실보상의 유형과 방법

1. 손실보상의 유형

(1) 금전보상의 원칙

금전은 자유로운 유통이 보장되고, 객관적인 가치의 변동이 적기 때문에, 손실보상은 금전(현금)보상을 원칙으로 한다($\substack{\text{토지보상법}\\\text{63조 1항}}$).

(2) 토지보상

손실보상은 다른 법률에 특별한 규정이 있는 경우를 제외하고는 현금으로 지급하여야 하지만, 손실보상 자금을 효율적으로 관리하고 토지소유자가 개발혜택을 공유할 수 있도록 하기 위하여 일정한 경우 해당 공익사업으로 조성된 토지로 보상할 필요가 있을 수 있다. 따라서 토지소유자가 원하는 경우로서 사업시행자가 해당 공익사업의 합리적인 토지이용계획과 사업계획 등을 고려하여 토지로 보상이 가능한 경우에는 토지소유자가 받을 보상금 중 현금 또는 아래에서 설명할 채권으로 보상받는 금액을 제외한 부분에 대하여 토지보상법 제63조 1항이 정한 기준과 절차에 따라 그 공익사업의 시행으로 조성한 토지로 보상할 수 있다. 다만, 그 보상면적은 주택용지는 990제곱미터, 상업용지는 1,100제곱미터를 초과할 수 없으며, 토지로 보상받기로 결정된 권리는 그 보상계약의 체결일부터 소유권이전등기를 완료할 때까지 전매($\substack{\text{매매, 증여, 그 밖의 권리의 변동을 수}\\\text{반하는 일체의 행위를 포함하되, 상속}\\\text{의 경우를 제외한다}}$)할 수 없다($\substack{\text{동법 63조 1항}\\\text{내지 6항}}$).

(3) 채권보상

(가) 내   용

손실보상은 일정한 경우 사업자가 발행하는 채권으로 지급할 수 있다. 즉, 사업시행자가 국가·지방자치단체 그 밖에 대통령령으로 정하는 공공기관 및 공공단체인 경우로서 ① 토지소유자 및 관계인이 원하는 경우 또는 ② 사업인정을 받은 사업의 경우에는 대통령령으로 정하는 부재부동산 소유자의 토지에 대한 보상금이 일정금액을 초과하는 경우로서 그 초과하는 금액에 대하여 보상하는 경우에는 채권으로 지급할 수 있다($\substack{\text{동법 63}\\\text{조 7항}}$). 또한 토지투기가 우려되는

지역으로서 대통령령이 정하는 지역에서 ① 택지개발촉진법에 따른 택지개발
사업, ② 산업입지 및 개발에 관한 법률에 따른 산업단지개발사업, ③ 그 밖에
대규모 개발사업으로서 대통령령으로 정하는 사업을 시행하는 자 중 대통령령
이 정하는 공공기관 및 공공단체는 부재부동산 소유자의 토지에 대한 보상금
중 대통령령이 정하는 1억 원 이상의 일정금액을 초과하는 부분에 대하여는 당
해 사업시행자가 발행하는 채권으로 지급하여야 한다(동법 63 조 8항).

(나) 문제점

채권보상제가 도입된 후, 그의 합헌성 여부가 논란의 대상이 되고 있다.

먼저, 위헌론측에서는 「현금보상과는 달리 채권은 그 환가면에서 물가나 기
타의 사정에 의해 수익률이 영향을 받게 되므로 정당한 보상으로 보기 어렵다」,[18]
「부재부동산소유자의 토지나 비업무용 토지에 대하여 채권보상을 강제하는 것
은 평등원칙에 반한다」[19] 등의 이유가 제시되고 있다.

이에 대하여 합헌론측에서는, 「통상적인 수익만 보장되면 후급도 가능하다」,
「부재부동산소유자 등은 당해 토지를 직접 자기의 생활에 공여하고 있는 거주
자와는 달리, 토지를 하나의 자산증식수단으로 소유하고 있으므로, 토지보유목
적인 통상적인 수익만 보장된다면 위헌으로 볼 수 없다」[20] 등의 이유가 제시되
고 있다.

생각건대, 채권보상이 헌법에 정해져 있는 '정당한 보상'의 수준과 일치되는
한 반드시 위헌이라고 할 수는 없다. 그러나 현실에 있어 그렇지 않음은 부인
하기 어렵다. 무엇보다, 국가 등의 '재정사정'이 이유가 되어서는 안 될 것이다.
이것은 재정사정이 공용침해의 허용요건인 '공공필요'에 포함될 수 없는 논리
의 당연한 귀결이다.[21] 다시 말하면, 재정사정을 이유로 타인의 재산권을 공용
침해할 수 없는 것과 마찬가지로, 재정사정이 채권보상의 이유가 되어서는 안
될 것이다.

(4) 현물보상

현물보상은 토지수용의 경우 환지의 제공과 같이 수용 또는 사용할 물건에
갈음한 물건을 보상으로 제공하는 방법을 말하는데, 예컨대 「도시 및 주거환경

---

18) 정연주, 정당보상과 채권보상, 법률신문, 1992. 3. 2.
19) 이상규, 개정토지수용법의 문제점, 판례월보, 1992. 3, 11면 이하.
20) 박윤흔·정형근(상), 664-665면.
21) 이에 관하여는 본서 749면 이하 참조.

정비법」상 관리처분계획에서 정한 대지 또는 건축물을 보상조건으로 하는 경우가 이러한 예에 속한다(정비법 65조 4항).

(5) 매수보상

매수보상이란 물건에 대한 이용제한으로 인하여, 종래의 이용목적에 따라 물건을 사용하기가 곤란하게 된 경우에 상대방에게 그 물건의 매수청구권을 인정하고 그에 따라 그 물건을 매수함으로써 실질적으로 보상을 행하는 방법을 말한다.[22] 토지보상법은 사업인정고시가 있은 후 ① 토지를 사용하는 기간이 3년 이상인 때, ② 토지의 사용으로 인하여 토지의 형질이 변경되는 때, ③ 사용하고자 하는 토지에 그 토지소유자의 건축물이 있는 때에는 당해 토지소유자는 사업시행자에게 그 토지의 매수를 청구하거나 관할 토지수용위원회에 그 토지의 수용을 청구할 수 있는 것으로 규정하고 있다(동법 72조).

2. 보상액의 결정방법

손실보상액의 결정방법에 관해서는 통칙적 규정이 없고, 각 개별법에서 다음과 같이 여러 가지의 방법을 규정하고 있다.

① 원칙적으로 당사자 사이의 협의에 의하도록 하고(토지보상법 16조, 26조), 협의가 성립되지 않으면 토지수용위원회와 같은 합의기관에 의한 재결에 의하도록 한 경우(토지보상법 34조). 이러한 방법은 여러 개별 법률에서 준용되고 있다(도로법 82조, 99조 등).

② 자문기관의 심의를 거쳐 행정권이 결정하는 경우(징발법 24조, 동법 시행령 10조).

③ 법원에 직접 소송을 제기하여 보상액을 결정하는 방법(법에 행정절차에 관한 규정이 없는 경우) 등이 있다.

3. 보상의 지급방법

보상의 지급방법은 지급시기에 따라 선불과 후불로, 지급횟수에 따라 일시불과 분할불로, 지급의 개별성 여부에 따라 개별불과 일괄불로 나눌 수 있다.

(1) 선불과 후불

보상액의 지급시기는 피수용자를 위하여 선불이 원칙이다(토지보상법 62조 본문). 다만 토지소유자 및 관계인의 승낙이 있는 경우 또는 성질상 선불이 곤란한 경우(천재지변시의 토지 사용과 시급한 토지 사용의 경우)에는 예외가 인정된다(동법 62조 단서).

---

22) 매수보상을 금전보상의 유형으로 보아야 한다는 견해에 대해서는 류지태·박종수(신론), 583면 참조.

> **[판례]** 공익사업의 시행자는 해당 공익사업을 위한 공사에 착수하기 이전에 토지소유자와 관계인에게 보상액 전액을 지급하여야 한다(공익사업을 위한 토지 등의 취득 및 보상에 관한 법률 제62조 본문). 공익사업의 시행자가 토지소유자와 관계인에게 보상액을 지급하지 않고 승낙도 받지 않은 채 공사에 착수함으로써 토지소유자와 관계인이 손해를 입은 경우, 토지소유자와 관계인에 대하여 불법행위가 성립할 수 있고, 사업시행자는 그로 인한 손해를 배상할 책임을 진다(대판 2021. 11. 11. 2018다204022).

(2) 일시불과 분할불

일시불이 원칙이나, 부득이하여 분할불로 하는 경우도 있다(징발법 22조의2).

(3) 개별불과 일괄불

보상액을 피보상자에게 개인별로 지급하는 것이 개별불이고, 개인별 보상액의 산정이 불가능한 경우에 일단의 피보상자에게 일괄적으로 지급하는 것이 일괄불이다. 개별불이 원칙이다(토지보상 법 64조).

Ⅵ. 손실보상에 대한 불복

보상액의 결정은 일차적으로 당사자간의 협의에 의해 결정됨이 원칙이나, 그것이 이루어지지 않는 경우에 있어서의 행정청의 결정·재결에 대해서는 행정심판·행정소송 등의 방법으로 불복할 수 있다. 손실보상에 대한 불복에 대하여는 개별법에서 특별히 규정하는 경우가 많이 있는데, 토지보상법이 대표적 예이다(동법 7장).

> **[판례]** 손실에 대한 보상을 받기 위해서는 구 토지보상법 제34조, 제50조 등에 규정된 재결절차를 거친 다음 재결에 대하여 불복이 있는 때에 비로소 구 토지보상법 제83조 내지 제85조에 따라 권리구제를 받을 수 있을 뿐, 이러한 재결절차를 거치지 않은 채 곧바로 사업시행자를 상대로 손실보상을 청구하는 것은 허용되지 않는다고 보는 것이 타당하다(대판 2012. 11. 29. 2011두22587, 동지판례: 대판 2011. 9. 29. 2009두10963; 대판 2011. 10. 13. 2009다43461).

그러한 특별규정이 없는 경우에는 원칙적으로 행정소송인 당사자소송에 의해야 할 것이다. 그러나 판례는 국가 또는 지방자치단체를 피고로 하여 민사소송으로 다툴 수 있다는 입장을 취하고 있다.

토지보상법은 재결에 대하여 불복이 있을 때에는 행정소송을 제기할 수 있음을 규정하고 있다($^{동법\ 85}_{조\ 1항}$). 한편, 이에 의하여 제기하고자 하는 행정소송이 보상금의 증감에 관한 소송인 경우 당해 소송을 제기하는 자가 토지소유자 또는 관계인인 때에는 사업시행자를, 사업시행자인 때에는 토지소유자 또는 관계인을 각각 피고로 한다($^{동법\ 85}_{조\ 2항}$). 구 토지수용법($^{75조}_{의2}$)에서와는 달리, 재결청(토지수용위원회)을 피고에서 배제시켜, 당해 소송의 성격이 형식적 당사자소송에 해당함을 명확히 하였다.

제3장 손해전보를 위한 그 밖의 제도

제1절 개 설

I. 문제상황

앞에서 살펴본 행정상의 손해배상(국가배상)과 행정상의 손실보상(공용침해에 대한 보상)은 가장 전형적인 행정상의 손해전보제도이다. 그리고 기본적으로 전자는 위법한 행정작용으로 인한 손해의 전보제도이며, 후자는 적법한 행정작용으로 인하여 발생한 손실의 전보제도로서의 성격을 지니고 있다. 그리고 양 제도는 각각 헌법에 근거가 있으며($^{29조, 23}_{조 3항}$), 그들 헌법조항을 구체화하기 위한 법률도 어느 정도 정비되어 있다($^{국가배상법, 공익사업을 위한 토지 등의}_{취득 및 보상에 관한 법률, 징발법 등}$). 그런데도 현실에 있어서는 행정작용으로 인하여 개인이 입게 되는 각종의 피해에 대한 구제제도로서는 충분치 못하다.

II. 문제의 유형과 해결방안의 모색

손해배상 및 손실보상에 관한 위의 현행제도의 엄격한 해석·적용을 통해서는 구제받기 어려운 경우로서 다음과 같은 것이 있다.

1. 위법·무책의 공무원의 직무행위의 경우

「국가배상법」은 공무원의 위법·유책($^{법령위반,}_{고의·과실}$)의 직무행위로 인하여 손해를 입은 사람에 대한 배상에 관하여 규정하고 있다($^{동법 2}_{조 1항}$). 따라서 공무원의 위법·무책(무과실)의 직무행위로 인하여 발생한 손해에 대한 구제책으로서는 기능할 수 없게 된다. 후술하는 수용유사적 침해의 이론은 이러한 경우에 대비하기 위한 것이다.

2. 비의욕적 공용침해(결과적 손실)의 경우

헌법 및 손실보상에 관한 각종 법률은, 행정주체($^{공권력의\ 주체로서의\ 국}_{가\cdot지방자치단체\ 등}$)가 법률에 기초하여 공권력을 행사하고, 그 결과 발생한 손실에 대하여 역시 법률이 정한 바에 따라 구제하는 경우에 적용되는 실정법이다. 그러나 현실적으로는 행정주체가 의도하지 않고 또한 예상하지 못한 손실이 행정작용에 수반하여 발생할 수 있다. 법의 흠결 또는 공백이 있는 이와 같은 경우에 대비하기 위한 것이 후술하는 수용적 침해의 이론이다.

3. 비재산적 법익에 대한 적법한 침해의 경우

행정상 손해배상은 위법·유책행위를 전제로 하고 있으며, 손실보상은 적법행위를 통한 '재산권'에 대한 침해(제약)의 존재를 전제로 하고 있다. 따라서 적법한 행정작용으로 인한 '비재산적 법익'에 대한 침해가 일어나는 경우, 역시 기존의 손해배상, 손실보상의 제도로써는 구제받기가 어렵다. 따라서 이러한 경우를 위하여도 이론 및 제도가 정비될 필요가 있다.

아래에서 이상의 내용에 관해 구체적으로 고찰해 보기로 한다.

제 2 절 수용유사 및 수용적 침해에 대한 손실보상

I. 수용유사침해에 대한 보상

1. 제도적 의의

"수용유사침해(enteignungsgleicher Eingriff)의 보상"이라 함은, 위법한 공용침해($^{공공필요에\ 의한\ 재산권}_{의\ 수용\cdot사용\cdot제한}$)로 인해 특별한 희생을 입은 자에 대한 보상을 의미한다. 그것은 '위법'한 공용침해에 대한 보상인 점에서, '적법'한 공용침해에 대한 보상인 본래의 공용침해보상과는 구별된다. 또한 공용침해로 야기된 손실의 조절적 보상인 점에서, 위법·유책의 손해에 대한 배상을 의미하는 국가배상($^{특히}_{공무원}$ $^{의\ 직무상\ 불법행}_{위로\ 인한\ 배상}$)과 구별된다.

즉, 수용유사침해의 보상은 우리나라에서 일반적으로 말하여지고 있는 "적법한 공권력행사로 인한 손실보상", 즉 공용침해에 관한 일반적 요건을 충족하

고 있으나, 다만 한 가지 그 원인행위가 위법하다는 점이 다르다. 법률에 근거
하여 개인의 재산권에 특별한 희생을 가하지만 대부분 보상규정을 결하고 있
는 공용제한과 같은 것이 그에 해당한다. 이와 같은 경우에 국가가 개인의 재
산권을 침해한 이상 그것이 위법하더라도 수용과 마찬가지이므로 그로 인한
손실은 보상되어야 할 것이다.

2. 수용유사침해(손실보상청구권)의 구성요건

위법한 공용침해로 인한 타인의 재산권에 대한 특별한 희생의 발생이 수용
유사침해의 구성요건이다. 결국, 본래의 의미의 공용침해로 인한 손실보상의
청구요건 가운데 '침해의 위법성'만이 다른 셈이다. 따라서 이하에서는 공용침
해의 요건 중 '침해의 위법성'에 대해서만 살펴보기로 한다.

여기서의 '위법'은 고의 또는 과실로 법령에 위반하여 타인에게 침해를 가하
는 경우에 있어서의 위법 또는 불법과는 다른 의미를 가진다. 여기서의 위법은,
공용침해의 근거법률이 헌법이 요구하는 공용침해의 요건을 충족하지 못하여
위헌이 되고, 그러한 법률에 근거한 공용침해가 결과적으로 위헌이 된다는 의
미의 위법이다. 재산권자에 대해 손해를 가할 의사가 공용침해자(행정청)에게
는 없으며 공공필요가 그 동기이므로, 공용침해자의 과실을 탓할 수 없다. 따라
서 수용유사침해의 전형적인 모습은 '위법·무책의 침해'이다. 이 점이 '적법한
침해'인 본래 의미의 공용침해 및 '위법·유책의 침해'인 직무상 불법행위와 구
별되는 점이다.

헌법에 제도화되어 있는 적법한 공용침해(동법 23조 3항), 공무원의 직무상 불법행위
로 인한 손해배상(동법 29조)만을 고수한다고 할 때, 위법(무책)한 공용침해로 인해
특별한 희생을 받은 자에 대해 구제의 길이 없어지는 결과가 된다. 바로 그와
같은 실정법상의 흠결(Lücke)을 메우기 위해 탄생한 것이 수용유사침해의 법
리이다.

3. 독일 연방헌법재판소 판결의 영향

독일 연방헌법재판소는 1981년 7월 15일의 이른바 자갈채취사건의 결정
(Naßauskiesungsbeschluß)[1]을 통하여 수용유사침해의 법리를 통한 보상청구를

---

1) BVerfGE 58, 300: 이 사건은 자갈채취사업을 경영하는 사람이, 자기의 토지가 수도보호구역에 위치함
   으로 인해 관할 행정청에 대해 자갈채취허가를 신청하였으나 거부되자, 법원에 손실보상 청구소송을
   제기한 것이 계기가 되어 물관리법상의 관련조항(§1a Ⅲ WHG)의 위헌 여부가 심판대상이 된 사건이다.

제약하는 판결을 하였다. 그 요지는, '위법한 수용'이 행해지게 되면 먼저 그에 대한 쟁송(_{처분의}_{취소소송})을 제기하여 구제를 강구하여야 하고, 직접 보상을 청구할 수 없으며, 따라서 행정쟁송기간을 도과하는 경우에는 구제방법이 없게 된다는 것이다. 이러한 내용의 헌법재판소의 판결이 있은 후 그에 대한 이론상의 평가는 갈리는 가운데, 연방통상법원(Bundesgerichtshof)은 연방헌법재판소의 판결에 따랐다.[2] 그렇다고 수용유사침해의 법리(보상)를 완전히 포기한 것은 아니다. 동 법원은 이제는 동 법리의 법적 기초를 헌법(_{기본법}_{14조})이 아니라 1794년의 프로이센 일반국법 서장 제74조, 제75조에 뿌리를 둔 관습법으로서의 희생보상청구권(Aufopferungsanspruch)에서 찾고 있는 것이다. 그리고 이와 같은 연방통상법원의 판지(_{수용유사침해}_{에 대한 보상})는 연방헌법재판소도 방론을 통해서나마(beiläufig) 인정하였다고 한다.[3]

4. 소 결

공용침해(_{재산권에 대한 공공필}_{요를 위한 공권적 침해})를 통하여 특별한 희생을 입고 있는 사람이 현실적으로 존재함에도 불구하고 법률에 보상규정이 없는 경우 어떠한 방법의 손해전보가 가능한 것인가. 이것에 대해 해결의 실마리를 줄 만한 결정적인 판례[4]가 아직 없는 가운데, 학설을 통한 처방은 크게 나누어져 있다. 헌법상의 공용침해규정(_{23조}_{3항})의 효력을 둘러싼 여러 학설[5]이 그것을 나타내 준다.

생각건대, 이 문제에 대한 1차적 해결은 입법에 기대할 수밖에 없다. 그러나 입법에 의한 해결에도 한계가 있다. 독일에서 그 "수용유사침해에 대한 보상이

2) BGHZ 99, 24(28): BGHZ 90, 17(29 ff.).

3) Vgl. NJW 1992, S. 36 f.

4) 이른바 '신군부'에 의해 문화방송주식회사의 주식을 강제로 빼앗긴 사람이 국가를 상대로 손실보상 등 청구를 한 사건에서 원심인 서울고등법원은 「국가가 공공의 필요에 의하여 사인의 주식을 강제로 취득한 것은 수용에 해당하며 … 피고 대한민국의 이 사건 주식수용은 명백히 개인의 자유로운 동의가 없이 이루어진 것이고, 나아가 법률의 근거 없이 이루어진 것으로서 개인의 재산권에 대한 위법한 침해이고, 이는 결국 법률의 근거 없이 개인의 재산을 수용함으로써 발생한 이른바 수용유사적 침해이므로, 이로 인하여 특별한 희생, 즉 손실을 당한 원고는 자연법의 원리나 구 헌법 제22조 제3항의 효력으로서 국가에게 그 손실의 보상을 청구할 권리가 있다」(서울고판 1992. 12. 24, 92나20073)라고 판시하였는데 대하여, 대법원은 「수용유사적 침해의 이론은 국가 기타 공권력의 주체가 위법하게 공권력을 행사하여 국민의 재산권을 침해하였고 그 효과가 실제에 있어서 수용과 다름없을 때에는 적법한 수용이 있는 것과 마찬가지로 국민이 그로 인한 손실의 보상을 청구할 수 있다는 것인데, 1980. 6. 말경의 비상계엄 당시 국군보안사령부 정보처장이 언론통폐합조치의 일환으로 사인 소유의 방송사 주식을 강압적으로 국가에 증여하게 한 것은 수용유사행위에 해당되지 않는다」(대판 1993. 10. 26, 93다6409)라고 판시한 바 있다. 주목할 점은 이 사건에서 원심은 이른바 수용유사침해이론을 적극 수용하였으며, 대법원 역시 동 법리를 최소한 부인하지는 않았다는 사실이다.

5) 본서 755면 이하 참조.

론"이 헌법재판소의 판결을 통해 타격을 받았음에도 불구하고 변형되어서나마 끈질기게 생명을 이어가는 이유는 거기에 있다고 보여진다.

우리 역시 입법의 흠결 내지 공백을 메우는 법리의 발견·발전이 필요하다. 우리에게는 독일에서와 같은 판례법, 관습법으로서의 "희생보상청구권"의 법리도 없으므로,[6] 헌법규정($\frac{23조\ 1항,\ 37조}{2항,\ 11조\ 등}$)에 입각한 법리(해석론)를 통해 해결의 실마리를 찾을 수밖에 없다.

Ⅱ. 수용적 침해에 대한 보상

수용적 침해(enteignender Eingriff)라 함은 적법한 행정작용의 이형적(이형적)·비의욕적인 부수적 결과(atypische und ungewollte Nebenfolge)로써 타인의 재산권에 가해진 침해를 말한다. 따라서 본래는 손실보상의 범위에 포함되지 않는다. 예컨대 지하철공사가 장기간 계속됨으로 인하여 인근 상점이 오랫동안 영업을 하지 못한 경우, 도시계획으로써 도로구역으로 고시되었으나 공사를 함이 없이 오랫동안 방치해 둠으로 인하여 고시구역 내의 가옥주 등이 심대한 불이익을 입고 있는 경우 등이 이에 해당한다. 보통의 경우 재산권에 대한 사회적 제약으로 봄으로써 보상의 대상이 되지 않음이 원칙이나, 그 피해의 정도가 심한 경우에는 유추적용 등의 방법으로 보상함이 마땅하다고 본다.

제 3 절　비재산적 법익침해에 대한 손실보상

> **기본사례**
>
> 보건복지부장관 乙은 65세 이상의 노인은 반드시 독감예방접종을 할 것을 권고하면서 접종을 받지 않은 독감환자에 대해서는 진료비에 대한 본인부담비율을 20% 증가시키겠다고 발표하였다. 65세인 甲은 예방접종을 맞고 장기간의 중대한 건강상의 장애를 겪었다. 甲은 국가에 대해 손실보상을 청구할 수 있는가?

---

6) 수용유사침해이론의 수용을 부정적으로 보는 입장에서는, 우리나라에 그 수용유사침해이론을 뒷받침하는 관습법이 없는 것을 그의 이유의 하나로 들기도 한다. 그러나 우리나라에는 독일에서와 같은 관습법이 없기 때문에 더욱이 현행법의 해석론을 통해 보상의 가능성을 탐구할 필요가 있는 것이다.

1. 문제의 상황

예컨대, 어느 사람이 보건복지부장관이 특정한 자(국가기관)의 검정을 받아 판매되고 있는 약품을 사먹었는데 뜻밖의 병에 걸린 경우, 어느 경찰관이 저항하는 범인을 향해 총을 쏘았는데 총탄이 범인을 관통하여 옆의 사람에게 상해를 입힌 경우, 국립병원의 의사가 예방주사를 놓았는데 특이체질의 사람이 그로 인해 병을 얻은 경우 등은 행정작용으로 인하여 불이익이 발생한 경우이나 "재산권"에 대한 침해가 아닌 점에서 헌법 제23조 3항에 의거한 손실보상의 대상이 되지 아니한다. 또한 그와 같은 행정작용을 통해 개인이 입게 된 불이익은 공무원의 위법·유책의 직무행위로 인한 손해의 배상(국가배상)의 요건을 충족하기도 어렵다.

2. 문제해결의 방안

위와 같은 사례에 있어 그에 관한 법률이 있게 되면, 당해 법률이 정한 바에 따라 해결할 일이다. 「감염병의 예방 및 관리에 관한 법률」에서의 예방접종 등에 따른 피해의 국가보상에 관한 규정($\frac{71}{2}$)이 좋은 사례이다. 이 규정에 의하면, 국가는 같은 법에 따라 예방접종을 받은 사람($\frac{24조}{25조}$ 및) 또는 생산된 예방·치료 의약품($\frac{40조}{2항}$)을 투여받은 사람이 그 예방접종 또는 예방·치료 의약품으로 인하여 질병에 걸리거나 장애인이 되거나 사망하였을 때에는 대통령령으로 정하는 기준과 절차에 따라 보상을 지급하도록 하고 있다. 한편, 2018년 12월 개정된 「경찰관 직무집행법」($\frac{법률 제16036호, 2018. 12. 24.}{일부개정. 2019. 6. 25. 시행}$)에서는 경찰관의 적법한 직무집행으로 인한 재산상의 손실뿐만 아니라 생명·신체에 대한 손실에 대해서도 보상을 지급하도록 하고 있다.[1]

> **[판례]** 구 전염병예방법 제54조의2의 규정에 의한 국가의 보상책임은 무과실책임이기는 하지만, 책임이 있다고 하기 위해서는 질병, 장애 또는 사망(이하 '장애 등'이라 한다)이 당해 예방접종으로 인한 것임을 인정할 수 있어야 한다. (중략) 구 전염병예방법 제54조의2의 규정에 의한 보상을 받기 위한 전제로서 요구되는 인과관계는 반드시

---

1) 2013년 4월 「경찰관 직무집행법」 개정으로 손실보상제도가 도입되었으나 비재산적 법익은 그 대상에서 제외되었다. 그런데 애초 2012년 7월의 개정법률 발의(안)에는 비재산적 법익도 포함되어 있었으나, 과다예산 소요, 부상 등 희생에 대한 보상산정 기준 마련에 대한 준비부족 등의 이유로 최종 입법화되지는 못하였다. 이후 2018년 12월 「경찰관 직무집행법」 개정으로 생명·신체에 대한 손실보상까지도 가능하게 되었다.

의학적·자연과학적으로 명백히 증명되어야 하는 것은 아니고, 간접적 사실관계 등 제반 사정을 고려할 때 인과관계가 있다고 추단되는 경우에는 증명이 있다고 보아야 한다. 인과관계를 추단하기 위해서는 특별한 사정이 없는 한 예방접종과 장애 등의 발생 사이에 시간적·공간적 밀접성이 있고, 피해자가 입은 장애 등이 당해 예방접종으로부터 발생하였다고 추론하는 것이 의학이론이나 경험칙상 불가능하지 않으며, 장애 등이 원인불명이거나 당해 예방접종이 아닌 다른 원인에 의해 발생한 것이 아니라는 정도의 증명이 있으면 족하다(대판 2014. 5. 16.).

문제는 그러한 규정이 없는 경우이다. 독일, 프랑스 등 외국에서는 희생보상 청구권, 위험책임 등 관습법, 판례법 등을 통해 문제를 해결하고자 노력중에 있다.[2]

우리 역시 판례법, 이론의 발전을 통해 그들 문제의 해결을 위해 노력해야 할 단계에 있다. 아래에서는 비재산적 법익의 손실에 대하여 보상을 청구할 수 있는 권리로서 발전된 법리인 희생보상청구권의 인정 여부와 그 요건 및 손실 전보의 방법 등에 대하여 살펴보기로 한다.

3. 희생보상청구권

(1) 희생보상청구권의 의의

희생보상청구권은 공동체의 복리를 위하여 개인의 권리 또는 이익이 희생되어야 하는 경우에 국가는 개인의 희생을 보상해야 한다는 기본적 사고에 뿌리를 두고 있다. 희생보상청구권은 재산적 가치 있는 법익에 대한 손실보상이 법적 제도로서 형성된 이후에는, 공권력작용으로 인하여 발생한 비재산적 법익의 손실에 대하여 보상을 청구할 수 있는 권리를 의미하는 것으로 한정되었다.

(2) 희생보상청구권의 인정 여부

(가) 부정설

공익을 위하여 발생한 비재산적 법익에 대한 손실의 보상에 관하여 실정법상의 법적 근거가 없는 경우 희생보상청구권의 법리를 받아들일 것인가에 관하여 부정설은, 이 제도는 독일에서 관습법적 근거를 갖는 제도로서 인정되는 것으로, 우리나라에서 희생보상청구권을 인정하기에는 무리가 있다고 한다. 또한 헌법 제23조 3항의 의미를 중시하는 한, 법률의 규정 없이 바로 희생보상청

---

2) 상세는 김남진·이명구, 행정법연습, 326면 이하 참조.

구권에 의하여 손실보상청구를 허용할 수는 없다고 한다. 감염병예방법 등과 같이 별도의 법률이 존재하는 때에는, 이는 법률의 규정에 따른 손실보상청구로 이해하면 족하며, 이를 희생보상청구권의 문제로 볼 필요는 없다고 한다.[3]

(나) 긍정설

긍정설을 살펴보면, 비재산적인 가치를 재산적인 것보다 덜 보호한다면 그것은 기본권보장, 법치국가원리, 사회국가원리 등에 부합하지 않기 때문에 희생보상제도가 인정된다고 보고, 따라서 기본권보장, 법치국가원리, 사회국가원리 등에서 희생보상의 법적 근거를 찾을 수 있다는 견해,[4] 헌법 제23조 3항의 규정에 의한 손실보상의 법리적 기초를 이루고 있으며, 헌법상 법치주의와 평등원칙에 의하여 뒷받침되는 특별희생의 법리로부터 희생보상청구권의 법리를 도출할 수 있다는 견해[5] 등이 제시된다.

(다) 소 결

희생보상청구권에 관해서는 공용수용에 의한 손실보상과는 달리 직접적인 헌법상의 규정은 없다. 그러나 희생보상청구권의 보호대상이 되는 생명, 신체에 관한 권리는 기본권으로서 헌법 제10조와 제12조에 의해 보장된다. 또한 재산권보다 생명, 신체에 관한 기본권이 우월하다는 것이 일반적인 견해이다.

그렇다면 토지 등 재산적 권리에 대해서는 헌법상의 명문규정이 있다는 이유만으로 보상이 가능하고 생명, 신체에 관해서는 침해가 있는 경우에도 보상할 수 없다는 것은 부당하다고 생각한다. 더욱이 이러한 태도는 평등원칙에도 위반될 소지가 있다.

그리고 헌법 제10조와 제37조 1항에 의해 국가에게는 헌법에 명문으로 규정되어 있지 아니한 기본권에 대해서도 경시하지 아니하고 이를 보호할 기본권보호의무가 있다. 따라서 설사 손실보상청구권에 대한 명문의 규정이 없다고 하더라도 국가는 이를 경시하여서는 아니 된다.

헌법 제37조 2항에 의해 기본권제한에 있어서는 본질적 내용의 침해금지라는 한계가 존재한다. 비재산적 법익에 대한 침해를 규정한 법률이 아무런 보상규정 없이 제정된 경우 이러한 법률은 본질내용 침해금지 원칙에 위반하는 것으로 위헌의 여지가 있다고 본다.

---

3) 류지태·박종수(신론), 606면.
4) 한견우·최진수, 현대행정법, 958-959면.
5) 홍준형(구제법), 322면.

결론적으로 희생보상청구권을 긍정하는 견해가 타당하다고 본다. 그리고 현재는 이러한 논의가 확대되어 위법성이 인정되는 경우에도 희생유사침해로 인한 보상청구권이 인정된다.

(3) 희생보상청구권의 요건

희생보상청구는 ① 비재산적 가치 있는 권리에 대한 ② 고권적 침해가 ③ 관계자에게 재산적 손실을 가져오는 특별희생을 나타낼 경우에 인정된다.

(가) 비재산적 가치 있는 권리

희생보상청구는 비재산적 가치 있는 권리에 한정된다. 비재산적 가치 있는 권리에는 생명, 건강, 신체의 불가침 및 신체의 자유 등이 포함된다.

(나) 고권적 침해

희생보상청구권이 인정되기 위해서는 고권적 조치에 의한 개인의 권리에 대한 직접적인 침해가 있어야 한다. 관계자의 입장에서 볼 때 여기서 말하는 침해란 일정한 행위(수인, 경우에 따라서는 작위 또는 부작위)를 요구하는 고권적 강요를 의미한다.

그런데 현대국가에서는 직접적인 강제규정에 의해서뿐만 아니라 간접적인 수단에 의해서도 개인이 일정한 행위를 할 것이 강요되는 경우(예:보건당국의 공적인 광고에 의하여 특정한 예방접종이 권고된 경우)가 많으므로, 구체적인 사안에 따라서는 그러한 간접적인 수단을 침해로 보아야 할 경우가 있음을 유념해야 할 것이다.

(다) 특별희생

이는 당사자의 손실이 일반인이 통상적으로 감수하여야 할 희생의 한계를 넘어서는 특별한 부담을 의미하는 경우를 말한다. 즉, 일반적인 사회적 제약의 한계를 넘어서는 특별한 부담을 지게 되는 경우에 인정된다. 일상적인 생활위험이 실현된 경우에 불과한 경우에는 특별희생이 부정된다. 특별희생을 판단하는 데 있어서 중요한 표지의 하나는 발생된 결과가 행정주체의 원인행위를 정당화하는 법률의 규범목적에 의해 예상된 경우인가, 아니면 이를 넘어서는 경우인가에 의해 판단하여, 후자의 경우에만 특별희생이 인정된다.

(4) 손실전보의 방법

희생보상청구권의 성립요건이 충족된 경우에 희생보상청구권의 법리에 따라 보상을 청구할 수 있을 것이다. 그런데 희생보상청구권이 헌법적 지위를 갖는 관습법으로서의 효력을 갖는 독일에서와 달리, 그에 대한 판례법이 형성되

지 않은 우리나라에서 실정법상 보상규정이 없는 경우에 어떻게 손실전보할
것인지가 문제된다.

(가) 직접적용설

재산권의 침해에 대한 보상을 정한 헌법 제23조 3항에는 생명, 신체, 건강이
라는 비재산권에 대한 특별한 희생에 대해서도 재산권의 침해에 대한 보상과
같은 보상을 하여야 한다는 뜻이 당연히 포함되어 있다고 보아, 동 조항을 직
접 근거규정으로 하여 손실보상을 청구할 수 있다고 한다.

(나) 유추적용설

헌법 제23조 3항은 비재산권의 침해에 대해서는 직접 적용될 수는 없으나,
공익을 위한 침해라는 점에서 그 피해를 특정 개인의 부담으로 돌리는 것은 인
간의 존엄, 평등권, 인간다운 생활을 할 권리에 관한 헌법규정에 위반한다고 할
것이므로, 헌법 제23조 3항을 유추적용하여 보상을 청구할 수 있다고 한다.[6]

(다) 희생보상청구권설

비재산적 법익의 침해에 대한 보상에 있어서도, 공용수용에 있어서 독일의
이론과 판례가 수용유사침해를 인정한 것과 같은 논리에서 희생으로 인한 보
상청구권을 확장하는 입장이다.

(라) 소 결

보상규정 없이 재산권에 대한 공용침해가 있을 경우 그에 대한 손실보상청
구에 있어서와 마찬가지로, 이 문제는 권력분립원칙에 따른 입법권과 사법권의
긴장관계를 둘러싸고 벌어지는 문제이다. 권력분립원칙이 국민의 기본권을 실
효적으로 보장하기 위한 법치국가원리의 제도적 기초로서 요구되는 수단이라
면 법률상 흠결이 있을 경우 법관이 헌법상의 규정을 통해 그 흠결을 보충함으
로써 국민의 기본권을 보장할 수 있는 경우에는 그것이 오히려 권력분립의 제
도적 취지에 부합한다.

따라서 국민의 기본적 인권을 제대로 보장하지 못하여 그 본질내용을 훼손
하는 정도에 이를 경우에는 법관에게 그 본질내용을 보장해 줄 수 있는 법발견
권한이 주어지는 것이므로 위와 같은 경우에도 손실을 보상해 주지 않는 것이
생명, 신체의 본질내용을 훼손하는 정도에 이르는 경우에는 법관이 헌법상의

---

6) 박균성, 손실보상에 관한 입법의 불비와 권리구제방안, 토지공법연구, 1996. 2, 149면; 최승원, 손실보상
   논의의 새로운 가능성 탐구, 행정법연구, 1997. 상반기, 46면. 아울러 김남진, 공용침해 및 손실보상과
   판례의 입장, 법률저널, 2004. 1. 12 참조.

생명권($^{10조\ 1문}_{37조\ 1항}$), 신체의 완전성($^{10조\ 1문}_{37조\ 1항}$), 기본권의 본질적 내용 보장취지($^{37조}_{2항}$)에 따라 손실보상청구권을 인정해 줄 수 있다고 본다.

(5) 희생보상청구권의 보상내용

희생보상청구권의 행사에 의하여 주장될 수 있는 보상내용은 비재산적 법익의 침해로 발생한 재산적 손실이다. 그 내용으로서는 치료비용, 요양비용, 일실이익 등이 되며, 이 때에 정신적 피해를 이유로 한 위자료청구는 인정되지 않는다.

사례해설

설문의 경우 예방접종을 권고한 보건복지부장관 乙에게 귀책사유를 인정하기는 어려우므로 甲에게는 국가배상청구권이나 일반불법행위로 기한 손해배상청구권이 인정될 수 없으며, 다만 희생보상청구권이 인정될 수 있는가가 문제된다. 공용수용에 의한 손실보상과는 달리 희생보상청구권에 대한 직접적인 헌법의 규정은 없으나, 헌법 제10조, 제12조, 제37조 제1항에 근거하여 희생보상청구권의 법리를 인정할 수 있다고 볼 것이다. 한편 설문에서의 보건복지부장관의 권고는 직접적인 강제성은 없으나 이 권고에 따르지 않고 독감환자가 된 경우 경제적 부담이 증가하는 등의 간접적인 강제력이 있으므로 고권적 침해에 해당한다. 또한 중대한 건강상 장애를 겪었으므로 비재산적 법익의 침해가 있다. 그리고 예방접종에 통상적으로 결부된 가벼운 열이나 근육통을 넘어 중대한 건강장애까지 감내해야 하는 것은 아니므로 이러한 장애는 특별희생에 해당한다. 따라서 甲은 관련 보상규정이 없더라도 헌법 제10조 제1문, 제11조, 제37조를 근거로, 관련규정을 유추하여 보상을 청구할 수 있다.[7]

---

7) 상세는 김연태, 행정법사례연습, 510면 이하 참조.

제4장 행정상의 결과제거청구

I. 개 설

행정상의 결과제거청구라고 함은 위법한 공행정작용의 결과로서 남아있는 상태로 인하여 자기의 법률상의 이익을 침해받고 있는 자가 행정주체를 상대로 그 위법한 상태를 제거해 줄 것을 청구하는 것을 말한다. 이와 같은 행정상의 결과제거청구는 공법상의 결과제거청구권(Folgenbeseitigungsanspruch)의 성립을 전제로 한다.[1]

이 법리는 「민법」에 있어서의 소유권에 기한 방해제거청구권($\frac{214}{3}$)과 유사하다. 행정상의 결과제거청구의 법리는 예컨대, 토지의 수용이라는 처분이 취소되었음에도 불구하고 기업자(행정주체)가 그 토지를 반환하지 않아서 그 수용되었던 토지를 반환받고자 하는 경우, 공직자의 공석상의 발언으로 자기의 명예를 훼손당한 자가 명예훼손발언의 철회를 요구하고자 하는 경우[2] 등에 이용될 수 있는 법리이다. 본래는 독일에서 대위책임제에 입각한 그들의 국가배상제도(직무책임)의 결함을 메우기 위해 발전된 이론인데, 그의 적용영역이 점차 확대되고 있다.[3]

II. 결과제거청구권의 성질

1. 물권적 청구권인지의 여부

학설에 따라서는, 손해배상청구권이 채권적 청구권인 데 대하여 '결과제거

---

1) 참조: 김남진, 위법한 공행정작용으로 인한 결과제거청구, 월간고시, 1986. 3; 정하중, 독일의 결과제거청구권의 발전과정과 한국에의 동청구권의 도입가능성, 고시연구, 1993. 11; 조태제, 공법상의 결과제거청구권, 공법연구 제25집 제4호, 1997. 8; 변무웅·최용전, 공법상 결과제거청구권, 입법정책 제13권 제2호, 2019. 12.

2) 공직자의 공석상의 명예훼손발언은 처분이 아니며, 따라서 취소소송의 대상이 될 수 없다. 상세한 것은 김남진, 명예훼손발언의 철회청구, 고시연구, 1985. 6 참조.

3) 정하중, 독일의 결과제거청구권의 발전과정과 한국에의 동청구권의 도입가능성, 107면 이하; 류지태,

청구권'(방해배제청구권)은 행정청의 정당한 권원없는 행위로 말미암아 사인의
물권적 지배권이 침해된 경우에 성립한다고 보아, 물권적 청구권이라고 한다.[4]
그러나 위 법리는 명예훼손발언과 같은 비재산적 침해의 경우에도 적용될 수
있으므로, 물권적 청구권으로 한정하는 것은 타당하지 않다.[5]

2. 공권인지 사권인지의 여부

사권설을 취하는 입장에서는, i) 결과제거청구권의 원인은 반드시 공권력의
행사와 관계되는 것만이 아니라는 점, ii) 법적 권원없는 행위로 야기된 물권적
침해상태의 제거를 도모하는 권리이므로 따로 공법의 규율대상으로 삼아야 할
이유가 없다는 점, iii) 사인 상호간에 있어서의 동일한 법률관계의 경우와 같이
취급하는 것이 타당하다는 점 등을 논거로 들고 있다.[6] 그러나 결과제거청구권
이란 행정주체의 공행정작용으로 인하여 야기된 위법한 상태를 제거함을 그
목적으로 한다는 점에서, 공권으로 봄이 타당시 된다.[7]

Ⅲ. 결과제거청구권의 법적 근거

결과제거청구권의 법리를 발전시킨 독일에서는, 동 법리의 법적 근거를 기
본법상의 법치국가원리, 기본권규정(특히 자유권목록), 민법상의 방해배제청구
권규정($\frac{802조}{1004조}$ 등)의 유추, 관습법 등에서 찾고 있다. 또한 간접적으로는 행정상의
이행소송에 관한 행정법원법의 규정($\frac{113조}{항}\frac{1}{2문}$)에서 그의 근거를 찾기도 한다. 당해
규정은 이러한 결과제거청구권을 전제하고 있다고 보기 때문이다.

헌법상의 자유권목록을 위시하여 독일과 유사한 법체계를 채택하고 있는
우리나라에 있어서도, 결과제거청구권의 법리는 헌법상의 법치행정원리($\frac{107조}{등 참조}$),
기본권규정($\frac{10조}{37조}\frac{내지}{1항}$), 민법상의 소유권방해제거청구권 등의 관계규정($\frac{213조}{214조}$)의 유
추적용 등에서 그 법적 근거를 찾을 수 있다고 본다. 또한 '취소판결 등의 기속
력'에 관한 「행정소송법」 제30조도 공법상의 결과제거청구권의 하나의 근거가
될 수 있다고 생각된다.

한국과 독일의 행정상 손해배상제도, 고시계, 1992. 4. 53면 등 참조.
4) 이상규(상), 626면.
5) 동지: 김도창(상), 589면 등.
6) 이상규(상), 626면.
7) 동지: 김도창(상), 589면 등.

Ⅳ. 결과제거청구권의 요건

결과제거청구권이 성립하기 위해서는 다음과 같은 요건이 충족될 필요가 있다. 다만 개별법에 특별한 규정이 있는 경우에는 개별법규정이 우선적으로 적용됨은 말할 것도 없다.

1. 행정주체의 공행정작용으로 인한 침해

행정주체의 공행정작용으로 인한 침해가 존재하여야 한다. 국가 등의 사법적 활동으로 인한 침해는 제외된다. 왜냐하면 그것은 원칙적으로 사법의 규율대상이 되기 때문이다.

여기에서의 침해는 모든 종류의 침해를 의미하며, 의무위반의 부작위도 이에 포함된다. 예컨대, 타인의 승용차를 행정주체가 합법적으로 압류하였다가 압류의 폐지(취소·철회) 후에도 반환하지 않는 행위 등이 그에 해당한다.

2. 법률상 이익의 침해

행정작용으로 인하여 야기된 결과적 상태가 타인의 권리 또는 법률상 이익을 침해하고 있어야 한다. 여기에서의 권리 또는 법률상 이익에는 재산적으로 가치있는 것뿐만 아니라, 명예·좋은 평판 등 정신적인 것까지도 포함된다.

3. 관계이익의 보호가치성

문제된 관계자의 이익 또는 관계자의 지위가 보호받을 만한 경우에만 결과제거청구권을 행사할 수 있다. 따라서 관계자가 어떤 물건을 불법적으로 점유하거나 소유하고 있는 때에는 보호받지 못한다. 예를 들면, 경찰이 불법주차한 자동차를 다른 곳에 옮겨 놓은 경우, 차주는 그에 대하여 원상회복을 요구할 수 없다.

4. 위법한 상태의 존재

결과제거청구권은 '위법'한 상태의 제거를 목적으로 하므로, 공행정작용의 결과로서 야기된 상태가 위법하여야 한다. 위법한 상태의 존재 여부는 사실심의 변론종결시를 기준으로 판단하여야 할 것이다. 여기에서의 '위법성'은 처음

부터 발생할 수 있으며, 또한 기간의 경과 또는 해제조건의 성취 등에 의해 사
후에 발생할 수도 있다.

침해상태가 위법하나 무효가 아닌 행정행위, 즉 이른바 공정력있는 행정행
위에 의거하고 있는 경우에 있어서의 결과제거의 청구는 위법한 행정행위의
폐지 이후에 또는 양자의 청구를 병합하여 제기하지 않으면 안 된다. 다시 말
하면 행정행위가 유효하게 존속하고 있으며, 따라서 행정행위에 의하여 야기되
고 있는 상태가 정당화되고 있는 한, 결과제거청구권은 성립되지 않는다. 예컨
대 어떤 승용차가 압류된 경우에 있어서, 그 승용차의 반환청구는 취소소송 등
에 의하여 압류가 취소된 이후에 또는 압류에 대한 취소청구와 동시에 행해지
지 않으면 안 된다.

5. 위법한 상태의 계속

결과제거청구권을 행하기 위해서는 행정작용의 결과로서 관계자에 대한 불
이익한 상태가 계속되고 있어야 한다. 따라서 결과로서의 불이익한 상태는 존
재하지 않고 권리침해로서의 불이익만 남아 있는 경우에는, 국가배상·손실보
상의 문제만이 고려될 수 있다고 보지 않으면 안 된다.

6. 결과제거의 가능성·허용성·기대가능성

원래의 상태 또는 동일한 가치의 상태로서의 회복이 사실상 가능하며, 법적
으로 허용되고 또한 의무자에게 있어서 그것이 기대가능한 것이어야 한다.[8] 이
와 같은 요건이 충족되지 않으면 손해전보(손해배상·손실보상)만이 고려될 수
있는 일이다.

한편, 결과제거를 통한 원상회복이 지나치게 많은 비용을 요한다든가 또는
신의성실의 원칙에 반한다고 판단되는 때에는 기대가능성이 없기 때문에, 이
경우에는 보상의 지급으로써 만족해야 할 것이다.

---

8) 대지소유자가 그 소유권에 기하여 그 대지의 불법점유자인 시에 대하여 권원없이 그 대지의 지하에 매
설한 상수도관의 철거를 구하는 경우에 공익사업으로서 공중의 편의를 위하여 매설한 상수도관을 철거
할 수 없다거나 이를 이설할 만한 마땅한 다른 장소가 없다는 사유만으로써는 대지소유자의 위 철거청
구가 오로지 타인을 해하기 위한 것으로서 권리남용에 해당한다고 할 수는 없다(대판 1987. 7. 7, 85다카
1383).

V. 결과제거의 의무주체

결과제거청구는 그러한 결과를 야기시킨 국가, 공공단체, 공무수탁사인과 같은 행정주체에 대해서 제기됨이 원칙이다. 따라서 그들이 여기에서의 의무주체가 된다. 취소소송에 있어서와 같이, 법이 특별히 행정기관(행정청)에게 피고적격을 인정하는 경우(행정소송법 13조 참조)에는 예외이다.

한편, 행정조직이 개편됨으로써 권한의 변동이 일어나게 되면, 새로이 그 권한이 귀속된 자가 결과제거의무를 지게 된다.

VI. 결과제거청구권의 내용과 범위

결과제거청구권은 다소 소극적으로 위법한 행정작용에 의하여 야기된 또는 사후에 위법으로 된 결과적 상태의 제거만을 그 내용으로 한다. 따라서 손해보전의 청구 등은 그 내용이 될 수 없다. 어떤 결과가 행정행위를 통해서, 혹은 행정행위의 집행을 통해서 초래된 경우, 그 행정행위가 존속하고 있는 한 결과제거는 실현될 수 없다고 보지 않으면 안 된다. 다만 행정소송에 있어서의 관련청구병합의 길(행정소송법 10조 참조)이 열려 있음은 주지의 사실이다.

결과제거청구권은 위법한 행정작용의 직접적인 결과의 제거를 그 내용으로 하며, 간접적인 결과, 특히 제3자의 개입을 통해서 초래된 결과의 제거를 그 내용으로 하지는 않는다. 예컨대, 건축허가와 같은 제3자효 행정행위에 의하여 법률상 이익을 침해받은 자가 취소소송에서 승소한 경우, 결과제거청구권을 통해서는 상기 제3자효 행정행위에 의거하여 건축된 건물의 제거를 청구할 수 없다.

결과제거청구권은 피해의 구제가 원상회복을 통해 실현될 수 있는 경우에는 손해배상청구를 배제한다고 봄이 타당하다(독일 민법 249조, 251조 참조). 그러나 원상회복을 통하여 피해가 충분히 구제되지 않는 경우에 손해배상을 추가로 청구하는 것을 방해받지 않는다. 다만 이전의 상태 또는 동가치의 상태의 회복이 가능하지 않고, 법적으로도 허용되지 않으며, 또한 기대가능성이 없는 경우에 있어서도 손해배상청구권이 자동적으로 결과제거청구권에 대치되는 것은 아니다.

Ⅶ. 쟁송절차

결과제거청구권에 관한 쟁송절차는 결과제거청구권을 공권으로 보는 한 행정소송의 일종으로서의 당사자소송에 의해야 할 것이다(행정소송법 3조 2호, 39조 이하 참조). 또한 경우에 따라서는 처분의 취소소송에 당사자소송으로서의 결과제거청구소송을 병합하여 제기할 수 있을 것이다(동법 10조 참조).

제 5 장 행정법상의 채권관계

Ⅰ. 개   설

　행정법상의 채권관계라고 함은 민법상의 채권·채무관계에 유사한 행정과 국민과의 공법상의 법률관계를 말한다. 독일의 문헌에서는 보통 행정법상의 채무관계(verwaltungsrechtliche Schuldverhältnis)라 부르고 있다.

　행정상 채권관계라고 할 수 있는 것으로는 ① 행정상의 임치(Verwahrung-verhältnis), ② 사무관리(Geschäftsführung ohne Auftrag), ③ 부당이득반환청구권(Erstattungsanspruch) 등을 들 수 있다.

　우리나라에서는 공법상의 사무관리와 부당이득을 행정상 법률관계의 원인 (법률요건·법률사실)이라는 제목하에 다루고 있음이 보통이다.

Ⅱ. 공법상의 임치

1. 의   의

　공법상의 임치는 행정주체 또는 그 소속기관이 어떤 물건을 공법에 의거하여 보관하는 것을 말한다. 경찰관에 의한 무기·흉기 등 위험을 야기할 수 있는 것으로 인정되는 물건의 임시영치(^{경찰관직무집}_{행법 4조 3항}), 행정청에 의한 총포·도검·화약류의 가영치(^{총포·도검·화약류 등의 안전}_{관리에 관한 법률 47조 2항}) 등이 이에 속한다. 그리고 사인이 국가 등 행정주체의 물건을 공법에 의거하여 보관하는 경우도 공법상의 임치에 포함된다. 해임된 공무원에 의한 반납시까지의 공물의 보관과 같은 것을 이러한 예로 들 수 있다. 독일의 병역법(Wehrpflichtgesetz)은 연방군의 예비역이 제대하는 경우에 있어서의 장비의 보관의무에 관하여 규정하고 있다(^{동법 2조}_{3항 참조}).

2. 공법상 임치의 성립

「민법」에 있어서의 임치는 당사자의 일방(임치인)이 상대방에 대하여 금전이나 유가증권, 기타의 물건의 보관을 위탁하고 상대방(수치인)이 이를 승낙하는 계약을 통해서 성립한다($\frac{민법}{조}$693 참조). 그러나 공법상의 임치관계는 보통 행정행위와 그에 따른 물건의 인도라는 사실행위를 통해서, 또는 압류·압수·영치와 같은 사실행위를 통해서 성립된다고 볼 수 있다. 예외적으로 공법계약을 통한 임치관계의 설정도 가능하다고 본다.

3. 공법상 임치의 특색

구「민법」상의 임치는 요물계약의 성질을 가졌으나, 현행「민법」상의 임치는 낙성계약의 성질을 가지는 것으로 새겨진다. 또한 임치는 무상을 원칙으로 한다. 공법상의 임치도 무상을 원칙으로 함은「민법」상의 임치와 같으나, 물건의 인도나 점유의 이전과 같은 사실행위를 수반하지 않는 임치관계의 성립은 생각하기 어렵다.

공법상의 임치가 행정행위를 매개로 하여 성립하는 때에는 임치인의 해지권에 관한 규정($\frac{민법}{698조}$) 같은 것은 배제될 수밖에 없다. 임치인은 계약의 해제가 아니라 행정행위의 취소소송 내지는 공법상의 결과제거청구권의 행사를 통해서 임치관계의 종료를 시도해야 할 것이다.

한편, 수치인인 행정기관의 고의·과실로 인하여 손해를 입은 자는 국가배상법에 의한 배상청구가 가능할 것이다($\frac{동법}{참조}$2조). 이 경우에 있어서의 과실 유무 등에 대한 증명책임은 일반적인 배상청구사건에서와는 달리 임치인이 아니라 수치인에게 있다고 새겨진다.

4. 쟁송수단

임치인이 공법상의 임치관계를 종료시키기 위해 제기하는 행정행위(처분)의 취소소송이나 공법상의 결과제거청구권을 바탕으로 한 이행소송(당사자소송)은 다같이 행정소송으로서의 성격을 가진다. 따라서 그 한도 내에서 행정소송법이 적용되며, 그 밖의 분쟁의 처리에는 임치에 관한 민법의 규정 및 민사소송법의 준용이 있다고 볼 것이다($\frac{행정소송법}{8조 2항 참조}$).

Ⅲ. 공법상의 사무관리

1. 의   의

사무관리란 본래 「민법」상의 제도로서 법률상의 의무없이 타인을 위하여 사무를 관리함을 의미한다. 이와 같은 사무관리가 공법관계에 있어서도 존재할 수 있는 것은 일반적으로 긍정된다. 공법상의 사무관리에는 ① 행정주체가 타 행정주체를 위하여, ② 행정주체가 사인을 위하여, ③ 사인이 행정주체를 위하여 하는 경우 등이 있다. 그 밖에 네 번째 유형으로써 사인과 사인 사이에서도 공법상의 사무관리가 존재할 수 있는가에 관해서는 견해가 나누어져 있다.

물론 사인이 다른 사인을 위하여 공법상의 의무(예컨대)를 사무관리할 수는 있다. 그러나 이러한 경우를 "공법상의 사무관리"라고 부를 수 있는가는 의문이다.

다른 한편, 공법상의 사무관리인지 사법상의 사무관리인지 가려내기가 어려운 경우도 있을 수 있는데, 양자의 구별기준은 관리되는 '사무'가 공법상의 것인가 사법상의 것인가에서 찾아야 한다고 본다.

2. 공법상 사무관리의 가능성과 유형

(1) 공법상 사무관리의 가능성 여부

공법상의 사무관리, 그 중에서도 '국가 등 행정주체가 사인을 위하여 행하는 공법상 사무관리'가 존재할 수 있는가? 흔히 경찰에 의한 행려병자의 보호를 공법상 사무관리의 예로 드는데, 그것은 실정법(경찰관직무집 행법 4조 등)에 의한 직무행위(의무)이므로 '법률상 의무없이 타인을 위하여 사무를 관리'하는 것에 해당하지 않지 않느냐 하는 의문이 생길 수 있다. 이 점에 관하여는, 위의 사례에 있어 경찰의 직무(의무)는 국가에 대한 것으로서, 피보호자에 대한 것이 아니므로, '행정주체의 사인에 대한 관계'에 있어서도 공법상 사무관리의 관계가 성립된다는 것이 다수설임을 지적해 두기로 한다.

(2) 공법상 사무관리의 유형

'행정주체의 사인을 위한 사무관리'가 성립한다고 보고 있는 결과, 우리나라에서의 공법상 사무관리는 ① 행정주체의 사인을 위한 사무관리의 예로서의 강제관리(국가의 감독하에 있는)와 보호관리(행려병자), ② 사인의 행정주체를 위한 사무관리로서는 비상재해시의 사인에 의한 행정사무의 관리가 거론되고 있다.

> **[참고판례]** ㉮ 사무관리가 성립하기 위하여는 우선 사무가 타인의 사무이고 타인을 위하여 사무를 처리하는 의사, 즉 관리의 사실상 이익을 타인에게 귀속시키려는 의사가 있어야 하며, 나아가 사무의 처리가 본인에게 불리하거나 본인의 의사에 반한다는 것이 명백하지 아니할 것을 요한다. 다만 타인의 사무가 국가의 사무인 경우, 원칙적으로 사인이 법령상 근거 없이 국가의 사무를 수행할 수 없다는 점을 고려하면, 사인이 처리한 국가의 사무가 사인이 국가를 대신하여 처리할 수 있는 성질의 것으로서, 사무 처리의 긴급성 등 국가의 사무에 대한 사인의 개입이 정당화되는 경우에 한하여 사무관리가 성립하고, 사인은 그 범위 내에서 국가에 대하여 국가의 사무를 처리하면서 지출된 필요비 내지 유익비의 상환을 청구할 수 있다.
> ㉯ 갑 주식회사 소유의 유조선에서 원유가 유출되는 사고가 발생하자 해상 방제업 등을 영위하는 을 주식회사가 피해 방지를 위해 해양경찰의 직접적인 지휘를 받아 방제작업을 보조한 사안에서, 갑 회사의 조치만으로는 원유 유출사고에 따른 해양오염을 방지하기 곤란할 정도로 긴급방제조치가 필요한 상황이었고, 위 방제작업은 을 회사가 국가를 위해 처리할 수 있는 국가의 의무 영역과 이익 영역에 속하는 사무이며, 을 회사가 방제작업을 하면서 해양경찰의 지시·통제를 받았던 점 등에 비추어 을 회사는 국가의 사무를 처리한다는 의사로 방제작업을 한 것으로 볼 수 있으므로, 을 회사는 사무관리에 근거하여 국가에 방제비용을 청구할 수 있다(대판 2014. 12. 11, 2012다15602).

Ⅳ. 공법상의 부당이득

1. 의   의

부당이득도 사법에서 발달된 제도이다. 즉, 법률상 원인없이 타인의 재산 또는 노무로 인하여 이익을 얻고 이로 인하여 타인에게 손해를 가한 자가 그 이익을 반환해야 하는 경우가 이에 해당한다(민법 741조 참조). 공법상 부당이득의 사례도 상당히 많은 편이다.

한편, 공법상 사무관리와 공법상 부당이득이 경합하는 경우도 있을 수 있다. 이러한 경우에 있어서는 후자를 우선시켜야 하며, 후자에 의해 전자를 대치시켜야 한다는 견해도 있으나, 양자가 상호 배척관계에 있다고는 볼 수 없다.

[참고판례] 법률상 원인 없이 타인의 재산 또는 노무로 인하여 이익을 얻고 이로 인하여 타인에게 손해를 입힌 자는 그 이익을 반환하여야 한다(민법제741조). 이러한 부당이득이 성립하기 위한 요건인 '이익'을 얻은 방법에는 제한이 없다. 가령 채무를 면하는 경우와 같이 어떠한 사실의 발생으로 당연히 발생하였을 손실을 보지 않는 것과 같은 재산의 소극적 증가도 이익에 해당한다. 그런데 국가나 지방자치단체가 어느 단체에게 시설의 관리 등을 위탁하여 이를 사용·수익하게 하고, 그 단체가 자신의 명의와 계산으로 제3자에게 재화 또는 용역을 공급하는 경우에는 국가나 지방자치단체가 아니라 거래당사자인 위 단체가 부가가치세 납세의무를 부담하는 것이다. 따라서 시설의 관리 등을 위탁받은 단체가 재화 또는 용역을 공급하고 부가가치세를 납부한 것은 자신이 거래당사자로서 부담하는 부가가치세법에 따른 조세채무를 이행한 것에 불과하므로, 그와 같은 사정만으로 위탁자인 국가나 지방자치단체가 법률상 원인 없이 채무를 면하는 등의 이익을 얻어 부당이득을 하였다고 볼 수 없다(대판 2019. 1. 17. 2016두60287).

2. 공법상 부당이득반환청구권의 성질

(1) 학　설

(가) 사권설

형식적으로는 공법상의 원인에 기하여 급부된 것이라고 할지라도 그 원인이 무효이거나 취소됨으로써 부당이득이 되는 것이므로, 부당이득의 문제가 발생한 때에는 아무런 법률상 원인이 없는 것이다. 부당이득은 사법상의 제도이며, 따라서 그 반환청구권은 사권으로 보아야 한다는 견해이다.

(나) 공권설

공법관계로 인한 부당이득제도는 공법상의 제도이고, 그 반환청구권은 공권의 성질을 가진다고 하는 견해로서 부당이득제도가 오로지 경제적 견지에서 이해조정을 위한 제도인 것을 이유로 하여 이를 사권의 성질을 가지는 것으로 보는 견해에 반대하고, 공법상의 원인에 기하여 생긴 결과의 조정을 위한 제도는 역시 공법상의 제도이고, 따라서 공법상의 부당이득반환청구권도 공권의 성질을 갖는 것으로 보는 것이 정당하다고 주장한다.

(2) 판　례

판례는 공법상 부당이득반환청구권에 관하여 사권설에 입각하고 있다.

> **[판례]** 조세부과처분이 무효임을 전제로 하여 이미 납부한 세금의 반환을 청구하는 것은 민사상의 부당이득반환청구로서 민사소송 절차에 따라야 한다(대판 1984. 12. 26, 82누344. 동지판례: 대결 1991. 2. 6, 90프2; 대판 1995. 4. 28, 94다55019; 대판 1995. 12. 22, 94다51253; 대판 2004. 3. 25, 2003다64435).

(3) 소 결

원래 공법상의 부당이득의 성격에 관한 논의는 행정소송사항에 있어서 열기주의를 채택한 제도하에서 행정재판소에 의한 행정구제가 극히 불비하여 이를 사권으로 이론을 구성함으로써 사법법원에 의한 구제를 가능하게 하려는 데서 비롯된 것인바, 우리 행정소송법은 공법상의 권리관계에 관한 소송을 인정하고 있어 공권으로 보더라도 공법상의 당사자소송에 의한 구제의 길이 열려 있다. 따라서 공권설이 보다 바람직하다고 본다.

3. 공법상 부당이득의 특색

공법상 부당이득은 행정주체 대 사인 등 여러 당사자 간에 성립할 수 있다. 사인의 공법상 부당이득에 있어서는 그것이 행정행위에 기인한 것인가 아닌가 하는 것의 구별이 중요한 의의를 가진다. 그 이유는 비록 하자 있는 행정행위일지라도 그것이 효력을 지속하고 있는 이상 "법률상 원인 없는 이익"은 구성하지 않기 때문이다.

> **[판례]** 행정상대방이 행정청에 이미 납부한 돈이 민법상 부당이득에 해당한다고 주장하면서 그 반환을 청구하는 것은 민사소송절차를 따라야 한다. 그러나 그 돈이 행정처분에 근거하여 납부한 것이라면 행정처분이 취소되거나 당연무효가 아닌 이상 법률상 원인 없는 이득이라고 할 수 없다(대판 2021. 12. 30, 2018다241458).

따라서 공법상 부당이득 사건에 있어서의 선결문제는 행정행위의 존재 여부, 무효 여부에 관한 것이 된다. 이 점이 단순히 행정행위의 위법 여부가 심사의 대상이 되는 "국가배상 사건에 있어서의 선결문제의 심사"와 다른 점이다.

> **[판례]** 국세 등의 부과 및 징수처분 등과 같은 행정처분이 당연무효임을 전제로 하여 민사소송을 제기한 때에는 그 행정처분의 당연무효인지의 여부가 선결문제이므로, 법원은 이를 심사하여 그 행정처분의 하자가 중대하고 명백하여 당연무효라고 인정될 경우에는 이를 전제로 하여 판단할 수 있으나, 그 하자가 단순한 취소사유로 그칠 때에는 법원은 그 효력을 부인할 수 없다 할 것이다(대판 1973. 7. 10, 70다1439).

공법상 부당이득이 취소사유 있는 행정행위를 매개로 하여 발생한 경우에는 행정행위가 효력을 소멸한 이후 또는 행정행위의 취소소송과 더불어 부당이득 반환을 청구해야 한다(행정소송법 10조 참조). 공법상 부당이득에 관해서는 다른 행정법상의 채권관계에 있어서와 같이, 공법에 특별한 규정이 없는 한 관련 민법 규정(714조 이하 참조) 및 거기에 나타난 법사상을 준용하면 될 것이다.

제6장 행정쟁송과 행정심판

제1절 행정쟁송의 개관

Ⅰ. 행정쟁송의 의의

1. 행정쟁송의 개념

(1) 광의의 행정쟁송

광의의 행정쟁송이란, 행정상의 법률관계에 관한 분쟁이나 의문이 있는 경우에 이해관계자의 쟁송의 제기에 의해 일정한 재결기관이 그것을 재결하는 절차를 총칭한다. 그 재결기관이 행정청이거나 법원이거나를 불문하고, 또한 재결절차가 정식절차이냐 약식절차이냐를 불문한다. 이와 같은 의미의 행정쟁송은 오늘날 거의 모든 국가에서 채택되고 있다고 말할 수 있다.

(2) 협의의 행정쟁송

협의의 행정쟁송이란, 상술한 광의의 행정쟁송 중에서 특히 일반법원과는 계통을 달리하는 행정조직 내의 특별기관이 행정상의 법률관계에 관한 분쟁을 재결하는 절차를 총칭한다. 이와 같은 의미의 협의의 행정쟁송은 과거에 대륙법계국가에 특유한 제도로 생각되었으나, 오늘날에는 영미법계국가에 있어서도 행정위원회·독립규제위원회 등의 설치를 통하여 널리 인정되어 있다.

2. 행정쟁송의 기능

법치주의를 기본원리로 하고 있는 입헌국가에 있어서 모든 행정작용은 법에 적합해야 하며, 또한 행정의 목적과 공익에 합당한 타당성을 가져야만 한다. 따라서 행정쟁송제도는 한편으로는 위법·부당한 행정작용으로부터 국민의 권리·이익을 구제하는 기능을 수행하고, 다른 한편으로는 행정작용의 적법성 및 합목적성의 보장을 통하여 행정통제의 기능을 수행한다.

(1) 권리·이익의 구제기능

법치국가원리는 행정작용이 법에 의해 행해질 것을 요구하지만, 현실적으로는 행정작용이 위법·부당하게 행해짐으로 인하여 상대방인 국민이 권리·이익을 침해받게 되는 경우가 적지 않다. 행정쟁송제도는 그러한 경우 상대방에 의한 행정쟁송의 제기를 가능케 함으로써, 행정권의 위법·부당한 행사에 대한 국민의 권리·이익구제수단으로서의 기능을 수행하게 된다.

(2) 행정통제의 기능

행정쟁송은 또한 행정작용의 적법성 및 합목적성에 대한 심사를 통하여 행정통제의 기능을 수행한다. 즉, 개인은 자신의 권리·이익을 구제받기 위하여 행정쟁송을 제기함으로써, 간접적으로 행정의 적법성·타당성통제에 참여하는 셈이다.

3. 행정쟁송의 유형

광의의 행정쟁송과는 달리 협의의 행정쟁송은 모든 나라에 인정되었던 것은 아니며, 또한 이것을 인정하는 경우에도 그 제도는 나라에 따라 일정하지 않다. 영·미법계의 제국에서는 종래 협의의 행정쟁송을 인정하지 않았으며 행정사건도 원칙으로 일반법원의 관할에 속하였다. 그러나 유럽대륙의 제국에서는 일찍부터 이의신청 등 행정심판이 발달했음과 동시에 행정소송도 통상법원이 아닌 행정법원이 관할해 왔다. 다만 영·미법계의 제국에서도 20세기에 들어와 행정권이 개입하는 범위가 확대되고 전문·기술적 사업이 많아짐에 따라, 이것을 일반행정청의 권한으로부터 떼어 새로이 행정위원회(administrative commission or board) 또는 독립규제위원회(independent regulatory commission), 행정심판소(administrative tribunal)를 설치하여 이들 기관으로 하여금 관장케 하는 경향이 있다. 즉, 이들 기관은 단순한 행정적 기능만 수행하는 것이 아니라 준입법적 기능 및 준사법적 기능을 수행하고 있음으로써, 이들에 의한 행정심판이 널리 행해지고 있다. 따라서 오늘날에 있어서는 협의의 행정쟁송이 대륙법계 국가만의 특유한 것이 아니라, 영·미법계국가에서도 인정되고 있다고 할 수 있다.

대륙법계국가 특히 독일의 경우, 제2차 세계대전 이후 행정법원을 그의 조직 및 기능에 있어서 완전한 사법기관으로 만들었으며, 쟁송사항과 관련하여 종래의 열기주의를 버리고 개괄주의를 채택하였다. 또한 재량권의 0으로의 수축이론, 헌법상의 기본권규정의 직접적 효력 등의 방법을 통하여 국민의 권리구제를 확대하고 있다.

우리나라의 행정쟁송제도는 대륙법계의 구제제도에 원형을 두면서 영·미적 사법국가원리의 영향도 많이 받은 바 있다. 특히 「행정심판법」의 제정과 개정, 수차에 걸친 「행정소송법」의 개정을 통해서 그러한 경향은 더욱 심화되었다.

Ⅱ. 행정쟁송의 종류

행정쟁송은 여러 가지 기준에 의해 분류할 수 있는바, 그 주요한 것을 보면 다음과 같다.

1. 행정쟁송의 성질에 의한 구분

이는 다시 다음의 세 가지로 구분할 수 있다.

(1) 주관적 쟁송과 객관적 쟁송

쟁송제기자의 권리·이익의 구제를 직접 목적으로 하는 쟁송을 주관적 쟁송(主觀的 爭訟)이라 하고, 법적용의 적법성 또는 공익의 실현을 직접 목적으로 하는 쟁송을 객관적 쟁송(客觀的 爭訟)이라고 한다. 쟁송이란 본래가 이해관계자의 권리·이익의 상충을 전제로 하는 것인데, 행정쟁송의 경우도 예외가 아니다. 따라서 당사자쟁송이나 항고쟁송 등 대부분의 행정쟁송은 주관적 쟁송에 해당한다. 그러나 행정은 공익실현을 직접 목적으로 하기 때문에, 행정쟁송에는 이해관계자의 다툼이 아닌 공익실현 혹은 행정의 적법성 보장을 직접 목적으로 하는 쟁송이 있을 수 있다. 기관쟁송과 민중쟁송이 그에 해당한다.

(2) 당사자쟁송과 항고쟁송

상호 대립하는 대등한 당사자간에 법률상의 다툼이 있는 경우에 일방당사자가 타방당사자를 상대로 하여 제3자인 심판기관에 대해 그 다툼에 관한 심판을 구하는 쟁송을 당사자쟁송(當事者爭訟)이라고 한다. 이에 대해 행정의 공권력 행사(부작위 포함)를 전제로 하여, 그 행위의 위법 또는 부당을 주장하는 자가 그의 심판을 구하는 쟁송을 항고쟁송(抗告爭訟)이라고 한다.

행정쟁송은 보통 자기의 권리·이익을 침해한 행정처분의 취소 또는 변경을 구하는 것이어서, 항고쟁송의 성질을 띠는 것이 대부분인 바, 이의신청·행정심판·항고소송이 그에 속한다. 한편 당사자간에 협의가 이루어지지 않는 경우의 행정청에 대한 재결의 신청, 공무원의 봉급청구, 공법상의 손실보상의 청구 등은 당사자쟁송의 성질을 가진다.

(3) 기관쟁송과 민중쟁송

객관적 쟁송은 그 쟁송의 당사자에 따라 기관쟁송과 민중쟁송으로 구분된다. 행정법규의 적정한 적용을 확보하기 위하여 국가 또는 자치단체의 기관 상호간의 쟁송이 인정되는 경우의 쟁송을 기관쟁송(機關爭訟)이라고 한다.[1] 이에 대해 행정법규의 위법한 적용을 시정하기 위하여 널리 일반민중 또는 선거인에 대하여 쟁송의 제기를 인정하는 경우의 쟁송을 민중쟁송(民衆爭訟)이라고 한다. 지방의회의 의결의 월권·위법 등을 이유로 지방자치단체의 장이 지방의회를 상대로 제기하는 소송이 전자의 예이며($\frac{지방자치법 120조}{3항, 192조 4항}$), 선거 또는 당선의 효력에 관하여 선거인·정당($\frac{후보자를 추천한}{정당에 한한다}$) 또는 후보자가 제기하는 선거소송($\frac{공직선거법}{222조, 223조}$)은 후자의 예이다.

행정의 적법성보장만을 목적으로 하는 객관적 쟁송은 개인의 권익구제와 행정의 적법성보장이라는 두 가지 목적을 추구하는 주관적 쟁송과 구별되며 법률이 특별히 인정하는 경우($\frac{행정소송}{법 45조}$)에만 그 제기가 가능하다.

2. 행정쟁송의 절차에 의한 구분(정식쟁송과 약식쟁송)

쟁송에 대한 심판이 공정을 기하기 위해서는, 첫째 그 절차에 있어서 상호 대립하는 양 당사자에게 구술변론의 기회가 부여되어 충분히 그들의 주장을 펼 수 있을 것, 둘째 심판을 맡은 기관이 완전히 독립한 지위를 가질 것 등을 필요로 한다. 이 두 가지 요건을 모두 갖추는 것을 정식쟁송(正式爭訟)이라고 하며, 이들 요건 중 어느 하나를 결하는 것을 약식쟁송(略式爭訟)이라고 한다. 법원에 의한 행정쟁송(행정소송)은 전자에 해당하며, 행정기관에 의한 행정쟁송(행정심판·이의신청)은 후자에 해당한다.

---

1) 한편, 헌법과 헌법재판소법에 의하여 국가기관상호간의 권한쟁의심판, 국가기관과 지방자치단체간의 권한쟁의심판 그리고 지방자치단체 상호간의 권한쟁의심판은 헌법재판소의 관장사항에 해당하므로(헌법 111조 1항 4호, 헌법재판소법 61조, 62조), 국가기관 상호간의 기관쟁송은 여기서 제외된다.

3. 행정쟁송의 단계에 의한 구분(시심적 쟁송과 복심적 쟁송)

법률관계의 형성 또는 존부에 관한 제1차적인 행정작용 그 자체가 쟁송의 형식에 의해 행하여지는 경우의 쟁송을 시심적 쟁송(始審的 爭訟)이라고 하며, 이미 존재하는 행정작용을 전제로 하여 그것의 하자(위법성·부당성)를 주장하는 자가 그에 대한 심판을 구하는 경우의 쟁송을 복심적 쟁송(覆審的 爭訟)이라고 한다. 당사자소송은 시심적 쟁송에 속하며, 항고쟁송은 복심적 쟁송에 속한다.

4. 행정쟁송의 심판기관에 의한 구분(행정심판과 행정소송)

행정쟁송은 그 심판기관의 성격에 따라 행정심판과 행정소송으로 나누어진다. 행정기관에 의하여 심리·재결되는 행정쟁송을 행정심판(行政審判)이라 하고, 법원에 의하여 심리·판결되는 행정쟁송을 행정소송(行政訴訟)이라고 한다. 행정심판은 보통 약식쟁송에 해당하는 데 대하여, 행정소송은 정식쟁송에 해당한다. 비록 양자가 심판사항·심판기관 등에 있어 차이가 많이 있지만 행정심판이 행정소송의 전심절차를 형성하고 있음으로써 양자는 밀접한 관계를 형성하고 있다($\frac{행정소송}{법\,18조}$).[2)]

Ⅲ. 행정심판과 행정소송의 비교

행정심판과 행정소송과의 관계를 고찰함에 있어서 흔히 양자의 차이점만 생각하는 경향이 있다. 그러나 양자간에 많은 공통점도 있다는 점을 간과해서는 안 될 것이다. 이러한 점은「행정심판법」이 구「소원법」에 있어서보다 사법절차적 요소를 강화함으로써 더욱 현저해졌다.

1. 공 통 점

① 양자는 당사자의 발의(쟁송의 제기)에 의해서만 개시된다.

② 법률상의 이익이 있는 자만이 쟁송을 제기할 수 있도록 되어 있다($\frac{행심법}{13조.}$ $\frac{행소법\,12}{조\,참조}$).

③ 양자는 다 같이, 심판청구인 대 처분청, 원고 대 피고와 같은 대심구조를 취하고 있다.

---

2) 1994. 7. 27의 행정소송법의 개정을 통해 1998년 3월 1일부터는 행정심판전치주의가 임의적 전심절차로 변경되었다.

④ 쟁송사항이 쟁송제기자와 구별되는 제3자적 기관($\substack{\text{행정심판위원} \\ \text{회·법원 등}}$)에 의하여 판정된다.

⑤ 적법한 쟁송의 제기가 있는 한, 판정기관은 이를 심리할 의무를 진다.

⑥ 청구(소)의 변경이 인정되고 있다($\substack{\text{행심법 29조, 행소} \\ \text{법 21조, 22조}}$).

⑦ 처분의 집행부정지원칙이 채택되고 있다($\substack{\text{행심법 30조,} \\ \text{행소법 23조}}$).

⑧ 직권심리가 인정되고 있다($\substack{\text{행심법 39조, 행} \\ \text{소법 26조 참조}}$).

⑨ 구술심리가 보장되어 있다($\substack{\text{행심법 40조 1항, 행소법 8조,} \\ \text{민소법 134조 참조}}$).

⑩ 불이익변경금지의 원칙이 공통적으로 적용된다($\substack{\text{행심법 47조 2항, 행소법 8조,} \\ \text{민소법 203조, 415조 등 참조}}$).

⑪ 사정재결·사정판결의 제도가 채택되고 있다($\substack{\text{행심법 44조,} \\ \text{행소법 28조 참조}}$).

⑫ 쟁송의 심리에 당사자, 이해관계인의 참여가 인정되고 있다($\substack{\text{행심법 20조,} \\ \text{행소법 16조 참조}}$).

⑬ 쟁송의 판정행위(재결·판결)에 특별한 효력($\substack{\text{확정력·기} \\ \text{속력 등 판력}}$)이 부여된다($\substack{\text{행심법} \\ \text{49조,}}$ 행소법 30 조 등 참조).

2. 차 이 점

① 쟁송사항에 있어서 행정심판의 경우에는 적법성 및 합목적성(위법성과 부당성)이 그 심판대상이 되는 데 대하여($\substack{\text{행심법 1조,} \\ \text{5조 등 참조}}$), 행정소송의 경우에는 적법성(위법성)만이 그 심판대상이 된다($\substack{\text{행소법 1조,} \\ \text{4조 등 참조}}$). 이러한 상이한 제도의 취지에도 불구하고, 행정심판의 청구인적격을 행정소송의 원고적격과 동일하게 '법률상 이익이 있는 자'로 한정하였음은 중대한 입법상의 과오라는 주장이 제기된다.[3]

② 판정기관에 있어서 행정심판은 행정기관이 담당하는 데 대하여, 행정소송은 법원이 관장한다.

③ 심리절차에 있어서 행정심판은 구술심리 또는 서면심리에 의할 수 있는 데 대하여($\substack{\text{행심법} \\ \text{조 1항}}$ 40), 행정소송은 구술심리주의에 입각하고 있다($\substack{\text{행소법 8조 2항, 민} \\ \text{소법 134조 참조}}$).

④ 행정심판에서는 의무이행심판이 인정되고 있는데 대하여, 행정소송에서는 부작위의 위법확인소송만이 인정되고 있다($\substack{\text{행심법 5조, 43조 5항,} \\ \text{행소법 4조 참조}}$).

---

3) 상세는 본서 812면 이하 참조.

<h1 style="text-align:center">제 2 절   행정심판의 개관</h1>

I. 행정심판의 의의

1. 행정심판의 개념

(1) 실질적 의미의 행정심판

행정심판을 실정법제도와 관계없이 이론적으로 파악하면, 행정청이 일정한 공법적 결정을 함에 있어서 거치는 준사법적 절차 모두를 의미하지만, 보통은 행정기관이 재결청이 되는 행정쟁송절차를 말한다. 그리고 이러한 의미의 행정심판은 현행법상 행정심판, 이의신청, 재결신청, 심사청구, 심판청구 등 여러 가지 이름으로 불리우고 있다.

(2) 형식적 의미의 행정심판

형식적 또는 제도적 의미의 행정심판이란, 「행정심판법」의 적용을 받는 행정심판만을 의미한다. 즉 '행정청의 위법 또는 부당한 처분이나 부작위로 침해된 국민의 권리 또는 이익을 구제'하기 위한 행정기관에 의한 심판절차를 가리킨다(동법 1조).

이하에서의 행정심판은 「행정심판법」의 적용을 받는 행정쟁송을 의미하기로 한다.

2. 행정심판과 유사한 제도와의 구별

(1) 이의신청과의 구별

행정심판은 원칙적으로 처분청의 직근상급행정기관 소속의 행정심판위원회에 의한 심판을 의미하는 데 대하여, 이의신청은 위법 또는 부당한 처분 등으로 권익을 침해당한 자가 처분청 자신에 대하여 그 재심사를 구하는 쟁송절차를 말한다.

이의신청을 제기해야 할 사람이 처분청에 표제를 '행정심판청구서'로 한 서류를 제출한 경우, 서류의 내용에 이의신청 요건에 맞는 불복취지와 사유가 충분히 기재되어 있다면 이를 처분에 대한 이의신청으로 보아야 한다는 것이 판례의 입장이다.

> **[판례]** 지방자치법 제140조 제3항에서 정한 이의신청은 행정청의 위법·부당한 처분에 대하여 행정기관이 심판하는 행정심판과는 구별되는 별개의 제도이나, 이의 신청과 행정심판은 모두 본질에 있어 행정처분으로 인하여 권리나 이익을 침해당한 상대방의 권리구제에 목적이 있고, 행정소송에 앞서 먼저 행정기관의 판단을 받는 데에 목적을 둔 엄격한 형식을 요하지 않는 서면행위이므로, 이의신청을 제기해야 할 사람이 처분청에 표제를 '행정심판청구서'로 한 서류를 제출한 경우라 할지라도 서류의 내용에 이의신청 요건에 맞는 불복취지와 사유가 충분히 기재되어 있다면 표제에도 불구하고 이를 처분에 대한 이의신청으로 볼 수 있다(대판 2012. 3. 29. 2011두26886).

(2) 청원과의 구별

개인은 헌법상 보장된 청원권(헌법 26조)의 행사를 통해서도, 행정청에 대하여 위법 또는 부당한 행정처분 등의 취소·변경을 구할 수 있다. 또한 헌법은 청원의 심사의무만을 국가기관에 과하고 있으나(헌법 26 조 2항), 「청원법」은 심사결과의 통지의무까지 과하고 있으므로(청원법 21조), 행정심판과 청원은 크게 다르지 않게 되었다.

그럼에도 불구하고, 양자 사이에는 다음과 같은 많은 차이점이 있다.

① 행정심판은 제기권자·제기기간·제기사항 등에 제한이 있으나, 청원은 누구든지 기간의 제한없이 어떠한 국가기관에 대하여도, 또한 원칙적으로 어떠한 사항에 관해서도 제출할 수 있다.

② 행정심판은 심사절차·판정형식·판정내용 등이 법으로 정해져 있으나, 청원에 관하여서는 그러한 제한이 거의 없다.

③ 행정심판에 있어서의 재결은 불가쟁력·불가변력 등 구속력이 발생하나, 청원에 있어서의 결정은 그와 같은 구속력이 발생하지 않는다.

(3) 고충처리절차와의 구별

고충처리는 국민권익위원회가 고충민원에 대하여 조사와 처리 및 이와 관련된 시정권고 및 의견표명을 하는 제도로서, 고충민원이란 행정기관 등의 위법·부당하거나 소극적인 처분 및 불합리한 행정제도로 인하여 국민의 권리를 침해하거나 국민에게 불편 또는 부담을 주는 사항에 관한 민원을 말한다(부패방지 및 국민권익위원회의 설치와 운영에 관한 법률 2조 5호 참조). 본래 국민고충처리절차는 「국민고충처리위원회설치 및 운영에 관한 법률」에 근거를 두고 국민고충처리위원회가 담당하였으나, 현재는 국민고충처리위원회 및 국가청렴위원회, 국무총리행정심판위원회를 통합한 국민권익위원회에서 담당하고 있다(부패방지 및 국민권익위원회의 설치와 운영에 관한 법률 11조). 행정심판과 고충처리절차
는 그의 대상·절차·법적 구속력 등에 있어 차이가 많이 있으며 그에 따라 고
충처리절차를 거치더라도 행정심판전치주의 요건을 충족하지 않는다.

> **[판례]** ㉮ 국민고충처리제도는 국무총리 소속하에 설치된 국민고충처리위원회로
> 하여금 행정과 관련된 국민의 고충민원을 상담·조사하여 행정기관의 처분 등이
> 위법·부당하다고 인정할 만한 상당한 이유가 있는 경우에 관계행정기관의 장에게
> 적절한 시정조치를 권고함으로써 국민의 불편과 부담을 시정하기 위한 제도로서
> … 행정소송의 전치절차로서 요구되는 행정심판청구에 해당하는 것으로 볼 수 없
> 다. ㉯ 다만, 국민고충처리위원회에 접수된 신청서가 행정기관의 처분에 대하여 시
> 정을 구하는 취지임이 내용상 분명한 것으로서 국민고충처리위원회가 이를 당해
> 처분청 또는 그 재결청에 송부한 경우에 한하여 행정심판법 제17조 제2항, 제7항의
> 규정에 의하여 그 신청서가 국민고충처리위원회에 접수된 때에 행정심판청구가 제
> 기된 것으로 볼 수 있다(대판 1995. 9. 29.
> 95누5332).

(4) 특별행정심판

특별법에 의한 심판이 행해지는 점에서 행정심판과 구별되는 특별행정심판
에 특허심판(특허법 7장, 8장), 조세심판(국세기본법 7장), 중앙노동위원회의 재심(노동위원회법 26조), 「감사
원법」에 의한 심사청구(동법 제3장) 등이 있다.

한편, 2010년 개정된 「행정심판법」에서는 개별 법령에서 행정심판에 대한
특별한 절차를 규정하는 경우 미리 중앙행정심판위원회와 협의하도록 하고 있
다(동법 4조). 행정심판제도의 통일적 운영을 가능하게 하고, 개별법에 의한 특별행
정심판의 남설을 억제하기 위함이다. 구체적인 내용을 보면, 사안의 전문성과
특수성을 살리기 위하여 특히 필요한 경우 외에는 「행정심판법」에 따른 행정
심판을 갈음하는 특별한 행정불복절차(이하 "특별행정심판"이라 한다)나 「행정심판법」에 따른 행정
심판 절차에 대한 특례를 다른 법률로 정할 수 없으며(동법 4조1항), 다른 법률에서 특
별행정심판이나 「행정심판법」에 따른 행정심판 절차에 대한 특례를 정한 경우
에도 그 법률에서 규정하지 아니한 사항에 관하여는 「행정심판법」에서 정하는
바에 따르도록 하고 있다(동조 2항). 또한 관계 행정기관의 장이 특별행정심판 또는
「행정심판법」에 따른 행정심판 절차에 대한 특례를 신설하거나 변경하는 법령
을 제정·개정할 때에는 미리 중앙행정심판위원회와 협의하여야 한다(동조 3항).

3. 행정심판의 존재이유

(1) 권력분립·자율적 행정통제

행정심판의 제도는, 한편으로는 행정권 스스로의 손으로 행정에 대한 국민의 권리·이익을 구제하는 제도로서의 의의를 가지는 동시에, 다른 한편으로는 행정의 적법성·타당성을 행정권 스스로 자율적으로 보장하려고 하는 행정의 자기통제 내지 행정감독의 제도로서의 의의를 가지고 있다.

(2) 사법기능의 보충, 부담 등의 경감

자본주의의 고도화에 따라 생겨난 수많은 새로운 사회적·경제적인 문제는 고도의 전문성과 기술성을 내포하고 있는데, 일반법원은 그러한 전문적·기술적인 문제의 처리(특히 심실인 의 단계)에는 적합하지 않은 점이 있다. 이에 비해 행정기관은 원래 그러한 전문적·기술적 문제의 처리에 적합하게 조직되어 있으므로, 적어도 행정쟁송의 제1차적인 단계에서라도 전문기관인 행정기관으로 하여금 그에 관한 분쟁을 심판하도록 하는 것이 요청된다. 이는 곧 법원의 능력을 보충하는 동시에, 아울러 법원 및 당사자의 시간·노력을 절약하여 그 부담을 덜어주는 의미를 가진다.

(3) 행정능률의 보장

사법절차에 의한 행정사건에 대한 심판은 심리절차의 공정과 신중으로 인하여 충분한 권익구제를 도모할 수 있으나, 상당한 시일이 소요됨으로 말미암아 현대행정에서 요구되는 능률성을 저해할 수 있다. 따라서 사법절차에 앞서 신속·간편한 행정심판을 거치게 함으로써, 행정사건에 관한 분쟁을 신속히 해결할 수 있게 함은 일면 행정능률에 기여한다고 볼 수 있다.

4. 2010년 개정된 행정심판법의 주요내용

2010년에 「행정심판법」의 전면개정(법률 제9968호, 2010. 1. 25/전부개정. 시행 2010. 7. 26)이 있었다. 행정심판청구사건이 매년 큰 폭으로 증가하고 있고, 행정심판의 준사법절차화에 따른 당사자의 행정심판절차에의 참여 요구가 증가함에 따라, 임시처분, 이의신청, 전자정보처리조직을 통한 행정심판제도 등 당사자의 절차적 권리를 강화하기 위한 제도를 도입하는 한편, 국무총리행정심판위원회의 명칭을 중앙행정심판위원회로 변경하고, 상임위원의 수를 법률에서 4명으로 늘리며, 자동차운전면허 관련 사건은 소위원회가 심리·의결할 수 있도록 하는 등 현행 제도의 운영상 나타

난 일부 미비점을 개선·보완하기 위한 것이다. 개정법의 주요내용을 살펴보면
다음과 같다.

① 국무총리행정심판위원회의 명칭을 "국무총리행정심판위원회"에서 "중앙
행정심판위원회"로 변경하였다(법3항4조등). 중앙행정기관 및 광역자치단체의 처분
등을 관할하는 국무총리행정심판위원회의 관할범위를 명칭에 드러내고, 부르
기 쉽고 기억하기 쉬운 간결한 명칭으로 변경하였다.

② 특별행정심판 신설 등을 위한 협의를 의무화하였다(법4조). 특별한 사유 없
이 개별법령에 행정심판에 대한 특별한 절차를 규정하는 사례가 늘어나고 있
어, 특별행정심판의 남설(濫設)을 방지하기 위하여 관계 행정기관의 장이 개별
법에 특별행정심판을 신설하거나 국민에게 불리한 내용으로 변경하고자 하는
경우 미리 중앙행정심판위원회와 협의하도록 하였다. 이를 통해 행정심판제도
의 통일적 운영이 가능해지고, 개별법에 의한 특별행정심판절차의 남설이 억제
되며, 행정심판의 공정성·전문성이 훼손되는 것을 예방할 것으로 기대된다.

③ 행정심판위원회의 회의 위원정수 및 민간위촉위원 비중을 확대하였으며,
시·도 조례로 비상임 민간위원장을 도입할 수 있는 근거를 마련하였다(법7조).
중앙행정심판위원회 외에 시·도행정심판위원회 등 이 법에 따른 다른 행정심
판위원회의 공정성 제고를 위하여 회의정원 등을 확대할 필요가 있었다. 그에
따라 원칙적으로 회의정원을 7명에서 9명으로 늘리고 회의 시 위촉위원의 비
중도 4명 이상에서 6명 이상으로 늘렸다.

④ 중앙행정심판위원회는 위원장 1명을 포함한 50명의 위원[1]으로 구성하는
것은 종전과 동일하나, 위원 중 상임위원의 정수를 2명 이내에서 4명 이내로
확대하였다(법1항8조).

⑤ 청구인의 신속한 권리구제를 위하여 심판청구사건 중 자동차운전면허행
정처분과 관련한 사건은 4명의 위원으로 구성하는 소위원회에서 심리·의결할
수 있도록 하였다(법6항8조).

⑥ 행정심판의 공정성과 독립성을 담보하기 위하여 행정심판위원회 위원의
결격사유를 신설하였다(법4항9조).

⑦ 절차적 사항에 대한 행정심판위원회의 결정에 대해 이의신청제도를 도
입하였다(법16조 8항, 17조 6항, 20조 6항 및 29조 7항). 종래 양수인의 청구인 지위 승계신청에 대한 불허가
등 위원회의 절차적 사항에 대한 결정에 대하여는 당사자가 다툴 방법이 없었

---

1) 2016. 3. 29. 법률 제14146호로 개정된 「행정심판법」 제8조 1항은 위원의 수를 70명으로 증원했다.

다. 행정심판위원회의 결정 중 당사자의 절차적 권리에 중대한 영향을 미치는 지위 승계의 불허가, 참가신청의 불허가 또는 청구의 변경 불허가 등에 대하여는 행정심판위원회에 이의신청을 할 수 있도록 하였다. 이를 통해 심판절차에 참여하는 자의 절차적 권리를 보장하고, 행정심판위원회로 하여금 관련 결정을 신중히 하도록 함으로써 행정심판절차의 공정성이 강화될 것으로 기대된다.

⑧ 심판참가인의 절차적 권리를 강화하였다(법 20조부터 22조까지). 행정심판절차에 참가하려는 경우 참가절차, 참가인의 권리에 관한 규정이 미비하여 행정심판절차에서 참가가 미진한 편이었다. 따라서 심판참가인은 당사자에 준하는 절차적 지위를 갖도록 하고, 관련 서류를 참가인에게도 송달하도록 하는 등 참가인의 절차적 지위를 강화하였다. 행정심판절차에서 참가인의 지위를 보장함으로써 행정심판사건에 이해관계가 있는 자의 절차 참여가 활성화될 것으로 기대된다.

⑨ 임시처분제도를 도입하였다(법 31조). 행정심판의 청구인이 처분이나 부작위에 의하여 회복하기 어려운 손해를 입게 되는 경우 종전의 집행정지제도만으로는 청구인의 권익을 구제하기가 어려웠다. 따라서 행정청의 처분이나 부작위 때문에 발생할 수 있는 당사자의 중대한 불이익이나 급박한 위험을 막기 위하여 당사자에게 임시지위를 부여할 수 있는 임시처분제도를 도입함으로써 집행정지에 비해 보다 적극적으로 당사자의 임시적 권익보호에 기여할 것으로 기대된다.

⑩ 전자정보처리조직을 통한 행정심판의 근거를 마련하였다(법 52조부터 54조까지). 전자정보처리조직을 통하여 간편하게 행정심판을 청구할 수 있는 시스템이 개발·운영됨에 따라 이와 관련된 제반 법적 근거를 마련하는 것이 필요하여, 전자문서를 통한 송달에 관한 근거를 두는 등 온라인 행정심판제도의 운용 근거를 마련하였다. 전자정보처리조직을 통한 행정심판제도 운영의 법적 근거를 명확히 함으로써 행정심판에 대한 국민의 접근성을 제고하여 국민의 권리구제가 활성화되고, 행정심판제도 운영의 효율성을 높일 수 있을 것으로 기대된다.

⑪ 행정심판을 거친 행정소송사건에 대한 자료제출제도를 신설하였다(법 60조 2항 3). 행정심판을 거쳐 행정소송이 제기된 사건에 대해 그 내용이나 결과를 중앙행정심판위원회 또는 시·도행정심판위원회에 제출하도록 하였다. 이를 통해 처분청으로부터 관련 정보나 자료를 수집·분석하여 재결의 적정성을 확보하고 유사한 처분의 재발을 방지할 것으로 기대된다.

5. 2010년 이후 개정된 행정심판법의 주요내용

(1) 2016년 행정심판법 주요 개정내용

행정심판위원회 운영의 전문성 및 효율성을 제고하기 위하여, 중앙행정심판위원회의 위원을 50명 이내에서 70명 이내로, 기타 행정심판위원회의 위원을 30명 이내에서 50명 이내로 각각 증원하도록 하는 등 제도운영상의 일부 미비점을 개선·보완하였다(법7조.).

(2) 2017년 행정심판법 주요 개정내용

① 행정심판위원회의 재결의 실효성을 높이기 위하여 거부처분에 대한 취소재결이나 무효등확인재결에 따른 재처분의무 규정을 신설하였다(법49). 재결에 의하여 취소되거나 무효 또는 부존재로 확인되는 처분이 당사자의 신청을 거부하는 것을 내용으로 하는 경우에도 그 처분을 한 행정청은 재결의 취지에 따라 다시 이전의 신청에 대한 처분을 하도록 하였다.

② 재처분의무에 대한 실효성을 확보하기 위해 간접강제제도를 도입하였다(법50조의2). 행정심판 인용재결에 따른 행정청의 재처분 의무에도 불구하고 행정청이 인용재결에 따른 처분을 하지 아니하면 행정심판위원회는 당사자의 신청에 의하여 결정으로 상당한 기간을 정하고, 행정청이 그 기간 내에 이행하지 아니하는 경우에는 지연기간에 따라 일정한 배상을 하도록 명하거나 즉시 배상을 할 것을 명할 수 있도록 하였다.

(3) 2018년 행정심판법 주요 개정내용

① 경제적 사유로 대리인 선임이 곤란한 청구인 등 사회적 약자에게 행정심판위원회가 국선대리인을 선임하여 지원하는 규정을 신설하였다(법18조의2).

② 양 당사자 간의 합의가 가능한 사건의 경우 행정심판위원회가 개입·조정하는 규정을 신설하였다(법43조의2). 행정심판위원회가 당사자의 권리 및 권한의 범위에서 당사자의 동의를 받아 심판청구의 신속하고 공정한 해결을 위하여 조정할 수 있도록 함으로써 갈등을 조기에 해결하도록 제도적으로 개선하였다.

Ⅱ. 행정심판의 대상

1. 개괄주의의 채택

「행정심판법」은 행정청의 위법 또는 부당한 처분(부작위 포함)에 대하여 널리 행정심판을 제기할 수 있게 하고 있다. 즉, 「행정심판법」은 "행정청의 처분 또는 부작위에 대하여 다른 법률에 특별한 규정이 있는 경우 외에는 이 법에 따라 행정심판을 청구할 수 있다"($^{3조}_{1항}$)라고 규정함으로써, 행정심판을 제기할 수 있는 사항을 한정해서 명시하지 아니하고 모든 처분에 대하여 행정심판을 제기할 수 있게 하고 있다. 행정심판사항을 열거하여 한정하는 열기주의와 대비해서 이를 개괄주의라 하는바, 국민의 권리·이익의 구제의 범위를 널리 확보한다는 관점에서 본다면 개괄주의가 나은 것이 명백하다.

2. 처   분

(1) 「행정심판법」에서 말하는 '처분'이라 함은, 행정청이 행하는 구체적 사실에 관한 법집행으로서의 공권력의 행사 또는 그 거부, 그 밖에 이에 준하는 행정작용을 말한다($^{2조}_{1항}$). 처분의 의의 및 행정행위와의 이동(異同)에 대하여는 행정소송의 장($^{제}_{장}7$)에서 설명하기로 한다.

(2) '처분'은 외부에 표시된 행위로 볼 것이므로, 행정기관의 내부적 단계를 벗어나지 못한 행위($^{결재만\ 있}_{는\ 경우}$)나 행정기관 상호간의 행위는 포함되지 않으며, 또한 알선·권고·주의 등과 같이 법률적 효과를 발생시키지 않는 행위(사실행위·비행정행위)도 포함되지 않는다.[2]

(3) 대통령의 처분 또는 부작위에 대하여는 다른 법률에서 행정심판을 청구할 수 있도록 정한 경우 외에는 행정심판을 청구할 수 없다($^{3조}_{2항}$).

3. 부 작 위

「행정심판법」에서 말하는 '부작위'라 함은, 행정청이 당사자의 신청에 대하여 상당한 기간 내에 일정한 처분을 하여야 할 법률상 의무가 있는데도 처분을 하지 아니하는 것을 말한다($^{2조\ 1항}_{2호}$). 부작위의 개념에 대하여는 행정소송의 장

---

2) 참조: 김남진, 행정심판을 위한 새로운 길, 행정심판 30년사(국민권익위원회·중앙행정심판위원회), 2015. 12.

$\left(\substack{제7\\장}\right)$에서 설명하기로 한다.

Ⅲ. 행정심판의 종류

「행정심판법」은 행정심판을 취소심판, 무효등확인심판, 의무이행심판의 세 가지로 구분하고 있다.[3]

1. 취소심판

취소심판이란 "행정청의 위법 또는 부당한 처분을 취소하거나 변경하는 행정심판"을 말한다($\substack{동법 5 \\ 조 1호}$).

2. 무효등확인심판

무효등확인심판이란 "행정청의 처분의 효력 유무 또는 존재 여부를 확인하는 행정심판"을 말한다($\substack{동법 5 \\ 조 2호}$).

3. 의무이행심판

의무이행심판이란 "당사자의 신청에 대한 행정청의 위법 또는 부당한 거부처분이나 부작위에 대하여 일정한 처분을 하도록 하는 행정심판"을 말한다($\substack{동법\\5조\\3호}$).

제 3 절 행정심판의 당사자·관계인

Ⅰ. 행정심판의 당사자

행정심판 역시 쟁송이므로, 청구인과 피청구인은 서로 대립하여 구체적 사건을 다툰다. 「행정심판법」은 심리절차와 관련하여 당사자주의적 구조(대심구조)를 취함으로써, 행정심판절차의 사법화를 요구하는 헌법 제107조 3항의 취지를 구체화하였다. 그리하여 청구인과 피청구인인 행정청을 당사자로 하여,

---

3) 행정심판의 종류에 대한 설명은 행정소송의 그것과 상당한 정도로 중복될 뿐만 아니라, 본문에서의 여러 항목과 관련하여서도 설명이 가해지고 있으므로, 여기에서는 개념적 설명만 해 두기로 한다.

이들이 어느 정도 대등한 지위에서 공격·방어방법으로 제출한 의견진술과 증거를 바탕으로 심리절차가 진행되게 된다.

1. 청 구 인

(1) 의 의

행정심판의 청구인이란, 심판청구의 대상인 처분 또는 부작위에 불복하여 그의 취소 또는 변경 등을 구하는 심판청구를 제기하는 자를 말한다. 청구인은 처분의 상대방인가 제3자인가를 불문하며, 또한 자연인인가 법인인가를 불문한다. 법인이 아닌 사단이나 재단도 대표자나 관리인이 정하여져 있는 경우에는 그 사단이나 재단의 이름으로 행정심판을 청구할 수 있다(행정심판법 14조).

(2) 청구인적격

(가) 취소심판의 청구인적격

취소심판은 처분의 취소 또는 변경을 구할 법률상 이익이 있는 자가 청구할 수 있다. 처분의 효과가 기간의 경과, 처분의 집행, 그 밖의 사유로 소멸된 뒤에도 그 처분의 취소로 회복되는 법률상 이익이 있는 자의 경우에도 또한 같다(동법 13조 1항).

(나) 무효등확인심판의 청구인적격

무효등확인심판은 처분의 효력 유무 또는 존재 여부의 확인을 구할 법률상 이익이 있는 자가 청구할 수 있다(동법 13조 2항).

(다) 의무이행심판의 청구인적격

의무이행심판은 처분을 신청한 자로서 행정청의 거부처분 또는 부작위에 대하여 일정한 처분을 구할 법률상 이익이 있는 자가 청구할 수 있다(동법 13조 3항).

(3) 행정심판 청구인적격에 관한 문제점

(가) 법률상 이익의 의의

「행정심판법」에 의하면, '법률상 이익'이 있는 자만이 모든 종류의 행정심판을 제기할 수 있는 것으로 되어 있다. 그렇다면 「행정심판법」에서 말하는 법률상 이익은 무엇을 말하는가? 「행정소송법」에 의하면 취소소송·무효등확인소송·부작위위법확인소송 역시 법률상 이익이 있는 자만이 제기할 수 있게 되어 있는데(동법 12조, 35조, 36조 참조) 「행정심판법」에서 말하는 '법률상 이익'과 행정소송법에서 말하는 '법률상 이익'이 서로 다른 것인가 같은 것인가? 개념상으로는 양 법률에서 말하는 법률상 이익은 같은 것이어야 한다고 판단된다. 따라서 그 '법률상 이익'의 의미내용의 문제는 행정소송의 장($\frac{제7}{3}$)에서 다루기로 한다.

(나) 입법상 과오 여부

「행정심판법」은 행정소송(항고소송)의 원고적격과 동일하게 '법률상 이익이 있는 자'에게만 행정심판청구인적격을 인정하고 있다. 이 점에 대하여는 이전부터 의문이 제기되었으며 개정의 필요성이 주장되었는바, 그러한 주장의 이유를 살펴보면 다음과 같다.[1]

「행정심판은 '위법한 처분'만이 아니라 '부당한 처분'을 대상으로 하여서도 제기할 수 있게 되어 있는 것이므로($\frac{동법 1조.5}{조 등 참조}$), 반사적 이익(또는 사실상 이익)을 침해받았거나 반사적 이익을 향유하기 위해서도 행정심판을 제기할 수 있도록 되어야 하는 것이며, 만일에 반사적 이익을 배제하는 의미의 '법률상 이익이 있는 자'에게만 행정심판의 청구인적격을 인정하는 경우, 결과적으로 '부당한 처분'은 행정심판의 대상에서 제외되는 결과를 가져오게 된다는 것이다」.[2]

여기에서 행정심판의 청구인적격에 관한 「행정심판법」 제13조의 입법과오설 ($\frac{이하 "과오설"}{이라 한다}$)과 비과오설 사이의 핵심적 쟁점을 약술하면 다음과 같다.[3]

첫째, 비과오설 측에서는 '행정심판청구인적격'의 문제는 입구(쟁송제기단계)의 문제이고, '처분의 부당·위법'의 문제는 출구(본안심리)의 문제이므로 양자는 필연적 관계에 있지 않다고 한다. 이에 대해, 과오설 측에서는 만일에 행정심판청구인적격이 없다고 입구에서 저지당하면, 출구($\frac{처분의 부당 여부에}{대한 본안심리}$)에 갈 수 없게 되니, 양자는 필연적 관계에 있다고 주장한다.

둘째, 비과오설 측에서는 부당한 처분에 의해서도 권리(법률상 이익)가 침해될 수 있으므로, 법률상 이익이 있는 자에게만 청구인적격을 인정해도 모순이 아니라고 주장한다. 이에 대해, 과오설 측에서는 "부당한 처분에 대한 권리"란 인정될 수 없음을 지적한다. 어떤 처분이 '부당'하다고 함은 당해 처분이 재량행위(결정재량·선택재량행위)임을 의미하므로, "'재량행위를 해 주시오'와 같은

---

1) 이 문제를 최초로 제기한 문헌으로는 김남진, 법률상 이익의 개념적 혼란과 대책, 고시연구, 1990. 10 참조.
2) 김남진(Ⅰ), 제7판, 593-594면.
3) 학설의 상세는 김남진, 행정심판제도발전방향세미나 유감, 법률신문 2012. 1. 5; 김남진, 행정심판청구인적격과 법률상 이익, 시사법률신문, 2003. 2. 4; 김남진, 위법과 부당의 구별과 관련문제, 학술원통신 제214호, 2011. 5; 김남진, 행정심판을 위한 새로운 길, 행정심판 30년사(국민권익위원회·중앙행정심판위원회), 2015. 12. 참조.

권리"는 인정될 수 없다고 보는 것이다.

셋째, 비과오설은 Rechtsverletzung($^{위법행위에 의}_{한 권리침해}$)과 Rechtsbeeinträchtigung ($^{부당행위에 의한}_{이익침해 포함}$)의 차이점을 무시(또는 경시)하고 있다는 것이 과오설의 주장이다.

참고로 일본의 행정사건소송법은 취소소송 등에 있어서는 우리와 같이 「법률상 이익이 있는 자」에 대해서만 원고적격을 인정하고 있으나, 행정심판(불복심사청구)의 청구인적격에 관하여는 특별한 규정을 두고 있지 않음으로써, 항고소송의 원고적격과 행정심판(불복심사청구)의 청구인적격 사이에 차이를 두고 있다.[4]

독일의 행정법원법(Verwaltungsgerichtsordnung) 역시, 취소소송 및 의무이행소송에 있어서는 행정행위 또는 그의 거부나 부작위에 의하여 그의 '권리'침해를 주장할 수 있는 자에 대해서만 원고적격을 인정하면서도($^{동법 42}_{조 2항}$), 그의 전심절차로서의 행정심판(Widerspruch)에 있어서는 청구인적격에 관하여 아무런 규정을 두고 있지 않다.[5]

(4) 선정대표자의 선정

여러 명의 청구인이 공동으로 심판청구를 할 때에는 청구인들 중에서 3명 이하의 선정대표자를 선정할 수 있다($^{행정심판법}_{15조 1항}$). 청구인들이 선정대표자를 선정하지 아니한 경우에 위원회는 필요하다고 인정하면 청구인들에게 선정대표자를 선정할 것을 권고할 수 있다($^{동법 15}_{조 2항}$). 선정대표자는 다른 청구인들을 위하여 그 사건에 관한 모든 행위를 할 수 있다. 다만, 심판청구를 취하하려면 다른 청구인들의 동의를 받아야 하며, 이 경우 동의받은 사실을 서면으로 소명하여야 한다($^{동법 15}_{조 3항}$).

선정대표자가 선정되면 다른 청구인들은 그 선정대표자를 통해서만 그 사건에 관한 행위를 할 수 있다($^{동법 15}_{조 4항}$). 선정대표자를 선정한 청구인들은 필요하다고 인정하면 선정대표자를 해임하거나 변경할 수 있으며, 이 경우 청구인들은 그 사실을 지체 없이 위원회에 서면으로 알려야 한다($^{동법 15}_{조 5항}$).

---

4) 일본의 행정불복심사법 제4조는 단순히 「행정청의 처분에 불복이 있는 자」는 행정심판(심사청구 또는 이의신청)을 제기할 수 있는 것으로 규정하고 있다. 이에 대하여 행정사건소송법 제9조, 제36조는 취소소송 등에 있어서는 「법률상 이익이 있는 자」에 대해서만 원고적격을 인정하고 있다.

5) 독일의 경우 행정법원법은 항고소송의 전심절차(Vorverfahren)에 관해서도 매우 간단히 규정하고 있다(제68조 이하). 행정심판의 제기(Erhebung des Widerspruchs)에 관해서는, 제69조에서 단순히 「전심절차는 행정심판의 제기로써 시작된다」(Das Vorverfahren beginnt mit der Erhebung des Widerspruchs)라고만 규정하고 있다.

(5) 청구인의 지위승계

청구인의 지위가 승계되는 경우로서 당연승계($\frac{동법 16조}{1항, 2항}$)와 허가승계($\frac{동법 16}{조 5항}$)가 있다.

(가) 당연승계의 경우

청구인이 사망한 경우에는 상속인이나 그 밖에 법령에 따라 심판청구의 대상에 관계되는 권리나 이익을 승계한 자가 청구인의 지위를 승계하며($\frac{동법 16}{조 1항}$), 법인인 청구인이 합병에 따라 소멸하였을 때에는 합병 후 존속하는 법인이나 합병에 따라 설립된 법인이 청구인의 지위를 승계한다($\frac{동조}{2항}$). 이 경우 청구인의 지위를 승계한 자는 위원회에 서면으로 그 사유를 신고하여야 하며, 신고서에는 사망 등에 의한 권리·이익의 승계 또는 합병 사실을 증명하는 서면을 함께 제출하여야 한다($\frac{동조}{3항}$).

이와 같이 사망 또는 합병에 의하여 청구인의 지위가 승계되는 경우에 제3항에 따른 신고가 있을 때까지 사망자나 합병 전의 법인에 대하여 한 통지 또는 그 밖의 행위가 청구인의 지위를 승계한 자에게 도달하면 지위를 승계한 자에 대한 통지 또는 그 밖의 행위로서의 효력이 있다($\frac{동법 16}{조 4항}$).

(나) 허가승계의 경우

심판청구의 대상과 관계되는 권리나 이익을 양수한 자는 위원회의 허가를 받아 청구인의 지위를 승계할 수 있다($\frac{동법 16}{조 5항}$). 위원회는 지위 승계 신청을 받으면 기간을 정하여 당사자와 참가인에게 의견을 제출하도록 할 수 있으며, 당사자와 참가인이 그 기간에 의견을 제출하지 아니하면 의견이 없는 것으로 본다($\frac{동조}{6항}$). 위원회는 지위 승계 신청에 대하여 허가 여부를 결정하고, 지체 없이 신청인에게는 결정서 정본을, 당사자와 참가인에게는 결정서 등본을 송달하여야 한다($\frac{동조}{7항}$).

만약 위원회가 지위 승계를 허가하지 아니하면, 신청인은 결정서 정본을 받은 날부터 7일 이내에 위원회에 이의신청을 할 수 있다($\frac{동조}{8항}$). 종래에는 위와 같은 위원회의 승계 불허가 결정에 대해 당사자가 다툴 방법이 없었으나, 「행정심판법」의 개정을 통해 이의신청제도가 도입되었다($\frac{법률 제9968호, 2010.}{1. 25 전부개정}$).

2. 피청구인

(1) 피청구인의 적격

행정심판은 처분을 한 행정청(의무이행심판의 경우에는 청
구인의 신청을 받은 행정청)을 피청구인으로 하여 청구하여야 한다. 다만, 심판청구의 대상과 관계되는 권한이 다른 행정청에 승계된 경우에는 권한을 승계한 행정청을 피청구인으로 하여야 한다(동법 17
조 1항).

행정청(처분청·부작위청)은 그 자체 국가·지방자치단체 등의 기관에 불과하므로 원칙적으로 국가나 지방자치단체 등이 피청구인이 되어야 하지만, 공격·방어방법의 용이성과 같은 소송기술상의 편의에서 행정청을 피청구인으로 함은 행정소송의 경우와 동일하다.

「행정심판법」상의 행정청에는 행정에 관한 의사를 결정하여 표시하는 국가 또는 지방자치단체의 기관 이외에도 법령 또는 자치법규에 따라 행정권한을 가지고 있거나 위탁을 받은 공공단체나 그 기관 또는 사인을 포함하는 점에 유의해야 한다(동법 2
조 4호).

(2) 피청구인의 경정

청구인이 피청구인을 잘못 지정한 경우에는 위원회는 직권으로 또는 당사자의 신청에 의하여 결정으로써 피청구인을 경정할 수 있다(동법 17
조 2항). 또한 위원회는 행정심판이 청구된 후에 심판청구의 대상과 관계되는 권한이 다른 행정청에 승계된 경우에는 직권으로 또는 당사자의 신청에 의하여 결정으로써 피청구인을 경정한다(동법 17
조 5항). 위원회는 피청구인을 경정하는 결정을 하면 결정서 정본을 당사자(종전의 피청구인과 새로
운 피청구인을 포함한다)에게 송달하여야 한다(동법 17
조 3항).

이는 행정조직의 복잡성으로 인해 정당한 피청구인을 명확히 판단할 수 없는 경우가 많음을 고려하여 청구인의 효과적인 권리구제를 도모하기 위한 것이다. 위원회가 피청구인의 경정결정을 한 때에는 종전의 피청구인에 대한 심판청구는 취하되고 종전의 피청구인에 대한 행정심판이 청구된 때에 새로운 피청구인에 대한 행정심판이 청구된 것으로 본다(동법 17
조 4항).

만약 피청구인의 경정에 대한 위원회의 결정에 대하여 이의가 있는 경우, 당사자는 결정서 정본을 받은 날부터 7일 이내에 위원회에 이의신청을 할 수 있다(동법 17
조 6항).

Ⅱ. 행정심판의 관계인

1. 참 가 인

(1) 심판의 참가

행정심판의 결과에 이해관계가 있는 제3자나 행정청은 해당 심판청구에 대한 위원회나 소위원회의 의결이 있기 전까지 그 사건에 대하여 심판참가를 할 수 있다(동법20조1항).

심판참가를 하려는 자는 참가의 취지와 이유를 적은 참가신청서를 위원회에 제출하여야 하며, 이 경우 당사자의 수 만큼 참가신청서 부본을 함께 제출하여야 한다(동조2항).

위원회는 참가신청서를 받으면 참가신청서 부본을 당사자에게 송달하여야 한다(동조3항). 이때 위원회는 기간을 정하여 당사자와 다른 참가인에게 제3자의 참가신청에 대한 의견을 제출하도록 할 수 있으며, 당사자와 다른 참가인이 그 기간에 의견을 제출하지 아니하면 의견이 없는 것으로 본다(동조4항).

위원회는 참가신청을 받으면 그에 대한 허가 여부를 결정하고, 지체 없이 신청인에게는 결정서 정본을, 당사자와 다른 참가인에게는 결정서 등본을 송달하여야 한다(동조5항). 위원회의 결정에 이의가 있는 경우 신청인은 결정서 등본을 송달을 받은 날부터 7일 이내에 위원회에 이의신청을 할 수 있다(동조6항).

(2) 위원회의 심판참가 요구

위원회는 필요하다고 인정하면 그 행정심판 결과에 이해관계가 있는 제3자나 행정청에 그 사건 심판에 참가할 것을 요구할 수 있으며, 이러한 요구를 받은 제3자나 행정청은 지체 없이 그 사건 심판에 참가할 것인지 여부를 위원회에 통지하여야 한다(동법21조).

(3) 참가인의 지위

참가인은 행정심판 절차에서 당사자가 할 수 있는 심판절차상의 행위를 할 수 있다(동법22조1항). 당사자가 위원회에 서류를 제출할 때에는 참가인의 수만큼 부본을 제출하여야 하고, 위원회가 당사자에게 통지를 하거나 서류를 송달할 때에는 참가인에게도 통지하거나 송달하여야 한다(동조2항). 이 경우 참가인의 대리인 선임과 대표자 자격 및 서류 제출에 관하여는 제18조(^{대리인의}_{선임}), 제19조(^{대표자 등}_{의 자격}) 및 제22조 2항을 준용한다(^{동조}_{3항}).

2. 대 리 인

심판청구의 당사자인 청구인이나 피청구인은 대리인을 선임하여 당해 심판 청구에 관한 행위를 하게 할 수 있다. 청구인의 경우에는, 법정대리인 외에 ① 청구인의 배우자, 청구인 또는 배우자의 사촌 이내의 혈족, ② 청구인이 법인이 거나 청구인 능력이 있는 법인이 아닌 사단 또는 재단인 경우 그 소속 임직원, ③ 변호사, ④ 다른 법률에 따라 심판청구를 대리할 수 있는 자, ⑤ 그 밖에 위 원회의 허가를 받은 자 등을 대리인으로 선임할 수 있다(^{동법 18}_{조 1항}). 그리고 피청구 인의 경우에는 그 소속 직원 또는 위의 ③에서 ⑤까지의 어느 하나에 해당하는 자를 대리인으로 선임할 수 있다(^{동조}_{2항}). 이와 같이 선임된 대리인에 관하여는 선 정대표자에 관한 제15조 제3항 및 제5항을 준용한다(^{동조}_{3항}).

한편, 청구인이 경제적 능력으로 인해 대리인을 선임할 수 없는 경우에는 위원회에 국선대리인을 선임하여 줄 것을 신청할 수 있다(^{동법 18조}_{의2 1항}). 위원회는 그 신청에 따른 국선대리인 선정 여부에 대한 결정을 하고, 지체 없이 청구인에게 그 결과를 통지하여야 한다. 이 경우 위원회는 심판청구가 명백히 부적법하거 나 이유 없는 경우 또는 권리의 남용이라고 인정되는 경우에는 국선대리인을 선정하지 아니할 수 있다(^{동조}_{2항}). 국선대리인 신청절차, 국선대리인 지원 요건, 국선대리인의 자격·보수 등 국선대리인 운영에 필요한 사항은 국회규칙, 대법 원규칙, 헌법재판소규칙, 중앙선거관리위원회규칙 또는 대통령령으로 정한다 (^{동조}_{3항}). 경제적 사유로 대리인 선임이 곤란한 청구인 등 사회적 약자에게 행정심 판위원회가 대리인을 선임하여 지원함으로써 행정심판을 통한 국민권익 구제 를 확대하기 위한 것이다.

제 4 절 행정심판기관

I. 개 설

행정심판기관이란 행정심판의 청구를 수리하여 이를 심리·재결할 수 있는 권한을 가진 기관을 말한다. 행정심판기관을 어떻게 설치할 것인가는 행정조직과 행정쟁송제도를 바탕으로 입법정책적으로 결정할 문제이다. 종전의「행정심판법」(2008. 2. 29. 법률 제8871호로 개정되기 전의 것)은 심리·의결기능과 재결기능을 분리시켜서, 심판청구사건에 대한 심리·의결은 행정심판위원회에 부여하고 재결청이 행정심판위원회의 의결을 따라 지체없이 재결하도록 되어 있었다.

현재의「행정심판법」은 신속한 권리구제라는 행정심판제도의 취지에 부합하기 위하여 절차를 간소화시켜, 재결청의 개념을 없애고 행정심판위원회에서 행정심판사건의 심리 후에 직접 재결을 하도록 하고 있다.

II. 행정심판위원회

1. 행정심판위원회의 구분

행정심판위원회는 행정심판청구를 심리·의결하고 그 판단에 따라 재결하는 비상설 합의체의결기관이다. 현행법상의 행정심판위원회는 다음과 같다.

(1) 처분행정청 소속의 행정심판위원회

① 감사원, 국가정보원장, 그 밖에 대통령령으로 정하는 대통령 소속기관의 장, ② 국회사무총장·법원행정처장·헌법재판소 사무처장 및 중앙선거관리위원회 사무총장, ③ 국가인권위원회, 그 밖에 지위·성격의 독립성과 특수성 등이 인정되어 대통령령으로 정하는 행정청의 경우에는, 그 행정청 또는 그 소속 행정청(행정기관의 계층구조와 관계없이 그 감독을 받거나 위탁을 받은 모든 행정청을 말하되, 위탁을 받은 행정청은 그 위탁받은 사무에 관하여는 위탁한 행정청의 소속 행정청으로 본다)의 처분 또는 부작위에 대한 행정심판의 청구에 대하여는 그 행정청에 두는 행정심판위원회에서 심리·재결한다(동법 6조 1항).

(2) 중앙행정심판위원회[1]

① 「행정심판법」 제6조 1항에 따른 행정청 외의 국가행정기관의 장 또는 그 소속 행정청, ② 특별시장·광역시장·특별자치시장·도지사·특별자치도지사 (특별시·광역시·특별자치시·도 또는 특별자치도의 교육감을 포함한다) 또는 특별시·광역시·특별자치시·도·특별자치도의 의회 (의장, 위원회의 위원장, 사무처장 등 의회 소속 모든 행정청을 포함한다), ③ 「지방자치법」에 따른 지방자치단체조합 등 관계 법률에 따라 국가·지방자치단체·공공법인 등이 공동으로 설립한 행정청(다만, 행정심판법 6조 3항 3호에 해당하는 행정청은 제외한다)의 경우에는, 그 행정청의 처분 또는 부작위에 대한 심판청구에 대하여 「부패방지 및 국민권익위원회의 설치와 운영에 관한 법률」에 따른 국민권익위원회에 두는 중앙행정심판위원회에서 심리·재결한다(동법 6조 2항).

(3) 시·도지사 소속의 행정심판위원회

① 특별시·광역시·특별자치시·도·특별자치도 소속 행정청, ② 특별시·광역시·특별자치시·도·특별자치도의 관할구역에 있는 시·군·자치구의 장, 소속 행정청 또는 시·군·자치구의 의회(의장 등 의회 소속 모든 행정청을 포함한다), ③ 특별시·광역시·특별자치시·도·특별자치도의 관할구역에 있는 둘 이상의 지방자치단체(시·군·자치구를 말한다)·공공법인 등이 공동으로 설립한 행정청의 경우에는, 그 행정청의 처분 또는 부작위에 대한 심판청구에 대하여 특별시장·광역시장·특별자치시장·도지사·특별자치도지사(특별시·광역시·특별자치시·도 또는 특별자치도의 교육감을 포함한다) 소속으로 두는 행정심판위원회에서 심리·재결한다(동법 6조 3항).

(4) 직근 상급행정기관 소속의 행정심판위원회

「행정심판법」 제6조 2항 1호에도 불구하고 대통령령으로 정하는 국가행정기관 소속 특별지방행정기관의 장의 처분 또는 부작위에 대한 심판청구에 대하여는 해당 행정청의 직근 상급행정기관에 두는 행정심판위원회에서 심리·재결한다(동법 6조 4항).

(5) 제3자적 기관

행정심판에 있어서 심리·재결의 객관적 공정성을 특별히 보장하기 위하여, 개별법에서 특별한 제3자적 기관을 설치하여 심리·재결하게 하는 경우가 있는데, 소청심사위원회(국가공무원법 9조, 지방공무원법 13조), 조세심판원(국세기본법 67조) 등이 그에 해당한다.

---

1) 종래 '국무총리심판위원회'라고 하였으나, 개정법에서는 '중앙행정심판위원회'로 그 명칭을 변경하였다.

2. 행정심판위원회의 구성 및 회의

(1) (일반)행정심판위원회

행정심판위원회(중앙행정심판위원회는 제외한다)는 위원장 1명을 포함하여 50명 이내의 위원으로 구성한다(행정심판법 7조 1항). 종전 「행정심판법」(2010. 1. 25. 법률 제9968호로 전부 개정되기 전의 것)에는 15명 이내의 위원으로 구성하도록 되어 있었으나, 행정심판 청구가 급증하고, 청구사건이 다양화되고 전문화됨에 따라 다양한 분야의 전문가를 확보하기 위해서는 위원정원을 확대할 필요성이 있어 위원정원을 30명으로 확대하였다. 그리고 이후 다시 「행정심판법」 개정(2016. 3. 29. 법률 제14146호)을 통해 위원의 정원을 50명으로 확대했다.

(가) 행정심판위원회의 위원

행정심판위원회의 위원은 해당 행정심판위원회가 소속된 행정청이 다음의 어느 하나에 해당하는 사람 중에서 성별을 고려하여 위촉하거나 그 소속 공무원 중에서 지명한다(동조 4항).

① 변호사 자격을 취득한 후 5년 이상의 실무 경험이 있는 사람
② 「고등교육법」 제2조 1호부터 6호까지의 규정에 따른 학교에서 조교수 이상으로 재직하거나 재직하였던 사람
③ 행정기관의 4급 이상 공무원이었거나 고위공무원단에 속하는 공무원이었던 사람
④ 박사학위를 취득한 후 해당 분야에서 5년 이상 근무한 경험이 있는 사람
⑤ 그 밖에 행정심판과 관련된 분야의 지식과 경험이 풍부한 사람

(나) 행정심판위원회의 위원장

행정심판위원회의 위원장은 그 행정심판위원회가 소속된 행정청이 되며, 위원장이 없거나 부득이한 사유로 직무를 수행할 수 없거나 위원장이 필요하다고 인정하는 경우에는 다음의 순서에 따라 위원이 위원장의 직무를 대행한다(동법 7 조 2항).

① 위원장이 사전에 지명한 위원
② 동법 제7조 4항에 따라 지명된 공무원인 위원(2명 이상인 경우에는 직급 또는 고위공무원단에 속하는 공무원의 직무등급이 높은 위원 순서로, 직급 또는 직무등급도 같은 경우에는 위원 재직기간이 긴 위원 순서로, 재직기간도 같은 경우에는 연장자 순서로 한다)

위와 같은 규정에도 불구하고, 「행정심판법」 제6조 3항에 따라 특별시장·광역시장·도지사·특별자치도지사(특별시·광역시·도 또는 특별자치도의 교육감을 포함한다) 소속으로 두는 행정심판위원회의 경우에는 해당 지방자치단체의 조례로 정하는 바에 따라 공무원이 아닌 위원을 위원장으로 정할 수 있으며, 이 경우 위원장은 비상임으로 한다

(동법 7 / 조 3항). 이와 같이 개정법에서는 시·도 조례로 비상임 민간위원장을 도입할 수 있는 근거를 마련하였다.

(다) 행정심판위원회의 회의 및 운영

행정심판위원회의 회의는 위원장과 위원장이 회의마다 지정하는 8명의 위원(그 중 4항에 따른 위촉위원은 6명 이상으로 하되, 제3항에 / 따라 위원장이 공무원이 아닌 경우에는 5명 이상으로 한다)으로 구성한다. 다만, 국회규칙, 대법원규칙, 헌법재판소규칙, 중앙선거관리위원회규칙 또는 대통령령(제6조 3항에 따라 시·도지사 소속으로 / 두는 행정심판위원회의 경우에는 해당 / 지방자치단 / 체의 조례)으로 정하는 바에 따라 위원장과 위원장이 회의마다 지정하는 6명의 위원(그 중 제6조 4항에 따른 위촉위원은 5명 이상으로 하되, 동조 3항에 / 따라 공무원이 아닌 위원이 위원장인 경우에는 4명 이상으로 한다)으로 구성할 수 있다(동법 7 / 조 5항). 행정심판위원회는 제7조 5항에 따른 구성원 과반수의 출석과 출석위원 과반수의 찬성으로 의결한다(동법 7 / 조 6항).

행정심판위원회의 조직과 운영, 그 밖에 필요한 사항은 국회규칙, 대법원규칙, 헌법재판소규칙, 중앙선거관리위원회규칙 또는 대통령령으로 정한다(동법 7 / 조 7항).

(2) 중앙행정심판위원회

(가) 중앙행정심판위원회의 위원

중앙행정심판위원회는 위원장 1명을 포함한 70명 이내의 위원으로 구성하되, 위원 중 상임위원은 4명 이내로 한다(동법 8 / 조 1항). 중앙행정심판위원회 운영의 전문성 및 효율성을 제고하기 위하여 개정 「행정심판법」(2016. 3. 29. 법률 제 / 14146호로 개정된 것)은 위원의 수를 70명으로 확대했다.

중앙행정심판위원회의 상임위원은 일반직 공무원으로서 국가공무원법 제26조의5에 따른 임기제공무원으로 임명하되, 3급 이상 공무원 또는 고위공무원단에 속하는 일반직공무원으로 3년 이상 근무한 사람이나 그 밖에 행정심판에 관한 지식과 경험이 풍부한 사람 중에서 중앙행정심판위원회 위원장의 제청으로 국무총리를 거쳐 대통령이 임명한다(동조 / 3항). 그리고 중앙행정심판위원회의 비상임위원은 제7조 4항 각 호의 어느 하나에 해당하는 사람 중(① 변호사 자격을 취득한 후 5년 이 / 상의 실무 경험이 있는 사람. ② 고 등교육법 제2조 1호부터 6호까지의 규정에 따른 학교에서 조교수 이상으로 재직하거나 재직하였던 사람. ③ 행정기관의 4급 이상 공무원이었거나 고위공무원단에 속하는 공무원이었던 사람. ④ 박사학위를 취득한 후 해당 분야에서 5년 이상 근무한 경험이 있는 사람. ⑤ 그 밖에 행정심판과 관련된 분야의 지식과 / 경험이 풍부한 사람)에서 중앙행정심판위원회 위원장의 제청으로 국무총리가 성별을 고려하여 위촉한다(동조 / 4항).

(나) 중앙행정심판위원회의 위원장

중앙행정심판위원회의 위원장은 국민권익위원회의 부위원장 중 1명이 되며,

위원장이 없거나 부득이한 사유로 직무를 수행할 수 없거나 위원장이 필요하다고 인정하는 경우에는 상임위원(상임으로 재직할 기간이 긴 위원 순서로, 재직 기간이 같은 경우에는 연장자 순서로 한다)이 위원장의 직무를 대행한다(동법 8조 2항).

(다) 중앙행정심판위원회의 회의 및 운영

중앙행정심판위원회의 회의(6항에 따른 소위원회 회의는 제외한다)는 위원장, 상임위원 및 위원장이 회의마다 지정하는 비상임위원을 포함하여 총 9명으로 구성하며(동법 8조 5항), 중앙행정심판위원회는 심판청구사건 중 도로교통법에 따른 자동차운전면허 행정처분에 관한 사건(소위원회가 중앙행정심판위원회에서 심리·의결하도록 결정한 사건은 제외한다)을 심리·의결하게 하기 위하여 4명의 위원으로 구성하는 소위원회를 둘 수 있다(동법 8조 6항). 중앙행정심판위원회에 제기되는 사건 중 자동차운전면허 행정처분에 관한 사건이 높은 비중을 차지하고, 자동차운전면허 관련 행정처분이 국민의 생업에 직결되는 경우가 많은 현실을 고려해 청구인의 신속한 권리구제를 도모하기 위한 것이다. 중앙행정심판위원회 및 소위원회는 각각 동법 제8조 5항 및 6항에 따른 구성원 과반수의 출석과 출석위원 과반수의 찬성으로 의결한다(동법 8조 7항). 또한 중앙행정심판위원회는 위원장이 지정하는 사건을 미리 검토하도록 필요한 경우에는 전문위원회를 둘 수 있다(동법 8조 8항).

중앙행정심판위원회, 소위원회 및 전문위원회의 조직과 운영 등에 필요한 사항은 대통령령으로 정한다(동법 8조 9항).

(3) 위원의 임기 및 신분보장 등

(가) 위원의 임기

「행정심판법」제7조 4항에 따라 해당 행정심판위원회가 소속된 행정청이 그 소속 공무원 중에 지명한 위원은 그 직에 재직하는 동안 재임한다(동법 9조 1항). 동법 제8조 3항에 따라 임명된 중앙행정심판위원회 상임위원의 임기는 3년으로 하며, 1차에 한하여 연임할 수 있다(동조 2항). 동법 제7조 4항 및 제8조 4항에 따라 위촉된 위원의 임기는 2년으로 하되, 2차에 한하여 연임할 수 있다. 다만, 제6조 1항 2호에 규정된 기관에 두는 행정심판위원회의 위촉위원의 경우에는 각각 국회규칙, 대법원규칙, 헌법재판소규칙 또는 중앙선거관리위원회규칙으로 정하는 바에 따른다.

(나) 위원의 결격사유

대한민국 국민이 아닌 사람이나 국가공무원법 제33조 각 호의 어느 하나에 해당하는 사람은 제6조에 따른 행정심판위원회의 위원이 될 수 없으며, 위원이 이에 해당하게 된 때에는 당연히 퇴직한다($\frac{\text{동법 9}}{\text{조 4항}}$).

(다) 위원의 신분보장

제7조 4항 및 제8조 4항에 따라 위촉된 위원은 금고 이상의 형을 선고받거나 부득이한 사유로 장기간 직무를 수행할 수 없게 되는 경우 외에는 임기 중 그의 의사와 다르게 해촉되지 아니한다($\frac{\text{동법 9}}{\text{조 5항}}$).

3. 위원 등의 제척·기피·회피

「행정심판법」은 심판청구사건에 대한 심리·의결의 공정과 이에 대한 국민의 신뢰를 확보하기 위하여, 위원은 물론 당해 사건의 심의에 관한 사무에 관여하는 직원의 제척, 기피 및 회피에 관하여 명시하고 있다($\frac{\text{동법}}{\text{10조}}$).

여기에서 ① '제척'이란 법정사유가 있으면 법률상 당연히 그 사건에 대한 심리·재결에서 배제되는 것을 말하고, ② '기피'란 제척사유 이외에 심리·재결의 공정을 의심할 만한 사유가 있는 때에 당사자의 신청에 기한 위원회의 위원장의 결정에 의하여 심리·재결로부터 배제되는 것을 말하며, ③ '회피'란 위원이 스스로 제척 또는 기피의 사유가 있다고 인정하여 자발적으로 심리·재결을 피하는 것을 말한다.

4. 권   한

(1) 심리와 관련된 권한

행정심판위원회[2]는 행정심판청구사건에 관하여 심리하고 재결할 권한을 가지며, ① 대표자 선정권고권($\frac{\text{동법 15}}{\text{조 2항}}$), ② 청구인의 지위승계허가권($\frac{\text{동법 16}}{\text{조 5항}}$), ③ 피청구인경정권($\frac{\text{동법 17}}{\text{조 2항}}$), ④ 대리인 선임허가권($\frac{\text{동법 18조}}{\text{1항 5호}}$), ⑤ 심판참가허가 및 요구권($\frac{\text{동법 20}}{\text{조.21조}}$), ⑥ 청구의 변경허가권($\frac{\text{동법}}{\text{29조}}$), ⑦ 보정요구권($\frac{\text{동법}}{\text{32조}}$) 등의 심리권에 부수된 권한을 가진다.

---

2) 이하 "행정심판위원회" 또는 "위원회"는 행정심판법 6조의 행정심판위원회(중앙행정심판위원회 포함) 모두를 의미한다.

(2) 재결권

종전에는 행정심판위원회에서 재결할 내용을 의결하고 그 의결내용을 재결청에 통고한 후, 재결청은 위원회의 의결내용에 따라 재결하는 것이 순서였다. 그러나 현재는 이에 따라 행정심판위원회는 ① 취소심판의 청구가 이유가 있다고 인정하면 처분을 취소 또는 다른 처분으로 변경하거나 처분을 다른 처분으로 변경할 것을 피청구인에게 명하며($^{동법 43}_{조 3항}$), ② 무효등확인심판의 청구가 이유가 있다고 인정하면 처분의 효력 유무 또는 처분의 존재 여부를 확인하고 ($^{동법 43}_{조 4항}$), ③ 의무이행심판의 청구가 이유가 있다고 인정하면 지체 없이 신청에 따른 처분을 하거나 처분을 할 것을 피청구인에게 명한다($^{동법 43}_{조 5항}$).

(3) 불합리한 법령 등의 개선 요구권

중앙행정심판위원회는 심판청구를 심리·재결할 때에 처분 또는 부작위의 근거가 되는 명령 등($^{대통령령·총리령·부령·훈령·예}_{규·고시·조례·규칙 등을 말한다}$)이 법령에 근거가 없거나 상위 법령에 위배되거나 국민에게 과도한 부담을 주는 등 크게 불합리하면 관계 행정기관에 그 명령 등의 개정·폐지 등 적절한 시정조치를 요청할 수 있으며($^{동법 59}_{조 1항}$), 이러한 요청을 받은 관계 행정기관은 정당한 사유가 없으면 이에 따라야 한다 ($^{동법 59}_{조 2항}$).

이는 해당 행정심판에서 발견된 불합리한 법령 등을 개선함으로써 이후 유사한 사건이 발생하는 것을 방지하고, 이를 통해 신속하고 효율적인 권리구제를 보장함으로써 국민권익보호제도로서의 행정심판기능을 강화하기 위한 것이다.

(4) 조사·지도 등

중앙행정심판위원회는 행정청에 대하여 위원회 운영 실태, 재결 이행 상황, 행정심판의 운영 현황 등을 조사하고, 그에 따라 필요한 지도를 할 수 있다 ($^{동법 60}_{조 1항}$).

행정청은 이 법에 따른 행정심판을 거쳐 행정소송법에 따른 항고소송이 제기된 사건에 대하여 그 내용이나 결과 등 대통령령으로 정하는 사항을 반기마다 그 다음 달 15일까지 해당 심판청구에 대한 재결을 한 중앙행정심판위원회 또는 시·도지사 소속으로 두는 행정심판위원회에 알려야 하며($^{동법 60}_{조 2항}$), 제6조 3항에 따라 시·도지사 소속으로 두는 행정심판위원회는 중앙행정심판위원회가 요청하면 제2항에 따라 수집한 자료를 제출하여야 한다($^{동법 60}_{조 3항}$).

5. 권한의 승계

당사자의 심판청구 후 위원회가 법령의 개정·폐지 또는 제17조 5항에 따른 피청구인의 경정 결정(심판청구의 대상과 관계되는 권한이 다른 행정청에 승계됨을 이유로 한 피청구인의 경정결정)에 따라 그 심판청구에 대하여 재결할 권한을 잃게 된 경우에는 해당 위원회는 심판청구서와 관계 서류, 그 밖의 자료를 새로 재결할 권한을 갖게 된 위원회에 보내야 한다(동법 12조 1항). 이 경우 송부를 받은 위원회는 지체 없이 그 사실을 청구인, 피청구인, 그리고 참가인에게 알려야 한다(동법 12조 2항).

6. 권한의 위임

행정심판위원회의 권한 중 일부를 국회규칙, 대법원규칙, 헌법재판소규칙, 중앙선거관리위원회규칙 또는 대통령령으로 정하는 바에 따라 위원장에게 위임할 수 있다(동법 61조).

제 5 절   행정심판의 청구

행정심판은 청구인적격이 있는 자가 심판청구사항인 위법·부당한 처분이나 부작위를 대상으로 청구기간 내에 소정의 형식과 절차를 갖추어 피청구인인 행정청 또는 위원회(행정심판위원회 및 중앙행정심판위원회)에 청구하여야 한다.

Ⅰ. 행정심판청구의 방식

1. 서면주의

심판청구는 일정한 사항을 적은 서면으로 하여야 한다(동법 28조 1항). 심판청구에 있어서 서면주의를 택한 것은, 정형적인 방식으로 통일함으로써 구술로 하는 경우의 지체와 번잡을 피하고 그 내용을 명확히 하기 위한 것이다. 구체적인 내용을 보면 다음과 같다.

첫째, 처분에 대한 심판청구의 경우에는 심판청구서에 ① 청구인의 이름과 주소 또는 사무소(주소 또는 사무소 외의 장소에서 송달받기를 원하면 송달장소를 추가로 적어야 한다), ② 피청구인과 위원회, ③ 심판청구의 대상이 되는 처분의 내용, ④ 처분이 있음을 알게 된 날, ⑤ 심판청구의 취

지와 이유, ⑥ 피청구인의 행정심판 고지 유무와 그 내용 등이 포함되어야 한
다($\frac{동조}{2항}$).

둘째, 부작위에 대한 심판청구의 경우에는 위의 ①, ②, ⑤의 사항과 그 부작
위의 전제가 되는 신청의 내용과 날짜를 적어야 한다($\frac{동조}{3항}$).

셋째, 청구인이 법인이거나 제14조에 따른 청구인 능력이 있는 법인이 아닌
사단 또는 재단이거나 행정심판이 선정대표자나 대리인에 의하여 청구되는 것
일 때에는 제2항 또는 제3항의 사항과 함께 그 대표자·관리인·선정대표자
또는 대리인의 이름과 주소를 적어야 한다($\frac{동조}{4항}$).

넷째, 심판청구서에는 청구인·대표자·관리인·선정대표자 또는 대리인이
서명하거나 날인하여야 한다($\frac{동조}{5항}$).

2. 행정심판청구의 제출절차 등

(1) 심판청구서의 제출기관

행정심판을 청구하려는 자는 제28조에 따라 심판청구서를 작성하여 피청구
인이나 위원회에 제출하여야 하며, 이 경우 피청구인의 수만큼 심판청구서 부
본을 함께 제출하여야 한다($\frac{동법 23}{조 1항}$). 이때 행정심판의 청구기간을 계산함에 있어
서는 피청구인이나 위원회에 심판청구서가 제출되었을 때에 행정심판이 청구
된 것으로 본다($\frac{동법 23}{조 4항}$).

만약 행정청이 제58조에 따른 고지를 하지 아니하거나 잘못 고지하여 청구
인이 심판청구서를 다른 행정기관에 제출한 경우에는 그 행정기관은 그 심판
청구서를 지체 없이 정당한 권한이 있는 피청구인에게 보내야 하며($\frac{동법 23}{조 2항}$), 이
경우 심판청구서를 보낸 행정기관은 지체 없이 그 사실을 청구인에게 알려야
한다($\frac{동법 23}{조 3항}$). 이때 행정심판의 청구기간을 계산함에 있어서는 피청구인이 아닌
다른 행정기관에 심판청구서가 제출되었을 때에 행정심판이 청구된 것으로 본
다($\frac{동법 23}{조 4항}$).

과거에는 처분청경유주의를 취하였던바, 이는 처분청에게 반성·시정의 기
회를 부여함과 동시에 당해 심판청구에 대한 답변서의 작성·제출을 용이하게
하기 위함이었다. 그러나 이에 대해서는 행정편의주의라는 비판이 있어, 법률
의 개정($\frac{1995.}{12. 6}$)을 통해 현재와 같이 변경되었다.[1]

---

1) 그러나 구 행정심판법하에서도 대법원은 "처분청을 경유하여 행정심판을 제기하도록 경유절차를 두고
   있는 것은 청구인의 이익을 위하여 처분청으로 하여금 재도의 고려를 할 기회를 주려는 것이어서 청구

(2) 피청구인의 처리

(가) 피청구인의 심판청구서 등의 접수·처리

피청구인이 심판청구서를 접수하거나 송부받으면 10일 이내에 심판청구서 (피청구인이 직접 심판청구서를 접수한 경우에만 해당)와 답변서를 위원회에 보내야 한다. 다만, 청구인이 심판청구를 취하한 경우에는 그러하지 아니하다(동법 24조 1항).

이 경우 심판청구가 그 내용이 특정되지 아니하는 등 명백히 부적법하다고 판단되는 경우에 피청구인은 답변서를 위원회에 보내지 아니할 수 있다. 이 경우 심판청구서를 접수하거나 송부받은 날부터 10일 이내에 그 사유를 위원회에 문서로 통보하여야 한다(동법 24조 2항). 그럼에도 불구하고 위원장이 심판청구에 대하여 답변서 제출을 요구하면 피청구인은 위원장으로부터 답변서 제출을 요구받은 날부터 10일 이내에 위원회에 답변서를 제출하여야 한다(동법 24조 3항).

한편 처분의 상대방이 아닌 제3자가 심판청구를 한 경우에는 피청구인은 지체 없이 처분의 상대방에게 그 사실을 알려야 하며, 이 경우 심판청구서 사본을 함께 송달하여야 한다(동법 24조 4항). 이때 피청구인은 송부 사실을 지체 없이 청구인에게 알려야 한다(동법 24조 7항).

피청구인이 제1항 본문에 따라 위원회에 심판청구서를 보낼 때에는 심판청구서에 위원회가 표시되지 아니하였거나 잘못 표시된 경우에도 정당한 권한이 있는 위원회에 보내야 하며, 이 경우 피청구인은 송부 사실을 지체 없이 청구인에게 알려야 한다(동법 24조 5항. 7항). 또한 피청구인이 답변서를 보낼 때에는 청구인의 수만큼 답변서 부본을 함께 보내되, 답변서에는 ① 처분이나 부작위의 근거와 이유, ② 심판청구의 취지와 이유에 대응하는 답변, ③ 제24조 제4항에 해당하는 경우에는 처분의 상대방의 이름·주소·연락처와 제24조 제4항의 의무 이행 여부 등을 명확하게 적어야 한다(동법 24조 6항).

중앙행정심판위원회에서 심리·재결하는 사건인 경우 피청구인이 위원회에 심판청구서 또는 답변서를 보낼 때에는 소관 중앙행정기관의 장에게도 그 심판청구·답변의 내용을 알려야 한다(동법 24조 8항).

위와 같이 청구인에 대한 통지의무 등을 규정한 취지는, 청구인으로 하여금 자기가 제출한 심판청구서의 처리상황을 알 수 있도록 함으로써 주장의 보충

인이 스스로 그 이익을 포기하고 바로 재결청에 행정심판청구를 하였더라도 그 심판청구는 적법하다" 고 판시하였다(대판 1996. 8. 23, 96누4671. 동지판례: 대판 1985. 5. 28, 83누435; 대판 1993. 5. 11, 92누 15000).

및 증거서류 등의 제출을 용이하게 하기 위함이다.

(나) 피청구인의 직권취소 등

심판청구서를 받은 피청구인은 그 심판청구가 이유 있다고 인정하면 심판청구의 취지에 따라 직권으로 처분을 취소·변경하거나 확인을 하거나 신청에 따른 처분(이하 "직권취소등"이라 한다)을 할 수 있으며, 이 경우 서면으로 청구인에게 알려야 한다(동법 25조 1항). 이는 심판청구서를 받은 행정청이 재검토해 본 결과 심판청구가 이유 있다고 인정되는 경우에는 더 이상의 절차와 시간을 허비할 것이 아니라, 그 단계에서 심판청구의 취지에 따르는 처분을 하게끔 하려는 것이 제도의 취지이다.

피청구인이 직권취소 등을 하였을 때에는 청구인이 심판청구를 취하한 경우가 아니면 제24조 1항 본문에 따라 심판청구서·답변서를 보내거나 제3항에 따라 답변서를 보낼 때 직권취소 등의 사실을 증명하는 서류를 위원회에 함께 제출하여야 한다(동법 25조 2항).

(3) 위원회의 심판청구서 등의 접수·처리

위원회가 피청구인을 거치지 않고 심판청구서를 직접 받은 경우에는 지체 없이 피청구인에게 심판청구서 부본을 보내야 하며(동법 26조 1항), 심판청구서를 송부받은 피청구인은 10일 이내에 답변서를 위원회에 보내야 한다(동법 24조 1항). 피청구인으로부터 답변서가 제출되면 위원회는 답변서 부본을 청구인에게 송달하여야 한다(동법 26조 2항).

3. 전자정보처리조직을 통한 심판청구 등

2010년 개정된 「행정심판법」에서는 전자정보처리조직을 통한 행정심판의 근거를 마련하였다(동법 52조부터 54조까지). 여기서 '전자정보처리조직'이란 행정심판 절차에 필요한 전자문서를 작성·제출·송달할 수 있도록 하는 하드웨어, 소프트웨어, 데이터베이스, 네트워크, 보안요소 등을 결합하여 구축한 정보처리능력을 갖춘 전자적 장치를 말한다(동법 52조 1항). 주요내용을 보면 다음과 같다.

「행정심판법」에 따른 행정심판 절차를 밟는 자는 심판청구서와 그 밖의 서류를 전자문서화하고 이를 정보통신망을 이용하여 위원회에서 지정·운영하는 전자정보처리조직을 통하여 제출할 수 있으며(동법 52조 1항), 제출된 전자문서는 「행정심판법」에 따라 제출된 것으로 보며, 부본을 제출할 의무는 면제된다(동법 52조 2항).

위원회는 전자정보처리조직을 통하여 행정심판 절차를 밟으려는 자에게 본인(본인)임을 확인할 수 있는 「전자서명법」 제2조 2호에 따른 전자서명이나 그 밖의 인증($\frac{이하 "전자서명}{등"이라 한다$)을 요구할 수 있으며($\frac{동법 53}{조 1항}$), 전자서명 등을 한 자는 이 법에 따른 서명 또는 날인을 한 것으로 본다($\frac{동법 53}{조 2항}$).

피청구인 또는 위원회는 제52조 1항에 따라 행정심판을 청구하거나 심판참가를 한 자에게 전자정보처리조직과 그와 연계된 정보통신망을 이용하여 재결서나 이 법에 따른 각종 서류를 송달할 수 있다. 다만, 청구인이나 참가인이 동의하지 아니하는 경우에는 그러하지 아니하다($\frac{동법 54}{조 1항}$). 이러한 전자정보처리조직을 이용한 서류 송달은 서면으로 한 것과 같은 효력을 가진다($\frac{동법 54}{조 3항}$).

Ⅱ. 행정심판청구기간

심판청구는 소정의 청구기간 내에 제기하여야 한다. 한편, 행정심판 가운데 무효등확인심판과 부작위에 대한 의무이행심판은 청구기간 제한규정의 적용이 배제되므로($\frac{동법 27}{조 7항}$), 청구기간과 관련한 논의는 취소심판청구와 거부처분에 대한 의무이행심판에만 해당하게 된다.

심판청구기간의 문제는 입법정책적 문제인바, 이에는 그 기간을 가능한 길게 하여 충분한 권리구제를 도모하여야 한다는 요청과 처분의 효과 등 법률관계를 가능한 한 빨리 안정시켜야 한다는 행정상의 요청이 교차하고 있다. 과거의 「소원법」($\frac{1984. 12. 15. 법률 제3755}{호로 폐지되기 전의 것}$)의 경우 소원 제기기간을 행정처분이 있은 것을 안 날로부터 1월 이내, 행정처분이 있은 날로부터 3월 이내로 하였으며 또한 천재ㆍ지변 등과 같은 불가항력적인 사유가 있는 경우에도 특례를 인정하지 않았으므로, 권익구제가 충분하지 못하였다($\frac{소원법 3조}{참조}$). 그리하여 「행정심판법」은 심판청구기간을 종전보다 세 배나 길게 정하고 예외조항을 두며, 또한 고지제도를 채택함으로써 심판청구인의 편의를 도모하고 있다. 동시에 동법 제27조 3항 단서의 규정을 통하여 제3자보호 등의 배려 또한 행하고 있다.

1. 원칙적 심판청구기간

행정심판은 원칙적으로 처분이 있음을 알게 된 날부터 90일 이내에 청구하여야 하며($\frac{동법 27}{조 1항}$), 이는 불변기간으로서($\frac{동조}{1항}$), 직권조사사항이다. 또한 행정심판은 정당한 사유가 있는 경우가 아닌 한 처분이 있었던 날부터 180일이 지나면 청구하지 못한다($\frac{동조}{3항}$). 이들 두 청구기간 중 어느 하나라도 도과하면 심판청구를 하지 못한다.

여기에서 '처분이 있음을 알게 된 날'이란 통지·고지 기타의 방법에 의하여 당해 처분이 있었다는 사실을 현실적으로 알게 된 날을 의미하는데, 격지자에게 서면으로 처분을 행하는 경우에는 그 서면이 상대방에게 도달한 날, 공시송달의 경우에는 서면이 도달한 것으로 간주되는 날을 말한다. '처분이 있었던 날'이란 당해 처분이 대외적으로 표시되어 효력을 발생한 날을 말한다. 상대방이 처분이 있음을 알지 못한 경우에도 당해 처분이 있었던 날로부터 180일이 경과하면 심리청구를 제기할 수 없도록 규정한 것은 행정법관계의 안정성을 확보하기 위함이다.

> **[판례①]** 취소소송의 제소기간 기산점으로 행정소송법 제20조 제1항이 정한 '처분 등이 있음을 안 날'은 유효한 행정처분이 있음을 안 날을, 같은 조 제2항이 정한 '처분 등이 있은 날'은 그 행정처분의 효력이 발생한 날을 각 의미한다. 이러한 법리는 행정심판의 청구기간에 관해서도 마찬가지로 적용된다(대판 2019. 8. 9, 2019두38656).
>
> **[판례②]** 행정심판법 제18조 제1항 소정의 '처분이 있음을 안 날'이라 함은 당사자가 통지·공고 기타의 방법에 의하여 당해 처분이 있었다는 사실을 현실적으로 안 날을 의미하고, 추상적으로 알 수 있었던 날을 의미하는 것은 아니라 할 것이며, 다만 처분을 기재한 서류가 당사자의 주소에 송달되는 등으로 사회통념상 처분이 있음을 당사자가 알 수 있는 상태에 놓여진 때에는 반증이 없는 한 처분이 있음을 알았다고 추정할 수는 있다(대판 2002. 8. 27, 2002두3850).
>
> **[판례③]** 행정심판법 제18조 제1항의 출소기간이 경과하였는지 여부는 소송요건으로서 법원의 직권조사사항이다(대판 1988. 5. 24, 87누990).

2. 예외적 심판청구기간

(1) 90일에 대한 예외

청구인이 천재지변, 전쟁, 사변, 그 밖의 불가항력으로 인하여 처분이 있음을 알게 된 날로부터 90일 이내에 심판청구를 할 수 없었을 때에는 그 사유가 소멸한 날부터 14일 이내에 행정심판을 청구할 수 있다. 다만, 국외에서 행정심판을 청구하는 경우에는 그 기간을 30일로 한다(동법 27조 2항). 이 역시 불변기간으로서(동조 4항), 직권조사사항이다.

(2) 180일에 대한 예외

처분이 있었던 날로부터 180일이 경과하더라도 그 기간 내에 심판청구를 제기하지 못한 정당한 사유가 있는 경우에는 심판청구를 할 수 있다(동법 27조 3항). '정당한 사유'에 해당하는 것이 무엇인지가 문제되는데, 이는 처분이 있은 날로부터 180일 이내에 심판청구를 하지 못함을 정당화할 만한 객관적인 사유를 의미하는 바, 전술한 불가항력보다는 광의의 개념이라고 할 수 있다.

3. 제3자효 처분의 심판청구기간

제3자효 처분에 있어서 직접 상대방이 아닌 제3자가 행정심판을 제기하는 경우에도, 심판청구기간은 원칙적으로 처분이 있음을 알게 된 날로부터 90일 이내, 처분이 있었던 날로부터 180일 이내라 할 것이다.

「행정절차법」은 "당사자에게 의무를 과하거나 권익을 제한하는 처분"을 하는 경우에 당사자 등에게 통지를 하도록 규정하고 있다(21조 1항). 그리고 '당사자 등'은 "행정청의 처분에 대하여 직접 그 상대가 되는 당사자와 행정청이 직권 또는 신청에 의하여 행정절차에 참여한 이해관계인"을 말하는데(동법 2조 4호), 모든 제3자가 그에 포함되어 행정청으로부터 처분의 통지를 받을 수는 없는 일이다. 따라서 현실적으로 '처분이 있음을 알지 못하는 제3자'가 생길 수 있다.

대법원은 제3자가 행정심판법 제27조 3항 소정의 심판청구기간 내에 심판청구를 제기하지 아니하였다 하더라도, 그 심판청구기간 내에 심판청구가 가능하였다는 특별한 사정이 없는 한, 동법 제27조 3항의 제척기간의 적용을 배제할 정당한 사유가 있는 경우에 해당한다고 판시하였다.

> **[판례]** 행정처분의 상대방이 아닌 제3자는 일반적으로 처분이 있는 것을 바로 알 수 없는 처지에 있으므로 처분이 있은 날로부터 180일이 경과하더라도 특별한 사유가 없는 한 행정심판법 제18조 제3항 단서 소정의 정당한 사유가 있는 것으로 보아 심판청구가 가능하다(대판 2002. 5. 24, 2000두3641. 동지 판례: 대판 1989. 5. 9. 88누5150).

위 판례에 나타난 대법원의 판지는 일단 높이 평가될 만하다. 다만 그 경우에도 제3자가 180일이 지난 후 과연 언제까지 심판청구를 할 수 있는가가 여전히 문제될 수 있다. 이 문제는 「행정심판법」 제27조 1항 내지 3항의 해석 및 신의칙에 비추어 판단해야 할 것으로 생각된다. 「행정심판법」 제27조 1항 및 3항은 원칙적인 심판청구기간을 규정한 것으로, 두 기간 중 어느 기간이라도 먼저 경과하면 행정심판을 제기하지 못한다. 동법 제27조 2항은 제1항에 대한 예외 규정이며, 제27조 3항의 "정당한 사유가 있는 경우에는 그러하지 아니하다"는 처분이 있었던 날로부터 180일 이내에 제기하여야 한다는 원칙이 적용되지 않는다는 의미이다. 따라서 이 때에는 제27조 1항만이 적용되므로, 처분이 있는 것을 알았다고 할 수 있는 때로부터 90일 이내에 제기하여야 한다고 보아야 할 것이다.

4. 심판청구기간의 불고지 등의 경우

「행정심판법」은 고지제도를 명문화하고 있는바, 행정청은 처분을 하는 경우에 그 상대방에게 처분에 관하여 행정심판을 제기할 수 있는지 여부, 제기하는 경우의 심판청구절차 및 청구기간을 알려 주도록 규정하고 있다(동법 58조). 그러나 행정청이 고지 자체를 하지 않거나, 고지는 하되 심판청구기간을 제외하거나, 착오로 법정의 심판청구기간보다 긴 기간으로 잘못 고지한 경우가 생길 수 있다. 「행정심판법」은 불고지·오고지의 효과와 관련하여 행정청에게 위험부담을 지우고 있는바, 심판청구기간을 고지하지 아니한 때에는 상대방이 처분이 있음을 알았을지라도 당해 처분이 있었던 날로부터 180일 이내에, 심판청구기간을 착오로 법정기간(처분이 있음을 안 날로부터 90일)보다 장기로 잘못 고지한 때에는 그 잘못 고지된 기간 내에 심판청구를 할 수 있게 정하고 있다(동법 27조 5항, 6항).

[판례] 행정청이 법정 심판청구기간보다 긴 기간으로 잘못 알린 경우에 그 잘못 알린 기간 내에 심판청구가 있으면 그 심판청구는 법정 심판청구기간 내에 제기된 것으로 본다는 취지의 행정심판법 제18조 제5항의 규정은 행정심판 제기에 관하여 적용되는 규정이지, 행정소송 제기에도 당연히 적용되는 규정이라고 할 수는 없다. 행정심판과 행정소송은 그 성질, 불복사유, 제기기간, 판단기관 등에서 본질적인 차이점이 있고, 임의적 전치주의는 당사자가 행정심판과 행정소송의 유·불리를 스스로 판단하여 행정심판을 거칠지 여부를 선택할 수 있도록 한 취지에 불과하므로 어느 쟁송 형태를 취한 이상 그 쟁송에는 그에 관련된 법률 규정만이 적용될 것이지 두 쟁송 형태에 관련된 규정을 통틀어 당사자에게 유리한 규정만이 적용된다고 할 수는 없으며, 행정처분시나 그 이후 행정청으로부터 행정심판 제기기간에 관하여 법정 심판청구기간보다 긴 기간으로 잘못 통지받은 경우에 보호할 신뢰 이익은 그 통지받은 기간 내에 행정심판을 제기한 경우에 한하는 것이지 행정소송을 제기한 경우에까지 확대된다고 할 수 없으므로, 당사자가 행정처분시나 그 이후 행정청으로부터 행정심판 제기기간에 관하여 법정 심판청구기간보다 긴 기간으로 잘못 통지받아 행정소송법상 법정 제소기간을 도과하였다고 하더라도, 그것이 당사자가 책임질 수 없는 사유로 인한 것이라고 할 수는 없다(대판 2001. 5. 8. 2000두6916).

Ⅲ. 심판청구의 변경·취하

1. 심판청구의 변경

청구인은 청구의 기초에 변경이 없는 범위에서 청구의 취지나 이유를 변경할 수 있다($\frac{동법}{조} \frac{29}{1항}$). 행정심판이 청구된 후에 피청구인이 새로운 처분을 하거나 심판청구의 대상인 처분을 변경한 경우에, 청구인은 새로운 처분이나 변경된 처분에 맞추어 청구의 취지나 이유를 변경할 수 있다($\frac{동법}{조} \frac{29}{2항}$). 이러한 청구의 변경은 서면으로 신청하여야 하며, 이 경우 피청구인과 참가인의 수만큼 청구변경신청서 부본을 함께 제출하여야 한다($\frac{동법}{조} \frac{29}{3항}$).

위원회는 제3항에 따른 청구변경신청서 부본을 피청구인과 참가인에게 송달하여야 한다($\frac{동법}{조} \frac{29}{4항}$). 이 경우 위원회는 기간을 정하여 피청구인과 참가인에게 청구변경 신청에 대한 의견을 제출하도록 할 수 있으며, 피청구인과 참가인이 그 기간에 의견을 제출하지 아니하면 의견이 없는 것으로 본다($\frac{동법}{조} \frac{29}{5항}$).

위원회는 청구의 변경 신청에 대하여 허가할 것인지 여부를 결정하고, 지체 없이 신청인에게는 결정서 정본을, 당사자 및 참가인에게는 결정서 등본을 송달하여야 한다($\frac{동법}{조} \frac{29}{6항}$). 결정에 이의가 있는 신청인은 결정서 등본을 송달 받은 날부터 7일 이내에 위원회에 이의신청을 할 수 있다($\frac{동법}{조} \frac{29}{7항}$). 종래에는 「행정심판법」에 있어서 위와 같은 위원회의 절차적 사항에 대한 결정에 대하여는 당사자가 다툴 방법이 없었으나, 절차적 사항에 대한 행정심판위원회의 결정에 대해 이의신청제도를 도입하였다($\frac{법률 제9968호,}{1. 25 전부개정} \frac{2010.}{}$).

청구의 변경결정이 있으면 처음 행정심판이 청구되었을 때부터 변경된 청구의 취지나 이유로 행정심판이 청구된 것으로 본다($\frac{동법}{조} \frac{29}{8항}$).

2. 심판청구의 취하

청구인은 심판청구에 대하여 위원회($\frac{행정심판위원회 ;}{중앙행정심판위원회}$)의 의결이 있을 때까지 서면으로 심판청구를 취하할 수 있다($\frac{동법}{조} \frac{42}{1항}$). 취하서에는 청구인이 서명하거나 날인하여야 하며($\frac{동법}{조} \frac{42}{3항}$). 취하서를 피청구인 또는 위원회에 제출하여야 하며, 이 경우 제23조 2항부터 4항까지의 규정을 준용한다($\frac{동법}{조} \frac{42}{4항}$). 피청구인 또는 위원회는 계속 중인 사건에 대하여 취하서를 받으면 지체 없이 다른 관계 기관, 청구인, 참가인에게 취하 사실을 알려야 한다($\frac{동법}{조} \frac{42}{5항}$).

Ⅳ. 행정심판청구의 효과[2]

심판청구의 제기에 따르는 효과는, 행정심판위원회에 대한 것과 당해 심판청구의 대상인 처분에 대한 것으로 나눌 수 있다.

1. 행정심판위원회에 대한 효과

위원회는 심판청구인으로부터 직접 심판청구서를 받거나 피청구인인 행정청으로부터 심판청구서를 송부받으면 심리를 한 후 재결을 하여야 한다. 또한 제3자가 심판청구를 한 때에는 위원회는 처분의 상대방에게 이를 알려야 한다($\frac{동법}{조} \frac{24}{2항}$).

2. 처분에 대한 효과(집행정지)

(1) 집행부정지의 원칙

심판청구는 처분의 효력이나 그 집행 또는 절차의 속행에 영향을 주지 아니한다($\frac{동법}{조} \frac{30}{1항}$). 이를 '집행부정지의 원칙'이라 한다. 집행부정지원칙과 관련하여 이 원칙을 행정행위의 공정력(예선적 효력)의 당연한 귀결로 생각하는 견해도 없지 않다. 그러나 집행정지 또는 집행부정지의 원칙을 취하는가는 행정의 신속성·실효성을 중시하는가 아니면 국민의 권리구제를 중시하는가 하는 입법정책의 문제라고 생각된다.

(2) 집행정지결정의 요건

위원회는 처분, 처분의 집행 또는 절차의 속행 때문에 중대한 손해가 생기는 것을 예방할 필요성이 긴급하다고 인정할 때에는 직권으로 또는 당사자의 신청에 의하여 처분의 효력, 처분의 집행 또는 절차의 속행의 전부 또는 일부의 정지를 결정할 수 있다. 다만, 처분의 효력정지는 처분의 집행 또는 절차의 속행을 정지함으로써 그 목적을 달성할 수 있을 때에는 허용되지 아니한다($\frac{동법}{조} \frac{30}{2항}$). 집행정지는 공공복리에 중대한 영향을 미칠 우려가 있을 때에는 허용되지 아니한다($\frac{동법}{조} \frac{30}{3항}$).

---

2) 이하의 내용은 "행정소송(항고소송)의 제기효과"와 상당 정도로 중복되므로, 약술하기로 한다.

(3) 집행정지결정의 절차

위원회는 직권으로 또는 당사자의 신청에 의하여 집행정지를 결정할 수 있다($\frac{동법}{조}\frac{30}{2항}$). 그러나 위원회의 심리·결정을 기다릴 경우 중대한 손해가 생길 우려가 있다고 인정되면 위원장은 직권으로 위원회의 심리·결정을 갈음하는 결정을 할 수 있다. 이 경우 위원장은 지체 없이 위원회에 그 사실을 보고하고 추인을 받아야 하며, 위원회의 추인을 받지 못하면 위원장은 집행정지 또는 집행정지 취소에 관한 결정을 취소하여야 한다($\frac{동법}{조}\frac{30}{6항}$).

(4) 집행정지결정의 내용과 효력

집행정지결정은 처분의 효력, 처분의 집행 또는 절차의 속행의 전부 또는 일부의 정지를 그 내용으로 한다($\frac{동법}{2항}\frac{30조}{본문}$). 다만, '처분의 효력정지'는 처분의 집행 또는 절차의 속행을 정지함으로써 그 목적을 달성할 수 있을 때에는 허용되지 아니한다($\frac{동법}{2항}\frac{30조}{단서}$).

(5) 집행정지결정의 취소와 대결

위원회는 집행정지를 결정한 후에 집행정지가 공공복리에 중대한 영향을 미치거나 그 정지사유가 없어진 경우에는 직권으로 또는 당사자의 신청에 의하여 집행정지 결정을 취소할 수 있다($\frac{동법}{조}\frac{30}{4항}$). 집행결정의 취소 역시 위원회의 심리·결정을 기다릴 경우 중대한 손해가 생길 우려가 있다고 인정되면 위원장은 직권으로 위원회의 심리·결정을 갈음하는 결정을 할 수 있다. 이 경우 위원장은 지체 없이 위원회에 그 사실을 보고하고 추인을 받아야 하며, 위원회의 추인을 받지 못하면 위원장은 집행정지 또는 집행정지 취소에 관한 결정을 취소하여야 한다($\frac{동법}{조}\frac{30}{6항}$).

3. 임시처분

(1) 의　의

행정심판의 청구인이 처분이나 부작위에 의하여 회복하기 어려운 손해를 입게 되는 경우 종전의 집행정지제도만으로는 청구인의 권익을 구제하기가 어려웠다. 그에 따라 2010년 개정된 「행정심판법」($\frac{2010.\,1.\,25.\ 법률\ 제9968}{호로\ 전부\ 개정된\ 것}$)에서는 행정청의 처분이나 부작위 때문에 발생할 수 있는 당사자의 중대한 불이익이나 급박한 위험을 막기 위하여 당사자에게 임시지위를 부여할 수 있는 임시처분제도를 도입하였다.

(2) 요건 및 효과

위원회는 처분 또는 부작위가 위법·부당하다고 상당히 의심되는 경우로서 처분 또는 부작위 때문에 당사자가 받을 우려가 있는 중대한 불이익이나 당사자에게 생길 급박한 위험을 막기 위하여 임시지위를 정하여야 할 필요가 있는 경우에는 직권으로 또는 당사자의 신청에 의하여 임시처분을 결정할 수 있다 (동법 31 조 1항).

이러한 임시처분에 관하여는 집행정지의 요건인 제30조 3항부터 7항까지를 준용하며, 이 경우 같은 조 6항 전단 중 "중대한 손해가 생길 우려"는 "중대한 불이익이나 급박한 위험이 생길 우려"로 본다(동법 31 조 2항).

(3) 임시처분의 보충성

임시처분은 제30조 2항에 따른 집행정지로 목적을 달성할 수 있는 경우에는 허용되지 아니한다(동법 31 조 3항). 즉 임시처분 제도는 당사자에게 적극적으로 어떤 법적 지위를 부여하는 것이기 때문에, 소극적인 수단인 집행정지로 인해 손해의 발생을 막을 수 없는 경우에만 허용되는 수단으로 보아야 한다.

제 6 절 행정심판의 심리

I. 개 설

행정심판의 심리란 재결의 기초가 될 사실관계 및 법률관계를 명백히 하기 위하여 행정심판위원회가 당사자 및 관계인의 주장과 반박을 듣고 증거 기타의 자료를 수집·조사하는 일련의 절차를 말한다. 심판청구사건의 심리는 행정심판위원회의 권한에 속한다.

한편, 심리절차의 객관적 공정을 보장하기 위해 심리절차의 사법절차화가 요구되는바, 「행정심판법」은 심리절차와 관련하여 당사자주의적 구조(대심주의)를 취하고 있다. 그리하여 청구인과 피청구인인 행정청을 당사자로 하여 이들이 공격·방어방법으로 제출한 의견진술과 증거 등을 바탕으로 행정심판위원회가 제3자적 입장에서 심리를 진행하도록 되어 있다.

Ⅱ. 심리의 내용과 범위

1. 심리의 내용

현행법상 행정심판의 심리는 관할 행정심판위원회의 권한으로 되어 있는바, 그 심리의 내용에는 다음 사항이 포함된다.

(1) 요건심리와 보정

행정심판을 청구하는 데 필요한 형식적인 요건을 충족하고 있는가 여부에 대한 심리가 요건심리이다. 형식적인 요건에 해당하는 것으로는 ① 행정심판의 대상($처분_ 또는 부작위$)의 존재 여부, ② 권한 있는 행정청 또는 위원회에의 제기 여부, ③ 청구인적격의 유무, ④ 행정심판의 청구기간의 준수 여부, ⑤ 심판청구서의 기재사항의 구비 등이 있다.

위와 같은 형식적 요건을 충족하지 못하는 심판청구는 부적법하여 각하재결의 대상이 된다. 하지만 「행정심판법」에 의하면 위원회는 심판청구가 적법하지 아니하나 보정(補正)할 수 있다고 인정하면 기간을 정하여 청구인에게 보정할 것을 요구할 수 있고, 다만, 경미한 사항은 직권으로 보정할 수 있는 것으로 규정하고 있다($32조_ 1항$). 청구인은 보정요구를 받으면 서면으로 보정하여야 하고, 이 경우 다른 당사자의 수만큼 보정서 부본을 함께 제출하여야 한다($32조_ 2항$). 위원회는 제출된 보정서 부본을 지체 없이 다른 당사자에게 송달하여야 한다($32조_ 3항$). 당사자가 보정을 한 경우에는 처음부터 적법하게 행정심판이 청구된 것으로 보고($32조_ 4항$), 보정기간은 제45조에 따른 재결 기간에 산입하지 아니한다($32조_ 5항$). 위원회는 청구인이 보정기간 내에 그 흠을 보정하지 아니한 경우에는 그 심판청구를 각하할 수 있다($32조_ 6항$).

(2) 본안심리

본안심리라 함은 심판청구인의 청구의 당부에 대하여 심리하는 것을 말한다. 본안심리는 본래 요건심리의 결과 행정심판의 청구가 형식적 요건을 충족하고 있음을 전제로 하는 것이지만, 요건심리가 언제나 본안심리에 시간적으로 선행하는 것은 아니다. 따라서 본안심리의 도중에 형식적 요건의 흠결이 판명될 때에는 언제든지 각하를 할 수 있다.

2. 심리의 범위

(1) 불고불리 및 불이익변경금지의 원칙

과거에는 심리의 범위가 심판청구의 취지에 의하여 제한되는지의 여부, 즉 심판청구의 심리·재결에 있어서 불고불리 및 불이익변경금지의 원칙이 적용되는지의 여부가 문제되었는바,「행정심판법」은 "위원회는 심판청구의 대상인 처분 또는 부작위 외의 사항에 대하여는 재결하지 못한다"($^{47조}_{1항}$), "위원회는 심판청구의 대상이 되는 처분보다 청구인에게 불리한 재결을 하지 못한다"($^{동조}_{2항}$) 라는 말을 통해 이들 원칙을 명문화하였다.

(2) 법률문제·재량문제

행정심판은 행정소송의 경우와는 달리 위법한 처분이나 부작위뿐만 아니라 부당한 처분이나 부작위에 대하여도 제기할 수 있으므로, 행정심판의 심리기관은 처분의 위법성(법률문제) 및 타당성(재량문제)에 관하여 심리할 수 있다 ($^{동법\ 1조.}_{5조\ 참조}$).

다만 위법성과 부당성의 구별이 실제에 있어서는 어려우며, 또한 그 구별이 유동적이라고 하는 점에 유의할 필요가 있다. 그러나 양자의 구별의 곤란성이 그 구별을 부인하는 사유가 될 수는 없다. 왜냐하면 위법성과 부당성의 구별의 부인은 엄연히 존재하는 행정소송과 행정심판의 구별을 부인하는 결과를 가져오기 때문이다.

Ⅲ. 심리의 절차

1. 심리절차의 구조와 원칙

(1) 당사자주의적 구조(대심주의)

「행정심판법」상 행정심판의 심리는 전체적으로 당사자주의적 구조(대심주의)에 입각하고 있다. 당사자주의적 구조(대심주의)란 심리에 있어서 당사자 쌍방에게 공격·방어방법을 제출할 수 있는 대등한 기회를 보장하는 제도이다. 따라서 행정심판은 청구인이 처분을 한 행정청($^{의무이행심판의\ 경우에는\ 청}_{구인의\ 신청을\ 받은\ 행정청}$)을 피청구인으로 하여 제기하도록 되어 있으며($^{동법\ 17}_{조\ 1항}$), 심리기관은 제3자적 입장에서, 원칙적으로 당사자가 제출한 공격·방어방법을 바탕으로 심리를 진행하도록 되어 있다.

(2) 구술심리주의와 서면심리

행정심판의 심리는 구술심리 또는 서면심리로 한다. 다만 당사자가 구술심리를 신청한 때에는, 서면심리만으로 결정할 수 있다고 인정하는 경우 외에는, 구술심리를 하여야 한다($\frac{동법}{조1항}^{40}$).

(3) 발언 내용 등의 비공개

위원회에서 위원이 발언한 내용 기타 공개할 경우 위원회의 심리·의결의 공정성을 해할 우려가 있는 사항으로서 대통령령이 정하는 사항은 이를 공개하지 아니하도록 되어 있다($\frac{동법}{41조}$).

(4) 직권탐지주의의 가미

행정심판위원회는 사건의 심리를 위하여 필요하다고 인정할 때에는 직권에 의하여 증거조사를 할 수 있으며($\frac{동법}{조1항}^{36}$), 당사자가 주장하지 아니한 사실에 대하여도 심리할 수 있다($\frac{동법}{39조}$).

「행정심판법」이 행정소송법($\frac{26}{조}$)과 마찬가지로 직권탐지주의 또는 직권심리주의를 보충적으로 취하고 있는 이유는, 행정심판이 개인의 권리구제와 아울러 행정의 적법성과 타당성 보장이라고 하는 공익실현의 두 가지 목적을 추구하는 당연한 귀결이라 할 수 있다. 그러나 불고불리의 원칙이 적용되기 때문에, 행정심판위원회의 직권심리도 심판청구의 대상이 되는 처분 또는 부작위 외의 사항에는 미칠 수 없다($\frac{동법}{조1항}^{47}$).

2. 당사자의 절차적 권리(심리의 구체적 절차)

행정심판청구의 당사자는 다음과 같은 절차적 권리를 행사하여 행정심판의 심의절차에 관여할 수 있다.

(1) 위원 등에 대한 기피신청권

당사자는 행정심판위원회의 위원에게 심의·재결의 공정을 기대하기 어려운 사정이 있는 경우에는 그 위원에 대한 기피신청을 할 수 있다. 사건의 심리·재결에 관한 사무에 관여하는 직원에 대하여도 기피신청권이 인정된다($\frac{동법 10조}{2 항, 7항}$).

(2) 구술심리신청권

행정심판의 심리는 구술심리 또는 서면심리를 할 수 있는데, 당사자는 행정
심판위원회에 구술심리를 신청할 수 있는 권리를 가진다. 당사자가 구술심리를
신청한 때에는 서면심리만으로 결정할 수 있다고 인정되는 경우 외에는 위원
회는 구술심리를 하여야 한다($\frac{동법}{조1항}^{40}$).

(3) 피청구인의 답변서제출 요구권

심판청구서는 피청구인인 행정청 또는 위원회에 제출하도록 되어 있거니와
($\frac{동법}{23조}$), 피청구인이 심판청구서를 위원회에 송부할 때에는 답변서를 첨부하여야
한다($\frac{동법}{조1항}^{24}$). 답변서에는 처분 또는 부작위의 근거와 이유를 명시하고, 심판청
구의 취지와 이유에 대응하는 답변을 기재하여야 하며, 청구인이 처분의 상대
방이 아닌 경우에는 처분 상대방의 이름·주소·연락처와 처분의 상대방에게
행정심판 청구 사실을 알렸는지를 적고 청구인의 수만큼 답변서 부본을 첨부
하여야 한다($\frac{동조}{4항}$). 피청구인으로부터 답변서가 제출된 때에는 위원회는 그 부
본을 청구인에게 송달하여야 한다($\frac{동법}{26조 2항}$). 그 결과 청구인은 피청구인의 답변
서제출을 요구할 수 있는 권리를 가진다고 말할 수 있다.

(4) 보충서면제출권

당사자는 심판청구서·보정서·답변서 또는 참가신청서에서 주장한 사실을
보충하고 다른 당사자의 주장을 다시 반박하기 위하여 필요하다고 인정할 때
에는 보충서면을 제출할 수 있다. 이 경우에 위원회가 보충서면의 제출기한을
정한 때에는 그 기한 내에 이를 제출하여야 한다($\frac{동법}{33조}$). 특히 피청구인인 행정청
의 답변서에 대한 반론서(보충서면)의 제출은 심판청구인의 권리로 볼 수 있다.

(5) 증거제출권

당사자는 심판청구서·보정서·답변서 또는 참가신청서에 덧붙여 그 주장
을 뒷받침하는 증거서류 또는 증거물을 제출할 수 있다($\frac{동법}{조1항}^{34}$). 증거서류에는
다른 당사자의 수에 따르는 부본을 첨부하여야 하며, 위원회는 당사자로부터
제출된 증거서류의 부본을 지체없이 다른 당사자에게 송달하여야 한다($\frac{동조}{3항}$ 2항.).

(6) 증거조사신청권

당사자는 위원회에 참가인신문·증거자료의 제출·감정·검증의 요구 등
증거조사를 신청할 수 있다($\frac{동법}{조1항}^{36}$).

3. 증거조사

위원회는 사건을 심리하기 위하여 필요하면 직권으로 또는 당사자의 신청에 의하여 증거조사를 할 수 있다. 「행정심판법」은 위원회가 할 수 있는 증거조사 방법으로 ① 당사자나 관계인(관계 행정기관 소속 공무원을 포함한다. 이하 같다)을 위원회의 회의에 출석하게 하여 신문(訊問)하는 방법, ② 당사자나 관계인이 가지고 있는 문서·장부·물건 또는 그 밖의 증거자료의 제출을 요구하고 영치(領置)하는 방법, ③ 특별한 학식과 경험을 가진 제3자에게 감정을 요구하는 방법, ④ 당사자 또는 관계인의 주소·거소·사업장이나 그 밖의 필요한 장소에 출입하여 당사자 또는 관계인에게 질문하거나 서류·물건 등을 조사·검증하는 방법 등을 규정하고 있다($\frac{36조}{1항}$). 하지만 행정심판의 심리는 헌법상 독립된 법관이 소송법에 근거해 하는 사법작용과는 성격이 다르기 때문에 소송절차에서의 증인신문, 감정 및 검증 등에 관한 규정들이 적용되지 않는다.

위원회는 필요하면 직접 증거조사를 하지 않고 위원회가 소속된 행정청의 직원이나 다른 행정기관에 촉탁하여 증거조사를 하게 할 수 있다($\frac{36조}{2항}$). 증거조사를 수행하는 사람은 그 신분을 나타내는 증표를 지니고 이를 당사자나 관계인에게 내보여야 한다($\frac{36조}{3항}$). 증거조사에 있어 제1항에 따른 당사자 등은 위원회의 조사나 요구 등에 성실하게 협조하여야 한다($\frac{36조}{4항}$).

4. 심리의 병합과 분리

「행정심판법」은 심판청구사건에 대한 심리의 신속성·경제성·능률화를 위하여 심리의 병합과 분리를 규정하고 있다.

(1) 심리의 병합

위원회는 필요하다고 인정할 때에는 관련되는 심판청구를 병합하여 심리할 수 있다($\frac{통법}{전단}$37조). 이것은 심리의 촉진을 위한 것이다. 병합심리할 수 개의 심판청구는 함께 심리를 진행하는 것이 가능하고 또한 법률상·사실상 관련성이 있으면 족한데, 병합심리의 필요성 및 관련성 여부는 위원회가 개별적·구체적으로 결정한다.

(2) 심리의 분리

위원회는 필요하다고 인정할 때에는 병합된 관련청구를 분리하여 심리할 수 있다($\frac{통법}{후단}$37조). 여기에서 '병합된 관련청구'에는 위원회가 직권으로 병합한 관련청구 외에 당사자에 의하여 병합제기된 관련청구도 포함하는 것으로 새겨 진다.

제 7 절 행정심판의 재결

Ⅰ. 재결의 의의

재결이란 심판청구사건에 대한 심리의 결과에 따라 최종적인 법적 판단을 하는 행위를 말한다. 즉, 심판청구사건에 대한 위원회의 종국적 판단으로서의 의사표시이다. 재결은 행정법상 법률관계에 관한 분쟁에 대하여 위원회가 일정한 절차를 거쳐서 판단·확정하는 행위이므로 확인행위로서의 성질을 가진다. 그리고 재결이란 심판청구의 제기를 전제로 한 판단작용이라는 점에서 법원의 판결과 성질이 비슷하므로 준사법행위에 해당한다고 말할 수 있다.

Ⅱ. 재결의 주체

과거에는 재결청이 존재하여 심의기관과 재결기관이 분리되어 있었으나, 최근에 개정된 「행정심판법」은 재결청의 개념을 없애고 행정심판위원회가 심리를 마치면 직접 재결을 하도록 규정하고 있다.

Ⅲ. 재결의 절차와 형식

1. 재결기간

재결은 피청구인인 행정청 또는 위원회가 심판청구서를 받은 날부터 60일 이내에 하여야 한다. 다만, 부득이한 사정이 있는 경우에는 위원장이 직권으로 30일을 연장할 수 있다(동법 45조 1항). 위원장이 제1항 단서에 따라 재결기간을 연장할 경우에는 재결기간이 끝나기 7일 전까지 당사자에게 알려야 한다(동법 45조 2항). 위의 재결기간에는 심판청구가 부적합하여 보정을 명한 경우의 보정기간은 산입되지 아니한다(동법 32조 5항).

2. 재결의 방식(재결서)

재결은 서면으로 하되, 재결서에는 사건번호와 사건명, 당사자·대표자 또는 대리인의 이름과 주소, 주문, 청구의 취지, 이유, 재결의 날짜를 기재하고 기명·날인하여야 한다($^{동법\ 46조}_{1항,\ 2항}$). 재결서에 기재하는 이유에는 주문내용이 정당함을 인정할 수 있는 정도로 판단을 표시할 것이 요구되고 있다($^{동조}_{3항}$).

3. 재결의 범위

첫째, 위원회는 심판청구의 대상이 되는 처분 또는 부작위 외의 사항에 대하여는 재결하지 못한다($^{동법\ 47}_{조\ 1항}$). 이른바 '불고불리의 원칙'이 채택되어 있는 셈이다.

둘째, 위원회는 심판청구의 대상이 되는 처분보다 청구인에게 불이익한 재결을 하지 못한다($^{동조}_{2항}$). 이는 소송법상 '불이익변경금지원칙'과 유사하다. 따라서 당사자가 행정청으로부터 부과받은 처분보다 무거운 종류의 처분을 하거나($^{예컨대\ 정직을\ 파면}_{으로\ 바꾸는\ 경우}$) 처분의 효력기간을 더 길게 하는($^{예컨대\ 영업정지\ 1개월을}_{3개월로\ 연장하는\ 경우}$) 등의 재결은 할 수 없다.

셋째, 행정심판은 행정소송의 경우와는 달리 위법한 처분이나 부작위뿐만 아니라 부당한 처분이나 부작위에 대하여도 제기할 수 있으므로($^{동법\ 1조.}_{5조\ 참조}$), 재량행위와 관련하여 위원회는 재량의 유월·남용 등과 같은 재량권행사의 위법여부뿐만 아니라 재량한계 내에서의 재량권행사의 당·부에 대하여도 판단할 수 있다.

4. 재결의 송달

위원회가 재결을 한 때에는, 지체없이 당사자에게 재결서의 정본을 송달하여야 한다($^{동법\ 48}_{조\ 1항}$). 재결은 청구인에의 송달이 있은 때에 그 효력이 발생한다($^{동조}_{2항}$). 위원회는 심판청구에 참가인이 있는 경우에는 재결서의 등본을 지체없이 참가인에게 송달하여야 한다($^{동조}_{3항}$). 이 참가인에의 송달은 재결의 효력발생과는 직접적인 관계가 없다. 처분의 상대방이 아닌 제3자가 심판청구를 한 경우 위원회는 재결서의 등본을 지체 없이 피청구인을 거쳐 처분의 상대방에게 송달하여야 한다($^{동조}_{4항}$).

Ⅳ. 재결의 종류

재결은 그 내용에 따라 다음과 같이 나누어진다.

1. 각하재결

각하재결은 심판청구의 제기 요건을 충족하지 않은 부적합한 심판청구에 대하여 본안에 대한 심리를 거절하는 내용의 재결을 말한다($\frac{동법}{조 1항}43$). 심판청구기간을 도과하였음을 이유로 한 각하재결이 그 전형적인 예이다. 그 밖에 부적법한 심판청구에 대하여 위원회가 보정요구를 하였으나 청구인이 보정기간 내에 그 흠을 보정하지 아니한 경우($\frac{동법}{조 6항}32$), 심판청구서에 타인을 비방하거나 모욕하는 내용 등이 기재되어 청구 내용을 특정할 수 없고 그 흠을 보정할 수 없다고 인정되는 경우($\frac{동법}{조의2}32$)에도 심판청구를 각하할 수 있다.

2. 기각재결(일반적인 경우)

일반적으로 기각재결이라고 함은, 심판청구가 이유없다고 인정하여 청구를 배척하고 원처분을 지지하는 재결을 말한다($\frac{동법}{조 2항}43$). 이러한 의미의 "보통의 기각재결" 이외에 다음에 보는 "사정재결로서의 기각재결"이 있는 점에 유의할 필요가 있다. 기각재결은 청구인의 심판청구를 배척하여 원처분을 시인하는 데 그칠 뿐, 처분청 등에 대하여 원처분을 유지하여야 할 의무를 지우는 등 원처분의 효력을 강화하는 것은 아니므로, 기각재결이 있은 후에도 처분청은 당해 처분을 직권으로 취소·변경할 수 있다.

3. 사정재결

(1) 의 의

위원회는 심판청구가 이유가 있다고 인정하는 경우에도 이를 인용하는 것이 공공복리에 크게 위배된다고 인정하면 그 심판청구를 기각하는 재결을 할 수 있는바($\frac{동법}{조 1항}44$), 이를 사정재결이라 한다. 심판청구가 이유있다고 인정되는 경우에는 청구인의 권익보호를 위하여 인용재결하는 것이 원칙이지만, 그로 인하여 공공복리가 현저히 침해되는 경우가 있다. 이에 공익과 사익의 합리적인 조정을 도모하기 위하여 예외적으로 인정되는 것이 사정재결이다.

(2) 실질적 요건

사정재결은 실질적 요건으로서 심판청구가 이유있음에도 불구하고 이를 인용하는 것이 현저히 공공복리에 적합하지 아니하다고 인정되어야 한다. 사정재결은 예외적으로 인정되는 것이므로 그 요건을 엄격히 해석·적용하여야 하는 바, 인용재결에 따른 공익침해의 정도가 위법·부당한 처분의 유지에 따른 사익침해의 정도보다 월등하게 큰 경우에 한하여 인정되어야 할 것이다.

(3) 형식적 요건

사정재결을 함에 있어서 위원회는 그 재결의 주문에서 그 처분 또는 부작위가 위법 또는 부당함을 구체적으로 명시하여야 한다(동법 44조 1항 2문). 이것은 사정재결을 통해 위법 또는 부당한 처분이 적법처분으로 전환되는 것이 아님을 명백히 하는 동시에 그에 따른 구제의 길을 터주기 위한 입법자의 배려로 새겨진다.

(4) 구제방법

사정재결을 함에 있어서 위원회는 청구인에 대하여 상당한 구제방법을 취하거나 피청구인에게 상당한 구제방법을 취할 것을 명할 수 있다(동법 44 조 2항). 본조와 관련하여 생각할 수 있는 구제방법으로서는 손해의 전보, 원상회복(결과의 제거), 재해방지조치 등이 있다. 사정재결제도는 원래 심판청구가 이유있어 인용되어야 할 것임에도 불구하고 공공복리를 위하여 도리어 심판청구를 기각하는 예외적 제도이므로, 그에 갈음하는 아무런 구제방법이 주어지지 않는다면 그것은 청구인의 일방적 희생을 강요하는 것이 되어 반법치주의·비합리적 제도일 것이다. 그러므로 기각됨으로써 그 위법·부당한 처분이나 부작위가 유효하게 유지됨으로 말미암아 입게 되는 손해에 대하여 적절한 구제방법이 강구되어야 함은 당연하다. 따라서 본문의 "명할 수 있다"는 것은 "명하여야 한다"로 새겨야 한다는 것이 일반론이다.

(5) 적용범위

사정재결은 취소심판 및 의무이행심판에만 인정되고 무효등확인심판에는 인정되지 아니한다(동법 44 3항). 이에 대하여 행정처분이 취소할 수 있는 것에 해당하는가 무효에 해당하는 것인가는 심리의 종료 단계에 가서 확정되는 경우가 많으므로, 무효인 처분에 대해서도 사정재결의 필요는 생길 수 있다는 점 등을 이유로 무효등확인심판에도 사정재결이 인정되어야 한다는 주장도 제기된다.

4. 인용재결

인용재결이란 본안심의의 결과 심판청구를 이유있다고 인정하여 심판청구인의 청구의 취지를 받아들이는 내용의 재결이다. 인용재결은 심판청구의 내용에 따라 다음과 같이 구분된다.

(1) 취소 · 변경재결

취소 · 변경재결이란 취소심판의 청구가 이유가 있다고 인정하는 경우에 위원회가 스스로 처분을 취소 또는 다른 처분으로 변경하거나 처분을 다른 처분으로 변경할 것을 피청구인에게 명하는 재결을 말한다($\frac{동법}{조}\frac{43}{3항}$). 이러한 취소 · 변경재결에는 ① 처분취소재결, ② 처분변경재결, ③ 처분변경명령재결이 있을 수 있는바, ①과 ②는 형성재결의 성질을 가지는 데 대하여 ③은 이행재결의 성질을 가진다고 볼 수 있다. 취소재결에는 처분의 전부취소 및 일부취소의 재결이 포함된다. 한편 변경재결에 있어서 '변경'의 의미에 대하여 다툼이 있을 수 있으나, 「행정심판법」이 '취소'와 함께 '변경'을 따로이 인정한 점과 의무이행재결을 인정한 점에 비추어, 변경재결은 일부취소가 아니라 '적극적 변경', 즉 원처분에 갈음하는 다른 처분으로의 변경($\frac{예컨대 운전면허취소처분을}{운전면허정지처분으로 변경}$)을 의미한다 할 것이다.[1]

(2) 확인재결

확인재결이란 무효등확인심판의 청구가 이유가 있다고 인정하는 경우에 위원회가 처분의 효력 유무 또는 존재 여부를 확인하는 재결을 말한다($\frac{동법}{조}\frac{43}{4항}$). 이러한 확인재결에는 처분무효확인재결, 처분유효확인재결, 처분부존재확인재결, 처분존재확인재결, 처분실효확인재결이 있을 수 있는바, 형성적 효과는 발생하지 않는다.

(3) 이행재결

이행재결이란 의무이행심판의 청구가 이유가 있다고 인정하는 경우에 위원회가 지체없이 신청에 따른 처분을 하거나 처분청에게 그 신청에 따른 처분을 할 것을 명하는 재결을 말한다($\frac{동법}{조}\frac{43}{5항}$). 전자의 재결을 "처분재결"이라고 하고 후자의 재결을 "처분명령재결"이라고 부를 수 있는바, 전자는 형성재결의 성질을 가진다고 볼 수 있다.[2] 여기에서 "신청에 따른 처분"이란 반드시 청구인의

---

1) 실무상으로는 '일부인용'이라는 이름으로 행해지고 있다.

신청내용대로의 처분만을 의미하지는 않고, 신청에 대한 거부 또는 기타의 처분도 그에 포함될 수 있다고 새겨진다. 예컨대 행정청의 부작위에 대해 의무이행심판을 제기해 위원회가 이를 인용하면서 처분명령재결을 한 경우(대부분 "피청구인의 청구인의 신청의 취지에 따른 처분을 하라."는 내용이다) 행정청은 여러 가지 사정을 고려해 처분의 요건이 갖추어지지 않았다고 인정되는 경우 신청을 거부할 수도 있다.

5. 조   정

「행정심판법」이 정하는 위와 같은 재결 외에 당사자 간의 합의가 가능한 사건의 경우 위원회가 개입하는 조정을 통하여 갈등을 조기에 해결할 수 있다. 즉, 위원회는 당사자의 권리 및 권한의 범위에서 당사자의 동의를 받아 심판청구의 신속하고 공정한 해결을 위하여 조정을 할 수 있다. 다만, 그 조정이 공공복리에 적합하지 아니하거나 해당 처분의 성질에 반하는 경우에는 그러하지 아니하다(동법 43조의2 1항). 위원회는 제1항의 조정을 함에 있어서 심판청구된 사건의 법적·사실적 상태와 당사자 및 이해관계자의 이익 등 모든 사정을 참작하고, 조정의 이유와 취지를 설명하여야 한다(동조 2항). 조정은 당사자가 합의한 사항을 조정서에 기재한 후 당사자가 서명 또는 날인하고 위원회가 이를 확인함으로써 성립한다(동조 3항). 조정의 송달과 효력, 이행확보 등은 재결에 적용되는 규정들이 준용된다(동조 4항).

V. 재결의 효력·구속력

행정심판에 있어서의 재결은 재결서의 정본이 당사자에게 송달이 있는 때에 그 효력(구속력)을 발생하게 되며(동법 48조 2항 참조), 여러 구속력 가운데 특별히 설명을 요하는 것으로서는 다음의 것이 있다.

1. 불가쟁력

재결에 대하여는 다시 심판청구를 제기하지 못하고(동법 51조), 재결 자체에 고유한 위법이 있는 경우에 한하여 행정소송을 제기할 수 있다(행정소송법 19조 단서). 그러나 이 경우에도 제소기간이 경과하면 누구든지 그 효력을 다툴 수 없게 되는바, 이와

---

2) 행정심판법이 '처분재결'을 명문으로 인정하고 있음에도 불구하고, 실제로는 거의 행해지지 않고 있다. 이에 관한 상세는 이원, 의무이행심판에 대한 소고, 법제, 2002. 1 참조.

같은 구속력을 재결의 불가쟁력이라고 말할 수 있다.

2. 불가변력

재결은 국가기관이 분쟁을 해결하기 위하여 당사자 기타의 이해관계인을 절차에 참여시켜 신중히 행해지는 분쟁의 심판행위이므로, 그 재결은 일단 분쟁을 종결시키는 것이 되지 않으면 안 된다. 만일에 위원회가 재결을 한 후에 스스로 그것을 취소·변경하는 일이 있게 되면 법적 안정성을 해치며, 공연히 분쟁을 재연시키는 결과를 가져오게 된다. 따라서 일단 재결이 행해지면 비록 그것이 위법 또는 부당하다고 생각되는 경우에도 위원회 스스로는 그 재결을 취소 또는 변경할 수 없다고 새겨진다. 재결이 가지는 이와 같은 구속력을 보통 재결의 불가변력 또는 자박력이라고 한다.

3. 형 성 력

재결의 형성력이란 재결 내용대로 새로운 법률문제의 발생이나 종래의 법률관계의 변경·소멸을 가져오는 효과(구속력)를 말한다. 재결에 의하여 청구가 인용되어 원처분의 전부 또는 일부가 취소된 때에는 원처분의 당해 부분의 효력은 동시에 소멸되며, 처음부터 존재하지 않는 것으로 된다. 또한 변경재결에 의하여 원처분이 취소되고 그에 갈음하는 별개의 처분이 행해진 경우 및 의무이행심판에 있어서의 처분재결이 행해진 경우에 있어서의 구속력 역시 형성력의 성질을 가진다고 볼 수 있다. 한편, 모든 재결에 형성력이 인정되는 것은 아니다. 위원회가 재결로써 직접 처분의 취소·변경 등을 하지 않고 처분취소명령재결, 처분변경명령재결, 처분명령재결을 한 경우에는, 당해 재결은 형성력을 발생시키는 것이 아니라 기속력을 발생시키게 된다. 재결의 형성력은 제3자에게도 미치므로 이를 '대세적 효력'이라고 한다.

> **[판례]** 행정심판법 제32조 제3항에 의하면 재결청은 취소심판의 청구가 이유 있다고 인정할 때에는 처분을 취소·변경하거나 처분청에게 취소·변경할 것을 명한다고 규정하고 있으므로, 행정심판 재결의 내용이 처분청에게 처분의 취소를 명하는 것이 아니라 재결청이 스스로 처분을 취소하는 것일 때에는 그 재결의 형성력에 의하여 당해 처분은 별도의 행정처분을 기다릴 것 없이 당연히 취소되어 소멸되는 것이다(대판 1998. 4. 24, 97누17131, 동지판례: 대판 1999. 12. 16, 98두18619).

4. 기 속 력

재결은 피청구인인 행정청과 그 밖의 관계행정청을 기속한다($\frac{동법 49}{조 1항}$).

(1) 기속력의 의의

재결의 기속력은 피청구인인 행정청과 그 밖의 관계행정청이 그 재결의 취지에 따라 행동해야 하는 의무를 발생시키는 효과(구속력)를 말한다. 재결의 기속력은 인용재결의 경우에만 인정되고, 각하·기각재결의 경우에는 인정되지 않는다. 각하·기각재결은 청구인의 심판청구를 배척하는 데 그칠 뿐, 피청구인인 행정청과 그 밖의 관계행정청에 대하여 원처분을 유지하여야 할 의무를 지우지 않으므로, 처분청은 재결 후에라도 정당한 사유가 있으면 직권으로 원처분을 취소·변경·철회할 수 있다.

행정청은 청구인의 심판청구를 인용하는 행정심판재결의 취소를 구하는 소송을 법원에 제기할 수 없다. 이와 관련해 특히 지방자치단체가 행정청인 경우에 지방자치단체는 독립한 권리·의무의 주체임에도 행정심판재결의 기속력 때문에 자신에게 불리한 행정심판재결을 다툴 수 없어 헌법상 평등원칙에 위배되고 지방자치제도의 본질적 부분을 침해한다는 주장이 있었으나, 헌법재판소는 다음과 같은 이유로 헌법에 위반되지 않는다고 판단했다.

[판례] ㉮ 행정심판청구를 인용하는 재결이 행정청을 기속하도록 규정한 행정심판법($\frac{2010. 1. 25. 법률 제9968}{호로 전부개정된 것}$)($\frac{이하 '이 사건 법률}{조항'이라 한다}$) 제49조 제1항(이하 '이 사건 법률조항'이라 한다)은 행정청의 자율적 통제와 국민권리의 신속한 구제라는 행정심판의 취지에 맞게 행정청으로 하여금 행정심판을 통하여 스스로 내부적 판단을 종결시키고자 하는 것으로서 그 합리성이 인정되고, 반면 국민이 행정청의 행위를 법원에서 다툴 수 없도록 한다면 재판받을 권리를 제한하는 것이 되므로 국민은 행정심판의 재결에도 불구하고 행정소송을 제기할 수 있도록 한 것일 뿐이므로, 평등원칙에 위배되지 아니한다. ㉯ 행정심판제도가 행정통제기능을 수행하기 위해서는 중앙정부와 지방정부를 포함하여 행정청 내부에 어느 정도 그 판단기준의 통일성이 갖추어져야 하고, 행정청이 가진 전문성을 활용하고 신속하게 문제를 해결하여 분쟁해결의 효과성과 효율성을 높이기 위해 사안에 따라 국가단위로 행정심판이 이루어지는 것이 더욱 바람직할 수 있다. 이 사건 법률조항은 다층적·다면적으로 설계된 현행 행정심판제도 속에서 각 행정심판기관의 인용재결의 기속력을 인정한 것으로서, 이로 인하여 중앙행정기관이 지방행정기관을 통제하는 상황이 발생한다고 하여 그 자체로 지방자치제도의 본질적 부분을 훼손하는 정도에 이른다고 보기 어렵다. 그러므로 이 사건 법률조항은 지방

자치제도의 본질적 부분을 침해하지 아니한다(헌재 2014. 6. 26, 2013헌바122).

(2) 기속력의 내용

재결의 기속력의 결과 관계행정청은 재결의 내용을 실현할 의무를 지는바, 구체적으로 다음과 같은 의무를 진다.

(가) 부작위의무

처분의 취소·변경재결, 처분의 무효등확인재결이 있는 경우에는 관계행정청은 그들 재결에 저촉되는 행위를 할 수 없다. 즉, 동일사실관계 아래에서 동일한 내용의 처분을 반복하여서는 안 된다.

(나) 적극적 처분의무

재결에 의하여 취소되거나 무효 또는 부존재로 확인되는 처분이 당사자의 신청을 거부하는 것을 내용으로 하는 경우에는 그 처분을 한 행정청은 재결의 취지에 따라 다시 이전의 신청에 대한 처분을 하여야 한다(동법 49 조 2항). 종전 「행정심판법」에는 이행재결의 기속력에 관해서만 명시적으로 규정되어 있었으나, 행정심판위원회의 재결의 실효성을 높이기 위해 같은 법률의 개정(2017. 4. 18. 법률 제 14832호로 개정된 것)을 통해 취소재결이나 무효 또는 부존재 확인 재결이 당사자의 신청을 거부하는 것을 내용으로 하는 경우에도 기속력이 인정됨을 분명히 했다.

한편 당사자의 신청을 거부하거나 부작위로 방치한 처분의 이행을 명하는 재결이 있는 경우에는 행정청은 지체없이 그 재결의 취지에 따라 다시 이전의 신청에 대한 처분을 할 의무를 진다(동법 49 조 3항).

(다) 결과제거의무 등

행정청은 처분의 취소 또는 무효확인 등의 재결이 있게 되면, 결과적으로 위법 또는 부당으로 판정된 처분에 의하여 초래된 상태를 제거해야 할 의무를 진다고 새겨진다. 이것은 행정소송판결의 기속력(행정소송법 30조 1항)에 있어서와 같은 이치이다.

(3) 부수적 효과

① 행정청의 적극적 처분의무에 관한 규정(동법 49조 2항 전단)은 신청에 따른 처분이 절차의 위법 또는 부당을 이유로 재결로써 취소된 경우에 이를 준용한다(동조 4항).

② 법령의 규정에 따라 공고하거나 고시한 처분이 재결로써 취소되거나 변경되면 처분을 한 행정청은 지체 없이 그 처분이 취소 또는 변경되었다는 것을

공고하거나 고시하여야 한다($\frac{동조}{5항}$).

③ 법령의 규정에 따라 처분의 상대방 외의 이해관계인에게 통지된 처분이 재결로써 취소되거나 변경되면 처분을 한 행정청은 지체 없이 그 이해관계인에게 그 처분이 취소 또는 변경되었다는 것을 알려야 한다($\frac{동조}{6항}$).

(4) 기속력의 주관적·객관적 범위

기속력이 미치는 주관적 범위는 피청구인의 행정청뿐만 아니라 그 밖의 모든 관계행정청이다($\frac{동법}{조1항}$). 한편 기속력은 재결주문 및 그 전제가 된 요건사실의 인정과 효력의 판단에만 미치고, 재결의 결론과 직접 관계가 없는 간접사실에 대한 판단에는 미치지 아니한다.

> **[판례①]** 재결의 기속력은 재결의 주문 및 그 전제가 된 요건사실의 인정과 판단, 즉 처분 등의 구체적 위법사유에 관한 판단에 대하여만 미치고, 종전 처분이 재결에 의하여 취소되었더라도 종전 처분 시와는 다른 사유를 들어 처분을 하는 것은 기속력에 저촉되지 아니한다. 여기서 동일한 사유인지 다른 사유인지는 종전 처분에 관하여 위법한 것으로 재결에서 판단된 사유와 기본적 사실관계에 있어 동일성이 인정되는 사유인지에 따라 판단하여야 한다. 그리고 기본적 사실관계의 동일성 유무는 처분사유를 법률적으로 평가하기 이전의 구체적인 사실에 착안하여 그 기초인 사회적 사실관계가 기본적인 점에서 동일한지에 따라 결정되고, 추가 또는 변경된 사유가 종전 처분 당시에 그 사유를 명기하지 아니하였을 뿐 이미 존재하고 있었고 당사자도 그 사실을 알고 있었다고 하여 당초의 처분사유와 동일성이 있는 것이라고 할 수 없다($\frac{대판\ 2015.\ 11.\ 27.}{2013다6759}$).
>
> **[판례②]** 교원의 지위 향상 및 교육활동 보호를 위한 특별법 제10조의2는 교원소청심사위원회의 결정은 처분권자를 기속한다고 규정하고 있다. 여기서 교원소청심사위원회 결정의 기속력은 결정의 주문에 포함된 사항뿐 아니라 그 전제가 된 요건사실의 인정과 판단, 즉 처분 등의 구체적 위법사유에 관한 판단에까지 미친다. 교원소청심사위원회의 소청심사결정 중 임용기간이 만료된 교원에 대한 재임용거부처분을 취소하는 결정은 재임용거부처분을 취소함으로써 학교법인 등에 해당 교원에 대한 재임용심사를 다시 하도록 하는 절차적 의무를 부과하는 데 그칠 뿐, 학교법인 등에 반드시 해당 교원을 재임용하여야 하는 의무를 부과하거나 혹은 그 교원이 바로 재임용되는 것과 같은 법적 효과까지 인정되는 것은 아니다($\frac{대판\ 2023.\ 2.\ 2.}{2022다226234}$).

(5) 기속력의 이행확보

위원회는 당사자의 신청을 거부하거나 부작위로 방치한 처분의 이행을 명하는 재결에도 불구하고 피청구인이 재결의 취지에 따른 처분을 하지 아니하는 경우에는 당사자가 신청하면 기간을 정하여 서면으로 시정을 명하고 그 기간에 이행하지 아니하면 직접 처분을 할 수 있다. 다만, 그 처분의 성질이나 그 밖의 불가피한 사유로 위원회가 직접 처분을 할 수 없는 경우에는 그러하지 아니하다(동법 50조 1항). 2010년 개정된 「행정심판법」에서는 단서를 신설하여 예외적인 경우에 위원회에 의한 직접 처분권을 제한할 수 있는 근거를 마련하였다는 것에 의미가 있는 것으로 보인다.

위원회가 직접 처분을 하였을 때에는 그 사실을 해당 행정청에 통보하여야 하며, 그 통보를 받은 행정청은 위원회가 한 처분을 자기가 한 처분으로 보아 관계 법령에 따라 관리·감독 등 필요한 조치를 하여야 한다(동법 50조 2항).

(6) 위원회의 간접강제

위원회는 피청구인이 재처분 의무에도 불구하고 인용재결에 따른 처분을 하지 않으면(제49조 2항부터 4항까지에 따른 처분 의무를 의미한다) 청구인의 신청에 의하여 결정으로 상당한 기간을 정하고 피청구인이 그 기간 내에 이행하지 아니하는 경우에는 그 지연기간에 따라 일정한 배상을 하도록 명하거나 즉시 배상을 할 것을 명할 수 있다(동법 50조 의2 1항). 이는 개정된 「행정심판법」(2017. 4. 18. 법률 제 14832호로 개정된 것)에 도입된 것으로서 행정심판위원회가 인용재결을 했음에도 행정청이 그 취지에 따른 처분을 하지 않은 경우 그 이행을 확보하기 위한 강제수단이다. 이를 통해 재결의 실효성 제고와 효율적인 권리구제가 가능할 것으로 기대된다.

위원회는 사정의 변경이 있는 경우에는 당사자의 신청에 의하여 이미 한 간접강제 결정의 내용을 변경할 수 있다(동법 50조 의2 2항).

위원회는 간접강제 신청 또는 변경 신청에 대한 결정을 하기 전에 신청 상대방의 의견을 들어야 한다(동법 50조 의2 3항). 청구인은 간접강제 신청 또는 변경 신청에 대한 위원회의 결정에 불복하는 경우 그 결정에 대하여 행정소송을 제기할 수 있다(동법 50조 의2 4항).

간접강제 신청 또는 변경 신청에 대한 결정의 효력은 피청구인인 행정청이 소속된 국가·지방자치단체 또는 공공단체에 미치며, 결정서 정본은 제4항에 따른 소송제기와 관계없이 「민사집행법」에 따른 강제집행에 관하여는 집행권원과 같은 효력을 가진다(동법 50조의 2 5항 1문). 따라서 별도의 집행권을 받을 필요 없이 간접강제 결정문 정본에 집행문을 부여받아 바로 강제집행을 할 수 있다. 이 경우 집행문은 위원장의 명에 따라 위원회가 소속된 행정청 소속 공무원이 부여한다($^{동법 \, 50조의}_{2 \, 5항 \, 2문}$). 간접강제 결정에 기초한 강제집행에 관하여 행정심판법에 특별한 규정이 없는 사항에 대하여는 민사집행법의 규정을 준용한다. 다만, 「민사집행법」 제33조($^{집행문부}_{여의 소}$), 제34조($^{집행문부여 \, 등에}_{관한 \, 이의신청}$), 제44조($^{청구에 \, 관한}_{이의의 \, 소}$) 및 제45조($^{집행문부여에 \, 대}_{한 \, 이의의 \, 소}$)에서 관할 법원은 피청구인의 소재지를 관할하는 행정법원으로 한다($^{동법 \, 50조}_{의2 \, 6항}$).

Ⅵ. 재결에 대한 불복

1. 재심판청구의 금지

「행정심판법」은 심판청구에 대한 재결이 있는 경우에는 당해 재결 및 동일한 처분 또는 부작위에 대하여 다시 심판청구를 제기할 수 없도록 하여($^{동법}_{51조}$), 행정심판의 단계를 단일화하였다. 다만 다른 법률에 다단계의 행정심판을 인정하는 특별한 규정이 있는 경우에는 그에 따라야 한다.

2. 재결에 대한 행정소송

재결의 취소소송 및 무효등확인소송은 재결 자체에 고유한 위법이 있음을 이유로 하는 경우에만 제기할 수 있다($^{행정소송법 \, 19조 \, 단}_{서 \, 및 \, 38조 \, 참조}$). 행정소송법이 '원처분주의'를 택하기 때문에 행정심판의 재결을 거쳐 행정소송을 제기하는 경우에도 행정소송의 대상은 원칙적으로 재결이 아니라 원처분이다.

한편, 예외적으로 재결 자체에 대한 행정소송을 인정한 것은, 제3자효행정행위에 있어서와 같이 재결에 의하여 원처분이 취소·변경되어 제3자의 법률상 이익이 침해될 수도 있으며, 또한 행정소송과 행정심판이 쟁송사항에 있어서 차이가 나기 때문이다.

제 8 절 행정심판의 불복고지

Ⅰ. 제도적 의의

「행정심판법」은 행정청이 처분을 할 때에는 처분의 상대방에게 ① 해당 처

분에 대하여 행정심판을 청구할 수 있는지 여부와 ② 행정심판을 청구하는 경
우의 위원회,[1] 심판청구 절차 및 심판청구 기간을 알려야한다고 규정하고 있는
바($\frac{\text{동법 58}}{\text{조 참조}}$), 이를 '고지' 또는 '불복고지'제도라 한다.

이와 같은 고지제도는 직접적으로는 관계인에게 행정심판을 제기하는 것에
대한 지식과 정보를 제공하는 데에 그 목적을 두고 있다고 볼 수 있다. 법률지
식이 없는 일반국민으로서는 어떤 방법으로 행정심판을 제기할 수 있는 것인
지를 알기는 쉬운 일이 아니다.

그러나 그와 같은 취지의 규정은 본래 「행정절차법」에 두어야 할 규정이다.
따라서 「행정심판법」 제정($\frac{1984.}{12.\ 15}$) 이후에 제정된 「행정절차법」($\frac{1996.}{12.\ 31}$)에서 새로
이 "행정청이 처분을 하는 때에는 당사자에게 그 처분에 관하여 행정심판을 제
기할 수 있는지 여부, 청구절차 및 청구기간 기타 필요한 사항을 알려야 한다"
($\frac{\text{동법}}{\text{26조}}$)라는 말로써 '고지'에 관하여 규정하고 있음은 당연하다고 할 수 있다. 따
라서 앞으로는 체계상 맞지 않는 「행정심판법」상의 고지규정($\frac{58}{\text{조}}$)은 삭제함이
좋을 것으로 생각된다. 따라서 이곳에서도 「행정심판법」상의 고지에 관해서는
간단하게만 살펴보기로 한다.

Ⅱ. 불복고지의 종류

행정심판법상의 불복고지는 직권에 의한 고지와 청구에 의한 고지로 나누
어진다.

1. 직권에 의한 고지

행정청이 처분을 할 때에는 처분의 상대방에게 고지를 하여야 한다($\frac{\text{동법 58}}{\text{조 1항}}$).

(1) 고지의 대상

구 「행정심판법」($\frac{2010.\ 1.\ 25.\ \text{법률 제9968}}{\text{호로 개정되기 전의 것}}$)에서는 서면에 의한 처분만이 고지의 대상
이 되었으며, 구두에 의한 처분은 불복고지의 대상이 되지 않았다($\frac{\text{구 행정심판법}}{\text{42조 1항 참조}}$).
그러나 개정된 법에서는 이러한 제한을 두지 않고 있으며, 따라서 행정청이 행
하는 모든 처분이 고지의 대상이 된다고 할 것이다($\frac{\text{행정심판법}}{\text{58조 1항}}$).

고지의 대상인 처분은 「행정심판법」상의 심판청구의 대상이 되는 처분에

---

1) 행정심판법 제58조 1항은 위원회를 고지의 내용에 포함하고 있지 않으나, 당연히 고지되어야 할 것이다.

국한되지 않고 널리 행정심판의 대상이 될 수 있는 처분을 총칭한다. 따라서 「행정심판법」상의 심판의 대상은 되지 않으나 다른 법률에 의한 행정심판 (예컨대 국세기본)의 대상이 되는 처분도 불복고지의 대상이 된다고 새겨진다.

(2) 고지의 내용

행정청이 처분을 할 때 고지를 해야 할 내용은 ① 해당 처분에 대하여 행정심판을 청구할 수 있는지 여부와 ② 행정심판을 청구하는 경우의 위원회, 심판청구절차 및 심판청구기간 등이다(동법 58조 1항). 한편, 「행정소송법」 제18조 3항에 의하여 행정심판을 제기함이 없이 취소소송을 제기할 수 있는 처분에 관하여는, 행정청은 그러한 취지의 고지를 하여야 한다고 새겨진다.

(3) 고지의 주체와 상대방

고지의 의무를 지는 주체는 '행정청'이며 고지의 상대방은 '해당 처분의 상대방'이다.

이와 관련하여 「행정심판법」은 "행정청이란 행정에 관한 의사를 결정하여 표시하는 국가 또는 지방자치단체의 기관, 그 밖에 법령 또는 자치법규에 따라 행정권한을 가지고 있거나 위탁을 받은 공공단체나 그 기관 또는 사인을 말한다"(동법 2조 4호)고 규정하고 있는 점에 유의할 필요가 있다.

2. 청구에 의한 고지

행정청은 이해관계인으로부터 고지를 요청받은 때에는 지체없이 고지하여야 한다(동법 58조 2항).

(1) 고지의 청구권자

법은 단순히 '이해관계인'으로만 규정하고 있다. 한편, 처분의 상대방으로서 당연히 불복고지를 받아야 함에도 불구하고 고지를 받지 못한 자도 여기서의 이해관계인에 해당한다고 새겨진다.

(2) 고지의 대상

고지의 대상은 그 고지의 청구권자의 법률상 이익을 침해한 모든 처분이 그에 해당된다고 새겨진다. 다만 처분 이외의 행정작용은 이에 포함되지 아니한다.

(3) 고지의 내용

① 해당 처분이 행정심판의 대상이 되는지 여부, ② 소관 위원회, 심판청구 절차 및 청구기간 등이 고지의 내용이 된다.

(4) 고지의 시기·방법

첫째, 고지의 시기에 관하여는 법이 "지체없이 이를 알려야 한다"고 규정하고 있다. 어느 때가 그에 해당하는가는 사회통념에 의해 결정될 일이다.

둘째, 고지의 방법에 관하여는 "서면으로 알려줄 것을 요구받은 때에는 서면으로 알려야 한다"고 규정하고 있다. 따라서 특별히 서면으로 알려줄 것을 요구받지 않을 때에는 구술로 알려주어도 무방하다고 판단된다.

Ⅲ. 불고지 또는 오고지의 효과

1. 불고지의 효과

(1) 심판청구서의 송부

행정청이 고지를 아니하여 청구인이 심판청구서를 다른 행정기관에 제출한 때에는 당해 행정기관은 그 심판청구서를 지체없이 정당한 권한이 있는 행정청에 송부하고 그 사실을 청구인에게 알려야 한다(동법 23조 2항, 3항).

(2) 청구기간

행정청이 심판청구기간을 고지하지 아니한 때에는 그 심판청구기간은 당해 처분이 있었던 날로부터 180일이 된다(동법 27조 6항). 이 경우 청구인이 처분이 있은 것을 알았는지의 여부, 청구인이 고지에 관계없이 심판청구기간에 관하여 알고 있었는지의 여부는 문제되지 않는다.

> [판례] 행정청이 심판청구기간을 알리지 아니한 때에는 당사자는 제3항의 기간, 즉 처분이 있은 날로부터 180일 이내에 심판청구를 할 수 있도록 되어 있으므로, 다른 법률에서 그 처분에 대한 이의 또는 재결신청 등 행정심판청구의 기간을 위 제3항 소정기간보다 짧게 정하였다고 하여도 행정청이 그 처분시에 행정심판청구 기간을 알리지 아니한 때에는 당사자는 이 기간에 구애됨이 없이 위 제3항 소정기간 내에 적법하게 행정심판청구를 할 수 있다고 보아야 한다(대판 1990. 7. 10. 89누6839).

2. 오고지의 효과

(1) 심판청구서의 송부

행정청이 잘못 고지하여 심판청구서를 다른 행정기관에 잘못 제출한 때에는, '불고지'의 경우에 있어서와 같이 그 심판청구서를 접수한 행정기관은 정당한 권한이 있는 행정청에 송부하고 그 사실을 청구인에게 알려야 한다($\frac{동법}{2항, 3항}^{23조}$).

(2) 청구기간

행정청이 심판청구기간을 법에 규정한 기간($\frac{동법}{조 1항}^{27}$)보다 긴 기간으로 잘못 알린 경우, 그 잘못 알린 기간에 심판청구가 있으면 비록 법정의 청구기간이 경과된 때에도 적법한 기간 내에 심판이 청구된 것으로 본다($\frac{동법}{조 5항}^{27}$).

(3) 행정심판 전치

「행정소송법」은 행정소송을 제기하기 전에 반드시 행정심판을 거쳐야 하는 경우임에도 처분을 행한 행정청이 상대방에게 행정심판을 거칠 필요가 없다고 잘못 알린 때에는 행정심판을 제기함이 없이 행정소송을 제기할 수 있도록 하고 있다($\frac{동법}{3항 4호}^{18조}$).

제7장 행정소송

제1절 개 설

Ⅰ. 행정소송의 의의

행정소송은 「법원이 행정사건에 대해 정식의 소송절차에 의하여 행하는 재판」이라고 정의할 수 있다. 이것을 분설하면 다음과 같다.

(1) 행정소송은 법원이 사법작용으로서 행하는 「재판」이다

행정소송은 재판인 점에서, 행정작용이 아닌 사법작용이다. 행정소송은 사법작용인 점에서, 일반행정작용과는 본질적 성격을 달리한다. '행정'이란 법의 적용 그 자체가 본래의 목적이 아니라, 법의 규율을 받으면서 전체로서 어떠한 결과의 실현을 직접 목적으로 하고 있는 점에 특색이 있다. 행정조직의 특색인 행정의 일체성, 상하의 계층성, 행정운영에 있어서의 지휘·명령에 의한 감독제 등은 행정의 그러한 특색으로부터 유래한다. 행정의 이와 같은 특색에 비해 사법, 즉 재판은 당사자간에 법률상의 분쟁이 있는 것을 전제로 하여 일방당사자의 쟁송의 제기에 의하여, 공정·중립의 입장에 있는 법원이 일정한 소송절차에 의하여, 법률의 해석과 적용을 통해 유권적으로 심판함으로써, 분쟁을 해결하는 작용인 점에 특색이 있다. 법원의 독립적 구조의 특수성이라든가 대심구조 기타 소송절차의 특수성은 이와 같은 재판의 기능을 적절히 수행하기 위하여 오랜 역사를 통해 확립된 것이다.

(2) 행정소송은 「행정사건」에 관한 재판이다

여기서 '행정사건'이란 행정상의 공법 법규의 적용에 관한 소송사건을 의미한다. 이러한 이유에서 행정에 관한 소송사건일지라도, 사법 법규의 적용에 관한 것은 민사사건이지 행정사건이 아니다. 행정소송은 또한 공법으로서의 행정법규의 해석·적용에 관한 소송인 점에서 헌법의 해석·적용에 관한 소송인 헌법소송과도 구별된다. 행정소송은 판정기관이 법원인 점에서 헌법재판소의 관할로 되어 있는 헌법소송과 또한 구별된다. 그러나 행정권의 행사에 관한 사건(법규명령에 의한 기본권의 직접적 침해 등)일지라도 일정한 경우 헌법소송의 대상이 되며, 헌법재판소가 행정주체 또는 행정기관 상호간의 권한쟁의에 관하여도 관장하고 있는 점에서(헌법 111조 1항 4호) 행정소송과 헌법소송은 상호 밀접한 관계에 있다고 말할 수 있다.

(3) 행정소송은 「정식절차」에 의한 재판이다

정식의 소송절차로서의 행정소송의 특색은, ① 대심구조를 취하는 점, ② 심리절차가 원칙으로 공개되는 점, ③ 당사자 등에게 구술변론의 권리가 보장되는 점, ④ 법정절차에 의한 증거조사가 행해지는 점, ⑤ 재판행위(판결)에 특별한 효력(실질적 확정력 등)이 인정되는 점 등에 나타난다. 행정소송은 위와 같은 의미의 정식절차인 점에서, 약식절차인 행정심판 및 재결의 신청 등과 상대적이나마 구별된다.

Ⅱ. 행정소송의 기능

1. 개 설

「행정소송법」은 행정소송의 목적 또는 기능이, "행정소송절차를 통하여 행정청의 위법한 처분 그밖에 공권력의 행사·불행사 등으로 인한 국민의 권리 또는 이익의 침해를 구제하고 공법상의 권리관계 또는 법적용에 관한 다툼을 적정하게 해결"하는 데에 있음을 밝혀 놓고 있다(동법 1조).

이와 같은 규정을 통해 행정소송은 국민의 권리구제기능(행정구제기능)과 행정의 적법성보장기능(행정통제기능)을 수행하고 있음을 알 수 있는바, 각국이 취하고 있는 행정소송제도는 제도상의 여러 차이점은 있으나 그 어느 것이나 위와 같은 두 가지 기능을 담당하고 있다고 볼 수 있다.

2. 권리구제기능

위법한 행정작용으로 인하여 권리(또는 법률상 이익)를 침해받은 자는 위법한 행정작용에 대하여 행정소송을 제기함으로써 침해된 자신의 권리의 구제를 도모할 수 있다.

행정소송이 개인의 권리구제를 주된 목적으로 삼고 있다고 함은, 행정소송이 본래 '주관적 소송'으로서의 성격을 가짐을 의미한다. 이러한 점은 행정소송법이 행정소송의 종류로서 ① 항고소송, ② 당사자소송, ③ 민중소송, ④ 기관소송의 네 종류를 인정하고 있는 가운데, 민중소송과 기관소송에 대해서는 "법률이 정한 경우에 법률에 정한 자에 한하여 제기할 수 있다"(동법)라고 규정하고 있는 데 대하여, 항고소송에 대해서는 '법률상 이익'이 있는 자는 누구나 그것을 제기할 수 있게 하고 있는 점(동법 12조, 35조 등)에 잘 나타나 있다.

3. 행정통제기능

행정소송은 법원이 「행정청의 처분 등의 위법」, 「국가 또는 공공단체의 기관의 법률에 위반되는 행위」 등을 심사하는 것을 통해 행정통제기능(적법성보장기능)을 수행한다(동법 3조, 4조 등 참조). 행정소송이 이와 같은 행정통제기능을 수행하기 때문에, 민사소송에서와는 달리 직권에 의한 증거조사와 심리, 불고불리원칙의 완화 등 특색이 인정되고 있다.

오늘날 행정에 대하여 다양한 통제가 행해지고 있으나, 행정소송을 통한 그것이 행정의 적법성을 보장하기 위하여 가장 효과적인 방법임은 부인할 수 없다. 한편, 행정권에 의한 자기통제가 대체로 사전적·자율적·능동적·전반적 통제로서의 성격을 갖는 데 대하여, 법원에 의한 행정통제는 사후적·타율적·부분적 통제로서의 성격을 가진다고 말할 수 있다.

4. 양 기능간의 관계

행정소송의 권리구제기능과 행정통제기능 가운데, 전자가 주된 기능이고 후자가 종된 기능이라 할 수 있다. 그 이유는, 법원은 행정소송을 통하여 행정권에 대하여 전면적 통제를 행할 수 있는 것이 아니라, 특별한 규정이 없는 한 행정권의 행사(특히 처분)가 개인의 법률상 이익(권리)을 침해하는가 여부를 심사하는 한도에서만 행정통제를 할 수 있기 때문이다. 이와 같이 행정소송에 있어서 개인의 권리구제가 주된 기능이고 행정통제는 부수적 기능임에 비추어, 법원에 행정통제기능을 과다하게 부담시킴으로써 법원이 본래적 임무를 수행하는 데 지장을 주어서는 안 될 것이다.

Ⅲ. 우리나라 행정소송제도의 연혁

1. 행정소송법의 제정

우리나라에서 「행정소송법」이 처음으로 제정된 것은 1951년 8월 24일이다. 전문이 14개조에 불과한 매우 짧고도 부실한 내용의 것이었다. 주요내용은 ① 행정심판전치주의의 채택($\frac{2}{\Delta}$), ② 처분행정청을 피고로 하는 점($\frac{3}{\Delta}$), ③ 피고 소재지 고등법원의 전속 관할(2심제), ④ 쟁송기간의 단기성($\frac{5}{\Delta}$), ⑤ 피고경정에 대한 특례($\frac{6}{\Delta}$), ⑥ 관련청구의 병합($\frac{7}{\Delta}$), ⑦ 공동소송의 특례($\frac{8}{\Delta}$), ⑧ 직권심리주의($\frac{9}{\Delta}$), ⑨ 집행부정지원칙($\frac{10}{\Delta}$), ⑩ 구두변론의 생략($\frac{11}{\Delta}$), ⑪ 사정판결($\frac{12}{\Delta}$), ⑫ 판결의 기속력($\frac{13}{\Delta}$) 등이다.

결국, 행정사건을 일반법원의 관할로 하면서도 행정사건의 특수성을 감안하여 「민사소송법」에 대한 최소한도의 특례를 인정한 것이 구 「행정소송법」의 주된 내용이었다고 할 수 있다.

2. 행정소송법의 전면개정

구 「행정소송법」은 건국초기에, 그것도 6·25 한국전쟁중에 제정된 것이어서 내용이 여러모로 부실하였다. 본래 일본은 행정재판소를 가지고 있었는데, 제2차대전의 종료 후 점령군인 미군의 지배하에서 행정재판소를 폐지하면서 만든 행정사건소송특례법을 거의 그대로 옮긴 것이 구 「행정소송법」의 내용이었다. 일본은 1962년에 이르러 구 특례법을 폐지하고 새로운 행정사건소송법을 제정·시행하였다. 그러나 우리나라는 1985년에야 비로소 구 「행정소송법」을 전면개정한 현행 행정소송법을 가지게 되었다. 주요 개정내용은 다음과 같다.

(1) 행정소송의 다양화

구 「행정소송법」은 취소소송에 관해서만 명기하였다. 그에 비해 현행 「행정소송법」은 여러 종류의 행정소송을 명시하였다($\frac{동법~3조,~4조~및}{제4장.~제5장~참조}$).

(2) 관할상의 변화

항고소송의 제1심은 여전히 고등법원이 관할하되, 전속관할이 임의관할로 바뀌었으며($\frac{\text{동법 }9}{\text{조 1항}}$), 특히 당사자소송의 관할을 명시하였다($\frac{40}{\text{조}}$).

(3) 선결문제조항

선결문제에 관한 조항을 신설하였다($\frac{11}{\text{조}}$).

(4) 취소소송의 원고적격의 명시($\frac{12}{\text{조}}$)

(5) 소송참가

제3자의 소송참가($\frac{16}{\text{조}}$), 행정청의 소송참가($\frac{17}{\text{조}}$)에 관한 규정을 신설하였다.

(6) 행정심판전치주의의 완화($\frac{18}{\text{조}}$)

(7) 제소기간의 완화($\frac{20}{\text{조}}$)

(8) 행정심판기록제출명령의 명시화($\frac{25}{\text{조}}$)

(9) 재량처분의 취소($\frac{27}{\text{조}}$)

(10) 취소판결 등의 효력($\frac{29}{\text{조}}$)

이상 개정「행정소송법」을 통해 신설된 조항도 많이 있지만, 구「행정소송법」에 있던 제도($\frac{\text{집행부정지원칙 ·}}{\text{사정판결 등}}$)를 좀더 명확히 하고 제약($\frac{\text{제소기}}{\text{간 등}}$)을 완화하는 등 전반적으로 많이 개선되었다고 할 수 있다.

3. 부분개정($\frac{1994.}{7. 27}$)

이른바 문민정부의 등장 이후, 사법개혁을 위한 작업이 진행되던 중「법원조직법」및「행정소송법」의 개정을 통해 행정소송에도 다음과 같은 변화가 생기게 되었다. 다만「행정소송법」의 경우 개정법률은 1998년 3월 1일부터 시행되었다.

(1) 행정심판의 임의절차화

구「행정소송법」은 "취소소송은 법의 규정에 의하여 당해 처분에 대한 행정심판을 제기할 수 있는 경우에는 이에 대한 재결을 거치지 아니하면 이를 제기할 수 없다"($\frac{18\text{조}}{1\text{항}}$)라고 되어 있었는 데 대하여, 개정법률은 "취소소송은 법령의 규정에 의하여 당해 처분에 대한 행정심판을 제기할 수 있는 경우에도 이를 거치지 아니하고 제기할 수 있다"라고 규정하고 있는바, 이는 행정심판의 전치주의가 임의절차로 바뀌었음을 의미한다.

(2) 행정법원의 설치 및 행정소송의 3심제화

구「행정소송법」은 항고소송 및 당사자소송의 제1심 관할법원을 각각 고등

법원으로 정하였었다. 이에 대하여 개정법률은 항고소송 및 당사자소송의 제1
심 관할법원을 각각 지방법원급의 행정법원으로 정하였다($^{9조}_{40조}$). 이는 우리나라
에도 전문법원으로서의 행정법원이 신설되며, 종래의 2심제가 3심제로 변경됨
을 의미한다. 다만, 서울지역에 행정법원을 설치하고, 그 밖의 지역에서는 행정
법원이 설치될 때까지 해당 지방법원본원 및 춘천지방법원 강릉지원이 관할하
도록 되어 있다($^{각급 법원의 설치와 관할구역에 관한 법률 4조, 별표}_{6, 법원조직법 부칙(제4765호, 1994. 7. 27) 2조 등 참조}$).

(3) 상고심조항의 삭제

구 「행정소송법」상의 상고심조항($^{9조}_{2항}$)이 삭제됨으로써, 행정소송도 민사·
가사소송과 함께 「상고심절차에 관한 특례법」의 적용을 받게 되었다($^{동법}_{2조}$). 위
특례법이 적용된다는 것은, 동법에 정해진 사항이 상고이유에 포함되지 아니한
다고 인정되는 경우에는 심리를 하지 아니하고 상고를 기각함을 의미하는 것
이다.

Ⅳ. 행정소송의 특수성(실정법상의 특색)

행정소송 역시 대심적 구조하에 정식절차에 의하여 행해지는 재판인 점에
서 민사소송과 본질을 같이 한다. 따라서 행정소송에 관하여 「행정소송법」이
특별히 정한 사항 외의 것에 대하여는 「법원조직법」과 「민사소송법」 및 「민사
집행법」을 준용하도록 되어 있다($^{행정소송법}_{8조 2항}$). 그러나 행정소송이 민사소송과 그
본질을 같이 하는 사법작용이면서도 행정사건으로서의 특수성을 인정하지 않
을 수 없어 실정법(행정소송법)에 다음과 같은 여러 특례가 인정되어 있다.

① 행정법원의 설치($^{9조 1항}_{40조 1항}$).

② 행정심판제도의 존재($^{18}_{조}$).

③ 국가, 지방자치단체 등 행정주체가 아니라, 그 기관에 지나지 않는 처분
행정청이 행정소송(항고소송)의 피고가 된다($^{13}_{조}$).

④ 제소기간이 비교적 짧게 제한되어 있다($^{20}_{조}$).

⑤ 청구와 관련된 원상회복·손해배상 등 관련청구소송의 병합이 가능하다
($^{10}_{조}$).

⑥ 제3자 등의 소송참가가 비교적 넓게 인정되어 있다($^{16조·}_{17조}$).

⑦ 소의 변경이 비교적 넓게 인정되어 있다($^{21조·}_{22조}$).

⑧ 법원은 필요하다고 인정할 때에는 직권으로 증거조사를 할 수 있고, 당사자가 주장하지 아니한 사실에 대하여도 판단할 수 있다($^{26}_{조}$). 이는 소송에 있어서의 일반원칙인 변론주의, 불고불리원칙에 어느 정도 제약이 가해짐을 의미한다($^{직권심리주}_{의의\ 채택}$).

⑨ 처분의 집행부정지원칙이 채택되어 있다($^{23}_{조}$). 예컨대, 건물의 철거명령을 받은 사람이 그 철거명령(처분)에 대하여 소송을 제기하여도, 법원이 집행정지결정을 하지 않는 한, 행정기관은 건물을 철거할 수 있음을 의미한다.

⑩ 원고의 청구가 이유있다고 인정하는 경우에도 처분 등을 취소하는 것이 현저히 공공복리에 적합하지 아니하다고 인정하는 때에는 법원은 일정 조건하에 원고의 청구를 기각할 수 있다($^{28}_{조}$). 이와 같은 내용의 판결을 '사정판결'이라 한다.

⑪ 처분 등을 취소하는 판결은 당사자(원고·피고)만이 아니라 제3자에 대하여도 효력이 있다($^{29}_{조}$). 이는 민사소송에 있어, 확정판결이 원칙적으로 당사자(승계인 포함)에 대해서만 효력이 있는 것과 크게 다르다는 것을 의미한다.

이러한 행정소송의 여러 특색을 구체적으로 고찰하는 것이 이하의 행정소송법(학)의 내용이 된다고 말할 수 있다.

V. 행정소송의 한계

행정소송은 '법원에 의한 행정사건에 대한 정식재판'이다. 따라서 행정소송에는 '재판작용(사법작용)'으로서의 일반적인 한계와 '행정사건'에 대한 소송인 점에서 일정한 한계가 있다. 행정소송의 한계는 사법의 본질에서 연유하는 한계와 권력분립상의 한계로 나눌 수 있다.

1. 사법의 본질에 따른 한계

행정소송은 「구체적인 법률상의 분쟁이 있는 것을 전제로 하여, 당사자의 소의 제기에 의해 법원이 법령을 적용하여 분쟁을 해결하는 판단작용」인 점에서 민·형사소송과 마찬가지로 사법작용으로서의 성질을 가진다. 「법원조직법」도 "법원은 헌법에 특별한 규정이 있는 경우를 제외한 일체의 법률상의 쟁송을 심판하고 이 법과 다른 법률에 의하여 법원에 속하는 권한을 가진다"($^{동법\ 2}_{조\ 1항}$)라는 규정을 통해 그와 같은 취지를 밝혀 놓고 있다. 행정소송이 사법작용의 성질을 가짐으로 인해 그의 심판에 있어서 다음과 같은 특색과 한계가 인정된다.

(1) 처분권주의의 지배

행정소송에 있어서도 법원은 당사자의 소의 제기가 있어야만 심리를 개시할 수 있으며, 법원의 심리는 원칙적으로 당사자에 의한 청구의 범위에 한정된다. 그 한도에서 행정소송에도 처분권주의가 지배한다고 말할 수 있다.

(2) 주관적 소송의 원칙

행정소송은 행정통제와 함께 개인의 권리구제를 주된 목적으로 하고 있다. 권리 또는 법률상 이익에 관한 분쟁이 재판의 대상이 되고 있는 한도에서 반사적 이익 또는 사실상 이익의 유무는 법원의 심판대상에서 제외된다. 그 결과, 개인의 권리구제를 직접 목적으로 하지 않는 소송(민중소송, 기관소송 등의 객관적 소송)은 법률이 특별히 인정하는 경우에만 재판의 대상이 된다.

(가) 반사적 이익

행정소송을 제기하기 위해서는 그에 대한 '법률상 이익'이 있어야 한다. 따라서 국가의 활동으로 인하여 개인이 향유하기는 하나 법의 보호를 받지 못하는 이익(반사적 이익 또는 사실상 이익)의 유무는 법원의 심판대상이 되지 않는다.

「행정소송법」은 "취소소송은 처분 등의 취소를 구할 법률상 이익이 있는 자가 제기할 수 있다"(12조 1문)라는 규정을 통해 그러한 취지를 밝혀 놓고 있으며(아울러 동법 35조, 36조 참조), 판례 역시 같은 태도를 취하고 있다. 그러나 현대국가에서는 권리(공법상의 권리) 개념의 확대, '재량권의 0으로의 수축' 등의 이론을 통해 그 '법률상 이익'의 범위가 확대되고 있는 사실에 주목할 필요가 있다.

> **[관련판례]** 행정소송은 행정처분으로 인하여 법률상 직접적이고 구체적인 이익을 가지게 되는 사람만이 제기할 이익이 있는 것이고 다만 사실상이며 간접적인 관계를 가지는 데 불과한 사람은 제기할 이익이 없는 것이므로 공유수면매립준공인가처분의 당사자가 아니고 그 처분을 받는 자와의 사이에 그가 취득한 매립지를 양수하기로 약정한 데 불과한 자는 위 처분에 대하여 사실상의 간접적인 경제적 이해관계가 있을지언정 법률상 직접적인 이해관계가 있다고 할 수 없으므로 그 무효확인을 구할 이익도 없다(대판 1985. 6. 25, 84누579. 동지. 판례: 대판 1982. 7. 13, 80무6).

(나) 객관적 소송 · 단체소송

근래, 개인만이 아니라 많은 사람으로 구성된 '단체'에 대해서도 행정소송의 원고적격을 인정함으로써, 행정소송을 공익소송으로 활용케 하려는 시도가 행해지고 있는 점에 대하여도 주목할 필요가 있다.[1] 단체소송은 특히 환경법, 소비자보호법 등의 분야에서 관계법규가 불충분하게 입법·집행되고 있음을 이유로 그 도입이 강조되는 경향에 있다.

한편, 단체소송은 일반적으로 '부진정 단체소송'과 '진정 단체소송'으로 나뉘며, 후자는 또한 이기적 단체소송(egoistische Verbandsklage)과 이타적 단체소송 (altruistische Verbandsklage)으로 나누어진다. 여기에서 "부진정 단체소송"이라고 함은, 단체가 단체 스스로의 법률상 이익을 보호받기 위하여 단체의 이름으로 제기하는 행정소송을 말한다. 예컨대 어느 사회단체가 등록취소를 당한 경우에, 그 등록취소처분의 취소소송을 제기하는 것이 이에 해당한다. '부진정 단체소송'은 당해 단체에게 행정소송을 제기할 법률상 이익이 있는 한 가능하다.

'이기적 단체소송'이라고 함은, 단체가 그의 구성원의 집단적 이익을 방어 또는 관철하기 위하여 단체의 이름으로 제기하는 행정소송을 말한다. 예컨대, 특정인(외국에서 의사자격을 취득한 의사 등)에게 의사자격을 부여한 행정처분에 대하여 의사들의 단체 (의사회)가 기존의사 전체의 이익을 위하여 당해 처분의 취소소송을 제기하는 것이 이에 해당한다.

'이타적 단체소송'이라고 함은, 어느 단체가 단체 자체의 이익이나 단체구성원의 이익을 직접적으로 방어 또는 관철하기 위한 것이 아니라, 어떤 제도나 문화적 가치의 보존이나 환경에 대한 훼손방지 및 그 보호와 같은 공익추구를 목적으로 제기하는 행정소송을 말한다. 이상의 이기적 단체소송과 이타적 단체소송은 부진정한 단체소송과는 달리 객관적 소송으로서의 성격을 지니므로, 법률에 특별한 규정이 없는 한 허용되지 않는다는 것이 일반론이다.

(3) 구체적 사건성

소송은 어느 것이나 구체적인 법률상의 분쟁이 존재하는 것을 전제로 행해지는 것이다. 그 결과 추상적인 법령의 효력이나 해석은 행정소송의 대상이 되지 않음이 원칙이다. 법령에 대하여는 구체적 규범심사만이 허용되므로, 그 법

---

1) 공익소송으로서의 다수당사자소송의 문제는 독일에 있어서는 '단체소송'(Verbandsklage)을, 미국에 있어서는 '집단소송'(Class Action)을 중심으로 활발히 논의되고 있다. 상세는 김남진, 기본문제, 549면 이하: 서원우, 집단적 이익보호제도, 고시연구, 1991. 3: 박윤영, 서독행정소송법상의 단체소송, 고시계, 1989. 11: 법무부, 다수당사자소송연구(법무자료 제90집), 1987: 김철용, 집단분쟁해결을 위한 행정소송에 집단소송을 도입하려는 입법론적 고찰, 공법연구 제22집 3호, 1994. 6: 김철용, 행정소송에 있어서의 집단소송, 법정고시, 1997. 2: 조연홍, 주민소송의 입법, 공법연구 제22집 3호, 1994. 6 등 참조.

령을 구체화하는 처분을 매개로 하여서만 법령의 위법성을 다툴 수 있게 하고 있음이 우리 실정법상의 제도이다(헌법 107조, 행정소송법 19조 등 참조).

> **[판례]** 행정소송의 대상이 될 수 있는 것은 구체적인 권리·의무에 관한 분쟁이어야 하고 일반적·추상적인 법령 그 자체로서 국민의 구체적인 권리·의무에 직접적인 변동을 초래하는 것이 아닌 것은 그 대상이 될 수 없으므로 구체적인 권리의무에 관한 분쟁을 떠나서 재무부령 자체의 무효확인을 구하는 청구는 행정소송의 대상이 아닌 사항에 대한 것으로서 부적법하다(대판 1987. 3. 24. 86누356. 동지판례: 대판 1992. 3. 10. 91누12639).

그러나 구체적 사항의 규율을 내용으로 하는 처분명령은, 그를 구체화하는 처분을 매개함이 없이 그 자체 직접적으로 국민의 구체적인 권리·의무에 영향을 미치기 때문에, 예외적으로 행정소송의 대상이 된다.

> **[판례]** 조례가 집행행위의 개입없이도 그 자체로서 직접 국민의 구체적인 권리의무나 법적 이익에 영향을 미치는 등의 법률상 효과를 발생하는 경우 그 조례는 항고소송의 대상이 되는 행정처분에 해당한다(대판 1996. 9. 20. 95누8003).

2. 권력분립에 따른 한계

헌법은 「명령·규칙 또는 처분이 헌법이나 법률에 위반되는 여부가 재판의 전제가 된 경우에는 대법원이 이를 최종적으로 심사할 권한을 가진다」(동법 107조 2항)라는 말을 통해 행정권에 대한 사법적 통제에 관하여 규정하고 있다. 그러나 입법·행정·사법의 분리라는 권력분립원칙도 헌법의 대원칙이므로 사법권에 의한 행정권의 통제라고 하는 행정소송에 그 권력분립원칙에서 오는 한계를 인정하지 않을 수 없다. 그에 관한 주된 사항은 다음과 같다.

(1) 행정의 독자성존중

(가) 행정의 유보론

권력분립주의 헌법하에서는 입법·사법권과 마찬가지로 행정의 독자성 역시 존중되어야 한다. 이 점은 관련된 법률제정에 있어서나 행정권에 대한 사법심사에 있어서나 마찬가지이다. 이러한 문제는 근년 행정유보(Verwaltungs-vorbehalt)라는 이름 아래 논해지기도 한다. 이 점과 관련하여 중요한 것은 행정에 있어서의 일정영역은 다른 권력이 침해할 수 없다고 하는 식의 관점보다 행정의 속성, 기능양식이 존중되어야 하는 점이다. 다른 말로 표현하면 행정의 계속성, 전문성, 실효성 등이 존중되어야 하는 것이다. 행정소송의 여러 특수성(행정심판제도·사물관할·피고적격·집행부정지원칙·사정판결 등)은 그러한 관점에서 이해되어야 할 것이다.

(나) 재량행위

「행정소송법」은 "행정청의 재량에 속하는 처분이라도 재량권의 한계를 넘거나 그 남용이 있을 때에는 법원은 이를 취소할 수 있다"(동법27조)라고 규정하고 있다. 행정청의 재량에 속하는 사항에 대해서는 비록 재량을 그르치더라도 재량의 한계를 넘지 않는 한 부당에 머물며, 법원은 그의 당·부에 관해 심사할 수 없다. 이러한 법리는 행정심판을 통해서는 처분의 위법성은 물론 부당성에 대해서도 심판을 청구할 수 있는 데 대하여, 행정소송을 통해서는 처분의 위법성에 대해서만 심판을 청구할 수 있게 되어 있는 사실에 의해서도 뒷받침되고 있다(행정심판법 1조, 4조, 행정소송법 1조, 4조 등 참조).

(2) 통치행위

법규의 해석·적용에 관련되고, 사인의 권리의무에 영향을 미치는 사건일지라도, 고도의 정치성을 띤 국가행위는 사법심사의 대상에서 제외되어야 한다고 말하여진다. 구체적으로 어떠한 행위를 통치행위 또는 정치문제로 볼 것인가에 관해서는 견해가 일치되어 있지 않다.

생각건대, 통치행위는 특히 개인의 기본권과의 관련하에 엄격하고도 신중히 검토하여야 할 문제이다. 고도의 정치적 결단에 의한 행위로서 그 결단을 존중하여야 할 필요성이 있는 행위라는 의미에서의 통치행위의 관념은 인정할 수 있을 것이다. 그러나 고도의 정치성을 띤 행위라고 하더라도 헌법상의 제 원칙, 즉 국민주권의 원리, 비례의 원칙(또는 과잉금지의 원칙) 등에 위배되어서는 안 됨은 자명하다. 다만 고도의 정치성을 띤 행위의 경우 결정기관에 정치적 형성의 자유가 인정되며, 그 범위 내에서 그에 대한 사법심사가 제한될 뿐인 것이다. 이러한 경우에도 그 행위가 기본권의 침해에 관련된 경우에는 결정기관의 재량의 여지는 축소되고 그에 상응하여 법원의 사법적 심사의 범위는 확대되어야 한다.

어떠한 국가행위가 통치행위에 해당하는가 여부는 선험적으로 결정할 것이 아니라, 실정법을 바탕으로 재판의 기능에 비추어 판단해야 할 것이며, 그 범위는 매우 제한적으로 인정해야 할 것이다(본서 통치행위 참조).

(3) 이행소송과 부작위소송

기본사례

국내에 유학하고 있는 미국인 A는 법무부장관에게 체류기간 연장허가신청을 하였으나 거부당하였다. A가 법원에 체류기간 연장허가 발급을 명하는 취지의 재판을 청구함과 동시에 같은 내용의 가처분을 하여 줄 것을 신청한다면, 법원은 어떠한 판결을 내려야 하는가?

행정청이 일정한 행위를 해야 할 의무가 있음에도 불구하고 행하지 않는 경우에 이행소송이 인정될 수 있는 것인가? 이 문제는 몇 가지 유형으로 나누어 고찰될 필요가 있다.

(가) 의무이행소송(적극적 의무이행소송)

① 의 의: 의무이행소송이란 일정한 행정행위를 청구하였는데 거부된 경우 또는 아무런 응답이 없는 경우에, 행정청에 대하여 그 거부된 또는 방치된(부작위의) 행정행위를 행하여 줄 것을 구하는 내용의 행정소송을 말한다.[2]

② 인정 여부: 독일의 행정법원법($\frac{42조 1항}{조 4항 등}$, 113)과는 달리, 우리의 행정소송법에는 그에 관한 명문규정이 없는 까닭에 그의 인정 여부와 관련하여 견해가 다양하게 나누어져 있다.

㉠ 적극설: 적극설은 권력분립주의의 참뜻은 권력 상호간의 견제와 균형을 도모함으로써 권력의 남용을 막고 개인의 권리를 보장하려는 데 있다는 입장에서, 행위개념상 작위 또는 부작위에 따라 행정행위성에 영향을 미칠 까닭이 없으며, 또한 행정소송법 제1조가 "공권력의 행사 또는 불행사 등으로 인한 국민의 권리 또는 이익의 침해를 구제하고"라고 명시하고 있음에 비추어, 행정소송법 제4조 1호의 '변경'을 적극적으로 이해하여 이행판결 내지 적극적 형성판결을 긍정하는 방향으로 나아가는 것이 바람직하다고 주장한다.[3]

㉡ 제한적 허용설(절충설): 의무이행소송을 원칙적으로 부인하면서도 i) 행정청에게 제1차적 판단권을 행사하게 할 것도 없을 정도로 처분요건이 일의적으로 정하여져 있고, ii) 사전에 구제하지 않으면 회복할 수 없는 손해가

---

2) 관련문헌: 김남진, 의무이행소송의 허용성과 요건 등, 고시연구, 2005. 12; 김연태, 처분의 발급을 구하는 소송유형, 고려법학 제39호, 2002. 10; 김연태, 의무이행소송의 쟁점에 대한 고찰, 고려법학 제72호, 2014. 3; 김현준, 의무이행소송과 거부처분취소소송의 관계, 토지공법연구 제58집, 2012. 8; 김병기, 독일 행정소송상 의무이행소송의 이론과 실제, 행정법학 제16호, 2019. 3; 하명호, 의무이행소송의 도입 필요성과 바람직한 도입방안, 국가법연구 제15집 제2호, 2019. 6.

3) 이상규(상), 775면 등.

있으며, iii) 다른 적당한 구제방법이 없는 경우에만 의무이행소송이 인정된다
고 보는 입장이다.[4]

ⓒ 소극설:　　　　권력분립원칙에 입각하여 행정에 대한 제1차적 판단권은
행정권에게 귀속시켜야 한다는 입장에서 의무이행소송은 허용되지 않는다고
보거나, 또는 의무이행소송이 국민의 권리보호를 위하여 필요하며 권력분립원
칙과도 모순되는 것은 아니나, 현행「행정소송법」이「행정심판법」과는 달리 부
작위위법확인소송만을 인정하였으므로 의무이행소송은 부인될 수밖에 없으며,
그리하여 법원이 적극적 형성판결이나 이행판결을 할 수 없기 때문에「행정소송
법」제4조 1호의 '변경'은 소극적 변경, 즉 일부취소를 의미하는 것으로 본다.[5]
판례 역시 소극설을 따르고 있다.

> **[판례①]** 현행 행정소송법상 행정청으로 하여금 일정한 행정처분을 하도록 명하
> 는 이행판결을 구하는 소송이나 법원으로 하여금 행정청이 일정한 행정처분을 행
> 한 것과 같은 효과가 있는 행정처분을 직접 행하도록 하는 형성판결을 구하는 소
> 송은 허용되지 아니한다(대판 1997. 9. 30, 97누3200. 동지판
례: 대판 1994. 12. 22, 93누21026).
> **[판례②]** 현행 행정소송법에서는 장래에 행정청이 일정한 내용의 처분을 할 것
> 또는 하지 못하도록 할 것을 구하는 소송(의무이행소송, 의무확인소송 또는 예방적
> 금지소송)은 허용되지 않는다(대판 2021. 12. 30,
2018다241458).

ⓔ 소　결:　　　　생각건대, 헌법상 기본권 보장의 원칙과 법치국가원리, 그
리고「행정소송법」제1조의 취지 및 헌법 제27조 1항이 보장하는 재판청구권
으로부터 도출되는 공백 없는 권리구제의 요구에 의해「행정소송법」제4조는
행정소송의 주된 유형을 예시적으로 열거한 규정으로 이해하는 것이 바람직하
다고 본다.[6]

그러나 현행「행정소송법」이 의무이행소송을 받아들이지 않고 소극적이고
도 우회적인 부작위위법확인소송을 제도화하면서 그 실효성확보를 위한 간접
강제제도($_{38조}^{34조}$)를 강구함으로써, 의무이행소송이 채택된 것과 다름없는 효과를
거두고자 기도하고 있다는 점에 비추어 적극설은 입법자의 의사에 반하는 해
석이라 할 것이다.

---

4) 김향기, 무명항고소송의 가부, 판례월보, 1995. 2 등 참조.
5) 김도창(상), 738면 등.
6) 홍준형(구제법), 518면.

한편, 원칙과 예외를 나누는 제한적 허용설에 대하여는 실정법의 해석상 근거를 찾을 수 없다는 점[7]에서 부당하다고 본다. 따라서 소극설에 찬성한다.

(나) 예방적 금지소송(부작위청구소송)

① 의 의: 예방적 금지소송 또는 부작위청구소송이란, 장래 행정청이 일정한 처분을 할 것이 명백한 경우에 그 처분을 하지 않을 것(부작위)을 구하는 내용의 소송을 말한다. 일종의 소극적 형태의 의무이행소송이라 할 수 있다.[8]

② 인정 여부

㉠ 소극설: 예방적 금지소송은 행정청이 법집행작용으로서의 일정한 처분을 하기 전에 당해 권한의 행사를 사전에 차단하는 것으로서 권력분립의 원칙과 행정청의 제1차적 판단권의 존중이라는 관점에서 허용될 수 없다는 견해이다.[9] 소극설은 또한 「행정소송법」 제4조의 항고소송유형의 규정은 제한적으로 이해되어야 한다는 점을 논거로 든다.

판례도 소극적 입장을 취한다.

> **[판례①]** 행정소송법상 행정청이 일정한 처분을 하지 못하도록 그 부작위를 구하는 청구는 허용되지 않는 부적법한 소송이라 할 것이므로, 피고 국민건강보험공단은 이 사건 고시를 적용하여 요양급여비용을 결정하여서는 아니 된다는 내용의 원고들의 위 피고에 대한 이 사건 청구는 부적법하다 할 것이다(대판 2006. 5. 25, 2003두11988).
>
> **[판례②]** 신축건물의 준공처분을 하여서는 아니 된다는 내용의 부작위를 구하는 원고의 예비적 청구는 행정소송에서 허용되지 아니하는 것이므로 부적법하다(대판 1987. 3. 24, 86누182).

㉡ 제한적 허용설: 예방적 금지소송은 공권력에 의한 침해가 절박한 경우에 문제되는 것으로, 단순히 현상악화를 방지하고자 하는 공권력 행사에 대한 소극적 방어행위라고 볼 수 있기 때문에, 적극적 의무이행소송에 대하여

---

7) 류지태·박종수(신론), 668면.
8) 참조: 김철용, 예방적 부작위소송의 허용성, 사법행정, 1990. 7; 김남진, 조례제정의 부작위와 처분의 부작위의 구별, 법률신문, 2003. 5. 29; 김남진, 예방적 금지소송의 허용성과 요건 등, 고시연구, 2005. 4; 김연태, 의무이행소송과 예방적 금지소송의 쟁점 검토, 고려법학 제49호, 2007. 10; 김현준·박웅광, 예방적 금지를 구하는 소송, 토지공법연구 제50집, 2010. 8; 최승필, 예방적 금지소송의 도입과 그 쟁점, 행정법학 제3호, 2012. 9; 김현준, 행정소송법상 예방적 금지소송을 위한 변론, 토지공법연구 제62집, 2013. 8.
9) 다만, 예방적 금지소송에 대하여 부정적인 입장을 가진 학자도 현행법의 해석상 허용할 수 없다는 논거를 들고 있을 뿐, 권리구제의 공백을 메우기 위하여 그러한 소송유형의 도입의 필요성에 대하여는 인정하고 있다(류지태·박종수(신론), 669면 참조).

는 부정적인 학자들도 예방적 금지소송에 대하여는 긍정적인 입장을 취하고 있다. 다만 권력분립원칙 및 행정청의 제1차적 판단권의 존중이라는 관점에서 일정한 제한적 요건하에 인정된다는 것이 다수설이다.[10] 즉 ① 처분이 행해질 개연성이 있고 절박하며, ② 처분요건이 일의적으로 정해져 있으며, ③ 미리 구제하지 않으면 회복할 수 없는 손해가 발생할 우려가 있으며, ④ 다른 구제수단이 없는 경우에만 인정된다고 한다.

③ 소 결: 구체적 처분에 대한 권리구제는 항상 사후적이어야 하는 것은 아니다. 취소소송의 제기 및 집행정지의 신청 등 처분이 행해지고 난 후 사후적인 권리구제수단으로는 방지할 수 없는 회복하기 어려운 손해의 발생이 예상되는 경우에는 국민의 재판청구권을 보장하고 있는 헌법의 취지에 비추어 예외적으로 예방적인 권리구제수단이 인정되어야 할 것이다. 또한 행정소송법 제4조에 규정되어 있는 소송유형을 반드시 제한적으로 새겨야 할 이유는 없는 것이다.

(다) 일반이행소송

일반이행소송이란 공법상의 권리를 바탕으로 행정주체 등의 작위·부작위·급부·수인을 청구하는 취지의 소송 가운데 전술한 의무이행소송을 제외한 것을 말한다. ① 원상회복(결과제거)의 청구, ② 금전급부의 청구, ③ 정보제공 등의 청구, ④ 의견표시(명예훼손)의 철회 등을 내용으로 하는 행정소송을 그에 해당하는 것으로서 예시할 수 있는바, 구체적인 것은 후술하는 당사자소송에서 고찰하기로 한다.

(라) 다양한 소송유형 도입의 필요성

참고로 독일의 경우 공권력 작용에 대한 권리구제를 위한 일반조항(Generalklausel)을 두고 있고(독일 기본법 19조 4항), 여기에 더해 법치국가 원칙에 근거한 국가의 일반사법보장의무(allgemeine Justizgewährungspflicht)를 승인함으로써(이는 독일 연방헌법재판소의 확립된 판례다. 대표적인 것으로 BVerfGE 107, 395 참조) 포괄적이고 공백 없는 권리구제를 보장하고 있다. 그리고 이를 기초로 행정법원법(Verwaltungsgerichtsordnung)에 의무이행소송을 비롯한 다양한 소송유형들이 마련되어 있다. 우리 행정소송법 체계도 국민의 권리구제를 강화하는 의미에서 다양한 소송유형을 보장하기 위한 입법적인 정비가 시급하다.[11]

---

10) 김철용(Ⅰ), 631면.
11) 하지만 2007년과 2012년에 의무이행소송, 예방적 금지소송, 가처분 제도 도입 등을 골자로 한 「행정소송법」의 개정시도가 있었으나 모두 실현되지 못하였다.

사례해설

A의 체류기간연장허가의 발급을 구하는 청구는 의무이행소송인바 이러한 소송유형은 현행법상 인정될 수 없으므로 부적법하여 각하판결을 내려야 한다. 한편, 행정소송에도 가처분을 예외적으로 인정한다고 하더라도 설문의 경우에는 본안소송이 인정되지 않는 이상 피보전권리의 적격이 없어 기각결정을 내려야 한다.[12]

VI. 행정소송의 종류

1. 성질에 따른 분류

행정소송은 성질에 따라 다음과 같이 구분할 수 있다.

(1) 형성의 소

형성의 소는 법률관계의 변동을 일으키는 일정한 법률요건의 존재를 주장하여, 그 변동을 선언하는 판결을 구하는 소이다. 따라서 형성판결은 형성요건의 존재를 확정하는 동시에, 새로운 행정법상의 법률관계를 발생케 하거나 기존의 행정법상의 법률관계를 변경·소멸케 하는 판결이다. 확인판결이나 이행판결이 선언적 효력을 갖는 데 대하여, 형성판결은 이러한 의미에서 창설적 효력을 가진다. 항고소송 중 취소소송은 행정청의 위법한 처분 등의 취소·변경을 구하는 소송이므로 형성의 소로서의 성질을 가진다고 봄이 일반적이다.

(2) 이행의 소

이행의 소는 피고에 대한 특정한 이행청구권의 존재를 주장하여, 그의 확정과 이에 기한 이행(작위, 부작위, 급부, 수인)을 명하는 판결을 구하는 소이다. 원고가 주장하는 이행청구권의 강제적 실현에 이바지하는 소로서, 이행청구권의 확정과 피고에 대한 이행명령의 두 가지를 목적으로 한다. 우리나라에서의 인정 여부를 떠나서, 의무이행소송, 예방적 금지소송, 당사자소송으로서의 금전급부소송 등은 이행의 소에 해당한다.

(3) 확인의 소

확인의 소는 특정한 권리 또는 법률관계의 존재 또는 부존재를 주장하여 이

---

12) 상세는 김연태, 행정법사례연습, 531면 이하 참조.

를 확인하는 판결을 구하는 소이다. 원칙적으로 권리 또는 법률관계만이 확인의 소의 대상이 된다. 항고소송 중 무효등확인소송·부작위위법확인소송이나 공법상의 법률관계의 존부를 확인받기 위한 당사자소송은 확인의 소에 해당한다.

2. 내용에 따른 분류

현행 「행정소송법」은 행정소송을 내용에 따라 다음과 같이 구분하고 있다.

(1) 항고소송

(가) 법정 항고소송

항고소송이란 행정청의 처분 등이나 부작위에 대하여 제기하는 소송을 말한다(동법 3조 1호). 그 항고소송을 행정소송법은 다음의 세 가지로 나누고 있다(동법 4조).

① 취소소송: 행정청의 위법한 처분 등을 취소 또는 변경하는 소송
② 무효등확인소송: 행정청의 처분 등의 효력 유무 또는 존재 여부를 확인하는 소송
③ 부작위위법확인소송: 행정청의 부작위가 위법하다는 것을 확인하는 소송

(나) 무명항고소송(법정외 항고소송)

「행정소송법」 제4조에 규정된 위 세 종류의 항고소송(법정항고소송) 이외에 무명항고소송 또는 법정외 항고소송이 인정될 수 있는가에 대하여 학계에는 긍정적 견해도 많이 있으나, 법원은 일관하여 부정하고 있음은 앞에서(행정소송의 한계) 살펴 본 바와 같다.

(2) 당사자소송

당사자소송이란 행정청의 처분 등을 원인으로 하는 법률관계에 관한 소송 그밖에 공법상의 법률관계에 관한 소송으로서 그 법률관계의 한쪽 당사자를 피고로 하는 소송을 말한다(동법 3조 2호).

(3) 민중소송

민중소송이란 국가 또는 공공단체의 기관이 법률에 위반되는 행위를 한 때에 직접 자기의 법률상 이익과 관계없이 그 시정을 구하기 위하여 제기하는 소송을 말한다(동법 3조 3호).

(4) 기관소송

기관소송이란 국가 또는 공공단체의 기관 상호간에 있어서의 권한의 존부 또는 그 행사에 관한 다툼이 있을 때에 이에 대하여 제기하는 소송을 말한다. 다만 「헌법재판소법」 제2조의 규정에 의하여 헌법재판소의 관장사항으로 되는 소송은 제외한다(동법 3조 4호).

제 **2** 절 항고소송

제 1 관 취소소송

Ⅰ. 개   설

1. 취소소송의 의의

취소소송이란 「행정청의 위법한 처분 등을 취소 또는 변경하는 소송」(행정소 송법 4조 1호)으로서, 항고소송의 중심을 이루고 있다. 재결의 취소·변경은 당해 재결 자체에 고유한 위법이 있음을 이유로 하는 경우에만 인정된다(동법 19조). 취소소송은 보통 취소원인의 하자있는 처분이나 재결에 대해서 제기하는 소송인데, '처분의 무효선언을 구하는 의미에서의 취소소송'도 판례상 인정되고 있다.

2. 취소소송의 기능

(1) 주관적 권리구제 기능(원상회복기능)

취소판결에 의하여 처분 등이 취소되면 그 효력은 소급해서 소멸하고, 그에 따라 처분이 없었던 상태로 돌아간다. 그에 따라 처분 등에 의해 침해된 원고의 권리가 구제된다. 이를 통해 취소소송은 주관적 권리의 구제라는 행정소송 본래적 기능에 충실하게 된다.

(2) 적법성유지기능

취소소송은 원고의 주관적 이익에 봉사하는 동시에 위법상태를 배제하는 것을 통해 객관적인 법질서의 유지에도 봉사한다. 이러한 객관적 통제기능은 법치국가 원칙과 거기서 도출되는 국가의 권력분배 원칙에서 도출된다.

(3) 합일확정기능

처분 등을 취소하는 확정판결은 제3자에 대하여도 효력이 있다(동법 29조 1항). 이에 의하여 처분 등과 관련된 여러 법률관계가 합일적으로(한꺼번에) 확정되는 효과를 거둔다.

(4) 저지기능

예컨대 건물철거명령이나 과세처분이 취소되면, 행정청은 더 이상 건물의 철거나 세금의 징수를 할 수 없게 된다.

(5) 반복방지기능

처분 등을 취소하는 확정판결은 처분청 등을 기속한다(동법 30조 1항). 그 결과 취소소송은 행정기관이 판결의 취지에 반하는 행위를 되풀이 하지 못하게 한다.

3. 취소소송의 성질

취소소송의 성질과 관련하여 학설은 형성소송설과 확인소송설로 나누어져 있다.

(1) 형성소송설

취소소송이란 일정한 법률관계를 성립시킨 행정행위의 위법을 다투어 당해 행정행위(처분)의 취소·변경을 통하여 그 법률관계를 변경 또는 소멸시키는 점에서 형성적 성질의 것으로 본다.

(2) 확인소송설

사인에게는 실체법상 행정행위에 대한 형성권이 부여될 수 없고, 오직 국가 등에 대한 위법처분취소청구권이 인정되는 데 그치는 것이므로, 취소소송은 그 행정행위 당시에 있어서의 행정행위의 위법성을 확인하는 성질의 것으로 본다.

(3) 형성소송설이 통설이며, 「행정소송법」은 취소소송의 인용판결에 대하여 대세적 효력(제3자에 대한 구속력)을 인정함으로써(동법 29조 1항) 형성소송설을 뒷받침하고 있다.

4. 취소소송의 소송물

취소소송에 있어서도 소송물(Streitgegenstand)은 중요한 의미를 가진다. 소송물이 특정됨으로써 법원에 의한 심리의 범위, 판결의 기판력의 객관적 범위가 정해지며, 피고적격, 제3자의 소송참가, 소의 변경 등의 문제와도 연계되기 때문이다.

취소소송의 소송물에 대하여는 ① '처분의 위법성 일반'으로 보는 견해($_{설}^{다수}$),[1] ② '대상이 되는 처분을 통하여 자신의 권리가 침해되었다는 원고의 법적 권리주장'으로 보는 견해,[2] ③ '행정처분이 위법하고 자기의 권리를 침해한다는 원고의 법적 주장'이라는 견해,[3] ④ '처분으로 인하여 생긴 위법상태의 배제'로 보는 견해[4] 등이 제시된다.

대법원은 일반 행정소송의 소송물에 관하여 명확한 입장을 표명하고 있지는 않다.[5] 다만, 과세처분 취소소송의 경우 총액주의를 취하는 입장에서 과세처분의 위법성 일반이 소송물이 된다고 판시하고 있다.

> **[판례①]** 취소판결의 기판력은 소송물로 된 행정처분의 위법성 존부에 관한 판단 그 자체에만 미치는 것이다($_{95누5820}^{대판 1996. 4. 26.}$).
> **[판례②]** 과세처분 취소소송의 소송물은 그 취소원인이 되는 위법성 일반이다 ($_{89누5386}^{대판 1990. 3. 23.}$).

Ⅱ. 취소소송의 재판관할

1. 사물관할

취소소송의 제1심 관할법원은 지방법원급의 행정법원이다($_{9조 1항}^{행정소송법}$). 다만, 행정법원이 설치되지 않은 지역에 있어서의 행정법원의 권한에 속하는 사건은 행정법원이 설치될 때까지 해당 지방법원본원 및 춘천지방법원 강릉지원이 관할한다.

다만, 공정거래위원회의 처분에 대한 불복소송은 서울고등법원의 전속관할로 되어 있고($_{관한 법률 99조, 100조}^{독점규제 및 공정거래에}$), 특허소송($_{서·심판청구서·재심청구서의 각하결정에 대한 소}^{특허취소결정 또는 심결에 대한 소 및 특허취소신청}$)은 특허법

---

1) 김동희·최계영(Ⅰ), 708면 이하: 김연태, 행정법사례연습, 713-714면.
2) 류지태·박종수(신론), 673면 이하.
3) 김남진, 취소소송의 기판력과 국가배상소송과의 관계, 고시연구, 2000. 12, 194면; 홍정선(상), 1093면 이하: 홍준형(구제법), 524면.
4) 김도창(상), 745면; 김학세, 행정소송의 체계, 46면.
5) 행정소송실무편람, 서울고등법원, 244쪽.

원의 전속관할로 되어 있는($^{특허법}_{186조1항}$) 등 예외가 인정되는 경우가 있다.

2. 토지관할

(1) 보통관할

취소소송은 피고인 행정청($^{처분청;재결청·}_{부작위청 등}$)의 소재지를 관할하는 행정법원이 그 관할법원이다($^{행정소송법}_{9조1항}$). 다만 ① 중앙행정기관, 중앙행정기관의 부속기관과 합의제행정기관 또는 그 장이 피고인 경우, ② 국가의 사무를 위임 또는 위탁받은 공공단체 또는 그 장이 피고인 경우에는 대법원소재지를 관할하는 행정법원으로 할 수 있다($^{동조}_{2항}$).

(2) 특별관할

토지의 수용 기타 부동산 또는 특정의 장소에 관계되는 처분 등에 대한 취소소송은 그 부동산 또는 장소의 소재지를 관할하는 행정법원에 이를 제기할 수 있다($^{9조}_{3항}$).

3. 관할법원에의 이송

법원은 소송의 전부 또는 일부가 그 관할에 속하지 아니함을 인정할 때에는 결정으로 관할법원에 이송한다($^{행정소송법 8조 2항}_{민사소송법 34조 1항}$). 사건의 이송에 관한 「민사소송법」 제34조 제1항의 규정은 원고의 고의 또는 중대한 과실 없이 행정소송이 심급을 달리하는 법원에 잘못 제기된 경우에도 적용된다($^{행정소송}_{법7조}$). 원고가 고의 또는 중대한 과실 없이 행정소송으로 제기하여야 할 사건을 민사소송으로 잘못 제기한 경우의 처리에 관하여 판례는 다음과 같이 수소법원이 행정소송에 대한 관할을 가지고 있는지에 따라 다르게 보고 있다.

[판례①] 원고가 고의 또는 중대한 과실 없이 행정소송으로 제기하여야 할 사건을 민사소송으로 잘못 제기한 경우, 수소법원으로서는 만약 그 행정소송에 대한 관할도 동시에 가지고 있다면 이를 행정소송으로 심리·판단하여야 하고, 그 행정소송에 대한 관할을 가지고 있지 아니하다면 관할법원에 이송하여야 한다. 다만 해당 소송이 이미 행정소송으로서의 전심절차 및 제소기간을 도과하였거나 행정소송의 대상이 되는 처분 등이 존재하지도 아니한 상태에 있는 등 행정소송으로서의 소송요건을 결하고 있음이 명백하여 행정소송으로 제기되었더라도 어차피 부적법하게 되는 경우에는 이송할 것이 아니라 각하하여야 한다(대판 2020. 10. 15. 2020다222382. 동지판례: 대판 2017. 1. 9. 2015다215526: 대판 2018. 7. 26. 2015다221569: 대판 2021. 2. 4. 2019다277133).

> **[판례②]** 행정소송법상 항고소송으로 제기하여야 할 사건을 민사소송으로 잘못 제기한 경우에 수소법원이 그 항고소송에 대한 관할도 동시에 가지고 있다면, 전심절차를 거치지 않았거나 제소기간을 도과하는 등 항고소송으로서의 소송요건을 갖추지 못했음이 명백하여 항고소송으로 제기되었더라도 어차피 부적법하게 되는 경우가 아닌 이상, 원고로 하여금 항고소송으로 소 변경을 하도록 석명권을 행사하여 행정소송법이 정하는 절차에 따라 심리·판단하여야 한다(대판 2020. 1. 16. 2019다264700).

Ⅲ. 관련청구소송의 이송과 병합

1. 제도의 취지

서로 관련이 있는 수 개의 청구를 하나의 소송절차에 병합하여 심판한다는 것은 당사자나 법원의 부담을 덜며, 심리의 중복, 재판의 저촉을 피할 수 있다는 이점이 있다. 이러한 이유로 소송법에서는 관련청구 병합소송제도가 널리 인정되고 있다.

「민사소송법」은 수 개의 청구가 '같은 종류의 소송절차'에 의하여 심판될 수 있는 경우에만 청구(소)를 병합할 수 있게 하고 있다(동법 253조). 그러나 이 규정은 행정소송을 위해서는 지나치게 엄격한 것이 되어 이를 완화할 필요가 있다. 반면에, 「민사소송법」상으로는 동종의 소송절차에 의하여 심판될 수 있는 한 '청구 상호간의 관련성'을 조건으로 하고 있지 않은바, 신속성이 요청되는 행정소송에 있어서는 그 범위를 제한할 필요가 있다. 바로 이러한 이유로 「행정소송법」에 「민사소송법」에 대한 특칙으로서의 관련청구소송의 이송·병합에 관한 규정(동법 10조)이 마련되어 있는 셈이다.

2. 관련청구소송의 범위

취소소송에는 관련청구소송을 병합할 수 있고, 혹은 취소소송이 계속된 법원에 그것을 이송할 수 있는 경우가 인정되고 있는바, 그 관련청구소송의 범위는 다음과 같다.

(1) 당해 처분 등과 관련되는 손해배상·부당이득반환·원상회복 등 청구소송

(행정소송법 10조 1항 1호)

여기에서 당해 처분 등과 관련된다고 함은 ① 처분이나 재결이 원인이 되어 발생한 청구, ② 처분이나 재결의 취소나 변경을 선결문제로 하는 청구 등을 의미한다고 보고 있다. 그리고 '청구소송'에는 손해배상·부당이득반환·원상회복청구소송은 물론 손실보상청구소송, 결과제거청구소송 등이 포함될 수 있다.

> **[판례]** 행정소송법 제10조는 처분의 취소를 구하는 취소소송에 당해 처분과 관련되는 부당이득반환소송을 관련 청구로 병합할 수 있다고 규정하고 있는바, 이 조항을 둔 취지에 비추어 보면, 취소소송에 병합할 수 있는 당해 처분과 관련되는 부당이득반환소송에는 당해 처분의 취소를 선결문제로 하는 부당이득반환청구가 포함된다(대판 2009. 4. 9. 2008두23153).

(2) 당해 처분 등과 관련되는 취소소송(동조 1항 2호)

여기에는 ① 당해 처분과 함께 하나의 절차를 구성하는 다른 처분의 취소를 구하는 소송, ② 당해 처분에 관한 재결의 취소를 구하는 소송, ③ 재결의 대상인 처분의 취소소송, ④ 당해 처분이나 재결의 취소·변경을 구하는 다른 사람(제3자)의 취소소송 등이 포함될 수 있다.

여기에서 '관련'이란 청구의 내용 또는 발생원인이 법률상·사실상 공통되는 것이거나, 병합되는 청구가 당해 행정처분으로 인한 것인 경우 또는 행정처분의 취소·변경을 선결문제로 하는 경우를 의미한다.

3. 관련청구소송의 이송

(1) 관련청구소송의 이송의 의의

취소소송과 상술의 관련청구소송이 각각 다른 법원에 계속되고 있는 경우에 관련청구소송이 계속된 법원은 당사자의 신청 또는 직권에 의하여 이를 취소소송이 계속된 법원으로 이송할 수 있다(동법 10조 1항). 본 조항은 다른 항고소송은 물론 당사자소송, 민중소송 그리고 기관소송에도 준용된다(동법 38조, 44조, 46조).

(2) 이송의 요건

(가) 취소소송과 관련청구소송이 각각 다른 법원에 계속중일 것

취소소송과 관련청구소송은 당사자와 관할법원이 다른 경우가 많다는 것을 상기하면 될 것이다. 예컨대 처분 등이 위법하다고 주장하면서 그 처분 등에 대한 취소소송을 제기하고 동시에 그 처분 등으로 인해 입은 손해배상청구소송을 제기하는 경우 취소소송은 그 처분 등을 한 행정청을 피고로 하는 행정소송이고, 손해배상청구소송은 행정주체(국가 또는 지방자치단체를 포함하는 공공단체)를 피고로 하는 민사소송인 경우가 전형적이다.

(나) 이송의 상당성

관련 청구소송이 계속된 법원이 당해 소송을 취소소송이 계속된 법원에 이송시킴이 "상당하다고 인정하는 때"에만 가능하다. 따라서 모든 관련청구소송이 당연히 이송되는 것은 아니며, '상당한'의 여부는 상술한 제도의 취지에 비추어 판단할 일이다.

(다) 당사자의 신청 등

관련청구소송의 이송은 당사자(관련청구소송의 원·피고, 참가인 등)의 신청에 의하거나 또는 그것이 없더라도 법원의 직권으로 행해질 수 있다.

(라) 취소소송이 계속된 법원으로 이송할 것

관련청구소송을 취소소송이 계속된 법원으로 이송하는 경우이어야 한다. 즉 관련청구소송과 취소소송 중 어떤 것이 먼저 제기되었는지, 관련청구소송의 내용이 가지는 중요성이나 소송가액 등은 고려하지 않고 반드시 관련청구소송을 취소소송이 계속된 법원으로 이송해야 한다.

(3) 이송판결

「민사소송법」이 준용됨에 따라 다음과 같이 파악할 수 있다.

(가) 이송재판의 효력

이송결정은 이송을 받은 법원을 기속하며, 이에 따라 당해 법원은 그 사건을 다른 법원에 이송하지 못한다(민사소송법 38조).

(나) 즉시항고

이송결정과 이송신청의 기각결정에 대하여는 즉시항고를 할 수 있다(동법 39조).

(다) 이송의 효과

이송결정이 확정된 때에는 당해 관련청구소송은 처음부터 이송을 받은 법원에 계속된 것으로 본다(동법 40조 1항).

4. 관련청구소송의 병합

(1) 관련청구병합의 의의

처분의 취소소송과 처분으로 인한 손해배상청구소송 등은 당사자와 관할을 달리한다. 즉, 전자의 경우에는 항고소송에 의하여 처분행정청을 피고로 제기하는 반면에, 후자의 경우에는 당사자소송이나 민사소송에 의하여 국가나 공공단체를 피고로 제기한다. 양 소송은 비록 형식적으로는 독립적인 별개의 소송이지만 실질적으로는 하나의 궁극적 목적을 달성하기 위한 것이다. 따라서 이들 관련되는 청구를 하나의 소송절차에 병합하여 통일적으로 재판함으로써 당사자나 법원의 부담을 덜 수 있으며, 심리의 중복·재판의 저촉을 피할 수 있고, 나아가 국민의 권리구제를 위하여 분쟁을 신속히 처리할 수 있다($\binom{행정소송법}{10조 2항}$). 취소소송과 관련청구소송의 병합에 관한 상기규정이 다른 행정소송에 준용됨은 '이송'에 있어서와 같다.

(2) 병합의 종류와 형태

「행정소송법」은 취소소송과 관련하여 ① 관련청구소송의 병합인 객관적 병합($\genfrac{}{}{0pt}{}{10조 2}{항 전단}$), ② 피고 외의 자를 상대로 한 관련청구소송을 병합하는 것으로서의 주관적 병합($\genfrac{}{}{0pt}{}{10조 2}{항 후단}$), ③ 공동소송으로서의 주관적 병합($\genfrac{}{}{0pt}{}{15}{조}$) 등을 인정하고 있다. 이러한 소의 병합은 다시 병합의 시점에 따라 ① 제소시에 행하는 원시적 병합과 ② 소송의 계속중에 행하는 후발적(추가적) 병합으로 나누어진다.

(3) 병합의 요건

(가) 본체인 취소소송의 적법성

관련 청구의 병합은 그 청구를 병합한 본체인 취소소송을 전제로 하는 것이므로 관련청구소송이 병합될 본체인 취소소송은 그 자체로서 소송요건($\genfrac{}{}{0pt}{}{당사자적격·}{전심절차·제}$ $\genfrac{}{}{0pt}{}{소기간·소}{의 이익 등}$)을 구비하여 적법하지 않으면 안 된다.

> **[판례]** 행정소송법 제10조에 의한 관련청구소송의 병합은 본래의 취소소송이 적법할 것을 요건으로 하는 것이므로 본래의 취소소송이 부적법하여 각하되면 그에 병합된 청구도 소송요건을 흠결한 부적합한 것으로서 각하되어야 할 것이다($\genfrac{}{}{0pt}{}{대판}{1997.}$
> 3. 14. 95누13708, 동지판례:
> 대판 2001. 11. 27. 2000두697).

다만, 본체인 취소소송이 병합 전에 계속되어 있어야 하는 것은 아니므로 처음부터 관련청구를 병합하여 제기하는 것은 가능하다.

(나) 관련청구의 범위(병합한계)

취소소송에 병합할 수 있는 청구는 취소소송의 대상인 처분 등과 관련되는 손해배상·부당이득반환·원상회복 등 청구소송과, 본체인 취소소송의 대상인 처분 등과 관련되는 취소소송이다($^{행정소송법}_{10조\ 1항}$).

(다) 병합의 시기

관련청구의 병합은 사실심의 변론종결 이전에 하여야 한다($^{동법\ 10}_{조\ 2항}$). 사실심의 변론종결 이전이면 원시적 병합($^{소송\ 제기}_{시의\ 병합}$)이든 후발적 병합($^{소송도중}_{의\ 병합}$)이든 문제가 되지 않는다.

(라) 관할법원

병합되는 소송의 관할법원은 취소소송이 계속된 법원이다.

(4) 병합심리

취소소송에 병합되는 관련청구소송이 민사소송에 해당하는 경우, 그 관련청구의 심리에 「행정소송법」의 규정($^{특히\ 직권심리}_{에\ 관한\ 26조}$)이 적용되느냐 하는 것이 문제가 된다. 이 문제에 관하여는 ① 본래의 민사사건을 행정소송의 절차로서 심리해서는 안 된다는 주장과 ② 두 가지 사건을 분리해서 심리한다는 것은 실질적으로 불가능하며, 따라서 민사사건도 행정소송절차에 따라 심리·재판해야 한다는 주장이 나누어져 있다.

이는 특히 행정소송 절차에 적용되는 특별한 원칙들, 예컨대 뒤에서 보는 직권탐지주의와 같은 원칙들이 관련청구소송으로 병합된 민사소송에도 적용되는지와 관련해 문제된다. 두 소송이 병합되어 함께 진행되는 이상 관련청구소송인 민사소송에도 행정소송법 규정이 적용된다고 보는 것이 합리적이고, 관련청구소송을 인정한 제도의 취지에도 맞다.

Ⅳ. 취소소송의 당사자 등

1. 개　설

(1) 당사자의 지위

행정소송에 있어서도 원고와 피고가 대립하여 구체적 사건을 서로 다툰다고 하는 점에 있어서는 민사소송과 다를 것이 없다. 그러나 원고와 피고의 지위는 소송의 종류에 따라 다르다. 당사자소송의 경우에는 민사소송처럼 원고와 피고가 서로 자기의 권리를 주장하여 대립한다. 그러나 취소소송의 경우에는, 원고는 그 자신의 권익보호를 위하여 처분 등의 위법을 이유로 그의 취소·변경을 구하고 있는 데 대하여, 피고인 행정청은 자신의 권익을 주장하는 것이 아니라 법적용에 위법이 없다는 것을 주장하는 데 불과하다. 또한 피고의 지위에 있는 행정청은 인격의 주체가 아니라 국가·지방자치단체 등의 '기관'에 지나지 않는다. 따라서 행정청은 민사소송과 당사자소송 등에서 일반적으로 당사자가 될 수 없는 것이 원칙이며, 다만 항고소송에서 소송의 편의를 위하여 피고의 지위가 인정되고 있음에 지나지 않는다. 행정소송(특히 항고소송)의 당사자 문제를 고찰함에 있어서는 이러한 점을 특별히 감안할 필요가 있다.

> **[판례]** 소송에서 당사자가 누구인가는 당사자능력, 당사자적격 등에 관한 문제와 직결되는 중요한 사항이므로, 사건을 심리·판단하는 법원으로서는 직권으로 소송 당사자가 누구인가를 확정하여 심리를 진행하여야 한다(대판 2016. 12. 27. 2016두50440. 동지 판례: 대판 2001. 11. 13. 99두2017).

(2) 당사자능력과 당사자적격

(가) 당사자능력

당사자능력이라 함은 소송의 당사자(원고·피고·참가인)가 될 수 있는 일반적 능력을 말한다. 「민법」 등에 의하여 권리능력을 가지는 자, 즉 자연인과 법인은 행정소송에 있어서 당사자능력을 갖는다(행정소송법 8조 2항. 민사소송법 51조). 「민사소송법」은 법인격이 없더라도 대표자 또는 관리인이 정하여져 있어서 대외적으로 하나의 실체로 나타나는 사단 또는 재단에 당사자능력을 인정하고 있는데, 행정소송에 있어서도 법인격 없는 사단 또는 재단은 그 대표자 등을 통하여 그 단체의 이름으로 당사자가 될 수 있다(행정소송법 8조 2항. 민사소송법 52조).

(나) 당사자적격

당사자적격이라 함은 특정의 소송사건에 있어서 당사자로서 소송을 수행하고 본안판결을 받기에 적합한 자격을 말한다. 권한의 면에서 파악하여 소송수행권이라고도 하며, 당사자적격이 있는 자를 보통 '정당한 당사자'라고 부른다.

국가 또는 그 소속 행정기관이 행정소송에서 원고로서의 당사자능력과 당사자적격을 인정받을 수 있는지에 관한 문제가 있다. 대법원은 다른 행정기관이 내린 처분에 의해 행정기관이 불이익을 받을 수 있는 상황이고, 항고소송 이외에 다른 구제수단이 없는 상황이라면 행정기관에게 항고소송 원고로서의 당사자능력과 원고적격을 인정할 수 있다고 판시하였다.

[판례] ㉮ 국가기관 등 행정기관(이하 '행정기관 등'이라 한다) 사이에 권한의 존부와 범위에 관하여 다툼이 있는 경우에 이는 통상 내부적 분쟁이라는 성격을 띠고 있어 상급관청의 결정에 따라 해결되거나 법령이 정하는 바에 따라 '기관소송'이나 '권한쟁의심판'으로 다루어진다.

그런데 법령이 특정한 행정기관 등으로 하여금 다른 행정기관을 상대로 제재적 조치를 취할 수 있도록 하면서, 그에 따르지 않으면 그 행정기관에 대하여 과태료를 부과하거나 형사처벌을 할 수 있도록 정하는 경우가 있다. 이러한 경우에는 단순히 국가기관이나 행정기관의 내부적 문제라거나 권한 분장에 관한 분쟁으로만 볼 수 없다. 행정기관의 제재적 조치의 내용에 따라 '구체적 사실에 대한 법집행으로서 공권력의 행사'에 해당할 수 있고, 그러한 조치의 상대방인 행정기관이 입게 될 불이익도 명확하다. 그런데도 그러한 제재적 조치를 기관소송이나 권한쟁의심판을 통하여 다툴 수 없다면, 제재적 조치는 그 성격상 단순히 행정기관 등 내부의 권한 행사에 머무는 것이 아니라 상대방에 대한 공권력 행사로서 항고소송을 통한 주관적 구제대상이 될 수 있다고 보아야 한다. 기관소송 법정주의를 취하면서 제한적으로만 이를 인정하고 있는 현행 법령의 체계에 비추어 보면, 이 경우 항고소송을 통한 구제의 길을 열어주는 것이 법치국가 원리에도 부합한다. 따라서 이러한 권리구제나 권리보호의 필요성이 인정된다면 예외적으로 그 제재적 조치의 상대방인 행정기관 등에게 항고소송 원고로서의 당사자능력과 원고적격을 인정할 수 있다.

㉯ 국민권익위원회가 소방청장에게 인사와 관련하여 부당한 지시를 한 사실이 인정된다며 이를 취소할 것을 요구하기로 의결하고 그 내용을 통지하자 소방청장이 국민권익위원회 조치요구의 취소를 구하는 소송을 제기한 사안에서, 행정기관인 국민권익위원회가 행정기관의 장에게 일정한 의무를 부과하는 내용의 조치요구를 한 것에 대하여 그 조치요구의 상대방인 행정기관의 장이 다투고자 할 경우에 법률에서 행정기관 사이의 기관소송을 허용하는 규정을 두고 있지 않으므로 이러한 조치요구를 이행할 의무를 부담하는 행정기관의 장으로서는 기관소송으로 조치요구를 다툴 수 없고, 위 조치요구에 관하여 정부 조직 내에서 그 처분의 당부에 대한 심사·조정을 할 수 있는 다른 방도도 없으며, 국민권익위원회는 헌법 제111조 제1항 제4호에서 정한 '헌법에 의하여 설치된 국가기관'이라고 할 수 없으므로 그

에 관한 권한쟁의심판도 할 수 없고, 별도의 법인격이 인정되는 국가기관이 아닌 소방청장은 질서위반행위규제법에 따른 구제를 받을 수도 없는 점, 부패방지 및 국민권익위원회의 설치와 운영에 관한 법률은 소방청장에게 국민권익위원회의 조치요구에 따라야 할 의무를 부담시키는 외에 별도로 그 의무를 이행하지 않을 경우 과태료나 형사처벌까지 정하고 있으므로 위와 같은 조치요구에 불복하고자 하는 '소속기관 등의 장'에게는 조치요구를 다툴 수 있는 소송상의 지위를 인정할 필요가 있는 점에 비추어, 처분성이 인정되는 국민권익위원회의 조치요구에 불복하고자 하는 소방청장으로서는 조치요구의 취소를 구하는 항고소송을 제기하는 것이 유효·적절한 수단으로 볼 수 있으므로 소방청장은 예외적으로 당사자능력과 원고적격을 가진다(대판 2018. 8. 1, 2014두35379. 동지 판례: 대판 2013. 7. 25, 2011두1214).

2. 원   고

(1) 원고적격

기본사례

과학기술부장관이 한전에 대해 원자력 발전소의 부지사전승인을 한 경우, 인근에 거주하며 어업에 종사하는 甲은 원전냉각수 순환시 발생되는 온배수로 인한 해양환경의 침해를 이유로 부지사전승인의 취소를 구하는 소송을 제기할 수 있는가?

(가) 의 의

취소소송에 있어서의 원고적격은 처분 등의 취소를 구할 수 있는 자격을 의미한다. 법원에 의한 본안판결을 받기 위해서는 소장·관할법원 등과 같은 형식적 요건을 갖춘 것만으로는 불충분하고 소의 이익(광의)의 하나로서의 원고적격을 필요로 하는 것이다. 소의 이익은 원고적격, 권리보호의 자격(청구대상의 적격) 및 권리보호의 필요(협의의 소익)를 포괄하는 개념이다.

「행정소송법」제12조는 "취소소송은 처분 등의 취소를 구할 법률상 이익이 있는 자가 제기할 수 있다"(제1문), "처분 등의 효과가 기간의 경과, 처분 등의 집행 그 밖의 사유로 인하여 소멸된 뒤에도 그 처분 등의 취소로 인하여 회복되는 법률상 이익이 있는 자의 경우에는 또한 같다"(제2문)라고 규정하고 있는데, 이 가운데 제1문이 엄밀한 의미의 원고적격에 관한 규정이며, 제2문은 '협의의 소익'에 관한 규정으로서의 의의를 가진다고 보는 견해가 일반적이다.

여기에서는 취소소송의 원고적격에 관해서만 살펴보기로 한다. 원고적격과 관련하여서는 법($\frac{12조}{1분}$)에 규정되어 있는 '법률상 이익'이 무엇을 의미하는가 하는 점이 최대의 관심사이다.

> **[판례]** 행정처분에 대한 취소소송에서 원고적격이 있는지 여부는, 당해 처분의 상대방인지 여부에 따라 결정되는 것이 아니라 그 취소를 구할 법률상 이익이 있는지 여부에 따라 결정되는 것이다(대판 2018. 5. 15, 2014두42506, 동지판례: 대판 2001. 9. 28, 99두8565; 대판 2019. 8. 30, 2018두47189).

(나) 법률상 이익의 의미

① **권리구제설**(권리향수회복설): 이 설은 취소소송의 기능을 위법한 처분에 의하여 침해된 실체법상의 권리보호에 있다고 보아, 위법한 처분 등으로 인하여 권리를 침해당한 자만이 취소소송을 제기할 수 있는 원고적격을 갖는다고 본다.

② **법이 보호하는 이익구제설**(법률상 이익구제설): 이 설은 취소소송을 고유한 의미의 '권리'의 보호수단으로서가 아니라, 법률이 개인을 위하여 보호하고 있는 이익을 구제하기 위한 수단으로 본다. 이에 의하면, '법률상 이익'이란 법률상 보호된 이익을 의미하게 된다(다수설·판례).

> **[판례]** 행정소송법 제12조에서 말하는 법률상 이익이란 당해 행정처분의 근거 법률에 의하여 보호되는 직접적이고 구체적인 이익을 말하고 당해 행정처분과 관련하여 간접적이거나 사실적·경제적 이해관계를 가지는 데 불과한 경우는 여기에 포함되지 아니한다 할 것이다(대판 2004. 5. 14, 2002두12465, 동지판례: 대판 2007. 1. 25, 2006두12289; 대판 2010. 5. 13, 2009두19163; 대판 2018. 5. 15, 2014두42506).

③ **보호할 가치있는 이익구제설**(이익구제설): 이 설은 소송을 권리 또는 실체법상의 보호법익을 보장하기 위한 수단으로 보지 않고, 법률을 해석·적용하여 구체적인 분쟁을 해결하는 절차로 본다. 따라서 법률상 이익의 유무를 반드시 실정법의 규정에 의하는 것이 아니라, 위법한 처분 등에 의하여 침해된 이익이 재판상 보호할 가치가 있는지 여부에 의하여 판단하려고 한다. 그리하여 침해된 이익이 법률상 보호되는 이익이건 사실상의 이익이건 실질적으로 보호할 가치있는 이익이 있는 자에게 널리 원고적격을 인정하려고 한다.[6]

---

6) 우리나라에서의 대표적 주창자로서 천병태, 취소소송의 원고적격, 고시연구, 1990. 6; 서원우, 현대의 행정소송과 소의 이익, 고시연구, 1990. 9 참조.

[관련판례] 시외버스 공동정류장에서 불과 70m밖에 떨어져 있지 않은 인접 골목에 따로 甲 회사에게 이 건 직행버스 정류장의 설치를 인가하여 원고회사를 비롯한 업자들이 영업상 막대한 손실을 입게 된 것은 사실상의 이익을 침해하는 것만이 아니고 마땅히 보호되어야 할 이익도 침해받는 것이다(대판 1975. 7. 22.). 7)

④ 처분의 적법성보장설: 위의 학설들은 공통적으로 개인의 주관적인 권리(법률상의) 구제라는 행정소송의 기능과 목적에 그 바탕을 두고 있다. 그러나 이와는 달리 처분의 적법성보장설은 행정소송의 적법성보장 내지 행정통제기능을 중시한다. 이에 의하면 원고적격을 판정함에 있어서 원고의 주장이익의 성질만을 그 기준으로 하지 않고, 당해 처분의 성질상 당해 처분을 다툴 가장 적합한 이익상태에 있는 자에게 원고적격을 인정해야 하는 것이 된다.

⑤ 소 결: 적법성 보장설은 취소소송의 기능을 객관적으로 봄으로써, 취소소송에 대하여 주관적 입장을 견지하고 있는 현행 「행정소송법」하에서는 타당할 수 없다.

보호할 가치 있는 이익구제설은 우리가 실체법과 쟁송법을 구별하는 법체계를 가지고 있는 이상 실체법이 보호하지 않는 이익을 쟁송법으로 보호할 수 없다는 점에서 문제가 있다. 또한 법관은 법이 보호하는 이익을 재판을 통해 보호할 수 있는 것이지 법이 보호하고 있지 않은데 법관이 스스로 보호할 가치가 있는지 여부를 판단하여 보호할 수 있는 것은 아니다. 어떤 이익이 보호할 가치있는가 여부, 그에 입각한 보호의 여부는 입법자의 판단사항이다.

권리구제설은 실체법상 권리가 침해된 경우에만 원고적격을 인정함으로써 원고적격의 인정범위가 좁다는 비판이 가해진다. 그러나 권리의 개념을 넓게 인정하여, 좁은 의미의 권리 이외에 공권개념의 확대와 실체법상의 보호이익의 확장을 통해 실체법에 의하여 보호되고 있는 이익도 권리에 포함시키는 경우에는 권리구제설과 법이 보호하는 이익구제설은 결국 같은 내용이라고 할 수 있다.

(다) 법률상 이익의 판단 근거규범(법률의 범위)

「행정소송법」 제12조의 '법률상 이익'의 판단 근거인 '법률'의 범위를 어떻게

---

7) 이익구제설측에서는 보통 이 판례를 '이익구제설'을 뒷받침하는 판례로서 원용한다. 그러나 이 판례에서의 「마땅히 보호되어야 할 이익」은 「법이 보호하고 있는 이익이므로 마땅히 보호되어야 할 이익」으로 새겨야 할 것이다. 동지: 홍준형(구제법), 565면. 아울러 김남진, 취소소송과 법률상 이익, 고시연구, 2005. 7 참조.

이해하는가에 의하여 그 인정 여부가 달라질 수 있다.

① 학 설: 법률상 이익을 i) 처분의 근거가 되는 실체법규에 의하여 보호되는 이익, ii) 처분의 근거가 되는 실체법규 및 절차법규에 의하여 보호되는 이익, iii) 처분의 근거가 되는 법률의 전체 취지에 비추어 보호되는 이익, iv) 처분의 근거법률 이외에 다른 법률, 헌법의 규정, 관습법 및 조리 등 법체계 전체에 비추어 보호되는 이익 등으로 해석하는 견해로 나눌 수 있다.

② 판 례: 대법원은 "당해 처분의 근거법률에 의하여 보호되는 직접적이고 구체적인 이익"을 법률상 이익이라고 보면서, 종전에 비해 관계법률의 취지를 목적론적으로 새김으로써 인근주민의 원고적격을 너그럽게 인정하려는 태도를 보이고 있다(대판 1975. 5. 13, 73누96·97;대판 1983. 7. 12, 83누59). 또한 처분의 직접적 근거규정뿐만 아니라 처분시 준용되는 규정을 근거법률에 포함시키고(대판 1995. 9. 26,94누14544), 처분의 실체법적 근거법률 이외에 처분을 함에 있어서 적용되는 절차법규정의 취지에 비추어 원고의 법률상 이익을 인정하는 등(대판 1998. 9. 4.97누19588) 근거법률의 범위를 확대하는 경향을 보이고 있다.

다만, 아직까지 대법원은 처분의 근거법률 이외에 관습법, 법질서 전체의 취지 및 헌법상 기본권규정은 법률상 이익의 해석을 위해 고려하고 있지 않는 것으로 보인다.[8]

[판례] 당해 처분의 근거 법규 및 관련 법규에 의하여 보호되는 법률상 이익이라 함은 당해 처분의 근거 법규(근거 법규가 다른 법규를 인용함으로 인하여 근거 법규가 될 경우까지를 아울러 포함한다)의 명문 규정에 의하여 보호받는 법률상 이익, 당해 처분의 근거 법규에 의하여 보호되지는 아니하나 당해 처분의 행정목적을 달성하기 위한 일련의 단계적인 관련 처분들의 근거 법규(이하 '관련 법'규라 한다)에 의하여 명시적으로 보호받는 법률상 이익, 당해 처분의 근거 법규 또는 관련 법규에서 명시적으로 당해 이익을 보호하는 명문의 규정이 없더라도 근거 법규 및 관련 법규의 합리적 해석상 그 법규에서 행정청을 제약하는 이유가 순수한 공익의 보호만이 아닌 개별적·직접적·구체적 이익을 보호하는 취지가 포함되어 있다고 해석되는 경우까지를 말한다(대판 2004. 8. 16,2003두2175).

그러나 헌법재판소는 헌법상의 기본권을 고려하여 법률상 이익의 유무를 판단하고 있다.

---

8) 헌법상의 환경권에 관한 천성산 도롱뇽 사건에 대한 대법원 결정(대결 2006. 6. 2, 2004마1148, 1149)과 새만금사건에 대한 대법원 전원합의체 판결(대판 2006. 3. 16, 2006두330) 참조.

> **[판례]** 행정처분의 직접 상대방이 아닌 제3자라도 당해 처분의 취소를 구할 법률
> 상 이익이 있는 경우에는 행정소송을 제기할 수 있다. 이 사건에서 보건대, 설사
> 국세청장의 지정행위의 근거규범인 이 사건 조항들이 단지 공익만을 추구할 뿐 청
> 구인 개인의 이익을 보호하려는 것이 아니라는 이유로 청구인에게 취소소송을 제
> 기할 법률상 이익을 부정한다고 하더라도, 청구인의 기본권인 경쟁의 자유가 바로
> 행정청의 지정행위의 취소를 구할 법률상 이익이 된다 할 것이다(헌재 1998. 4. 30.
> 97헌마141).

③ 소 결: 대법원이 처분의 근거법률에 직접적 근거규정 이외에 처분
을 함에 있어서 적용되는 다른 실체법적 규정과 절차법적 규정을 포함시키는
것은 타당하다. 다만, 중요한 것은 이러한 규정을 해석함에 있어서 근거가 되는
법률 전체의 목적 및 각 규정의 취지를 고려하고, 관련규정의 체계적 고찰이
필요하다는 점이다. 또한 헌법의 기본권보장의 취지 및 객관적 가치질서를 포
함하고 있는 헌법규정에 합치하도록 해석하여야 할 것이다. 더 나아가 헌법상
기본권규정이 직접 적용될 수 있다는 전제하에 그 헌법상의 기본권규정으로부
터 직접 법률상 이익이 도출될 수 있을 것이다.

결론적으로 법률상 이익의 존재 여부는 처분의 근거법률뿐만 아니라 관련
규정, 헌법상 기본권 및 기본원리를 고려하여 판단하여야 할 것이다.

> **[참고판례]** 행정처분에 대한 취소소송에서 원고적격이 있는지 여부는, 당해 처분
> 의 상대방인지 여부에 따라 결정되는 것이 아니라 그 취소를 구할 법률상 이익이
> 있는지 여부에 따라 결정되는 것이다. 여기서 법률상 이익이란 당해 처분의 근거
> 법률에 의하여 보호되는 직접적이고 구체적인 이익이 있는 경우를 말하며, 간접적
> 이거나 사실적·경제적 이해관계를 가지는 데 불과한 경우는 포함되지 아니한다.
>   체류자격 및 사증발급의 기준과 절차에 관한 출입국관리법과 그 하위법령의 위
> 와 같은 규정들은, 대한민국의 출입국 질서와 국경관리라는 공익을 보호하려는 취
> 지일 뿐, 외국인에게 대한민국에 입국할 권리를 보장하거나 대한민국에 입국하고자
> 하는 외국인의 사익까지 보호하려는 취지로 해석하기는 어렵다.
>   사증발급 거부처분을 다투는 외국인은, 아직 대한민국에 입국하지 않은 상태에
> 서 대한민국에 입국하게 해달라고 주장하는 것으로, 대한민국과의 실질적 관련성
> 내지 대한민국에서 법적으로 보호가치 있는 이해관계를 형성한 경우는 아니어서,
> 해당 처분의 취소를 구할 법률상 이익을 인정하여야 할 법정책적 필요성도 크지
> 않다. 반면, 국적법상 귀화불허가처분이나 출입국관리법상 체류자격변경 불허가처
> 분, 강제퇴거명령 등을 다투는 외국인은 대한민국에 적법하게 입국하여 상당한 기

간을 체류한 사람이므로, 이미 대한민국과의 실질적 관련성 내지 대한민국에서 법적으로 보호가치 있는 이해관계를 형성한 경우이어서, 해당 처분의 취소를 구할 법률상 이익이 인정된다고 보아야 한다.

나아가 중화인민공화국(이하 '중국'이라 한다) 출입경관리법 제36조 등은 외국인이 사증발급 거부 등 출입국 관련 제반 결정에 대하여 불복하지 못하도록 명문의 규정을 두고 있으므로, 국제법의 상호주의원칙상 대한민국이 중국 국적자에게 우리 출입국관리 행정청의 사증발급 거부에 대하여 행정소송 제기를 허용할 책무를 부담한다고 볼 수는 없다.

이와 같은 사증발급의 법적 성질, 출입국관리법의 입법 목적, 사증발급 신청인의 대한민국과의 실질적 관련성, 상호주의원칙 등을 고려하면, 우리 출입국관리법의 해석상 외국인에게는 사증발급 거부처분의 취소를 구할 법률상 이익이 인정되지 않는다고 봄이 타당하다(대판 2018. 5. 15, 2014두42506).

(라) 법률상 이익(공권)의 확대화 경향과 제3자의 원고적격

① **일반론**:   취소소송은 처분의 취소를 구할 법률상 이익이 있는 자이면 누구나 제기할 수 있으며, 처분의 직접 상대방에 한하지 않는다. 제3자라도 법률상 이익이 있으면 취소소송을 제기할 수 있으나, 반대로 법률상 이익이 없는 자에게는 원고적격이 인정되지 않는다.

[판례①]   불이익처분의 상대방은 직접 개인적 이익의 침해를 받은 자로서 원고적격이 인정된다. 행정처분의 직접 상대방이 아닌 자라 하더라도 행정처분의 근거 법규 또는 관련 법규에 의하여 개별적·직접적·구체적으로 보호되는 이익이 있는 경우 처분의 취소를 구할 원고적격이 인정된다(대판 2020. 4. 9, 2015다34444).

[판례②]   행정처분의 직접 상대방이 아닌 제3자라고 하더라도 당해 행정처분으로 인하여 법률상 보호되는 이익을 침해당한 경우에는 취소소송을 제기하여 그 당부의 판단을 받을 자격이 있다. 여기에서 말하는 법률상 보호되는 이익은 당해 처분의 근거 법규와 관련 법규에 의하여 보호되는 개별적·직접적·구체적 이익이 있는 경우를 말하고, 공익보호의 결과로 국민 일반이 공통적으로 가지는 일반적·간접적·추상적 이익과 같이 사실적·경제적 이해관계를 갖는 데 불과한 경우는 포함되지 아니한다. 또 당해 처분의 근거 법규와 관련 법규에 의하여 보호되는 법률상 이익은 당해 처분의 근거 법규의 명문 규정에 의하여 보호받는 법률상 이익, 당해 처분의 근거 법규에 의하여 보호되지는 아니하나 당해 처분의 행정목적을 달성하기 위한 일련의 단계적인 관련 처분들의 근거 법규에 의하여 명시적으로 보호받는 법률상 이익, 당해 처분의 근거 법규 또는 관련 법규에서 명시적으로 당해 이익

을 보호하는 명문의 규정이 없더라도 근거 법규와 관련 법규의 합리적 해석상 그 법규에서 행정청을 제약하는 이유가 순수한 공익의 보호만이 아닌 개별적·직접적·구체적 이익을 보호하는 취지가 포함되어 있다고 해석되는 경우까지를 말한다(대판 2015. 7. 23. 2012두19496, 19502. 동지판례: 대판 2014. 12. 11. 2012두28704; 대판 2013. 9. 12. 2011두33044).

② **경업자의 원고적격:** 기존업자가 제기한 신규업자에 대한 인·허가 처분의 취소청구에 있어서 기존업자가 특허기업인 경우에는 그 기존업자가 특허로 인하여 받은 이익은 법률상 이익이라고 보아 원고적격을 인정하고, 기존업자가 허가를 받아 영업을 하는 경우에는 그 기존업자가 허가로 인하여 받는 이익은 반사적 이익 내지 사실상 이익에 지나지 않는다고 보아 원고적격을 부정하는 것이 일반적인 경향이다.

다만, 경업자에게 법률상 이익(원고적격)을 인정한 판례들은 당해 사업이 특허에 해당하는지 여부를 명시적으로 밝히고 있지 아니하고, 처분의 근거법률의 해석을 통하여 처분의 근거법률이 당해 업종의 건전한 발전을 도모하여 공공의 복리를 증진함을 목적으로 할 뿐 아니라 동시에 업자간의 과다한 경쟁으로 인한 경영상의 불합리를 방지하는 것이 공공의 복리를 위하여 필요하므로 면허, 인·허가 등의 조건을 제한하여 기존업자의 경영의 합리화를 보호하는 것도 목적으로 하고 있는지의 여부를 원고적격의 유무를 판단하는 기준으로 삼고 있다.

[판례①] 행정소송에서 소송의 원고는 행정처분에 의하여 직접 권리를 침해당한 자임을 보통으로 하나 직접 권리의 침해를 받은 자가 아닐지라도 소송을 제기할 법률상의 이익을 가진 자는 그 행정처분의 효력을 다툴 수 있다고 해석되는 바, 자동차 운수사업법 제6조 제1호에서 당해 사업계획이 당해 노선 또는 사업구역의 수송수요와 수송력 공급에 적합할 것을 면허의 기준으로 한 것은 주로 자동차 운수사업에 관한 질서를 확립하고 자동차운수의 종합적인 발달을 도모하여 공공복리의 증진을 목적으로 하고 있으며, 동시에, 한편으로는 업자간의 경쟁으로 인한 경영의 불합리를 미리 방지하는 것이 공공의 복리를 위하여 필요하므로 면허조건을 제한하여 기존업자의 경영의 합리화를 보호하자는 데도 그 목적이 있다할 것이다. 따라서 이러한 기존업자의 이익은 단순한 사실상의 이익이 아니고, 법에 의하여 보호되는 이익이라고 해석된다(대판 1974. 4. 9. 73누173. 동지판례: 대판 1969. 12. 30. 69누106: 대판 1975. 7. 22. 75누12; 대판 1987. 9. 22. 85누985).

[판례②] 일반적으로 면허나 인허가 등의 수익적 행정처분의 근거가 되는 법률이 해당 업자들 사이의 과당경쟁으로 인한 경영의 불합리를 방지하는 것도 목적으로

하고 있는 경우, 다른 업자에 대한 면허나 인허가 등의 수익적 행정처분에 대하여 미리 같은 종류의 면허나 인허가 등의 수익적 행정처분을 받아 영업을 하고 있는 기존의 업자는 경업자에 대하여 이루어진 면허나 인허가 등 행정처분의 상대방이 아니라고 하더라도 당해 행정처분의 무효확인 또는 취소를 구할 이익이 있다. 그러나 경업자에 대한 행정처분이 경업자에게 불리한 내용이라면 그와 경쟁관계에 있는 기존의 업자에게는 특별한 사정이 없는 한 유리할 것이므로 기존의 업자가 그 행정처분의 무효확인 또는 취소를 구할 이익은 없다고 보아야 한다(대판 2020. 4. 9, 2019두49953, 동지판례: 대판 2002. 10. 25, 2001두4450; 대판 2008. 3. 27, 2007두23811; 대판 2006. 7. 28, 2004두6716; 대판 2010. 6. 10, 2009두10512; 대판 2018. 4. 26, 2015두53824).

[법률상 이익이 인정된 사례]

① 선박운항사업면허처분에 대한 기존업자(대판 1969. 12. 30, 69누106)

② 자동차운송사업면허에 대한 기존업자(대판 1974. 4. 9, 73누173)

③ 분뇨 등 관련 영업허가를 받아 영업을 하고 있는 기존업자(대판 2006. 7. 28, 2004두6716)

④ 담배 일반소매인 지정결정에 대한 기존의 담배 일반소매인(대판 2008. 3. 27, 2007두23811)

⑤ 시외버스운송사업계획변경인가에 대한 기존의 시외버스운송사업자(대판 2010. 6. 10, 2009두10512)

[법률상 이익이 부정된 사례]

① 목욕탕 영업허가에 대한 기존목욕탕업자(대판 1963. 8. 31, 63누101)

② 석탄가공업 신규허가에 대한 기존업자(대판 1980. 7. 22, 80누33, 34)

③ 양곡가공업허가에 대한 기존업자(대판 1990. 11. 13, 89누756; 대판 1981. 1. 27, 79누433)

④ 약사들에 대한 한약조제권 인정에 대한 한의사(대판 1998. 3. 10, 97누4289)

③ **경원자의 원고적격:** 수인의 신청을 받아 우선순위에 따라 일부에 대해서만 인·허가 등의 수익적 행정처분을 하는 경우 심사의 잘못 등으로 우선순위 있는 자신에 대하여 허가 등이 되지 아니하고 타인에 대하여 허가 등이 되었다고 주장하는 자에게 법률상 이익이 인정된다. 이른바 경원관계에 있는 경우로서 동일대상지역에 대한 공유수면매립면허나 도로점용허가 혹은 일정지역에 있어서의 영업허가 등에 관하여 거리제한규정이나 업소개수제한규정 등이 있는 경우를 그 예로 들 수 있다. 다만, 구체적인 경우에 있어서 그 처분이 취소된다 하더라도 허가 등의 처분을 받지 못한 불이익이 회복된다고 볼 수 없을 때에는 당해 처분의 취소를 구할 정당한 이익이 없다.

대법원은 인·허가 등의 수익적 처분을 신청한 수인이 서로 경쟁관계에 있어서 일방에 대한 허가 등의 처분이 타방에 대한 불허가 등으로 귀결될 수밖에 없는 때 허가 등의 처분을 받지 못한 자는 비록 경원자에 대하여 이루어진 허가 등 처분의 상대방이 아니라 하더라도 당해 처분의 취소를 구할 당사자적격이 있다고 하였다.

> **[판례①]** 행정소송법 제12조는 취소소송은 처분 등의 취소를 구할 법률상의 이익이 있는 자가 제기할 수 있다고 규정하고 있는바, 인·허가 등의 수익적 행정처분을 신청한 수인이 서로 경쟁관계에 있어서 일방에 대한 허가 등의 처분이 타방에 대한 불허가 등으로 귀결될 수밖에 없는 때(이른바 경원관계에 있는 경우로서 동일대상지역에 대한 공유수면매립면허나 도로점용허가 혹은 일정지역에 있어서의 영업허가 등에 관하여 거리제한규정이나 업소개수제한규정 등이 있는 경우를 그 예로 들 수 있다) 허가 등의 처분을 받지 못한 자는 비록 경원자에 대하여 이루어진 허가 등 처분의 상대방이 아니라 하더라도 당해 처분의 취소를 구할 당사자적격이 있다 할 것이고, 다만 구체적인 경우에 있어서 그 처분이 취소된다 하더라도 허가 등의 처분을 받지 못한 불이익이 회복된다고 볼 수 없을 때에는 당해 처분의 취소를 구할 정당한 이익이 없다고 할 것이다(대판 1992. 5. 8., 91누13274).[9]
>
> **[판례②]** 인가·허가 등 수익적 행정처분을 신청한 여러 사람이 서로 경원관계에 있어서 한 사람에 대한 허가 등 처분이 다른 사람에 대한 불허가 등으로 귀결될 수밖에 없을 때 허가 등 처분을 받지 못한 사람은 그 신청에 대한 거부처분의 직접 상대방으로서 원칙적으로 자신에 대한 거부처분의 취소를 구할 원고적격이 있고, 그 취소판결이 확정되는 경우 그 판결의 직접적인 효과로 경원자에 대한 허가 등 처분이 취소되거나 그 효력이 소멸되는 것은 아니더라도 행정청은 취소판결의 기속력에 따라 그 판결에서 확인된 위법사유를 배제한 상태에서 취소판결의 원고와 경원자의 각 신청에 관하여 처분요건의 구비 여부와 우열을 다시 심사하여야 할 의무가 있으며, 그 재심사 결과 경원자에 대한 수익적 처분이 직권취소되고 취소판결의 원고에게 수익적 처분이 이루어질 가능성을 완전히 배제할 수는 없으므로, 특별한 사정이 없는 한 경원관계에서 허가 등 처분을 받지 못한 사람은 자신에 대한 거부처분의 취소를 구할 소의 이익이 있다고 보아야 할 것이다(대판 2015. 10. 29., 2013두27517).

④ **인근주민의 원고적격:** 국토의 계획 및 이용에 관한 법률, 건축법 등의 규제를 통해 주민이 이익을 보더라도 그것은 반사적 이익, 사실상의 이익에 지나지 않는다고 한 것이 과거의 경향이었으나, 근래에는 그것을 법률상 이익으로 보는 경향에 있다.

특히 환경관련소송에서 판례는, 행정처분의 근거 법규 등에 그 처분으로 환

---

9) 이 판례의 평석에 관하여는 김남진, 기본문제, 1066면 이하 참조.

경상 침해를 받으리라고 예상되는 영향권의 범위가 구체적으로 규정된 경우
그 영향권 범위 내의 주민들은 당해 처분으로 인하여 직접적이고 중대한 환경
피해를 입으리라고 예상할 수 있고, 이와 같은 환경상의 이익은 주민 개개인에
대하여 개별적으로 보호되는 직접적·구체적 이익으로서 그들에 대하여는 특
단의 사정이 없는 한 환경상 이익에 대한 침해 또는 침해 우려가 있는 것으로
사실상 추정되어 법률상 보호되는 이익으로 인정하였다. 그리고 영향권 밖의
주민들의 경우에는 당해 처분으로 인하여 그 처분 전과 비교하여 수인한도를
넘는 환경피해를 받거나 받을 우려가 있다는 자신의 환경상 이익에 대한 침해
또는 침해 우려가 있음을 증명하여야만 법률상 보호되는 이익으로 인정되어
원고적격을 인정하고 있다.

[판례①] 환경영향평가에 관한 자연공원법령 및 환경영향평가법령상의 관련 규정
의 취지는 집단시설지구개발사업으로 인하여 직접적이고 중대한 환경피해를 입으
리라고 예상되는 환경영향평가대상지역 안의 주민들이 개발 전과 비교하여 수인한
도를 넘는 환경침해를 받지 아니하고 쾌적한 환경에서 생활할 수 있는 개별적 이
익까지도 이를 보호하려는 데에 있다 할 것이므로, 위 주민들이 위 변경승인처분과
관련하여 갖고 있는 위와 같은 환경상의 이익은 주민 개개인에 대하여 개별적으로
보호되는 직접적·구체적인 이익이라고 보아야 할 것이어서, 국립공원집단시설지
구개발사업으로 인하여 직접적이고 중대한 환경피해를 입으리라고 예상되는 환경
영향평가대상지역 안의 주민들이 누리고 있는 환경상의 이익이 위 변경승인처분으
로 인하여 침해되거나 침해될 우려가 있는 경우에는 그 주민들에게 위변경승인처
분과 그 변경승인처분의 취소를 구하는 행정심판청구를 각하한 재결의 취소를 구
할 원고적격이 있다고 보아야 한다 $\left(\begin{smallmatrix} \text{대판 2001. 7. 27, 99두2970, 동지판례: 대판 2006. 3. 16, 2006두} \\ \text{330: 대판 1998. 9. 22, 97누19571: 대판 1998. 4. 24, 97누3286} \end{smallmatrix}\right)$. [10]
[판례②] 원자력법 제12조 제2호 $\left(\begin{smallmatrix} \text{발전용 원자로 및 관계 시설의 위치·구조 및 설비가 대통령령이 정하는 기술수준에} \\ \text{적합하여 방사성물질 등에 의한 인체·물체·공공의 재해방지에 지장이 없을 것} \end{smallmatrix}\right)$
의 취지는 원자로 등 건설사업이 방사성물질 및 그에 의하여 오염된 물질에 의한
인체·물체·공공의 재해를 발생시키지 아니하는 방법으로 시행되도록 함으로써
방사성물질 등에 의한 생명·건강상의 위해를 받지 아니할 이익을 일반적 공익으
로서 보호하려는 데 그치는 것이 아니라 방사성물질에 의하여 보다 직접적이고 중
대한 피해를 입으리라고 예상되는 지역 내의 주민들의 위와 같은 이익을 직접적·
구체적 이익으로서도 보호하려는 데에 있다 할 것이므로, 위와 같은 지역 내의 주
민들에게는 방사성물질 등에 의한 생명·신체의 안전침해를 이유로 부지사전승인
처분의 취소를 구할 원고적격이 있다 $\left(\begin{smallmatrix} \text{대판 1998. 9. 4,} \\ \text{97누19588} \end{smallmatrix}\right)$.

---

10) 상세는 김남진, 기본문제, 605면 이하, 김남진, 판례평석, 법률신문, 1998. 12. 14 등 참조.

[판례③] 공유수면매립면허처분과 농지개량사업 시행인가처분의 근거 법규 또는
관련 법규가 되는 구 공유수면매립법, 구 농촌근대화촉진법, 구 환경보전법, 구 환
경보전법 시행령, 구 환경정책기본법, 구 환경정책기본법 시행령의 각 관련 규정의
취지는, 공유수면매립과 농지개량사업시행으로 인하여 직접적이고 중대한 환경피
해를 입으리라고 예상되는 환경영향평가 대상지역 안의 주민들이 전과 비교하여
수인한도를 넘는 환경침해를 받지 아니하고 쾌적한 환경에서 생활할 수 있는 개별
적 이익까지도 이를 보호하려는 데에 있다고 할 것이므로, 위 주민들이 공유수면매
립면허처분 등과 관련하여 갖고 있는 위와 같은 환경상의 이익은 주민 개개인에
대하여 개별적으로 보호되는 직접적·구체적 이익으로서 그들에 대하여는 특단의
사정이 없는 한 환경상의 이익에 대한 침해 또는 침해우려가 있는 것으로 사실상
추정되어 공유수면매립면허처분 등의 무효확인을 구할 원고적격이 인정된다. 한편,
환경영향평가 대상지역 밖의 주민이라 할지라도 공유수면매립면허처분 등으로 인
하여 그 처분 전과 비교하여 수인한도를 넘는 환경피해를 받거나 받을 우려가 있
는 경우에는, 공유수면매립면허처분 등으로 인하여 환경상 이익에 대한 침해 또는
침해우려가 있다는 것을 입증함으로써 그 처분 등의 무효확인을 구할 원고적격을
인정받을 수 있다(대판 2006. 3. 16, 2006두330, 동지판례: 대판 2005. 3. 11, 2003두13489: 대판 2006. 12. 22, 2006두14001: 대판 2008. 9. 11, 2006두7577: 대판 2010. 4. 15, 2007두16127).

[판례④] ㉮ 행정처분의 직접 상대방이 아닌 자로서 그 처분에 의하여 자신의 환
경상 이익이 침해받거나 침해받을 우려가 있다는 이유로 취소나 무효확인을 구하
는 제3자는, 자신의 환경상 이익이 그 처분의 근거 법규 또는 관련 법규에 의하여
개별적·직접적·구체적으로 보호되는 이익, 즉 법률상 보호되는 이익임을 입증하
여야 원고적격이 인정된다. 다만, 그 행정처분의 근거 법규 또는 관련 법규에 그
처분으로써 이루어지는 행위 등 사업으로 인하여 환경상 침해를 받으리라고 예상
되는 영향권의 범위가 구체적으로 규정되어 있는 경우에는, 그 영향권 내의 주민들
에 대하여는 당해 처분으로 인하여 직접적이고 중대한 환경피해를 입으리라고 예
상할 수 있고, 이와 같은 환경상의 이익은 주민 개개인에 대하여 개별적으로 보호
되는 직접적·구체적 이익으로서 그들에 대하여는 특단의 사정이 없는 한 환경상
이익에 대한 침해 또는 침해 우려가 있는 것으로 사실상 추정되어 법률상 보호되
는 이익으로 인정됨으로써 원고적격이 인정되며, 그 영향권 밖의 주민들은 당해 처
분으로 인하여 그 처분 전과 비교하여 수인한도를 넘는 환경피해를 받거나 받을
우려가 있다는 자신의 환경상 이익에 대한 침해 또는 침해 우려가 있음을 입증하
여야만 법률상 보호되는 이익으로 인정되어 원고적격이 인정된다. ㉯ 환경상 이익
에 대한 침해 또는 침해 우려가 있는 것으로 사실상 추정되어 원고적격이 인정되
는 사람에는 환경상 침해를 받으리라고 예상되는 영향권 내의 주민들을 비롯하여
그 영향권 내에서 농작물을 경작하는 등 현실적으로 환경상 이익을 향유하는 사람
도 포함된다. 그러나 단지 그 영향권 내의 건물·토지를 소유하거나 환경상 이익을

일시적으로 향유하는 데 그치는 사람은 포함되지 않는다(대판 2009. 9. 24, 2009두2825, 동지판례: 대판 2010. 4. 15, 2007두16127; 대판 2018. 7. 12, 2015두3485).

[판례⑤]   환경부장관이 생태·자연도 1등급으로 지정되었던 지역을 2등급 또는 3등급으로 변경하는 내용의 생태·자연도 수정·보완을 고시하자, 인근 주민 甲이 생태·자연도 등급변경처분의 무효 확인을 청구한 사안에서, 생태·자연도의 작성 및 등급변경의 근거가 되는 구 자연환경보전법 제34조 제1항 및 그 시행령 제27조 제1항, 제2항에 의하면, 생태·자연도는 토지이용 및 개발계획의 수립이나 시행에 활용하여 자연환경을 체계적으로 보전·관리하기 위한 것일 뿐, 1등급 권역의 인근 주민들이 가지는 생활상 이익을 직접적이고 구체적으로 보호하기 위한 것이 아님이 명백하고, 1등급 권역의 인근 주민들이 가지는 이익은 환경보호라는 공공의 이익이 달성됨에 따라 반사적으로 얻게 되는 이익에 불과하므로, 인근 주민에 불과한 甲은 생태·자연도 등급권역을 1등급에서 일부는 2등급으로, 일부는 3등급으로 변경한 결정의 무효 확인을 구할 원고적격이 없다(대판 2014. 2. 21, 2011두29052).

⑤ 소비자단체·환경단체 등: 근래 소비자단체, 환경단체의 활동이 활발해짐으로써 그들 단체에 대하여 소송에서의 당사자적격을 인정하려는 움직임이 있고, 외국의 경우 인정한 사례도 있다. 그러나 그 문제는 궁극적으로 입법을 통해서 해결할 문제이며, 법해석론의 차원을 넘어서는 문제로 보아야 할 것이다.

사례해설

부지사전승인은 그 자체로서 건설부지를 확정하고 사전공사를 허용하는 법률효과를 지닌 독립한 행정행위로서 처분성이 인정된다. 또한 「원자력법」 및 「환경영향평가법」 등 관련 규정이 환경영향평가대상지역 안의 주민들의 환경상 이익을 직접적·구체적 이익으로서 보호대상으로 삼고 있다고 인정되므로 甲이 환경영향평가대상지역 내의 주민이라면 원전 냉각수 순환시 발생되는 온배수로 인한 환경침해를 이유로 부지사전승인처분의 취소를 구할 원고적격이 인정된다(대판 1998. 9. 4, 97누19588).[11]

---

11) 상세는 김연태, 행정법사례연습, 559면 이하 참조.

(2) 협의의 소익

기본사례

택시운전사 甲은 20일의 자격정지처분을 받았다. 甲은 한 달이 경과한 후 「여객자동차운수사업법 시행규칙」상의 가중처벌을 우려하여 앞의 자격정지처분에 대해 취소소송을 제기하였다. 소의 이익이 인정되는가?(위 시행규칙은 과거의 자격정지처분을 가중처분의 요건으로 하고 있다)

(가) 의 의

여기에서 '협의의 소익'이라 함은 「분쟁을 재판에 의하여 해결할 만한 현실적 필요성」을 의미하는데, 일명 '권리보호의 필요'라고도 하며, 협의의 소익만을 "소익" 또는 "소의 이익"이라고 부르기도 한다.[12]

> **[판례]** 행정소송법 제12조 후문은 '처분 등의 효과가 기간의 경과, 처분 등의 집행 그 밖의 사유로 인하여 소멸된 뒤에도 그 처분 등의 취소로 인하여 회복되는 법률상 이익이 있는 자의 경우에는' 취소소송을 제기할 수 있다고 규정하여, 이미 효과가 소멸된 행정처분에 대해서도 권리보호의 필요성이 인정되는 경우에는 취소소송의 제기를 허용하고 있다. 구체적인 사안에서 권리보호의 필요성 유무를 판단할 때에는 국민의 재판청구권을 보장한 헌법 제27조 제1항의 취지와 행정처분으로 인한 권익침해를 효과적으로 구제하려는 행정소송법의 목적 등에 비추어 행정처분의 존재로 인하여 국민의 권익이 실제로 침해되고 있는 경우는 물론이고 권익침해의 구체적·현실적 위험이 있는 경우에도 이를 구제하는 소송이 허용되어야 한다는 요청을 고려하여야 한다. 따라서 처분이 유효하게 존속하는 경우에는 특별한 사정이 없는 한 그 처분의 존재로 인하여 실제로 침해되고 있거나 침해될 수 있는 현실적인 위험을 제거하기 위해 취소소송을 제기할 권리보호의 필요성이 인정된다고 보아야 한다(대판 2018. 7. 12, 2015두3485).

(나) 인정 여부

일반적으로 처분이 소멸한 뒤에는 소익이 부인된다.

---

12) 주요문헌: 김유환, 취소소송에 있어서의 권리보호의 필요, 고시연구, 1995. 11; 서정범, 행정소송에 있어서의 권리보호, 계희열박사화갑기념논문집, 1995, 739면 이하; 홍준형, 독일행정법상 계속확인소송, 이명구박사화갑기념논문집, 1996, 401면 이하.

[판례①] 행정처분에 그 효력기간이 정하여져 있는 경우, 그 처분의 효력 또는 집행이 정지된 바 없다면 위 기간의 경과로 그 행정처분의 효력은 상실되므로 그 기간경과 후에는 그 처분이 외형상 잔존함으로 인하여 어떠한 법률상 이익이 침해되고 있다고 볼 만한 별다른 사정이 없는 한 그 처분의 취소를 구할 법률상의 이익이 없다고 할 것이다(대판 2002. 7. 26, 2000두7254. 동 지판례: 대판 1991. 4. 26, 91누170).

[판례②] 행정처분이 취소되면 그 처분은 효력을 상실하여 더 이상 존재하지 않으며, 존재하지 않는 행정처분을 대상으로 한 취소소송은 소의 이익이 없어 부적법하다(대판 2023. 4. 27, 2018두62928 판결).

그 밖에 판례상 소익이 부인된 사례가 많이 있는데, ① 대집행완료 후의 계고처분의 취소청구(대판 1972. 4. 28, 72다337), ② 행사일자가 지난 후의 시위·집회신고불허가처분 무효확인청구(대판 1961. 9. 28, 4292행상50), ③ 조세납부 후의 조세부과처분의 부존재확인청구(대판 1982. 3. 23, 80누476 등), ④ 영업정지기간 경과 후의 정지처분취소청구(대판 1982. 6. 8, 82누25 등), ⑤ 취소되어 더 이상 존재하지 않는 행정처분을 대상으로 하는 취소청구(대판 2006. 9. 28, 2004두5317) 등이 그에 해당한다. 이와 관련하여 특히 행정청이 처분 후에 처분의 일부를 직권 취소한 경우 취소되어 소멸한 부분을 다툴 소의 이익이 있는지도 문제된다(이는 행정소송의 대상 및 선행처분과 후행처분의 관계와도 관련되는 문제이다).

[판례①] 행정처분을 다툴 소의 이익은 개별·구체적 사정을 고려하여 판단하여야 한다. 행정처분의 무효확인 또는 취소를 구하는 소가 제소 당시에는 소의 이익이 있어 적법하였더라도, 소송 계속 중 처분청이 다툼의 대상이 되는 행정처분을 직권으로 취소하면 그 처분은 효력을 상실하여 더 이상 존재하지 않는 것이므로, 존재하지 않는 처분을 대상으로 한 항고소송은 원칙적으로 소의 이익이 소멸하여 부적법하다고 보아야 한다. 다만 처분청의 직권취소에도 완전한 원상회복이 이루어지지 않아 무효확인 또는 취소로써 회복할 수 있는 다른 권리나 이익이 남아 있거나 또는 동일한 소송 당사자 사이에서 그 행정처분과 동일한 사유로 위법한 처분이 반복될 위험성이 있어 행정처분의 위법성 확인 내지 불분명한 법률문제에 대한 해명이 필요한 경우 행정의 적법성 확보와 그에 대한 사법통제, 국민의 권리구제의 확대 등의 측면에서 예외적으로 그 처분의 취소를 구할 소의 이익을 인정할 수 있다(대판 2020. 4. 9, 2019두49953. 동지판례: 대판 2019. 6. 27, 2018두49130).

[판례②] 행정처분을 한 처분청은 그 처분에 하자가 있는 경우에는 별도의 법적 근거가 없더라도 스스로 이를 취소하거나 변경할 수 있는바(대판 1986. 2. 25, 85누664; 대판 2006. 5. 25, 2003두4669 등 참조), 과징금 부과처분에 있어 행정청이 납부의무자에 대하여 부과처분을 한 후 그 부과

처분의 하자를 이유로 과징금의 액수를 감액하는 경우에 그 감액처분은 감액된 과
징금 부분에 관하여만 법적 효과가 미치는 것으로서 당초 부과처분과 별개 독립의
과징금 부과처분이 아니라 그 실질은 당초 부과처분의 변경이고, 그에 의하여 과징
금의 일부취소라는 납부의무자에게 유리한 결과를 가져오는 처분이므로 당초 부과
처분이 전부 실효되는 것은 아니다. 따라서 그 감액처분에 의하여 감액된 부분에
대한 부과처분 취소청구는 이미 소멸하고 없는 부분에 대한 것으로서 그 소의 이
익이 없어 부적법하다(대판 2017. 1. 12, 2015두2352).

그러나 많지는 않지만 처분이 소멸한 후에도 권리보호의 필요(협의의소익)가 인정
된 사례가 있다. ① "학교법인의 이사에 대한 취임승인 취소처분의 취소를 구
하는 소의 계속중 이사의 임기가 만료된 경우에도 후임이사의 선임이 없고 임
기만료된 이사로 하여금 법인의 업무를 수행케 함이 부적당하다고 인정될 특
별한 사정이 없는 한, 이사에게 임기만료 후에도 소를 유지할 법률상의 이익이
있다"(대판 1972. 4. 11, 72누86), ② "공장등록이 취소된 후 그 공장시설물이 철거되었다 하더
라도 대도시 안의 공장을 지방으로 이전할 경우 조세특례제한법상의 세액공제
및 소득세 등의 감면혜택이 있고, 공업배치및공장설립에관한법률상의 간이한
이전절차 및 우선입주의 혜택이 있는 경우, 그 공장등록취소처분의 취소를 구
할 법률상의 이익이 있다"(대판 2002. 1. 11, 2000두3306) 등의 판례가 이것을 말하여 준다.

한편, 대법원은 "도시개발사업의 공사 등이 완료되고 원상회복이 사회통념
상 불가능하게 되었더라도, 도시개발사업의 시행에 따른 도시계획변경결정처
분과 도시개발구역지정처분 및 도시개발사업실시계획인가처분은 그 자체로 처
분의 목적이 종료되는 것이 아니고 각 처분이 유효하게 존재하는 것을 전제로
하여 당해 도시개발사업에 따른 일련의 절차 및 처분이 행해지기 때문에 위 각
처분이 취소된다면 그것이 유효하게 존재하는 것을 전제로 하여 이루어진 토
지수용이나 환지 등에 따른 각종의 처분이나 공공시설의 귀속 등에 관한 법적
효력은 영향을 받게 되므로, 위 각 처분의 취소를 구할 법률상 이익은 소멸한
다고 할 수 없다"(대판 2005. 9. 9, 2003두5402, 5419)고 하였다.

(다) 관련조문과 해석문제

위에 소개한 판례의 경향에 비추어 보아, 과거 우리 법원은 처분소멸 후의
'권리보호의 필요'의 판단에 있어서 비교적 엄격(인색)한 편이었다고 평할 수
있다. 이러한 판례의 경향에 대하여 의도적으로 소의 이익(협의)을 확대하려고

한 것이 1985년 10월 1일부터 시행되고 있는 현행 「행정소송법」에 있어서의 "처분 등의 효과가 기간의 경과, 처분 등의 집행 그 밖의 사유로 인하여 소멸된 뒤에도 처분 등의 취소로 인하여 회복되는 법률상 이익이 있는 자의 경우에는 또한 같다"($\frac{12조}{2문}$)는 규정이다.

비록 「행정소송법」이 '원고적격'이라는 제목하에 규정하고 있지만, 당해 규정($\frac{12조}{2문}$)은 엄밀한 의미의 '원고적격'에 관한 규정이라기보다는 '권리보호의 필요'에 관한 것이라고 보는 것이 타당하다. 그렇다고 할 때, 「행정소송법」이 그 양자를 '원고적격'이라는 제목아래 하나의 조문에서 규정하고 있는 동시에, 양자에 대하여 다같이 '법률상 이익'이라는 용어를 사용하고 있는 점에 대해서도 의문을 제기하고 싶다. 또한 처분의 소멸 이후에는 취소의 대상이 존재하지 않음에도 불구하고, 「행정소송법」이 '취소로 인하여 회복되는' 식으로 규정하고 있는 것 역시 적절한 표현으로 보기 어렵다.

입법례로서, 현행법 제정시 참고한 것으로 생각되는 일본의 행정사건소송법 제9조보다는 독일의 행정법원법 제42조 2항 및 제113조 1항이 참조될 만하다. 동법은 원고적격과 관련하여 취소소송의 제기에 권리(Recht)의 침해가능성이 있어야 함을 명기하고, 행정행위의 소멸 후에는 동 행정행위가 위법이었음을 확인하는 것에 정당한 이익(ein berechtigtes Interesse)이 있을 것을 규정하고 있는 것이다.

한편, 「행정소송법」제12조 2문의 '법률상 이익'의 해석과 관련하여 상당한 견해 차이가 있다. 일설[13]은 명예·신용 등은 법률상 이익에 포함되지 않는 것으로 새기는 데 대하여 다른 일설[14]은 명예·신용 등의 인격적 이익, 보수청구와 같은 재산적 이익 및 불이익제거와 같은 사회적 이익도 인정될 수 있다고 한다.[15]

결론적으로, 처분 등의 효과가 소멸된 이후에는, 그 처분이 위법이었음을 확인할 정당한 이익이 있는 경우에 '권리보호의 필요'를 인정해야 한다. 처분 등의 효과가 소멸된 이후에도 일정한 경우 처분 등의 효력을 다툴 수 있도록 한 취지는 처분 등이 소멸한 이후에도 종전의 처분 등에 의한 기본권 침해의 결과가 계속되고 있거나(예컨대 처분 등의 효력으로 훼손된 명 예나 신용훼손 상태가 계속되는 경우) 유사한 처분 등이 반복될 위험이 있는 등의 경우에 이를 구제하기 위한 것으로 보는 것이 타당하다. 그와 같은 관

---

13) 김동희·최계영(Ⅰ), 748면 이하.
14) 김도창(상), 785면.
15) 동지: 홍준형(구제법), 593면.

점에서 볼 때, 「행정소송법」 제12조 '제2문의 법률상 이익'은 '제1문의 법률상 이익'보다는 넓은 뜻으로 보는 것이 타당하다.

> **[참고판례]** 행정처분의 무효 확인 또는 취소를 구하는 소가 제소 당시에는 소의 이익이 있어 적법하였는데, 소송계속 중 해당 행정처분이 기간의 경과 등으로 그 효과가 소멸한 때에 처분이 취소되어도 원상회복이 불가능하다고 보이는 경우라도, 무효 확인 또는 취소로써 회복할 수 있는 다른 권리나 이익이 남아 있거나 또는 그 행정처분과 동일한 사유로 위법한 처분이 반복될 위험성이 있어 행정처분의 위법성 확인 내지 불분명한 법률문제에 대한 해명이 필요한 경우에는 행정의 적법성 확보와 그에 대한 사법통제, 국민의 권리구제 확대 등의 측면에서 예외적으로 그 처분의 취소를 구할 소의 이익을 인정할 수 있다. 여기에서 '그 행정처분과 동일한 사유로 위법한 처분이 반복될 위험성이 있는 경우'란 불분명한 법률문제에 대한 해명이 필요한 상황에 대한 대표적인 예시일 뿐이며, 반드시 '해당 사건의 동일한 소송 당사자 사이에서' 반복될 위험이 있는 경우만을 의미하는 것은 아니다(대판 2020. 12. 24. 2020두30450).

(라) 권리보호의 필요에 관한 일반원칙

'권리보호의 필요'(협의의 소익)의 유무를 판단함에 있어서는, 다음과 같은 원칙이 유용한 판단기준으로 채택될 만하다.

① 원고가 그의 청구목적을 보다 쉬운 방법으로 달성할 수 있는 때에는 권리보호의 필요는 일반적으로 부인된다.

예컨대, 행정적인 방법이나 절차로 간단히 목적을 달성할 수 있는 경우에는 소송을 통한 요구는 원칙으로 부인되는 것이다. 소송은 권리보호를 위한 최후 수단(ultima ratio)으로 여겨야 하는 것이다. 소송의 형태 또는 종류 가운데 보다 용이한 소송이 마련되어 있는 경우에는 위의 원칙이 적용될 만하다. 일반적으로 확인소송보다는 형성소송·이행소송이 용이한 것으로 간주된다.

> **[참고판례]** ㉮ 행정청이 한 처분 등의 취소를 구하는 소송은 처분에 의하여 발생한 위법 상태를 배제하여 원래 상태로 회복시키고 처분으로 침해된 권리나 이익을 구제하고자 하는 것이다. 따라서 해당 처분 등의 취소를 구하는 것보다 실효적이고 직접적인 구제수단이 있음에도 처분 등의 취소를 구하는 것은 특별한 사정이 없는 한 분쟁해결의 유효적절한 수단이라고 할 수 없어 법률상 이익이 있다고 할 수 없다. ㉯ 그런데 당사자의 신청을 받아들이지 않은 거부처분이 재결에서 취소된 경우에 행정청은 종전 거부처분 또는 재결 후에 발생한 새로운 사유를 내세워 다시 거

부처분을 할 수 있다. 그 재결의 취지에 따라 이전의 신청에 대하여 다시 어떠한 처분을 하여야 할지는 처분을 할 때의 법령과 사실을 기준으로 판단하여야 하기 때문이다. 또한 행정청이 재결에 따라 이전의 신청을 받아들이는 후속처분을 하였더라도 후속처분이 위법한 경우에는 재결에 대한 취소소송을 제기하지 않고도 곧바로 후속처분에 대한 항고소송을 제기하여 다툴 수 있다. 나아가 거부처분을 취소하는 재결이 있더라도 그에 따른 후속처분이 있기까지는 제3자의 권리나 이익에 변동이 있다고 볼 수 없고 후속처분 시에 비로소 제3자의 권리나 이익에 변동이 발생하며, 재결에 대한 항고소송을 제기하여 재결을 취소하는 판결이 확정되더라도 그와 별도로 후속처분이 취소되지 않는 이상 후속처분으로 인한 제3자의 권리나 이익에 대한 침해 상태는 여전히 유지된다. 이러한 점들을 종합하면, 거부처분이 재결에서 취소된 경우 재결에 따른 후속처분이 아니라 그 재결의 취소를 구하는 것은 실효적이고 직접적인 권리구제수단이 될 수 없어 분쟁해결의 유효적절한 수단이라고 할 수 없으므로 법률상 이익이 없다(대판 2017. 10. 31.,\n2015두45045).

② 원고의 청구취지가 이론적인 의미(theoretische Bedeutung)는 가지고 있으나 실제적인 효용 내지 실익이 없는 때에는 권리보호의 필요가 부인된다.

행정행위의 취소소송에 있어서, 그 처분이 소멸한 후에는 일반적으로 소익이 부인되는 이유는 이러한 관점(원칙)에 입각한 것이라고 할 수 있다. 그러나 반대로, 처분(영업허가정\n지처분 등)의 효력기간이 경과하여 처분의 효력은 소멸하여도 당해 처분의 위법 여부를 다툴 현실적 필요가 있는 자에게는 권리보호의 필요(행정소\n송법\n제12조 2문에 정하여\n져 있는 법률상 이익)가 인정되어야 할 것이다.

> **[참고판례]** 위반횟수에 따라 가중처분하게 되어 있는 경우, 제재적 처분의 제재 기간이 경과 후에 그 처분의 취소를 구할 법률상의 이익이 있는지가 문제된 사건
>
> ㉮ 다수의견: 제재적 행정처분이 그 처분에서 정한 제재기간의 경과로 인하여 그 효과가 소멸되었으나, 부령인 시행규칙 또는 지방자치단체의 규칙(이하 이들을 '규칙'\n이라고 한다)의 형식으로 정한 처분기준에서 제재적 행정처분(이하 '선행처분'\n이라고 한다)을 받은 것을 가중사유나 전제요건으로 삼아 장래의 제재적 행정처분(이하 '후행처분'\n이라고 한다)을 하도록 정하고 있는 경우, 제재적 행정처분의 가중사유나 전제요건에 관한 규정이 법령이 아니라 규칙의 형식으로 되어 있다고 하더라도, 그러한 규칙이 법령에 근거를 두고 있는 이상 그 법적 성질이 대외적·일반적 구속력을 갖는 법규명령인지 여부와는 상관없이, 관할 행정청이나 담당공무원은 이를 준수할 의무가 있으므로 이들이 그 규칙에 정해진 바에 따라 행정작용을 할 것이 당연히 예견되고, 그 결과 행정작용의 상대방인 국민으로서는 그 규칙의 영향을 받을 수밖에 없다. 따라서 그러한 규칙이 정

한 바에 따라 선행처분을 받은 상대방이 그 처분의 존재로 인하여 장래에 받을 불이익, 즉 후행처분의 위험은 구체적이고 현실적인 것이므로, 상대방에게는 선행처분의 취소소송을 통하여 그 불이익을 제거할 필요가 있다.

　ⓝ 별개의견: 다수의견이 위와 같은 경우 선행처분의 취소를 구할 법률상 이익을 긍정하는 결론에는 찬성하지만, 그 이유에 있어서는 부령인 제재적 처분기준의 법규성을 인정하는 이론적 기초 위에서 그 법률상 이익을 긍정하는 것이 법리적으로는 더욱 합당하다고 생각한다. 상위법령의 위임에 따라 제재적 처분기준을 정한 부령인 시행규칙은 헌법 제95조에서 규정하고 있는 위임명령에 해당하고, 그 내용도 실질적으로 국민의 권리의무에 직접 영향을 미치는 사항에 관한 것이므로, 단순히 행정기관 내부의 사무처리준칙에 지나지 않는 것이 아니라 대외적으로 국민이나 법원을 구속하는 법규명령에 해당한다고 보아야 한다(대판 2006. 6. 22, 2003두1684).16)

위법한 처분을 취소하더라도 원상회복이 불가능한 경우에도 그 처분의 취소를 구하는 소송은 실제적인 효용이 없으므로 권리보호의 필요가 부인된다.

[판례] 위법한 행정처분의 취소를 구하는 소는 위법한 처분에 의하여 발생한 위법상태를 배제하여 원상으로 회복시키고, 그 처분으로 침해되거나 방해받은 권리와 이익을 보호, 구제하고자 하는 소송이므로 비록 그 위법한 처분을 취소한다고 하더라도 원상회복이 불가능한 경우에는 그 취소를 구할 이익이 없다(대판 1997. 1. 24, 95누17403, 동지판례: 대판 2006. 7. 28, 2004두13219).

다만 원상회복이 불가능하더라도 특별한 사정이 있는 경우에는 소의 이익을 인정할 수 있다.

[판례①] 행정처분의 무효 확인 또는 취소를 구하는 소가 제소 당시에는 소의 이익이 있어 적법하였는데, 소송계속 중 해당 행정처분이 기간의 경과 등으로 그 효과가 소멸한 때에 처분이 취소되어도 원상회복이 불가능하다고 보이는 경우라도,

---

16) 대법원은 이 판결에 의하여 가중적 제재사유가 규칙에 정해져 있는 경우에 제재기간이 경과한 후에는 처분의 취소를 구할 법률상 이익이 없다는 종전의 견해를 변경하였다. 종전에 대법원은 「행정처분에 효력기간이 정하여져 있는 경우, 그 처분의 효력 또는 집행이 정지된 바 없다면 위 기간의 경과로 그 행정처분의 효력은 상실되므로 그 처분의 취소를 구할 법률상의 이익이 없고, 행정명령에 불과한 각종 규칙상의 행정처분 기준에 관한 규정에서 위반 횟수에 따라 가중처분하게 되어 있다 하여 법률상의 이익이 있는 것으로 볼 수는 없다. … 행정청이 그 가중요건의 규정에 따라 가중된 제재처분을 하였더라도 법원은 이에 구속됨이 없이 그 근거 법률의 규정 및 취지에 따라 가중된 제재처분의 적법 여부를 심리·판단할 수 있는 것이므로 가중된 제재처분이 적법한지 여부를 심리·판단하는 기회에 선행처분상의 사실관계 등을 심리한 후 이를 종합하여 가중된 제재처분의 적법 여부를 판단할 수 있어서 실질적으로 선행처분상의 사실관계를 다툴 수 있는 길도 열려 있는 것이다」라고 판시한 바 있다(대판 1995. 10. 17, 94누14148).

무효 확인 또는 취소로써 회복할 수 있는 다른 권리나 이익이 남아 있거나 또는 그 행정처분과 동일한 사유로 위법한 처분이 반복될 위험성이 있어 행정처분의 위법성 확인 내지 불분명한 법률문제에 대한 해명이 필요한 경우에는 행정의 적법성 확보와 그에 대한 사법통제, 국민의 권리구제 확대 등의 측면에서 예외적으로 그 처분의 취소를 구할 소의 이익을 인정할 수 있다. 여기에서 '그 행정처분과 동일한 사유로 위법한 처분이 반복될 위험성이 있는 경우'란 불분명한 법률문제에 대한 해명이 필요한 상황에 대한 대표적인 예시일 뿐이며, 반드시 '해당 사건의 동일한 소송 당사자 사이에서' 반복될 위험이 있는 경우만을 의미하는 것은 아니다(대판 2020. 12. 24. 2020두30450).

[판례②] 해임처분 무효확인 또는 취소소송 계속 중 임기가 만료되어 해임처분의 무효확인 또는 취소로 지위를 회복할 수는 없다고 할지라도, 그 무효확인 또는 취소로 해임처분일부터 임기만료일까지 기간에 대한 보수 지급을 구할 수 있는 경우에는 해임처분의 무효확인 또는 취소를 구할 법률상 이익이 있다(대판 2012. 2. 23. 2011두5001).

[판례③] 제소 당시에는 권리보호의 이익을 모두 갖추었는데 제소 후 취소 대상 행정처분이 기간의 경과 등으로 그 효과가 소멸한 때, 즉 제재적 행정처분의 기간 경과, 행정처분 자체의 효력기간 경과, 특정기일의 경과 등으로 인하여 그 처분이 취소되어도 원상회복이 불가능하다고 보이는 경우라 하더라도, 동일한 소송 당사자 사이에서 그 행정처분과 동일한 사유로 위법한 처분이 반복될 위험성이 있어 행정처분의 위법성 확인 내지 불분명한 법률문제에 대한 해명이 필요하다고 판단되는 경우, 그리고 동일한 행정목적을 달성하거나 동일한 법률효과를 발생시키기 위하여 선행처분과 후행처분이 단계적인 일련의 절차로 연속하여 행하여져 후행처분이 선행처분의 적법함을 전제로 이루어짐에 따라 선행처분의 하자가 후행처분에 승계된다고 볼 수 있어 이미 소를 제기하여 다투고 있는 선행처분의 위법성을 확인하여 줄 필요가 있는 경우 등에는 행정의 적법성 확보와 그에 대한 사법통제, 국민의 권리구제의 확대 등의 측면에서 여전히 그 처분의 취소를 구할 법률상 이익이 있다고 보아야 한다(대판 2007. 7. 19. 2006두19297, 동지 판례: 대판 2019. 5. 10. 2015두46987).

[판례④] 부당해고 구제명령제도에 관한 근로기준법의 규정 내용과 목적 및 취지, 임금 상당액 구제명령의 의의 및 법적 효과 등을 종합적으로 고려하면, 근로자가 부당해고 구제신청을 하여 해고의 효력을 다투던 중 정년에 이르거나 근로계약기간이 만료하는 등의 사유로 원직에 복직하는 것이 불가능하게 된 경우에도 해고기간 중의 임금 상당액을 지급받을 필요가 있다면 임금 상당액 지급의 구제명령을 받을 이익이 유지되므로 구제신청을 기각한 중앙노동위원회의 재심판정을 다툴 소의 이익이 있다고 보아야 한다.

㉮ 부당해고 구제명령제도는 부당한 해고를 당한 근로자에 대한 원상회복, 즉 근로자가 부당해고를 당하지 않았다면 향유할 법적 지위와 이익의 회복을 위해 도입된 제도로서, 근로자 지위의 회복만을 목적으로 하는 것이 아니다. 해고를 당한 근

로자가 원직에 복직하는 것이 불가능하더라도, 부당한 해고라는 사실을 확인하여 해고기간 중의 임금 상당액을 지급받도록 하는 것도 부당해고 구제명령제도의 목적에 포함된다.

㉯ 해고기간 중의 임금 상당액을 지급받기 위하여 민사소송을 제기할 수 있다는 사정이 소의 이익을 부정할 이유가 되지는 않는다.

㉰ 종래 대법원이 근로자가 구제명령을 얻는다고 하더라도 객관적으로 보아 원직에 복직하는 것이 불가능하고, 해고기간에 지급받지 못한 임금을 지급받기 위한 필요가 있더라도 민사소송절차를 통하여 해결할 수 있다는 등의 이유를 들어 소의 이익을 부정하여 왔던 판결들은 금품지급명령을 도입한 근로기준법 개정 취지에 맞지 않고, 기간제근로자의 실효적이고 직접적인 권리구제를 사실상 부정하는 결과가 되어 부당하다(대판 2020. 2. 20. 2019두52386).

③ 원고가 청구를 통해 특별히 비난받을 목적을 추구하는 경우에는 권리보호의 필요가 부인된다.

법원이나 피고에게 불필요한 부담이나 손해를 끼치려는 의도가 원고에게 있다고 인정되는 경우에는 권리보호의 필요가 부인되어야 한다. 이 경우의 '권리보호의 필요'는 신의성실의 원칙에 뿌리를 둔, '소권남용금지의 원칙'으로서 기능하게 되는 셈이다.

사례해설

설문의 시행규칙을 법규명령으로 본다면 가중적 처분으로 침해될 甲의 이익은 법적 이익이어서 소의 이익이 긍정된다. 그러나 이를 행정규칙으로 보는 판례는 소의 이익을 부정한다(대법원의 반대의견은 행정규칙으로 보면서도 소의 이익을 긍정한다). 생각건대 설문의 시행규칙을 행정규칙으로 파악하더라도, 행정규칙은 대외적인 효력은 없지만 내부적으로는 단순한 윤리나 도덕이 아니라 효력을 가진 규범이기 때문에 관계공무원은 내부적으로 행정규칙에 따라 행동할 수밖에 없고, 이로 인해 甲이 장래 가중처분을 받을 불이익은 직접적이고 구체적이며 현실적인 것인 만큼 소의 이익을 인정함이 타당하다고 본다.[17]

---

3. 피   고

(1) 처분청 등

취소소송의 피고는 "처분 등을 행한 행정청"이 됨이 원칙이다(행정소송법 13조). 행정

---

17) 상세는 김연태, 행정법사례연습, 575면 이하 참조.

청은 국가·지방자치단체 등의 기관으로서의 지위를 갖는 데 불과하므로, 취소소송의 피고는 원래 그 귀속주체인 국가·지방자치단체가 되어야 하지만 소송수행의 편의상 행정청을 피고로 한다.

(가)「처분 등을 행한 행정청」의 의의

'행정청'이라고 함은 국가 또는 공공단체 등 행정주체의 의사를 외부에 대하여 결정·표시할 수 있는 권한(이른바 처분권한)을 가진 기관을 말한다. 행정조직법상의 기관장이 일반적으로 이에 해당한다. 그러나 언제나 조직법상의 그것(기관장)과 일치되는 것은 아니며, 예외도 많이 있다(지방의원의 징계를 의결한 지방의회 등). 취소소송의 대상이 되는 처분을 할 수 있는 자는 모두가 여기에서 말하는 행정청에 해당하는 셈이다.

> **[판례]** 취소소송은 다른 법률에 특별한 규정이 없는 한 처분 등을 행한 행정청을 피고로 한다(행정소송법 제13조 제1항). 여기서 '행정청'이란 국가 또는 공공단체의 기관으로서 국가나 공공단체의 의견을 결정하여 외부에 표시할 수 있는 권한, 즉 처분 권한을 가진 기관을 말한다(대판 2019. 4. 3, 2017두52764).

(나) 대통령이 처분청인 경우

대통령이 처분청인 경우에는 법률에 특별한 규정이 있다. 즉, 징계 기타 불이익처분의 처분청이 대통령인 때에는, 원고가 국가공무원 또는 외무공무원인 경우에는 소속장관이(국가공무원법 16조 2항, 외무공무원법 30조), 경찰공무원인 경우에는 경찰청장 또는 해양경찰청장이(경찰공무원법 34조), 소방공무원인 경우에는 소방청장(소방공무원법 30조. 다만, 같은 법에 따라 시·도지사가 임용권을 행사하는 경우에는 관할 시·도지사)이 각각 피고가 된다. 중앙선거관리위원회위원장의 처분 또는 부작위의 경우에는 중앙선거관리위원회 사무총장이 피고가 된다(국가공무원법 16조 2항).

(다) 권한의 위임·위탁이 있는 경우

행정청의 권한이 위임·위탁된 경우에는 그 수임청·수탁청이 피고가 됨이 원칙이다.「행정소송법」은 동법을 적용함에 있어서는 "법령에 의하여 행정권한의 위임 또는 위탁을 받은 행정기관·공공단체 및 그 기관 또는 사인" 등이 행정청에 포함됨을 명시하고 있다(동법 2조 2항). 이른바 '공무수탁사인'을 행정청에 포함시키고 있음이 특히 주목된다.

권한의 대리와 내부위임의 경우에는 권한의 위임·위탁과 달리 대리관청, 내부위임을 받은 자의 명의로 권한을 행사해서는 안 되고, 본인 또는 위임자의 명의로 권한을 행사해야 한다. 그러나 대리관청 또는 내부위임을 받은 기관이 자기의 이름으로 권한을 행사한 경우, 이는 권한 없이 행정처분을 한 경우로서 위법하게 된다. 이의 취소 또는 무효확인을 구하는 경우에 피고는 처분을 한 대리관청 또는 내부위임을 받은 자가 되는 것이다.

> **[판례①]** 항고소송은 원칙적으로 소송의 대상인 행정처분 등을 외부적으로 그의 명의로 행한 행정청을 피고로 하여야 하는 것으로서, 그 행정처분을 하게 된 연유가 상급행정청이나 타행정청의 지시나 통보에 의한 것이라 하여 다르지 않으며, 권한의 위임이나 위탁을 받아 수임행정청이 정당한 권한에 기하여 수임행정청 명의로 한 처분에 대하여는 말할 것도 없고, 내부위임이나 대리권을 수여받은 데 불과하여 원행정청 명의나 대리관계를 밝히지 아니하고는 그의 명의로 처분 등을 할 권한이 없는 행정청이 권한 없이 그의 명의로 한 처분에 대하여도 처분명의자인 행정청이 피고가 되어야 한다(대판 1994. 6. 14. 94누1197. 동지판 례: 대판 2013. 2. 28. 2012두22904).
>
> **[판례②]** 항고소송은 다른 법률에 특별한 규정이 없는 한 원칙적으로 소송의 대상인 행정처분을 외부적으로 행한 행정청을 피고로 하여야 하는 것이고(행정소송법 13조 1 항 본문, 38조 1항), 다만 대리기관이 대리관계를 표시하고 피대리 행정청을 대리하여 행정처분을 한 때에는 피대리 행정청이 피고로 되어야 할 것이다. 따라서 대리권을 수여받은 데 불과하여 그 자신의 명의로는 행정처분을 할 권한이 없는 행정청의 경우 대리관계를 밝힘이 없이 그 자신의 명의로 행정처분을 하였다면 그에 대하여는 처분명의자인 당해 행정청이 항고소송의 피고가 되어야 하는 것이 원칙이지만, 비록 대리관계를 명시적으로 밝히지는 아니하였다 하더라도 처분명의자가 피대리 행정청 산하의 행정기관으로서 실제로 피대리 행정청으로부터 대리권한을 수여받아 피대리 행정청을 대리한다는 의사로 행정처분을 하였고 처분명의자는 물론 그 상대방도 그 행정처분이 피대리 행정청을 대리하여 한 것임을 알고서 이를 받아들인 예외적인 경우에는 피대리 행정청이 피고가 되어야 한다고 할 것이다(대결 2006. 2. 23. 2005부4. 동지판 례: 대판 2018. 10. 25. 2018두43095).

본인 또는 위임자의 명의로 하여 적법한 권한행사이나, 다른 이유로 위법이 문제되는 경우에는 대리관청이나 내부위임을 받은 자가 아닌 본인 또는 위임자가 피고가 될 것이다.

(라) 타법에 특별규정이 있는 경우

법률에 특별한 규정이 있는 경우에는 처분 등을 행하지 않은 행정기관도 피고가 된다. (나)에 기술한 경우가 전형적인 예이다.

(2) 권한승계와 기관폐지의 경우

① 처분 등이 있은 뒤에 그 처분 등에 관계되는 권한이 다른 행정청에 승계

된 때에는 이를 승계한 행정청이 피고가 된다(행정소송법 13).

> **[판례]** 무효등확인소송에 준용되는 행정소송법 제13조 제1항은 "취소소송은 다른 법률에 특별한 규정이 없는 한 그 처분 등을 행한 행정청을 피고로 한다. 다만, 처분 등이 있은 뒤에 그 처분 등에 관계되는 권한이 다른 행정청에 승계된 때에는 이를 승계한 행정청을 피고로 한다."고 규정하고 있고, 여기서 '그 처분 등에 관계되는 권한이 다른 행정청에 승계된 때'라고 함은 처분 등이 있은 뒤에 행정기구의 개혁, 행정주체의 합병·분리 등에 의하여 처분청의 당해 권한이 타 행정청에 승계된 경우뿐만 아니라 처분 등의 상대방인 사인의 지위나 주소의 변경 등에 의하여 변경 전의 처분 등에 관한 행정청의 관할이 이전된 경우 등을 말한다(대판 2000. 11. 14.).

② 처분이나 재결을 한 행정청이 없게 된 때에는 그 처분 등에 관한 사무가 귀속되는 국가 또는 공공단체가 피고가 된다(동법 13).

③ 취소소송이 제기된 후에, ①, ②의 사유가 발생한 때에는 법원은 당사자의 신청 또는 직권에 의하여 피고를 경정하여야 한다(동법 14).

4. 피고의 경정

(1) 제도의 취지

피고의 경정이란 소송의 계속중에 피고로 지정된 자를 다른 자로 변경하는 것을 말한다. 행정조직이 복잡하고, 권한의 변경 등도 자주 있음으로 인하여 누가 피고적격을 가지고 있는지 파악하기 어려운 경우도 적지 않다. 따라서 피고를 잘못 지정하는 경우도 있을 수 있다. 이러한 때에 그 소를 부적법한 것으로 각하하게 되면, 다시 정당한 피고를 정하여 제소하려고 해도 제소기간의 도과 등의 사유로 그것이 불가능해질 수도 있다. 행정소송법은 바로 그와 같은 결과를 피하고, 구제의 길을 확보하려는 의도에서 '피고경정'의 제도를 마련해 놓고 있는 셈이다(동법 14조).

(2) 피고경정이 허용되는 경우

(가) 피고를 잘못 지정한 때

'피고를 잘못 지정한 때'(동법 14)란 당해 취소소송의 피고로 지정된 자가 행정소송법 제13조 또는 타법의 특별규정에 의한 정당한 피고적격을 가지지 않는 경우를 말한다. 피고를 잘못 지정한 것에 고의·과실이 있는가 여부는 불문한다. 또한 종전 피고와 새로운 피고의 동의는 필요하지 않다. 변론을 한 경우에도 종전 피고의 동의 없이 피고경정이 가능하다.

'잘못 지정'의 여부는 제소시를 기준으로 판단한다. 따라서 제소 후의 사정(_{행정청의 권한의 변} _{동·소의 변경 등})으로 인하여 피고를 경정하는 것은 여기서의 피고경정에는 해당되지 않는다.

> **[판례①]** 행정소송에서 원고가 처분청이 아닌 행정관청을 피고로 잘못 지정하였다면 법원으로서는 석명권을 행사하여 원고로 하여금 피고를 처분청으로 경정하게 하여 소송을 진행케 하여야 할 것이다(^{대판 1990. 1. 12, 89누1032, 동지}_{판례: 대판 1985. 11. 12, 85누6211}).
>
> **[판례②]** 행정소송법 제14조 제1항 소정의 피고경정은 사실심 변론종결시까지만 가능하고 상고심에서는 허용되지 않는다(^{대판 1996. 1. 23,}_{95누1378}).

(나) 권한승계 등의 경우

취소소송의 제기 후에 처분 등에 관한 권한이 타기관에 승계된 경우 및 행정조직상의 개편으로 인하여 행정청이 없어지게 된 때에는, 그 권한을 승계한 행정청 및 처분 등에 관한 사무가 귀속되는 국가 또는 공공단체로 피고를 경정한다(^{동법 13조 1항 단서 및}_{2항, 14조 6항 참조}).

(다) 소의 변경이 있는 때

소의 변경과 당사자의 변경으로서의 피고경정은 구별되는 것이나, 행정소송법은 소의 변경에 따르는 피고의 경정을 인정하고 있다(^{동법 21조 2항,}_{4항 참조}).

(3) 피고경정의 절차

(가) 피고를 잘못 지정한 경우

피고를 잘못 지정한 경우에 피고의 경정은 원고의 신청에 의하여 행한다(^{동법 14조}_{1항}). 이 규정에 의한 피고경정은 사실심 변론종결시까지 허용되고, 상고심에서는 허용되지 않는다(^{대결 2006. 2. 23,}_{2005부4}).

(나) 소송 제기 후 권한승계, 기관폐지의 경우

소의 제기 후의 권한승계, 기관폐지로 인한 피고경정의 경우에 법원은 당사자의 신청 또는 직권에 의하여 피고를 경정할 수 있다(^{동조 6항}_{참조}).[18]

---

18) 이 규정에 의한 피고경정은 상고심에서도 허용하는 것이 실무례로 보인다.

(다) 심 리

피고경정의 요건충족 여부에 관하여는 법원이 직권으로 조사한다. 변론을 거칠 것인지 여부는 법원의 재량사항이다(민사소송법 134조 1항 단서).

(라) 경정허가결정

법원은 심리의 결과 피고경정의 요건을 충족하였다고 판단되면 결정의 형식으로써 피고의 경정을 허가할 수 있다(행정소송법 14조 1항). 이 결정은 서면으로 하여야 하며, 법원은 결정의 정본을 새로운 피고에게 송달하여야 한다(동조 2항).

(마) 불 복

원고의 신청을 각하하는 결정에 대하여는 즉시항고할 수 있다(동조 3항). 경정허가결정에 대하여 종전 피고는 항고를 제기할 수는 없으나, 특별항고를 제기하는 방법으로 불복할 수는 있다(행정소송법 8조 2항. 민사소송법 449조).[19]

(4) 피고경정허가의 효과

(가) 새로운 피고에 대한 신소의 제기

피고를 경정하는 것에 대한 허가결정이 있을 때에는 새로운 피고에 대한 소송은 처음에 소를 제기한 때에 제기된 것으로 본다(동조 4항). 따라서 허가결정당시에 이미 제소기간이 경과하고 있는 경우에도 제소기간은 준수된 것이 된다.

(나) 구소의 취하효과

피고경정의 허가결정이 있을 때에는 종전의 피고에 대한 소송은 취하된 것으로 본다(동조 5항). 따라서 피고의 동의를 구하는 절차를 취할 필요가 없다. 민사소송법에 의하면 피고가 본안에 관하여 준비서면을 제출하거나 준비절차에 진술하거나 변론한 후에는 피고의 동의없이 원고가 일방적으로 소를 취하할 수 없게 되어 있다(동법 266조 2항 참조).

(다) 종전의 소송자료 등의 효력

피고가 경정된 경우, 경정 전의 소송자료가 어떠한 효력을 가지는가에 관해서는 견해가 나누어져 있다. 소송상태의 승계는 물론 소송자료도 당연히 승계되는 것은 아니지만, 당사자의 원용이 있게 되면 소송자료의 승계가 인정된다고 볼 것이다.

---

19) 대결 2006. 2. 23. 2005부4.

5. 공동소송

(1) 수인의 청구 또는 수인에 대한 청구가 처분 등의 취소청구와 관련되는 청구인 경우에 한하여 그 수인은 공동소송인이 될 수 있다(행정소송법 10조 및 15조 참조). 취소소송과 관련되는 한도에서는 피고가 다르고 심급을 달리하는 경우에도 병합하여 공동소송인이 되어 소송을 제기할 수 있는 것이다.

(2) 공동소송의 형태에 관하여는 「행정소송법」에 특별한 규정이 없으므로, 통상공동소송·필요적 공동소송에 관한 「민사소송법」의 규정(65조 내지 70조)이 준용된다고 볼 것이다.

(3) 공동소송에 관한 규정(행정소송법 15조)은 다른 항고소송과 당사자소송에도 준용된다(동법 38조, 44조).

6. 소송대리인 등

(1) 일반원칙

「행정소송법」에 특별한 규정이 없으므로 「민사소송법」상의 소송대리인에 관한 규정, 즉 소송대리인의 자격(동법 87조), 소송대리권의 증명(동법 89조), 소송대리권의 범위(동법 90조) 등 소송대리인에 관한 규정이 행정소송에도 준용된다고 볼 것이다. 지방자치단체 등 행정주체가 당사자 또는 참가인으로 하는 행정소송의 경우에도 마찬가지이다. 따라서 지방자치단체의 장 또는 행정권을 위임받은 공공단체나 사인(공무수탁사인)은 스스로 소송을 수행하거나 변호사를 소송대리인으로 선임하여 소송을 수행하게 할 수 있다.

(2) 국가를 당사자로 하는 소송의 경우

국가를 당사자 또는 참가인으로 하는 행정소송에 있어서는 법무부장관이 국가를 대표하며, 법무부장관은 법무부의 직원, 검사 또는 공익법무관을 지정하여 소송을 수행하게 할 수 있다(국가를 당사자로 하는 소송에 관한 법률 1조 내지 3조 등 참조).

실무상 국가가 당사자인 경우 피고인 행정청의 장은 보통 소속 직원을 소송수행자로 지정해 소송을 수행하도록 하고(동법 5조 1항), 쟁점이 많거나 복잡한 사건의 경우 소송수행자를 지정하는 외에 변호사를 소송대리인으로 선임해 소송을 수행하게 한다(동법 5조 2항).

Ⅴ. 소송의 참가 등

1. 소송참가의 의의

소송참가란 소송의 계속중에 제3자가 자기의 법률상의 지위를 보호하기 위하여 소송에 참가하는 것을 말한다. 일반적으로 소송참가의 형태에는 ① 제3자가 단순히 당사자의 한 쪽의 승소를 돕기 위하여 참가하는 보조참가($\frac{민사소송}{법 71조}$), ② 계속중의 소송당사자 쌍방에 대하여 독립한 당사자로서 참가하는 독립당사자참가($\frac{동법}{79조}$), ③ 제3자가 당사자의 일방의 공동소송인으로서 참가하는 공동소송참가($\frac{동법}{83조}$), ④ 필요적 공동소송인에 준한 지위가 해석상 인정되는 공동소송적 보조참가 등이 있다. 이들 소송참가는 – 특히 독립당사자참가에 있어 – 제3자와의 사이에 소송의 목적을 합일적으로 확정할 필요성과 합리성을 전제하는 것인데, 어느 것이나 소송의 결과에 따른 제3자의 이익을 보호하려는 목적을 가지고 있다.

「행정소송법」은 제3자의 소송참가($\frac{동법}{16조}$)뿐만 아니라 피고로 되는 것 외에도 그 자체로서 당사자능력을 가지지 않는 행정청의 소송참가($\frac{동법}{17조}$)에 관하여도 특별히 규정하고 있다.

> **[판례]** 타인 사이의 항고소송에서 소송의 결과에 관하여 이해관계가 있다고 주장하면서 민사소송법 제71조에 의한 보조참가를 할 수 있는 제3자는 민사소송법상의 당사자능력 및 소송능력을 갖춘 자이어야 하므로 그러한 당사자능력 및 소송능력이 없는 행정청으로서는 민사소송법상의 보조참가를 할 수는 없고 다만 행정소송법 제17조 제1항에 의한 소송참가를 할 수 있을 뿐이다($\frac{대판 2002. 9. 24.}{99두1519}$).

2. 제3자의 소송참가

(1) 제도의 취지

취소소송에 있어서 원고승소의 판결은 제3자에 대하여도 효력이 있다($\frac{행정소송법}{29조 1항}$). 그러므로 실질적인 당사자로서의 지위를 가지게 되는 제3자로 하여금 소송에 있어 공격·방어방법을 제출할 기회를 제공하며, 적정한 심리·재판을 실현함과 동시에, 제3자에 의한 재심청구($\frac{동법}{31조}$)를 미연에 방지하기 위하여 이 제도가 설치되었다고 볼 수 있다. 제3자의 소송참가는 취소소송 이외의 항고소송, 당사자소송, 민중소송 및 기관소송에 준용된다(동법 38조, 44조 1항, 16조).

(2) 참가의 요건

(가) 타인의 취소소송의 계속

소송이 어느 심급에 있는가는 불문하지만, 소가 적법하게 제기되어 계속되고 있어야 한다.

(나) 소송의 결과에 따라 권리 또는 이익의 침해를 받을 제3자

참가이유로서 소송의 결과, 즉 판결에 의하여 권리 또는 이익의 침해를 받을 것이 요구되는바, 여기에서 '제3자'라고 함은 소송당사자 이외의 자를 말하며, 국가·공공단체도 그에 포함될 수 있다. 그러나 행정청은 그 자체로서 당사자능력이 없으므로 그에 해당되지 않는다. 취소판결에 의하여 '침해될 권리 또는 이익'이란 '법률상의 이익'을 의미하며 반사적 이익이나 사실상의 이익은 여기에 포함되지 않는 것으로 새겨진다.

소송의 결과에 따라 권리 또는 이익을 침해당한다고 하는 것은 판결의 결론, 즉 판결주문에 있어서의 소송물 자체에 관한 판단의 결과 기득의 권리·이익을 박탈당하는 것을 의미함이 보통이나, 그 밖에 판결에 구속되는 행정청의 새로운 처분에 의하여 권리·이익을 박탈당하는 경우까지 포함하는 것으로 새겨진다. 예컨대, 자동차운송사업과 같은 사업의 면허를 경원한 X, Y 중 X가 면허를 받고 Y가 거부되어 Y가 거부처분의 취소소송을 제기하여 승소한 경우에 있어서, 그에 의하여 X에 대한 면허가 자동적으로 소멸하지는 않으나 취소판결의 구속을 받는 처분청의 행위를 통하여 궁극적으로 X에 대한 면허가 취소받게 될 것이므로, 그와 같은 경우 X는 판결에 의하여 권익을 침해받게 되는 것으로 볼 수 있다.

(3) 참가의 절차

(가) 참가신청

제3자의 소송참가는 제도의 취지에 비추어 보아 직권소송참가(강제참가)가 원칙일 것이나, 이것을 널리 이용시킬 필요도 있기에 당사자 및 제3자에게도 참가신청권을 인정하고 있다(행정소송법 16조 1항 참조).

(나) 참가의 허부결정

당사자 또는 제3자로부터 참가신청이 있는 경우에는 법원은 결정으로써 허가 여부의 재판을 하고, 직권소송참가의 경우에는 법원은 결정으로써 제3자에게 참가를 명한다(동법 16조 1항). 법원이 참가결정을 하고자 할 때에는 미리 당사자 및 제3자의 의견을 들어야 한다(동조 2항).

참가의 신청을 한 제3자는 그 신청을 각하한 결정에 대하여 즉시항고할 수 있다(동조 3항). 소송당사자도 각하결정에 대하여 불복할 수 있는가가 문제인데, 소극적으로 새겨진다. 왜냐하면 제3자의 소송참가는 제3자의 보호와 공익의 보장을 주목적으로 하기 때문이다.

한편, 참가를 신청한 제3자는 그 각하결정이 있기까지는 참가인으로서 소송수행을 할 수 있다. 각하결정이 있게 되면 그 때까지 행한 제3자의 소송행위는 효력을 상실한다. 다만 당사자가 이것을 원용하게 되면 효력이 유지된다(민사소송법 75조 참조).

(다) 참가인의 지위

법원의 참가결정이 있게 되면 제3자는 참가인의 지위를 획득한다. 참가인인 제3자에 대하여는 「민사소송법」 제67조의 규정이 준용되므로(행정소송법 16조 4항), 그 참가인은 피참가인과 필요적 공동소송에 있어서의 공동소송인에 준한 지위에 서는 것이나, 당사자에 대하여 독자적인 청구를 하는 것은 아니므로, 그 성질은 공동소송적 보조참가와 비슷하다는 것이 우리나라에서의 통설 및 유사규정을 가지고 있는 일본에서의 유력설이다.

> **[참고판례]** 행정소송 사건에서 참가인이 한 피고 보조참가가 행정소송법 제16조의 제3자의 소송참가에 해당하지 아니하는 경우에도, 판결의 효력이 참가인에게까지 미치는 점 등 행정소송의 성질에 비추어 보면 그 참가는 민사소송법 제78조에 규정된 공동소송적 보조참가이다. 공동소송적 보조참가를 한 참가인이 적법하게 상고를 제기하고 그 상고이유서 제출기간 내에 상고이유서를 제출하였다면, 상고를 제기하지 않은 피참가인의 상고이유서 제출기간이 지났다고 하더라도, 그 상고이유서의 제출은 적법하다(대판 2020. 10. 15, 2019두40611. 동지판례: 대판 2013. 3. 28, 2011두13729; 대판 2017. 10. 12, 2015두36836).

3. 행정청의 소송참가

(1) 제도의 취지

행정청이 처분 또는 재결을 함에 있어서는 처분청 또는 재결청 이외의 행정청이 그에 관계하는 경우가 적지 않다. 그런데 처분의 취소소송은 처분청을, 재결의 취소소송은 재결청을 피고로 제기하는 것이 원칙이므로(행정소송법 13조 1항), 처분청 또는 재결청 이외의 행정청이 중요한 공격·방어방법을 가지고 있다 하더라도 당해 소송에 관계인으로서 참여할 수 없다. 그리하여 관계행정청으로 하여금 직접 소송에 참여하여 공격·방어방법을 제출케 함으로써, 적정한 심리·재판을 기할 수 있도록, 행정청의 소송참가제도를 명문으로 규정하고 있는 것이다(동법 17조).

이러한 행정청의 소송참가는 직권심리주의(동법 26조)와 밀접한 관련을 가지고 있으며, 제3자의 이익보호를 주된 목적으로 하는 제3자의 소송참가와는 제도의 취지를 달리한다고 말할 수 있다.

(2) 참가의 요건

(가) 타인의 취소소송의 계속

행정청의 소송참가 또한 제3자의 소송참가와 마찬가지로 타인의 취소소송이 계속되고 있어야 한다. 물론 그 소송이 어느 심급에 있는가는 불문한다.

(나) 다른 행정청일 것

"다른 행정청"이라고 함은 피고인 행정청 이외의 행정청은 누구나 그에 해당하는 것이 아니고, 계쟁의 처분·재결과 관계있는 행정청에 한정된다고 보아야 할 것이다. 예컨대, 계쟁의 처분 또는 재결에 관하여 피고인 행정청을 지휘·감독하는 상급청, 재결이 행해진 경우의 원처분청 등이 이에 해당한다.

(다) 법원이 소송에 참가시킬 필요가 있다고 인정할 때

'참가의 필요'는 제도의 취지에 비추어 보아, 적정한 심리·재판을 실현하기 위하여 참가시킬 필요가 있음을 의미한다. 참가의 필요에 대한 판단은 법원의 고유의 권한에 속한다고 새겨진다.

> **[판례]** 법원은 다른 행정청을 소송에 참가시킬 필요가 있다고 인정되는 때에 그 행정청을 소송에 참가시킬 수 있고, 여기에서 참가의 필요성은 관계되는 다른 행정청을 소송에 참가시킴으로써 소송자료 및 증거자료가 풍부하게 되어 그 결과 사건의 적정한 심리와 재판을 하기 위하여 필요한 경우를 가리킨다(대판 2002. 9. 24. 99두1519).

(3) 참가의 절차

법원의 직권, 당사자 또는 "당해 행정청(다른 행정청)"의 신청에 의한다(행정소송법 17조 1항). 신청의 방식에 관하여는「민사소송법」제72조(참가신청의 방식)가 준용된다.

참가의 허부의 재판은 결정의 형식으로 하며 당사자 및 당해 행정청의 의견을 미리 듣지 않으면 안 된다($^{행정소송법}_{17조 2항}$). 그 결정에 대하여는 불복할 수 없다고 새겨진다. "다른 행정청"은 피고인 행정청측에만 참가할 수 있고, 원고측에는 참가할 수 없다.

(4) 참가행정청의 지위

법원의 참가결정이 있게 되면, 그 소송에 참가한 행정청에 대하여는 「민사소송법」 제76조($^{참가인의}_{소송행위}$)의 규정이 준용된다($^{동조 3항}_{참조}$). 따라서 참가행정청은 소송에 관하여 공격·방어·이의·상소 기타 일체의 소송행위를 할 수 있다. 그러나 피참가인의 소송행위와 저촉되는 소송행위는 할 수 없으며, 한다고 하더라도 무효가 된다($^{민사소송법}_{76조 2항}$).

Ⅵ. 취소소송의 제기

1. 개설(소송요건)

취소소송도 소송의 일종이므로 일정한 소송요건을 갖추어야만 본안에 관하여 법원의 심판을 받을 수 있다. 취소소송은 내용에 있어 "행정청의 위법한 처분 등으로 자기의 법률상 이익이 침해받았다고 주장하는 자가 법원에 제기하는 소송"을 의미한다. 그와 같은 취소소송을 제기하기 위하여 어떠한 요건을 갖추어야 하는가에 관하여 「행정소송법」은 많은 규정을 두고 있는데, 9조($^{재판}_{관할}$), 12조($^{원고}_{적격}$), 13조($^{피고}_{적격}$), 18조($^{행정심판}_{과의 관계}$), 19조($^{취소소송}_{의 대상}$), 20조($^{제소}_{기간}$) 등이 그에 해당한다.

이론상으로는 소송요건을 '형식적 요건'과 '실체적 요건'으로 나누고 있는데, ① 소장, ② 관할법원, ③ 피고적격, ④ 전심절차, ⑤ 제소기간 등을 형식적 요건이라고 하고, 광의의 소의 이익을 실체적 요건이라고 한다. 그리고 '광의의 소의 이익'은 보통 ① 당사자가 본안의 판결을 받을 만한 정당한 이익($^{원고}_{적격}$)을 가지고 있는가, ② 청구의 내용이 본안판결을 받기에 적합한 자격($^{권리보호의 자격 또}_{는 청구 대상의 적}$ $^{격: 취소소}_{송의 대상}$)을 가지고 있는가, ③ 원고에게 청구에 관하여 법원의 판결을 구할 현실적 필요성($^{권리보호의 필요:}_{협의의 소의 이익}$)이 있는가의 세 가지 요소로 나눌 수 있다.

위와 같이 취소소송의 요건을 나누어 볼 때, 그 중의 상당수($^{관할법원·원고적격·협}_{의의 소익·피고적격 등}$)는 이미 앞에서 별도로 고찰하였다. 따라서 아래에서는 앞에서 다루지 않은 취소소송의 요건 가운데 나머지 중요한 것에 대해서만 고찰하기로 한다.

2. 소   장

취소소송도 소의 제기는 소장을 법원에 제출함으로써 하며($^{민사소송}_{법\ 248조}$), 소장에는 당사자, 법정대리인, 청구의 취지와 원인을 기재하여야 한다($^{동법}_{249조}$).

3. 행정심판과의 관계

(1) 임의적 전치제도(임의주의)의 채택

「행정소송법」은 현재 "취소소송은 법령의 규정에 의하여 당해 처분에 대한 행정심판을 제기할 수 있는 경우에도 이를 거치지 아니하고 제기할 수 있다" ($^{동법}_{조\ 1항}^{18}$)라고 하여, 취소소송과 행정심판과의 관계에 대하여 임의주의($^{학자에\ 따라\ '행}_{정심판임의주의'.}$ $^{'임의적\ 전치주의'\ 등}_{으로\ 불리고\ 있다}$)를 택하고 있다.

우리나라도 1994년 7월 27일의 법률개정($^{시행은\ 1998}_{년\ 3월\ 1일}$) 이전에는 취소소송 등에 있어 행정심판전치주의를 채택하였었다. 그 전치주의에는 ① 시간과 노력의 절약, ② 행정기관의 전문지식 활용, ③ 법원의 부담경감 등 나름대로의 장점이 있다. 그러나 그러한 장점이 행정심판을 원하지 않는 사람에게까지 행정심판을 강요할 명분이 될 수 없기에, 임의적 전치제도로 전환한 것이다.[20]

(2) 예외적 행정심판전치제도

「행정소송법」은 제18조 1항에서 임의주의를 천명하면서도, "다만, 다른 법률에 당해 처분에 대한 행정심판의 재결을 거치지 아니하면 취소소송을 제기할 수 없다는 규정이 있는 때에는 그러하지 아니하다"라는 말을 통해 임의주의에 대한 예외를 인정하고 있다.

개별법에서 필요적 전치주의를 규정하는 경우는 두 가지로 나누어 볼 수 있다. 첫째, 전문 기술적 성질을 가지는 처분에 대하여 규정한 경우로서 이때에는 행정청이 전문지식을 활용하여 자율적이고 능률적으로 행정작용을 하도록 하는 취지로서 사법기능을 보충하는 것이 주된 기능이다. 둘째, 대량적으로 이루어지는 처분에 대하여 규정한 경우이고 이때에는 법원의 부담을 경감시키는 것이 주된 기능이라 볼 수 있다.

현행법상 ① 공무원에 대한 징계 및 기타 불이익처분($^{국가공무원법\ 16조\ 1항,\ 교육공무원}_{법\ 53조\ 1항,\ 지방공무원법\ 20조의2}$),

---

20) 그러나 행정심판제도의 개선의 결과, 행정심판의 사건수가 해마다 늘어나고 있다. 국무총리행정심판위원회의 경우, 동 위원회에서 처리한 사건수가 1998년부터 2001년까지 6,885건, 8,028건, 9,226건, 12,396건으로 늘어나, 업무과중에 시달리고 있는 형편이다.

② 국세·관세법상 처분(국세기본법 56조 2 항, 관세법 120조 2항),21) ③ 운전면허취소처분 등 도로교통법에 의한 각종 처분(도로교통법 142조, 다만 과 태료처분과 통고처분 제외), ④ 재결주의를 채택한 결과 행정심판을 거치는 것이 불가피한 경우: 노동위원회의 결정 등은 행정심판전치제도가 채택되어 있다.

(가) 행정심판전치의 요건

① **행정심판의 적법성:**   전치제도의 요건을 충족하기 위해서는 행정심판이 적법하여야 하며, 부적법하여 각하된 경우에는 전치의 요건을 충족하는 것이 되지 못한다. 행정심판의 청구가 적법한지 여부는 법원이 독자적으로 판단하는 것이고, 행정심판의 결과에 구애받지 않는다. 따라서 부적법한 행정심판을 재결청이 적법한 것으로 오인하여 본안에 대하여 재결을 한 경우에도 전치의 요건을 충족한 것이 되지 못한다(대판 1991. 6. 25, 90누809).

② **행정심판과 행정소송의 관련도:**   행정심판 전치의 요건과 관련하여서는 다음과 같은 점이 검토될 필요가 있다.

㉠ 사물관련성: 행정심판의 대상과 취소소송의 대상인 처분이 동일하여야 한다. 다만, 서로 내용상 관련되는 처분 또는 같은 목적을 위하여 단계적으로 진행되는 처분 중 어느 하나가 이미 행정심판의 재결을 거친 때에는 행정심판을 거침이 없이 취소소송을 제기할 수 있다(행정소송법 18조 3항 2호 참조).

㉡ 인적 관련성: 행정심판 전치의 취지는, 행정청에 대하여 처분에 대한 재심의 기회를 주려는 데 있는 것이므로, 특정한 처분에 대하여 행정심판이 제기되어 재결이 있는 경우, 행정심판의 청구인과 취소소송의 원고가 반드시 동일인일 필요는 없다. 공동소송의 1인이 행정심판을 거쳤으면, 다른 공동소송인은 행정심판을 거침이 없이 행정소송을 제기할 수 있다고 보고 있다. 행정소송의 원고가 행정심판청구인의 지위를 실질적으로 승계하고 있는 경우도 또한 같다.

---

21)「지방세법」상 처분은 원래는 필요적 전치주의가 적용되었으나 헌재 2001. 6. 28, 2000헌바30 결정 후 「지방세법」 제78조 제2항이 삭제되었다. 헌법재판소는 지방세 부과처분에 대한 이의신청 및 심사청구의 심의·의결기관인 지방세심의위원회는 그 구성과 운영에 있어서 심의·의결의 독립성과 공정성을 객관적으로 신뢰할 수 있는 토대를 충분히 갖추고 있다고 보기 어려운 점, 이의신청 및 심사청구의 심리절차에 사법절차적 요소가 매우 미흡하고 당사자의 절차적 권리보장의 본질적 요소가 결여되어 있다는 점에서 지방세법상의 이의신청·심사청구제도는 헌법 제107조 제3항에서 요구하는 "사법절차 준용"의 요청을 외면하고 있다고 할 것인데, 지방세법 제78조 제2항은 이러한 이의신청 및 심사청구라는 2중의 행정심판을 거치지 아니하고서는 행정소송을 제기하지 못하도록 하고 있으므로 위 헌법조항에 위반될 뿐만 아니라, 재판청구권을 보장하고 있는 헌법 제27조 제3항에도 위반된다 할 것이며, 나아가 필요적 행정심판전치주의의 예외사유를 규정한 행정소송법 제18조 제2항, 제3항에 해당하는 사유가 있어 행정심판제도의 본래의 취지를 살릴 수 없는 경우에까지 그러한 전심절차를 거치도록 강요한다는 점에서도 국민의 재판청구권을 침해한다 할 것이라고 판시하였다.

ⓒ 주장사유의 공통성 여부: 행정심판에서의 청구인의 주장과 행정소송에서의 원고의 주장사유가 동일하여야 하는가? 판례($\frac{대판 1984. 5. 9.}{84누116}$)는 양자는 전혀 별개의 것이 아닌 한 반드시 일치하여야 하는 것은 아니며, 따라서 전심절차에서 주장하지 아니한 사항도 행정소송에서 주장할 수 있다는 입장이다.

③ 전치요건 충족의 시기: 행정심판의 재결이 있기 전에 취소소송을 제기하는 것은 위법이나, 소가 각하되지 않고 있는 사이에 재결이 있으면, 그 하자는 치유된다고 하는 것이 판례의 입장이다($\frac{대판 1987. 4. 28.}{86누29}$). 결국 취소소송이 진행되어 사실심 변론 종결 전까지 행정심판의 재결이 있으면 취소소송은 적법하다고 볼 수 있다.

(나) 예외적 전치제도의 완화

「행정소송법」은 예외적으로 행정심판의 전치를 요구하면서도 다음과 같이 그 요건을 완화하고 있다.

① 행정심판의 재결을 거칠 필요가 없는 경우: 다음과 같은 경우에는 행정심판의 제기는 필요하되, 재결을 기다리지 않고 취소소송을 제기할 수 있다($\frac{동법 18}{조 2항}$). 행정심판 전치주의에 따라 반드시 행정심판을 청구해야 하는 경우에도 행정심판 절차의 지연으로 발생할 수 있는 국민의 권리를 구제하기 위해 재결을 기다리지 않고 곧바로 취소소송을 제기할 수 있도록 한 것으로 이해된다.

ⓐ 행정심판청구가 있은 날로부터 60일이 지나도 재결이 없는 때
ⓑ 처분의 집행 또는 절차의 속행으로 생길 중대한 손해를 예방하여야 할 긴급한 필요가 있는 때
ⓒ 법령의 규정에 의한 행정심판기관이 의결 또는 재결을 하지 못할 사유가 있는 때
ⓓ 그 밖의 정당한 사유가 있는 때

② 행정심판을 제기함이 없이 취소소송을 제기할 수 있는 경우: 다음과 같은 경우에는 행정심판을 제기함이 없이 바로 취소소송을 제기할 수 있다($\frac{동법 18}{조 3항}$). 행정심판을 제기하는 것이 무의미하거나, 행정청이 사후적으로 처분을 변경한 경우 또는 행정청이 행정심판을 거치지 않아도 된다는 의사표시를 한 경우에는 곧바로 취소소송을 제기할 수 있도록 함으로써 법원을 통한 신속하고도 효과적인 권리구제가 가능하도록 하기 위한 것이다.

㉠ 동종사건에 관하여 이미 행정심판의 기각재결이 있은 때

> **[관련판례]** 甲에 대한 건축불허가처분과 이 사건 처분은 동일한 행정청인 피고에 의하여 같은 날 같은 사유로 이루어졌다는 점에서 공통적인 면이 없지 아니하나, 甲에 대한 건축불허가처분과 원고의 이 사건 건축허가신청은 신청지, 신청지의 지목, 건축의 규모, 용도 등이 전혀 다르므로 두 사건은 기본적인 면에서 동질성이 인정되는 동종사건이라 할 수 없다(대판 2000. 6. 9. 98두2621).

㉡ 서로 내용상 관련되는 처분 또는 같은 목적을 위하여 단계적으로 진행되는 처분 중 어느 하나가 이미 행정심판의 재결을 거친 때

> **[판례①]** 선행의 건물철거명령에 대하여 적법한 소원(행정심판)을 제기한 이상 그 후행처분인 계고처분에 대하여는 따로이 소원전치의 요건을 갖추지 않았다 하더라도 행정소송으로 이를 다툴 수 있다(대판 1979. 7. 24. 79누129).
>
> **[판례②]** 가산금 및 중가산금처분은 납세고지처분과는 별개의 처분이라 볼 수 있을지라도 납세고지처분에 대하여 적법한 전심절차를 거친 이상 가산금 및 중가산금처분에 대하여는 따로이 전심절차를 밟음이 없이 행정소송으로 다툴 수 있다(대판 1986. 7. 22. 85누297).

㉢ 행정청이 사실심의 변론종결 후 소송의 대상인 처분을 변경하여 당해 변경된 처분에 관하여 소를 제기하는 때

㉣ 처분을 행한 행정청이 행정심판을 거칠 필요가 없다고 잘못 알린 때

4. 제소기간

(1) 의 의

「행정소송법」 제20조는 제소기간을 규정하고 있다. 위 규정에 따라 취소소송은 원칙적으로 처분등이 있음을 안 날부터 90일 또는 처분등이 있은 날부터 1년 이내에 제기하여야 한다. 위 두 기간 중 어느 것이나 먼저 도래한 기간 내에 제기하여야 하고, 어느 하나의 기간이라도 경과하게 되면 소는 부적법하다. 「행정소송법」이 제소기간을 두고 있는 이유는 공법상 법률관계의 조속한 안정을 도모하기 위한 것이다.

[판례] 공법상의 법률관계는 일반 공중의 이해와 관련된 것으로서 장기간 불안정한 상태에 두는 것은 바람직하지 아니하므로 행정처분에 하자가 있더라도 그 효력을 다툴 수 있는 기간을 제한함으로써 행정법 관계의 조속한 안정을 꾀할 필요가 있는바, 취소소송의 제소기간 및 그 기산점도 이러한 점을 고려하여 정할 수밖에 없다. 따라서 심판대상조항은 법률관계의 조속한 확정을 위해 객관적으로 확정 가능한 '처분 등이 있음을 안 날'을 기산점으로 정하여 취소소송의 제소기간에 제한을 둔 것으로서 그 입법목적의 정당성을 수긍할 수 있다.

한편, 위와 같은 기산점은 재판청구권의 행사를 현저히 곤란하게 하거나 사실상 불가능하게 하여 권리구제의 기회를 극단적으로 제한하지 않도록 설정되어야 한다. 그런데 처분 등이 있은 날부터 90일이 지나서야 비로소 처분 등이 위법하게 되거나 위법성의 의심이 생기는 경우는 거의 없을 것으로 보이고, 취소소송에서 처분 등의 위법성을 확정적으로 소명 또는 입증함과 동시에 소를 제기할 것을 소송요건으로 하고 있지도 아니하다. 따라서 처분의 상대방은 처분 등이 있음을 알게 되고 당해 처분 등이 위법할 수 있다는 의심이 드는 경우, 취소소송을 제기한 후 재판 과정에서 해당 처분 등의 위법성을 입증·확인할 수 있고, 당해 처분 등이 위법할 수 있다는 의심을 갖는데 있어 90일의 기간은 지나치게 짧은 기간이라고 보기 어렵다.

또한 '처분 등이 있음'을 안 시점은 처분 등이 '피처분자에게 송달, 고지되는 등의 도달한 일시' 또는 '피처분자가 처분 등을 확인한 일시' 등으로 비교적 명확하게 특정할 수 있고 이를 객관적으로 확인할 수 있음에 반하여, '처분 등의 위법성'을 알게 된 시점은 특정이 어려울 뿐만 아니라 이를 객관적으로 확인하기도 어려운바, '처분 등이 위법하다는 것을 알게 된 날'을 기산점으로 삼는 것은 오히려 법률관계를 명확하지 않게 하고, 제소기간을 둔 입법취지가 훼손될 위험이 있다. 이러한 점 등에 비추어 볼 때 심판대상조항이 '처분 등의 위법성'을 알게 된 시점이 아니라 '처분 등이 있음'을 안 시점을 제소기간의 기산점으로 둔 것은 행정법 관계의 조속한 안정을 도모하기 위해 필요하고도 효과적인 방법이라고 볼 수 있다.

나아가 처분 등에 존속하는 하자가 중대하고 명백하여 처음부터 그 효력이 없는 무효인 처분에는 제소기간의 제한을 두고 있지 아니하고(행정소송법 38조 1항), 90일의 기간은 불변기간으로 당사자가 책임질 수 없는 사유로 기간을 준수할 수 없을 때에는 추후보완이 허용되어 사유가 소멸된 때로부터 2주 내에 소를 제기하면 되는 것이어서(행정소송법 8조 2항, 민사소송법 173조), 심판대상 조항이 청구인에게 현저히 불합리하거나 합리성이 없다고 볼 수 없다(헌재 2018. 6. 28, 2017헌바66).

제소기간은 취소소송의 적법 요건으로서 법원의 직권조사사항에 해당하고, 제소기간의 준수 여부는 대상이 되는 각 처분마다 독립적으로 판단하는 것이 원칙이다(대판 2023. 8. 31.
2023두39939 참조).

(2) 제소기간 규정의 적용 범위

제소기간에 관한 「행정소송법」 제20조 규정은 취소소송에는 당연히 적용된다. 반면 무효등확인소송에는 제소기간의 제한이 없다(행정소송법 38조 1항에서 20
조를 준용하고 있지 않음). 다만 부작위위법확인소송과 관련해서는 다음과 같은 점을 구분해야 한다. 즉, 행정심판을 거치지 않고 부작위위법확인소송을 제기하는 경우에는 제소기간의 제한이 없다. 반면, 행정심판을 거쳐 부작위위법확인소송을 제기하는 경우 행정심판의 재결서의 정본의 송달을 받은 날로부터 90일 이내에 제기하여야 한다(동법 38조 2
항, 20조 1항).

> **[판례]** 부작위위법확인의 소는 부작위상태가 계속되는 한 그 위법의 확인을 구할 이익이 있다고 보아야 하므로 원칙적으로 제소기간의 제한을 받지 않는다. 그러나 행정소송법 제38조 제2항이 제소기간을 규정한 같은 법 제20조를 부작위위법확인소송에 준용하고 있는 점에 비추어 보면, 행정심판 등 전심절차를 거친 경우에는 행정소송법 제20조가 정한 제소기간 내에 부작위위법확인의 소를 제기하여야 한다(대판 2009. 7. 23.
2008두10560).

(3) 행정심판을 거치지 않은 경우

(가) 처분등이 있음을 안 날부터 90일

1) 법령의 내용

취소소송은 처분등이 있음을 안 날로부터 90일 이내에 제기하여야 한다(동법 20
조 1항). 위 기간은 불변기간이므로, 법원이 직권으로 그 기간을 늘이거나 줄일 수 없다(동법 20
조 3항).

2) '처분등이 있음을 안 날'의 판단 방법

제소기간의 기산점인 '처분등이 있음을 안 날'이란 통지, 공고 기타의 방법에 의하여 당해 처분 등이 있었다는 사실을 현실적으로 안 날을 의미한다. 상대방 있는 행정처분은 상대방에게 고지되어야 효력이 발생하므로,[22] 행정처분

---

22) 일반적으로 처분이 주체·내용·절차와 형식의 요건을 모두 갖추고 외부에 표시된 경우에는 처분의 존재가 인정된다. 행정의사가 외부에 표시되어 행정청이 자유롭게 취소·철회할 수 없는 구속을 받게 되

이 상대방에게 고지되어 상대방이 이러한 사실을 인식함으로써 행정처분이 있다는 사실을 현실적으로 알았을 때 제소기간이 진행한다.

> **[판례]** 행정소송법 제20조 제1항이 정한 제소기간의 기산점인 '처분 등이 있음을 안 날'이란 통지, 공고 기타의 방법에 의하여 당해 처분 등이 있었다는 사실을 현실적으로 안 날을 의미한다. 상대방이 있는 행정처분의 경우에는 특별한 규정이 없는 한 의사표시의 일반적 법리에 따라 그 행정처분이 상대방에게 고지되어야 효력을 발생하게 되므로, 행정처분이 상대방에게 고지되어 상대방이 이러한 사실을 인식함으로써 행정처분이 있다는 사실을 현실적으로 알았을 때 행정소송법 제20조 제1항이 정한 제소기간이 진행한다고 보아야 한다(대판 2014. 9. 25., 2014두8254).

행정처분이 상대방에게 고지되지 아니한 경우에는 그 상대방이 다른 경로를 통해 행정처분의 내용을 알게 되었다고 하더라도 효력이 발생한다고 볼 수 없고, 이 경우 제소기간도 진행하지 않는다.

> **[판례]** 상대방 있는 행정처분은 특별한 규정이 없는 한 의사표시에 관한 일반법리에 따라 상대방에게 고지되어야 효력이 발생하고, 상대방 있는 행정처분이 상대방에게 고지되지 아니한 경우에는 상대방이 다른 경로를 통해 행정처분의 내용을 알게 되었다 하더라도 행정처분의 효력이 발생한다고 볼 수 없다.
> 피고가 2017. 6. 29. 원고의 장해등급을 제5급 제3호로 결정한 처분(이 사건 처분)은 상대방 있는 행정처분에 해당한다. 구 공무원연금법에서 급여에 관한 결정의 고지 방법을 따로 정하지 않았으므로, 이 사건 처분은 상대방인 원고에게 행정절차법 제14조에서 정한 바에 따라 송달하는 등의 방법으로 고지하여야 비로소 효력이 발생한다고 볼 수 있다.
> 기록에 의하면, 원고는 제1심에서부터 일관하여, 2017. 7. 10. 피고의 인터넷 홈페이지에 접속하여 피고가 게시해 둔 처분 내용을 알게 되었고, 그날을 행정심판청구서에 '처분이 있음을 안 날'로 기재하였을 뿐 피고로부터 처분서를 송달받지 못했다고 주장해 왔음을 알 수 있다. 그런데 피고가 인터넷 홈페이지에 이 사건 처분의 결정 내용을 게시한 것만으로는 행정절차법 제14조에서 정한 바에 따라 송달이 이루어졌다고 볼 수 없고, 원고가 그 홈페이지에 접속하여 결정 내용을 확인하여 알게 되었다고 하더라도 마찬가지이다. 또한 피고가 이 사건 처분서를 행정절차법 제14조 제1항에 따라 원고 또는 그 대리인의 주소·거소·영업소·사무소로 송달하

는 시점에 처분이 성립하고, 그 성립 여부는 행정청이 행정의사를 공식적인 방법으로 외부에 표시하였는지를 기준으로 판단해야 한다(대판 2019. 7. 11, 2017두38874).

였다거나 같은 조 제3항 또는 제4항에서 정한 요건을 갖추어 정보통신망을 이용하거나 혹은 관보, 공보, 게시판, 일간신문 중 하나 이상에 공고하고 인터넷에도 공고하는 방법으로 송달하였다는 점에 관한 주장·증명도 없다.

따라서 이 사건 처분은 상대방인 원고에게 고지되어 효력이 발생하였다고 볼 수 없으므로, 이에 관하여 구 공무원연금법 제80조 제2항에서 정한 심사청구기간이나 행정소송법 제20조 제1항, 제2항에서 정한 취소소송의 제소기간이 진행한다고 볼 수 없다(대판 2019. 8. 9.   2019두38656).

한편, 실무상 행정청은 상대방에게 처분서를 우편으로 송달하고 있는데, 대법원은 처분서가 처분 상대방의 주소지에 송달되는 등 사회통념상 처분이 있음을 처분 상대방이 알 수 있는 상태에 놓인 때에는 반증이 없는 한 처분 상대방이 처분이 있음을 알았다고 추정할 수 있고, 우편물이 등기취급의 방법으로 발송된 경우 그것이 도중에 유실되었거나 반송되었다는 등의 특별한 사정에 대한 반증이 없는 한 그 무렵 수취인에게 배달되었다고 추정할 수 있다고 판시함으로써 당사자가 처분 등이 있음을 알았다고 볼 수 있는 사정의 범위를 넓게 이해하고 있다.

[판례] ㉮ 행정처분의 효력발생요건으로서의 도달이란 처분 상대방이 처분서의 내용을 현실적으로 알았을 필요까지는 없고 처분 상대방이 알 수 있는 상태에 놓임으로써 충분하며, 처분서가 처분 상대방의 주민등록상 주소지로 송달되어 처분 상대방의 사무원 등 또는 그 밖에 우편물 수령 권한을 위임받은 사람이 수령하면 처분 상대방이 알 수 있는 상태가 되었다고 할 것이다.

㉯ 행정소송법 제20조 제1항이 정한 제소기간의 기산점인 '처분 등이 있음을 안 날'이란 통지, 공고 기타의 방법에 의하여 당해 처분 등이 있었다는 사실을 현실적으로 안 날을 의미하므로, 행정처분이 상대방에게 고지되어 상대방이 이러한 사실을 인식함으로써 행정처분이 있다는 사실을 현실적으로 알았을 때 행정소송법 제20조 제1항이 정한 제소기간이 진행한다고 보아야 하고, 처분서가 처분 상대방의 주소지에 송달되는 등 사회통념상 처분이 있음을 처분 상대방이 알 수 있는 상태에 놓인 때에는 반증이 없는 한 처분 상대방이 처분이 있음을 알았다고 추정할 수 있다. 또한 우편물이 등기취급의 방법으로 발송된 경우 그것이 도중에 유실되었거나 반송되었다는 등의 특별한 사정에 대한 반증이 없는 한 그 무렵 수취인에게 배달되었다고 추정할 수 있다(대판 2017. 3. 9. 2016두60577, 동지판례: 대판 1990. 7. 13. 90누   2284; 대판 1991. 6. 28. 90누6521; 대판 2014. 9. 25. 2014두8254).

또한 '처분 등이 있음을 안 날'은 유효한 행정처분이 있음을 안 날을 의미하나, 구체적으로 그 행정처분의 위법 여부를 판단한 날을 의미하는 것은 아니다($\binom{대판 1991. 6. 28.}{90누6521 참조}$).

3) 고시 또는 공고에 의한 행정처분의 경우

고시 또는 공고에 의한 행정처분의 제소기간 기산일은 상대방이 그러한 고시 또는 공고가 있었다는 사실을 현실적으로 알았는지 여부에 관계 없이 '고시 또는 공고가 효력을 발생한 날'에 행정처분이 있었음을 알았다고 보아야 한다는 것이 판례의 태도이다. 이와 관련하여 '고시 또는 공고가 효력을 발생한 날'은 ① 고시 또는 공고에 효력발생일이 규정되어 있으면 그 날, ② 고시 또는 공고에 효력발생일이 규정되어 있지 않으면 그 고시 또는 공고가 있은 날부터 5일이 경과한 날이다($\binom{행정업무의 운영 및}{혁신에 관한 규정 6조}$).

> **[판례①]** 통상 고시 또는 공고에 의하여 행정처분을 하는 경우에는 그 처분의 상대방이 불특정 다수인이고, 그 처분의 효력이 불특정 다수인에게 일률적으로 적용되는 것이므로, 그 행정처분에 이해관계를 갖는 자는 고시 또는 공고가 있었다는 사실을 현실적으로 알았는지 여부에 관계없이 고시가 효력을 발생하는 날에 행정처분이 있음을 알았다고 보아야 한다.
>
> 원심은, 청소년유해매체물 결정·고시는 그 효력이 불특정 다수인에 대하여 일률적으로 적용되는 행정처분으로 특정한 상대방이 있는 것이 아니고, 법 시행령 제5조 제1항에서 청소년유해매체물의 표시·포장의무자에게 그 의무의 준수를 위하여 심의기관의 결정을 통보할 의무를 부과하고 있더라도 이러한 통보에 의하여 효력을 발생하는 것이 아니라 관보에 고시를 함으로써 고시에서 정한 효력발생일로부터 효력이 발생하는 것이며, 법 제39조에 규정된 '그 처분의 고지를 받은 날부터 60일 이내에 이의신청'을 할 수 있는 대상이 되는 처분은 고시에 의하여 효력이 발생하는 청소년유해매체물 결정 및 고시처분이 아니라 법 제36조(수거·파기), 제37조(시정명령) 등의 규정에 의한 상대방 있는 개별적 행정처분을 대상으로 한 것으로 보이므로, 이 사건 각 처분은 원고가 고시가 있었음을 현실적으로 알았는지 여부에 관계없이 고시의 효력이 발생한 2000. 9. 27.에 고지된 것으로 보아야 하고, 원고가 피고 정보통신윤리위원회로부터 청소년유해매체물 결정을 통지받지 못하였다는 사정만으로는 제소기간을 준수하지 못한 것에 정당한 사유가 있다고 할 수 없다($\binom{대판 2007. 6. 14.}{2004두619}$).
>
> **[판례②]** 고시에 의한 행정처분에 이해관계를 갖는 자는 고시가 있었다는 사실을 현실적으로 알았는지 여부에 관계없이 고시가 효력을 발생한 날에 행정처분이 있

음을 알았다고 보아야 하고, 고시·공고 등 행정기관이 일정한 사항을 일반에 알리기 위한 공고문서의 경우에는 그 문서에 특별한 규정이 있는 경우를 제외하고는 그 고시 또는 공고가 있은 후 5일이 경과한 날부터 효력을 발생한다(^{대판 2013. 3. 14.}_{2010두2623}).

4) 제소기간을 도과한 정당한 사유가 있는 경우 추후보완이 가능한지 여부

「행정소송법」제20조 1항은 2항과 달리 제소기간 도과를 정당화할 수 있는 '정당한 사유'에 관하여 규정하고 있지 않다. 그러나 「행정소송법」제20조 3항에 의하면, 1항의 기간은 불변기간에 해당하므로 행정소송법 제8조 2항에 의하여 준용되는 「민사소송법」제173조 1항[23]에 의하여 제소기간을 준수할 수 없었던 사유가 없어진 후 2주일 내에 게을리 한 소송행위를 보완할 수 있다. 여기에서 '당사자가 책임질 수 없는 사유'란 당사자가 그 소송행위를 하기 위하여 일반적으로 하여야 할 주의를 다하였음에도 불구하고, 그 기간을 준수할 수 없었던 사유를 의미한다는 것이 대법원 판례이다.

> **[판례]** 취소소송은 처분 등이 있음을 안 날부터 90일 이내에 제기하여야 하고 행정심판청구를 할 수 있는 경우에 행정심판청구가 있은 때의 기간은 재결서 정본을 송달받은 날부터 기산하며(^{행정소송법}_{20조 1항}), 그 제소기간은 불변기간이며(^{같은 조}_{3항}), 다만 당사자가 책임질 수 없는 사유로 인하여 이를 준수할 수 없었던 경우에는 같은 법 제8조에 의하여 준용되는 민사소송법 제173조 제1항에 의하여 그 사유가 없어진 후 2주일 내에 해태된 제소행위를 추완할 수 있다. 여기서 '당사자가 책임질 수 없는 사유'란 당사자가 그 소송행위를 하기 위하여 일반적으로 하여야 할 주의를 다하였음에도 불구하고, 그 기간을 준수할 수 없었던 사유를 말한다(^{대판 2018. 10. 25.}_{2015두38856}).

(나) 처분등이 있은 날부터 1년

1) 원 칙

취소소송은 처분 등이 있은 날로부터 1년을 경과하면 이를 제기하지 못한다. 여기에서 '처분이 있은 날'이란 처분이 단순히 행정기관 내부적으로 결정된 것만으로는 부족하고, 외부에 표시되어야 하며 상대방이 있는 행정처분의 경우는 특별한 규정이 없는 한 의사표시의 일반적 법리에 따라 그 행정처분이 상대방에게 고지되어 효력이 발생한 날을 의미한다.

---

23) 민사소송법 제173조(소송행위의 추후보완) ① 당사자가 책임질 수 없는 사유로 말미암아 불변기간을 지킬 수 없었던 경우에는 그 사유가 없어진 날부터 2주 이내에 게을리 한 소송행위를 보완할 수 있다. 다만, 그 사유가 없어질 당시 외국에 있던 당사자에 대하여는 이 기간을 30일로 한다.

> **[판례①]** 취소소송의 제소기간 기산점으로 행정소송법 제20조 제1항이 정한 '처분
> 등이 있음을 안 날'은 유효한 행정처분이 있음을 안 날을, 같은 조 제2항이 정한
> '처분 등이 있은 날'은 그 행정처분의 효력이 발생한 날을 각 의미한다(대판 2019. 8. 9. 2019두38656).
> **[판례②]** 행정심판을 제기하지 아니하거나 그 재결을 거치지 아니하는 사건에 대
> 한 제소기간을 규정한 행정소송법 제20조 제2항에서 "처분이 있은 날"이라 함은
> 상대방이 있는 행정처분의 경우는 특별한 규정이 없는 한 의사표시의 일반적 법리
> 에 따라 그 행정처분이 상대방에게 고지되어 효력이 발생한 날을 말한다고 할 것
> 이다(대판 1990. 7. 13. 90누2284).

2) 예 외

처분등이 있은 날부터 1년을 경과하도록 취소소송을 제기하지 못한 데에
'정당한 사유'가 있는 때에는 제소기간의 제한을 받지 않는다(동법 20조 2항). 여기에서
'정당한 사유'는 제소기간 내에 소를 제기하지 못한 것을 정당화할 수 있는 객
관적인 사유로서 「민사소송법」 제173조의 '당사자가 책임질 수 없는 사유'나 「행
정심판법」 제18조 2항의 '천재·지변·전쟁·사변 그 밖에 불가항력적인 사유'
보다 넓은 개념으로 이해된다. 이와 같은 전제에서 대법원은 '제소기간 도과의
원인 등 여러 사정을 종합하여 지연된 제소를 허용하는 것이 사회통념상 상당
하다고 할 수 있는가'를 기준으로 판단하고 있다(대판 1991. 6. 28. 90누6521 참조). 정당한 사유의 존
재는 원고가 소명하여야 한다.

(3) 행정심판을 거친 경우

1) 법령의 내용

앞서 살펴본 바와 같이 취소소송은 처분등이 있음을 안 날로부터 90일 이내
에 제기하여야 한다. 다만, 다른 법률에 당해 처분에 대한 행정심판의 재결을
거치지 아니하면 취소소송을 제기할 수 없다는 규정이 있는 경우(필요적 전치주
의), 그 밖에 행정심판청구를 할 수 있는 경우(임의적 전치주의) 또는 행정청이
행정심판청구를 할 수 있다고 잘못 알린 경우에 행정심판청구가 있은 때의 그
기간은 재결서의 정본을 송달받은 날부터 기산한다(동법 20조 1항 단서). 또한 취소소송은
처분등이 있은 날부터 1년을 경과하면 이를 제기하지 못하나, 행정심판의 재결
을 거친 경우(동법 20조 1항 단서의 경우)는 재결이 있는 날부터 1년을 경과하면 이를 제기하지
못한다. 요컨대 행정심판을 거쳐 행정소송을 제기하는 경우에는 행정심판 재결
서를 송달받은 날부터 90일, 재결이 있은 날부터 1년 내에 소를 제기하여야 한

다($_{1항\,단서\,및\,2항}^{행정소송법\,20조}$). 위 두 기간 중 어느 하나라도 경과하면 제소기간이 도과하여 부적법하다.

위 규정의 '재결서의 정본을 송달받은 날부터 90일'은 불변기간이고, '재결이 있은 날부터 1년'의 기간은 정당한 사유가 있을 때 연장될 수 있다. 또한 '재결서를 송달받은 날'은 재결서 정본을 본인이 직접 수령한 경우뿐만 아니라 보충송달, 유치송달, 공시송달 등 「민사소송법」이 정한 바에 따라 적법하게 송달된 모든 경우를 의미한다($_{조\,2항,\,57조}^{행정심판법\,48}$).

2) 행정심판의 의미

취소소송의 제소기간과 관련하여 행정심판은 ① 「행정심판법」에 규정된 일반행정심판과 ② 같은 법 제4조에 근거하여 사안의 전문성과 특수성을 살리기 위하여 특히 필요한 경우에 다른 법률로 정한 특별행정심판을 의미한다.

> **[판례]** 행정소송법 제20조 제1항에 따르면, 취소소송은 처분 등이 있음을 안 날부터 90일 이내에 제기하여야 하는데, 행정심판청구를 할 수 있는 경우에 행정심판청구가 있은 때의 기간은 재결서의 정본을 송달받은 날부터 기산한다. 이처럼 취소소송의 제소기간을 제한함으로써 처분 등을 둘러싼 법률관계의 안정과 신속한 확정을 도모하려는 입법 취지에 비추어 볼 때, 여기서 말하는 '행정심판'은 행정심판법에 따른 일반행정심판과 이에 대한 특례로서 다른 법률에서 사안의 전문성과 특수성을 살리기 위하여 특히 필요하여 일반행정심판을 갈음하는 특별한 행정불복절차를 정한 경우의 특별행정심판($_{법\,4조}^{행정심판}$)을 뜻한다고 보아야 할 것이다($_{2013두10809}^{대판\,2014.\,4.\,24.}$).

3) 행정심판이 적법할 것

위와 같이 행정심판의 재결서를 송달받은 날을 기준으로 취소소송의 제소기간을 산정하기 위해서는 행정심판 청구가 적법한 것이어야 한다. 행정심판이 심판청구 기간을 도과하는 등으로 부적법한 경우에는 설령 재결서의 정본을 송달받은 날부터 90일 이내에 소를 제기하였다고 하더라도 그 소는 부적법하다.

> **[판례]** 취소소송은 ㉠ 행정처분이 있음을 알고 그 처분에 대하여 곧바로 취소소송을 제기하는 방법을 선택한 때에는 그 처분이 있음을 안 날로부터 90일 이내에 취소소송을 제기하여야 하고, ㉡ 행정심판을 청구하는 방법을 선택한 때에는 그 처분이 있음을 안 날로부터 90일 내에 행정심판을 청구하고 그 행정심판의 재결서를 송달받은 날로부터 90일 내에 취소소송을 제기하여야 한다. 따라서 처분이 있음을 안 날부터 90일내에 행정심판을 청구하지도 않고 취소소송을 제기하기 않은 경우

에는 그 후 제기된 취소소송은 제소기간을 경과한 것으로 부적법하고, 처분이 있음을 안 날로부터 90일을 넘겨 청구한 부적법한 행정심판청구에 대한 재결이 있은 후 그 재결서를 송달받은 날부터 90일 내에 원래의 처분에 대하여 취소소송을 제기하였다고 하여 그 취소소송이 다시 제소기간을 준수한 것으로 되는 것은 아니다 (대판 2011. 11. 24. 2011두18786).

4) 행정청이 행정심판 청구를 할 수 있다고 잘못 알린 경우

「행정소송법」 제20조 1항은 행정청이 행정심판청구를 할 수 있다고 잘못 알려 행정심판을 거친 경우 재결서 정본을 송달받은 날부터 90일 이내에 행정소송을 제기할 수 있는 것으로 규정하고 있다. 대법원은 이 규정의 입법 취지를 행정처분에 대하여 적법하게 불복청구를 할 수 있는 상대방에 대하여 행정청이 법령상 행정심판청구가 허용되지 않음에도 행정심판청구를 할 수 있다고 잘못 알림으로써 그 잘못된 안내를 신뢰하여 부적법한 행정심판을 거치느라 본래의 제소기간 내에 취소소송을 제기하지 못한 자를 구제하려는 데에 있다고 하였다. 따라서 이미 제소기간이 도과하여 불가쟁력이 발생한 경우에는 행정청이 행정심판청구를 할 수 있다고 잘못 알렸다고 하더라도 그 잘못된 안내에 따라 청구된 행정심판 재결서 정본을 송달받은 날부터 다시 취소소송의 제소기간이 기산되는 것은 아니다.

[판례] 행정청이 산업재해보상보험법에 의한 보험급여 수급자에 대하여 부당이득 징수결정을 한 후 그 징수결정의 하자를 이유로 징수금 액수를 감액하는 경우에 그 감액처분은 감액된 징수금 부분에 관하여만 법적 효과가 미치는 것으로서 당초 징수결정과 별개 독립의 징수금 결정처분이 아니라 그 실질은 당초 징수결정의 변경이고, 그에 의하여 징수금의 일부취소라는 징수의무자에게 유리한 결과를 가져오는 처분이므로 징수의무자에게는 그 취소를 구할 소의 이익이 없다. 이에 따라 감액처분으로도 아직 취소되지 않고 남아 있는 부분이 위법하다 하여 다투고자 하는 경우, 감액처분을 항고소송의 대상으로 할 수는 없고, 당초 징수결정 중 감액처분에 의하여 취소되지 않고 남은 부분을 항고소송의 대상으로 할 수 있을 뿐이며, 그 결과 제소기간의 준수 여부도 감액처분이 아닌 당초 처분을 기준으로 판단하여야 한다.

한편, 행정소송법 제20조 제1항은 '취소소송은 처분 등이 있음을 안 날부터 90일 이내에 제기하여야 하나 행정청이 행정심판청구를 할 수 있다고 잘못 알린 경우에 행정심판청구가 있은 때의 기간은 재결서의 정본을 송달받은 날부터 기산한다'고 규정하고 있는데, 위 규정의 취지는 불가쟁력이 발생하지 않아 적법하게 불복청구를 할 수 있었던 처분 상대방에 대하여 행정청이 법령상 행정심판청구가 허용되지 않음에도 행정심판청구를 할 수 있다고 잘못 알린 경우에 있어서, 그 잘못된 안내를 신뢰하여 부적법한 행정심판을 거치느라 본래의 제소기간 내에 취소소송을 제기하지 못한 자를 구제하려는 데에 있다고 할 것이다. 이와 달리 이미 제소기간이 도과함으로써 불가쟁력이 발생하여 불복청구를 할 수 없었던 경우라면 그 이후에 행정청이 행정심판청구를 할 수 있다고 잘못 알렸다 하더라도 그로 인하여 처분 상대방이 적법한 제소기간 내에 취소소송을 제기할 수 있는 기회를 상실하게 된 것은 아니므로 이러한 경우에 있어서 그 잘못된 안내에 따라 청구된 행정심판 재결서 정본을 송달받은 날부터 다시 취소소송의 제소기간이 기산되는 것은 아니다. 불가쟁력이 발생하여 더 이상 불복청구를 할 수 없는 처분에 대하여 행정청의 잘못된 안내가 있었다고 하여 처분 상대방의 불복청구의 권리가 새로이 생겨나거나 부활한다고 볼 수는 없기 때문이다.

이 사건 처분은, 이 사건 징수결정 당시 이중보상으로 판단한 부분에 잘못이 있음을 발견하여 이를 시정하는 차원에서 이루어진 것으로서, 당초 징수결정의 양적 일부 취소로서의 실질을 갖는 감액처분이라 할 것이고, 그로 인하여 원고에게 어떠한 불이익을 발생시키는 것도 아니므로 원고로서는 감액처분인 이 사건 처분에 대하여 불복할 수 없다고 할 것이다. 그런데 원고가 당초의 징수결정 처분에 대하여 불복기간 내에 다투지 아니함으로써 불가쟁력이 생겨난 이상 그 이후 처분 행정청인 피고가 감액처분을 하면서 행정심판이나 행정소송을 제기할 수 있다고 잘못 알렸다고 하여 그러한 잘못된 안내 때문에 이미 불가쟁력이 발생한 당초 처분 그 자체뿐만 아니라 감액처분에 의하여 남게 된 잔존 징수금액을 내용으로 하는 당초 처분을 새로이 다툴 수 있는 것이 아님은 위에서 본 법리에 비추어 당연하다(대판 2012. 9. 27. 2011두27247).

5) 행정심판 청구기간을 잘못 고지한 경우의 특례 적용 여부

행정청이 심판청구 기간을 법정기간(처분이 있음을 알게 된 날부터 90일 이내)보다 긴 기간으로 잘못 알린 경우 그 잘못 알린 기간에 심판청구가 있으면 행정심판은 청구기간 내에 청구된 것으로 보는 「행정심판법」 제27조 5항의 예외는 행정소송에는 적용되지 않는다. 즉, 행정청이 행정처분시나 그 이후 행정심판 청구기간을 법정기간보다 긴 기간으로 통지하여, 그 기간이 행정소송에도 적용된다고 믿고 제소기간을 도과하였다고 하더라도 이는 당사자가 책임질 수 없는 사유에 해당하지 않는다.

[판례] 행정소송법 제20조 제1항, 제3항에서 말하는 "취소소송은 처분 등이 있음을 안 날부터 90일 이내에 제기하여야 한다."는 제소기간은 불변기간이고, 다만 당사자가 책임질 수 없는 사유로 인하여 이를 준수할 수 없었던 경우에는 같은 법 제8조에 의하여 준용되는 민사소송법 제160조 제1항에 의하여 그 사유가 없어진 후 2주일 내에 해태된 제소행위를 추완할 수 있다고 할 것이며, 여기서 당사자가 책임질 수 없는 사유란 당사자가 그 소송행위를 하기 위하여 일반적으로 하여야 할 주의를 다하였음에도 불구하고 그 기간을 준수할 수 없었던 사유를 말한다고 할 것이다(대판 1987. 3. 10. 86다카2224: 대판 1998. 10. 2. 97다50152 등 참조). 한편, 행정청이 법정 심판청구기간보다 긴 기간으로 잘못 알린 경우에 그 잘못 알린 기간 내에 심판청구가 있으면 그 심판청구는 법정 심판청구기간 내에 제기된 것으로 본다는 취지의 행정심판법 제27조 제5항의 규정은 행정심판 제기에 관하여 적용되는 규정이지, 행정소송 제기에도 당연히 적용되는 규정이라고 할 수는 없다.

그리고 행정심판과 행정소송은 그 성질, 불복사유, 제기기간, 판단기관 등에서 본질적인 차이점이 있고, 임의적 전치주의는 당사자가 행정심판과 행정소송의 유·불리를 스스로 판단하여 행정심판을 거칠지 여부를 선택할 수 있도록 한 취지에 불과하므로 어느 쟁송 형태를 취한 이상 그 쟁송에는 그에 관련된 법률 규정만이 적용될 것이지 두 쟁송 형태에 관련된 규정을 통틀어 당사자에게 유리한 규정만이 적용된다고 할 수는 없으며, 행정처분시나 그 이후 행정청으로부터 행정심판 제기기간에 관하여 법정 심판청구기간보다 긴 기간으로 잘못 통지받은 경우에 보호할 신뢰 이익은 그 통지받은 기간 내에 행정심판을 제기한 경우에 한하는 것이지 행정소송을 제기한 경우에까지 확대된다고 할 수 없으므로, 당사자가 행정처분시나 그 이후 행정청으로부터 행정심판 제기기간에 관하여 법정 심판청구기간보다 긴 기간으로 잘못 통지받아 행정소송법상 법정 제소기간을 도과하였다고 하더라도, 그것이 당사자가 책임질 수 없는 사유로 인한 것이라고 할 수는 없다(대판 2001. 5. 8. 2000두6916).

(4) 제소기간과 관련된 특수문제

(가) 소 변경과의 관계

「행정소송법」 제21조의 규정에 의한 소 변경(소의 종류의 변경)이 있는 경우(대표적인 경우가 항고소송과 당사자소송 사이의 변경 및 항고소송 유형 상호 간의 변경) 새로운 소는 처음에 소를 제기한 때에 제기된 것으로 본다(행정소송법 21조 4항, 14조 4항). 예컨대 무효확인소송을 제기하였다가 취소소송으로 변경하는 경우 취소소송 제소기간 준수 여부는 당초의 무효확인소송 제기시를 기준으로 판단한다.

한편, 행정청이 소송 계속 중에 소송의 대상인 처분을 변경한 때에는 원고는 처분의 변경이 있음을 안 날로부터 60일 이내에 소의 변경을 신청할 수 있고,[24] 법원은 「행정소송법」 제22조의 규정에 따라 결정으로써 청구의 취지 또는 원인의 변경을 허가할 수 있다(처분변경에 의한 소의 변경). 법원의 소 변경 허가 결정이 있으면 변경된 소에 대해서 제소기간 내에 소가 제기된 것으로 보게 된다.

반면 「행정소송법」 제21조와 제22조에 의한 소 변경의 대상이 되지 않는 유형의 소의 변경은 「민사소송법」의 준용에 의한 소의 변경의 대상이 된다. 소송계속 중에 「민사소송법」 제262조의 준용에 의한 소의 변경의 이루어진 경우에는 민사소송에서의 일반원칙과 마찬가지로 소 변경 신청서 제출시에 새로운 소가 제기된 것으로 보게 된다(행정소송법 제21조의 제소기간의 소급에 관한 규정이 없음).

대법원은 원칙적으로 「민사소송법」의 준용에 의한 소의 교환적 변경에서 청구취지를 변경하여 종래의 소가 취하되고 새로운 소가 제기된 것으로 변경되었을 때에 새로운 소에 대한 제소기간의 준수 등은 원칙적으로 소의 변경이 있은 때를 기준으로 하여야 한다고 판단하여 민사소송법의 일반원칙에 충실히 따르고 있다(판례①). 또한 대법원은 소의 추가적 변경에 있어서도 새로운 소에 대한 제소기간의 준수 등은 원칙적으로 소의 변경이 있은 때를 기준으로 하여야 한다고 판시하였다(판례②). 다만, 대법원은 일정한 경우 민사소송법의 준용에 의한 소 변경에 있어서도 제소시점의 소급을 허용하는 취지로 판시하고 있다(판례③).

> **[판례①]** 취소소송은 처분 등이 있음을 안 날부터 90일 이내에 제기하여야 하고, 처분 등이 있은 날부터 1년을 경과하면 제기하지 못하며(행정소송법 20조 1항, 2항). 청구취지를 변경하여 구 소가 취하되고 새로운 소가 제기된 것으로 변경되었을 때에 새로운 소에 대한 제소기간의 준수 등은 원칙적으로 소의 변경이 있은 때를 기준으로 하여야 한다(대판 2004. 11. 25, 2004두7023. 동 지판례: 대판 1974. 2. 26, 73누171).
>
> **[판례②]** 공익근무요원복무중단처분, 현역병입영대상편입처분 및 현역병입영통지처분은 보충역편입처분취소처분을 전제로 한 것이기는 하나 각각 단계적으로 별개의 법률효과를 발생시키는 독립된 행정처분으로서 하나의 소송물로 평가할 수 없고, 보충역편입처분취소처분의 효력을 다투는 소에 공익근무요원복무중단처분, 현역병입영대상편입처분 및 현역병입영통지처분을 다투는 소도 포함되어 있다고 볼 수는 없다고 할 것이므로, 공익근무요원복무중단처분, 현역병입영대상편입처분 및

---

24) 만약 그 기간을 놓쳤다면 처분변경이 있음을 안 날로부터 90일 이내에 별소를 제기하는 수밖에 없다.

현역병입영통지처분의 취소를 구하는 소의 제소기간의 준수 여부는 각 그 청구취지의 추가·변경신청이 있은 때를 기준으로 개별적으로 살펴야 할 것이지, 최초에 보충역편입처분취소처분의 취소를 구하는 소가 제기된 때를 기준으로 할 것은 아니라고 할 것이다.

위 법리 및 기록에 비추어 살펴보면, 원고는 이 사건 보충역편입처분취소처분에 대한 취소소송을 제기한 후, 공익근무요원복무중단처분, 현역병입영대상편입처분 및 현역병입영통지처분이 있음을 안 날로부터 90일이 훨씬 지난 2001. 8. 20. 현역병입영통지처분의 취소를, 2002. 11. 13. 현역병입영대상편입처분의 취소를, 2003. 7. 16. 공익근무요원복무중단처분의 취소를 구하는 청구를 추가적으로 병합하였으므로, 이 사건 공익근무요원복무중단처분, 현역병입영대상편입처분 및 현역병입영통지처분의 취소를 구하는 소는 모두 제소기간이 경과한 후에 제기된 것이 역수상 명백하여 부적법하다고 할 것이다(대판 2004. 12. 10, 2003두12257).

[판례③] 청구취지를 추가하는 경우, 청구취지가 추가된 때에 새로운 소를 제기한 것으로 보므로, 추가된 청구취지에 대한 제소기간 준수 등은 원칙적으로 청구취지의 추가·변경 신청이 있는 때를 기준으로 판단하여야 한다. 그러나 선행 처분의 취소를 구하는 소를 제기하였다가 이후 후행 처분의 취소를 구하는 청구취지를 추가한 경우에도, 선행 처분이 종국적 처분을 예정하고 있는 일종의 잠정적 처분으로서 후행 처분이 있을 경우 선행 처분은 후행 처분에 흡수되어 소멸되는 관계에 있고, 당초 선행 처분에 존재한다고 주장되는 위법사유가 후행 처분에도 마찬가지로 존재할 수 있는 관계여서 선행 처분의 취소를 구하는 소에 후행 처분의 취소를 구하는 취지도 포함되어 있다고 볼 수 있다면, 후행 처분의 취소를 구하는 소의 제소기간은 선행 처분의 취소를 구하는 최초의 소가 제기된 때를 기준으로 정하여야 한다(대판 2018. 11. 15, 2016두48737).

(나) 변경처분과의 관계

① 선행처분의 주요 부분을 실질적으로 변경하는 내용으로 후행처분을 한 경우에 선행처분은 특별한 사정이 없는 한 그 효력을 상실하지만, ② 후행처분이 선행처분의 내용 중 일부만을 소폭 변경하는 정도에 불과한 경우에는 선행처분은 소멸하는 것이 아니라 후행처분에 의하여 변경되지 아니한 범위 내에서는 그대로 존속한다.

①의 경우 후행처분을 다투어야 하고 그 제소기간 준수 여부는 후행처분을 기준으로 판단한다(행정소송법 제22조에 의한 소 변경도 가능하다). 반면 ②의 경우 선행처분과 후행처분 각각 제소기간 준수 여부를 따지는 것이 원칙이다.[25] 만약 선행처분의 취소를 구하

---

25) 만약 후행처분이 원고에게 유리한 경우에는 협의의 소의 이익이 없게 될 여지가 있다.

는 소를 제기한 후 후행처분의 취소를 구하는 청구를 추가하여 청구를 변경하
였다면 후행처분에 관한 제소기간 준수 여부는 소 변경 신청서 제출시를 기준
으로 판단하여야 한다.

행정심판에서 변경명령재결을 하여 처분청이 변경재결을 한 경우에도 마찬
가지의 법리가 적용된다.

[판례] 행정청이 식품위생법령에 기하여 영업자에 대하여 행정제재처분을 한 후
그 처분을 영업자에게 유리하게 변경하는 처분을 한 경우(이하 처음의 처분을 '당
초처분', 나중의 처분을 '변경처분'이라고 함), 변경처분에 의하여 당초처분은 소멸
하는 것이 아니고 당초부터 유리하게 변경된 내용의 처분으로 존재하는 것이므로,
변경처분에 의하여 유리하게 변경된 내용의 행정제재가 위법하다 하여 그 취소를
구하는 경우 그 취소소송의 대상은 변경된 내용의 당초처분이지 변경처분은 아니
고, 제소기간의 준수 여부도 변경처분이 아닌 변경된 내용의 당초처분을 기준으로
판단하여야 한다.

이 사건 후속 변경처분에 의하여 유리하게 변경된 내용의 행정제재인 과징금부
과가 위법하다 하여 그 취소를 구하는 이 사건 소송에 있어서 위 청구취지는 이
사건 후속 변경처분에 의하여 당초부터 유리하게 변경되어 존속하는 2002. 12. 26.
자 과징금부과처분의 취소를 구하고 있는 것으로 보아야 할 것이고, 일부기각(일부
인용)의 이행재결에 따른 후속 변경처분에 의하여 변경된 내용의 당초처분의 취소
를 구하는 이 사건 소 또한 행정심판재결서 정본을 송달받은 날로부터 90일 이내
제기되어야 하는데 원고가 위 재결서의 정본을 송달받은 날로부터 90일이 경과하
여 이 사건 소를 제기하였다는 이유로 이 사건 소가 부적법하다고 판단한 원심판
결은 정당하다(대판 2007. 4. 27. 2004두9302).

(다) 위헌결정과의 관계

처분 당시에는 근거 법령에 취소소송을 제기할 수 있는 근거가 마련되어 있
지 않았으나, 이후 위헌결정으로 인하여 비로소 취소소송을 제기할 수 있게 된
경우에는 위헌결정이 있은 날부터 1년, 위헌결정이 있음을 안 날부터 90일 이
내에 취소소송을 제기할 수 있다.

[판례] 헌법재판소의 위헌결정으로 교원만이 심사위원회의 결정에 대하여 소송을
제기할 수 있도록 하였던 구 교원지위법 제10조 제3항이 효력을 상실함에 따라 위
위헌결정 후 개정된 법률이 시행되기 전에라도 학교법인 등 심사위원회의 결정에
대하여 그 취소를 구할 법률상 이익이 있는 자는 교원이 아니더라도 행정소송법

제12조에 의하여 취소소송을 제기할 수 있게 되었고, 헌법재판소법 제68조 제1항의 헌법소원심판청구의 직접적 계기가 된 법률관계에 대하여는 위 심판청구를 인용하여 선고된 위헌결정의 효력이 미친다고 할 것이므로, 원고의 위 헌법소원심판청구의 직접적 계기가 된 이 사건 결정에 대하여는, 그 결정이 위 위헌결정 이전에 있었다고 하더라도, 위 위헌결정의 효력이 미친다고 할 것이다.

한편, 행정소송법 제20조 제1항 본문은 "취소소송은 처분 등이 있음을 안 날부터 90일 이내에 제기하여야 한다."라고 하고 같은 법 제20조 제2항 본문은 "취소소송은 처분 등이 있은 날부터 1년(…)을 경과하면 이를 제기하지 못한다."고 하여 제소기간을 규정하고 있는데, 제소기간은 취소소송을 적법하게 제기할 수 있는 기간으로서 '처분 등이 있은 날' 또는 '처분 등이 있음을 안 날'을 각 제소기간의 기산점으로 삼은 것은 그때 비로소 적법한 취소소송을 제기할 객관적 또는 주관적 여지가 발생하기 때문이라 할 것이므로 처분 당시에는 취소소송의 제기가 법제상 허용되지 않아 소송을 제기할 수 없다가 위헌결정으로 인하여 비로소 취소소송을 제기할 수 있게 된 경우에는 객관적으로는 '위헌결정이 있은 날', 주관적으로는 '위헌결정이 있음을 안 날' 비로소 취소소송을 제기할 수 있게 되어 이때를 제소기간의 기산점으로 삼아야 한다.

그런데 원고는 위 위헌결정이 있은 날인 2006. 2. 23.부터 90일 이내인 2006. 4. 18. 이 사건 소를 제기하였으므로, 원고의 이 사건 소는 행정소송법 제20조 제1항 및 제2항 소정의 제소기간을 준수한 것으로서 적법하다(대판 2008. 2. 1. 2007두20997).

(라) 직권취소와의 관계

제소기간이 도과하게 되면 불가쟁력이 발생하여 처분등의 효력을 더 이상 다툴 수 없게 될 뿐, 위법한 처분등이 적법한 것으로 되는 것은 아니다. 따라서 제소기간이 도과한 경우에도 행정청은 해당 처분등을 직권취소하여 효력을 소멸시킬 수 있다.

5. 취소소송의 대상

기본사례1

乙구청장은 콜레라가 의심되는 甲을 아무런 검증없이 신고만을 믿고 국립병원에 강제격리하였다. 甲은 어떤 형태의 소송을 제기해야 하는가?

기본사례2

공립고등학교 교사 甲은 촌지를 받았다는 이유로 징계권자 乙로부터 해임처분을 받았으나,
교원징계재심위원회에서는 이를 정직 3월의 징계처분으로 변경하였다. 甲이 행정소송을
제기하는 경우 그 대상은 무엇인가?

(1) 처분 등의 존재

취소소송은 '처분 등'을 대상으로 한다($^{행정소송}_{법19조}$). 따라서 취소소송을 제기하기
위해서는 '처분 등'이 존재하지 않으면 안 된다.[26]

> **[판례]** 행정소송에 있어서 쟁송의 대상이 되는 행정처분의 존부는 소송요건으로
> 서 직권조사사항이라 할 것이고 자백의 대상이 될 수는 없다고 할 것이므로 설사
> 그 존재를 당사자들이 다투지 아니한다고 하더라도 그 존부에 관하여 의심이 있는
> 경우에는 이를 직권으로 밝혀 보아야 한다($^{대판 1986. 7. 8.}_{84누653}$).

한편, '처분 등' 이외의 행정작용은 취소소송의 대상이 되지 않으므로, 먼저
그 '처분 등'이 무엇이며 어떠한 행정작용이 그에 해당하는가 하는 점이 탐구될
필요가 있다.

(가) 처분의 개념

① 학 설: 「행정소송법」은 항고소송의 대상인 '처분 등'을 "행정청이
행하는 구체적 사실에 관한 법집행으로서의 공권력의 행사 또는 그 거부와 그
밖에 이에 준하는 행정작용 및 행정심판에 대한 재결"이라고 정의내리고 있다
($^{동법 2조}_{1항 1호}$).[27]「행정소송법」상의 처분개념을 학문상의 행정행위의 개념과 동일한
것으로 볼 것인지에 대하여 양자를 같은 것으로 보는 일원설과 다른 것으로 보
는 이원설이 주장된다.

우선 이원설 측에서는, 학문적 의미의 행정행위의 개념을 정립해 놓은 다음
그것을 그대로 항고쟁송에 적용함으로써, 그것에 해당되지 아니하는 행정작용은
일체 항고쟁송의 대상이 되는 처분으로 인정되지 아니하는 종래의 학설 판례의
태도대로 운영한다면, 다양화된 현대적 행정활동에 대하여 효과적으로 국민의
권익을 구제할 길이 없게 된다는 것이며, 현행 행정쟁송법(행정심판법·행정소송

---

26) 취소소송의 대상과 관련하여 김철용/최광률 편, 주석 행정소송법, 2004, 511면 이하 및 540면 이하 참조.
27) 행정소송법 제2조 1항 1호는 '처분 등'에서 행정심판의 재결을 제외한 것이 처분이라고 하는 바, 아래의
   논의에서도 행정심판의 재결은 제외하기로 한다.

법)상의 처분규정이 그 쟁송법적 행정행위 개념을 제도화한 것으로 본다.[28]

한편, 일원설 측에서는, 법적 성질이 상이한 행위유형을 항고쟁송의 대상으로 삼기 위하여 처분 개념하에 통일적으로 수용하려는 것은 문제가 있으며, 오히려 행정작용의 유형에 상응하는 다양한 행정소송유형을 인정하는 것이 더욱 현실적이라는 견해를 표명한다.[29]

② 판 례: 판례는 "항고소송의 대상이 되는 행정처분이라 함은 행정청의 공법상의 행위로서 특정 사항에 대하여 법규에 의한 권리의 설정 또는 의무의 부담을 명하거나 기타 법률상 효과를 발생하게 하는 등 국민의 권리의무에 직접 관계가 있는 행위를 가리키는 것이고, 행정권 내부에서의 행위나 알선, 권유, 사실상의 통지 등과 같이 상대방 또는 기타 관계자들의 법률상 지위에 직접적인 법률적 변동을 일으키지 아니하는 행위 등은 항고소송의 대상이 되는 행정처분이 아니다"(대판 1996. 3. 22. 96누433 등 다수)고 판시하여 일원설에 가까운 태도를 유지하고 있었다.

그러면서도 "어떤 행정청의 행위가 행정소송의 대상이 되는 행정처분에 해당하는가는 그 행위의 성질, 효과 외에 행정소송 제도의 목적 또는 사법권에 의한 국민의 권리보호의 기능도 충분히 고려하여 합목적적으로 판단되어야 한다"(대판 1984. 2. 14. 82누370)고 판시하여, 실체법상의 행정행위보다 확대될 수 있음을 암시하고 있는 것이 있고, 나아가 "행정청의 어떤 행위를 행정처분으로 볼 것이냐의 문제는 추상적 일반적으로 결정할 수 없고, 구체적인 경우 행정처분은 행정청이 공권력의 주체로서 행하는 구체적 사실에 관한 법집행으로서 국민의 권리의무에 직접 영향을 미치는 행위라는 점을 고려하고 행정처분이 그 주체, 내용, 절차, 형식에 있어서 어느 정도 성립 내지 효력요건을 충족하느냐에 따라 개별적으로 결정하여야 하며, 행정청의 어떤 행위가 법적 근거도 없이 객관적으로 국민에게 불이익을 주는 행정처분과 같은 외형을 갖추고 있고, 그 행위의 상대방이 이를 행정처분으로 인식할 정도라면 그로 인하여 파생되는 국민의 불이익 내지 불안감을 제거시켜 주기 위한 구제수단이 필요한 점에 비추어 볼 때 행정청의 행위로 인하여 그 상대방이 입는 불이익 내지 불안이 있는지 여부도 그 당시에 있어서의 법치행정의 정도와 국민의 권리의식 수준 등은 물론 행위에 관련한 당해 행정청의 태도 등도 고려하여 판단하여야 한다"(대판 1993. 12. 10. 93누12619)고

---

28) 김도창(상), 360면 등.
29) 강구철(Ⅰ), 331면 등.

판시하기도 하였다.

　이러한 판례의 태도를 종합하여 보면, 판례는 원칙상 일원설에 입각하여 행정행위를 항고소송의 주된 대상으로 보면서도, 예외적으로 행정행위가 아닌 공권력 행사에도 항고소송의 대상이 될 수 있는 여지를 남겨 두고 있다고 봄이 상당하다.

[판례①]　행정청의 어떤 행위가 항고소송의 대상이 될 수 있는지의 문제는 추상적·일반적으로 결정할 수 없고, 구체적인 경우 행정처분은 행정청이 공권력의 주체로서 행하는 구체적 사실에 관한 법집행으로서 국민의 권리의무에 직접적으로 영향을 미치는 행위라는 점을 염두에 두고, 관련 법령의 내용과 취지, 그 행위의 주체·내용·형식·절차, 그 행위와 상대방 등 이해관계인이 입는 불이익과의 실질적 견련성, 그리고 법치행정의 원리와 해당 행위에 관련한 행정청 및 이해관계인의 태도 등을 참작하여 개별적으로 결정하여야 한다(대판 2017. 6. 15, 2014두46843. 동지판례: 대판 2007. 6. 14, 2005두4397; 대판 2010. 11. 18, 2008두167).

[판례②]　행정소송 제도는 행정청의 위법한 처분, 그 밖에 공권력의 행사·불행사 등으로 인한 국민의 권리 또는 이익의 침해를 구제하고 공법상 권리관계 또는 법률 적용에 관한 다툼을 적정하게 해결함을 목적으로 하는 것이므로, 항고소송의 대상이 되는 행정처분에 해당하는지는 행위의 성질·효과 이외에 행정소송 제도의 목적이나 사법권에 의한 국민의 권익보호 기능도 충분히 고려하여 합목적적으로 판단해야 한다. 이러한 행정소송 제도의 목적 및 기능 등에 비추어 볼 때, 행정청이 한 행위가 단지 사인 간 법률관계의 존부를 공적으로 증명하는 공증행위에 불과하여 그 효력을 둘러싼 분쟁의 해결이 사법원리에 맡겨져 있거나 행위의 근거 법률에서 행정소송 이외의 다른 절차에 의하여 불복할 것을 예정하고 있는 경우에는 항고소송의 대상이 될 수 없다고 보는 것이 타당하다(대판 2012. 6. 14, 2010두19720).

[판례③]　행정처분이 단지 사인간의 법률관계의 존부를 공적으로 증명하는 공증행위에 불과하여 그 효력을 둘러싼 분쟁의 해결이 사법원리에 맡겨져 있고, 위법한 행정처분의 취소가 국민의 권익구제나 분쟁의 근본적인 해결을 위한 적절한 수단이 되지 못하는 경우에는, 취소소송의 대상이 되지 아니한다고 보아야 할 것이다(대판 2000. 3. 28, 99두11264).

[판례④]　행정소송법 제2조의 처분의 개념 정의에는 해당한다고 하더라도 그 처분의 근거 법률에서 행정소송 이외의 다른 절차에 의하여 불복할 것을 예정하고 있는 처분은 항고소송의 대상이 될 수 없다. 검사의 불기소결정에 대해서는 검찰청법에 의한 항고와 재항고, 형사소송법에 의한 재정신청에 의해서만 불복할 수 있는 것이므로, 이에 대해서는 행정소송법상 항고소송을 제기할 수 없다(대판 2018. 9. 28, 2017두47465).

③ **처분의 개념분석:**   "행정청이 행하는 구체적 사실에 관한 법집행으로서의 공권력의 행사 또는 그 거부와 그 밖에 이에 준하는 행정작용"이라는 처분의 개념표지와 "행정청이 행하는 구체적 사실을 규율하기 위하여 대외적으로 공권력의 발동으로 행하는 일방적 공법행위"라는 행정행위의 개념표지를 면밀히 비교분석해 보면, 행정행위와 처분의 일치성 여부에 대한 논쟁은 결국 '규율성'과 '직접적(대외적) 외부효'라는 행정행위의 개념표지가 처분을 개념정의하고 있는 행정소송법 제2조 1항 1호에는 규정되어 있지 않고, 아울러 처분에는 "그 밖에 이에 준하는 행정작용"이 추가적으로 규정되어 있기 때문에 발생하는 것임을 간파할 수 있다.

그런데 처분의 개념표지에 대한 문언을 살펴보면 이는 다시 크게 두 가지의 행정작용으로 나눠질 수 있다. 즉, "행정청이 행하는 구체적 사실에 관한 법집행으로서의 공권력의 행사 또는 그 거부"와 "그 밖에 이에 준하는 행정작용"이다. 따라서 행정행위와 처분의 일치성 여부에 대한 문제는 전자의 경우에는 '규율성'과 '직접적(대외적) 외부효'가 포함되는 것인지 여부로, 후자의 경우에는 강학상의 행정행위와 어떤 개념적 외연의 차이가 존재하는 것인지 여부로 귀결된다.

㉠ **처분의 개념표지에 '규율성'과 '직접적 외부효'의 포함 여부:**   처분의 개념표지에 '규율성'과 '직접적 외부효'를 포함시킬 수 있을 것인지 여부는 취소소송체계의 내부원소에 대한 해명을 통해 해결되어야 할 문제라고 본다. 왜냐하면 일정한 체계는 자기준거적 재생산활동을 통해 그 기능을 유지하려 하는 것이므로 다른 원소들이 지향하는 의미를 알 수 있다면 문제가 되는 원소 역시 그 재생산의 내부순환 구조 속에서 동일한 의미를 지향하도록 함으로써 복잡성 감축전략이 성공적으로 이루어질 수 있기 때문이다.

따라서 행정소송법체계의 내부원소들이 지향하는 의미를 탐색해 보면 첫째, 행정소송법은 취소소송의 경우에는 사정판결을 허용하고 있는 데 반해(동법28조), 무효확인소송의 경우에는 사정판결을 허용하고 있지 않은데(동법 38조 1항에서 28조를 준용하고 있지 않음), 이는 위법성이 취소사유인 경우에는 일단 처분이 유효하나 취소판결을 받으면 효력이 부인되고 사정판결을 받으면 효력은 부인되지 않지만 처분의 위법성만을 확인하는 것이며, 위법성이 무효사유인 경우에는 처음부터 처분의 효력이 없기 때문에 사정판결이라는 관념을 생각할 수 없어 무효확인소송의 경우에는 사정판결제도를 두지 않은 것으로 해석할 수 있고, 둘째, 형성의 소에 대한 청구기각판결은 단지 형성소권의 부존재를 확정하는 확인판결에 그치나 청구인용의 판결, 즉 형성판결은 그것이 형식적으로 확정되면 형성소권의 존재에 대해 기판력이 발생하는 동시에 법률관계를 발생·변경·소멸시키는 형성력이 생기는 바,[30] 제29조 1항 소정의 대세효는 이러한 형성의 소의 일반적 성질에 부합하는 것이다.

이러한 논의를 종합해 보면 취소소송은 형성소송으로 판단되는바, 이에 따라 취소판결은 일정한 행정작용의 법적 효력을 부인하는 성질을 갖는 형성판결로 이해되므로, 그 대상인 처분 역시 국민에 대하여 권리제한 또는 의무부과라는 법적 효과를 갖는, 다시 말해 직접적 외부효와 규율성을 갖는 행정작용이라는 결론에 이르게 된다.

> **[판례]** 항고소송의 대상이 되는 행정처분이라고 함은 행정청의 공법상의 행위로서 특정사항에 대하여 법규에 의한 권리의 설정 또는 의무의 부담을 명하거나 기타 법률상 효과를 발생하게 하는 등 국민의 구체적인 권리의무에 직접적 변동을 초래하는 행위를 말하는 것이고, 행정권 내부에서의 행위나 알선, 권유, 사실상의 통지 등과 같이 상대방 또는 기타 관계자들의 법률상 지위에 직접적인 법률적 변동을 일으키지 아니하는 행위 등은 항고소송의 대상이 될 수 없다(대판 2014. 12. 11, 2012두28704).

ⓛ 「행정소송법」 제2조 제1항 1호 전단 소정의 행정작용의 의미: 위에서 살펴본 바와 같이 "행정청이 행하는 구체적 사실에 관한 법집행으로서의 공권력의 행사 또는 그 거부"의 각 개념표지는 강학상의 행정행위의 각 개념표지에 대응되므로 결국 「행정소송법」 제2조 1호 전단의 행정작용은 강학상의 행정행위에 해당한다.

ⓒ 「행정소송법」 제2조 제1항 1호 후단 소정의 행정작용의 의미: 위에서 살펴본 바와 같이 "행정청이 행하는 구체적 사실에 관한 법집행으로서의 공권력의 행사 또는 그 거부"를 행정행위로 보면 "그 밖에 이에 준하는 행정작용"은 결국 "그 밖에 행정행위에 준하는 행정작용"으로 해석할 수 있을 것이므로 이는 행정행위보다는 개념의 외연이 넓다고 할 수 있다. "그 밖에 이에 준하는 행정작용"의 구체적인 의미와 관련하여서는 특히 '법집행으로서의 공권력의 행사'라는 요소가 "그 밖에 이에 준하는 행정작용"에서도 개념적 구성요소로 포함되는 것인지 여부가 문제된다.

---

30) 이시윤, 신민사소송법, 173면: 회사관계소송에서의 형성의 소의 경우에도 청구인용판결만이 대세효가 있다(상법 제190조, 제328조, 제376조, 제380조(논란있음), 제381조, 제430조, 제446조).

생각건대, 행정소송은 항고소송과 당사자소송으로 대별되는바, 항고소송 중 취소소송은 권력적 성질을 갖는 행위의 효력을 배제하기 위한 소송으로 이해하고, 비권력적 성질을 갖는 행정작용에 대한 다툼은 당사자소송으로 해결하고자 하는 것이 입법자의 의도라고 해석된다. 이렇게 볼 때 "그 밖에 이에 준하는 행정작용"에는 '법집행으로서의 공권력의 행사'의 요소가 포함되는 것으로 해석하여야 할 것이다.

이러한 해석론에 따르면 "그 밖에 이에 준하는 행정작용"으로서는 '법집행으로의 공권력의 행사'로서의 성질은 갖지만 전형적인 행정행위에는 해당하지 않는 행정작용, 예컨대 권력적 사실행위가 그에 해당하게 된다.

(나) 처분 등의 범위

수많은 행정작용 가운데 어떠한 것이 그 '처분' 또는 '처분 등'에 해당하는가 하는 문제는, 본래 행정법학에 있어서의 행정행위론 내지는 행정작용론의 과제가 되고 있다. 하지만 실제에서는 어떤 행정작용이 항고소송의 대상이 되는 처분 등에 해당하는지 여부가 분명하지 않은 경우가 많다. 특히 행정기관이 일정한 행정작용을 하면서 전형적인 처분의 형식을 이용하지 않는 경우(예컨대 계약이나 행정지도의 형식) 그 작용이 처분에 해당하는지를 파악하는 것은 상당히 어렵다. 현재로서는 어떤 행정작용이 처분 등에 해당하는지를 결정할 수 있는 일관되고 명확한 기준은 존재하지 않는다.

대법원도 이러한 점을 고려하여 "행정청의 어떤 행위가 항고소송의 대상이 될 수 있는지의 문제는 추상적·일반적으로 결정할 수 없고, 구체적인 경우 행정처분은 행정청이 공권력의 주체로서 행하는 구체적 사실에 관한 법집행으로서 국민의 권리의무에 직접적으로 영향을 미치는 행위라는 점을 염두에 두고, 관련 법령의 내용과 취지, 그 행위의 주체·내용·형식·절차, 그 행위와 상대방 등 이해관계인이 입는 불이익과의 실질적 견련성, 그리고 법치행정의 원리와 해당 행위에 관련한 행정청 및 이해관계인의 태도 등을 참작하여 개별적으로 결정하여야 한다"고 판시하고 있다(대판 2010. 11. 18. 2008두167 전합). 따라서 어떤 행정작용이 처분 등에 해당하는지는 처분의 개념 요소들을 염두에 두고 개별사건에서 구체적으로 판단할 수밖에 없다.

[판례①] 법무사의 사무원 채용승인 신청에 대하여 소속 지방법무사회가 '채용승인을 거부'하는 조치 또는 일단 채용승인을 하였으나 법무사규칙 제37조 제6항을 근거로 '채용승인을 취소'하는 조치는 공법인인 지방법무사회가 행하는 구체적 사실에 관한 법집행으로서 공권력의 행사 또는 그 거부에 해당하므로 항고소송의 대상인 '처분'이라고 보아야 한다. 구체적인 이유는 다음과 같다.

㉮ 법무사가 사무원을 채용하기 위하여 지방법무사회의 승인을 받도록 한 것은, 그 사람이 법무사법 제23조 제2항 각호에서 정한 결격사유에 해당하는지 여부를 미리 심사함으로써 법무사 사무원의 비리를 예방하고 법무사 직역에 대한 일반국민의 신뢰를 확보하기 위함이다. 법무사 사무원 채용승인은 본래 법무사에 대한 감독권한을 가지는 소관 지방법원장에 의한 국가사무였다가 지방법무사회로 이관되었으나, 이후에도 소관 지방법원장은 지방법무사회로부터 채용승인 사실의 보고를 받고 이의신청을 직접 처리하는 등 지방법무사회의 업무수행 적정성에 대한 감독을 하고 있다. 또한 법무사가 사무원 채용에 관하여 법무사법이나 법무사규칙을 위반하는 경우에는 소관 지방법원장으로부터 징계를 받을 수 있으므로, 법무사에 대하여 지방법무사회로부터 채용승인을 얻어 사무원을 채용할 의무는 법무사법에 의하여 강제되는 공법적 의무이다.

㉯ 이러한 법무사 사무원 채용승인 제도의 법적 성질 및 연혁, 사무원 채용승인 거부에 대한 불복절차로서 소관 지방법원장에게 이의신청을 하도록 제도를 규정한 점 등에 비추어 보면, 지방법무사회의 법무사 사무원 채용승인은 단순히 지방법무사회와 소속 법무사 사이의 내부 법률문제라거나 지방법무사회의 고유사무라고 볼 수 없고, 법무사 감독이라는 국가사무를 위임받아 수행하는 것이라고 보아야 한다. 따라서 지방법무사회는 법무사 감독 사무를 수행하기 위하여 법률에 의하여 설립과 법무사의 회원 가입이 강제된 공법인으로서 법무사 사무원 채용승인에 관한 한 공권력 행사의 주체라고 보아야 한다(대판 2020. 4. 9, 2015다34444).

[판례②] 구 산업집적활성화 및 공장설립에 관한 법률 제13조 제1항, 제2항 제2호, 제30조 제1항 제2호, 제2항 제3호 등의 규정들에서 알 수 있는 산업단지관리공단의 지위, 입주계약 및 변경계약의 효과, 입주계약 및 변경계약 체결 의무와 그 의무를 불이행한 경우의 형사적 내지 행정적 제재, 입주계약해지의 절차, 해지통보에 수반되는 법적 의무 및 그 의무를 불이행한 경우의 형사적 내지 행정적 제재 등을 종합적으로 고려하면, 입주변경계약 취소는 행정청인 관리권자로부터 관리업무를 위탁받은 산업단지관리공단이 우월적 지위에서 입주기업체들에게 일정한 법률상 효과를 발생하게 하는 것으로서 항고소송의 대상이 되는 행정처분에 해당한다(대판 2017. 6. 15, 2014두46843).

대법원은 더 나아가 어떠한 행정청의 행위가 처분에 해당하는지 불분명한 경우 불복방법 선택에 중대한 이해관계를 가지는 상대방의 인식가능성과 예측가능성을 중요하게 고려하여 규범적으로 판단하여야 한다는 입장이다.

[판례①] 어떠한 처분에 법령상 근거가 있는지, 행정절차법에서 정한 처분절차를 준수하였는지는 본안에서 당해 처분이 적법한가를 판단하는 단계에서 고려할 요소 이지, 소송요건 심사단계에서 고려할 요소가 아니다. 행정청의 행위가 '처분'에 해 당하는지가 불분명한 경우에는 그에 대한 불복방법 선택에 중대한 이해관계를 가 지는 상대방의 인식가능성과 예측가능성을 중요하게 고려하여 규범적으로 판단하 여야 한다(대판 2020. 4. 9.
2019두61137).

[판례②] 공기업·준정부기관이 법령 또는 계약에 근거하여 선택적으로 입찰참가 자격 제한 조치를 할 수 있는 경우, 계약상대방에 대한 입찰참가자격 제한 조치가 법령에 근거한 행정처분인지 아니면 계약에 근거한 권리행사인지는 원칙적으로 의 사표시의 해석 문제이다. 이때에는 공기업·준정부기관이 계약상대방에게 통지한 문서의 내용과 해당 조치에 이르기까지의 과정을 객관적·종합적으로 고찰하여 판 단하여야 한다. 그럼에도 불구하고 공기업·준정부기관이 법령에 근거를 둔 행정처 분으로서의 입찰참가자격 제한 조치를 한 것인지 아니면 계약에 근거한 권리행사로 서의 입찰참가자격 제한 조치를 한 것인지 여부가 여전히 불분명한 경우에는, 그에 대한 불복방법 선택에 중대한 이해관계를 가지는 그 조치 상대방의 인식가능성 내지 예측가능성을 중요하게 고려하여 규범적으로 이를 확정함이 타당하다(대판 2018. 10. 25.
2016두33537).

이하에서는 행정소송(항고소송)과 관련하여 특별히 부각되고 있는 중요 문 제에 대해서만 간략히 재음미하기로 한다.

① 권력적 사실행위:　　권력적 사실행위는 "행정청의 일방적 의사결정에 기하여, 특정의 행정목적을 위해 국민의 신체·재산 등에 실력을 가하여 행정 상 필요한 상태를 실현하고자 하는 권력적 행위"라고 정의되는데, 이것이 취소 소송의 대상이 되는가 하는 점이 문제된다.

권력적 사실행위는 법적 규율로서의 수인의무를 부과하는 요소(수인하명)와 물리적 집행행위가 결합된 것으로서 전형적인 행정행위에는 해당하지 않으나 이에 준하는 행정작용인 것이다. 이 경우 전자가 취소소송의 대상이 될 수 있 으며 이것이 취소되었음에도 여전히 위법한 사실행위가 계속되고 있는 경우에 는 그 사실행위의 제거를 청구하는 공법상 당사자소송으로서의 이행소송의 제 기가 가능할 것인바, 취소소송과 당사자소송을 병합하여 제기하는(행정소송법 10조 2
항 후단 및 1항 1호)

것이 심리의 중복·재판의 저촉을 피할 수 있고, 나아가 국민의 권리구제를 위하여 분쟁을 신속히 처리할 수 있다.

> **[참고판례]** 교도소장이 수형자 甲을 '접견내용 녹음·녹화 및 접견 시 교도관 참여대상자'로 지정한 사안에서, ㉠ 피고가 위와 같은 지정행위를 함으로써 원고의 접견 시마다 사생활의 비밀 등 권리에 제한을 가하는 교도관의 참여, 접견내용의 청취·기록·녹음·녹화가 이루어졌으므로 이는 피고가 그 우월적 지위에서 수형자인 원고에게 일방적으로 강제하는 성격을 가진 공권력적 사실행위의 성격을 갖고 있는 점, ㉡ 위 지정행위는 그 효과가 일회적인 것이 아니라 이 사건 제1심판결이 선고된 이후인 2013. 2. 13.까지 오랜 기간 동안 지속되어 왔으며, 원고로 하여금 이를 수인할 것을 강제하는 성격도 아울러 가지고 있는 점, ㉢ 위와 같이 계속성을 갖는 공권력적 사실행위를 취소할 경우 장래에 이루어질지도 모르는 기본권의 침해로부터 수형자들의 기본적 권리를 구제할 실익이 있는 것으로 보이는 점 등을 종합하면, 위와 같은 지정행위는 수형자의 구체적 권리의무에 직접적 변동을 초래하는 행정청의 공법상 행위로서 항고소송의 대상이 되는 '처분'에 해당한다 (대판 2014. 2. 13, 2013두20899).

② **형식적 행정행위:** 공권력행사로서의 실체는 갖고 있지 않지만, 국민이 그에 의하여 계속적이며 실질적인 불이익을 받는 경우에 권리구제의 측면에서 그 처분성을 인정하여 취소소송의 제기를 허용할 것인지가 문제된다.[31]

위에서 검토한 바와 같이 행정소송법 소정의 처분은 '법집행으로서의 공권력의 행사'를 그 개념적 표지로 하는바, 소위 형식적 행정행위의 경우에는 '법집행으로서의 공권력의 행사'로서의 실체를 갖지 않으므로 행정소송법상의 처분에 해당하지 않는다. 이러한 행정작용으로 인해 국민이 받는 계속적인 불이익은 공법상의 당사자소송 또는 민사소송을 통해 구제받을 수 있으며, 오히려 불가쟁력에 의한 제한을 받지 않는다는 점에서 취소소송보다 더 유리한 측면이 있다.

③ **거부행위:** 거부행위란 행정청이 국민으로부터 공권력의 행사를 신청 받았으나, 형식적 요건의 불비를 이유로 그 신청을 각하하거나 이유가 없다고 하여 신청된 내용의 행위를 하지 않을 뜻을 표시하는 행위를 말한다. 행정청의 거부행위는 그 행위로 인하여 현재의 법 상태에 직접적인 변동을 초래하

---

31) 형식적 행정행위설과 처분성확대론에 대한 상세는 김남진, 처분성확대론과 당사자소송활용론, 고시연구, 2005. 3, 19면 이하 참조.

는 것은 아니기 때문에 행정행위인지 여부가 문제된다.

대법원은 "국민의 적극적 행위 신청에 대하여 행정청이 그 신청에 따른 행위를 하지 않겠다고 거부한 행위가 항고소송의 대상이 되는 행정처분에 해당하는 것이라고 하려면, 그 신청한 행위가 공권력의 행사 또는 이에 준하는 행정작용이어야 하고, 그 거부행위가 신청인의 법률관계에 어떤 변동을 일으키는 것이어야 하며,32) 그 국민에게 그 행위발동을 요구할 법규상 또는 조리상의 신청권이 있어야 한다"는 입장이다. 즉, 이러한 신청권이 없음에도 이루어진 국민의 신청을 행정청이 받아들이지 않은 경우 그 거부로 인하여 신청인의 권리나 법적 이익에 어떤 영향을 미친다고 볼 수 없어 이를 항고소송의 대상이 되는 행정처분이라 할 수 없다는 입장이다(대판 2016. 7. 14. 2014두47426 참조. 동지판례: 대판 2009. 9. 10. 2007두20638; 대판 2014. 7. 10. 2012두22966 등). 33)

이러한 판례에 대해 취소소송의 대상과 원고적격의 구분을 무시한 것일 뿐만 아니라,34) 「행정소송법」상 부작위개념(동법 2조 1항 2호)과는 달리 하등 위법성을 전제로 하지 않은 거부처분의 개념을 부당하게 제한함으로써 국민의 권익구제의 길을 축소한다는 비판이 제기된다.35)

판례의 입장에 대하여 검토하기 위하여는 대법원이 신청권의 의미를 어떻게 이해하고 있는지를 밝혀야 한다. 대법원은 검사임용신청에 대한 임용 여부에 관하여 어떠한 내용의 응답을 할 것인지는 임용권자의 자유재량에 속하지만 원고에게는 재량권의 한계일탈이나 남용이 없는 적법한 응답을 요구할 권리(응답신청권)가 있으므로 거부처분이 행정소송의 대상이 된다고 판시하였고(대판 1991. 2. 12. 90누5825), 헌법재판소도 예비판사임용거부처분은 항고소송의 대상이 되는 행정처분이므로 헌법소원의 대상이 아니라고 판시하였다(헌재 2001. 12. 20. 2001헌마245). 또한 거부처분의 처분성을 인정하기 위한 전제요건이 되는 신청권의 존부는 구체적 사건에서 신청인이 누구인가를 고려하지 않고 관계 법규의 해석에 의하여 일반국민에게 그러한 신청권을 인정하고 있는가를 살펴 추상적으로 결정되는 것이고, 신청인이 그 신청에 따른 단순한 응답을 받을 권리를 넘어서 신청의 인용

---

32) 여기에서 '신청인의 법률관계에 어떤 변동을 일으키는 것'이라는 의미는 신청인의 실체상의 권리관계에 직접적인 변동을 일으키는 것은 물론, 그렇지 않다 하더라도 신청인이 실체상의 권리자로서 권리를 행사함에 중대한 지장을 초래하는 것도 포함한다(대판 2007. 10. 11. 2007두1316).

33) 헌법재판소도 같은 입장이다. 헌재 1998. 5. 16. 98헌가121 참조.

34) 상세는 김남진, 거부처분과 처분 또는 처분 등의 요소, 시사법률신문, 2003. 4. 1; 김남진, 거부처분·소급적용·간접강제, 법률저널, 2003. 4. 8; 김남진, 국토이용계획변경승인신청과 법적 문제, 법률신문, 2004. 1. 26; 김남진, 처분의 존재요건과 조리상의 권리, 법률신문, 2004. 10. 14 참조.

35) 홍준형(구제법), 544면.

이라는 만족적 결과를 얻을 권리를 의미하는 것은 아니라고 판시하여(대판 1996. 6. 11. 95누12460. 동지판례: 대판 2009. 9. 10, 2007두20638), 신청권은 형식상의 단순한 응답요구권의 의미로 이해하고 있음을 분명히 하였다. 이와 같이 신청권을 형식적 의미로 이해하고,[36] 그것을 소송의 대상, 즉 처분성 인정의 문제로 보는 대법원의 입장은 타당하다.

다만, 처분을 공권력의 행사로서 신청인의 권리나 법적 이익에 영향을 미치는 행위로 이해하는 한,[37] 신청의 대상이 처분에 해당한다면, 그에 대한 형식적 신청권은 항상 긍정된다고 볼 수 있다. 따라서 신청의 대상이 처분에 해당하는지를 검토하는 이외에 별도로 형식적 신청권을 요구할 필요는 없다.

실무에서는 거부행위의 처분성과 관련해 원고에게 법규상 또는 조리상의 신청권이 있는지가 자주 다투어지고 있는데, 그 판단기준이 명확하지 않아 심급을 거듭해 신청권 인정 여부에 관한 다툼이 이어지는 경우도 자주 발생한다. 하지만 신청의 대상이 처분에 해당하는지를 기준으로 할 경우 비교적 명확한 판단기준을 제시할 수 있다. 판례의 태도는 아직 명확하지 않지만 처분으로 인정된 거부행위의 대상이 행정처분에 해당하는 경우가 일반적이어서 위와 같은 관점에서 볼 때 비교적 일관된 기준을 제시하려는 노력이 보인다.

[판례①] ㉮ 국민의 적극적 신청행위에 대하여 행정청이 그 신청에 따른 행위를 하지 않겠다고 거부한 행위가 항고소송의 대상이 되는 행정처분에 해당하기 위해서는, 신청한 행위가 공권력의 행사 또는 이에 준하는 행정작용이어야 하고, 거부행위가 신청인의 법률관계에 어떤 변동을 일으키는 것이어야 하며, 국민에게 행위발동을 요구할 법규상 또는 조리상의 신청권이 있어야 한다.
㉯ 피해자의 의사와 무관하게 주민등록번호가 불법 유출된 경우 개인의 사생활 뿐만 아니라 생명·신체에 대한 위해나 재산에 대한 피해를 입을 우려가 있고, 실

---

36) 신청권은 실질적 신청권과 형식적 신청권으로 구별할 수 있다. 일반적으로 실질적인 권리란 특정한 급부 또는 행위를 청구하는 것을 내용으로 하는 것을 의미한다. 그에 대하여 형식적 권리란 특정한 행정결정을 요구할 수 있는 것이 아니라 단지 하자 없는 적법한 결정을 요구할 수 있다는 의미로 파악해야 한다. 이러한 의미에서 실질적 신청권이란 원고가 신청한 특정의 처분을 해 달라는 권리를 말하며, 형식적 신청권이란 원고의 신청에 대한 단순한 응답요구권을 말한다.

37) 대법원은 행정소송의 대상이 되는 처분을 국민의 권리·의무에 영향을 미치는 행위라고 이해한다:「행정소송의 대상이 되는 행정청의 처분이라 함은 행정청의 공법상의 행위로서 특정사항에 대하여 법규에 의한 권리의 설정 또는 의무의 부담을 명하거나 기타 법률상 효과를 발생하게 하는 등 국민의 권리의무에 직접 관계가 있는 행위를 말한다」(대판 1992. 2. 11, 91누4126. 동지판례: 대판 1992. 1. 17, 91누1714; 대판 1994. 12. 9, 94누8433 등). 헌법재판소도 같은 입장이다(헌재 1998. 7. 16, 96헌마246). 취소소송을 형성소송으로 보고 이에 따라 취소판결 역시 일정한 행정작용의 법적 효력을 부인하는 성질을 갖는 형성판결로 이해한다면, 그 대상은 국민에 대하여 권리제한 또는 의무부과라는 법적 효과를 갖는 행정작용이어야 한다.

제 유출된 주민등록번호가 다른 개인정보와 연계되어 각종 광고 마케팅에 이용되거나 사기, 보이스피싱 등의 범죄에 악용되는 등 사회적으로 많은 피해가 발생하고 있는 것이 현실인 점, 반면 주민등록번호가 유출된 경우 그로 인하여 이미 발생하였거나 발생할 수 있는 피해 등을 최소화할 수 있는 충분한 권리구제방법을 찾기 어려운데도 구 주민등록법에서는 주민등록번호 변경에 관한 아무런 규정을 두고 있지 않은 점, 주민등록법령상 주민등록번호 변경에 관한 규정이 없다거나 주민등록번호 변경에 따른 사회적 혼란 등을 이유로 위와 같은 불이익을 피해자가 부득이한 것으로 받아들여야 한다고 보는 것은 피해자의 개인정보자기결정권 등 국민의 기본권 보장의 측면에서 타당하지 않은 점, 주민등록번호를 관리하는 국가로서는 주민등록번호가 유출된 경우 그로 인한 피해가 최소화되도록 제도를 정비하고 보완해야 할 의무가 있으며, 일률적으로 주민등록번호를 변경할 수 없도록 할 것이 아니라 만약 주민등록번호 변경이 필요한 경우가 있다면 그 변경에 관한 규정을 두어서 이를 허용해야 하는 점 등을 종합하면, 피해자의 의사와 무관하게 주민등록번호가 유출된 경우에는 조리상 주민등록번호의 변경을 요구할 신청권을 인정함이 타당하고, 구청장의 주민등록번호 변경신청 거부행위는 항고소송의 대상이 되는 행정처분에 해당한다($\frac{대판\ 2017.\ 6.\ 15.}{2013두2945}$).

[판례②] 기간제로 임용되어 임용기간이 만료된 국·공립대학의 조교수는 교원으로서의 능력과 자질에 관하여 합리적인 기준에 의한 공정한 심사를 받아 위 기준에 부합되면 특별한 사정이 없는 한 재임용되리라는 기대를 가지고 재임용 여부에 관하여 합리적인 기준에 의한 공정한 심사를 요구할 법규상 또는 조리상 신청권을 가진다고 할 것이니, 임용권자가 임용기간이 만료된 조교수에 대하여 재임용을 거부하는 취지로 한 임용기간만료의 통지는 위와 같은 대학교원의 법률관계에 영향을 주는 것으로서 행정소송의 대상이 되는 처분에 해당한다($\frac{대판\ 2004.\ 4.\ 22.}{2000두7735}$).

[판례③] 구 지적법 제20조, 제38조 제2항의 규정은 토지소유자에게 지목변경신청권과 지목정정신청권을 부여한 것이고, 한편 지목은 토지에 대한 공법상의 규제, 개발부담금의 부과대상, 지방세의 과세대상, 공시지가의 산정, 손실보상가액의 산정 등 토지행정의 기초로서 공법상의 법률관계에 영향을 미치고, 토지소유자는 지목을 토대로 토지의 사용·수익·처분에 일정한 제한을 받게 되는 점 등을 고려하면, 지목은 토지소유권을 제대로 행사하기 위한 전제요건으로서 토지소유자의 실체적 권리관계에 밀접하게 관련되어 있으므로 지적공부 소관청의 지목변경신청 반려행위는 국민의 권리관계에 영향을 미치는 것으로서 항고소송의 대상이 되는 행정처분에 해당한다($\frac{대판\ 2004.\ 4.\ 22.}{2003두9015}$).

[판례④] 국토의 계획 및 이용에 관한 법률은 도시계획시설결정으로 인한 개인의 재산권행사의 제한을 줄이기 위하여, 도시·군계획시설부지의 매수청구권($\frac{제47}{조}$), 도시·군계획시설결정의 실효($\frac{제48}{조}$)에 관한 규정과 아울러 도시·군관리계획의 입안

권자인 특별시장·광역시장·특별자치시장·특별자치도지사·시장 또는 군수(⁺이하⁺입안권자⁺라⁺한다)는 5년마다 관할 구역의 도시·군관리계획에 대하여 타당성 여부를 전반적으로 재검토하여 정비하여야 할 의무를 지우고(제34조), 주민(이해관계자 포함)에게는 도시·군관리계획의 입안권자에게 기반시설의 설치·정비 또는 개량에 관한 사항, 지구단위계획구역의 지정 및 변경과 지구단위계획의 수립 및 변경에 관한 사항에 대하여 도시·군관리계획도서와 계획설명서를 첨부하여 도시·군관리계획의 입안을 제안할 권리를 부여하고 있고, 입안제안을 받은 입안권자는 그 처리 결과를 제안자에게 통보하도록 규정하고 있다. 이들 규정에 헌법상 개인의 재산권 보장의 취지를 더하여 보면, 도시계획구역 내 토지 등을 소유하고 있는 사람과 같이 당해 도시계획시설결정에 이해관계가 있는 주민으로서는 도시시설계획의 입안권자 내지 결정권자에게 도시시설계획의 입안 내지 변경을 요구할 수 있는 법규상 또는 조리상의 신청권이 있고, 이러한 신청에 대한 거부행위는 항고소송의 대상이 되는 행정처분에 해당한다(대판 2015. 3. 26. 2014두42742).38)

[판례⑤] 개발부담금 부과처분 후에 학교용지부담금을 납부한 개발사업시행자는 마땅히 공제받아야 할 개발비용을 전혀 공제받지 못하는 법률상 불이익을 입게 될 수 있는데도 개발이익 환수법령은 그 불복방법에 관하여 아무런 규정을 두지 않고 있다. 위와 같은 사정을 앞서 본 법리에 비추어 보면, 개발사업시행자가 납부한 개발부담금 중 그 부과처분 후에 납부한 학교용지부담금에 해당하는 금액에 대하여는 조리상 개발부담금 부과처분의 취소나 변경 등 개발부담금의 환급에 필요한 처분을 할 것을 신청할 권리를 인정함이 타당하다. 결국 이 사건 거부행위 중 이 사건 부과처분 후에 납부된 학교용지부담금에 해당하는 개발부담금의 환급을 거절한 부분은 항고소송의 대상이 되는 행정처분에 해당한다(대판 2016. 1. 28. 2013두2938).

[판례⑥] 건축허가는 대물적 성질을 갖는 것이어서 행정청으로서는 허가를 할 때에 건축주 또는 토지 소유자가 누구인지 등 인적 요소에 관하여는 형식적 심사만 한다. 건축주가 토지 소유자로부터 토지사용승낙서를 받아 그 토지 위에 건축물을 건축하는 대물적 성질의 건축허가를 받았다가 착공에 앞서 건축주의 귀책사유로 해당 토지를 사용할 권리를 상실한 경우, 건축허가의 존재로 말미암아 토지에 대한 소유권 행사에 지장을 받을 수 있는 토지 소유자로서는 건축허가의 철회를 신청할 수 있다고 보아야 한다. 따라서 토지 소유자의 위와 같은 신청을 거부한 행위는 항고소송의 대상이 된다(대판 2017. 3. 15. 2014두41190).

---

38) 대법원은 이 판례를 인용해 헌법상 재산권 보장의 취지에 비추어 산업입지에 관한 법령이 토지 소유자에게 일정한 절차적 권리와 신청권을 인정한 것은 정당하다고 하면서 이미 산업단지 지정이 이루어진 상황에서 산업단지 안의 토지 소유자로서 종전 산업단지개발계획을 일부 변경하여 산업단지개발계획에 적합한 시설을 설치하여 입주하려는 자가 산업단지지정권자 또는 그로부터 권한을 위임받은 기관에 대하여 종전 계획의 변경을 요청하는 경우에도 그 변경을 요청할 수 있는 법규상 또는 조리상 신청권이 있다고 판시하였다(대판 2017. 8. 29. 2016두44186).

[판례⑦] 산업단지개발계획상 산업단지 안의 토지 소유자로서 산업단지개발계획에 적합한 시설을 설치하여 입주하려는 자는 산업단지지정권자 또는 그로부터 권한을 위임받은 기관에 대하여 산업단지개발계획의 변경을 요청할 수 있는 법규상 또는 조리상 신청권이 있고, 이러한 신청에 대한 거부행위는 항고소송의 대상이 되는 행정처분에 해당한다(대판 2017. 8. 29,2016두44186).

[판례⑧] 행정소송법상 거부처분 취소소송의 대상인 '거부처분'이란 '행정청이 행하는 구체적 사실에 관한 법집행으로서의 공권력의 행사 또는 이에 준하는 행정작용', 즉 적극적 처분의 발급을 구하는 신청에 대하여 그에 따른 행위를 하지 않았다고 거부하는 행위를 말한다(대판 2018. 9. 28,2017두47465).

행정청의 특정한 거부처분이 있은 후에 당사자가 같은 내용의 처분을 다시 신청하여 행정청이 이를 거부한 경우 그 거부행위는 새로운 거부처분으로 보는 것이 원칙이다.

[판례①] 수익적 행정처분을 구하는 신청에 대한 거부처분이 있은 후 당사자가 다시 신청을 한 경우에는 신청의 제목 여하에 불구하고 그 내용이 새로운 신청을 하는 취지라면 관할 행정청이 이를 다시 거절하는 것은 새로운 거부처분이라고 보아야 한다. 나아가 어떠한 처분이 수익적 행정처분을 구하는 신청에 대한 거부처분이 아니라고 하더라도, 해당 처분에 대한 이의신청의 내용이 새로운 신청을 하는 취지로 볼 수 있는 경우에는, 그 이의신청에 대한 결정의 통보를 새로운 처분으로 볼 수 있다(대판 2022. 3. 17,2021두53894).

[판례②] 수익적 행정처분을 구하는 신청에 대한 거부처분은 당사자의 신청에 대하여 관할 행정청이 이를 거절하는 의사를 대외적으로 명백히 표시함으로써 성립된다. 거부처분이 있은 후 당사자가 다시 신청을 한 경우에는 신청의 제목 여하에 불구하고 그 내용이 새로운 신청을 하는 취지라면 관할 행정청이 이를 다시 거절하는 것은 새로운 거부처분이라고 보아야 한다. 관계 법령이나 행정청이 사전에 공표한 처분기준에 신청기간을 제한하는 특별한 규정이 없는 이상 재신청을 불허할 법적 근거가 없으며, 설령 신청기간을 제한하는 특별한 규정이 있더라도 재신청이 신청기간을 도과하였는지는 본안에서 재신청에 대한 거부처분이 적법한가를 판단하는 단계에서 고려할 요소이지, 소송요건 심사단계에서 고려할 요소가 아니다(대판2021.1. 14, 2020두50324, 동지판례:대판 2019. 4. 3, 2017두52764).

④ 개별적·추상적 규율: 특정인에 대한 것이면서도 되풀이 적용될 수 있는 규율을 개별적·추상적 규율이라 표시할 수 있다. 예컨대, 행정청이 어느

공장주에게 당해 공장에서 방출되는 수증기로 인해 도로에 빙판이 생길 때마다 공장주 책임하에 제거할 것을 명하는 경우, 그러한 내용의 처분이 이에 해당한다. 이는 전형적 대인처분인 개별적·구체적 규율에 대하여, 일종의 '이형적 대인처분'이라 할 수 있다.

⑤ 일반처분: 일반처분은 행정청의 '일반적·구체적 규율'이라고 표시할 수 있는바, 인적인 규율대상은 '불특정다수'이지만 한정된 시간적·공간적 사항만을 규율하는 점에서 '구체적' 규율에 해당하는 것이다. 자동기기결정으로서의 교통신호 같은 것을 예로서 들 수 있다.[39]

⑥ 물적 행정행위: 물적 행정행위라 함은, 직접적으로는 물건의 성질이나 상태에 대하여 구체적인 규율을 하지만 간접적으로 사람에 대하여 법적 효과를 발생시키는 처분을 말한다. 주차금지구역, 횡단보도 등의 교통표지가 그 일례이다.[40]

⑦ 잠정적 행정행위: 잠정적 행정행위(가행정행위)는 종국적 행정행위(종행정행위)가 있기까지, 즉 행정행위의 법적 효과 또는 구속력이 최종적으로 결정될 때까지 잠정적으로만 행정행위로서의 구속력을 가지는 행정의 행위형식을 의미한다. 행정행위는 보통 개별적·구체적인 경우에 있어서의 법적 규율을 확정짓지만, 일정사항의 불확실성으로 인해 그 법적 규율을 잠정적·임시적 상태에 두고 있는 점에 잠정적 행정행위의 특색이 있다고 할 수 있다. 따라서 일종의 특수한 행정행위라고 볼 수 있다.[41]

[판례] 공정거래위원회가 부당한 공동행위를 행한 사업자로서 구 독점규제 및 공정거래에 관한 법률 제22조의2에서 정한 자진신고자나 조사협조자에 대하여 과징금 부과처분(이하 '선행처분')을 한 뒤, 독점규제 및 공정거래에 관한 법률 시행령 제35조 제3항에 따라 다시 자진신고자 등에 대한 사건을 분리하여 자진신고 등을 이유로 한 과징금 감면처분(이하 '후행처분')을 하였다면, 후행처분은 자진신고 감면까지 포함하여 처분 상대방이 실제로 납부하여야 할 최종적인 과징금액을 결정하는 종국적 처분이고, 선행처분은 이러한 종국적 처분을 예정하고 있는 일종의 잠정적 처분으로서 후행처분이 있을 경우 선행처분은 후행처분에 흡수되어 소멸한다. 따라서 위와 같은 경우에 선행처분의 취소를 구하는 소는 이미 효력을 잃은 처분의 취소를 구하는 것으로 부적법하다(대판 2015. 2. 12, 2013두987).

---

39) 상세는 김남진, 횡단보도설치의 법적 성질 등, 고시연구, 2001. 5 참조.
40) 상세는 김남진, 횡단보도설치의 법적 성질 등, 고시연구, 2001. 5 참조.
41) 상세는 김남진, 샘물개발 가허가의 요건 등, 판례월보, 364호; 김남진, 기본문제, 299면 이하 참조.

⑧ **후속처분이 있는 경우:**   기존 행정처분의 내용을 변경하는 내용의 후속처분이 있는 경우가 종종 발생한다. 이 때 어떤 처분이 행정소송의 대상이 되는지는 후속처분의 성질과 내용에 따라 판단할 필요가 있다.

[판례①] 기존의 행정처분을 변경하는 내용의 행정처분이 뒤따르는 경우, 후속처분이 종전처분을 완전히 대체하는 것이거나 주요 부분을 실질적으로 변경하는 내용인 경우에는 특별한 사정이 없는 한 종전처분은 효력을 상실하고 후속처분만이 항고소송의 대상이 되지만, 후속처분의 내용이 종전처분의 유효를 전제로 내용 중 일부만을 추가·철회·변경하는 것이고 추가·철회·변경된 부분이 내용과 성질상 나머지 부분과 불가분적인 것이 아닌 경우에는, 후속처분에도 불구하고 종전처분이 여전히 항고소송의 대상이 된다. 따라서 종전처분을 변경하는 내용의 후속처분이 있는 경우 법원으로서는, 후속처분의 내용이 종전처분 전체를 대체하거나 주요 부분을 실질적으로 변경하는 것인지, 후속처분에서 추가·철회·변경된 부분의 내용과 성질상 나머지 부분과 가분적인지 등을 살펴 항고소송의 대상이 되는 행정처분을 확정하여야 한다(대판 2015. 11. 19, 2015두295 전합).

[판례②] 선행처분의 내용 중 일부만을 소폭 변경하는 후행처분이 있는 경우 선행처분도 후행처분에 의하여 변경되지 아니한 범위 내에서 존속하고, 후행처분은 선행처분의 내용 중 일부를 변경하는 범위 내에서 효력을 가지지만, 선행처분의 주요 부분을 실질적으로 변경하는 내용으로 후행처분을 한 경우에는 선행처분은 특별한 사정이 없는 한 그 효력을 상실한다(대판 2022. 7. 28, 2021두60748. 동지 판례: 대판 2020. 4. 9, 2019두49953).

[판례③] 행정청은 행정소송이 계속되고 있는 때에도 직권으로 그 처분을 변경할 수 있고, 행정소송법 제22조 제1항은 이를 전제로 처분변경으로 인한 소의 변경에 관하여 규정하고 있다. 점용료 부과처분에 취소사유에 해당하는 흠이 있는 경우 도로관리청으로서는 당초 처분 자체를 취소하고 흠을 보완하여 새로운 부과처분을 하거나, 흠 있는 부분에 해당하는 점용료를 감액하는 처분을 할 수 있다. 한편 흠 있는 행정행위의 치유는 원칙적으로 허용되지 않을 뿐 아니라, 흠의 치유는 성립 당시에 적법한 요건을 갖추지 못한 흠 있는 행정행위를 그대로 존속시키면서 사후에 그 흠의 원인이 된 적법 요건을 보완하는 경우를 말한다. 그런데 앞서 본 바와 같은 흠 있는 부분에 해당하는 점용료를 감액하는 처분은 당초 처분 자체를 일부 취소하는 변경처분에 해당하고, 그 실질은 종래의 위법한 부분을 제거하는 것으로서 흠의 치유와는 차이가 있다.

그러므로 이러한 변경처분은 흠의 치유와는 성격을 달리하는 것으로서, 변경처분 자체가 신뢰보호 원칙에 반한다는 등의 특별한 사정이 없는 한 점용료 부과처분에 대한 취소소송이 제기된 이후에도 허용될 수 있다. 이에 따라 특별사용의 필요가 없는 부분을 도로점용허가의 점용장소 및 점용면적으로 포함한 흠이 있고 그로 인하여 점용료 부과처분에도 흠이 있게 된 경우, 도로관리청으로서는 도로점용허가 중 특별사용의 필요가 없는 부분을 직권취소하면서 특별사용의 필요가 없는 점용장소 및 점용면적을 제외한 상태로 점용료를 재산정한 후 당초 처분을 취소하고 재산정한 점용료를 새롭게 부과하거나, 당초 처분을 취소하지 않고 당초 처분으로 부과된 점용료와 재산정된 점용료의 차액을 감액할 수도 있다(대판 2019. 1. 17., 2016두56721).

⑨ 예비결정·부분허가: 　　　원자력발전소와 같이 장기간이 소요되는 대규모 공사와 관련해서는, 그에 대한 인·허가가 포괄적인 1회의 결정에 의하여 발급되지 않는다. 예비결정과 부분허가는 그와 같은 다단계 행정절차에서 널리 행해진다. 여기에서 예비결정 또는 사전결정(Vorbescheid)이란 건축허가 또는 시설허가와 관련하여 허가를 받기 위하여 갖춰야 할 여러 요건 중 하나 또는 일부에 대하여 우선적으로 내리는 결정으로, 그에 대하여 종국적이고 구속력있는 결정으로서의 성질을 가지는 것이다.[42] 부분허가(Teilgenehmigung)란 당해 시설의 일부에 한정되지만 갖춰야 할 요건의 전부에 대한 최종결정을 말한다. 비록 한정된 사항이지만 법적 효과가 종국적으로 발생한다는 점에서, 양자는 행정행위로서의 성질을 갖는다.[43]

⑩ 행정입법: 　　　일반적·추상적 규율로서의 행정입법(명령)은 직접 취소소송의 대상이 되지 않는다.[44] 다만 개별적 행위를 매개하지 아니하고 직접 개인의 법률상 이익을 침해할 경우에 예외적으로 이른바 '처분적 명령'으로서 취소쟁송의 대상이 된다고 하겠다(동지판례: 대판 1954. 8. 19, 4286행상37).[45]

> **[판례]** 행정소송의 대상이 될 수 있는 것은 구체적인 권리의무에 관한 분쟁이어야 하고 일반적·추상적인 법령이나 고시 자체로서 국민의 구체적인 권리의무에 직접적인 변동을 초래하는 것이 아닌 것은 그 대상이 될 수 없는 것이므로 구체적인 권리의무에 관한 분쟁을 떠나서 고시 자체의 무효확인을 구하는 청구는 행정소

---

42) 건축법 제10조 1항에 의하면 건축허가를 신청하기 전에 허가권자에게 그 건축물을 해당 대지에 건축하는 것이 허용되는지에 대한 사전결정을 신청할 수 있다.

43) 「원자력안전법」 제10조 3항(구 「원자력법」 제11조 3항)의 "원자로부지사전승인"은 예비결정(사전결정)과 부분허가의 성질을 가진다. 이에 관한 대법원판결(1998. 9. 4, 97누19588)에 대한 평석으로는 김남진, "원자로건설부지사전승인의 처분성 등", 법률신문, 1998. 12. 14 참조.

44) 상세는 본서 180면 이하; 김중권, 명령(법률하위적 법규범)에 대한 사법적 통제에 관한 소고, 고시연구, 2004. 6; 박정훈, 행정입법에 대한 사법심사, 행정법연구 제11호, 2004. 5; 김남진, 행정입법에 대한 사법적 통제, 고시연구, 2005. 10 등 참조.

45) 다만, 근래 처분개념을 넓게 파악하여, 행정입법에 대해서도 널리 취소소송을 허용하여야 한다는 주장이 제기되고 있다. 상세는 박정훈, 취소소송의 성질과 처분개념, 고시계, 2001. 9 참조.

송의 대상이 아닌 사항에 대한 것으로서 부적법하다(대판 1991. 8. 27, 91누1738. 동지 판례: 대판 1987. 3. 24, 86누656).

⑪ **고 시:**   고시는 통지행위의 일종에 불과한 것인데, 그 내용에 따라 법규적 성격을 가지는 것도 있고, 행정청 내부에만 효력을 갖는 행정규칙도 있을 것이며, 개별적·구체적인 성격을 가지고 있어 행정행위(처분)로 볼 수 있는 것도 있다.

> **[판례]** 어떠한 고시가 일반적·추상적 성격을 가질 때에는 법규명령 또는 행정규칙에 해당할 것이지만, 다른 집행행위의 매개 없이 그 자체로서 직접 국민의 구체적인 권리의무나 법률관계를 규율하는 성격을 가질 때에는 행정처분에 해당하는바, ㉠ 약제급여·비급여목록 및 급여상한금액표(보건복지부 고시. 이하 '이 사건 고시'라 한다)는 특정 제약회사의 특정 약제에 대하여 국민건강보험가입자 또는 국민건강보험공단이 지급하여야 하거나 요양기관이 상환받을 수 있는 약제비용의 구체적 한도액을 특정하여 설정하고 있는 점, ㉡ 약제의 지급과 비용의 청구행위가 있기만 하면 달리 행정청의 특별한 집행행위의 개입 없이 이 사건 고시가 적용되는 점, ㉢ 특정 약제의 상한금액의 변동은 곧바로 국민건강보험가입자 또는 국민건강보험공단이 지급하여야 하거나 요양기관이 상환받을 수 있는 약제비용을 변동시킬 수 있다는 점 등에 비추어 보면, 이 사건 고시는 다른 집행행위의 매개 없이 그 자체로서 국민건강보험가입자, 국민건강보험공단, 요양기관 등의 법률관계를 직접 규율하는 성격을 가진다고 할 것이므로, 항고소송의 대상이 되는 행정처분에 해당한다(대판 2006. 9. 22, 2005두2506).

⑫ **행정계획:**   대법원은 도시기본계획에 대해서는 구속력을 부인하고 있지만 도시관리계획에 대해서는 처분성을 인정하여 행정소송의 대상이 된다고 하는 확립된 견해를 가지고 있고,[46] 헌법재판소도 마찬가지이다.[47]

> **[판례]** 도시계획법 제12조 소정의 도시계획결정이 고시되면 도시계획 구역 안의 토지나 건물소유자의 토지형질변경, 건축물의 신축·개축 또는 증축 등 권리 행사가 일정한 제한을 받게 되는 바, 이런 점에서 볼 때 고시된 도시계획결정은 특정 개인의 권리 내지 법률상의 이익을 개별적이고 구체적으로 규제하는 효과를 가져오게 하는 행정청의 처분이라 할 것이고 이는 행정소송의 대상이 되는 것이라 할 것이다(대판 1982. 3. 9, 80누105).[48]

---

46) 대판 1982. 3. 9, 80누105; 대판 1990. 9. 28, 89누8101; 대판 1991. 2. 26, 90누5597; 대판 1993. 10. 8, 93누10569; 대판 1995. 11. 10, 94누12852; 대판 1997. 3. 14, 96누16698 등 참조.
47) 헌재 1991. 6. 3, 89헌마46; 헌재 1991. 7. 22, 89헌마174.

　그러나 도시계획 가운데에는 법규명령적인 것도 있고, 행정행위적인 것도 있을 수 있어서 모든 도시계획을 획일적으로 처분(행정행위)으로 단정할 수는 없을 것이다. 같은 도시관리계획이라고 하더라도 성질을 달리하는 여러 종류의 계획이 있음에 유의할 필요가 있다.[49]

　대법원은 「하수도법」에 의하여 수립한 하수도정비기본계획이나, 구 「도시계획법」상의 도시기본계획은 직접적 구속력이 없어서 처분이 아니라고 한다. 또한 구 「농어촌도로정비법」 제6조 소정의 농어촌도로기본계획은 관할구역 안의 도로에 대한 장기개발방향의 지침을 정하기 위한 계획으로서 그에 후속되는 농어촌도로정비계획의 근거가 되는 것일 뿐 그 자체로 국민의 권리의무를 개별적 구체적으로 규제하는 효과를 가지는 것은 아니므로 이 역시 처분으로 볼 수 없다고 판시하였다.[50]

　반면, 특정 개인의 권리·이익을 규제하는 개별적이거나 구체적 행위일 때는 처분이 되는데, 고시된 도시관리계획결정, 택지개발예정지구의 지정, 도시개발법상의 관리처분계획과 같은 구속적 행정계획이나 토지거래계약에 관한 허가구역의 지정[51] 등은 그에 의하여 침해되는 특정인의 권익침해가 구체적이라는 점에서 처분성을 인정하였다.

　⑬ **장부기재행위**:　종래 판례의 태도는 건축물대장은 기본적으로 행정사무집행의 편의와 사실증명의 자료로 삼기 위한 것일 뿐이고, 그 등재나 변경등재로 인하여 당해 건축물에 대한 실체상의 권리관계에 어떤 변동을 초래하는 것은 아니라는 이유에서 원칙적으로 건축물대장의 용도란의 변경등재행위(대판 1985. 3. 12, 84누738), 기재사항의 정정신청거부(대판 1989. 12. 12, 89누5348), 소유권에 관한 사항의 기재변경신청거부(대판 1998. 2. 24, 96누5612) 등을 모두 처분이 아니라고 하여 그 취소를 구하는 소를 각하하여 왔다.

　그러나 지적공부상 토지분할신청의 거부행위는 분필이 되지 않을 경우 자기소유 토지의 일부에 대하여 소유권의 양도나 저당권의 설정 등 필요한 처분행위를 할 수 없다는 불이익이 발생한다는 이유로 처분성을 인정하였고(대판 1992. 12. 8, 92누7542; 대판 1993. 3. 23, 91누8968), 건축주 명의변경신청 거부행위에 대해서는 건축주는 「건축법」상의 각종

---

48) 위 판례는 구 도시계획법에 관한 것이므로, 여기에서 말하는 도시계획은 구 도시계획법상의 (협의의) 도시계획, 즉 현행 국토계획법상의 도시관리계획을 말하는 것이다.
49) 환지계획의 처분성을 부인한 대판 1999. 8. 20, 97누6889.
50) 대판 2000. 9. 5, 99두974.
51) 대판 2006. 12. 22, 2006두12883.

권리의무의 주체가 되고 보존등기 명의인이 되는 것이라는 이유에서 처분성을 인정하였으며($^{\text{대판 1992. 3. 31.}}_{\text{91누4911}}$), 지적공부상 지목변경 거부행위에 대해서 지목은 토지에 대한 공법상의 규제, 개발부담금의 부과대상, 지방세의 과세대상, 공시지가의 산정, 손실보상가액의 산정 등 토지행정의 기초로서 공법상의 법률관계에 영향을 미치고, 토지소유자는 지목을 토대로 토지의 사용·수익·처분에 일정한 제한을 받게 되는 점 등을 고려하면, 지목은 토지소유권을 제대로 행사하기 위한 전제요건으로서 토지소유자의 실체적 권리관계에 밀접하게 관련되어 있으므로 지적공부 소관청의 지목변경신청 반려행위는 국민의 권리관계에 영향을 미치는 것으로서 항고소송의 대상이 되는 행정처분에 해당한다고 판시하였다($^{\text{대판 2004. 4. 22.}}_{\text{2003두9015}}$). 또한 최근에는 건축물대장의 작성은 건축물의 소유권을 제대로 행사하기 위한 전제조건으로서 건축물 소유자의 실체적 권리관계에 밀접하게 관련되어 있으므로 건축물대장 소관청의 작성신청 반려행위는 국민의 권리관계에 영향을 미치는 것으로서 항고소송의 대상이 되는 행정처분에 해당한다고 판시하였다.[52]

⑭ 행정규칙에 근거한 처분: 어떠한 처분의 근거나 법적인 효과가 행정규칙에 규정되어 있는 경우 그러한 처분에 대해서도 항고소송의 대상이 되는 행정처분에 해당한다고 볼 수 있을 것인가? 이에 대해 판례는 "처분의 근거나 법적인 효과가 행정규칙에 규정되어 있다고 하더라도, 그 처분이 그 상대방의 권리 의무에 직접 영향을 미치는 행위라면, 항고소송의 대상이 되는 행정처분에 해당한다"라고 판시하고 있다.

[판례①] ㉮ 항고소송의 대상이 되는 행정처분이란 원칙적으로 행정청의 공법상 행위로서 특정 사항에 대하여 법규에 의한 권리의 설정 또는 의무의 부담을 명하거나 기타 법률상 효과를 발생하게 하는 등으로 일반 국민의 권리 의무에 직접 영향을 미치는 행위를 가리키는 것이지만, 어떠한 처분의 근거나 법적인 효과가 행정규칙에 규정되어 있다고 하더라도, 그 처분이 행정규칙의 내부적 구속력에 의하여 상대방에게 권리의 설정 또는 의무의 부담을 명하거나 기타 법적인 효과를 발생하게 하는 등으로 그 상대방의 권리 의무에 직접 영향을 미치는 행위라면, 이 경우에도 항고소송의 대상이 되는 행정처분에 해당한다고 보아야 한다.

㉯ 검사에 대한 경고조치 관련 규정을 위 법리에 비추어 살펴보면, 검찰총장이 사무검사 및 사건평정을 기초로 대검찰청 자체감사규정 제23조 제3항, 검찰공무원

---

52) 대판 2009. 2. 12, 2007두17359. 또한 행정청의 건축물대장 용도변경신청 거부행위도 행정처분에 해당한다(대판 2009. 1. 30, 2007두7277).

의 범죄 및 비위 처리지침 제4조 제2항 제2호 등에 근거하여 검사에 대하여 하는 '경고조치'는 일정한 서식에 따라 검사에게 개별 통지를 하고 이의신청을 할 수 있으며, 검사가 검찰총장의 경고를 받으면 1년 이상 감찰관리 대상자로 선정되어 특별관리를 받을 수 있고, 경고를 받은 사실이 인사자료로 활용되어 복무평정, 직무성과금 지급, 승진·전보인사에서도 불이익을 받게 될 가능성이 높아지며, 향후 다른 징계사유로 징계처분을 받게 될 경우에, 징계양정에서 불이익을 받게 될 가능성이 높아지므로, 검사의 권리 의무에 영향을 미치는 행위로서 항고소송의 대상이 되는 처분이라고 보아야 한다(대판 2021. 2. 10, 2020두47564, 동지판례: 대판 2004. 11. 26, 2003두10251, 10268).

[판례②] 행정규칙에 의한 '불문경고조치'가 비록 법률상의 징계처분은 아니지만 위 처분을 받지 아니하였다면 차후 다른 징계처분이나 경고를 받게 될 경우 징계감경사유로 사용될 수 있었던 표창공적의 사용가능성을 소멸시키는 효과와 1년 동안 인사기록카드에 등재됨으로써 그 동안은 장관표창이나 도지사표창 대상자에서 제외시키는 효과 등이 있다는 이유로 항고소송의 대상이 되는 행정처분에 해당한다(대판 2002. 7. 26, 2001두3532).

[판례③] 독점규제 및 공정거래에 관한 법률 등 관련 법령의 내용, 형식, 체제 및 취지를 종합하면, 부당한 공동행위 자진신고자 등에 대한 시정조치 또는 과징금 감면 신청인이 부당한 공동행위 자진신고자 등에 대한 시정조치 등 감면제도 운영고시(공정거래위 회의 고시) 제11조 제1항에 따라 자진신고자 등 지위확인을 받는 경우에는 시정조치 및 과징금 감경 또는 면제, 형사고발 면제 등의 법률상 이익을 누리게 되지만, 그 지위확인을 받지 못하고 고시 제14조 제1항에 따라 감면불인정 통지를 받는 경우에는 위와 같은 법률상 이익을 누릴 수 없게 되므로, 감면불인정 통지가 이루어진 단계에서 신청인에게 그 적법성을 다투어 법적 불안을 해소한 다음 조사협조행위에 나아가도록 함으로써 장차 있을지도 모르는 위험에서 벗어날 수 있도록 하는 것이 법치행정의 원리에도 부합한다. 따라서 부당한 공동행위 자진신고자 등의 시정조치 또는 과징금 감면신청에 대한 감면불인정 통지는 항고소송의 대상이 되는 행정처분에 해당한다고 보아야 한다(대판 2012. 9. 27, 2010두3541).

⑮ **감사원의 징계요구와 재심의 결정:** 감사원은 감사 결과 공무원에게 징계사유가 발견되거나 공무원이 정당한 사유 없이 감사원법에 따른 감사를 거부하거나 자료의 제출을 게을리한 공무원에 대해 소속 장관 또는 임용권자에게 징계를 요구할 수 있다(감사원법 32조 1항). 이에 대해서 처분을 요구받은 소속 장관, 임용권자나 임용제청권자, 감독기관의 장 또는 해당 기관의 장은 그 요구가 위법 또는 부당하다고 인정할 때에는 그 요구를 받은 날부터 1개월 이내에 감사원에 재심의를 청구할 수 있다.

감사원의 징계요구는 행정기관이 이를 거부하거나 무시하기가 쉽지 않아 그 자체로 징계요구를 받은 행정기관 및 그 징계요구의 대상이 된 공무원에게 큰 부담이 되고, 사회적 파장이 큰 경우도 많다. 따라서 감사원의 징계요구 또는 재심의 결정 자체를 행정처분으로 보아 이를 다툴 수 있는지가 실무상 자주 문제되었다. 이에 대해 대법원은 감사원의 징계요구 및 재심의 결정은 행정처분이 아님을 분명히 하였다.

> **[판례]** 징계 요구는 징계 요구를 받은 기관의 장이 요구받은 내용대로 처분하지 않더라도 불이익을 받는 규정도 없고, 징계 요구 내용대로 효과가 발생하는 것도 아니며, 징계 요구에 의하여 행정청이 일정한 행정처분을 하였을 때 비로소 이해관계인의 권리관계에 영향을 미칠 뿐, 징계 요구 자체만으로는 징계 요구 대상 공무원의 권리·의무에 직접적인 변동을 초래하지도 아니하므로, 행정청 사이의 내부적인 의사결정의 경로로서 '징계 요구, 징계 절차 회부, 징계'로 이어지는 과정에서의 중간처분에 불과하여, 감사원의 징계 요구와 재심의 결정이 항고소송의 대상이 되는 행정처분이라고 할 수 없고, 감사원법 제40조 제2항을 甲 시장에게 감사원을 상대로 한 기관소송을 허용하는 규정으로 볼 수는 없고 그 밖에 행정소송법을 비롯한 어떠한 법률에도 甲 시장에게 '감사원의 재심의 판결'에 대하여 기관소송을 허용하는 규정을 두고 있지 않으므로, 甲 시장이 제기한 소송이 기관소송으로서 감사원법 제40조 제2항에 따라 허용된다고 볼 수 없다 (대판 2016. 12. 27. / 2014두5637). 53)

⑯ 행정심판의 재결

㉠ 원처분주의: 재결도 취소소송의 대상이 된다. 다만, 「행정소송법」이 "재결취소소송의 경우에는 재결 자체에 고유한 위법이 있음을 이유로 하는 경우에 한한다"(19조 단서)고 규정하여 이른바 원처분주의를 채택하고 있으므로, 행정심판의 재결을 거쳐 취소소송을 제기하는 경우에 취소소송의 대상은 원칙적으로 재결이 아니라 원처분이다.

재결청의 재결(결정·통보)에 하자(위법성)가 있더라도, 원처분을 대상으로 취소소송을 제기하는 것이 간편하고도 직접적인 구제방법이 되기 때문에 법이 원

---

53) 참고로 위 대법원 판결은 징계 요구의 대상이 된 공무원의 관점에서 징계요구 및 재심의결정이 행정처분에 해당하는지에 관해 ① 징계가 이루어지는 경우라면, 대상 공무원으로서는 징계처분의 효력을 다투면 충분하고, ② 징계가 이루어지지 않는 경우라면, 징계 절차에 회부되어 징계위원회 등에 징계 의결이 요구 중인 기간에는 그 대상 공무원이 승진임용의 대상에서 제외되는 등의 효력이 발생하나, 이는 징계 절차 회부에 따른 효력이지 징계 요구 자체만으로 발생하는 효력이 아닐 뿐만 아니라, 징계 절차 회부에 따른 일시적이거나 잠정적인 효과에 불과하여, 징계 요구 그 자체만으로 대상 공무원의 구체적인 권리·의무에 직접적 변동을 초래한다고 보기 어려워 역시 행정처분에 해당하지 않는다고 판단했다.

처분주의를 택하고 있다고 말할 수 있다. 그러나 재결 자체에 고유한 위법이 있는 경우에는 예외이다.

ⓛ 취소소송의 대상이 되는 재결: 재결에 대한 취소소송은 재결 자체에 고유한 위법이 있음을 이유로 하는 경우에만 제기할 수 있다. '재결 자체에 고유한 위법이 있는 경우'란 재결의 주체·절차·내용·형식 등에 관하여 위법사유가 있는 것을 말한다.

> **[판례①]** 행정소송법 제19조에서 말하는 '재결 자체에 고유한 위법'이란 원처분에는 없고 재결에만 있는 재결청의 권한 또는 구성의 위법, 재결의 절차나 형식의 위법, 내용의 위법 등을 뜻하고, 그 중 내용의 위법에는 위법·부당하게 인용재결을 한 경우가 해당한다(대판 1997. 9. 12. 96누14661).
>
> **[판례②]** 원처분의 상대방이 아닌 제3자가 행정심판을 청구하여 재결청이 원처분을 취소하는 형성재결을 한 경우에 그 원처분의 상대방은 그 재결에 대하여 항고소송을 제기할 수밖에 없고, 이 경우 재결은 원처분과 내용을 달리 하는 것이어서 재결의 취소를 구하는 것은 원처분에 없는 재결 고유의 위법을 주장하는 것이 된다(대판 1998. 4. 24. 97누17131).
>
> **[판례③]** 행정심판청구가 부적법하지 않음에도 각하한 재결은 심판청구인의 실체심리를 받을 권리를 박탈한 것으로서 원처분에 없는 고유한 하자가 있는 경우에 해당하고, 따라서 위 재결은 취소소송의 대상이 된다(대판 2001. 7. 27, 99두2970. 동지 판례: 대판 2001. 5. 29, 99두10292).
>
> **[판례④]** 이른바 복효적 행정행위, 특히 제3자효를 수반하는 행정행위에 대한 행정심판청구에 있어서 그 청구를 인용하는 내용의 재결로 인하여 비로소 권리이익을 침해받게 되는 자는 그 인용재결에 대하여 다툴 필요가 있고, 그 인용재결은 원처분과 내용을 달리하는 것이므로 그 인용재결의 취소를 구하는 것은 원처분에는 없는 재결에 고유한 하자를 주장하는 셈이어서 당연히 항고소송의 대상이 된다(대판 2001. 5. 29. 99두10292).

ⓒ 수정재결: 원처분이 재결에 의하여 수정된 경우에는 수정재결을 새로운 처분으로 볼 여지가 있어 소송의 대상이 수정된 원처분이 되는 것인지 아니면 수정재결이 되는 것인지 여부가 문제된다. 그리고 이 문제는 피고적격과도 결부된다. 수정재결을 새로운 처분으로 보는 경우에는 행정심판위원회가 피고가 되고, 수정재결로 인하여 원처분이 변경되어 존속하는 것으로 보는 경우에는 원처분청이 피고가 되는 것이다.

대법원은 공무원에 대한 징계처분을 소청심사위원회에서 감경한 사건에서, 원처분청을 상대로 수정된 원처분을 다투어야 한다는 입장을 취하고 있다.

> **[판례]**　항고소송은 원칙적으로 당해 처분을 대상으로 하나, 당해 처분에 대한 재결 자체에 고유한 주체, 절차, 형식 또는 내용상의 위법이 있는 경우에 한하여 그 재결을 대상으로 할 수 있다고 해석되므로, 징계혐의자에 대한 감봉 1월의 징계처분을 견책으로 변경한 소청결정 중 그를 견책에 처한 조치는 재량권의 남용 또는 일탈로서 위법하다는 사유는 소청결정 자체에 고유한 위법을 주장하는 것으로 볼 수 없어 소청결정의 취소사유가 될 수 없다(대판 1993. 8. 24.).

공무원법상 징계처분으로서의 파면·해임·강등·정직·감봉·견책은 모두 공무원의 위법행위에 대하여 과하여지는 징계처분이라는 점에서는 기본적으로 동질적인 것이고, 또한 징계권자가 관계 공무원의 비위행위에 대하여 이 중 어느 조치를 취할 것인가는 원칙적으로 그 재량에 속하는 것이라는 점을 고려하면, 이 중에서 어느 조치를 취하는가의 문제는 기본적으로는 징계양정상의 문제라고 보는 것이 타당하다. 따라서 재결청이 원처분청과 다른 종류의 징계처분을 하더라도 이를 새로운 처분으로 볼 수는 없고 원처분이 여전히 감축된 형태로 존속하고 있다고 보아야 할 것이다. 따라서 수정재결의 경우 원처분을 소송의 대상으로 삼아야 할 것이다.

ⓔ 원처분주의의 예외:　　개별법에서 원처분주의의 예외로서 재결을 취소소송의 대상으로 규정하고 있는 경우가 있다. 이를 재결주의라 한다. 대체로 재결이 실질적으로 최종적인 처분으로서의 성질을 가지는 경우 또는 재결이 원처분과 달리 신중한 절차를 거치며 당사자에 대한 실질적인 효과에 있어 재결을 소송의 대상으로 하는 것이 의미있다고 평가되는 경우에 재결주의가 인정된다.

> **[판례]**　재결주의는 위법한 원처분을 다투는 것보다 재결을 다투어 그 효력을 배제하는 것이 효율적인 권리구제와 판결의 적정성을 담보하는 경우에 원처분에 대한 제소를 금지하고 재결에 대해서만 제소를 허용하는 것이다(헌재 2001. 6. 28.).

판례에서 재결주의를 채택하고 있는 예로는 다음과 같은 것을 들 수 있다.

ⓘ 중앙토지수용위원회의 이의재결:　　구「토지수용법」은 지방토지수용위원회의 재결(수용재결)에 대하여 중앙토지수용위원회에 이의신청을 제기하도록 하는 동시에, 이의신청에 대한 중앙토지수용위원회의 재결(이의재결)에 대하여 불복이 있을 때에는 행정소송을 제기하도록 정하고 있었다(동법 75조). 대

법원은 이 규정을 근거로, 지방토지수용위원회의 재결(수용재결)에 대해서는 직접 취소소송을 제기할 수 없고 이의재결이 행정소송의 대상이 되는 것으로 판시한 바 있다.

> **[판례①]** 토지수용에 관한 취소소송은 중앙토지수용위원회의 이의재결에 대하여 불복이 있을 때에 제기할 수 있고 수용재결은 취소소송의 대상으로 삼을 수 없다 할 것이므로 그 취소소송에서는 이의재결 자체의 고유한 위법사유뿐만 아니라 이의신청사유로 삼지 아니한 수용재결의 하자도 주장할 수 있다고 할 것이고, 또한 토지수용법 제75조는 이의신청이 있는 경우에 중앙토지수용위원회가 수용재결의 위법 또는 부당 여부를 심리하도록 규정하고 있을 뿐 이의신청서에 기재된 이의사유에 한하여 심리하도록 제한하고 있지 아니하므로 특별한 사정이 없는 한 이의신청의 효력은 수용재결 전체에 미친다(대판 1995. 12. 8. 95누5561. 동지 판례: 대판 2001. 5. 8. 2001두1648).
>
> **[판례②]** 이의재결의 담당기관과 심리절차에 비추어 보면 이의재결은 행정심판에 대한 재결의 성격과 함께 관할토지수용위원회가 1차적으로 행한 수용재결을 다시 심의하여 토지수용에 관한 법률관계를 확정하는 재처분적인 성격도 부수적으로 함께 가지는 것으로 볼 수 있으므로 토지수용에 관한 법률관계를 최종적으로 확정하는 이의재결을 다투어 그 효력을 배제하는 것이 당사자의 권리구제를 위한 효율적인 방법이라 할 것이며, 법원으로서도 수용재결과 이의재결의 심리과정에서 제기된 당사자의 주장과 토지수용에 관하여 전문적인 지식을 갖고 있는 중앙토지수용위원회가 행한 수용대상토지에 대한 구체적인 실사결과 및 보상금액의 산정기준 등을 모두 고려하여 판단함이 분쟁의 일회적 해결과 판결의 적정성을 보장할 수 있다고 할 것이므로 수용재결에 대한 불복과 관련하여 재결주의를 정한 것에 목적의 정당성과 수단의 적절성이 인정된다(헌재 2001. 6. 28. 2000헌바77).

그러나 위의 구 「토지수용법」[54]의 규정을 반드시 행정소송법상의 원처분주의를 부인하는 취지로 새겨야 하는가에 대해서는 의문이 제기되었다.[55]

판례는 수용재결이 아닌 다른 손실보상에 관한 토지수용위원회의 재결에 대하여는 원처분주의에 따르고 있는데(대판 1997. 12. 26. 97누16176), 손실보상에 대한 결정이라는 점과 결정기관에 있어서 차이가 없음에도 양자를 달리 취급하는 것 또한 의문이다.

그런데 현행 「공익사업을 위한 토지 등의 취득 및 보상에 관한 법률」은 "사업시행자·토지소유자 또는 관계인은 제34조의 규정에 의한 재결(수용재결)에

---

54) 구 「토지수용법」 제75조의 2 제1항: 이의신청의 재결에 대하여 불복이 있을 때에는 재결서가 송달된 날로부터 1월 이내에 행정소송을 제기할 수 있다.
55) 김남진, 토지수용재결처분취소, 판례월보 제299호, 1995. 8 참조.

대하여 불복이 있는 때에는 재결서를 받은 날부터 60일 이내에, 이의신청을 거친 때에는 이의신청에 대한 재결서를 받은 날부터 30일 이내에 각각 행정소송을 제기할 수 있다"고 규정하고 있다(동법 85조 1항). 이의신청을 거치지 않고 수용재결에 대하여 행정소송을 제기하는 경우 원처분이 소의 대상이 됨은 분명하지만, 이의신청을 거친 후 제기하는 행정소송에 있어서 그 대상에 대하여는 논란이 있을 수 있다. 생각건대, 「행정소송법」상의 원처분주의에 비추어 볼 때 동 조항이 재결주의를 명시적으로 규정하고 있지 않으므로, 이의신청을 거친 경우에도 수용재결을 행정소송의 대상으로 보는 것이 타당하다. 판례도 같은 입장이다.

> **[판례]** 공익사업을 위한 토지 등의 취득 및 보상에 관한 법률 제85조 제1항 전문의 문언 내용과 같은 법 제83조, 제85조가 중앙토지수용위원회에 대한 이의신청을 임의적 절차로 규정하고 있는 점, 행정소송법 제19조 단서가 행정심판에 대한 재결은 재결 자체에 고유한 위법이 있음을 이유로 하는 경우에 한하여 취소소송의 대상으로 삼을 수 있도록 규정하고 있는 점 등을 종합하여 보면, 수용재결에 불복하여 취소소송을 제기하는 때에는 이의신청을 거친 경우에도 수용재결을 한 중앙토지수용위원회 또는 지방토지수용위원회를 피고로 하여 수용재결의 취소를 구하여야 하고, 다만 이의신청에 대한 재결 자체에 고유한 위법이 있음을 이유로 하는 경우에는 그 이의재결을 한 중앙토지수용위원회를 피고로 하여 이의재결의 취소를 구할 수 있다고 보아야 한다(대판 2010. 1. 28, 2008두1504).

ⅱ) 중앙노동위원회의 재심판정: 「노동조합 및 노동관계조정법」 제82조는 근로자 또는 노동조합은 사용자의 부당노동행위에 대하여 지방노동위원회에 구제신청을 할 수 있게 하고, 동법 제85조 1항은 이에 의하여 구제를 받지 못하면 중앙노동위원회에 재심을 신청하도록 하고, 제2항은 중앙노동위원회의 재심판정에 대하여 행정소송을 제기할 수 있도록 하고 있다.[56] 대법원은 노동위원회 결정에 대한 행정소송은 원처분인 지방노동위원회의 결정이 아니라 중앙노동위원회의 재심판정을 대상으로 행정소송을 제기하여야 한다고 해석하여 이를 재결주의를 취하고 있는 것으로 본다(대판 1991. 2. 12, 90누288).

「노동위원회법」은 중앙노동위원회의 재심처분에 대한 소는 중앙노동위원회 위원장을 피고로 한다고 명시하여 재결주의를 취함을 명확히 하고 있다(동법 27조 1항). 그러나 재결소송의 사유는 재심판정을 대상으로 하더라도 원처분과 재결처

---

56) 「노동조합 및 노동관계조정법」 제85조 제2항: 중앙노동위원회의 재심판정에 대하여 관계당사자는 그 재심판정서의 송달을 받은 날부터 15일 이내에 「행정소송법」이 정하는 바에 의하여 소를 제기할 수 있다.

분의 모든 사유에 미친다.

> **[판례]** 재심판정이 징계처분의 정당성에 관한 판단을 그르쳤는지를 가리기 위해
> 서는 징계위원회 등에서 징계처분의 근거로 삼은 징계사유에 의하여 징계처분이
> 정당한지를 살펴보아야 한다. 따라서 여러 징계사유를 들어 징계처분을 한 경우에
> 는 중앙노동위원회가 재심판정에서 징계사유로 인정한 것 이외에도 징계위원회 등
> 에서 들었던 징계사유 전부를 심리하여 징계처분이 정당한지를 판단하여야 한다
> $\binom{대판\ 2016.\ 12.\ 29.}{2015두38917}$.

ⅲ 감사원의 재심의 판결: 「감사원법」은 회계관계직원에 대한 감사원
의 변상판정($\substack{동법\ 36\\31조}$)에 대해 본인, 소속 장관, 감독기관의 장 또는 해당 기관의 장
이 감사원에 재심의를 청구할 수 있도록 하고 있고($\substack{동법\ 36\\조\ 1항}$), 감사원으로부터 소속
공무원에 대한 징계요구 등($\substack{동법\\32조}$), 시정 등의 요구($\substack{동법\\33조}$), 개선 등의 요구($\substack{동법\\34조}$)를
받거나 개선 등에 관한 권고·통보($\substack{동법\ 34\\조의2}$)를 받은 소속 장관, 임용권자나 임용
제청권자, 감독기관의 장 또는 해당 기관의 장은 그 처분 요구나 권고·통보가
위법 또는 부당하다고 인정할 때에는 그 처분 요구나 권고·통보를 받은 날부터
1개월 이내에 감사원에 재심의를 청구할 수 있다($\substack{동법\ 36\\조\ 2항}$). 그리고 그 재심의 판
결에 대하여 감사원을 당사자로 하여 행정소송을 제기하도록 하고 있다($\substack{동법\ 40\\조\ 2항}$).[57]
따라서 행정소송의 대상은 원처분인 변상판정이 아니라 '재심의 판결'이다. 대
법원은 이를 재결주의를 취하고 있는 것으로 보고 있다($\substack{대판\ 1984.\ 4.\ 10,\ 84누91;\ 대판\\2016.\ 12.\ 27,\ 2014두5637\ 참조}$).

> **[판례]** 감사원법상 해당 기관의 장 등은 제31조에 따른 변상판정, 제32조, 제33조
> 및 제34조에 따른 처분요구에 대하여 감사원에 재심의를 청구할 수 있는데($\substack{제36조\ 제\\1항,\ 제2항}$),
> 제40조 제2항에, "감사원의 재심의 판결에 대하여는 감사원을 당사자로 하여 행정
> 소송을 제기할 수 있다."라고 규정되어 있다. 그런데 감사원법 제40조 제2항 규정
> 은, 감사원법 제31조에 따른 변상판정, 제32조, 제33조, 제34조에 따른 처분요구에
> 대한 재심의 결과에 대하여, 일반적인 소송요건이 갖추어지는 것을 전제로 재심의
> 의 대상이 되었던 변상판정 등에 대하여는 변상판정 등을 대상으로 하는 것이 아
> 니라 그에 대한 '재심의 판결'에 대하여 '감사원'을 당사자로 하여 행정소송을 제기
> 할 수 있다는 규정이라고 볼 것이지, 위 규정만으로 당사자능력, 소의 이익, 항고소
> 송에서의 대상적격 등 일반적인 소송요건과 무관하게 무조건 행정소송을 제기할

---

57) 「감사원법」 제40조 제2항: 감사원의 재심의 판결에 대하여는 감사원을 당사자로 하여 행정소송을 제기
    할 수 있다.

수 있다는 규정으로 해석할 것은 아니다(대판 2016. 12. 27. \n 2014두5637).

ⓤ 교원소청심사위원회의 결정:　　　사립학교의 경우 징계처분 등 불이익
처분은 행정처분이 아니고 교원소청심사위원회의 결정이 원처분에 해당하므
로, 심사위원회의 결정이 행정소송의 대상임이 분명하다. 그러나 국·공립학교
교원의 경우「교원지위향상을 위한 특별법」제10조 3항(현행 교원의 지위 향상 및 교육활 \n 동 보호를 위한 특별법 제10조 4항)의
해석과 관련하여 논란이 있을 수 있다. 동법 제9조 1항은 교원이 징계처분 등
그 의사에 반하는 불리한 처분에 대하여 불복이 있을 때에는 심사위원회에 소
청심사를 청구할 수 있다고 규정하고, 동법 제10조 3항은 심사위원회의 결정에
대하여 행정소송을 제기할 수 있다고 규정하고 있다.

판례는 국·공립학교 교원의 불이익처분에 대한 소의 대상은 사립학교교원
과는 달리 원칙적으로 원래의 징계처분 등 불이익처분이고, 심사위원회의 결정
은 고유한 위법이 있을 때만 소송의 대상이 될 수 있다고 함으로써 원처분주의
를 관철하고 재결주의에 해당하지 않는다고 보았다(대판 1994. 2. 8. \n 93누17874). 이러한 판례의
태도는 행정소송의 대상을 심사위원회의 결정으로 하고 있는 법률문언에 반하
는 것이 아닌가 하는 의문이 들 수 있다. 그러나 교원소청심사위원회의 결정은
일반 공무원에 대한 소청심사위원회의 결정에 대응하는 행정심판에 해당하는
바, 일반 공무원에 대한 불이익처분에 대하여 원처분주의를 채택하고 있는 것
과 마찬가지로 국·공립학교 교원의 불이익처분에 대하여도 원처분주의로 해
석하는 것이 일반 공무원의 신분보장과 균형을 이루는 해석이라고 본다.

[판례] ㉮ 국·공립학교 교원에 대한 징계처분의 경우에는 원 징계처분 자체가
행정처분이므로 그에 대하여 위원회에 소청심사를 청구하고 위원회의 결정이 있은
후 그에 불복하는 행정소송이 제기되더라도 그 심판대상은 교육감 등에 의한 원
징계처분이 되는 것이 원칙이다. 다만 위원회의 심사절차에 위법사유가 있다는 등
고유의 위법이 있는 경우에 한하여 위원회의 결정이 소송에서의 심판대상이 된다.
따라서 그 행정소송의 피고도 위와 같은 예외적 경우가 아닌 한 원처분을 한 처분
청이 되는 것이지 위원회가 되는 것이 아니다. 또한 법원에서도 위원회 결정의 당
부가 아니라 원처분의 위법 여부가 판단대상이 되는 것이므로 위원회 결정의 결론
과 상관없이 원처분에 적법한 처분사유가 있는지, 그 징계양정이 적정한지가 판단
대상이 되고(다만 위원회에서 원처분의 징계양정을 변경한 경우에는 그 내용에 따라 \n 원처분이 변경된 것으로 간주되어 그 변경된 처분이 심판대상이 된다), 거기에 위법사유가 있다
고 인정되면 위원회의 결정이 아니라 원 징계처분을 취소하게 되고, 그에 따라 후

속절차도 원 징계처분을 한 처분청이 판결의 기속력에 따라 징계를 하지 않거나 재징계를 하게 되는 구조로 운영된다.

㉯ 반면, 사립학교 교원에 대한 징계처분의 경우에는 학교법인 등의 징계처분은 행정처분성이 없는 것이고 그에 대한 소청심사청구에 따라 위원회가 한 결정이 행정처분이고 교원이나 학교법인 등은 그 결정에 대하여 행정소송으로 다투는 구조가 되므로, 행정소송에서의 심판대상은 학교법인 등의 원 징계처분이 아니라 위원회의 결정이 되고, 따라서 피고도 행정청인 위원회가 되는 것이며, 법원이 위원회의 결정을 취소한 판결이 확정된다고 하더라도 위원회가 다시 그 소청심사청구사건을 재심사하게 될 뿐 학교법인 등이 곧바로 위 판결의 취지에 따라 재징계 등을 하여야 할 의무를 부담하는 것은 아니다(대판 2013. 7. 25, 2012두12297).

⑰ 의제된 인허가가 있는 경우

특정한 내용의 처분을 받으면 법률에 의하여 다른 인허가가 의제되는 경우 의제된 인허가는 본체인 처분과 별도로 취소소송의 대상이 되는 행정처분에 해당한다.

[판례] 구 주택법(2016. 1. 19. 법률 제13805호로 전부 개정되기 전의 것) 제17조 제1항에 따르면, 주택건설사업계획 승인권자가 관계 행정청의 장과 미리 협의한 사항에 한하여 승인처분을 할 때에 인허가 등이 의제될 뿐이고, 각호에 열거된 모든 인허가 등에 관하여 일괄하여 사전협의를 거칠 것을 주택건설사업계획 승인처분의 요건으로 규정하고 있지 않다. 따라서 인허가 의제 대상이 되는 처분에 어떤 하자가 있더라도, 그로써 해당 인허가 의제의 효과가 발생하지 않을 여지가 있게 될 뿐이고, 그러한 사정이 주택건설사업계획 승인처분 자체의 위법사유가 될 수는 없다. 또한 의제된 인허가는 통상적인 인허가와 동일한 효력을 가지므로, 적어도 '부분 인허가 의제'가 허용되는 경우에는 그 효력을 제거하기 위한 법적 수단으로 의제된 인허가의 취소나 철회가 허용될 수 있고, 이러한 직권 취소·철회가 가능한 이상 그 의제된 인허가에 대한 쟁송취소 역시 허용된다.

따라서 주택건설사업계획 승인처분에 따라 의제된 인허가가 위법함을 다투고자 하는 이해관계인은, 주택건설사업계획 승인처분의 취소를 구할 것이 아니라 의제된 인허가의 취소를 구하여야 하며, 의제된 인허가는 주택건설사업계획 승인처분과 별도로 항고소송의 대상이 되는 처분에 해당한다(대판 2018. 11. 29, 2016두38792).

⑱ 법률상 별도의 쟁송방법이 마련되어 있는 경우

특정한 행정작용에 대하여 법률이 별도의 쟁송방법을 마련해 놓은 경우에 그러한 행정작용은 항고소송의 대상이 될 수 없다.

> **[판례]** 농지법은 농지 처분명령에 대한 이행강제금 부과처분에 불복하는 자가 그 처분을 고지받은 날부터 30일 이내에 부과권자에게 이의를 제기할 수 있고, 이의를 받은 부과권자는 지체 없이 관할 법원에 그 사실을 통보하여야 하며, 그 통보를 받은 관할 법원은 비송사건절차법에 따른 과태료 재판에 준하여 재판을 하도록 정하고 있다($\binom{\text{제62조 제1항.}}{\text{제6항. 제7항}}$). 따라서 농지법 제62조 제1항에 따른 이행강제금 부과처분에 불복하는 경우에는 비송사건절차법에 따른 재판절차가 적용되어야 하고, 행정소송법상 항고소송의 대상은 될 수 없다.
> 농지법 제62조 제6항, 제7항이 위와 같이 이행강제금 부과처분에 대한 불복절차를 분명하게 규정하고 있으므로, 이와 다른 불복절차를 허용할 수는 없다. 설령 관할청이 이행강제금 부과처분을 하면서 재결청에 행정심판을 청구하거나 관할 행정법원에 행정소송을 할 수 있다고 잘못 안내하거나 관할 행정심판위원회가 각하재결이 아닌 기각재결을 하면서 관할 법원에 행정소송을 할 수 있다고 잘못 안내하였다고 하더라도, 그러한 잘못된 안내로 행정법원의 항고소송 재판관할이 생긴다고 볼 수도 없다($\binom{\text{대판 2019. 4. 11.}}{\text{2018두42955}}$).

(2) 처분 등의 위법주장

처분이 취소대상이 되기 위해서는 그 처분이 '위법'하지 않으면 안 된다. 다만, 소 제기의 단계에서는 위법의 가능성이 있음이 주장되는 것으로 족하며, 현실적으로 위법함이 요구되는 것은 아니다. 처분의 객관적 위법성 자체는 소송요건이 아니라 본안에서의 이유유무의 문제이다.

어떠한 경우에 처분이 위법으로 되는가, 즉 위법의 원인, 위법과 부당의 구별, 위법의 효과로서의 무효·취소의 구별, 위법의 치유와 승계($\binom{\text{선행처분의 후행처}}{\text{분에 대한 구속력}}$), 민사재판·형사재판 등의 선결문제로서 처분의 위법성심사의 가능 여부 등, 처분의 위법과 관련되는 문제가 많이 있는데, 그들 문제는 각각 해당 분야에서 다루어지고 있으므로, 이곳에서 그들 문제에 대한 설명은 생략하기로 한다.

사례해설1

강제격리·입원은 국민보건을 위해 신체에 실력을 가하여 행정상 필요한 상태를 실현하는 행정상 즉시강제로서 권력적 사실행위에 해당한다. 권력적 사실행위는 강학상의 행정행위가 아니라 하더라도 '그 밖에 이에 준하는 행정작용'으로서 행정소송법상의 처분에 해당한다. 즉, 권력적 사실행위는 법적 규율로서의 수인의무를 부과하는 요소(수인하명)와 물리적 집행행위가 결합된 것으로서 전형적인 행정행위에는 해당하지 않으나 이에 준하는 행정작용인 것이다. 이 경우 전자가 취소소송의 대상이 될 수 있으며 이것이 취소되었음에도 여전히 위법한 사실행위가 계속되고 있는 경우에는 그 사실행위의 제거를 청구하는 공법상 당사자소송으로서의 이행소송의 제기가 가능할 것인 바, 甲으로서는 취소소송과 당사자소송을 병합하여 제기함이 효율적이다.[58)]

사례해설2

일반 공무원에 대한 불이익처분에 대하여는 원처분주의를 채택하고 있으므로 공립학교 교원의 불이익처분에 대하여도 원처분주의로 해석하는 것이 일반 공무원의 신분보장과 균형을 이루는 해석이라고 본다. 설문에서 교원징계재심위원회는 해임처분을 정직 3월의 징계처분으로 변경하였는바, 이러한 수정재결로 인해 원처분인 해임처분이 정직 3월의 징계처분으로 여전히 감축된 형태로 존속하고 있으므로, 甲은 乙을 상대로 정직 3월의 징계처분에 대해 취소소송 내지 무효확인소송을 제기하면 된다.[59)]

VII. 소의 변경

기본사례

교도소장 乙이 복역중인 甲의 서신을 위법하게 검열하자 甲은 동 행위에 대해 취소소송을 제기하였으나, 소송계속중 각하될 것을 우려하여 국가를 상대로 하는 손해배상청구소송으로 소의 변경을 신청하였다. 수소법원은 소의 변경을 허가하여야 하는가?

1. 제도의 의의

소의 변경이란 소송의 계속중에 원고가 심판을 청구한 사항(소송물)을 변경

---

58) 상세는 김연태, 행정법사례연습, 363면 이하 참조.
59) 상세는 김연태, 행정법사례연습, 587면 이하 참조.

하는 것을 말하며, '청구의 변경'이라고도 한다. 소의 변경은 당초의 소에 의하여 개시된 소송절차가 유지되며, 거기에 나타난 소송자료가 승계되는 점에 의의가 있다.

소의 변경은 「민사소송법」에서 일정한 요건하에 인정되고 있는바($\frac{동법}{262조}$), 동법하에서는 인정되지 않는 피고의 변경이 행정소송에서 인정되고 있는 점이 하나의 특색이다. 행정소송, 특히 항고소송은 행정청을 피고로 함이 원칙이므로($\frac{행정소송법}{13조, 38조}$), 만일에 피고의 변경을 허용하지 않게 되면 소의 변경이 허용되는 범위와 실익이 지나치게 좁게 된다. 따라서 그 점을 입법을 통해 명확히 한 점이 행정소송법상의 소의 변경에 관한 규정의 제도적 의의라 할 수 있다.

일반적으로 소의 변경에는 종래의 청구는 그대로 두고 거기에 별개의 새로운 청구를 추가하는 '추가적 변경'과 종래의 청구 대신에 새로운 청구를 제기하는 '교환적 변경'의 두 가지 유형이 있다.

2. 소의 변경의 구조

행정소송법은 피고의 변경을 포함한 소의 종류의 변경($\frac{행정소송}{법 21조}$)과 소송목적물인 처분의 변경에 의한 소의 변경($\frac{행정소송}{법 22조}$)을 규정하고 있고, 통설과 확립된 판례는 행정소송법 제8조 2항에 의하여 준용되는 민사소송법 제262조에 근거한 소의 변경도 허용하고 있다. 소의 변경의 본래 모습은 민사소송법 제262조의 준용에 의한 소의 변경으로서 행정소송법 제21조와 제22조에 따른 소의 변경은 특별규정으로 이해하는 것이 일반적인 인식이다. 따라서 항고소송과 당사자소송 사이의 변경 및 항고소송 내에서의 취소소송, 무효등확인소송, 부작위위법확인소송 사이의 변경은 행정소송법 제21조의 소의 종류의 변경의 대상이 되고, 행정소송 계속 중에 소송의 대상이 되는 처분이 변경된 경우에는 행정소송법 제22조의 처분의 변경에 의한 소의 변경의 대상이 된다. 그리고 여기에 포함되지 않는 다른 유형의 소의 변경은 민사소송법의 준용에 의한 소의 변경의 대상이 된다.

3. 행정소송법상 소의 변경

「행정소송법」은 소의 변경에 관하여, 소의 종류의 변경($\frac{동법}{21조}$)과 처분변경으로 인한 소의 변경($\frac{동법}{22조}$)의 두 가지를 규정하고 있다.

(1) 소의 종류의 변경

(가) 의 의

취소소송을 당해 처분 등에 관계되는 사무가 귀속하는 국가 또는 공공단체에 대한 당사자소송 또는 취소소송 외의 항고소송으로 변경하는 것이 이에 해당된다(통법조).

취소소송에 있어서는 그의 계속중에 대상인 처분이 법령의 규정, 부관인 조건의 성취, 기간만료, 목적물의 멸실 등에 의하여 소의 이익(협의)을 상실할 가능성이 있다. 이와 같은 사정으로 취소청구를 유지하기 어려운 경우에 별소의 제기를 강요한다는 것은 원고의 보호 및 소송경제의 관점에 비추어 보아 바람직하지 않다. 이러한 이유로 소의 변경을 허용할 필요가 있는바, 다른 유형의 소송으로 변경하는 것일 뿐 아니라 당사자(피고)의 변경까지 수반하게 되므로, 행정소송법은 이에 관하여 명문의 규정을 두게 된 것이다.

종래 행정소송법 제21조의 소의 종류의 변경에 따른 소의 변경은 교환적 변경에 한하고 추가적 변경은 허용되지 않은 것으로 이해되어 왔다. 그런데 위 규정에 따라 추가적 변경이 불가능하다고 해석할만한 특별한 근거를 찾기 어려울 뿐만 아니라, 추가적 변경을 허용하지 않을 경우 결국 민사소송법 제262조의 준용에 의한 소의 변경에 의할 수밖에 없는데, 이 경우 추가된 청구는 소 변경신청서 제출 시에 제소된 것으로 보기 때문에 제소기간 문제가 발생하는 문제가 있어 추가적 변경을 허용하여야 한다는 반론도 있다. 추가적 변경을 인정하여 행정작용의 위법 여부에 관한 당사자의 의문을 일거에 해결하는 것이 효과적인 권리구제와 분쟁의 일회적 해결을 통한 소송경제의 실현에 도움이 된다. 대법원 판례 역시 추가적 변경을 허용하고 있는 것으로 보인다.[60]

(나) 요건과 절차

① 취소소송이 계속되고 있을 것

② 사실심의 변론종결시까지 원고의 신청이 있을 것:　　　소송요건의 흠결로 인하여 소송이 부적법한 경우에도 소가 각하되기까지는 소의 변경신청을 할 수 있다. 그러나 취소소송이 상고심에 계속되는 때에는 그 신청을 할 수 없

---

60) 대판 2005. 12. 23. 2005두3554(동일한 행정처분에 대하여 무효확인의 소를 제기하였다가 그 후 그 처분의 취소를 구하는 소를 추가적으로 병합한 경우, 주된 청구인 무효확인의 소가 적법한 제소기간 내에 제기되었다면 추가로 병합된 취소청구의 소도 적법하게 제기된 것으로 볼 수 있다고 한 사안). 같은 취지의 판결로 대판 2012. 11. 29. 2012두3743 참조.

다. 상고심은 사실심이 아닌 법률심이기 때문이다.

③ 취소소송을 「당해 처분 등에 관계되는 사무가 귀속하는 국가 또는 공공단체에 대한 당사자소송 또는 취소소송 외의 항고소송」으로 변경하는 것일 것: 여기에서 '사무가 귀속하는 국가 또는 공공단체'라 함은, 당해 처분 또는 재결을 취급한 행정청이 속하는 국가 또는 공공단체를 가리키는 것이 아니라, 처분 또는 재결의 효과가 귀속하는 국가 또는 공공단체를 의미하는 것으로 보아야 할 것이다. 따라서 국가의 사무인 경우에는 국가가, 공공단체의 사무인 경우에는 공공단체가 피고가 된다. 지방자치단체의 장이 법령에 의하여 기관위임사무를 취급하는 경우에는, 그 사무가 귀속하는 것은 당해 지방자치단체가 아니라 국가 또는 다른 지방자치단체이므로, 후자를 피고로 하지 않으면 안 된다.

「행정소송법」이 정하고 있는 "신청구"는 당사자소송 또는 취소소송 외의 항고소송이다. 여기에서 말하는 '당사자소송'과 '취소소송 외의 항고소송'의 범위는 명확하지 않다. 예컨대, 국가배상청구소송, 재산권의 수용유사·수용적 침해로 인한 손실보상청구소송이 당사자소송에 포함되는 것인지, 법정항고소송(무효등확인소송, 부작위위법확인소송) 이외에 이른바 법정외(무명)항고소송이 그 취소소송 외의 항고소송에 포함되는 것인지가 문제되는 것이다.

④ 청구의 기초에 변경이 없을 것: 이 요건은 「민사소송법」상의 그것(동법 262조)과 같은 취지로 새겨진다. 청구의 기초라는 개념은 「신·구청구간의 관련성」을 의미하는 것으로 볼 수 있는바, 구체적으로 무엇을 가리키는가에 관해서는 학설(이익설·기본적 사실설·사실자료공통설 등)이 나누어져 있다. 다만, 여기에서의 '청구의 기초'는 종전의 취소소송에 의하여 달성하고자 한 권리·이익의 구제와 동일기반에 서는 다른 청구로의 변경을 의미하는 것으로 이해된다. 만일에 청구의 기초에 동일성이 없게 되면 부적법한 것으로서 각하되어야 할 것이나, 신소의 피고가 동의하는 경우에는 그 하자는 치유된다고 판단된다.

⑤ 법원이 상당하다고 인정하여 허가결정을 할 것: 「민사소송법」에서는 소송절차를 지연케 함이 현저하지 않는 한 소의 변경을 할 수 있도록 하고 있다(동법 262조). 이에 대하여 「행정소송법」에서는 처음부터 법원의 허가사항으로 하고 있는 점에 유의할 필요가 있다.

'상당성'의 요건은 「민사소송법」 제262조 1항 단서, 즉 「소송절차를 현저히 지연시키는 경우에는 그러하지 아니하다」의 요건을 대체하는 것은 아니며, 그것보다 넓은 의미를 가진다고 새겨진다. 구체적인 경우에 따라 소의 변경을 허가하는 것이 원고의 이익에 합치되는지 여부를 고려하여 판단하여야 할 것이다. 신소로 변경하더라도 승소의 가능성이 없는 경우에는 변경을 허가해서는 안 될 것으로 새겨지나, 소송물을 달리하게 되면 소송자료도 달라지므로 그의 판정은 신중을 기해야 할 것이다.

법원은 소의 변경을 허가함에 있어 피고를 달리하게 될 때에는 새로이 피고로 될 자의 의견을 들어야 한다(행정소송법21조 2항). 의견의 진술은 법원에 대한 소송행위이며, 의견을 듣지 않고 행한 결정은 위법이 된다. 그러나 당사자가 이의를 제기하는 않는 한 그 하자는 치유된다고 보아도 좋을 것이다. 의견을 듣는 범위는 상당성의 요건, 사무의 귀속 같은 것이 중심이 될 것이다. 의견을 듣는 방법은 법에 규정이 없으므로 구술의 방법도 가능하다. 의견을 진술하는 방법도 듣는 경우에 있어서와 같다고 볼 수 있다.

(다) 효 과

소의 변경을 허가하는 결정이 있게 되면 신소는 변경된 소를 제기한 때에 제기된 것으로 보며, 변경된 구소는 취하된 것으로 본다(동법21조 4항). 그리하여 구소에 대하여 행해진 종전의 소송절차는 신소에 유효하게 승계된다.

소 변경의 요건을 충족하지 못하여 하자가 있음에도 피고가 소 변경에 동의하거나 이의하지 않고 변론하는 경우 소 변경을 허용할 것인지의 문제가 있다.[61] 행정소송법 제21조에 의한 소 변경은 종전 소송을 유지할 필요가 없는 경우 별소를 제기하는 것이 원고의 효과적인 권리구제와 소송경제의 관점에 반한다는 이유에서 도입되었는데, 피고가 특별한 이의를 제기하지 아니하는 상황에서 소 변경을 불허할 특별한 필요는 없어 보인다. 또한 법원이 피고의 이의 유무에도 불구하고 모든 요건을 심사하도록 하는 것은 심리부담만을 가중하는 점에서도 하자가 치유된다고 보는 것이 타당하다. 법원의 실무례도 마찬가지로 보인다.[62]

(라) 불복방법

법원의 소변경허가결정에 대하여는 신소의 피고 및 구소의 피고는 즉시항고할 수 있다(동법21조 3항). 소변경의 불허가결정에 대해서는 행정소송법이 규정을 두

---

61) 대법원은 민사소송에서의 소 변경의 경우 상대방이 지체 없이 이의하지 않고 변경된 청구에 관하여 본안의 변론을 한 때에는 상대방은 더 이상 소의 변경의 적법 여부에 대하여 다투지 못한다고 판시한 바 있다(대판 2011. 2. 24, 2009다33655 등).

62) 법원실무제요 행정, 법원행정처, 2016, 277면.

고 있지 않는바, 「민사소송법」상의 특별항고 내지는 별소의 제기가 가능할 것이다.

(2) 처분변경으로 인한 소의 변경

(가) 의 의

행정청이 소송의 대상인 처분을 소가 제기된 후 변경한 때에 원고가 법원의 허가를 얻어 청구의 취지 또는 원인을 변경하는 경우가 이에 해당한다(동법 22 조 1항). 예컨대, 영업허가철회처분의 취소소송의 계속중에 행정청이 허가철회처분을 허가정지처분으로 변경한 경우에 있어서, 원고가 전자에 대한 소를 후자에 대한 소로 변경하는 것과 같은 것이 그에 해당한다. 이와 같은 소변경을 인정한 것은 원고에게 책임없는 사유로 인한 불합리한 절차의 반복을 피하여 원고로 하여금 신속하게 구제받도록 하기 위함이다.

이러한 "처분의 변경"에는 상술한 바와 같이 처분내용의 동일성이 없는 다른 처분으로 변경하는 실질적 변경뿐만 아니라, 당초의 처분과 동일한 내용의 또는 실질적으로 기초를 같이 하는 다른 처분으로 변경하는 형식적 변경도 포함한다.

> **[판례]** 피고가 원고에게 하천점용료 부과처분을 하였다가 절차상 하자를 이유로 이를 취소하고 다시 동일한 내용의 처분을 한 경우에, 원고가 당초의 부과처분에 대한 취소청구를 새로운 부과처분에 대한 취소청구로 변경하더라도 두 처분이 모두 동일한 내용의 하천점용료를 대상으로 한 것으로서 별개의 두 부과처분이 병존하는 것이 아닌 이상 그 청구의 기초에 변경이 없다고 볼 것이다(대판 1984. 2. 28, 83누638).

(나) 요 건

① 원고의 소변경허가의 신청은 처분의 변경이 있음을 안 날로부터 60일[63] 이내에 하여야 한다(동법 22 조 2항). ② 법원의 변경허가결정이 있어야 한다.

(다) 효 과

소의 변경을 허가하는 결정이 있으면, 신소는 구소가 제기된 때에 제기된

---

63) 행정소송법 제22조에 의한 소 변경이 변경된 처분에 대하여 새로운 소를 제기하는 불편을 덜기 위한 취지에서 도입되었다는 점을 고려하여 보면 위와 같은 60일의 기간은 행정소송법 제20조에 규정된 제소기간의 일반원칙(처분등이 있음을 안 날부터 90일, 처분등이 있은 날부터 1년)에 비하여 부당하게 짧은 것 아닌가 하는 의문이 있다. 참고로 2012년에 마련된 행정소송법 전부개정 법률안에는 처분변경으로 인한 소의 변경의 신청기한이 90일로 예정되어 있었다.

것으로 보며, 구소는 취하된 것으로 본다.

4. 민사소송법의 준용에 따른 소의 변경

(1) 허용성

행정소송에서 민사소송법 제262조[64]의 일반원칙에 의한 소 변경이 가능한지의 문제가 있다. 행정소송법에서 인정하는 소의 변경은 민사소송법상의 소의 변경을 배척하는 것이 아니므로, 행정소송의 원고는 행정소송법 제8조 2항에 의하여 준용되는 민사소송법 제262조에 따라 청구의 기초에 변경이 없는 한도에서 청구의 취지 또는 원인을 변경할 수 있다(대판 1999. 11. 26, 99두9407 참조).

(2) 소 변경의 요건

민사소송법 규정에 의한 소의 변경이 허용되기 위해서는 민사소송법 제262조에 정한 소 변경의 요건을 갖추어야 한다. 즉 ① 청구기초의 변경이 없을 것, ② 소송절차를 현저히 지연시키지 않을 것, ③ 사실심이 계속되고 변론종결 전일 것, ④ 소의 병합의 일반요건을 갖출 것이 요구된다. 특히 ④ 요건과 관련하여 뒤에서 보는 바와 같이 행정소송과 민사소송 사이의 소 변경 가능성이 문제된다.

(3) 소 변경의 형태

민사소송법 제262조의 준용에 의한 소 변경은 행정소송법 제21조 및 제22조의 소 변경의 대상이 될 수 없는 경우에 활용된다. 특히 취소소송을 취소소송으로 변경하는 경우와 같이 항고소송 내에서 같은 소송유형 사이의 소 변경이나 소송 이전에 이루어진 별개의 처분에 대한 소 변경 등이 그 대상이 된다. 일반적인 민사소송에서와 같이 교환적·추가적 변경이 모두 허용되고, 예비적 청구를 추가할 수도 있다.

(4) 절 차

원칙적으로 사실심 변론종결시까지 서면에 의한 신청이 필요하고(민사소송법 262조 2항), 법원은 위 신청서를 상대방에게 송달하여야 한다.

---

64) 민사소송법 제262조(청구의 변경) ① 원고는 청구의 기초가 바뀌지 아니하는 한도 안에서 변론을 종결할 때(변론 없이 한 판결의 경우에는 판결을 선고할 때)까지 청구의 취지 또는 원인을 바꿀 수 있다. 다만, 소송절차를 현저히 지연시키는 경우에는 그러하지 아니하다.
   ② 청구취지의 변경은 서면으로 신청하여야 한다.
   ③ 제2항의 서면은 상대방에게 송달하여야 한다.

신청서를 접수한 법원은 소변경이 적법하다고 판단되는 경우 별도의 허가 결정 없이 새로운 소에 관한 심리를 진행하면 된다. 상대방이 다투는 경우 실무상 종국판결의 이유 중에 소의 변경이 적법하다는 판단을 하는 것이 일반적이다. 소 변경 허가결정에 대해서는 별도로 불복할 수 없다는 것이 민사소송에서의 통설이다.

반면 소의 변경의 부적법한 경우 법원은 소의 변경을 허용하지 않는다는 취지의 불허가 결정을 하여야 한다($\binom{\text{민사소송법}}{\text{263조}}$). 불허가 결정에 대해서는 독립하여 항고할 수 없고 종국판결에 대한 상소로써만 다툴 수 있다.[65]

(5) 효 과

(가) 일반적인 효과

민사소송법상의 소 변경의 효과와 같다. 교환적 변경의 경우 종전의 소는 취하되고, 새로운 소가 제기된 것으로 본다. 추가적 변경의 경우 청구의 병합이 되므로 그 절차에 따라 종전의 청구와 새로운 청구 모두에 관하여 심판하면 된다. 모든 경우 종전 청구에 관하여 이미 제출된 재판자료는 그대로 새로운 청구의 재판자료가 된다.

(나) 제소기간

민사소송법 제262조의 준용에 의한 소 변경의 경우에는 행정소송법 제21조와 같은 제소기간의 소급에 관한 규정이 없어 민사소송에서의 일반원칙과 마찬가지로 소 변경 신청서 제출시에 새로운 소가 제기된 것으로 보게 된다. 대법원은 민사소송법의 일반원칙에 따라 청구취지를 변경하여 종래의 소가 취하되고 새로운 소가 제기된 것으로 변경되었을 때에 새로운 소에 대한 제소기간의 준수 등은 원칙적으로 소의 변경이 있은 때를 기준으로 하여야 한다고 판시하였다($\binom{\text{대판 2004. 11. 25,}}{\text{2004두7023 참조}}$). 대법원은 소의 추가적 변경에 있어서도 새로운 소에 대한 제소기간의 준수 등은 원칙적으로 소의 변경이 있은 때를 기준으로 하여야 한다고 하고 있다.[66]

---

65) 대판 1992. 9. 25, 92누5096.
66) 대판 2004. 12. 10, 2003두12257(대법원은 보충역편입처분취소처분의 효력을 다투는 소에 공익근무요원복무중단처분, 현역병입영대상편입처분 및 현역병입영통지처분의 취소를 구하는 청구를 추가적으로 병합한 사안에서, 공익근무요원복무중단처분, 현역병입영대상편입처분 및 현역병입영통지처분은 보충역편입처분취소처분을 전제로 한 것이기는 하나 각각 단계적으로 별개의 법률효과를 발생시키는 독립된 행정처분으로서 하나의 소송물로 평가할 수 없고, 보충역편입처분취소처분의 효력을 다투는 소에 공익근무요원복무중단처분, 현역병입영대상편입처분 및 현역병입영통지처분을 다투는 소도 포함되어 있다고 볼 수는 없다고 할 것이므로, 공익근무요원복무중단처분, 현역병입영대상편입처분 및 현역병입영통

다만, 대법원은 변경 전후의 청구가 밀접한 관련이 있는 경우 등에 제소기간의 소급을 인정하기도 한다. 특히 변경 전의 청구에 이미 변경 후의 청구까지 포함되어 있다고 볼 수 있는 경우에는 당초의 소 제기시를 기준으로 제소기간 준수 여부를 판단하고 있다.

[판례①] 행정소송법상 취소소송은 처분 등이 있음을 안 날부터 90일 이내에 제기하여야 하고, 처분 등이 있은 날부터 1년을 경과하면 제기하지 못한다(행정소송법 제20조 제1항, 제2항). 한편 청구취지를 교환적으로 변경하여 종전의 소가 취하되고 새로운 소가 제기된 것으로 보게 되는 경우에 새로운 소에 대한 제소기간의 준수 등은 원칙적으로 소의 변경이 있은 때를 기준으로 하여 판단된다. 그러나 선행처분의 취소를 구하는 소가 그 후속처분의 취소를 구하는 소로 교환적으로 변경되었다가 다시 선행처분의 취소를 구하는 소로 변경된 경우 후속처분의 취소를 구하는 소에 선행처분의 취소를 구하는 취지가 그대로 남아 있었던 것으로 볼 수 있다면 선행처분의 취소를 구하는 소의 제소기간은 최초의 소가 제기된 때를 기준으로 정하여야 한다(대판 2013. 7. 11, 2011두27544).

[판례②] 청구취지를 추가하는 경우, 청구취지가 추가된 때에 새로운 소를 제기한 것으로 보므로, 추가된 청구취지에 대한 제소기간 준수 등은 원칙적으로 청구취지의 추가·변경 신청이 있는 때를 기준으로 판단하여야 한다.

그러나 선행 처분의 취소를 구하는 소를 제기하였다가 이후 후행 처분의 취소를 구하는 청구취지를 추가한 경우에도, 선행 처분이 종국적 처분을 예정하고 있는 일종의 잠정적 처분으로서 후행 처분이 있을 경우 선행 처분은 후행 처분에 흡수되어 소멸되는 관계에 있고, 당초 선행 처분에 존재한다고 주장되는 위법사유가 후행 처분에도 마찬가지로 존재할 수 있는 관계여서 선행 처분의 취소를 구하는 소에 후행 처분의 취소를 구하는 취지도 포함되어 있다고 볼 수 있다면, 후행 처분의 취소를 구하는 소의 제소기간은 선행 처분의 취소를 구하는 최초의 소가 제기된 때를 기준으로 정하여야 한다(대판 2018. 11. 15, 2016두48737).

[판례③] 행정소송법상 취소소송은 처분 등이 있음을 안 날부터 90일 이내에 제기하여야 하고, 처분 등이 있은 날부터 1년을 경과하면 제기하지 못한다(행정소송법 20조 1항, 2항). 그리고 청구취지를 변경하여 구 소가 취하되고 새로운 소가 제기된 것으로 변경되었을 때에 새로운 소에 대한 제소기간의 준수 등은 원칙적으로 소의 변경이 있은 때를 기준으로 하여야 한다.

그러나 선행 처분에 대하여 제소기간 내에 취소소송이 적법하게 제기되어 계속 중

___

지처분의 취소를 구하는 소의 제소기간의 준수 여부는 각 그 청구취지의 추가·변경신청이 있는 때를 기준으로 개별적으로 살펴야 할 것이지, 최초에 보충역편입처분취소처분의 취소를 구하는 소가 제기된 때를 기준으로 할 것은 아니라고 판단하였다).

에 행정청이 선행 처분서 문언에 일부 오기가 있어 이를 정정할 수 있음에도 선행 처분을 직권으로 취소하고 실질적으로 동일한 내용의 후행 처분을 함으로써 선행 처분과 후행 처분 사이에 밀접한 관련성이 있고 선행 처분에 존재한다고 주장되는 위법사유가 후행 처분에도 마찬가지로 존재할 수 있는 관계인 경우에는 후행 처분의 취소를 구하는 소변경의 제소기간 준수 여부는 따로 따질 필요가 없다(대판 2019. 7. 4. 2018두58431).

5. 행정소송과 민사소송 사이의 소 변경 가능성

행정소송사건을 민사소송사건으로 변경하거나 그 반대의 경우도 허용되는 지가 문제된다. 본래 행정사건과 민사사건은 동종의 소송절차가 아닐 뿐만 아니라 관할도 달리하기 때문에 민사소송법 제262조에 의한 소의 변경이 대상이되지 않는다.

이에 관하여 대법원은 행정소송을 민사소송으로 잘못 제기한 경우에는 민사소송을 행정소송으로 변경할 수 있다는 입장이다. 대법원 판례에 의하면 행정소송(항고소송은 물론 당사자소송도 포함)을 제기하였어야 하는 사안을 민사소송으로 제기한 경우 행정소송으로서의 적법요건(제소기간·전심절차 등)을 갖추었다면 수소법원은 관할이 없다는 이유로 소를 각하해서는 안 되고, ① 수소법원에 행정소송의 관할이 있다면 소변경을 하도록 하여 행정소송으로 심리·판단하여야 하고,[67] ② 행정소송의 관할이 없다면 관할 법원에 이송하여 행정소송법 제21조에 따른 소의 변경 절차를 거치도록 하여야 한다.[68] 나아가 대법원은 항고소송으로 제기해야 할 사건을 민사소송으로 잘못 제기하여 관할법원에 이송된 뒤 원고가 항고소송으로 소를 변경한 경우, 항고소송에 대한 제소기간의 준수 여부는 원칙적으로 '처음에 소를 제기한 때'를 기준으로 판단하여야 한다고 하였다.[69] 이와 같은 판례의

---

67) 원고가 고의 또는 중대한 과실 없이 행정소송으로 제기하여야 할 사건을 민사소송으로 잘못 제기한 경우 수소법원으로서는 만약 그 행정소송에 대한 관할도 동시에 가지고 있는 경우라면, 행정소송으로서의 전심절차 및 제소기간을 도과하였거나 행정소송의 대상이 되는 처분 등이 존재하지도 아니한 상태에 있는 등 행정소송으로서의 소송요건을 결하고 있음이 명백하여 행정소송으로 제기되었더라도 어차피 부적법하게 되는 경우가 아닌 이상, 원고로 하여금 항고소송으로 소 변경을 하도록 석명권을 행사하여 행정소송법이 정하는 절차에 따라 심리·판단하여야 한다(대판 1996. 2. 15, 94다31235 전합 판결 이후 확립된 입장이다. 최근 판례로는 대판 2020. 1. 16, 2019다264700 참조).

68) 대판 2009. 9. 17, 2007다2428, 대판 2017. 11. 9, 2015다215526 등 역시 확립된 판례이다.

69) 대판 2022. 11. 17, 2021두44425(행정소송법 제8조 제2항은 '행정소송에 관하여 이 법에 특별한 규정이 없는 사항에 대하여는 법원조직법과 민사소송법 및 민사집행법의 규정을 준용한다'라고 규정하고 있고, 민사소송법 제40조 제1항은 '이송결정이 확정된 때에는 소송은 처음부터 이송받은 법원에 계속된 것으로 본다'라고 규정하고 있다. 한편 행정소송법 제21조 제1항, 제4항, 제37조, 제42조, 제14조 제4항은 행정소송 사이의 소 변경이 있는 경우 처음 소를 제기한 때에 변경된 청구에 관한 소송이 제기된 것으로 보도록 규정하고 있다. 이와 같은 규정 내용 및 취지 등에 비춰 보면, 행정소송법상 항고소송으로 제기해

취지는 행정소송법 제21조에 근거하여 민사소송을 행정소송으로 변경할 수 있다는 취지를 분명히 한 것으로 이해된다. 이러한 판례의 태도는 당사자의 권리구제 및 소송경제의 관점에서 긍정적으로 평가할 수 있다.

[판례①] 행정소송법상 항고소송으로 제기하여야 할 사건을 민사소송으로 잘못 제기한 경우에 수소법원이 그 항고소송에 대한 관할도 동시에 가지고 있다면, 전심절차를 거치지 않았거나 제소기간을 도과하는 등 항고소송으로서의 소송요건을 갖추지 못했음이 명백하여 항고소송으로 제기되었더라도 어차피 부적법하게 되는 경우가 아닌 이상, 원고로 하여금 항고소송으로 소 변경을 하도록 석명권을 행사하여 행정소송법이 정하는 절차에 따라 심리·판단하여야 한다(대판 2020. 1. 16. 2019다264700, 동지판례: 대판 2020. 4. 9. 2015다34444; 대판 1999. 11. 26. 97다42250).

[판례②] 행정소송법 제8조 제2항은 "행정소송에 관하여 이 법에 특별한 규정이 없는 사항에 대하여는 법원조직법과 민사소송법 및 민사집행법의 규정을 준용한다"라고 규정하고 있고, 민사소송법 제40조 제1항은 "이송결정이 확정된 때에는 소송은 처음부터 이송받은 법원에 계속된 것으로 본다"라고 규정하고 있다. 한편, 행정소송법 제21조 제1항, 제4항, 제37조, 제42조, 제14조 제4항은 행정소송 사이의 소 변경이 있는 경우 처음 소를 제기한 때에 변경된 청구에 관한 소송이 제기된 것으로 보도록 규정하고 있다. 이러한 규정 내용 및 취지 등에 비추어 보면, 원고가 행정소송법상 항고소송으로 제기하여야 할 사건을 민사소송으로 잘못 제기한 경우에 수소법원이 그 항고소송에 대한 관할을 가지고 있지 아니하여 관할법원에 이송하는 결정을 하였고, 그 이송결정이 확정된 후 원고가 항고소송으로 소 변경을 하였다면, 그 항고소송에 대한 제소기간의 준수 여부는 원칙적으로 처음에 소를 제기한 때를 기준으로 판단하여야 한다(대판 2022. 11. 17. 2021두44425).

사례해설

국가배상청구소송을 공법상 당사자소송으로 보는 경우 법원은 「행정소송법」 제21조에 의해 소의 변경을 허가해야 한다. 즉, 취소소송의 위법성 판단자료가 국가배상청구소송의 위법성 판단에 있어서도 유용할 것이기에 청구기초의 동일성을 인정할 수 있으며 절차 지연과 같은 사정이 보이지 않을 뿐 아니라 소의 변경을 허가하는 것이 이미 침해행위가 종료되어 손해전보를 받는 것만이 적절한 권익구제수단이라는 점에서 甲의 이익에 합치하므로 소변경 허가의 상당성도 인정할 수 있다. 한편, 판례와 같이 국가배상청구소송을 민사소송으로 보는 경우에는 「행정소송법」 제8조 2항, 「민사소송법」 제262조에 의해 소변경을 허

야 할 사건을 민사소송으로 잘못 제기해 관할법원에 이송된 뒤 원고가 항고소송으로 소 변경을 한 경우 항고소송에 대한 제소기간의 준수 여부는 원칙적으로 처음에 소를 제기한 때를 기준으로 해야 한다).

용해야 할 것이며, 이 경우 수소법원이 국가배상청구소송에 대한 관할권이 없을 경우 이를 관할권 있는 법원으로 이송해야 할 것이다.[70]

Ⅷ. 소제기의 효과

취소소송이 제기되면 절차법적 및 실체법적 효과가 발생한다. 절차법적 효과로서 청구에 대한 소송의 계속상태가 발생하는바, 중복제소가 금지되고, 소송참가의 기회가 생기게 되며($^{행정소송법}_{16조, 17조}$), 관련청구의 이송이 인정되고($^{동법 10}_{조 1항}$), 집행정지결정($^{동법}_{23조}$)을 할 수 있게 된다. 그리고 실체법적 효과로서 법률상의 기간준수의 효과($^{동법}_{20조}$)가 발생한다.

Ⅸ. 취소소송과 가구제

1. 개   설

소송은 법적 분쟁의 존재를 전제로 한다. 그 법적 분쟁은 판결을 통해서 최종적으로 결말이 나게 되는바, 그에 이르기까지는 숙명적으로 오랜 시일이 걸린다. 그 결과 분쟁의 대상이 되고 있는 법률관계의 내용이 실현되고 나면 승소의 판결을 얻더라도 당사자의 구제목적을 달성하기 어려운 때가 있다. 여기에 바로 판결에 이르기 전까지의 잠정적인 조치로서의 가구제제도가 필요한 이유가 있다.[71]

「행정소송법」은 취소소송을 중심으로 엮어져 있으므로($^{동법 9조}_{내지 34조}$), 가구제에 관하여서도 일단 취소소송에 관하여 규정하고서 그것을 다른 소송에 준용하는 형식을 취하고 있다($^{동법 23조, 38조}_{1항 참조}$).

2. 현행법상의 가구제

(1) 집행부정지원칙

「행정소송법」은 "취소소송의 제기는 처분 등의 효력이나 그 집행 또는 절차

---

70) 상세는 김연태, 행정법사례연습, 608면 이하 참조.
71) 상세는 김남진, 행정소송과 가구제의 확충, 고시연구, 2005. 9.

의 속행에 영향을 주지 아니한다"($\substack{\text{동법 23} \\ \text{조 1항}}$)라고 규정하여 집행부정지원칙을 천명하고 있다. 항고소송의 가구제제도로서 집행부정지원칙을 취하는가($\substack{\text{한국·일본} \\ \text{프랑스 등}}$), 집행정지원칙을 취하는가($\substack{\text{동일}}$)는 입법정책의 문제로 볼 수 있다. 그러한 의미에서 집행정지원칙을 행정행위의 공정력(예선적 효력)의 당연한 귀결로 생각한다는 것은 오해로 볼 수밖에 없다. 집행부정지원칙을 취하는가, 집행정지원칙을 취하는가는 입법정책상 행정의 신속성·실효성을 우선시하는가, 아니면 국민의 권리보호를 우선시하는가에 의해 결정된다고 하겠는바, 우리의 현행법은 전자를 취한 것으로 볼 수 있다. 남소의 방지도 그 이유 중의 하나로 볼 수 있다.

(2) 집행의 정지

취소소송이 제기된 경우에 처분 등이나 그 집행 또는 절차의 속행으로 인하여 생길 회복하기 어려운 손해를 예방하기 위하여 긴급한 필요가 있다고 인정할 때 법원은 당사자의 신청이나 직권에 의하여 집행정지결정을 할 수 있으며($\substack{\text{동법 23} \\ \text{조 2항}}$), 이는 본안소송이 무효등확인소송인 경우에도 준용된다($\substack{\text{동법 38} \\ \text{조 1항}}$).

(가) 집행정지(결정)의 성질

처분 등의 집행정지가 행정작용의 성질을 가지는가 사법작용의 성질을 가지는 것인가 하는 점이 논의되기도 한다. 행정작용설은 처분 등의 집행정지결정의 성질은 본래 일반 행정작용과 다름없지만 편의상 본안소송이 계속된 법원이 그 권한을 갖는 데 불과하다고 본다. 그러나 집행정지결정이란 원고의 권리보전을 도모하기 위하여 법원이 계쟁처분의 집행을 잠정적으로 정지하는 것인 만큼 형식적으로나 내용적으로나 보전소송절차적인 것으로 보아야 하므로 사법작용설이 타당시 된다.

한편, 집행정지는 본안소송이 종결될 때까지 잠정적으로 처분 등의 효력이나 그 집행 또는 절차의 속행을 정지시키므로 민사소송법상의 가처분($\substack{\text{특히 임시의} \\ \text{지위를 정하} \\ \text{는 가처분}}$)적인 것이라 할 수 있다. 그러나 쟁의있는 공법상 권리관계에 관하여 적극적으로 임시의 지위를 정하는 것이 아니라, 소극적으로 계쟁처분 등의 효력 내지 집행을 정지시키는 데 불과하므로 소극적인 가처분적 성질과 내용을 갖는다고 할 수 있다.

[판례] 구 행정소송법 제10조에 규정된 가처분은 이미 존재하고 있는 처분의 집행정지를 구하는 것이지 새로운 처분을 요구할 수 있는 것은 아니므로 행정청의

하천공작물설치허가조건에 위반하여 피허가자가 공사를 함으로써 회복할 수 없는 손해를 입을 우려가 있는 자가 그 공사중지명령을 구하는 것과 같은 가처분신청은 허용될 수 없다(대결 1985. 7. 30.).

(나) 집행정지의 요건

「행정소송법」은 다음과 같은 요건하에 처분 등의 집행정지를 인정하고 있다.

① 적극적 요건

㉠ 적법한 본안소송의 계속:　　먼저 본안소송이 계속되어 있어야 한다. 「행정소송법」 제23조 2항이 "취소소송이 제기된 경우"에 "본안이 계속되고 있는 법원"이라고 규정하고 있음은 이를 나타낸 것이다. 이 점에서 본안소송 제기 전에 신청이 가능한 민사소송에 있어서의 가처분과 차이가 있다.

본안소송은 적법한 것이어야 하므로, 기간을 도과하였거나 피고를 잘못 정한 소송 등은 집행정지의 신청을 위법한 것으로 만든다. 본안소송의 제기와 동시에 신청하는 것은 허용된다고 새겨진다. 실무상으로도 본안소송 제기와 동시에 집행정지를 신청하는 것이 일반적이다.

[판례] 행정처분의 집행정지는 행정처분의 집행부정지원칙에 대한 예외로서 인정되는 것이고 또 본안에서 원고가 승소할 수 있는 가능성을 전제로 한 권리보호수단이라는 점에 비추어보면 집행정지사건 자체에 의하여도 신청인의 본안청구가 적법한 것이어야 할 것이다(대결 2003. 3. 14, 2002무56, 동지판례: 대결 2010. 11. 26, 2010무137).

㉡ 처분 등의 존재:　　처분 등이 존재해야 한다. 따라서 처분 등이 효력을 발생하기 전에는 그의 정지를 할 수 없음은 말할 것도 없고, 부작위인 경우나 처분 등이 그의 목적을 달성하여 소멸한 후에는 원칙적으로 집행정지의 실익이 없다고 보아야 한다. 그러므로 집행정지는 본안소송이 취소소송이나무효등확인소송인 경우에만 허용되고, 부작위위법확인소송의 경우에는 허용되지 않는다.

㉢ 회복하기 어려운 손해예방의 필요:　　여기에서 "회복하기 어려운 손해"라고 함은 특별한 사정이 없는 한 사회통념상 금전보상이나 원상회복이 불가능하다고 인정되는 손해를 의미하는바, 이는 금전보상이 불능인 경우뿐만 아니라 금전보상으로는 사회관념상 행정처분을 받은 당사자가 참고 견딜 수 없거나 또는 참고 견디기가 현저히 곤란한 경우의 유형·무형의 손해를 말한다. 가구제 역시 헌법이 보장하고 있는 국민의 재판청구권의 일내용임을 자각하여

그의 요건판단을 좀더 유연하게 할 필요가 있다. 손해는 개인(법인, 단체)적인 것이어야 하며, 공익상의 것이나 제3자의 것은 포함되지 않는다. 체납처분(공매)의 실행으로 인한 기업도산의 우려는 회복하기 어려운 손해로 볼 수 있으나, 도시계획사업 등에 관한 처분(활침처)은 재산적 보상이 가능한 경우로 볼 수 있다.

> **[판례①]** 행정소송법 제23조 제2항은 '취소소송이 제기된 경우에 처분 등이나 그 집행 또는 절차의 속행으로 인하여 생길 회복하기 어려운 손해를 예방하기 위하여 긴급한 필요가 있다고 인정할 때에는 처분 등의 효력 등을 정지할 수 있다.'고 정하고 있다. 여기에서 '회복하기 어려운 손해'는 특별한 사정이 없는 한 금전으로 보상할 수 없는 손해로서 금전보상이 불가능한 경우 또는 금전보상으로는 사회관념상 행정처분을 받은 당사자가 참고 견딜 수 없거나 참고 견디기가 현저히 곤란한 경우의 유형, 무형의 손해를 일컫는다(대결 2018. 7. 12, 2018무600. 동지판례: 대판 1987. 6. 23, 86두18; 대결 1992. 8. 7, 92두30; 대판 1992. 4. 29, 92두7; 대결 2011. 4. 21, 2010무111).
>
> **[판례②]** 당사자가 행정처분 등이나 그 집행 또는 절차의 속행으로 인하여 재산상의 손해를 입거나 기업 이미지 및 신용이 훼손당하였다고 주장하는 경우에 그 손해가 금전으로 보상할 수 없어 '회복하기 어려운 손해'에 해당한다고 하기 위해서는, 그 경제적 손실이나 기업 이미지 및 신용의 훼손으로 인하여 사업자의 자금사정이나 경영 전반에 미치는 파급효과가 매우 중대하여 사업 자체를 계속할 수 없거나 중대한 경영상의 위기를 맞게 될 것으로 보이는 등의 사정이 존재하여야 한다(대결 2003. 4. 25, 2003무2. 동지판례: 대결 2001. 10. 10, 2001무29).

㉣ 긴급한 필요:　　여기에서 "긴급한 필요"라 함은, 집행정지의 필요성이 절박하다는 것, 환언하면 회복하기 어려운 손해의 발생이 절박하여 본안판결을 기다릴 여유가 없음을 의미한다.

한편,「회복하기 어려운 손해의 예방」과「긴급한 필요」는 각각 별개로서 판단할 것이 아니라, 합일적으로 해석하여 앞의 요건이 충족되면 뒤의 요건도 충족되는 것으로 새길 필요가 있다.

이상의 적극적 요건의 존재는 집행정지결정의 신청자가 소명하여야 한다(동법 23조 4항).

> **[판례①]** '처분 등이나 그 집행 또는 절차의 속행으로 인하여 생길 회복하기 어려운 손해를 예방하기 위하여 긴급한 필요'가 있는지는 처분의 성질, 양태와 내용, 처분상대방이 입는 손해의 성질·내용과 정도, 원상회복·금전배상의 방법과 난이도 등은 물론 본안청구의 승소가능성 정도 등을 종합적으로 고려하여 구체적·개별적

으로 판단하여야 한다(대결 2018. 7. 12. 2018무600. 동지판례: 대판 1987. 6. 23. 86두18; 대결 1992. 8. 7. 92두30; 대판 1992. 4. 29. 92두7; 대결 2011. 4. 21. 2010무111).

[판례②] '처분 등이나 그 집행 또는 절차의 속행으로 인한 손해발생의 우려' 등 그 적극적 요건에 관한 주장·소명책임은 원칙적으로 신청인 측에 있다(대결 2011. 4. 21. 2010무111).

② 소극적 요건:　　집행정지는 공공복리에 중대한 영향을 미칠 우려가 있는 경우에는 허용되지 아니한다(동법 23조 3항). 이는 집행정지가 공공에 미치는 영향과 처분의 집행이 신청인에게 가하는 손해를 비교형량하여 결정할 일이다.

[판례] 출입국관리법상의 강제퇴거명령 및 그 집행을 위한 같은 법 제63조 제1항, 같은 법 시행령 제78조 제1항 소정의 보호명령에 대하여 그 취소를 구하는 소송이 제기되고 나아가 강제퇴거명령의 집행이 정지되었다면, 강제퇴거명령의 집행을 위한 보호명령의 보호기간은 결국 본안소송이 확정될 때까지의 장기간으로 연장되는 결과가 되어 그 보호명령이 그대로 집행된다면 본안소송에서 승소하더라도 회복하기 어려운 손해를 입게 된다고 할 것이나, 그 보호명령의 집행을 정지하면 외국인의 출입국 관리에 막대한 지장을 초래하여 공공복리에 중대한 영향을 미칠 우려가 있다고 보여지므로, 이와 같은 이유로 그 집행정지신청을 받아들이지 않은 것은 정당하다(대결 1997. 1. 20. 96두31).

③ 본안의 이유유무의 필요성 여부:　　일본 행정사건소송법은 본안에 대하여 이유가 없다고 보일 때에는 집행정지를 할 수 없다고 하여 집행정지의 소극적 요건의 형식으로 규정하고 있는 데 비해, 우리 행정소송법은 이에 대해 명시적으로 규정하고 있지 않고 있어 본안의 이유유무, 즉 승소가능성을 어느 정도 고려해야 하는지가 문제된다.

학자에 따라서는 「본안에 관하여 이유있음」을 적극적 요건의 하나로 추가하기도 한다.[72] 그러나 이는 본안심리의 선취를 초래하므로 허용될 수 없다고 생각된다.

대법원은 본안의 이유유무는 집행정지 결정단계에서 판단될 것은 아니라고 하면서도 신청인의 본안청구가 이유 없음이 명백한 경우에는 이를 고려하여 판단하여야 한다는 태도를 취하고 있다.

---

72) 김도창(상), 727면; 최광률, 집행정지의 요건과 본안이유와의 관계, 행정판례연구 제1집, 1992, 195면 이하.

> **[판례]** 행정처분의 효력정지나 집행정지를 구하는 신청사건에서 행정처분 자체의 위법 여부는 궁극적으로 본안재판에서 심리를 거쳐 판단할 성질의 것이므로 원칙적으로는 판단할 것이 아니고 그 행정처분의 효력이나 집행을 정지할 것인가에 대한 행정소송법 제23조 제2항, 제3항에 정해진 요건의 존부만이 판단의 대상이 된다고 할 것이지만, 효력정지나 집행정지는 신청인이 본안소송에서 승소판결을 받을 때까지 그 지위를 보호함과 동시에 후에 받을 승소판결을 무의미하게 하는 것을 방지하려는 것이어서 본안소송에서 처분의 취소가능성이 없음에도 처분의 효력이나 집행의 정지를 인정한다는 것은 제도의 취지에 반하므로 효력정지나 집행정지사건 자체에 의하여도 신청인의 본안청구가 이유없음이 명백하지 않아야 한다는 것도 효력정지나 집행정지의 요건에 포함시켜야 할 것이다(대결 1997. 4. 28, 96두75. 동지판례: 대결 1999. 11. 26, 99부3; 대결 1995. 2. 28, 94두36 등).

집행정지제도는 신청인이 본안소송에서 승소판결을 받을 때까지 그 지위를 보호함과 동시에 후에 승소판결을 무의미하게 하는 것을 방지하려는 것이므로 본안소송의 승소가능성, 즉 처분에 취소사유 등의 하자가 있을 가능성이 있어야 함은 당연하다. 그러나 자칫 집행정지 절차의 본안소송화를 초래하여 집행정지제도의 취지를 몰각할 우려가 있으므로 본안청구의 승소가능성이 명백히 없음에 대한 판단은, 신청인의 주장 자체에 의하더라도 위법하다고 볼 수 없거나 행정청이 적극적으로 적법함을 소명하여 피보전권리가 없음이 명백한 경우에만 하여야 할 것이다.

(다) 집행정지의 절차

① **당사자의 신청 또는 직권:** 집행정지는 당사자의 신청 또는 법원의 직권에 의하여 행해진다. 신청자는 신청인적격을 가져야 하며, 본안소송을 보전하기에 적합한 상대방을 상대로 신청하지 않으면 안 된다.

② **관 할:** 집행정지의 관할법원은 본안이 계속된 법원이다(동법 23조 2항 참조). 제1심뿐 아니라 상소심도 이에 포함된다.

③ **심 리:** 신청인은 그 신청의 이유에 대하여 소명하여야 한다(동법 23조 4항). 집행정지의 적극적 요건의 존재는 신청인이 소명하여야 하고, 집행정지로 인한 '공공복리에 중대한 영향을 미칠 우려의 존재'와 같은 소극적 요건은 피신청인인 행정청이 소명하여야 한다. 집행정지에 관한 결정은 변론을 거치지 아니하고 할 수 있으나 당사자를 심문할 수 있다(민사소송법 134조 참조). 실무상 집행정지 신청이 있는 경우 특별한 사정이 없는 한 심문기일을 열어 당사자의 의견을 듣는 경우가 많다. 입법례로서, 일본은 당사자의 의견청취를 의무사항으로 규정하고 있다

$\binom{\text{행정사건소송}}{\text{법 25조 5항}}$.

(라) 집행정지의 결정

① 정지의 대상:　　　집행정지의 대상은 '처분 등의 효력', '처분 등의 집행' 또는 '절차의 속행'이다.

한편, 모든 행정처분이 집행정지의 대상이 되는 것은 아니다. 주로 침익적 처분이 그의 대상이 되나, 제3자효 행정행위의 경우에도 그 가능성이 긍정된다. 특히 다음의 것이 문제되고 있다.

첫째, 거부처분이 그의 대상이 되느냐 하는 것이다. 이에 대해서는 부인하는 것이 일반적인 태도이다. 법원도 국립대학의 불합격처분에 관하여 당해 처분을 집행정지하더라도 이로 인하여 소관 행정청에 입학을 명하는 것이 되는 것이 아니고 또 당연히 입학이 되는 것도 아니므로, 집행정지의 대상이 되지 않는다고 판시한 바 있다.[73] 행정처분의 집행정지는 행정처분이 없었던 것과 같은 상태를 만드는 것을 의미하며, 그 이상으로 행정청에게 처분을 명하는 등 적극적인 상태를 만드는 것은 그 내용이 될 수 없다는 것이 일반적인 논지이다.

그러나 사안에 따라서는 거부처분의 집행정지가 인정되어야만 하는 경우가 있을 수 있다. 예컨대, 외국인의 체류기간갱신허가의 거부처분의 경우가 그에 해당될 수 있을 것이다. 유사한 사안에서 일본의 법원은, 체류기간갱신불허가 처분의 효력이 정지되더라도 재류외국인이 허가없이 이 나라에 재류하는 권리를 취득하는 것은 아니나, 동 불허가처분의 효력정지는 신청인이 재류기간이 경과한 후에도 불법체류자로서 문책당하지 않게 되며 따라서 당장에 추방되지는 않게 되므로 집행정지의 요건을 충족한다고 판시한 바 있다.[74]

생각건대, 거부처분의 집행정지에 의하여 거부처분이 행하여지지 아니한 상태로 복귀함에 따라 신청인에게 어떠한 법적 이익이 있다고 인정되는 경우에는 예외적으로 집행정지신청을 인정하여야 할 것이다.

우리의 고등법원의 판례 중에는 이러한 입장을 반영하여 거부처분에 대한 집행정지신청을 인정한 것도 있으며,[75] 또한 대법원의 판례도 대부분은 거부처분이 집행정지의 대상이 되지 않기 때문이 아니라 집행정지의 이익이 없음을 이유로 집행정지신청을 부적법하다고 판시한 것으로 보인다.

---

73) 대결 1963. 6. 26, 62두9.
74) 東京地裁 行集 21卷 9號, 1113면.
75) 서울고판 1991. 10. 10, 91부45.

> **[판례]** 신청에 대한 거부처분의 효력을 정지하더라도 거부처분이 없었던 것과 같은 상태, 즉 거부처분이 있기 전의 신청시의 상태로 되돌아가는 데에 불과하고 행정청에게 신청에 따른 처분을 하여야 할 의무가 생기는 것이 아니므로, 거부처분의 효력정지는 그 거부처분으로 인하여 신청인에게 생길 손해를 방지하는 데 아무런 보탬이 되지 아니하여 그 효력정지를 구할 이익이 없다(대결 1995. 6. 21, 95두26, 동지판례: 대결 1993. 2. 10, 92두72).

둘째, 행정행위의 부관 내지 가분적 처분이 집행정지의 대상이 되는가 하는 것이 문제된다. 부담과 같은 부관은 그 자체가 독립한 행정행위로서의 성질을 가짐을 이유로 일반적으로 긍정시 된다.

셋째, 제3자효 행정행위를 통해 법률상 이익을 침해받는다고 생각하는 자가 행정소송법에 명기되어 있는 집행정지제도를 통하여 가구제를 받을 수 있는가 하는 것이 문제된다.[76) 생각건대 제3자효 행정행위에 있어서도 가구제의 필요성은 충분히 있다고 보지 않을 수 없다. 예컨대, 인접주민이 이웃에 건설되는 연탄공장이나 LPG 충전소의 건설·설치를 저지할 목적으로 관련 행정행위의 취소를 청구한 경우에 있어서,[77) 그들의 공장이나 충전소가 완공되어 기성사실화되기 전에 가구제를 위한 조치를 취할 필요성은 충분히 있다고 보여진다.

결국 집행정지와 관련된 처분 등을 반드시 침익적(부담적) 행정행위로 한정시킬 이유가 없고, 또한 집행정지결정에 제3자효를 인정하고 있음은(행정소송법 29조 2항) 일단 제3자효 행정행위에 대한 가구제를 염두에 둔 것으로 볼 수 있으므로, 요건이 충족되는 한 제3자의 법률상 이익을 침해하는 수익적 행정행위의 집행정지를 생각해 볼 수 있다. 다만 제3자효 행정행위에 있어서 그 집행정지의 대상이 되는 것은 실질적으로 수익적 행정행위의 이용이라고 하는 사인의 행동(건축 또는 영업의 속행 등)이기 때문에, 집행정지결정의 실효성 확보의 문제를 생각할 필요가 있다.

② **집행정지결정의 방법**: 집행정지 신청에 대한 재판은 결정으로 한다. 신청 후 어느 정도의 기간 내에 결정을 해야 한다는 규정은 없으나 본안소송 변론기일이 열리기 전에 결정하는 경우가 많다(다만 특별한 경우에는 본안소송 진행 경과에 따라 집행정지 여부를 결정하기도 한다). 현재 대부분의 법원에서 별도의 결정문을 작성해 당사자에게 고지하고 있다.

③ **집행정지결정의 내용**: 집행정지결정은 본안소송이 종결될 때까지 처

---

76) 자세한 것은 김남진, 제3자효 행정행위와 가구제, 월간고시, 1989. 12; 김남진, 기본문제, 616면 이하.
77) 관련판례: 대판 1975. 5. 13, 73누96·97(연탄공장사건); 대판 1983. 7. 12, 83누59(LPG 충전소사건). 이들 판례의 평석에 관하여는 김남진, 기본문제, 616면 이하 참조.

분 등의 효력이나 그 집행 또는 절차의 속행의 전부 또는 일부를 정지함을 그 내용으로 한다.[78] 다만 "처분의 효력정지"는 처분 등의 집행 또는 절차의 속행을 정지함으로써 목적을 달성할 수 있는 경우에는 허용되지 아니한다($\frac{\text{동법 23조}}{\text{2항 참조}}$).

> **[판례]** 산업기능요원 편입 당시 지정업체의 해당 분야에 종사하지 아니하였음을 이유로 산업기능요원의 편입이 취소된 사람은 편입되기 전의 신분으로 복귀하여 현역병으로 입영하게 하거나 공익근무요원으로 소집하여야 하는 것으로 되어 있는데, 그 취소처분에 의하여 생기는 손해로서 그 동안의 근무실적이 산업기능요원으로서 종사한 것으로 인정받지 못하게 된 손해 부분은 본안소송에서 그 처분이 위법하다고 하여 취소하게 되면 그 취소판결의 소급효만으로 그대로 소멸되게 되므로, 그 부분은 그 처분으로 인하여 생기는 회복할 수 없는 손해에 해당한다고 할 수가 없고, 결국 그 취소처분으로 인하여 입게 될 회복할 수 없는 손해는 그 처분에 의하여 산업기능요원 편입이 취소됨으로써 편입 이전의 신분으로 복귀하여 현역병으로 입영하게 되거나 혹은 공익근무요원으로 소집되는 부분이라고 할 것이며, 이러한 손해에 대한 예방은 그 처분의 효력을 정지하지 아니하더라도 그 후속절차로 이루어지는 현역병 입영처분이나 공익근무요원 소집처분 절차의 속행을 정지함으로써 달성할 수가 있으므로, 산업기능요원편입취소처분에 대한 집행정지로서는 그 후속절차의 속행정지만이 가능하고 그 처분 자체에 대한 효력정지는 허용되지 아니한다($\frac{\text{대판 2000. 1. 8.}}{\text{2000무35}}$).

④ 집행정지결정의 효력

㉠ 형성력: 처분 등의 '효력정지'는 행정처분이 없었던 것과 같은 상태를 실현하는 것이므로 그 범위 안에서 형성력을 가진다고 볼 수 있다.

㉡ 당사자 및 관계행정청에 대한 기속력: 집행정지결정의 효력이 당사자, 즉 신청인과 피신청인에게 미침은 당연하다. 또한 관계행정청에 대해서도 효력이 미친다. 처분청 및 관계행정기관에 대한 기속력에 관하여는 법이 명문의 규정을 두고 있다($\frac{\text{동법 23조 6항 및}}{\text{30조 1항 참조}}$). 집행정지결정에 위배되는 행정처분은 무효로 간주되고 있다.[79]

㉢ 제3자에 대한 효력: 「행정소송법」은 집행정지결정 및 집행정지의 취소결정의 효력이 제3자에 대하여도 효력이 있음을 명시하고 있다($\frac{\text{동법 29}}{\text{조 2항}}$). 그러나 집행정지결정의 제3자효에 관해서는 문제점이 많이 있다. 이 점은 취소판

---

78) 효력정지·집행정지 및 절차의 속행정지의 구별에 대한 상세는 김연태, 행정소송법상 집행정지, 공법연구 제33집 1호, 2004. 11, 626면 이하 참조.

79) 동지판례: 대판 1961. 11. 23, 4294행상3.

결의 제3자효에 있어서와 마찬가지이다.

㉣ 시간적 효력: 집행정지결정의 효력은 결정의 주문에 정하여진 시기까지 존속하는 것이 원칙이다. 따라서 결정 주문에서 정한 시기가 도래하면 집행정지결정의 효력은 당연히 소멸한다.

> **[판례]** 행정소송법 제23조에 따른 집행정지결정의 효력은 결정 주문에서 정한 종기까지 존속하고, 그 종기가 도래하면 당연히 소멸한다. 따라서 효력기간이 정해져 있는 제재적 행정처분에 대한 취소소송에서 법원이 본안소송의 판결 선고시까지 집행정지결정을 하면, 처분에서 정해 둔 효력기간($\binom{집행정지결정 당시 이미 일부}{집행되었다면 그 나머지 기간}$)은 판결 선고시까지 진행하지 않다가 판결이 선고되면 그때 집행정지결정의 효력이 소멸함과 동시에 처분의 효력이 당연히 부활하여 처분에서 정한 효력기간이 다시 진행한다. 이는 처분에서 효력기간의 시기(始期)와 종기(終期)를 정해 두었는데, 그 시기와 종기가 집행정지 기간 중에 모두 경과한 경우에도 특별한 사정이 없는 한 마찬가지이다($\binom{대판 2022. 2. 11.}{2021두40720}$).

실무상 처분의 성질이나 내용에 따라 결정 주문에 본안판결 선고시 또는 판결 확정시까지로 집행정지 결정의 유효기간을 명시하고 있다.[80] 다만, 본안판결의 선고시까지로 집행정지 기간을 정한 경우 본안에서 원고의 청구를 인용하는 판결을 하는 경우 판결 선고와 동시에 집행정지 기간을 연장하는 결정을 함께 하는 것이 일반적이다.

(3) 집행정지결정의 취소

집행정지결정이 확정된 후 집행정지가 공공복리에 중대한 영향을 미치거나 그 정지사유가 없어진 때에는 당해 집행정지결정을 한 법원은 당사자의 신청 또는 직권에 의하여 결정으로써 집행정지의 결정을 취소할 수 있다($\binom{동법 24}{조 1항}$). 당사자가 집행정지결정의 취소를 신청하는 때에는 그 사유를 소명하여야 한다($\binom{동조}{2항}$). 한편, 제3자효 행정행위에 있어서 처분의 직접 상대방인 수익자의 경우 동 규정을 유추적용하여 취소신청을 할 수 있다고 본다.

집행정지결정이 취소되면 발생된 집행정지결정의 효력은 소멸되고, 그 때부터 집행정지결정이 없었던 상태로 돌아간다.

---

80) 다만 집행정지 사건을 처음 맡은 제1심 법원이 처분 등의 집행을 정지하는 결정을 하면서 판결 확정시까지 집행정지 결정이 존속하도록 하면 항소심 법원의 판단 범위가 제한된다는 등의 이유로 제1심 판결의 선고 시까지 집행을 정지하는 경우가 더 많은 것으로 보인다(항소기간이나 항소심에서의 집행정지 판단을 고려해 제1심 판결 선고 후 14일 또는 30일이 지난날까지 집행을 정지하는 실무례도 있다).

(4) 집행정지 등 결정에의 불복

법원의 집행정지결정이나 집행정지신청기각의 결정 또는 집행정지결정의 취소결정에 대하여는 즉시항고할 수 있다. 다만 즉시항고는 그 즉시항고의 대상인 결정의 집행을 정지하지 아니한다(동법 23조 5항, 24조 2항 참조).

(5) 집행정지결정과 본안판결의 관계

집행정지결정의 효력은 결정 주문에서 정한 기간까지 존속하다가 그 기간이 만료되면 장래에 향하여 소멸한다. 이 때 행정처분이 적법하다고 보아 원고의 청구를 기각하는 판결이 선고되어 확정되더라도 집행정지결정의 효력이 소급하여 소멸하지 않는다. 반대로 집행정지결정을 받지 못하였거나 집행정지결정의 효력이 판결 선고와 동시에 소멸하는 등의 경우 사실심 법원은 본안소송에서 해당 처분을 취소하는 판결을 선고하면서 직권으로 집행정지결정을 하기도 한다.

대법원은 위와 같이 집행정지결정의 효력이 유지되는 동안에는 행정처분의 효력이 없는 것처럼 취급하고 있을 뿐만 아니라, 집행정지결정이 없어 처분이 집행됨으로써 소의 이익이 없게 되는 상태를 방지하기 위한 차원의 배려를 하고 있다. 그런데 본안에서 패소판결이 확정되어 처분이 적법하다는 것이 확인된 후에는 집행정지 기간 중에 얻은 유리한 지위나 이익의 박탈을 허용하고 있다.

[판례①] ㉮ 집행정지결정의 효력은 결정 주문에서 정한 기간까지 존속하다가 그 기간이 만료되면 장래에 향하여 소멸한다. 집행정지결정은 처분의 집행으로 회복하기 어려운 손해를 예방하기 위하여 긴급한 필요가 있고 달리 공공복리에 중대한 영향을 미치지 않을 것을 요건으로 하여 본안판결이 있을 때까지 해당 처분의 집행을 잠정적으로 정지함으로써 위와 같은 손해를 예방하는 데 취지가 있으므로, 항고소송을 제기한 원고가 본안소송에서 패소확정판결을 받았더라도 집행정지결정의 효력이 소급하여 소멸하지 않는다. ㉯ 그러나 제재처분에 대한 행정쟁송절차에서 처분에 대해 집행정지결정이 이루어졌더라도 본안에서 해당 처분이 최종적으로 적법한 것으로 확정되어 집행정지결정이 실효되고 제재처분을 다시 집행할 수 있게 되면, 처분청으로서는 당초 집행정지결정이 없었던 경우와 동등한 수준으로 해당 제재처분이 집행되도록 필요한 조치를 취하여야 한다. 집행정지는 행정쟁송절차에서 실효적 권리구제를 확보하기 위한 잠정적 조치일 뿐이므로, 본안 확정판결로 해당 제재처분이 적법하다는 점이 확인되었다면 제재처분의 상대방이 잠정적 집행정지를 통해 집행정지가 이루어지지 않은 경우와 비교하여 제재를 덜 받게 되는 결

과가 초래되도록 해서는 안 된다. 반대로, 처분상대방이 집행정지결정을 받지 못했으나 본안소송에서 해당 제재처분이 위법하다는 것이 확인되어 취소하는 판결이 확정되면, 처분청은 그 제재처분으로 처분상대방에게 초래된 불이익한 결과를 제거하기 위하여 필요한 조치를 취하여야 한다($\substack{대판 2020. 9. 3,\\2020두34070}$).

[판례②] 행정소송법 제23조에 의한 효력정지결정의 효력은 결정주문에서 정한 시기까지 존속하고 그 시기의 도래와 동시에 효력이 당연히 소멸하므로, 보조금 교부결정의 일부를 취소한 행정청의 처분에 대하여 법원이 효력정지결정을 하면서 주문에서 그 법원에 계속 중인 본안소송의 판결 선고 시까지 처분의 효력을 정지한다고 선언하였을 경우, 본안소송의 판결 선고에 의하여 정지결정의 효력은 소멸하고 이와 동시에 당초의 보조금 교부결정 취소처분의 효력이 당연히 되살아난다. 따라서 효력정지결정의 효력이 소멸하여 보조금 교부결정 취소처분의 효력이 되살아난 경우, 특별한 사정이 없는 한 행정청으로서는 보조금법 제31조 제1항에 따라 취소처분에 의하여 취소된 부분의 보조사업에 대하여 효력정지기간 동안 교부된 보조금의 반환을 명하여야 한다($\substack{대판 2017. 7. 11,\\2013두25498}$).

3. 취소소송과 가처분

(1) 가처분의 의의

'가처분'이라고 함은 금전 이외의 특정한 급부를 목적으로 하는 청구권의 집행보전을 도모하거나 쟁의있는 권리관계에 관하여 임시의 지위를 정함을 목적으로 하는 가구제(보전처분)제도를 말한다. 「민사집행법」은 가처분으로서 ① 계쟁물에 관한 가처분과 ② 다툼이 있는 권리관계에 대하여 임시의 지위를 정하기 위한 가처분을 인정하고 있다($\substack{동법\\300조}$).

(2) 민사집행법상의 가처분규정의 준용여부

앞에서 본 집행정지는 적극적으로 임시의 지위를 정하는 것이 아니라 소극적으로 계쟁처분 등의 효력 내지 집행을 정지시키는 데 불과하므로, 적극적으로 수익처분을 발할 것을 행정청에 명하거나 명한 것과 동일한 상태를 형성할 수 없다. 그리하여 「민사집행법」상의 가처분이 행정소송에도 준용되는지 여부가 다투어지고 있다.[81] 현행 「행정소송법」은 가처분적 성질을 갖는 처분 등의 집행정지는 규정하고 있으나, 가처분제도에 관해서는 아무런 언급을 하지 않고 있다.[81] 「행정소송법」 제8조 2항은 "행정소송에 관하여 이 법에 특별한 규정이 없

---

81) 일본의 행정사건소송법은 행정소송에 민사소송법상의 가처분을 준용하는 것을 명문으로 배제하고 있

는 사항에 대하여는 「법원조직법」과 「민사소송법」 및 「민사집행법」 규정을 준
용한다"라고 규정하고 있는바, 이를 중심으로 과연 행정소송에 「민사집행법」상
의 가처분규정이 준용될 수 있느냐에 대하여 소극설과 적극설이 대립하고 있다.

(가) 소극설

소극설의 주된 논거는, 권력분립주의에서 오는 사법권의 한계와 처분 등의
집행정지에 관하여 규정한 「행정소송법」 제23조 2항에서 찾는 것이 보통이다.
즉, 법원은 구체적인 사건에 대하여 법적용의 보장적 기능을 가지므로 행정처
분의 적법 여부는 판단할 수 있으나, 그 판단에 앞서 행정처분에 대한 가처분
을 하는 것은 사법권의 범위를 벗어나는 것이라고 한다. 또한 처분의 집행정지
에 관하여 규정한 「행정소송법」 제23조 2항은 「민사집행법」상의 가처분에 대
한 특별규정이기 때문에 「민사집행법」상의 규정은 준용될 수 없다고 한다.[82]
아울러 본안소송으로서 의무이행소송이나 예방적 부작위청구소송 등이 인정되
고 있지 않음을 들기도 한다. 대법원도 소극설을 취하고 있다.

> **[판례①]** 행정소송법 제14조(현행 행정소송법)가 동법에 특별한 규정이 없는 사항은
> 민사소송법이 정하는 바에 의한다고 하였어도 무제한하게 적용한다는 뜻이 아니고
> 그 성질이 허용되는 한도에서만 민사소송법의 규정에 의한다는 뜻으로 해석할 것
> 인바, 항고소송에 대하여는 민사소송법 중 가처분에 관한 규정이 적용된다고 인정
> 할 수 없다(대결 1961. 11. 20, 4292행항2, 동 지판례: 대결 1980. 12. 22, 80두5).
> **[판례②]** 민사소송법상의 보전처분은 민사판결절차에 의하여 보상받을 수 있는
> 권리에 관한 것이므로, 민사소송법상의 가처분으로써 행정청의 어떠한 행정행위의
> 금지를 구하는 것은 허용될 수가 없다 할 것이다(대판 1992. 7. 6, 92마54, 동지판례: 대결 2011. 4. 18, 2010마1576).

(나) 적극설

적극설의 논거는, 현행 「행정소송법」은 가처분에 관하여 아무런 규정도 두
지 않고 있으므로 동법 제8조 2항에 의하여 「민사집행법」상의 가처분규정을 준
용할 수 있으며, 이러한 해석은 위법한 행정작용으로부터 국민의 권익구제를
목적으로 함과 동시에 법치행정주의의 확보를 도모하려는 사법의 본질에 반하
지 않는다고 한다.[83]

다(동법 44조).
82) 김도창(상), 724면 등.
83) 이상규(상), 860면 등.

단순한 행정처분의 취소소송 이외의 소송에 관하여 그것을 긍정한 판례가 있음을 상기할 필요가 있다. 즉, 서울특별시의회 의장·부의장의 당선결정을 가처분으로 정지하여 그의 직권행사를 저지한 사례(서울고결 1958. 9. 20.)_{4191행신60}, 전입학자에 대한 등교거부처분을 가처분으로써 정지시킴으로써 학생들의 등교를 계속할 수 있게 한 사례(서울고결 1964.
11. 9. 64부90) 등이 그 예이다.

(다) 소 결

「행정소송법」이 보전처분으로서 집행정지제도를 인정하고 있기 때문에, 동 제도를 통해 목적을 달성할 수 있는 한 「민사집행법」상의 보전조치에 관한 규정이 적용될 여지는 없다고 봄이 타당하다. 그러나 이러한 보전처분으로써는 목적을 달성할 수 없는 경우에는 가처분제도를 활용하여 행정처분에 따르는 불이익을 잠정적이나마 배제할 필요가 있다고 본다. 이렇게 해석하는 것이 헌법상 재판청구권의 보장 및 권리구제의 취지에 부합하는 것이다.

X. 취소소송의 심리

소송의 심리라 함은 법원이 소에 대한 판결을 하기 위하여 그 기초가 되는 소송자료(주로 사실과 증거)를 수집하는 것을 말하며, 소송절차에 있어서 핵심적 위치를 차지한다. 행정소송의 심리는 민사소송의 심리절차에 준하여 변론주의가 그 기본이 되지만, 「행정소송법」은 행정소송의 특수성에 비추어 보충적으로 직권탐지주의(또는 직권심리주의)를 가미하고 있다.

1. 심리의 내용

심리는 그 내용에 따라 일단 요건심리와 본안심리로 나누어진다.

(1) 요건심리

소가 적법한 취급을 받기 위해 구비하지 않으면 안 되는 사항, 즉 소송요건 (예: 관할권, 제소기간,
전심절차, 당사자능력 등)에 대한 심리를 요건심리라고 한다. 요건심리는 피고의 항변을 기다릴 필요도 없는 법원의 직권조사사항이며, 소송요건을 결하고 그 보정이 불가능한 경우에는 그 소는 부적법한 것으로 각하된다.

> **[판례]** 해당 처분을 다툴 법률상 이익이 있는지 여부는 직권조사사항으로 이에 관한 당사자의 주장은 직권발동을 촉구하는 의미밖에 없으므로, 원심법원이 이에 관하여 판단하지 않았다고 하여 판단유탈의 상고이유로 삼을 수 없다(대판 2017. 3. 9, 2013두16852).

소송요건은 본안심리의 요건이며 본안판결의 요건으로 보아야 한다. 그러나 소송요건은 반드시 본안심리에 앞서 조사를 끝내야 하는 것은 아니다. 실무상으로도 소송요건에 대한 심리와 본안심리가 같이 진행되는 경우가 일반적이다. 1심이든 상소심이든 본안심리중에 그 흠결이 드러나면 법원은 그 소를 각하해야 한다(민사소송법 254조). 다만, 원고가 피고를 잘못 지정하거나 관할이 없는 법원에 소를 제기하는 등 소송요건에 흠이 있으나, 그 흠이 치유될 수 있는 경우에는 법원은 원고의 신청에 의하여 결정으로써 피고의 경정을 허가하거나 관할이 있는 다른 법원에 이송하는 등의 방법으로 본안심리를 계속할 수 있다.

(2) 본안심리

소송요건을 구비한 적법한 소가 제기되면 법원은 그 청구의 당부에 관하여 심판하지 않으면 안 되는바, 이와 같이 그 소에 의한 청구를 인용할 것인지 또는 기각할 것인지를 판단하기 위하여 사건의 본안을 실체적으로 심리하는 과정을 본안심리라고 한다.

> **[판례]** 어떠한 처분에 법령상 근거가 있는지, 행정절차법에서 정한 처분절차를 준수하였는지는 본안에서 당해 처분이 적법한가를 판단하는 단계에서 고려할 요소이지, 소송요건 심사단계에서 고려할 요소가 아니다(대판 2020. 1. 16, 2019다264700. 동지판례: 대판 2020. 4. 9, 2015다34444; 대판 2020. 10. 15, 2020다222382).

이하의 내용은 주로 본안심리에 관련된 사항이다.

2. 심리의 범위

(1) 불고불리의 원칙과 그 예외

취소소송의 경우에도 민사소송과 마찬가지로 원칙으로 불고불리의 원칙이 적용된다. 즉, 법원은 소제기가 없는 사건에 대하여 심리·재판할 수 없으며, 소제기가 있는 사건에 대하여도 당사자의 청구범위를 넘어서 심리·재판할 수 없음이 원칙이다. 그러나 「행정소송법」은 보충적으로 직권탐지주의를 가미함으로써 동 원칙에 대한 예외를 인정하고 있다. 즉, 「법원은 필요하다고 인정할 때에는 당사자가 주장하지 아니한 사실에 대해서도 판단할 수 있다」($^{통법}_{26조}$)는 것이 그 내용이다. 다만, 동 규정은 법원이 아무런 제한없이 당사자가 주장하지 않은 사실을 판단할 수 있다는 것이 아니라, 원고의 청구범위를 유지하면서 그 범위 내에서 공익상 필요에 따라 청구 이외의 사실에 대하여도 판단할 수 있는 것으로 새겨지고 있다($^{동지판례: 대판 1956. 3. 30, 4289행상18: 대판}_{1982. 7. 27, 81누394; 대판 1985. 2. 13, 84누467}$).

(2) 법률문제와 사실문제

법원은 행정사건의 심리에 있어 당해 소송의 대상이 된 처분의 실체적, 절차적 측면의 모든 법률문제·사실문제에 대한 심사권을 가진다. 다만, 행정문제의 전문 기술성을 이유로 사실문제에 대한 법원의 심리범위를 일정한도에서 제약하려는 법리도 있는데, 본래 미국에서 판례법으로 발전되었다가 실정법($^{행정절차법:APA}_{706조 2항 E호}$)에 성문화된 실질적 증거의 법칙(substantial evidence rule)이 그에 해당한다. 이는 행정기관의 결정이 기록에 입각한 정식재결($^{재판형식}_{의 재결}$)의 경우, 법원은 행정기관이 행한 사실인정에 합리성(reasonableness)이 있는가 여부에 대해서만 심리하고 옳은가(right) 혹은 진실인가(true)에 대한 심리는 자제하는 것을 의미하는데, 독일 행정법에 기원을 두고 있는 판단여지(Beurteilungsspielraum)의 이론과 일맥상통하는 면이 있다고 말할 수 있다.

다만, 우리나라의 실무상으로는 그 '실질적 증거의 법칙', '판단여지의 이론' 어느 쪽도 자리잡고 있지 않으며, 요건재량, 법규재량(또는 기속재량) 등의 이름으로 행정의 정책적, 전문적 판단에 대한 법원에 의한 판단의 자제가 행해지고 있다고 말할 수 있다($^{기속행위·재량행}_{위의 구별 등 참조}$).

3. 심리에 관한 여러 원칙(심리절차)

(1) 처분권주의

처분권주의란 소송의 개시, 심판대상(소송물)의 결정, 소송의 종결 등을 당사자(특히 원고)의 의사에 맡기는 것을 말한다. 처분권주의는 '사적 자치원칙의 소송법적 측면'이라고도 말해지는데, 행정소송에서도 처분권주의가 지배한다고 할 수 있으나, 뒤에서 살펴보는 바와 같이 '소송의 종결'에 있어 약간의 제약이 있다.

처분권주의를 변론주의와 혼동하는 예도 있으나, 처분권주의는 소송물에 대한 처분의 자유를 뜻하는 데 대하여, 변론주의는 소송자료의 수집책임을 당사자에게 부과시키는 것을 의미하므로, 양자는 별개의 개념으로 보아야 할 것이다.

(2) 변론주의 · 직권탐지주의

변론주의란 재판의 기초가 되는 소송자료의 수집·제출책임을 당사자에게 지우는 것을 의미하는 데 대하여, 직권탐지주의란 그 책임을 법원이 지는 것을 의미한다. 우리의 「행정소송법」은 변론주의를 기본으로 삼기 때문에, ① 원칙적으로 당사자가 주장하지 않은 사실을 판결의 기초로 삼아서는 안 되고, ② 당사자간에 다툼이 없는 사실(자백한 사실)은 그대로 판결의 기초로 하지 않으면 안 되며, ③ 당사자간에 다툼이 있는 사실을 인정함에 있어서는 반드시 당사자가 제출한 증거에 의하지 않으면 안 된다.

우리의 「행정소송법」도 「민사소송법」을 준용함으로써($\binom{동법 8}{조 2항}$) 변론주의를 그 기본으로 하고 있다고 말할 수 있다. 그러면서도 "법원은 필요하다고 인정할 때에는 직권으로 증거조사를 할 수 있고 당사자가 주장하지 아니한 사실에 대하여도 판단할 수 있다"($\binom{동법}{26조}$)라는 규정을 두고 있는데, 이 규정이 가지는 의미에 대해서는 다소간에 의견차이가 있다.

① **변론주의보충설:**   이 설은 법 제26조 규정의 취지를, 당사자의 주장이나 주장하는 사실에 대한 증명활동이 충분하지 않는 경우에 법관이 직권으로 증거조사를 할 수 있다는 정도로 새긴다.

② **직권탐지주의 가미설:**   이 설은 법 제26조에 있어서의 "당사자가 주장하지 아니한 사실에 대하여도 판단할 수 있다"라는 규정에 대해 좀더 적극적인 의미를 부여하려고 '직권탐지주의의 가미' 등의 표현을 사용한다. 동시에 당해 규정은 우리 행정소송법의 모델이 된 일본의 법(행정사건소송법)에는 없는 규정으로서, 행정소송의 공익소송으로서의 성격을 감안하여 입법자가 의도적으로 명문화한 것임을 강조한다.

'직권탐지주의 가미설'이 학계의 일각에서 주창되기도 하였으나, 대세는 '변론주의보충설'인 것으로 보인다.

> **[판례①]** 행정소송법 제26조가 법원은 필요하다고 인정할 때에는 직권으로 증거조사를 할 수 있고, 당사자가 주장하지 아니한 사실에 대하여도 판단할 수 있다고 규정하고 있지만, 이는 행정소송의 특수성에 연유하는 당사자주의, 변론주의에 대한 일부 예외 규정일 뿐 법원이 아무런 제한 없이 당사자가 주장하지 아니한 사실을 판단할 수 있는 것은 아니고, 일건 기록에 현출되어 있는 사항에 관하여서만 직권으로 증거조사를 하고 이를 기초로 하여 판단할 수 있을 따름이고, 그것도 법원이 필요하다고 인정할 때에 한하여 청구의 범위 내에서 증거조사를 하고 판단할

수 있을 뿐이다(대판 1994. 10. 11, 94누4820, 동지판례: 대판 1986. 6. 24, 85누321: 대판 1995. 2. 14, 94누5069: 대판 1997. 10. 28, 96누14425).

[판례②] 행정소송에 있어서도 불고불리의 원칙이 적용되어 법원은 당사자가 청구한 범위를 넘어서까지 판결을 할 수는 없지만, 당사자의 청구의 범위 내에서 일건 기록상 현출되어 있는 사항에 관하여 직권으로 증거조사를 하고 이를 기초로 하여 당사자가 주장하지 아니한 사실에 관하여도 판단할 수 있다(대판 1999. 5. 25, 99두1052).

[판례③] 행정소송에서 기록상 자료가 나타나 있다면 당사자가 주장하지 않았더라도 판단할 수 있고, 당사자가 제출한 소송자료에 의하여 법원이 처분의 적법 여부에 관한 합리적인 의심을 품을 수 있음에도 단지 구체적 사실에 관한 주장을 하지 아니하였다는 이유만으로 당사자에게 석명을 하거나 직권으로 심리·판단하지 아니함으로써 구체적 타당성이 없는 판결을 하는 것은 행정소송법 제26조의 규정과 행정소송의 특수성에 반하므로 허용될 수 없다(대판 2006. 9. 22, 2006두7430, 동지판례: 대판 2010. 2. 11, 2009두18035).

[판례④] ㉮ 항고소송에서 법원은 필요하다고 인정하면 직권으로 증거조사를 할 수 있고 당사자가 주장하지 아니한 사실에 대하여도 판단할 수 있다(행정소송법 26조). 이는 행정소송의 특수성을 고려하여 당사자주의 및 변론주의에 대한 일부 예외를 규정한 것이기는 하지만, 그 경우에도 새로운 처분사유를 인정하여 행정처분의 정당성 여부를 판단하는 것은 당초의 처분사유와 기본적 사실관계의 동일성이 인정되는 한도 내에서만 허용된다.

㉯ 명의신탁등기 과징금과 장기미등기 과징금은 위반행위의 태양, 부과 요건, 근거조항을 달리하므로, 그 각 과징금 부과처분의 사유는 상호간에 기본적 사실관계의 동일성이 있다고 할 수 없다. 그러므로 그중 어느 하나의 처분사유에 의한 과징금 부과처분에 대하여 당해 처분사유가 아닌 다른 처분사유가 존재한다는 이유로 적법하다고 판단하는 것은 특별한 사정이 없는 한 행정소송법상 직권심사주의의 한계를 넘는 것으로서 허용될 수 없다(대판 2017. 5. 17, 2016두53050, 동지판례: 대판 2013. 8. 22, 2011두26589).

(3) 행정심판기록제출명령

법원은 당사자의 신청이 있는 때에는 결정으로써 재결을 행한 행정청에 대하여 행정심판에 관한 기록의 제출을 명할 수 있다. 이러한 제출명령을 받은 행정청은 지체없이 당해 행정심판에 관한 기록을 법원에 제출하여야 한다(동법 25조). 이 규정은 현행 「행정소송법」에서 신설한 조항으로서, 원고의 지위보장과 소송경제를 위한 규정으로 볼 수 있다. 더 나아가 증명방법을 확보할 수 있도록 행정청에 대한 자료열람·복사청구권을 인정하는 것이 요망된다. 여기에서의 "행정심판기록"이란 행정심판청구서·답변서·재결서뿐만 아니라 행정심판위원회의 회의록 기타 행정심판위원회에서의 심리를 위하여 제출된 모든 증거 기타의 자료를 포괄하는 것으로 새겨진다.

(4) 주장책임과 증명책임

(가) 주장책임

주요사실은 당사자가 변론에서 주장하지 않으면 판결의 기초로 삼을 수 없다. 그리하여 변론주의하에서 당사자가 자기에게 유리한 주요사실을 주장하지 않음으로써 그 사실이 없는 것으로 취급되어 불이익을 받게 되는 것을 주장책임이라 한다.

> **[판례]** 행정소송에 있어서 직권주의가 가미되어 있다고 하여도 여전히 변론주의를 기본구조로 하는 이상 행정처분의 위법을 들어 그 취소를 청구함에 있어서는 직권조사사항을 제외하고는 그 취소를 구하는 자가 위법사유에 해당하는 구체적인 사실을 먼저 주장하여야 한다(대판 2000. 3. 23, 98두2768).

(나) 증명책임

① **증명책임의 의의:** 증명책임이란 소송상의 일정한 사실의 존부가 확정되지 않을 때, 불리한 법적 판단을 받게 되는 당사자 일방의 위험 또는 불이익을 말한다. 비록 행정소송에 있어서는 법원이 당사자의 주장이나 증명에만 의존하지 않고 직권으로 증거조사 등을 할 수 있게 하고 있지만, 어떤 사실의 존부가 분명치 않은 경우는 얼마든지 있을 수 있다. 따라서 그러한 경우에는 그 요건사실의 존부가 확정되지 않음에 따르는 불이익 또는 부담을 누구에게 돌릴 것인가 하는 것이 결정되지 않으면 안되는데, 민사소송에 있어서와 마찬가지로 행정소송에 있어서도 증명책임이 문제되는 이유는 거기에 있다.

② **증명책임분배의 기준:** 행정소송에 있어서 증명책임을 어떠한 기준에 의해 분배할 것인가에 관해서는 다음과 같이 견해가 나누어져 있다.

㉠ 원고책임설: 행정처분의 취소소송에 있어서는 증명책임이 원고에게 있다고 하는 설로서, 행정행위의 적법성추정 또는 공정력에 관한 이론을 그의 이론적 근거로 하고 있다. 일명 적법성추정설이라고도 불리우는데, 과거에 독일·일본에서의 판례와 학설이 따랐던 이론이다. 그러나 행정행위의 적법성추정의 이론이 사라짐과 함께 자취를 감추었다고 볼 수 있다.

㉡ 피고책임설: 법치행정의 원칙에 비추어 볼 때, 피고 행정청이 처분의 적법성을 뒷받침하는 구체적 사실에 대한 증명책임을 져야 한다는 설을 말한다. 그러나 법치행정의 원칙으로부터 증명책임의 구체적 기준을 도출하기는 어렵다는 비판을 받는다.

ⓒ 법률요건분류설(일반원칙설):   행정소송에 있어서도 각 당사자는 자기에게 유리한 법규범의 모든 요건사실의 존재에 관하여 증명책임을 진다고 보는 입장이 이에 속한다. 즉, 권리를 주장하는 자는 그에게 유리한 권리근거규정에 해당하는 요건사실을 증명하여야 하고, 그 권리를 부인하는 상대방은 권리장애 · 권리소멸 · 권리저지규정에 해당하는 요건사실을 증명하여야 한다는 것이다. 현재의 통설이며 판례 역시 그러하다.

> **[판례]** 민사소송법의 규정을 준용하는 행정소송에 있어서 입증책임은 원칙적으로 민사소송의 일반원칙에 따라 당사자간에 분배되고 항고소송의 특성에 따라 당해 처분의 적법을 주장하는 피고에게 그 적법사유에 대한 입증책임이 있다고 하는 것이 당원의 일관된 견해이므로, 피고가 주장하는 당해 처분의 적법성이 합리적으로 수긍될 수 있는 일응의 입증이 있는 경우에는 그 처분은 정당하다고 할 것이며, 위와 같은 합리적으로 수긍할 수 있는 증거와 상반되는 주장과 입증은 그 상대방인 원고에게 그 책임이 돌아간다고 풀이하여야 할 것이다(대판 1984. 7. 24. 84누124).

그러나 일반원칙설에 대해서도 비판이 없지 않다. 비판하는 입장은 대체로 사법(私法)법규와 행정법규의 차이를 그 이유로 든다. 즉, 사법법규는 재판규범이므로 이해조정의 견지에서 증명책임의 합리적 분배의 원리를 그 안에 포함시켜 입법되었다고 볼 수 있는 데 대하여, 행정실체법으로서의 행정법규는 공익의 조정을 그 내용으로 하고 있으며, 재판규범이라기보다는 행정기관에 대한 행위규범으로서의 성격을 가지고 있으므로 「민사소송법」상의 원칙을 행정소송에 그대로 적용할 수는 없다는 것이다.

ⓓ 행정법독자분류설: 이는 행정소송에서의 증명책임분배는 행정소송과 민사소송의 목적과 성질의 차이, 행위규범과 재판규범과의 차이 등을 이유로 독자적으로 정하여야 한다는 견해이다. 그리하여 행정소송의 특수성을 감안하여, 당사자간의 공평 · 사안의 성질 · 증명의 난이 등에 의하여 구체적 사안에 따라 증명책임을 결정하여야 함을 주장한다. 그러한 관점에서 구체적으로,

첫째, 국민의 권리와 자유를 제한하거나 의무를 과하는 처분의 취소소송에서는 피고인 행정청이 그 적법성에 대한 증명책임을 진다.

둘째, 개인이 자기의 권리 · 이익영역의 확장을 구하는 소송에서는 원고가 그 청구권을 뒷받침하는 사실에 대한 증명책임을 진다.

셋째, 행정청의 재량행위에 대한 일탈 · 남용을 이유로 한 취소소송에서는

원고가 일탈·남용사실에 대한 증명책임을 진다.

넷째, 무효확인소송에 있어서 무효사유에 대한 증명책임은 원고가 진다는 등의 내용을 담고 있다.

③ 판 례: 항고소송에서 당해 처분의 적법성에 대한 증명책임은 원칙적으로 처분의 적법을 주장하는 '처분청'에 있다. 그러나 처분청이 주장하는 당해 처분의 적법성에 관하여 합리적으로 수긍할 수 있는 정도로 증명한 경우 그 처분은 정당하다고 할 것이며, 이와 상반되는 예외적인 사정에 대한 주장과 증명은 '상대방'에게 책임이 돌아간다는 것이 대법원의 기본적인 입장이다.

또한 수익적 행정처분을 취소하는 경우 그 하자나 취소해야 할 필요성 등에 대한 증명책임은 당해 행정청에게 있으며, 이러한 증명책임의 문제는 행정처분의 공정력과는 별개의 문제라고 판시하고 있다.

> **[판례①]** 항고소송에서 당해 처분의 적법성에 대한 증명책임은 원칙적으로 처분의 적법을 주장하는 처분청에 있지만, 처분청이 주장하는 당해 처분의 적법성에 관하여 합리적으로 수긍할 수 있는 정도로 증명한 경우 그 처분은 정당하고, 이와 상반되는 예외적인 사정에 대한 주장과 증명은 상대방에게 책임이 돌아간다(대판 2012. 6. 18, 2010두27639, 27646. 동지판례: 대판 2013. 1. 10, 2011두7854).
>
> **[판례②]** 일정한 행정처분으로 국민이 일정한 이익과 권리를 취득하였을 경우에 종전 행정처분을 취소하는 행정처분은 이미 취득한 국민의 기존 이익과 권리를 박탈하는 별개의 행정처분으로 취소될 행정처분에 하자 또는 취소해야 할 공공의 필요가 있어야 하고, 나아가 행정처분에 하자 등이 있다고 하더라도 취소해야 할 공익상 필요와 취소로 당사자가 입게 될 기득권과 신뢰보호 및 법률생활안정의 침해 등 불이익을 비교·교량한 후 공익상 필요가 당사자가 입을 불이익을 정당화할 만큼 강한 경우에 한하여 취소할 수 있는 것이며, 하자나 취소해야 할 필요성에 관한 증명책임은 기존 이익과 권리를 침해하는 처분을 한 행정청에 있다(대판 2012. 3. 29, 2011두23375).
>
> **[판례③]** 그 하자 또는 취소하여야 할 필요성에 대한 입증책임은 기존의 이익과 권리를 침해하는 처분을 한 그 행정청에게 입증책임이 있다고 해석하여야 할 것이며, 위와 같은 입증책임 문제는 소위 "행정처분의 공정력"과는 별개의 문제라고 할 것이다(대판 1964. 5. 26, 63누142).

④ 결 어: 생각건대, 행정법의 문헌에 단편적으로 소개되어 있는 '행정법독자분류설'은, 통설인 법률요건분류설을 바탕으로 하면서도, 그 내용을 행정법의 여러 문제와 관련시켜, 그 내용을 구체화하고자 하는 시도로서 평가할

만하다. 앞으로 그와 같은 방법론에 입각한 더 많은 노력이 기울여져야 할 것으로 생각된다. 최근 대법원 판례 중에는 행정청의 재량행위의 일탈·남용에 대해서는 그 행정행위의 효력을 다투는 사람이 주장·증명책임을 부담하도록 함으로써 행정법독자분류설에 가깝게 본 사례가 다수 발견되어 주목할 만하다.

> **[판례]** 처분이 재량권을 일탈·남용하였다는 사정은 처분의 효력을 다투는 자가 주장·증명하여야 한다. 행정청이 폐기물처리사업계획서 부적합 통보를 하면서 처분서에 불확정개념으로 규정된 법령상의 허가기준 등을 충족하지 못하였다는 취지만을 간략히 기재하였다면, 부적합 통보에 대한 취소소송절차에서 행정청은 처분을 하게 된 판단 근거나 자료 등을 제시하여 구체적 불허가사유를 분명히 하여야 한다. 이러한 경우 재량행위인 폐기물처리사업계획서 부적합 통보의 효력을 다투는 원고로서는 행정청이 제시한 구체적인 불허가사유에 관한 판단과 근거에 재량권 일탈·남용의 위법이 있음을 밝히기 위하여 소송절차에서 추가적인 주장을 하고 자료를 제출할 필요가 있다(대판 2020. 7. 23. 2020두36007; 동지판례: 대판 2016. 10. 27. 2015두41579; 대판 2017. 10. 12. 2017두48956; 대판 2021. 3. 25. 2020두51280).

(5) 법관의 석명의무

석명이란 당사자의 진술에 불명·모순·결함이 있거나 또는 증명을 다하지 못한 경우에 법관(재판장 및 합의부원)이 지적하거나 질문하는 형식으로 보충함으로써 변론을 보다 완전하게 하는 법원의 권능을 말한다(민사소송법 136조 참조).

> **[판례]** 법원의 석명권행사는 사안을 해명하기 위하여 당사자에게 그 주장의 모순된 점이나 불완전·불명료한 부분을 지적하여 이를 정정·보충할 수 있는 기회를 주고 또 그 계쟁사실에 대한 증거의 제출을 촉구하는 하는 것을 그 내용으로 하는 것이며, 당사자가 주장하지도 않은 법률효과에 관한 요건사실이나 공격방어방법을 시사하여 그 제출을 권유하는 행위는 변론주의 원칙에 위배되고, 석명권행사의 한계를 일탈한 것이다(대판 2000. 3. 23. 98두2768).

「민사소송법」은 석명이 법관의 재량(결정재량)인 것 같이 규정하고 있다. 그럼에도 불구하고 그 석명은 법원의 재량사항이 아니라 의무의 성질을 가진다는 것이 통설이다.

> **[판례]** 서훈취소 처분을 행한 행정청(대통령)이 아니라 국가보훈처장을 상대로 제기한 위 소는 피고를 잘못 지정한 경우에 해당하므로, 법원으로서는 석명권을 행

사하여 정당한 피고로 경정하게 하여 소송을 진행해야 함에도 국가보훈처장이 서
훈취소 처분을 한 것을 전제로 처분의 적법 여부를 판단한 원심판결에 법리오해
등의 잘못이 있다(대판 2014. 9. 26.,
2013두2518).

(6) 구술심리주의

심리에 임하여 당사자 및 법원의 소송행위, 특히 변론 및 증거조사를 구술
로 행하는 것을 구술심리주의라고 한다. 「민사소송법」은 "당사자는 소송에 관
하여 법원에서 변론하여야 한다"(동법 134
조 1항)라고 규정하여 구술심리주의를 택하고
있는데, 이 조항은 행정소송에도 적용된다. 구「행정소송법」은 "당사자 쌍방의
신청이 있을 때에는 구두변론을 경하지 아니하고 판결할 수 있다"(동법
11조)라는 규
정을 두었으나, 현행법은 동 조항을 삭제하였다.

(7) 직접심리주의

판결을 하는 법관이 변론의 청취 및 증거조사를 직접 행하는 것을 직접심리
주의라고 한다. 「민사소송법」은 "판결은 그 기본되는 변론에 관여한 법관이 하
여야 한다. 법관이 바뀐 경우에 당사자는 종전의 변론의 결과를 진술하여야 한
다"(동법 204조
1항, 2항)라고 규정함으로써 직접심리주의에 의할 것을 규정하면서도, 증거
조사를 법정 내에서 실시하기 어려운 경우 수명법관·수탁판사에게 증거조사
를 시키고 그 결과를 기재한 조서를 판결자료로 하는 등(동법 297
조 등) 예외를 인정하
고 있다.

(8) 공개심리주의

심리와 판결의 선고를 일반인이 방청할 수 있는 상태에서 행하는 것을 공개
심리주의라고 한다. 헌법은 "재판의 심리와 판결은 공개한다. 다만, 심리는 국
가의 안전보장 또는 안녕질서를 방해하거나 선량한 풍속을 해할 염려가 있을
때에는 법원의 결정으로 공개하지 아니할 수 있다"(동법
109조)라고 규정하여 공개심
리주의를 택하면서 그에 대한 예외를 인정하고 있다(법원조직법 57조
1항 단서 참조).

(9) 쌍방심리주의

소송의 심리에 있어 당사자 쌍방에 주장을 진술할 기회를 평등하게 부여하
는 것을 쌍방심리주의라고 하며, 당사자대등의 원칙, 무기대등의 원칙이라고도
한다. 이는 공평한 재판을 위한 기본원칙이며, 헌법상의 평등원칙(11
조)의 소송법

상의 표현으로 볼 수 있다. 그 밖에 법적 심문(청문)의 원칙이 우리의 실정법에도 채택되어 있는가가 문제이다. 즉, 국민의 심문청구권이 실정법에 보장되어 있는가 하는 문제인바, 이에 관한 실정법상 근거는 없다. 독일의 기본법은 "모든 국민은 법원에서 법적 심문의 청구권을 가진다"($\frac{\text{동법}103}{\text{조 1항}}$)라고 보장하고 있는 동시에, 행정법원법도 "재판장은 관계인과 더불어 계쟁사안을 사실적으로 또한 법적으로 상세히 심문하지 않으면 안 된다"($\frac{\text{동법}104}{\text{조 1항}}$)라는 내용으로써 그것을 정착시켜 놓고 있는데, 발전된 입법례로서 참고할 만하다.

4. 처분사유의 추가·변경과 위법판단의 기준시점

기본사례

乙구청장은 甲이 청사 내의 매점 부지의 사용허가를 신청하자 청사 내 빈 부지의 효율적인 이용대책이 수립되지 않았음을 이유로 이를 반려하였다. 이에 甲이 반려처분 취소소송을 제기하자 소송계속중 乙은 허가신청시 이미 이용대책은 수립되어 있었는데, 그에 따르면 매점이 들어설 경우 인접 빈 부지의 효율적인 이용이 곤란해진다는 이유로 반려사유를 대체하였다. 이러한 乙의 처분사유의 변경은 허용될 수 있는가?

(1) 처분사유의 추가·변경의 의의

처분사유의 추가·변경이란 처분의 이유로 제시된 법적 또는 사실적 근거를 추가·변경하는 것을 말한다. 처분청이 자신의 내부 시정절차에서 당초처분이 근거로 삼지 않은 사유를 추가·변경하는 것은 가능하다. 하지만 처분청이 취소소송의 심리과정에서 처분시에 처분사유로 삼지 않은 새로운 사실상·법률상 근거를 내세워 처분의 적법성을 주장할 수 있는지가 문제된다.

> **[판례]** 산업재해보상보험법 규정의 내용, 형식 및 취지 등에 비추어 보면, 산업재해보상보험법상 심사청구에 관한 절차는 보험급여 등에 관한 처분을 한 근로복지공단으로 하여금 스스로의 심사를 통하여 당해 처분의 적법성과 합목적성을 확보하도록 하는 근로복지공단 내부의 시정절차에 해당한다고 보아야 한다. 따라서 처분청이 스스로 당해 처분의 적법성과 합목적성을 확보하고자 행하는 자신의 내부 시정절차에서는 당초 처분의 근거로 삼은 사유와 기본적 사실관계의 동일성이 인정되지 않는 사유라고 하더라도 이를 처분의 적법성과 합목적성을 뒷받침하는 처분사유로 추가·변경할 수 있다고 보는 것이 타당하다($\frac{\text{대판 } 2012. 9. 13.}{2012두3859}$).

(2) 처분사유의 추가·변경의 객관적 범위

(가) 처분의 동일성 판단기준

처분사유의 추가·변경의 허용 여부에 대하여는 원칙적으로 이를 인정하면서, 합리적인 범위 내에서 제한하여야 한다는 견해가 일반적으로 주장되고 있다. 그 객관적 범위와 관련하여서는 '처분의 동일성'을 해치지 않는 범위라야 한다는 점에 대하여 대체로 견해가 일치하고 있다.[84]

'처분의 동일성'이 무엇인지에 관하여 판례는 원칙적으로 실질적 법치주의와 행정처분의 상대방인 국민에 대한 신뢰보호라는 견지에서 당초 처분의 근거로 삼은 사유와 '기본적인 사실관계의 동일성'이 인정되는 한도 내에서만 이를 추가하거나 변경할 수 있다고 하여 '기본적인 사실관계의 동일성'을 처분의 동일성 판단기준으로 내세우고 있다.[85]

(나) 기본적 사실관계의 동일성 판단기준

① 일반적 기준:　판례는 '기본적 사실관계의 동일성'을 판단하는 기준에 관하여 일반적으로 시간적·장소적 근접성, 행위의 태양·결과 등의 제반사정을 종합적으로 고려하여 판단할 것이라고 하는바, 결국 이러한 사정은 사안마다 다를 것이므로 구체적으로 해결할 수밖에 없을 것이다.[86]

> **[판례①]** 행정처분의 취소를 구하는 항고소송에서 처분청은 당초 처분의 근거로 삼은 사유와 기본적 사실관계가 동일성이 있다고 인정되는 한도 내에서만 다른 사유를 추가 또는 변경할 수 있고, 이러한 기본적 사실관계의 동일성 유무는 처분사유를 법률적으로 평가하기 이전의 구체적 사실에 착안하여 그 기초인 사회적 사실관계가 기본적인 점에서 동일한지에 따라 결정되므로, 추가 또는 변경된 사유가 처분 당시에 이미 존재하고 있었다거나 당사자가 그 사실을 알고 있었다고 하여 당초의 처분사유와 동일성이 있다고 할 수 없다(대판 2011. 11. 24. 2009두19021, 동지판례: 대판 1992. 2. 14. 91누3895; 대판 2003. 12. 11. 2001두8827; 대판 2009. 11. 26. 2009두15586; 대판 2014. 5. 16. 2013두26118).
>
> **[판례②]** 행정처분이 적법한지는 특별한 사정이 없는 한 처분 당시 사유를 기준으로 판단하면 되고, 처분청이 처분 당시 적시한 구체적 사실을 변경하지 아니하는 범위 내에서 단지 처분의 근거 법령만을 추가·변경하는 것은 새로운 처분사유를 추가

---

84) 석호철, 기속력의 범위로서의 처분사유의 동일, 행정판례연구 Ⅴ, 2000, 267면.
85) 다만, 피고 행정청이 당초 처분의 근거로 제시한 사유가 실질적인 내용이 없는 것으로 밝혀진 경우 소송계속 중 추가한 사유는 그와 기본적 사실관계가 동일한지 여부를 판단할 대상조차 없어 결국 소송단계에서 처분사유를 추가하여 주장할 수 없다(대판 2017. 8. 29. 2016두44186 참조).
86) 석호철, 기속력의 범위로서의 처분사유의 동일, 행정판례연구 Ⅴ, 2000, 268면.

라고 볼 수 없으므로 이와 같은 경우에는 처분청이 처분 당시 적시한 구체적 사실
에 대하여 처분 후 추가·변경한 법령을 적용하여 처분의 적법 여부를 판단하여도
무방하다. 그러나 처분의 근거 법령을 변경하는 것이 종전 처분과 동일성을 인정할
수 없는 별개의 처분을 하는 것과 다름 없는 경우에는 허용될 수 없다(대판 2011. 5. 26,
2010두28106).

② 기본적 사실관계의 동일성을 인정한 판례: 기본적 사실관계의 동일
성이 인정된다는 이유로 처분사유의 추가·변경을 허용한 판례로는 ① 주유소
영업허가 불허가 사유로 처음에 내세운 '행정청의 허가기준에 맞지 않는다는
사유'를 추후에 내세운 '이격거리에 관한 허가기준 위배'라는 사유로 변경한 경
우(대판 1989. 7. 25, 88누11926), ⅱ 토지형질변경 불허가처분의 당초의 처분사유인 국립공원에
인접한 미개발지의 합리적인 이용대책 수립시까지 그 허가를 유보한다는 사유
를 그 처분의 취소소송에서 추가하여 국립공원 주변의 환경·풍치·미관 등을
크게 손상시킬 우려가 있으므로 공공목적상 원형유지의 필요가 있는 곳으로서
형질변경허가가 금지대상이라고 주장한 경우(대판 2001. 9. 28, 2000두8684), ⅲ 주택신축을 위한
산림형질변경허가신청에 대하여 행정청이 거부처분을 하면서 준농림지역에서
의 행위제한이라는 사유를 근거로 삼았으나 나중에 그 거부처분에 대한 취소
소송에서 자연경관 및 생태계의 교란, 국토 및 자연의 유지와 환경보전 등 중
대한 공익상의 필요라는 사유를 추가한 경우(대판 2004. 11. 26, 2004두4482) 등이 있다.

③ 기본적 사실관계의 동일성을 부정한 판례: 기본적 사실관계의 동일
성을 인정할 수 없다 하여 처분사유 추가·변경을 부정한 판례로는 ① 당초의
정보공개 거부처분사유인「공공기관의 정보공개에 관한 법률」제9조 제1항 제
4호 및 제6호의 사유에 새로이 제5호의 비공개사유를 추가한 경우(대판 2003. 12. 11, 2001두8827),
ⅱ 인근주민의 동의서 미제출을 이유로 토석채취허가신청을 반려한 후 자연경
관이 훼손된다는 이유를 소송에서 주장하는 경우(대판 1992. 8. 18, 91누3659), ⅲ 광업권설정출
원을 불허함에 있어 당해 광구에는 소외인들에 대해 이미 광업권등록이 필하
여져 있다는 사유를 위 광구가 도시계획지구에 해당하여 광물을 채굴함이 공
익을 해한다는 사유로 변경한 경우(대판 1987. 7. 21, 85누694) 등이 있다.

(3) 처분사유의 추가·변경의 시적 범위

(가) 의 의

처분사유의 추가·변경은 기본적 사실관계가 동일하다고 해서(즉 객관적 범위 내에 있다고 해서)

모두 인정되는 것은 아니고 그 시적 범위도 충족해야 하는바, 이는 처분의 위법판단 기준시와 연결되는 문제이다.

거부처분의 위법성 판단시점을 처분시로 보는 경우에는 당초 처분이 발령될 당시의 사유로서 기본적 사실관계의 동일성이 인정되는 처분사유만이 추가·변경이 가능한 거부사유가 되지만, 그 판단시점을 판결시로 보는 경우에는 처분이 발령된 후 판결시까지의 사정변경도 기본적 사실관계의 동일성만 인정된다면 추가·변경이 가능한 거부사유가 되기 때문이다.

(나) 처분의 위법판단의 기준시점

① 처분시설: 행정처분의 위법 여부의 판단은 처분시의 법령 및 사실상태를 기준으로 하여야 한다는 견해이다. 판결시설에 따라 법원이 처분 후의 변화한 사정을 참작하여 처분의 위법성을 판단하게 되면 법원이 행정감독적 기능을 수행하게 되며, 그것은 행정청의 제1차적 판단권을 침범하는 것이 되어 권력분립원칙에 반한다고 하는 것 등을 논거로 하고 있다.

판례도 처분시설을 취하고 있다.

[판례①] 행정처분의 취소를 구하는 항고소송에 있어서 그 처분의 위법 여부는 처분 당시를 기준으로 판단하여야 하는 것이고, 처분청은 당초 처분의 근거로 삼은 사유와 기본적 사실관계에 있어서 동일성이 있다고 인정되지 않는 별개의 사실을 들어 처분사유로 주장함은 허용되지 아니한다(대판 2005. 4. 15, 2004두10883).

[판례②] 행정소송에서 행정처분의 위법 여부는 행정처분이 행하여졌을 때의 법령과 사실상태를 기준으로 하여 판단하여야 하고, 처분 후 법령의 개폐나 사실상태의 변동에 의하여 영향을 받지는 않는다(대판 2007. 5. 11, 2007두1811. 동지 판례: 대판 2016. 7. 14, 2015두4167).

[판례③] 항고소송에서 행정처분의 적법 여부는 특별한 사정이 없는 한 행정처분 당시를 기준으로 하여 판단해야 하는바, 여기서 행정처분의 위법 여부를 판단하는 기준 시점에 관하여 판결 시가 아니라 처분 시라고 하는 의미는 행정처분의 위법 여부를 판단할 때 처분 후 법령의 개폐나 사실상태의 변동에 영향을 받지 않는다는 뜻이지 처분 당시 존재하였던 자료나 행정청에 제출되었던 자료만으로 위법 여부를 판단한다는 의미는 아니므로, 처분 당시의 사실상태 등에 관한 증명은 사실심 변론종결 당시까지 할 수 있고, 법원은 행정처분 당시 행정청이 알고 있었던 자료뿐만 아니라 사실심 변론종결 당시까지 제출된 모든 자료를 종합하여 처분 당시 존재하였던 객관적 사실을 확정하고 그 사실에 기초하여 처분의 위법 여부를 판단할 수 있다(대판 2014. 10. 30, 2012두25125, 동지판례: 대판 1995. 11. 10, 95누8461; 대판 2010. 1. 14, 2009두11843; 대판 2017. 4. 7, 2014두37122; 대판 2018. 6. 28, 2015두58195; 대판 2019. 7. 25, 2017두55077).

[판례④] 교원소청심사위원회가 한 결정의 취소를 구하는 소송에서 그 결정의 적

부는 결정이 이루어진 시점을 기준으로 판단하여야 하지만, 그렇다고 하여 소청심사 단계에서 이미 주장된 사유만을 행정소송의 판단대상으로 삼을 것은 아니다. 따라서 소청심사 결정 후에 생긴 사유가 아닌 이상 소청심사 단계에서 주장하지 아니한 사유도 행정소송에서 주장할 수 있고, 법원도 이에 대하여 심리·판단할 수 있다(대판 2018. 7. 12. 2017두65821).

[**판례⑤**] 항고소송에서 처분의 위법 여부는 특별한 사정이 없는 한 그 처분 당시를 기준으로 판단하여야 한다. 이는 신청에 따른 처분의 경우에도 마찬가지이다. 새로 개정된 법령의 경과규정에서 달리 정함이 없는 한, 처분 당시에 시행되는 개정 법령과 그에서 정한 기준에 의하여 신청에 따른 처분의 발급 여부를 결정하는 것이 원칙이고, 그러한 개정 법령의 적용과 관련하여서는 개정 전 법령의 존속에 대한 국민의 신뢰가 개정 법령의 적용에 관한 공익상의 요구보다 더 보호가치가 있다고 인정되는 경우에 그러한 국민의 신뢰를 보호하기 위하여 그 적용이 제한될 수 있는 여지가 있을 따름이다(대판 2020. 1. 16. 2019다264700).

② 판결시설: 취소소송의 목적은 당해 처분이 현행법규에 비추어 유지될 수 있는가 여부를 판단·선언하는 데 있으므로, 처분의 위법 여부는 판결시(변론종결시)를 기준으로 판단하여야 한다는 입장이다.

③ 소 결: 판결시설에 의하면 ① 법원이 처분시 이후의 법상태·사실상태의 변동을 고려하여 그 위법성 여부를 판단하게 되어 법원이 행정감독적 기능을 수행하게 된다는 점, ② 처분시에 위법한 행위가 후일의 법령의 개폐에 의하여 적법하게 되거나 반대로 적법한 행위가 사후에 위법하게 될 수 있어 법치주의에 반한다는 점, ③ 판결의 지연에 따라 불균형한 결과를 초래할 수 있다는 점 등의 문제점이 있으므로, 원칙적으로 처분시설이 타당하다고 본다.

사례해설

설문상의 처분사유의 변경은 빈 부지의 효율적 이용이라는 기본적 사실관계의 동일성이 인정되므로(대판 2001. 9. 28. 2000두8684 참조), 처분사유의 추가·변경의 객관적 범위 내에 있다. 또한 매점이 들어설 경우 인접 빈 부지의 효율적인 이용이 곤란해진다는 사유는 허가신청시 이미 존재하던 사유이므로 반려처분의 위법성 여부에 영향을 미칠 수 있으므로, 취소소송 계속중에 이를 추가·변경하는 것도 허용될 수 있을 것으로 보인다.[87]

---

87) 상세는 김연태, 행정법사례연습, 630면 이하 참조.

XI. 취소소송의 판결(취소소송의 종료)

1. 판결의 의의와 종류

(1) 판결의 의의

취소소송의 판결이란 취소소송사건에 대하여 법원이 원칙적으로 변론을 거쳐서 그에 대한 법적 판단을 선언하는 행위를 말한다.

(2) 판결의 종류

취소소송의 판결 역시 민사소송의 예에 따라 구분하여 볼 수 있다. 즉 종국판결과 중간판결, 소송판결과 본안판결, 전부판결과 일부판결, 기각판결과 인용판결로 나누어지며, 기각판결의 일종으로서 사정판결이 인정되는 점이 특이하다.

2. 종국판결의 내용

앞에서 보듯이 취소소송의 판결은 민사소송의 경우와 마찬가지로 여러 가지 기준에 따라 구분할 수 있으나, 이하에서는 가장 중요한 의의를 갖는 종국판결을 중심으로 논하고자 한다.

(1) 소송판결

소가 소송요건(전심절차·당사자 적격·관할권 등)을 결하고 있는 경우에 이를 부적법한 것으로 각하하는 것을 말한다. 소가 처음부터 소송요건을 결하는 경우에 행해짐이 원칙이나, 소의 제기 후에 소송요건을 결하게 된 경우(계쟁처분의 취소 등에 의한 소익의 소멸 등)에도 행해진다.

(2) 본안판결

청구의 당부를 판단하는 결과로서, 청구인용·청구기각의 판결 외에 예외적인 것으로서 사정판결이 있다.

(가) 청구인용의 판결

처분의 취소·변경을 구하는 청구가 이유있음을 인정하여 그 청구의 전부 또는 일부를 인용하는 형성판결을 말한다. 처분 등을 취소하는 판결이 확정됨으로써 해당 처분 등은 당연히 소멸하고 별도의 집행 행위가 필요하지 않다. 이러한 관점에서 취소판결은 처분의 위법성을 확인하는 효과 외에 처분의 효력을 소멸시키는 의미에서 형성력을 수반함이 원칙이지만, 취소판결의 형식을 취하면서도 그의 실질은 처분의 위법(무효) 등을 확인하는 효과만을 가지는 것도 있다.

「행정소송법」은 취소소송에 관하여 '행정청의 위법한 처분 등을 취소 또는 변경하는 소송'이라고 규정하고 있는바(동법 4조 1호), 이 경우의 변경이 적극적 변경을 의미하는 것인지 소극적 변경, 즉 일부취소를 의미하는 것인지에 관해 학설이 대립하고 있음은 '행정소송의 한계'에서 살펴본 바와 같다. 「행정소송법」상 '변경'은 일부취소 의미이고, 적극적 변경은 허용되지 않는다. 일부취소는 청구의 일부가 이유 있는 경우에 하나, 불가분처분에 대하여는 할 수 없고, 재량처분에 대해서도 할 수 없다.

> **[판례]** 처분을 할 것인지 여부와 처분의 정도에 관하여 재량이 인정되는 과징금 납부명령에 대하여 그 명령이 재량권을 일탈하였을 경우 법원으로서는 재량권의 일탈 여부만 판단할 수 있을 뿐이지 재량권의 범위 내에서 어느 정도가 적정한 것인지에 관하여 판단할 수 없으므로 그 전부를 취소할 수밖에 없고, 법원이 적정하다고 인정되는 부분을 초과한 부분만 취소할 수는 없는 것이며, 또한 수개의 위반행위에 대하여 하나의 과징금 납부명령을 하였으나 수개의 위반행위 중 일부의 위반행위만이 위법하지만, 소송상 그 일부의 위반행위를 기초로 한 과징금액을 산정할 수 있는 자료가 없는 경우에는 하나의 과징금 납부명령 전부를 취소할 수밖에 없다(대판 2007. 10. 26, 2005두3172. 동지판례: 대판 1998. 4. 10, 98두2270; 대판 2009. 6. 23, 2007두18062; 대판 2010. 7. 15, 2010두7031; 대판 2017. 1. 12, 2015두2352).

반면 처분에 가분성이 있거나 처분대상의 일부가 특정될 수 있다면 그 일부만의 취소가 가능하다.

> **[판례①]** 행정청이 여러 개의 위반행위에 대하여 하나의 제재처분을 하였으나, 위반행위별로 제재처분의 내용을 구분하는 것이 가능하고 여러 개의 위반행위 중 일부의 위반행위에 대한 제재처분 부분만이 위법하다면, 법원은 제재처분 중 위법성이 인정되는 부분만 취소하여야 하고 제재처분 전부를 취소하여서는 아니 된다(대판 2020. 5. 14, 2019두63515).
>
> **[판례②]** 외형상 하나의 행정처분이라 하더라도 가분성이 있거나 그 처분대상의 일부가 특정될 수 있다면 일부만의 취소도 가능하고 그 일부의 취소는 당해 취소 부분에 관하여만 효력이 생기는 것인바, 공정거래위원회가 사업자에 대하여 행한 법위반사실공표명령은 비록 하나의 조항으로 이루어진 것이라고 하여도 그 대상이 된 사업자의 광고행위와 표시행위로 인한 각 법위반사실은 별개로 특정될 수 있어

위 각 법위반사실에 대한 독립적인 공표명령이 경합된 것으로 보아야 할 것이므로, 이 중 표시행위에 대한 법위반사실이 인정되지 아니하는 경우에 그 부분에 대한 공표명령의 효력만을 취소할 수 있을 뿐, 공표명령 전부를 취소할 수 있는 것은 아니다(대판 2000. 12. 12, 99두12243).

[판례③] 여러 개의 상이에 대한 국가유공자요건비해당처분에 대한 취소소송에서 그 중 일부 상이가 국가유공자요건이 인정되는 상이에 해당하더라도 나머지 상이에 대하여 위 요건이 인정되지 아니하는 경우에는 국가유공자요건비해당처분 중 위 요건이 인정되는 상이에 대한 부분만을 취소하여야 할 것이고, 그 비해당처분 전부를 취소할 수는 없다고 할 것이다(대판 2012. 3. 29, 2011두9263).

한편, 운전면허의 취소에 있어서도 일부취소 가능성이 문제된다. 한 사람이 여러 종류의 자동차 운전면허를 취득한 경우 이를 취소하거나 정지함에 있어서 개별 운전면허는 서로 별개의 것으로 취급하는 것이 원칙이다. 이때 취소사유가 특정 면허에 관한 것이라면 해당 면허만을 취소하여야 할 것이고, 취소사유가 다른 면허와 공통된 것이거나 운전면허를 받은 사람에 관한 것이라면 여러 면허를 전부 취소할 수 있다는 것이 판례의 입장이다.

[판례①] ㉮ 한 사람이 여러 종류의 자동차 운전면허를 취득하는 경우뿐 아니라 이를 취소 또는 정지함에 있어서도 서로 별개의 것으로 취급하는 것이 원칙이고, 한 사람이 여러 종류의 자동차 운전면허를 취득하는 경우 1개의 운전면허증을 발급하고 그 운전면허증의 면허번호는 최초로 부여한 면허번호로 하여 이를 통합관리하고 있다고 하더라도, 이는 자동차 운전면허증 및 그 면허번호 관리상의 편의를 위한 것에 불과할 뿐 그렇다고 하여 여러 종류의 면허를 서로 별개의 것으로 취급할 수 없다거나 각 면허의 개별적인 취소 또는 정지를 분리하여 집행할 수 없는 것은 아니다. ㉯ 제1종 보통, 대형 및 특수 면허를 가지고 있는 자가 레이카크레인을 음주 운전한 행위는 제1종 특수면허의 취소사유에 해당될 뿐 제1종 보통 및 대형 면허의 취소사유는 아니므로, 3종의 면허를 모두 취소한 처분 중 제1종 보통 및 대형 면허에 대한 부분은 이를 이유로 취소하면 될 것인데 처분 전체를 취소한 조치는 위법하다(대판 1995. 11. 16, 95누8850).

[판례②] ㉮ 한 사람이 여러 종류의 자동차 운전면허를 취득하는 경우뿐 아니라 이를 취소 또는 정지하는 경우에도 서로 별개의 것으로 취급하는 것이 원칙이고, 다만 취소사유가 특정 면허에 관한 것이 아니고 다른 면허와 공통된 것이거나 운전면허를 받은 사람에 관한 것일 경우에는 여러 면허를 전부 취소할 수도 있다. ㉯ 제1종 대형, 제1종 보통 자동차 운전면허를 가지고 있는 갑이 배기량 400cc의 오토

바이를 절취하였다는 이유로 지방경찰청장이 도로교통법 제93조 제1항 제12호에 따라 갑의 제1종 대형, 제1종 보통 자동차 운전면허를 모두 취소한 사안에서, 도로교통법 제93조 제1항 제12호, 도로교통법 시행규칙 제91조 제1항 [별표 28] 규정에 따르면 그 취소 사유가 훔치거나 빼앗은 해당 자동차 등을 운전할 수 있는 특정면허에 관한 것이며, 제2종 소형면허 이외의 다른 운전면허를 가지고는 위 오토바이를 운전할 수 없어 취소 사유가 다른 면허와 공통된 것도 아니므로, 갑이 위 오토바이를 훔친 것은 제1종 대형면허나 보통면허와는 아무런 관련이 없어 위 오토바이를 훔쳤다는 사유만으로 제1종 대형면허나 보통면허를 취소할 수 없다고 본 원심판단은 정당하다(대판 2012. 5. 24, 2012두1891).

[**판례③**] 제1종 보통 운전면허와 제1종 대형 운전면허의 소지자가 제1종 보통 운전면허로 운전할 수 있는 승합차를 음주 운전하다가 적발되어 두 종류의 운전면허를 모두 취소당한 사안에서, 그 취소처분으로 생업에 막대한 지장을 초래하게 되어 가족의 생계조차도 어려워질 수 있다는 당사자의 불이익보다는 교통법규의 준수 또는 주취운전으로 인한 사고의 예방이라는 공익목적 실현의 필요성이 더욱 크고, 당해 처분 중 제1종 대형 운전면허의 취소가 재량권을 일탈한 것으로 본다면 상대방은 그 운전면허로 다시 승용 및 승합자동차를 운전할 수 있게 되어 주취운전에도 불구하고 아무런 불이익을 받지 않게 되어 현저히 형평을 잃은 결과가 초래하고 있으므로, 원심판결이 들고 있는 사정만으로는 이 사건 처분이 재량권의 한계를 일탈하였거나 남용한 위법한 처분이라고 할 수 없다(대판 1997. 3. 11, 96누15176).

금전 부과처분 취소소송에서도 적법하게 부과될 정당한 부과금액이 산출되는 때에는 정당한 부과금액을 초과하는 부분만 취소하는 내용의 일부취소 판결이 행해진다.

[**판례**] 일반적으로 금전 부과처분 취소소송에서 부과금액 산출과정의 잘못 때문에 그 부과처분이 위법한 것으로 판단되더라도 사실심 변론종결 시까지 제출된 자료에 의하여 적법하게 부과될 정당한 부과금액이 산출되는 때에는 그 부과처분 전부를 취소할 것이 아니라 정당한 부과금액을 초과하는 부분만 취소하여야 할 것이지만, 처분청이 처분 시를 기준으로 정당한 부과금액이 얼마인지를 주장·증명하지 않고 있는 경우에도 법원이 적극적으로 그 점에 관하여 직권증거조사를 하거나 처분청에게 증명을 촉구하는 등의 방법으로 정당한 부과금액을 산출할 의무까지 부담하는 것은 아니다(대판 2016. 7. 14, 2015두4167. 동지: 판례: 대판 1999. 5. 11, 98두16781).

(나) 청구기각의 판결

처분의 취소청구가 이유없다고 하여 원고의 청구를 배척하는 판결을 말한다. 처분에 원고가 주장하는 바와 같은 위법성이 없는 경우에 행해진다.

> **[참고판례]** 여러 개의 징계사유 중 일부가 인정되지 않더라도 인정되는 다른 일부 징계사유만으로 해당 징계처분의 타당성을 인정하기에 충분한 경우에는 그 징계처분을 유지하여도 위법하지 아니하다($^{대판\ 2019.\ 11.\ 28.}_{2017두57318}$).

청구기각판결은 처분에 원고가 주장하는 바와 같은 위법이 존재하지 않는다는 것을 확인하는 것일 뿐, 별도의 형성력은 부여되지 않는다. 취소소송의 제기 후에 소의 대상인 처분 또는 소의 이익이 소멸된 경우에도 청구기각판결을 행하여야 한다고 보는 것이 다수설의 입장이나, 소의 이익은 소송요건으로서 청구각하판결을 하여야 할 것이다.

한편, 청구에 이유가 있는 경우에도 예외적인 경우에는 기각판결을 할 수 있는바, 다음의 사정판결이 그에 해당한다.

(다) 사정판결

① 사정판결의 의의: 취소소송에 있어 심리의 결과 계쟁처분이 위법하면 이를 취소함이 원칙이다. 그러나 "원고의 청구가 이유있다고 인정하는 경우에도 처분 등을 취소하는 것이 현저히 공공복리에 적합하지 아니하다고 인정하는 때에는 법원은 원고의 청구를 기각"할 수 있는바($^{행정소송법}_{28조\ 1항}$), 이를 사정판결(事情判決)이라 한다.

> **[사정판결을 부인한 판례]** 이 사건 위험물(주유취급소)설치 허가취소처분은 취소사유없이 이루어진 것으로서 위법하다. 아울러 이 사건 위험물인 주유취급소에 인접하여 군사시설에 해당하는 탄약고가 설치되어 있는 것만으로는 사정판결을 할 만한 사안이 되지 않는다(대판 1985. 11. 26, 84누316, 동지판례: 대판 1984. 3. 13, 83누686; 대판 1985. 12. 24, 84누242; 대판 2001. 8. 24, 2000두7704).

> **[사정판결을 인정한 판례]** ① 건축불허가처분이 처분시에는 위법하다고 하더라도, 본건 별론종결 당시에는 청주도시계획 재정비결정으로 녹지지역으로 지정고시되었던 만큼, 본건 건축불허가처분을 취소하는 것은 현저히 공공복리에 적합하지 아니하다고 인정된다(대판 1970. 3. 24, 69누299).
> ② 환지예정지정처분 및 환지예정지정변경처분이 위법하지만, 이를 취소할 경우

사업지역 내 다수의 이해관계인들에 대한 처분까지도 변경하게 되어 혼란이 발생할 수 있는 반면에 원고에게는 금전 등으로 전보될 수 있으므로, 사정판결을 할 사유가 있다고 판단된다(대판 1997. 11. 11.
95누4902 · 4919).

② 사정판결의 존재이유: 사정판결제도는 이미 본 바와 같이 원고의 청구가 이유있다고 인정됨에도 불구하고 원고의 청구를 기각할 수 있는 제도인 점에 특징이 있다. 여기에서 '원고의 청구가 이유있다'고 함은 쟁송의 대상인 처분 등이 위법함을 의미하는데, 이 점만 보게 되면 사정판결제도는 법치주의에 반하는 부당한 제도인 것으로 비난받아 마땅하며, 실제로 그렇게 평하는 학자도 있다. 「사정판결제도는 위법한 처분 등을 그대로 유지하도록 하는 것이기 때문에 법치행정의 원리 및 재판을 통한 개인의 권익보장이라는 헌법이념에 충실하지 못한 것이라는 비난을 면하기 어렵다」[88]라고 평하는 예가 그에 해당한다. 그러나 원고에 대한 보상규정(행정소송법
28조 3항)을 통해서 알 수 있는 바와 같이, 사정판결제도는 공공복리를 이유로 하여 원고에게 일방적인 희생을 강요하는 제도가 아니라, "처분 등의 취소"라고 하는 원고의 본래의 청구에 갈음하여 손해배상 등 기타의 방법으로 원고의 청구를 수용하며 또한 그것을 통해 공공복리에도 이바지하려는 제도라고 평할 수 있다. 그렇게 볼 때 사정판결제도를 반드시 법치주의에 반한다든가 헌법이념에 충실치 못한 것으로 혹평할 것은 아닌 것으로 보인다.[89]

[판례] 행정처분이 위법한 때에는 이를 취소함이 원칙이고 그 위법한 처분을 취소 · 변경하는 것이 도리어 현저히 공공의 복리에 적합하지 않은 경우에 극히 예외적으로 위법한 행정처분의 취소를 허용하지 않는다는 사정판결을 할 수 있으므로, 사정판결의 적용은 극히 엄격한 요건 아래 제한적으로 하여야 하고, 그 요건인 '현저히 공공복리에 적합하지 아니한가'의 여부를 판단할 때에는 위법 · 부당한 행정처분을 취소 · 변경하여야 할 필요와 그 취소 · 변경으로 발생할 수 있는 공공복리에 반하는 사태 등을 비교 · 교량하여 그 적용 여부를 판단하여야 한다. 아울러 사정판결을 할 경우 미리 원고가 입게 될 손해의 정도와 구제방법, 그 밖의 사정을 조사하여야 하고, 원고는 피고인 행정청이 속하는 국가 또는 공공단체를 상대로 손해배상 등 적당한 구제방법의 청구를 당해 취소소송 등이 계속된 법원에 청구할 수 있

---

88) 이상규(상), 878면.
89) 동지: 김철용, 사정판결, 월간고시, 1987. 4, 53-54면.

는 점($^{행정소송법\ 28}_{조\ 2항,\ 3항}$) 등에 비추어 보면, 사정판결제도가 위법한 처분으로 법률상 이익을 침해당한 자의 기본권을 침해하고, 법치행정에 반하는 위헌적인 제도라고 할 것은 아니다($^{대판\ 2009.\ 12.\ 10.}_{2009두8359}$).

③ **사정판결의 요건**: 사정판결을 하기 위해서는 ㉠ 원고의 청구가 이유있다고 인정되어야 하며, ㉡ 처분 등을 취소하는 것(청구인용판결)이 현저히 공공복리에 적합하지 아니하다고 인정되어야 한다. 원고의 청구가 이유있음에도 불구하고 당해 처분 등을 유지시킨다는 점에서 사정판결은 법치주의에 대하여 예외적인 것이라 할 수 있다. 따라서 개인의 권익구제라는 사익과 공공복리를 비교형량하여 극히 불가피한 경우에 한하여 사정판결을 하여야 한다.

이러한 점에 비추어 사정판결제도는 집행부정지의 원칙과 더불어 행정소송법상의 대표적인 공익조항에 해당한다고 할 수 있다. 「행정소송법」 제28조 2항은 "법원이 사정판결을 함에 있어서는 미리 원고가 그로 인하여 입게 될 손해의 정도와 배상방법 그 밖의 사정을 조사하여야 한다"고 규정함으로써, 공공복리와 관련한 비교형량의 원칙을 잘 나타내고 있다.

[판례] 사정판결은 행정처분이 위법함에도 불구하고 이를 취소·변경하게 되면 그것이 도리어 현저히 공공의 복리에 적합하지 않은 경우에 극히 예외적으로 할 수 있는 것이므로, 그 요건에 해당하는지 여부는 위법·부당한 행정처분을 취소·변경하여야 할 필요와 그 취소·변경으로 발생할 수 있는 공공복리에 반하는 사태 등을 비교·교량하여 엄격하게 판단하되, ① 해당 처분에 이르기까지의 경과 및 처분 상대방의 관여 정도, ② 위법사유의 내용과 발생원인 및 전체 처분에서 위법사유가 관련된 부분이 차지하는 비중, ③ 해당 처분을 취소할 경우 예상되는 결과, 특히 해당 처분을 기초로 새로운 법률관계나 사실상태가 형성되어 다수 이해관계인의 신뢰 보호 등 처분의 효력을 존속시킬 공익적 필요성이 있는지 여부 및 그 정도, ④ 해당 처분의 위법으로 인해 처분 상대방이 입게 된 손해 등 권익 침해의 내용, ⑤ 행정청의 보완조치 등으로 위법상태의 해소 및 처분 상대방의 피해 전보가 가능한지 여부, ⑥ 해당 처분 이후 처분청이 위법상태의 해소를 위해 취한 조치 및 적극성의 정도와 처분 상대방의 태도 등 제반 사정을 종합적으로 고려하여야 한다.
나아가 사정판결은 해당 처분이 위법하나 공익상 필요 등을 고려하여 취소하지 아니하는 것일 뿐 그 처분이 적법하다고 인정하는 것은 아니므로, 사정판결의 요건을 갖추었다고 판단되는 경우 법원으로서는 행정소송법 제28조 제2항에 따라 원고가 입게 될 손해의 정도와 배상방법, 그 밖의 사정에 관하여 심리하여야 하고, 이

경우 원고는 행정소송법 제28조 제3항에 따라 손해배상, 제해시설의 설치 그 밖에 적당한 구제방법의 청구를 병합하여 제기할 수 있으므로, 당사자가 이를 간과하였음이 분명하다면 적절하게 석명권을 행사하여 그에 관한 의견을 진술할 수 있는 기회를 주어야 한다(대판 2016. 7. 14. 2015두4167, 동지판례: 대판 2000. 2. 11. 99두7210; 대판 2001. 1. 19. 99두9674; 대판 2005. 12. 8. 2003두10046; 대판 2006. 12. 21. 2005두16161).

④ **주장책임 · 증명책임**:   사정판결은 당사자, 특히 피고 행정청의 요청에 따라 내려지는 것이 일반적이겠지만 법원의 직권으로도 가능하다. 법원은 당사자의 명백한 주장이 없는 경우에도 여러 가지 사정을 참작하여 직권으로 사정판결을 할 수 있다.

> **[판례]** 행정처분이 위법한 경우에는 이를 취소하는 것이 원칙이나, 예외적으로 그 위법한 처분을 취소 · 변경하는 것이 도리어 현저히 공공복리에 적합하지 아니하는 경우에는 그 취소를 허용하지 아니하는 사정판결을 할 수 있다. 이러한 사정판결은 당사자의 명백한 주장이 없는 경우에도 기록에 나타난 여러 사정을 기초로 직권으로 할 수 있는 것이나, 그 요건인 현저히 공공복리에 적합하지 아니한지 여부는 위법한 행정처분을 취소 · 변경하여야 할 필요와 그 취소 · 변경으로 인하여 발생할 수 있는 공공복리에 반하는 사태 등을 비교 · 교량하여 판단하여야 한다(대판 2006. 9. 22. 2005두2506).

사정판결의 필요성은 사정판결제도의 취지에 비추어 처분의 위법성판단과는 달리 판결시를 기준으로 판단하여야 할 것이다. 또한 이에 대한 주장 · 증명의 책임은 사정판결의 예외성에 비추어 피고인 행정청이 부담하여야 할 것으로 생각된다.

⑤ **사정판결의 효과**:   사정판결은 청구기각판결이므로, 비록 당해 소송의 대상인 처분 등이 위법하여 원고의 청구가 이유있다 하더라도 원고의 청구는 배척된다. 그러나 당해 처분 등은 그 위법성이 치유되어 적법하게 되는 것이 아니라, 공공복리를 위하여 위법성을 가진 채로 그 효력을 지속하는 데 불과하다. 사정판결을 하는 경우 법원은 판결의 주문에서 그 처분 등이 위법함을 명시하여야 하며(동법 28조 1항 후단), 그 처분 등의 위법성에 대하여 기판력이 발생하게 된다. 이와 같은 조치는 원고에 대한 배상, 소송비용, 후속처분 등의 저지 등과 관련하여 중요한 의미를 가진다. 사정판결에 있어서의 소송비용은 일반적인 소송비용부담의 예와는 달리 피고가 부담하는데(동법 32조), 이는 사정판결이란 원고의 청구가 이유있음에도 불구하고 공공복리를 위하여 원고의 청구를 기각하는 것

이기 때문이다. 사정판결 역시 일반적인 기각판결과 본질상 동일하므로, 그에
불복하는 당사자는 상고할 수 있다.

⑥ 원고에 대한 대상: 원고는 피고인 행정청이 속하는 국가 또는 공공
단체를 상대로 손해배상, 재해시설의 설치 그밖에 적당한 구제방법의 청구를
당해 취소소송 등이 계속된 법원에 병합하여 제기할 수 있다(동법 28). 이 경우
손해배상의 성질에 관하여 종래에는 특별한 손실보상이라는 견해, 무과실배상
책임이라는 견해, 일반적 국가배상청구권이라는 견해로 나누어졌으나, 명문으
로 규정된 이상 논의의 실익은 없어졌다고 할 수 있다.

⑦ 무효등확인소송과 사정판결: 무효등확인소송의 경우에도 사정판결
이 허용되는가에 대해 학설이 대립하고 있는바, 이에 관해서는 후술하기로 한다.

3. 판결의 방식

판결은 변론을 거쳐 거기에 나타난 진술을 기초로 행하여야 하나(민사소송법 134조, 204조 등 참조),
부적법한 소를 각하하는 경우에는 반드시 변론을 거칠 필요가 없다(동법 219조).

판결의 내용은 판결서에 기재되는바, 판결서에는 당사자와 법정대리인, 주
문, 청구 및 상소의 취지, 이유, 변론을 종결한 날짜 또는 판결을 선고한 날짜,
법원 등을 기재하고 판결한 법관이 서명·날인하여야 한다(동법 208조).

판결은 선고로 그 효력이 생기는바, 판결을 선고함에는 재판장이 판결원본에
따라 주문을 읽어 선고하며, 필요한 때에는 이유를 간략히 설명할 수 있다 (동법 205조, 206조).

4. 판결의 효력(구속력)[90]

취소소송의 판결의 효력에 대하여 「행정소송법」은 제3자에 대한 효력(동법 29)
및 기속력(동법 30조)에 대해서만 명시적으로 규정할 뿐, 그 밖의 효력, 즉 자박력·
확정력·형성력 등에 대해서는 규정하고 있지 않다. 그러나 행정소송 또한 재
판인 이상 그들 효력은 취소소송의 판결에도 당연히 인정된다고 보아야 할 것
이다. 판결의 효력(구속력)도 ① 선고법원에 대한 효력, ② 당사자에 대한 효력,
③ 법원과 양 당사자에 대한 효력 등으로 나누어 고찰할 수 있다.

(1) 자박력(선고법원에 대한 구속력, 불가변력)

행정소송에 있어서도 판결이 일단 선고되면 선고법원 자신은 이를 취소, 변

---

90) 앞에서 행정행위가 행정행위로서 효력을 발생하는 것과 그러한 행정행위가 여러 당사자(상대방, 처분

경할 수 없는 기속을 받게 되는바, 이를 판결의 자박력, 구속력 또는 불가변력이라고 부른다. 그러나 판결의 제목이나 내용에 명백한 오류(판결의 결론에 영향을 주지 않는 계산 잘못, 오기 등)가 있는 경우에는 법원은 직권 또는 당사자의 신청에 의하여 결정을 통해 정정할 수 있다(민사소송법 211조). 그 밖의 오류가 있는 것이 판결 선고 후에 밝혀지더라도 판결을 선고한 법원이 이를 직접 바로잡을 수는 없고, 당사자의 상소를 기다릴 수밖에 없다.

(2) 형식적 확정력(당사자에 대한 구속력)

판결에 대하여 불복이 있는 자는 상소를 통하여 그의 효력을 다툴 수 있는 것인데, 상소기간의 도과 기타 사유로 상소할 수 없는 때에 판결은 형식적 확정력을 가진다. 이 형식적 확정력은 판결내용과는 관계가 없으나, 판결내용의 효력발생의 요건이 된다.

(3) 실질적 확정력 또는 기판력(법원과 양당사자에 대한 구속력)

(가) 의 의

기판력이라 함은 소송물에 관하여 법원이 행한 판단내용이 확정되면, 이후 동일사항이 문제된 경우에 있어 당사자(승계인 포함)는 그에 반하는 주장을 하여 다투는 것이 허용되지 않으며, 법원도 그와 모순·저촉되는 판단을 해서는 안 되는 구속력을 말한다.

우리의 「행정소송법」에는 독일 행정법원법에서와 같은 기판력에 대한 명문규정[91]은 없다. 그러나 「민사소송법」이 "확정판결은 주문에 포함한 것에 한하여 기판력을 가진다"(동법 216조 1항), "확정판결은 당사자, 변론을 종결한 뒤의 승계인(변론없이 한 판결의 경우에는 판결을 선고한 뒤의 승계인) 또는 그를 위하여 청구의 목적물을 소지한 사람에 대하여 효력이 미친다"(동법 218조 1항)라고 규정하고 있고, 이들 규정이 행정소송에도 준용되므로(행정소송법 8조 2항), 행정소송의 판결에도 기판력이 인정된다고 말할 수 있다.

(나) 범 위

① **주관적 범위:** 기판력은 당해 소송의 당사자 및 당사자와 동일시할

청, 법원 등 기타의 국가적 기관)에 대해서 가지는 구속력(구체적인 법적 효과)을 구별할 필요가 있음을 강조한 바 있다(본서 312면 이하). 이와 같이 행정행위의 효력과 구속력을 구별하는 관점에 서게 되면, 판결의 효력도 구속력이라는 명칭이 더 어울릴 것으로 생각된다. 다만 여기에서는 일반의 예에 따라 효력이라는 용어를 사용하기로 한다.

91) 독일 행정법원법(VwGO) 제121조: 「확정판결은 소송물에 관하여 판단된 한도 내에서, 당사자 및 그 승계인을 기속한다」.

수 있는 승계인에게만 미치고, 제3자에게는 미치지 않는다. 다만, 취소소송에 있어서는 편의상 권리주체인 국가·공공단체가 아닌 처분행정청을 피고로 하기 때문에, 그 판결의 기판력은 피고인 처분행정청이 속하는 국가나 공공단체에도 미친다고 보아야 한다.

> **[판례]** 과세처분 취소청구를 기각하는 판결이 확정되면 그 처분이 적법하다는 점에 관하여 기판력이 생기고 그 후 원고가 이를 무효라 하여 무효확인을 소구할 수 없는 것이어서 과세처분의 취소소송에서 청구가 기각된 확정판결의 기판력은 그 과세처분의 무효확인을 구하는 소송에도 미친다. 한편, 취소소송의 피고는 처분청이므로 행정청을 피고로 하는 취소소송에 있어서의 기판력은 당해 처분이 귀속하는 국가 또는 공공단체에 미친다(대판 1998. 7. 24. 98다10854).

② **객관적 범위:**   기판력은 소송물에 관한 판단에 미치고 취소소송의 소송물은 처분의 위법성 일반이므로, 처분이 적법하다는 것 또는 처분이 위법하다는 것에 대하여 기판력이 미친다. 처분의 취소판결이 확정되면, 원고나 피고 모두 처분이 유효하다는 주장을 할 수 없다. 그러나 행정청이 새로운 처분을 하게 되면 그 새로운 처분은 종전의 처분과 별개의 처분이므로 종전처분에 대한 판결의 기판력이 새로운 처분에는 미치지 않는다. 다만 취소판결의 기속력에 의하여 취소판결의 내용에 저촉되는 처분을 할 수 없고 그러한 처분을 하였다면 무효이다.

기판력은 판결주문 중에 표시된 소송물에 관한 판단에 대해서만 발생하는 것이 원칙이다. 그러므로 판결이유 중에서 설시된 사실인정, 선결적 법률관계, 항변 등에는 기판력이 미치지 않는다.

> **[판례]** 기판력의 객관적 범위는 그 판결의 주문에 포함된 것, 즉 소송물로 주장된 법률관계의 존부에 관한 판단의 결론 그 자체에만 미치는 것이고, 판결이유에 설시된 그 전제가 되는 법률관계의 존부에까지 미치는 것은 아니다(대판 1987. 6. 9. 86다카2756).

취소소송의 기판력과 관련하여 특히 문제가 되고 있는 것이, "취소소송판결과 국가배상청구소송과의 관계",[92] 즉 취소소송판결의 기판력이 국가배상청구

---

92) 주요문헌: 김철용, 취소소송과 국가배상소송, 고시계, 1992. 7; 김남진, 취소소송의 기판력과 국가배상소송과의 관계, 고시연구, 2000. 12; 최계영, 처분의 취소판결과 국가배상책임, 행정판례연구 제18권 제1호, 2013.

소송의 수소법원에 영향을 미치는지 여부가 문제된다. 이는 취소소송에 있어서의 처분의 위법성과 국가배상책임의 성립요건으로서의 위법성의 관계를 어떻게 설정할 것인지와 관련이 있는데, 이에 관하여는 학설의 다툼이 있다.[93] ① 양자를 같은 개념으로 보는 입장(협의의 위법성설)[94]에서는 취소소송판결의 기판력이 인용판결이든 기각판결이든 불문하고 국가배상청구소송에 미치게 된다. ② 국가배상책임요건으로서의 위법 개념이 취소소송에 있어서의 위법보다 넓은 개념으로 보는 입장(광의의 위법성설)에 의하면 취소소송의 인용판결의 기판력만이 국가배상청구소송에 미치고, 취소소송의 기각판결의 기판력은 국가배상청구소송에 미치지 않는다. ③ 양자를 다른 개념으로 보는 입장(결과불법설·상대적 위법성설·직무의무위반설)[95]을 취하면 취소소송의 본안판결의 기판력이 국가배상청구소송에 미치지 않게 된다.

③ 시간적 범위: 종국판결은 변론종결시까지 소송에 현출된 자료를 기초로 하여 행하여지며, 당사자도 변론종결시까지 소송자료를 제출할 수 있으므로, 기판력은 당사자의 변론종결시를 표준시로 하여 발생한다.

(4) 형성력

(가) 형성력의 의의 및 근거

판결의 형성력이란 일반적으로 판결의 취지에 따라 법률관계의 발생·변경·소멸을 가져오는 효력을 말한다. 그에 따라 처분의 취소판결이 있게 되면, 처분청의 별도의 행위를 기다릴 것 없이 처분의 효력이 소급하여 소멸한다. 파면처분을 받은 공무원이 그 파면취소소송을 제기하여 승소하는 경우, 파면처분이 효력을 상실함으로써 소급하여 공무원의 신분을 회복하게 되는 것과 같다.

> **[판례]** 피고인이 행정청으로부터 자동차 운전면허취소처분을 받았으나 나중에 그 행정처분 자체가 행정쟁송절차에 의하여 취소되었다면, 위 운전면허취소처분은 그 처분시에 소급하여 효력을 잃게 되고, 피고인은 위 운전면허취소처분에 복종할 의무가 원래부터 없었음이 후에 확정되었다고 봄이 타당할 것이고, 행정행위에 공정력의 효력이 인정된다고 하여 행정소송에 의하여 적법하게 취소된 운전면허취소처분이 단지 장래에 향하여서만 효력을 잃게 된다고 볼 수는 없다(대판 1999. 2. 5, 98도4239).

---

93) 이에 대하여는 본서 685면 이하 참조.
94) 이러한 입장으로서는 김철용, 취소소송판결과 국가배상소송, 고시계, 1985. 7; 김남진, 취소소송의 기판력과 국가배상소송의 관계, 고시연구, 2000. 12 참조.
95) 김연태, 행정법사례연습, 714-717면.

물론, 성질상 소급효를 발생하지 않는 것도 있다($\substack{\text{영업허가정지처}\\\text{분의 취소 등}}$). 취소판결의 형성력을 명시한 규정은 없으나, 판결의 당연한 효력으로 간주되며, 다음에 보는 '취소판결의 제3자효에 관한 규정($\substack{\text{행정소송법}\\\text{29조 1항}}$)'이 간접적 근거가 될 수 있을 것이다.

(나) 취소판결의 제3자효(대세효)

① 인정의 이유와 근거:　　「행정소송법」은 "처분 등을 취소하는 확정판결은 제3자에 대하여도 효력이 있다"($\substack{\text{동법}\\\text{조 1항}}$29)라고 하여 처분취소판결의 제3자에 대한 구속력을 명문화하였다.

예컨대, 체납처분절차의 하나로서의 공매처분이 취소판결이 있은 경우, 만일에 취소판결의 효력이 제3자인 재산경락인에게 미치지 않게 되면, 체납자에게 있어서 청구인용의 판결은 거의 의미없는 것이 되고 만다. 특허기업($\substack{\text{여객자동차}\\\text{운수사업 등}}$)의 기존업자가 신규업자를 상대로 한 신규면허처분의 취소소송(경업자소송)에 있어서도 사정은 마찬가지이다. 이와 같이 제3자효 행정행위의 취소소송에 있어서 피고는 처분행정청으로 되어 있으나, 분쟁의 실질적 상대방은 경락인, 신규업자 등 사인이라는 점이 이해되어야 한다. 민사소송에 의하면 그들 실질적 상대방이 피고가 되고, 따라서 판결의 효력(구속력)도 당연히 그들 피고에게 미치게 된다. 그런데 취소소송에 있어서는 처분행정청이 피고가 되어 있으므로, 취소판결의 효과를 실질적 상대방인 제3자에게 미치게 할 필요가 있는 셈이다.

② 제3자보호의 필요와 장치:　　한편, 소송에 참가하여 자기의 이익을 방어하거나 주장할 기회를 가지지 아니한 제3자에 대하여 판결의 효력을 미치게 한다는 것은 소송법의 원칙에 어긋나며, 자칫 국민의 재판청구권($\substack{\text{헌법}\\\text{조 1항}}$27)을 침해할 우려도 없지 않다. 취소판결의 제3자효가 가지는 이와 같은 양면을 조화시키기 위해 마련된 제도가 「행정소송법」에 있어서의 제3자의 소송참가($\substack{16\\\text{조}}$) 및 제3자의 재심청구($\substack{31\\\text{조}}$)의 규정이라 할 수 있다.

③ 문제점:　　취소판결의 제3자효에 대하여 일단 긍정적인 평가를 내린다 하더라도 아직도 검토되어야 할 문제가 남아있다.

첫째, 행정소송(항고소송)의 주관적 소송으로서의 성격에 비추어 보아 취소판결의 제3자효(대세효)를 행정소송의 당연한 속성으로 볼 수 있겠는가 하는 점이 있다. 일본과 우리나라가 취소판결의 대세효를 인정하고 있는 데 대하여, 독일에서는 상대효만이 인정되고 있으며, 일본의 경우 현재까지도 그 입법의 당부가 시비의 대상의 되고 있는 점을 감안할 필요가 있다.

둘째, 판결의 형성력이 미치는 "제3자"의 범위가 명확하지 않다는 점을 지적할 수 있다. 예컨대, 그 제3자가 어떠한 형태로든 소송에 참가한 소송참가인 으로서의 제3자만을 의미하는 것인가 아니면 그 밖의 이해관계자 전부를 의미 하는 것인지 등이 명확하지 않다.

④ 제3자효의 준용: 「행정소송법」은 '취소판결의 제3자효 규정'을 무효 등확인소송과 부작위위법확인소송은 물론 가구제에도 준용하고 있다(동법 29조 2 항, 38조 참조).

(5) 기속력(행정기관에 대한 구속력)

(가) 의의 및 근거

취소판결의 기속력이란, 당사자인 행정청과 그 밖의 관계행정청이 확정판결 의 취지에 따라 행동해야 하는 의무를 발생시키는 효력(구속력)을 말한다. 「행 정소송법」은 "처분 등을 취소하는 확정판결은 그 사건에 관하여 당사자인 행 정청과 그 밖의 관계행정청을 기속한다"(동법 30 조1항)라고 하여 이를 명시하고 있다. 유사한 입법례는 일본의 행정사건소송법(33 조)에서 찾아 볼 수 있다.

(나) 기속력의 성질

이에 관하여는, 기판력설과 특수효력설이 나누어져 있다.

첫째, 기판력설은 과거 일본에서의 유력설로서, "취소판결의 기속력은 상급 심재판의 하급심에 대한 구속력과 마찬가지로 기판력이며, 확정판결이 있은 이 상 판결을 받은 행정청은 이후 동일당사자간의 동일사안을 처리함에 있어 법 원이 위법으로 확정한 판결을 존중하지 않으면 안 되며, 동일한 과오를 되풀이 할 수 없다"는 식으로 설명한다(兼子仁).

둘째, 특수효력설은 현재의 일본 및 우리나라에서의 통설로서, 취소판결의 기속력을 "취소판결의 실효성을 담보하기 위하여 실정법이 부여한 특수한 효 력"으로서 설명한다. 이와 같은 특수효력설이 타당하다고 할 것이다.

우리 대법원 판례도 기속력을 기판력과 다른 것으로 이해하고 있다.

[판례] 행정소송법 제30조 제1항은 "처분 등을 취소하는 확정판결은 그 사건에 관 하여 당사자인 행정청과 그 밖의 관계행정청을 기속한다."라고 규정하고 있다. 이 러한 취소 확정판결의 '기속력'은 취소 청구가 인용된 판결에서 인정되는 것으로서 당사자인 행정청과 그 밖의 관계행정청에게 확정판결의 취지에 따라 행동하여야 할 의무를 지우는 작용을 하는 것이다. 이에 비하여 행정소송법 제8조 제2항에 의 하여 행정소송에 준용되는 민사소송법 제216조, 제218조가 규정하고 있는 '기판력' 이란 기판력 있는 전소 판결의 소송물과 동일한 후소를 허용하지 않음과 동시에,

후소의 소송물이 전소의 소송물과 동일하지는 않다고 하더라도 전소의 소송물에 관한 판단이 후소의 선결문제가 되거나 모순관계에 있을 때에는 후소에서 전소 판결의 판단과 다른 주장을 하는 것을 허용하지 않는 작용을 하는 것이다(대판 2016. 3. 24, 2015두48235).

(다) 기속력의 내용

행정청이 취소판결의 취지에 따라 작위·부작위 등의 의무를 지는 것이 그 내용이다.

[판례] 어떤 행정처분을 위법하다고 판단하여 취소하는 판결이 확정되면 행정청은 취소판결의 기속력에 따라 그 판결에서 확인된 위법사유를 배제한 상태에서 다시 처분을 하거나 그 밖에 위법한 결과를 제거하는 조치를 할 의무가 있다(대판 2020. 4. 9, 2019두49953).

의무의 주된 내용은 다음과 같다.

① **부작위의무**(동일내용의 처분금지의무) :   취소판결이 확정되면 행정청 (처분청 및 관계행정청)은 확정판결에 저촉되는 행위를 하여서는 안 될 의무를 진다. 즉, 행정청은 동일한 사실관계 아래에서 동일한 당사자에 대하여 동일한 내용의 처분 등을 반복해서는 안 된다. 그러나 취소판결의 사유가 행정행위의 절차나 형식상의 하자인 경우에 있어서, 행정청이 적법한 절차나 형식을 갖춘 다음 다시 동일한 내용의 처분을 하는 것은 무방하다.

[판례] 과세의 절차 내지 형식에 위법이 있어 과세처분을 취소하는 판결이 확정되었을 때에는 그 확정판결의 기판력은 거기서 적시된 절차 내지 형식의 위법사유에 한하여 미치는 것이므로 과세관청은 그 위법사유를 보완하여 다시 새로운 과세처분을 할 수 있고 그 새로운 과세처분은 확정판결에 의하여 취소된 종전의 과세처분과는 별개의 처분이라 할 것이어서 확정판결의 기판력에 저촉되는 것이 아니다(대판 1987. 2. 10, 86누91).

부작위의무가 청구기각판결에도 인정되는지가 문제되나, 「행정소송법」이 「처분 등을 취소하는 확정판결」이라 하여 기속력이 발생하는 판결의 범위를 '인용판결(취소판결)'로 명시하고 있으므로(동법 30조1항), 청구기각판결이 있더라도 행정청이 직권으로 당해 처분을 취소할 수 있다고 보지 않으면 안 된다. 이 경우의 '처분의 취소'는 '판결의 기속력'과는 무관한 것인데, 그 대신 '행정행위의 직권취소의 제한'의 법리가 여기에 적용된다는 점에 유의할 필요가 있다.

② **적극적 처분의무**(거부처분에 대한 기속력): 판결에 의하여 취소되는 처분이 당사자의 신청을 거부하는 것을 내용으로 하는 경우에는, 그 처분을 행한 행정청은 판결의 취지에 따라 다시 이전의 신청에 대한 처분을 하여야 한다(동법 30 조 2항). 당사자는 다시 신청할 필요가 없다. 이 경우 행정청은 판결의 취지를 존중하여 그것을 자신의 판단 및 조치의 기초로 삼아야 하겠지만, 반드시 원고가 신청한 내용으로 재처분하여야 하는 것은 아니다. 따라서 신청을 인용하거나 당초의 거부처분과는 다른 이유로 다시 거부할 수도 있다고 새겨진다.

[**판례①**] 행정소송법 제30조 제2항에 의하면, 행정청의 거부처분을 취소하는 판결이 확정된 경우에는 처분을 행한 행정청이 판결의 취지에 따라 이전 신청에 대하여 재처분을 할 의무가 있다. 행정처분의 적법 여부는 행정처분이 행하여진 때의 법령과 사실을 기준으로 판단하는 것이므로 확정판결의 당사자인 처분 행정청은 종전 처분 후에 발생한 새로운 사유를 내세워 다시 거부처분을 할 수 있고, 그러한 처분도 위 조항에 규정된 재처분에 해당한다. 여기에서 '새로운 사유'인지는 종전 처분에 관하여 위법한 것으로 판결에서 판단된 사유와 기본적 사실관계의 동일성이 인정되는 사유인지에 따라 판단되어야 하고, 기본적 사실관계의 동일성 유무는 처분사유를 법률적으로 평가하기 이전의 구체적인 사실에 착안하여 그 기초인 사회적 사실관계가 기본적인 점에서 동일한지에 따라 결정되며, 추가 또는 변경된 사유가 처분 당시에 그 사유를 명기하지 않았을 뿐 이미 존재하고 있었고 당사자도 그 사실을 알고 있었다고 하여 당초 처분사유와 동일성이 있는 것이라고 할 수는 없다(대판 2011. 10. 27. 2011두14401).

[**판례②**] 행정소송법 제30조 제2항의 규정에 의하면 행정청의 거부처분을 취소하는 판결이 확정된 경우에는 그 처분을 행한 행정청이 판결의 취지에 따라 이전의 신청에 대하여 재처분할 의무가 있다고 할 것이나, 그 취소사유가 행정처분의 절차, 방법의 위법으로 인한 것이라면 그 처분 행정청은 그 확정판결의 취지에 따라 그 위법사유를 보완하여 다시 종전의 신청에 대한 거부처분을 할 수 있고, 그러한 처분도 위 조항에 규정된 재처분에 해당한다(대판 2005. 1. 14. 2003두13045).

[**판례③**] 행정처분의 적법 여부는 그 행정처분이 행하여진 때의 법령과 사실을 기준으로 하여 판단하는 것이므로 거부처분 후에 법령이 개정·시행된 경우에는 개정된 법령 및 허가기준을 새로운 사유로 들어 다시 이전의 신청에 대한 거부처분을 할 수 있으며 그러한 처분도 행정소송법 제30조 제2항에 규정된 재처분에 해당된다(대판 1998. 1. 7. 97두22).

③ **절차위법의 이유로 취소된 경우의 처분의무**:　　신청에 따른 처분이 제 3자의 제소에 의하여 절차에 위법이 있음을 이유로 취소되는 경우에는, 그 처분을 행한 행정청은 판결의 취지에 따라 적법한 절차에 의하여 다시 신청을 허용하는 처분을 할 수 있는 것이다. 그러나 실체적 내용에 위법이 있음을 이유로 취소되는 경우에는 원신청자에게 재차 인용처분을 할 수 없다 할 것이다.

④ **결과제거의무**(원상회복의무):　　행정청은 처분의 취소판결이 있게 되면 결과적으로 위법이 되는 처분에 의하여 초래된 상태를 제거해야 하는 의무를 진다고 새겨진다. 예컨대, 자동차의 압류처분이 취소되면 행정청은 그 자동차를 원고에게 반환해야 한다. 그럼에도 불구하고 행정청이 그에 따른 의무를 이행하지 않을 경우에는, 이른바 공법상의 결과제거청구권에 입각하여 자동차의 반환을 청구할 수밖에 없을 것이다. 등기처분이 취소된 경우에 있어서 관계 행정청인 등기관장기관이 잘못된 등기를 정정하는 등의 의무를 지는 것도 같은 이치로 볼 수 있을 것이다.

> **[참고판례]** 관할관청이 직업능력개발훈련과정 인정을 받은 사업주에 대하여 거짓이나 그 밖의 부정한 방법으로 훈련비용을 지원받았다고 판단하여 위 규정들에 따라 일정 기간의 훈련과정 인정제한처분과 훈련비용 지원제한처분을 하였는데, 그 제한처분에 대한 쟁송절차에서 해당 제한처분이 위법한 것으로 판단되어 취소되거나 당연무효로 확인된 경우에는, 예외적으로 사업주가 해당 제한처분 때문에 관계 법령이 정한 기한 내에 하지 못했던 훈련과정 인정신청과 훈련비용 지원신청을 사후적으로 할 수 있는 기회를 주는 것이 취소판결과 무효확인판결의 기속력을 규정한 행정소송법 제30조 제1항, 제2항, 제38조 제1항의 입법 취지와 법치행정 원리에 부합한다(대판 2019. 1. 31. 2016두52019).

(라) 기속력의 범위

① **주관적 범위**:　　기속력은 당사자인 행정청뿐만 아니라, 그 밖의 모든 관계행정청에도 미친다(행정소송법 30조 1항 참조). 여기에서 '관계행정청'이란 피고인 행정청과 동일한 행정주체에 속하는 행정청인지 또는 동일한 행정사무계통을 이루는 상·하의 행정청인지 여부에 관계없이, 취소된 처분 등과 관련하여 어떠한 처분권한을 가진 행정청을 말한다.

② **객관적 범위**:　　기속력은 판결주문 및 그 전제가 된 처분 등의 구체적 위법사유에 관한 이유 중의 판단에 대하여 인정되고,[96] 판결의 결론과 직접

관계없는 방론이나 간접사실에는 미치지 아니한다.

기속력은 기판력과 달리 위법성 일반에 대하여 생기는 것이 아니라 판결에서 위법한 것으로 판단된 개개의 처분사유에 대하여만 기속력이 생긴다.[97] 따라서 징계처분 취소판결이 있은 뒤에 그 징계처분사유설명서의 기재사유 이외의 사유를 들어 다시 징계처분이 가능하고, 거부처분의 취소판결 후 당초의 거부사유 외에 새로운 사유를 들어 다시 거부처분이 가능하다.

> **[판례①]** 취소 확정판결의 기속력은 그 판결의 주문 및 전제가 되는 처분 등의 구체적 위법사유에 관한 판단에도 미치나, 종전 처분이 판결에 의하여 취소되었다 하더라도 종전 처분과 다른 사유를 들어서 새로이 처분을 하는 것은 기속력에 저촉되지 않는다. 여기에서 동일 사유인지 다른 사유인지는 확정판결에서 위법한 것으로 판단된 종전 처분사유와 기본적 사실관계에 있어 동일성이 인정되는지 여부에 따라 판단되어야 하고, 기본적 사실관계의 동일성 유무는 처분사유를 법률적으로 평가하기 이전의 구체적인 사실에 착안하여 그 기초인 사회적 사실관계가 기본적인 점에서 동일한지에 따라 결정된다. 또한 행정처분의 위법 여부는 행정처분이 행하여진 때의 법령과 사실을 기준으로 판단하므로, 확정판결의 당사자인 처분 행정청은 종전 처분 후에 발생한 새로운 사유를 내세워 다시 처분을 할 수 있음은 물론이고, 새로운 처분의 처분사유가 종전 처분의 처분사유와 기본적 사실관계에서 동일하지 않은 다른 사유에 해당하는 이상, 해당 처분사유가 종전 처분 당시 이미 존재하고 있었고 당사자가 이를 알고 있었다 하더라도 이를 내세워 새로이 처분을 하는 것은 확정판결의 기속력에 저촉되지 않는다(대판 2016. 3. 24, 2015두48235).
>
> **[판례②]** 사립학교 교원이 어떠한 징계처분을 받아 위원회에 소청심사청구를 하였고, 이에 대하여 위원회가 그 징계사유 자체가 인정되지 않는다는 이유로 징계양정의 당부에 대해서는 나아가 판단하지 않은 채 징계처분을 취소하는 결정을 한 경우, 그에 대하여 학교법인 등이 제기한 행정소송 절차에서 심리한 결과 징계사유 중 일부 사유는 인정된다고 판단이 되면 법원으로서는 위원회의 결정을 취소하여야 한다. 이는 설령 인정된 징계사유를 기준으로 볼 때 당초의 징계양정이 과중한 것이어서 그 징계처분을 취소한 위원회 결정이 결론에 있어서는 타당하다고 하더라도 마찬가지이다. 위와 같이 행정소송에 있어 확정판결의 기속력은 처분 등을 취소하는 경우에 그 피고인 행정청에 대해서만 미치는 것이므로, 법원이 위원회 결정의 결론이 타당하다고 하여 학교법인 등의 청구를 기각하게 되면 결국 행정소송의 대상이 된 위원회 결정이 유효한 것으로 확정되어 학교법인 등도 이에 기속되므로,

---

96) 대판 2001. 3. 23, 99두5238.
97) 대판 1991. 8. 9, 90누7326.

위원회 결정의 잘못은 바로잡을 길이 없게 되고 학교법인 등도 해당 교원에 대한 적절한 재징계를 할 수 없게 되기 때문이다(대판 2013. 7. 25.,
2012두12297).

(마) 기속력 위반의 효과

취소판결에 저촉되는 행정청의 처분의 효력에 관하여는 '취소할 수 있는 행위'로 보는 견해도 있으나, 무효로 보는 것이 법의 취지에 합당하다고 판단되며, 통설·판례의 입장이다.

> **[판례]** 어떠한 행정처분에 위법한 하자가 있다는 이유로 그 취소를 청구한 행정소송에서 그 행정처분을 취소하는 판결이 선고되어 확정된 경우에 처분행정청이 그 행정소송의 사실심변론종결 이전의 사유를 내세워 다시 확정판결에 저촉되는 행정처분을 하는 것은 확정판결의 기판력에 저촉되어 허용될 수 없고 이와 같은 행정처분은 그 하자가 명백하고 중대한 경우에 해당되어 당연무효이다(대판 1989. 9. 12,
89누985. 동지판
례: 대판 1982. 6. 11, 80누104:
대판 1990. 12. 11, 90누3560).

(6) 집행력 또는 간접강제(행정기관에 대한 구속력)

집행력이란 본래 판결 등으로 명한 의무이행을 강제집행절차에 의하여 실현할 수 있는 효력을 말하는데, 이 경우의 집행력은 이행판결에 한하여 인정된다. 다만, 광의의 집행력은 강제집행 이외의 방법에 의하여 판결의 내용에 적합한 상태를 실현할 수 있는 수단(간접강제)까지도 포함하는데, 이러한 의미의 집행력은 확인판결과 형성판결에도 인정될 수 있다. 비록 현행법이 의무이행소송을 명시적으로 채택하고 있지는 않으나, 거부처분에 대한 취소판결 및 부작위위법확인판결이 확정되면 판결의 기속력에 의하여 행정청은 당해 판결의 취지에 따르는 처분을 행할 의무를 지게 됨은 앞에서 본 바와 같다(행정소송법 30조
2항, 38조 2항). 그러함에도 불구하고 행정청이 그 적극적 처분의무를 이행하지 않는 경우에는 그 판결의 내용을 어떻게 실현할 수 있을지가 문제되는바, 「행정소송법」은 판결의 실효성을 확보하기 위하여 간접강제에 관하여 규정하고 있다. "행정청이 제30조 제2항의 규정에 의한 처분을 하지 아니하는 때에는, 제1심 수소법원은 당사자의 신청에 의하여 결정으로써 상당한 기간을 정하고, 행정청이 그 기간 내에 이행하지 아니하는 때에는 지연기간에 따라 일정한 배상을 할 것을 명하거나, 즉시 손해배상을 할 것을 명할 수 있다"(동법 34
조 1항)라는 규정이 그에 해당한다. 이와 같이 거부처분의 취소판결은 이러한 간접강제의 방법으로 그의 집행

력을 확보하고 있는 셈이다.[98]

> **[판례]** 거부처분 취소판결은 거부처분을 행한 행정청으로 하여금 그 판결의 취지에 따라 다시 이전의 신청에 대한 처분을 하도록 하는 기속력을 갖기는 하지만(행정소송법 30 조 2항 참조), 그 판결을 채무명의로 하여 행정청의 재처분의무를 민사소송법상의 강제집행절차에 의하여 실현할 수 있는 집행력을 갖지는 못한다(대판 2001. 11. 13. 99두2017).

한편, 대법원은 「행정소송법」 제34조의 간접강제결정에 기한 배상금은 확정판결의 취지에 따른 재처분의 지연에 대한 제재나 손해배상이 아니고 재처분의 이행에 관한 심리적 강제수단에 불과한 것으로 보고 있다.

> **[판례]** 행정소송법 제34조 소정의 간접강제결정에 기한 배상금은 거부처분취소판결이 확정된 경우 그 처분을 행한 행정청으로 하여금 확정판결의 취지에 따른 재처분의무의 이행을 확실히 담보하기 위한 것으로서, 확정판결의 취지에 따른 재처분의무내용의 불확정성과 그에 따른 재처분에의 해당 여부에 관한 쟁송으로 인하여 간접강제결정에서 정한 재처분의무의 기한 경과에 따른 배상금이 증가될 가능성이 자칫 행정청으로 하여금 인용처분을 강제하여 행정청의 재량권을 박탈하는 결과를 초래할 위험성이 있는 점 등을 감안하면, 이는 확정판결의 취지에 따른 재처분의 지연에 대한 제재나 손해배상이 아니고 재처분의 이행에 관한 심리적 강제수단에 불과한 것으로 보아야 하므로, 특별한 사정이 없는 한 간접강제결정에서 정한 의무이행기한이 경과한 후에라도 확정판결의 취지에 따른 재처분의 이행이 있으면 배상금을 추심함으로써 심리적 강제를 꾀할 목적이 상실되어 처분상대방이 더 이상 배상금을 추심하는 것은 허용되지 않는다(대판 2004. 1. 15. 2002두2444. 동지판례: 대판 2010. 12. 23. 2009다37725).

XII. 판결에 의하지 않는 취소소송의 종료

취소소송은 법원의 종국판결에 의하여 종료하는 것이 원칙이나, 원고의 소

---

98) 한편, 행정심판에서는 재결에 의하여 취소되거나 무효 또는 부작위로 확인되는 처분이 당사자의 신청을 거부하는 것을 내용으로 하는 경우에는 그 처분을 한 행정청은 재결의 취지에 따라 다시 이전의 신청에 대한 처분을 해야 한다(행정심판법 49조 2항). 또한 당사자의 신청을 거부하거나 부작위로 방치한 처분의 이행을 명하는 재결이 있으면 행정청은 지체 없이 이전의 신청에 대하여 재결의 취지에 따라 처분을 하여야 하고(동법 49조 3항), 그럼에도 불구하고 피청구인이 처분을 하지 아니하는 경우에는 행정심판위원회는 당사자가 신청에 따라 기간을 정하여 서면으로 시정을 명하고 그 기간에 이행하지 아니하면 직접 처분을 할 수 있다(동법 50조 1항 본문). 다만, 그 처분의 성질이나 그 밖의 불가피한 사유로 위원회가 직접 처분을 할 수 없는 경우에는 그러하지 아니하다(동법 50조 1항 단서).

의 취하 등에 의하여 종료될 수도 있다. 취소소송에 있어 청구의 포기·인낙,
재판상의 화해가 허용되는가에 관해서는 견해가 나누어져 있다.

1. 소의 취하

'소의 취하'란 원고가 제기한 소의 전부 또는 일부를 철회하는 법원에 대한
일방적 의사표시를 말한다. 취소소송은 행정의 적법성확보를 그 목적의 하나로
하기 때문에 그의 가능성 여부가 문제되기도 한다. 그러나 취소소송에도 처분
권주의가 지배하므로, 이를 부인할 이유는 없을 것이다. 그러나 소의 취하에 관
하여도 「민사소송법」이 준용되므로(행정소송법), 피고가 본안에 대하여 준비서면을
제출하거나 준비절차에서 진술하거나 변론을 한 후에는 소의 취하에 피고의
동의를 얻어야 한다. 또한 소의 취하는 서면으로 함이 원칙이나, 변론 또는 준
비절차에서 구술로써 할 수도 있다(민사소송법).

2. 청구의 포기·인낙

'청구의 포기'란 원고가 자기의 소송상의 청구가 이유없음을 자인하는 법원
에 대한 일방적 의사표시를 말하며, '청구의 인낙'이란 피고가 원고의 소송상의
청구가 이유있음을 자인하는 법원에 대한 일방적 의사표시를 말한다. 「민사소
송법」은 당사자가 청구의 포기 또는 인낙을 조서에 기재한 때에는 확정판결과
동일한 효력을 발생케 하고 있다(통법). 이것은 통상의 민사소송에 있어서는 당
사자에게 소송물인 권리관계를 자유로이 처분할 수 있는 권리가 인정되어 있
기 때문이다. 과연 행정소송에 있어서도 청구의 포기·인낙을 인정할 것인가?
행정소송사건의 심리에 있어서도 변론주의와 처분권주의를 기본으로 하고 행
정소송법에 이를 배제하는 명시적 규정이 없으므로, 「민사소송법」상의 청구의
포기·인낙에 관한 규정이 준용될 수 있다는 견해가 있을 수 있다. 그러나 행
정청이나 개인은 소송물인 처분을 임의로 취소·변경할 수 있는 것은 아니고,
취소소송에 있어서는 청구의 포기나 인낙에 대해 확정판결과 동일한 효력을
인정하기 어려우므로, 행정소송에 있어서는 원칙적으로 청구의 포기·인낙이
인정되지 않는다고 보아야 할 것이다.

3. 소송상의 화해

소송상의 화해란 소송계속중 당사자 쌍방이 소송물인 권리관계의 주장을

서로 양보하여 소송을 종료시키기로 하는 변론기일에 있어서의 합의를 말하는
데, 화해조서는 확정판결과 같은 효력이 있다(민사소송법220조).

　그런데 「행정소송법」의 경우에는 이러한 소송상 화해에 대해 명문규정을
두고 있지 않으므로, 행정소송(취소소송)의 경우에도 동법 제8조 2항에 의하여
민사소송법상의 소송상 화해가 준용될 것인지가 문제된다.

　부정설은 ① 행정처분의 내용은 법에 의하여 객관적으로 정하여지는 것이
므로 행정청이 그 의사에 의해 임의로 변경할 수 있는 것이 아니라는 점, ② 행
정처분은 원래 일방적 행위에 의하여 권리관계가 형성되고 확정되는 것이기
때문에 당사자의 의사의 일치에 의하여 권리관계가 정하여지는 것은 부적합하
다는 점, ③ 취소판결의 효력은 제3자에게도 미치기 때문에 당사자가 자유롭게
처분할 수 없다는 점 등을 논거로 한다.

　그에 대하여 긍정설은 ① 행정사건의 공익성을 이유로 화해를 제한한다고
하더라도 행정사건의 공익성의 정도에는 단계가 있고 이것에 의해 일반적으로
취소소송상의 화해를 부정할 수는 없다는 점, ② 국민의 권익, 소송경제 등을
고려할 때 화해를 인정하는 것이 타당하다는 점, ③ 취소판결의 효력이 제3자
에게 미친다고 하더라도 화해로 인하여 권리를 침해받는 제3자가 이를 다툴 소
송상의 방법을 남겨 놓으면 되므로 화해 자체를 부정할 것은 아니라는 점 등을
논거로 한다.

　서울행정법원은 출범 이래 재판부에 따라 법원의 화해권고안을 당사자가
수용하고 이에 따라 화해조서를 작성하는 방식을 사용하여 오다가 2000년이
넘어서면서 항고소송 중 영업정지·허가취소사건, 조세소송사건, 과징금사건,
부당해고사건, 산재사건 등을 중심으로 법원의 권고에 따라 피고가 처분을 취
소 또는 변경하고 원고가 소를 취하하는 사실상 화해의 방식을 주로 사용하고
있다. 구체적으로 영업정지·자격정지기간의 일부를 단축하는 것, 영업허가처
분을 영업정지처분으로 변경하는 것, 과징금 또는 조세부과처분의 금액을 조정
하는 것 등이 주된 경우이다.[99]

---

99) 관련문헌: 김남진, 행정상의 화해 및 조정, 고시연구, 2006. 3; 이희정, 법의 지배와 행정법상 재판외 분
쟁해결수단, 서울대학교 박사학위논문, 2004; 이정수, 행정소송상 화해권고제도에 관한 연구, 법조 제55
권 제4호, 2006. 4; 전훈, 항고소송에서의 법원의 화해권고에 관한 고찰, 공법학연구 제9권 제1호, 2008.
2; 최봉석, 행정소송외 분쟁해결수단의 법적 과제, 비교법연구 제8권 제2호, 2008. 4; 최승필, 행정법상
재판외분쟁해결제도(ADR)에 대한 고찰, 공법학연구 제11권 제1호, 2010. 2; 김성원, 항고소송에서의
소송상 화해, 원광법학 제35집 제3호, 2019. 9.

4. 당사자의 소멸

원고가 사망하고 또한 소송물인 권리관계의 성질상 이를 승계할 자가 없는 경우에는 소송은 종료된다. 그러나 피고인 행정청이 없게 된 때에는 그 처분 등에 관한 사무가 귀속되는 국가 또는 공공단체가 피고가 되므로($^{행정소송법}_{13조 2항}$), 소송은 종료되지 않는다.

XIII. 상소 및 재심청구 등

1. 상소(항소와 상고)

제1심 법원($^{행정법원·}_{지방법원본원}$)의 판결에 대하여는 상급법원에 항소(抗訴)할 수 있으며, 항소심의 종국판결에 대하여는 대법원에 상고(上告)할 수 있다. 「민사소송법」상의 "항소는 제1심 법원이 선고한 종국판결에 대하여 할 수 있다"($^{동법 390}_{조 1항}$), "상고는 고등법원이 선고한 종국판결과 지방법원 합의부가 제2심으로서 선고한 종국판결에 대하여 할 수 있다"($^{동법}_{422조}$)라는 규정이 행정소송에도 적용되는 셈이다.

다만, 행정소송에도 「상고심절차에 관한 특례법」($^{4조에 의한 심}_{리의 불속행}$)이 적용되는 결과 대법원은 상고이유에 관한 주장이 ① 원심판결이 헌법에 위반하거나 헌법을 부당하게 해석한 때, ② 원심판결이 명령·규칙 또는 처분의 법률위반 여부에 대하여 부당하게 판단한 때, ③ 원심판결이 법률·명령·규칙 또는 처분에 대하여 대법원판례와 상반되게 해석한 때, ④ 법률·명령·규칙 또는 처분에 대한 해석에 관하여 대법원판례가 없거나 대법원판례를 변경할 필요가 있는 때, ⑤ 그 밖의 중대한 법령위반에 관한 사항이 있는 때, ⑥ 「민사소송법」이 정한 절대적 상고이유($^{동법 424조 1항}_{1호 내지 5호}$)가 있는 때를 포함하지 아니한다고 인정되는 때에는 심리를 하지 아니하고 판결로 상고를 기각한다는 점에 유의할 필요가 있다.

2. 항고와 재항고

행정소송에 있어서도 소송절차에 관한 신청을 기각한 결정이나 명령에 대하여 불복이 있으면 항고(抗告)할 수 있으며($^{민사소송}_{439조}$), 항고법원 또는 항소법원의 결정 및 명령에 대하여 재판에 영향을 미친 헌법·법률·명령 또는 규칙의 위반이 있음을 이유로 재항고(再抗告)할 수 있다($^{동법}_{442조}$). 또한 법률에 규정이 있는 경우에는 즉시항고할 수 있는데, 재판의 고지가 있은 날부터 1주일 내에 하여야 하는 즉시항고에는 집행정지의 효력이 인정된다($\substack{동법\ 444조.\\447조\ 참조}$).

3. 재심청구

재심(再審)은 확정된 종국판결에 재심사유($\substack{법률상\ 그\ 재판에\ 관여할\ 수\ 없는\ 법관이\\관여한\ 때\ 등.\ 민사소송법\ 451조\ 참조}$)에 해당하는 하자가 있는 경우에 판결을 한 법원에 대하여 그 판결의 취소와 사건의 재심사를 구하는 비상의 불복신청방법을 말하는데, 취소소송의 판결에 대해서도 민사소송법이 정하는 바에 따라 재심 또는 준재심($\substack{결정·명령에\\대한\ 재심}$)이 인정됨은 물론이다.

> **[판례]** 재심은 확정된 종국판결에 대하여 판결의 효력을 인정할 수 없는 중대한 하자가 있는 경우 예외적으로 판결의 확정에 따른 법적 안정성을 후퇴시켜 그 하자를 시정함으로써 구체적 정의를 실현하고자 마련된 것이다. 행정소송법 제8조에 따라 심결취소소송에 준용되는 민사소송법 제451조 제1항 제8호는 '판결의 기초로 된 행정처분이 다른 행정처분에 의하여 변경된 때'를 재심사유로 규정하고 있다. 이는 판결의 심리·판단 대상이 되는 행정처분 그 자체가 그 후 다른 행정처분에 의하여 확정적·소급적으로 변경된 경우를 말하는 것이 아니고, 확정판결에 법률적으로 구속력을 미치거나 또는 그 확정판결에서 사실인정의 자료가 된 행정처분이 다른 행정처분에 의하여 확정적·소급적으로 변경된 경우를 말하는 것이다. 여기서 '사실인정의 자료가 되었다'는 것은 그 행정처분이 확정판결의 사실인정에서 증거자료로 채택되었고 그 행정처분의 변경이 확정판결의 사실인정에 영향을 미칠 가능성이 있는 경우를 말한다($\substack{대판\ 2020.\ 1.\ 22.\\2016후2522}$).

중요한 것은 「행정소송법」이 취소판결에 대한 '제3자의 재심청구'에 관하여 특별히 규정하고 있는데, "처분 등을 취소하는 판결에 의하여 권리 또는 이익을 침해받은 제3자는 자기에게 책임없는 사유로 소송에 참가하지 못함으로써 판결의 결과에 영향을 미칠 공격 또는 방어방법을 제출하지 못한 때에는 이를 이유로 확정된 종국판결에 대하여 재심의 청구를 할 수 있다"($\substack{동법\ 31\\조\ 1항}$)라고 하는 규정이 그에 해당한다. 이 제도는 '취소판결의 제3자효'($\substack{동법\ 29\\조\ 1항}$)로 인하여 피해를 입을지도 모르는 제3자를 보호하기 위한 것이다.

제3자에 의한 재심의 청구는 확정판결이 있음을 안 날로부터 30일 이내, 판결이 확정된 날로부터 1년 이내에 제기하여야 한다($\substack{동법\ 31\\조\ 2항}$). 이 기간은 불변기간이다($\substack{동조\\3항}$). 재심에 관한 그 밖의 사항에 관하여는 재심에 관한 「민사소송법」의 규정($\substack{동법\ 451\\조\ 이하}$)이 준용된다고 할 것이다.

XIV. 위헌판결의 공고

취소소송의 선결문제(구체적
규범심사)로서 명령·규칙이 대법원의 판결에 의하여 헌법 또는 법률에 위반됨이 확정된 경우에는 대법원은 지체없이 그 사유를 행정안전부장관에게 통보하여야 한다(행정소송법
6조 1항). 대법원의 통보를 받은 행정안전부장관은 지체없이 이를 관보에 게재하여야 한다(동조
2항).

XV. 소송비용

1. 원   칙

소송비용은 패소자가 부담함이 원칙이다(민사소송
법 98조). 일부패소의 경우에 당사자들이 부담할 소송비용은 법원이 정한다(동법
101조).

2. 예   외

취소청구가 사정판결에 의하여 기각되거나 행정청이 처분 등을 취소 또는 변경함으로 인하여 청구가 각하 또는 기각된 경우에는 소송비용은 피고가 부담한다(행정소송
법 32조).

3. 소송비용재판의 효력

소송비용에 관한 재판이 확정된 때에는 피고 또는 참가인이었던 행정청이 소속하는 국가 또는 공공단체에 그 효력을 미친다(동법
33조).

제 2 관 무효등확인소송

I. 의   의

무효등확인소송이란 "행정청의 처분 등의 효력유무 또는 존재 여부를 확인하는 소송"을 말한다(행정소송법
4조 2호). 행정처분의 무효확인소송이 이에 관한 전형적 형태라고 할 수 있다. 그 밖에 처분 등의 존재확인소송, 부존재확인소송, 유효확인소송, 실효확인소송을 생각할 수 있는바, 이를 분명히 하기 위하여 행정소송법은 '무효등확인소송'이라고 규정하고 있다.

처분이 무효이거나 부존재인 경우에는 그 처분의 무효 또는 부존재(관세처분의 무효 또는 부존재, 공무원의 파면처분의 무효 또는 부존재 등)를 전제로 하여 현재의 법률관계에 관한 주장(부당이득반환청구, 공무원의 보수청구 등)을 할 것이지, 구태여 그의 무효나 부존재를 확인받을 필요는 없지 않느냐 하는 생각이 들 수 있다. 실제로 그와 같은 사고에 입각한 입법례도 있다(일본의 행정사건소송법 36조). 소송이란 본래 법률관계를 대상으로 하는 것으로서 처분 그 자체는 법률관계가 아니다. 또한 확인소송은 일반적으로 이행소송과 형성소송에 비해 보충성을 가지는 것으로 생각되고 있다.

그러나 행정처분이 무효인가, 아니면 취소할 수 있는 것인가를 식별한다는 것은 쉬운 일이 아니므로, 무효 또는 부존재인 처분 등도 행정청에 의하여 집행될 우려가 있다. 따라서 비교적 쉬운 방법을 통해서 행정처분에 붙어있는 유효인 듯한 법적 외관을 제거할 필요가 있다. 반대로 존재하는 처분 등에 대하여 행정청이 그것을 부인하는 내용의 처분을 함으로써 상대방의 법률상 이익을 침해할 수 있는바, 이 경우에는 유효확인소송이나 존재확인소송과 같은 적극적 확인의 소의 방법으로 공적 확정을 받을 필요가 있다.

무효등확인소송의 이점은 제소기간, 행정심판전치 등과 같은 제약을 받지 않는 점에 있다.

II. 주요 소송요건

1. 재판관할

무효등확인소송의 제1심관할은 피고의 소재지를 관할하는 행정법원이 된다(동법 9조, 38조 참조). 행정법원이 설치되지 아니한 지역에서의 행정사건의 관할, 기타의 문제는 취소소송에서와 같다.

2. 관련청구소송의 이송과 병합

무효등확인소송과 관련청구소송이 각각 다른 법원에 계속되고 있는 경우에 관련청구소송의 계속법원은 관련청구소송을 무효등확인소송이 계속된 법원으로 이송할 수 있으며, 무효등확인소송에는 사실심변론종결시까지 관련청구소송을 당해 법원에 병합하여 제기할 수 있다(동법 10조, 38조 참조).

3. 소송의 대상

무효등확인소송도 취소소송과 마찬가지로, '처분 등' 즉, '행정청이 행하는 구체적 사실에 관한 법집행으로서의 공권력의 행사 또는 그 거부와 그 밖에 이에 준하는 행정작용 및 행정심판에 대한 재결'을 소송대상으로 한다(동법 19조, 38조 1항 참조). 그리고 무효등확인소송의 대상이 되기 위해서는 적어도 유효한 처분 등으로 오인될 만한 외견적 존재가 있어야 한다. 동시에 처분 등의 무효, 부존재 등이 명백할 때에는 일반적으로 권리보호의 필요(협의의소익)가 부정된다고 보아야 할 것이다.

재결의 무효등확인소송은 재결 자체에 고유한 위법이 있음을 이유로 하는 경우에만 가능하다(동법 19조 단서, 38조 1항 참조).

4. 소의 이익

무효등확인소송은 처분 등의 효력유무 또는 존재 여부의 확인을 구할 법률상 이익이 있는 자만이 제기할 수 있다(동법 35조). 무효등확인소송의 경우 그 '법률상 이익'이 '취소소송에 있어서의 법률상 이익'과 같은 의미를 가지는 것인지, 아니면 다소간 다른 의미를 가지는 것인지가 문제되고 있다.[100]

우리의 「행정소송법」과 달리 일본[101]과 독일[102]의 행정소송법은 확인소송에 있어서의 소의 이익을 특별히 취급하고 있으며, 대체로 민사소송법상의 '확인의 이익'에 관한 법리를 거의 그대로 받아들이고 있다. 여기서 그 '확인의 이익'

---

100) 「행정소송법」 제35조의 해석을 둘러싸고 ① 즉시확정의 이익을 내포하는 소의 이익에 관한 규정으로 보는 견해, ② 원고적격만을 규정한 것으로 보아 무효확인소송의 경우에는 즉시확정의 이익을 요하지 않는다는 견해, ③ 원고적격과 소의 이익에 관한 규정으로 보며 확인의 소에 관한 보충성도 이 조항에 내포되어 있는 것으로 보는 견해, ④ 원고적격과 소의 이익에 관한 규정으로 보되 확인의 소에 관한 보충성은 이 조항의 해석으로부터 도출되지 않는다는 견해 등이 제시된다.

101) 일본의 행정사건소송법 제36조: 「무효등확인의 소는 당해처분 또는 재결에 이어지는 처분에 의하여 손해를 받을 우려가 있는 자 기타 당해처분 또는 무효 등의 확인을 구하는 것에 대해 법률상의 이익을 가지는 자로서 당해처분 또는 재결의 존부 또는 그 효력의 유무를 전제로 하는 현재의 법률관계에 관한 소에 의하여 목적을 달성할 수 없는 경우에 한하여 제기할 수 있다」.

102) 독일의 행정법원법 제43조: 「① 원고가 즉시확정의 정당한 이익(berechtigtes Interesse an der baldigen Feststellung)을 가지는 경우에는 소(Klage)를 통하여 법률관계의 존부 또는 행정행위의 무효의 확인을 청구할 수 있다. ② 확인은 원고가 형성의 소 또는 이행의 소를 통해 그의 권리를 추구할 수 있는 경우에는 구할 수 없다. 다만 행정행위의 무효확인을 구하는 경우에는 그러하지 아니하다」.

이라고 함은 '확인소송의 보충성' 및 '즉시확정의 이익'을 의미한다. 우리 「행정소송법」은 그에 관하여 규정하고 있지 않고, 단순히 '원고적격'이라는 제목하에 '법률상 이익'이라고만 규정하고 있을 뿐이다. 종래 대법원은 민사소송에 있어서의 확인소송의 보충성이론을 행정처분 무효등확인소송에도 그대로 받아들였다.

> **[판례①]** 행정처분에 대한 무효확인의 소에 있어서 확인의 이익은 그 대상인 법률관계에 관하여 당사자 사이에 분쟁이 있고, 그로 인하여 원고의 권리 또는 법률상의 지위에 불안·위험이 있어 판결로써 그 법률관계의 존부를 확정하는 것이 위 불안·위험을 제거하는 데 필요하고도 적절한 경우에 인정되는 것이고, 소유자 아닌 다른 사람이 행정청으로부터 건물에 대한 사용승인의 처분을 받아 이를 사용·수익함으로써 소유자의 권리행사가 방해를 받고 있는 경우 사용승인의 처분이 그러한 침해행위까지 정당화하는 것은 아니므로, 건물의 소유자로서는 사용승인처분에 대한 무효확인의 판결을 받을 필요 없이 직접 민사소송을 제기하여 소유권에 기한 방해의 제거나 예방을 청구함으로써 그 소유물에 대한 권리를 보전하려는 목적을 달성할 수가 있으므로 그 사용승인처분에 대하여 무효확인을 구하는 것은 분쟁해결에 직접적이고도 유효·적절한 수단이라 할 수 없어 소의 이익이 없다(대판 2001. 9. 18. 99두11752. 동지판례: 대판 1989. 10. 10. 89누3397).
>
> **[판례②]** 행정처분의 부존재확인소송은 행정처분의 부존재확인을 구할 법률상 이익이 있는 자만이 제기할 수 있고, 여기에서의 법률상 이익은 원고의 권리 또는 법률상 지위에 현존하는 불안, 위험이 있고 그 불안, 위험을 제거함에는 확인판결을 받는 것이 가장 유효적절한 수단일 때 인정되는 것이다(대판 1990. 9. 28. 89누6396).

그러나 대법원은 현재 이러한 입장을 변경하여 행정처분의 근거 법률에 의하여 보호되는 직접적이고 구체적인 이익이 있는 경우에는 「행정소송법」 제35조에 규정된 '무효확인을 구할 법률상 이익'이 있다고 보아야 하고, 이와 별도로 무효확인소송의 보충성이 요구되는 것은 아니라는 입장을 취하고 있다.

> **[판례]** 행정소송은 행정청의 위법한 처분 등을 취소·변경하거나 그 효력 유무 또는 존재 여부를 확인함으로써 국민의 권리 또는 이익의 침해를 구제하고 공법상의 권리관계 또는 법 적용에 관한 다툼을 적정하게 해결함을 목적으로 하므로, 대등한 주체 사이의 사법상 생활관계에 관한 분쟁을 심판대상으로 하는 민사소송과는 목적, 취지 및 기능 등을 달리한다. 또한 행정소송법 제4조에서는 무효확인소송을 항고소송의 일종으로 규정하고 있고, 행정소송법 제38조 제1항에서는 처분 등을

> 취소하는 확정판결의 기속력 및 행정청의 재처분 의무에 관한 행정소송법 제30조를 무효확인소송에도 준용하고 있으므로 무효확인판결 자체만으로도 실효성을 확보할 수 있다. 그리고 무효확인소송의 보충성을 규정하고 있는 외국의 일부 입법례와는 달리 우리나라 행정소송법에는 명문의 규정이 없어 이로 인한 명시적 제한이 존재하지 않는다. 이와 같은 사정을 비롯하여 행정에 대한 사법통제, 권익구제의 확대와 같은 행정소송의 기능 등을 종합하여 보면, 행정처분의 근거 법률에 의하여 보호되는 직접적이고 구체적인 이익이 있는 경우에는 행정소송법 제35조에 규정된 '무효확인을 구할 법률상 이익'이 있다고 보아야 하고, 이와 별도로 무효확인소송의 보충성이 요구되는 것은 아니므로 행정처분의 무효를 전제로 한 이행소송 등과 같은 직접적인 구제수단이 있는지 여부를 따질 필요가 없다고 해석함이 상당하다(대판 2008. 3. 20, 2007두6342, 동지 판례: 대판 2019. 2. 14, 2017두62587).

생각건대, ① 무효확인소송은 항고소송의 일종이라는 점, ② 행정소송은 민사소송과는 목적, 취지 및 기능 등을 달리한다는 점, ③ 무효확인판결만으로도 실효성을 확보할 수 있다는 점 등을 종합하여 보면, 변경된 대법원의 입장과 같이 무효확인소송의 보충성을 요구하지 않는 것이 행정처분에 의하여 불이익을 받은 상대방에게 소송형태에 관한 선택권을 부여함으로써 국민의 권익구제를 강화할 수 있는 바람직한 해석이라고 본다.

따라서 무효확인소송의 소의 이익은 보충성 요건에 따라 판단할 것이 아니라 소의 이익에 관한 일반원칙에 따라 판단하여야 할 것이다.

> **[판례]** 행정처분에 대한 무효확인의 소에 있어서 확인의 이익은 그 대상인 법률관계에 관하여 당사자 사이에 분쟁이 있고, 그로 인하여 원고의 권리 또는 법률상의 지위에 불안·위험이 있어 판결로써 그 법률관계의 존부를 확정하는 것이 위 불안·위험을 제거하는 데 필요하고도 적절한 경우에 인정된다 할 것이므로, 원고의 권리가 존재하지 아니하고, 그 판결을 받는다 할지라도 그 권리가 회복될 가능성이 전혀 없다면 그러한 원고의 확인의 소는 그 확인의 이익이 없다(대판 2002. 6. 14, 2002두1823, 동지 판례: 대판 2013. 2. 28, 2010두2289).

5. 피고적격

무효등확인소송은 원칙으로 처분 등을 행한 행정청을 피고로 하며, 취소소송의 피고적격에 관한 규정이 준용된다(동법 13조, 38조 참조).

Ⅲ. 소송의 제기와 효과

1. 행정심판과의 관계

무효등확인소송에는 행정심판전치에 관한 규정의 적용이 없다($\frac{동법 38조 1항}{18조 참조}$). 다만, 실질이 처분의 무효를 구하는 소송일지라도 취소소송의 형식을 취하는 이상, 행정심판의 예외적 전치주의의 적용이 있어야 할 것이다.

> **[판례]** 행정처분의 당연무효를 선언하는 의미에서 그 취소를 구하는 행정소송을 제기하는 경우에는 전치절차와 그 제소기간의 준수 등 취소소송의 제소요건을 갖추어야 하는 것이다($\frac{대판 1987. 6. 9. 87누219. 동지판례:}{대판 1990. 8. 28. 90누1892}$).

2. 제소기간

무효등확인소송에는 제소기간의 제한이 없다($\frac{동법 38조 1항.}{20조 참조}$). 다만, 취소소송의 형식을 취하는 경우, 제소기간의 적용이 있게 됨은 행정심판에 있어서와 마찬가지이다.

3. 청구의 병합

관련청구의 병합에 관한 규정이 무효등확인소송에도 준용된다($\frac{동법 38조}{1항. 10조}$).

4. 소의 변경

법원은 무효등확인소송을 당해 처분 등에 관계되는 사무가 귀속하는 국가 또는 공공단체에 대한 당사자소송 또는 취소소송으로 변경하는 것이 상당하다고 인정할 때에는, 청구의 기초에 변경이 없는 한 사실심의 변론종결시까지 원고의 신청에 의하여 결정으로써 소의 변경을 허가할 수 있다. 이에 의하여 피고를 달리하게 될 때에는 법원은 새로이 피고로 될 자의 의견을 들어야 한다. 이때 소의 변경을 허가하는 결정이 있게 되면 새로운 소는 변경된 소를 제기한 때에 제기된 것으로 본다($\frac{동법 37조.}{21조}$). 처분의 변경으로 인한 소의 변경 역시 가능하다($\frac{동법 38조}{1항. 22조}$).

5. 처분의 집행정지

「행정소송법」은 처분의 집행정지제도를 무효등확인소송에도 준용하고 있다 (동법 38조 1항, 23조, 24조). 무효인 처분은 이론상 처분으로서의 구속력이 없고, 따라서 집행의 문제도 없는 것이지만, 무효인 처분도 처분으로서의 외관이 존재하고, 무효와 취소의 구별이 명확하지 않기 때문에 무효인 처분도 집행될 우려가 있는 것이므로, 무효등확인소송에 집행정지제도를 준용하고 있다고 새겨진다.

6. 취소소송과 무효확인소송의 관계

행정청의 위법한 처분에 대해 항고소송으로서 취소소송 또는 무효확인소송을 제기할 수 있다. 무효와 취소의 구별이 쉽지 않은 현실에서 무효사유를 가진 행정처분에 대해 취소소송을 제기한 경우 또는 단지 취소사유가 있음에도 불구하고 무효확인소송을 제기한 경우에 이를 어떻게 처리할 것인지가 문제되는 바 취소소송과 무효확인소송의 관계에 대하여 살펴보기로 한다.

(1) 병렬관계

무효확인소송은 취소소송에 대해 보충적 관계에 있는 것이 아니라 서로 병렬적 관계에 있는 별개의 소송이다. 따라서 행정청의 처분에 불복하고자 하는 자는 제소요건을 갖추고 있는 한, 양자 중 자기의 목적을 가장 효과적으로 달성할 수 있는 소송의 종류를 선택할 수 있다.

그러나 양자는 서로 양립할 수 없는 청구이므로 단순병합이나 선택적 병합은 불가능하고, 예비적 병합만이 가능하다. 통상 무효확인소송을 주위적 청구로, 취소소송을 예비적 청구로 병합할 것이나, 소송요건의 구비여부 등이 문제될 때에는 취소소송을 주위적 청구로, 무효확인소송을 예비적 청구로 구할 수도 있다.[103]

> **[판례]** 행정처분에 대한 무효확인과 취소청구는 서로 양립할 수 없는 청구로서 주위적·예비적 청구로서만 병합이 가능하고 선택적 청구로서의 병합이나 단순 병합은 허용되지 아니한다(대판 1999. 8. 20, 97누6889).

---

103) 사법연수원, 행정구제법, 2008, 16면.

(2) 포용관계

취소소송과 무효확인소송은 서로 병렬적 관계에 있는 별개의 소송이기는 하지만, 양자 모두 처분 등에 존재하는 위법한 하자를 이유로 그 효력의 배제를 구하는 소송이라는 점에서 공통점이 있고, 무효와 취소는 단지 하자의 정도에 차이가 있는 것에 불과한 것이므로 실제에서는 서로 포용성을 가진다고 할 수 있다. 취소청구에는 엄밀한 의미의 취소뿐만 아니라 무효의 선언을 구하는 의미로서의 취소도 포함된 것으로 볼 수 있고,[104) 반대로 무효확인의 청구에는, 원고가 처분의 취소를 구하는 것이 아니라는 점을 명백히 하지 않은 이상, 그 처분이 무효가 아니라면 취소를 구하는 취지도 포함되어 있는 것으로 볼 수 있다.

(가) 무효인 처분에 대해서 취소소송을 제기한 경우

무효사유를 가진 행정처분에 대해 취소소송을 제기한 경우에 이를 어떻게 처리할 것인지가 문제된다.

취소소송은 처분에 하자가 있으나 그 하자가 취소사유에 불과하여 일단 유효한 처분의 효력을 판결에 의하여 배제하는 소로서, 당초부터 무효인 처분에 대하여 그 무효의 확인을 구하는 소인 무효확인소송과 구별되는 것이다. 그러나 무효와 취소의 구별은 상대적인 것으로 그 구별이 곤란한 경우가 많고, 무효이든 취소이든 그 처분의 효력이 부인되기만 하면 소를 제기한 당사자의 목적은 일단 달성되는 것으로 볼 수 있다는 점에서, 그 처분에 '무효사유'가 있더라도 무효확인소송이 아닌 '취소소송'을 제기할 수 있다고 할 것이다.

이러한 경우의 취소소송을 통상 '무효를 선언하는 의미의 취소소송'이라고 하는데, 형식적으로는 취소소송이므로 이 소송을 제기하기 위해서는 전심절차나 제소기간 등 취소소송으로서 갖추어야 할 소송요건을 구비하고 있어야 할 것이다.

판례는 무효인 처분에 대해 취소소송을 제기한 경우, 취소청구에는 무효확인청구가 포함되지 않으므로 법원은 무효확인판결을 할 수는 없다고 하면서, 제소기간과 같은 취소소송의 제기요건을 갖추고 있는 한 취소판결(이른바 무효를 선언하는 의미의 취소판결)을 할 수 있다는 입장이다.

---

104) 이때 취소청구에 무효확인을 구하는 취지까지 포함되어 있다고 할 수는 없다(대판 1987. 4. 28, 86누 887 참조).

> **[판례①]** 행정처분의 당연무효를 선언하는 의미에서 그 취소를 구하는 행정소송을 제기하는 경우에는 전치절차와 그 제소기간의 준수 등 취소소송의 제소요건을 갖추어야 하는 것이다(대판 1987. 6. 9, 87누219. 동지판례: 대판 1982. 6. 22, 81누424; 대판 1984. 5. 29, 84누175; 대판 1990. 8. 28, 90누1892).
>
> **[판례②]** 원고가 이 사건 소송에 있어서 그 청구취지로서 과세처분의 취소를 구하고 있는 이상 원심이 원고에게 이 사건과세처분의 무효확인을 구하는 여부를 석명할 의무는 없다 할 것이며, 과세처분의 취소를 구하는 내용에는 그 무효확인을 구하는 취지도 포함되어 있다고 볼 수는 없다(대판 1982. 6. 22, 81누424. 동지 판례: 대판 1983. 7. 27, 82누546).

(나) 취소사유만을 가진 처분에 대해 무효확인소송을 제기한 경우

행정처분에 단지 취소사유가 있음에도 불구하고 무효확인소송을 제기한 경우에 이를 어떻게 처리할 것인지가 문제된다.[105]

당사자가 '무효확인'을 구하는 소를 제기하였는데 그 처분에 단지 '취소사유만' 있는 경우로서 '취소소송에 필요한 소송요건을 갖추고 있는 때'에는,[106] 법원으로서는 당사자에게 취소를 구하는지 여부를 석명하여 당사자가 명백히 취소는 구하지 않는다고 하지 않는 이상 취소의 소로 청구취지를 변경시킨 후 '취소판결'을 선고하게 된다. 이때 취소소송과 무효확인소송은 소의 종류를 달리 하는 별개의 소송이므로 소를 변경함이 없이 그대로 취소판결을 하기는 곤란하다고 할 것이다.

취소사유만을 가진 처분에 대하여 무효확인소송을 제기한 경우, 판례는 행정처분의 무효확인을 구하는 소에는 원고가 그 처분의 취소는 구하지 아니한다고 밝히고 있지 아니하는 이상 그 처분이 만약 당연무효가 아니라면 그 취소를 구하는 취지도 포함되어 있다고 보고 있으며(판례① 참조), 다만 위와 같은 경우에 취소청구를 인용하려면 취소소송의 제소요건은 갖추고 있어야 한다고 판시하고 있다(판례② 참조).

---

105) 이와 관련하여 학설상으로는 ① 취소소송과 무효확인소송은 별개의 소송이므로, 무효확인소송을 제기하였으나 당해 처분이 무효사유를 가지고 있지 않은 경우에는 법원은 원고패소판결을 내려야 하며, 무효확인소송의 계속 중에 원고가 취소소송으로 소송을 변경시켰을 경우에는 법원은 취소판결을 내려야 할 것이라는 입장도 가능하며, ② 원고는 궁극적으로 처분의 효력을 제거시키는 것을 목적으로 하는 것이므로, 원고가 무효확인소송을 제기한 경우에도, 취소의 요건을 갖추고 있는 한, 법원은 권리구제를 위해 취소판결을 할 수 있다는 입장도 가능하다(이에 대하여는 김철용·최광률, 주석 행정소송법, 2004. 1023면: 정하중·김광수(개론), 830면 참조).

106) 만약 취소소송에 필요한 요건을 갖추지 못한 경우에는 법원으로서는 석명을 구하거나 취소사유가 있는지 살펴볼 필요 없이 그 처분이 당연무효인지 여부만 심리판단하면 족하다고 할 것이다(대판 1987. 4. 28, 86누887 참조).

[판례①] 일반적으로 행정처분의 무효확인을 구하는 소에는 원고가 그 처분의 취소는 구하지 아니한다고 밝히고 있지 아니하는 이상 그 처분이 만약 당연무효가 아니라면 그 취소를 구하는 취지도 포함되어 있는 것으로 볼 것이다(대판 1987. 4. 28. 86누887. 동지판례: 대판 1994. 12. 23. 94누477).

[판례②] 행정처분의 무효확인을 구하는 청구에는 특별한 사정이 없는 한 그 처분의 취소를 구하는 취지까지도 포함되어 있다고 볼 수는 있으나, 위와 같은 경우에 취소청구를 인용하려면 먼저 취소를 구하는 항고소송으로서의 제소요건을 구비한 경우에 한한다(대판 1986. 9. 23. 85누838).

Ⅳ. 소송의 심리

1. 직권심리주의

심리에 있어 변론주의를 원칙으로 하나 보충적으로 직권심리주의의 적용이 있다(동법 38조 1항. 26조).

2. 행정심판기록의 제출명령

행정심판절차를 거친 경우에 있어서 법원은 당사자의 신청이 있는 때에는 결정으로써 재결을 행한 행정청에 대하여 행정심판에 관한 기록의 제출을 명할 수 있으며, 행정청은 지체없이 이에 응해야 한다(동법 38조 1항. 25조).

3. 주장책임과 증명책임

(1) 주장책임

무효등확인소송에 있어서도 주요사실은 당사자가 주장하지 않으면 판결의 기초로 삼을 수 없다고 보아야 한다.

(2) 증명책임

무효등확인소송에 있어서 증명책임을 어떠한 기준에 의하여 분배할 것인가의 문제에 대해서는 크게 ① 취소소송의 경우와 다를 것이 없다는 입장과 ② 취소소송의 경우와는 달리 원고에게 있다는 입장이 나누어져 있다.

①설은 ㉠ 무효등확인소송은 항고소송의 일종으로서, 다투어지는 것이 처분 등의 위법 여부인 점에서 취소소송과 다를 것이 없고, ㉡ 무효등확인소송에 있

어서는 취소소송에 있어서보다 당해 처분 등의 법적합성에 대한 의문이 강하며, ⓒ 위법의 중대·명백성은 법해석 내지 경험칙에 의하여 판단될 사항이기에 증명책임의 문제와는 직접 관계가 없다는 등을 이유로 처분 등의 유효요건에 대하여 1차적으로 피고에게 증명책임이 있다고 한다.

이에 대하여 ②설은 ㉠ 무효등확인소송과 취소소송의 소송형식상의 차이, ㉡ 무효등확인소송의 취소소송에 대한 예외성, ㉢ 하자의 중대·명백성은 극히 예외적이라는 점 등을 이유로 원고에게 처분의 무효원인사실에 대한 증명책임이 있다고 한다. 판례는 후자의 입장을 취하고 있다고 새겨진다.

[판례①]   행정처분이 당연무효라고 하기 위해서는 그 처분에 위법사유가 있다는 것만으로는 부족하고 그 하자가 법규의 중요한 부분을 위반한 중대한 것으로서 객관적으로 명백한 것이어야 하며, 행정처분의 당연무효를 주장하여 그 무효확인을 구하는 원고에게 그 행정처분이 무효인 사유를 증명할 책임이 있다(대판 1992. 3. 10. 91누6030. 동지판례: 대판 1984. 2. 28. 82누154: 대판 2012. 12. 13. 2010두20782, 20799).

[판례②]   민사소송법이 준용되는 행정소송에서 증명책임은 원칙적으로 민사소송의 일반원칙에 따라 당사자 간에 분배되고, 항고소송은 그 특성에 따라 해당 처분의 적법성을 주장하는 피고에게 적법사유에 대한 증명책임이 있으나(대판 2017. 6. 19. 2013두17435 등 참조), 예외적으로 행정처분의 당연 무효를 주장하여 무효 확인을 구하는 행정소송에서는 원고에게 행정처분이 무효인 사유를 주장·증명할 책임이 있다. 이는 무효 확인을 구하는 뜻에서 행정처분의 취소를 구하는 소송에 있어서도 마찬가지이다(대판 2023. 6. 29. 2020두46073).

4. 위법판단의 기준시점

취소소송에 있어서와 마찬가지로, 처분시를 기준으로 처분의 무효 등을 판단해야 한다는 것이 통설이라 할 수 있다.

5. 기   타

그 밖에 처분권주의, 구술심리주의, 직접심리주의, 공개심리주의, 쌍방심리주의, 법관의 석명의무에 관한 원칙 등이 무효등확인소송에도 적용된다고 볼 것이다.

V. 판결 및 소송의 종료

1. 판결의 효력

처분의 무효 등을 확인하는 확정판결은 제3자에 대하여도 효력이 있다
($^{동법\ 29조\ 1항.}_{38조\ 1항}$). 집행정지의 결정 또는 그 집행정지결정의 취소결정 역시 제3자효를
가진다($^{동법\ 29조\ 2항.}_{38조\ 1항}$).

2. 판결의 기속력

처분의 무효 등을 확인하는 판결은 그 사건에 관하여 당사자인 행정청과 그
밖의 관계행정청을 기속한다($^{동법\ 30조.}_{38조1항}$).

3. 제3자에 의한 재심청구

제3자에 의한 재심청구에 관한 규정은 무효등확인소송에도 준용된다($^{동법\ 38조}_{1항,\ 31조}$).

4. 소송비용에 관한 재판의 효력

소송비용에 관한 재판이 확정된 때에는 피고 또는 참가인이었던 행정청이
속하는 국가 또는 공공단체에 그 효력이 미친다($^{동법}_{32조}$).

5. 사정판결

「행정소송법」은 무효등확인소송에 취소소송에서의 사정판결규정을 준용하
고 있지 않다($^{동법\ 38}_{조\ 1항}$). 다수설과 판례도 무효등확인소송에 사정판결규정이 준용
되지 않음을 당연시 한다.

> **[판례]** 당연무효의 행정처분을 소송목적물로 하는 행정소송에서는 존치시킬 효력
> 이 있는 행정행위가 없기 때문에 행정소송법 제28조 소정의 사정판결을 할 수 없
> 다($^{대판\ 1996.\ 3.\ 22,\ 95누5509.\ 동지판례:\ 대판\ 1985.\ 2.\ 26,\ 84누380;\ 대판\ 1987.}_{3.\ 10,\ 84누158;\ 대판\ 1991.\ 10.\ 11,\ 90누9926;\ 대판\ 1992.\ 11.\ 10,\ 91누8227}$).

이에 대하여 ① 처분의 무효·취소의 구별의 상대성, ② 사정판결제도가 분
쟁해결의 화해적 기능 때문에 반드시 원고에게 불이익하지만은 않다고 하는
점, ③ 무효처분에 대해서도 기성사실을 존중하여야 할 경우가 있을 수 있다는

점 등을 이유로 무효등확인소송의 경우에도 사정판결이 인정(유추적용)되어야 한다는 주장도 없지 않다.[107]

6. 간접강제

거부처분의 무효확인판결이 있는 경우, 거부처분 취소판결의 간접강제규정(동법 34조)이 준용된다고 볼 것인가? 판례는「행정소송법」제34조가 무효확인판결에 준용된다는 규정이 없으므로 거부처분에 대하여 무효확인판결이 내려진 경우에 처분청은 이전의 신청에 대하여 판결의 취지에 따라 재처분할 의무를 지나, 이에 대한 간접강제는 허용되지 않는 것으로 본다.

> **[판례]** 행정소송법 제38조 제1항이 무효확인판결에 관하여 취소판결에 관한 규정을 준용함에 있어서 같은 법 제30조 제2항을 준용한다고 규정하면서도 같은 법 제34조는 이를 준용한다는 규정을 두지 않고 있으므로, 행정처분에 대하여 무효판결이 내려진 경우에는 그 행정처분이 거부처분인 경우에도 행정청의 판결의 취지에 따른 재처분의무가 인정될 뿐 그에 대하여 간접강제까지 허용되는 것은 아니라고 할 것이다(대결 1998. 12. 24. 98무37).

그러나 거부처분 무효확인판결에도 기속력이 인정되어 행정청은 판결의 취지에 따라 다시 이전의 신청에 대한 처분을 하여야 할 의무가 있고(동법 38조 1항, 30조 2항), 그 의무를 불이행할 경우 강제할 필요성이 있다는 점에서 취소판결과 다를 바 없으므로 거부처분 무효확인판결에서도 간접강제가 가능하다고 해석할 필요가 있다.

제 3 관   부작위위법확인소송

기본사례

건축사 자격시험에 합격한 甲은 건설교통부장관에게 면허를 신청하였는데 건설교통부장관은 이에 대하여 아무런 의사표시를 하지 않고 계속 방치하고 있다. 甲은, 자기에게 법에서 정한 결격사유가 없음에도 면허를 부여하지 않는 것은 위법하다며 이에 대해 다투려 한다. 甲에게는 어떤 소송수단이 있으며, 그 제기요건과 심리범위 그리고 행정청의 조치에 대해 살펴보시오.

---

107) 서원우, 사정판결제도, 고시계, 1983. 3 등 참조.

I. 의의 및 성질

1. 의 의

부작위위법확인소송은 「행정청의 부작위가 위법하다는 것을 확인하는 소송」 (행정소송법 4조 3호)을 말한다. 여기에서 '부작위'라고 함은, 행정청이 당사자의 신청에 대하여 상당한 기간 내에 일정한 처분을 하여야 할 법률상 의무가 있음에도 불구하고 이를 하지 아니하는 것을 말한다(동법 2조 1항 2호).[108]

행정상의 이행소송으로 의무이행소송(Verpflichtungsklage)이 제도화되어 있는 나라(독일의 행정법 원법 42조 1항) 및 직무집행명령소송(mandamus proceeding)이 인정되고 있는 나라(영국 미국)에서는, 부작위위법확인소송은 불필요하며 또한 원칙적으로 허용되지 않는다고 새겨진다. 현행 「행정소송법」이 그와 같은 이행소송을 받아들이지 않고 소극적이고도 우회적인 부작위위법확인소송을 제도화한 이유는 권력분립적 고려, 사법부의 부담경감 및 사법자제적 고려 등을 감안한 것이라고 설명되고 있다. 그러면서도 현행법은 부작위위법확인소송의 실효성확보를 위한 제도를 강구함으로써, 의무이행소송이 채택된 것과 다름없는 효과를 거두고자 기도하고 있다.

> **[판례]** 행정심판법 제3조에 의하면 행정청의 위법 또는 부당한 거부처분이나 부작위에 대하여 의무이행심판을 할 수 있으나 행정소송법 제4조에서는 행정심판법상의 의무이행심판청구에 대응하여 부작위위법확인소송만을 규정하고 있으므로 행정청의 부작위에 대한 의무이행소송은 현행법상 허용되지 않는다(대판 1989. 9. 2, 87누868).

2. 성 질

부작위위법확인소송은 '공권력 행사로서의 행정청의 처분'의 부작위를 그 대상으로 하는 것이므로, 취소소송이나 무효등확인소송과 마찬가지로 항고소송에 해당한다. 「행정소송법」 역시 부작위위법확인소송을 항고소송의 하나로 규정하고 있다(동법 4조).

---

108) 관련문헌: 김연태, 처분의 발급을 구하는 소송유형, 고려법학 제39호, 2002. 10; 정남철, 부작위위법확인소송의 위법판단 및 제소기간, 행정판례연구 제17권 제1호, 2012; 이일세, 부작위위법확인소송의 쟁점에 관한 고찰, 강원법학 제35권, 2012. 2.

한편, 부작위위법확인소송은 법률관계를 변동하는 것이 아니라, 부작위에 의하여 외형화·현실화된 법상태가 위법임을 확인하는 것이므로 확인소송으로서의 성질을 갖는다. 그리하여 부작위위법확인소송에 있어서의 판결은 행정청의 특정한 부작위의 위법 여부를 확인하는 데 그치고, 적극적으로 행정청에 대하여 일정한 처분을 할 의무를 직접 명하지는 않는다.

Ⅱ. 소송의 대상

부작위위법확인소송의 대상은 행정청의 부작위이다.

1. 부작위의 의의

여기에서의 '부작위'란 행정청이 당사자의 신청에 대하여 상당한 기간 내에 일정한 처분을 하여야 할 법률상 의무가 있음에도 불구하고 이를 하지 아니하는 것을 말한다(동법 2조). 오늘날 개인의 생존이나 기업활동이 국가(공공단체 포함)로부터의 급부에 크게 의존하고 있는 현대국가에 있어서, 공권력의 적극적인 행사에 의해서뿐 아니라 불행사, 즉 부작위에 의해서도 권익침해가 일어나고 있는 사정을 감안하여, 행정청의 부작위를 행정소송의 대상으로 정하게 된 셈이다.

2. 부작위의 성립요건

부작위가 성립하기 위하여는 ① 당사자의 신청이 존재하여야 하고, ② 행정청이 상당한 기간 내에, ③ 일정한 처분을 하여야 할 법률상 의무가 있음에도 불구하고, ④ 그 처분을 하지 아니할 것이 요구된다.

> [판례] 4급 공무원이 당해 지방자치단체 인사위원회의 심의를 거쳐 3급 승진대상자로 결정되고 임용권자가 그 사실을 대내외에 공표까지 하였다면, 그 공무원은 승진임용에 관한 법률상 이익을 가진 자로서 임용권자에 대하여 3급 승진임용을 신청할 조리상의 권리가 있고, 이러한 공무원으로부터 소청심사청구를 통해 승진임용신청을 받은 행정청으로서는 상당한 기간 내에 그 신청을 인용하는 적극적 처분을 하거나 각하 또는 기각하는 등의 소극적 처분을 하여야 할 법률상의 응답의무가 있다. 그럼에도, 행정청이 위와 같은 권리자의 신청에 대해 아무런 적극적 또는 소극적 처분을 하지 않고 있다면 그러한 행정청의 부작위는 그 자체로 위법하다(대판 2009. 7. 23, 2008두10560).

(1) 당사자의 신청

대법원은 부작위가 행정처분이 되기 위하여는 국민이 행정청에 대하여 그 신청에 따른 행정행위를 해줄 것을 요구할 수 있는 법규상 또는 조리상의 권리가 있어야 한다고 한다(대판 1990. 5. 25, 89누5768: 대판 1992. 10. 27, 92누5867).

부작위위법확인소송의 대상으로서 부작위의 개념을 검토하기 위하여는 우선 대법원이 신청권의 의미를 어떻게 이해하고 있는지를 밝혀야 한다. 대법원은 신청권의 존부는 구체적 사건에서 신청인이 누구인가를 고려하지 않고 관계 법규의 해석에 의하여 일반 국민에게 그러한 신청권을 인정하고 있는가를 살펴 추상적으로 결정되는 것이고, 신청인이 그 신청에 따른 단순한 응답을 받을 권리를 넘어서 신청의 인용이라는 만족적 결과를 얻을 권리를 의미하는 것은 아니라고 판시하여(대판 1996. 6. 11, 95누12460: 이 판결은 거부처분 취소소송에 대한 판결이지만, 그 내용은 부작위위법확인소송에 그대로 적용될 수 있다), 신청권은 형식상의 단순한 응답요구권의 의미로 이해하고 있음을 분명히 하였다. 이와 같이 신청권을 형식적 의미로 이해하고,[109] 그것을 소송의 대상, 즉 처분성 인정의 문제로 보는 대법원의 입장은 타당하다.

(2) 상당한 기간의 경과

당사자의 신청에 대하여 상당한 기간 내에 일정한 처분을 하지 아니한 상태를 초래하여야 하는바, '상당한 기간'이란 사회통념상 그 신청에 따르는 처분을 하는 데 소요될 것으로 인정되는 기간을 말한다. 이에 대해서는 일률적으로 판단하기는 어렵지만, 법령에 신청에 따르는 처분을 할 기간이 정해져 있는 경우에는 그에 따르고, 그 밖의 경우에는 「민원 처리에 관한 법률」에 의거한 처리기간(동법 17조 이하 참조)이 그 기준이 될 수 있을 것이다.

(3) 처분을 할 법률상 의무의 존재

「행정소송법」이 부작위의 개념정의에 포함시키고 있는 '일정한 처분을 하여야 할 법률상 의무'에서 일정한 처분의 의미가 특정한 처분을 말하는 것인지 또는 특정되지 않은 어떠한 처분을 의미하는 것인지 명확하지 않지만, 특정한 처분으로 해석한다면 그러한 처분을 하여야 할 법률상 의무를 부작위 성립의

---

109) 신청권은 실질적 신청권과 형식적 신청권으로 구별할 수 있다. 일반적으로 실질적권리란 특정한 급부 또는 행위를 청구하는 것을 내용으로 하는 것을 의미한다. 그에 대하여 형식적 권리란 특정한 행정결정을 요구할 수 있는 것이 아니라 단지 하자 없는 적법한 결정을 요구할 수 있다는 의미로 파악해야 한다. 이러한 의미에서 실질적 신청권이란 원고가 신청한 특정의 처분을 해 달라는 권리를 말하며, 형식적 신청권이란 원고의 신청에 대한 단순한 응답요구권을 말한다.

단계에서 논하는 것은 문제가 있다.

특정되지 않은 어떠한 처분을 하여야 할 법률상 의무, 즉 응답할 의무를 부작위의 성립과 관련하여 요구하는 것은 처분을 공권력의 행사로서 신청인의 권리나 법적 이익에 영향을 미치는 행위로 이해하는 것과 일맥상통하는 것이다.[110] 행정청의 응답의무가 없는 경우에 당사자의 신청에 대하여 아무런 대응을 하지 않은 것은 법적으로 문제되지 않는다.

그런데 처분을 공권력의 행사로서 신청인의 권리나 법적 이익에 영향을 미치는 행위로 이해하는 경우 신청의 대상, 다시 말하면 부작위의 대상이 처분에 해당한다면, 그에 대한 형식적 신청권은 항상 긍정된다고 볼 수 있다. 따라서 부작위의 대상이 처분에 해당하는지를 검토하는 이외에 별도로 형식적 신청권을 요구할 필요는 없다. 부작위위법확인소송의 대상인 부작위는 처분을 전제로 한다.

> **[판례①]** 부작위위법확인소송의 대상이 되는 행정청의 부작위라 함은 행정청이 당사자의 신청에 대하여 상당한 기간 내에 일정한 처분을 할 법률상 의무가 있음에도 불구하고 이를 하지 아니하는 것을 말하고, 이 소송은 처분의 신청을 한 자가 제기하는 것이므로 이를 통하여 원고가 구하는 행정청의 응답행위는 행정소송법 제2조 제1항 제1호 소정의 처분에 관한 것이라야 한다(대판 1991. 11. 8, 90누9391).
>
> **[판례②]** 국세환급금결정은 항고소송의 대상이 되는 행정처분이 아니므로 국세환급금결정이 행정처분임을 전제로 그 결정을 하지 않고 있는 부작위의 위법 확인을 구하는 소송은 부적법하다(대판 1989. 7. 11, 87누415).

(4) 처분의 부존재

행정청의 처분으로 볼 만한 외관이 존재하지 아니하여야 한다. 이러한 점에서 외관적 존재는 인정되는 무효인 행정처분과는 구별된다. 또한 법령이 일정한 상태에서 부작위를 거부처분으로 간주하는 규정을 둔 경우(구 지방세법 58조 9항, 구 국세기본법 65조 5항 등)의 부작위는 부작위위법확인소송의 대상이 되지는 않는다고 보아야 할 것이다.

---

110) 대법원은 행정소송의 대상이 되는 처분을 국민의 권리·의무에 영향을 미치는 행위라고 이해한다. 이와 마찬가지로 부작위위법확인소송의 대상은 구체적인 권리의무에 변동을 초래하는 것이어야 한다고 본다: 「행정소송은 구체적 사건에 대한 법률상 분쟁을 법에 의하여 해결함으로써 법적 안정을 기하자는 것이므로 부작위위법확인소송의 대상이 될 수 있는 것은 구체적 권리의무에 관한 분쟁이어야 하고 추상적인 법령에 관하여 제정의 여부 등은 그 자체로서 국민의 구체적인 권리의무에 직접적 변동을 초래하는 것이 아니어서 그 소송의 대상이 될 수 없다」(대판 1992. 5. 8, 91누11261). 헌법재판소도 같은 입장이다(헌재 1998. 7. 16, 96헌마246).

Ⅲ. 그 밖의 주요 소송요건

1. 행정심판과의 관계

부작위위법확인소송에는 행정심판에 관한 규정의 준용이 있다($\binom{행정소송법}{38조, 18조}$). 따라서 개별법에 '예외적 행정심판전치주의'가 규정되어 있는 경우에 한하여 행정심판을 거치면 된다. 그런데 여기에 약간의 문제가 있다. 「행정심판법」상의 의무이행심판과 「행정소송법」상의 부작위위법확인소송간에는 청구의 취지, 심리의 범위, 재결과 판결의 효력 등에 있어서 상당한 차이가 있기 때문이다.[111]

2. 제소기간

행정심판을 거쳐 부작위위법확인소송을 제기하는 경우, 부작위위법확인소송은 행정심판의 재결서의 정본의 송달을 받은 날로부터 90일 이내에 제기하여야 한다($\binom{동법 20}{조 1항}$). 이 기간은 불변기간이다($\binom{동법 20}{조 3항}$). 그러나 행정심판을 거치지 아니하고 부작위위법확인소송을 제기하는 경우에는 부작위에 대한 의무이행심판($\binom{행정심판법}{27조 7항}$)과 마찬가지로 제소기간의 제한이 없다고 볼 것이다.

> **[판례]** 부작위위법확인의 소는 부작위상태가 계속되는 한 그 위법의 확인을 구할 이익이 있다고 보아야 하므로 원칙적으로 제소기간의 제한을 받지 않는다. 그러나 행정소송법 제38조 제2항이 제소기간을 규정한 같은 법 제20조를 부작위위법확인소송에 준용하고 있는 점에 비추어 보면, 행정심판 등 전심절차를 거친 경우에는 행정소송법 제20조가 정한 제소기간 내에 부작위위법확인의 소를 제기하여야 한다($\binom{대판 2009. 7. 23.}{2008두10560}$).

3. 관 할

제1심 법원은 피고의 소재지를 관할하는 행정법원이다($\binom{동법 9조, 38}{조 2항 참조}$).

4. 관련청구소송의 이송

「행정소송법」 제10조가 준용된다($\binom{동법 38}{조 2항}$).

---

111) 이러한 문제에 관하여는 특히 김동희, 부작위위법확인소송과 의무이행심판, 고시연구, 1986. 3 등 참조.

5. 원고적격

처분의 신청을 한 자로서 부작위의 위법의 확인을 구할 법률상 이익이 있는 자만이 부작위위법확인소송을 제기할 수 있다($\frac{동법}{36조}$). '처분의 신청을 한 자'의 의미에 대하여는 현실적으로 일정한 처분의 신청을 한 것으로 족하고, 그 자가 신청권을 가졌는지의 여부는 가릴 것이 없다고 본다. 또한 부작위위법확인소송의 원고적격을 인정하기 위하여는 부작위의 위법 확인을 구할 '법률상 이익'이 있어야 한다.

> **[판례①]** 행정소송법상 취소소송이나 부작위위법확인소송에 있어서는 당해 행정처분 또는 부작위의 직접 상대방이 아닌 제3자라 하더라도 그 처분의 취소 또는 부작위위법확인을 받을 법률상의 이익이 있는 경우에는 원고적격이 인정되나 여기서 말하는 법률상의 이익은 그 처분 또는 부작위의 근거법률에 의하여 보호되는 직접적이고 구체적인 이익을 말하고, 간접적이거나 사실적, 경제적 관계를 가지는데 불과한 경우는 포함되지 않는다($\frac{대판\ 1989.\ 5.\ 23,}{88누8135}$).
>
> **[판례②]** 당사자의 신청이 있은 이후 당사자에게 생긴 사정의 변화로 인하여 위 부작위가 위법하다는 확인을 받는다고 하더라도 종국적으로 침해되거나 방해받은 권리와 이익을 보호・구제받는 것이 불가능하게 되었다면 그 부작위가 위법하다는 확인을 구할 이익은 없다($\frac{대판\ 2002.\ 6.\ 28,}{2000두4750}$).

6. 피고적격

부작위의 행정청이 피고가 된다($\frac{동법\ 13조,\ 14조,}{38조\ 2항\ 참조}$).

Ⅳ. 소제기의 효과

부작위위법확인소송이 제기되면 절차법적, 실체법적 효과가 발생하게 되는데, 취소소송에 있어서의 관련청구의 이송・병합규정($\frac{동법}{10조}$), 소송참가규정($\frac{동법\ 16}{조,\ 17조}$) 등이 준용된다($\frac{동법\ 38}{조\ 2항}$). 그러나 집행정지제도에 관한 규정($\frac{동법\ 23}{조,\ 24조}$)의 준용이 없음은 당연하다고 하겠다.

V. 소송의 심리

1. 심리의 범위

부작위위법확인소송의 심리범위에 대하여는 법원이 부작위의 위법 여부만이 아니라 신청의 실체적인 내용의 이유유무까지 심리할 수 있는가에 대해 견해의 대립이 있는바, 이는 인용판결의 기속력에 따른 적극적 효력으로서의 재처분의무(동법 38조 2 항. 30조 2항)의 내용과 밀접한 관련을 갖는다.

절차적 심리설은 부작위위법확인소송에 있어서 법원은 행정청의 부작위의 위법성 여부를 확인하는 데 그칠 뿐, 행정청이 행하여야 할 처분의 내용까지 심리·판단할 수는 없다고 보는 견해이다.

그에 대하여 실체적 심리설은, 법원은 신청의 실체적 내용이 이유 있는 것인가도 심리하여, 그에 대한 적정한 처리방향에 대한 법률적 판단을 하여야 한다는 견해이다. 이렇게 하는 것이, 행정청이 '판결의 취지'(동법 30 조 2항)에 따르는 처분의무를 이행하는 요건이 된다는 것이다.

판례는 절차적 심리설의 입장에 서 있다.

> **[판례]** 부작위위법확인의 소는 행정청이 당사자의 법규상 또는 조리상의 권리에 기한 신청에 대하여 상당한 기간 내에 그 신청을 인용하는 적극적 처분을 하거나 각하 또는 기각하는 등의 소극적 처분을 하여야 할 법률상의 응답의무가 있음에도 불구하고 이를 하지 아니하는 경우, 그 부작위의 위법을 확인함으로써 행정청의 응답을 신속하게 하여 부작위 내지 무응답이라고 하는 소극적인 위법상태를 제거하는 것을 목적으로 하는 것이고, 나아가 그 인용판결의 기속력에 의하여 행정청으로 하여금 적극적이든 소극적이든 어떤 처분을 하도록 강제한 다음, 그에 대하여 불복이 있을 경우 그 처분을 다투게 함으로써 최종적으로는 당사자의 권리와 이익을 보호하려는 제도이다(대판 2002. 6. 28, 2000두4750. 동지. 판례: 대판 1990. 9. 25, 89누4758).

2. 직권심리주의의 적용

법원이 필요하다고 인정할 때에 직권으로 증거조사를 할 수 있고, 당사자가 주장하지 아니한 사실에 대하여도 판단할 수 있음은 취소소송에 있어서와 같다(동법 26조 38조 2항).

3. 행정심판기록의 제출명령

법원은 당사자의 신청이 있을 때에는 결정으로써 재결을 행한 행정청에 대하여 행정심판에 관한 기록의 제출을 명할 수 있다(동법 25조, 38조 2항).

4. 증명책임

원고가 일정한 처분을 신청한 사실 및 원고에게 부작위의 위법 확인을 구할 법률상 이익이 있다는 것 등은 원고에게 주장·증명책임이 있으며, 원고가 처분을 신청한 후, '상당한 기간'을 경과하게 된 것을 정당화할 만한 특별한 사유가 존재하는 것에 대한 증명책임은 피고인 행정청에게 있다고 말할 수 있다.

5. 위법판단의 기준시점

취소소송에 있어서 위법판단의 기준시에 대하여는 처분시설이 통설이다. 그러나 부작위위법확인소송에 있어서는 법원은 판결시(구술변론종결시)의 사실 및 법상태를 기준으로 하여 판단하여야 할 것이다. 왜냐하면 당해 소송에 있어서 법원은 원고가 소를 제기하기 이전에 행해진 행정처분의 법적합성 또는 위법성에 관해 판단하는 것이 아니라, 원고로부터 신청된 피고의 법률상 의무에 관해 판단하는 것이며, 또한 원고는 과거에 있어서의 사실 및 법상태를 기초해서가 아니라, 판결시의 그것을 기초로 한 판결을 구하는 것으로 보아야 하기 때문이다.

6. 재량처분의 위법성

행정소송법은 재량처분의 취소에 관한 동법 제27조를 부작위위법확인소송에 준용하고 있다(동법 38 조 2항). 그러나 재량의 유월(일탈) 또는 남용이 위법으로 되는 경우와 재량의 해태 또는 부작위가 위법이 되는 경우는 그의 양상이 매우 다르다는 점이 고려될 필요가 있다.

7. 소의 변경

부작위위법확인소송의 계속 중 행정청이 거부처분 등 일정한 처분을 한 경우 그 처분에 대한 취소소송으로 소의 변경이 가능한지 문제된다. 행정소송법 제37조는 부작위위법확인소송을 취소소송 또는 당사자소송으로 변경하는 경우에 행정소송법 제21조를 준용하도록 규정하고 있다. 이 규정을 거부행위의 처분성을 오인하여 부작위위법확인소송을 제기하였는데, 소송 계속 중 거부처분의 처분성을 인식하여 거부처분취소소송으로 변경하는 경우의 근거 규정으로 보는 관점이 있으나, 이와 같이 제한적으로 해석할 특별한 근거를 찾을 수 없다. 오히려 부작위위법확인소송을 취소소송으로 변경할 수 있도록 특별히 규정한 취지에 비추어 볼 때 부작위위법확인소송 계속 중 거부처분이 있는 경우 행정소송법 제21조에 근거하여 거부처분 취소소송으로 변경하는 것이 가능하다고 보아야 한다. 대법원 판례 중에는 부작위위법확인소송 계속 중 거부처분이 있는 경우 법원은 거부처분 취소소송으로 소 변경을 할 것인지에 관하여 석명권을 행사하여야 한다고 하여 거부처분 취소소송으로의 변경이 허용된다는 취지의 판단을 한 것이 있다(대판 2021. 12. 16., 2019두45944 참조).[112]

Ⅵ. 소송의 종료

1. 판결의 제3자효

부작위위법확인소송의 확정판결은 제3자에 대하여도 효력이 있다(동법 29조., 38조 2항).

2. 판결의 기속력

확정판결은 그 사건에 관하여 당사자인 행정청과 그 밖의 관계행정청을 기속한다(동법 30조., 38조 2항). 취소소송에 있어서의 확정판결의 처분청 및 관계행정청에 대한 기속력의 내용으로서는, ① 부작위의무(동일한 내용의 처분금지의무), ② 적극적 처분의무, ③ 결과제거의무 등이 열거될 수 있다.

그러나 부작위위법확인소송에 있어서의 확정판결의 행정청에 대한 기속력의 내용으로서는 적극적 처분의무만을 생각할 수 있다(동법 30조. 2항 참조).

적극적 처분의무의 내용은 부작위위법확인소송의 심리범위와 관련된다. 절

---

112) 원고가 보훈지청장에게 사망보상금의 지급 청구를 하였으나, 보훈지청장이 지급결정을 하지 않자 피고(대한민국)를 상대로 공법상 당사자소송으로 사망보상금의 지급을 청구한 사안이다. 대법원은 보훈지청장의 지급결정이 없으면 군인연금법상 사망보상금에 대한 원고의 구체적인 권리가 발생하지 아니하므로 이러한 상태에서 원고는 피고를 상대로 당사자소송으로 사망보상금의 지급을 구할 수 없다고 전제한 다음, 만일 사망보상금 지급 청구에 대한 명시적인 거부처분이 이루어지지 않았다면 보훈지청장을 상대로 사망보상금 지급 청구에 관한 부작위의 위법을 다투는 부작위위법확인소송을 제기하였어야 하고, 이미 거부처분이 이루어졌다면 거부처분 취소소송을 제기하였어야 한다고 하였다. 그리고 여기에 더하여 원심으로서는 이 사건을 당사자소송에서 항고소송으로 소 변경을 할 것인지에 관해서 석명권을 행사하여 원고가 적법한 소송형태를 갖추도록 했어야 하고, 만일 원고가 부작위위법확인소송으로 소 변경을 한 후 경기남부보훈지청장이 거부처분을 한다면 다시 거부처분 취소소송으로 소 변경을 할 것인지에 관해서도 석명권을 행사해야 한다고 하였다.

차적 심리설을 취하면 기속행위의 경우에도 행정청은 '판결의 취지'에 따라 다만 어떠한 처분을 하기만 하면 된다.[113] 이에 반해 실체적 심리설을 취하는 경우 '이전의 신청에 대한 처분'이란 당초 신청된 특정한 처분을 뜻하는 것으로 보게 된다고 한다.[114]

그러나 실체적 심리설을 취한다고 하여 '이전의 신청에 대한 처분'을 당초 신청된 특정처분으로 보아야 할 논리필연적 이유는 없다고 본다. 심리결과 결정재량권을 행사해야 할 의무는 있으나 여전히 행정청이 선택재량권이 남아 있는 경우에까지 특정처분으로 해석한다면 행정청의 재량권을 법원이 행사하는 결과가 되어 권력분립의 원칙에 반하는 결과를 초래하기 때문이다.

3. 그 밖의 준용규정

「행정소송법」 제31조($\frac{제3자에 의한}{재심청구}$), 제33조($\frac{소송비용에 관한}{재판의 효력}$) 및 제34조($\frac{거부처분 취소판}{결의 간접강제}$)는 부작위위법확인소송에도 준용된다($\frac{동법 38조}{2항 참조}$).

사례해설

① 행정청의 부작위에 대해 甲이 제기할 수 있는 항고소송의 유형으로는 부작위위법확인소송과 의무이행소송을 생각할 수 있으나 현행 행정소송법의 해석상 의무이행소송을 인정하기는 어렵다. ② 판례는 부작위의 처분성이 긍정되기 위해서 신청권(형식적 의미)을 요구하는데, 부작위의 대상이 처분에 해당한다면 그에 대한 형식적 신청권은 항상 긍정된다고 볼 수 있다. 설문의 건축사면허 부여행위가 행정행위이므로 그에 대한 부작위의 처분성은 긍정된다. 또한 甲은 면허를 신청한 바 있고 면허처분은 甲의 직업의 자유와 밀접한 관련이 있으므로 원고적격 역시 긍정된다.
③ 법원의 심리범위와 관련하여 절차적 심리설에 의하면 부작위의 위법여부만을 확인하는 데 그칠 뿐이지만, 실체적 심리설에 따르면 부작위의 위법여부뿐 아니라 신청의 실체적인 이유유무를 심리하게 된다. 설문에서 건축사면허는 기속행위이며 甲에게 결격사유가 없으므로 건설교통부장관의 부작위는 위법하다. ④ 법원의 인용판결에 대하여, 실체적 심리설에 따르면 건설교통부장관은 그 기속력에 따라 甲에게 건축사면허처분을 해야 한다. 한편, 절차적 심리설에 따른다면 거부처분을 하더라도 판결의 기속력에 반하지 않는다. 이러한 경우 甲은 거부처분의 취소소송을 통해 궁극적으로 권리구제를 받을 수 있다.[115]

---

113) 김동희·최계영(Ⅰ), 791면.
114) 홍준형(구제법), 725면.
115) 상세는 김연태, 행정법사례연습, 53면 이하 참조.

제 3 절 당사자소송

I. 개 설

1. 당사자소송의 의의

당사자소송이란, 공법상의 법률관계에 관하여 의문이나 다툼이 있는 경우에 그 법률관계의 당사자가 원고 또는 피고의 입장에서 그 법률관계에 관하여 다투는 소송을 말한다.[1] 한편, 「행정소송법」은 당사자소송을, "행정청의 처분 등을 원인으로 하는 법률관계에 관한 소송 그밖에 공법상의 법률관계에 관한 소송으로서 그 법률관계의 한쪽 당사자를 피고로 하는 소송"으로 규정하고 있다 (동법 3조 2호).

항고소송은 개인이 행정청을 상대로 공권력의 행사에 관하여 다투는 데 대하여, 당사자소송은 대립되는 권리주체가 그 법률관계에 관하여 다툰다. 즉, 항고소송은 공권력행사로서의 작위·부작위를 대상으로 하고, 당사자소송은 처분 등을 원인으로 하는 법률관계 및 공법상의 법률관계를 대상으로 한다.

한편, 당사자소송은 대등한 당사자간에 행해진다는 점에서 민사소송과 유사한 점이 있다. 그러나 민사소송이 사법상 법률관계에 관한 것인 데 대하여, 당사자소송은 공법상 법률관계에 관한 것이므로, 양자는 구별될 필요가 있다. 그리하여 당사자소송에 있어서는 공법 및 공법원리가 적용되며, 또한 민사소송에 대한 여러 가지 특례가 인정되고 있다.

공법상 당사자소송과 민사소송의 구별에 관하여 판례는 소송물을 기준으로 하여 그것이 공법상의 권리이면 당사자소송이고, 사법상의 권리이면 민사소송이라고 구별하고 있으나, 통설은 소송물의 전제가 되는 법률관계를 기준으로

---

1) 주요문헌: 김남진, 처분성확대론과 당사자소송활용론, 고시연구, 2005. 3; 김현준, 처분성없는 행정작용에 대한 행정소송으로서의 확인소송, 공법연구 제37집 3호, 2009; 하명호, 공법상 당사자소송과 민사소송의 구별과 소송상 취급, 인권과 정의 제380호, 2008; 이승훈, 공법상 당사자소송으로서의 행정입법청구소송, 고려법학 제60호, 2011. 3; 이현수, 공법상 당사자소송의 연원과 발전방향, 일감법학 제32호, 2015. 10; 박재윤, 공법상 당사자소송 활용론에 대한 비판적 고찰, 법학연구 제27권 제2호, 2016. 12; 이은상, 공법상 당사자소송에 관한 소송실무상 난점과 해결방안, 행정판례연구 제23권 제1호, 2018; 허이훈, 행정계약 관련 분쟁의 소송형식, 강원법학 제59권, 2020. 2; 김창조, 공법상 당사자소송의 적용범위, 법학논고 제70집, 2020. 7; 이승훈, 공법상 당사자소송 중 확인소송에 관한 연구, 고려대학교 박사학위논문, 2020. 8.

그것이 공법상 법률관계면 당사자소송이고, 사법상 법률관계면 민사소송이라고 구별한다.

2. 입 법 례

구 「행정소송법」에는 당사자소송에 관한 직접적 규정이 없었다. 그럼에도 불구하고 학자들은 구법 제1조상의 "공법상의 권리관계에 관한 소송"을 당사자소송으로 새기는 경향에 있었다. 일본의 행정사건소송법은 항고소송과 당사자소송의 구분을 명문화하고 있는데($_{참조}^{동법4조}$), 우리의 현행 「행정소송법」은 일본의 예를 따른 셈이다.

프랑스 행정소송제도에 있어서의 월권소송(recours pour excés de pouvoir)과 완전심리소송(contentieux de pleine juridiction)의 구분도 항고소송과 당사자소송의 구분과 유사하다고 볼 수 있다. 독일에 있어서도 과거에는 항고(취소)소송(Anfechtungsklage)과 당사자소송(Parteistreitigkeiten)을 행정소송의 주된 형식으로 삼아 왔다. 그러나 전후($_{제정}^{1960년}$)의 새 행정법원법(Verwaltungsgerichtsordnung)은 행정소송 역시 민사소송에 있어서와 같이 취소소송 중심의 형성소송, 확인소송($_{소송 포함}^{무효확인}$) 및 이행소송($_{행소송 포함}^{이른바 의무이}$)으로 구분하는 동시에, 권리주체가 직접 원고 또는 피고로서 다투게 하고 있다. 우리의 행정소송제도 역시 앞으로는 그러한 방향으로 개정될 것이 요망된다.

3. 당사자소송을 대하는 입장의 구분

당사자소송을 대하는 입장은, 크게 ① 되도록 민사소송 방식으로 다루려는 경향(민소지향형)과 ② 항고소송이나 민사소송으로 분류하기 어려운 행정(공법)에 관한 소송을 널리 행정소송(당사자소송)에 수용하여 적극적으로 활용하기를 바라는 경향(행소지향형)으로 나눌 수 있을 것 같다. 공법·사법의 구별을 부인하는 공법·사법일원론에서는, 당사자소송과 민사소송에 적용될 규정이 거의 동일하여 양자의 구별은 명목적인 것에 지나지 않는다고 하며, 나아가 당사자소송의 대상인 '공법상의 법률관계'와 민사소송의 대상인 '사법상의 법률관계'와의 구별은 실질상의 의의를 상실하고 있는 식으로 본다.[2] 그 동안 우리의 법원은, 비록 공법과 사법의 구별을 부인하지는 않으나, 민사소송지향의 경향에 치우친 감을 준다.

---

2) 예컨대, 천병태, 공권개념의 재검토, 고시연구, 1987. 10, 113-114면 참조.

　　그러나 공법과 사법의 이원적 체계를 인정하는 이상, 공익과 깊이 관련있는 공법상의 법률관계를 사법상의 법률관계와 다르게 규율함은 당연하다고 여겨진다. 또한 오늘날 급부행정을 위시하여 비권력적 공행정작용이 널리 행해지고 있음을 감안할 때, 항고소송 이외에 행정의 공익적 활동을 대상으로 하는 당사자소송을 인정하며 적극 활용하는 것이 바람직하다.[3]

Ⅱ. 당사자소송의 종류

　　「행정소송법」은 당사자소송으로서 실질적 당사자소송과 형식적 당사자소송의 두 종류를 인정하고 있다(동법 3 조 2호).

1. 실질적 당사자소송

(1) 실질적 당사자소송의 의의

　　실질적 당사자소송이란, 공법상의 법률관계에 관한 소송으로서 그 법률관계의 한쪽 당사자를 피고로 하는 소송을 말한다. 여기에서 '공법상의 법률관계에 관한 소송'이란 소송상의 청구의 대상이 되는 법률관계가 공법에 속하는 소송, 즉 공법법규의 적용을 통해서 해결될 수 있는 법률관계 그 자체를 대상으로 하는 소송을 의미한다고 말할 수 있다.

(2) 실질적 당사자소송의 예

　　실질적 당사자소송에 해당하는 것으로서는 ① 손실보상청구소송(형식적 당사자 소송에 의하는 경우는 제외), ② 공법상의 채권관계(공법상의 일치·부당 이득·사무관리 등)에 관한 소송, ③ 봉급·재해보상금·생계급여 등 공법상의 금전급부청구소송, ④ 공법상의 지위나 신분(공무원·학생 등)의 확인을 구하는 소송, ⑤ 공법상의 결과제거청구소송, ⑥ 공법상의 계약에 관한 소송, ⑦ 국가배상청구소송, 배상주체(국가 및 지 방자치단체) 상호간에 있어서의 구상청구소송, ⑧ 배상주체(국가 및 지 방자치단체) 상호간에 있어서의 구상청구소송, ⑨ 「도시 및 주거환경정비법」상의 주택재건축정비사업조합을 상대로 관리처분계획안 또는 사업시행계획안에 대한 조합 총회결의의 효력 등을 다투는 소송 등이 있다. 또한 사업주가 당연가입자가 되는 고용보험 및 산재보험에서 보험료 납부의무 부존재

---

3) 당사자소송을 행정소송 중에서 항고소송을 제외한 모든 소송을 포용할 수 있는 포괄소송으로 보려는 입장 및 새로운 소송유형을 창출할 수 있는 시원적 소송유형으로 보려는 입장 등은 같은 견해를 취하는 것으로 볼 수 있다.

확인의 소도 공법상 당사자소송에 해당한다(대판 2016. 10. 13.). 이처럼 공법상 당사자소송으로 포괄할 수 있는 소송의 범위는 매우 넓다. 그 내용 또한 급부의 이행을 구하는 소송은 물론 확인소송(예컨대 국적 확인 소송)도 가능하다.

> **[판례①]** 도시 및 주거환경정비법상 행정주체인 주택재건축정비사업조합을 상대로 관리처분계획안에 대한 조합 총회결의의 효력 등을 다투는 소송은 행정처분에 이르는 절차적 요건의 존부나 효력 유무에 관한 소송으로서 그 소송결과에 따라 행정처분의 위법 여부에 직접 영향을 미치는 공법상 법률관계에 관한 것이므로, 이는 행정소송법상의 당사자소송에 해당한다(대판 2009. 9. 17, 2007다2428. 동지판.)
> 례: 대판 2009. 10. 15, 2008다93001).
>
> **[판례②]** 구 도시 및 주거환경정비법(이하 구 도시정비법'이라 한다) 제65조 제2항은, "시장·군수 또는 주택공사 등이 아닌 사업시행자가 정비사업의 시행으로 새로이 설치한 정비기반시설은 그 시설을 관리할 국가 또는 지방자치단체에 무상으로 귀속되고, 정비사업의 시행으로 인하여 용도가 폐지되는 국가 또는 지방자치단체 소유의 정비기반시설은 그가 새로이 설치한 정비기반시설의 설치비용에 상당하는 범위 안에서 사업시행자에게 무상으로 양도된다."라고 규정하고 있다. 위 전단 규정은, '정비사업의 시행으로 새로이 설치한 정비기반시설'을 국가 또는 지방자치단체에 무상으로 귀속되게 함으로써 정비사업 과정에서 필수적으로 요구되는 정비기반시설을 원활하게 확보하고 그 시설을 효율적으로 유지·관리한다는 공법상 목적을 달성하는 데 입법 취지가 있다. 위 후단 규정은, 위 전단 규정에 따라 정비기반시설이 국가 또는 지방자치단체에 무상으로 귀속됨으로 인하여 발생하는 사업시행자의 재산상 손실을 고려하여, 그 사업시행자가 새로이 설치한 정비기반시설의 설치비용에 상당하는 범위 안에서 '정비사업의 시행으로 인하여 용도가 폐지되는 국가 또는 지방자치단체 소유의 정비기반시설'을 그 사업시행자에게 무상으로 양도되도록 하여 위와 같은 재산상의 손실을 합리적인 범위 안에서 보전해 주는 데 입법 취지가 있다.
>
> 위와 같은 구 도시정비법 제65조 제2항의 입법 취지와 구 도시정비법(제1조)의 입법 목적을 고려하면, 위 후단 규정에 따른 정비기반시설의 소유권 귀속에 관한 국가 또는 지방자치단체와 정비사업시행자 사이의 법률관계는 공법상의 법률관계로 보아야 한다. 따라서 위 후단 규정에 따른 정비기반시설의 소유권 귀속에 관한 소송은 공법상의 법률관계에 관한 소송으로서 행정소송법 제3조 제2호에서 규정하는 당사자소송에 해당한다(대판 2018. 7. 26, 2015다221569).
>
> **[판례③]** 국토의 계획 및 이용에 관한 법률 제130조 제3항에서 정한 토지의 소유자·점유자 또는 관리인이 사업시행자의 일시 사용에 대하여 정당한 사유 없이 동의를 거부하는 경우, 사업시행자는 해당 토지의 소유자 등을 상대로 동의의 의사표시를 구하는 소를 제기할 수 있다. 이와 같은 토지의 일시 사용에 대한 동의의 의

사표시를 할 의무는 '국토의 계획 및 이용에 관한 법률'에서 특별히 인정한 공법상의 의무이므로, 그 의무의 존부를 다투는 소송은 '공법상의 법률관계에 관한 소송으로서 그 법률관계의 한쪽 당사자를 피고로 하는 소송', 즉 행정소송법 제3조 제2호에서 규정한 당사자소송이라고 보아야 한다(대판 2019. 9. 9, 2016다262550).

[판례④] ⑦ 조세는 국가존립의 기초인 재정의 근간으로서, 세법은 공권력 행사의 주체인 과세관청에 부과권이나 우선권 및 자력집행권 등 세액의 납부와 징수를 위한 상당한 권한을 부여하여 공익성과 공공성을 담보하고 있다. 따라서 조세채권자는 세법이 부여한 부과권 및 자력집행권 등에 기하여 조세채권을 실현할 수 있어 특별한 사정이 없는 한 납세자를 상대로 소를 제기할 이익을 인정하기 어렵다. ⑪ 다만 납세의무자가 무자력이거나 소재불명이어서 체납처분 등의 자력집행권을 행사할 수 없는 등 구 국세기본법 제28조 제1항이 규정한 사유들에 의해서는 조세채권의 소멸시효 중단이 불가능하고 조세채권자가 조세채권의 징수를 위하여 가능한 모든 조치를 충실히 취하여 왔음에도 조세채권이 실현되지 않은 채 소멸시효기간의 경과가 임박하는 등의 특별한 사정이 있는 경우에는, 그 시효중단을 위한 재판상 청구는 예외적으로 소의 이익이 있다고 봄이 타당하다. ⑭ 국가 등 과세주체가 당해 확정된 조세채권의 소멸시효 중단을 위하여 납세의무자를 상대로 제기한 조세채권존재확인의 소는 공법상 당사자소송에 해당한다(대판 2020. 3. 2, 2017두41771).

[판례⑤] 공법상 당사자소송이란 행정청의 처분 등을 원인으로 하는 법률관계에 관한 소송 그 밖에 공법상의 법률관계에 관한 소송으로서 그 법률관계의 한쪽 당사자를 피고로 하는 소송을 말한다(행정소송법 3조 2호). 공법상 계약이란 공법적 효과의 발생을 목적으로 하여 대등한 당사자 사이의 의사표시 합치로 성립하는 공법행위를 말한다. 어떠한 계약이 공법상 계약에 해당하는지는 계약이 공행정 활동의 수행 과정에서 체결된 것인지, 계약이 관계 법령에서 규정하고 있는 공법상 의무 등의 이행을 위해 체결된 것인지, 계약 체결에 계약 당사자의 이익만이 아니라 공공의 이익 또한 고려된 것인지 또는 계약 체결의 효과가 공공의 이익에도 미치는지, 관계 법령에서의 규정 내지 그 해석 등을 통해 공공의 이익을 이유로 한 계약의 변경이 가능한지, 계약이 당사자들에게 부여한 권리와 의무 및 그 밖의 계약 내용 등을 종합적으로 고려하여 판단하여야 한다. 공법상 계약의 한쪽 당사자가 다른 당사자를 상대로 그 이행을 청구하는 소송 또는 이행의무의 존부에 관한 확인을 구하는 소송은 공법상 법률관계에 관한 분쟁이므로 분쟁의 실질이 공법상 권리·의무의 존부·범위에 관한 다툼이 아니라 손해배상액의 구체적인 산정방법·금액에 국한되는 등의 특별한 사정이 없는 한 공법상 당사자소송으로 제기하여야 한다(대판 2023. 6. 29, 2021다250025).

다만 국민과 행정기관 사이의 법률관계를 형성하는 권리 중에는 행정청의 개별적인 급여결정이 있어야만 구체적인 권리로서 확정되는 경우가 상당수 있다. 이 경우에는 우선 행정청에 급여지급 신청을 하고 거부결정이 있는 경우 급여거부결정취소청구소송과 같은 항고소송의 방법으로 행정구제의 길을 찾아야 하며, 곧바로 공법상 당사자소송으로 급여 청구를 할 수는 없다는 점에 유의할 필요가 있다.

[판례①] 관계 법령의 해석상 급부를 받을 권리가 법령의 규정에 의하여 직접 발생하는 것이 아니라 급부를 받으려고 하는 자의 신청에 따라 관할 행정청이 지급결정을 함으로써 구체적인 권리가 발생하는 경우에는, 급부를 받으려고 하는 자는 우선 관계 법령에 따라 행정청에 급부지급을 신청하여 행정청이 이를 거부하거나 일부 금액만 인정하는 지급결정을 하는 경우 그 결정을 대상으로 항고소송을 제기하고, 취소·무효확인판결의 기속력에 따른 재처분을 통하여 구체적인 권리를 인정받은 다음 비로소 공법상 당사자소송으로 급부의 지급을 구하여야 하고, 구체적인 권리가 발생하지 않은 상태에서 곧바로 행정청이 속한 국가나 지방자치단체 등을 상대로 한 당사자소송이나 민사소송으로 급부의 지급을 소구하는 것은 허용되지 않는다(대판 2020. 10. 15, 2020다222382).

[판례②] '민주화운동관련자 명예회복 및 보상 등에 관한 법률' 제2조 제1호, 제2호 본문, 제4조, 제10조, 제11조, 제13조 규정들의 취지와 내용에 비추어 보면, 같은 법 제2조 제2호 각 목은 민주화운동과 관련한 피해 유형을 추상적으로 규정한 것에 불과하여 제2조 제1호에서 정의하고 있는 민주화운동의 내용을 함께 고려하더라도 그 규정들만으로는 바로 법상의 보상금 등의 지급 대상자가 확정된다고 볼 수 없고, '민주화운동관련자 명예회복 및 보상 심의위원회'에서 심의·결정을 받아야만 비로소 보상금 등의 지급 대상자로 확정될 수 있다. 따라서 그와 같은 심의위원회의 결정은 국민의 권리의무에 직접 영향을 미치는 행정처분에 해당하므로, 관련자 등으로서 보상금 등을 지급받고자 하는 신청에 대하여 심의위원회가 관련자 해당요건의 전부 또는 일부를 인정하지 아니하여 보상금 등의 지급을 기각하는 결정을 한 경우에는 신청인은 심의위원회를 상대로 그 결정의 취소를 구하는 소송을 제기하여 보상금 등의 지급대상자가 될 수 있다(대판 2008. 4. 17, 2005두16185, 동지판례: 대판 2008. 12. 11, 2008두6554: 대판 2010. 5. 27, 2008두5636).

[판례③] 공무원연금법령상 급여를 받으려고 하는 자는 우선 관계 법령에 따라 피고에게 급여지급을 신청하여 피고가 이를 거부하거나 일부 금액만 인정하는 급여지급결정을 하는 경우 그 결정을 대상으로 항고소송을 제기하는 등으로 구체적 권리를 인정받아야 할 것이고, 구체적인 권리가 발생하지 않은 상태에서 곧바로 피고를 상대로 한 당사자소송으로 그 권리의 확인이나 급여의 지급을 소구하는 것은

허용되지 아니한다. 이러한 법리는 구체적인 급여를 받을 권리의 확인을 구하기 위하여 소를 제기하는 경우뿐만 아니라, 구체적인 급여수급권의 전제가 되는 지위의 확인을 구하는 경우에도 마찬가지로 적용된다(대판 2017. 2. 9, 2014두43264).

[참조판례] 석탄산업법 제39조의3 제1항 제4호, 제4항 및 같은법시행령 제41조 제4항 제5호의 각 규정에 의하여 폐광대책비의 일종으로 폐광된 광산에서 업무상 재해를 입은 근로자에게 지급하는 재해위로금은, 국내의 석탄수급상황을 감안하여 채탄을 계속하는 것이 국민경제의 균형발전을 위하여 바람직하지 못하다고 판단되는 경제성이 없는 석탄광산을 폐광함에 있어서 그 광산에서 입은 재해로 인하여 전업 등에 특별한 어려움을 겪게 될 퇴직근로자를 대상으로 사회보장적인 차원에서 통상적인 재해보상금에 추가하여 지급하는 위로금의 성격을 갖는 것이고, 이러한 재해위로금에 대한 지급청구권은 공법상의 권리로서 그 지급을 구하는 소송은 공법상의 법률관계에 관한 소송인 공법상 당사자소송에 해당한다(대판 1999. 1. 26, 98두12598).

2. 형식적 당사자소송

(1) 형식적 당사자소송의 의의

형식적 당사자소송이란, 행정청의 처분·재결 등이 원인이 되어 형성된 법률관계에 다툼이 있는 경우 그 원인이 되는 처분·재결 등의 효력을 직접 다투는 것이 아니고, 처분 등의 결과로서 형성된 법률관계에 대하여 그 법률관계의 한쪽 당사자를 피고로 하여 제기하는 소송을 말한다. 「행정소송법」 제3조 2호에 있어서의 "행정청의 처분 등을 원인으로 하는 법률관계에 관한 소송으로서 그 법률관계의 한쪽 당사자를 피고로 하는 소송"에는 형식적 당사자소송이 포함된다고 본다.

이러한 형식적 당사자소송은 처분·재결 등의 효력을 다투는 것이 되어, 실질적으로 항고소송의 성질을 가지는 것이나, 소송경제 등의 필요에 의하여 당사자소송의 형식을 취하는 점에 그 특색이 있다고 할 수 있다.

(2) 형식적 당사자소송의 필요성

예컨대 토지수용에 대한 토지수용위원회의 재결과 관련하여, 보상금액에 대해서만 불복이 있는 경우에, 이러한 형태의 소송(형식적 당사자소송)을 인정하지 않는다면, 행정청인 토지수용위원회를 상대로 재결취소소송을 제기한 후 또는 그와 동시에 보상금증감에 관한 당사자소송을 제기하여 양자를 병합하는 등의 부담이 있다. 또한 이해당사자간의 재산상의 분쟁에 행정청이 피고가 되는 불합리한 점도 있다. 형식적 당사자소송은 바로 이러한 불편과 불합리를 제거하기 위한 소송기술적 고려에 의해 인정되는 것이라 할 수 있다.

(3) 형식적 당사자소송의 법적 근거에 관한 논의

개별법의 근거없이 「행정소송법」의 규정(동법 3조 2호.
39조 이하)에만 근거하여 바로 형식적 당사자소송을 제기할 수 있는가? 이에 관하여는 다음에 보는 바와 같이 견해가 나누어져 있다.

(가) 긍정설

긍정하는 입장에서는, 「행정소송법」(동법 3조
2호 등)이 민중소송, 기관소송 등(동법
45조)에 있어서와 같이, '법률이 정한 경우에, 법률에 정한 자에 한하여 제기할 수 있다'는 식의 제한규정을 두고 있지 않는 점 등을 그 이유로 개별법의 근거없이도 형식적 행정소송의 제기가 가능한 것으로 보고 있다.[4]

(나) 부정설

부정하는 입장에서는, 개별법의 규정이 없으면 형식적 당사자소송의 원고 · 피고의 적격성, 소송제기기간 등 소송요건이 불분명하여 현실적으로 소송을 진행하기 어렵다는 점 등을 그 이유로 내세우며, 절대 다수의 학설로 되어 있다.

(다) 결 어

부정설이 타당하다고 생각한다. 본래 형식적 당사자소송은 일본에서 유래한 것인데, 그들의 경우 행정사건소송법(동법
4조)에서 개별법에 근거가 있는 경우에 한하여 형식적 당사자소송을 제기할 수 있는 것으로 규정하고 있는 것이다. 한편, 원인이 되는 처분 등은 그대로 둔 채 당해 처분의 결과로서 형성된 법률관계에 관하여 소송을 제기하여, 그에 대하여 법원이 심리 · 판단한다는 것은 행정행위의 공정력 및 구성요건적 효력에 반한다고 볼 수도 있다. 결국 형식적 당사자소송을 일반적으로 인정하기 위하여는, 「행정소송법」에 보다 구체적인 규정을 둘 필요가 있다고 하겠으며, 현행법하에서는 개별법에 별도의 규정이 있는 경우에 한하여 제기할 수 있다고 새겨진다.

---

4) 이상규(상), 804-805면.

(4) 개별법상의 근거규정

(가) 특허법

「특허법」제187조는, 동법 제186조 1항의 규정에 의한 소($^{심결 등에}_{대한 소}$)는 특허청장을 피고로 하여야 한다고 규정하고서, 다만 특허의 무효심판 등에 있어서는 그 청구인 또는 피청구인을 피고로 하여야 한다고 규정하고 있으며, 동법 제191조는 보상금 또는 대가에 관한 불복의 소에 있어서, 보상금을 지급할 관서 또는 출원인·특허권자 등을 피고로 하여야 한다고 규정하고 있다.

(나) **토지보상법**(공익사업을 위한 토지 등의 취득 및 보상에 관한 법률)

구「토지수용법」($^{동법}_{조의2}^{75}$)은 토지수용위원회(재결청)의 재결에 대하여 불복이 있을 때에 행정소송을 제기할 수 있음을 규정하고 있는 가운데, 당해 행정소송이 보상금의 증감에 관한 소송인 때에, "당해 소송을 제기하는 자가 토지소유자 또는 관계인인 경우에는 재결청 외에 기업자를, 기업자인 경우에는 재결청 외에 토지소유자 또는 관계인을 각각 피고로 한다"($^{동조}_{2항}$)라고 규정하였다. 그리고 당해 행정소송에 대하여 대법원은 '필요적 공동소송'으로 판시한 바 있다 ($^{대판 1991. 5. 28,}_{90누8787}$).

그러나 학계에서는, 당해 행정소송의 성격에 대하여 특수한 형태의 항고소송설, 형성소송과 급부확인소송의 병합설, 당사자소송의 요소와 항고소송(취소소송)의 요소가 결합된 특수한 형태의 소송설, 변형된 형식적 당사자소송설 등으로 입장이 크게 나누어져 있었다.

그러나 현행「공익사업을 위한 토지 등의 취득 및 보상에 관한 법률」은 당해 행정소송이 보상금의 증감에 관한 소송인 경우 "당해 소송을 제기하는 자가 토지소유자 또는 관계인인 때에는 사업시행자를, 사업시행자인 때에는 토지소유자 또는 관계인을 각각 피고로 한다"($^{동법}_{2항}^{85}$)라고 정함으로써 재결청(토지수용위원회)을 피고로부터 제외시킴으로써 순수한 "형식적 당사자소송"을 명문화하기에 이르렀다.

Ⅲ. 소송요건 및 절차

당사자소송의 소송절차에 있어 특히 중요한 것에 관해서만 살펴보기로 한다.

1. 소송요건

(1) 원고적격

「행정소송법」에 특별한 규정이 없으므로, 「민사소송법」상의 원고적격에 관한 규정이 준용된다고 볼 것이다(동법 8조 2항 참조).

(2) 피고적격

항고소송에 있어 행정청이 피고가 되는 것과는 달리, 당사자소송에 있어서는 국가·공공단체 그 밖의 권리주체가 피고가 된다(동법 39조). 여기에서 '그 밖의 권리주체'로서는 공무수탁사인(Beliehene)을 생각할 수 있다. 당사자소송은 대등한 권리주체 사이의 법률관계를 다투는 소송이므로 사인도 피고가 될 수 있다.

> **[판례]** 행정소송법 제39조는, "당사자소송은 국가·공공단체 그 밖의 권리주체를 피고로 한다."라고 규정하고 있다. 이것은 당사자소송의 경우 항고소송과 달리 '행정청'이 아닌 '권리주체'에게 피고적격이 있음을 규정하는 것일 뿐, 피고적격이 인정되는 권리주체를 행정주체로 한정한다는 취지가 아니므로, 이 규정을 들어 사인을 피고로 하는 당사자소송을 제기할 수 없다고 볼 것은 아니다(대판 2019. 9. 9, 2016다262550).

「행정소송법」상 당사자소송에서 원고가 피고를 잘못 지정한 때에는 법원은 원고의 신청에 의하여 결정으로써 피고의 경정을 허가할 수 있으므로(동법 44조 1항, 14조), 원고가 피고를 잘못 지정한 것으로 보이는 경우 법원으로서는 마땅히 석명권을 행사하여 원고로 하여금 정당한 피고로 경정하게 하여 소송을 진행하도록 하여야 한다(대판 2016. 10. 13, 2016다221658 참조).

(3) 재판관할

항고소송에 있어서와 마찬가지로 행정법원이 제1심 관할법원이 된다. 다만 국가 또는 공공단체가 피고인 경우에는 관계행정청의 소재지를 피고의 소재지로 한다(동법 40조). 여기에서의 '행정청'은 학문적 의미의 행정청(기관장) 외에 관서 또는 청사의 뜻을 아울러 포함하는 것으로 새겨진다.

대법원은 당사자소송과 민사소송의 구분이 쉽지 않음을 고려하여 당사자소송을 민사소송으로 제기하더라도 전속관할 위반으로 보지 않고 다소 유연하게 판단하고 있다.

[판례①]   원고가 고의 또는 중대한 과실 없이 행정소송으로 제기하여야 할 사건을 민사소송으로 잘못 제기한 경우, 수소법원으로서는 만약 그 행정소송에 대한 관할을 동시에 가지고 있다면 이를 행정소송으로 심리·판단하여야 하고, 그 행정소송에 대한 관할을 가지고 있지 아니하다면 당해 소송이 이미 행정소송으로서의 전심절차와 제소기간을 도과하였거나 행정소송의 대상이 되는 처분 등이 존재하지도 아니한 상태에 있는 등 행정소송으로서 소송요건을 결하고 있음이 명백하여 행정소송으로 제기되었더라도 어차피 부적법하게 되는 경우가 아닌 이상 이를 부적법한 소라고 하여 각하할 것이 아니라 관할법원에 이송하여야 한다(대판 2018. 7. 26, 2015다221569).

[판례②]   행정사건 제1심판결에 대한 항소사건은 고등법원이 심판해야 하고(법원조직법 제28조 제1호), 원고가 고의나 중대한 과실 없이 행정소송으로 제기하여야 할 사건을 민사소송으로 잘못 제기하고 단독판사가 제1심판결을 선고한 경우에도 그에 대한 항소사건은 고등법원의 전속관할이다(대판 2022. 1. 27, 2021다219161).

(4) 제소기간

당사자소송에 관한 제소기간이 법령에 정하여져 있는 경우에는 그에 의하며, 그 기간은 불변기간으로 한다(동법 41조). 따라서 취소소송의 제소기간의 규정(동법 20조)은 당사자소송에는 적용되지 않는다.

(5) 소의 변경

소의 변경에 관한 「행정소송법」 제21조는 당사자소송을 항고소송으로 변경하는 경우에 준용한다(동법 42조). 따라서 법원은 사실심의 변론종결시까지 원고의 신청에 의하여 결정으로써 소의 변경을 허가할 수 있다. 이때 소의 변경을 허가하는 결정이 있게 되면 새로운 항고소송은 변경된 당사자소송이 제기된 때에 제기된 것으로 본다(동법 42조).

[판례]   법원은 국가·공공단체 그 밖의 권리주체를 피고로 하는 당사자소송을 그 처분 등을 한 행정청을 피고로 하는 항고소송으로 변경하는 것이 타당하다고 인정할 때에는 청구의 기초에 변경이 없는 한 사실심 변론종결시까지 원고의 신청에 의하여 결정으로써 소의 변경을 허가할 수 있다(행정소송법 42조, 21조). 다만 원고가 고의 또는 중대한 과실 없이 항고소송으로 제기해야 할 것을 당사자소송으로 잘못 제기한 경우에, 항고소송의 소송요건을 갖추지 못했음이 명백하여 항고소송으로 제기되었더라도 어차피 부적법하게 되는 경우가 아닌 이상, 법원으로서는 원고가 항고소송으로 소변경을 하도록 석명권을 행사하여 행정청의 처분이나 부작위가 적법한지 여

부를 심리·판단해야 한다(대판 2021. 12. 16.,).
2019두45944

여기에 더하여 대법원은 「행정소송법」 제8조 2항, 「민사소송법」 제262조에 따라 공법상 당사자소송을 민사소송으로 변경할 수도 있다는 입장이다.

> **[판례]** 공법상 당사자소송의 소 변경에 관하여 행정소송법은, 공법상 당사자소송을 항고소송으로 변경하는 경우(행정소송법) 또는 처분변경으로 인하여 소를 변경하는 경우(행정소송법 44)에 관하여만 규정하고 있을 뿐, 공법상 당사자소송을 민사소송으로 변경할 수 있는지에 관하여 명문의 규정을 두고 있지 않다.
>
> 그러나 공법상 당사자소송에서 민사소송으로의 소 변경이 금지된다고 볼 수 없다. 이유는 다음과 같다.
>
> ㉮ 행정소송법 제8조 제2항은 행정소송에 관하여 민사소송법을 준용하도록 하고 있으므로, 행정소송의 성질에 비추어 적절하지 않다고 인정되는 경우가 아닌 이상 공법상 당사자소송의 경우도 민사소송법 제262조에 따라 청구의 기초가 바뀌지 아니하는 한도 안에서 변론을 종결할 때까지 청구의 취지를 변경할 수 있다.
>
> ㉯ 한편, 대법원은 여러 차례에 걸쳐 행정소송법상 항고소송으로 제기해야 할 사건을 민사소송으로 잘못 제기한 경우 수소법원으로서는 원고로 하여금 항고소송으로 소 변경을 하도록 석명권을 행사하여 행정소송법이 정하는 절차에 따라 심리·판단해야 한다고 판시해 왔다. 이처럼 민사소송에서 항고소송으로의 소 변경이 허용되는 이상, 공법상 당사자소송과 민사소송이 서로 다른 소송절차에 해당한다는 이유만으로 청구기초의 동일성이 없다고 해석하여 양자 간의 소 변경을 허용하지 않을 이유가 없다.
>
> ㉰ 일반 국민으로서는 공법상 당사자소송의 대상과 민사소송의 대상을 구분하기가 쉽지 않고 소송 진행 도중의 사정변경 등으로 인해 공법상 당사자소송으로 제기된 소를 민사소송으로 변경할 필요가 발생하는 경우도 있다. 소 변경 필요성이 인정됨에도, 단지 소 변경에 따라 소송절차가 달라진다는 이유만으로 이미 제기한 소를 취하하고 새로 민사상의 소를 제기하도록 하는 것은 당사자의 권리 구제나 소송경제의 측면에서도 바람직하지 않다.
>
> 따라서 공법상 당사자소송에 대하여도 청구의 기초가 바뀌지 아니하는 한도 안에서 민사소송으로 소 변경이 가능하다고 해석하는 것이 타당하다(대판 2023. 6. 29.,).
> 2022두44262

(6) 관련청구의 이송·병합

당사자소송과 이에 관련된 소송이 각각 다른 법원에 계속되어 있는 경우에는, 법원은 당사자의 신청 또는 직권에 의하여 이를 당사자소송이 계속된 법원으로 이송하여 병합할 수 있다($\frac{동법\ 44}{조\ 2항}$).

(7) 기 타

취소소송에 관한「행정소송법」제14조($\frac{피고}{경정}$), 제15조($\frac{공동}{소송}$), 제16조($\frac{제3자의}{소송참가}$), 제17조($\frac{행정청의}{소송참가}$) 등이 당사자소송에도 준용된다($\frac{동법\ 44}{조\ 1항}$).

한편 대법원은 행정주체가 행정처분을 통해 간소한 방법으로 행정목적을 달성할 수 있는 경우 당사자소송을 제기할 이익이 없다는 취지로 판단하고 있다.

> **[참고판례]** 도시정비법 제57조 제1항에 규정된 청산금의 징수에 관하여는 지방세 체납처분의 예에 의한 징수 또는 징수 위탁과 같은 간이하고 경제적인 특별구제절차가 마련되어 있으므로, 시장·군수가 사업시행자의 청산금 징수 위탁에 응하지 아니하였다는 등의 특별한 사정이 없는 한 시장·군수가 아닌 사업시행자가 이와 별개로 공법상 당사자소송의 방법으로 청산금 청구를 할 수는 없다($\frac{대판\ 2017.\ 4.\ 28.}{2016두39498}$).

2. 가 구 제

당사자소송에 대하여는「행정소송법」제23조 2항의 집행정지에 관한 규정이 준용되지 아니하므로($\frac{동법\ 44조}{1항\ 참조}$), 이를 본안으로 하는 가처분에 대하여는「행정소송법」제8조 2항에 따라「민사집행법」상의 가처분에 관한 규정이 준용되어야 한다($\frac{대판\ 2015.\ 8.\ 21.}{2015무26}$).

> **[판례]** 당사자소송에 대하여는 행정소송법 제8조 제2항에 따라 민사집행법상 가처분에 관한 규정이 준용되므로, 사업시행자는 민사집행법 제300조 제2항에 따라 현저한 손해를 피하기 위해 필요한 경우 '임시의 지위를 정하기 위한 가처분'을 통하여 공익사업을 신속하고 원활하게 수행할 수 있다($\frac{대판\ 2019.\ 9.\ 9.}{2016다262550}$).

3. 심리절차

(1) 행정심판기록의 제출명령

법원은 당사자의 신청이 있는 때에는 결정으로써 재결을 행한 행정청에 대하여 행정심판에 관한 기록의 제출을 명할 수 있다. 그 제출명령을 받은 행정청은 지체없이 당해 행정심판에 관한 기록을 법원에 제출하여야 한다($\frac{동법\ 25조,}{44조\ 1항}$). 여기에서의 '행정심판'은 행정심판법의 그것만이 아니고, 다른 법률에서의 당사자소송으로서의 행정심판($\frac{재결의}{신청}$)까지 포함하는 것으로 새겨야 할 것이다.

(2) 직권심리

법원은 필요하다고 인정할 때에는 직권으로 증거조사를 할 수 있고, 당사자가 주장하지 아니한 사실에 대하여도 판단할 수 있다(동법 26조, 44조 1항). 변론주의를 보충하는 한도에서 직권심리주의가 당사자소송에도 적용되는 것으로 새겨야 할 것이다.

(3) 기 타

그 밖에 처분권주의, 변론주의, 구술심리주의, 직접심리주의, 쌍방심문주의, 법관의 석명의무, 증명책임분배에 관한 원칙(법률요건 분배설) 등이 당사자소송에도 적용된다고 보아야 할 것이다.

Ⅳ. 소송의 종료

1. 판결의 기판력과 구속력

당사자소송도 판결을 통해 확정되면, 이후 당사자는 그에 모순된 주장을 할 수 없으며, 법원 역시 확정된 판결에 모순·저촉되는 판단을 할 수 없는 구속을 받는다는 의미의 기판력을 발생시킨다. 이와 같은 판결의 기판력은 판결의 주문에 포함된 사항에 한하여(기판력의 객 관적 범위), 변론종결시 확정된 법률관계에 한하여(기판력의 시 간적 범위), 또한 그 소송의 당사자 및 그의 승계인에 대하여서만(기판력의 주 관적 범위) 그 효력(구속력)을 발생시킴이 원칙이다(민사소송법 202조, 218조 등 참조). 취소소송에 있어서와 같은 판결의 제3자효(행정소송법 29조 1항)는 당사자소송에는 인정되지 않는다. 그러나 취소판결에 있어서의 판결의 기속력조항(동법 30 조 1항)은 당사자소송에 준용된다(동법 44 조 참조). 당사자소송에 있어서는 국가, 공공단체 등 행정주체(권리·의무 의 귀속주체)만이 당사자가 되는 것인데, 그 행정주체를 위하여 직접 행정권을 행사하는 것은 관계행정청이므로 판결의 구속력을 직접 이들에게 미치게 하여 판결의 실효성을 확보하기 위함이다.

2. 가집행선고

국가를 상대로 하는 당사자소송의 경우에는 가집행을 선고할 수 없다(동법 43조). 그러나 국가를 상대로 하는 재산권청구로서의 당사자소송에 대해서까지 가집행선고를 할 수 없게 함은 헌법상의 평등원칙위반이라는 주장이 제기된다. 이와 관련하여 헌법재판소는 국가를 상대로 하는 당사자소송의 경우에는 가집행

선고를 할 수 없다고 규정한 「행정소송법」 제43조가 평등원칙에 위반된다고
판시하였다.

> **[판례]** 심판대상조항($^{행정소송법}_{43조}$)은 재산권의 청구에 관한 당사자소송 중에서도 피
> 고가 공공단체 그 밖의 권리주체인 경우와 국가인 경우를 다르게 취급한다. 가집행
> 의 선고는 불필요한 상소권의 남용을 억제하고 신속한 권리실행을 하게 함으로써
> 국민의 재산권과 신속한 재판을 받을 권리를 보장하기 위한 제도이고, 당사자소송
> 중에는 사실상 같은 법률조항에 의하여 형성된 공법상 법률관계라도 당사자를 달
> 리 하는 경우가 있다. 동일한 성격인 공법상 금전지급 청구소송임에도 피고가 누구
> 인지에 따라 가집행선고를 할 수 있는지 여부가 달라진다면 상대방 소송 당사자인
> 원고로 하여금 불합리한 차별을 받도록 하는 결과가 된다. 재산권의 청구가 공법상
> 법률관계를 전제로 한다는 점만으로 국가를 상대로 하는 당사자소송에서 국가를
> 우대할 합리적인 이유가 있다고 할 수 없고, 집행가능성 여부에 있어서도 국가와
> 지방자치단체 등이 실질적인 차이가 있다고 보기 어렵다는 점에서, 심판대상조항은
> 국가가 당사자소송의 피고인 경우 가집행의 선고를 제한하여, 국가가 아닌 공공단
> 체 그 밖의 권리주체가 피고인 경우에 비하여 합리적인 이유 없이 차별하고 있으
> 므로 평등원칙에 반한다($^{헌재\ 2022.\ 2.\ 24.}_{2020헌가12}$).[5]

3. 소송비용

　소송비용에 관한 「행정소송법」 제32조 및 제33조의 규정은 당사자소송에
준용된다($^{동법}_{44조}$).

---

5) 이 결정에서의 보충의견: 심판대상조항이 피고가 국가인 점에서 같고 분쟁의 대상이 재산권의 청구에
관한 것이라도 소송의 종류가 민사소송인지 또는 당사자소송인지에 따라 가집행선고 가부를 다르게 취
급하고 있어 국가를 상대로 하는 소송이 민사소송인 경우와 당사자소송인 경우 역시 평등원칙 위배 여
부 판단이 필요한 비교집단이다. 당사자소송은 공법상의 법률관계에 관한 소송인 점에서 사법상의 법
률관계에 관한 소송인 민사소송과 구별되나, 소송을 통해 실현하고자 하는 권리가 금전적으로 평가할
수 있는 재산권의 청구인 경우에는 공권력의 행사 자체를 다투는 것이 아니라 법률관계의 한쪽 당사자
를 상대방으로 하며 청구취지, 청구원인 등 소송의 형태가 유사하다는 점에서 민사소송과 당사자소송
을 구별하는 실익이 적다. 즉, 재산권의 청구에 대한 당사자소송과 민사소송은 대등한 권리주체간의 관
계를 전제로 금전적으로 평가할 수 있는 권리에 대한 다툼이라는 점에서 그 성격이 본질적으로 다르지
않다. 따라서 심판대상조항이 당사자소송의 피고인 국가만을 차별적으로 우대하는 것은 합리적인 이유
가 없으므로, 이러한 점에서도 평등원칙에 위반된다.

제 4 절 객관적 소송

I. 개 설

객관적 소송은 행정의 적법성보장을 목적으로 하는 소송이다. 이 점에서 개인의 권리구제와 행정의 적법성보장이라는 두 가지 목적을 추구하는 주관적 소송(항고소송·당사자소송)과 구별된다. 따라서 특별히 법이 정하는 경우에만 소의 제기가 가능하다.

II. 객관적 소송의 종류

현행법상의 객관적 소송에는 민중소송과 기관소송이 있다.

1. 민중소송

민중소송이란 국가 또는 공공단체의 기관이 법률에 위반되는 행위를 한 때에 직접 자기의 법률상 이익과 관계없이 그 시정을 구하기 위하여 제기하는 소송을 말한다(행정소송법 3조 3호). 다음이 그에 해당한다.

(1) 공직선거법상의 민중소송

대통령선거 및 국회의원선거에 있어서 선거의 효력에 관하여 이의가 있는 선거인·정당(후보자를 추천한 정당) 또는 후보자는 당해 선거구 선거관리위원회 위원장을 피고로 하여 대법원에 제소할 수 있다(공직선거법 222조).

(2) 국민투표법상의 민중소송

국민투표의 효력에 관하여 이의가 있는 투표인은 투표인 10만인 이상의 찬성을 얻어 중앙선거관리위원장을 피고로 하여 투표일로부터 20일 이내에 대법원에 제소할 수 있다(국민투표법 92조).

2. 기관소송[1]

　기관소송이란 국가 또는 공공단체의 기관 상호간에 있어서의 권한의 존부 또는 그 행사에 관한 다툼이 있을 때에 이에 대하여 제기하는 소송을 말한다 (행정소송법 3조 4호). 「행정소송법」상의 기관소송은 동일한 행정주체에 속하는 기관간의 소송, 다시 말하면 단일한 법주체 내부에서의 행정기관 상호간의 권한분쟁이므로, 상이한 행정주체간 또는 상이한 행정주체에 속하는 기관간의 소송은 이에 해당하지 않는다는 것이 통설적 견해이다. 이에 따르면 기관소송의 유형에는 국가기관 상호간의 기관소송과 공공단체의 기관 상호간의 기관소송이 있을 수 있다. 한편, 「헌법」과 「헌법재판소법」에 의하여 국가기관 상호간의 권한쟁의심판·국가기관과 지방자치단체간의 권한쟁의심판, 그리고 지방자치단체 상호간의 권한쟁의심판은 헌법재판소의 관장사항에 해당하므로(헌법 111조 1항 4호, 헌 법재판소법 61조, 62조), 국가 기관 상호간의 기관소송은 행정소송으로서의 기관소송에서 제외된다 할 것이다(헌법재판소법 부 칙 8조 2항 참조).[2] 「헌법재판소법」 부칙에 따라 행정소송법은 제3조 4호에 단서를 신설하여 "헌법재판소법 제2조의 규정에 의하여 헌법재판소의 관장사항으로 되는 소송은 제외한다"고 규정하고 있다(동법 3조 4호 단서).

> **[판례]** 기관소송은 "국가 또는 공공단체의 기관 상호 간에 있어서의 권한의 존부 또는 그 행사에 관한 다툼이 있을 때에 이에 대하여 제기하는 소송"으로(행정소송법 3조 4호) 행정의 적법성 보장을 목적으로 하는 객관적 소송이고, 법률이 정한 경우 법률에 정한 자에 한하여 제기할 수 있다(행정소송 법 45조).
>
> 　감사원법 제40조 제2항에 "감사원의 재심의 판결에 대하여는 감사원을 당사자로 하여 행정소송을 제기할 수 있다."라고 규정되어 있으나, 위와 같은 기관소송의 성격과 내용, 앞서 본 바와 같이 감사원의 징계 요구나 그에 대한 재심의 결정은 그 자체로는 법률적 구속력을 발생시킨다고 보기 어려운 점, 감사원법 제40조 제2항이 기관소송에 관한 규정이라면 기관소송에서의 제소기간 등이 함께 규정되었어야 할 것이나 그러한 규정이 없는 점, 감사원법 제40조 제2항의 규정 형식과 내용, 연혁,

---

1) 주요문헌: 이광윤, 기관소송에 있어서의 쟁점, 고시계, 1994. 8; 서원우, 지방자치단체의 행정소송, 고시연구, 1994. 10; 한견우, 기관소송의 기능확대론, 법정고시, 1995. 11; 김남진, 기관소송, 법정고시, 1997. 2 및 판례월보, 2000. 2; 남복현, 기관소송과 권한쟁의심판의 관계, 공법연구 제47집 제3호, 2019. 2; 임현, 권한쟁의심판과 기관소송 및 「지방자치법」상의 소송간의 관계에 관한 소고, 공법연구 제47집 제3호, 2019. 2.
2) 이와 관련하여 홍정선 교수는 헌법재판소법상의 (광의의)권한쟁의심판을, 하나의 법주체인 국가의 내부에서 국가기관이 서로 당사자가 되는 소송형태(본래 의미의 기관소송)와 법인격을 달리하는 주체 사이의 소송형태(협의의 권한쟁의)로 나누고 있다. 홍정선, 기관소송, 고시계, 1991. 8, 107면.

관련 규정의 체계 등을 종합하여 보면, 감사원법 제40조 제2항을 원고 서울특별시장에게 감사원을 상대로 한 기관소송을 허용하는 규정으로 볼 수는 없다. 그 밖에 행정소송법을 비롯한 어떠한 법률에도 원고 서울특별시장에게 '감사원의 재심의 판결'에 대하여 기관소송을 허용하는 규정을 두고 있지 않다. 따라서 원고 서울특별시장이 제기한 이 사건 소송이 기관소송으로서 감사원법 제40조 제2항에 따라 허용된다고 볼 수 없다(대판 2016. 12. 27. 2014두5637).

(1) 지방자치법상의 기관소송

(가) 지방의회의 의결에 대한 소송

지방자치단체의 장은 지방의회의 의결이 월권이거나 법령에 위반되거나 공익을 현저히 해친다고 인정되면 그 의결사항을 이송받은 날부터 20일 이내에 이유를 붙여 재의를 요구할 수 있으며, 재의한 결과 재적의원 과반수의 출석과 출석의원 3분의 2 이상의 찬성으로 전과 같은 의결을 하면 그 의결사항은 확정된다(지방자치법 120조 1항 및 동조 2항). 지방자치단체의 장은 재의결된 사항이 법령에 위반된다고 인정되면 대법원에 소(訴)를 제기할 수 있으며, 이 경우에는 동법 제192조 제4항을 준용한다(동조 3항).

지방의회의 의결이 법령에 위반되거나 공익을 현저히 해친다고 판단되면 시·도에 대해서는 주무부장관이, 시·군 및 자치구에 대해서는 시·도지사가 해당 지방자치단체의 장에게 재의를 요구하게 할 수 있고, 재의 요구 지시를 받은 지방자치단체의 장은 의결사항을 이송받은 날부터 20일 이내에 지방의회에 이유를 붙여 재의를 요구하여야 한다(동법 192 조 1항). 시·군 및 자치구의회의 의결이 법령에 위반된다고 판단됨에도 불구하고 시·도지사가 제1항에 따라 재의를 요구하게 하지 아니한 경우 주무부장관이 직접 시장·군수 및 자치구의 구청장에게 재의를 요구하게 할 수 있고, 재의 요구 지시를 받은 시장·군수 및 자치구의 구청장은 의결사항을 이송받은 날부터 20일 이내에 지방의회에 이유를 붙여 재의를 요구하여야 한다(동조 2항). 재의한 결과 재적의원 과반수의 출석과 출석의원 3분의 2 이상의 찬성으로 전과 같은 의결을 하면 그 의결사항은 확정된다(동조 3항).

지방의회의 의결이 법령에 위반된다고 판단되어 주무부장관이나 시·도지사로부터 재의 요구 지시를 받은 해당 지방자치단체의 장이 재의를 요구하지 아니하는 경우(법령에 위반되는 지방의회의 의결사항이 조례안인 경우로서 재의 요구 지시를 받기 전에 그 조례안을 공포한 경우를 포함한다)에는 주무부장관이나 시·도지사는 제1항 또는 제2항에 따른 기간이 지난 날부터 7일 이내에 대법원에 직접 제소 및 집행정지 결정을 신청할 수 있다($\frac{동조}{8항}$).

동법 제192조 제1항 또는 제2항의 지방의회의 의결이나 제3항에 따라 재의결된 사항이 둘 이상의 부처와 관련되거나 주무부장관이 불분명하면 행정안전부장관이 재의 요구 또는 제소를 지시하거나 직접 제소 및 집행정지 결정을 신청할 수 있다($\frac{동조}{9항}$).

(나) 시정명령 등에 대한 소송

지방자치단체의 사무에 관한 지방자치단체의 장($\frac{동법 103조 2항에 따른 사무의 경}{우에는 지방의회의 의장을 말한다}$)의 명령이나 처분이 법령에 위반되거나 현저히 부당하여 공익을 해친다고 인정되면 시·도에 대해서는 주무부장관이, 시·군 및 자치구에 대해서는 시·도지사가 기간을 정하여 서면으로 시정할 것을 명하고, 그 기간에 이행하지 아니하면 이를 취소하거나 정지할 수 있다($\frac{동법 188}{조 1항}$). 주무부장관은 지방자치단체의 사무에 관한 시장·군수 및 자치구의 구청장의 명령이나 처분이 법령에 위반되거나 현저히 부당하여 공익을 해침에도 불구하고 시·도지사가 제1항에 따른 시정명령을 하지 아니하면 시·도지사에게 기간을 정하여 시정명령을 하도록 명할 수 있다($\frac{동조}{2항}$).

주무부장관은 시·도지사가 제2항에 따른 기간에 시정명령을 하지 아니하면 동조 제2항에 따른 기간이 지난 날부터 7일 이내에 직접 시장·군수 및 자치구의 구청장에게 기간을 정하여 서면으로 시정할 것을 명하고, 그 기간에 이행하지 아니하면 주무부장관이 시장·군수 및 자치구의 구청장의 명령이나 처분을 취소하거나 정지할 수 있다($\frac{동조}{3항}$). 주무부장관은 시·도지사가 시장·군수 및 자치구의 구청장에게 동조 제1항에 따라 시정명령을 하였으나 이를 이행하지 아니한 데 따른 취소·정지를 하지 아니하는 경우에는 시·도지사에게 기간을 정하여 시장·군수 및 자치구의 구청장의 명령이나 처분을 취소하거나 정지할 것을 명하고, 그 기간에 이행하지 아니하면 주무부장관이 이를 직접 취소하거나 정지할 수 있다($\frac{동조}{4항}$). 동조 제1항부터 제4항까지의 규정에 따른 자치사무에 관한 명령이나 처분에 대한 주무부장관 또는 시·도지사의 시정명령, 취소 또는 정지는 법령을 위반한 것에 한정한다($\frac{동조}{5항}$).

지방자치단체의 장은 동조 제1항, 제3항 또는 제4항에 따른 자치사무에 관한 명령이나 처분의 취소 또는 정지에 대하여 이의가 있으면 그 취소처분 또는 정지처분을 통보받은 날부터 15일 이내에 대법원에 소를 제기할 수 있다($\frac{동조}{6항}$). 다만, 이 경우의 소송이 '기관소송'의 성질을 가지는가에 대해서는 견해가 나누어져 있다. 즉, 기관소송을 동일한 인격주체(국가·지방자치단체 등) 내의 기관 상호간의 소송으로 한정하는 입장(한정설)에서는 상기 소송을 항고소송의 유형으로 보는데 대하여, 기관소송을 반드시 동일 인격주체 내부의 기관간 소송으로 한정할 필요가 없다는 입장(비한정설)에서는 이 경우의 소송도 기관소송으로 보게 되는 셈이다.

(2) 지방교육자치에 관한 법률상의 기관소송

교육감은 교육·학예에 관한 시·도의회의 의결이 법령에 위반되거나 공익을 현저히 저해한다고 판단될 때에는 그 의결사항을 이송받은 날부터 20일 이내에 이유를 붙여 재의를 요구할 수 있으며, 교육감이 교육부장관으로부터 재의요구를 하도록 요청받은 경우에는 시·도의회에 재의를 요구하여야 한다($\frac{지방교육자치에 관}{한 법률 28조 1항}$). 위 규정에 따른 재의요구가 있을 때에는 재의요구를 받은 시·도의회는 재의에 붙이고 시·도의회 재적의원 과반수의 출석과 시·도의회 출석의원 3분의 2 이상의 찬성으로 전과 같은 의결을 하면 그 의결사항은 확정된다($\frac{동조}{2항}$).

재의결된 사항이 법령에 위반된다고 판단될 때에는 교육감은 재의결된 날부터 20일 이내에 대법원에 제소할 수 있다($\frac{동조}{3항}$). 교육부장관은 재의결된 사항이 법령에 위반된다고 판단됨에도 해당 교육감이 소를 제기하지 않은 때에는 해당 교육감에게 제소를 지시하거나 직접 제소할 수 있다($\frac{동조}{4항}$). 이때 교육부장관은 제3항의 기간이 경과한 날부터 7일 이내에 제소를 지시하고, 해당 교육감은 제소 지시를 받은 날부터 7일 이내에 제소하여야 한다($\frac{동조}{5항}$). 그럼에도 해당 교육감이 제소하지 않을 경우 제5항의 기간이 경과한 날부터 7일 이내에 직접 제소할 수 있다($\frac{동조}{6항}$). 재의결된 사항을 대법원에 제소한 경우 제소를 한 교육부장관 또는 교육감은 그 의결의 집행을 정지하게 하는 집행정지결정을 신청할 수 있다($\frac{동조}{7항}$).

Ⅲ. 소송절차

1. 당사자적격

(1) 원고적격

민중소송 및 기관소송은 이른바 "법률상의 쟁송"에 해당하지 않으므로 "법원 고유의 권한에 속하는 소송"에 해당되지 않는다(법원조직법 2조 1항 참조). 따라서 법률이 정한 자만이 제소할 수 있다(행정소송법 45조). 현행법상 그에 관한 규정은 앞에서 본 바와 같다.

(2) 피고적격

피고적격 역시 개별법이 정하고 있다. 현행법상 그에 관한 규정은 앞에 적은 바와 같다.

2. 관   할

민중소송 및 기관소송의 관할에 관해서도 개별법이 정하는 바에 따른다. 현행법상으로는 대법원이 제1심이며 종심이 되어 있는 경우가 많음은 앞에서 본 바와 같다.

3. 적용법규

(1) 취소소송형

민중소송 또는 기관소송으로서 처분 등의 취소를 구하는 소송에는 그 성질에 반하지 아니하는 한 취소소송에 관한 규정을 준용한다(행정소송법 46조 1항).

(2) 확인소송형

민중소송 또는 기관소송으로서 처분 등의 효력유무 또는 존재 여부 및 부작위의 위법 확인을 구하는 소송에는 그 성질에 반하지 아니하는 한 각각 무효등확인소송 또는 부작위위법확인소송에 관한 규정을 준용한다(동조 2항).

(3) 그 밖의 유형

민중소송 또는 기관소송으로서 취소소송형 및 확인소송형 외의 소송에는 그의 성질에 반하지 아니하는 한 당사자소송에 관한 규정을 준용한다(동조 3항).

제 8 장 옴부즈만과 민원처리

I. 옴부즈만의 의의

옴부즈만(Ombudsman)은 본래 1809년의 스웨덴헌법 제97조에 의해 설치된 기관으로서, 스칸디나비아 여러 나라에서 일반화되고 있는 이 제도가 세계의 여러 나라에 보급되게 된 것은 1980년 이후의 일이다.

우선 어원부터 보게 되면, 옴부즈만은 스웨덴어로서 대리인(agent)을 의미하고 있다. Ombud에 해당하는 영어에는 agent 이외에도 representative attorney, solicitor, deputy, proxy, delegate 등이 있다. 그러나 제도로서의 옴부즈만은, 예컨대 위헌 내지 부정한 행정활동에 대하여 비사법적인 수단으로 국민을 보호하는 관직 정도로 정의할 수 있을 것 같다. 그러한 의미에서 Ombudsman을 우리말로 '호민관'으로 호칭함도 의미있는 일로 생각된다. 다만, 아직 호민관이라는 용어가 우리나라에 정착된 것 같지는 않으므로, 여기에서는 원어 그대로 「옴부즈만」으로 부르기로 한다.

중요한 것은, 옴부즈만의 임명권자는 본래 의회라는 점이다. 따라서 덴마크의 옴부즈만은 정식으로는 Folketingets Ombudsman, 즉 국회(Folketing)의 옴부즈만이며, 영국에서는 Parliamentary Commissioner라고 부르고 있다.

II. 옴부즈만의 유형과 특징

1. 고전형 옴부즈만

유럽의 구석에서 탄생한 옴부즈만은, 하나의 고정된 제도라기보다는 하나의 유연한 관념으로 파악하는 것이 나을 것 같다. 그러나 일단 유럽적 의회 옴부즈만을 그의 원형으로 볼 수 있기에 이것부터 관찰하기로 한다. 이러한 고전형은 대체로 다음과 같은 특징을 지니고 있는 것으로 볼 수 있다.

(1) 우선 옴부즈만은 본래 의회(입법부)에 의하여 임명되는 것으로서 행정부의 직원이 아니다. 옴부즈만에 대한 임명상의 책임은 어디까지나 의회에 있으므로 옴부즈만은 그의 직무에 관하여 의회에 보고하며, 옴부즈만이 정기적으로 간행하는 연보는 의회에 제출하는 형식을 취한다.

(2) 그러나 일단 의회에 의하여 임명된 후에는, 공평·중립적인 조사관으로서 의회에 대해서도 정치적으로는 중립의 지위에 있다. 따라서 그의 관직과 지위는 헌법에 의하여 설정되며 보장되는 것이 바람직하다. 한편, 옴부즈만의 조사에 대해서 의원은 간섭하지 않는다. 따라서 정당이 협력하여 옴부즈만을 임명하는 것이 관례가 되고 있다.

(3) 옴부즈만은 국가의 3권을 보완하는 것으로서, 그에 대신할 정도의 강력한 권한은 부여되지 않는다. 따라서 법원과 같이 행정처분을 취소하는 권한은 가지지 않는다. 또한 법원이나 행정부에 대한 조직상의 직접적인 통제권도 가지고 있지 않다. 결국 옴부즈만의 주요권한은 사실의 조사와 인정의 권한이라 할 수 있다.

(4) 통상의 구제절차에서는 당사자나 이해관계인에 의한 제소, 불복신청 등이 요건으로 되고 있는데, 옴부즈만의 경우는 신청이 없어도, 예컨대 신문보도를 바탕으로 하여 직권으로 사건을 조사할 수 있음이 보통이다.

2. 행정형 옴부즈만

옴부즈만제도가 각국에 보급되면서, 자각적인 정책에 기해서 또는 실제의 필요에 이끌려 본의 아니게 '행정형'의 옴부즈만이 탄생하게 되었다.

'행정형 옴부즈만'은 행정기관이 옴부즈만의 역할을 수행하기 위해 시민의 민원을 직접 청취하며, 행정활동의 당부를 조사·판단하며, 그 판단에 입각하여 부담기관의 설득 또는 시민에의 실정의 보고 등을 하는 것으로서, 옴부즈만이 반드시 행정의 외부에 위치하여 독립한 지위를 누리지 않는 것이다.

3. 특별 옴부즈만

북쪽의 유럽 여러 나라에서는 근년 고전적인 옴부즈만인 일반 옴부즈만 이외에 '특별 옴부즈만'이 발견되고 있다. 소비자옴부즈만, 보도옴부즈만, 공정거래옴부즈만, 교도소옴부즈만 등이 그에 해당한다.

Ⅲ. 옴부즈만제도의 이식가능성

(1) 이른바 '의회옴부즈만'에 관해서 볼 때, 국가의 차원에서는 국회가, 지방자치단체의 차원에서는 지방의회가 옴부즈만을 설치하는 것에 대한 필요성을 어느 정도 느끼는가 하는 것이 관건이 될 것이다. 우선 국회에 관해서 볼 때 국회가 그의 국정조사권의 일부를 옴부즈만에 위임함으로써 목적을 달성할 수 있다고 보는데, 과연 우리나라의 국회가 앞으로라도 그런 생각을 가질 것인가가 우선 문제라고 하겠다.

(2) 옴부즈만을 국정조사권 내지 지방의회의 기능과의 관계에서 파악하는 것은 말하자면 헌법적인 차원의 문제인 셈인데, 옴부즈만에는 이밖에 행정법적 차원의 문제가 있다.

우리나라에서도 행정의 사전절차로서의 행정절차, 사후절차로서의 행정쟁송(행정심판·행정소송)이 상당한 정도로 정비되었다. 그럼에도 불구하고 정식의 행정구제제도로서는 잡히지 않는 일상의 작은 민원 또는 정식의 행정쟁송제도로서는 해결되기 어려운 불평·불만을 간이·신속하게 처리해 주는 제도로서 옴부즈만은 여전히 필요하다고 할 수 있다.

> **[판례]** 합의제 행정기관인 옴부즈만(Ombudsman)을 집행기관의 장인 도지사 소속으로 설치하는 데 있어서는 지방자치법 제107조 제1항의 규정에 따라 당해 지방자치단체의 조례로 정하면 되는 것이지 헌법이나 법령상으로 별도의 설치근거가 있어야 되는 것은 아니다(대판 1997. 4. 11, 96추138).

Ⅳ. 한국에서의 민원처리

명칭은 어떻든 간에, 우리나라에 고전적 옴부즈만이 존재하지 않는 것은 분명하다. 그러나 행정형 및 특별형과 유사한 제도는 우리나라에서도 몇 가지 발견할 수 있다.

1. 감 사 원

감사원은 국가의 세입·세출의 결산 및 회계감사를 주된 임무로 하고 있으나, 다른 한편 직권으로 또는 이해관계인의 심사청구에 의하여 각급 행정기관의 직무감찰을 시행하고, 감찰의 결과 하자나 행정상의 모순을 발견할 때에는 관계기관에 대하여 그 시정이나 개선을 요구하며, 혹은 관계자의 문책요구 및 고발조치를 취할 수 있다(감사원법 32조 내지 35조, 43조 등 참조).

2. 국민권익위원회의 고충처리

(1) 연혁 및 성격

행정기관[1]의 고충민원[2]에 대한 처리는 본래 「국민고충처리위원회의 설치 및 운영에 관한 법률」에 의하여 구성된 국민고충처리위원회[3]에서 담당하였으나, 2008년 2월 「부패방지 및 국민권익위원회의 설치와 운영에 관한 법률」의 제정을 통하여 현재는 국민고충처리위원회 및 국가청렴위원회, 국무총리행정심판위원회를 통합한 국민권익위원회에서 담당하고 있다. 국민권익위원회는 고충민원의 처리와 이에 관련된 불합리한 행정제도를 개선하고, 부패의 발생을 예방하며 부패행위를 효율적으로 규제하도록 하기 위함을 목적으로 하며, 국무총리 소속으로 되어 있다(동법 11조). 위 위원회는 국회에 의하여 임명되는 것이 아닌 점에서 이른바 고전형 옴부즈만은 아니며, 행정형 옴부즈만에 가깝다. 다만 국민권익위원회는 「정부조직법」 제2조에 따른 중앙행정기관으로서 그 권한에 속하는 사무를 독립적으로 수행한다는 점(2조 2항)에서 독립성이 어느 정도 보장되어 있다.

한편, 지방자치단체 및 그 소속 기관에 관한 고충민원의 처리와 행정제도 개선 등을 위하여는 각 지방자치단체에 시민고충처리위원회를 둘 수 있다(동법 32조).

(2) 국민권익위원회의 기능

국민권익위원회는 고충민원과 행정심판사건 등의 창구를 일원화하기 위하

---

1) "행정기관등"이란 중앙행정기관, 지방자치단체, 「공공기관의 운영에 관한 법률」 제4조에 따른 기관 및 법령에 따라 행정기관의 권한을 가지고 있거나 그 권한을 위임·위탁 받은 법인·단체 또는 그 기관이나 개인을 말한다(부패방지 및 국민권익위원회의 설치와 운영에 관한 법률 2조 2호).

2) "고충민원"이란 행정기관등의 위법·부당하거나 소극적인 처분(사실행위 및 부작위를 포함한다) 및 불합리한 행정제도로 인하여 국민의 권리를 침해하거나 국민에게 불편 또는 부담을 주는 사항에 관한 민원(현역장병 및 군 관련 의무복무자의 고충민원을 포함한다)을 말한다(동법 2조 5호).

3) 국민고충처리위원회는 「행정규제 및 민원사무 기본법」에 의거하여 설치되었으며, 「민원사무처리에 관한 법률」에 근거를 두고 있다가 2005년 7월에 제정된 「국민고충처리위원회의 설치 및 운영에 관한 법률」에 의해 운영되었다. 이 법은 「부패방지 및 국민권익위원회의 설치와 운영에 관한 법률」의 제정과 함께 폐지되었다.

여 설치됨에 따라 다음과 같은 다양한 업무를 수행하고 있다(동법 12조).

① 국민의 권리보호·권익구제 및 부패방지를 위한 정책의 수립 및 시행

② 고충민원의 조사와 처리 및 이와 관련된 시정권고 또는 의견표명

③ 고충민원을 유발하는 관련 행정제도 및 그 제도의 운영에 개선이 필요하다고 판단되는 경우 이에 대한 권고 또는 의견표명

④ 위원회가 처리한 고충민원의 결과 및 행정제도의 개선에 관한 실태조사와 평가

⑤ 공공기관의 부패방지를 위한 시책 및 제도개선 사항의 수립·권고와 이를 위한 공공기관에 대한 실태조사

⑥ 공공기관의 부패방지시책 추진상황에 대한 실태조사·평가

⑦ 부패방지 및 권익구제 교육·홍보 계획의 수립·시행

⑧ 비영리 민간단체의 부패방지활동 지원 등 위원회의 활동과 관련된 개인·법인 또는 단체와의 협력 및 지원

⑨ 위원회의 활동과 관련된 국제협력

⑩ 부패행위 신고 안내·상담 및 접수 등

⑪ 신고자의 보호 및 보상

⑫ 법령 등에 대한 부패유발요인 검토

⑬ 부패방지 및 권익구제와 관련된 자료의 수집·관리 및 분석

⑭ 공직자 행동강령의 시행·운영 및 그 위반행위에 대한 신고의 접수·처리 및 신고자의 보호

⑮ 민원사항에 관한 안내·상담 및 민원사항 처리실태 확인·지도

⑯ 온라인 국민참여포털의 통합 운영과 정부민원안내콜센터의 설치·운영

⑰ 시민고충처리위원회의 활동과 관련한 협력·지원 및 교육

⑱ 다수인 관련 갈등 사항에 대한 중재·조정 및 기업애로 해소를 위한 기업고충민원의 조사·처리

⑲ 행정심판법에 따른 중앙행정심판위원회의 운영에 관한 사항

⑳ 다른 법령에 따라 위원회의 소관으로 규정된 사항

㉑ 그 밖에 국민권익 향상을 위하여 국무총리가 위원회에 부의하는 사항

위에서 보는 바와 같이, 국민권익위원회는 기존의 국민고충처리위원회와 국가청렴위원회의 소관사무를 승계하고 있으며, 여기에 더하여 「행정심판법」에

의거한 중앙행정심판위원회의 운영을 담당하고 있다. 이 같은 업무 중에서 고충민원의 처리절차와 관련된 내용은 다음과 같다.

(3) 고충민원의 신청 및 접수

(가) 신청권자(동법 39조 1항)

누구든지(국내에 거주하는 외국인 포함) 국민권익위원회 또는 시민고충처리위원회(이하 "권익위원회"라 한다)에 고충민원을 신청할 수 있다. 이 경우 하나의 권익위원회에 대하여 고충민원을 제기한 신청인은 다른 권익위원회에 대하여도 고충민원을 신청할 수 있다.

이 경우 신청인이 동일한 고충민원을 둘 이상의 권익위원회에 각각 신청한 경우 각 권익위원회는 지체 없이 그 사실을 상호 통보하여야 하고, 각 권익위원회는 상호 협력하여 고충민원을 처리하거나 제43조에 따라 이송하여야 한다(동법 40조).

(나) 신청방법(동법 39조 2항)

권익위원회에 고충민원을 신청하고자 하는 자는 다음 각 호의 사항을 기재하여 문서(전자문서 포함)로 이를 신청하여야 한다. 다만, 문서에 의할 수 없는 특별한 사정이 있는 경우에는 구술로 신청할 수 있다.

① 신청인의 이름과 주소(법인 또는 단체의 경우에는 그 명칭 및 주된 사무소의 소재지와 대표자의 이름)
② 신청의 취지·이유와 고충민원신청의 원인이 된 사실내용
③ 그밖에 관계 행정기관의 명칭 등 대통령령이 정하는 사항

(다) 고충민원의 접수(동법 39조 4항)

권익위원회는 고충민원의 신청이 있는 경우에는 다른 법령에 특별한 규정이 있는 경우를 제외하고는 그 접수를 보류하거나 거부할 수 없으며, 접수된 고충민원서류를 부당하게 되돌려 보내서는 아니 된다. 다만, 권익위원회가 고충민원서류를 보류 거부 또는 반려하는 경우에는 지체 없이 그 사유를 신청인에게 통보하여야 한다.

(4) 고충민원의 이송 등(동법 43조)

권익위원회는 접수된 고충민원이 다음 각 호의 어느 하나에 해당하는 경우에는 그 고충민원을 관계 행정기관등에 이송할 수 있다. 다만, 관계 행정기관등에 이송하는 것이 적절하지 아니하다고 인정하는 경우에는 그 고충민원을 각

하할 수 있다. 권익위원회는 고충민원을 이송 또는 각하한 경우에는 지체 없이 그 사유를 명시하여 신청인에게 통보하여야 한다. 이 경우 필요하다고 인정하는 때에는 신청인에게 권리의 구제에 필요한 절차와 조치에 관하여 안내할 수 있다.

① 고도의 정치적 판단을 요하거나 국가기밀 또는 공무상 비밀에 관한 사항
② 국회·법원·헌법재판소·선거관리위원회·감사원·지방의회에   관한 사항
③ 수사 및 형집행에 관한 사항으로서 그 관장기관에서 처리하는 것이 적당하다고 판단되는 사항 또는 감사원의 감사가 착수된 사항
④ 행정심판, 행정소송, 헌법재판소의 심판이나 감사원의 심사청구 그 밖에 다른 법률에 따른 불복구제절차가 진행 중인 사항
⑤ 법령에 따라 화해·알선·조정·중재 등 당사자간의 이해조정을 목적으로 행하는 절차가 진행 중인 사항
⑥ 판결·결정·재결·화해·조정·중재 등에 따라 확정된 권리관계에 관한 사항 또는 감사원이 처분을 요구한 사항
⑦ 사인간의 권리관계 또는 개인의 사생활에 관한 사항
⑧ 행정기관등의 직원에 관한 인사행정상의 행위에 관한 사항
⑨ 그 밖에 관계 행정기관등에서 직접 처리하는 것이 타당하다고 판단되는 사항

권익위원회는 고충민원을 이송 또는 각하한 경우에는 지체 없이 그 사유를 명시하여 신청인에게 통보하여야 한다. 이 경우 필요하다고 인정하는 때에는 신청인에게 권리의 구제에 필요한 절차와 조치에 관하여 안내할 수 있다.

행정기관등의 장은 권익위원회의 조사가 착수된 고충민원이 제1항 제1호부터 제8호까지의 어느 하나에 해당하는 사항임을 알게 된 경우에는 지체 없이 그 사실을 권익위원회에 통보하여야 한다. 또한 제1항 제9호에 해당하는 고충민원을 이송받은 행정기관등의 장은 권익위원회가 요청하는 경우에는 권익위원회에 그 고충민원의 처리 결과를 통보하여야 한다.

권익위원회는 관계 행정기관등의 장이 권익위원회에서 처리하는 것이 타당하다고 인정하여 이송한 고충민원을 직접 처리할 수 있다. 이 경우 고충민원이 이송된 때 권익위원회에 접수된 것으로 본다.

(5) 고충민원의 조사

(가) 조사($\frac{동법}{조}\frac{41}{1항}$)

권익위원회는 고충민원을 접수한 경우에는 지체 없이 그 내용에 관하여 필요한 조사를 하여야 한다. 다만, 다음 각 호의 어느 하나에 해당하는 경우에는 조사를 하지 아니할 수 있다.

① 제43조 제1항 각 호의 어느 하나에 해당하는 사항

② 고충민원의 내용이 거짓이거나 정당한 사유가 없다고 인정되는 사항

③ 그 밖에 고충민원에 해당하지 아니하는 경우 등 권익위원회가 조사하는 것이 적절하지 아니하다고 인정하는 사항

(나) 조사의 방법($\frac{동법}{42조}$)

권익위원회는 조사를 함에 있어서 필요하다고 인정하는 경우에는 다음 각 호의 조치를 할 수 있다. 관계 행정기관등의 장은 이에 따른 권익위원회의 요구나 조사에 성실하게 응하고 이에 협조하여야 한다.

① 관계 행정기관등에 대한 설명요구 또는 관련 자료·서류 등의 제출요구

② 관계 행정기관등의 직원·신청인·이해관계인이나 참고인의 출석 및 의견진술 등의 요구

③ 조사사항과 관계있다고 인정되는 장소·시설 등에 대한 실지조사

④ 감정의 의뢰

(다) 과태료의 부과($\frac{동법}{91조}$)

정당한 사유 없이 제42조의 규정에 따른 업무수행을 방해·거부 또는 기피하거나 고의로 지연시킨 자는 500만원 이하의 과태료에 처할 수 있다.

(6) 고충민원의 해결

(가) 합의의 권고($\frac{동법}{44조}$)

권익위원회는 조사 중이거나 조사가 끝난 고충민원에 대한 공정한 해결을 위하여 필요한 조치를 당사자에게 제시하고 합의를 권고할 수 있다.

(나) 조정($\frac{동법}{45조}$)

권익위원회는 다수인이 관련되거나 사회적 파급효과가 크다고 인정되는 고충민원의 신속하고 공정한 해결을 위하여 필요하다고 인정하는 경우에는 당사자의 신청 또는 직권에 의하여 조정을 할 수 있다. 조정은 당사자가 합의한 사

항을 조정서에 기재한 후 당사자가 기명날인하거나 서명하고 권익위원회가 이를 확인함으로써 성립하며, 이 경우 조정은 민법상의 화해와 같은 효력이 있다.

(다) 시정의 권고 및 의견의 표명($\frac{동법}{46조}$)

권익위원회는 고충민원에 대한 조사결과 처분 등이 위법·부당하다고 인정할 만한 상당한 이유가 있는 경우에는 관계 행정기관등의 장에게 적절한 시정을 권고할 수 있으며 신청인의 주장이 상당한 이유가 있다고 인정되는 사안에 대하여는 관계 행정기관등의 장에게 의견을 표명할 수 있다.

(라) 제도개선의 권고 및 의견의 표명($\frac{동법}{47조}$)

권익위원회는 고충민원을 조사·처리하는 과정에서 법령 그 밖의 제도나 정책 등의 개선이 필요하다고 인정되는 경우에는 관계 행정기관등의 장에게 이에 대한 합리적인 개선을 권고하거나 의견을 표명할 수 있다.

(마) 의견제출 기회의 부여($\frac{동법}{48조}$)

권익위원회는 제46조 또는 제47조에 따라 관계 행정기관등의 장에게 권고 또는 의견표명을 하기 전에 그 행정기관등과 신청인 또는 이해관계인에게 미리 의견을 제출할 기회를 주어야 한다. 관계 행정기관등의 직원·신청인 또는 이해관계인은 권익위원회가 개최하는 회의에 출석하여 의견을 진술하거나 필요한 자료를 제출할 수 있다.

(7) 결정 및 처리결과 통보와 후속조치

(가) 결정의 통지($\frac{동법}{49조}$)

권익위원회는 고충민원의 결정내용을 지체 없이 신청인 및 관계 행정기관등의 장에게 통지하여야 한다.

(나) 처리결과 통보($\frac{동법}{50조}$)

권익위원회로부터 권고 또는 의견을 받은 관계 행정기관등의 장은 이를 존중하여야 하며, 그 권고 또는 의견을 받은 날부터 30일 이내에 그 처리결과를 권익위원회에 통보하여야 한다. 권고를 받은 관계 행정기관 등의 장이 그 권고 내용을 이행하지 아니하는 경우에는 그 이유를 권익위원회에 문서로 통보하여야 한다. 권익위원회는 관계 행정기관등의 장으로부터 통보를 받은 경우 신청인에게 그 내용을 지체 없이 통보하여야 한다.

(다) 감사의 의뢰(동법 51조)

고충민원의 조사·처리과정에서 관계 행정기관등의 직원이 고의 또는 중대한 과실로 위법·부당하게 업무를 처리한 사실을 발견한 경우 국민권익위원회는 감사원 또는 관계 행정기관등의 감독기관(감독기관이 없는 경우에는 해당 행정기관등을 말한다)에, 시민고충처리위원회는 해당 지방자치단체에 감사를 의뢰할 수 있다(동조 1항). 감사원, 관계 행정기관등의 감독기관 또는 지방자치단체는 동조 제1항에 따라 감사를 의뢰받은 경우 그 처리결과를 감사를 의뢰한 위원회 또는 시민고충처리위원회에 통보하여야 한다(동조 2항).

(라) 이행실태의 확인 점검(동법 52조)

권익위원회는 법 제46조 및 제47조의 규정에 따른 권고 또는 의견의 이행실태를 확인·점검할 수 있다.

(마) 공표(동법 53조)

권익위원회는 ① 제46조 및 제47조에 따른 권고 또는 의견표명의 내용, ② 제50조 제1항에 따른 처리결과, ③ 제50조 제2항에 따른 권고내용의 불이행사유를 공표할 수 있다. 다만, 다른 법률의 규정에 따라 공표가 제한되거나 개인의 사생활의 비밀이 침해될 우려가 있는 경우에는 그러하지 아니하다.

판례색인

[대 법 원]

사항색인

[저자약력]

金 南 辰

서울대학교 법과대학, 동 대학원 수료
네덜란드 Institute of Social Studies 수료
독일 Freiburg대학교 객원교수
사법시험·행정고시 등 시험위원
한국공법학회 회장
한국행정법학회 이사장
국무총리행정심판위원회 위원
고려대학교 법과대학 교수
현재 대한민국학술원 회원

金 連 泰

고려대학교 법과대학(법학사)
고려대학교 대학원(법학석사)
독일 Osnabrück대학교 법과대학(법학박사)
변호사시험, 사법시험, 행정고시, 외무고시,
  입법고시, 지방고시 등 시험위원
중앙행정심판위원회 위원
헌법재판소 헌법연구위원
국가경찰위원회 위원
현재 고려대학교 법학전문대학원 교수

〈저 서〉

行政法 I (共著), 法文社
行政法 II (共著), 法文社
行政法의 基本問題, 法文社
行政法演習(共著), 考試研究社
客觀式 行政法(共著), 經世院
主觀式 行政法(共著), 經世院
土地公法論(共著), 經世院
경찰행정법, 경세원

〈저 서〉

行政法 I (共著), 法文社
行政法 II (共著), 法文社
行政法事例演習, 弘文社
稅法(共著), 法文社
행정법객관식연습(공저), 박영사
경찰법연구(공저), 세창출판사
경찰관 직무집행법(공저), 박영사
환경보전작용연구, 고려대학교 출판부

行政法　I　[제28판]

1986년 9월 30일 초판 발행	2011년 3월 15일 제15판 발행
1988년 2월 25일 제2판 발행	2012년 3월 15일 제16판 발행
1990년 3월 5일 제3판 발행	2013년 3월 15일 제17판 발행
1992년 2월 20일 제4판 발행	2014년 3월 15일 제18판 발행
1995년 2월 10일 제5판 발행	2015년 3월 15일 제19판 발행
1997년 8월 20일 제6판 발행	2016년 3월 10일 제20판 발행
2002년 2월 20일 제7판 발행	2017년 3월 20일 제21판 발행
2004년 3월 10일 제8판 발행	2018년 3월 5일 제22판 발행
2005년 3월 10일 제9판 발행	2019년 3월 10일 제23판 발행
2006년 3월 7일 제10판 발행	2020년 3월 10일 제24판 발행
2007년 3월 5일 제11판 발행	2021년 3월 10일 제25판 발행
2008년 3월 15일 제12판 발행	2022년 3월 20일 제26판 발행
2009년 2월 27일 제13판 발행	2023년 3월 20일 제27판 발행
2010년 3월 15일 제14판 발행	2024년 3월 20일 제28판 발행

著　者　金　南　辰　·　金　連　泰

發行人　裵　　孝　　善

發行處　圖書出版　**法　文　社**

주　소　10881 경기도 파주시 회동길 37-29
등　록　1957년 12월 12일 / 제2-76호 (윤)
전　화　(031)955-6500~6　FAX (031)955-6525
E-mail　(영업) bms@bobmunsa.co.kr
　　　　(편집) edit66@bobmunsa.co.kr
홈페이지　http://www.bobmunsa.co.kr
조 판　법 문 사 전 산 실

정가 53,000 원　　　　ISBN 978-89-18-91486-2